Da Coletânea Risale-i Nur

As Palavras

Autor
Bediuzzaman
Said Nursi

Nursi, Said

Título : As Palavras

Autor : Said Nursi

Do original turco : Sözler

Tradução : Samir El Hayek

Revisão : Eyub Kosker

Portekizce Sözler

Contato :

Web : www.brasilnur.org

E-mail : brasilnur @gmail.com

Tel : (+5511) 2615-9736

RNK NEŞRİYAT PAZARLAMA SAN.TİC. A.Ş.

Mehmet Nesih Özmen Mah. Zafer Cad. No: 3 Kat: 3

Necmettin Aksoy İş Merkezi – Merter

Güngören, İstanbul – Türkiye

Tel: 90 212 512 10 06

Fax: 90 212 512 10 08

www.rnk.com.tr

Capa:

PRESTIJ REKLAM

+90 212 489 40 63 pbx

www.prestijreklam.com

CDD 0200 1ª Edição-Livraria Everest-Editora-88003

Impresso em São Paulo- outubro-2016

CONTEÚDO

بِسْمِ اللّٰهِ الرَّحْمٰنِ الرَّحِيمِ

وَ بِهِ نَسْتَعِينُ

اَلْحَمْدُ لِلّٰهِ رَبِّ الْعَالَمِينَ وَ الصَّلاَةُ وَ السَّلاَمُ عَلَى سَيِّدِنَا مُحَمَّدٍ وَعَلَى آلِهِ

وَصَحْبِهِ أَجْمَعِينَ [1]

Ó irmão! Você me pediu algum conselho. Então ouça algumas verdades incluídas, junto com a minha alma, em oito sucintos contos na forma de comparações de natureza militar, já que você é um soldado. Pois, considero que a minha própria alma precisa de aconselhamento mais do que ninguém. Ao mesmo tempo, dirigi a minha alma, de alguma forma, com "Oito Palavras" inspiradas por oito versículos do Alcorão, dos quais me beneficiei. Agora vou me dirigir a minha alma com estas mesmas palavras, mas resumidamente e na linguagem das pessoas comuns. Quem quiser pode prestar atenção.

A Primeira Palavra

"Bismillah",[1] é o começo de todas as coisas boas. Nós também devemos começar com ela.

Saiba, ó minha alma, assim como esta boa palavra abençoada é um símbolo do Islam, também é constantemente recitada por todos os seres, em suas línguas.

Se você quiser saber a extensão do que há de força que não se esgota em "Bismillah", a amplidão da bênção inesgotável ouça a seguinte história. É assim:

Uma pessoa que viaja pelos desertos da Arábia tem de ser em nome de um chefe tribal e estar sob sua proteção, pois, desta forma ela pode ser salva dos ataques de bandidos e assegurar as suas necessidades. Por conta própria, ela pereceria diante de inumeráveis inimigos e abstinências. E assim, dois homens foram em uma viagem e entraram no deserto. Um deles era modesto, o outro orgulhoso. O modesto assumiu a proteção de um chefe tribal, enquanto o orgulhoso não.

O primeiro viajou com segurança onde quer que fosse. Quando encontrava bandidos, dizia: "Estou viajando em nome de tal e tal líder tribal", e eles não o molestavam. Ao chegar a uma barraca, era tratado respeitosamente devido ao nome do chefe tribal. Mas o orgulhoso sofreu calamidades indescritíveis ao longo de sua jornada. Ele sentiu muito

[1] *"Em nome de Allah."* Utilizamos a palavra **Allah**, em vez de *Deus*, por designar o nome do Criador e somente utilizada como Seu nome, uma vez que a palavra em árabe e no Islam não tem gênero ou número, como as palavras traduzidas nos outros idiomas possuem.

medo diante de tudo e pediu esmola. Foi humilhado e se tornou objeto de escárnio.

Ó minha alma orgulhosa! Fique sabendo que você é um viajante, e este mundo é o deserto. A sua impotência e pobreza não têm limites, e os seus inimigos e suas necessidades são infinitos. Já que é assim, leve o nome do Eterno Soberano do deserto e seu Eterno Governante e seja salvo da miséria perante o universo inteiro e do tremor perante todo evento.

Sim, esta boa palavra "Bismillah" é um tesouro tão abençoado, uma vez que, com ela a sua pobreza liga você a uma vasta e absoluta misericórdia, mais vasta do que o universo. Sua impotência está ligada a uma força enorme, aos mais aceitáveis intercessores no Tribunal do Todo-Poderoso e Misericordioso. A pessoa que age dizendo: "Bismillah", assemelha-se a alguém que se alista no exército. Ele age em nome do governo, não tem medo de ninguém, fala, executa todos os assuntos, e resiste a tudo em nome da lei e do governo. No início dizemos que todos os seres dizem: "Bismillah" em suas línguas. É isso mesmo?

Com efeito, é isso mesmo. Se você visse que uma única pessoa viesse e dirigisse todos os habitantes de uma cidade para um lugar pela força, obrigando-os a trabalhar, você estaria certo de que ele não agiu em seu próprio nome e por seu próprio poder, mas que era um soldado, agindo em nome do governo e confiando no poder de um rei.

Da mesma forma, todas as coisas agem em nome de Allah, Todo-Poderoso, para que as coisas diminutas como as sementes e grãos suportem enormes árvores sobre as suas cabeças; elas suportam cargas como montanhas. Isso significa que todas as árvores que dizem: "Bismillah", enchem as mãos do tesouro da misericórdia, e os oferecem a nós. Todos os jardins que dizem: "Bismillah", e tornam-se caldeirões das cozinhas do Poder Divino em que são cozidas juntas inúmeras variedades de diferentes alimentos. Todos os animais abençoados como vacas, camelos, ovelhas e cabras, dizem: "Bismillah", e se tornam fontes de leite a partir da abundância da misericórdia, oferecendo-nos um alimento mais delicado e puro como a água da vida, em nome do Provedor. As raízes e radículas, macias como a seda, de todas as plantas, árvores e gramíneas dizem: "Bismillah", e furam e passam por rochas duras e pela terra. Mencionando o nome de Allah, o nome do Todo Misericordioso, tudo se submete a Ele. As raízes se espalhando por duras rochas e pela terra e produzindo frutos, tão facilmente como os ramos se espalham com auxílio do ar e produzem frutos; e as delicadas folhas verdes, mantendo sua umidade por meses em face do calor extremo, fecham a boca dos naturalistas e espetam um dedo em seus olhos cegos, dizendo: "Mesmo o calor e a dureza, em que mais confiam, estão sob um comando." Como o cajado de Moisés (a paz esteja com ele), cada uma dessas radículas de seda em conformidade com o comando de:

﴿ فَقُلْنَا اضْرِبْ بِعَصَاكَ الْحَجَرَ ﴾[2] e dividiu a rocha. E as folhas delicadas finas como papel de cigarro recitam o versículo:[3]﴿ يَا نَارُ كُونِى بَرْدًا وَ سَلاَمًا ﴾ contra o calor do fogo, sobre cada um dos membros de Abraão (A.S.).

Como todas as coisas dizem intimamente: "Bismillah", e carregam as generosidades de Allah em nome de Allah, são dados a nós, que também devemos dizer: "Bismillah". Devemos dar em nome de Allah, e tomar em nome de Allah. E não devemos tirar de pessoas desatentas que negligenciam a dar em nome de Allah.

Pergunta: Nós pagamos um preço às pessoas, como os vendedores de banca. Então, que preço que Allah quer de nós sendo o Verdadeiro Dono de tudo?

Resposta: Sim, o preço do Verdadeiro Doador de Bênçãos quer em troca por essas recompensas valiosas e bens, três coisas: uma é a lembrança, a outra é o agradecimento, e a terceira é a reflexão. Dizendo: "Bismillah", no início, é lembrança e, "Alhamdu Lillah", no final, é agradecimento. Reflexão é perceber as bênçãos e pensar nelas, que são maravilhas inestimáveis de arte, milagres de poder do Único e Eternamente Procurado e os dons de Sua misericórdia.

Quão insensato é beijar o pé do homem humilde que transmite a você o dom precioso de um rei e não reconhece o dono do dom; louvar e amar a aparente fonte de bênçãos e esquecer o Verdadeiro Doador das Bênçãos é mil vezes mais insensato.

Ó minha alma! Se você não deseja ser tola dessa forma, dê em nome de Allah, tome em nome de Allah, comece em nome de Allah, e age em nome de Allah.. Wassalam[4]

***

SEGUNDA ESTAÇÃO DO DÉCIMO QUARTO LAMPEJO

Este é composto por seis dos milhares de mistérios contidos no:

بِسْمِ اللّٰهِ الرَّحْمٰنِ الرَّحِيمِ [5]

Observação: A luz brilhante de **"Em Nome de Allah, o Clemente, o Misericordioso"** sobre a misericórdia divina apareceu na minha mente embotada de longe. Eu queria gravá-la para mim na forma de notas, para caçá-la e capturá-la, e circunscrever a luz com vinte a trinta mistérios. Mas, infelizmente, eu não fui capaz de fazer isso no momento presente e os vinte ou trinta mistérios foram reduzidos a cinco ou seis. Quando digo: "Ó ser humano", quero dizer eu mesmo. Embora esta lição aborde minha própria alma em particular, refiro-a como a Segunda Estação do Décimo Quarto Lampejo para a aprovação dos meus irmãos meticulosos na esperança de que possa beneficiar as pessoas com quem eu estou conectado espiritualmente e cujas almas são mais exigentes do que a minha. Esta lição olha para o coração mais do que para a razão, e ao prazer e à percepção espiritual, em vez às provas racionais.

﴿بِسْمِ اللّٰهِ الرَّحْمٰنِ الرَّحِيمِ ۞ قَالَتْ يَا اَيُّهَا الْمَلَؤُا اِنِّى اُلْقِىَ اِلَىَّ كِتَابٌ
كَرِيمٌ اِنَّهُ مِنْ سُلَيْمٰنَ وَ اِنَّهُ بِسْمِ اللّٰهِ الرَّحْمٰنِ الرَّحِيمِ﴾[6]

Uma série de mistérios será mencionada nesta estação.

PRIMEIRO MISTÉRIO

Eu vi uma manifestação de como segue: ﴿بِسْمِ اللّٰهِ الرَّحْمٰنِ الرَّحِيمِ﴾

Em face do universo, a face da terra, e o rosto do ser humano há três selos de dominicalidade um dentro do outro e cada um mostrando amostras dos outros.

O Primeiro é o grande selo da Divindade, que se manifesta através da assistência mútua, cooperação, abraçando e correspondendo um ao outro dos seres na totalidade do universo. Isso olha para [7]﴿بِسْمِ اللّٰهِ﴾

O Segundo é o grande selo da clemência divina, que se manifesta através da semelhança mútua, a proporção, a ordem, a harmonia cortesia e clemência em favor da preparação, criação e administração de plantas e animais sobre a face da terra. Isso olha para ﴿بِسْمِ اللّٰهِ الرَّحْمٰنِ﴾

O Terceiro é o selo exaltado da misericórdia divina, que se manifesta através das sutilezas da beneficência divina, da excelência de pontos da compaixão divina, dos raios de misericórdia divina sobre a face da natureza abrangente do ser humano. Isso olha para

[8] ﴿الرَّحِيمِ﴾ em: ﴿بِسْمِ اللّٰهِ الرَّحْمٰنِ الرَّحِيمِ﴾

Isso quer dizer que ﴿بِسْمِ اللّٰهِ الرَّحْمٰنِ الرَّحِيمِ﴾ é o título sagrado de três selos da unidade divina, que forma uma linha luminosa na página da existência, e descreve uma linha forte e brilhante na página do mundo. Ou seja, por ser o ﴿بِسْمِ اللّٰهِ الرَّحْمٰنِ الرَّحِيمِ﴾ revelado do Trono Divino forma um vínculo com o ser humano, o fruto do universo e cópia em miniatura do mundo; ele liga o mundo inferior com o Trono Divino; é uma maneira para que o ser humano ascenda ao Trono de Sua Perfeição.

SEGUNDO MISTÉRIO

A fim de não sobrecarregar as mentes pela unicidade divina, que é evidente na multiplicidade ilimitada de criaturas, o Alcorão de Exposição Milagrosa aponta constantemente para a manifestação da unidade divina dentro de unicidade divina. Por exemplo, o sol abrange coisas inumeráveis com a sua luz. Uma verdadeiramente extensa capacidade conceitual e visão abrangente são necessárias para contemplar o próprio sol na totalidade de sua luz. Assim, para que o sol seja esquecido, elo é exibido em cada objeto brilhante por meio de seu reflexo. E de acordo com as suas capacidades, todos os objetos brilhantes refletem os atributos do sol, como a sua luz e calor e as sete cores em sua luz, juntamente com a manifestação de sua essência. Assim também, os atributos do sol abrangem todas as coisas que o enfrentam.

Em exatamente da mesma maneira, [9] ﴿وَلِلّٰهِ الْمَثَلُ الْاَعْلٰى﴾ - mas que não haja erro na comparação - como a unidade divina e a eterna súplica ter uma manifestação juntamente com todos os nomes divinos em tudo, em criaturas animadas em particular, e especialmente no reflexo da essência do homem; assim também por meio de unicidade divina cada um dos nomes divinos ligados aos seres abrange todas as coisas. Assim, para que as mentes não confundam a unicidade divina e os corações não se esqueçam da essência mais pura e santa, o Alcorão chama constantemente a atenção para o selo da unidade divina dentro de unicidade divina. E esse selo, com os seus três pontos mais importantes, é ﴿بِسْمِ اللّٰهِ الرَّحْمٰنِ الرَّحِيمِ﴾

TERCEIRO MISTÉRIO

O que faz este universo se alegrar sem limites é claramente a misericórdia divina.

O que ilumina esses seres escuros é a misericórdia divina auto evidente. O que fomenta e eleva as criaturas lutando com as suas necessidades infinitas é auto evidente novamente da misericórdia divina. O que faz com que todo o universo a ser voltado para o ser humano, como uma árvore junto com todas as suas partes está voltada para o seu fruto, e faz com que ele olhe para ele e corra em seu auxílio é claramente a misericórdia divina. O que preenche e ilumina o espaço ilimitado e o mundo vago vazio e que o alegra é auto evidente a misericórdia divina. E o que designa o ser humano efêmero para a eternidade e faz dele o destinatário e amado Pre-Eterno e Post-Eterno é a misericórdia divina auto evidente.

Ó ser humano! Desde que a misericórdia divina é um poderoso e doce convite, auxiliando a verdade tão amável, o dizer: ﴿بِسْمِ اللّٰهِ الرَّحْمٰنِ الرَّحِيمِ﴾, adere a esta verdade e ser salvo da desolação absoluta e das dores das necessidades intermináveis! Aproximem-se do trono do Monarca Pre-Eterno e Post-Eterno, e aproveitar-se da compaixão e dos raios da misericórdia divina, tornam-se Seu destinatário, amigo e amado.

Todos os reinos de seres no universo são propositadamente reunidos em torno do ser humano e são feitos para apressar e atender todas as suas necessidades com a ordem extrema e a sabedoria, que surge claramente de uma das duas situações. Cada reino dos seres conhece o ser humano, lhe obedece, e corre para ajudá-lo, tal como isso é completamente irracional também é impossível em muitos aspectos; um ser absolutamente impotente como o ser humano tem que possuir o poder do mais poderoso soberano absoluto; ou essa assistência ocorre através do conhecimento de um Absolutamente Poderoso por trás do véu do universo. Ou seja, não é que os diferentes seres no universo conhecem o ser humano, mas que eles são as evidências do Onisciente, Misericordioso que está familiarizado com ele e o conhece.

Ó ser humano! Recobre os sentidos! É de todo possível que o Todo-Glorioso, que faz com que todas as variedades de criaturas se voltem para você e estendam as mãos para ajudá-lo, e dizem: "Aqui estamos" em face de suas necessidades - seria possível que Ele não o conheça? Não esteja familiarizado com você? Não o vê? Uma vez que Ele o conhece, Ele o informa que conhece você através da Sua misericórdia. Portanto, você deve conhecê-Lo também, e com respeito deixe que saiba que você O conhece. Fique sabendo que é uma certeza da misericórdia divina – que compreende a sabedoria, a providência Divina, o conhecimento e o poder – colocou este vasto universo, à disposição de insignificante criatura como você, absolutamente fraco, absolutamente impotente, absolutamente necessitado, e efêmero.

Certamente, uma misericórdia como essa requer universais e sinceros agradecimentos e respeito sincero e genuíno. Portanto, dizer: ﴿بِسْمِ اللّٰهِ الرَّحْمٰنِ الرَّحِيمِ﴾ é o intérprete e a expressão de tal sinceros agradecimentos e respeito genuíno. Faça-os meios para alcançar a misericórdia, e um intercessor na corte do Todo-Misericordioso.

A existência e a realidade da misericórdia divina são tão claras quanto o sol. Pois, assim como uma tapeçaria tecida centrada em um ponto é formada pela ordem e situação dos fios de sua teia e trama vindos de todas as direções, assim também os fios luminosos que se estendem desde a manifestação de mil e um nomes divinos na grande esfera do universo tecem tal selo de compaixão, a tapeçaria de clemência, e o selo de benevolência dentro de um selo de misericórdia que ele se demonstra para mentes mais brilhantes que o sol.

O Belo e Misericordioso, que ordena o sol e a lua, os elementos e os minerais, as plantas e os animais, como a urdidura e a trama de uma vasta tapeçaria tecida através dos raios de seus mil e um nomes, e faz com que sirvam a vida; e demonstra Sua compaixão através da compaixão extremamente doce e abnegada das mães, dos vegetais e animais; e subjuga criaturas animadas à vida humana, e a partir deste demonstra a importância do homem e uma mais encantadora grande tapeçaria de dominicalidade divina, e manifesta a Sua misericórdia brilhante; - Aquele o mais Misericordioso tem, em face de sua própria absoluta falta de necessidade, fez a Sua misericórdia um intercessor aceitável para criaturas animadas e o ser humano.

Ó ser humano! Se você é realmente um ser humano, diz:

[6] ﴿بِسْمِ اللّٰهِ الرَّحْمٰنِ الرَّحِيمِ﴾Encontre aquele intercessor! Com certeza, é claramente, evidentemente, a misericórdia divina que, sem esquecer ou confundir qualquer um deles, levanta, nutre, e administra as espécies vegetais e animais inumeráveis sobre a terra, precisamente no momento certo e com perfeita ordem, sabedoria, e beneficência, e os selos do selo da unidade divina sobre a face do globo terrestre. A existência de misericórdia divina é tão certa quanto à existência dos seres sobre a face da terra, assim como os seres oferecem evidências de sua realidade ao seu próprio número.

Assim como existe este selo de misericórdia e o carimbo da unidade divina sobre a face da terra, assim na face da natureza espiritual do ser humano é um selo da misericórdia divina que não é inferior ao selo de compaixão e de grande selo de misericórdia na cara do universo. Simplesmente, o ser humano tem uma natureza tão abrangente que é como se o ponto de foco de mil e um nomes divinos.

Ó ser humano! É a todo possível que Aquele que lhe dá este rosto, e coloca tal estampa de misericórdia e selo da unidade em que iria deixá-lo a seus próprios dispositivos, anexar nenhuma importância a você, não prestar atenção às suas ações, faz todo o universo, que é voltado para você, fútil e inútil, e faz a árvore da criação podre e insignificante com frutas deterioradas? Ele iria causar Sua misericórdia ser negada, embora seja tão óbvia como o sol, bem como sua sabedoria, que é clara como o dia, e nenhuma das quais pode de forma alguma ser posta em dúvida, nem são, de qualquer forma deficientes? Allah me livre!

Ó ser humano! Entenda que há uma maneira de ascender ao trono da misericórdia divina, e que é: ﴿بِسْمِ اللّٰهِ الرَّحْمٰنِ الرَّحِيمِ﴾ Se você quiser entender a importância desta ascensão, olhe para o início das cento e quatorze Suratas do Alcorão de Exposição Milagrosa, e nos começos de todos os livros estimáveis, e no início de todas as boas obras. Uma prova clara de Allah - determinada grandeza de ﴿بِسْمِ اللّٰهِ﴾ é que o Imam Chafi'i (Que Allah esteja satisfeito com ele), um dos mais importantes estudiosos islâmicos, disse ﴿ بِسْمِ اللهِ الرَّحْمٰنِ الرَّحِيمِ ﴾ é apenas um versículo, mas foi revelado cento e quatorze vezes no Alcorão."

QUARTO MISTÉRIO

Em face da manifestação de unicidade divina dentro da multiplicidade sem limites, declarando: 10 ﴿ اِيَّاكَ نَعْبُدُ ﴾ não é suficiente para todos; a mente divaga. O coração teria que ser tão amplo quanto o mundo para observar a essência de Allah, o Único atrás da unicidade da totalidade dos seres, e dizer:[11] ﴿ اِيَّاكَ نَعْبُدُ وَ اِيَّاكَ نَسْتَعِينُ ﴾ Em consequência, de modo a que o selo da unidade divina deve ser evidente em todas as espécies e reinos de seres tal como é mostrado claramente em objetos individuais, e que eles devem chamar a atenção para o Único Um, é mostrado dentro do selo de divina misericórdia. Assim, todos em todos os níveis podem se voltar para o Mais Puro e Santo, e dizendo:[11] ﴿ اِيَّاكَ نَعْبُدُ وَ اِيَّاكَ نَسْتَعِينُ ﴾, dirigir a Ele diretamente.

É a fim de expressar este mistério poderoso e claramente apontam o selo de unidade divina que o Prudente Alcorão subitamente menciona a menor esfera e importa mais específico ao descrever o âmbito mais vasto do universo, por exemplo, a criação dos céus e da terra. Ou seja, para que a mente não vagueie, nem o coração se afogue, o espírito pode encontrar o seu verdadeiro objeto de adoração diretamente, ao mencionar a criação dos céus e da terra abre-se uma discussão sobre a criação e a voz do ser humano, e os sutis detalhes das generosidades e a sabedoria em suas feições, por exemplo. Esta verdade é demonstrada em forma milagrosa pelo versículo:

﴿ وَمِنْ آيَاتِهِ خَلْقُ السَّمٰوَاتِ وَالْاَرْضِ وَاخْتِلَافُ اَلْسِنَتِكُمْ وَ اَلْوَانِكُمْ ﴾[12]

Assim, os sinais da Unicidade e suas conclusões, apesar de terem sido colocados dentro de inúmeras criaturas e da infinita multiplicidade, existem selos da unicidade como círculos concêntricos de muitos tipos e graus desde o maior ao menor selo. Mas, a clareza dessa conclusão da unicidade – por mais que apareça - é, ainda, a unicidade dentro da multiplicidade das criaturas que não apontam observadores. Por isso, tem que haver o selo da unidade divina por trás da unicidade de tal forma que a unicidade não chama à mente a multiplicidade e perante o mais Puro e Santo um caminho pode ser aberto até o coração diretamente.

Além disso, um projeto verdadeiramente cativante, luz brilhante, doçura agradável, beleza prazenteira e poderosa verdade - que é o selo da misericórdia divina e selo da clemência divina - foi colocado sobre o selo da unidade divina, a fim de dirigir olhares para ele e atrair corações. Sim, é a força daquela misericórdia que atrai os olhares de seres conscientes, atrai-los para isso, e faz com que atinjam o selo de unidade e de observar o Único, e de manifestar verdadeiramente a comunicação de:

﴿ إِيَّاكَ نَعْبُدُ وَ إِيَّاكَ نَسْتَعِينُ ﴾[11]

É porque ﴿ بِسْمِ اللّٰهِ الرَّحْمٰنِ الرَّحِيمِ ﴾ está o índice de Surata al-Fátiha e um resumo conciso do Alcorão que é o sinal e intérprete deste mistério poderoso. A pessoa que a segura pode viajar através dos níveis da misericórdia divina. E a pessoa que faz com que este intérprete fale pode aprender sobre os mistérios da misericórdia divina e observa as luzes da compaixão divina e da piedade.

QUINTO MISTÉRIO

Há um Hadice que é algo como isto:

[13]إِنَّ اللّٰهَ خَلَقَ الْاِنْسَانَ عَلٰى صُورَةِ الرَّحْمٰنِ" Isso foi interpretado por alguns Sufis de uma forma extraordinária, inadequada para os dogmas da crença. Alguns deles que estavam extáticos mesmo consideraram a natureza espiritual do ser humano ser sob a forma do Clemente. Uma vez que os extáticos estão na sua maioria imersos na contemplação e confusos, são, talvez, para serem desculpados em defenderem pontos de vista contrários à realidade. Mas em consideração, as pessoas em seus corretos sentidos não podem aceitar suas ideias deles contrárias aos fundamentos da crença. Se eles fizerem isso, eles estão em erro.

Na verdade, que administra com ordem todo o universo como se fosse um palácio ou casa, faz girar as estrelas como se fossem partículas e faz com que viajem através do espaço com sabedoria e vontade, e emprega partículas minúsculas como se fossem funcionários ordenados é a Divindade mais Pura e Santa, Que não tem parceiro, semelhante, oposto, ou igual. Assim também, de acordo com o significado do versículo:

﴿ لَيْسَ كَمِثْلِهِ شَيْءٌ وَهُوَ السَّمِيعُ الْبَصِيرُ ﴾[14]

Ele não tem forma, semelhante, ou par, e não há nada que se assemelha a Ele ou semelhante a Ele. No entanto, de acordo com o significado do versículo seguinte e sua comparação parabólica:

﴿ وَلَهُ الْمَثَلُ الْاَعْلَى فِي السَّمٰوَاتِ وَالْاَرْضِ وَهُوَ الْعَزِيزُ الْحَكِيمُ ﴾[15]

Suas ações, atributos e nomes podem ser considerados. Isto quer dizer, alegoria e comparação podem ser utilizadas em ligação com Suas ações. Uma das muitas coisas destinadas pelo supramencionado Hadice é: "O homem está em uma forma que exibe o nome divino do Clemente na sua totalidade." Sim, como explicamos antes, o nome divino do Clemente Se manifesta através dos raios de mil e um nomes na face do universo, e é evidente através das inúmeras manifestações de religiosidade absoluta de Allah sobre a face da terra. Da mesma forma, sua manifestação completa é aparente em uma pequena medida de forma abrangente do ser humano, o mesmo que na face da terra e do universo.

O Hadice sugere também que as evidências do Necessariamente Existente oferecidas por tais provas, espelhos e manifestações do Misericordioso como criaturas animadas e o ser humano são tão certas, claras e óbvias que, assim como pode ser dito de um espelho que brilha reflete a imagem do sol: "Aquele espelho é o sol", indicando a clareza de seu brilho e evidência, por isso tem sido dito e pode-se dizer: "O homem tem a forma do Clemente", indicando a clareza de suas evidências e totalidade de sua relação. É em virtude deste mistério que o mais moderado dos que acreditavam na Unidade da Existência disse: "Nada existe além d'Ele", como uma forma de expressar a clareza desta evidência e perfeição da relação.

اَللّٰهُمَّ يَا رَحْمٰنُ يَا رَحِيمُ بِحَقِّ بِسْمِ اللّٰهِ الرَّحْمٰنِ الرَّحِيمِ اِرْحَمْنَا كَمَا يَلِيقُ

بِرَحِيمِيَّتِكَ وَ فَهِّمْنَا اَسْرَارَ بِسْمِ اللّٰهِ الرَّحْمٰنِ الرَّحِيمِ كَمَا يَلِيقُ بِرَحْمَانِيَّتِكَ

آمِينَ[16]

SEXTO MISTÉRIO

Ó homem infeliz afligido por impotência sem limites e desejos infinitos! Vê a partir do seguinte quão valiosa e aceitável intercessora é a misericórdia divina. Pois é uma forma de conhecer o Soberano Todo-Glorioso, em cujo exército tanto as estrelas como as partículas diminutas servem juntas em perfeita ordem e obediência - o Monarca Glorioso da Pré-Eternidade e Pos-Eternidade, que é Autossuficiente e totalmente sem necessidade. Ele é Rico, sem limite e de nenhuma maneira tem necessidade do universo e de seus seres. O cosmos inteiro está sob o Seu comando e direção, totalmente obediente sob Sua majestade e grandeza, submisso diante de Sua sublimidade. Essa é a misericórdia divina para você, ó ser humano! Ela o eleva para a presença d'Aquele que carece de toda a necessidade, o Eterno Soberano, e faz você Seu amigo, destinatário, e bem-amado servo. Mas, assim como você não pode alcançar o sol e está longe disso, embora ele preencha o seu espelho com a sua luz, reflexão e manifestação, você não pode de maneira nenhuma aproximar-se dele; da mesma maneira nós estamos infinitamente distantes do mais Puro e Santo, o Sol da Pré-Eternidade e Pós-Eternidade, e não podemos nos aproximar de Allah, mas a luz de Sua misericórdia O traz mais perto de nós.

Ó ser humano! Qualquer pessoa que encontra esta misericórdia encontra um tesouro eternamente inesgotável de luz. E a maneira de encontrá-la é seguir as práticas do Mensageiro mais Nobre (Allah o abençoe e lhe dê paz), que foi o exemplo mais brilhante e representante da misericórdia, a língua e o arauto mais eloquente, que foi descrito no Alcorão como uma "**Misericórdia para todas as criaturas**".

O caminho para atingir esta forma de realização da misericórdia que é uma misericórdia para todas as criaturas é proferir a prece invocando bênçãos de Allah sobre ele. Na verdade, o sentido desta prece é misericórdia. Como uma prece de misericórdia para a encarnação viva da misericórdia divina, é um meio de alcançar a Misericórdia de todas as criaturas (Allah o abençoe e lhe dê paz). Então, faça esta prece o meio para a misericórdia para todas as criaturas para si mesmo, e, ao mesmo tempo fazê-lo os meios de se alcançar a mercê do Misericordiosíssimo.

Toda a comunidade muçulmana em toda a sua vastidão profere esta prece que é sinônimo de misericórdia para a Misericórdia de todas as criaturas (Allah o abençoe e lhe dê paz) prova de forma brilhante que presente precioso é a misericórdia divina, e quão ampla é a sua esfera.

Conclusão: Assim como a joia mais preciosa do tesouro da misericórdia é o Profeta Mohammad (Allah o abençoe e lhe dê paz), seu porteiro, então é a sua primeira chave ﴿بِسْمِ اللّٰهِ الرَّحْمٰنِ الرَّحِيمِ﴾, e sua chave mais fácil a prece pelo Profeta (Allah o abençoe e lhe dê paz).

اَللّٰهُمَّ بِحَقِّ اَسْرَارِ بِسْمِ اللّٰهِ الرَّحْمٰنِ الرَّحِيمِ صَلِّ وَ سَلِّمْ عَلَى مَنْ اَرْسَلْتَهُ رَحْمَةً لِلْعَالَمِينَ كَمَا يَلِيقُ بِرَحْمَتِكَ وَ بِحُرْمَتِهِ وَ عَلَى آلِهِ وَ اَصْحَابِهِ اَجْمَعِينَ وَ ارْحَمْنَا رَحْمَةً تُغْنِينَا بِهَا عَنْ رَحْمَةِ مَنْ سِوَاكَ مِنْ خَلْقِكَ آمِينَ[17]

﴿سُبْحَانَكَ لاَ عِلْمَ لَنَا اِلاَّ مَا عَلَّمْتَنَا اِنَّكَ اَنْتَ الْعَلِيمُ الْحَكِيمُ﴾[18]

***

A Segunda Palavra

﴿ بِسْمِ اللّٰهِ الرَّحْمٰنِ الرَّحِيمِ ۞ اَلَّذِينَ يُؤْمِنُونَ بِالْغَيْبِ ﴾ [19]

Se você quiser entender que grande felicidade e generosidade, que grande prazer e tranquilidade encontram-se na crença em Allah ouça esta história:

Uma vez, dois homens partiram em uma jornada de prazer e negócios. Um partiu numa direção egoísta e não auspiciosa, e o outro num caminho piedoso e favorável.

O egoísta era tão vaidoso, egocêntrico e pessimista, que acabou no que lhe pareceu ser um país mais perverso. Ele olhou ao redor e em toda parte viu o impotente e o infeliz lamentando o aperto de temíveis opressões de tiranos. Ele viu a mesma situação grave e dolorosa em todos os lugares que visitou, o país inteiro tomou a forma de uma casa em luto. Além de tornar-se um bêbado, ele não conseguiu encontrar uma forma de não sentir esta situação grave e sombria. Cada um lhe parecia ser inimigo e estrangeiro. E ao redor, ele viu cadáveres horríveis, órfãos desesperados, chorando. Sua consciência estava em estado de tormento.

O outro homem era piedoso, devoto, justo e de excelente moral, de tal forma que o país para onde foi era excelente em sua opinião. Este bom homem viu alegria geral na terra em que tinha entrado. Em todos os lugares havia uma festa alegre, um lugar para a lembrança de Allah, transbordando de êxtase e felicidade. Todo mundo parecia-lhe um amigo e parente. Em todo o país viu celebrações festivas e uma desmobilização geral de deveres acompanhados por gritos de bons votos e agradecimentos. Ele também ouviu o som de um tambor e uma banda convocando para o alistamento de soldados com invocações felizes de Takbir[20] e Tahlil[21]. Em vez de ficar triste com o seu sofrimento e o de todas as pessoas, como aconteceu com o infeliz primeiro homem. Esse homem de sorte ficou satisfeito e feliz, tanto pela sua alegria como pela alegria de todos os habitantes. E por ter obtido o abençoado e rentável comércio, agradeceu a Allah.

Depois de algum tempo ele voltou e deparou-se com o outro homem. Ele compreendeu sua condição, e lhe disse: "Você estava louco. A feiura dentro de você deve ter-se refletido na parte externa, de modo que você imaginou o riso como choro, e o cumprimento de direitos como saque e pilhagem. Recobre o juízo e purifique o seu coração para que este véu calamitoso seja levantado de seus olhos e você possa ver a verdade. Uma vez que, o país de um rei totalmente justo, compassivo, benevolente, poderoso, que prega o amor não poderia ser como você imaginou, nem poderia ser o país que demonstrou este número de sinais claros de progresso e realização." O infeliz mais tarde recobrou o juízo e se arrependeu. Ele disse: "Sim, eu estava louco por causa da bebida. Que Allah esteja satisfeito com você por ter-me salvo de um estado infernal."

Ó minha alma! Saiba que o primeiro homem representa o infiel, ou alguém depravado e desatento. Em sua opinião, o mundo é uma casa em luto universal, onde todos os seres vivos são órfãos, e choram os infortúnios de morte e separação. Homens e animais estão sozinhos e sem vínculos, sendo dilacerados pelas garras da hora marcada. Seres poderosos, como as montanhas e os oceanos são como horrendos cadáveres sem espírito. Muitas coisas graves e delírios esmagadores e aterrorizantes, como esses, surgem da sua descrença e desorientação, e o atormentam.

Quanto ao outro homem, ele é um crente. Ele reconhece e crê no Poder de Allah. Na opinião dele, este mundo é um lugar para a lembrança onde os nomes do Misericordioso são constantemente mencionados, um local de instrução para homens e animais, e um campo de análise para os gênios e os humanos. Todas as mortes dos animais e dos seres humanos são uma desmobilização. Aqueles que concluíram seus deveres partem desta vida que é transitória para a outra, felizes e livres dos problemas do mundo. Assim, o lugar pode ser ocupado com a vinda de novos funcionários para trabalharem. O nascimento de animais e seres humanos marca seu alistamento no exército, o recebimento de armas, e o início das suas atividades. Cada ser vivo é um alegre e regular soldado, um honesto e contente funcionário. Todas as vozes são ou de glorificação a Allah, ou de recordação de Seus nomes no início das suas funções, ou de agradecimento e alegria no encerramento de seu trabalho, ou os cantos resultantes da sua alegria no trabalho. Na visão do crente, todos os seres são servos amigos, funcionários cordiais e livros agradáveis de seu mais Generoso Senhor e Compassivo Proprietário. Muitas verdades mais sutis, exaltantes, agradáveis, doces como estas que se manifestam a partir de sua crença.

Ou seja, a crença em Allah tem a semente do que é na verdade uma alegórica Árvore do Paraíso, enquanto a descrença esconde a semente da árvore de Zakkum do Inferno.

Isso significa que a salvação e a segurança são encontradas apenas no Islam e na crença. Nesse caso, devemos continuamente dizer:

اَلْحَمْدُ لِلّٰهِ عَلَى دِينِ الْاِسْلَامِ وَ كَمَالِ الْاِيمَانِ[22]

***

A Terceira Palavra

[23] ﴿ بِسْمِ اللّٰهِ الرَّحْمٰنِ الرَّحِيمِ ۞ يَا اَيُّهَا النَّاسُ اعْبُدُوا ﴾

Se você quiser entender que grande lucro e felicidade estão incluídos no culto, e que grande perda e ruína se encontram no vício e na dissipação, ouça e preste atenção à seguinte história:

Uma vez, dois soldados receberam ordens para seguirem para uma cidade distante. Eles partiram juntos até uma bifurcação da estrada. Ali havia um homem que lhes disse: "A estrada à direita, além de não causar nenhum dano, nove em cada dez pessoas que a percorrem recebem um alto lucro e experimentam grande facilidade. Já a estrada à esquerda não fornece nenhuma vantagem, nove em cada dez dos que viajam por ela, sofrem danos. Mas as estradas têm a mesma distância. Só há uma diferença: aqueles que tomam a estrada à esquerda, que não tem regras e nenhuma autoridade, viajam sem bagagem e armas. Eles sentem uma aparente leveza e uma facilidade enganosa. Considerando aqueles que viajam na estrada da direita, que estão sob ordem militar, são obrigados a utilizar uma mochila cheia de rações nutritivas, quatro quilos mais ou menos em peso e um magnífico rifle de cerca de dois quilos com o qual irão dominar e derrotar todos os inimigos..."

Depois que os dois soldados escutaram as instruções daquele homem, o afortunado tomou a estrada da direita. Ele carregou o peso de dez quilos nas costas, mas o seu coração e espírito foram salvos de milhares de pesos de medo, sem se sentir coagido por ninguém. Quanto ao outro infeliz soldado, desertou do exército. Ele não queria estar de acordo com a ordem, e seguiu para a esquerda. Livrou-se da carga de dez quilos, mas seu coração estava apertado por milhares de pesos de endividamento, e seu espírito esmagado por inúmeros medos. Ele prosseguiu em seu caminho, implorando a todos e tremendo perante cada objeto e cada evento até chegar ao seu destino. E lá foi punido como amotinado e desertor.

Quanto ao soldado que obedecia a ordem do exército, guardou sua mochila e rifle, e tomou o caminho da direita, seguiu o caminho sem ser constrangido por ninguém, sem medo, com o coração sereno e a consciência tranquila, até alcançar a cidade que estava procurando. Lá, ele recebeu uma recompensa digna de um soldado honrado, que tinha cumprido fielmente o seu dever. Ó alma rebelde! Fique sabendo que um desses dois viajantes representa aqueles que se submetem à Lei Divina, enquanto o outro representa os amotinados e aqueles que seguem seus próprios desejos. A estrada é a da vida, que vem do Mundo Espiritual, passa pelo túmulo, e leva para o futuro. Quanto à mochila e ao rifle, eles são culto e temor a Allah. Há uma carga aparente em adoração, mas há uma facilidade e leveza em seu significado que desafia a descrição. Pois na *salat* o adorador declara: اَشْهَدُ اَنْ لَا اِلٰهَ اِلَّا اللّٰهُ

Significa: *"Não Presto testemunho que não há outra divindade além de Allah; o benefício e o malefício estão em Suas Mãos. Ele é tanto Prudente, não faz nada em vão, como é Misericordioso; Sua bondade e misericórdia são abundantes".*

O crente crê no que diz, pois encontra em cada coisa uma porta que se abre para os tesouros da misericórdia Divina e nela bate com súplica. Além disso, ele vê que tudo está subjugado ao comando de seu próprio Senhor. Então, refugia-se n'Ele com evocações. Este que acredita coloca sua confiança em Allah e confia n'Ele para fortificá-lo contra todos os desastres; sua crença lhe dá total segurança.

Na verdade, a fonte da coragem representa todas as virtudes verdadeiras; é a crença em Allah, e a servidão a Ele. Por outro lado, a fonte da covardia representa todas as iniquidades e o extravio.

Na verdade, para um servo com coração verdadeiramente iluminado, é possível que, mesmo que o globo terrestre se tornasse uma bomba e explodisse, não iria assustá-lo. Ele iria vê-lo com admiração prazerosa como uma maravilha do poder do Eternamente procurado. Mas o insensato, com o coração morto, mesmo que seja um famoso filósofo com mente iluminada, ao ver um cometa no céu, fica com medo, e se pergunta com ansiedade: “Será que o cometa vai se chocar com a terra?” E fica imaginando coisas. Uma ocasião os americanos ficaram com muito medo por causa de um cometa que apareceu no céu, e muitas pessoas deixaram suas casas no meio da noite.

Sim, embora o homem tenha necessidade de coisas inumeráveis, seu capital é quase nada. Embora esteja sujeito a calamidades sem fim, seu poder também não é praticamente nada. Simplesmente, o seu capital e poder se estendem apenas ao alcance da mão. No entanto, suas esperanças, desejos, dores e atribulações chegam tão longe quanto o olho e a imaginação podem alcançar.

Quão necessitado o espírito das pessoas incapazes, fracas, pobres de verdades da adoração, da confiança, da Unicidade e da submissão. Quão grande é o lucro, a felicidade e a graça! Quem não é totalmente cego pode ver e entender isso.

É óbvio que a forma segura é preferível à forma prejudicial, mesmo se a possibilidade da sua segurança é apenas um em dez. Certamente, o caminho da adoração, que é o nosso assunto aqui, além de não ser prejudicial e a possibilidade de seu benefício seja nove em cada dez, ele nos fornece um tesouro da felicidade eterna, enquanto o caminho da corrupção e insensatez, com o reconhecimento do próprio corrupto - além de ser de benefício nulo, é motivo da infelicidade e da perdição eternas, com a conscientização da perda e da falta do bem na proporção de nove em dez. Esta questão é estabelecida pelo testemunho de inúmeros especialistas e testemunhadores ao grau do consenso que, além de ser sem benefício, e o dissoluto confessa mesmo isso, o caminho do vício e da dissipação termina em desgraça eterna. Segundo os relatos daqueles que descobriram os mistérios da criação isto é absolutamente certo.

Em resumo: a felicidade neste mundo - como no Outro - também está no culto e no ser soldado de Allah. Nesse caso, devemos constantemente dizer:

اَلْحَمْدُ لِلّٰهِ عَلَى الطَّاعَةِ وَالتَّوْفِيقِ [24]

E devemos agradecer a Ele, Exaltado seja por sermos muçulmanos...

A Quarta Palavra

بِسْمِ اللّٰهِ الرَّحْمٰنِ الرَّح۪يمِ اَلصَّلاَةُ عِمَادُ الدّ۪ينِ [25]

Se você quiser entender quão valiosa e importante é *salat*, e como é fácil obter seus ganhos e lucros, e que quem não realiza *salat* é louco e perdedor,com plena consciência, assim como dois vezes dois são quatro, preste atenção à seguinte pequena história:

Uma vez, um poderoso governante deu a cada um de dois de seus servos vinte e quatro peças de ouro e mandou-os chegar a uma de suas ricas fazendas cuja distância era de dois meses. "Usem esse dinheiro para pagamento da passagem até as fazendas", ordenou-lhes, "e comprem o que for necessário para a sua estadia lá. Há uma estação na distância de um dia da fazenda onde há todo tipo de transporte: rodoviário, ferroviário, marítimo, aéreo, e cada um com um preço".

Os dois servos partiram depois de receberem as instruções. Um deles teve sorte de modo que gastou uma pequena quantidade de dinheiro no caminho para a estação. Gastou-a em um negócio lucrativo e agradável ao seu senhor que o seu capital aumentou em mil vezes.

Quanto ao outro servo, por infelicidade e insensatez, gastou vinte e três peças de ouro no caminho para a estação, desperdiçando-as em jogos e divertimentos. Perdeu tudo menos uma só peça de ouro ao chegar à estação. Seu amigo lhe disse: "Gaste esta última peça de ouro para comprar uma passagem para que você não tenha que andar a longa jornada e passar fome. Além disso, nosso mestre é generoso, talvez ele tenha pena de você e perdoará as suas faltas e lhe permita embarcar no avião também. Assim, vamos chegar ao nosso destino juntos em um só dia. Caso contrário, você será obrigado a andar sozinho e com fome em um deserto que leva dois meses para atravessar".

Uma pessoa menos inteligente pode entender quão insensato, prejudicial e sem sentido que ele seria se, por obstinação, não gastar aquela única peça de ouro remanescente com uma passagem, que é como a chave de um tesouro e, em vez disso, gastá-la em prazer passageiro. Não é isso?

Ó quem que não realiza *salat*! Ó minha alma, que não gosta de *salat*! O governante na comparação é o nosso Senhor, nosso Criador. Dos dois servos que viajam, um representa os devotos que realizam *salat* com fervor, e o outro, os desatentos que negligenciam sua *salat*. As vinte e quatro peças de ouro são a vida em cada dia de 24 horas. E a propriedade real é o Paraíso. Quanto à estação, é o túmulo. E a viagem é a passagem do homem para a sepultura, para a ressurreição e a eternidade. As pessoas cobrem essa longa viagem em diferentes graus de acordo com suas ações e a força de seu temor a Allah. Alguns dos devotos realmente cruzam a distância de mil anos em um dia como um relâmpago. Alguns percorrem a distância de cinquenta mil anos em um dia com a velocidade da imaginação. O Alcorão de Estatura Poderosa alude a esta verdade com dois de seus versículos.

A passagem, na comparação, representa a *salat*. Uma única hora por dia é suficiente para as cinco *salat*, juntamente com o realizar as abluções. Assim, é uma grande perda a pessoa que passa vinte e três horas nesta vida passageira mundana, e falha em passar uma hora pela longa vida do futuro, como comete injustiça consigo próprio! Como ele se comporta irracionalmente! Qualquer um que se considera inteligente entende quão irracional e insensata tal conduta da pessoa é, e quão longe da razão ele se tornou. Se pensasse que fosse razoável, daria a metade de sua propriedade numa loteria em que mil pessoas estão participando e a possibilidade de ganhar é uma em mil, e não dá um vinte e quatro avos dele para um tesouro eterno, onde a possibilidade de ganhar é noventa e nove por cento certa?

Certamente, o espírito, o coração e a mente encontram grande tranquilidade na *salat*. E não é um ato cansativo para o corpo. Além disso, com a intenção correta, todos os demais atos de alguém que realiza *salat* se tornam um culto. Ele pode transformar a totalidade do dinheiro da sua vida na Outra Vida, desta forma, ele pode transformar a sua vida transitória em permanente em um aspecto...

***

A Quinta Palavra

بِسْــــــمِ اللّٰهِ الرَّحْمٰنِ الرَّحِيمِ

﴿اِنَّ اللّٰهَ مَعَ الَّذِينَ اتَّقَوْا وَالَّذِينَ هُمْ مُحْسِنُونَ﴾[26]

Se você quiser saber o que é um dever verdadeiramente humano e a função natural e apropriada da criação do homem, realiza *salat* e não comete pecados graves ouça e dê atenção à seguinte comparação:

Em um momento de mobilização geral, dois soldados encontraram-se em um regimento. Um deles era bem treinado e consciente, o outro, um recruta inexperiente e egocêntrico. O soldado de consciência concentrada na formação e na guerra, não pensava nas rações e provisões, pois sabia que era dever do Estado alimentá-lo e equipá-lo, tratá-lo se ficasse doente, e até mesmo colocar comida em sua boca quando surgisse a necessidade. Ele sabia que seu dever de treinar e lutar era essencial. Mas também cuidava de algumas rações e equipamentos como parte de seu trabalho. Fervia as panelas, lavava os pratos, e cuidava deles. Se alguém lhe perguntava:

– "O que você está fazendo?"

Ele respondia:

– "Estou fazendo alguns deveres do Estado como voluntário."

Ele não dizia: "Estou a trabalhar para o meu sustento."

O recruta, no entanto, gostava de seu estômago e não prestava atenção ao treinamento e à luta. Dizia: "Isso é um negócio do Estado. Nada tenho com isso!" Ele pensava constantemente em seu sustento, e o buscava; deixava o regimento e ia ao mercado fazer compras. Um dia seu amigo bem treinado disse-lhe:

– "Seu dever básico é o treinamento e a luta, irmão. Você foi trazido aqui para isso. Tenha confiança no rei, ele não vai deixá-lo passar fome. É o Seu dever. De qualquer forma, você é impotente e necessitado e não pode se alimentar em toda parte. Este é um momento de mobilização e de guerra, ele irá acusá-lo de rebeldia e puni-lo. Sim, há dois deveres que nos dizem respeito: um deles é o dever do rei, às vezes fazemos os Seus deveres e ele nos alimenta por isso. O outro que é nosso dever: o treinamento e o combate, e às vezes o rei nos ajuda com isso."

Claro que você entenderá quão perigoso o soldado leigo seria se ele não prestasse atenção à luta, nem ao bem treinado soldado.

Ó minha alma preguiçosa! O lugar turbulento da guerra é esta vida tempestuosa e mundana, e o exército dividido em regimentos é a sociedade humana. O regimento, na comparação, é a comunidade do Islam neste século. Um dos dois soldados é o muçulmano devoto que conhece bem as obrigações de sua religião e as executa, luta contra Satanás e sua própria alma para desistir dos malefícios graves e não cometer pecados. Enquanto o outro é um degenerado malfeitor que está tão imerso na luta pela sobrevivência que lança farpas sobre o Verdadeiro Provedor, abandona as suas obrigações religiosas, e comete qualquer pecado que cruza o seu caminho de ganhar a vida. Quanto ao treino e à instrução, são *salat* e adoração. A guerra é a luta contra a alma e seus desejos, e contra os demônios entre os gênios e humanos; para livrá-los do pecado e dos maus costumes, e salvar o coração e o espírito da perdição eterna. A primeira das duas funções é dar a vida e sustentá-la, enquanto a outra é adorar e suplicar ao Doador e Sustentador da vida. É confiar em Allah e depender d'Ele.

Na verdade, quem fez e deu a vida, que é o milagre mais brilhante da arte d'Aquele eternamente procurado e uma das maravilhas da sabedoria Divina, é Aquele que a mantém e a perpetua com o sustento. Não pode ser outro. Quer uma prova? Os animais mais impotentes e estúpidos são os mais nutridos; como peixes, e vermes de frutos. E são as criaturas mais indefesas e delicadas que têm excelentes alimentos; como crianças e crias de todas as espécies.

Com certeza, é suficiente comparar peixes com raposas, animais recém-nascidos com animais selvagens e árvores com animais, a fim de compreender que a comida lícita é obtida não por meio do poder e da vontade, mas pela impotência e desamparo. Ou seja, alguém que desiste de realizar *salat* por causa da luta pela sobrevivência se assemelha ao soldado que abandonou ao seu treinamento e trincheira e foi pedir no mercado. Mas, buscar rações das cozinhas do Provedor Misericordioso do Todo-Generoso, após realizar as *salat*, e ir por si e não ser um fardo sobre os outros é excelente e viril. Também é uma espécie de adoração.

Além disso, a natureza humana e as faculdades espirituais mostram que ele é criado para a adoração. Pois em relação ao poder e às ações necessárias para a vida deste mundo, ele não pode competir com o mais inferior pardal. Enquanto em respeito ao conhecimento e à necessidade, da adoração e súplica, que são necessários para a vida espiritual e para a Outra Vida, ele é como o sultão e comandante dos animais.

Ó minha alma! Se você faz da vida deste mundo o objetivo de sua vida e trabalha constantemente para isso, você se tornará como o menor pardal. Mas se você faz a Vida Futura o seu objetivo final, e faz desta vida os meios disso e seu preparo e esforço de acordo com isso, então você será como um comandante eminente dos animais, e um mimado e suplicante servo do Todo-Poderoso Allah, e seu honrado e respeitado convidado.

Esses são os seus dois caminhos! Você pode escolher o que você quiser... Então, pede orientação e sucesso do Mais Clemente dos clementes...

***

A Sexta Palavra

بِسْمِ اللّٰهِ الرَّحْمٰنِ الرَّحِيمِ

﴿ إِنَّ اللّٰهَ اشْتَرٰى مِنَ الْمُؤْمِنِينَ أَنْفُسَهُمْ وَأَمْوَالَهُمْ بِأَنَّ لَهُمُ الْجَنَّةَ ﴾[27]

Se você quiser entender quão lucrativo um comércio seja, e quão honrado posto é o de vender a própria pessoa e os bens a Allah, ser Seu servo e soldado, então, ouça a seguinte comparação:

Uma vez um rei confiou a cada um de dois de seus súditos uma propriedade, incluindo fábricas necessárias, máquinas, cavalos, armas e assim por diante. Mas como era uma idade tempestuosa e de guerras, nada denotava estabilidade; era destinado tanto a desaparecer ou mudar. O rei, em sua infinita misericórdia, enviou um nobre tenente para os dois homens e por meio de um decreto compassivo transmitiu o seguinte a eles: “Vendam-me o que possuem em confiança, para que eu possa mantê-lo para vocês. Não deixem que seja destruído em vão. Após as guerras terminarem, vou devolvê-lo em melhor condição do que antes. Vou considerar a confiança como suas propriedades e lhes pagar um preço bem alto por isso.

Quanto à maquinaria e as ferramentas na fábrica, serão usadas em meu nome e em minha bancada. Mas o preço e a taxa pela sua utilização devem ser aumentados em mil vezes. Vocês receberão todo o lucro que resulta disso. Vocês são indigentes e sem recursos, e incapazes de fornecer o custo dessas grandes tarefas. Então, deixem-me assumir a prestação de todas as despesas e equipamentos, e dar-lhes toda a renda e os benefícios. Vocês devem mantê-los até a hora da desmobilização.

Então vejam as cinco maneiras pelas quais vocês obterão lucro! Agora, se vocês não me venderem a propriedade, podem ver que ninguém é capaz de preservar o que possui, e vocês também vão perder o que já possuem. Vão desaparecer por nada, vão perder o alto preço que ofereço. As delicadas e preciosas ferramentas e balanças, os metais preciosos à espera de serem utilizados, também vão perder todo o valor. Vocês terão o problema e a preocupação de administrar e preservar, mas ao mesmo tempo, serão punidos por traírem a confiança que lhes foi dada. Então, vejam as cinco maneiras pelas quais vocês podem perder! Além disso, se vocês venderem as propriedades para mim, vocês se tornarão meus soldados e agirão em meu nome. Em vez de prisioneiros comuns ou soldados irregulares, vocês serão livres-tenentes de um monarca exaltado”.

Depois de terem ouvido e elogiado a este decreto compassivo, o mais inteligente dos dois homens, disse:

– “Sem dúvida, estou orgulhoso e feliz de vender. Agradeço mil vezes”.

Mas o outro era arrogante, egoísta e libertino; sua alma tornou-se tão orgulhosa quanto a do Faraó. Como se ele fosse permanecer eternamente naquele estado; ignorou o tremor de terra e os tumultos deste mundo.

Disse:"Não! Quem é o rei? Eu não vou vender minha propriedade, nem estragar o meu prazer".

Depois de um curto período de tempo, o primeiro homem chegou a tão alto grau que todos invejavam seu estado. Ele recebeu o favor do rei, e viveu feliz no próprio palácio do rei. O outro, ao contrário, caiu em tal estado que todo mundo tinha pena dele, mas também disse que ele merecia. Pois como resultado de seu erro, sua felicidade e propriedade desapareceram, e sofreu a punição e o tormento.

Ó alma cheia de caprichos! Olhe para o rosto da verdade através do telescópio desta parábola. Quanto ao rei, ele é o Monarca de Pré e Pós-Eternidade, seu Sustentador e Criador. As propriedades, máquinas, ferramentas e balanças são as suas posses, enquanto na vida terrena; o seu corpo, espírito e coração dentro dessas posses, e seus sentidos exteriores e interiores, como os olhos, a língua, a inteligência e a imaginação. Quanto ao nobre tenente, é o nobre Mensageiro de Allah; e o decreto mais sábio é o Alcorão Sagrado, que descreve o comércio importante que estamos discutindo neste versículo:

﴿ إِنَّ اللّٰهَ اشْتَرٰى مِنَ الْمُؤْمِنِينَ اَنْفُسَهُمْ وَاَمْوَالَهُمْ بِاَنَّ لَهُمُ الْجَنَّةَ ﴾ [28]

O campo de afluência de batalha é a superfície tempestuosa do mundo, que muda incessantemente, dissolve-se e se reforma e faz com que o ser humano pense:

"Uma vez que tudo vai deixar nossas mãos, perecer e se perder, não há nenhuma maneira em que podemos transformá-lo em algo eterno e preservá-lo?"

Enquanto envolvido nesses pensamentos, de repente ele ouve a voz celestial da palavra do Alcorão:

– "Na verdade, existe, uma forma bonita e fácil que contém cinco lucros dentro de si".

– Que forma é essa?

Para vender a confiança recebida de volta ao seu verdadeiro dono. Essa venda rende um lucro cinco vezes mais.

O Primeiro Lucro: A propriedade transitória se torna eterna. Quanto à esta vida minguante, quando dada ao Senhor Eterno e Autossubsistente da Glória e passada em defesa de Sua causa, será transformada em eternidade. Vai render frutos eternos. Os momentos de uma vida evidentemente vão desaparecer e apodrecer como grãos e sementes. Mas, então, as flores de bem-aventurança e o auspício abrirão e florescerão na esfera da eternidade, e cada um também apresentará um aspecto luminoso e reconfortante no Reino Intermediário.

O Segundo Lucro: O alto preço do Paraíso é dado em troca.

O Terceiro Lucro: O valor de cada membro e cada sentido é aumentado mil vezes. A inteligência é, por exemplo, como uma ferramenta. Se você não vendê-la a Allah Todo-Poderoso, mas sim empregá-la para o bem da alma, ela se tornará uma ferramenta de mau agouro, nociva e debilitante que será um fardo para sua fraca pessoa, com todas as tristezas do passado e os medos aterradores do futuro; descerá ao nível de uma ferramenta destrutiva. É por esta razão que o pecador frequentemente recorrerá à embriaguez ou ao prazer frívolo, a fim de escapar dos vexames e injúrias de sua inteligência. Mas se você vender a sua inteligência ao seu Verdadeiro Dono e empregá-la em Seu Nome, então a inteligência se tornará a chave de um talismã, desbloqueando os infinitos tesouros de compaixão e os cofres da sabedoria que a criação contém. Com isso, alcança a orientação divina que proporciona a felicidade eterna.

Para dar outro exemplo, o olho é um dos sentidos, uma janela através da qual o espírito olha para fora deste mundo. Se você não vendê-la a Allah Todo-Poderoso, mas sim empregá-la em nome da alma, contemplando um punhado de transientes, belezas e cenas temporárias, ela descerá ao nível de ser um alcoviteiro de uma alma de luxúria. Mas se você vender o olho para o seu Criador Que tudo vê, e empregá-la em Seu nome e dentro dos limites traçados por Ele, então, seu olho subirá para a posição de um leitor do Grande Livro do Ser, uma testemunha dos milagres de arte Divina, uma abelha abençoada sugando as flores de misericórdia no jardim deste mundo.

Ainda, outro exemplo é o da língua e o sentido do sabor. Se você não vendê-la para o seu Onisciente Criador, mas empregá-la, em vez disso, em nome da alma e para o bem do estômago, ela afunda e diminui ao nível de um porteiro no estábulo do estômago, um vigia em sua fábrica. Mas se você vendê-la para o Provedor Generoso, o sentido do sabor contido na língua subirá para o posto de superintendente hábil dos tesouros da compaixão divina, um inspetor grato nas cozinhas de "samadaniya" (poder eterno de Allah).

Então olhe bem, ó inteligente! Veja a diferença entre uma ferramenta de destruição e a chave para o Universo! E olhe com cuidado, ó olho! Veja a diferença entre um alcoviteiro abominável e o sábio superintendente da biblioteca Divina! E saboreie também, ó língua! Veja a diferença entre um porteiro de estábulo ou um vigia de fábrica e o superintendente do tesouro da misericórdia de Allah!

Compare todas as outras ferramentas e os membros destas, e então entenderá que na verdade o crente adquire um caráter digno do Paraíso e o incrédulo, uma natureza em conformidade com o Inferno. A razão para cada um deles atingir o seu respectivo valor é que o crente, em virtude da sua fé, usa a confiança de seu Criador em Seu nome e dentro dos limites traçados por Ele, enquanto o incrédulo trai a confiança e a emprega para o bem da alma instintiva.

O quarto lucro: O homem é indefeso e exposto a inúmeras desgraças. Ele é indigente, e suas necessidades são inúmeras. Ele é fraco, e o fardo da vida é muito pesado. Se ele não contar com o Onipotente da Glória, colocar sua confiança em Allah e se submeter a Ele, sua consciência será sempre incomodada. Infrutíferos tormentos, dores e arrependimentos vão sufocá-lo e intoxicá-lo, ou transformá-lo em um monstro.

O quinto lucro: Aqueles que experimentaram um conhecimento de sabedoria que foi revelada a eles, a verdadeira natureza das coisas, os eleitos que tenham testemunhado a verdade, estão todos de acordo que a exaltada recompensa por toda a adoração e glorificação de Allah realizada por seus membros e instrumentos serão dados a vocês no momento de maior necessidade, na forma de frutos do Paraíso.

Se você rejeitar este comércio com o seu quíntuplo de lucro, além de ser privado de seus lucros, você sofrerá uma perda cinco vezes maior.

A primeira perda: A propriedade e os filhos aos quais você está tão ligado, a alma e seu capricho que você adora, a juventude e a vida pelas quais você está apaixonado, tudo vai desaparecer e se perder; suas mãos estarão vazias. Mas eles deixarão para trás o pecado e a dor, presos em seu pescoço como um jugo.

A segunda perda: Você vai sofrer a pena por traição de confiança, por ter prejudicado a si próprio, usando as ferramentas mais preciosas nos objetos mais inúteis.

A terceira perda: Por ter derrubado todas as faculdades preciosas do ser humano a um nível muito inferior aos animais, você terá insultado e transgredido contra a sabedoria de Allah.

A quarta perda: Na sua fraqueza e pobreza, você terá colocado o pesado fardo da vida em seus ombros fracos, e gemerá constantemente e lamentará sob os golpes da transitoriedade e da separação.

A quinta perda: Você será vestido de uma forma feia, apto a abrir as portas do Inferno na sua frente, os dons justos do Compassivo, tais como a inteligência, o coração, os olhos e a língua, dados a você para se preparar para os fundamentos da vida eterna e a felicidade eterna da Outra Vida.

Agora, vamos verificar a troca. É tão difícil que muitas pessoas evitem a transação? De maneira nenhuma! Não é, no mínimo, onerosa. Para os limites do permitido são amplas, e são bastante adequadas para o desejo do homem; não há necessidade de invadir o proibido.

Os deveres impostos por Allah são leves e em pouca quantidade. Ser servo e soldado de Allah é uma honra de indescritível prazer. O dever é simplesmente agir e embarcar em todas as coisas em nome de Allah, como um soldado, de tomar e dar, em nome de Allah, para se mover e ficar de acordo com a Sua permissão e direito. Se alguém comete erro, então deve buscar o Seu perdão, e dizer:

"Ó Senhor, perdoa as nossas faltas, e nos aceita como Teus servos. Faz-nos detentores de certeza de Tua confiança até a vinda do tempo quando é retirado de nós. Amém!" E faz uma petição a Ele.

***

A Sétima Palavra

Se você quiser entender quão valioso o talismã da solução da dificuldade nas duas partes da frase:[28] اٰمَنْتُ بِاللّٰهِ وَ بِالْيَوْمِ الْاٰخِرِ que abrem tanto o talismã da criação como a porta da felicidade para o espírito humano, e quão benéficos e curativos os dois remédios são a confiança em seu Criador, poder se refugiar n'Ele pela paciência e pela súplica, e suplicando por meio de seu provedor de graças, e quão importantes, preciosos, as brilhantes passagens para a viagem rumo à eternidade. Provisões para a Outra Vida e luz para o túmulo - são o ouvir o Alcorão, obedecendo a seus comandos, realizando *salat*, e desistindo de pecados graves, em seguida, ouvir e prestar atenção a esta comparação:

Uma vez, um soldado caiu na mais grave situação no campo de batalha, no exame, e no ciclo de ganhos e perdas. O soldado teve dois ferimentos profundos e terríveis em seus lados direito e esquerdo e atrás dele estava um enorme leão como se estivesse esperando para atacá-lo. Perante ele havia uma forca que estava colocada para matar e aniquilar todos aqueles que ele amava e estava, também, à espera dele. Além disso, tinha uma longa jornada perante ele: estava sendo exilado.

Enquanto o soldado infeliz ponderava sobre sua situação terrível em desespero, uma pessoa bondosa brilhando com a luz como o Khidr apareceu. Disse-lhe: "Não se desespere vou lhe dar dois talismãs e ensiná-lo como usá-los. Se você usá-los corretamente, o leão vai se tornar um cavalo dócil para você, a forca vai se transformar em um balanço para o seu prazer e diversão. Também vou lhe dar dois medicamentos. Se você seguir as instruções, as duas feridas formadas com pus irão se transformar em dois doces aromas de flores chamados a Rosa de Mohammad (Allah o abençoe e lhe dê paz). Além disso, vou lhe dar uma passagem com ela, você será capaz de viajar um ano em um dia como se voasse. Se você não acredita em mim, experimenta um pouco, de modo que você pode ver que é verdade." O soldado experimentou um pouco, e afirmou que era verdade. Sim, eu, o infeliz Said, afirmo-o também. Pois eu experimentei e vi que era absolutamente verdadeiro.

Algum tempo depois, ele viu um astuto, debochado homem, esperto como o Diabo, vindo da esquerda trazendo muitas coisas ornamentadas, decoradas imagens e fantasias, e muitas bebidas inebriantes. Parou diante do soldado, e disse:

– "Ei, vamos, meu amigo! Vamos beber e nos divertir. Podemos olhar para estas fotos de garotas bonitas, ouvir música e comer esta comida saborosa."

Então ele lhe perguntou:

– "O que é que você está recitando sob sua respiração?"

– "Um talismã", foi a resposta.

– "Pare com esse disparate incompreensível! Não vamos estragar a nossa diversão presente!"

E ele fez uma segunda pergunta: "O que é que você tem na mão?"

– "Alguns medicamentos", respondeu o soldado.

– "Jogue-os fora! Você é saudável, não há nada de errado com você. É o momento de alegria."

E ele perguntou: "Qual pedaço de papel é aquele com cinco marcas sobre ele?"

– "É uma passagem e um cartão de rações".

– "Oh, rasga-os!", disse o homem.

– "Que necessidade tem de uma viagem nesta bela primavera?"

Ele tentou convencê-lo com todo tipo de artimanha, e o pobre soldado foi até um pouco convencido. Sim, o homem pode ser enganado. Eu também fui enganado por tais decepções astuciosas.

De repente, a partir da direita veio uma voz de trovão. "Cuidado!", disse. "Não se deixe enganar! Diga a esse malandro: Se você tem os meios para matar o leão atrás de mim, remover a forca diante de mim, repelir as coisas que ferem o meu lado direito e esquerdo, e impedir a viagem na minha frente, então venha e faça isso! Mostre que você pode fazê-lo e deixe-nos vê-lo! Então diga, vamos lá, vamos lá, vamos nos divertir. Caso contrário, fique em silêncio!" Fale da mesma forma como o Ser Celestial parecido com o Khidr fala.

Ó minha alma, que riu em sua juventude e agora chora o seu riso! Saiba que o soldado infeliz é você, homem. O leão é a hora marcada. Quanto à forca, é a morte, decadência, separação e, pela qual, a alternância da noite e do dia, todos os amigos deram adeus e se perderam.

Quanto às duas feridas, uma é a infinita e problemática impotência do homem, já a outra é sua grave e ilimitada pobreza. O exílio e a viagem é a longa jornada de exame que passa a partir do mundo dos espíritos através do útero e da infância à velhice; por meio do mundo, da sepultura e do reino intermediário, para a ressurreição e a Ponte do Sirat.[29]

Quanto aos dois talismãs, são a crença em Allah, Exaltado seja, e na Outra Vida.

Sim, com o segundo talismã sagrado, a morte assume a forma de um cavalo dominado, um corcel para tirar o crente da prisão do mundo para os jardins do Paraíso e a presença do Misericordiosíssimo. É por isso que os sábios que viram a realidade da morte a adoram. Eles a desejam antes de chegar. E com o talismã da crença em Allah, a passagem do tempo, que é declínio e separação, morte, doença e força assumem a forma dos meios para observar e contemplar com prazer perfeito os vários milagres do Criador, Todo-Glorioso.

Milagres multicoloridos, sempre renovados bordados, as maravilhas de Seu poder, e as manifestações de Sua misericórdia. Certamente, em espelhos que refletem as cores da luz do sol são alterados e renovados, e as imagens de cinema sendo mudadas, cenas mais bonitas são formadas.

Quanto aos dois medicamentos, um é confiar em Allah e ter paciência, e o outro é depender do poder do Criador e ter confiança em Sua sabedoria. É esse o caso? De fato, é. Que medo que um homem pode ter, que, com o certificado de sua impotência, depende do Monarca do Mundo com o poder de comando: [30] ﴿كُنْ فَيَكُونُ﴾ Em face da pior calamidade, ele diz: [31]﴿ اِنَّا لِلّٰهِ وَاِنَّا اِلَيْهِ رَاجِعُونَ ﴾ , e coloca sua confiança em seu

Sustentador Compassivo.

Uma pessoa com conhecimento de Allah tira prazer da impotência, do medo de Allah. Sim, há prazer no medo. Se um bebê de doze meses fosse suficientemente inteligente e fosse-lhe perguntado: "O que é mais agradável e doce para você?", ele poderia muito bem dizer: "Compreender a minha impotência e desamparo, e temer o gentil beijo de minha mãe e ao mesmo tempo refugiar-me em seu carinhoso peito". Mas a compaixão de todas as mães é um lampejo da manifestação da misericórdia Divina. É por esta razão que o sábio encontra tal prazer na impotência e no temor a Allah, que declaram veementemente livres de qualquer força e poder, e se refugiam em Allah com a sua impotência. Eles fizeram da impotência e do medo um intercessor deles.

O segundo medicamento é agradecimento e contentamento, rogos e súplicas, e confiança na misericórdia do Provedor Todo-Compassivo. É isso mesmo? Sim, pois como pode a pobreza, o desejo e a necessidade serem dolorosos e pesados para um convidado do Todo-Generoso e Munificente Que faz de toda a face da terra uma tabela de prêmios e a primavera um ramo de flores, e as coloca sobre a mesa e as espalha sobre ela? A pobreza enecessidade assumem a forma de um apetite agradável. O convidado tenta aumentar sua pobreza, da mesma forma que faz com o seu apetite. É por isso que os sábios tiveram orgulho da miséria e da pobreza. Mas cuidado, não me interpretem mal isso! Significa estar ciente de sua pobreza diante de Allah e louvá-Lo, não é desfilar com a pobreza diante do povo e assumir o ar de um mendigo.

Quanto à passagem e ao bilhete, são para cumprir as obrigações religiosas e, acima de tudo, *salat*, e desistir de pecados graves. É isso mesmo? Sim, é, pois, segundo o consenso daqueles que observam e têm conhecimento do Invisível e aqueles que desvendam os mistérios da criação, as provisões, a luz em conformidade com os mandamentos do Alcorão e evitando o que é proibido, e o corcel só pode ser obtido para a longa e escura estrada para pós-eternidade. A ciência, a filosofia e a arte nada valem naquela estrada. Sua luz alcança somente a porta do túmulo.

E assim, ó minha alma preguiçosa! Quão pequeno, leve e fácil realizar as cinco *salat* diárias e abandonar os sete pecados graves! Se você tem a faculdade da razão e não está corrompido, compreender quão importantes e extensos são os seus resultados, frutos e benefícios! Diga ao Satã e àquele homem que estava encorajando você a entrar no vício e na dissipação:

"Se você tem os meios para matar a morte, fazer desaparecer o declínio e a transitoriedade do mundo, eliminar a pobreza e a impotência do homem e fechar a porta da sepultura, diga-nos e deixe-nos ouvir isso! Caso contrário, fique em silêncio! O Alcorão lê o universo na grande mesquita da criação. Vamos ouvi-lo. Vamos ser iluminados com essa luz. Vamos agir de acordo com sua orientação. Vamos recitá-lo constantemente. Sim, o Alcorão é a palavra. Isso é o que dizem dele. É o Alcorão, que é a verdade, vem da verdade, diz a verdade, mostra a verdade e espalha sabedoria luminosa..."

اَللّٰهُمَّ نَوِّرْ قُلُوبَنَا بِنُورِ اْلاِيمَانِ وَ الْقُرْآنِ اَللّٰهُمَّ اَغْنِنَا بِاْلاِفْتِقَارِ اِلَيْكَ وَ لاَ تُفْقِرْنَا بِاْلاِسْتِغْنَاءِ عَنْكَ تَبَرَّأْنَا اِلَيْكَ مِنْ حَوْلِنَا وَ قُوَّتِنَا وَ الْتَجَئْنَا اِلَى وَلِكَو قُوَّتِكَ فَاجْعَلْنَا مِنَ الْمُتَوَكِّلِينَ عَلَيْكَ وَ لاَتَكِلْنَا اِلَى اَنْفُسِنَا وَاحْفَظْنَا بِحِفْظِكَ وَارْحَمْنَا وَ ارْحَمِ الْمُؤْمِنِينَ وَ الْمُؤْمِنَاتِ وَ صَلِّ وَ سَلِّمْ عَلَى سَيِّدِنَا مُحَمَّدٍ عَبْدِكَ وَ نَبِيِّكَ وَ صَفِيِّكَ وَ خَلِيلِكَ وَ جَمَالِ مُلْكِكَ وَ مَلِيكِ صُنْعِكَ وَ عَيْنِ عِنَايَتِكَ وَ شَمْسِ هِدَايَتِكَ وَ لِسَانِ حُجَّتِكَ وَ مِثَالِ رَحْمَتِكَ وَ نُورِ خَلْقِكَ وَ شَرَفِ مَوْجُودَاتِكَ وَ سِرَاجِ وَحْدَتِكَ فِى كَثْرَةِ مَخْلُوقَاتِكَ وَ كَاشِفِ طِلْسِمِ كَائِنَاتِكَ وَ دَلاَّلِ سَلْطَنَةِ رُبُوبِيَّتِكَ وَ مُبَلِّغِ مَرْضِيَّاتِكَ وَ مُعَرِّفِ كُنُوزِ اَسْمَائِكَ وَ مُعَلِّمِ عِبَادِكَ وَ تَرْجُمَانِ آيَاتِكَ وَمِرْآتِ جَمَالِ رُبُوبِيَّتِكَ وَ مَدَارِ شُهُودِكَ وَ اِشْهَادِكَ وَ حَبِيبِكَ وَ رَسُولِكَ الَّذِى اَرْسَلْتَهُ رَحْمَةً لِلْعَالَمِينَ وَ عَلَى آلِهِ وَ صَحْبِهِ اَجْمَعِينَ وَ عَلَى اِخْوَانِهِ مِنَ النَّبِيِّنَ وَ الْمُرْسَلِينَ وَ عَلَى مَلٰئِكَتِكَ الْمُقَرَّبِينَ وَ عَلَى عِبَادِكَ الصَّالِحِينَ آمِين [32]

***

A Oitava Palavra

بِسْمِ اللّٰهِ الرَّحْمٰنِ الرَّحِيمِ

﴿اَللّٰهُ لَا اِلٰهَ اِلَّا هُوَ الْحَىُّ الْقَيُّومُ﴾[33] ﴿اِنَّ الدِّينَ عِنْدَ اللّٰهِ الْاِسْلَامُ﴾[34]

Se você quiser entender este mundo, assimilar o espírito do ser humano dentro do mundo, a natureza e o valor da religião dentro do homem ou saber como o mundo é uma prisão se não houver uma verdadeira religião, e que sem a religião o homem torna-se a mais miserável das criaturas, e que [35] يَا اَللّٰهُ e[36] لَا اِلٰهَ اِلَّا اللّٰهُ resolvem o talismã deste mundo e extraem o espírito humano das trevas, então, ouça e considere esta comparação:

Há muito tempo, dois irmãos partiram numa longa jornada. Eles continuaram em seu caminho até uma estrada bifurcada. Na bifurcação, viram um homem de aparência séria, e lhe perguntaram: "Que caminho é o bom?" Ele lhes disse: "Na estrada para a direita tem-se de se comprometer a cumprir a lei e a ordem, mas dentro dessa dificuldade há a segurança e a felicidade. No entanto, na estrada do lado esquerdo há liberdade e não há restrição, mas dentro de sua liberdade encontra-se o perigo e a miséria. Agora, a escolha é sua!" Depois de ouvir isto, dizendo: ﴿تَوَكَّلْتُ عَلَى اللّٰهِ﴾[37] o irmão com bom caráter tomou o caminho da direita e se submeteu à ordem e aos regulamentos. O outro irmão, que era imoral e vagabundo, escolheu o caminho da esquerda por causa da falta de restrições. Com a nossa imaginação, devemos seguir este homem em sua situação, que percebeu que aquele caminho era aparentemente fácil, mas na verdade era incômodo.

Assim, este homem subiu colinas e desceu vales até encontrar-se em um deserto desolado. De repente, ouviu um som aterrador e viu que um grande leão tinha saído da floresta e estava prestes a atacá-lo. Ele fugiu e viu um poço sem água com sessenta metros de profundidade. Por causa do medo saltou para dentro dele. Ao cair, no meio do caminho suas mãos encontraram uma árvore à qual se agarraram. A árvore, que estava crescendo para fora das paredes do poço, tinha duas raízes.

Dois ratos, um branco e um preto, estavam atacando-as e mordendo-as. Ele olhou e viu que o leão estava esperando no topo do poço como uma sentinela. Olhou para baixo e viu um dragão medonho. Este levantou a cabeça e aproximou-se de seus pés trinta metros acima. Sua boca era tão grande quanto a boca do poço. Então ele olhou para as paredes do poço e viu que parasitas de picadas venenosas haviam se reunido em volta dele. Olhou para a boca do poço e viu uma figueira. Mas não era uma árvore comum; tinha frutos de muitas árvores diferentes, desde nozes até romãs.

Assim, devido a sua falta de pensamento e insensatez, o homem não entendeu que essa não era apenas uma questão incomum, aquelas coisas não estavam ali por acaso, e que havia misteriosos segredos escondidos naqueles seres estranhos. Ele não percebeu que havia alguém muito poderoso a dirigi-los. Agora, apesar de seu coração, espírito e mente estarem secretamente chorando e se lamentando a grave situação, a sua alma ordenadora do mal fingiu que nada era. Fechou os ouvidos para o choro do seu coração e espírito, e enganou a si mesma. Começou a comer a fruta da árvore como se estivesse em um jardim. Mas alguns dos frutos eram venenosos e nocivos. Allah, Exaltado seja, diz em um Hadice Divino: اَنَا عِنْدَ ظَنِّ عَبْدِى بِى ou seja: "Procederei com Meu servo, como ele espera que Eu seja."[38]

Assim, por sua insensatez e falta de compreensão, esse homem infeliz viu o que pensou ser comum e verdadeiro. De modo que é a maneira como ele foi tratado, e é tratado, e será tratado. Ele não morre e assim é salvo daquilo, não vive, estando com tal tormento. Agora vamos deixar este homem de mau agouro em seu tormento, e retornarmos, de modo que possamos considerar a situação do outro irmão.

Essa pessoa feliz e inteligente seguiu o seu caminho, mas não sofreu nenhum perigo como o outro irmão. Pois, devido a seus finos costumes, pensou em coisas boas e imaginou coisas boas. Tudo foi amigável e familiar para ele. Não teve qualquer dificuldade ou sofrimento como o outro irmão, pois conhecia a ordem e a seguia. Ele achou aquilo fácil. Seguiu o caminho livremente, em paz e segurança. Em seguida, deparou-se com um jardim em que tanto as flores como as frutas eram lindas, mas ele não estava a procura de coisas podres e imundas. Seu irmão também entrou naquele jardim, e ocupou-se com as coisas imundas que lhe tinham virado o estômago. Por isso, deixou-as e partiu sem poder mesmo descansar. Mas o homem sensato agiu de acordo com a regra: "Olhar o lado bom de tudo", e não dar atenção às coisas em decomposição. Beneficiou-se muito com as coisas boas e, tendo um bom descanso, seguiu em seu caminho.

Mais tarde, também como o primeiro irmão, ele entrou num vasto deserto, e de repente ouvi o rugido de um leão que estava lhe atacando. Ele ficou com medo, mas não tanto quanto o outro irmão. Pois, por causa de seus bons pensamentos e atitude positiva, pensou consigo mesmo: "Este deserto tem um governante, e é possível que este leão seja um servo sob o comando do governante", e encontrou consolo. Mas continuou fugindo, até que se deparou com um poço sem água com 60 metros de profundidade. Saltou para dentro dele. Como o irmão, sua mão segurou numa árvore no meio do caminho para baixo e ficou suspenso no ar. Olhou e viu dois roedores roendo as duas raízes da árvore. Olhou para cima e viu o leão, e olhou para baixo e viu o dragão. Assim como o outro irmão estava vendo uma situação muito estranha. Ele ficou apavorado como ele, mas seu terror era mil vezes menor do que o do irmão.

Os seus bons costumes lhe deram bons pensamentos, e os bons pensamentos mostraram-lhe o lado bom de tudo. Assim, devido a isso, pensou como se segue:

Esses estranhos acontecimentos estão ligados a alguém. Também parece que estão agindo de acordo com um comando. Nesse caso, essas questões contêm um talismã. Sim, tudo está acontecendo sob o comando de um governante oculto. Portanto, eu não estou sozinho, o governante escondido está me observando, está me testando, está impelindo-me a algum lugar para algum propósito, e convidando-me para lá. Uma curiosidade decorrente desse medo e estes pensamentos agradáveis levaram-no a dizer: "Quero saber quem está me testando, que deseja ser conhecido, e está impelindo-me para algum propósito nesta estranha estrada?"

Então, o amor pelo dono do talismã surgiu do desejo de conhecê-lo, e daquele amor surgiu o desejo de resolver o talismã. E desse desejo surgiu a vontade de adquirir boas qualidades que agradam e gratificam o dono do talismã. Então ele olhou para a árvore e viu que era uma figueira, mas estava carregada de frutos de milhares de árvores. Então todo o medo desapareceu, pois entendeu que com certeza a figueira foi uma lista, um índice, uma exposição. O governante oculto deve ter anexado amostras das frutas no jardim para a árvore por um milagre e com um talismã. E deve ter enfeitado a árvore de forma que lembra a cada um dos alimentos que tinha preparado para os seus convidados. Pois não há outra forma de uma única árvore poder produzir os frutos de milhares de árvores diferentes. Então, ele começou a implorar que se inspire com a chave do talismã. Ele gritou:

"Ó governante desse lugar! Eu caí em tua fortuna e peço refúgio em ti. Sou o teu servo e quero agradá-lo. Estou a tua procura." Depois que fez esta súplica, as paredes do poço de repente se separaram, e uma porta se abriu para um maravilhoso, agradável e tranquilo jardim. Na verdade, a boca do dragão foi transformada na porta, e tanto a dele como a do leão assumiram as formas de dois servos, convidando-o a entrar. O leão se tornou até mesmo um cavalo dócil para ele.

Ó minha alma preguiçosa! E, ó meu amigo imaginário! Vem! Vamos comparar a posição destes dois irmãos, para que possamos ver como o bom traz o bem e o mau traz o mal. Vamos descobrir.

Olhe, o viajante infeliz na estrada à esquerda está o tempo todo tremendo de medo à espera de entrar na boca do dragão, enquanto o afortunado é convidado para um jardim florido, esplêndido, cheio de frutas. E o coração do infeliz está sendo bombardeado por um terror terrível e medo doloroso, enquanto que o do afortunado está olhando e observando coisas estranhas como uma lição deliciosa, com medo agradável e amoroso conhecimento. Além disso, o miserável está sofrendo tormentos em desolação, desespero e solidão, enquanto o de bons pensamentos está se divertindo, cheio de esperança, saudade, e um sentimento de familiaridade. Além disso, o infeliz se vê como prisioneiro sujeito aos ataques de animais selvagens, enquanto que o afortunado é um convidado de honra, que está, em termos cordiais, divertindo-se com os servos estranhos de seu generoso anfitrião. Também o infeliz está acelerando seus tormentos, entregando-se a frutos que são aparentemente deliciosos, mas na verdade venenosos. Os frutos são amostras, não há permissão para prová-los, de modo a buscar os originais e tornar-se cliente deles, mas não há permissão para devorá-los como um animal. O afortunado os prova e entende do assunto; ele adia comê-los e tem prazer na espera. Além disso, o infeliz foi injusto consigo próprio. Por sua falta de discernimento, está tornando a verdade e a situação tão clara e brilhante como a luz do dia em medo escuro e opressivo, em uma ilusão infernal. Ele não merece piedade, nem tem o direito de reclamar a ninguém.

Por exemplo, se uma pessoa não se contenta em um banquete agradável em um belo jardim no verão, entre seus amigos, fica bêbado com imundos inebriantes, então se imagina com fome e nu no meio do inverno entre animais selvagens, começa a gritar e chorar, ele não merece ser lamentado, pois é injusto consigo próprioe está insultando seus amigos, imaginando que fossem animais selvagens. Assim é o infeliz irmão. Mas o afortunado vê a verdade. E a verdade é boa. Por perceber a beleza da verdade, ele é respeitoso para com o proprietário da verdade. Ele merece a Sua misericórdia. E o sentido do decreto do Alcorão: **"Toda a desventura que te açoita provém de ti; mas toda a ventura que te ocorra (ó homem) emana de Allah"** [39] se torna claro.

Se você fizer uma comparação de outras diferenças, da mesma forma, você entenderá que a alma ordenadora do mal do primeiro irmão preparou uma espécie de Inferno para ele, enquanto a boa intenção, boa vontade, bom caráter e bons pensamentos do outro lhe permitiram receber recompensa abundante, felicidade verdadeira, experiência, virtude brilhante e prosperidade.

Ó minha alma! Ó você que está ouvindo esta história, juntamente com a minha alma! Se você não quer ser o irmão infeliz e quer ser o afortunado, escute o Alcorão, obedeça a seus decretos, adere a eles, e age de acordo com eles.

Se você entendeu as verdades nessa comparação, você será capaz de fazê-las corresponder às verdades da religião, ao mundo, ao homem, e crer em Allah. Vou dizer os mais importantes, então você deduz os pontos mais refinados por si mesmo.

Então, olhe! Dos dois irmãos, um possui um espírito crente e um coração justo. O outro é um espírito incrédulo e um coração depravado. Dos dois caminhos, o da direita é o caminho do Alcorão e da crença em Allah, enquanto o da esquerda é o caminho da rebelião e da negação. O jardim na estrada é a vida passageira do homem na sociedade humana e da civilização, onde o bem e o mal, as coisas boas e ruins, o limpo e o sujo são encontrados lado a lado. A pessoa sensata é aquela que age de acordo com a regra:

خُذْ مَا صَفَا دَعْ مَا كَدَرَ[40], e segue seu caminho com a tranquilidade do coração. Quanto ao deserto, é a terra e este mundo. E o leão é a morte e na hora marcada.

O poço é o corpo do homem e o tempo de sua vida, enquanto os seus sessenta metros de profundidade apontam para a vida normal de sessenta anos. E a árvore é o período e a substância da vida. Os dois animais, um branco e um negro, são o dia e a noite. O dragão é o caminho para o Reino Intermediário e o pavilhão do futuro, cuja boca é a sepultura. Mas para o crente, a boca é uma porta aberta de uma prisão para um jardim. Quanto aos parasitas venenosos, são as calamidades deste mundo. Mas para o crente são como suaves avisos divinos e favores do Mais Misericordioso para impedi-lo escorregar para o sono da negligência. Os frutos da árvore são as dádivas deste mundo, que o Uno absolutamente Generoso fez na forma de uma lista das bênçãos do futuro, como exemplos deles, são avisos, amostras convidando os clientes para os frutos do Paraíso. E a árvore a produzir inúmeros frutos diferentes, apesar de ser uma árvore única, indica o selo do Poder do Uno eternamente procurado, para o selo do Domínio Divino e da Soberania.

Para "fazer tudo de uma coisa", isto é, para fazer todas as plantas e frutas da terra e criar todos os animais de um fluido, e para criar todos os membros e órgãos de animais a partir de uma comida simples, juntamente com o "fazer tudo uma coisa", isto é, as artes como tecer uma pele simples e fazer carne especial para cada ser vivo da grande variedade de alimentos que os seres vivos comem, é um selo inimitável e selo peculiar do Regente da Pré e Pós-eternidade, Que é o Único, o Eternamente procurado. Com certeza, para fazer uma coisa de tudo, e tudo de uma coisa é um sinal, uma marca característica do Criador de todas as coisas, o Poderoso sobre todas as coisas.

Quanto ao talismã, é o mistério do propósito da criação, que é resolvido com o mistério da fé. E a chave é:

يَا اَللّٰهُ ۞ لَا اِلٰهَ اِلَّا اللّٰهُ ۞ اَللّٰهُ لَا اِلٰهَ اِلَّا هُوَ الْحَىُّ الْقَيُّومُ ۞[41]

A boca do dragão que está sendo transformada na porta para o Paraíso é um sinal de que, embora para o povo de desorientação e rebelião o túmulo seja uma porta aberta, em desolação e esquecimento, num angustiante túmulo como um calabouço e estreito como o estômago de um dragão, para o povo do Alcorão e de crença, é uma porta que se abre a partir da prisão deste mundo para os campos da imortalidade, da arena de exame para os jardins do Paraíso, e das dificuldades da vida para a misericórdia do Todo-Misericordioso. O leão selvagem se transformando em um servo amigável e um monte dócil é um sinal de que, embora para o povo de desorientação, a morte seja uma eterna despedida amarga de todos os seus entes queridos, a expulsão do Paraíso enganador deste mundo e a entrada na desolação e solidão no calabouço da sepultura, para as pessoas de orientação e do Alcorão é o meio de unir-se a todos os seus velhos amigos e entes queridos que já partiram para o Outro Mundo, e os meios de entrar em sua verdadeira pátria e morada da felicidade eterna. É um convite para os prados do Paraíso da prisão deste mundo, um tempo para receber o salário oferecido da generosidade do Mais Misericordioso e Compassivo por serviços prestados a Ele, uma descarga do sofrimento dos deveres da vida, e um descanso do exercício e da instrução de culto e de exame.

Em resumo: Quem faz dessa vida fugaz o seu propósito e objetivo está, de fato, no Inferno, mesmo que, aparentemente, no Paraíso. E quem está ligado com toda a seriedade com a vida eterna recebe a felicidade dos dois mundos. Por mais difícil e angustiante que este mundo seja para ele, uma vez que se vê como na sala de espera do Paraíso, ele o suporta e oferece graças em paciência...

اَللّٰهُمَّ اجْعَلْنَا مِنْ اَهْلِ السَّعَادَةِ وَ السَّلاَمَةِ وَ الْقُرْآنِ وَ اْلاِيمَانِ آمِينْ

اَللّٰهُمَّ صَلِّ وَ سَلِّمْ عَلَى سَيِّدِنَا مُحَمَّدٍ وَ عَلَى آلِهِ وَ صَحْبِهِ بِعَدَدِ جَمِيعِ الْحُرُوفَاتِ الْمُتَشَكِّلَةِ فِى جَمِيعِ الْكَلِمَاتِ الْمُتَمَثِّلَةِ بِاِذْنِ الرَّحْمٰنِ فِى مَرَايَا تَمَوُّجَاتِ الْهَوَاءِ عِنْدَ قِرَائَةِ كُلِّ كَلِمَةٍ مِنَ الْقُرْآنِ مِنْ كُلِّ قَارِءٍ مِنْ اَوَّلِ النُّزُولِ اِلَى آخِرِ الزَّمَانِ وَ ارْحَمْنَا وَ وَالِدَيْنَا وَارْحَمِ الْمُؤْمِنِينَ وَالْمُؤْمِنَاتِ بِعَدَدِهَا بِرَحْمَتِكَ يَا اَرْحَمَ الرَّاحِمِينَ آمِينَ ۞ وَالْحَمْدُ لِلّٰهِ رَبِّ الْعَالَمِينَ[42]

***

A Nona Palavra

بِسْمِ اللّٰهِ الرَّحْمٰنِ الرَّحِيمِ

﴿فَسُبْحَانَ اللّٰهِ حِينَ تُمْسُونَ وَحِينَ تُصْبِحُونَ ۝ وَلَهُ الْحَمْدُ فِى السَّمٰوَاتِ

وَالْاَرْضِ وَعَشِيًّا وَحِينَ تُظْهِرُونَ﴾ [43]

Irmão! Você me pergunta sobre a sabedoria quanto aos horários especificados das cinco *salat* diárias. Vou apontar apenas um dos muitos exemplos de sabedoria nos horários.

Como cada um dos momentos de *salat* marca o início de uma importante revolução, assim também é cada espelho da disposição Divina do poder e das bênçãos divinas universais dentro dessa disposição. Então, mais glorificação e exaltação do Todo-Poderoso da Glória foram estabelecidas naqueles momentos, e mais louvor e agradecimento por todas as incontáveis bênçãos acumuladas entre cada uma das vezes, que é o significado da *salat*. Para entender um pouco esse significado sutil e profundo, você deve ouvir, juntamente com a minha própria alma as seguintes "cinco observações".

Primeira Observação

O significado de *salat* é a oferta de glorificação, louvor e graças a Allah Todo-Poderoso. Ou seja, expressando: Subhanallah com palavras e ações perante a glória e a sublimidade de Allah, é santificá-Lo e adorá-Lo. E declarando: Allahu Akbar com palavras e atos perante Sua perfeição absoluta, é para exaltá-Lo e O magnificar. E dizer: Alhamdu Lillah com o coração, a língua e o corpo para agradecer perante Sua beleza absoluta. Ou seja, a glorificação, exaltação e o louvor são como as sementes da *salat*. É por isso que essas três coisas estão presentes em todas as partes da *salat*, em todas as ações e palavras. É também por isso que estas benditas palavras são repetidas trinta e três vezes cada vez depois da *salat*, a fim de reforçar e reiterar o significado da *salat*. O qual é confirmado por meio destes concisos resumos.

Segunda Observação

O significado da adoração é esse: que o servo vê seus próprios defeitos, a impotência e a pobreza, e se prostra no Tribunal Divino por amor e admiração perante a perfeição Divina, a misericórdia Divina, e o poder do Eternamente Procurado. Isso quer dizer que, como a soberania Divina exige adoração e obediência, assim também faz a santidade da Divindade exigir que o servo veja seus defeitos pela busca do perdão, e por suas glorificações e declaração: Subhanallah proclamando que seu Senhor é Puro e Livre de todos os defeitos, e Exaltado e distante das falsas ideias do povo de desorientação e santificam e isentam todos dos defeitos do universo.

Além disso, o poder perfeito Divino exige que por meio da compreensão de sua própria fraqueza e da impotência de outras criaturas, os servos proclamem: Allahu Akbar de admiração e espanto diante da majestade das obras do poder do Eternamente Procurado, e curvem-se em profunda humildade busca refúgio em Allah e coloca sua confiança n'Ele.

E ainda, o tesouro infinito da misericórdia Divina requer que o servo conheça a própria necessidade e as necessidades e a pobreza de todas as criaturas por intermédio da língua de pedidos e súplicas, e proclame a generosidade e os presentes de seu Senhor por meio de graças e louvores proferindo: Alhamdu Lillah. Ou seja, as palavras e ações da *salat* compreendem a esses significados, e foram estabelecidos a partir do lado da Divindade.

Terceira Observação

Assim como o homem é um exemplo em miniatura do mundo maior e a Surata Al-Fátiha uma amostra brilhante do Alcorão de Estatura Poderosa, assim a *salat* é um compreensivo e luminoso índice de todas as variedades de adoração, e um mapa sagrado apontando para todos os tons de culto de todas as classes de criaturas.

Quarta Observação

O ponteiro de segundos, de minutos, de horas, e do dia, de um relógio que conta as semanas olham um para o outro, são exemplos um do outro, e seguem um ao outro. Da mesma forma, as alternâncias do dia e da noite, que são como os segundos deste relógio mundial - um vasto relógio de Allah, Todo Poderoso - e os anos que contam seus minutos, e os estágios do tempo de vida do ser humano que contam as horas, e as épocas do tempo de vida do mundo que contam os dias olham um para o outro, são exemplos um do outro, assemelham-se um ao outro, e recordam um ao outro. Por exemplo:

O tempo de Fajr[44]: Este tempo, até o nascer do sol, assemelha-se a primavera e chama a atenção para o início dela, o momento da concepção no ventre da mãe, e o primeiro dos seis dias da criação dos céus e da terra, que lembram os atos Divinos presentes neles.

O tempo de Zuhr[45]: Isto se assemelha ao verão e aponta os meados dele, e o auge da juventude, o período da criação do homem na vida do mundo, e chama a atenção para as manifestações da misericórdia e as bênçãos abundantes que eles contêm.

O tempo de 'Asr[46]: Isto é como o outono e a velhice, o tempo do último Profeta (Allah o abençoe e lhe dê paz), conhecido como a Era da Felicidade, e recorda os atos e favores Divinos do Todo-Misericordioso presentes neles.

O tempo de Maghrib[47]: Lembrando-se da partida de muitas criaturas no final do outono, e a morte do ser humano, a destruição do mundo no início da Ressurreição; este tempo coloca na mente as manifestações da Glória Divina e Sublime, e desperta o homem de seu sono de negligência.

O tempo de 'Ichá[48]: Quanto a este tempo, ele chama a atenção para o mundo das trevas encobrindo todos os objetos do mundo durante o dia com uma saia preta, e o inverno escondendo a face da terra morta com sua mortalha branca, e até mesmo as obras remanescentes dos homens que partiram, morrendo e passando sob o véu do esquecimento, e este mundo, a arena do exame, sendo silenciada e fechada para sempre, proclama as impressionantes e poderosas disposições do Todo-Glorioso Dominador e Subjugante.

Quanto ao tempo da noite, este chama a atenção para o inverno, para o túmulo, para o Reino Intermediário, lembra ao ser humano quão necessitado é o espírito humano da misericórdia do Misericordioso. E a oração tahajjud lhe informa que a luz é necessária para as trevas do túmulo e a escuridão do Reino Intermediário; ela o avisa disso, e com a recordação das infinitas graças do Verdadeiro Doador, proclama como Ele é digno de louvor e graças.

E a segunda manhã, chama a atenção para a Manhã da Ressurreição. Com certeza, quão razoável, necessária e certa a manhã desta noite, como depois do inverno vem a primavera, a Manhã da Ressurreição e a primavera seguinte ao Reino Intermediário são certos e no mesmo grau.

Ou seja, assim como cada uma dessas cinco vezes marca o início de uma importante revolução e relembra outras grandes revoluções, por meio das disposições impressionantes diárias do poder do Eternamente Procurado, cada um chama a atenção para ocupar os milagres e os presentes do poder Divino, tanto a cada ano, a cada idade, e a cada época. Por isso, *salat*, que é um dever inato, a base de adoração e uma dívida incontestável, é mais apropriada e adequada para esses tempos.

Quinta Observação

Por natureza, o homem é extremamente fraco, que tudo o toca, o entristece e o aflige. Além disso, ele é totalmente desprovido de poder, e ainda as calamidades e os inimigos que o afligem são extremamente numerosos. Além disso, ele é extremamente pobre, mas as suas necessidades são realmente muitas. Além disso, ele é preguiçoso e incapaz. Por isso, as responsabilidades da vida são mais onerosas. Também a sua humanidade o conectou ao resto do universo, mas o declínio e o desaparecimento das coisas que ele ama e com as quais ele está familiarizado lhe causam dores constantes. E também, sua razão mostra-lhe objetivos elevados e frutos duradouros, mas a mão é curta, a sua vida é breve, seu poder é delicado, e sua paciência é pouca.

Pode ser claramente entendido, a partir disto, quão essencial é para o espírito nesse estado no momento de **Fajr,** no início da manhã, de recorrer e apresentar uma petição ao Tribunal do Onipotente, do Todo-Compassivo por meio de oração e súplica, buscar o sucesso e a ajuda d'Ele; quão necessário é o ponto de apoio para que se enfrentem as coisas que acontecerão com ele no dia seguinte e arcar com os deveres que lhe serão impostos.

O tempo de **Zuhr**, logo depois de meio-dia é o momento de elevação do dia e o início do seu declínio, o momento em que os trabalhos diários se aproximam de sua realização, o tempo de um breve descanso das pressões do trabalho, quando o espírito precisa de uma pausa por causa da desatenção e insensibilidade causadas pelo trabalho, e o tempo de alguns prêmios Divinos se manifestarem. Qualquer pessoa pode entender, então, quão excelente e agradável, quão necessário e adequado é para o espírito humano realizar a oração do meio-dia, que significa que está livre da pressão, da desatenção, e deixar para trás aquelas coisas transitórias e sem sentido. Apertando as mãos no Tribunal do Verdadeiro Doador das Bênçãos, o Único Vivente e Autossubsistente, oferecendo louvor e gratidão por todos os Seus dons, e procurar a ajuda d'Ele, inclinando-se para exibir a própria impotência diante de Sua tremenda glória, e prostrar e proclamar admiração, amor e humildade. Quem não entende isto, não é um verdadeiro ser humano.

Quanto ao tempo de **Asr** à tarde, ele chama a atenção para a temporada de melancolia do outono, do estado triste da velhice, do período sombrio do fim dos tempos. É também quando os assuntos do dia chegam a sua conclusão, e o tempo das graças divinas que foram recebidas naquele dia, como saúde, bem-estar e deveres benéficos se acumulam para formar uma grande quantidade. E o tempo que proclama com a figura do poderoso sol começando a afundar-se e insinuando que o homem é um convidado oficial e que tudo é passageiro e inconstante. Ele se levanta, pratica devidamente o Wudhú para praticar *salat* al Asr. Portanto, o espírito humano deseja a eternidade e foi criado para ela; ele adora a benevolência, e fica triste pela separação. Assim, quem é um ser humano verdadeiro pode compreender o que é um dever exaltado, o que é um serviço adequado, tão pouco para pagar uma dívida de natureza humana. De fato, é um prazer agradável realizar a oração da tarde. Oferecer súplicas no Tribunal Eterno do Pré e Pós Eterno, o Eternamente Autossubsistente, tem o significado de se refugiar na graça da misericórdia infinita, e dar graças e louvores em face de inúmeras generosidades, humilhando-se, curvando-se diante da potência da Sua Divindade. Prostrando em humildade absoluta perante a eternidade de sua divindade, encontra a consolação verdadeira do coração e a facilidade de espírito. E, sendo cingido, estando pronto para a adoração na presença de Sua Grandeza.

O tempo de **Maghrib** ao pôr do sol lembra o desaparecimento em meio a despedidas tristes das delicadas e adoráveis criaturas do mundo do verão e outono no início do inverno. Ele chama a atenção para o momento em que, por meio da morte, o homem deixará todos aqueles que ele ama em partida triste e entrará no sepulcro. Ele traz à mente o tempo da morte deste mundo entre convulsões de agonia da morte, todos os seus habitantes migrarão para outros mundos e a lâmpada deste local de exame será apagada. É um momento que dá aviso rigoroso para aqueles que adoram os queridos transitórios e temporários.

Assim, ao tempo da oração **Maghrib**, o espírito do homem que, por sua natureza, é um espelho ancioso pela Beleza Eterna, vira o rosto para o trono de potência do Eterno Imortal, o Sempre Eterno, Quem realiza esses milagres e torna e transforma esses mundos enormes, e declara Allahu Akbar sobre esses seres transitórios e retira-se deles. O homem que fecha as mãos a serviço de seu Senhor, dizendo: Alhamdulillah, louva e exalta Sua perfeição imaculada, Sua beleza incomparável, Sua infinita misericórdia. E ao declarar: proclama a sua adoração a Ele e pede a Sua ajuda Divina, Sua Divindade sem parceiro, Sua Soberania não compartilhada. Então, curva-se, e com declaração em conjunto a todo o universo de sua fraqueza e impotência, sua pobreza e vileza diante da majestade infinita, o poder ilimitado, e potência total do Eternamente Duradouro, ele diz:

سُبْحَانَ رَبِّيَ الْعَظِيمِ[49]. E prostrando-se diante da Beleza Imortal da Sua Essência, Seus imutáveis atributos sagrados, Sua constante e eterna perfeição, com o abandono de todas as outras coisas além d'Ele, o homem proclama o seu amor e sua adoração com admiração e auto-humilhação. Ele encontra um Todo-Compassivo Eterno. E ao dizer:

سُبْحَانَ رَبِّيَ الْاَعْلٰى[50] declara que seu Altíssimo Senhor é livre de declínio e é exaltado acima de qualquer falta.

Então, ele atesta a Unicidade de Allah e da profecia de Mohammad (Allah o abençoe e lhe dê paz). Senta-se, e por conta própria oferece-se como um presente para o Imortal, o Todo-Glorioso, Que merece todas as saudações abençoadas e bênçãos de todas as criaturas. E por de cumprimentar o mais nobre Mensageiro de Allah, renova a sua fidelidade a ele e proclama a sua obediência aos seus mandamentos. A fim de renovar e iluminar a sua fé, observa a ordem sábia neste palácio do universo e testemunha a unicidade do Criador Todo-Glorioso. Ele testemunha a condição de Mensageiro de Mohammad, o árabe (que Allah o abençoe e lhe dê paz), que é o arauto da Soberania Divina de Allah, o proclamador das coisas agradáveis a Ele, e o intérprete dos sinais e dos versículos do Livro do Universo. Realizar a oração Maghrib é isso.

Então, como alguém pode ser considerado um ser humano que não entende que o dever fino e puro é a oração ao pôr do sol. Que ato tão sublime e prazeroso de nosso serviço, que ato agradável de adoração, que questão séria, uma conversa interminável e felicidade permanente há nesta transitória pousada?

Na época de **'Ichá**, os últimos vestígios do dia remanescentes no horizonte desaparecem, e o mundo da noite envolve o universo. À medida que o Todo-Poderoso e Glorioso مُقَلِّبُ اللَّيْلِ وَ النَّهَارِ[51] vira a página branca do dia para a página negra da noite com as disposições poderosas de Seu Domínio, recorda as atividades Divinas do Onisciente da Perfeição,[52] مُسَخِّرُ الشَّمْسِ وَ الْقَمَرِ, vira a página adornada do verde de verão na página frígida branca do inverno. E com as restantes obras dos seres que partiram sendo apagados deste mundo com o passar do tempo, recorda os atos divinos do **Criador da Vida e da Morte** na sua passagem para o Outro Mundo, completamente diferente. É um tempo em que se chama a atenção para as impressionantes disposições do **Criador dos Céus e da Terra** e as manifestações de Sua beleza na completa destruição deste estreito, fugaz, e humilde mundo, as terríveis mortes de agonias de seu falecimento, e no desenrolar do amplo, eterno e majestoso mundo da Vida Futura. É o Dono do universo, seu Verdadeiro Arranjador, seu Verdadeiro Amado e Objeto de Adoração só pode ser Aquele Que, com facilidade, transforma a noite em dia, o inverno em primavera, e este mundo no Porvir como as páginas de um livro, Quem os escreve, apaga e altera.

Assim, ao cair da noite, o espírito do ser humano, que é infinitamente impotente e fraco, e infinitamente pobre e necessitado, mergulhado na escuridão infinita do futuro, e que foi jogado por aí, no meio de inúmeros eventos, realiza a oração **'Ichá**. Esta oração que tem este significado: como Abraão disse:

﴿ لاَ أُحِبُّ الآفِلِينَ ﴾[53] E por meio da *salat*, busca refúgio no Tribunal do Objeto de Culto Que não morre, um Eterno Amado, e neste mundo transitório e fugaz da vida e do mundo escuro e negro futuro que suplica ao Sempre Eterno, e por um momento de conversa interminável, em alguns segundos de vida imortal, ele pede para receber os favores da misericórdia do Todo-Misericordioso e Compassivo. E à luz de Sua orientação, que ilumina o seu mundo, o seu futuro e cura as feridas resultantes da partida e do declínio de todas as criaturas e todos os amigos.

Temporariamente o homem esquece o mundo oculto, que se esqueceu dele, e derrama seus problemas no Tribunal de Misericórdia com o seu choro, e aconteça o que acontecer, antes do sono parecido com a morte realiza a sua última obrigação de adoração.

E deois de fechar favoravelmente os registros diários de suas ações, ele acorda para a súplica, ou seja, ele se levanta para entrar na presença de um Eterno Amado e Adorado no lugar de todos os mortais que ele ama, do Onipotente e Generoso no lugar de todas as criaturas impotentes de quem ele implora, de um Protetor Todo-Compassivo, de modo a ser salvo do mal dos seres nocivos perante os quais ele treme.

Ele começa com a Surata Al-Fátiha, isto é, em vez de elogiar e ser coagido a imperfeições, querendo criaturas, as quais não são adequadas, ele exalta e oferece louvor ao Senhor do Universo, Que é Absolutamente Perfeito e totalmente Autossuficiente, Compassivo e Todo-Generoso. Então, ele avança para dizer:[54] ﴿ إِيَّاكَ نَعْبُدُ ﴾. Isto é, apesar da sua pequenez, insignificância e solidão, e por meio da conexão do homem com o Máliqui Yaumiddin[55] (Soberano do Dia do Juízo), que é o Soberano da pré e pós-eternidade, ele alcança um grau onde é um convidado ativo no universo e um oficial importante. Com a declaração:[56] ﴿ إِيَّاكَ نَعْبُدُ وَ إِيَّاكَ نَسْتَعِينُ ﴾ , apresenta-se a Ele, em nome de todas as criaturas, o culto e o pedido de ajuda da poderosa congregação e da enorme comunidade do universo. Então, ao dizer:

[57]﴿ اِهْدِنَا الصِّرَاطَ الْمُسْتَقِيمَ ﴾ ele pede para ser guiado para o caminho reto, o que leva à felicidade eterna e é a forma luminosa.

Então, ele pensa no poderio do Todo-Glorioso, de Quem, como as dormentes plantas e animais, os sóis e as sóbrias estrelas ocultas, são todos como soldados submetidos ao Seu comando. Uma lâmpada nesta casa de servos, hóspedes deste mundo, e profere: **Allahu Akbar**, e se curva.

Então, pense na grande prostração de todas as criaturas. Isto é, quando, no comando de [58]﴿ كُنْ فَيَكُونُ ﴾, todas as variedades de criaturas cada ano e a cada século - até mesmo a Terra e o universo -, cada um como um exército bem comandado ou um soldado obediente, é descarregado do seu dever. Isto é, quando cada um é enviado ao mundo do invisível, pela prostração de sua morte. E da morte com organização completa, ele declara: Allahu Akbar, e inclina-se em prostração. Como eles são ressuscitados, alguns em parte e alguns os mesmos, na primavera num despertar e vivificante toque de trombeta a partir do comando

﴿ كُنْ فَيَكُونُ ﴾eles se levantam e preparam-se para servir ao seu Senhor. O homem insignificante também, seguindo-os, na presença do Clemente e Compassivo, em admirável amor e eternidade, cingido pela humildade e modéstia, declara: **Allahu Akbar**! e abaixa em prostração; ou seja, ele faz uma espécie de Ascensão.

Com certeza você entendeu agora como é agradável, excelente, prazeroso e elevado, grande e adequado, o dever, o serviço e o ato de adoração. Que a realização da oração **'Ichá** é assunto sério.

Assim, uma vez que cada um desses cinco horários é uma indicação de uma poderosa revolução, um sinal que indica a enorme atividade Divina, e um símbolo das graças divinas universais, a *salat* que é uma dívida e uma obrigação sendo especificada a ela constitui em perfeita sabedoria.

﴿ سُبْحَانَكَ لاَ عِلْمَ لَنَا اِلاَّ مَا عَلَّمْتَنَا اِنَّكَ اَنْتَ الْعَلِيمُ الْحَكِيمُ ﴾[59]

اَللّٰهُمَّ صَلِّ وَ سَلِّمْ عَلَى مَنْ اَرْسَلْتَهُ مُعَلِّماً لِعِبَادِكَ لِيُعَلِّمَهُمْ كَيْفِيَّةَ مَعْرِفَتِكَ وَ

الْعُبُودِيَّةَ لَكَ وَ مُعَرِّفًا لِكُنُوزِ اَسْمَائِكَ وَ تَرْجُمَانًا لِآيَاتِ كِتَابِ كَائِنَاتِكَ وَ مِرْآتًا

بِعُبُودِيَّتِهِ لِجَمَالِ رُبُوبِيَّتِكَ وَ عَلَى آلِهِ وَ صَحْبِهِ اَجْمَعِينَ

وَارْحَمْنَا وَ ارْحَمِ الْمُؤْمِنِينَ وَ الْمُؤْمِنَاتِ آمِينَ

بِرَحْمَتِكَ يَا اَرْحَمَ الرَّاحِمِينَ[60]

***

A Décima Palavra

A Ressurreição e a Outra Vida

[As razões para a minha escrita desses tratados na forma de metáforas, comparações e histórias são para facilitar a compreensão e mostrar como são racionais, adequadas, bem fundamentadas e coerentes as verdades do Islam. O significado das histórias está contido nas verdades que os celebram, cada história é como uma alusão apontando para a sua verdade conclusiva. Portanto, eles não são meros contos fictícios, mas verdadeiras verdades.]

بِسْمِ اللّٰهِ الرَّحْمٰنِ الرَّحِيمِ

﴿فَانْظُرْ اِلَى آثَارِ رَحْمَتِ اللّٰهِ كَيْفَ يُحْيِي الْاَرْضَ بَعْدَ مَوْتِهَا اِنَّ ذٰلِكَ لَمُحْيِي الْمَوْتٰى وَهُوَ عَلٰى كُلِّ شَيْءٍ قَدِيرٌ﴾[61]

Irmão, se você deseja uma discussão sobre a ressurreição e vida após a morte, em linguagem simples e comum, em um estilo simples, então, ouça a seguinte comparação, juntamente com a minha própria alma.

Uma vez que dois homens estavam viajando por uma terra tão bonita como o Paraíso (por aquela terra, intencionamos o mundo). Olhando ao redor, eles viram que todo mundo tinha deixado aberta a porta de sua casa e sua loja e não estavam prestando atenção para guardá-las. O dinheiro e os bens estavam de fácil acesso, sem ninguém para reivindicá-los. Um dos dois viajantes agarrou tudo o que ele imaginava, roubando e usurpando-os. Seguindo suas inclinações, ele cometeu todo tipo de injustiça e abominação. Nenhuma das pessoas daquela terra se moveu para detê-lo. Mas o seu amigo disse-lhe:

"O que você está fazendo? Você será punido, e eu serei arrastado para o infortúnio junto com você. Toda esta propriedade pertence ao Estado. As pessoas desta terra, incluindo até mesmo as crianças, são todos soldados ou funcionários do governo. E porque eles são atualmente civis não estão interferindo com você. Mas as leis aqui são rigorosas. O rei instalou telefones em todos os lugares e seus agentes estão em toda parte. Vá depressa, e tente resolver a questão."

Mas o homem de cabeça vazia, disse em sua obstinação:

–"Não, não é propriedade do Estado, pertence, em vez disso, a alguma doação, e não tem dono claro ou óbvio. Todo mundo pode fazer uso dele como lhe aprouver . Eu não vejo nenhuma razão para negar-me o uso dessas coisas boas. Eu não acredito que elas pertençam a alguém a não ser que eu o veja com os meus próprios olhos." Ele continuou a falar dessa maneira, com muita sofisticação filosófica e uma discussão séria ocorreu entre eles.

Primeiro, o homem de cabeça vazia, disse:

–"Quem é o rei daqui? Eu não conheço."

Em seguida, seu amigo respondeu:"Você sabe que cada aldeia deve ter o seu chefe, cada agulha deve ter seu fabricante e artesão e cada carta deve ser escrita por alguém. Como, então, pode ser que tão extremamente bem ordenado reino, não deva ter nenhum governante? E como pode tanta riqueza não ter dono, quando cada hora um trem[1] chega cheio de presentes preciosos e artísticos, como se vindo do reino do invisível? E todos os anúncios e proclamações, todos os selos e estampas, encontrados em todos os bens, todas as moedas e as agitadas bandeiras em todos os cantos do reino - eles podem estar sem dono? Parece que você estudou línguas estrangeiras um pouco, e é incapaz de ler o script islâmico. Além disso, você se recusa a pedir àqueles que são capazes de lê-lo. Venha agora, deixe-me ler para você o decreto supremo do rei."

O homem de cabeça vazia, em seguida, respondeu:

–"Bem, vamos supor que há um rei, que mal ele pode sofrer com o uso mínimo que eu estou fazendo de toda a sua riqueza? Será que o seu tesouro diminui por conta disso? Em qualquer caso, eu vejo aqui nada parecido com prisão ou punição."

Seu amigo respondeu: "Esta terra que você vê é um campo de manobra. É, além disso, uma exposição de suas artes maravilhosas reais. Então, novamente, pode ser considerado como um hóspede temporário, desprovido de fundamentos. Você não vê que a cada dia uma caravana chega e outra se vai e desaparece? Ele está sendo constantemente esvaziado e preenchido. Logo toda a terra será alterada; seus habitantes partirão para outro reino e mais duradouro. Lá todos serão recompensados ou punidos de acordo com os seus atos."

Aquele traiçoeiro de cabeça vazia respondeu rebelde: "Eu não acredito nisso. É de todo possível que um país inteiro pereça, e ser transferido para outro reino?"

Seu fiel amigo, em seguida, respondeu: "Uma vez que você é tão obstinado e rebelde, venha, deixe-me mostrar a você, com doze das inúmeras provas disponíveis, que existe um Tribunal Supremo, um reino de recompensa e generosidade, um reino de punição e encarceramento, e que, assim como este mundo é parcialmente esvaziado a cada dia, assim também um dia virá quando será totalmente esvaziado e destruído."

• **PRIMEIRO ASPECTO**: É de todo possível que em qualquer reino, e especialmente um tão esplêndido reino como este, não deva haver nenhuma recompensa para aqueles que servem obedientemente e sem punição para aqueles que se rebelem? A recompensa e punição são praticamente inexistentes aqui; deve haver, portanto, um Tribunal Supremo em outro lugar.

• **SEGUNDO ASPECTO**: Olhe para a organização e administração deste reino! Vê como a todos, incluindo os mais pobres e os mais fracos, é fornecido o sustento perfeito e pomposo. O melhor cuidado é dedicado ao doente. Reais e deliciosos alimentos, pratos, joias incrustadas com decorações, vestuários bordados, festas esplêndidas - todos podem ser encontrados aqui. Veja como todo mundo presta a devida atenção às suas funções, com exceção de pessoas de cabeça vazia, como você mesmo. Ninguém transgride seus limites nem por um centímetro. O maior de todos os homens está envolvido no serviço modesto e obediente, com uma atitude de medo e pavor. O governante deste reino deve ter, então, uma grande generosidade e abrangente compaixão, bem como, ao mesmo tempo, grande dignidade, impressionante exaltação e honra. Logo, a generosidade requer liberalidade; a compaixão não pode prescindir de beneficência, a grandiosidade e a honra tornam imperativo que o descortês seja castigado. Mas nem mesmo a milésima parte

[1] Indica o ciclo de um ano. De fato, a cada primavera uma carrada de provisões vêm do reino do invisível.

daquilo que a generosidade e grandiosidade necessitam é para ser visto neste reino. O opressor conserva o seu poder, e os oprimidos, sua humilhação, pois ambos partem e migram deste reino. Seus assuntos são, então, deixados para o mesmo Supremo Tribunal de que falamos.

• **TERCEIRO ASPECTO**: Veja como as coisas são conduzidas com sabedoria sublime e organização, e com que verdadeira justiça e equilíbrio as transações são efetuadas! Logo, uma política sábia exige que aqueles que buscam refúgio sob a asa protetora do Estado devem receber favores e a justiça exige que os direitos das pessoas sejam preservados para que o esplendor do Estado e o respeito à governança não sofram. Mas aqui nesta terra, nem a milésima parte dos requisitos de tal sabedoria e justiça é cumprida, por exemplo, as pessoas de cabeça vazia, como você, costumam deixar impunes este reino. Então, novamente dizemos, as questões são adiadas para a consideração de um Tribunal Supremo.

• **QUARTO ASPECTO**: Olhe para estas inúmeras e inigualáveis joias que são exibidas aqui, estes pratos exuberantes apresentados e que banquete! Eles demonstram que o governante dessas terras é possuidor de infinita generosidade e um tesouro inesgotável. Logo, tal generosidade e tal tesouro merecem e exigem uma exposição generosa que deve ser eterna e inclua todos os possíveis objetos de desejo. Eles também exigem que todos os que vêm como convidados para participar da exposição deveriam estar lá eternamente e não sofrer a dor da morte e da separação. Pois, se como a cessação da dor é prazerosa, assim também a cessação do prazer é dolorosa! Olhe para estas exposições e os anúncios sobre eles! Ouça esses arautos proclamando as artes plásticas e delicadas de um monarca de milagres, e demonstrando suas perfeições! Eles estão declarando sua inigualável e invisível beleza, e falando das manifestações sutis de sua oculta formosura, ele deve possuir, então, uma grande e surpreendente beleza e perfeição invisíveis. Esta impecável perfeição oculta requer alguém que apreciará e admirará, quem olhará a ela, exclamando: Ma'challah!, assim exibindo-o e tornando-o conhecido.

Quanto à oculta e inigualável beleza, ela também requer ver e ser vista, ou melhor, contemplar-se de duas maneiras. A primeira consiste em contemplar-se em diferentes espelhos, e a segunda, por meio da contemplação dos espectadores extasiados e admiradores surpreendidos. Os desejos da beleza oculta, então, são o de ver e serem vistos, contemplar-se eternamente e ser contemplada sem cessar. Ela deseja também a existência permanente para quem olhar para ela com admiração e êxtase, porquea beleza eterna nunca pode se contentar com admirador transitório, além disso, o admirador destinado a perecer sem esperança de retorno encontrará seu amor voltando para a inimizade sempre que ele imagina sua morte, e sua admiração e respeito renderá desprezo, porque a natureza do homem é odiar o desconhecido e o desacostumado. Logo, todo mundo deixa a hospedaria deste reino muito rapidamente e desaparece, depois de ter visto apenas uma luz ou uma sombra da perfeição e beleza não mais do que um momento, sem de modo algum ficar saciado. Por isso, é necessário que ele deva ir para um reino eterno.

• **QUINTO ASPECTO**: Veja, é evidente a partir de todas essas questões que aquele Ser inigualável é possuidor da maior misericórdia. Porque ele faz com que a ajuda seja rapidamente estendida a todas as vítimas do infortúnio, responde a todas as perguntas e súplicas, e felizmente cumpre mesmo a mais humilde necessidade do seu servo mais humilde. Se, por exemplo, a pata da ovelha de algum pastor doa, ele ou oferece algum medicamento ou envia um veterinário.

Vamos, deixa-nos ir; há uma grande reunião naquela ilha. Todos os nobres da terra estão acampados lá. Veja um nobilíssimo comandante, usando belas decorações, pronunciando um discurso, e solicitando certas coisas ao monarca compassivo. Todos os presentes dizem: "Sim, nós também desejamos o mesmo", e afirmam e concordam com suas palavras. Agora ouça as palavras daquele comandante favorecido por seu monarca:

"Ó monarca que nos alimenta com a sua recompensa! Mostre-nos a fonte e a origem desses exemplos e sombras que nos apresenta! Atraia-nos para perto de seu assento de governo, não nos deixe morrer nestes desertos! Leve-nos a sua presença e tenha misericórdia de nós! Alimente-nos lá, da deliciosa recompensa que nos fez saborear aqui! Não nos atormente com o desespero e o banimento! Não deixe em vão seu rebanho, agradecido e obediente sujeito a própria sorte; não permita que seja aniquilado." Diz isso, suplicando, à sua audição É de todo possível que um monarca tão misericordioso e poderoso não deva preencher totalmente o melhor e o mais fino objetivo de seu mais amado e nobre comandante?

Além disso, o propósito do comandante é o objetivo de todos os homens, e seu cumprimento é exigido pelo prazer, pela compaixão e pela justiça do rei, e isso é uma questão de facilidade para ele, não de dificuldade, causando-lhe menos dificuldade do que os lugares transitórios de diversão contidos na hospedaria do mundo. Depois de ter passado tanto esforço nesses lugares de testemunho que vai durar apenas cinco ou seis dias, e sobre a fundação deste reino, a fim de demonstrar exemplos de seu poder, ele vai, sem dúvida, exibir em sua sede de governo verdadeiros tesouros, perfeições e habilidades de tal maneira, e abrir diante de nós tais espetáculos, que nossos intelectos serão surpreendidos.

Aqueles enviados para este campo de estudo não serão, então, deixados à própria sorte; palácios de felicidade ou masmorras esperam por eles.

• **SEXTO ASPECTO**: Venha agora, olha! Todas essas ferrovias imponentes, aviões, máquinas, armazéns, exposições mostram que por trás do véu um monarca imponente existe e governa.[1]

Tal monarca exige assuntos dignos de si mesmo. Mas agora você vê todos os seus

---

[1] Po exemplo, quando um vasto exército na época atual recebe a ordem: "pegue suas armas e prepare suas baionetas", de acordo com as regras da guerra, enquanto em manobra, parece-se com uma floresta de carvalhos verticais. Da mesma forma, quando os soldados de uma guarnição são ordenados em dias festivos para vestir seus uniformes de desfile e pendurar suas medalhas, será semelhante de um lado para o outro, um jardim colorido e ornamentado, onde todas as flores desabrocharam. Por outro lado, quando no local de exercícios do mundo, as várias e infinitas espécies da soldadesca do Pré-Eterno Monarca- anjos, gênios, homens, animais e até mesmo insensíveis plantas, recebem a ordem de ﴿كُنْ فَيَكُونُ﴾ na luta pela preservação da vida e do comando: "Tomem as suas armas e equipamentos, e se preparem para se defenderem", quando fixam as diminutas baionetas que são as árvores de espinhos e plantas encontrados em todo o mundo -, então eles se assemelham a um exército magnífico avançando com baionetas armadas.

Da mesma forma, cada dia e cada semana da primavera é como um festival para cada classe do reino vegetal, e cada classe se apresenta ao olhar testemunhal do Monarca Pré-Eterno com os enfeites de joias que Ele lhes deu, como se fossem na parada, a fim de exibir os presentes finos que Ele lhes concedeu. É como se todas as plantas e árvores estivessem atendendo a um comando divino, de vestir as roupas cheias de joias produzidas pela arte de Allah, colocar as decorações feitas por Seu poder criador - flores e frutas. A face da terra vem em seguida, para representar um desfile em um esplêndido dia de festa, um magnífico desfile brilhando com os uniformes e as decorações de joias dos soldados.

Tal arranjo e ornamento sábio e bem ordenado demonstra uma certeza a todos os que não são cegos, que derivam do comando de um monarca de poder infinito e sabedoria ilimitada.

súditos reunidos em uma hospedaria para peregrinos, uma hospedaria que é cheia e esvaziada a cada dia. Também seus súditos estão agora reunidos num teste de campo por causa de manobras, e este campo também muda a cada hora. Mais uma vez, que todos os seus súditos ficam em um salão de exposição por alguns minutos para contemplar exemplares de beneficência do monarca, produtos valiosos de sua arte milagrosa. Mas a exposição em si muda a cada momento. Quem vai não volta e quem chega tem de ir. Agora esta situação e circunstância conclusiva mostram que além da hospedaria, o teste de campo, a exposição. Há palácios, moradas permanentes, duradouras, e jardins e tesouros cheios dos puros e elevados originais das amostras e formas que vemos neste mundo. É por causa deles que nós mesmos nos exercitamos aqui. Aqui trabalhamos, e lá recebemos nossa recompensa. A forma e o grau de felicidade adequada à capacidade de todos nos esperam lá.

• **SÉTIMO ASPECTO**: Venha, vamos andar um pouco, e ver o que pode ser encontrado entre essas pessoas civilizadas. Olha, em cada lugar, em cada esquina, câmeras estão instaladas a tirar fotos. Olha, em todos os lugares há escribas sentados e escrevendo coisas. Tudo está sendo gravado. Eles estão registrando a menos significativa das obras, o mais banal dos acontecimentos. Agora, olhe para o alto da montanha, lá você vê um supremo fotógrafo instalado, dedicado ao serviço do rei,[1] ele está tirando fotos de tudo o que acontece na área. O rei deve, então, ter emitido esta ordem: "Gravar todas as operações realizadas e ações executadas no reino." Em outras palavras, aquele exaltado personagem está registrando e fotografando todos os eventos. Os registros precisos que ele está mantendo devem sem dúvida ser por causa de um dia chamar seus súditos a prestarem contas.

Agora é de todo possível que um Onisciente e Preservador Ser, que não negligencia os atos mais banais do menor de seus súditos, não deve registrar os feitos mais significativos do maior entre seus súditos, não deve chamá-los a prestar contas, não deve premiá-los e puni-los? Afinal de contas, aqueles primeiros entre os seus súditos executam atos ofensivos a sua glória, contrários a seu orgulho e inaceitáveis para sua compaixão, e essas ações ficam impunes neste mundo.

Deve ser, portanto, que o seu julgamento é adiado para o Tribunal Supremo.

• **OITAVO ASPECTO**: Venha, deixe-me ler para você os decretos emitidos por aquele monarca. Veja, ele repetidamente faz as seguintes promessas e ameaças terríveis: "Tirá-los-ei de sua residência atual e os trarei para a sede do meu governo. Lá darei felicidade ao obediente e prenderei os desobedientes. Destruindo essa morada temporária, encontrarei um reino diferente contendo palácios eternos e masmorras".

Ele pode facilmente cumprir as promessas que ele faz, de tal importância para os seus súditos. É, além disso, incompatível com seu orgulho e seu poder que ele quebre sua promessa. Então olhe, ó confuso! Você concorda com as reivindicações de sua

---

[1] Algumas das verdades indicadas neste aspecto foram estabelecidas na Sétima Verdade. No entanto, vamos destacar aqui que a figura do "supremo fotógrafo dedicado ao serviço do rei" é uma indicação da Tábua Preservada. A realidade e a existência da Tábua Preservada foram provadas na Vigésima Sexta Palavra da seguinte forma: umapasta sugere a existência de um grande livro, um pouco de documentos aponta para a existência de um grande registro, e pequenas gotas apontam para a existência de um grande reservatório de água. Assim, também as faculdades de retenção dos homens, os frutos das árvores, as sementes e os caroços das frutas, sendo cada um como uma pequena pasta, uma Tábua Preservada em miniatura ou uma gota proveniente da caneta que inscreve a grande Tábua Preservada - eles apontam, indicam e provam a existência de uma Faculdade Retentiva Suprema, um grande registro, uma exaltada Tábua Preservada. Na verdade, eles demonstram isso visivelmente ao intelecto perceptivo.

imaginação mentirosa, seu intelecto perturbado, sua alma enganosa, mas nega as palavras de um ser que não pode ser obrigado de qualquer forma a quebrar sua promessa, cuja alta estatura não admite qualquer infidelidade, e cuja veracidade testemunha todos os atos visíveis. Certamente você merece um grande castigo. Você se assemelha a um viajante que fecha os olhos para a luz do sol e olha, em vez disso, para sua própria imaginação. Seus desejos extravagantes iluminam seu impressionante caminho escuro com a luz do seu cérebro, embora não seja mais do que um pirilampo. Uma vez que o monarca faz uma promessa, ele vai, por todos os meios, cumpri-la. Sua realização é mais fácil para ele e, além disso, mais necessário para nós e todas as coisas, assim como também para ele e seu reino.

Há, portanto, uma Tribunal Supremo, e uma felicidade sublime.

• **NONO ASPECTO**: Venha agora! Olhe para as cabeças destes oficiais e grupos.[I] Cada um tem um telefone privado para falar pessoalmente com o rei. Às vezes, também eles vão diretamente para sua presença. Veja o que eles dizem e relatam, por unanimidade, que o monarca tem preparado um lugar mais magnífico e impressionante para recompensa e punição. Suas promessas são ameaças enfáticas e são mais severas. Seu orgulho e dignidade são tais que ele em nada se inclina para a abjeção inerente à quebra de uma promessa. Os portadores deste relatório, que são tão numerosos quanto a ser universalmente aceitos, outro relatório com a forte unanimidade de consenso que "o assento e a sede da monarquia elevada, alguns dos cujos traços são visíveis aqui, estão em outro reino muito distante daqui. Os edifícios existentes neste teste de campo, são temporários e, posteriormente, serão trocados por eternos palácios. Estes lugares mudarão. Esta magnífica e imperecível monarquia, o esplendor de que resulta das suas obras, não pode de forma alguma ser encontrada ou baseada em tão transitórios, passageiros, instáveis, insignificantes, assuntos defeituosos e imperfeitos. Baseia-se, sim, em coisas dignas dele, eternas, estáveis, permanentes e gloriosos."

Há, então, outro reino, e com certeza iremos na sua direção.

DÉCIMO ASPECTO: Vem, hoje é o equinócio da primavera.[II] Certas mudanças acontecerão, e as coisas maravilhosas ocorrerão. Neste belo dia de primavera, vamos dar um passeio na verde planície adornada com belas flores. Veja outras pessoas também vindo em sua direção. Lá deve haver alguma mágica em ação, uma vez que os edifícios que eram meras ruínas, de repente, surgiram novamente aqui, e esta planície, uma vez desertica tornou-se uma cidade populosa. Veja, a cada hora aparece uma cena diferente, assim como uma tela de cinema, e assume uma forma diferente. Mas note também que entre essas cenas complexas, rapidamente mutáveis e multifacetadas existe uma perfeita ordem, de modo que todas as coisas são colocadas em seus devidos lugares. As cenas imaginárias que nos são apresentadas na tela do cinema não podem ser bem ordenadas como estas, e milhões de magos qualificados seriam incapazes desta arte. Este monarca

---

[I] Os significados indicados neste aspecto podem ser encontrados na Oitava Verdade. Por exemplo, chefes de escritórios significam profetas e santos. Quanto ao telefone, é um link e uma relação com Allah que sai do coração e é o espelho da revelação e o receptáculo da inspiração. O coração é como o fone de ouvido do telefone.

[II] Você vai descobrir que este aspecto é aludido na Nona Verdade. O equinócio da primavera é equivalente ao início da primavera. Quanto à planície verde coberta de flores, esta é a face da terra na primavera. As cenas de mudança e os espetáculos são uma alusão aos diferentes grupos de seres primaveris, as aulas de criação de verão, e o sustento para homens e animais, que o Criador Todo-Poderoso e Glorioso, o Criador Todo-sábio e belo, desde o início da primavera ao final do verão, traz em sucessão ordenada, renova com a maior compaixão e despacha ininterruptamente.

a quem não podemos ver deve, então, ter realizado milagres ainda maiores.

Ó tolo! Você pergunta: "Como pode este vasto reino ser destruído e reestabelecido em outro lugar?"

Você vê que a cada hora inúmeras mudanças e revoluções ocorrem, como a transferência de um reino para outro que sua mente não aceita. A partir desta reunião e dispersão pode-se deduzir que um determinado objetivo está oculto dentro dessas visíveis e rápidas junções e separações, dessas composições e dissoluções. Dez anos de esforço para uma reunião destinada a durar não mais que uma hora. Então, essas circunstâncias que testemunhamos não podem ser fins em si mesmos, eles são uma espécie da parábola de algo além de si mesmos, uma imitação. Aquele ser exaltado realiza-os de forma milagrosa, de modo que eles tomam forma e, em seguida, os funde, e o resultado é preservado e gravado, exatamente da mesma forma que todos os aspectos de uma manobra no campo de batalha são escritos e registrados. Isto implica que o processo de algum grande concurso e reunião será com base no que acontece aqui. Além disso, os resultados de tudo o que ocorre aqui serão permanentemente exibidos em alguma exposição suprema. Todo o transiente e fenômeno flutuantes que vemos aqui produzirão o fruto da eterna e imutável forma.

Todas as variações que observamos neste mundo são então, por causa de uma felicidade suprema, um Tribunal Supremo, por causa de objetivos exaltados ainda desconhecidos para nós.

• **DÉCIMO PRIMEIRO ASPECTO**: Venha, o amigo obstinado! Vamos embarcar em um avião ou um trem viajando para o leste ou oeste, ou seja, para o passado ou o futuro. Vamos ver que milagrosa obra está funcionando em outros lugares. Olhe, há maravilhas em cada mão, como as habitações, espaços abertos e exposições que vemos. Mas todos eles são diferentes no que diz respeito à arte e à forma. Note bem, no entanto, que ordem se aplica à sabedoria manifesta, que indicações de compaixão evidente, que sinais de justiça elevada, e que frutos de abrangente misericórdia, podem ser vistos nessas moradias transitórias, estes espaços transitórios abertos, estas exposições fugazes. Quem não totalmente desprovido de discernimento consegue compreender a certeza de que nenhuma sabedoria pode ser imaginada mais perfeita do que a dele, nenhuma providência mais bela do que a dele, nenhuma compaixão mais abrangente do que a dele, e nenhuma justiça mais gloriosa do que a dele.

Se, por uma questão de argumento, como você imagina, nada de moradias permanentes, locais elevados, estações fixas, residências constantes, ou população residente e contente existiram na esfera do seu reino; se as verdades da sua sabedoria, compaixão, misericórdia e justiça não tinham domínio no qual se manifestarem totalmente (uma vez que este reino transitório não é lugar para a sua manifestação plena) - então seríamos obrigados a negar a sabedoria que vemos, negar a compaixão que observamos, negar a misericórdia que está na frente dos nossos olhos e negar os sinais da justiça que são evidentes. Isso seria tão idiota como negar o sol, a luz do qual vemos claramente ao meio-dia. Também teríamos de considerar aquele de quem procedem todas essas sábias medidas que vemos, todos estes atos generosos, todos esses dons misericordiosos, um jogador vil ou tirano traiçoeiro (que Allah nos livre!). Isso seria inverter a verdade. E tornando a verdade em seu oposto é impossível, de acordo com o testemunho unânime de todos os seres racionais, excetuando-se apenas dos sofistas idiotas que negam tudo.

Há, então, um reino além do presente. Nele, há um tribunal supremo, um lugar elevado de justiça, um lugar exaltado de recompensa, onde toda esta compaixão, sabedoria, misericórdia e justiça serão manifestadas plenamente.

• **DÉCIMO SEGUNDO ASPECTO**: Venha, vamos voltar agora. Vamos falar com os chefes e oficiais desses vários grupos, e olhando para o seu equipamento vamos perguntar se o equipamento foi-lhes dado apenas por uma questão de subsistir por um breve período naquele reino, ou se foi dado em prol da obtenção de uma longa vida de felicidade em outro reino. Vamos ver. Não podemos olhar para todos e para seu equipamento. Mas, a título de exemplo, vamos olhar para o documento de identidade e o registro deste oficial. Em seu cartão, sua posição, salário, dever, suprimentos e instruções são gravados. Veja que esta patente não foi concedida a ele por apenas alguns dias; pode ser dada por um prolongado período. Diz em seu cartão: "Você receberá do tesouro tanto de salário em tal e tal dia." Mas a data em questão não chegará por um longo período de tempo, depois de este reino ser desocupado. Da mesma forma, o imposto mencionado em seu cartão não foi dado para este reino temporário, mas sim por uma questão de ganhar a felicidade permanente na proximidade do rei. Então, também, os suprimentos concedidos a ele não podem ser apenas por uma questão de subsistir nesta hospedaria por alguns dias, pois eles só podem ser por causa de uma vida longa e feliz. As instruções deixam bem claro que ele está destinado a um lugar diferente, que está trabalhando para outro reino.

Agora olhe para esses registros. Eles contêm instruções para o uso e disposição de armas e equipamentos. Se não houvesse outro reino do que isso, exaltado e eterno, que registra com suas instruções categóricas e a carteira de identidade com a informação clara, ambos seriam sem sentido. Além disso, esse oficial respeitado, o comandante nobre, o chefe honrado, cairia para um nível mais baixo do que o de todos os homens; ele seria o mais um desgraçado, infeliz, rebaixado, aflito, indigente e fraco de todos. Aplique o mesmo princípio para tudo. Tudo o que você olhar testemunha que depois deste mundo transitório existe outro mundo eterno.

Ó amigo! Este mundo temporário é como um campo. É um lugar de instrução, um mercado. Sem dúvida, um tribunal supremo e felicidade suprema irão sucedê-lo. Se você negar isso, será obrigado também negar os documentos de identidade de todos os funcionários, seus equipamentos e suas ordens, na verdade, você vai ter que negar também toda a ordem de existir no país, a existência de um governo nele e todas as medidas que o governo toma. Então, você não mais merecerá o nome do homem ou a denominação de consciente. Você será mais tolo do que os sofistas.

Cuidado, não imagine que as provas da transferência da criação de um reino para outro está restrito a estes doze aspectos. Há indícios e provas além de contagem e enumeração, todos mostrando que este transitório, mutante reino será transformado em um reino permanente e imutável. Há também inúmeros sinais e evidências que os homens serão tomados a partir desta hospedaria temporária e enviados para a sede eterna do governo de toda a criação.

Eu vou lhe mostrar uma prova em particular, que é mais forte do que todos os doze aspectos tomados juntos.

Venha agora, olhe, no meio da grande assembleia visível à distância o mesmo nobre comandante que vimos anteriormente na ilha, adornado com numerosas condecorações, está fazendo um anúncio. Vamos ouvir. Veja, o luminoso e mais nobre comandante está transmitindo um decreto supremo, lindamente inscrito. Ele diz:

"Preparem-se, vocês vão para o outro e permanente reino, um reino de tal forma que este aparecerá como uma masmorra, por comparação. Vocês irão para a sede do governo do nosso rei, e lá receberã sua compaixão e sua generosidade, se vocês prestaemr bem atenção a este edital e obedececerem-no. Mas se vocês se rebelarem e desobedecerem-no, serão lançados em masmorras impressionantes." Essa é a mensagem que ele transmite. Se você olhar para o decreto, você verá que ele tem um selo tão milagroso que não pode de forma alguma ser imitado. Todo mundo além de idiotas, tais como você, sabem com certeza que o decreto é do rei. Além disso, o comandante nobre carrega essas decorações brilhantes que todos, exceto os cegos como você, entendem muito bem que ele é o verdadeiro portador das ordens do rei.

É de todo possível que o ensino da transferência de um domínio para outro, desafiadoramente transmitido por esse comandante nobre no Supremo decreto que recebeu, deve em tudo ser aberto a objeção? Não, não é possível, a menos que neguemos tudo o que já vimos.

Agora, ó amigo, é sua vez de falar. Diga o que você tem a dizer.

–"O que eu devo dizer? O que pode ser dito para contradizer tudo isso? Quem pode falar contra o sol ao meio-dia? Eu digo apenas: Louvado seja Allah. Cem mil graças por ter sido salvo do domínio da imaginação e da fantasia, e salvo de uma masmorra eterna e prisão. Eu vim acreditar que existe uma morada de felicidade na proximidade do monarca, separada desta hospedaria confusa e transitória."

Nossa comparação, indicando a verdade da ressurreição e a Outra Vida está concluída. Agora, com a graça de Allah, vamos passar para a verdade mais exaltada. Nós estabeleceremos doze Verdades interrelacionadas, correspondentes aos doze aspectos discutidos acima, bem como uma introdução.

Introdução

[Por meio de algumas indicações, estamos nos referindo a vários assuntos explicados em outras partes, isto é, nas palavras Vigésima Segunda, Décima Nona e Vigésima Sexta.]

• PRIMEIRA INDICAÇÃO

Há três pares para o homem tolo e seu companheiro confiável na história anterior:

- A minha alma ordenadora e o meu coração;
- Os estudantes de filosofia e os alunos do Alcorão Sagrado;
- O povo de incredulidade e a comunidade do Islam.

O pior erro e a desorientação dos estudantes de filosofia, o povo de incredulidade e da alma instintiva, estão em não reconhecer a Allah. Assim como na história anterior, o homem de confiança, disse: "Não pode haver nenhuma carta sem um escriba, nem lei, sem um legislador", nós também dizemos o seguinte:

Um livro, especialmente em cada palavra dele que uma caneta diminuta inscreveu outro livro inteiro, e em cada letra dele uma caneta fina traçou um poema, não pode ficar sem um escritor; isso seria totalmente impossível. Assim, também este cosmos não pode ficar sem o seu registrador; isso é impossível ao grau máximo. Uma vez que o cosmos é precisamente um livro que cada uma de suas páginas inclui muitos outros livros, cada uma de suas palavras contém um livro, e cada uma de suas letras contém um poema. A face da terra é uma página no livro do cosmos. Veja quantos livros ela contém. Cada árvore é uma palavra, veja quantas páginas ela contém. Cada fruta é uma letra, e cada semente é um ponto. Nesse ponto está contido o índice de toda a árvore, na sua amplitude. Um livro como este pode ter sido escrito apenas pela poderosa pena de um Possuidor de Glória que gosta dos atributos de esplendor e beleza, e é o detentor da sabedoria e do poder infinitos. A fé, então, segue inevitavelmente na observação do mundo, a menos que alguém esteja bêbado na desorientação.

Da mesma forma, uma casa não pode surgir sem um construtor, particularmente uma casa adornada com obras miraculosas de arte, projetos maravilhosos, e ornamentos incríveis. Tanta arte foi colocada em uma das suas pedras como em um palácio inteiro. Nenhuma inteligência aceitará que poderia surgir sem um construtor; definitivamente precisa de um mestre arquiteto. Além disso, dentro do prédio, verdadeiros quartos tomam forma e mudam a cada hora com o máximo de ordem e vontade, como se as roupas fossem sendo alterados, ou como se as cenas fossem passando em uma tela de cinema. Podemos dizer ainda que inúmeras salas pequenas são constantemente criadas em cada uma dessas cenas.

Da mesma forma, o cosmos também exige um infinitamente sábio, onisciente e todo-poderoso fabricante. Uma vez que o magnífico cosmos é um palácio que tem o sol e a lua como suas lâmpadas e as estrelas como suas velas, o tempo é como uma corda ou fita pendurada no seu interior, sobre o qual o Criador Glorioso enfia a cada ano um novo mundo. E dentro deste Ele enfia no fio do tempo trezentos e sessenta novas e ordenadas formas. Ele as muda com a máxima regularidade e sabedoria. Ele fez a face da terra uma extensão abundante que Ele adorna a cada primavera, com três mil espécies de criação, que enche com inúmeros tipos de presentes generosos. Ele faz de tal forma que todos ficam afastados uns dos outros, bem separados e distintos, apesar de estarem, ao mesmo tempo tão perto e entrelaçados. Avalia com isso todos os lados; Como ignorar a existência do Criador deste palácio?

Mais uma vez, negar a existência do sol, em um dia sem nuvens, ao meio-dia, quando seus traços devem ser observados e seu reflexo é para ser visto em todas as bolhas na superfície do oceano, em cada objeto brilhante na terra seca, e em cada partícula de neve negar isso seria o delírio de alguém perturbado. Se alguém negar e se recusar a aceitar a existência do sol único, seria obrigado a aceitar a existência de toda uma série de pequenos sóis, cada um real e existente em si mesmo, tão numerosos quanto às gotas e bolhas do oceano, incontáveis como as partículas de neve. Seria necessário acreditar que cada partícula contém um enorme sol, ainda que a partícula seja suficiente para conter somente a si mesma. Seria um sinal ainda maior de insanidade e desorientação de recusar o próprio assentimento aos atributos de perfeição do Criador Glorioso, mesmo vendo o cosmos bem ordenado mudando constantemente de forma sábia e regular, que está sendo incessantemente renovado em disciplinada maneira. Isto, também, seria como os delírios de um lunático, uma vez que, em seguida, torna-se necessário acreditar e aceitar que a divindade absoluta está presente em todas as coisas, até mesmo numa partícula. Uma vez que cada partícula de ar é de alguma forma capaz de entrar e exercer os seus efeitos sobre toda flor, fruto e folha e, a menos que a tarefa seja a partícula por um Criador, ela deve saber por si mesma a estrutura e a forma de todos os objetos que penetra e afeta. Em outras palavras, ela deve possuir poder e conhecimento abrangente.

Por exemplo, cada partícula do solo é potencialmente capaz de dar origem a todas as sementes diferentes que existem. Se ela não estiver agindo de acordo com um comando, deve conter em si equipamentos e instrumentos correspondentes a todas as diversas árvores e plantas do mundo. Ou, em outras palavras, deve-se atribuir à partícula tal arte e potência que é conhecer a estrutura de cada elemento e as formas que cada um deles é levado a assumir, e ser capaz de elaborar essas formas. Isso pe também verdade no que diz respeito à partícula e a outros reinos da criação.

Assim você pode entender que em todas as coisas há numerosos manifestações e provas da Unicidade de Allah. Criar todas as coisas a partir de uma coisa, e fazer todas as coisas uma coisa, é uma tarefa possível apenas para o Criador de todas as coisas. Preste atenção para a declaração sublime:

﴿وَاِنْ مِنْ شَىْءٍ اِلاَّ يُسَبِّحُ بِحَمْدِهِ﴾[62] Porque, se a pessoa não aceitar a Allah, o Único e Exclusivo, é preciso aceitar deuses tão numerosos quanto os seres criados.

• SEGUNDA INDICAÇÃO

Em nossa história, fizemos menção a um comandante mais nobre e dissemos que quem não é cego e vê suas condecorações e medalhas entenderá que ele age de acordo com os comandos de um monarca e é seu servo favorito. Agora que o comandante mais nobre é o mensageiro mais importante de Allah, (que a paz e as bênçãos estejam com ele). O Criador sagrado de tão ornamentado o cosmos deve obrigatoriamente ter um Nobre Mensageiro, assim como o sol deve necessariamente ter luz. Pois, o sol não pode existir sem dar a luz, e a Divindade não pode ser sem mostrar-Se por meio do envio de profetas. É de todo possível que a beleza da perfeição absoluta não deva desejar Se manifestar por meio de um que irá demonstrá-lo e exibi-lo?

É de todo possível que a perfeição da bela arte não deseje se tornar conhecida por meio de um arauto que atrairá os olhares dos homens em cima dela?

É de todo possível que a monarquia universal de Toda-Abrangente divindade não deva desejar anunciar a sua unidade e eterna súplica por intermédio dos diferentes níveis de multiplicidade e particularidade, por meio de um emissário que possui dois aspectos? Pelos dois aspectos, queremos dizer que ele é tanto o enviado do reino da multiplicidade ao Tribunal Divino, em virtude de seu culto universal, e também o mensageiro do Divino Tribunal para o reino da multiplicidade, em virtude de sua proximidade com Allah e ser confiado com a Sua mensagem.

É de todo possível que um possuidor de inerente beleza infinita não deveria desejar, tanto para contemplar a si mesmo e para mostrar aos outros, em vários espelhos, os encantos de sua beleza e as seduções de sua justiça? O Mensageiro de Allah é o Seu amado, fazendo-se amado por Ele, por meio de sua adoração e segurando um espelho a ele, e também é o portador de Sua mensagem, tornando-o amado dos homens e demonstrando-lhes a beleza de Seus nomes.

É de todo possível que o proprietário de tesouros cheios de milagres maravilhosos, de raros e valiosos itens, não deva desejar exibi-los à contemplação dos homens, por meio de um perito joalheiro e descrevedor eloquente, revelando assim suas perfeições ocultas?

É de todo possível que Aquele que manifesta a perfeição de todos os Seus nomes no cosmos, por meio de adorno artístico que os homens olham, de modo que o cosmos vem se assemelhar a um palácio decorado com todos os tipos de arte maravilhosa e sutil, também não deve designar um professor e um guia para as maravilhas de Sua criação?

É de todo possível que o Senhor do cosmos não deva resolver, por meio de um mensageiro, o talismã complexo do objetivo e propósito de todas as mudanças que ocorrem no cosmos, e o enigma contido nas três difíceis questões colocadas por todos os seres: "Qual é a nossa origem? Qual é o nosso destino? Qual é o nosso propósito?"

É de todo possível que o Criador Glorioso, Que Se faz conhecido dos seres conscientes, por meio de Sua criação justa, e que Se torna amado por meio de Suas dádivas preciosas, não deva também comunicar aos seres conscientes, por meio de um mensageiro, o que o Seu prazer deseja deles em troca?

É de todo possível que Allah deva criar a humanidade em uma forma predispondo-a ao sofrimento da consciência da multiplicidade, mas também contendo a capacidade de envolver-se em culto universal, sem que, ao mesmo tempo, pretenda transformá-la da multiplicidade à unicidade, por meio de um professor e um guia?

Existem inúmeras outras funções de profecia, cada uma das quais é uma prova decisiva de que a Divindade implica necessariamente em Mensagem.

Alguém já apareceu no mundo mais digno e mais em posse das qualidades e funções acima mencionadas de Mohammad, o Profeta árabe (Allah o abençoe e lhe dê paz)? O tempo nos mostrou, acaso, alguém mais adequado para o posto de mensageiro e a tarefa de transmitir a Mensagem de Allah? Não, de maneira nenhuma!

Ele é o mestre de todos os mensageiros, o mais importante de todos os profetas, o líder de todos os puros, o mais próximo de Allah de todos aqueles que têm se achegado a Ele, a mais perfeita de todas as criaturas, o monarca de todos os guias para a justiça.

Além dos inúmeros indícios de sua missão profética decorrentes de mais de mil milagres, como a divisão da lua e o fluxo de água de seus dedos, que todos os estudiosos confirmam, por unanimidade, o milagre supremo do Glorioso Alcorão, um oceano de verdade e um livro milagroso em quarenta diferentes aspectos - é por si só suficiente para demonstrar a sua missão profética tão claramente como o sol. Uma vez que discutir os quarenta diferentes aspectos de quarenta milagres do Alcorão em outros tratados, particularmente na Vigésima Quinta Palavra, limitar nossa discussão sobre o assunto aqui.

• TERCEIRA INDICAÇÃO

Que não se pense que o homem pequeno é muito insignificante uma vez que este vasto mundo será levado a um fim e outro reino será desdobrado simplesmente para ser ele levado a prestar conta. Uma vez que o homem, aparentemente insignificante, assume grande importância como o mestre de todas as criaturas, em virtude da abrangência de sua disposição, como o arauto da monarquia de Allah, e o manifestante da adoração universal. Também não deixe ninguém perguntar: "Como alguém pode merecer o tormento eterno no curso de uma breve vida?" Uma vez que a incredulidade tenta arrastar a criação, algo tão valioso e exaltado como uma carta escrita por Allah, até as profundezas da falta de sentido e de propósito. É um insulto a todos os seres, uma vez que nega e rejeita as manifestações e impressões dos Nomes Sagrados de Allah que são visíveis em todos os seres, e visam anular todas as provas infinitas que demonstram a veracidade e sinceridade de Allah, Exaltado seja. Daí, a incredulidade é um crime de proporções infinitas, merecedora de punição infinita.

• QUARTA INDICAÇÃO

Na história, vimos por meio de doze aspectos que um rei que tinha um domínio semelhante a uma hospedaria transitória deve necessariamente ter outro reino, um eterno e permanente, manifestando o seu esplendor e a sublimidade do seu poder. Da mesma forma, não é de todo possível que o Eterno Criador do mundo transitório não possa criar também um reino eterno. Não é possível que o Criador Eterno deste belo, mas instável cosmos, não criaria outro cosmo, permanente e duradouro. Não é possível que o Sábio, Poderoso e Misericordioso Criador deste mundo, que é como uma exposição, ou um teste de campo, ou um campo, não criaria Outra Vida em que os propósitos deste mundo devem ser manifestados. A entrada é para ser esta verdade por intermédio de doze portas, e as doze portas são para ser desbloqueadas por meio de doze outras verdades. Vamos começar com a menor e a mais simples delas:

PRIMEIRA VERDADE

A Porta da Divindade e da Soberania,

A Manifestação do Nome do Senhor.

Seria possível que a glória da Divindade de Allah e Sua Soberania Divina criaria um cosmos como este, a fim de mostrar Suas perfeições, com tais objetivos nobres e propósitos elevados, sem estabelecer uma recompensa para aqueles crentes que, por intermédio da fé e da adoração respondem a esses objetivos e propósitos? Ou que Ele não deveria punir aqueles equivocados que tratam os Seus propósitos com rejeição e desprezo?

SEGUNDA VERDADE

A Porta da Generosidade e da Misericórdia,

A Manifestação dos Nomes do Generoso e Misericordioso

É de todo possível que o Senhor deste mundo, que em Sua obra demonstra generosidade infinita, infinita misericórdia, esplendor e glória infinita, não dar a recompensa de uma forma condizente com Sua generosidade e misericórdia, e não punir de forma condizente com Seu esplendor e glória? Se olharmos para a disposição das coisas deste mundo, vemos que todos os seres do mais fraco ao mais forte são-lhes dados alguma forma apropriada de sustento.[I] Na verdade, aos mais fracos e impotentes é dada a melhor forma de sustento, fornece cura para todo o enfermo, por onde menos espera. Esta recompensa é distribuídas com tão elevada generosidade que uma mão de infinita bondade está manifestamente em ação.

Por exemplo, na primavera, todas as árvores são vestidas com roupas tão finas como seda, assim como as huris do Paraíso; são incrustadas com flores e frutos, como se fossem joias, e nos oferecem inúmeras variedades dos frutos escolhidos, em ramos delicadamente estendidos como as mãos de um servo. Da mesma forma, é-nos dado saudável e doce mel para comer, das patinhas da abelha com seu ferrão; estamos vestidos com a melhor e mais macia de roupa por meio de um inseto que não tem mãos; e dentro de uma pequena semente um grande tesouro de misericórdia é preservado para nós. É evidente que tudo isso é o efeito da mais bela generosidade, um sentido mais delicado de misericórdia.

Então, também, o fato de que, com exceção do homem e certos animais selvagens, todas as coisas, do sol, da lua e da terra até a menor das criaturas, desempenham as suas funções com a máxima exatidão, não ultrapassam seus limites em um centímetro, e observam a obediência universal num espírito de grande temor - isto mostra que eles agem pelo comando de um Possuidor de grande glória e dignidade. Também é evidente que a forma em que todas as mães, no reino vegetal, animal e humano, socorrem seus filhos fracos e impotentes com o delicado alimento de leite, em terna compaixão, é uma manifestação da todo-abrangente mercê [II] de Allah.

Uma vez que o Dono deste mundo tem infinita generosidade, misericórdia, esplendor e glória, segue-se que a Sua infinita glória e infinito esplendor exigem o castigo ao descortês; que Sua infinita generosidade exige generosidade infinita, e sua infinita misericórdia exige uma outorga de favor digna d'‘Ele. Agora, neste mundo transitório e vida breve, apenas uma milionésima parte de tudo isso, como uma gota do oceano, se estabelece e se manifesta. Deve, portanto, haver um reino da bem-aventurança apropriado para a generosidade e digno da misericórdia. Se alguém negasse a existência da misericórdia que é visível para nós, isso seria o mesmo que negar a existência do sol que enche todos os dias com a sua luz. Uma vez que a morte irrevogável pode transformar a compaixão em desastre, o amor em aflição, a bênção em vingança, o intelecto em uma ferramenta de miséria, e prazer na dor, de modo que a essência da misericórdia de Allah desapareceria.

[I] Todo alimento lícito não é obtido por meio do exercício de força, mas pela existência de necessidade. A prova decisiva disto é que as crianças sem poder aproveitar os melhores meios de subsistência, enquanto fortes feras sofrem todos os tipos de deficiência, e que os peixes, por falta de inteligência, estão cheios de gordura, enquanto a raposa astuta e o macaco permanecem magros em sua busca de meios de subsistência. Existe, portanto, uma relação inversa entre a sustentação de um lado e a força e força de vontade do outro. Quanto mais se confia na força e força de vontade, mais difícil será manter um modo de vida.

[II] O fato de o leão faminto preferir sua prole a si mesmo, e dá a ela um pedaço de carne que de outra forma teria comido; que a galinha covarde vai atacar um cão e um leão a fim de proteger seus filhotes, que a figueira se alimenta com lama, enquanto dá leite puro para sua prole, a fruta - isso mostra para quem não é cego que eles agem de acordo com os comandos de um Ser infinitamente misericordioso, generoso e solícito. Mais uma vez, o fato de que mesmo as plantas e os animais inconscientes funcionam no mais sábio e mais consciente dos modos demonstra irrefutavelmente que um Totalmente Conhecedor e Onisciente tem-nos configurado para agir, e que eles estão agindo em Seu nome.

Tem, além disso, um reino de punição apropriado para a glória e dignidade de Allah. Uma vez que geralmente o opressor deixa este mundo ainda na posse de seu poder, e os oprimidos, ainda submetidos à humilhação. Estas questões são, portanto, adiadas para a atenção de um Tribunal Supremo; não é que eles sejam negligenciados. Às vezes, acontece também que a punição é promulgada neste mundo. Os tormentos sofridos pelos povos desobedientes e rebeldes em séculos anteriores mostram que o homem não é deixado aos próprios dispositivos, e que ele está sempre sujeito aos golpes que o esplendor e a majestade de Allah podem optar por provocá-lo.

É de todo possível que o homem tivesse o dever mais importante em toda a criação e ser dotado das capacidades mais importantes; que o Sustentador do homem Se faça conhecido a ele com todas as Suas obras bem ordenadas, e o homem, então, deixar de reconhecê-Lo em retorno por meio da fé, ou que Allah Se faça amado dos homens por conta dos numerosos e adornados frutos de Sua misericórdia, e o homem, então, deixar de fazer-se amado d''Ele por meio da adoração, ou que Allah demonstre Seu amor e misericórdia ao homem com Suas variadas bênçãos e o homem, então, deixar de respeitá-Lo com gratidão e com louvor? Seria possível que o homem permaneça impune, e fazer o que quer, ou que esse poderoso Possuidor de esplendor e glória não vai preparar para ele um reino de compensação?

É de todo possível, por outro lado, que Ele não prepararia um reino de recompensa e felicidade eterna para os crentes que respondem ao Misericordioso e Compassivo, fazendo-Se conhecido, reconhecendo-O na fé; fazendo-Se amado por amá-Lo na adoração; e a Sua misericórdia, oferecendo graças e veneração?

TERCEIRA VERDADE

A Porta da Sabedoria e da Justiça,

A Manifestação dos Nomes do Sábio e Justo

Seria possível [1] que o Senhor da Glória, que demonstra Sua soberania Divina na sabedoria e na ordem, na justiça e no equilíbrio que permeiam todas as coisas, do átomo ao sol, não conceda favor àqueles crentes que procuram refúgio sob a asa protetora de Sua Divindade, que acreditam em Sua Sabedoria e Justiça, e cujos atos sejam o propósito de adorá-Lo?

Mais uma vez, é possível que ele não vá castigar aqueles homens rudes e descorteses que não creem em Sua sabedoria e justiça, e se rebelam contra Ele com insolência? Agora, nem mesmo a milésima parte dessa sabedoria e justiça é exercida com respeito ao homem, neste mundo transitório; é, em vez disso, adiada. A maioria das pessoas de desorientação deixa este mundo impune, e a maioria das pessoas de orientação deixa-o sem recompensa. Todas as coisas são, então, adiadas para um tribunal supremo, uma bem-aventurança final.

---

[1] A frase "è de todo possível?" é, de fato, repetida muitas vezes, porque expressa um mistério mais importante. Desorientação e falta de crença geralmente brotam do hábito de imaginar coisas impossíveis, longe do reino da razão e, portanto, negam-nos. Agora, nessa discussão da ressurreição tem sido decisivamente demonstrado que a verdadeira impossibilidade, o absurdo e a irracionalidade pertencem ao caminho da descrença e à estrada de desorientação, enquanto a possibilidade verdadeira, a facilidade e a racionalidade são características do caminho da fé e da autoestrada do Islam.

Em suma, os filósofos tendem à incredulidade por considerarem as coisas impossíveis, enquanto a Décima Palavra (discussão da ressurreição), por meio da frase repetida, "é de todo possível?" mostra onde a impossibilidade reside, e, portanto, trata-os com um golpe na boca.

Sim, é evidente que o Ser Que controla este mundo faça isso de acordo com uma sabedoria infinita. Você precisa de uma prova? É a preservação do interesse e benefício em todas as coisas. Você não vê que inúmeros benefícios sábios são destinados a todos os membros, ossos e veias do ser humano, mesmo nas células de seu cérebro e em cada partícula do seu corpo? Você não vê que a partir de certos membros, sábios benefícios são tão numerosos quanto os frutos de uma árvore? Tudo isso mostra que as coisas são feitas de acordo com a sabedoria infinita. A existência da maior regularidade na realização de todas as coisas é uma prova da mesma verdade.

A compressão do programa exato do desenvolvimento de uma bela flor em uma semente diminuta, a inscrição em uma pequena semente pela caneta do destino da lista das ações de uma árvore, a sua história de vida e lista de equipamentos, mostram que uma caneta de extrema sabedoria está em ação.

A existência de um elevado grau de arte fina em todas as coisas prova que existe também a impressão de um Criador infinitamente sábio. Além disso, a inclusão dentro do corpo diminuto do homem de um índice de todos os seres, das chaves de todos os tesouros da misericórdia e dos espelhos de todos os Nomes Divinos, demonstra a existência de sabedoria dentro dessa infinitamente fina arte. Agora, portanto, é de todo possível que a sabedoria a qual, permeia o funcionamento da religiosidade não deva desejar eternamente favorecer àqueles que buscam refúgio debaixo da asa da divindade e que oferecem obediência na fé?

Você deseja uma prova de que todas as coisas são feitas com justiça e equilíbrio? O fato de que todas as coisas são dotadas de ser, dado forma e colocado em seu lugar apropriado de acordo com o equilíbrio preciso e na medida adequada, mostra que todas as questões são feitas em conformidade com a justiça infinita e o equilíbrio.

Da mesma forma, o fato de que são dados a todas as coisas seus direitos, de acordo com a sua disposição, que recebem todas as necessidades de seu ser e de todas as exigências da vida na forma mais adequada - este também é o sinal deixado por uma mão da infinita justiça.

Novamente, o fato de que a resposta é sempre dada a cada petição e pedido feito pela língua de disposição e da carência natural ou necessidade, demonstra a existência de infinita justiça e sabedoria.

Agora, seria possível que a justiça e a sabedoria que se apressam em aliviar a menor necessidade da menor da criação iriam deixar de fornecer a imortalidade, a maior necessidade do homem, a maior das criaturas? Que deixe de responder ao seu maior apelo de pedir ajuda? Ou que ele não preserve a dignidade da divindade de Allah por preservar os direitos de Seus servos? O homem, cuja vida é tão breve, não pode experimentar a verdadeira essência da justiça neste mundo transitório; por esta razão que as questões são adiadas para um tribunal supremo. Uma vez que a verdadeira justiça exige que o homem, esta criatura aparentemente insignificante seja recompensada e punida, não de acordo com a sua pequenez, mas em acordo com a magnitude de seu crime, a importância de sua natureza e a grandeza de sua função. Uma vez que este passageiro e transitório mundo está longe de manifestar tal sabedoria e justiça para o homem, que é criado para a eternidade, por necessidade, haverá um Inferno eterno e Paraíso eterno do Justo e Impressionante Possuidor da beleza, Aquele Possuidor de Sabedoria e Bela Admiração.

QUARTA VERDADE

A Porta da Generosidade e da Beleza,A Manifestação dos Nomes do Generoso e Belo

Seria possível que a infinita generosidade e liberalidade, as riquezas inesgotáveis, dos tesouros sem fim, a beleza inigualável e eterna, a perfeição impecável e perene, não exigiriam a existência de suplicantes gratos, espectadores ansiosos e atônitos, todos destinados a ficar uma eternidade em uma morada de felicidade, um lugar de repouso? Sim, adornando a face do mundo com todos esses objetos de beleza, criando a lua e o sol, as suas lâmpadas, preenchendo a superfície da terra com as melhores variedades de sustento e tornando-se assim um banquete de recompensa, fazendo árvores frutíferas em tantos pratos, e renovando-as várias vezes em cada época - tudo isso mostra a existência de infinita generosidade e liberalidade. Tal liberalidade e generosidade sem fim, tais tesouros inesgotáveis de misericórdia, requerem a existência de uma morada de repouso, um lugar de bem-aventurança, que será eterno e conterá todos os objetos desejáveis. Eles também exigem que aqueles que apreciam tal felicidade devem permanecer nessa morada de repouso eternamente, sem sofrer a dor do abandono e da separação. Pois, assim como a cessação da dor é uma forma de prazer, assim também a cessação do prazer é uma forma de dor, que tal generosidade infinita não está disposta a tolerar. Requer, então, a existência tanto de um Paraíso eterno e de suplicantes para habitá-lo eternamente.

A infinita generosidade e liberalidade desejam outorgar infinita munificência e infinita bondade. A outorga da infinita bondade e infinita munificência exige, por sua vez, infinita gratidão. Isto implica a existência permanente de quem recebe todo o carinho para que possa demonstrar seu agradecimento e gratidão pela graça da outorga constante e perpétua. Um prazer mesquinho feito amargo por cessação, e com duração de apenas um breve período de tempo, não é compatível com as exigências da generosidade e liberalidade.

Olhe também para as diferentes regiões do mundo, cada uma como uma exposição onde os artesanatos de Allah são exibidos. Preste atenção às proclamações divinas nas mãos de todas as plantas e animais na face da Terra[I] e ouça os profetas e os santos, os arautos das belezas da divindade. Eles mostram, por unanimidade, as impecáveis perfeições do Criador Glorioso, demonstrando Suas artes milagrosas e, assim, convidam os olhares dos homens.

O Criador do mundo tem, então, as mais importantes, surpreendentes e secretas perfeições. É isso que Ele deseja mostrar, por meio de Suas artes milagrosas. Uma vez que a secreta e impecável perfeição quer se manifestar para aqueles que irão apreciar e olhar para ela com admiração. A perfeição eterna exige manifestação eterna. Tal manifestação eterna por sua vez, requer a existência permanente de quem está a apreciar e admirar. O valor da perfeição sempre diminuirá na visão de seu admirador se ele é desprovido de perpétua existência.[II] Novamente, ó criaturas artísticas, brilhantes e formosamente adornadas, que cobrem a face do globo, dão testemunho da justiça de uma

---

[I] A existência de uma flor brilhantemente concebida e brilhantemente adornada, a fruta mais artisticamente concebida e adornada em um galho tão fino quanto um fio, aposta, um tronco de árvore seco - este é, sem dúvida, uma proclamação a todos os seres animados das artes plásticas produzido por um fabricante mais habilidoso, sábio e milagroso. Isso vale não só do reino vegetal, mas também do reino animal.

[II] Há uma ocorrência proverbial referente a este ponto. Uma beleza celebrada uma vez expulsou de sua presença um homem comum que se apaixonou por ela. A fim de consolar-se, disse ele: "Como ela é feia!" Negando assim a sua beleza. Uma vez um urso estava embaixo de uma latada de vinha, e desejava comer as uvas. Mas ele não foi capaz de alcançar as uvas, ou subir na treliça. Então, ele disse para si mesmo, como consolo: "As uvas devem estar azedas", e rosnando seguiu o seu caminho.

inigualável beleza transcendente, e indicam os encantos sutis de uma incomparável formosura escondida, assim como a luz solar testemunha o sol.[1] Cada manifestação desse sagrado, da beleza transcendente, indica a existência de inúmeros tesouros escondidos em cada um dos nomes de Allah. Agora, uma beleza tão exaltada, incomparável e escondida, assim como deseja ver a sua própria justiça em um espelho e contemplar os graus e medidas de sua beleza em um reflexo animado, quer também se manifestar, a fim de olhar para a sua própria beleza pelos olhos dos outros. Ou seja, ela quer olhar para a sua própria beleza de duas maneiras: em primeiro lugar, contemplando-se em espelhos de variadas cores, em segundo lugar, com o olhar de desejo de testemunhas para si mesmo, de admiradores perplexos de sua beleza.

Em suma, a beleza e a justiça desejam ver e serem vistas. Ambas exigem a existência de ansiosas testemunhas e admiradores perplexos. E já que a beleza e a justiça são eternas e sem fim, suas testemunhas e admiradores devem ter vida eterna, Uma vez que a beleza eterna nunca pode estar satisfeita com admiradores transitórios. Portanto, o admirador condenado à separação irreversível encontrará seu amor transformado em inimizade, uma vez que imagina a separação. Sua admiração se transformará no ridículo, seu respeito, no desprezo. Pois, assim como o obstinado é inimigo do que desconhece, ele também se opõe a tudo o que está além de seu alcance, e ama o que não é infinito responderá a uma beleza que merece admiração sem fim à inimizade implícita, ódio e rejeição. A partir disso, entendemos a razão profunda da inimizade do incrédulo a Allah.

Então, infinita generosidade e liberalidade, justiça e inigualável beleza, perfeição impecável exigem a existência do suplicante eternamente grato, a continuidade dos saudosos e admiradores, vemos nesta hospedaria do mundo da qual todos rapidamente saem e desaparecem, sem desfrutarem do benefício daquela generosidade, além do suficiente para aguçar o apetite, mas não para saciá-lo, de ter visto apenas uma luz tênue vinda da perfeição, ou melhor, uma tênue sombra de sua luz, sem de modo algum ficar totalmente satisfeito. Segue-se, então, que os homens estão indo em direção a um lugar de alegria eterna.

Em suma, tal como este mundo, com todas as suas criaturas, de forma decisiva, demonstra a existência do Criador Glorioso, assim também fazem seus atributos e nomes sagrados: indicam, mostram e, logicamente, exigem, a existência de vida após a morte.

QUINTA VERDADE

A Porta da Compaixão e da Adoração de Mohammad (Allah o abençoe e lhe dê paz),

A Manifestação dos Nomes de Quem Atende as Preces e é Clemente.

Seria possível que Allah Que possui infinita compaixão e misericórdia, Que cumpre mais compassivamente a menor necessidade de Suas criaturas mais humildes da forma mais inesperada, Quem considera o apelo abafado por ajuda da Sua criatura mais obscura, e que responde a todas as petições que Ele ouve, seja vocais ou mudas - seria possível que tal Senhor não atente para a maior petição do primeiro entre os Seus servos, o mais amado entre as Suas criaturas, que Ele não ouviria e atenderia à sua mais exaltada prece? A bondade e a facilidade manifestada na alimentação e nutrição de animais fracos e de

[1] Apesar de todos os seres que funcionam como espelhos para a beleza de Allah constantemente desvanecem e desaparecem, aqueles que lhes sucedem mostram e manifestam em suas formas e características a mesma beleza e justiça. Isso mostra que a beleza em questão não pertence a eles; os casos visíveis de beleza são antes os sinais e as indicações de uma beleza transcendente e sagrada.

jovens mostram que o Monarca do cosmos exerce Sua Divindade com infinita misericórdia.

Seria possível que a compaixão misericordiosa a este grau no exercício de divindade não aceite a prece dos mais virtuosos e belos de toda a criação.[I] Essa verdade é explicada na Décima Nona Palavra, mas vamos repetir a nossa declaração sobre o assunto aqui.

Ó amigo, ouça estas palavras, juntamente com a minha própria alma! Dissemos a comparação que uma reunião teve lugar em uma determinada ilha, e um comandante nobre fez um discurso lá. A fim de descobrir a verdade indicada na comparação, venha, vamos nos afastar desta idade, e em nossa mente e imaginação viajar para a Península Arábica na época abençoada do Profeta, a fim de visita-lo e vê-lo enquanto ele está exercendo as suas funções e se engajando em adoração. Veja, assim como ele é o meio para a obtenção da bem-aventurança eterna, por meio de sua mensagem e orientação, também é a causa para a existência dessa felicidade e os meios para a criação do Paraíso, com sua adoração e súplica.

Agora veja! Aquele ser está orando por bem-aventurança eterna em tal súplica suprema, com tal adoração sublime, que é como se essa ilha, ou mesmo todo o mundo, estivessem orando e suplicando junto com ele. Uma vez que a adoração que ele executa contém em si não só o culto da comunidade que o segue, mas também a de todos os outros profetas, em sua forma essencial, em virtude da correspondência existente entre ele e eles. Além disso, ele executa sua suprema oração e oferece suas súplicas em uma vasta congregação, de tal forma que é como se todos os homens luminosos e perfeitos, desde o tempo de Adão até o presente, fossem segui-lo em oração e dizer "amém" a suas súplicas![II] Veja, ele está orando por uma necessidade tão universal - a imortalidade -, que não apenas os povos da terra, mas também os habitantes dos céus e a totalidade da criação estão participando de suas súplicas e, silenciosamente, proclamando: "Sim, ó Senhor! Concede a sua súplica; nós também a desejamos". Veja, ele faz petições por eterna felicidade com tanta tristeza comovente, com tal ânsia, com tanto desejo, e pleiteando uma forma, que faz com que o conjunto do cosmos chore e, assim, compartilhe de sua oração.

Veja, ele deseja a felicidade e suplica por ela, para tal finalidade e objetivo que eleva o homem e todas as criaturas do cativeiro no estado abismal de aniquilação total, a partir

---

[I] Aquele cujo reino durou 1350 anos, que geralmente tinha mais de 350 milhões de assuntos, a quem seus súditos diariamente renovam a sua promessa de fidelidade e cujas perfeições eles continuamente dão testemunho, cujos comandos são obedecidos em perfeita submissão, cuja tonalidade espiritual tem colorido metade do globo e um quinto da humanidade, que é o amado dos corações dos homens e educador de seus espíritos – tal ser é sem dúvida o maior servo do Senhor, Que reina sobre o universo. Além disso, como a maioria dos reinos de seres aplaudiram a função do ser e do dever através de cada controle do fruto de seus milagres, ele é com certeza a criatura mais amada do Formador do cosmos. Da mesma forma, o desejo de perpetuidade existente em todos os homens, em virtude de sua própria natureza, um desejo que eleva os homens do ponto mais baixo para o ponto mais alto, é o maior de todos os desejos e petições, apto a ser apresentado ao Provedor de todas as necessidades somente pelo maior dentre os Seus servos.

[II] A partir do momento que o Profeta (Allah o abençoe e lhe dê paz) fez sua primeira súplica até o momento, todas as invocações e as bênçãos feitas por sua comunidade são uma espécie de eterno amém para sua oração, uma forma de participação universal na mesma. Cada invocação de paz e bênçãos sobre ele por todos os membros da comunidade muçulmana no curso de sua oração, bem como a prece por ele proferida após a segunda chamada para a oração de acordo com a escola Cháfi'i - este também é um poderoso e universal amém à sua súplica para a felicidade eterna. Assim, a eternidade e a eterna felicidade desejada por todos os homens com toda a sua força, de acordo com a sua disposição primordial, é solicitada em nome da humanidade pelo Profeta (Allah o abençoe e lhe dê paz), e o segmento luminoso do homem diz: "amém" após ele. É de todo possível que tal prece não deva ser atendida?

da indignidade, inutilidade e sem propósito ao ápice da preciosidade, eternidade, função exaltada, e o posto de ser um roteiro escrito por Allah.

Veja, ele faz a sua petição com tal apelo elevado de socorro, faz a sua súplica com tão doce pedido de misericórdia, como se ele fizesse todos os seres, os céus e o Próprio trono de Allah para ouvir e ecoar a sua oração em êxtase com gritos de "amém, ó Senhor, amém!"[I]

Veja, ele pede felicidade e eternidade de um Ser, Oniouvinte, Generoso e Poderoso, então Que Tudo Vê, é Clemente e Onisciente, Que vê, ouve, aceita, tem piedade do mais secreto desejo, o menor desejo do mais obscuro de Suas criaturas, isso, de forma observável. Ele responde a todos os pedidos, mesmo se forem proferidos em silêncio. Ele dá todas as coisas e todas as respostas fundamentais, todos os pedidos de forma tão sábia, perceptiva e clemente que, sem dúvida recorda, que tudo o que nutre e regula deriva apenas de um Oniouvinte e Tudo Vê, Um Generoso e Misericordioso.

Vamos ouvir o que o Orgulho de Todos os Seres está solicitando. Essa fonte de honra para toda a humanidade, que é único em toda a criação, que carrega nas costas o peso de todos os homens, que de pé sobre esta terra levanta as mãos para o Trono de Allah e oferece uma oração que na sua realidade contém a essência da adoração de toda a humanidade. Veja, ele está pedindo a felicidade eterna para si e para sua comunidade. Ele está pedindo a eternidade e o Paraíso. Ele está fazendo o seu apelo, juntamente com todos os nomes sagrados Divinos que exibem sua beleza nos espelhos de todos os seres criados. Você pode ver, na verdade, que ele está buscando a intercessão desses nomes.

Se não houvesse inúmeras razões e causas para a existência da vida após a morte, uma única prece daquele nobre Profeta seria suficiente para a criação do Paraíso, uma tarefa tão fácil para o poder do Criador Misericordioso como a criação da primavera.[II]

De fato, como poderia a criação do Paraíso ser difícil para o Possuidor Absoluto, Que a cada primavera torna a face da terra em uma planície de ressurreição, e traz à tona

---

[I] Na verdade, não é de todo possível que o Mestre deste mundo, Cuja totalidade das obras é evidentemente inspirada pela consciência, pelo conhecimento e pela sabedoria, fosse inconsciente e desinformado dos atos em primeiro lugar entre todas as Suas criaturas. Novamente, não é de todo possível que o Mestre Onisciente permaneça indiferente às ações e orações em primeiro lugar entre as Suas criaturas, e considerá-las sem importância, apesar de estar ciente delas. Além disso, é impossível que o Poderoso e Misericordioso Mestre do Mundo não aceite suas orações, sem permanecer indiferente a eles. Sim, através da luz de Mohammad (Allah o abençoe e lhe dê paz) a forma do mundo mudou. A verdadeira essência do homem e todos os seres do cosmos tornaram-se evidentes através dessa luz, tornou-se claro que elas são missivas do Um Eternamente suplicado, proclamando os Nomes Divinos, seres preciosos e profundos com funções dadas por Allah e destinadas a manifestar a eternidade. Se não fosse por essa luz, os seres seriam condenados à aniquilação total, seriam sem valor, sem sentido, inúteis, confusos, o resultado do acaso cego, mergulhados na escuridão da ilusão. É por esta razão que, assim como os homens dizem "amém" à oração do Profeta (Allah o abençoe e lhe dê paz), assim também todos os outros seres, da face da terra até o trono de Allah, a partir do solo para as estrelas, todos têm orgulho na sua luz, e proclamam a sua conexão com ele. O próprio espírito da adoração do Profeta é, na verdade, ninguém menos que esta oração. Mais uma vez, todos os movimentos e funcionamento do cosmos são na sua essência oração. Por exemplo, o progresso de uma semente até que se torne uma árvore é uma forma de oração ao Criador.

[II] Uma vez que exibir amostras maravilhosas de arte, e exemplos da ressurreição sobre a face da terra, que, em comparação com a Outra Vida é como uma página pequena, inscreve e inclui nessa única página, em perfeita ordem, todas as diferentes espécies de criação, que se assemelham a trezentos mil livros separados, é certamente mais difícil do que construir e criar a estrutura delicada e simétrica do Paraíso, no amplo campo da eternidade. Na verdade, pode-se dizer que em qualquer grau, o Paraíso é mais elevado do que a da primavera, que o grau da criação dos jardins de primavera é mais difícil e mais maravilhoso do que a criação do Paraíso.

centenas de milhares de exemplos de ressurreição? Da mesma forma que a Mensagem do Profeta foi a razão para a criação deste reino de prova - o dizer que لَوْلاَكَ لَوْلاَكَ لَمَا خَلَقْتُ الْاَفْلاَكَ 63, sendo uma indicação disso, assim também o culto que ele praticou foi a causa da criação da morada da bem-aventurança.

Seria possível que a perfeição impecável de arte, a beleza inigualável de divindade expressa na ordem do mundo e na misericórdia abrangente que reduz tudo a confusão, não atender à sua prece e, portanto, tolerar uma forma extrema de fealdade, crueldade e desordem? É possível que Quem ouve os desejos mais mesquinhos e insignificantes e os atende considere os desejos significativos e importantes sem valor, e não atendê-los? Não, mil vezes não! Tal beleza nunca pode aceitar tal feiura e tornar-se feia.[1] Assim como o Profeta (Allah o abençoe e lhe dê paz) abriu as portas desse mundo com sua Mensagem, ele abre as portas da vida após a morte com a sua adoração.

عَلَيْهِ صَلَوَاتُ الرَّحْمنِ مِلْءَ الدُّنْيَا وَ دَارِ الْجِنَانِ ۞ اَللّٰهُمَّ صَلِّ وَ سَلِّمْ عَلَى عَبْدِكَ وَ رَسُولِكَ ذٰلِكَ الْحَبِيبُ الَّذِى هُوَ سَيِّدُ الْكَوْنَيْنِ وَ فَخْرُ الْعَالَمَيْنِ وَ حَيَاتُ الدَّارَيْنِ وَ وَسِيلَةُ السَّعَادَتَيْنِ وَ ذُو الْجَنَاحَيْنِ وَ رَسُولُ الثَّقَلَيْنِ وَ عَلَى آلِهِ وَ صَحْبِهِ اَجْمَعِينَ وَ عَلَى اِخْوَانِهِ مِنَ النَّبِيِّينَ وَ الْمُرْسَلِينَ آمِينَ 64

SEXTA VERDADE

A Porta do Esplendor e da Eternidade,

A Manifestação dos Nomes do Glorioso e Eterno

Seria possível que o esplendor da Divindade que subjuga e comanda todos os seres, de sóis e árvores até as partículas, como soldados obedientes, devendo estes concentrar toda a sua atenção sobre os seres infelizes e transitórios que passam uma vida temporária na hospedaria deste mundo, não criar uma esfera eterna e gloriosa, uma manifestação interminável de Divindade? A exibição do esplendor divino na mudança das estações do ano, os movimentos dos planetas nos céus sublimes como se fossem aviões, a subjugação de todas as coisas e a criação da terra como berço do homem e do sol como sua lâmpada, grandes transformações como a revitalização e adorno do mundo morto e seco - tudo isso mostra que por trás do véu de uma divindade sublime existe uma esplêndida monarquia que está em ação.

Agora, tal reino dominical requer sujeitos dignos de si, bem como um modo

---

[1] É acordado, por unanimidade, que a inversão total das verdades é impossível. É completamente impossível que algo deve tornar-se o oposto e reverso de si mesmo, e é impossível o grau milésimo de que algo deve manter a sua própria natureza, e ao mesmo tempo tornar-se idêntico com seu oposto. Assim, a infinita beleza não pode se tornar feiura, enquanto ainda permanece beleza e, no nosso exemplo, não é possível que a beleza da divindade, uma beleza perceptível e manifesta na sua existência, deve manter a sua equidade como a beleza da divindade, mas tornar-se a própria essência da feiura. Esta seria a mais estranha de todas as noções impossíveis e falsas do mundo.

apropriado de manifestação. Mas olhe para esta hospedaria do mundo, e você verá que a classe mais significativa dos seus sujeitos, dotada com a mais abrangente das funções, está reunida apenas temporariamente e no mais miserável dos estados. A hospedaria se enche e se esvazia cada dia. Todos os indivíduos permanecem apenas temporariamente nesta morada de provação para serem testados em ação. A própria morada muda a cada hora. Mais uma vez, todos os indivíduos do monarca ficam apenas por alguns breves minutos, a fim de contemplar as amostras da preciosa graça do Criador Glorioso, a olhar para as Suas obras miraculosas de arte na exposição do mundo com os olhos de um comprador. Em seguida, eles desaparecem. A exposição em si muda a cada minuto. Quem a deixa, nunca mais volta, e quem vem a ela, em última análise, afasta-se.

Este estado e circunstância definitivamente mostram que por trás e além dessa hospedaria, deste teste de campo, desta exposição, há palácios permanentes e moradas eternas que se manifestam plenamente e apoiam a soberania eterna de Allah, há jardins e casas de tesouro, cheios de puros e exaltados originais formulários e cópias que vemos neste mundo. Se nós nos esforçamos aqui neste mundo, é por causa do que nos espera lá. Nós trabalhamos aqui e somos recompensados lá. A bênção espera por todos lá, de acordo com sua capacidade, contanto que não desperdicem a sua parte. Sim, é impossível que esse reinado eterno concentre-se exclusivamente sobre esses seres transitórios miseráveis.

Considere esta verdade com o telescópio da seguinte comparação. Você está viajando ao longo de uma estrada. Vê uma hospedaria a sua frente, construída por um grande personagem para as pessoas que venham visitá-lo. Milhões são gastos com a decoração da hospedaria para que os hóspedes desfrutem de sua estadia de uma noite, e para instrução deles. Mas os convidados veem muito pouco daquelas decorações, olham-nas por um tempo muito curto; provando brevemente as alegrias do que lhes é oferecido, eles seguem o caminho sem se saciarem. Mas cada convidado tira uma fotografia dos objetos na estalagem, com câmera especial. Além disso, os servos do grande personagem registram com grande cuidado a conduta de todos os convidados e preservam o registro. Você vê, também, que ele destrói cada dia a maior parte das valiosas decorações, e as substitui com decorações frescas para os hóspedes recém-chegados. Depois de ver tudo isso, ficaria qualquer dúvida de que o personagem, que construiu esta estalagem, tem habitações permanentes e exaltadas, tesouros inesgotáveis e preciosos, um fluxo ininterrupto de grande generosidade? Com a generosidade exibida na hospedaria, ele pretende apenas aguçar o apetite dos seus convidados para as coisas que ele mantém em sua presença imediata, para despertar o seu desejo pelos presentes que ele tem preparado para eles. Assim também, se você olhar para o estado da hospedaria deste mundo sem cair na bebedeira, você entenderá os seguintes nove princípios:

• **Primeiro Princípio**: Você entenderá que esse mundo não existe por si mesmo, mais do que a hospedaria. É impossível que ele deva assumir esta forma por si só. Pelo contrário, é uma hospedaria bem construída, sabiamente concebida para receber a caravana de pessoas que constantemente chegam a pousar antes de partir novamente.

• **Segundo Princípio**: Você entenderá, também, que aqueles que vivem dentro desta hospedaria são convidados. Eles são convidados pelo seu Sustentador Generoso para a Morada da Paz.

• **Terceiro Princípio**: Você saberá, ainda, que os adornos deste mundo não são simplesmente por uma questão de prazer ou admiração. A fim de se produzir prazer por um tempo, eles causam dor por mais tempo com a sua cessação. Eles dão-lhe um sabor e estimulam o apetite, mas nunca o saciam. Para tanto a vida do prazer é curta, ou a sua vida é curta, muito curta para que você possa ficar saciado. Estes adornos de alto valor e duração breve devem, então, ser por causa de instrução em sabedoria,[I] para despertar a gratidão, e para incentivar os homens a procurar os originais perpétuos de que são cópias. Eles são, então, para outros objetivos exaltados além de si mesmos.

• **Quarto Princípio**: Vocêentenderá também que os adornos deste mundo[II] são como amostras e formas das bênçãos armazenadas no Paraíso pela misericórdia do Clemente para as pessoas de fé.

• **Quinto Princípio**: Você saberá que todos esses objetos transitórios não foram criados por causa de aniquilação, a fim de aparecerem brevemente e, em seguida, desaparecerem. A finalidade para a sua criação é bastante curta para ser montada na existência e adquirir as formas desejadas, de modo que estas possam ser observadas, as imagens preservadas, os seus significados conhecidos, e os seus resultados registrados. Isso é para que, por exemplo, os óculos eternos possam ser feitos para o povo de toda a

---

I Ora, o tempo de vida de tudo é curto, embora o seu valor é alto e as sutilezas de sua arte são mais exaltadas e bonitas. Isto implica que tudo é apenas uma amostra, uma forma de outra coisa, que tem a função de atrair o olhar do cliente para o objeto autêntico e original. Sendo este o caso, pode-se dizer que os adornos variados deste mundo são as amostras das bênçãos do Paraíso, preparados pelo Clemente e Misericordioso para Seus amados servos.

II Existem inúmeros propósitos para a existência de tudo, e numerosos fluxos resultantes de seu ser. Estes não estão restritos a este mundo e para as almas dos homens, como o povo de desorientação imaginam, sendo assim, perdidos na vaidade e sem propósito. Pelo contrário, os efeitos para a existência e os resultados das vidas de todas as coisas se relacionam com as seguintes três categorias:

A primeira e a mais exaltada pertence ao Criador. Trata-se de apresentar ao olhar da Pré-Eterna Testemunha os maravilhosos e milagrosos adornos que Ele fixou no objeto em questão, como se estivesse em um desfile militar. Viver por um segundo fugaz é suficiente para atingir esse olhar. De fato, a potencialidade e a intenção de existência são suficientes, sem nunca emergir para a vida. Este propósito é plenamente realizado, por exemplo, por criaturas delicadas que desaparecem rapidamente e por sementes e amêndoas, cada uma constituindo em obra de arte, que nunca chegam à vida, ou seja, nunca dão frutos ou flores. Todos eles permanecem intocados pela vaidade e pelo propósito. Assim, o primeiro fim de todas as coisas é proclamar, por meio de sua vida e existência, os milagres de poder e os traços da arte do Criador e exibi-las para o olhar do monarca Glorioso.

A segunda categoria de toda a existência e o resultado de todo o ser pertence à criação consciente. Tudo é como uma missiva exibindo a verdade, um poema artístico, ou uma palavra sábia do Criador Glorioso, oferecida para o olhar de anjos e gênios, de homens e animais, e desejando ser lida por eles. É um objeto de contemplação e instrução de todo ser consciente que procuram por ele.

A terceira categoria de toda a existência e o resultado de todo o ser pertence à alma da própria coisa, e consiste de tais consequências menores como a experiência de prazer e alegria, de viver com algum grau de permanência e conforto. Se considerarmos o propósito de um servo contratado como piloto em um navio real, vemos que apenas um centésimo desse propósito se relaciona com o próprio timoneiro, o salário que ele recebe; noventa e nove centésimos da finalidade relacionada com o rei que possui o navio. Uma relação similar existe entre o propósito de uma coisa relacionada ao seu próprio ego e sua existência terrena, e sua finalidade relacionada ao seu Criador. À luz desta multiplicidade de propósitos, podemos agora explicar a compatibilidade definitiva entre a sabedoria divina e a economia por um lado, e a liberalidade divina e a generosidade, de fato, infinita generosidade, por outro lado, embora eles parecem ser opostos e contraditórios. Nos fins individuais das coisas, a liberalidade e generosidade predominam, e o nome do mais generoso se manifestado ponto de vista dos propósitos individuais, frutas e grãos são realmente incalculáveis, e demonstram generosidade infinita. Mas, em fins universais, a sabedoria predominante, e o nome do Todo-Sábio são manifestados. No entanto, muitos efeitos de uma árvore que, cada um dos seus frutos contém muitas finalidades, e estes podem ser divididos em três categorias que tenham estabelecido. Os efeitos universais demonstram uma infinita sabedoria e economia. Infinita sabedoria e infinita generosidade e liberalidade são assim combinados, apesar de sua aparente oposição. Por exemplo, um dos fins para levantar um exército é a manutenção da ordem. O que quer que as tropas estejam disponíveis para o efeito será suficiente ou ser mais do que suficiente. Mas o exército inteiro será apenas o suficiente para outros fins, tais como a proteção das fronteiras nacionais e repelir os inimigos; seu tamanho estará em perfeito equilíbrio com a completa sabedoria. Assim, a sabedoria do estado será acrescida ao seu esplendor, e pode ser dito que não há excesso no exército.

eternidade, e que possam servir a outras finalidades no campo da eternidade. Entenderá, ainda, que as coisas foram criadas para a eternidade, não para a aniquilação, e que a aniquilação aparente, tem o sentido de uma conclusão de dever e de uma liberação do serviço, para cada coisa transitória que avança para a aniquilação com um aspecto, mas permanece eternamente com vários outros aspectos.

Olhe, por exemplo, para a flor, uma palavra do poder de Allah, por um curto período de tempo ela sorri e olha para nós, e depois se esconde por trás do véu da aniquilação. Ela sai como uma palavra sai de sua boca. Mas faz isso entregando milhares de seus companheiros para os ouvidos dos homens. Ela deixa para trás significados na mente dos homens, numerosos como as mentes. A flor, também, expressa o seu significado e cumpre assim a sua função, vai e sai. Mas vai deixar a sua forma aparente na memória de tudo o que vê, a sua essência interior de cada semente.

É como se cada memória e cada semente fosse uma câmera para registrar o adorno da flor, ou um meio para a sua perpetuação. Se esse é o caso com um objeto no nível mais simples da vida, pode ser facilmente entendido como o homem está intimamente ligado à eternidade, a mais elevada forma de vida e possuidor de uma alma eterna. Mais uma vez, a partir do fato de que as leis - cada um se assemelha a um espírito -, segundo as quais grande floração e plantas frutíferas são formadas e as representações de suas formas são preservadas e perpetuadas de forma mais regular em pequenas sementes ao longo de mudanças tempestuosas - a partir deste fato pode ser facilmente entendido como o espírito do homem está intimamente ligado e relacionado à eternidade, que possui uma natureza extremamente exaltada e abrangente, e que, embora revestida de um corpo, é uma lei consciente e luminosa emitida da ordem divina.

• **Sexto Princípio**: Você também entenderá que o homem não foi deixado para fazer o que quiser com uma corda frouxamente amarrada ao redor do pescoço, ao contrário, as formas de todos os seus atos são gravadas e registradas, e os resultados de todos os seus atos são preservados para o dia em que ele for chamado a prestar contas.

• **Sétimo Princípio**: Você saberá, ainda, que a destruição que visita as belas criaturas do verão e da primavera, no outono não é por causa da aniquilação. Em vez disso, é uma forma de dispensa após a conclusão do serviço.[1] É também uma forma de esvaziamento, a fim de abrir espaço para a nova criação para entrar na primavera seguinte, uma preparação do terreno para se tornarem seres prontos que devem vir e assumir as suas funções. Finalmente, é uma forma de aviso divino para seres conscientes para despertarem a partir do abandono que os leva a esquecer os seus deveres, cujo torpor de bêbados faz com que se esqueçam de sua obrigação de oferecer agradecimentos.

• **Oitavo Princípio**: Você entenderá isso, também, que o Criador eterno deste mundo transitório tem outro mundo; eterno, é para isso que ele pede e estimula os seus servos.

• **Nono Princípio**: Você vai entender, também, que um Ser tão Compassivo

[1] Sim, é justo que os frutos, flores e folhas nas pontas e galhos de uma árvore, provenientes dos tesouros de subsistência fornecidos pela misericórdia divina, devem sair quando eles se tornam velhos e seus deveres estão no fim. Caso contrário, a porta permanecerá fechada para aqueles que vêm depois deles, e uma barreira será erguido contra a expansão da misericórdia de Allah e os serviços a serem executados por seus irmãos (ou seja, os outros membros da espécie). Além disso, com o passar dos jovens, eles vão se tornar infelizes e perturbados. A primavera é como uma árvore frutífera que por sua vez é uma indicação da planície da ressurreição. Da mesma forma, o mundo da humanidade em todas as épocas, é como uma árvore convidativa à contemplação, e o mundo como um todo é como uma árvore surpreendente cujos frutos são despachados para o mercado futuro.

concederá a Seus servos escolhidos no mundo presentes como olho nenhum jamais viu, ouvido nenhum ouviu falar, nem sua imagem atravessou o coração de qualquer homem.[65] Nisto acreditamos.

SÉTIMA VERDADE

A Porta da Proteção e da Preservação,

A Manifestação dos Nomes do Preservador e Guardião

Será possível que o atributo de Preservador de Allah, Que protege todas as coisas com a máxima ordem e o máximo equilíbrio, - coisas nos céus e na terra, na terra firme e no mar, secos e molhados, grandes e pequenos, locais comuns e exaltados - e por assim dizer, peneira seus resultados por meio de contabilidade.

Será possível que este atributo irá permitir que as ações e os atos do ser humano, a quem foi dada a disposição sublime da humanidade, a classificação de legatário supremo, e o dever de se encarregar da Confiança Suprema, para não ser gravado, para não ser passado pelo crivo da contabilidade, para não ser pesado na balança da justiça, para não ser punido ou recompensado apropriadamente, embora seus atos e ações de perto digam respeito à divindade universal de Allah? Não, não é de qualquer maneira possível!

Sim, o Ser que administra este cosmos preserva todas as coisas em ordem e equilíbrio. A ordem e o equilíbrio são a manifestação do conhecimento e da sabedoria, da vontade e do poder. Por isso, vemos a substância de cada objeto criada é moldada em forma bem ordenada e simétrica. Não é só cada uma das formas que muda ao longo de sua vida bem ordenada, mas a totalidade delas também é marcada pela mesma ordem. Vemos, também, que o Preservador Glorioso preserva muitas formas de todas as coisas na vida que chega ao fim quando elas realizam sua função e partem do mundo manifesto, nas memórias dos homens, que são como uma espécie de Tábua preservada,[1] ou em forma de espelho arquetípico. Ele também escreve e inscreve uma breve história de sua vida em uma semente, que é como o resultado e a consequência de tudo. Assim, Ele faz com que todas as coisas sejam preservadas nos espelhos pertencentes a ambos os mundos, exterior e interior. Por exemplo, a memória do homem, o fruto da árvore, o caroço do fruto, a semente da flor - tudo isso demonstra a universalidade e integralidade da lei de preservação.

Você não vê que todas as flores e os frutos da vasta primavera, os registros de seus feitos em formulário apropriado, as leis de sua formação, e as imagens de suas formas, estão todos inscritos no espaço finito de uma semente diminuta e estão lá preservados? Na primavera seguinte, o seu registro de obras é estabelecido, em uma forma de contabilidade apropriada a ele, e outro vasto mundo da primavera é produzida, com o máximo de ordem e sabedoria. Isso demonstra com que abrangência poderosa o atributo preservador de Allah se exercita. Considerando que os resultados de tais coisas transitórias, locais comuns, temporários e insignificantes são preservados, será possível que os atos dos homens, que produzem frutos importantes no mundo do invisível, o mundo do além, e o mundo dos espíritos, do ponto de vista da divindade universal, será possível que não devem ser guardados e preservados, não devem ser contabilizados como uma questão de importância? Não, de maneira nenhuma!

Sim, a partir dessa manifestação do atributo de Allah de Preservador, pode-se deduzido que o Mestre de toda a criação dedica grande atenção à ordem de todas as coisas

[1] Ver a nota de rodapé para o sétimo aspecto acima.

que passam no Seu reino. Ele presta muita atenção à função da soberania, e dedica extremo cuidado à divindade da realeza. Assim, Ele registra, ou grava o mais insignificante dos acontecimentos, o menor dos atos, e preserva em inúmeras coisas a forma de tudo o que acontece em Seu reino. Este atributo de Preservador indica que um importante registro dos atos será submetido a um exame preciso e pesagem: os registros das ações dos homens se revelarão.

Agora será possível que o homem seja enobrecido com a legatariedade e a Confiança de Allah, que, como testemunha da universalidade da divindade, ele deve proclamar a unicidade de Allah no reino da multiplicidade e, assim, agir como controlador e testemunha por ter alguma participação na glorificação de Allah e do culto da maioria dos seres - será possível que ele possa fazer tudo isso e depois ir para o túmulo e dormir em paz, sem nunca ser despertado, sem nunca ser questionado sobre seus atos pequenos e grandes? Que ele não irá para a planície da ressurreição e será julgado no Supremo Tribunal? Não, de maneira nenhuma!

Ou é possível que o homem fuja e se esconda na aniquilação, que ele entre na terra e se esconda do Poderoso e Glorioso Cujo Poder sobre todas as contingências, no futuro,[I] as ocorrências do passado, cada milagre de Seu Poder testemunha e visivelmente cria o inverno e a primavera, que, em conjunto, se assemelham a ressurreição? Uma vez que o homem não é chamado a prestar contas e ser julgado de forma conveniente, enquanto neste mundo, segue-se que ele deve proceder a um Tribunal Supremo e uma felicidade final.

[I] A totalidade do passado, que se estende desde o presente de volta para o início da criação, consiste em ocorrências. A cada dia, ano e século que surgiu é como uma linha, uma página de um livro, escrito pela pena do destino, a mão do poder de Allah inscreveu Seus sinais miraculosos lá com a máxima sabedoria e ordem.

Da mesma forma, o tempo desde o presente até a ressurreição, o Paraíso e a eternidade, consiste inteiramente de contingências. O passado é composto de ocorrências, o futuro de contingências. Agora, se estas duas cadeias de tempo forem comparadas umas com as outras, isso será visto ser verdade com certeza que o Ser Que criou ontem e trouxe à existência as criaturas peculiares a ele, é capaz, também, de criar o hoje em conjunto com as suas criaturas. Novamente, não há dúvida de que os seres e as maravilhas da época passada, aquela exibição maravilhosa, são as obras milagrosas de um Poderoso e Glorioso. Eles dão testemunho decisivo que esse Poderoso é capaz de criar tudo do futuro e suas contingências, e manifestar todas as suas maravilhas.

Sim, quem cria uma maçã deve com certeza ser capaz de criar todas as maçãs do mundo e fazer a primavera acontecer. Por outro lado, aquele que não pode criar uma primavera não pode criar uma única maçã também, uma vez que a maçã é feita na mesma bancada. Mas o que faz a maçã pode fazer a primavera. Cada maçã é um exemplo em miniatura de uma árvore, até mesmo de um jardim ou de um cosmos. A semente da maçã que carrega dentro de si a história de vida da imensa árvore é, do ponto de vista da arte, como um milagre que aquele que cria, portanto, é incapaz de nada. Assim também, o que cria hoje também é capaz de criar o dia da ressurreição, e é o único capaz de criar a primavera, é capaz, também, de criar a ressurreição. Aquele que afixa todos os mundos do passado à fita do tempo e os exibe lá em extrema sabedoria e ordem, é, sem dúvida, capaz de prender os outros seres à fita do futuro e exibi-los lá. Em várias Palavras, particularmente da Vigésima Segunda Palavra, provamos com certeza absoluta que: "Aquele que não pode criar tudo não pode criar nada, e aquele que pode formar uma coisa, pode formar tudo. Além disso, se a criação de tudo é confiada a um único ser, a criação de todas as coisas, torna-se tão fácil como a criação de uma única coisa, assim a facilidade surge. Se, ao contrário, a criação é confiada a inúmeras causas, e atribuída a multiplicidade, a criação de uma única coisa se torna tão difícil como a criação de tudo, e essa dificuldade chega ao ponto da impossibilidade".

OITAVA VERDADE

A Porta da Promessa e da Ameaça,
A Manifestação dos Nomes de Belo e Glorioso.

Será possível que o Criador deste mundo, o Possuidor do Conhecimento Absoluto e Poder Absoluto, não irá cumprir a promessa muitas vezes repetida e a ameaça que tem sido proclamada por unanimidade por todos os profetas e foi testemunhada em uníssono por todos os verídicos e os santos e, assim, mostrar fraqueza e ignorância? Allah nos livre! Tudo o que está implícito em Sua promessa e ameaça não é nada difícil para o Seu poder para cumprir; é extremamente simples e fácil. É tão fácil para Ele como trazer de volta na próxima primavera os incontáveis seres de última primavera, em parte idêntica,[I] em parte, em sorriso.[II] É a nossa necessidade, a necessidade de tudo, Sua própria necessidade e a necessidade de Sua soberania divina, que Ele deveria cumprir Sua promessa. Para ele quebrar sua promessa seria contrário à dignidade do Seu poder, e seria contradizer a abrangência de Seu conhecimento. Certamente, a quebra de uma promessa só pode resultar da ignorância ou impotência.

Ó incrédulo! Você sabe que crime tolo que está cometendo com sua incredulidade e negação? Preste atenção a sua própria fantasia mentirosa, seu intelecto delirante, sua alma enganosa, você rejeita como mentiroso o Um que de modo nenhum pode ser obrigado a quebrar a sua promessa, Cuja glória e estatura não pode de forma nenhuma admitir a quebra da Sua palavra, e Cuja autenticidade e veracidade são atestadas por todos os aspectos visíveis e objetivos! Apesar da sua pequenez infinita, você está cometendo um crime infinitamente de grandes proporções. Sem dúvida, você merece grande e eterno castigo. De acordo com alguns relatos, o fato de que os dentes de algumas das pessoas do Inferno serão tão grandes quanto a montanha[66] servirá como uma indicação da magnitude do crime. Ó incrédulo, você é como um viajante que fecha os olhos para a luz do sol e olha, em vez disso, para a fantasia em sua própria mente. Sua imaginação deseja iluminar o caminho incrível na sua frente com o processo de luz da lâmpada da sua mente que, na realidade, não é mais forte do que um pirilampo. Tudo o que foi prometido por Allah Todo-Poderoso, Cujas palavras verídicas são estes seres que vemos e Cujos verdadeiros sinais eloquentes são os processos da natureza, Ele com certeza, cumpre. Ele estabelecerá um Tribunal Supremo, e conferirá uma felicidade suprema.

NONA VERDADE

A Porta de Doação de Vida e da Morte, por Allah

A Manifestação dos Atributos de Viver Eternamente do Autossubsistente, do Doador da Vida e do Doador da Morte.

Será possível que Aquele Que dá vida a esta grande terra morta e seca; que assim fazendo demonstra o Seu poder por meio da implantação de mais de trezentos mil formas diferentes de criação, cada uma delas tão notável quanto o homem; Que demonstra ainda mais nessa implantação Seu abrangente conhecimento pelas infinitas distinções e diferenciações que Ele faz no complexo entrelaçamento de todas essas formas; Que dirige o olhar de todos os seus servos para a felicidade eterna, prometendo-lhes a ressurreição em todos os Seus celestes decretos; Que demonstra a esplendor da Sua divindade, fazendo com que todas as Suas criaturas colaborem uns com os outros, a girar dentro do círculo

[I] Como as árvores e as raízes de gramíneas.
[II] Como folhas e frutas.

de seu comando e sua vontade, para ajudar um ao outro e se submeterem a Ele; Que mostra a importância que Ele deu ao homem, criando-o como o mais abrangente, o mais precioso e delicado, o fruto mais valioso e apreciado na árvore de criação, abordando-o sem intermediário e submetendo todas as coisas a ele, - será possível que o Ser tão Compassivo e Poderoso, tão Sábio e Onisciente, não ocasione a ressurreição; não congregará Suas criaturas juntas ou será incapaz de fazê-lo; não vai restaurar o homem para a vida, ou ser incapaz disso; seria incapaz de inaugurar o seu Supremo Tribunal; de criar o Céu e o Inferno? Não, na verdade, de nenhuma maneira nada disso é possível.

De fato, o Todo-Poderoso Eliminador de coisas deste mundo cria em cada século, a cada ano e todos os dias, na face estreita e transitória do mundo, numerosos sinais, exemplos e indicações do Encontro Supremo e da planície da Ressurreição.

Assim, na reunião que acontece a cada primavera, vemos que no decorrer de cinco ou seis dias mais de trezentos mil tipos diferentes de animais e vegetais são primeiro reunidos e, em seguida, se dispersam. As raízes de todas as árvores e plantas, bem como alguns animais, são revividos e restaurados exatamente como eram. Os restantes animais são recriados numa forma tão semelhante, quase idênticos. As sementes que aparecem, em sua forma externa, e são tão próximas umas das outras, no entanto, ao longo de seis dias ou seis semanas, tornam-se distintas e diferenciadas uma da outra, e, em seguida, com extrema rapidez, naturalidade e facilidade, são trazidas à vida com maior ordem e equilíbrio. Será possível que, para Aquele Que faz tudo isso algo deve ser difícil? Que Ele seria incapaz de criar os céus e a terra em seis dias? Que seria incapaz de ressuscitar os homens com um único estrondo? Não, nem assim é possível!

Vamos supor que houvesse algum escritor talentoso que pudesse escrever em uma única hora as letras confusas e obliteradas de trezentos mil livros em uma única folha, sem qualquer erro, omissão ou defeito, completo e na melhor forma. Se alguém, em seguida, dissesse-lhe que o escritor poderia escrever de novo a partir da memória de um livro escrito por ele, que tivesse caído na água e se tornasse obliterado, você, então, poderia dizer que ele seria incapaz, e você não acreditaria na sua capacidade? Ou pense em algum rei talentoso que, a fim de demonstrar seu poder ou para fornecer um exemplo de alerta, removesse montanhas inteiras com um único comando, virasse o seu reino de cabeça para baixo, e transformasse o mar em terra seca. Então, você, visse que uma grande pedra rolava para baixo em um vale, de modo que o caminho ficasse bloqueado para os clientes que viajavam para participar da recepção do rei e seriam incapazes de passar. Se alguém fosse dizer a você: "Aquele exaltado removerá ou dissolverá a pedra, por maior que seja, com um único comando, e não deixará seus convidados encalhados", você então, diria que ele não a removeria a pedra, ou seria capaz de fazê-lo? Ou, se alguém, um dia, conseguisse reunir um grande exército, e então você fosse informado que ele convocaria seus batalhões, juntamente com o soar da trombeta, depois de terem dispersado para descansar, e os batalhões formariam-se disciplinadamente, você responderia dizendo: "Eu não acredito nisso?" Se você estivesse a dizer qualquer uma dessas coisas, o seu comportamento seria realmente uma loucura.

Se você entendeu estas três parábolas, agora olha mais longe e vê como o Projetista Pré-Eterno vira na frente de nossos olhos a página em branco do inverno e abre as páginas verdes de primavera e verão. Então, Ele inscreve-se na página da superfície da terra, com a caneta do poder e do destino, na forma mais bonita, mais de três mil espécies de criação. Nenhuma usurpa a outra. Ele as escreve todas juntas, mas nenhuma impede o caminho da outra. Em sua formação e forma, cada uma é mantida separada da outra, sem qualquer confusão. Não há nenhum erro na escrita. Aquele Sábio e Preservador, Que preserva e insere o espírito de uma grande árvore na menor semente, não maior do que um ponto - é acaso permitido mesmo se perguntar como ele preserva os espíritos daqueles que morrem? Aquele Poderoso, Que faz o mundo girar como uma pedra em um estilingue - é acaso permitido mesmo se perguntar como ele irá remover este mundo do caminho de seus convidados que estão viajando para encontrá-lo no Outro Mundo?

Mais uma vez, o Uno da Essência Gloriosa, Que do nada recruta de novo e inscreve em Seus batalhões, com o comando de:[67] ﴿كن فيكون﴾, e com o máximo de disciplina, as tropas de todas as coisas vivas, as próprias partículas de todos os seus corpos, e, assim, cria exércitos altamente disciplinados - seria permitido até mesmo se perguntar como Ele pode fazer os corpos se submeterem à sua disciplina como um batalhão, como Ele pode reunir suas partículas fundamentais mutuamente familiarizadas, e seus membros que os compõem?

Você pode, por outro lado, ver com os seus próprios olhos, os numerosos desenhos feitos por Allah como sinais, símiles e indicações da ressurreição, desenhos feitos por Ele em todas as idades e épocas do mundo, na alternância do dia e da noite, mesmo no aparecimento e desaparecimento de nuvens no céu. Se você se imaginar ter vivido mil anos atrás, e depois comparar uma com a outra as duas asas do tempo que são o passado e o futuro, então vocêverá sorrisos do encontro e das indicações da ressurreição tão numerosos quanto os séculos e dias. Se, então, depois de presenciar tantas metáforas e indicações, você considera a ressurreição corpórea tão improvável e racionalmente inaceitável, fique sabendo que o seu comportamento é pura loucura.

Veja o que o Decreto Supremo diz respeito da verdade que estamos discutindo:

﴿فَانْظُرْ اِلَى آثَارِ رَحْمَتِ اللّٰهِ كَيْفَ يُحْيِي الْاَرْضَ بَعْدَ مَوْتِهَا اِنَّ ذٰلِكَ لَمُحْيِي الْمَوْتَى وَهُوَ عَلَى كُلِّ شَيْءٍ قَدِيرٌ﴾ [68]

Em Suma: Não há nada que impossibilita a congregação da ressurreição, e o muito do que ela necessita. A divindade gloriosa e eterna, o Todo-Poderoso e o abraçar toda a soberania d'Aquele que dá a vida e a morte para este vasto e maravilhoso mundo como se fosse um mero animal; Que fez desta terra um berço agradável, um belo navio, para o homem e os animais; Que fez do sol uma lâmpada fornecendo luz e calor para a hotelaria do mundo, que fez dos planetas veículos para o transporte de seus anjos - a divindade e a soberania de tal Ser não podem repousar e serem restritas aos transitórios, instáveis, insignificantes, mutáveis, assuntos transitórios, inconstantes, deficientes e imperfeitos deste mundo. Ele deve, portanto, ter outro reino, um digno d'Ele, permanente, estável, imutável e glorioso. Na verdade, Ele tem outro reino, e é por causa disto que Ele nos faz trabalhar, e para isso que Ele nos convoca. Todos aqueles de espírito iluminado que penetraram pelas aparências exteriores à verdade, e têm sido enobrecidos com a proximidade da Presença Divina, todos os polos espirituais dotados de corações luminosos, todos os possuidores de inteligência luzente, todos dão testemunho de que Ele nos transferirá para o outro reino. Eles nos informam, por unanimidade, que lá Ele preparou para nós recompensas e relata que Ele está constantemente nos dando promessas firmes e severas advertências.

Quanto à quebra de uma promessa, é infundada e de humilhação total. Ela não pode de forma alguma ser conciliada com a glória da Sua santidade. Da mesma forma, o descumprimento de uma ameaça surge tanto de perdão ou impotência.

Agora, a incredulidade é crime extremo[I], e não pode ser perdoada. O Absolutamente Onipotente está isento de e exaltado acima de toda impotência. Aqueles que nos trazem seu testemunho e relatório, apesar de todas as diferenças em seus métodos, temperamentos e caminhos, são totalmente unânimes e concordaram sobre este assunto básico. Pelo seu número, eles têm a autoridade da unanimidade. Por sua qualidade, eles têm a autoridade do sábio consenso. Por sua posição, cada um é uma estrela guia da humanidade, o olho querido de um povo, o objeto de veneração de uma nação. Pela sua importância, cada um é um perito e uma autoridade no assunto. Em qualquer arte ou ciência, dois especialistas são os preferidos a milhares de não especialistas, e duas afirmações positivas são preferidas a milhares de negações na transmissão de um relatório. Por exemplo, o testemunho de dois homens afirmando a visualização da lua crescente no início do Ramadan anula totalmente a negação de milhares de negadores.

Em suma: Em todo o mundo não há relato verdadeiro, nenhuma reivindicação mais firme, verdade mais evidente do que essa. O mundo é, sem dúvida, um campo, e a ressurreição, a eira, a colheita. O Paraíso e o Inferno são armazéns para o grão.

DÉCIMA VERDADE

A Porta da Sabedoria, da Graça, da Misericórdia e da justiça

A Manifestação dos Nomes do Onisciente, Generoso, Justo e Misericordioso.

É de todo possível que o Possuidor Glorioso de todos os Domínios nesta hospedaria transitória do mundo, neste lugar transitório de testes, nesta vitrine instável da terra de tão manifesta sabedoria, tão evidente graça, tão avassaladora justiça, tão abrangente misericórdia, - é de todo possível que em Seu reino, nos mundos dessas dimensões exteriores e interiores das coisas, não existiriam domicílios permanentes com habitantes eternos, estações permanentes, com moradores imortais, e que, como resultado, de todas as verdades da sabedoria, graça, misericórdia e justiça que vemos agora devem declinar em nada?

Sim é de todo possível que esse Ser Onisciente escolha o homem, entre toda Sua criação, para receber o endereço direto e universal d'Ele, tornando-o um espelho completo de Si Mesmo, permitindo-lhe provar, pesar, e tornar-se familiarizado com todo o conteúdo dos Seus tesouros de misericórdia, fazer-Se conhecido a ele com todos os Seus nomes, amá-lo e fazer-Se amado por ele - que ele fizesse tudo isso e, em seguida, deixar de enviar o homem miserável àquele reino eterno, de convidá-lo para aquela

I Sim, a incredulidade denuncia a criação por suposta inutilidade e falta de sentido. É um insulto a toda a criação, a negação da manifestação dos Nomes Divinos no espelho dos seres. É desrespeito a todos os Nomes Divinos, e rejeição do testemunho da Unidade Divina por todos os seres. É uma negação de toda a criação. Ela corrompe as potencialidades do homem, de tal maneira que são incapazes de reforma e receptividade para o bem. A incredulidade é também um ato de injustiça absoluta, uma transgressão contra toda a criação e os direitos dos nomes de Allah. A preservação desses direitos, bem como a natureza irredimível da alma do crente, torna necessário que a descrença seja imperdoável. As palavras, ﴿إِنَّ الشِّرْكَ لَظُلْمٌ عَظِيمٌ﴾[69] expressam esse significado.

morada da bem-aventurança permanente e de fazê-lo feliz lá?

Seria razoável que Ele impusesse a todos os seres, até mesmo à semente, uma tarefa tão pesada como uma árvore, montar nela exemplos de Sua sabedoria tão numerosos como as flores, e aspectos benéficos tão numerosos como as frutas, mas atribui a essa tarefa, aos exemplos de Sua sabedoria e os aspectos benéficos, um propósito referente apenas a este mundo, tão pequeno como uma semente? Que ele fosse fazer essa finalidade nada mais do que a vida deste mundo, algo menos valioso do que um grão de mostarda? Que ele não deveria fazer dos seres sementes para o mundo do significado e preparo para o reino do futuro, para que possam produzir lá seus resultados verdadeiros e dignos? Que ele deveria permitir essas alternâncias significativas para permanecer sem propósito, estar vazio e em vão? Que ele não deveria voltar seus rostos para o mundo do sentido e a Outra Vida, de modo que eles possam não revelar seus verdadeiros propósitos e resultados ajustados?

Mais uma vez, será possível que, causando coisas de contradizer sua própria natureza Ele apresentaria Seus próprios Nomes verdadeiros, Onisciente, Generoso, Justo, Misericordioso, como sendo caracterizado pelos seus opostos que Allah nos livre - que ele deveria negar as verdadeiras essências de todos aqueles seres que indicam Sua sabedoria e generosidade, Sua justiça e misericórdia, que Ele deveria rejeitar o testemunho de todas as criaturas, que deve negar as indicações feitas por todas as coisas?

A inteligência pode aceitar que Allah imponha sobre o homem e seus sentidos deveres tão numerosos quanto o cabelo em sua cabeça, mas dar-lhe mais do que uma recompensa terrena, algo mais valioso do que um fio de cabelo? Que Ele deveria agir sem sentido, de forma contrária à Sua justiça verdadeira e oposta a sua verdadeira sabedoria?

Mais uma vez, seria possível que Allah, Que prova e mostra-Se um possuidor de sabedoria absoluta, ligando a todos os seres animados, ou até mesmo a cada membro como a língua, na verdade a toda a criatura, exemplos de Sua sabedoria e fontes de benefício tão numerosas quanto os resultados e os frutos que Ele atou a uma árvore - será possível que ele fosse falhar de dispor de Si Mesmo o maior de todos os exemplos de Sua sabedoria, a mais significativa de todas as fontes de benefício, o mais necessário de todos os resultados, aqueles que convertem Sua sabedoria em sabedoria, Suas bênçãos em bênçãos, Sua misericórdia em misericórdia, a fonte e o alvo de toda a Sua sabedoria, generosidade, misericórdia e beneficência - a eternidade, o encontro com Ele na Outra Vida e a bem-aventurança eterna? Iria Ele abandonar isso, Ele mergulharia todos os Seus feitos em inutilidade absoluta e causaria a Si Próprio assemelhar a um ser que construiu um palácio, cada pedra do qual continha milhares de projetos, em cada canto do qual milhares de adornos eram para ser encontrados, e em cada parte do qual milhares de instrumentos domésticos preciosos e ferramentas foram fornecidos, mas não conseguiu construir um telhado sobre ele, para que tudo apodrecesse e fosse desnecessariamente destruído. Não, de maneira alguma, isso pode ser verdade! Da bondade absoluta sai a bondade e do Possuidor da Beleza Absoluta sai beleza. Assim também nada desprovido de finalidade pode surgir do Possuidor da Sabedoria Absoluta.

Quem embarca em sua imaginação a bordo do navio da história e embarca para o passado verá etapas mortas, lugares, encontros e mundos, tão numerosos quanto os anos, e cada um como a parada local que é o mundo, o campo de estudo, a reunião de criação, que nós vemos agora. Em forma e qualidade, eles são diferentes uns dos outros, mas se assemelham no que diz respeito a sua ordem, a sua magnificência e à forma em que eles exibem o poder e a sabedoria do Criador.

Naqueles transitórios lugares de parada, aqueles campos de passagem, aqueles encontros fugazes, ele também verá as obras ordenadas de tão manifestada sabedoria, as indicações de tão evidente beneficência, os sinais de tão imperiosa justiça, os frutos de tão abrangente misericórdia, que ele saberá com certeza, a não ser totalmente desprovido de percepção, que a sabedoria mais perfeita que ele possui é inconcebível, que a beneficência mais bela do que os sinais que ele observa é impossível, que a justiça mais gloriosa de que as indicações que ele vê não pode existir, e uma misericórdia mais abrangente do que os frutos que ele vê é inimaginável.

Se, supondo o impossível, não houvesse moradas permanentes, mansões imponentes, estações e moradas eternas, com seus moradores eternos, servos alegres de Allah, no reino do Monarca eterno Que dispõe de todos os assuntos e Que constantemente está mudando a hospedaria e seus habitantes, então seria necessário rejeitar as verdadeiras essências da sabedoria, da justiça, da beneficência e da compaixão, aqueles quatro elementos espirituais poderosas e universais que são como luz, ar, água e terra, e negar a sua existência, apesar de serem tão aparentes como a dos elementos externos. Pois é claro que neste mundo transitório e seu conteúdo não pode ser uma manifestação completa de suas verdadeiras essências. Se não houver nenhum outro lugar, onde eles possam se manifestar totalmente, torna-se necessário, com uma loucura como a do homem que nega a existência do sol, embora ele veja sua luz enchendo o dia, nega a sabedoria com a qual podemos ver em tudo na frente dos nossos olhos, nega a beneficência que podemos observar em nossas próprias almas, e na maioria das outras coisas,[1] nega a justiça cujos sinais aparecem tão fortemente; e nega a compaixão que vemos em todos os lugares em operação. Segue-se, por sua vez, que devemos considerar como brincalhão tolo, tirano traiçoeiro, aquele de quem procedem todos os processos sábios, os atos generosos e os dons misericordiosos que percebemos no universo. Que Allah não permita que isso seja assim; é totalmente impossível a reversão da verdade. Mesmo os sofistas tolos, que negam a existência de tudo e mesmo a eles mesmos, não contemplariam facilmente tal proposição.

Em suma: Considerando a disparidade absoluta entre - de um lado - este estado de coisas que vemos em conjunto com as fusões universais da vida e as separações rápidas da morte, os encontros imponentes e as dispersões rápidas, as magníficas revoluções e grandes manifestações, e do outro lado as pequenas frutas que vemos brevemente alcançados neste mundo transitório, os efeitos temporários e insignificantes dos seres que pertencem a este mundo, podemos concluir que a não existência da Outra Vida após a morte significaria anexar a uma pequena pedra as propostas sábias e tão grandes como uma montanha, e anexar o propósito de uma grande montanha com uma pequena pedra.

---

[1] Existem dois tipos de justiça, uma afirmativa, outra negativa. A variedade positiva consiste em dar a quem merece o seu direito. Esta forma de justiça existe em todo o mundo da forma mais óbvia, pois, como ficou provado na Terceira Verdade, ela visivelmente dá, de acordo com equilíbrios especiais e critérios específicos, todos os objetos do desejo solicitado por tudo de seu Criador Glorioso, com a língua de capacidade inata, a linguagem da necessidade natural, o discurso da necessidade, e todas as exigências da vida e existência. Esta variedade de justiça é, portanto, tão certa como a vida e a própria existência. A outra variedade de justiça, a negativa, consiste em castigar os injustos; ela dá aos malfeitores neste mundo o seu merecimento através de retaliação e punição. Este tipo de justiça não é inteiramente manifesto neste mundo, embora existam inúmeros sinais e indicações que nos permitem perceber sua verdadeira natureza. Por exemplo, todos os golpes de castigo e os açoites punitivos que desceram sobre todos os povos rebeldes, a partir do 'Ad e Samud aos da época atual, mostrarm definitivamente que uma justiça exaltada domina o mundo.

Nenhuma inteligência ou sabedoria pode achar isto aceitável.

Em outras palavras, essa falta de proporção entre os seres e esses assuntos de um lado, e os seus propósitos relativos a este mundo do outro, demonstra com certeza que todos os seres têm suas faces voltadas para o mundo do sentido. É lá que eles vão produzir seus frutos apropriados e os seus olhos estão fixos sobre os Nomes Sagrados. Seus objetivos finais pertencem a somente esse mundo. Enquanto a substância está escondida sob o solo deste mundo, suas flores vão se desenrolar no mundo da Similitude. O homem semeia e é semeado neste mundo, de acordo com sua capacidade; a colheita é recolhida no futuro. Se você olhar para o aspecto das coisas que estão voltadas para os Nomes Divinos e para a Outra Vida, você verá que cada semente, um milagre de poder, tem um objetivo tão grande como uma árvore. Cada flor, que é como uma palavra de sabedoria divina.[I], tem significados tão numerosos como as flores em uma árvore, e cada fruta, uma maravilha da criação de Allah e um poema ditado pela Sua misericórdia, tem propósitos sábios tão numerosos quanto os frutos de uma árvore. Quanto ao fruto que nos serve como sustento é apenas um entre os muitos milhares de propósitos sábios, que cumpre o seu propósito, expressa seus significados, e morre, é enterrado em nosso estômago Uma vez que esses seres transitórios rendem frutos eternos em outro lugar, deixam lá formas permanentes de si mesmos, e expressam lá significados eternos; desde que eles se envolvam em glorificação incessante do Criador; e desde que o homem se torne homem por perceber estes aspectos das coisas que são orientados para a Outra Vida, assim, encontra seu caminho para a eternidade por meio do transitório - desde que tudo isso seja verdade, deve haver algum outro propósito para todos estes seres que são lançados ao redor entre a vida e a morte, que primeiro se reúnem e depois se dispersam.

Não há nenhum erro nessa comparação: o estado acima mencionado de assuntos assemelha circunstâncias formadas e organizadas por meio de imitação e representação. Encontros breves e dispersões são organizados com grandes despesas meramente por uma questão de tirar fotos que podem depois ser mostradas no cinema. Assim, também, uma das razões para a nossa passagem pela vida individual e social neste mundo, por um breve momento, é permitir que fotos sejam tiradas e imagens formadas, para que o resultado de nossas ações seja registrado e gravado, para exibição em um dia de contabilidade, para ser mostrado em um grande encontro, e para produzir o fruto da felicidade suprema. O ditado do nobre Profeta (Allah o abençoe e lhe dê paz), diz: "Este mundo é o preparo do solo para a Outra Vida",[70] indica este significado.

Desde que o mundo existe, e dentro desta sabedoria do mundo, a beneficência, a compaixão e a justiça existem, com suas inúmeras evidências, com certeza a Outra Vida também existe, da mesma forma como é neste mundo. Uma vez que um aspecto de tudo vemos aqui está virado para aquele mundo e está a avançar na direção dele, negá-lo seria negar este com tudo que contém. Pois, como a hora alocada e a sepultura aguarda o homem, assim também fazem o Paraíso e o Inferno, observando ansiosamente a sua chegada.

[I] Se for perguntado: "Por que suas parábolas consistem principalmente de flores, sementes e frutas", a nossa resposta é que eles são o mais maravilhoso, marcante e delicado dos milagres do poder de Allah. Além disso, como os naturalistas, filósofos e as pessoas de desorientação têm sido incapazes de ler o roteiro sutil escrito sobre eles pela caneta do destino e do poder, eles se engasgam com eles, e caem no pântano da natureza.

DÉCIMA PRIMEIRA VERDADE

A Porta da Humanidade, e

A Manifestação do Nome da Verdade

É de todo possível que Divindade Verdadeira, Aquele que é adorado por direito, cria o homem dentro da criação como o mais significativo de todos os Seus servos com respeito a Sua divindade absoluta e com respeito a Sua divindade universal em todos Seus reinos; que ele o fez o destinatário mais pensativo de Seu endereço glorioso, o espelho mais abrangente para a manifestação de Seus Nomes. Que Ele o criou como o mais belo milagre de Seu poder na mais bela das formas, a fim de receber manifestação do Maior Nome, bem como a qualidade do Maior Nome inerente aos outros Nomes, para avaliar e perceber o conteúdo dos Seus tesouros de misericórdia, que Ele deve fazê-lo um investigador de segredos equipado mais do que qualquer outra criatura com saldos e instrumentos; e ele deve fazê-lo o mais carente de todas as criaturas com relação a Seus dons infinitos, aquele que mais sofre com aniquilamento e o mais desejoso de imortalidade; que Ele deve fazê-lo o mais delicado, o mais pobre e necessitado dos animais, mais miserável e sujeito a dor em sua vida mundana, mas mais sublime na disposição, na maior das formas e personagens - é possível que Allah Todo-Poderoso faça tudo isso com o homem e não o manda para o reino eterno para o qual ele está adequado e equipado e para o qual ele está ansioso? É possível que Ele vá, portanto, negar toda a essência da humanidade, agir de forma totalmente contrária a Sua própria veracidade, e realizar um ato de injustiça que o olho da verdade deve considerar feio?

Mais uma vez, será possível que Aquele Governante Absoluto, Cuja misericórdia é absoluta, outorgará ao homem tal disposição que ele assumiu: a Suprema Confiança, da qual os céus e as montanhas se negaram, a fim de medir e saber, com as medidas pequenas e insignificantes todos os atributos, abrangentes, os funcionamentos universais, e as manifestações infinitas do Criador; que Ele o criou como o mais delicado, vulnerável, fraco e impotente dos seres, enquanto lhe confia a regulamentação de toda a vida vegetal e animal sobre a terra, e levando-o a intervir em seus modos de adoração e glorificação de Allah, que Ele o leva a ser uma representação em miniatura de Seus processos cósmicos, que Ele o leva a proclamar a Sua gloriosa divindade de todos os seres, em palavras e atos, que Ele o preferiu aos anjos e deu a ele o posto de legatário - será que Allah concederia tudo isto ao homem e não lhe daria a felicidade eterna, a finalidade, o resultado e o fruto de todos esses deveres? Que Ele o fizesse descer ao baixo nível, como o mais miserável, mal-afortunado, humilhado e o mais sofrido de todas as Suas criaturas; ou que Ele fosse fazer da inteligência, um presente de Sua própria sabedoria e uma ferramenta mais abençoada e luminosa para a obtenção da felicidade, uma ferramenta de mau agouro e sombria de tormento que esse infeliz, agindo assim, em total contradição com a Sua sabedoria absoluta e em oposição a Sua misericórdia absoluta? Não, não é de modo algum possível!

Em suma: Como vimos, olhando para os documentos de identidade de um funcionário em nossa comparação de que sua posição, de direitos, salários, instruções e equipamentos provam que ele não existe por causa de algum campo de batalha temporário, mas sim que se dirige para um reino permanente, por causa do que ele está exercendo a si mesmo - assim também aqueles a quem a verdade e a certeza foram reveladas concordaram unanimemente que as sutilezas inscritas no livro do coração do homem, os sentidos escritos no caderno de seu intelecto, os equipamentos contidos em seu caráter essencial, estão todos voltados para a Eterna Bênção; foram dados ao homem e modelados, de acordo com este objetivo final.

Por exemplo, se um servo e ilustrador do intelecto chamado de "o poder imaginativo" é dito que "você pode ter um milhão de anos de vida e domínio sobre o mundo, mas no final você se tornará nada", vai reagir com dor em vez de prazer, a não ser enganado pela fantasia vã e a interferência da alma. A maior das coisas transitórias não pode, então, satisfazer a menor faculdade do homem.

É, portanto, essa disposição do homem - seus desejos que se estendem até a eternidade, seus pensamentos que abraçam toda a criação e seus desejos que abraçam as diferentes variedades de eterna bem-aventurança - que demonstra que ele foi criado para a eternidade e vai realmente avançar para ela. Este mundo é como uma hospedaria para ele, uma sala de espera para o futuro.

DÉCIMA SEGUNDA VERDADE

A Porta da Mensagem e da Revelação, e da Manifestação de "Em nome de Allah, o Clemente, o Misericordioso".

Será possível que as dúvidas errantes, não mais fortes do que a asa de uma mosca, poderiam fechar o caminho para a Outra Vida e as portas do Paraíso que foram definitivamente abertas pelo nobre Mensageiro (a paz e as bênçãos estejam com ele), com toda a sua força, confiando no poder de seus mil certificados milagres, bem como nos milhares de versículos decisivos do Alcorão Sagrado, um livro milagroso em quarenta maneiras diferentes - que o Mensageiro cujas palavras são afirmadas por todos os outros profetas, confiando em seus próprios milagres, cuja reivindicação é afirmada por todos os santos, confiando em suas visionárias e experiências carismáticas, e cuja veracidade todos os estudantes purificados testemunham, confiando em suas investigações sobre a verdade?

Das verdades anteriores tornou-se evidente que a ressurreição é tão firmemente enraizada, uma verdade que nem mesmo um poder capaz de levantar o mundo, quebrá-lo e lançá-lo de lado, pode abalar. Porque Allah, Exaltado Seja, afirma esta verdade de acordo com o significado de todos os Seus Nomes e atributos; Seu nobre Mensageiro a confirma com todos os seus milagres e evidências; o Alcorão Sagrado a estabelece com todas as suas verdades e versículos; e o próprio cosmos a testemunha com todos os sinais criativos que ele contém e todos os processos sábios que ocorrem dentro dele. Será possível que o Ser Necessário Que une toda a Sua criação (excetuando-se apenas os incrédulos) sobre esta questão da ressurreição, e a duvida mais fraca do que um fio de cabelo e satânicas insinuações devem agitar e arrancar a verdade exaltada e firmemente enraizada que se assemelha a uma montanha? Não, de maneira nenhuma!

Cuidado, não imagine que as provas da ressurreição são restritas àquelas Doze Verdades já mencionadas. O Alcorão Sagrado sozinho, que nos instruiu nestas Doze Verdades, indica milhares de outros aspectos da questão, bem como, cada aspecto de ser um sinal de que nosso Criador irá nos transferir deste reino transitório para um eterno.

Novamente, não imagine que os Nomes Divinos que, logicamente, necessitam da existência de ressurreição são apenas aqueles que já discutimos - Onisciente, Generoso, Misericordioso, Justo, Preservador. Pelo contrário, todos os Nomes Divinos que se manifestam na ordenação do cosmos, certamente, necessitam da existência de ressurreição, de fato tornam isso imperativo. Não imagine, tampouco, que os sinais criativos indicando a ressurreição estão confinados àqueles que mencionamos acima. Pelo contrário, na maioria dos seres, existem diferentes aspectos e qualidades que são como cortinas que se abrem para a direita e para a esquerda: um aspecto testemunha o Criador, e outro aspecto indica a ressurreição. Por exemplo, a beleza do ser humano, formado, como ele está na mais bela das formas, demonstra a existência do Criador, enquanto ao mesmo tempo o fato de que, juntamente com suas habilidades abrangentes, apresentadas nessa mais bela das formas, ele logo declina e morre, demonstra a existência da ressurreição. Às vezes, quando se olha para o mesmo aspecto de duas maneiras diferentes, vê-se que ele demonstra a existência tanto do Criador como da ressurreição. Por exemplo, se olharmos para a coordenação sábia, o justo equilíbrio, o adorno gracioso e o favor misericordioso inerente à maioria das coisas, são vistos para demonstrar que procedem da mão poderosa de um Sábio, Generoso, Justo e Misericordioso Criador. Assim também, se olharmos para a breve e insignificante vida dos seres transitórios, que são as manifestações dessas qualidades, apesar de seu poder e infinidade, a Outra Vida aparece antes desta.

Em outras palavras, todas as coisas silenciosamente recitam e fazem com que os outros recitem [71] اٰمَنْتُ بِاللّٰهِ وَ بِالْيَوْمِ الْاٰخِرِ

Conclusão

As últimas doze Verdades confirmam, complementam e apoiam umas às outras. Reunidas, elas demonstram o resultado desejado. Será que se encontram na capacidade de qualquer dúvida a penetrar as doze firmes paredes, cada um como o aço ou os diamantes, a fim de abalar a crença na ressurreição alojada dentro de sua cidadela fechada?

O versículo: [72] ﴿ مَا خَلْقُكُمْ وَلاَ بَعْثُكُمْ اِلاَّ كَنَفْسٍ وَاحِدَةٍ ﴾ significa que sua criação e ressurreição são como a de uma só alma. Sim, de fato. Em um tratado intitulado Nukta (Ponto), expliquei detalhadamente a verdade expressa por este versículo. Aqui vamos indicar apenas um resumo por meio de algumas comparações. Se você quiser mais detalhes, então, consulte Nukta.

Por exemplo:[73] ﴿ وَ لِلّٰهِ الْمَثَلُ الْاَعْلٰى ﴾ e não há nenhum erro na comparação.

De acordo com o mistério da luminosidade, se a manifestação do sol estava de acordo com sua própria vontade, ele guarda o seu mistério da manifestação de inúmeros objetos transparentes com a mesma facilidade de uma única partícula.

De acordo com o mistério da transparência, a pequena pupila de uma partícula transparente é igual a grande superfície do oceano em receber o reflexo do sol.

De acordo com o mistério da ordem, uma criança que faz girar o seu barco de brinquedo com o dedo, ela faz girar com a mesma facilidade um enorme navio de guerra.

De acordo com o mistério da obediência, o comandante usa para fazer um único homem da infantaria se mover, ele faz um grande exército se mover com a mesma palavra.

Em conformidade com o mistério do equilíbrio, vamos imaginar que existisse uma balança no espaço tão sensível e ao mesmo tempo tão grande que sentisse duas nozes que fossem colocadas em seus pratos, e fosse igualmente capazes de manter e pesar dois sóis. Se dois sóis de igual peso fossem colocados nos pratos da balança, a mesma potência, que provoca uma das nozes de ser erguida para os céus e a outra noz de descer até o chão, moveria esses corpos celestiais com a mesma facilidade. Uma vez que, neste modesto mundo deficiente e transitório de contingência, as maiores e menores coisas são iguais, e numerosas e infinitas coisas parecem iguais a uma única coisa, por meio do mistério da luminosidade, transparência, ordem, obediência e equilíbrio. Então, certamente, pouco e muito, pequenos e grandes, serão iguais aos olhos do dono de poder absoluto, e Ele convocará todos os homens para a ressurreição com um único toque de trombeta, assim como se fossem um só homem - este, em virtude dos mistérios das manifestações luminosas do poder infinito e absolutamente perfeito de Sua essência, a transparência da dimensão interior das coisas, a ordem decretada pela sabedoria e o destino, a obediência completa de todas as coisas aos Seus mandamentos criativos e ao equilíbrio existente no ser contingente, que consiste na equivalência entre o ser e o não ser do contingente.

Além disso, os níveis de força e fraqueza que uma coisa possui são determinados pela intervenção naquela coisa do seu oposto. Por exemplo, os graus de calor são determinados pela intervenção do frio; os graus de beleza, pela intervenção do feio; as fases de luz, pela intervenção da escuridão. Mas se algo existe por si mesmo, e não é acidental, então o seu oposto não pode interferir com ele, porque, em seguida, uma união dos opostos, logicamente teria que ocorrer e isso é impossível. Em algo que exista por si só, não pode haver então graduação. Agora, o poder do Possuidor de Poder Absoluto pertence a Sua essência; ele goza de absoluta perfeição e não é acidental, como ser contingente. É, portanto, impossível que o seu oposto, sua impotência, interviessem no mesmo. Por isso, é tão fácil para o Senhor da Glória criar uma primavera como criar uma flor. Mas se a criação foi atribuída à causalidade, então, a criação de uma única flor seria tão difícil quanto a de um conjunto de primaveras. Além disso para Allah é tão fácil ressuscitar e reunir todos os homens, como um só deles.

As comparações, indicando a ressurreição e suas verdades, tudo o que temos exposto até agora, no que diz respeito isso, é derivado do esplendor do Alcorão Sagrado. O seu único objetivo foi fazer a alma se render e o coração aceitar. É ao Alcorão que pertence o direito de falar. É discuro verdadeiro, e todo discurso é subordinado a ele. Escutemos, então, o Alcorão:

﴿ فَلِلّٰهِ الْحُجَّةُ الْبَالِغَةُ ﴾[74] ﴿ فَانْظُرْ اِلَى آثَارِ رَحْمَتِ اللّٰهِ كَيْفَ يُحْيِي الْاَرْضَ بَعْدَ
مَوْتِهَا اِنَّ ذٰلِكَ لَمُحْيِي الْمَوْتٰى وَهُوَ عَلٰى كُلِّ شَيْءٍ قَدِيرٌ ﴾[75] ﴿ قَالَ مَنْ يُحْيِي
الْعِظَامَ وَهِيَ رَمِيمٌ ۞ قُلْ يُحْيِيهَا الَّذِي اَنْشَاَهَا اَوَّلَ مَرَّةٍ وَهُوَ بِكُلِّ خَلْقٍ عَلِيمٌ ﴾[76]
﴿ يَا اَيُّهَا النَّاسُ اتَّقُوا رَبَّكُمْ اِنَّ زَلْزَلَةَ السَّاعَةِ شَيْءٌ عَظِيمٌ ﴾[77] ﴿ يَوْمَ تَرَوْنَهَا تَذْهَلُ
كُلُّ مُرْضِعَةٍ عَمَّا اَرْضَعَتْ وَتَضَعُ كُلُّ ذَاتِ حَمْلٍ حَمْلَهَا وَتَرَى النَّاسَ سُكَارٰى وَمَا
هُمْ بِسُكَارٰى وَلٰكِنَّ عَذَابَ اللّٰهِ شَدِيدٌ ﴾[78] ﴿ اَللّٰهُ لَا اِلٰهَ اِلَّا هُوَ لَيَجْمَعَنَّكُمْ اِلٰى يَوْمِ
الْقِيَامَةِ لَا رَيْبَ فِيهِ وَمَنْ اَصْدَقُ مِنَ اللّٰهِ حَدِيثًا ﴾[79] ﴿ اِنَّ الْاَبْرَارَ لَفِي نَعِيمٍ ۞ وَاِنَّ
الْفُجَّارَ لَفِي جَحِيمٍ ﴾[80] ﴿ اِذَا زُلْزِلَتِ الْاَرْضُ زِلْزَالَهَا ۞ وَاَخْرَجَتِ الْاَرْضُ اَثْقَالَهَا
۞ وَقَالَ الْاِنْسَانُ مَا لَهَا ۞ يَوْمَئِذٍ تُحَدِّثُ اَخْبَارَهَا ۞ بِاَنَّ رَبَّكَ اَوْحٰى لَهَا ۞ يَوْمَئِذٍ
يَصْدُرُ النَّاسُ اَشْتَاتًا لِيُرَوْا اَعْمَالَهُمْ ۞ فَمَنْ يَعْمَلْ مِثْقَالَ ذَرَّةٍ خَيْرًا يَرَهُ ۞ وَمَنْ
يَعْمَلْ مِثْقَالَ ذَرَّةٍ شَرًّا يَرَهُ ﴾[81] ﴿ اَلْقَارِعَةُ ۞ مَا الْقَارِعَةُ ۞ وَمَا اَدْرٰيكَ مَا الْقَارِعَةُ ۞
يَوْمَ يَكُونُ النَّاسُ كَالْفَرَاشِ الْمَبْثُوثِ ۞ وَتَكُونُ الْجِبَالُ كَالْعِهْنِ الْمَنْفُوشِ ۞ فَاَمَّا

مَنْ ثَقُلَتْ مَوَازِينُهُ ۞ فَهُوَ فِى عِيشَةٍ رَاضِيَةٍ ۞ وَ اَمَّا مَنْ خَفَّتْ مَوَازِينُهُ ۞ فَاُمُّهُ هَاوِيَةٌ ۞ وَمَا اَدْرٰيكَ مَاهِيَهْ ۞ نَارٌ حَامِيَةٌ ۞﴾[82] ﴿ وَ لِلّٰهِ غَيْبُ السَّمٰوَاتِ وَالْاَرْضِ وَمَا اَمْرُ السَّاعَةِ اِلاَّ كَلَمْحِ الْبَصَرِ اَوْ هُوَ اَقْرَبُ اِنَّ اللّٰهَ عَلَى كُلِّ شَىْءٍ قَدِيرٌ ۞﴾[83]

Ouvindo estes e outros versículos claros do Alcorão, dizemos: "sim, nós acreditamos e damos o nosso consentimento."

اٰمَنْتُ بِاللّٰهِ وَ مَلٰئِكَتِهِ وَ كُتُبِهِ وَ رُسُلِهِ وَ الْيَوْمِ الْاٰخِرِ وَ بِالْقَدَرِ خَيْرِهِ وَ شَرِّهِ مِنَ اللّٰهِ تَعَالَى وَ الْبَعْثُ بَعْدَ الْمَوْتِ حَقٌّ وَ اَنَّ الْجَنَّةَ حَقٌّ وَ النَّارَ حَقٌّ وَ اَنَّ الشَّفَاعَةَ حَقٌّ وَ اَنَّ مُنْكَرًا وَ نَكِيرًا حَقٌّ وَ اَنَّ اللّٰهَ يَبْعَثُ مَنْ فِى الْقُبُورِ اَشْهَدُ اَنْ لاَ اِلٰهَ اِلاَّ اللّٰهُ وَ اَشْهَدُ اَنَّ مُحَمَّدًا رَسُولُ اللّٰهِ اَللّٰهُمَّ صَلِّ عَلَى اَلْطَفِ وَ اَشْرَفِ وَ اَكْمَلِ وَ اَجْمَلِ ثَمَرَاتِ طُوبَاءِ رَحْمَتِكَ الَّذِى اَرْسَلْتَهُ رَحْمَةً لِلْعَالَمِينَ وَ وَسِيلَةً لِوُصُولِنَا اِلَى اَزْيَنِ وَ اَحْسَنِ وَ اَجْلَى وَ اَعْلَى ثَمَرَاتِ تِلْكَ الطُّوبَاءِ الْمُتَدَلِّيَةِ عَلَى دَارِ الْآخِرَةِ اَىِ الْجَنَّةِ.۞ اَللّٰهُمَّ اَجِرْنَا وَ اَجِرْ وَالِدَيْنَا مِنَ النَّارِ وَ اَدْخِلْنَا وَ اَدْخِلْ وَالِدَيْنَا الْجَنَّةَ مَعَ الْاَبْرَارِ بِجَاهِ نَبِيِّكَ الْمُخْتَارِ آمِينَ[84]

Ó irmão estudioso deste tratado com uma mente aberta! Não diga: "Por que eu não consigo entender imediatamente esta "Décima Palavra" em todos os seus detalhes?" E não seja triste com a sua incapacidade de compreendê-la completamente. Pois mesmo um mestre da filosofia, tais como Ibn Sina, disse que

اَلْحَشْرُ لَيْسَ عَلَى مَقَايِيسَ عَقْلِيَّةٍ *"a ressurreição não pode ser entendida por critérios racionais."* Seu julgamento foi a de que devemos acreditar na ressurreição, mas a razão não pode seguir nesse caminho. Da mesma forma, todos os estudiosos do Islam, por unanimidade, decidiram que a ressurreição baseia-se inteiramente em provas tradicionais, que não podem ser racionalmente analisadas. Naturalmente, tão profundo e, ao mesmo tempo, tão exaltado caminho não pode de repente se tornar uma via pública para o exercício da razão. Mas gostaríamos de oferecer milhares de graças que o Criador Misericordioso nos concedeu nesta grande parte do caminho, com o esplendor do Alcorão Sagrado e Sua própria misericórdia, numa época em que a crença por imitação do passado e mera aceitação desapareceu. Uma vez que a quantidade concedida a cada um de nós é suficiente para a salvação de nossa fé, para ficarmos contentes com as quantidades que estamos aptos a entender, devemos reler o tratado e procurar aumentar nossa compreensão.

Uma das razões de que é possível aproximar um entendimento racional da ressurreição é que, uma vez que a congregação suprema, a ressurreição, é a manifestação do Nome Maior, somente por meio da contemplação e demonstração dos grandes feitos evidentes na manifestação máxima do Maior Nome de Allah, bem como Seus outros Nomes, é possível prová-lo como certo; acredite inabalavelmente que a ressurreição é tão simples como a primavera. Assim que as questões aparecem e são demonstradas nesta "Décima Palavra" (A Ressurreição e a Outra Vida), por meio do esplendor do Alcorão. Se não fosse por este esplendor, e a nossa inteligência fosse deixada aos seus próprios dispositivos pequenos, seria impotente e condenada a acreditar na ressurreição por meio da imitação.

***

A PRIMEIRA PARTE DE UM COMPLEMENTO IMPORTANTE
E
ADENDO À DÉCIMA PALAVRA.

بِسْمِ اللّٰهِ الرَّحْمٰنِ الرَّحِيمِ

﴿فَسُبْحَانَ اللّٰهِ حِينَ تُمْسُونَ وَحِينَ تُصْبِحُونَ ۞ وَلَهُ الْحَمْدُ فِى السَّمٰوَاتِ وَالْاَرْضِ
وَعَشِيًّا وَحِينَ تُظْهِرُونَ ۞ يُخْرِجُ الْحَىَّ مِنَ الْمَيِّتِ وَيُخْرِجُ الْمَيِّتَ مِنَ الْحَيِّ وَيُحْيِى
الْاَرْضَ بَعْدَ مَوْتِهَا وَكَذٰلِكَ تُخْرَجُونَ ۞ وَمِنْ آيَاتِهِ اَنْ خَلَقَكُمْ مِنْ تُرَابٍ ثُمَّ اِذَا اَنْتُمْ
بَشَرٌ تَنْتَشِرُونَ ۞ وَمِنْ آيَاتِهِ اَنْ خَلَقَ لَكُمْ مِنْ اَنْفُسِكُمْ اَزْوَاجًا لِتَسْكُنُوا اِلَيْهَا وَجَعَلَ
بَيْنَكُمْ مَوَدَّةً وَرَحْمَةً اِنَّ فِى ذٰلِكَ لَآيَاتٍ لِقَوْمٍ يَتَفَكَّرُونَ ۞ وَمِنْ آيَاتِهِ خَلْقُ السَّمٰوَاتِ
وَالْاَرْضِ وَاخْتِلَافُ اَلْسِنَتِكُمْ وَاَلْوَانِكُمْ اِنَّ فِى ذٰلِكَ لَآيَاتٍ لِلْعَالِمِينَ ۞ وَمِنْ آيَاتِهِ
مَنَامُكُمْ بِالَّيْلِ وَالنَّهَارِ وَابْتِغَاؤُكُمْ مِنْ فَضْلِهِ اِنَّ فِى ذٰلِكَ لَآيَاتٍ لِقَوْمٍ يَسْمَعُونَ ۞ وَ
مِنْ آيَاتِهِ يُرِيكُمُ الْبَرْقَ خَوْفًا وَطَمَعًا وَيُنَزِّلُ مِنَ السَّمَاءِ مَاءً فَيُحْيِى بِهِ الْاَرْضَ بَعْدَ
مَوْتِهَا اِنَّ فِى ذٰلِكَ لَآيَاتٍ لِقَوْمٍ يَعْقِلُونَ ۞ وَمِنْ آيَاتِهِ اَنْ تَقُومَ السَّمَاءُ وَالْاَرْضُ بِاَمْرِهِ
ثُمَّ اِذَا دَعَاكُمْ دَعْوَةً مِنَ الْاَرْضِ اِذَا اَنْتُمْ تَخْرُجُونَ ۞ وَلَهُ مَنْ فِى السَّمٰوَاتِ وَالْاَرْضِ
كُلٌّ لَهُ قَانِتُونَ ۞ وَهُوَ الَّذِى يَبْدَؤُا الْخَلْقَ ثُمَّ يُعِيدُهُ وَهُوَ اَهْوَنُ عَلَيْهِ وَلَهُ الْمَثَلُ الْاَعْلَى
فِى السَّمٰوَاتِ وَالْاَرْضِ وَهُوَ الْعَزِيزُ الْحَكِيمُ﴾ [85]

Neste Nono Raio será exposto um ponto supremo destes versículos sublimes celestes, o que demonstra um dos "polos" da crença; estas poderosas provas sagradas da ressurreição dos mortos serão explicadas. É um exemplo sutil da graça divina que trinta anos atrás, no final de sua obra intitulada Muhâkemat (Raciocínios), que foi uma introdução para os comentários do Alcorão, o Velho Said escreveu: "Segundo Objetivo: Dois versículos do Alcorão aludindo à ressurreição dos mortos serão expostos e explicados.

﴿نَحْوُ بِسْمِ اللّٰهِ الرَّحْمٰنِ الرَّحِيمِ﴾[86] Aí ele parou e não pôde mais escrever.

Agora, louvado e agradecido seja o meu Compassivo Criador em número de sinais e as indicações da ressurreição, que depois de trinta anos Ele me deu sucesso. Sim, nove ou dez anos atrás, Ele concedeu a Décima e a Vigésima Nona Palavras, duas provas brilhantes e poderosas expondo o decreto Divino:

﴿فَانْظُرْ اِلٰى آثَارِ رَحْمَتِ اللّٰهِ كَيْفَ يُحْيِى الْاَرْضَ بَعْدَ مَوْتِهَا اِنَّ ذٰلِكَ لَمُحْيِى الْمَوْتٰى وَهُوَ عَلٰى كُلِّ شَىْءٍ قَدِيرٌ﴾[87]

que foi o primeiro dos dois versículos. Eles silenciaram os negadores da ressurreição. Agora, nove ou dez anos após esses dois baluartes inexpugnáveis da crença na ressurreição dos mortos, Ele agraciou com o presente tratado um comentário sobre o segundo dos dois versículos sublimes acima. Este Nono Raio, então, consiste em nove estações elevadas, indicadas pelos versículos acima mencionados, e uma importante apresentação.

***

INTRODUÇÃO

[Esta consiste de dois pontos que compõem uma explicação concisa de um resultado abrangente dos inúmeros benefícios espirituais de crença na ressurreição e de suas consequências vitais; uma demonstração de como é essencial para a vida humana e especialmente para a vida da sociedade, um resumo de uma prova universal de numerosas provas da doutrina da fé na ressurreição; e uma declaração de como indubitável e auto evidente é o princípio da crença].

PRIMEIRO PONTO

Nós indicaremos, como medida, apenas quatro das centenas de provas que a crença na vida após a morte é fundamental para a vida da sociedade e para a vida pessoal do homem, e é a base de sua felicidade, prosperidade e realizações.

Primeira prova: É só com a ideia do Paraíso que as crianças, que formam quase metade da humanidade, podem suportar todas as mortes ao redor deles, que aparece para eles doloroso e assustador, e fortalece o moral de seus seres frágeis e delicados. Por meio do Paraíso, eles encontram esperança em seus espíritos vulneráveis, propensos a chorar, e podem viver felizes. Por exemplo, com o pensamento do Paraíso, pode-se dizer: "Meu irmão ou amigo morreu e se tornou um pássaro no Paraíso. Ele está voando em torno do Paraíso e vive mais feliz do que nós." Ao contrário, as mortes frequentes perante os seus olhos infelizes de outras crianças, como elas próprias ou de adultos, de outra forma, destruiriam toda a sua resistência e moral, fazendo com que suas faculdades sutis como os seus espíritos, corações e mentes chorem, além de seus olhos, pois eles ou recusarão totalmente ou ficarão loucos, como animais miseráveis.

Segunda Prova: É somente com a vida do além que os idosos, que formam metade da humanidade, podem suportar a proximidade do túmulo, e serem consolados com a ideia de que suas vidas, às quais estão firmemente ligados, em breve serão extintas e seus mundos belos chegaram ao fim. É só com a esperança da vida eterna que eles podem responder ao desespero atroz que sentem em seus espíritos emocionais de crianças, ao pensamento de morte. Esses dignos, pais e mães ansiosos, merecedores de compaixão, precisam de tranquilidade e paz de espírito, de outra forma, podem sentir uma turbulência espiritual terrível e o sofrimento em seus corações, e este mundo se tornará uma prisão escura para eles, e até mesmo a vida, um grave tormento.

Terceira Prova: Só a ideia do Fogo do Inferno é que reprime as emoções turbulentas dos jovens, elemento mais vigoroso na vida da sociedade, e seus excessos violentos, restringindo-os de agressão, opressão e destruição, e garantem que a vida da sociedade continue tranquilamente. Se não fosse por medo do Inferno, de acordo com a regra "Poder é o certo," em perseguir os seus desejos, os jovens bêbados transformariam o mundo da humanidade miserável, fraca e impotente no Inferno, e a elevada humanidade em baixa animalidade.

Quarta Prova: O centro mais compreensivo da vida mundana do ser humano, sua fonte principal, e um paraíso, refúgio e fortaleza de felicidade mundana é a vida da família. A casa de cada pessoa é um pequeno mundo para ela. E a vida e a felicidade de sua casa e família são possíveis com um genuíno, abnegado, respeito leal e sincero e verdadeiro, sensível, auto sacrifício e compaixão. Este respeito verdadeiro e esta bondade genuína podem ser conseguidos com a ideia dos membros da família ter um companheirismo eterno, amizade, união, e suas relações parentais, filiais, fraternas e amigáveis continuando por toda a eternidade em uma vida sem limites, e sua crença nisto.

Alguém diz, por exemplo: "Minha esposa será a minha companheira constante em um mundo eterno e vida eterna. Não importa se ela é agora velha e feia, pois ela terá uma beleza imortal." Ele vai dizer a si mesmo que será tão gentil e dedicado como pode por causa do companheirismo permanente e tratará a esposa idosa amorosa e gentilmente como se ela fosse uma bela houri. Porém, a companhia que termina em eterna separação depois de uma ou duas horas de breve e aparente amizade, ao contrário, pode oferecer apenas sentimentos superficiais, fingidos, animalescos, falsa compaixão e respeito artificial. Tal como acontece com animais, o auto interesse e outras emoções irresistíveis prevaleceriam sobre o respeito e a compaixão, transformando esse paraíso mundano no Inferno.

Assim, uma das centenas de consequências da crença na ressurreição, ligada com a vida da sociedade, se comparada com as quatro provas das centenas de aspectos e benefícios desta única consequência, será entendido que a realidade da ressurreição e sua ocorrência é tão certa como a realidade elevada da humanidade e sua necessidade universal. Certamente, é mais evidente do que a necessidade do estômago do ser humano e fala de sua existência ainda mais claramente. Isso prova que, se as consequências da verdade da ressurreição fossem acabar com a humanidade, cuja natureza é extremamente significativa, elevada, e viva, seria um mero cadáver corrupto e alimento de micróbios e bactérias.

Os sociólogos, políticos e moralistas, que governam a humanidade e estão preocupados com suas questões sociais e morais devem ficar cientes disso! Como é que eles propõem preencher esse vazio? Com que eles podem curar essas feridas profundas?

SEGUNDO PONTO

Isso explica, de forma sumária uma prova - uma das muitas - procedente do testemunho da verdade da ressurreição dos outros pilares da crença. É como segue:

Todos os milagres que indicam a Mensagem de Mohammad (Allah o abençoe e lhe dê paz) e as evidências de sua missão profética, e todas as provas de sua veracidade, juntos testemunham a ocorrência da ressurreição, e o provam. Pois, após a unicidade Divina, tudo o que ele afirmou em toda a sua vida estava centrado na ressurreição dos mortos.

Além disso, todos os seus milagres e provas que afirmam a veracidade de todos os profetas anteriores. E ainda, o testemunho da frase [88] وَرُسُلِهِ torna claro completamente o testemunho da frase, [89] وَكُتُبِهِ, atesta a mesma verdade. Como esta:

Todos os milagres, verdades e provas que comprovem a veracidade do Alcorão de Exposição Milagrosa, testemunham e provam a realização e a ocorrência de ressurreição. Uma vez que quase um terço do Alcorão é sobre a ressurreição, o início da maioria das suas suratas curtas são versículos poderosos sobre o assunto. Elas expressam a mesma verdade explícita e implicitamente com milhares de seus versículos, e comprova e demonstra isso. Por exemplo:

﴿ اِذَا الشَّمْسُ كُوِّرَتْ ﴾[90] ۞ ﴿ يَا اَيُّهَا النَّاسُ اتَّقُوا رَبَّكُمْ اِنَّ زَلْزَلَةَ السَّاعَةِ شَيْءٌ عَظِيمٌ ﴾[91]

﴿إِذَا زُلْزِلَتِ الْاَرْضُ زِلْزَالَهَا﴾[92] ۞ ﴿إِذَا السَّمَاءُ انْفَطَرَتْ﴾[93] ۞ ﴿إِذَا السَّمَاءُ انْشَقَّتْ﴾[94]

﴿عَمَّ يَتَسَاءَلُونَ﴾[95] ۞ ﴿هَلْ اَتَيكَ حَدِيثُ الْغَاشِيَةِ﴾[96]

Além de demonstrar com toda a certeza, no início de trinta ou quarenta suratas que a ressurreição é a verdade mais importante e necessária no universo, estabelece várias evidências convincentes da verdade, em outros de seus versículos.

Existe, acaso, alguma possibilidade de que a crença na vida após a morte possa ser falsa, uma vez que emerge, como o sol, de milhares de declarações e afirmações de um Livro cuja uma única indicação de um dos versículos rende diante de nossos olhos os frutos de numerosas sábias e verdades cósmicas nas ciências islâmicas? Existe alguma possibilidade de negar o sol, ou a existência do universo? Não seria impossível e absurdo?

Seria possível que milhares de ameaças e promessas de palavras de um monarca sério e orgulhoso fossem mentiras, ou inverdades quando um exército está mergulhado numa guerra por terem desmentido uma ordem do rei? Seria possível que eles fossem falsos?

Não seria suficiente um único sinal do glorioso monarca espiritual que durante treze séculos sem interrupção prevaleceu sobre inúmeros espíritos, mentes, corações e almas dentro dos limites da verdade e da realidade, e treinou-os e elevou-os, para provar a verdade da ressurreição? Ele demonstrou isso com milhares de declarações explícitas. Será que o tormento do fogo do Inferno não é necessário para o idiota ignorante que não reconhece este fato? Não é pura justiça?

Além disso, por sua aceitação definitiva da verdade da ressurreição, que o Alcorão - prevalecendo sobre o futuro e todos os tempos - prova e elucida repetidamente em detalhe, todas as escrituras reveladas e livros sagrados, cada um dos quais dominou um determinado período, provou-o de acordo com seus próprios tempos e séculos, mas sem detalhes, velado, e de forma resumida, confirmado com milhares de provas que o Alcorão ensina.

Incluem-se aqui, uma vez que está relacionado com esta discussão, o testemunho ao fim do Terceiro Raio dos outros pilares da fé e, em particular "os Profetas" e "as Escrituras Sagrados " a [97] إِيمَانٌ بِالْيَوْمِ الْاٰخِرِ Ele forma uma prova convincente da ressurreição, e é na forma de uma súplica poderosa e sucinta, que dissipa todas as dúvidas. Diz a súplica:

"Ó meu Senhor Clemente!

"Tenho entendido das instruções do Seu Nobre Mensageiro (Allah o Abençoe e lhe dê paz) e do ensinamento do Alcorão Sagrado, que acima de tudo, o Alcorão e o Mensageiro, e todas as Escrituras Sagradas e dos Profetas, têm testemunhado por unanimidade e ressaltado que as manifestações dos nomes relacionados com a Sua beleza e glória, de que são exemplos a serem vistos neste mundo, vão continuar ainda mais radiantes por toda a eternidade, e que Sua generosidade, as amostras que devem ser observadas neste mundo transitório, continuarão na morada da felicidade em mais brilhante modo, e aqueles que anseiam por eles neste mundo irão acompanhá-los por toda a eternidade.

"Além disso, contando com centenas de milagres e sinais evidentes e decisivos, acima de tudo, o Seu Nobre Mensageiro mais nobre (Allah o Abençoe e lhe dê paz), o Alcorão Sagrado, os Profetas com seus espíritos luminosos, e os santos, que são polos espirituais com seus corações cheios de luz, e os estudiosos purificados com seus intelectos iluminados, contando com Suas ameaças e promessas repetidas em todas as Escrituras Sagradas, e confiando em seus atributos sagrados como o poder, a misericórdia, o favor, a sabedoria, glória e beleza, em suas funções, bem como na dignidade da sua glória, e na soberania de Sua divindade, e em consequência de suas iluminações, visões e crenças de "o conhecimento de certeza," dão as boas-novas aos homens e gênios da felicidade eterna e informá-los do Inferno para o povo de desorientação; eles acreditam firmemente nisto e o testemunham.

"Ó Todo-poderoso e sábio! Ó Clemente e Misericordioso! Ó Munificente e Fiel a Sua promessa! Ó Poderoso e Magnífico, o Glorioso, o Irresistível, o Honorável!

"Tu és totalmente isento e exaltado acima de acusar tantos fiéis, amigos, Tuas promessas, Teus magníficos atributos e Tuas funções sagradas, e negar a certas exigências da soberania de Sua divindade e as orações intermináveis e súplicas de Seus inúmeros servos aceitáveis, a quem Tu amas e que atraem Teu amor por concordar conTigo e obedecer-Te. Tu és isento de confirmar a negação da ressurreição pelo povo de desorientação e descrença, que com a incredulidade e rebelião e negação de Tuas promessas, ofendem a magnificência de Tua grandeza e afrontam a Tua dignidade e glória e honra de Tua Deidade, e entristecem a compaixão de Tua Divindade. Declaramos Tua justiça, Beleza e Misericórdia a sermos isentos de tal tirania infinita, tal feiura. Acreditamos com todas as nossas forças que o testemunho dos Profetas, dos sábios e santos, purificados, que são os verdadeiros embaixadores Teus, os arautos da Tua soberania, ao grau de "certeza absoluta", conhecimento absoluto',' e "a visão absoluta", quanto aos tesouros da Tua misericórdia na Vida Futura e provisões de Tuas generosidades no reino eterno, e as maravilhosamente belas manifestações de Teus Belos Nomes, que serão manifestados totalmente na morada da felicidade, são absolutamente verdadeiros e verídicos, e que têm indicado, conforma-se absolutamente com a realidade e o que eles têm dado de boas novas é verdade e ocorrerá. Acreditando que o raio supremo de Teu Nome da Verdade, que é a fonte, o sol e protetor de todas as realidades, é a verdade da ressurreição e o Grande Encontro, quc clcs ensinam a Teus servos.

"Ó Senhor! Por uma questão do que eles ensinam e veneração disso, concede-nos e a todos os alunos da Risale-i Nur a crença perfeita e uma morte feliz. E nos permite receber a sua intercessão. Amém!"

Além disso, assim como todas as provas que demonstram a veracidade das escrituras reveladas, e todos os milagres e evidências que comprovam a profecia de Amado de Allah (Allah o abençoe e lhe dê paz) e de todos os profetas, provam indiretamente a realidade da vida após a morte, que é o que eles ensinam, acima de tudo. Por isso, a maioria das evidências da existência e unicidade da Existência necessária testemunha, indiretamente, que existe e abertura de um reino eterno de bem-aventurança, o qual será a manifestação suprema da divindade e da Deidade. Porque, como é explicado e demonstrado nos parágrafos seguintes, tanto a existência do Necessariamente Existente, e a maioria de Seus atributos, Suas funções e Seus Nomes, como Divindade, Deidade, Misericórdia, Graça, Sabedoria e Justiça, exigem a seguir a máxima certeza num reino eterno e na ressurreição dos mortos e no Último Julgamento para a concessão de recompensa e punição.

Já que existe uma Divindade Pré-Eterna e Pós-Eterna, certamente há a Outra Vida, os meios eternos da soberania de Sua Divindade.

Sabendo-se que existe no universo e nos seres vivos a mais majestosa, sábia e compassiva divindade absoluta, e é evidente, há certamente um reino eterno de felicidade que salvará a majestade daquela divindade de humilhação, sua sabedoria de inutilidade, e sua compaixão de crueldade. E esse reino terá de ser entrado. E uma vez que as concessões de ilimitadas generosidades, os favores, presentes, e as instâncias de graça e misericórdia que são vistas, mostram para as mentes que não estão extintas e os corações ainda vivos, que por trás do véu do Invisível está o Clemente e o Misericordioso; certamente há uma vida imortal em um reino eterno que salvará a concessão da zombaria; as bênçãos, do engano; os favores, da inimizade; a misericórdia, do tormento; a graça e os presentes, da traição, e fará generosidade da generosidade e concessão da concessão.

E uma vez na primavera, na página estreita da terra, uma caneta do poder escreve incansavelmente cem mil livros sem erro diante de nossos olhos; e uma vez que o Dono da caneta prometeu cem mil vezes: "Eu vou escrever um livro excelente, imortal em um amplo domínio, mais fácil do que este livro da primavera, que é escrito nesse domínio estreito, confuso e misturado, e eu vou permitir que você o leia." Ele menciona o livro em todos os seus decretos, certamente, a parte principal do livro foi escrita, com a ressurreição e o Juízo Final, suas notas de rodapé devem ser acrescidas e todos os cadernos das ações das pessoas

Uma vez que sendo a sua morada, fonte, fábrica, exposição e ponto de encontro de centenas de milhares de constantes mudanças de espécies de seres vivos e seres com espíritos, e o coração, o centro, resumo e resultado do universo, e a razão para sua criação, ou seja , com a sua multiplicidade de criaturas, a terra tem suprema importância, e é mantida igual aos poderosos céus, apesar de sua pequenez.

Nos decretos celestiais é sempre dito: [98] رَبُّ السَّمٰوَاتِ وَ الْاَرْضِ

Uma vez que há o homem que governa sobre a terra, que dispõe sobre a maioria das criaturas, e submete os seres vivos, reunindo-os em torno de si mesmo em um lugar como uma lista, ordenando, expondo as espécies notáveis, adornando-as, atraindo não apenas a atenção e admiração dos humanos e gênios, mas dos habitantes do céu e do universo, e do olhar apreciativo do Dono do universo, ganhando assim grande importância e alto valor. É quem mostra por meio das ciências e das artes que ele é o propósito da criação do universo, e seu resultado mais importante, o fruto mais precioso e o legatário da terra. E que, por causa deste mundo, ele ordenou e exibiu excelentemente as artes milagrosas do Criador do mundo, que é deixado neste mundo, apesar de sua rebelião e incredulidade, e cuja punição é adiada, e por causa de seu trabalho, cujo termo é prolongado e lhe é permitido o sucesso...

Uma vez que existe um Provedor extremamente poderoso, sábio e compassivo, Que faz do maravilhoso globo um tesouro de todo tipo de metais e minerais que o homem precisa, além de sua força e vontade – que, apesar de ser fraco, impotente e deficiente por natureza e criação, tem inúmeras necessidades e está sujeito a inúmeras dores – e um armazém de cada tipo de alimento, e uma loja estocando tudo que lhe agrada e o atende, e o alimenta, e lhe dá o que ele quer...

E uma vez que há um Sustentador Que é assim, Que ama o ser humano e faz com que o ser humano O ame, Que é duradouro e tem mundos eternos, Que executa todos os trabalhos com justiça e realiza tudo com sabedoria; e uma vez que o esplendor do governo do Soberano Pré-Eterno e Seu governo eterno não podem ser contidos nesta breve vida mundana, e em período efêmero do homem, e na terra temporária e transitória; e uma vez que o delito excessivo e a rebelião que ocorrem entre os homens, que são contrários e se opõem à ordem do universo, à justiça, ao equilíbrio e à beleza, e sua negação, traição, e descrença para com seu Benfeitor, Que os alimenta com ternura, não são punidos neste mundo, e o opressor cruel passa sua vida em facilidade, enquanto os infelizes oprimidos vivem em dificuldades; e uma vez que a justiça absoluta, cujos traços podem ser vistos ao longo do universo, não aceita e de modo algum permite que o tirano cruel e os oprimidos desesperados, sendo iguais perante a morte, não sejam ressuscitados juntos.

E uma vez que o Dono do universo escolheu a terra e homem e deu a este uma alta classificação e importância, Ele escolheu os profetas, santos e purificados, verdadeiros seres humanos que estejam em conformidade com os objetivos da Sua Divindade e com sua crença e submissão fazem-No amá-los. Ele tomou-os como amigos e destinatários, e concedeu milagres e sucesso sobre eles e puniu seus inimigos com golpes celestiais. E fora destes amigos dignos e amáveis Ele escolheu seu líder e fonte de orgulho, Mohammad (Allah o abençoe e lhe dê paz), e por longos séculos, tem iluminado com a sua Luz a metade do globo e um quinto da humanidade; como o universo foi criado para ele, todos os seus propósitos tornam-se evidentes por meio dele, de sua religião e do Alcorão. E embora ele merecesse viver por um tempo infinito em recompensa por seu serviço infinitamente valioso, durante milhões de anos, ele só viveu breves 63 anos de grande dificuldade e esforço. Existe alguma possibilidade, então, que ele não fosse ressuscitado juntamente com todos os seus companheiros e amigos? Que não devem estar agora a viver em espírito? Que deveriam ter sido aniquilados para sempre? Allah nos livre, cem mil vezes! Sim, todo o universo e a realidade da demanda mundial que ele deve ser ressuscitado e rogam ao Dono do universo que ele deve estar vivendo...

E uma vez que no Sétimo Raio, O Sinal Supremo, cada um com a força de uma montanha, os trinta e três consensos poderosos provaram que o universo surgiu de uma única mão e é propriedade de um único ser; demonstraram evidentemente Sua unidade e unicidade, os meios das perfeições divinas, e pela a unidade e unicidade todos os seres tornam-se soldados sob ordens e funcionários subservientes; e na vinda da Outra Vida, as perfeições são salvas do declínio, a justiça absoluta da crueldade zombeteira, a sabedoria universal do absurdo tolo, a abrangente misericórdia do tormento aviltante, e a dignidade do poder da impotência humilhante.

Certamente e sem qualquer dúvida, como exigidas pelas verdades nesses oito “uma vez que” – oito de centenas de pontos de crença em Allah – o fim do mundo virá e a ressurreição dos mortos ocorrerá. Moradas de recompensa e punição devem ser abertas para que a importância acima mencionada da terra, e sua centralidade e o valor do ser humano devem ser realizados, e a justiça, a sabedoria, a misericórdia acima mencionadas, e a soberania do Onisciente Dispensador, Que é o Criador da terra e do ser humano, e seu Sustentador, serão estabelecidas; e os verdadeiros e ansiosos amigos daquele Sustentador eterno serão salvos da aniquilação eterna; e o mais eminente e digno dos amigos receberá recompensa por seus serviços sagrados, que fizeram todos os seres felizes e gratos, e as perfeições do Soberano Eterno devem ser isentas e dispensadas de culpa e deficiência; Seu poder, da impotência; Sua sabedoria, da loucura; e Sua justiça, da tirania.

Em resumo: Uma vez que Allah existe, o mesmo acontece com a Outra Vida.

Além disso, assim como acontece com todas as evidências que os comprovam, os três pilares da crença, citados acima, testemunham e indicam a ressurreição; assim fazem os dois pilares وَ بِمَلٰئِكَتِهِ وَ بِالْقَدَرِ خَيْرِهِ وَ شَرِّهِ مِنَ اللّٰهِ تَعَالَى[99] também necessitam da ressurreição e testemunham a poderosa forma do reino eterno. É assim:

Todas as evidências que comprovem a existência dos anjos e suas funções de culto, e inúmeras observações deles e conversas com eles, provam indiretamente a existência do Mundo Espiritual, o Mundo do Invisível, o reino eterno, o mundo da Outra Vida, a existência de uma morada de felicidade, o Paraíso e o Inferno, que no futuro deve ser habitados com gênios e humanos. Com a permissão Divina, os anjos podem ver estes mundos e entrar neles. E todos os anjos de alta patente que encontram os seres humanos, como Gabriel, falam, em unanimidade, da existência desses mundos e de viajem ao redor deles. Como temos a certeza, devido à informação de quem vem de lá, que o continente da América existe, apesar de não o termos visto. Por isso, devido às informações sobre os anjos, que têm a força de cem consensos, devemos crer na existência do mundo da eternidade, do reino da Outra Vida, e do Paraíso e do Inferno com a mesma certeza. E, assim, nós acreditamos nele.

Além disso, todas as evidências provando o pilar da "crença na Predestinação", incluídas no Tratado sobre a Predestinação, a Vigésima Sexta Palavra, prova indiretamente a ressurreição dos mortos, o equilíbrio de ações nas escalas supremas, e a publicação das páginas dos feitos. Uma vez que a gravação, diante de nossos olhos, dos cursos indicados de todas as coisas sobre as tábuas de ordem e equilíbrio, e a inscrição das histórias da vida de todos os seres vivos em suas faculdades de memória, e a transcrição dos cadernos de ações de todos os seres com espíritos, e especialmente os seres humanos, na Tábua Preservada, tal compreensiva determinação, sábia divisão, e preciso registro e inscrição de preservação certamente poderia ser apenas o resultado de um julgamento geral em um tribunal supremo criado para limitar a permanentes recompensa e punição. Porém, essa gravação e preservação abrangente e precisa, de outra forma seria completamente sem sentido e sem propósito, e contrária à sabedoria e à realidade.

Além disso, se não houvesse ressurreição, todos os certos significados do livro do universo, escritos com a caneta de Predestinação, seriam anulados, o que é completamente impossível. É tão impossível como negar a existência do universo; de fato, é um delírio.

Em resumo: Os cinco pilares da fé demandam com todas as suas evidências a ocorrência da ressurreição e o Juízo Final, e sua existência, assim como a existência e abertura do reino da Outra Vida, e testemunham estes e necessitam deles.

Assim, é porque existem esses vastos e inabaláveis apoios e provas da ressurreição, totalmente em conformidade com a sua vastidão, que quase um terço do Alcorão Sagrado de Exposição Milagrosa é formado pela ressurreição e a vida após a morte, e torna-se a base e o alicerce de todas as suas verdades, construídas sobre ele.

(Fim da Introdução)

SEGUNDA PARTE DO ADENDO

A primeira das nove estações que compõem os nove níveis de provas da ressurreição milagrosamente indicadas no versículo seguinte:

﴿فَسُبْحَانَ اللّٰهِ حِينَ تُمْسُونَ وَحِينَ تُصْبِحُونَ وَلَهُ الْحَمْدُ فِى السَّمٰوَاتِ وَالْاَرْضِ
وَعَشِيًّا وَحِينَ تُظْهِرُونَ ۞ يُخْرِجُ الْحَىَّ مِنَ الْمَيِّتِ وَيُخْرِجُ الْمَيِّتَ مِنَ الْحَىِّ
وَيُحْيِى الْاَرْضَ بَعْدَ مَوْتِهَا وَكَذٰلِكَ تُخْرَجُونَ﴾[100]

O manifesto de provas e evidências brilhantes do decreto de Allah a respeito da ressurreição contido neste versículo será agora exposto e estabelecido, pela Vontade de Allah.[I]

Em conexão com a Vigésima Oitava Propriedade da Vida foi explicado que a vida considera os seis pilares da fé e os prova; que contém uma série de indícios de sua verdade.

Agora, o resultado mais importante, a substância e a razão para a criação do cosmos não é outro senão a vida. E ela, a verdade exaltada, não pode, de forma alguma, ser restrita a esta fase mundana transitória, breve, com defeito e dolorosa. Pelo contrário, a finalidade e o resultado da árvore da vida, o esplendor da qual pode ser deduzido a partir das suas vinte e nove propriedades, os frutos daquela árvore digna de seu esplendor, é a vida eterna, da vida futura, é aquela no reino eterno, onde até as pedras, as árvores e o solo serão dotados de vida. Caso contrário, seguirá que a árvore da vida, tão abundantemente decorada com instrumentos significativos, não produzirá frutos, benefício ou verdade para os seres animados, especialmente o ser humano, o que em sua substância e faculdades é vinte vezes superior ao pardal. E de fato o mais importante e elevado de toda a criação, cairá para um grau vinte vezes inferior ao do pardal, com relação à felicidade de sua vida, ele será o mais infeliz e humilhado dos miseráveis.

Da mesma forma, a inteligência, o mais precioso dos presentes dados ao homem, vai ferir seu coração com a reflexão constante das dores do passado e os medos do futuro, que misturará nove dores com todo o prazer e, assim, tornar-se -á um desastre para o ser humano. Agora, isso é falso ao centésimo grau. A vida deste mundo, portanto, prova decisivamente o pilar da fé, que é a crença na vida após a morte e apresenta aos nossos olhos a cada primavera mais de trezentos mil exemplares da ressurreição.

Será possível que um Agente Todo-Poderoso, Que prontamente fornece provisão, com sabedoria, solicitude e misericórdia, todos os instrumentos e as ferramentas necessárias para a sua vida, em seu corpo, o seu jardim e sua pátria, Que ouve e responde à oração privada e particular feita para o sustento de seu estômago, para o bem de sua vida e sobrevivência, Que mostra a Sua aceitação daquela oração por meio de numerosos alimentos deliciosos – será possível que tal Ser não esteja ciente de você ou que Ele não

---

[I] Toda a estação ainda não foi escrita e incluída aqui por causa da relevância do tema da vida até a ressurreição. Além disso, contém uma alusão sutil e profunda para o pilar da Determinação Divina no final do tema da vida.

fosse provê-lo com os meios de vida eterna, o maior objetivo da espécie humana? Será possível que ele não aceitasse a maior, a mais importante, mais digna e mais universal oração para a eternidade da espécie humana, estabelecendo a vida eterna e criando o Paraíso? Será possível que Ele não atenderá a oração universal e insistente da espécie humana, a criatura mais importante do cosmos, o monarca da terra, uma oração que ressoa em todo o céu e a terra, e não prestará a mesma atenção, ou lhe concederá o mesmo prazer, como um pequeno estômago? Será possível que Ele deverá, portanto, fazer com que a Sua sabedoria perfeita e infinita misericórdia seja negada? Não, cem mil vezes não!

Mais uma vez, será possível que Ele ouve a voz mais secreta do mais diminuto dos seres, cura a sua dor e socorre sua queixa, que Ele o alimenta com o máximo cuidado e consideração e faz criaturas maiores que ele a servi-lo – será possível que Ele faz tudo isso e não ouve o trovejante choro de vida, a forma maior, mais preciosa, mais eterna e mais delicada da vida? Que ele deveria pagar nenhuma atenção a sua poderosa oração e súplicas pela eternidade? Seria como equipar um único soldado com o maior cuidado e ignorar totalmente um vasto e obediente exército! Como ver um cisco e sobrelevar o sol! Como ouvir o zumbido de uma mosca e não ouvir o barulho do trovão! Não, cem mil vezes, não!

Mais uma vez, pode a inteligência em tudo aceitar que um ser Todo-Poderoso e Todo-sábio, Cuja misericórdia, amor e solicitude são infinitos, Que ama a Sua própria arte, Que faz com que seja amado, e Quem ama muito aqueles que O amam – pode aceitar que tal Ser aniquilaria, pela morte permanente uma vida que O ama muito, que ela própria é adorável e que instintivamente adora seu Criador? E a essência e a joia daquela vida, o espírito? Que Ele ofenderia e insultaria Seu amante e amado por toda a eternidade, que Ele iria ferir seus sentimentos e negaria a Si Mesmo, e faria com que os outros negassem o mistério da Sua misericórdia e a luz do Seu amor? Não, cem mil vezes, não! Uma beleza absoluta que adorna a criação com a sua manifestação e à mercê absoluta que faz todas as criaturas alegres é, sem dúvida, isenta e purificada de tal feiura infinita, tal abominação absoluta e impiedade.

O resultado, então, é que, considerando a existência de vida, aqueles homens que entendem o propósito da vida e que não abusam de suas vidas se tornarão manifestações da vida eterna no reino da eternidade e o Paraíso eterno. Neste acreditamos. Assim, também, o brilho de objetos reluzentes encontrados na terra por meio da reflexão da luz solar, o breve brilho na superfície do oceano de pequenas bolhas por meio de lampejos de luz, e a vinda em seu lugar de outras bolhas que como eles seguram um espelho para toda uma série de sóis imaginários – isso demonstra concretamente que esses lampejos são a manifestação do reflexo de um dom supremo. Com as suas línguas múltiplas, eles fazem menção àquele sol e apontam na direção dele com os dedos luminosos.

Assim, também, a forma na qual, pela suprema manifestação do Nome "'Doador da Vida" do ser vivo e autossubsistente, existem todos os seres animados sobre a face da terra e nas profundezas do brilho do mar, pelo poder de Allah, e, em seguida, desaparecem por trás do véu do invisível, dizem: "O Eternamente Vivente", a fim de dar espaço áqueles que os seguem – o que representa uma série de testemunhos e as indicações da vida e da necessária existência do Vivente e Autossubsistente Ser.

Da mesma forma, todas as provas que testemunham o conhecimento Divino os traços dos quais são visíveis na ordenação de todos os seres, todas as evidências que provam a existência de um poder trabalhando a sua vontade em toda a criação, todos os argumentos que apontam para a vontade e intencionalidade dominando a ordem e a administração do cosmos; todos os sinais e milagres que atestam a mensagem dos Profetas, os meios de discurso divino e da revelação divina, e as indicações testemunham os sete atributos da Divindade – todos eles apontam, testemunham e indicam, por unanimidade, a vida do Vivo e Autossubsistente Ser. Porque, se a faculdade da visão está presente em uma coisa, também deve haver vida. Se houver audição, este também é um sinal de vida. Se houver fala, isso também aponta para a existência de vida. Se houver escolha e vontade, isso também aponta os fenômenos da vida.

Da mesma forma, os atributos da existência do que é comprovado e auto evidente, em virtude de suas marcas em todo o cosmos, os atributos tais como Poder Absoluto, vontade toda-abrangente e conhecimento abrangente, testemunham com todas as suas provas da vida a necessária existência do Ser Vivo e Autossubsistente. Eles atestam a Sua vida eterna, uma sombra da qual é suficiente para iluminar todo o cosmos, e uma manifestação do que suficiente para dar vida à Outra Vida, juntamente com todas as suas partículas.

O atributo Divino de vida também está relacionado com o pilar da crença nos anjos, e o prova por meio de indicação. Uma vez que o mais importante de todos os objetivos do cosmos é a vida, e os seres animados constituem a forma mais comum da criação, com suas amostras multiplicadas por conta de seu valor, pois eles constantemente animam a hospedaria do mundo, com o ir e vir de suas caravanas. Além disso, o mundo, o qual é preenchido com tantas espécies de seres animados, está constantemente a ser esvaziado e estas diferentes espécies são renovadas e multiplicadas, e os seres animados são criados na multiplicidade mesmo nas substâncias mais vis e corrompidas, para que aconteça, como uma ressurreição constante de micróbios. Finalmente, a consciência e a inteligência, que são a essência destilada da vida e do espírito, que é a sua substância sutil e estável, também são criados em todos os lugares do globo na maior multiplicidade, de modo que é como se o mundo se animasse e se regozijasse pela vida, intelecto, consciência e espírito. Se levarmos em consideração todo o exposto, é totalmente impossível que os corpos celestes, que são mais sutis, mais luminosos, maiores e mais importantes do que o mundo, sejam mortos, rígidos, sem vida, e mudos.

Devem, pois, existir e serem providos com a propriedade de vida, de conscientes e animados seres que animam os céus, os sóis, e as estrelas, conceder-lhes a sua vitalidade, manifestar o resultado do propósito para a criação dos céus, e receberem o endereço do Criador Glorioso. Estas criaturas, de natureza adequada para os céus, são nada menos que os anjos.

Da mesma forma, a essência mais íntima da vida simbolicamente comprova o pilar da crença nos profetas. Uma vez que o cosmos foi criado por causa da vida, e esta é por sua vez uma das manifestações supremas do Vivo, Autossubsistente e Eterno, ela é um de seus projetos mais perfeitos, uma de suas artes mais formosas. Além disso, a vida eterna de Allah se manifesta apenas com o envio de mensageiros e a revelação de livros. Se não houvesse livros ou profetas, então a vida eterna permaneceria desconhecida. Quando um homem fala, ele é reconhecido por estar vivo. Da mesma forma, são os profetas e os livros revelados que tornam reais as palavras e decretos do Ser Que, por trás do mundo do invisível que é velada pelos cosmos, expressa, fala e emite seus mandamentos e proibições. Assim como a vida existente no cosmos presta testemunho decisivo para a existência necessária do Vivo e Eterno, também há que apontar e indiretamente confirmar os pilares da crença no envio de mensageiros e a revelação das escrituras. Pois estas são os raios, as manifestações e as relações daquela vida eterna. E, especialmente, a Mensagem de Mohammad (Allah o abençoe e lhe dê paz), e a revelação do Alcorão, uma vez que eles são como o próprio espírito e o intelecto da vida, sua veracidade é tão indiscutível como a existência dela.

A vida é, então, a essência destilada do cosmos; a consciência e dos sentimento são a essência destilada de vida; o intelecto é a essência destilada da consciênciados sentimentos e o espírito, enfim, é a substância pura e imaculada, a essência estável e autônoma, que está no cerne da vida. Assim, também, a vida do Profeta Mohammad – Allah o abençoe e lhe dê paz, tanto no seu exterior e seus aspectos internos é a essência destilada da vida e do espírito do cosmos, e a Mensagem de Mohammad (Allah o abençoe e lhe dê paz) é a essência pura e destilada do sentimento, a consciência e o intelecto dos cosmos. Pelo contrário, a vida do Profeta Mohammad (Allah o abençoe e lhe dê paz) em seus aspectos exteriores e interiores é, como os séculos deram testemunho, a própria essência da vida do cosmos, e da profecia de Mohammad (Allah o abençoe e lhe dê paz) é a própria luz e a essência da consciência do cosmos. A revelação do Alcorão é também o espírito da vida do cosmos e o intelecto de sua consciência.

Certamente, se a luz da Mensagem de Mohammad (Allah o abençoe e lhe dê paz) fosse afastar-se do cosmos e desaparecer, o cosmos morreria. Se o Alcorão partisse, o cosmos perderia sua sanidade, e o mundo perderia seu sentido e sua cabeça. Sua tonta e incompreensível cabeça colidiria com um planeta, e o fim do mundo seria o resultado.

A vida também olha para o pilar da crença na Predestinação, e o prova indiretamente. Uma vez que a vida é a luz do Manifesto Mundial, e o domina, e é o resultado e o objetivo da existência, e uma vez que é o espelho mais abrangente do Criador do universo e da amostra mais perfeita e índice de atividade divina, e – que não haja erro na comparação – é como uma espécie de programa, com certeza, o mistério da vida exige que as criaturas no mundo do Invisível, isto é, o passado e o futuro, os que foram e vêm, estejam predispostos a obedecer à ordem, à regularidade. Sendo conhecida e observada, a existência individual específica, e os comandos de criação, que são suas vidas em um aspecto.

A semente original de uma árvore e sua raiz, bem como as sementes contidas no seu fruto e o resultado final, todas manifestam uma espécie de vida, nada menos do que a própria árvore; na verdade, elas carregam nelas as próprias leis da vida mais sutis do que aquelas da árvore. Da mesma forma, as sementes e as raízes deixadas pelo último outono, antes da atual primavera, bem como as sementes e raízes que serão deixadas pelas primaveras subsequentes após esta primavera partir – todas elas arcam com as manifestações da vida, justamente como na Primavera deste ano, e estão sujeitas às leis da vida. Da mesma forma, todos os ramos e galhos da árvore cósmica cada um tem um passado e um futuro. Eles têm uma cadeia composta de estágios passados e futuros e circunstâncias. As múltiplas vivências e estágios de cada espécie e cada membro de cada espécie, existentes no conhecimento Divino, forma uma cadeia de estar no conhecimento de Allah, e tanto a sua existência externa, e sua existência no conhecimento de Allah, é uma manifestação da vida universal que atrai todos os aspectos de sua vida a partir dessas Tábuas significativas e vitais da Predestinação.

O fato de que o mundo dos espíritos – que é uma forma do mundo invisível – está cheio da essência da vida, a questão da vida e os espíritos, que são as substâncias e essência da vida, exige e necessita de uma certeza que o passado e o futuro - que são outra forma do mundo invisível e seu segundo segmento - também deve receber a manifestação da vida.

Além disso, a perfeita ordem, as circunstâncias significativas e frutas vitais e estágios inerentes à existência de um dado dentro do conhecimento de Allah, também demonstram a manifestação de um tipo de vida. Tal manifestação da vida, que é a luz emitida pelo sol da vida eterna, não pode ser limitada a este mundo manifesto, este tempo presente, esta existência externa. Ao contrário, cada mundo recebe a manifestação daquela luz de acordo com sua capacidade, e o cosmos, juntamente com todos os seus mundos está vivo e iluminado por ele. Caso contrário, como o equivocado imagina, debaixo de uma vida temporária e aparente, cada mundo seria um grande e terrível cadáver, uma ruína escura.

Um amplo aspecto do pilar da fé da Predestinação e do Decreto é, então, compreendido pelo mistério da vida e é por ele estabelecido. Assim como a vida e a vitalidade do mundo manifestas e existentes, os objetos visíveis tornam-se evidentes a partir de sua ordem e as consequências de sua existência, também as criaturas do passado e do futuro – consideradas como pertencentes ao Mundo do Invisível – têm uma existência imaterial e um tipo da vida, e uma presença espiritual no conhecimento de Allah. O traço da vida e a presença se manifestam e são conhecidos por meio da Tábua da Predestinação, do Decreto e por todas as etapas e circunstâncias de suas vidas externas e vivências.

***

TERCEIRA PARTE DO ADENDO

A questão relacionada com a ressurreição dos mortos:

O versículo frequentemente repetido,[101] ﴿ إِنْ كَانَتْ اِلاَّ صَيْحَةً وَاحِدَةً ﴾ E o versículo,[102] ﴿ وَمَا اَمْرُ السَّاعَةِ اِلاَّ كَلَمْحِ الْبَصَرِ ﴾ mostram que a ressurreição dos mortos e a Grande Congregação irão ocorrer instantaneamente, num piscar de olhos. Mas a razão estreita do homem requer algum exemplo concreto para que ele possa conceber deste maravilhoso, extraordinário, e evento sem precedentes, e aceitá-lo.

A Resposta: Na ressurreição, haverá o retorno dos espíritos para seus corpos, a revivificação dos corpos, e a reconstrução dos corpos. É composto de três assuntos.

O PRIMEIRO ASSUNTO: Um exemplo do retorno dos espíritos para seus corpos é a reunião, num só toque de trombeta, dos membros de um exército bem disciplinado depois de se terem dispersado para descansar. Sim, o Soar do Anjo Israfil não é menos poderoso do que uma trombeta de exército. Os espíritos, também, que, enquanto na pós-eternidade, respondem com: [103] قَالُوا بَلَى à pergunta: [104] ﴿ اَلَسْتُ بِرَبِّكُمْ ﴾, que vem desde a pré-eternidade, são infinitamente mais subjugados, disciplinados e obedientes que os soldados de um exército. A Trigésima Palavra demonstrará com provas decisivas de que não apenas os espíritos, mas todas as partículas formam um exército Divino e são seus comandos soldados.

O SEGUNDO ASSUNTO: Um exemplo para a revivificação dos corpos é o surgimento de vida em um instante das centenas de milhares de lâmpadas elétricas de uma grande cidade em uma noite festiva, ligadas a partir de um centro. Seria possível iluminar da mesma forma uma centena de milhões de lâmpadas espalhadas pela face da terra a partir de um centro. Uma vez que, com treinamento e instrução na regularidade e ordem que recebeu do seu Criador, a criatura de Allah Todo-Poderoso é como a eletricidade – umservo e castiçal em Sua casa de hóspedes – possui esta qualidade, certamente a ressurreição dos mortos poderia ocorrer num abrir e fechar de olho dentro dos limites das leis regulares da Sabedoria Divina que milhares de funcionários luminosos representam, como a eletricidade.

O TERCEIRO ASSUNTO: Um exemplo para a reconstrução dos corpos instantaneamente é a reconstrução perfeita dentro de alguns dias de todas as árvores na primavera, que são muito mais numerosas do que toda a humanidade, juntamente com todas as suas folhas, exatamente da mesma maneira como os da primavera anterior; e criá-los, mais uma vez como os das primaveras anteriores, todas as flores, frutos e folhas das árvores, com a velocidade de um raio; e o despertar repentino dos números incontáveis de sementes, grãos e raízes, que são a fonte da primavera, e seus desdobramentos e serem ressuscitado para a vida; e refletindo o significado de "ressurreição após a morte", o aumento repentino da vida ao comando dos corpos erguidos de esqueletos das árvores; a reanimação dos inúmeros membros de todas as espécies de pequenos animais; e a revivificação de todos os tipos de insetos voadores, particularmente aqueles que, continuamente limpam seus rostos, olhos e asas, lembramnos de nossas abluções e limpeza, e acariciam nossos rostos – a ressurreição e o refazer de todos os membros desta tribo dentro de poucos dias a cada primavera diante dos nossos olhos, juntamente com todas as outras espécies, apesar de serem em maior número do que toda a humanidade, desde o tempo de Adão, não fornecem um só exemplo da reconstrução de todos os corpos dos seres humanos na ressurreição, mas milhares.

Sim, desde que este mundo é o reino da sabedoria e o outro o domínio de poder, vários Nomes Divinos, como Onisciente, Arranjador, Dispensador e Nutridor exigem que a criação de coisas neste mundo seja gradual e ao longo do tempo. Na outra vida, porém, o Poder e a Misericórdia se manifestam mais do que sabedoria, e não havendo necessidade para a matéria, o tempo e a espera, as coisas vão ser feitas instantaneamente. Aludindo ao fato de que as coisas que são feitas aqui em um dia ou em um ano, serão feitas no futuro em um instante ou um lampejo, o Alcorão Sagrado afirma:

﴿ وَمَا اَمْرُ السَّاعَةِ اِلاَّ كَلَمْحِ الْبَصَرِ اَوْ هُوَ اَقْرَبُ ﴾[105]

Se você quer ser tão certo sobre a ocorrência da ressurreição dos mortos como você está com a chegada da próxima primavera, estude a Décima e a Vigésima Nona Palavras cuidadosamente, que são sobre isso, e você vai ver! Se não acreditar nisso, como vai ocorrer a chegada da primavera, deve pedir-me contas de forma crítica!

O QUARTO ASSUNTO: A morte do mundo e o Dia da Ressurreição. A súbita colisão com este mundo, a nossa casa de hóspedes, a um comando divino, de um planeta ou cometa, poderia acabar com esta nossa morada. Como a destruição em um minuto de um palácio cujo edifício levou dez anos para ser construído.

***

QUARTA PARTE DO ADENDO

﴿قَالَ مَنْ يُحْيِى الْعِظَامَ وَهِىَ رَمِيمٌ ۝ قُلْ يُحْيِيهَا الَّذِى اَنْشَاَهَا اَوَّلَ مَرَّةٍ وَهُوَ بِكُلِّ خَلْقٍ عَلِيمٌ﴾[106]

Como foi ilustrado na terceira comparação na Nona Verdade da Décima Palavra, algum personagem pode um dia convocar diante de seus olhos um grande exército. Se alguém, em seguida, disser: "Esse personagem é capaz de convocar as tropas de seu exército, que havia se dispersado para descansar, e montá-lo novamente em batalhões", e você dissesse: "Eu não acredito nisso," você sabe muito bem quão louca seria sua negação. Assim também, um Todo-Poderoso e Onisciente Ser Que do nada gravou e colocou no lugar, com o comando de: ﴿كُنْ فَيَكُونُ﴾[107], todas as partículas e os aspectos sutis dos corpos de todos os animais e outros seres animados, como se fossem um exército com a máxima regularidade e equilíbrio sábio, e quem cria cada século, ou melhor, a cada primavera, as centenas de milhares de diferentes espécies e grupos de seres animados que povoam a face da terra, cada um como um exército – como um ser pode se reunir, com um sopro da trombeta de Israfil, todas as partículas fundamentais e componentes originais que gostam de conhecimento mútuo por meio da apresentação conjunta com a ordem do corpo que corresponde a um batalhão. Se você dissesse: "Como pode ser isso?" Ou considerá-la improvável, seria loucura idiota.

Às vezes, acontece no Alcorão que, a fim de impressionar o coração com os prodígios Ele realizará no futuro e preparará a mente para a aceitação deles, Allah Todo-Poderoso menciona os prodígios que Ele realiza neste mundo como uma espécie de preparação. Alternativamente, Ele pode, por vezes, mencionar os prodígios Ele realizará no futuro e na Outra Vida de tal forma que estamos convencidos deles, por analogia com os atos semelhantes que observamos neste mundo. Um exemplo é fornecido pelo versículo:

﴿اَوَ لَمْ يَرَ الْاِنْسَانُ اَنَّا خَلَقْنَاهُ مِنْ نُطْفَةٍ فَاِذَا هُوَ خَصِيمٌ مُبِينٌ﴾[108]

e pelos versículos restantes da mesma surata. O Alcorão Sagrado, portanto, comprova a questão da ressurreição em sete ou oito formas diferentes.

Primeiro, ele dirige a atenção do homem para suas próprias origens. Ele diz: "Você vê como você avançou de uma gota de esperma para uma gota de sangue, de uma gota de sangue para um pedaço amorfo de carne, e de um pedaço amorfo de carne para a forma humana. Como, então, você pode negar a sua segunda criação? É exatamente como a primeira, ou até mesmo mais fácil de realização para Allah." Allah Todo-Poderoso também Se refere às grandes bênçãos que Ele concedeu ao homem com frases como:

﴿اَلَّذِى جَعَلَ لَكُمْ مِنَ الشَّجَرِ الْاَخْضَرِ نَارًا﴾[109] e diz ao homem: "Será que o Ser Que assim concedeu graça a você irá deixá-lo fazer o que quiser, de tal maneira que você entra na cova para dormir sem se levantar de novo?" Ele também aponta para o seguinte: "Você vê como as árvores mortas ganham vida e crescem verdes novamente. Recusando-se a considerar como um paralelo a reanimação de seus ossos, que se assemelham a madeira seca, você descarta o assunto inteiro como improvável. Agora é de todo possível que Aquele Que cria os céus e a terra não deve ser habilitada ao longo da vida e da morte do ser humano, o fruto do céu e da terra? Você imagina que Ele faria sem frutas e em vão a árvore da criação que Ele tem moldado com sabedoria em todas as suas partes, abandonando o resultado supremo daquela árvore?"

O Alcorão diz ainda: O Ser Que vai restaurá-los para a vida na ressurreição é de tal forma que todo o cosmos é como um soldado obediente d'"Ele. Ele curva sua cabeça submissamente sempre que ouve a ordem:

﴿ كُنْ فَيَكُونُ ﴾[110] Criar uma primavera é mais fácil para Ele do que a criação de uma flor. Criar todo o reino animal é tão fácil para o Seu poder como a criação de uma mosca. Ninguém pode subestimá-Lo e desafiar Seu poder, dizendo-Lhe:

﴿ مَنْ يُحْيِى الْعِظَامَ ﴾[111]

Em seguida, no versículo,[112] ﴿ فَسُبْحَانَ الَّذِى بِيَدِهِ مَلَكُوتُ كُلِّ شَىْءٍ ﴾ vemos que o índice de todas as coisas está na Sua Mão, a chave de todas as coisas está em Seu poder. Ele gira o dia e a noite, o inverno e o verão, com tanta facilidade como se Ele estivesse virando as páginas de um livro. Ele é um Ser Todo-Poderoso, Glorioso Quem fecha a porta a este mundo e a abre na Outra Vida, como se fossem duas estações. Sendo este o caso, como resultado das evidências mencionadas, [113] ﴿ وَإِلَيْهِ تُرْجَعُونَ ﴾

Isto é, Ele vai trazê-los de volta à vida de seus túmulos, levá-los para a planície da ressurreição, e julgá-los em Sua presença majestosa.

Agora, esses versículos preparam a mente e preparam o coração para aceitar a realidade da ressurreição, pois eles demonstraram paralelos à ressurreição em processos mundanos. Às vezes, também acontece que Ele menciona as ações que Ele executará na Outra Vida, de tal forma a chamar a atenção para seus paralelos do mundo, de modo que não haverá espaço a ser deixado para a dúvida e negação. Exemplos disso são as Suratas introduzidas por estes versículos:

﴿ إِذَا الشَّمْسُ كُوِّرَتْ ﴾[114]... ﴿ إِذَا السَّمَاءُ انْفَطَرَتْ ﴾[115]...

﴿ إِذَا السَّمَاءُ انْشَقَّتْ ﴾[116]...

Nestas Suratas, Allah Todo-Poderoso menciona a ressurreição e as vastas revoluções e atos divinos que terão lugar naquele tempo, de tal forma que o homem pensa em seus paralelos mundanos que ele viu no outono e na primavera, e depois, com temor no seu coração, aceita facilmente o que o intelecto, caso contrário, recusar. Mesmo indicar o sentido geral das três suratas que acabamos de mencionar levaria muito tempo. Vamos, então, tomar simplesmente uma palavra como uma amostra do todo. Com as palavras:

﴿ إِذَا الصُّحُفُ نُشِرَتْ ﴾[117]

Allah Todo-Poderoso expressa o seguinte: Após a ressurreição, as ações de todos serão reveladas em uma página escrita. Este parece ser muito estranho, e totalmente fora do alcance da razão. Mas, como a Surata indica, assim como a ressurreição da primavera é um paralelo com outras matérias, assim também a "abertura de páginas" tem um paralelo muito claro. Cada árvore frutífera, cada planta com flor tem seus atos, ações e funções. Ela executa certo tipo de culto, dependendo da forma em que se glorifica a Allah com as manifestações de Seus nomes. Agora todos os seus atos e os registros de sua vida estão inscritos em todas as sementes que estão a surgir na próxima primavera em outro lote de terra. Com a língua de conteúdo e forma, as sementes fazem eloquente menção às origens dessas obras, e espalham a página de ações em conjunto com o ramo, a folha, a flor e o fruto. Aquele que diz: ﴿ إِذَا الصُّحُفُ نُشِرَتْ ﴾ é o mesmo Ser Que realiza, diante de nossos olhos, esses, atos sutis de preservação, alimentação e sabedoria.

Compare outros assuntos com este, e deduza a verdade, se você tem capacidade. Vamos ajudá-lo com o seguinte: O versículo: ﴿إِذَا الشَّمْسُ كُوِّرَتْ﴾, refere-se a uma similitude brilhante e dicas em seu paralelo:

Primeiro: Allah Todo-Poderoso tem deixado de lado as cortinas do não ser, o éter e os céus para produzir de Seu tesouro de misericórdia e mostrar ao mundo uma lâmpada joi – iluminando o mundo – o sol. Depois de fechar o mundo, Ele irá envolver a joia mais uma vez em seus véus e removê-la.

Segundo: O sol pode ser descrito como um funcionário incumbido da tarefa de distribuir a mercadoria da luz sobre o mundo, e fazer com que a escuridão a suceda. Todas as noites, o funcionário é obrigado a recolher a luz. Por vezes, pode acontecer também que seu comércio possa ser abrandado quando ele está escondido pelo véu de uma nuvem. Em outros momentos, pode ser que a lua também formará um véu, e dificultará a sua tarefa. Ora, assim como esse funcionário tem seus bens e livros contábeis recolhidos para inspeção, também ele um dia será demitido das suas funções. Mesmo se não houver motivo para a sua demissão, há duas manchas escuras no sol – agora pequenas, mas passíveis de crescer, que um dia crescerão a ponto de o sol ser levado de volta, por ordem Divina, a luz que agora envolve a cabeça da terra, e a envolve em torno de sua própria cabeça. Será, então, dito: "Vem, sua tarefa na Terra está completa. Vá para o Inferno, e queime lá aqueles que adoraram você e, assim, ridicularizados com a infidelidade de um servo obediente como você." Com o seu próprio rosto escuro e cheio de cicatrizes, ele lerá o decreto, ﴿إِذَا الشَّمْسُ كُوِّرَتْ﴾,

QUINTA PARTE DO ADENDO

Os cento e vinte e quatro mil profetas,[118] que estão de acordo com a explícita tradição profética a parte escolhida da humanidade, têm, por unanimidade e com um acordo relatado, em parte com base na visão direta e em parte com base na certeza absoluta, que a Outra Vida existe e que todos os seres serão levados a ela como o Criador tem firmemente prometido.

Da mesma forma, os cento e vinte e quatro milhões de santos que confirmam os relatos dos profetas por meio da revelação e o testemunho, dão testemunho da existência da Outra Vida, na forma de certo conhecimento, e também dão testemunho da existência de vida após a morte. Todos os Nomes do Todo-Sábio Criador do cosmos também necessita a existência de um reino eterno pelas manifestações que exibem neste mundo.

A existência de vida após a morte é ainda necessária em virtude do Poder Eterno infinito, a sabedoria eterna ilimitada e exata, que revive a cada primavera as inúmeras árvores mortas, espalhados por toda a terra com o comando de [119]﴿ كُنْ فَيَكُونُ ﴾, assim fazendo deles manifestações de وَ الْبَعْثُ بَعْدَ الْمَوْتِ[120] e que ressuscita trezentas mil espécies diferentes dos diversos grupos de plantas e nações de animais, como centenas de milhares de exemplares da ressurreição Suprema.

A existência de vida após a morte também é necessária por uma Misericórdia Eterna e permanente graça que sustenta de forma maravilhosa e solícita todos os seres animados que estão na necessidade de cultivar, e que exibem a cada primavera, em brevíssimo tempo, infinitas variedades diferentes de adorno e beleza. Finalmente, há a prova evidente e indicação dada pelo intenso, inabalável e permanente amor, da eternidade, o anseio pela imortalidade e a esperança de permanência que são apresentados no homem, a criação mais amada do Criador do cosmos, e cuja preocupação com todos os seres do cosmos é a maior.

Tudo o que precede prova firmemente que depois deste mundo transitório, haverá um mundo eterno, a seguir, um reino de felicidade, que somos obrigados a aceitar a existência de uma vida futura como, indiscutivelmente, aceitamos a existência deste Mundo.[I]

Uma das mais importantes lições que nos ensina o Alcorão Sagrado, é, então, a crença na vida após a morte. Essa crença é tão firme e contém dentro de si tão poderosa esperança e um consolo que se uma pessoa for assaltada por velhice cem mil vezes, o consolo derivado dessa crença sera totalmente suficiente. Dizendo:[121]اَلْحَمْدُ لِلّٰهِ عَلَى كَمَالِ الْاِيمَانِ; nós as pessoas de idade devemos nos regozijar na velhice.

[I] Pode ser deduzido desta comparação quão fácil é fazer uma afirmação positiva e como é difícil fazer uma negativa e negação. Se, por exemplo, alguém dissesse, "Existe em algum lugar nesta terra um jardim maravilhoso contendo leite em lata", e alguém disser, "não existe", quem afirmou só precisa apontar para o lugar daquele jardim ou mostrar algum de seus frutos, a fim de provar sua alegação. O negador, pelo contrário, terá que inspecionar e exibir todo o mundo, para justificar sua negação. Assim também o depoimento de duas testemunhas verídicas será suficiente para estabelecer a existência do Paraíso, para além das centenas de milhares de vestígios, frutas e indicações demonstradas por aqueles que afirmam a sua existência. Aqueles que negam deve examinar, explorar e peneirar o cosmo infinito e o tempo infinito antes que eles possam provar a sua negação e demonstrar a não existência do Paraíso. Assim, ó irmãos meus com idade, entendam como é firme a crença na Vida Futura.

A Décima Primeira Palavra

بسم الله الرحمن الرحيم

﴿وَالشَّمْسِ وَضُحَيهَا ۞ وَالْقَمَرِ اِذَا تَلَيهَا ۞ وَالنَّهَارِ اِذَا جَلَّيهَا ۞ وَ الَّيْلِ اِذَا يَغْشَيهَا

۞ وَ السَّمَاءِ وَمَا بَنَيهَا ۞ وَ الْاَرْضِ وَمَا طَحَيهَا ۞ وَ نَفْسٍ وَمَا سَوَّيهَا﴾ الخ [122]

Irmão! Se você quiser entender um pouco sobre o talismã da sabedoria do mundo, o enigma da criação do homem e o mistério da realidade da salat, então considere esta breve comparação com a minha própria alma.

Certa vez houve um rei. Quanto à riqueza, ele tinha inúmeros tesouros contendo diamantes, esmeraldas e joias de todos os tipos. Além destes, tinha outros tesouros maravilhosos, escondidos. Tinha também habilidades ocultas em artes estranhas, e englobava o conhecimento de inúmeras ciências maravilhosas, e de grande erudição em ramos infinitos de aprendizagem obscura.

Como qualquer possuidor de beleza e perfeição quer ver e exibir a sua própria beleza e perfeição. Aquele glorioso rei queria abrir uma exposição e expor dentro dela, a fim de tornar manifesto e exibir à vista das pessoas a majestade de seu governo, sua riqueza reluzente, as maravilhas da sua arte, e as maravilhas de seu conhecimento, e para que ele pudesse contemplar a sua beleza e perfeição em dois aspectos:

O Primeiro Aspecto: Assim ele mesmo pudesse contemplá-los com o seu próprio olhar perspicaz.

O Outro Aspecto: Assim ele pudesse olhar pela visão dos outros.

Com este objetivo em mente, o rei começou a construir um grande e majestoso palácio. Ele dividiu-o em magníficos apartamentos e moradias, e decorou-as com toda a espécie de joias de seus tesouros, e com a sua própria mão tão cheia de arte, adornou-as com as melhores e mais belas obras. Organizou-as com a mais sutil das artes da sua sabedoria, e enfeitou-as com as obras milagrosas de seu conhecimento. Então, depois de completá-las, montou no amplo palácio mesas contendo os mais deliciosos tipos de alimentos e todo tipo de dádivas. Ele especificou uma mesa apropriada para cada grupo. Ele colocou tal munificente e artístico banquete como se as bênçãos inestimáveis e ilimitadas que ele espalhou viessem e existissem pelas obras de uma centena de sutis artes. Em seguida, ele convidou seu povo e sujeitos de todas as regiões de suas terras para a festa e veja o espetáculo.

Mais tarde, o rei nomeou um Comandante Supremo, como professor, para apresentar à população o construtor do palácio e os significados de seus conteúdos; dar a conhecer aos visitantes os segredos dos enfeites do palácio, ensinar-lhes os sinais das artes dentro dele, explicar o que as joias bem definidas eram, e os bordados harmoniosos; e explicar para aqueles que entraram no palácio a maneira em que eles indicaram as perfeições e artes do dono do palácio, e informá-los sobre a conduta correta de segurá-las, e para explicar as cerimônias oficiais como o rei, que não aparece, deseja que eles sejam. O professor e instrutor tinha um assistente em cada área do palácio, enquanto ele permanece no apartamento maior entre os seus alunos, fazendo o seguinte anúncio para todos os espectadores. Disse-lhes:

"Ó povo! Ao fazer este palácio e exibir essas coisas, nosso Senhor, que é o rei do palácio, quer tornar-se conhecido. Vocês, portanto, devem reconhecê-lo e tentar chegar a conhecê-Lo. E com estes adornos Ele quer fazer-se amado por vocês. Além disso, Ele mostra o Seu amor por vocês com essas bênçãos que vocês veem. Então vocês devem amá-Lo muito obedecendo a Ele. E por meio dessas graças e dons que podem ser vistos Ele mostra a Sua compaixão e bondade para vocês, Então vocês devem mostrar o seu respeito por Ele, oferecendo graças. E com estas obras de Sua perfeição Ele quer mostrar Sua beleza transcendente para vocês. Então vocês devem mostrar sua vontade de vê-Lo e ganhar Seu olhar. E com a colocação de um selo particular e uma estampa especial e um sinal inimitável em cada uma destas obras de arte que vocês veem, Ele quer mostrar que tudo é especial para Ele, e é o trabalho de Suas próprias mãos, e que Ele é Único e Exclusivo e independente e Sozinho. Vocês devem, portanto, reconhecer que Ele é único e sozinho, e sem par ou semelhante, e aceitar que Ele é o tal." Ele falou palavras mais apropriadas para os espectadores como estes sobre o Rei e esta estação. Então, as pessoas que tinham entrado no palácio separaram-se em dois grupos.

O primeiro grupo: Uma vez que essas pessoas tinham o autoconhecimento, eram inteligentes, e seus corações estavam no lugar certo, quando eles olharam para as maravilhas dentro do palácio, declararam: "Há grandes questões em progresso aqui." Entenderam que não foi em vão ou algum brinquedo insignificante. Estavam curiosos, e enquanto se perguntavam: "Eu me pergunto que talismã é esse e o que ele contém", eles de repente ouviram o discurso que o Mestre e Instrutor estava dando, e perceberam que as chaves para todos os mistérios estavam com ele. Então, eles se aproximaram dele e disseram: "A paz esteja com você, ó Mestre! Por direito, um instrutor verdadeiro e exato como você é necessário para um magnífico palácio como este. Por favor, diga-nos o que nosso Senhor deu a conhecer a você!" Primeiro de tudo, o Mestre repetiu o discurso para eles. Eles ouviram com atenção, e aceitaram-no, e lucraram muito. Agiram como o Rei desejava. E porque o Rei ficou satisfeito com a sua conduta e suas boas maneiras, Ele convidou-os para outro elevado palácio especial inefável. Ele os agraciou de maneira digna de um rei tão generoso, de forma conveniente a tais obedientes súditos, adequada para pessoas bem-educadas, e apropriada para palácio tão elevado. Ele os fez permanentemente felizes.

Quanto ao segundo grupo, porque suas mentes de seus membros foram corrompidas e seus corações desfalecidos, quando entraram no palácio, foram derrotados por suas almas ordenadoras do mal e só prestaram atenção a nada mais do que às deliciosas comidas; eles fecharam os olhos para todas as virtudes e fecharam os ouvidos para a orientação do Mestre e às advertências de seus alunos. Eles se alimentaram como animais, em seguida, afundaram no sono. Eles beberam elixires que haviam sido preparados para certas outras questões e não eram para ser consumidos. Em seguida, ficaram bêbados e começaram a gritar tanto que perturbaram muito os outros convidados espectadores. Foram mal-educados em face das normas do Glorioso fabricante. Então os soldados do dono do palácio prenderam-nos, e os lançaram em uma prisão adequada a tais pessoas.

Ó amigo que está ouvindo esta história comigo! Claro que você entendeu que o Criador Glorioso construiu este palácio para os objetivos acima mencionados. A realização destes objetivos depende de duas coisas:

A Primeira: A existência do Mestre que vimos e cujo discurso ouvimos. Porque se não fosse por ele, todos os objetivos teriam sido inúteis, uma vez que um livro incompreensível, sem mestre, consiste apenas de papel sem sentido.

O segundo: é o povo escutar as palavras do Mestre e aceitá-las. Isso é, a existência do Mestre é a causa da existência do palácio, e o povo ouvi-lo é a causa da continuação da existência do palácio. Nesse caso, pode-se dizer que, se não fosse pelo Mestre, o Rei Glorioso não teria construído o palácio. E mais uma vez pode-se dizer que, quando as pessoas não prestam atenção às instruções do Mestre, o palácio, com certeza terá se transformado e mudado.

Amigo! A história termina aqui. Se você entendeu o significado da comparação, venha e veja a realidade:

O palácio é este mundo. Seu teto é o céu iluminado com estrelas sorridentes, e seu andar, a face da terra adornada de leste a oeste com flores variadas. Quanto ao rei, ele é o Santíssimo, o Monarca Pré-Eterno e Pós-Eterno, a quem todas as coisas nos sete céus e a Terra glorificam e exaltam, cada um com sua língua particular. Ele é um rei tão poderoso que criou os céus e a terra em seis dias, então assumiu o Trono. O Poderoso e Majestoso, que, alternando o dia e a noite como dois fios, um branco e um preto, escreve Seus sinais na página do universo; Ele tem o domínio sobre o sol, a lua e as estrelas. Os apartamentos do palácio são os dezoito mil mundos, cada um dos quais foi definido em ordem e decorado de forma adequada a ele. As artes estranhas que você viu no palácio são os milagres do poder Divino que você vê neste mundo, e os alimentos que você viu lá aludem aos maravilhosos frutos da misericórdia Divina neste mundo, especialmente no verão, sobretudo, nos jardins de Barla. O fogão e a cozinha lá são a terra aqui, que tem fogo no coração, e a face da terra. Enquanto as joias dos tesouros escondidos que você viu na comparação são as similitudes das manifestações dos sagrados Nomes Divinos. E os bordados lá, e os sinais dos bordados, são os seres bem ordenados e finamente trabalhados e as harmoniosas impressões da caneta do poder que decoram este mundo e apontam para os nomes do Todo-Poderoso e Glorioso.

Quanto ao Mestre, ele é o nosso mestre Mohammad (Allah o abençoe e lhe dê paz). Seus assistentes são os profetas (que a paz esteja com eles), e seus alunos, os santos e eruditos purificados. Os servos do governante no palácio indicam os anjos (a paz esteja com eles) neste mundo. E os convidados para o banquete e são espectadores na comparação são os gênios e humanos nesta casa de hóspedes, que é mundo, e os animais, que são os servos da humanidade. Quanto aos dois grupos, um deles aqui é composto pelas pessoas de fé, que são os alunos do Alcorão Sagrado, os intérpretes dos versículos e os sinais do livro do universo. O outro grupo é composto por pessoas de incredulidade e rebelião, que seguem Satanás e suas almas ordenadoras do mal; surdos e mudos, como os animais, ou mesmo inferiores, eles formam o grupo dos equivocados, que reconhecem só a vida deste mundo.

O primeiro grupo: Este é composto pelos os felizes e bondosos, que ouviram o Mestre, "o Possuidor de Duas Asas" Ele é ao mesmo tempo o servo adorador de Allah;

no que diz respeito ao culto ele descreve seu Sustentador de modo que ele é como o enviado de sua comunidade no Tribunal de Allah Todo-Poderoso. Ele também é o Mensageiro de Allah; em relação à Mensagem ele transmite os decretos de seu Senhor para humanos e gênios, por meio do Alcorão.

Esta comunidade feliz atendeu ao Mensageiro e ouvia o Alcorão. Eles viram-se investidos com a salat, que são o índice de todas as variedades de culto, e inúmeros deveres sutis dentro das estações elevadas. Na verdade, eles viram em detalhe os deveres e as estações que a salat aponta com as suas várias fórmulas e ações. Foi assim:

Em primeiro lugar: Uma vez que eles observaram as obras Divinas, e na forma de uma transação na ausência da pessoa em causa, viam-se na estação de observar as maravilhas da soberania da religiosidade, eles realizaram o dever de exaltar e glorificar a Allah, declarando: "Allah é o Maior."

Em segundo lugar: Pelo fato de serem vistos na estação do arauto de Suas obras brilhantes e maravilhosas, que são as manifestações dos sagrados Nomes Divinos, exclamando: "Glorificado seja Allah! Louvado seja Allah!", eles realizaram o dever de santificar e louvar a Allah.

Em terceiro lugar: Na estação de perceber e entender com o seu interior e exterior sentem as bênçãos armazenados até nos tesouros da misericórdia Divina, eles começaram a realizar o dever de agradecer e louvar.

Em quarto lugar: Na estação de pesagem com as balanças de suas faculdades espirituais as joias das tesourarias dos Nomes Divinos, eles começaram o dever de louvar e declarando Allah ser livre de toda culpa.

Em quinto lugar: Na estação de estudar as missivas do Senhor escritas com a caneta de poder sobre o plano de Predestinação, eles começaram o dever de contemplação e apreciação.

Em sexto lugar: Em contemplando as sutis, delicadas, finas belezas na criação das coisas e na arte de seres, na estação de declarar Allah ser livre de todo o defeito, levaram o dever de amor e desejo por seu Criador Todo-Glorioso e Belo. Ou seja, depois de olharem para o universo e as obras e exercerem as funções nas estações acima mencionadas por meio de transações no objeto da ausência de adoração, eles subiram para o grau de também contemplar as operações e os atos do Criador Onisciente, segundo o qual, na forma de uma transação na presença da pessoa em causa, eles responderam com conhecimento e admiração diante do Todo-Glorioso Criador de tornar-Se conhecido para os seres conscientes por meio dos milagres de Sua arte, e declararam: سُبْحَانَكَ مَا عَرَفْنَاكَ حَقَّ مَعْرِفَتِكَ[123] " O que O faz conhecido são os milagres das obras de Sua arte!"

Em seguida, eles responderam com amor e paixão ao Misericordiosíssimo que Se fez amado pelos belos frutos da Sua misericórdia.[124] ﴿ إِيَّاكَ نَعْبُدُ وَإِيَّاكَ نَسْتَعِينُ ﴾ declararam.

Em seguida, eles responderam com gratidão e louvor ao verdadeiro Doador, mostrando a Sua misericórdia e compaixão por Suas bênçãos doces, e exclamaram:

[125] سُبْحَانَكَ وَبِحَمْدِكَ Como podemos agradecê-Lo devidamente? Você é totalmente digno de agradecimento! Uma vez que todos os Seus prêmios estão espalhados por todo o universo cantam Seus louvores e graças com as línguas claras de seus seres. Todos os Seus prêmios alinhados no mercado do mundo e espalhados sobre a face da terra proclamam Seus louvores e O exaltam.

Atestando a Sua munificência e generosidade, todas as frutas bem ordenadas e bem proporcionadas de Sua misericórdia e graça oferecem-Lhe louvores, diante dos olhares de Suas criaturas".

Em seguida, eles responderam, dizendo: [126] اَللّٰهُ اَكْبَرُ perante a manifestação da beleza Divina, glória, perfeição e majestade nos espelhos de seres, sempre em mudança na face do universo: inclinam-se reverentemente em sua impotência, e se prostram com humildade, com amor e admiração.

Depois de anunciar sua pobreza e necessidade, eles responderam com súplica e prece ao Possuidor da Absoluta Riqueza exibindo a abundância de Sua riqueza e amplitude de Sua misericórdia, e declaram:[127] ﴿وَاِيَّاكَ نَسْتَعِينُ﴾ Em seguida, eles responderam com apreciação ao Todo-Glorioso, exibindo as sutilezas e as maravilhas de Sua arte antiga na exposição de criaturas, exclamando:[128] مَاشَاءَ اللّٰهُ Então, apreciando-as, eles declararam: "Quão belas foram feitas!" E aplaudindo-as disseram: [129] بَارَكَ اللّٰهُ E testemunhando-as, disseram em admiração:[130] آمَنَّا E tomaram cada um como testemunha, dizendo: [131] حَيَّ عَلَى الْفَلَاحِ

E eles responderam com submissão e obediência ao monarca de Pré-Eternidade e à proclamação da Soberania e Unicidade em todos os cantos do universo e da manifestação de Sua Unidade de Pós-Eternidade, declarando:[132] سَمِعْنَا وَاَطَعْنَا, afirmando Sua Unicidade.

Então, antes da manifestação da Divindade do Senhor do Universo, responderam com adoração e veneração humilde, que consiste em proclamar a sua pobreza dentro de necessidade, e com a salat, que é o resumo de adoração. Assim, pela realização de seus diversos deveres de culto na mesquita poderosa conhecida como a morada deste mundo, eles levaram a cabo as obrigações e os deveres de suas vidas, e assumiram "a melhor das formas." Subiram para uma classificação acima de todas as criaturas pela qual, por meio do auspício de crença, certeza e "Confiança", eles tornaram-se Legatários da confiança de Allah na Terra. E depois desse campo de experimentação e local de exame, o seu Munificente Senhor convidou-os para a felicidade eterna em recompensa de sua fé, e para a Morada da Paz, em recompensa de sua adesão à Sua religião do Islam. Lá, Ele concedeu-lhes de Suas bênçãos misericórdia tão deslumbrante que nenhum olho jamais viu, ou ouvido jamais ouviu, nem jamais ocorreu ao coração humano - e assim Ele concedeu estes a eles, e deu-lhes a vida eterna e a eternidade. Uma vez que os amantes desejosos de uma eterna e duradoura beleza permanecem eternos e terão a eternidade. O destino dos estudantes do Alcorão é esse. Que Allah Todo-Poderoso nos inclua entre eles. Amém!

Quanto ao outro grupo de pecadores e ímpios, quando entraram no palácio deste mundo com a idade de puberdade, responderam com incredulidade a todas as evidências da unidade Divina, e com a ingratidão para com todas as bênçãos, e acusando todas as criaturas de serem sem valor, insultaram-nos de forma incrédula. E, uma vez que eles rejeitaram e negaram todas as manifestações dos Nomes Divinos, cometeram um crime sem limites em um curto espaço de tempo e tornaram-se merecedores de castigo eterno. Certamente, a vida e as faculdades humanas foram-lhes dadas para as tarefas acima mencionadas.

Ó minha alma, sem sentido, ó meu tolo amigo! Vocês acham que o dever de suas vidas se restringe a seguir a boa vida de acordo com os requisitos da civilização, e, se me permitem a expressão, para gratificar os apetites físicos? Vocês acham que o único objetivo dos sentidos delicados e sutis, as faculdades sensíveis e membros, os órgãos e os sistemas bem-ordenados, os sentimentos e os sentidos curiosos incluídos na máquina de suas vidas se restringem a satisfazer os baixos desejos vis da alma nesta vida fugaz? Allah me livre! Há dois objetivos principais na sua criação e inclusão em seu ser essencial:

O primeiro consiste em dar a conhecer a todas as variedades da Verdade do Doador das bênçãos, e fazendo-o oferecer-Lhe graças. Vocês devem estar cientes disso, e oferecer-Lhe graças e adoração.

O segundo é dar a conhecer a vocês por meio de suas faculdades todos os tipos de manifestações dos sagrados Nomes Divinos manifestados no mundo e fazer com que vocês os experimentem. E ao reconhecê-los por experiência, devem vir a acreditar neles.

Assim, o homem se desenvolve e se aperfeiçoa com a realização desses dois objetivos básicos. Com eles, o homem torna-se um verdadeiro ser humano.

Olhem por meio do significado da seguinte comparação e vejam que as faculdades humanas não foram dadas, a fim de ganharem a vida mundana como um animal.

Por exemplo, alguém deu a um de seus servos vinte peças de ouro, dizendo-lhe para ter um conjunto de roupas feitas de um tecido particular. O servo foi e fez um terno fino de mais alto grau do pano, e colocou-o. Então, ele viu que seu empregador deu a outro de seus servos mil peças de ouro, e colocou no bolso do servo um pedaço de papel com algumas coisas escritas sobre ele, enviando-o para concluir alguns negócios. Agora, qualquer pessoa com qualquer senso saberia que o capital não era para a obtenção de um conjunto de roupas, para, uma vez que o primeiro servo tinha comprado um terno do melhor tecido com vinte peças de ouro, as mil peças de ouro certamente não eram para serem gastas com isso.

O segundo servo não leu o papel do bolso, mas seguindo o exemplo do primeiro servo, deu todo o dinheiro para um lojista por um conjunto de roupas e, em seguida, recebeu uma roupa de péssima qualidade cinquenta vezes pior do que a do amigo. Sem dúvida, esse empregado será repreendido e punido severamente por sua estupidez.

Ó minha alma, ó meu amigo! Recobrem os sentidos! Não gastem o capital e as potencialidades de suas vidas em prazeres da carne e nesta vida fugaz como um animal, ou ainda menor. Caso contrário, embora vocês sejam cinquenta vezes superiores no que diz respeito ao capital que o maior animal, vocês cairão cinquenta vezes mais baixos do que o mais baixo.

Ó minha alma negligente! Se você quer entender o objetivo da vida e sua natureza, a sua forma, o seu verdadeiro significado e sua felicidade perfeita, então olha! O resumo dos objetivos de sua vida consiste em nove matérias:

A primeira é esta: Pesar na balança dos sentidos postos em seu ser as generosidades armazenadas até nos tesouros da misericórdia Divina, e oferecer agradecimentos universais.

A Segunda: Abrir com as chaves das faculdades colocados em sua natureza de tesouros escondidos dos sagrados Nomes Divinos.

A Terceira: Exibir conscientemente e dar a conhecer por meio de sua vida na visão das criaturas nesta exposição do mundo das artes maravilhosas e manifestações sutis que os Nomes Divinos têm ligado a você.

A Quarta: Proclamar sua adoração ao Tribunal de Divindade do Criador verbalmente e com a língua a sua disposição.

A Quinta: Como em ocasiões cerimoniais um soldado usa todas as decorações que ele recebeu de seu rei, e por comparecer perante ele, exibe as marcas de seu favor a ele, isto para adornar-se conscientemente com as joias dos sentidos sutis que as manifestações dos Nomes Divinos lhe deram, e aparecer na vista observadora da Pré-Eterna Testemunha.

A Sexta: Observar conscientemente as saudações dos seres vivos ao seu Criador, conhecidas como as manifestações da vida, e as suas glorificações de seu Criador, e também como os sinais de vida, e sua adoração ao Doador da Vida, ou ainda como os objetivos da vida, e refletindo sobre eles para vê-los, e por meio de testemunhá-los, exibi-los.

A Sétima: Tomar como unidades de medida as pequenas amostras dos atributos como o conhecimento parcial, o poder e a vontade dados à sua vida, conhecer por essas medidas os atributos absolutos e as qualidades sagradas do Criador Todo-Glorioso. Por exemplo, uma vez que, com seu parcial poder, conhecimento e vontade, você fez a sua casa de forma bem ordenada, você deve saber que o Criador do palácio do mundo é o Ordenador, e Poderoso, Conhecedor e Sábio em grau maior do que a sua casa.

A Oitava: Entender as palavras a respeito da Unicidade e a Divindade do Criador ditas por cada um dos seres do mundo em sua língua particular.

A Nona: Entender com sua impotência e fraqueza, a pobreza e necessidade, os graus do poder divino e as riquezas dominicais. Assim como o prazer e os graus e as variedades de alimentos são compreendidos pelos graus de fome e os tipos de necessidade, então, você deve compreender os graus do poder Divino infinito e as riquezas por meio de sua impotência infinita e pobreza. Os objetivos de sua vida, então, resumidamente, são questões como estas. Agora, considere a natureza da sua vida; seu resumo é o seguinte:

É um índice de maravilhas que pertencem aos Nomes Divinos; uma escala para medir os atributos Divinos; um equilíbrio dos mundos dentro do universo; uma lista do poderoso mundo; um mapa do cosmos; um resumo do grande livro do universo; um molho de chaves para abrir os tesouros escondidos do poder Divino; um padrão excelente das perfeições espalhadas sobre os seres e anexadas ao tempo. A natureza de sua vida consiste em assuntos como estes.

Agora, a forma de sua vida e a forma de seu dever é este: sua vida é uma palavra inscrita, uma palavra exibindo sabedoria escrita pela pena de poder. Vista e ouvida, ela aponta para os Nomes Divinos. A forma de sua vida consiste em assuntos como estes.

Agora, o verdadeiro significado de sua vida é este: sua atuação como um espelho para a manifestação da unidade Divina e a manifestação do Eternamente Procurado. Ou seja, por meio de uma abrangência como ser o ponto de foco para todos os Nomes Divinos manifestados no mundo, é ser um espelho para o Único e Eternamente Procurado.

Agora, como a perfeição de sua vida é perceber as luzes do Pré-Eterno Sol retratados no espelho de sua vida, e amá-los. É para apresentar ardor por Ele como um ser consciente. É passar além de si mesmo com o amor d'Ele. É estabelecer o reflexo de Sua luz no centro do seu coração. É devido a este mistério que o Hadice Qudsi foi proferido, expressado pelas seguintes linhas, e que o erguerá para os píncaros mais altos:

مَنْ نَه گُنْجَمْ دَرْ سَمٰوَاتْ و زَمِينْ ۞ اَزْ عَجَبْ گُنْجَمْ بَقَلْبِ مُؤْمِنِينْ[133]

E assim, minha alma! Uma vez que a sua vida está voltada para tais objetivos elevados e reúne esses tesouros inestimáveis, é acaso digno de razão e de justiça que você deve gastá-la em gratificação temporária da alma instintiva e prazeres fugazes mundanos, e desperdiçá-la? Se você não quer desperdiçar sua vida, reflita sobre os juramentos nesta Surata do Alcorão, que faz alusão à comparação e às verdades acima, e age em conformidade:

﴿وَالشَّمْسِ وَضُحٰيهَا ۞ وَالْقَمَرِ اِذَا تَلٰيهَا ۞ وَالنَّهَارِ اِذَا جَلّٰيهَا ۞ وَ الَّيْلِ اِذَا
يَغْشٰيهَا ۞ وَ السَّمَاءِ وَمَا بَنٰيهَا ۞ وَ الْاَرْضِ وَمَا طَحٰيهَا ۞ وَ نَفْسٍ وَمَا سَوّٰيهَا ۞
فَاَلْهَمَهَا فُجُورَهَا وَ تَقْوٰيهَا ۞ قَدْ اَفْلَحَ مَنْ زَكّٰيهَا ۞ وَ قَدْ خَابَ مَنْ دَسّٰيهَا﴾[134]

اَللّٰهُمَّ صَلِّ وَ سَلِّمْ عَلٰى شَمْسِ سَمَاءِ الرِّسَالَةِ وَ قَمَرِ بُرْجِ النُّبُوَّةِ وَ عَلٰى آلِهِ وَ اَصْحَابِهِ
نُجُومِ الْهِدَايَةِ وَ ارْحَمْنَا وَ ارْحَمِ الْمُؤْمِنِينَ وَ الْمُؤْمِنَاتِ آمِينَ آمِينَ اٰمِينَ[135]

***

A Décima Segunda Palavra

بِسْمِ اللّٰهِ الرَّحْمٰنِ الرَّحِيمِ

﴿ وَمَنْ يُؤْتَ الْحِكْمَةَ فَقَدْ أُوتِيَ خَيْرًا كَثِيرًا ﴾[136]

[Esta Palavra consiste em uma breve comparação entre a sabedoria do Alcorão Sagrado e a sabedoria da filosofia, e um resumo conciso da instrução e formação que a sabedoria do Alcorão dá ao homem em sua vida pessoal e social, bem como a indicação da superioridade do Alcorão sobre as outras Palavras Divinas, e sobre todo o discurso. Existem quatro princípios nesta Palavra.]

O PRIMEIRO PRINCÍPIO

Olhem pelo telescópio da seguinte história que está na forma de uma comparação e vejam as diferenças entre a sabedoria do Alcorão e a sabedoria da ciência:

Uma vez, um renomado governante que era ao mesmo tempo religioso e reformador, artesão e inventor, queria escrever o Alcorão Sagrado de forma digna à santidade de seus significados e de acordo com o milagre de suas palavras, de modo a vesti-lo com trajes maravilhosos de acordo com os seus milagres.

Por isso, ele passou a escrever o Alcorão de uma forma verdadeiramente maravilhosa. Ele usou todos os tipos de joias preciosas em sua escrita. Para indicar a grande variedade de suas verdades, ele escreveu algumas de suas letras encarnadas em diamantes e esmeraldas, e algumas em rubis e ágata, e outros tipos de brilhantes e corais, enquanto outras ele escreveu com prata e ouro. Adornou-o e decorou-o de tal maneira que todos aqueles que sabiam ler e aqueles que não o sabiam, ficavam cheios de admiração e espanto, quando o viam, especialmente na visão do povo de verdade, já que a beleza exterior era uma indicação da beleza brilhante e do adorno marcante de seu significado, tornando-se um artigo verdadeiramente precioso.

Em seguida, o governante mostrou o Alcorão artisticamente trabalhado e enfeitado com joias para um filósofo ocidental e um erudito muçulmano, e ordenou-os escreverem algo a respeito da sabedoria daquele Alcorão a fim de recompensá-los.

Tanto o filósofo como o erudito compuseram seus livros sobre o assunto. No entanto, o livro do filósofo tratou apenas da decoração e da beleza das letras e suas relações umas com as outras, das propriedades das joias, e suas descrições. Ele não tocou em seu significado, porque o ocidental não tinha conhecimento da escrita árabe. Ele nem sabia que o Alcorão que foi embelezado é um livro, cujas letras expressam um significado importante. Ele o via como uma antiguidade ornamentada. Nada sabia do árabe, mas era um bom engenheiro, e descreveu as coisas muito apropriadamente, e era um químico hábil, e um joalheiro engenhoso. Então aquele homem escreveu seu trabalho com base nesses ofícios.

Quanto ao estudioso muçulmano, quando ele olhou para o Alcorão, entendeu que era o Livro esclarecedor, o Alcorão Sagrado. Esta pessoa amante da verdade nem atribuiu importância aos adornos aparentes, nem se ocupou com as letras ornamentadas. Preocupou-se com algo um milhão de vezes mais sublime, mais elevado, mais sutil, mais nobre, mais benéfico e mais abrangente do que os assuntos com que o outro homem havia se ocupado. Para discutir as verdades sagradas e as luzes dos mistérios sob o véu das decorações, ele escreveu um comentário verdadeiramente belo. Em seguida, os dois levaram seus trabalhos e apresentaram-nos ao Ilustre Governador. O Governante primeiro pegou a obra do filósofo. Ele a analisou e viu que o homem egocêntrico e naturalista tinha trabalhado arduamente, mas nada tinha escrito sobre a verdadeira sabedoria. Ele nada tinha entendido do seu significado. Na verdade, ele o tinha confundido e foi desrespeitoso para com ele, e mal-educado mesmo. Supor que a fonte da verdade, o Alcorão, ser decorado sem sentido, ele havia insultado o seu valor no que diz respeito ao significado. Assim, o governante devolveu-lhe o trabalho, deu-lhe um tapa no rosto e o expulsou de sua presença.

Então ele olhou para o trabalho do outro, o estudioso escrupuloso, e viu que era um comentário extremamente fino e benéfico, uma composição muito sábia, cheia de orientação. "Parabéns! Que Allah o abençoe!", disse ele. Assim, a sabedoria é esta e chamam àqueles que a possuem de experientes e sábios. Quanto ao outro homem, ele era um artesão que tinha excedido a sua marca. Então, em recompensa pelo trabalho do estudioso, ele ordenou que lhe fossem dadas dez peças de ouro em troca de cada letra de seu inesgotável tesouro.

Se vocês entenderam a comparação, agora olhem e vejam a realidade:

O ornamentado Alcorão é este universo artístico formado, e o Governante é o Pré-Eterno Onisciente. Quanto aos dois homens, o ocidental representa a filosofia e seus filósofos, e o outro, o Alcorão e seus alunos. Sim, o Alcorão Sagrado é um expositor mais elevado, um tradutor mais eloquente do Alcorão poderoso do Universo. Sim, é o critério que instrui o os gênios e os humanos sobre os sinais da criação inscritos pela caneta do poder Divino nas páginas do vasto universo e sobre as folhas do tempo e dos séculos. Ele olha para os seres, cada um dos quais é uma letra significado nominal, tendo o significado literal, isto é, ele olha para eles por causa de seu Criador. Ele diz: "Quão belo é o seu Criador! Como requintadamente eles apontam para a beleza de seu Criador!", mostrando assim a verdadeira beleza do universo. Mas a filosofia que eles chamam de filosofia natural ou a ciência mergulhou nas decorações das letras de seres e em seus relacionamentos, e tornou-se confusa; ela confundiu o caminho da realidade. Enquanto as letras deste poderoso livro devem ser encaradas como tendo o significado literal, isto é, por causa de Allah, eles não fizeram isso; eles olham para os seres como significando nominal. Ou seja, eles têm olhado para os seres por conta dos seres, e discutiram-nos dessa forma. Em vez de dizerem: "Quão belo é o seu Criador", eles dizem: "Como são lindos", roubando, com isso a verdadeira beleza das coisas. Eles insultaram o universo, e tornaram-se queixosos. De fato, a filosofia sem religião é um sofisma divorciado da realidade e um insulto ao universo.

O SEGUNDO PRINCÍPIO

Uma comparação entre a formação moral da sabedoria que o Alcorão Sagrado dá à vida pessoal e o que a filosofia ensina:

O estudante sincero da filosofia é um faraó, mas ele é um faraó desprezível que adora a coisa mais vil por causa do benefício; ele reconhece tudo, desde que possa lucrar, como seu "Senhor". Esse aluno ímpio é obstinado e refratário, mas ele está infeliz com sua obstinação e aceita a humilhação sem fim por causa de um prazer. E ele é abjeto, juntamente com sua recalcitrância e mostra sua humilhação ao beijar os pés de indivíduos satânicos por causa de algum benefício básico. Certamente, o estudante ímpio é vaidoso e dominador, mas uma vez que não consegue encontrar nenhum ponto de apoio em seu coração, ele é um tirano fanfarrão totalmente impotente. É um egocêntrico à procura de benefício, cujo objetivo e esforço são para satisfazer os seus apetites animais; um egoísta astuto que busca seus interesses pessoais dentro de certos interesses nacionalistas.

No entanto, o estudante sincero da sabedoria do Alcorão é um servo, mas não se inclina a adorar mesmo a maior das criaturas; ele é um servo estimado que não aceita o benefício supremo, como o Paraíso, como objetivo de sua adoração. Seu aluno é humilde; ele é justo e meigo, mas fora dos limites da permissão de seu Criador, ele não se inferioriza voluntariamente e se humilha ante qualquer coisa que não seja o seu Criador. Ele é fraco e em falta, e conhece a sua fraqueza e pobreza, mas é autossuficiente, devido à riqueza que o Senhor Todo-Generoso tem guardado para ele no futuro. E ele é forte, pois conta com o poder infinito de seu Mestre. E ele age e se esforça apenas pelo amor de Allah, para agradar a Allah, e por virtude.

Assim, o treino que os dois dão pode ser entendido a partir da comparação dos dois alunos.

O TERCEIRO PRINCÍPIO

A filosofia de treinamento e a sabedoria do Alcorão que dão a vida social humana é esta:

A filosofia aceita a "força" como ponto de apoio na vida da sociedade. Ela considera os 'benefícios' como o seu objetivo em todas as coisas. Adota a disputa como princípio da vida. Adota o racismo e o nacionalismo negativo como vínculo para as sociedades. Seus frutos são satisfazer os apetites da alma cujo objetivo é o aumento das necessidades humanas. No entanto, a marca da força é "agressão". A marca de benefício é a "rivalidade" - já que elas são insuficientes para satisfazer as necessidades de todos e suprir os seus desejos. O objetivo do conflito é a disputa e a contenda, a marca de racismo - uma vez que se alimenta devorando outros; é "agressão".

Por estas razões negou a felicidade da humanidade.

Quanto à sabedoria do Alcorão, o seu ponto de apoio é a "verdade", em vez de força. Torna a "virtude e o agradar a Allah" os seus objetivos em vez dos benefícios. Adota o princípio de "assistência mútua", como o princípio da vida no lugar do princípio de disputa. E se apega aos laços da "religião, de classe única, de país" a serem os laços de ligação das comunidades. Seu objetivo de formar uma barreira contra os desejos da alma, urgir o espírito aos assuntos sublimes, satisfazer as altas emoções, e exortar o ser humano às perfeições, fazem dele um verdadeiro ser humano. A marca da "verdade" é acordo. A marca da virtude é "solidariedade". A marca de assistência mútua é o "apressar-se em ajudar uns aos outros". A marca da religião é "fraternidade" e "atração". E a marca de frear e amarrar a alma, deixar o espírito livre e exortá-lo para as perfeições é a "felicidade neste mundo e no próximo".

O QUARTO PRINCÍPIO

Se você quer entender a superioridade do Alcorão entre todas as divinas Escrituras e sua supremacia sobre todos os discursos e escritos, considere as duas seguintes comparações:

A Primeira: Um rei tem duas formas de falar, duas formas de se dirigir. Uma delas é falar no seu telefone privado sobre um assunto comum, algum assunto menor, alguma necessidade particular. O outro, sob o título de soberania sublime, vice-regente supremo, e regência universal, é falar com um enviado ou alto funcionário com a finalidade de dar a conhecer e promulgar suas ordens, para fazer um enunciado por meio de um decreto elevado, proclamando sua majestade.

A Segunda: Um homem segura um espelho virado para o sol. Ele recebe luz contendo as sete cores de acordo com a capacidade do espelho. Ele fica conectado com o sol por meiodessa relação e conversa com ele. Se ele dirigir o espelho cheio de luz na direção de sua casa escura ou seu jardim coberto por um telhado, ele se beneficiará, não em relação ao valor do sol, mas de acordo com a capacidade do espelho. Outro homem, no entanto, abre amplas janelas de sua casa ou sobre o telhado de seu jardim. Ele abre caminhos para o sol no céu. Ele conversa com a luz perpétua do sol real e fala com ele, e diz que, em gratidão com alíngua de sua disposição: "Ó beleza do mundo que doura a face da terra com sua luz e faz com que os rostos das flores sorriam! Ó beleza do céu, belo sol! Você mobila minha pequena casa e jardim com luz como aquece e ilumina todo o mundo." Considerando que o homem com o espelho não pode dizer isso, a reflexão e as obras do sol sob essa restrição são limitadas; eles estão em conformidade com a restrição. Olhe para o Alcorão usando o telescópio destas duas comparações e veja seu milagre e compreenda a sua sacralidade.

O Alcorão diz: "**Dize-lhes: Se o oceano se transformasse em tinta, com que se escrevessem as palavras de meu Senhor, esgotar-se-ia antes de se esgotarem as Suas palavras, ainda que para isso se empregasse outro tanto de tinta**."[137]

Agora, a razão pela qual ao Alcorão foi dado o posto mais alto entre as palavras infinitas de Allah é esta: o Alcorão veio do Grande Nome Divino e do maior nível de cada nome. É a Palavra de Allah em relação a ser o Senhor do Universo; é o Seu decreto por meio do Seu título de Allah de todos os seres; é o Seu discurso por ser o Criador dos Céus e da Terra; é uma conversa em relação à soberania absoluta; o discurso pré-eterno por causa da soberania divina universal; um registro dos favores do mais Misericordioso do ponto de vista de Sua abrangente misericórdia; uma coleção de comunicações divinas que mostram a grandiosidade, das cifras relacionadas com a majestade sublime da Divindade; a Sagrada Escritura, espalhando sabedoria que, descendo o curso do grande nome, parece e inspeciona o domínio todo-abrangente do Trono Supremo. É por estas razões que o título de "Palavra de Allah" foi dado com merecimento completo ao Alcorão.

Em relação às outras Palavras Divinas, são discursos que se tornaram evidentes por um respeito, um título menor, pela manifestação parcial de um nome particular; por uma divindade particular, soberania especial, uma misericórdia privada. Seus graus variam em relação à particularidade e universalidade. A maior parte das aspirações é deste tipo, mas seus graus variam muito. Por exemplo, a mais simples e determinada é a inspiração dos animais. Depois, há a inspiração das pessoas comuns; em seguida, a inspiração dos anjos comuns; em seguida, a inspiração dos santos, então a inspiração dos anjos mais elevados. Assim, é por esta razão que um santo que oferece súplicas diretamente, sem meios, pelo telefone do coração diz: حَدَّثَنِي قَلْبِي عَنْ رَبِّي[138] Ele não diz: "Ele me diz do Senhor do Universo", mas diz: "Meu coração é o espelho, o trono, do meu Senhor." Ele não diz: "Ele é o trono de meu Senhor", pois ele pode manifestar o discurso para a extensão da sua capacidade e ao grau de quase setenta mil véus que foram levantados. Assim, pela altura e elevação do decreto de um rei promulgado o que diz respeito a sua soberania suprema em relação ao discurso insignificante de um homem comum, e do aproveitamento mais abundante do esplendor do sol no céu em relação à manifestação de seu reflexo no espelho, pode-se avaliar a superioridade do Alcorão de Estatura Poderosa em relação a todas as outras falas e todos os outros livros.

Depois do Alcorão, no segundo nível, os Livros Sagrados e as Escrituras Reveladas têm superioridade de acordo com o seu grau. Eles têm a sua quota do mistério da superioridade. Se todas as belas palavras de todos os homens e gênios que não sejam do Alcorão fossem reunidas, elas ainda não poderiam alcançar o posto sagrado do Alcorão e imitá-lo. Se você quiser entender um pouco de como o Alcorão vem do Maior Nome e do maior nível de cada Nome, considere as afirmações universais, elevados de Ayat al-Kursi e os seguintes versículos: ﴿وَعِنْدَهُ مَفَاتِحُ الْغَيْبِ﴾[139]

﴿قُلِ اللّٰهُمَّ مَالِكَ الْمُلْكِ﴾[140] ۞ ﴿يُغْشِى الَّيْلَ النَّهَارَ يَطْلُبُهُ حَثِيثًا وَالشَّمْسَ
وَالْقَمَرَ وَالنُّجُومَ مُسَخَّرَاتٍ بِاَمْرِهِ﴾[141] ۞ ﴿يَا اَرْضُ ابْلَعِى مَاءَكِ وَيَا سَمَاءُ اَقْلِعِى﴾[142] ۞ ﴿تُسَبِّحُ لَهُ السَّمٰوَاتُ السَّبْعُ وَالْاَرْضُ وَمَنْ فِيهِنَّ﴾[143] ۞ ﴿مَا خَلْقُكُمْ
وَلَا بَعْثُكُمْ اِلَّا كَنَفْسٍ وَاحِدَةٍ﴾[144] ۞ ﴿اِنَّا عَرَضْنَا الْاَمَانَةَ عَلَى السَّمٰوَاتِ وَالْاَرْضِ
وَالْجِبَالِ﴾[145] ۞ ﴿يَوْمَ نَطْوِى السَّمَاءَ كَطَيِّ السِّجِلِّ لِلْكُتُبِ﴾[146] ۞ ﴿وَمَا
قَدَرُوا اللّٰهَ حَقَّ قَدْرِهِ وَالْاَرْضُ جَمِيعًا قَبْضَتُهُ يَوْمَ الْقِيَامَةِ﴾[147] ۞ ﴿لَوْ اَنْزَلْنَا هٰذَا
الْقُرْاٰنَ عَلَى جَبَلٍ لَرَاَيْتَهُ﴾[148]

E estuda as Suratas que começam com اَلْحَمْدُ لِلّٰهِ (al-hamdulillah) ou سَبَّحَ (Sebbeha) e يُسَبِّحُ (Yusabbihu), e veja os raios deste poderoso mistério. Olhe também para as aberturas das Suratas com الٓمٓ (Alif Lam Mim), الٓر (Alif Lam Ra), e حٰمٓ (Ha Mim), e compreenda a importância do Alcorão na visão de Allah.

Se você entendeu o mistério valioso deste Quarto Princípio, você entendeu que a revelação em sua maioria vem para os profetas por meio de um anjo, e a inspiração é principalmente sem meios. Você também entendeu a razão pela qual o maior santo não pode atingir o nível de um profeta. Vocêentenderá a sublimidade do Alcorão, sua grandeza sagrada e o mistério de seu milagre elevado. Assim, também, vocêentenderá o mistério da necessidade de ascensão do Profeta Mohammad, isto é, que ele foi para o céu, ﴿ اَقْرَبُ اِلَيْهِ مِنْ حَبْلِ الْوَرِيدِ ﴾[149] para mais longe de que a árvore de Lótus, à distância de dois comprimentos de arco, ofereceu súplicas ao Exaltado seja, mais próximo d'Ele do que sua veia jugular, e num abrir e fechar de olhos voltou para de onde veio. De fato, assim como a divisão da lua foi um milagre de sua Mensagem pelo qual ele demonstrou a sua missão profética para os gênios e homens, de modo que a Ascensão foi um milagre de sua adoração e servidão a Allah, no qual ele demonstrou aos espíritos e anjos que Ele é o Allah Amado.

اَللّٰهُمَّ صَلِّ وَسَلِّمْ عَلَيْهِ وَعَلٰى آلِهِ كَمَا يَلِيقُ بِرَحْمَتِكَ وَبِحُرْمَتِهِ آمِينَ[150]

***

A Décima Terceira Palavra

بِسْمِ اللّٰهِ الرَّحْمٰنِ الرَّحِيمِ

﴿وَنُنَزِّلُ مِنَ الْقُرْآنِ مَا هُوَ شِفَاءٌ وَرَحْمَةٌ لِلْمُؤْمِنِينَ﴾151

﴿وَمَا عَلَّمْنَاهُ الشِّعْرَ وَمَا يَنْبَغِي لَهُ﴾152

Se você quiser comparar os resultados gerados pela sabedoria do Alcorão Sagrado e das ciências da filosofia, e sua instrução e ensino, os graus em seu conhecimento, então, ouça atentamente as seguintes palavras:

Com suas exposições agudas, o Alcorão de exposição miraculosa dissipa o véu de familiaridade e o elenco habitual sobre todos os seres do universo, que são conhecidos como coisas comuns, mas são todas extraordinárias e milagres do Poder Divino, e revela as maravilhas surpreendentes para os seres conscientes. Ele atrai os olhares e abre suas mentes ante um tesouro inesgotável de conhecimento.

Quanto à filosofia, ela esconde todos os milagres do poder Divino e os dissimula sob os véus da harmonia e dos costumes, e passa por cima deles com indiferença. São apresentados somente como fantasias, e são abandonados por serem sem importância e desviados da ordem da criação, longe das perfeições de sua verdadeira natureza; oferece-os a seres conscientes como objetos de instrução sábia. Por exemplo, ele diz que a criação do ser humano é comum, apesar de ser um milagre abrangente de poder, e olha para ela com indiferença. Mas, em seguida, com gritos de espanto, salienta como um objeto de instrução a pessoa que tenha divergido da perfeição da criação, como tendo três pernas ou duas cabeças.

E, por exemplo, a filosofia considera normal o sustento de recém-nascidos, concedido do tesouro da misericórdia, e representa o milagre mais delicado e geral da misericórdia Divina. Ela o encobre com o véu de ingratidão, enquanto ao assinalar um inseto no fundo do mar, que é uma exceção da ordem geral e está sozinho e isolado de seus companheiros, começa a se alimentar[1] das algas verdes do mar, a ponto de fazer os pescadores chorarem por ele, por causa da graça e generosidade Divina e a munificência manifestada nela.

Então veja a enorme riqueza do Alcorão Sagrado em relação ao conhecimento, da sabedoria, do conhecimento de Allah, e a pobreza e falência da filosofia a respeito da aprendizagem, instrução e do conhecimento do Criador! Veja, e tire uma lição!

---

[1] Como um evento que ocorreu nos Estados Unidos.

É por causa disso, o Alcorão Sagrado que contém infinitos, brilhantes, e elevadas verdades, está livre das fantasias da poesia. Outra razão de o Alcorão não ser em poesia, apesar de sua miraculosa exposição, da perfeição da ordem de suas palavras e a sua exposição com estilos bem ordenados, a ordem e a arte do livro do universo, é por não entrar nas restrições de métrica, cada estrela de seus versículos pode ser uma espécie de centro para a maioria dos outros versículos, e ser um irmão para eles, e cada um pode formar uma linha de conexão com os versículos na esfera englobando-o, a fim de ser um vínculo nas relações que existem entre eles. É como se cada versículo independente tivesse:um olho que olhasse para a maioria dos outros versículos, e uma face voltada para eles. Milhares de alcorões estão presentes dentro do Alcorão, cada um deles oferecido aos seguidores dos caminhos diferentes. Como está descrito na Vigésima Quinta Palavra, a Surata al-Ikhlas é um tesouro de conhecimento sobre a unidade divina compreendendo trinta e seis Suratas al-Ikhlas. É formada por um composto de seis frases, cada uma com asas. Na verdade, é como as estrelas no céu que são aparentemente sem fim, cada uma é livre e como uma espécie de centro, estende uma linha de conexão com todas as estrelas na área circundante, indicando uma relação oculta entre os seres. É como se cada uma das estrelas dos versículos tivesse um olho que visa todas as estrelas e um rosto que está ligado a elas. Veja então a perfeita ordem dentro da aparente falta de ordem, e tome uma lição! Entenda um dos significados do versículo:

﴿ وَمَا عَلَّمْنَاهُ الشِّعْرَ وَمَا يَنْبَغِى لَهُ ﴾[153] Entenda também a partir وَمَا يَنْبَغِى لَهُ que a marca da poesia é para enfeitar fatos insignificantes e sem graça com imagens e fantasias pomposas e brilhantes, e torná-los atraentes. Considerando que as verdades do Alcorão são tão grandes, elevadas, luminosas e brilhantes, que até mesmo as maiores e mais brilhantes fantasias são maçantes e insignificantes em comparação a elas. Inúmeras verdades como os seguintes versículos testemunham isso. Por exemplo:

﴿ يَوْمَ نَطْوِى السَّمَاءَ كَطَيِّ السِّجِلِّ لِلْكُتُبِ ﴾[154] ۞ ﴿ يُغْشِى الَّيْلَ النَّهَارَ يَطْلُبُهُ حَثِيثًا ﴾[155] ۞ ﴿ اِنْ كَانَتْ اِلاَّ صَيْحَةً وَاحِدَةً فَاِذَاهُمْ جَمِيعٌ لَدَيْنَا مُحْضَرُونَ ﴾[156]

Se você quiser ver e apreciar como, cada estrela brilhante, cada um dos versículos do Alcorão dissipa as trevas da incredulidade por espalhar a luz do milagre e da orientação, imagine-se na idade da ignorância e do deserto de selvageria, onde tudo estava envolto em véus de falta de vida e natureza em meio à escuridão da ignorância e negligência. Então, de repente, da língua elevada do Alcorão, você ouve versículos como:

﴿ يُسَبِّحُ لِلّٰهِ مَا فِى السَّمٰوَاتِ وَمَا فِى اْلاَرْضِ الْمَلِكِ الْقُدُّوسِ الْعَزِيزِ الْحَكِيمِ ﴾[157]

Veja como essas criaturas do mundo, mortas ou dormindo, afloram para a vida ao som da declaração dos يُسَبِّحُ louvores e glórias nas mentes dos ouvintes, como acordam, afloram e mencionam os Nomes de Allah! E ao som de:

﴿تُسَبِّحُ لَهُ السَّمٰوَاتُ السَّبْعُ وَالْاَرْضُ﴾[158]

As estrelas nesses céus negros, todas as peças inanimadas de fogo, e as criaturas miseráveis sobre a face da terra, apresentam a seguinte visão para os ouvintes: o céu aparece como uma boca e as estrelas cada uma como palavras - exibindo sabedoria e verdade, proferindo luzes. A Terra aparece como uma cabeça, a terra e o mar como línguas, e todos os animais e plantas como palavras de glorificação. Caso contrário, você não vai apreciar os pontos finos e o prazer de olhar deste momento para aquele. Pois, quando você considera seus versículos, você os vê como tendo espalhado sua luz desde aquela época, e tornam-se como conhecimento universalmente aceito com o passar do tempo, e como brilhando com as outras luzes do Islam, e tendo sua cor do sol do Alcorão. Ou se você olhar para eles por um véu superficial e simples de familiaridade, você não verá realmente a escuridão que cada versículo dissipa, ou quão doce é o recital de seu milagre; você não apreciará este tipo de milagre entre suas muitas variedades. Se você quiser entender um dos mais altos graus da exposição milagrosa do Alcorão, ouça a seguinte comparação:

Vamos imaginar uma árvore extremamente estranha, vasta e espalhada que está oculta debaixo de um véu do invisível e escondida em um nível de ocultação. É claro que tem de haver relação, harmonia e equilíbrio entre uma árvore e todos os seus membros, como seus ramos, frutos, folhas e flores, o mesmo que entre os membros do ser humano. Cada uma das suas partes toma uma forma e é dada uma forma, de acordo com a natureza da árvore. Então, se alguém aparece e traça um retrato em cima do véu correspondente aos membros da árvore, que nunca foi vista, então, delimita cada membro, dos galhos para o fruto, dos frutos para as folhas desenha uma forma proporcional, e enche o espaço entre a fonte e as extremidades, que é uma infinita distância um do outro, com os desenhos que mostram exatamente e a forma de seus membros, certamente, nenhuma dúvida, continuará que o artista vê a árvore escondida com um olho que penetra e engloba o invisível, então ele a descreve.

Da mesma forma, as declarações discriminatórias do Alcorão Esclarecedor sobre a realidade dos seres contingentes (isto é, sobre a realidade da árvore da criação, que se estende desde o princípio do mundo até os limites mais distantes do Outro, e se espalha a partir da terra para o Trono Divino e das pequenas partículas até o sol) preservaram a proporção entre os membros de tal forma e deram a todos os membros e frutas uma forma tão adequada que todos os estudiosos pesquisadores declararam quando concluíram suas pesquisas com deslumbre, dizendo: "Que maravilhas Allah quis! Quão grandes são as bênçãos de Allah." Eles disseram: "Somente você que resolve e desvenda o talismã do universo e o enigma da criação, ó Todo-Sábio Alcorão "

﴿وَلِلّٰهِ الْمَثَلُ الْاَعْلٰى﴾[159] e não há erro na comparação - vamos representar os Nomes e Atributos Divinos, e os atos dominicais e as realizações como uma árvore de Tuba da luz, a extensão de cuja grandeza se estende desde a pré-eternidade para pós-eternidade, e os limites de cuja vastidão se espalhar através, espaço infinito, e abranger, e a bússola de cujas ações se estendem desde,

﴿يَحُولُ بَيْنَ الْمَرْءِ وَقَلْبِهِ﴾[160] ۞ ﴿فَالِقُ الْحَبِّ وَالنَّوَى﴾[161] ۞ ﴿هُوَ الَّذِى يُصَوِّرُكُمْ فِى الْاَرْحَامِ كَيْفَ يَشَاءُ﴾[162] ۞ ﴿وَالسَّمٰوَاتُ مَطْوِيَّاتٌ بِيَمِينِهِ﴾[163] ۞ ﴿خَلَقَ السَّمٰوَاتِ وَالْاَرْضَ فِى سِتَّةِ اَيَّامٍ﴾[164] ۞ ﴿وَسَخَّرَ الشَّمْسَ وَالْقَمَرَ﴾[165]

Vemos que o Alcorão Sagrado mostra a verdade da realidade luminosa, com todos os nomes e atributos, os atos e as ações, em conjunto com todos os seus ramos e galhos, objetivos e frutos em uma forma tão harmoniosa, tão apropriada de um ao outro, de modo apropriado de um para o outro, sem estragar um ao outro ou estragar o decreto de um ao outro, ou serem distantes uns dos outros, para que todos aqueles que discernem a realidade das coisas e penetraram os mistérios e todo sábio e prudente que viajaram no reino da dimensão interna das coisas, declararam: "Glorificado seja Allah!" em face da Discriminada Exposição, e afirmaram-no, dizendo: "Quão direito, quão conformados com a realidade, quão excelente, quão digno!"

Tomemos, por exemplo, os seis pilares da fé, que lembram um único ramo dessas duas árvores poderosas que olham para toda a esfera da contingência e a esfera da necessidade: ele mostra todos os ramos e galhos desses pilares, mesmo os frutos mais distantes e flores de observação com tal harmonia e proporção entre eles, e os descreve de uma forma tão equilibrada, ilustra-os de forma tão simétrica que a mente humana é incapaz de percebê-lo e fica surpresa com a sua beleza. E a prova de que a beleza de proporção e relação perfeita e o equilíbrio completo foram preservados entre os cinco pilares do Islam, que são como um ramo do ramo da fé, até os menores detalhes. O menor ponto de conduta, os mais distantes objetivos, a maioria de profunda sabedoria, e as frutas mais insignificantes, é a perfeita ordem, equilíbrio, beleza de proporção e solidez da maior Chari'a do Islam, que surgiu a partir das demonstrações decisivas, sentidos, indicações, e alusões do Alcorão abrangente. Eles formam uma prova irrefutável e decisiva e testemunha apenas o que não se pode duvidar. Isso significa que as exposições do Alcorão não podem ser atribuídas a um conhecimento parcial do homem, e, particularmente, para o conhecimento de alguém analfabeto. Elas descansam em vez disso em um conhecimento abrangente e são a palavra de alguém capaz de ver todas as coisas e observar em um momento todas as verdades entre a pré-eternidade e pós-eternidade. O versículo:

﴿اَلْحَمْدُ لِلّٰهِ الَّذِى اَنْزَلَ عَلَى عَبْدِهِ الْكِتَابَ وَلَمْ يَجْعَلْ لَهُ عِوَجًا﴾[166]

اَللّٰهُمَّ يَا مُنْزِلَ الْقُرْآنِ بِحَقِّ الْقُرْآنِ وَ بِحَقِّ مَنْ اُنْزِلَ عَلَيْهِ الْقُرْآنُ نَوِّرْ قُلُوبَنَا وَ قُبُورَنَا بِنُورِ الْاِيمَانِ وَ الْقُرْآنِ آمِينَ يَا مُسْتَعَانُ[167]

***

A SEGUNDA ESTAÇÃO
DA DÉCIMA TERCEIRA PALAVRA

بِسْمِ اللّٰهِ الرَّحْمٰنِ الرَّحِيمِ

[A conversa mantida com alguns jovens que, embora cercados pela tentação, ainda não tinham perdido o seu poder de raciocínio.]

Ser agredido pelos enganosos, pelas diversões sedutoras do tempo presente, um grupo de jovens que estava perguntando: "Como podemos salvar nossas vidas no futuro?", e procurou ajuda da Risale-i Nur. Então eu disse a eles o seguinte em nome da personalidade da Risale-i Nur:

A sepultura está lá e ninguém pode negá-la. Quer queiram quer não, todos vão entrar. E além das seguintes três "maneiras", não há outra forma, de penetrá-la:

Primeira Forma: Para os crentes, o túmulo é a porta para um mundo muito melhor do que este mundo.

Segunda Forma: Para aqueles que acreditam na vida após a morte, mas a a penetram no caminho da dissipação e desorientação, é a porta para uma prisão de confinamento solitário, um calabouço eterno, onde eles serão separados de todos os seus entes queridos, por não agirem conforme acreditavam.

Terceira Forma: Para os incrédulos e os equivocados que não acreditam na Outra Vida, é a porta da extinção eterna. Ou seja, é a forca na qual eles mesmos e todos aqueles que amam serão executados. Uma vez que eles pensam que é assim, é exatamente como eles devem experimentá-lo: como punição.

Estas duas últimas formas são auto evidentes, que não exigem prova; estão à vista para todos verem. Uma vez que a hora marcada é secreta, e a morte pode vir a qualquer momento e cortar a cabeça da pessoa, e ela não faz distinção entre jovens e velhos. Ter perpetuamente um assunto tão impressionante e sério a sua frente, a pessoa infeliz certamente procurará os meios para se libertar da extinção eterna, do infinito confinamento solitário; os meios para transformar a porta da sepultura em uma abertura de porta para um mundo eterno, felicidade eterna, e um mundo de luz. Será uma pergunta para ele que paira tão grande quanto o mundo.

O fato certo da morte, então, só pode ser alcançado nestas três formas, e 124.000 mensageiros - os verdadeiros profetas, em cujas mãos estão os milagres como sinais de confirmação, anunciaram que as três formas são como descritas acima. Confiando em suas iluminações e visões, 124.000.000 santos confirmaram e definiram suas assinaturas em notícias dos profetas. E inumeráveis estudiosos provaram racionalmente com suas provas categóricas ao nível da “segurança no grau de conhecimento”.[1] Eles têm todos, por unanimidade, declarado ser noventa e nove por cento de probabilidade, dizendo: "A única maneira de ser salvo da extinção e prisão eterna, e ser dirigido para a felicidade eterna, é por meio da crença em Allah e obediência a Ele".

Se uma pessoa trilha um caminho considerado perigoso por um informante, em que há um por cento de perigo de perecer, a ansiedade em perecer que ele sofre não destruirá

---

[1] Uma delas é a Risale-i Nur. E ela está lá para todos verem.

até mesmo o seu apetite ao alimento. Assim, o que acontece com a informação de centenas de milhares de mensageiros verazes e comprovadores cuja veracidade alcanã os cem por cento de que há a probabilidade de desorientação e vício leva o ser humano para a forca da sepultura, e seu solitário confinamento eterno diante dos olhos, e que há cem por cento de probabilidade de que o culto e a crença removem essa forca, fecham a prisão solitária, e transformam o túmulo em uma porta para palácios repletos de felicidade eterna e tesouros; e eles apontam sinais e vestígios destes. Defrontado como ele é, então, com esta impressionante questão estranha, aterrorizante, se o homem infeliz, especialmente se ele é muçulmano, não acredita nem adora, seria ele capaz de banir a dor grave decorrente da ansiedade que ele sofre uma vez que ele todo o tempo espera sua vez de ser convocado para as forcas, sempre presentes diante dos olhos, mesmo se lhe é dado domínio sobre o mundo inteiro, juntamente com todos os seus prazeres? Eu pergunto

Uma vez que a velhice, as doenças, os desastres, e a morte que acontecem em todos os lados revelam a dor terrível e constituem em lembrança para todas as pessoas quanto ao seu verdadeiro destino, mesmo que as pessoas de desorientação e vício desfrutem de cem mil prazeres e delícias, eles devem experimentar uma espécie de inferno em seus corações, mas um profundo estupor de negligência torna-os temporariamente insensíveis a ele.

Enquanto que para o povo de crença e culto, a sepultura, sempre diante dos olhos, é uma porta para um tesouro eterno e felicidade perene. E uma vez que, em razão da concessão divina de um documento, um bilhete da loteria pré-eterna da Predestinação para milhões e milhões de valores em ouro e diamantes surgem para cada um deles, todos eles a tempo aguardam a palavra: "Venham recolher o seu bilhete" com um verdadeiro prazer profundo e verdadeiro deleite espiritual. Este prazer é tal que, uma semente se materializa e torna-se uma frondosa árvore, que seria como um paraíso particular. No entanto, aquele que abandona o deleite e prazer, devido às movimentações da juventude, e escolhe de maneira temporária prazeres ilícitos dissolutos e licenciosos, que lembram mel venenoso poluído com essas inúmeras dores, cai para um grau uma centena de vezes menor do que um animal.

Além disso, essa pessoa não será como os ocidentais incrédulos, pois se negam o Profeta Mohammad (Allah o abençoe e lhe dê paz), eles podem reconhecer os outros profetas. E se não reconhecem os outros profetas eles conhecem a Allah. Se eles não conhecem a Allah, eles podem possuir algumas boas qualidades, que são os meios para certas perfeições. Mas o muçulmano conhece tanto os profetas, e seu Senhor, e toda a perfeição por meio de Mohammad, o árabe (Allah o abençoe e lhe dê paz). Se um deles abandona as instruções do Profeta e coloca-se fora de seu rebanho, ele não reconhecerá nenhum outro profeta, nem vai reconhecer Allah. Nem saberá qualquer dos fundamentos dentro de seu espírito, que vão preservar suas perfeições. Pois, uma vez que Mohammad (Allah o abençoe e lhe dê paz) o último e o maior dos profetas, e sua religião e convocação são para toda a humanidade, e uma vez que ele é superior a tudo que diz respeito a seus milagres e religião, e atua como professor para toda a humanidade em todas as questões relacionadas com a realidade, e provou isso de uma forma brilhante por quatorze séculos, e é a causa de orgulho para a humanidade, o muçulmano que abandona o treinamento essencial de Mohammad (Allah o abençoe e lhe dê paz) e os princípios de sua religião será certamente incapaz de encontrar alguma luz, ou alcançar qualquer perfeição. Ele será condenado ao declínio absoluto.

E assim, vocês infelizes que são viciados em prazeres da vida deste mundo, e com a ansiedade para o futuro, tratem de lutar para assegurá-la e suas vidas! Se vocês querem prazer, alegria, felicidade, e facilidade neste mundo, se contentem com o que é lícito. Isso é suficiente para a sua diversão. Vocês certamente vão ter entendido a partir de outras partes da Risale-i Nur que em cada prazer que está fora disso e é ilícito, encontram-se mil dores. Se os acontecimentos do futuro, por exemplo, de 50 anos, portanto, foram mostrados no cinema da mesma forma que eles mostram no momento presente os acontecimentos do passado, aqueles que se entregaram ao vício, chorarão cheios de horror e nojo dessas coisas que agora os divertem.

Aqueles que desejam ser permanente e eternamente felizes neste mundo e no Próximo devem tomar como seu guia as instruções de Mohammad (Allah o abençoe e lhe dê paz) dentro dos limites da crença.

***

UM AVISO, LIÇÃO E LEMBRETE DADOS A UM NÚMERO DE JOVENS INFELIZES

Um dia, um número de jovens brilhantes veio a mim, em busca de algo dissuasivo eficaz, a fim de proteger-se contra os perigos resultantes da vida, da juventude, e dos desejos da alma. Eu disse aos jovens o que eu dissera àqueles que tinham anteriormente procurado a ajuda da Risale-i Nur:

Sua juventude vai certamente embora, e se vocês não permanecerem dentro dos limites do lícito, será perdida, e ao invés de prazeres, ela lhes trará calamidades e sofrimentos neste mundo, na sepultura, e na Outra Vida. Mas se, por meio de treinamento islâmico, vocês gastam a generosidade de sua juventude como agradecimento pela honradez, em retidão e obediência, ela de fato permanecerá perpetuamente e será a causa de ganhar a juventude eterna.

Quanto à vida, se é sem fé, ou se a fé perder a sua influência nela, as desobediências crescerão. Apesar de seu prazer superficial, fugaz que ela traz, faz sentir dores, tristezas e aflições muito superiores aos prazeres e gozos, porque o ser humano – pelo que foi agraciado com mente e pensamento, ele está ligado naturalmente tanto ao tempo presente como ao passado e ao futuro. Ele pode obter tanto a dor e o prazer deles, ao contrário aos animais, uma vez que não pensam, as dores decorrentes do passado e os medos as e ansiedades decorrentes do futuro não estragam o prazer do presente.

Por isso, o ser humano que se envolveu com a desorientação e a negligência corrompe o seu prazer atual por causa das tristezas do passado e as aflições do futuro, envolvendo a sua vida atual com dores e aflições, especialmente se o prazer é ilícito; em seguida, ele é como um mel completamente venenoso.

Isto quer dizer que, a partir do ponto de vista do gosto da vida, o homem cai para um nível cem vezes mais baixo do que os animais quanto ao gozo pelos prazeres da vida. Na verdade, a vida para o povo de desorientação e negligência, e de fato a sua existência e seu mundo, é o dia presente, uma vez que todos os tempos passados, com todos os universos são inexistentes, estão mortos. Então, seu intelecto, que o liga ao passado, devido ao seu extravio, envolve-o nas trevas da vida. Quanto ao futuro, também é inexistente, pela falta de fé no desconhecido, enchendo as separações eternas – inenterruptas – suas vidas com trevas constantes enquanto possue mente que nega a ressurreição e o retorno.

Mas se a crença dá vida à vida, por meio de sua luz tanto o passado e o futuro são iluminados e encontram existência. Como presente, ela produz prazeres espirituais elevados e luzes de existência para o espírito e o coração - em relação à crença. Há uma explicação desta verdade na "Sétima Esperança" no Tratado do Idoso. Você pode consultar isso.

A vida é assim. Se você quiser o prazer e a alegria de viver, dá vida a sua vida por meio da crença, e a enfeita com os deveres religiosos, e preserva-a abstendo-se dos pecados.

Em relação à realidade temível da morte, o que é demonstrado pela morte todos os dias, em todos os lugares, em todos os momentos, vou explicar-lhes com uma comparação, da mesma forma que eu disse aos outros jovens.

Por exemplo, uma forca foi erguida aqui na frente de seus olhos. Ao lado, há um escritório de loteria, mas uma que dá ingressos para verdadeiramente grandes prêmios. Nós, as pessoas aqui somos dez pessoas, quer gostemos ou não, seremos convocadas para lá; não há alternativa. Eles vão nos chamar, e uma vez que o tempo é o segredo, a qualquer momento eles podem dizer a qualquer um: "Vem e recolhe o bilhete para a sua execução! Monta a forca." Ou: "Um bilhete para ganhar um prêmio de milhões de dólares em ouro surgiu para você. Venha buscá-lo!" Enquanto esperavam que lhes fosse dito isso, duas pessoas aparecem de repente na porta. Uma delas é uma mulher escassamente vestida, bonita e enganando. Em sua mão há algo que aparenta ser extremamente delicioso, mas na verdade venenoso, doce, que ela nos trouxe querendo que o comamos. A outra é uma pessoa sem dissimulação nem falsidade. Ela entra por trás da mulher, e diz:

"Eu lhes trouxe um talismã, uma lição. Se vocês estudarem-na, e não comerem esse doce, vocês serão salvos da forca. Com esse talismã, vocês receberão o seu bilhete para o prêmio incomparável. Olhem, vocês estão vendo com seus próprios olhos que aqueles que comem o mel montam essa forca, e até aquele momento eles sofrem dores de estômago terríveis do veneno do doce. E quem está recebendo o bilhete para o grande prêmio não é aparente; parece que eles também montam a forca. Mas há milhões de testemunhas que atestam que eles possam entrar na área do prêmio facilmente. Assim, olham pelas janelas! Os mais altos funcionários e as pessoas de alto escalão envolvidas com esse negócio proclamam em alta voz: 'Assim como vocês veem com a certeza clara de seus próprios olhos aqueles da montagem da forca, assim será certo como a luz do dia, sem qualquer dúvida ou receio, os com o talismã recebem o bilhete para o prêmio."

Assim, como a comparação, uma vez que os prazeres dissolutos da juventude na esfera do ilícito, que são como mel venenoso, perder a crença, que é o bilhete para um tesouro eterno e o passaporte para a felicidade eterna, a pessoa que se entrega a eles desce até a morte, que é como a forca, e as atribulações da sepultura, que é como a porta para a escuridão eterna. E desde que a hora marcada é desconhecida, o seu carrasco, não diferenciando entre jovens e velhos, pode vir a qualquer momento para cortar sua cabeça. Se você desistir dos desejos ilícitos, que são como o mel venenoso, e adquirir crença, executar os deveres religiosos, que são o talismã do Alcorão, 124 mil profetas (a paz esteja com eles) em conjunto com inúmeros santos e pessoas de verdade anunciam por unanimidade, que você deve receber o bilhete para o tesouro da felicidade eterna, que surge a partir do sorteio extraordinário do destino humano. E eles apontam para os traços dele.

Em resumo: A juventude vai embora. E se ela vai sendo desperdiçada, isso resulta em milhares de calamidades e sofrimentos neste mundo e no Próximo. Se você quer entender como a maioria desses jovens acaba em hospitais com doenças imaginárias decorrentes da juventude desperdiçada e prodigalidade, e em prisões ou albergues para os necessitados por causa dos seus excessos, e em bares devido ao perigo decorrente de sua dor e sofrimento, então vá e pergunte nos hospitais, nas prisões e nos cemitérios.

Com certeza, assim como você ouvirá da maioria dos hospitais os gemidos e suspiros dos doentes de dissipação e libertinagem resultante das unidades da juventude, da mesma forma você ouvirá a partir das prisões os suspiros lamentáveis de jovens infelizes que estão sendo punidos por atos ilícitos na sua maioria resultantes dos excessos da juventude. E você entenderá que a maioria dos tormentos da sepultura – que do Reino Intermediário cujas portas estão continuamente abertas e se fecham para aqueles que entram nelas – são o resultado da juventude desperdiçada, como é testemunhado por aqueles que tenham adivinhado a vida da sepultura, e é afirmado pelas pessoas da realidade.

Além disso, pergunte a pessoas idosas e doentes, que constituem a maioria da humanidade. Certamente, a maioria deles dirá com tristeza e arrependimento: "Ai de nós! Perdemos a nossa juventude na paixão e fantasia; de fato, prejudicialmente. Tenham cuidado, não façam como nós fizemos!" Porque, como consequência dos prazeres ilícitos cinco a dez anos da juventude, a pessoa sofre anos de dor e tristeza neste mundo, tormento e maldade no Reino Intermediário, e calamidades do Inferno na Outra Vida. E, embora essa pessoa esteja em uma situação mais lamentável[168] اَلرَّاضِى بِالضَّرَرِ لاَ يُنْظَرُ لَهُ ela de modo algum merece piedade, porque aqueles que livremente consentiram entrar em ações prejudiciais não podem ser lamentados. Eles não são dignos do lamento.

Que Allah Todo-Poderoso nos salve das tentações sedutoras deste tempo, e preserva-nos delas. Amém.

***

UMA NOTA DE RODAPÉ PARA O SEGUNDO POSTO DA DÉCIMA TERCEIRA PALAVRA

بِاسْمِهِ سُبْحَانَهُ [169]

Aqueles na prisão estão em grande necessidade da verdadeira consolação da Risale-i Nur. Particularmente aqueles que tendo sofrido os golpes da juventude, estão passando suas doces e jovens vidas no cárcere; eles precisam da Risale-i Nur, tanto quanto precisam de pão.

Na verdade, a juventude considera as emoções em vez da razão e as emoções e os desejos são cegos; eles não consideram as consequências. Eles preferem um dia de prazer imediato a ao prazer de um ano no futuro. Eles matam pelo prazer de vingança de um minuto, em seguida, sofrem por 80.000 horas a dor da prisão. E de uma hora de prazer dissoluto em questões de honra pode resultar na destruição total do gozo da vida devido a dores, ao medo da prisão e aos dois inimigos. Há muitos outros exemplos, muitas armadilhas para os jovens infelizes por terem transformado suas vidas doces em vidas mais amargas e lamentáveis.

Considere o vasto estado ao norte;[170] ele ganhou a posse das paixões de sua juventude e está agitando este século, com suas tempestades. Para ele tornar legal aos jovens as agradáveis filhas e esposas de pessoas honradas, e esses jovens agem apenas de acordo com os seus sentimentos, que são cegos a todas as consequências. Ao permitir homens e mulheres irem juntos para os banhos públicos, eles estão encorajando a imoralidade. Eles consideram lícito que vagabundos e pobres saqueiem as propriedades dos ricos. Toda a humanidade treme diante desta calamidade.

Por isso, é extremamente necessário neste século que todos os jovens muçulmanos, principalmente os turcos, ajam heroicamente, e respondam a este ataque em duas frentes com espadas afiadas como os Frutos da Fé e o Guia Para a Juventude da Risale-i Nur. Caso contrário, esses jovens infelizes vão destruir totalmente os seus futuros neste mundo, as suas vidas agradáveis, e sua felicidade na Vida Futura, e suas vidas eternas, e transformá-las em tormento e sofrimento. Por seus abusos e sua devassidão, vão acabar nos hospitais, e por meio de seus excessos na vida, nas prisões. Em sua velhice, eles vão chorar copiosamente com mil arrependimentos.

Se, por outro lado, eles se protegem com a formação do Alcorão e com as verdades da Risale-i Nur, tornar-se-ão jovens verdadeiramente heroicos, seres humanos perfeitos, muçulmanos de sucesso, e de certa forma os governantes sobre os seres animados e o resto do reino animal.

Quando o jovem, na prisão, gasta uma hora fora das vinte e quatro a cada dia com as cinco salat obrigatórias, e se arrepende pelos erros que foram a causa de seu desastre, abstém-se de outros pecados dolorosos e nocivos, isso será de grande benefício tanto para sua vida como para o seu futuro; seu país, seu povo, seus parentes, e eles também ganharão com sua juventude fugaz de dez a quinze anos de uma eterna e brilhante juventude. Em primeiro lugar o Alcorão Sagrado, e todas as escrituras reveladas, deram esta certa e boa notícia.

Se tal jovem demonstra pela moderação e obediência, sua gratidão pela agradável e deliciosa generosidade da juventude, ele vai tanto aumentá-la e torná-la eterna, e torná-la um prazer. Caso contrário, será calamitosa, e se tornará dolorosa, penosa, e um pesadelo, e então ele acabará. Ele vai torná-lo um vagabundo, prejudicial tanto aos seus parentes como ao seu país e sua nação.

Se o prisioneiro foi condenado injustamente, com a condição de que ele executa as salat obrigatórias, cada hora será o equivalente a um dia de adoração, e a prisão será como a cela de um recluso. Ele será considerado entre os eremitas piedosos dos tempos antigos que se retiraram para cavernas, a fim de dedicarem-se à adoração. Se ele é pobre, envelhecido, e doente, e deseja as verdades da fé, na condição de executar as salat obrigatórias e se arrepende, cada hora vai se tornar o equivalente a adoração de vinte horas, e a prisão será como uma casa de repouso para ele, e por causa de seus amigos lá, que o consideram com carinho, um lugar de amor, treinamento e educação. Ele provavelmente ficará mais feliz na prisão do que em liberdade, uma vez que fora, ele fica confuso e sujeito às agressões dos pecados de todos os lados. Ele pode receber uma educação completa na prisão. Ao ser solto, ele não será homicida, ou terá sede de vingança, mas alguém penitente, experimentado com provas, bem-comportado e benéfico para a sua nação. Na verdade, os prisioneiros de Denizli tornaram-se tão extraordinariamente bem-comportados, depois de estudar a Risale-i Nur por um curto período de tempo, que alguns dos interessados, disseram: "Estudar a Risale-i Nur por quinze semanas é mais eficaz na reforma deles do que colocá-los na prisão por quinze anos."

Uma vez que a morte não é morrer, e a hora marcada é desconhecida, ela pode vir a qualquer momento; e uma vez que a sepultura não pode ser fechada, e tropa após outra entram nela e se perdem; e uma vez que tem sido demonstrado por meio das verdades do Alcorão que para aqueles que acreditam que a morte é transformada nos documentos de quitação para libertá-los da aniquilação eterna, enquanto para os corruptos e os dissolutos estão desaparecendo para sempre em aniquilação eterna, e é a separação interminável de seus entes queridos e de todos os seres, certamente e sem dúvida alguma, a pessoa mais feliz é aquela que, com paciência e graças se beneficia plenamente de seu tempo na prisão, e estuda a Risale-i Nur, trabalhando para servir o Alcorão e a sua crença no caminho reto.

Ó homem viciado em gozo e prazer! Eu estou com 75 anos de idade, e eu sei com certeza absoluta a partir de milhares de experiências, provas e eventos que o verdadeiro gozo, o prazer sem dor, a alegria sem tristeza e a felicidade da vida são apenas para serem encontrados na crença e na esfera das verdades da fé. Enquanto um único prazer mundano gera inúmeras dores; como se trata de dez tapas por uma única uva, que afasta o prazer de toda a vida.

Ó vocês infelizes que estão experimentando a infelicidade da prisão! Uma vez que o seu mundo está chorando e sua vida é amarga, esforcem-se para que sua vida futura também não seja choro, e sua vida eterna vai sorrir e ser doce! Beneficiam-se da prisão! Assim como, por vezes, em condições severas perante o inimigo, uma hora de relógio pode ser equivalente a adoração de um ano, portanto, as condições severas que vocês estão enfrentando, as dificuldades de cada hora gasta como adoração tornam-se o equivalente a muitas horas, transforma as dificuldades em misericórdia.

***

بِاسْمِهِ سُبْحَانَهُ [171]

اَلسَّلَامُ عَلَيْكُمْ وَ رَحْمَةُ اللّٰهِ وَ بَرَكَاتُهُ [172]

Meus queridos e leais irmãos!

Vou explicar em três pontos um consolo eficaz para aqueles que estão enfrentando a calamidade da prisão, e para aqueles que gentilmente os ajudam e fielmente supervisionam a sua alimentação, que vem de fora.

Primeiro Ponto: Cada dia passado na prisão pode auferir tanto quanto o culto de dez dias, e, com relação a seus frutos, pode transformar aquelas horas transitórias em horas duradouras, e por meio da punição de cinco ou dez anos pode ser o meio de salvar uma pessoa de milhões de anos da prisão eterna. Para os crentes, a condição para a obtenção de mais esta vantagem significativa e valiosa é realizar as salat, arrepender-se dos pecados que foram a causa de sua prisão, e agradecer a Allah com paciência. Certamente, a prisão é um obstáculo para muitos pecados,pois ela não fornece a oportunidade de cometê-los.

Segundo Ponto: Assim como a cessação do prazer provoca dor, a cessação da dor provoca prazer. Sim, todo aquele que pensa nos últimos dias felizes e agradáveis, sente uma pontada de arrependimento e desejo, e diz: "Ai de mim". E aquele que se recorda dos calamitosos dias infelizes do passado, experimenta uma espécie de prazer, uma vez que são passados, e diz:*Alhamdulillah* "Louvado e glorificado seja Allah, porque a calamidade deixou a sua recompensa e partiu." Ele dá um suspiro de alívio. Ou seja, a dor e a tristeza temporária de uma hora deixam para trás uma espécie de prazer de espírito, enquanto uma hora de prazer deixa dor.

Uma vez que a realidade é essa; e que as últimas horas calamitosas juntamente com suas dores já não existem e os futuros dias angustiantes não existem no momento presente, e não há dor do nada, para continuamente comer pão e beber água hoje, por exemplo, por causa da possibilidade de estar com fome e sede, em vários dias, é mais tolo. Da mesma forma, pensar agora nas horas infelizes passadas e futuras, que simplesmente não existem, mostrar impaciência e ignorar o próprio auto defeituoso, gemer como se queixando a respeito de Allah também é muito tolo. Enquanto o poder da paciência não se espalha para a esquerda e para a direita, isto é, para o passado e o futuro, e é realizado firme em face do presente da hora e dia, é suficiente. O perigo é reduzido de dez para um.

Na verdade, mas não deixe que seja reclamando, o favor divino apontou o fato a mim, enquanto, durante alguns dias de aflição material e espiritual, doença e experimentação como a qual eu nunca tinha experimentado antes na minha vida, eu estava sendo esmagado, em particular, pelo desespero e a angústia do coração e do espírito que resultou de eu ser incapaz de servir o Alcorão e a crença com a Risale-i Nur. Eu estava então contente com a minha doença angustiante e prisão. Pois, dizendo: "É grande lucro para o infeliz como eu, que espera na porta do túmulo fazer uma hora, que pode ser passada em negligência o equivalente a dez horas de adoração," Eu dei graças.

Terceiro ponto: Há grande ganho em auxiliar e ajudar compassivamente os presos, dando-lhes o sustento de que necessitam e acalmando suas feridas espirituais com consolo. Levando-lhes o alimento que vem de fora é como esmola que, exatamente à quantidade do alimento, está escrito no livro de boas ações daqueles que, fora e dentro, fazem isso, juntamente com os guardas encarregados. Especialmente se o prisioneiro infeliz é velho, doente, pobre, ou um estranho, então a recompensa desta esmola aumenta muitas vezes.

A condição desse lucro alto é realizar as salat, de modo que tais serviços sejam pelo amor de Allah. Outra condição é apressar a sua assistência com sinceridade, compaixão e alegria, e de tal forma que não fazê-los sentirem-se obrigados.

***

بِاسْمِهِ سُبْحَانَهُ [173] ﴿وَاِنْ مِنْ شَىْءٍ اِلاَّ يُسَبِّحُ بِحَمْدِهِ﴾ [174]

اَلسَّلاَمُ عَلَيْكُمْ وَ رَحْمَةُ اللهِ وَ بَرَكَاتُهُ [175]

Meus amigos na prisão e irmãos na religião!

Ocorreu-me explicar uma verdade a vocês que irá salvá-los, com a anuência de Allah, de tanto tormento mundano como da Vida Futura. É como segue:

Por exemplo, uma pessoa matou o irmão ou um dos parentes de alguém. O assassinato que produz o prazer de um minuto de vingança provoca milhões de minutos tanto de sofrimento do coração como angústia da prisão. E o medo de vingança pelos parentes do homem assassinado, e a ansiedade de encontrar-se cara a cara com o inimigo afasta todo o seu prazer na vida. Ele sofre o tormento do medo e da raiva. Há apenas uma solução para isso: é a reconciliação ordenada pelo Alcorão, pela verdade, e pela realidade. Nela há o benefício de ambas as partes, e é exigida pela humanidade, e o Islam a incentiva.

Certamente, o que é necessário, na realidade, é a paz, porque a hora marcada é definida e não muda. Uma vez que a sua hora marcada chegou, em qualquer caso, o homem assassinado não iria durar muito. Quanto ao assassino, ele era o meio do decreto de Allah que está sendo realizado. Enquanto não há reconciliação, os dois lados perpetuamente sofrem os tormentos do medo e da vingança. É por isso que o Islam ordena que "um crente não deve ficar de mal com outro crente por mais de três dias."[176] Se o assassinato não foi o resultado de um rancor vingativo e inimizade, e um criador de problemas de duas caras instigou a discórdia, é essencial fazer as pazes rapidamente. De outro modo, o menor desastre se torna grande, e continua a crescer. Se eles fazem as pazes, e o assassino se arrepende e ora continuamente para o homem que ele matou, então ambos os lados vão ganhar muito e tornarem-se como irmãos. No lugar de um irmão falecido, ele vai ganhar vários irmãos religiosos. Ele estará conformado com a Determinação e o Decreto Divino e perdoará seu inimigo. Especialmente quando acatam as lições da Risale-i Nur, tanto individual como publicamente, tanto o bem-estar, como a fraternidade que existe na esfera da Risale-i Nur, exigem que eles coloquem de lado todos os ressentimentos que existem entre eles.

Foi assim na prisão de Denizli; todos os prisioneiros que eram inimigos se tornaram irmãos com as lições da Risale-i Nur. Foi uma das razões para a nossa absolvição, e fez mesmo os irreligiosos e ímpios dizerem sobre os prisioneiros: "Macha'llah! Barakallah!" (o que Allah quiser, que Allah abençoe);E foi um alívio total para os prisioneiros". Eu mesmo já vi aqui uma centena de homens sofrerem transtornos por causa de um homem e não saírem para fazer exercícios juntos. É opressão contra eles. O crente viril, de sã consciência não fará com que centenas de outros crentes se sintam mal por causa de algum erro ou benefício insignificante. Se ele comete um erro e causa dano, ele deve se arrepender imediatamente.

***

بِاسْمِهِ سُبْحَانَهُ 177 ﴿وَاِنْ مِنْ شَىْءٍ اِلاَّ يُسَبِّحُ بِحَمْدِهِ﴾ 178

Meus novos irmãos leais e prisioneiros antigos!

Eu formei a firme conclusão de que, em relação ao favor Divino, vocês são uma causa importante de nossa entrada aqui. Isso quer dizer que, com a sua consolação e as verdades da fé, a Risale-i Nur é para salvar tanto vocês do perigo desta calamidade de prisão e de muitos danos mundanos, e sua vida de passar inútil e em vão pelo sofrimento e da tristeza e sendo desperdiçada nos ventos da fantasia, e a sua Vida Futura de chorar como seu mundo está chorando agora; é para lhe fornecer verdadeiro consolo.

Uma vez que a realidade da questão é esta, é claro que vocês devem ser irmãos uns dos outros, como os prisioneiros de Denizli e os Estudantes da Risale-i Nur. Vocês podem ver que eles examinam todas as suas posses, comida, pão e sopa que vêm de fora, de modo que uma faca não fica no meio de vocês e não atacam um ao outro. Os guardas que fielmente servem vocês sofrem muita dificuldade. Além disso, vocês não saem para fazer exercício juntos, como se estivessem indo para atacar uns aos outros como animais selvagens. E assim, novos amigos, que são, por natureza, ousados e corajosos, com grande coragem moral vocês devem dizer para o grupo neste momento:

"Se nem facas, mas pistolas e revólveres foram dados a nós, e a ordem para dispararmos também, não devemos ferir os nossos amigos que são infelizes e estão sofrendo esta calamidade como nós mesmos. Por meio da orientação e, ao comando do Alcorão, da crença, da fraternidade islâmica, e dos nossos interesses, decidimos perdoá-los e tentar não ofendê-los, mesmo que anteriormente houvesse uma centena de razões para a nossa inimizade e hostilidade." E assim, transformar a prisão num lugar auspicioso do estudo.

***

UMA QUESTÃO IMPORTANTE QUE OCORREU AO MEU CORAÇÃO SOBRE A NOITE DO PODER

(Um Adendo à Segunda Estação da Décima Terceira Palavra)

Vou aludir brevemente a uma verdade mais extensa e prolongada que ocorreu ao meu coração sobre *Lailatul Cadr* (a Noite do Poder).

Por causa da tirania extrema e despotismo desta última Guerra Mundial, sua destruição impiedosa, centenas de inocentes sendo espalhados e arruinados por de um único inimigo, o desespero incrível dos derrotados, o alarme temível dos vencedores e suas dores horríveis de consciência decorrentes da supremacia que são incapazes de manter, a destruição que são incapazes de reparar, a transitoriedade absoluta e efemeridade da vida deste mundo e da natureza enganosa, o ópio das fantasias da civilização se tornam evidentes para todos, as habilidades exaltadas apresentadas na natureza humana e a essência humana que es(tá sendo ferida de forma universal e incrível, o amor e o desejo de imortalidade a ser estimulada e despertada, a negligência, a desorientação e a surdez inata do homem, a natureza sem vida sendo esmagada pela espada brilhante do Alcorão, a verdadeira face extremamente feia, cruel para a negligência e a desorientação, certamente e sem qualquer sombra de dúvida, uma vez que a vida deste mundo - que é o amor metafórico da humanidade - é, assim, feio e transitório, a verdadeira natureza do ser humano irá procurar com toda a sua força a vida eterna, que ele realmente ama e anseia, assim como há sinais de que isso ocorre no Norte, no Oeste e nos Estados Unidos.

Certamente também não há dúvida de que o Alcorão Sagrado, que a cada século por 1.360 anos teve 350 milhões de alunos, e coloca o selo em cada um de seus pronunciamentos e aclamações por meio da afirmação de milhões de profundos e verídicos estudiosos, e a cada minuto esteve presente com sua santidade nos corações de milhões de hafizes[179] dando instruções para a humanidadepelas suas línguas, de forma inigualável que qualquer outro livro transmita a boa notícia da vida e felicidade eterna para a humanidade e cura todas as feridas, - uma vez que o Alcorão dá como certa esta boa notícia da vida e felicidade eterna com milhares de seus versículos insistentes, poderosos e repetidos, e com suas certas provas inabaláveis e argumentos indubitáveis que convidam e dão notícias de forma explícita e implicitamente, dezenas de milhares de vezes, uma vez que a espécie humana não perde completamente sua mente e um fim do mundo material ou imaterial não entra em erupção sobre sua cabeça, as amplas massas e os grandes estados do mundo vão procurar o Alcorão Sagrado, e tendo compreendido as suas verdades, vão abraçá-lo com todas as suas vidas e espíritos, assim como há [agora] pregadores famosos na Suécia, Noruega, Finlândia e na Inglaterra trabalhando para ter o Alcorão aceito, e a comunidade importante da América está procurando a verdadeira religião. Por causa este fato, o Alcorão de maneira nenhuma tem – nem pode ter – algo absolutamente igual e nada pode tomar o lugar deste grande milagre.

Segundo: Uma vez que a Risale-i Nur tem prestado o serviço de uma espada brilhante na mão deste grande milagre e obrigado seus inimigos mais difíceis de se submeterem, e atuarem como arautos para os tesouros do Alcorão de forma que ilumina e cura completamente tanto o coração como o espírito e as emoções, e não têm outra fonte ou autoridade que não seja o Alcorão e é o seu milagre, ele executa esse dever perfeitamente.

Além disso, foram completamente encaminhados os ateus obstinados e sua temível propaganda contra ele, e quebrou em pedaços o tratado Natureza: Causa ou Efeito da natureza, que é o bastião mais inexpugnável de desorientação, e, com o Sexto Tópico do tratado dos Frutos da Fé junto com a Primeira, Segunda, Terceira e Oitava Provas todas as quais estão incluídas no livro O Cajado de Moisés, baniu a negligência de uma forma mais brilhante na sua forma mais densa, sufocante e extensa sob os véus de grande alcance da ciência e tem demonstrado a luz da unidade Divina.

***

O SEXTO TÓPICO DOS FRUTOS DA FÉ

[Este é constituído por uma breve prova única, do pilar da fé, "Fé em Allah", para o qual existem inúmeras provas decisivas e explicações em muitos lugares da Risâle-i Nur.]

Em Kastamonu um grupo de estudantes do ensino médio veio a mim, dizendo: "Conte-nos sobre o nosso Criador; os nossos professores não falam de Allah." Eu lhes disse: "Todas as ciências que vocês estudam continuamente falam de Allah e dão a conhecer o Criador, cada um com sua própria língua particular. Não dê ouvidos aos seus professores; dê ouvido às tais línguas".

"Por exemplo, uma farmácia bem equipada com vivificantes poções e curas em cada frasco pesado em medidas precisas e maravilhosas, sem dúvida, mostra um farmacêutico extremamente hábil, com prática, e sábio. Da mesma forma, na medida em que é maior e mais perfeita e melhor equipada do que a farmácia do mercado local, a farmácia do globo da terra com sua poções de vida e medicamentos nos frascos, que são quatrocentas mil espécies de plantas e animais, mostra e dá a conhecer aos olhos ainda cegos - por meio da medida ou escala da ciência da medicina que vocês estudam - o Onisciente da Glória, Que é o Farmacêutico da poderosa farmácia da terra."

"Para dar outro exemplo, uma fábrica maravilhosa que tece milhares de tipos de tecido de um material simples, sem dúvida, dá a conhecer um fabricante e um mecânico hábil. Da mesma forma, em qualquer medida, é maior e mais perfeita do que a fábrica humana, esta divina máquina de viajar, conhecida como Terra, com suas centenas de milhares de cabeças, em cada um há centenas de milhares de fábricas, mostra e dá a conhecer – por meio de medida ou escala da ciência da engenharia que vocês estudam – seu Fabricante e Proprietário".

"E, por exemplo, um depósito ou loja em que foi reunida e armazenada de forma regular e ordenadas mil e uma variedades de disposições, sem dúvida, dá a conhecer um dono maravilhoso, proprietário e supervisor de provisões e alimentos. Da mesma forma, em qualquer grau, é mais vasto e mais perfeito do que tal loja ou fábrica, esta Loja de alimentos do Uno Misericordioso conhecido como o Terra, este navio Divino, este depósito Divino e loja possuindo mercadorias, equipamentos e alimentos em conserva, que em um ano viaja regularmente numa órbita de 24.000 anos, e os grupos de portadores de seres que necessitam de alimentos diferentes e passando pelas estações em sua jornada e enchendo a primavera com milhares de diferentes disposições, como um enorme vagão, trazem-nos para as animadas e miseráveis criaturas cujo sustento foi esgotado no inverno, – por meio da medida ou escala da ciência da economia que vocês estudam – este depósito da terra torna conhecido e amado o seu Gerente, Organizador e Proprietário".

"E, por exemplo, vamos imaginar um exército que consiste em quatrocentas mil nações, e cada nação requer diferentes disposições, usa diferentes e uniformes , sofre exercícios diversos, e cumprem suas funções de maneiras variadas. Se este exército e acampamento tem um comandante milagroso que por si oferece todas as diferentes nações, com todas as suas disposições diferentes, armas, uniformes e equipamentos sem esquecer ou confundir qualquer uma delas, então certamente o exército e acampamento mostram o comandante e o fazem amado e apreciado. Da mesma forma, o campo da primavera da face da terra em que a cada primavera um exército Divino recém-recrutado das quatro mil espécies de plantas e animais recebem seus uniformes variados, rações, armas, treinamento e desmobilizações em formação absolutamente perfeita e regular por um único comandante chefe que não esquece ou confunde um deles – na medida que o campo da primavera da face da terra é mais vasto e mais perfeito do que o exército humano, por meio da medida ou escala da ciência militar que vocês estudam – torna conhecido ao atento e sensível Governante, Mantenedor Administrador e Santíssimo Comandante, causando espanto e aclamação, e O faz ser amado, louvado e glorificado".

"Outro exemplo: milhões de lâmpadas elétricas que se movem e viajam por uma cidade maravilhosa, o seu combustível e fonte de energia nunca se esgotam, evidentemente dão a conhecer um artesão milagroso e eletricista extraordinariamente talentoso que administra a energia elétrica, faz com que as lâmpadas fiquem em movimento, configura a fonte de energia, e traz o combustível, pois eles causam outros a felicitá-lo, aplaudi-lo e amá-lo. Da mesma forma, embora algumas das lâmpadas das estrelas no teto do palácio do mundo, na cidade do universo – se elas são consideradas da mesma forma que a astronomia diz – são milhões de vezes maiores do que a Terra e se movem setenta vezes mais rápido do que uma bola de canhão, não quebram sua ordem, nem colidem umas com as outras, nem esgota-se seu combustível. De acordo com a astronomia, que vocês estudam, para o nosso sol continuar a queimar, o qual é um milhão de vezes maior do que a Terra e um milhão de vezes mais velho e é uma lâmpada e fogão em uma casa de hóspedes do mais Misericordioso, seria necessário tanto petróleo quanto os mares da Terra e tanto carvão como suas montanhas e muitos troncos e muita madeira equivalente a mil terras para que não se apague. E, no entanto, muito maior e mais perfeito do que este exemplo são as lâmpadas elétricas do palácio do mundo na majestosa cidade do universo, que apontam com os dedos de luz para um poder infinito e soberania que ilumina o sol e outras estrelas sublimes sem óleo, madeira ou carvão, não permitindo que elas sejam extintas ou colidamumas com as outras, apesar de viajarem juntas a um certo grau de velocidade – por meio da medida da ciência da eletricidade que vocês ou estudam ou estudarão – eles testemunham e dão a conhecer o Monarca, Iluminador, Diretor e Criador da poderosa exposição do universo, eles O fazem amado, glorificado e adorado".

"E, por exemplo, tome um livro em cada linha do que um livro inteiro é finamente escrito, e em cada palavra do que uma surata do Alcorão está inscrita com uma fina caneta. Sendo mais significativa com todos os seus assuntos corroborando um ao outro, e uma coleção maravilhosa mostrando seu escritor e autor de ser extremamente hábil e capaz, sem dúvida, mostra o seu escritor e autor, juntamente com todas as suas perfeições e artes tão claras como o dia, e fá-lo conhecido. Faz com que seja apreciado com frases como: 'Machallah!'[180] E 'Bárakallah!'[181] Da mesma forma é o grande livro do universo; vemos com os nossos olhos uma caneta trabalhando, que escreve sobre a face da Terra, a qual é uma única das suas páginas, e na primavera, a qual é uma única folha, a trezentos mil espécies de plantas e animais, os quais são como trezentos mil livros diferentes, todos em conjunto, um dentro do outro, sem falha ou erro, sem misturá-los ou confundi-los, perfeitamente e em completa ordem, e às vezes escreve uma ode em uma palavra, como uma árvore, e o índice completo de um livro em uma semente como um ponto. No entanto, muito mais vasto, mais perfeito e significativo do que o livro no exemplo mencionado acima é este compêndio do universo e poderoso Alcorão do mundo, que é infinitamente cheio de significado, e em cada palavra tem inúmeros exemplos de sabedoria - de acordo com a medida extensa e a visão da perspicaz ciência natural que vocês estudam e as ciências da leitura e da escrita que vocês praticam na escola, faz conhecido o Escritor e Autor do livro do universo juntos com Sua infinita perfeição. Proclamando que '*Alláhu Akbar*![182]', torna-O conhecido. Proferindo frases como: "*Subhanallah*!"[183], descreve- O. Aclamando-O com palavras como "*Alhamdulillah*!"[184], torna- O amado.

"Assim, centenas de outras ciências como estas dão a conhecer o Criador Glorioso do universo juntamente com Seus Nomes, cada um por meio de sua ampla medida ou escala, seu espelho particular, seus olhos perspicazes, e procurando olhar, eles deram a conhecer os Seus atributos e perfeições.

"É para dar instrução nesta matéria, o que é uma prova brilhante e magnífica da unicidade Divina, que o Sagrado Alcorão nos ensina sobre nosso Criador, na maioria das vezes com os versículos:

﴿رَبُّ السَّمٰوَاتِ وَالْاَرْضِ﴾[185] ۞ ﴿خَلَقَ السَّمٰوَاتِ وَالْاَرْضَ﴾[186]

Eu disse isso para os estudantes e eles aceitaram-no completamente, afirmando-o, dizendo: "Infinitas graças a Allah, pois recebemos uma lição absolutamente verdadeira e sagrada. Que Allah esteja satisfeito com você." E eu disse:

"O homem é uma máquina viva que está triste com milhares de diferentes dores e recebe prazer de milhares maneiras diferentes, e apesar da sua total impotência tem inúmeros inimigos, físicos e espirituais, e apesar de sua pobreza infinita, tem inúmeras necessidades, externas e internas, e é uma criatura miserável sofrendo continuamente os golpes de morte e separação. No entanto, por meio de fé e culto, ele ao mesmo tempo, torna-se conectado a um monarca tão glorioso que encontra um ponto de apoio contra todos os seus inimigos e uma fonte de ajuda para todas as suas necessidades, e como todos tem orgulho na honra e posição do senhor a quem ele está ligado, vocês pode comparar a vocês o quão satisfeito, grato, agradecido e cheio de orgulho o homem se torna ao ser conectado pela fé de um monarca infinitamente poderoso e misericordioso, a entrar em seu serviço por meio da adoração e transformar por si mesmo o anúncio da execução da hora marcada para os papéis, libertando-o do dever."

Repito aos prisioneiros atingidos pela calamidade que eu disse aos estudantes: "Aquele que O reconhece e O obedece é afortunado mesmo se está na prisão. Enquanto aquele que O esquece é miserável e prisioneiro, mesmo se residir em um palácio." Até um homem injustiçado, mas feliz disse aos tiranos miseráveis que estavam-no executando: "Eu não estou sendo executado, mas estou sendo desmobilizado e parto para onde devo encontrar a felicidade. Mas vejo que vocês estão sendo condenados à execução eterna e, portanto, estou me vingando perfeitamente de vocês." E declarando:

[187] لَا اِلٰهَ اِلَّا اللّٰهُ, ele alegremente entregou o espírito.

﴿سُبْحَانَكَ لَا عِلْمَ لَنَا اِلَّا مَا عَلَّمْتَنَا اِنَّكَ اَنْتَ الْعَلِيمُ الْحَكِيمُ﴾[188]

***

O AR

Uma Janela Para a Unidade Divina

بِاسْمِهِ سُبْحَانَهُ [189] ﴿وَاِنْ مِنْ شَىْءٍ اِلاَّ يُسَبِّحُ بِحَمْدِهِ﴾[190]

اَلسَّلاَمُ عَلَيْكُمْ وَ رَحْمَةُ اللهِ وَ بَرَكَاتُهُ اَبَدًا دَائِمًا [191]

Meus irmãos muito queridos e leais!

Meus irmãos, eu observei em um ponto sutil sobre a Unidade de Allah, que de repente se tornou claro ao estudar a página do ar em uma viagem da imaginação e da mente, isto é, na palavra [192]هُوَ nas frases:[193] لاَ اِلَهَ اِلاَّ هُوَ , e, [194]﴿قُلْ هُوَ اللهُ﴾ (e somente em seu aspecto material) que a forma de crença é infinitamente fácil, ao ponto de ser necessária, e a forma de desorientação de associar parceiros a Allah é infinitamente difícil, tão difícil ao ponto de ser impossível. Vou explicar esse ponto longo e extenso com uma extremamente breve indicação.

Sim, se o solo, um punhado dele pode atuar como um vaso de flores para centenas de plantas em turnos é atribuído à natureza ou às causas, torna-se necessário, que haja presente em tais punhados de centenas de máquinas imateriais, de fato, as máquinas e fábricas para o número das plantas, ou para cada partícula daquela pequena quantidade de solo saber como fazer todas essas diferentes plantas, juntamente com as suas diferentes características e órgãos vivos; simplesmente, cada um teria que possuir conhecimento infinito e ilimitado poder como um deus.

O mesmo é verdadeiro para o ar, que é um lugar de manifestação máxima da vontade e da ordem Divina; ou teria de estar presente em uma escala de minutos em cada uma das moléculas, em cada lufada de vento, cada respiração, e na pequena quantidade de ar gasto com a palavra هُوَ, as inúmeras diferentes trocas, centros, receptores e transmissores de todos os telefones, telégrafos e rádios do mundo, de modo que cada um poderia realizar esses inúmeros atos ao mesmo tempo; ou então, cada partícula de cada molécula de ar exalado com هُوَ , e de fato do elemento ar, teria que possuir habilidades e personalidades para o número de todos os diferentes utilizadores de telefone, telegrafistas e aqueles que falam no rádio, e saber todas as suas diferentes línguas, e transmiti-las para as outras partículas ao mesmo tempo. Para tal situação é realmente aparente, e cada partícula de ar possui essa capacidade. Assim, nos caminhos dos incrédulos, naturalistas e materialistas não uma só impossibilidade, mas impossibilidades e dificuldades são claramente evidentes para o número de moléculas de ar.

Se atribuído ao Todo-glorioso Criador, no entanto, o ar, juntamente com todas as suas partículas, torna-se um soldado sob Seu comando. Com a permissão de seu Criador e por meio de Seu poder, e sendo ligado a seu Criador e dependendo d'Ele, e pela manifestação do Poder de seu Criador, em um instante, com a velocidade de um relâmpago, e com a facilidade de proferir a palavra هُوَ e o movimento do ar em ondas, seus inúmeros deveres universais são realizados tão facilmente como, um dever único ordenado de uma única partícula.

Ou seja, o ar torna-se uma página para as intermináveis, maravilhosos, e ordeiros escritos da caneta do poder, e suas partículas tornam-se as pontas da caneta, e suas funções, os pontos inscritos por ela. As funções do ar tornam-se, tão facilmente, como o movimento de uma única partícula.

Assim, enquanto na minha viagem de contemplação solicitado pelas frases لَا اِلٰهَ اِلَّا هُوَ, e, ﴿قُلْ هُوَ اللّٰهُ﴾ e ao mesmo tempo observando o mundo do ar e estudando a página desse elemento, eu testemunhei esta breve verdade com certeza absoluta, com clareza, e em detalhes. Entendi absolutamente que há na palavra هُوَ, no ar de sua enunciação, uma prova brilhante e lampejo da unidade Divina, e também no seu significado e alusões tal manifestação luminosa da unidade Divina e prova poderosa da unidade Divina, e nessa prova uma indicação de que uma vez que o pronome هُوَ é incondicional e indefinida, sugere a pergunta: "A que se refere?" que tanto o Alcorão Sagrado e aqueles que constantemente recitam os Nomes Divinos frequentemente repetem essa palavra sagrada na estação de unidade.

Se, por exemplo, há um ponto sobre um pedaço de papel branco e dois ou três outros pontos são misturados ao redor dele e, em seguida, alguém com numerosos postos de trabalho tenta distingui-lo, vai ficar confuso; e se muitos fardos são carregados em uma criatura pequena, ela será esmagada; e se numerosas palavras pronunciadas por uma língua e entram pelo ouvido, ao mesmo tempo, sua ordem será quebrada e eles serão uma confusão.

Apesar de este ser o caso, eu vi com toda a certeza que com a chave e o compasso de هُوَ, embora milhares de pontos diferentes, letras e palavras tinham sido colocados em cada molécula, e até mesmo em cada partícula do elemento ar, por meio do qual eu viajei em minha mente, nem eles se misturam nem estragam a sua ordem; e embora realizem um grande número de tarefas diferentes, são realizadas sem nenhuma confusão; e, apesar de cargas muito pesadas terem sido colocadas em cada molécula e partícula, elas as furam em ordem, sem atraso e exibirqualquer fraqueza em tudo. Vi milhares e diferentes palavras de todos os tipos entrarem com ordem perfeita sem serem misturadas e se estragarem de alguma forma, elas entram naquelas diminutas orelhas e emitidas daquelas minúsculas línguas, e por realizarem essas tarefas extraordinárias, cada partícula e cada molécula declara pelapela língua extasiada de seu ser e de sua perfeita liberdade, e pelo testemunho da língua e da verdade acima: لَا اِلٰهَ اِلَّا هُوَ e, ﴿قُلْ هُوَ اللّٰهُ﴾ e viajam entre ondas de ar conflitantes como tempestades e relâmpagos e trovões, sem de maneira alguma estragarem a sua ordem ou confundirem suas funções. Um dever não é um obstáculo para outro dever. Eu observei isso e estava totalmente certo.

Isso quer dizer que, cada partícula e parte do ar têm que possuir infinita sabedoria, conhecimento, vontade e poder, e as qualidades para ser absolutamente dominante sobre todas as outras partículas, de modo que pode ser o meio dessas funções se ralizarem, o que é absurdo e impossível ao número de partículas, e mesmo nenhum diabo poderia imaginar isso, ou então, e é evidente ao grau de conhecimento absoluto e visão e certeza absoluta que a página do ar funciona com o conhecimento infinito sem limites e sabedoria do Todo-Glorioso, e é a página de mudança para a caneta do Poder Divino e Determinação, e como uma placa para escrever e apagar, conhecido como uma Tábua da Aparência e Dissolução, que tem a função da Tábua Preservada no mundo de transformação e mudança.

Assim, tal como o elemento ar demonstra as maravilhas e manifestações acima mencionadas da unidade Divina apenas no dever de transmitir o som e mostra as impossibilidades de desorientação, então ele executa outras tarefas importantes em ordem e sem confundi-los, como a transmissão de forças e energias sutis, como a eletricidade, a luz, e as forças de atração e repulsão. Ao mesmo tempo, à medida que transmite estes, com perfeita ordem, realiza funções essenciais para a vida das plantas e dos animais, tais como a respiração e a polinização. Isso prova de forma decisiva, que é um lugar de manifestação máxima da vontade e da ordem Divina. Mostra com a firme conclusão de que isso prova que, de modo algum há qualquer possibilidade de do acaso, a força cega, surda natureza, causas confusas, e matéria incapaz, sem vida e desconhecida, interferir na escrita e nos deveres da página do ar. Eu entendi que cada partícula do ar e parte dele diz com a língua de seu ser: لَا اِلٰهَ اِلَّا هُوَ e, ﴿قُلْ هُوَ اللّٰهُ﴾

Assim como com a chave de هُوَ vi essas maravilhas no aspecto material do ar, assim também, com هُوَ, que o elemento do ar torna-se uma chave para o Mundo de Similitudes e o Mundo do Significado.

***

A Décima Quarta Palavra

بِسْمِ اللّٰهِ الرَّحْمٰنِ الرَّحِيمِ

﴿ الٓرٰ ۞ كِتَابٌ اُحْكِمَتْ آيَاتُهُ ثُمَّ فُصِّلَتْ مِنْ لَدُنْ حَكِيمٍ خَبِيرٍ ﴾[195]

[A fim de ascender a algumas das verdades elevadas do Alcorão Sagrado, e das Tradições, que são o verdadeiro expositor do Alcorão, vamos apontar uma série de comparações entre as verdades que são passos para ajudar os corações deficientes em submissão e obediência, e devem explicar na Conclusão uma lição objetiva e um mistério a respeito do favor Divino. Uma vez que dentre essas verdades, as comparações da Ressurreição e do Dia do Juízo terem sido mencionadas na Décima Palavra, e sua Nona Verdade em particular, não há necessidade de repeti-las. Aqui vamos mencionar apenas cinco "questões" como exemplos de outras verdades.]

A PRIMEIRA: Por exemplo, a fim de induzir a certeza sobre o versículo:

﴿ خَلَقَ السَّمٰوَاتِ وَالْاَرْضَ فِى سِتَّةِ اَيَّامٍ ﴾[196]

Esse nobre versículo alude ao mundo do ser humano e dos animais que vivem seis dias do Alcorão, o que consiste em um longo período de tempo, como talvez mil ou 50 mil anos. Para a tranquilidade do coração, e o convencimento total desta verdade sublime chamamos a atenção para os mundos em viagem, universos transitórios e passageiros cosmos que o Glorioso Criador cria a cada dia, a cada ano, a cada século, cada um dos quais é como um dia. É como se todos esses mundos fossem hóspedes como o ser humano. Ao comando de um Todo-Glorioso, a cada temporada o mundo está cheio e esvaziado.

A SEGUNDA: Por exemplo, os versículos:

﴿ وَلاَ رَطْبٍ وَلاَ يَابِسٍ اِلاَّ فِى كِتَابٍ مُبِينٍ ﴾[197] ۞ ﴿ وَكُلَّ شَيْءٍ اَحْصَيْنَاهُ فِى اِمَامٍ مُبِينٍ ﴾[198] ۞ ﴿ لاَ يَعْزُبُ عَنْهُ مِثْقَالُ ذَرَّةٍ فِى السَّمٰوَاتِ وَلاَ فِى الْاَرْضِ وَلاَ اَصْغَرُ مِنْ ذٰلِكَ وَلاَ اَكْبَرُ اِلاَّ فِى كِتَابٍ مُبِينٍ ﴾[199]

E outros versículos semelhantes que informam que "Todas as coisas juntamente com todos os seus estados são registrados antes de existir, após a sua existência, e depois de terem partido da existência." Destacamos que seja observado o Registrador Todo-Glorioso, incluindo e preservando de forma imaterial nas sementes e raízes das inúmeras criaturas bem ordenadas que Ele muda a cada temporada na página da terra, e, particularmente, na primavera, os índices de seus seres, histórias de vida e os princípios segundo os quais eles atuam. E quando eles morrem o inscrevê-los em forma imaterial com a mesma pena da Predestinação esses índices, as histórias de vida e os princípios nas sementes simples em seus frutos; e cada primavera que passa até mesmo o preservá-los quer frescos ou secos em perfeita ordem em sementes como rodelas secas de madeira e ossos, limitadas e minúsculas. É como se a cada primavera fosse anexado como uma flor à face da terra de forma extremamente ordenada e equilibrada, pela mão de um Belo e Todo-Glorioso, em seguida, arrancado dele; cada um fosse colocado nela, em seguida, removido. Enquanto a realidade é esta, uma das mais estranhas formas de desorientação do homem é que ele chama esta escrita natural, esta inscrição cheia de arte, este padrão passivo da sabedoria que é um índice da arte dominical e só uma reflexão e manifestação da Tábua Preservada, "natureza", e considera-o como a fonte ativa e eficaz.

أَيْنَ الثَّرَا مِنَ الثُّرَيَّا[200] Pode haver qualquer comparação entre a realidade e as opiniões do negligente?

A TERCEIRA: Por exemplo, a fim de ascender à verdade que o Portador das Notícias Claras descreveu sobre os Portadores do Trono, os anjos apontados para a terra e os céus, e os outros tipos de anjos, afirmando que eles glorificam a Allah com quarenta mil cabeças, e com as quarenta mil línguas em cada cabeça e em quarenta mil maneiras em cada língua, considere o seguinte cuidado. Por meio de versículos como:

﴿ تُسَبِّحُ لَهُ السَّمٰوَاتُ السَّبْعُ وَالْاَرْضُ وَمَنْ فِيهِنَّ ﴾[201] ۞ ﴿ سَخَّرْنَا الْجِبَالَ يُسَبِّحْنَ مَعَهُ ﴾[202] ۞ ﴿ اِنَّا عَرَضْنَا الْاَمَانَةَ عَلَى السَّمٰوَاتِ وَالْاَرْضِ وَالْجِبَالِ ﴾[203]

O Todo-Glorioso expressa claramente que mesmo o maior e o mais universal dos seres demonstra glorificá-Lo de acordo com sua universalidade e de uma forma adequada à sua vastidão. E parece ser assim. Assim como as palavras de glorificação dos céus, que são um oceano glorificando a Allah, são os sóis, as luas e as estrelas, de modo que as palavras de louvor da terra, uma coisa voando louvando e glorificando, são os animais, as plantas e as árvores. Isso quer dizer que, assim como cada árvore e cada estrela tudo executa determinadas formas de glorificação, o mesmo acontece com a terra e todas as partes da terra, e cada montanha e vale, e a terra e o mar, e as esferas do firmamento e as constelações no céu todos executam formas universais de glorificação. A terra, que possui esses milhares de cabeças contendo milhares de línguas, certamente tem um anjo designado a ela que traduz e exibe no Mundo das Similitudes as flores de glorificação e os frutos de louvor realiza com cada um, e a quem representa e os proclama no mundo dos espíritos.

De fato, se inúmeras coisas assumem a forma de uma coletividade, uma personalidade coletiva vem a ser. Se a coletividade alvoraçar-se e tornar-se uma unidade, terá uma personalidade coletiva e uma espécie de espírito que irá representá-lo, e um anjo nomeado que realizará o seu dever de glorificação. Como exemplo, olhe o olmo na frente do meu quarto aqui, uma poderosa palavra da boca de Barla[204] e a língua desta montanha: ver quantas centenas de línguas de ramos menores há nos três principais ramos de seu tronco. Estudem cuidadosamente quantas centenas de palavras de frutas bem ordenadas e equilibradas têm, e quantas centenas de cartas de sementes aladas bem proporcionadas; assim como você ouve e vê como eloquentemente elogia e glorifica o Criador Todo-Glorioso, o proprietário do comando de [205]﴿ كُنْ فَيَكُونُ ﴾, assim, também, o anjo designado a ela representa a sua glorificação com inúmeras línguas no Mundo de Significados. A sabedoria exige que seja assim.

A QUARTA: Por exemplo, considere a verdade elevada expressa por versículos como:

﴿ اِنَّمَا اَمْرُهُ اِذَا اَرَادَ شَيْئًا اَنْ يَقُولَ لَهُ كُنْ فَيَكُونُ ﴾[206] ۞ ﴿ وَمَا اَمْرُ السَّاعَةِ اِلاَّ كَلَمْحِ الْبَصَرِ ﴾[207] ۞ ﴿ وَ نَحْنُ اَقْرَبُ اِلَيْهِ مِنْ حَبْلِ الْوَرِيدِ ﴾[208] ۞ ﴿ تَعْرُجُ الْمَلٰئِكَةُ وَالرُّوحُ اِلَيْهِ فِى يَوْمٍ كَانَ مِقْدَارُهُ خَمْسِينَ اَلْفَ سَنَةٍ ﴾[209]

O que o Absolutamente Poderoso que cria as coisas com tanta facilidade e rapidez, com tal facilidade e falta de problemas, aparece e se entende que Ele o faz com um simples comando. Além disso, embora o Todo-Poderoso Criador esteja infinitamente perto dos seres, eles estão infinitamente distantes d'Ele. E ainda, apesar de Seu poder infinito e glória, atribui importância a eles, Ele também põe em ordem os assuntos mais insignificantes e inferiores, e não lhes nega a beleza de Sua arte. Assim, a ordem perfeita dentro de absoluta facilidade observada em seres atesta a existência dessa verdade do Alcorão. A comparação a seguir demonstra o seu significado e sabedoria. Por exemplo: وَ لِلّٰهِ الْمَثَلُ الْاَعْلٰى[210] os deveres que o sol exibe pelo comando dominical e subjugação Divina, que é como um espelho denso para o Nome Divino de Luz entre os Nomes Mais Belos do Criador Todo-Glorioso, traz esta verdade maais perto da compreensão. É como se segue:

Embora por sua elevação, o sol esteja infinitamente perto de todas as coisas transparentes e brilhantes, de fato, está mais perto deles do que eles mesmos, e embora tenha um efeito neles de várias maneiras, como por meio de sua manifestação, a sua imagem, e seu poder de disposição, os objetos transparentes estão milhares de anos distantes, eles não podem, de forma alguma ter um efeito sobre ele, eles não podem reclamar de estar próximo a ele. Além disso, ser o sol como presente e ser visto em todas as partículas transparentes, onde quer que a sua luz entre, é entendida por meio da reflexão do sol e sua imagem de ser aparente, de acordo com as capacidades e as cores das partículas. Além disso, a abrangência e penetração do aumento do sol para a vasta extensão de sua luminosidade. É por causa da grandeza de sua luminosidade que as coisas mais ínfimas não podem se esconder ou fugir dela. Isto significa que por meio do mistério da luminosidade, sua imensa vastidão não exclui mesmo as coisas ainda insignificantes e minúsculas; ao contrário, leva-os dentro da esfera de sua compreensão. Além disso, se supuséssemos o impossível imaginaríamos o sol agindo com vontade nas tarefas e manifestações de suas exposições, com a permissão Divina ele funcionaria com tanta facilidade, rapidez e amplitude em tudo, desde as partículas, gotículas e a superfície do mar até os planetas, que seria suposto que executaseessas alienações poderosos em um simples comando. Uma partícula e um planeta seriam iguais ante o seu comando. O brilho que concederia na superfície do mar, conferiria também com perfeita ordem a uma partícula de acordo com a capacidade da partícula.

Assim, vemos que o sol, que é uma bolha luminosa nos mares dos céus e um pequeno e denso espelho que reflete a manifestação do Nome do Absolutamente Poderoso da Luz, notavelmente exibe exemplos dos três princípios desta verdade alcorânica. Então, não há dúvida que a luz e o calor do sol são como a terra em comparação à sabedoria, ao poder de Quem é [211] يَا نُورَ النُّورِ ۞ يَا مُنَوِّرَ النُّورِ۞يَا مُقَدِّرَ النُّورِ, tudo vê e está infinitamente perto de todas as coisas com o Seu conhecimento e poder, e que as coisas estão totalmente distantes d'Ele, e que Ele faz coisas com tanta facilidade que é entendido que Ele cria com a facilidade e rapidez a um simples comando, e que nada, grande ou pequeno, particular ou universal, pode escapar da esfera de Seu poder, e que a Sua magnificência engloba todas as coisas. E issotem deser acreditado.

A QUINTA: Embora os limites da vastidão do Monarca da Pré-Eternidade e Religiosidade de Pós-Eternidade e o enormidade de Sua Divindade estendida de:

﴿وَمَا قَدَرُوا اللّٰهَ حَقَّ قَدْرِهِ وَالْاَرْضُ جَمِيعاً قَبْضَتُهُ يَوْمَ الْقِيَامَةِ وَالسَّمٰوَاتُ مَطْوِيَّاتٌ بِيَمِينِهِ﴾ [212]

Para

﴿وَاعْلَمُوا اَنَّ اللّٰهَ يَحُولُ بَيْنَ الْمَرْءِ وَقَلْبِهِ﴾ [213]

De,

﴿اَللّٰهُ خَالِقُ كُلِّ شَيْءٍ وَهُوَ عَلَى كُلِّ شَيْءٍ وَكِيلٌ﴾ [214]

Para

﴿يَعْلَمُ مَا يُسِرُّونَ وَمَا يُعْلِنُونَ﴾ [215]

De

﴿خَلَقَ السَّمٰوَاتِ وَالْاَرْضَ﴾ [216]

Para

﴿خَلَقَكُمْ وَمَا تَعْمَلُونَ﴾ [217]

De

﴿ مَا شَاءَ اللّٰهُ لَا قُوَّةَ اِلَّا بِاللّٰهِ ﴾[218]

Para

﴿ وَمَا تَشَاؤُنَ اِلَّا اَنْ يَشَاءَ اللّٰهُ ﴾[219]

Esses nobres versículos mostram a abrangência dos limites da grandeza do Senhorio do Glorificado seja. Qual é o propósito de Suas queixas severas, as ameaças graves e impressionantes do Alcorão contra os filhos de Adão, tão impotentes, infinitamente débeis, absolutamente pobres e infinitamente mais necessitados, que possuem vontade apenas parcial e não têm nenhum poder de criar? De que forma é conformável, e como ele é apropriado? A fim de se convencer desta profunda e elevada verdade, considere as duas seguintes comparações:

Primeira Comparação: Por exemplo, havia um jardim real no qual inúmeras plantas frutíferas e coisas floridas foram encontradas. Muitos funcionários foram designados para cuidar do jardim. O dever de um dos funcionários era abrir o canal de água de modo que pudesse se espalhar por todo o jardim e se beneficiar dela. Mas o funcionário era preguiçoso e não abriu o canal, causando danos ao crescimento do jardim, ou fazendo secar as plantas. Todos os outros funcionários tinham o direito de reclamar, não da arte dominical do Criador, da supervisão real do sultão e do serviço obediente da luz, do ar e da terra, mas do funcionário tolo, pelas suas infrutíferas funções, ou pelo mal causado por ele.

Segunda Comparação: Por exemplo, o deixar de cumprir o dever menor em um navio real poderoso, um homem comum prejudica os resultados das funções de todos os outros empregados a bordo do navio, e causando que alguns deles nada produzam. O dono do navio vai reclamar asperamente dele, em nome de todos os outros. E o culpado não pode dizer: "Eu sou apenas uma pessoa comum. Eu não mereço essa severidade por causa da minha omissão sem importância." Uma vez que um único exemplo de inexistência resulta em inúmeros exemplos de não existência, ao passo que a existência produz resultados de acordo com a sua espécie. Embora a existência de uma coisa dependa da existência de todas as condições e causas, enquanto a sua inexistência e a sua remoção ocorre com a remoção de uma única causa quanto aos resultados da não existência de uma única causa em particular. Por isso "a destruição é muito mais fácil do que a construção" tornou-se um princípio universalmente aceito. Uma vez que as bases de incredulidade e desorientação, da rebelião e do pecado são negação e rejeição, eles são um abandono e inaceitação. Por mais positiva e posse de existência aparcçam superficialmente, na realidade, são remoção e inexistência. Em tal caso, eles são um crime contagioso. Assim como eles causam danos aos resultados dos atos de outros seres, de modo que desenham um véu sobre a manifestação das belezas dos Nomes Divinos.

O Monarca de Seres, Cujo direito é para fazer essas inúmeras reclamações, e assim profere reclamações impressionantes do homem rebelde em nome desses seres. E fazê-lo é sabedoria perfeita. O homem rebelde é certamente merecedor das ameaças graves e terríveis; sem dúvida ele as merece.

***

CONCLUSÃO

بِسْمِ اللّٰهِ الرَّحْمٰنِ الرَّحِيمِ

﴿وَمَا الْحَيٰوةُ الدُّنْيَا اِلاَّ مَتَاعُ الْغُرُورِ﴾[220]

[Uma bofetada para os desatentos e uma lição de advertência]

Ó minha alma miserável afundada em negligência, que vê esta vida tão doce, esqueceu a Outra Vida, e busca apenas este mundo! Você sabe o que você se parece? Uma avestruz! Ela vê o caçador, mas não pode voar, então enfia a cabeça na areia para que o caçador não a veja. Seu corpo volumoso permanece à mostra, e o caçador a vê. Apenas, seus olhos estão fechados na areia e não pode ver. Ó minha alma, considere a seguinte comparação, e veja!

Restringindo nossa visão a este mundo, transforma um grande prazer em uma dor grave. Por exemplo, há dois homens nesta vila, ou seja, em Barla. Noventa e nove por cento dos amigos de um deles foram para Istambul, onde estão vivendo em grande estilo. Apenas um permanece aqui, e ele também vai para lá. Por esta razão, o homem anseia por Istambul e pensa nisso; ele quer se juntar aos seus amigos. Quando lhe é dito para ir até lá, ele fica muito feliz e vai alegremente. Quanto ao segundo homem, noventa e nove por cento de seus amigos já partiram daqui. Mas alguns já morreram, e alguns foram colocados em lugares onde nem veem, nem são vistos. Ele imagina que eles já partiram e desapareceram na miséria absoluta. Este homem miserável torna-se amigo de um único convidado no lugar de todos eles, e quer encontrar consolo. Por meio dele, ele quer esquecer sua dor atroz da separação.

Ó minha alma! Em primeiro lugar o amado de Allah, e todos os seus amigos, estão além do túmulo. Só sobrou um ou dois que estão, também, prontos para partir para lá. Portanto, não tenha medo da morte nem receio do túmulo. Olha corajosamente o túmulo, e ouve o que ele procura. Ri na cara da morte como homem, e vê o que ela quer. Cuidado, não seja negligente e assemelhe-se ao segundo homem.

Ó minha alma! Não diga: "Os tempos mudaram, esta época é diferente, todo mundo está mergulhado neste mundo e adora esta vida. Todo mundo está envolto com a luta pela sobrevivência." Pois a morte não muda. A separação não é transformada em permanência e não se torna diferente. A impotência e a pobreza do homem não mudam, elas aumentam. A jornada do homem não é encurtada, torna-se mais rápida.

Além disso, não diga: "Eu sou como todo mundo", porque ninguém de seus amigos irá acompanhá-lo a não ser até a boca do túmulo, e o consolo de estar junto com todos os outros no desastre não tem significando além-túmulo. E não suponha ser livre e independente. Porque, se você olhar para esta casa de hóspedes do mundo com o olho da sabedoria, você verá que nada é sem fim e sem propósito. Como você pode permanecer fora da ordem e sem propósito? Os eventos no mundo como terremotos não são os brinquedos do acaso. Por exemplo, você vê que as camisas extremamente bem-ordenadas e finamente bordadas, uma sobre a outra e uma dentro da outra, que estão vestidas na terra das espécies de animais e plantas, são adornadas e enfeitadas de cima para baixo, com propósitos e exemplos de sabedoria, e você sabe que a Terra gira e está ligada como um enlevado Mevlevi em perfeita ordem dentro de objetivos mais exaltados. Como é, então, como os ateus publicaram, eles supõem os eventos manchados de morte da terra, como o terremoto[I], que se assemelha ao tremor de terra para tirar o peso de certas formas de negligência das quais desaprova da humanidade e, especialmente, dos crentes, por ser sem propósito e resultado do acaso? Como é que eles mostram as perdas graves de todos aqueles que são atingidos ficarem sem recompensa e terem ido para nada, e lançá-los em um desespero terrível? Ambos estão cometendo um grande erro e perpetrando uma grande infração. Na verdade, esses eventos ocorrem ao comando do Todo-sábio e Todo-Compassivo, a fim de transformar a propriedade transitória dos crentes no equivalente a esmola, e torná-la permanente. E eles estão expiando os seus pecados decorrentes da ingratidão com generosidades. Assim como um dia virá em que esta terra subjugada verá as obras do homem, que são o adorno do seu rosto, a ser contaminados pela atribuição de parceiros a Allah, e não para ser a causa de agradecimento, e ele vai encontrá-los feios. Ao comando do Criador, ele irá riscá-los de todo o seu rosto e purificá-lo. Ao comando de Allah, ele derramará aqueles que atribuem parceiros a Allah no Inferno, e dizer a quem agradece: "Venha e entre no Paraíso!"

***

[I] Isto foi escrito em conexão com o terremoto de Izmir.

O TERMO ADITIVO À DÉCIMA QUARTA PALAVRA

بِسْمِ اللّٰهِ الرَّحْمٰنِ الرَّحِيمِ

﴿ اِذَا زُلْزِلَتِ الْاَرْضُ زِلْزَالَهَا ۞ وَاَخْرَجَتِ الْاَرْضُ اَثْقَالَهَا ۞ وَقَالَ الْاِنْسَانُ مَالَهَا

۞ يَوْمَئِذٍ تُحَدِّثُ اَخْبَارَهَا ۞ بِاَنَّ رَبَّكَ اَوْحَى لَهَا ﴾ الخ [221]

Esta Surata afirma definitivamente que, nos seus movimentos a terra treme a um comando, ao receber a revelação e inspiração. E às vezes ela treme.

[Alertado por uma inspiração, as respostas me ocorreram a seis ou sete perguntas menores relacionadas com os terremotos atuais, importantes do ponto de vista de seu significado. Embora em várias ocasiões eu pretendesse escrevê-los em detalhe, a permissão não foi dada, então eles foram escritos de forma breve e em resumo.]

Primeira pergunta: Mais angustiante do que o desastre material do presente terremoto, grave são os seus aspectos imateriais; o desespero e o medo de mais terremotos estão destruindo o descanso noturno da maioria das pessoas na maior parte das áreas. Qual é a razão para este terrível tormento?

A resposta, mais uma vez no que diz respeito ao seu significado: Foi dito que os bêbados, as canções licenciosas, algumas das quais foram executadas por meninas, sendo transmitidas com enlevo pela rádio durante as orações taráwih do mês de Ramadan em todos os cantos deste centro abençoado do Islam resultou no tormento desse medo.

Segunda pergunta: Por que esses golpes celestiais não acontecem aos descrentes em seus países? Por que eles são acontecem somente aos infelizes muçulmanos?

A Resposta: Assim como a punição por grandes erros e crimes é adiada e feita nos grandes centros, e a punição para pequenos crimes é feita rapidamente em pequenos centros, como consequência de uma instância importante de sabedoria, a punição da maior parte dos crimes dos incrédulos é adiada para o Juízo Final, enquanto a punição para faltas dos crentes é, em parte dada neste mundo.[1]

Terceira pergunta: Qual é a razão para este desastre, que decorre da injustiça de alguns indivíduos, havendo num grau geral em todo o país?

A Resposta: Os desastres gerais resultam da ilegalidade da maioria: a maioria das pessoas em vigor participa nas ações dos indivíduos tirânicos, apoiando-os ativamente ou moralmente ou em alguma conexão.

Quarta Pergunta: Uma vez que o desastre de um terremoto resulta de delito e é expiação de pecados, por que os inocentes e os que não têm culpa são atingidos por ele? Como a justiça Divina permite isso?

A resposta, mais uma vez no que diz respeito ao seu significado: Uma vez que este assunto diz respeito ao mistério da Predestinação, encaminho-os para a Risale-i Nur

---

[1] Além disso, ao abandonar uma religião revogada e corrompida, pessoas como os russos não incorrem na ira Divina ao ponto daqueles que traem a verdadeira e eterna religião que não pode ser revogada. Assim, a terra deixa-los no presente, e exibe sua raiva àqueles aqui.

e aqui só digo isto:

﴿ وَاتَّقُوا فِتْنَةً لَا تُصِيبَنَّ الَّذِينَ ظَلَمُوا مِنْكُمْ خَاصَّةً ﴾[222]

Ou seja, cuidado com a calamidade ou catástrofe que quando ocorre não se restringe a malfeitores, mas atinge os inocentes também.

O mistério do versículo acima é o seguinte: este mundo é um campo de experimentação e análise, e um lugar de luta, onde o homem é responsável por seus atos.

A prestação de contas e o exame exige que a realidade permaneça velada de tal forma que da concorrência e luta Abu Bakr pôde subir ao mais alto posto e Abu Jahl ingressar no mais baixo dos postos. Se o inocente permaneceu intocado por tais desastres, o de Abu Jahl se apresentaria como o de Abu Bakr, e a porta de progresso espiritual e moral com esforço seria fechada e o mistério da responsabilidade estragado.

Uma vez que a sabedoria Divina exige que oprimido e opressor sejam juntos atingidos por desastre, qual é, então, a participação dos miseráveis oprimidos na misericórdia e na justiça Divina?

Foi dito em resposta a esta pergunta: para eles há uma manifestação de misericórdia dentro do furor e de ira no desastre. Pois, assim como a propriedade transitória do inocente torna-se como esmolas e ganhos de permanência, a relativa, a pouca e temporária dificuldade e o tormento é uma forma de martírio para eles que também ganha por suas vidas transitórias, uma vida permanente. O terremoto concede-lhes um lucro enorme, perpétuo, então para eles é um exemplo da misericórdia Divina dentro da ira.

Quinta Pergunta: Por que o Justo e Clemente, Poderoso e Onisciente não ministra punições específicas para determinados erros, mas inflige com um elemento poderoso? Está isso de acordo com a beleza de Sua misericórdia e Seu poder abrangente?

A Resposta: O Todo-Poderoso e Glorioso estabeleceu inúmeros deveres a cada elemento e por meio de cada dever fê-los produzir inúmeros e diferentes resultados. Se um só resultado de um dos deveres de um elemento é feio, mau, ou calamitoso, os outros bons resultados tornam este resultado bom também. Se o elemento, que está com raiva no ser humano, é impedido desse dever, de modo que o único resultado feio não ocorra, então bons exemplos ao número dos bons resultados serão abandonados. E assim, uma vez que não fazer o bem necessário é mal, os exemplos do mal serão perpetrados com o número de exemplos do bem. Um único mal não ocorrendo seria extremamente feio, contrário à sabedoria, contrário à realidade, e uma falha. E o poder, a sabedoria e a realidade estão livres de falha. Já que certos erros constituem rebelião abrangente o suficiente para enraivecer a terra e os elementos, e são uma agressão insultante contra os direitos de numerosas criaturas, com certeza, a fim de demonstrar a feiura extraordinária de tal crime, o comando que está sendo dado a um elemento poderoso para "reprimi-los" entre os seus outros deveres gerais, é perfeita sabedoria, justiça, e para os oprimidos, a misericórdia perfeita.

Sexta Pergunta: Os negligentes e os descuidados espalham que o terremoto resultou de uma falha nos estratos de rochas no interior da terra, considerando-o como um acontecimento fortuito, natural, e sem finalidade. Eles não veem as causas não materiais e os resultados, para recobrarem os juízos. Será que a "matéria", em que se baseiam para seus pontos de vista, tem alguma realidade?

A Resposta: Não tem nenhuma realidade que não seja desorientação pelo seguinte motivo: toma a mosca de todas as espécies na terra, que a cada ano está vestida e muda mais de cinquenta milhões de finamente bordadas vestimentas: a intenção, a vontade, o propósito e a sabedoria manifestadas na asa de uma única mosca, que é apenas um de centenas seus órgãos fora dos números incontáveis de todas as moscas sobre a face da terra, o fato de que não é negligenciada ou deixada à própria sorte, mostra que os atos significativos e estados do enorme globo da terra, que é o berço, a mãe, o lugar de recurso, e protetor dos seres inumeráveis conscientes - nenhum aspecto dela seja particular ou universal - pode estar fora da vontade divina, escolha e propósito. No entanto, como é exigido por Sua sabedoria, Possuidor do poder absoluto torna causas aparentes um véu às Suas alienações. Quando Ele quer um terremoto, e às vezes Ele os causa, Ele ordena o movimento dos estratos e inflama-os. Mesmo que os resultados deste movimento ou uma falha nos estratos, ele ainda está na ordem Divina e de acordo com a Sua sabedoria; ele não pode ocorrer em qualquer outra forma.

Por exemplo, um homem atirou em outro com um rifle. Se o homem que disparou o tiro for inteiramente desconsiderado, e que só havia pólvora na bala for levado em consideração, os direitos da vítima miserável seriam completamente violados, e seria o epítome da insensatez. Da mesma maneira, para esquecer o comando dominical sobre a terra, que é um oficial dócil do Todo-Poderoso e Glorioso, em vez disso, um navio ou um avião seu: "Explode uma bomba no interior da terra preparada com a sabedoria e vai, a fim de despertar os desatentos e os rebeldes"; esquecer isso e se desviar para a 'natureza, é o auge da estupidez.

Uma Adição à Sexta Pergunta e à Nota de Rodapé: Para defender o seu caminho e combater o despertar dos crentes e impedi-los, o povo de desorientação e os ateus exibem uma obstinação tão estranha e uma estupidez tão peculiar que faz a pessoa se arrepender de sua humanidade. Por exemplo, a fim de fazer os homens desistirem de sua má e injusta rebelião que recentemente assumiram de uma forma geral, e despertar a humanidade e fazê-la renunciar a esta revolta incrível e reconhecer O Soberano do universo, a Quem não querem reconhecer, o Criador dos céus e da terra, não por causa de um título particular, mas como Sustentador e Governante de todo o universo e de todos os mundos e por uma geral e generalizada manifestação em todo o universo na esfera universal de Sua religiosidade – atingiu a humanidade no rosto com calamidades impressionantes e generalizadas como terremotos, tempestades e guerras mundiais, por meio dos elementos universais irritantes – pela água, o ar e a eletricidade, que são incomparáveis e constantes – e tem demonstrado por eles em forma mais clara Sua sabedoria, poder, justiça e autossubsistência. Embora este seja o caso, certos demônios desmiolados em forma humana respondem a estes sinais dominicais universais e repreensões divinas com uma obstinação insensata, dizendo:

"É a natureza. É a explosão de alguns estratos debaixo da terra e apenas acaso. É o calor do sol se chocando com a eletricidade, que aconteceu nos Estados Unidos e trouxe todas as máquinas a uma paralisação por cinco horas, e também fez com que a atmosfera na Província de Kastamonu ficasse vermelha e tomasse a aparência de uma conflagração." Eles proferem disparates sem sentido como esses. Devido a uma ignorância sem limites resultantes da desorientação e uma obstinação feia decorrente de ateísmo agressivo, eles não sabem que as causas são apenas pretexto e véu. A pequena semente tomando o lugar de uma aldeia cheia de fábricas e teares para tecer e produzir os membros de um pinheiro tão grande como uma montanha mostra isso. Ao dizer: "A árvore surgiu a partir da semente", que, na verdade, nega os mil milagres exibidos na árvore de pinho, e apresenta uma série de causas aparentes. Eles reduzem a nada o enorme ato dominical trabalhado com vontade e sabedoria do Criador. Às vezes, eles atribuem um nome científico a uma verdade mais profunda, incognoscível, e importante que tem efeitos em milhares de aspectos, como se pelo nome tivesse sido entendida. Quando é feita meramente banal e sem propósito, sabedoria, ou significado.

Então, venha e veja os inúmeros graus de estupidez e loucura! Eles atribuem um nome a uma verdade tão profunda, ampla e desconhecida que poderia ser completamente compreendida somente se ela, seus propósitos e exemplos de sabedoria fossem descritos em uma centena de páginas. Como se fosse algo óbvio eles dizem: "É isso." Por exemplo: "É uma substância no sol entrando se chocando com a eletricidade." Além disso, eles atribuem um evento dominical particular e intencional a uma das leis naturais, que são cada um os títulos da vontade universal, e da soberania universal e abrangente, e são conhecidos como "leis divinas." Ao fazer isso, eles cortam sua conexão com a vontade e escolha Divina, então referindo-o ao acaso e à natureza. Eles exibem uma ignorância mais profunda do que de Abu Jahl. É uma loucura rebelde como se atribuisse a batalha vitoriosa de um soldado individual ou um batalhão com os regulamentos e disciplina militares, e cortasse a sua ligação com o comandante, o rei, o governo e a ação intencional.

Da mesma forma, se um artesão de prodígios produz uma tonelada de vários produtos alimentares e uma centena de metros de diversos panos de uma lasca de madeira do tamanho de unha, como a criação de uma árvore frutífera de uma semente, e alguém aponta para a lasca de madeira e declara que estas coisas aconteceram "naturalmente" e "por acaso", reduzindo a nada a arte e as habilidades maravilhosas do artesão, que loucura absoluta seria. É exatamente o mesmo...

Sétima Pergunta: O que deve ser entendido deste evento de acontecimento da terra ao povo muçulmano desse país e que está sendo destinado a eles? E por que as áreas de Erzincan e Izmir são mais afetadas?

A Resposta: Como é indicado por muitos sinais, que o evento que ocorreu durante um duro inverno na escuridão da noite em clima severamente frio, e sua restrição a uma região onde não se respeita o mês de Ramadan, e os terremotos continuam levemente, a fim de despertar os negligentes – isso sugere que os terremotos são destinados a olhar aos crentes e estão sacudindo a terra, a fim de avisá-los a realizarem a salat, fazerem súplicas, e implorarem por segurança. Há duas razões de lugares como a desafortunada Erzincan sendo mais abalada do que em outros lugares:

Uma: Uma vez que os seus defeitos são poucos, sua expiação foi acelerada.

A Segunda: Existe a possibilidade de lugares em que há poucos fiéis defensores da fé e protetores do Islam serem derrotados parcial ou totalmente, se os ateus estabelecerem um centro efetivo de atividade. é possível que estejam indefesos [223] لَا يَعْلَمُ الْغَيْبَ اِلَّا اللّٰهُ

﴿سُبْحَانَكَ لَا عِلْمَ لَنَا اِلَّا مَا عَلَّمْتَنَا اِنَّكَ اَنْتَ الْعَلِيمُ الْحَكِيمُ﴾[224]

***

A Décima Quinta Palavra

بِسْمِ اللّٰهِ الرَّحْمٰنِ الرَّحِيمِ

﴿وَلَقَدْ زَيَّنَّا السَّمَاءَ الدُّنْيَا بِمَصَابِيحَ وَجَعَلْنَاهَا رُجُومًا لِلشَّيَاطِينِ﴾[225]

Ó aqueles que foram educados em escolas modernas em questões sem alma de astronomia cujo cérebro foi reduzido pelo estudo das matérias, cuja mente só acredita no que vè, e que não consegue assimilar o poderoso mistério do versículo acima em seu cérebro restrito! O céu do versículo só pode ser alcançado por uma escada de sete degraus. Venha, vamos escalá-las juntos!

PRIMEIRO DEGRAU: A verdade e a sabedoria exigem que os céus tenham habitantes que lhes são apropriados, como a terra tem. De acordo com a Chari'a, aqueles vários seres são chamados de anjos e seres espirituais. A realidade requer que seja assim, pois, apesar de seu pequeno tamanho e insignificância, a terra sendo preenchida com seres vivos e conscientes, então esvaziada ao longo do tempo e mais uma vez repovoada sugere, de fato deixa claro, que os céus também, em que há constelações magníficas e são como palácios adornados, devem preenchidos com criaturas conscientes e perceptivos. Como homens e gênios, essas criaturas são espectadores do palácio do universo, os observadores do livro da criação, e os arautos da soberania de religiosidade. Pelo universo estar vestido e embelezado com inúmeros adornos, enfeites e ornamentos, evidentemente, exige que os olhares atenciosos de quem o apreciará e o contemplará. Certamente, a beleza exige um amante e o sustento é dado a quem tem fome. No entanto, o homem e os gênios são capazes de realizar apenas um milionésimo desse dever sem fim, esta grande visão, esta extensa adoração. Ou seja, os tipos infinitos de anjos e seres espirituais são necessários para desempenhar essas funções sem fim e adoração diversificada.

Como é indicado por certas narrações e a sabedoria na ordem do universo, alguns tipos de corpos viajantes, de planetas até as minúsculas gotas, são as montarias de um tipo de anjo. Pode-se dizer que eles os montam com permissão de Allah e viajam no mundo manifesto e o observam. Também pode-se dizer que um tipo de corpos de animais como as aves do Paraíso chamadas de "aves verdes"[226] em um Hadice, e as moscas e os mosquitos, são aeronaves para um tipo de seres espirituais. Eles se inserem em seus corpos por ordem de Allah, viajando por todo o universo físico, observando os milagres da criação pelas janelas dos sentidos dos corpos dos animais.

O Criador Generoso, Que cria continuamente da terra densa e a água turva vida sutil e seres perceptivos luminosas da terra densa, com certeza também cria seres conscientes adequados para o espírito e a vida, a partir desses mares de luz e até mesmo dos oceanos das trevas. E Ele cria-os em grande abundância

A existência de anjos e seres espirituais foi provada com a certeza de dois mais dois é igual a quatro em meu tratado intitulado Nokta (Ponto), e na Vigésima Nona Palavra. Se desejar, você pode se referir a eles.

SEGUNDO DEGRAU: A terra e os céus estão conectados um ao outro como dois países sob um único governo. Existem importantes relações e transações entre eles. Coisas necessárias para a terra, como luz, calor, bênçãos e misericórdia na forma de chuva vêm do céu, isto é, eles são enviados. De acordo com o consenso das religiões reveladas, que são fundadas na revelação, e o acordo de todos aqueles que desvendam os mistérios do universo, contando com o que testemunharam, os anjos e os seres espirituais descem à terra dos céus. A partir disso, pode ser entendido por meio de uma suposição tão certa que quase pode ser sentida que para os habitantes da Terra, há uma maneira de ascender aos céus.

Na verdade, a mente de todos, a imaginação e o olhar sobem perpetuamente para os céus. Assim também, depois de ter descartado toda opressão que os espíritos dos profetas e santos sobem lá com a permissão de Allah, tendo despojado seus corpos, os espíritos dos mortos. Uma vez que aqueles que se tornam luz e sutilmente sobem para o céu, com certeza, um tipo de os habitantes da terra e o ar que estão vestidos com o que se assemelha a um corpo e são leves e sutis como espíritos podem subir lá.

TERCEIRO DEGRAU: O silêncio e a tranquilidade dos céus, e sua ordem e regularidade, a vastidão e a luminosidade, mostram que seus habitantes não são como os da terra; eles são obedientes, fazem o que lhes é ordenado. Porque o país é muito grande nada há que cause superlotação e disputas. Suas naturezas são puras, eles são inocentes, suas estações são fixas.

Na terra, os opostos se juntam, os males são misturados com o bem, e as disputas começam entre eles. Por esta razão, a disputa e o sofrimento nascem. E a partir deles exame e competição estão definidos. E a partir disso progresso e retrocesso ocorrem. A sabedoria nestes fatos é a seguinte:

O homem é o fruto da árvore da criação, sua parte mais distante. É bem conhecido que o fruto de algo é sua parte mais distante, mais abrangente, mais delicada, e mais importante. Portanto, desde que o homem, que é o fruto do universo, é o mais abrangente, mais maravilhoso, mais impotente, mais fraco, e mais sutil milagre do poder, a terra, que é o seu berço e morada, é o coração e o centro de todo o universo no que diz respeito ao significado e à arte, apesar de ser fisicamente pequena e insignificante em relação aos céus; é o lugar de exposição e exibição de todos os milagres de arte; e o visor e ponto de foco de todas as manifestações dos Nomes Divinos; o lugar de reunião e reflexão da atividade dominical interminável; os meios e o mercado de criatividade Divina ilimitada, cuja generosidade é especialmente evidente nas inúmeras pequenas espécies de plantas e animais; o lugar, numa pequena medida, de amostras de artefatos que podem ser encontrados nos verdadeiramente vastos mundos da Outra Vida; a oficina operando rapidamente os têxteis eternos; o lugar em rápida mudança de imitação de panoramas eternos; o campo temporário, estreito e o preparo rápido das sementes para jardins intermináveis.

Assim, é por causa dessa grandeza imaterial da terra,[1] e sua importância no que diz respeito à arte, que o Alcorão Sagrado coloca-a em pé de igualdade com os céus, embora seja como uma pequena fruta de uma árvore enorme. Ele a coloca em um prato de uma balança e a totalidade do resto do universo do outro. Ele diz repetidamente:

﴿ رَبُّ السَّمٰوَاتِ وَ الْاَرْضِ ﴾[227]

Além disso, a rápida, constante mudança e transformação da terra, que surge a partir dos exemplos de sabedoria mencionados acima, exige que seus habitantes passem por mudanças de acordo com ela. E, porque esta terra limitada manifesta milagres ilimitados de poder que, de acordo com a sua criação e diferentes de outros seres animados, nenhum limite natural ou restrição foram colocados sobre as faculdades e os poderes dos gênios e humanos, que são os seus habitantes mais importantes. Como resultado disso, eles têm manifestado progresso e retrocesso sem fim. Um grande campo de experimentação e análise abriu, desde os profetas e os santos até os nemrodes (governantes tiranos) e os demônios. Sendo assim, é claro, com o seu mal sem limites, os faraós demônios vão jogar pedras contra os céus e seus habitantes.

QUARTO DEGRAU: O Ser Magnífico, e Senhor, Mantenedor e Criador de todos os mundos, tem inúmeros princípios e regras, e muitas denominações, títulos e os mais Belos Nomes, que são todos diferentes. Qualquer que seja o Nome e o título que exigiu o envio de anjos para as fileiras dos companheiros do Profeta (Allah o abençoe e lhe dê paz), a fim de lutar contra os infiéis também é o mesmo Nome e com a mesma função que determinou que devesse haver batalha entre anjos e demônios, e disputa entre os bons habitantes dos céus e dos maus habitantes da Terra. O Todo-Poderoso e Glorioso, Que mantém ao alcance do Seu poder a respiração interior e exterior dos incrédulos, não os elimina com um único comando, um único toque de trombeta, mas abre um campo de exame e concurso com Seu título de Senhor universal e os nomes de Onisciente, Controlador.

Se a comparação não é confundida, vemos que um rei tem inúmeros títulos e nomes diferentes em relação às diferentes áreas do seu governo. Por exemplo, na jurisprudência, ele é conhecido pelo nome de Juiz Justo, no exército como Comandante-em-Chefe, na

---

[1] Apesar de seu pequeno tamanho, o globo da terra pode ser pensado como igual aos céus, pois pode-se dizer que "uma fonte constante é maior do que um lago sem angra." E, apesar de uma pilha de grãos do tamanho de uma montanha, aparentemente, parece ser milhares de vezes maior do que uma medida, uma vez que tem todos passaram pela medida e foram transferidos para outro lugar, a medida pode ser vista como em equilíbrio com o grão. É exatamente o mesmo com o globo da terra; Deus Todo-Poderoso criou-o como um lugar para expor Sua arte, um lugar onde Sua criatividade é concentrada, como um pivô de sua sabedoria, um lugar para a manifestação do Seu poder, um jardim de Sua misericórdia, um campo para o Seu Paraíso, uma medida para universos incontáveis e mundos de criaturas, e como um manancial que flui para os mares do passado e do mundo do Invisível. Pense em todos aqueles mundos renovados cujos tecidos das camisas dos seres são mudados a cada ano, camada sobre camada, em centenas de milhares de diferentes formas, como eles enchem a terra muitas vezes e sendo esvaziados para o passado sendo derramados no mundo do Invisível; considere as inúmeras camisas da terra. Ou seja, suponha todo o passado estar presente, e, em seguida, compara-o com o céu um pouco monótono e simples: vocêveráque, mesmo que a terra não pese mais do que os céus, não pesa menos, também. Assim, você pode entender o significado do ﴿ رَبُّ السَّمٰوَاتِ وَ الْاَرْضِ ﴾

função do Chaikh do Islam como Califa, e no serviço público como Sultão. Seus súditos obedientes chamam-no de Soberano misericordioso, enquanto os rebeldes chamam-no de Governante Tirano. Você pode pensar em outros exemplos.

Assim, às vezes acontece que um rei exaltado, cujos súditos estão todos dentro de seu poder, não emite comando para executar um rebelde impotente e desprezível; ele o envia ao tribunal sob seu nome de Juiz Justo. Além disso, ele sabe que um funcionário capaz e honesto, sabe que ele é digno de ser favorecido, mas não o favorece com seu conhecimento específico por telefone privado. Em vez disso, sob os títulos relacionados com a majestade da soberania e expedientes do governo, ele abre um campo de competição, a fim de tornar público como o oficial é merecedor de recompensa, dá ordem ao seu ministro e convida as pessoas a assistirem. Ele organiza uma cerimônia de boas-vindas, e, como resultado de um exame e grande julgamento elevado, favorece-o em uma assembleia distinta; ele proclama a sua dignidade. Você pode pensar em outros exemplos da mesma forma.

Assim,[228] ﴿ وَ لِلّٰهِ الْمَثَلُ الْاَعْلٰى ﴾ o Monarca da Pré-eternidade e Pós-Eternidade tem inúmeros Belos Nomes. Com as manifestações de Sua glória e aparições de Sua beleza, Ele tem muitos atributos e títulos. O nome, o título, e atributo que implicam a existência de luz e escuridão, verão e inverno, Paraíso e Inferno, requerem também inúmeras leis gerais, como a lei da geração, os de competição e de assistência mútua, e a tomada de regras gerais começando com a da lei da competição. Do concurso de inspirações e sussurros satânicos ao redor do coração para a disputa entre anjos e demônios sobre os limites dos céus, eles exigem que a lei seja toda-abrangente.

QUINTO DEGRAU: Uma vez que há ida e vinda da terra para o céu, e há descida e subida dos céus para a terra e necessidades importantes para a terra são enviadas de lá; e uma vez que bons espíritos sobem aos céus, com certeza, imitando-os, os espíritos malignos também tentarão subir para o reino dos céus. Pois, eles são leves e sutis em relação aos seus seres. No entanto, eles, sem dúvida, serão repelidos e expulsos, já que, por natureza, eles são maus e de mau agouro. Além disso, haverá, sem dúvida, um sinal, uma indicação, no Mundo Manifesto desta importante troca, o concurso fora do reino da materialidade. Porque a sabedoria da soberania de religiosidade exige que ela deva colocar um sinal e deixar uma indicação das alienações significativas no invisível para o consciente, o homem, em particular, cujo dever mais importante é a observação, o testemunho, a supervisão, e agindo como um arauto; da mesma forma que fez chuva uma indicação dos milagres infinitos de primavera, e fez das causas aparentes sinais das maravilhas da arte Divina. E, portanto, convoca o povo do Reino Manifesto para testemunhá-los; de fato, atrai os olhares atentos de todos os habitantes dos céus e da terra para a exposição maravilhosa. Ou seja, ele mostra os vastos céus serem um castelo ou uma cidade vestida com torres em que sentinelas são postadas, para que possam refletir sobre a majestade da religiosidade.

Uma vez que a sabedoria exige um anúncio para o concurso elevado, há certamente uma indicação disso. Mas, diferente das estrelas cadentes nenhum evento inapropriado para este anúncio é aparente entre os eventos da atmosfera e dos céus; não há nada mais apropriado do que isto. Pois, pode ser entendido claramente como adequado para a repulsão de demônios são esses eventos estelares, que lembram mísseis e foguetes de sinalização disparadas dos baluartes resistentes de castelos imponentes. E não há nenhum outro propósito conhecido, sabedoria, e objetivo, nenhum outro propósito apropriado para essas outras ocorrências do que estas. Outras ocorrências não são assim. Além disso, o objetivo deles tem sido bem conhecido desde o tempo de Adão, e foi testemunhado pelas pessoas da realidade.

SEXTO DEGRAU: Uma vez que os humanos e os gênios estão preparados para o mal infinito e a incredulidade, eles são infinitamente obstinados e rebeldes. É por isso que o Alcorão Sagrado restringe-os da rebelião e insubordinação com uma eloquência tão milagrosa, estilos tão elevados e claros, comparações e histórias tão exaltadas e evidentes que fazem o universo tremer. Por exemplo: "Ó gênios e humanos, se vocês não obedecerem minhas ordens, saiam dos limites de Meu Reino, se puderem." Observem cuidadosamente o aviso incrível, a ameaça temível, e a restrição severa nos versículos:

﴿ يَا مَعْشَرَ الْجِنِّ وَالْاِنْسِ اِنِ اسْتَطَعْتُمْ اَنْ تَنْفُذُوا مِنْ اَقْطَارِ السَّمٰوَاتِ وَالْاَرْضِ فَانْفُذُوا لَا تَنْفُذُونَ اِلَّا بِسُلْطَانٍ ۞ فَبِاَيِّ آلَاءِ رَبِّكُمَا تُكَذِّبَانِ ۞ يُرْسَلُ عَلَيْكُمَا شُوَاظٌ مِنْ نَارٍ وَنُحَاسٌ فَلَا تَنْتَصِرَانِ ﴾[229]

Observa a admoestação severa e a ameaça grave constando no significado de: "Ó assembleia de gênios e humanos!" Com eloquência milagrosa, ele esmaga a obstinação excessivamente presunçosa dos gênios e humanos. Ela proclama a sua impotência e mostra quão impotentes e miseráveis que eles são em relação à imensa grandeza da soberania da religiosidade. É como diz o versículo acima, e o versículo:

﴿ وَجَعَلْنَاهَا رُجُومًا لِلشَّيَاطِينِ ﴾[230]

"**Ó assembleia de gênios e humanos**!", ó orgulhosos e obstinados em sua baixeza, e obstinados e refratários dentro de sua fraqueza e pobreza! Como vocês estão tão ousados opondo-se com a sua rebeldia aos comandos de um Monarca tão Glorioso que as estrelas, as luas e os sóis obedecem os Seus mandamentos, como soldados às ordens? Por meio de seus desafios vocês contestam o Onisciente Glorioso Que possui obedientes soldados tão impressionantes que, se suporem o impossível seus demônios podiam resistir-lhes, iriam expulsá-los com bolas de canhão do tamanho de montanhas. E com a sua ingratidão, vocês se revoltam no reino de um Senhor da Glória Que tem servos e soldados tão temíveis, que não são criaturas impotentes e insignificantes como vocês. Se cada um de vocês fosse inimigo infiel do tamanho das montanhas ou da terra, eles seriam capazes de lançar estrelas, projéteis de fogo e metal fundido do tamanho de montanhas ou da terra em vocês, e dispersá-los. E vocês quebram uma lei tal que aqueles vinculados a ela poderiam, se necessário, golpear a terra em seu rosto, e faz chover sobre você estrelas como balas de canhão do tamanho do seu globo."

Sim, no Alcorão há certas "concentrações de forças" importantes que não surgem da força dos inimigos, mas de razões, como a exibição de majestade e exibindo maldade do inimigo. Então, às vezes, mobiliza-se contra a menor e a mais fraca coisa, as maiores e mais poderosos causas, a fim de mostrar sua perfeita ordem, a justiça infinita, o vasto conhecimento e o poder da sabedoria, e segura-os acima dela; mas não os deixa cair em cima dele ou agredi-lo. Por exemplo, olhe para este versículo:

﴿ وَاِنْ تَظَاهَرَا عَلَيْهِ فَاِنَّ اللّٰهَ هُوَ مَوْلَيهُ وَجِبْرِيلُ وَصَالِحُ الْمُؤْمِنِينَ وَالْمَلٰئِكَةُ بَعْدَ

ذٰلِكَ ظَهِيرٌ ﴾ [231]

Quão respeitoso é com o Profeta (Allah o abençoe e lhe dê paz), e quão Clemente para com os direitos de suas esposas! Essa concentração de forças é importante apenas para expressar com compaixão seu enorme respeito pelo Profeta e a importância das queixas de dois seres fracos e a observância de seus direitos.

SÉTIMO DEGRAU: Tal como acontece com os anjos e os peixes, existem inúmeras variedades diferentes de estrelas. Algumas são extremamente pequenas, e algumas são extremamente grandes. Tudo o que brilha no céu ainda é chamado de estrela. Assim, as estrelas de um tipo que o Criador Glorioso e Belo Criador criou são como as decorações em relevo na face dos céus delicados, e os frutos dessa árvore brilhando, e elogiando e exaltando os peixes de seus mares. Além disso, fez os locais de passeio e milhares de habitações, para os anjos. E uma espécie de pequena estrela Ele fez os meios para expulsar os demônios. Assim, estas estrelas cadentes disparadas para repelir os demônios podem ter três significados:

O Primeiro: Eles são um sinal e indicação de que a lei do concurso também está em vigor no âmbito mais vasto.

O Segundo: Há guardas vigilantes e moradores obedientes nos céus. As estrelas cadentes são uma proclamação e indicação de que existem forças Divinas encontradas lá, que estão descontentes com a rebelião dos moradores do mal sobre a terra e sua espionagem sobre eles.

O Terceiro: É a rejeição e a repulsa com estrelas cadentes, como mísseis e foguetes de sinalização de espiões dos demônios, que são os representantes execráveis da imundície da terra, dos portais do céu, de modo que não sujam o puro e limpo e a morada dos puros, os céus; para impedi-los de espionagem por conta dos maus espíritos, e para assustar os espiões sem modos.

E assim, ó senhor astrônomo, que depende de sua curta mente cuja luz não ultrapassa a de uma tocha. Ó aquele que fecha os olhos ao sol do Alcorão Sagrado! Olhe os Sete Degraus, e abra os olhos, deixa de lado a tocha em sua cabeça, e veja dentro da luz do milagre tão brilhante como a luz do dia o significado do versículo no início! Pegue uma estrela de verdade dos céus daquele versículo, lançe-a sobre os demônios em sua cabeça, e afaste o seu próprio diabo! E nós temos que fazer o mesmo. Juntos, devemos dizer:

﴿ رَبِّ اَعُوذُ بِكَ مِنْ هَمَزَاتِ الشَّيَاطِينِ ﴾ [232]

فَلِلّٰهِ الْحُجَّةُ الْبَالِغَةُ وَ الْحِكْمَةُ الْقَاطِعَةُ [233]

﴿ سُبْحَانَكَ لاَ عِلْمَ لَنَا اِلاَّ مَا عَلَّمْتَنَا اِنَّكَ اَنْتَ الْعَلِيمُ الْحَكِيمُ ﴾ [234]

***

O TERMO ADITIVO À DÉCIMA QUINTA PALAVRA

[O primeiro tópico da Vigésima Sexta Carta]

بِاسْمِهِ سُبْحَانَهُ [235] ﴿وَاِنْ مِنْ شَیْءٍ اِلاَّ يُسَبِّحُ بِحَمْدِهِ﴾[236]

بِسْمِ اللّٰهِ الرَّحْمٰنِ الرَّحِيمِ

﴿وَاِمَّا يَنْزَغَنَّكَ مِنَ الشَّيْطَانِ نَزْغٌ فَاسْتَعِذْ بِاللّٰهِ اِنَّهُ هُوَ السَّمِيعُ الْعَلِيمُ﴾[237]

Uma Prova do Alcorão Contra Satanás e seu Partido.

Este Primeiro Tópico derrota em argumento o demônio, silencia os rebeldes, e os emudece refutando de forma mais clara um estratagema temível e astúcia do diabo, que é o de ser "imparcial". Trata-se de uma parte do evento que descrevi na forma de sumário, há dez anos no meu trabalho intitulado Lami'át (Brilhos). É como se segue:

Onze anos antes deste tratado foi escrito no mês de Ramadan, eu estava ouvindo o Alcorão sendo recitado na Mesquita Beyazit em Istambul. De repente, apesar de eu não poder ver ninguém, eu parecia ouvir uma voz sobrenatural que chamou toda a minha atenção. Ouvi com minha imaginação, e percebi que ela estava me dizendo:

"Você considera o Alcorão extremamente elevado e brilhante. Seja imparcial por um minuto e considera isso novamente. Ou seja, suponha que seja a palavra do ser humano. Gostaria de saber se você ainda vê as mesmas qualidades e a beleza nele?"

Na verdade, eu estava sendo enganado pela voz; pensei no Alcorão como sendo escrito pelo ser humano. E assim como a Mesquita Beyazit fica mergulhada na escuridão quando o interruptor elétrico é desligado, observei que com esse pensamento as luzes brilhantes do Alcorão começaram a ser extintas. Naquele momento, entendi que era o diabo que estava falando comigo. Ele estava me levando para o abismo.

Busquei ajuda do Alcorão e uma luz foi imediatamente transmitida para o meu coração me dando força firme para a defesa. Comecei a argumentar de volta com o Diabo, dizendo:

'Ó Satã! Ter pensamento imparcial é tomar uma posição entre dois lados. Enquanto o que você e seus discípulos humanos chamam de pensamento imparcial é tomar a parte do lado oposto; não é imparcialidade, é incredulidade temporária. Porque, considerar o Alcorão a palavra do ser humano e julgá-lo como tal é tomar a parte do lado oposto; é a favor de algo sem fundamento e inválido. Ele não está sendo imparcial, está sendo inclinado para a falsidade.

Observação: O adendo desta Décima Quinta Palavra é "a Prova do Alcorão Contra Satanás e seu Partido." É a primeira pesquisa da "Vigésima Sexta Carta", que deve ser consultada.

O Diabo respondeu: "Bem, nesse caso, vamos dizer que não é nem a Palavra de Allah, nem a palavra do ser humano. Pense nisso como entre os dois.' Para o que eu acrescentei:

"Isso também não é possível. Pois se existe uma propriedade disputada para a qual existem dois pretendentes, e estes estão perto tanto um do outro como da propriedade, esta então não será dada a alguém que não sejam eles, ou será colocada em algum lugar acessível de tal forma que todo aquele que comprovar a propriedade pode levá-la. Se os dois pretendentes estão distantes com um no leste e outro no oeste, então, de acordo com a regra, ela permanecerá com aquele que tem a posse da mesma, já que não é possível ser deixada em algum lugar entre eles".

"Assim, o Alcorão é uma propriedade valiosa, e quanto mais distante a palavra do ser humano da de Allah, os dois lados em questão são distantes; na verdade, eles estão infinitamente longes um do outro. Não é possível que o Alcorão seja deixado entre os dois lados, que estão tão distantes como as Plêiades e o chão. Pois, eles são opostos como a existência e a não-existência, ou como os dois polos magnéticos; não pode haver nenhum ponto entre eles. Nesse caso, quanto ao Alcorão, quem o possui é o lado de Allah. Será aceito como estando em Sua posse, e os comprovantes de titularidade serão considerados dessa forma. Se o lado oposto refutar todos os argumentos que provam que seja a Palavra de Allah, ele pode reclamar a propriedade do mesmo, caso contrário, não. Quem dera! Que mão pode retirar os rebites de fixação da grande joia do Sublime Trono de Allah, com milhares de certas provas, e quebra dos seus pilares de sustentação, causando a sua queda?

Ó Satanás! As pessoas justas e equilibradas julgam as coisas de forma equitativa e legítima, apesar de você. Eles aumentam a sua crença no Alcorão mesmo por intermédio das mais tênues evidências.

"Quanto ao caminho indicado por você e seus alunos, se for suposto que o Alcorão seja a palavra dos seres humanos, mesmo que por uma só vez, ou aquela joia preciosa, fixa no Trono Divino, for jogada ao chão, uma prova com a força de todos os pregos as provas, e a firmeza de muitas provas se tornam necessários para tirá-la do chão e fixá-la no Trono novamente, e assim salvar-se das trevas da incredulidade e encontrar as luzes da crença. Mas, por ser extremamente difícil de fazê-lo, devido às suas astúcias, muitas pessoas estão perdendo sua fé neste tempo imaginando-se fazer julgamentos sem equilíbrio."

O Diabo se virou e disse: "O Alcorão se assemelha a palavra do ser humano. É semelhante à maneira como os homens conversam. Isso significa que ele é a palavra do ser humano. Se fosse a Palavra de Allah, seria apropriado para Ele e seria totalmente fora do comum. Assim como Sua arte não se assemelha a arte humana, assim também a Sua Palavra não se assemelha à palavra do ser humano."

Eu respondi: "Pode ser entendido da seguinte forma: Além de seus milagres e atributos especiais, o Profeta Mohammad (Allah o abençoe e lhe dê paz) era um ser humano em todas as suas ações, conduta e comportamento. Ele estava submetido e cumpridor das leis e dos mandamentos Divinos manifestados na criação. Ele também sofria de frio, experimentou a dor, e assim por diante. Seus atos e atributos não foram todos feitos fora do comum para que ele pudesse ser o líder de sua comunidade por intermédio de suas ações, a sua orientação por sua conduta, e instruí-la com de todo o seu comportamento. Se estivesse fora do comum em toda a sua conduta, ele não poderia ter sido o líder em todos os aspectos, o guia total de todos, a "misericórdia para todas as criaturas" por meio de todos os seus atributos.

"Da mesma maneira, o Alcorão Sagrado é líder para o consciente e o inteirado, guia dos gênios e humanos, professor daqueles que atingem a perfeição, e instrutor de quem procura a realidade. É necessário e certo, portanto, da mesma forma como uma conversa e estilo humano. Para os gênios e humanos tirarem suas súplicas dele e aprenderem suas orações dele; eles expressam as suas preocupações em sua linguagem, e aprendem com ele as regras de comportamento social, e assim por diante. Todo mundo tem o recurso a ele. Se, portanto, houvesse sido na forma do discurso Divino que o profeta Moisés (que a paz esteja com ele) ouviu no Monte Sinai, o homem não teria suportado a observá-la e ouvi-la, nem feito o ponto de referência e recurso. Moisés (a paz esteja com ele), um dos cinco maiores profetas, só podia suportar ouvir algumas palavras. Ele disse:

﴿ اَهٰكَذَا كَلَامُكَ قَالَ اللّٰهُ لِي قُوَّةُ جَمِيعِ الْاَلْسِنَةِ ﴾[238]

Em seguida, o Diabo disse: "Muitas pessoas falam de assuntos semelhantes aos do Alcorão em nome da religião. Não é possível, portanto, que o ser humano fez tal coisa e fez o Alcorão, em nome da religião?

Com a luz do Alcorão, eu respondi da seguinte forma:

"**Em primeiro lugar**: Por amor à religião, alguém que é religioso pode dizer: 'A verdade é assim, a realidade da questão é esta. Allah Todo-Poderoso ordena isso." Mas ele não faria Allah falar para se adequar a si mesmo, ele não iria ultrapassar a sua marca a um grau infinito, imitar Allah, e falar em Seu nome. Tremendo no versículo,

﴿ فَمَنْ اَظْلَمُ مِمَّنْ كَذَبَ عَلَى اللّٰهِ ﴾[239]

"**Em segundo lugar**: É de nenhuma maneira possível para o ser humano ser bem sucedido em fazer tal uma coisa por conta própria, na verdade, é completamente impossível. Os indivíduos que se assemelham podem imitar um ao outro, os do mesmo tipo podem assumir as formas uns dos outros, aqueles que estão próximos um do outro, em posição ou status pode imitar um ao outro e, temporariamente, enganar as pessoas, mas eles não podem fazê-lo para sempre. Em qualquer caso, a falsidade e a artificialidade em seu comportamento vai mostrar a sua impostura ao observador, e sua decepção não vai durar. Se a pessoa que está tentando imitar outra sob falsos pretextos é bastante ao contrário dela, por exemplo, se um homem inculto quer imitar em aprendizagem um gênio como Ibn Sina, ou um pastor assumir a posição de um rei, é claro, eles não vão enganar ninguém, eles só vão fazer papel de bobos. Tudo que eles fizerem proclamará: "Este é um impostor."

'Assim, supor - Allah me livre, cem mil vezes - o Alcorão ser a palavra do ser humano é totalmente impossível, nenhum ser racional pode aceitá-lo como possível, o fazê-lo é um delírio como imaginar ser possível algo que é evidentemente impossível como um vagalume ser visto por astrônomos como uma verdadeira estrela por mil anos; ou uma mosca parecendo aos observadores na verdadeira forma de um pavão por um ano; ou um soldado comum pousando como um famoso marechal de campo, assumindo sua posição e aí permanecer por um longo período sem dar-se conta de seu engano; ou como um difamador, mentiroso, descrente, afetando a forma e a posição do mais verdadeiro, confiável, crente ao longo de sua vida e ser completamente sereno perante mesmo do mais atento enquanto esconde sua fraude deles. Como esses exemplos há cem vezes impossibilidade que que possui mente possa acreditar, deve sentenciar que é fraude e loucura.

"Da mesma forma, se o Alcorão é suposto ser a palavra do ser humano, então eletem de ser supostamente, Allah me livre, aquele Livro esclarecedor, que é considerado claramente uma estrela mais brilhante, ou melhor, um sol de perfeições perpetuamente espalhando as luzes da verdade nos céus do mundo do Islam, é um vagalume, uma farsa espúria composta falsamente por um ser humano. E aqueles que estão mais próximos a ele e o estudam mais atentamente não percebem isso, e o consideram, uma perpétua e exaltada estrela e fonte da verdade. Juntamente com este sendo impossível uma centena de vezes mais, mesmo se você for cem vezes mais em suas maquinações diabólicas, ó Satanás, você não poderia fazer tal afirmação, você não poderia enganar ninguém de boa razão! Só às vezes você engana as pessoas, fazendo-as olhar de uma grande distância, tornando a estrela aparecer tão pequena quanto um vagalume.

"**Em terceiro lugar**: Além disso, se o Alcorão é imaginado ser a palavra do ser humano, isso exige que a realidade escondida de um critério de verdade e falsidade, que é milagrosa em sua exposição, e com o testemunho de seus frutos, resultados e efeitos, é dourada com o mais espiritual, o estimulante, o mais verdadeiro, o criador da felicidade, as mais compreensivas e exaltadas qualidades no mundo da humanidade, é, Allah me livre, a fabricação da mente de um único homem desamparado e iletrado; e que os grandes gênios e estudiosos brilhantes que observaram estar perto e o estudam cuidadosamente em nenhum momento viram qualquer traço de falsificação ou pretensão nele e sempre o acharam sério, genuíno e sincero.

"Isso é completamente impossível, uma ideia tão absurda como a vergonha do próprio Diabo, como sonhar com uma situação totalmente impossível. Isso implica supor aquele que ao longo de sua vida demonstrou e ensinou confiança, crença, confidência, sinceridade, seriedade e integridade por meiode toda a sua conduta, suas palavras e ações, e despertou eminentemente verdadeiros e sinceros seguidores, e foi aceito possuir as maiores, as mais brilhantes e elevadas virtudes ser o mais desonesto, hipócrita, e incrédulo. Pois, nesta questão, não há ponto comum entre os dois.

"Se, supor o impossível, o Alcorão não ser a Palavra de Allah, ele cairia como tal do Trono Divino para o chão, não permaneceria em algum lugar entre eles. Apesar de ser o ponto de encontro de verdades, que se tornaria a fonte da superstição e do mito. E se, Allah me livre, aquele que proclamou que maravilhoso decreto não era Mensageiro de Allah, seria necessário descer do mais alto para o mais baixo e, a partir do grau de ser a fonte de realizações e perfeições ao nível de ser uma mina de artifícios e intriga; ele não pode permanecer entre os dois. Uma vez que quem mente e fabrica em nome de Allah cai ao mais baixo de graus.

"No entanto, é impossível ver permanentemente uma mosca como um pavão, e todo o tempo ver os atributos do pavão na mosca, essa questão é impossível. Somente alguém sem toda a inteligência poderia imaginar que fosse possível.

"**Em quarto lugar**: Além disso, se o Alcorão é imaginado ser a palavra do ser humano, há necessidade de imaginar que o Alcorão, é um comandante sagrado da comunidade de Mohammad, o maior e mais poderoso exército da humanidade, é – Allah me livre – uma falsificação impotente, sem valor, infundada. Considerando que, evidentemente, com suas poderosas leis, princípios sólidos, e penetrantes comandos, equipou esse enorme exército material, moral e espiritualmente, deu-lhe uma ordem e regularidade e impôs uma disciplina em que são como conquistar tanto este mundo como o próximo, e instruiu as mentes, treinou os corações conquistou os espíritos, purificou a consciência, e empregou e utilizou os órgãos e os membros dos indivíduos de acordo com o grau de cada um. Imaginar que ele seja uma falsificação necessita aceitar uma impossibilidade em cem.

"Essa impossibilidade implica a impossibilidade mais completa de supor que aquele que, por meio de sua conduta deliberada durante toda a vida ensinou as leis de Allah à humanidade, e com seu comportamento honesto instruiu o homem nos princípios da verdade, e por suas sinceras e razoáveis palavras mostrou e estabeleceu o caminho reto de moderação e felicidade, e como toda a sua vida testemunha, sentiu muito medo do castigo Divino e conhecia Allah melhor do que ninguém e O fez conhecido, e em esplêndida forma tem por um mil, trezentos e cinquenta anos comandou um quinto da humanidade e metade do mundo, e por suas qualidades de renovação é, na verdade, os meios de orgulho da humanidade, de fato, do universo, Allah me livre cem mil vezes, não temia a Allah, nem O conhecia, nem foi impedido de mentir, nem tinha qualquer respeito. Pois, neste caso, não existe um ponto entre os dois. Supondo-se o impossível, que o Alcorão não seja a Palavra de Allah, se ele cai do Trono Divino para o chão, não pode permanecer em algum lugar entre os dois. Na verdade, eletem de ser aceito como a propriedade do pior dos mentirosos. E, quanto a isto, ó Satã, mesmo se você fosse cem vezes mais satânico, você não conseguiria enganar qualquer mente que você não é falso, nem convencer qualquer coração que não é corrompido."

O Diabo respondeu: "Como eu não deveria enganá-los? Eu enganei a maioria da humanidade e seus pensadores a negar o Alcorão e Mohammad".

Eu respondi: "**Em primeiro lugar**: Quando visto de uma grande distância, a maior coisa parece como a menor. Uma estrela pode até aparecer como uma vela.

"**Em Segundo lugar**: Além disso, quando visto tanto como secundária e superficial, algo que é completamente impossível pode parecer ser possível.

"Uma vez, um velho estava olhando para o céu, a fim de detectar a lua nova de Ramadan, quando um fio de cabelo branco caiu sobre seu olho. Imaginando que fosse a lua, ele anunciou: "Eu vi a lua nova." Agora, é impossível que o cabelo branco fosse a lua, mas porque a sua intenção era procurar apenas a lua e o cabelo estava pelo caminho e secundário, ele prestou nenhuma atenção e pensou que a impossibilidade era possível.

"**Em terceiro lugar**: Além disso, não aceitação é uma coisa e negação é algo completamente diferente.

A não aceitação é a indiferença, o fechamento dos olhos para alguma coisa, uma ausência ignorante do julgamento. Muitas coisas completamente impossíveis podem ser escondidas dentro dele, e a mente não se preocupa com elas. Quanto à negação, não é não aceitação, mas uma aceitação da inexistência; é um julgamento. A mente é obrigada a trabalhar. Então, um demônio como você toma conta da mente de uma pessoa, em seguida, leva-a para a negação. E, mostrando o falso como verdade e o impossível possível, por meio de artimanhas satânicas como negligência, desorientação, raciocínio falso, obstinação, falsos argumentos, orgulho, engano e hábito, você faz essas criaturas infelizes em forma humana engolir a incredulidade e a negação, embora eles compreendam inúmeras impossibilidades.

"**Em quarto lugar**: Além disso, se o Alcorão é suposto que seja a palavra do ser humano, isso exige imaginação ser o seu oposto um livro que tem evidentemente guiado e purificado santos verazes e polos espirituais, que brilham como estrelas no céu do mundo da humanidade, tem continuamente instruído todos os níveis do povo da perfeição na verdade e na justiça, na veracidade e na fidelidade, na fé e na confiança, e garantiu a felicidade dos dois mundos com as verdades dos pilares da fé e os princípios dos pilares do Islam, e com o testemunho dessas conquistas é necessariamente verdadeiro, e puro, a genuína verdade, e absolutamente certa, e mais grave – exige imaginação, Allah me livre, que este Livro compreende os opostos dessas qualidades, efeitos e luzes. E isso, considerando-os como uma coleção de falsidades e mentiras, é um frenesi de incredulidade que envergonharia até os sofistas e os demônios, e os faria tremer.

"Essa impossibilidade requer o aperfeiçoamento da impossibilidade mais feia e repugnante que aquele que, de acordo com o testemunho da religião e da Chari'a do Islam que ele proclamou, e as indicações unânimes ao medo extraordinário de Allah e a adoração pura e sincera que ele demonstrou ao longo de sua vida, e como a necessitado pela virtude da boa moral as qualidades testemunhadas por unanimidade nele, e de acordo com a afirmação do povo da verdade e a perfeição que ele cultivou, foi o mais crente, o mais firme, o mais confiável e o mais verdadeiro, seria – Allah me livre, e mais uma vez, Allah me livre – sem crença, que ele era o mais indigno de confiança, não temente a Allah, nem relutava em mentir. Imaginar isso implica imaginar a forma mais repugnante de impossibilidade e perpetrar o tipo mais iníquo e perverso de desorientação.

Em resumo: Como é afirmado no Décimo Oitavo Sinal da Décima Nona Carta, as pessoas comuns, cuja compreensão do Alcorão é adquirida por ouvi-lo, diz: "Se o Alcorão for comparado com todos os livros que tenho ouvido e os outros livros no mundo, não se assemelharia a qualquer um deles; não é do mesmo tipo, nem é do mesmo grau." O Alcorão, então, é de um grau ou acima de todos eles ou abaixo de todos eles. Para ser abaixo deles é impossível, e nenhum inimigo, nem mesmo o diabo poderia aceitá-lo. Nesse caso, o Alcorão está acima de todos os outros livros, e é, portanto, um milagre. Da mesma forma, dizemos que de acordo com a prova categórica chamada "resíduo", tomada das ciências do método e da lógica:

"Ó Satanás e discípulos de Satanás! O Alcorão é tanto a Palavra de Allah que vem do Trono Supremo de Allah e Seu grande nome, ou, Allah nos livre, e mais uma vez, Allah me livre, é uma falsificação humana fabricada na terra por alguém sem crença que não temia a Allah, nem O conheceu. Em face das provas acima, ó Satanás, você não pode nem dizer que, nem poderia ter dito isso, nem será capaz de dizer isso no futuro. Portanto, o Alcorão é a Palavra do Criador do universo. Porque não existe um ponto entre os dois; é impossível e impedido de que deveria ser. Assim como temos provado, da maneira mais clara e decisiva; e você já viu e ouviu.

"Da mesma forma, Mohammad (Allah o abençoe e lhe dê paz) ou é o Mensageiro de Allah e o maior dos profetas e superior a todas as criaturas, ou, Allah me livre, eletem deser imaginado ser alguém sem crença, tendo caído para o mais baixo dos baixos[1] porque ele mentiu a respeito de Allah, e que não conhecia a Allah e não acreditava na Sua punição. E, por isso, ó Diabo, nem você nem os filósofos da Europa e os hipócritas da Ásia em quem você confia poderiam dizê-lo, nem se pode dizer que, no passado, nem você deve ser capaz de dizer que no futuro, pois não há alguém no mundo que iria ouvi-

[1] Baseando-se no fato de que o Alcorão menciona as blasfêmias e obscenidades dos incrédulos, a fim de refutá-las, eu também fui obrigado a usar tremenro estas expressões na forma de impossibilidades, a fim de demonstrar a impossibilidade total e completa inutilidade das ideias blasfemas do povo de desorientação.

lo e aceitá-lo. É por isso que o mais corruptor dos filósofos e os mais carentes de consciência dos hipócritas, admitem que "Mohammad, o árabe (Allah o abençoe e lhe dê paz) foi muito inteligente, e foi o mais moral e o mais justo.'

"Uma vez que este assunto é restrito a estes dois lados, e o segundo é impossível e ninguém em absoluto afirma que é verdade, e uma vez que se mostraram com argumentos decisivos que não há nenhum ponto entre eles, com certeza, e por necessidade, apesar de você e seu partido, O Árabe Mohammad (Allah o abençoe e lhe dê paz) foi o Mensageiro de Allah, e o maior dos profetas e o melhor de todas as criaturas."

عَلَيْهِ الصَّلاَةُ وَالسَّلاَمُ بِعَدَدِ الْمَلَكِ وَالْاِنْسِ وَالْجَانِّ[240]

***

A SEGUNDA, PEQUENA OPOSIÇÃO DE SATANÁS

﴿مَا يَلْفِظُ مِنْ قَوْلٍ اِلاَّ لَدَيْهِ رَقِيبٌ عَتِيدٌ ۞ وَجَاءَتْ سَكْرَةُ الْمَوْتِ بِالْحَقِّ ذٰلِكَ مَا كُنْتَ مِنْهُ تَحِيدُ ۞ وَ نُفِخَ فِى الصُّورِ ذٰلِكَ يَوْمُ الْوَعِيدِ ۞ وَ جَاءَتْ كُلُّ نَفْسٍ مَعَهَا سَائِقٌ وَ شَهِيدٌ ۞ لَقَدْ كُنْتَ فِى غَفْلَةٍ مِنْ هٰذَا فَكَشَفْنَا عَنْكَ غِطَاءَكَ فَبَصَرُكَ الْيَوْمَ حَدِيدٌ ۞ وَ قَالَ قَرِينُهُ هٰذَا مَا لَدَىَّ عَتِيدٌ ۞ اَلْقِيَا فِى جَهَنَّمَ كُلَّ كَفَّارٍ عَنِيدٍ﴾[241]

Uma vez, ao recitar estes versículos de Surata ﴿قٓ وَ الْقُرْاٰنِ الْمَجِيدِ﴾, o diabo disse-me: "Vocês consideram os aspectos mais importantes da eloquência do Alcorão a residir na sua clareza e fluência do estilo. Mas, neste versículo ele pula de um assunto para outro. Ele salta das agonias da morte para a ressurreição dos mortos, do sopro da trombeta para o Juízo Final, e disso para a entrada para o Inferno dos incrédulos. Que fluência de estilo permanece com esta mudança extraordinária? A maioria dos lugares no Alcorão reúnem temas que têm pouca relação um com o outro como este. Onde está a sua eloquência e a suavidade com tal descontinuidade?

Eu respondi da seguinte forma:

"Depois de sua eloquência, um dos elementos mais importantes do milagre do Alcorão de exposição miraculosa é a sua concisão. Concisão é um dos elementos mais fortes e mais importantes do milagre do Alcorão. As instâncias desta concisão milagrosa do Alcorão são tão numerosas e bonitas que os estudiosos exigentes são deixados com espanto por ela. Por exemplo:

﴿وَ قِيلَ يَا اَرْضُ ابْلَعِى مَاءَكِ وَيَا سَمَاءُ اَقْلِعِى وَغِيضَ الْمَاءُ وَقُضِىَ الْاَمْرُ وَاسْتَوَتْ عَلَى الْجُودِىِّ وَقِيلَ بُعْدًا لِلْقَوْمِ الظَّالِمِينَ﴾[242]

'Ele descreve o Grande Dilúvio e suas consequências tão concisa e milagrosamente em poucas frases curtas que tem causado muitos estudiosos da retórica se prostrar diante de sua eloquência. E, por exemplo:

﴿كَذَّبَتْ ثَمُودُ بِطَغْوٰيهَا ۞ اِذِ انْبَعَثَ اَشْقٰيهَا ۞ فَقَالَ لَهُمْ رَسُولُ اللّٰهِ نَاقَةَ اللّٰهِ وَسُقْيٰيهَا ۞ فَكَذَّبُوهُ فَعَقَرُوهَا ۞ فَدَمْدَمَ عَلَيْهِمْ رَبُّهُمْ بِذَنْبِهِمْ فَسَوّٰيهَا ۞ وَلاَ يَخَافُ عُقْبٰيهَا﴾[243]

'Nestas poucas frases curtas e com um milagre dentro da concisão, fluência e clareza, e de uma forma que não estraga o entendimento, o Alcorão relata os acontecimentos estranhos e momentosos concernentes ao povo de Samud, juntamente com as consequências e seu fim calamitoso. E por exemplo:

﴿وَذَا النُّونِ اِذْ ذَهَبَ مُغَاضِبًا فَظَنَّ اَنْ لَنْ نَقْدِرَ عَلَيْهِ فَنَادٰى فِى الظُّلُمَاتِ اَنْ لَا اِلٰهَ اِلَّا اَنْتَ سُبْحَانَكَ اِنِّى كُنْتُ مِنَ الظَّالِمِينَ﴾[244]

"Aqui, muitas frases foram "omitidas" entre as palavras [245] اَنْ لَنْ نَقْدِرَ عَلَيْهِ e [246] فَنَادٰى فِى الظُّلُمَاتِ, mas estas frases omitidas nem estragam a compreensão, nem estragam a fluência do estilo. Ele menciona os elementos mais importantes na história de Jonas (a paz esteja com ele), e refere-se o resto para a inteligência.

E por exemplo, em Surata Yusuf, os sete ou oito sentenças entre as palavras: [247]﴿اَرْسِلُونِ﴾ até [248] ﴿يُوسُفُ اَيُّهَا الصِّدِّيقُ﴾ foram ignorados por concisão. Elas não prejudicam a compreensão, nem danificam a suavidade do estilo. Há um grande número de sentenças desse tipo de concisão milagrosa no Alcorão, e elas são muito bonitas, de fato.

"No entanto, a concisão dos versículos da Surata Qaf é particularmente maravilhosa e milagrosa. Cada um deles aponta para o futuro verdadeiramente terrível dos incrédulos quando cada dia interminável vai durar 50.000 anos, e as terríveis coisas graves que vão acontecer com eles nas revoluções impressionantes do futuro. Ela transmite à mente sobre eles como um relâmpago, apresentando tanto aquele longo período, de tempo para o olho da mente como uma única página presente. Referindo-se aos acontecimentos que não são mencionados para a imaginação, ele descreve-os com fluência mais elevada e suavidade de estilo.

﴿وَاِذَا قُرِئَ الْقُرْاٰنُ فَاسْتَمِعُوا لَهُ وَاَنْصِتُوا لَعَلَّكُمْ تُرْحَمُونَ﴾[249]

"E agora, se você tem algo a dizer, ó Satã, diga!"

Satanás respondeu: "Eu não posso opor-me ao que você diz, nem me defender. Mas há muitas pessoas tolas que me escutam; e muitos demônios em forma humana que me ajudam; e muitos faraós entre filósofos que aprendem coisas de mim que lisonjeiam os seus egos, e impedem a publicação de obras como a sua. Portanto, não devo me render perante você."

***

A Décima Sexta Palavra

بِسْمِ اللّٰهِ الرَّحْمٰنِ الرَّحِيمِ

﴿اِنَّمَا اَمْرُهُ اِذَا اَرَادَ شَيْئًا اَنْ يَقُولَ لَهُ كُنْ فَيَكُونُ ۞ فَسُبْحَانَ الَّذِى بِيَدِهِ مَلَكُوتُ

كُلِّ شَىْءٍ وَاِلَيْهِ تُرْجَعُونَ﴾[250]

[Esta Palavra foi escrita para permitir uma visão e compreensão para a minha alma cega ao apontar quatro Raios de luz do versículo acima -. Dissipar as trevas e me dar certeza.]

PRIMEIRO RAIO

Ó minha alma ignorante! Você diz: 'A Unicidade da Essência Divina, juntamente com a universalidade dos atos Divinos, a Unidade,

da Pessoa de Allah Todo-poderoso, juntamente com Sua Divindade abrangente, Sua Singularidade juntamente com Sua imparcial disposição abrangente, o ser além do espaço e ainda presente em todos os lugares, Sua exaltação infinita juntamente com estar perto de todas as coisas, e ser Um e ainda segurando todas as questões na Mão, estão entre as verdades do Alcorão Sagrado. No entanto, o Alcorão é sábio, e o que é que sábio não impõe sobre a razão coisas que são irracionais. E a razão vê uma aparente contradição entre essas coisas. Eu gostaria de uma explicação deles que impulsionará a razão de submeter-se.'

A Resposta: Uma vez que esse é o caminho e do jeito que é, e você quer ter certeza e sossego, contando com o esplendor do Alcorão, dizemos: o Nome Divino da Luz tem resolvido muitos dos nossos problemas. Se Allah quiser, ele vai resolver isso também. Escolher o título de comparação, o que traz clareza para a mente e luminosidade para o coração, como Imam-i Rabbani, dizemos:

نَه شَبَمْ نَه شَبْ پَرَسْتَمْ مَنْ ۞ غُلاَمِ شَمْسَمْ اَزْ شَمْسْ مِى گُويَمْ خَبَرْ[251]

Uma vez que a comparação é um espelho mais brilhante para os milagres do Alcorão, também deve olhar para esse mistério por meio de uma comparação. É como segue:

Uma única pessoa pode ganhar universalidade por meio de vários espelhos. Apesar de ser um único indivíduo, ele torna-se como alguém possuindo qualidades universais. Por exemplo, enquanto o sol é um único indivíduo, por meio de objetos transparentes, torna-se tão universal que enche a face da terra, com suas imagens e reflexões. Ele ainda tem o maior número de manifestações como o número de gotículas e partículas brilhantes. Embora o calor do sol, a luz, e as sete cores que compreendem a sua luz, abarcem e abraçem todas as coisas que eles enfrentam, todas as coisas transparentes também realizam nas pupilas dos seus olhos o calor do sol, e sua luz e as sete cores, juntamente com a sua imagem. E fazem um trono para eles em seus corações. Isto quer dizer que, no que diz respeito à unidade, o sol engloba todas as coisas, que confrontam, enquanto que no que diz respeito à Unicidade, o sol está presente em conjunto com muitos dos seus atributos em tudo por meio de um tipo de manifestação da sua essência. Uma vez que passamos da comparação a uma discussão da representação, devemos indicar três dos muitos tipos de representação que será um meio para a compreensão deste assunto.

O Primeiro: Este é o reflexo de densos objetos físicos. Estas reflexões são diferentes da coisa refletida; eles não são os mesmos, e estão mortos, sem vida. Não possuem outra qualidade além da sua aparente identidade. Por exemplo, se você entrar em uma loja cheia de espelhos, um Said se tornará milhares de Said, mas o único vivo é você, todos os outros estão mortos. Eles não possuem nenhuma das características de vida.

O Segundo: Este é o reflexo de objetos físicos luminosos. Este reflexo não é a mesma coisa que a refletida, mas também não é mais do que isso. Ele não possui natureza do objeto luminoso, mas possui a maioria das suas características, e pode ser considerado como vida. Por exemplo, o sol entrou no mundo e apresentou sua reflexão em todos os espelhos. Há luzes presentes em cada uma das reflexões e as sete cores de luz, que são as qualidades do sol. Vamos supor que o sol possuísse consciência, e seu calor fosse puro poder; sua luz, o conhecimento puro; e as suas sete cores, sete atributos: o único sol estaria presente em todos os espelhos em um momento, e seria capaz de fazer de cada espelho um trono para si e uma espécie de telefone. Um espelho não seria um obstáculo para outro. Seria capaz de encontrar-se com todos nós por meio de nossos espelhos. Enquanto estamos distante dele, ele estaria mais próximo de nós do que nós mesmos.

O Terceiro: Este é o reflexo de espíritos luminosos. Este reflexo é tão vivo, ao mesmo tempo como espíritos. Mas desde que ele aparece em relação à capacidade dos espelhos, não possui completamente a essência do espírito e da natureza. Por exemplo, no momento em que o Anjo Gabriel (que a paz esteja com ele) está na presença do Profeta na imagem de Dihya,[252] ele está se prostrando com suas asas magníficas na Divina Presença ante o Sublime Trono[253]. E, ao mesmo momento ele está presente em inúmeros lugares, e está retransmitindo os comandos Divinos. Uma tarefa não é um obstáculo para a outra. Assim, é por meio desse mistério que o Profeta Mohammad (Allah o abençoe e lhe dê paz), cuja essência é luz e natureza, luminoso, neste mundo ouve, ao mesmo tempo, todas as bênçãos recitadas por ele por toda a sua comunidade e na ressurreição vai se reunir com todos os purificados ao mesmo tempo. Uma pessoa não será um obstáculo para outra. De fato, alguns dos santos que adquiriram um alto grau de luminosidade e são chamados de "substitutos" (abdal) foram observados em muitos lugares ao mesmo tempo e da mesma pessoa tem realizado inúmeros atos diferentes ao mesmo tempo.

De fato, assim como coisas como vidro e água agem como espelhos para objetos físicos, assim o ar e o éter, e alguns seres do Mundo de Similitudes são como espelhos para os seres espirituais; tornam-se como meio de transporte e comunicação na velocidade do relâmpago e da imaginação. Os seres espirituais viajam nesses espelhos puros e habitações sutis com velocidade de imaginação. Eles entram em milhares de locais ao mesmo tempo. Apesar de serem locais restritos, pelo mistério da luminosidade, criaturas impotentes e subjugadas como o sol e os seres semi-luminosos restritos à matéria como seres espirituais podem estar presentes em vários lugares ao mesmo tempo enquanto estão em um lugar, tornando-se, assim, universais absolutos, e com uma limitada faculdade de escolha sendo capazes de realizar muitas coisas simultaneamente.

Assim, que coisa pode esconder-se do discurso da Unidade que está dentro da manifestação dos atributos e atos do Mais Puro e Santo por meio da Sua vontade universal, poder absoluto, e o conhecimento abrangente? O Santíssimo, Que está muito além e exaltado acima da questão; livre e isento de qualquer restrição ou limitação e as trevas da densidade; das luzes sagradas cujos nomes todas essas luzes e seres luminosos são apenas sombras densas; e de cuja beleza toda a existência e toda a vida e o mundo dos espíritos e o mundo das Similitudes são espelhos semitransparentes; cujos atributos são abrangentes e cujas qualidades, universais? Que assunto poderia ser difícil para Ele? Que coisa pode ser escondida d'Ele? O indivíduo pode estar distante d'Ele? Que pessoa pode aproximar-se d'Ele sem a aquisição de universalidade?

Apesar, por meio de sua luz irrestrita e reflexão imaterial, o sol está mais perto de você do que a pupila do olho, já que você está restrito, você está realmente distante dele. A fim de aproximar-se dele, você tem detranscender inúmeras restrições e passar ao longo de muitos graus universais. Simplesmente, na verdade você tem de se expandir para o tamanho da Terra e subir até a lua, então você pode ser capaz de abordar diretamente um diploma de nível fundamental do sol, e se encontrar com ele, sem véu. Da mesma forma, o Glorioso da Beleza e o Belo da Perfeição está infinitamente perto de você, e você está infinitamente distante d'Ele. Se o seu coração tem força, e sua mente, eminência, tente colocar os pontos na comparação em prática.

SEGUNDO RAIO : Ó minha alma, sem sentido!

﴿إِنَّمَا أَمْرُهُ إِذَا أَرَادَ شَيْئًا أَنْ يَقُولَ لَهُ كُنْ فَيَكُونُ﴾[254] ۞ ﴿إِنْ كَانَتْ إِلَّا صَيْحَةً وَاحِدَةً فَإِذَا هُمْ جَمِيعٌ لَدَيْنَا مُحْضَرُونَ﴾[255]

Esses versículos mostram que a existência das coisas é instantânea e apenas através de um comando, e que versículos como:

﴿صُنْعَ اللّٰهِ الَّذِى أَتْقَنَ كُلَّ شَىْءٍ﴾[256] ۞ ﴿أَحْسَنَ كُلَّ شَىْءٍ خَلَقَهُ﴾[257]

mostram que a existência das coisas é gradual, por meio um vasto poder dentro do conhecimento, e uma arte dentro de sabedoria. Qual é o ponto de acordo entre eles?

A Resposta: Baseando-se no esplendor do Alcorão, dizemos:

Em primeiro lugar: Não há nenhuma contradição. Alguns são como o primeiro, como a criação primária. E alguns são como o último, como a repetição de criação...

Em segundo lugar: A ordem infinita e a extrema habilidade, a arte e a criação perfeita, juntamente com a facilidade, rapidez, multiplicidade e extensão que são observados em seres que testemunham decisivamente a existência das verdades desses dois tipos de versículos. Sendo assim, prova-o ser verdade fora disso e faz o ponto de discussão, seja desnecessário.

Deve sim ser perguntado: "Qual é a sabedoria neles?"

Assim, vamos apontar para essa sabedoria com uma analogia na forma de uma comparação.

Por exemplo, um artesão como um alfaiate cria algo artístico com muita dificuldade e emprega muitas habilidades, e faz um modelo para ele. Então ele pode fazer os outros semelhantes a ele rapidamente e sem dificuldade. Às vezes, mesmo, torna-se tão fácil como se eles são feitos por um comando, e eles adquirem uma ordem poderosa dessa forma; como um relógio, eles funcionam e trabalham ao toque de um comando.

Da mesma forma, depois de fazer este palácio do mundo e todo o seu conteúdo original, o Criador Prudente e Formador Onisciente, colocou tudo nele, parcial e integra, no todo ou em partes, uma medida específica e proporcional por meio de uma ordenação de Predestinação, como um modelo.

Se analisarmos Seus atos, Glorificado seja, sendo o Formador Eterno vamos verificar que a cada século Ele faz um modelo, e o veste com novos enfeites com os milagres de Seu poder. E faz todos os anos uma escala, Ele costura novos universos habilmente pelas maravilhas da Sua misericórdia de acordo com Seu Poder. E faz todos os dias uma linha, em que escreve novos seres constantemente renovados pelas sutilezas de Sua sabedoria. Além disso, da mesma forma que o Absolutamente Poderoso faz com que cada século, a cada ano, e cada dia um modelo, assim Ele faz a face da terra, cada montanha, planície, jardim e pomar, e árvore de cada modelo. Ele continuamente cria novos universos na terra e cria novos mundos. Ele remove um mundo e o substitui por outro bem ordenado. Temporada após temporada, Ele exibe os milagres de Seu poder e os dons de Sua misericórdia em todos os jardins e pomares. Ele escreve um novo livro de Sua Prudência, estabelece a cozinha renovada de Sua misericórdia e a veste com roupas sempre renovadas cheias de arte. Toda primavera Ele matiza todas as árvores em vestes de brocado e adorna-as com joias frescas como pérolas. Ele enche-lhes as mãos com presentes como estrelas de Sua misericórdia.

Assim, Aquele que executa estas questões com infinita arte e perfeita ordem e muda com infinita sabedoria, bondade e perfeição do poder e da arte dos mundos que seguem viajando em um após o outro e estão ligados à cadeia de tempo, é certamente Todo-Poderoso e Onisciente. Ele é o Onividente e o Onisciente a um grau infinito. O acaso não pode interferir em suas obras. Ele é o Todo-Glorioso Quem decreta:

﴿إِنَّمَا أَمْرُهُ إِذَا أَرَادَ شَيْئًا أَنْ يَقُولَ لَهُ كُنْ فَيَكُونُ﴾[258] ۞ ﴿وَمَا أَمْرُ السَّاعَةِ إِلَّا

كَلَمْحِ الْبَصَرِ أَوْ هُوَ أَقْرَبُ﴾[259]

E tanto proclama a perfeição do Seu poder, e mostra que a ressurreição e a Grande Congregação são mais fáceis e livres de problemas. Que todas as coisas estão totalmente subjugadas e obedientes ao Seu comando, e Ele cria sem nenhuma dificuldade ou impedimento, a fim de expressar a absoluta facilidade em Sua criação por meio do Alcorão miraculoso decreta que Ele faz isso por um simples comando.

Para Concluir: Alguns versículos proclamam a extremamente fina arte e a perfeição infinita da sabedoria na criação dos seres, especialmente no início de sua criação. Outros descrevem a facilidade extrema, a velocidade e a obediência infinita e a falta de dificuldade na recriação e devolução de coisas em particular.

TERCEIRO RAIO: Ó minha alma, cheia de dúvidas e sugestões, que superou os seus limites! Você diz nos versículos:

﴿ بِيَدِهِ مَلَكُوتُ كُلِّ شَيْءٍ ﴾[260] ۞ ﴿ مَا مِنْ دَابَّةٍ اِلاَّ هُوَ آخِذٌ بِنَاصِيَتِهَا ﴾[261]

E:

﴿ وَ نَحْنُ اَقْرَبُ اِلَيْهِ مِنْ حَبْلِ الْوَرِيدِ ﴾[262] ۞ ﴿ وَ اِلَيْهِ تُرْجَعُونَ ﴾[263]

E:

﴿ تَعْرُجُ الْمَلٰئِكَةُ وَالرُّوحُ اِلَيْهِ فِى يَوْمٍ كَانَ مِقْدَارُهُ خَمْسِينَ اَلْفَ سَنَةٍ ﴾[264]

E o Hadice, que diz: *"Allah está além de setenta mil véus"*[265] e as verdades como a Ascensão espetacular do Profeta que somos infinitamente distante d'Ele. Eu gostaria de uma explicação que trará este mistério profundo mais perto do entendimento.

A Resposta: Em seguida, ouve o seguinte:

Em primeiro lugar: No final do Primeiro Raio dissemos que, embora no que diz respeito à sua luz irrestrita e reflexão imaterial, o sol esteja mais perto de você do que a pupila do olho, que é a janela do seu espírito e seu espelho, uma vez que você está restrito e preso à materialidade, você está extremamente distante dele. Você pode fazer contato com ele somente por meio de alguns dos seus reflexos e sombras, e reunir-se com ele por uma espécie de suas manifestações menores e particulares, e aproximar-se de suas cores, que são como uma categoria de atributo, e os seus raios e manifestações, que são como uma classe de seus nomes. Se você quer se aproximar do nível fundamental do sol e reunir-se com a essência dele diretamente em pessoa, então você tem detranscender muitas restrições e percorrer muitos níveis de universalidade. Simplesmente, depois de abstrair-se da materialidade, tornando-se ampliado para a extensão da terra, expandindo no espírito como o ar, subindo até a lua e assemelhando-se à lua cheia, só então você pode reivindicar encontrar-se com ele em pessoa, sem véu e aproximar-se dele em qualquer grau.

Da mesma maneira, o Todo-Glorioso da Perfeição, o Incomparável, o Necessariamente Existente, o Doador da existência a todos os Seres, o Sol Eterno, o Monarca da Pré-Eternidade e Pós-Eternidade, está mais perto de você, do que você mesmo. No entanto, você está infinitamente distante d'Ele. Se você tem o poder, coloque os seletos pontos na comparação em prática ...

Em segundo lugar: por exemplo, [266] ﴿ وَ لِلّٰهِ الْمَثَلُ الْاَعْلَى ﴾, entre muitos nomes, um o nome do rei de "Comandante" aparece em muitas esferas, uma dentro da outra. Tem uma manifestação e aparição em esferas extensas e estreitas, universais e particulares, desde a esfera universal de Comandante-em-Chefe, aos de Marechal de Campo e Geral, em seguida, os de capitão e cabo. Agora, em seus deveres militares, um soldado privado tem como autoridade o menor ponto do manifesto de comando no posto de cabo; ele está em contato com e ligado ao Comandante-em-Chefe por meio desta manifestação menor de seu nome. Se ele deseja entrar em contato com ele com seu nome essencial e se encontrar com ele por esse título, ele terá que subir a partir do cabo à categoria universal do Comandante-em-Chefe. Ou seja, o rei está extremamente perto do soldado em seu nome, decreto, lei e conhecimento, seu telefone e regulamentos, e se ele é luminoso e dos preferidos, fica próximo dele com a sua presença em pessoa. Nada pode ser um obstáculo ou obstrução para ele. Quanto ao soldado está extremamente distante. Milhares de graus formam obstruções, e milhares de véus intervêm. Mas, às vezes, o rei é compassivo e, ao contrário do sua prática, recebe um soldado e favorece-o com a sua graça.

Da mesma forma, embora o Todo-Glorioso, o Senhor do comando de: [267]﴿كُنْ فَيَكُونُ﴾, para quem os sóis e as estrelas são como Seus soldados sob as Suas ordens, está mais perto de todas as coisas do que eles próprios, todas as coisas são infinitamente distantes d'Ele. Se você quiser entrar na presença de Sua grandeza, sem véu, você tem depassar por setenta mil de véus de escuridão e luz, isto é, véus materiais e físicos e os véus dos Nomes Divinos e dos atributos, subir por milhares graus especiais e universais de manifestação de cada Nome, passar pelos níveis mais elevados de Seus atributos, e subir até o Sublime Trono, que manifesta o Seu Grande Nome, e se você não é o objeto do favor e da atração, trabalhe e viaje espiritualmente por milhares de anos. Por exemplo, se você quiser aproximar-se d'Ele por intermédio de Seu Nome de Criador, você tem dede ter um relacionamento por meio das particularidades de seu próprio Criador, em seguida, no que diz respeito ao Criador de toda a humanidade, em seguida, peloo título de Criador de todos as criaturas vivas, em seguida, pelo Nome do Criador de todos os seres. Caso contrário, você vai permanecer na sombra e só encontra uma manifestação menor.

UM LEMBRETE: Por causa de sua impotência, o rei na comparação coloca meios como o Marechal de Campo e General nos graus de seus nomes. Mas o Absolutamente Poderoso:[268] ﴿بِيَدِهِ مَلَكُوتُ كُلِّ شَيْءٍ﴾ , não tem necessidade de intermediários. Estes são apenas aparentes; um véu de Sua dignidade e grandeza. Eles são arautos e observadores da soberania de Sua Divindade dentro de adoração, admiração, impotência, e querência. Eles não são seus assistentes, e não podem ser parceiros na soberania de Sua Divindade.

QUARTO RAIO

Ó minha alma preguiçosa! Como o soldado na comparação anterior foi recebido na presença real como um favor puro, a realidade das cinco salat, que são como uma espécie de Ascensão, é ser recebido na presença do Todo-Glorioso, o Belo da Glória, que é o Verdadeiro Objeto de Adoração, como um exemplo de pura misericórdia. Declarando "Allah é o Maior!', é para atravessar os dois mundos ou de fato, ou na imaginação, ou por intenção, alienar das restrições da materialidade, passar para um grau universal de culto ou uma sombra ou forma de universalidade, e sendo homenageado com uma espécie de presença, é para manifestar a fala de: [269] ﴿إِيَّاكَ نَعْبُدُ﴾ (cada um segundo a sua própria capacidade); é uma realização mais elevada. A repetição de: "Allah é o Maior! Allah é o Maior!", nas ações da salat indica subir por meio dos graus de progresso espiritual, e ascender a partir de dados secundários de esferas universais, e é um título conciso das perfeições de sublimidade Divina, que estão além do nosso conhecimento. É como se cada "Allah é o Maior!" indicasse atravessar um passo na Ascensão. Para atingir uma sombra ou um raio desta realidade da salat quer de fato, ou por intenção, ou com a imaginação, é uma grande felicidade.

A frequente declaração: "Allah é o Maior!" durante o Hajj é a razão acima. Certamente, o abençoado Hajj é a adoração em um nível universal para todos. Assim como em um dia especial como um festival um soldado vai para as celebrações do rei como o general vai na esfera de general, e recebe seus favores, da mesma forma, um peregrino, não importa o quão humilde seja, está voltado para o seu Sustentador sob o título de Sustentador Poderoso de todas as regiões da Terra, como um santo que tem percorrido todos os graus. Ele é honrado com a adoração universal. Com certeza, os graus universais da religiosidade são abertos com a chave do Hajj, e os horizontes da Grandiosidade de Allah que são visíveis para o olho através de seu telescópio, e as esferas de culto que, gradualmente se desdobram para o seu coração e imaginação por meio por suas observâncias, e o calor, a maravilha, a admiração, e o pavor da religiosidade causado pelos níveis de sublimidade e a última etapa de manifestação, só pode ser acalmado por اللّٰه أكبرُ اللّٰه أكبرُ [270], e esses graus desdobrados observados ou imaginados só podem ser proclamados por ele. Após o Hajj, este significado é encontrado em vários graus exaltados e universais na Salat do Festival ('Id), as salat por chuva, e aqueles recitadas em eclipses solares e lunares, e nas salat realizadas em congregação. Assim, aparece a importância das marcas e observâncias do Islam, também:

سُبْحَانَ مَنْ جَعَلَ خَزَائِنُهُ بَيْنَ الْكَافِ وَ النُّونِ [271]

﴿ فَسُبْحَانَ الَّذِى بِيَدِهِ مَلَكُوتُ كُلِّ شَىْءٍ وَاِلَيْهِ تُرْجَعُونَ ﴾ [272]

﴿ سُبْحَانَكَ لاَ عِلْمَ لَنَا اِلاَّ مَا عَلَّمْتَنَا اِنَّكَ اَنْتَ الْعَلِيمُ الْحَكِيمُ ﴾ [273]

﴿ رَبَّنَا لاَ تُؤَاخِذْنَا اِنْ نَسِينَا اَوْ اَخْطَاْنَا ﴾ [274]

﴿ رَبَّنَا لاَ تُزِغْ قُلُوبَنَا بَعْدَ اِذْ هَدَيْتَنَا وَهَبْ لَنَا مِنْ لَدُنْكَ رَحْمَةً اِنَّكَ اَنْتَ الْوَهَّابُ ﴾ [275]

وَصَلِّ وَ سَلِّمْ عَلَى رَسُولِكَ الْاَكْرَمِ مَظْهَرِ اِسْمِكَ الْاَعْظَمِ وَ عَلَى آلِهِ وَ اَصْحَابِهِ وَ اِخْوَانِهِ وَ اَتْبَاعِهِ آمِينَ يَا اَرْحَمَ الرَّاحِمِينَ [276]

***

UM BREVE ADENDO

O Todo-Poderoso e Onisciente, o Criador Prudente mostra Seu poder e Sua sabedoria e o acaso não pode de forma alguma interferir em Suas obras. Pelo sistema e pelas regras e práticas no universo demonstram-se na forma de leis. Assim, também, por meio de exceções às leis, as maravilhas de Suas práticas, mudanças superficiais, as diferenças nas características individuais, e as mudanças nos tempos de revelação e aparecimento, Ele mostra a Sua vontade, escolha, sendo o Agente da escolha, e que a Sua escolha não se submete a nenhuma restrição. Assim, rasgando o véu da monotonia, e proclamando que tudo necessita d'Ele em todos os momentos, em todos os sentidos e são obedientes a sua divindade, Ele dissipa a negligência, e transforma os olhares dos gênios e humanos das causas para o Produtor das Causas. As afirmações do Alcorão olham para este princípio.

Por exemplo, na maioria dos lugares algumas árvores frutíferas produzem frutos um ano, ou seja, elas os oferecem do tesouro da misericórdia e os entregam a nós. Então, no ano seguinte, mesmo quando todas as causas aparentes estão presentes, eles não produzem. Além disso, por exemplo, ao contrário de outras necessidades, às vezes as quedas de chuva são tão mutáveis que foram incluídas entre "as cinco coisas ocultas[277]. Uma vez que a posição mais importante na existência é a vida e a misericórdia. E a chuva é a fonte da vida e da misericórdia pura. Assim, a água da vida e a chuva da misericórdia não entram sob uma lei monótona, o que é um véu e leva à negligência, ao contrário, o Todo-Glorioso, Que é Clemente e Misericordioso, e o Doador de Bênçãos e Doador da Vida, conserva-as diretamente em Sua mão, sem véu, assim as portas de súplica e agradecimento por todo o tempo permanecem abertas.

E, por exemplo, a concessão de sustento e a determinação das características particulares do ser humano são obras de favor especial, e a sua ocorrência de forma inesperada mostra em excelente forma a vontade e a escolha do Sustentador. Você pode fazer mais comparações com outros atos divinos, como as mudanças dos ventos e o domínio das nuvens e outras coisas similares dos assuntos Divinos.

***

A Décima Sétima Palavra

بِسْمِ اللّٰهِ الرَّحْمٰنِ الرَّحِيمِ

﴿اِنَّا جَعَلْنَا مَا عَلَى الْاَرْضِ زِينَةً لَهَا لِنَبْلُوَهُمْ اَيُّهُمْ اَحْسَنُ عَمَلاً ۝ وَاِنَّا لَجَاعِلُونَ

مَا عَلَيْهَا صَعِيدًا جُرُزًا﴾ ۝ ﴿وَمَا الْحَيٰوةُ الدُّنْيَا اِلاَّ لَعِبٌ وَلَهْوٌ﴾[278]

[Esta Palavra consiste em duas Estações elevadas, e um Adendo brilhante.]

O Clemente Criador, o Provedor Munificente, o Onisciente Criador fez este mundo na forma de um festival e celebração para o mundo dos espíritos e seres espirituais, adornando-o com os bordados maravilhosos de todos os Seus Nomes, e veste cada espírito, grande ou pequeno, elevado ou humilde, com um corpo adequado a ele e apropriado para inúmeros benefícios enfeitado com os sentidos as coisas boas e as generosidades no festival; Ele lhe dá uma existência física e envia para o espetáculo uma vez. Ele divide o festival, que é mais extenso em relação ao tempo e espaço, em séculos, anos, estações, e até mesmo dias e suas partes, e torna cada um deles em festivais exaltados em forma de desfiles para todos os grupos de Suas criaturas com espíritos e para os Seus artefatos de plantas e vegetais, especialmente a face da terra, particularmente na primavera e no verão. São uma série de festivais para grupos de pequenos produções tão brilhantes que atraem os olhares dos seres espirituais e anjos e os habitantes dos céus nos altos níveis do mundo. Torna-se para aqueles que pensam e contemplam um lugar para a reflexão tão maravilhoso, que a mente é incapaz de descrevê-lo.

Mas, em face das manifestações dos Nomes Divinos de Misericordioso e Vivificador nesta hospedagem Divina e neste festival dominical, os nomes de Irresistível e Letífero aparecem com a morte e a separação. E isso, aparentemente, não está conforme

وَسِعَتْ رَحْمَتِي كُلَّ شَيْءٍ[279]. No entanto, na realidade, existem várias maneiras em que é conformável, e um destes é o seguinte:

Após cada grupo de seres completar sua vez no desfile, resultados desejados foram obtidos a partir dele, de uma forma compassiva o Criador Generoso e o Criador Misericordioso faz a maioria deles sentir aversão e desgosto com o mundo, e confere-lhes um desejo de descanso e um desejo de migrar para outro mundo. Quando estão sendo descarregados de seus deveres da vida, ele desperta em seus espíritos um desejo irresistível pelo seu lar original.

Além disso, não está muito longe da infinita misericórdia do Clemente que, assim como Ele confere o grau de martírio ao soldado que morre por causa de seu dever, enquanto luta, e premia a ovelha abatida como sacrifício, dando-lhe uma existência corpórea eterna na Outra Vida e concede-lhe o posto de ser uma montaria de seu dono na ponte de Sirat[280] como Buraq, assim também não está longe que haja no tesouro de Sua inesgotável misericórdia a outros animais e seres com espíritos que sofreram angústia grave enquanto exerciam as funções divinas peculiares às suas naturezas e em obediência aos mandamentos divinos - uma espécie de recompensa espiritual e tipo de salário adequado para as suas capacidades, e que eles não devem ser indevidamente perturbados na partida deste mundo, de fato, devem estar satisfeitos. [281] لاَ يَعْلَمُ الْغَيْبَ اِلاَّ اللهُ

No entanto, embora o homem, o mais nobre dos seres com espíritos e aquele que mais se beneficia dos festivais que dizem respeito à qualidade e quantidade, seja cativado pelo mundo e absorvido por ele, como uma obra de misericórdia, O Exaltado seja induz nele um estado de espírito em que ele sente desgosto com o mundo e um desejo de viajar para o reino eterno. A pessoa cuja humanidade não está mergulhada nos lucros de desorientação daquele estado de espírito, sai com o coração tranquilo. Agora, a título de exemplo, vamos explicar cinco dos aspectos que produzem esse estado de espírito.

O Primeiro: Ao mostrar com a época da velhice o selo de transitoriedade e declínio nas belas e convidativas coisas deste mundo, e seu significado amargo, faz uma pessoa sentir desgosto com o mundo e faz com que ela procure um amado permanente em lugar do transitório.

O Segundo: Allah, Exaltado seja, confere ao ser humano um sentimento de desejo pelo local ao que noventa e nove por cento de todos os amigos a quem uma pessoa está ligada já partiram deste mundo e confere a ela um desejo pelo lugar a que eles foram, e a faz conhecer a morte e a hora marcada com alegria.

O Terceiro: Por meio de certas coisas, Allah faz uma pessoa perceber a fraqueza infinita e a impotência, e o faz entender como são pesados os fardos e as responsabilidades da vida, e desperta nele um desejo sério de descanso e um desejo sincero de ir para outro mundo.

O Quarto: Pela luz da fé, Allah mostra para o coração do crente de que a morte não é execução, mas uma mudança de residência; que a sepultura não é a boca de um poço escuro, mas a porta para mundos cheios de luz; e que para todo o seu brilho, o mundo é como uma prisão em relação à Outra Vida. Para ser liberado da prisão deste mundo e entrar nos jardins do Paraíso, e passar da turbulência problemática da vida corporal para o mundo do descanso e da arena onde os espíritos sobem e escorregam livres do barulho vexatório das criaturas e ir para a presença dedo Clemente. De fato, é uma viagem de felicidade, o desejo com mil vidas.

O Quinto: Ao informar uma pessoa que escuta o Alcorão sobre o conhecimento da realidade que ele contém, e por meio da luz da realidade verdadeira da natureza do mundo, fá-lo perceber que o amor para o mundo e o apego a ele são bastante sem sentido. Ou seja, ele diz o seguinte para o homem, e confirma:

"O mundo é um livro do Uno Eternamente Procurado. Suas letras e palavras não apontam para si mesmas, mas a sua essência, e aos seus atributos e nomes. Nesse caso, saber o seu significado e segura-o, mas ignora as suas decorações, então vá!

"O mundo é também um cultivo; semear e colher sua colheita, e preservá-la. Jogue fora o joio, e dá-lhe nenhuma importância!...

"O mundo é também um conjunto de espelhos que passam continuamente um a seguir o outro; por isso, fica-se conhecendo Quem Se manifesta neles, vê-se as Suas luzes, entendem-se as manifestações dos Nomes que aparecem neles e ama Aquele que eles significam. Cesse a sua fixação aos fragmentos de vidro que estão condenadas a ser quebrados e perecerem!...

"O mundo é também um lugar comércio corrente. Então compra e vende; não persegue em vão as caravanas que fogem de você e prestam-lhe nenhuma atenção. Não se canse por nada!...

"O mundo é também uma exposição temporária. Então, olha para ele e aprenda. Não preste atenção à aparência feia, mas olhe fixamente para o oculto, o belo rosto que olha para o Belo Eterno. Vai para um passeio agradável e benéfico, em seguida, retorna, e não chora como uma criança boba no desaparecimento de cenas que exibem belas vistas e mostram coisas bonitas, e não fique ansioso!...

'O mundo também é uma pousada. Então, come e bebe dentro dos limites permitidos pelo anfitrião generoso, e agradece. Age e se comporta dentro dos limites da sua lei. Em seguida, deixa-o sem olhar para trás, e vai embora. Não interfira nele de uma forma delirante ou oficiosa. Não se ocupe com as coisas que partem de você e não lhe dizem respeito. Não se prenda a passar as coisas e se afogar!..."

Este Quinto Aspecto mostra os segredos da face interna do mundo pelas verdades aparentes como estes, e clareia muito a partida dele. De fato, para aqueles que estão cientes dele torna-se a partida desejável para eles, e mostra que há um traço de misericórdia em tudo e em todos os seus aspectos. O Alcorão indica estes cinco aspectos, e seus versículos apontam para outros aspectos particulares.

Ai da pessoa que não tem participação nesses cinco aspectos!

***

A SEGUNDA ESTAÇÃO DA DÉCIMA SÉTIMA PALAVRA[1]

Não chore na desgraça, ó desgraçado, vem, confia em Allah!

Fica sabendo que chorar agrava o infortúnio e é um grande erro.

***

Encontre Quem envia o infortúnio, e fique sabendo que é um presente dentro de presente, e prazer.

Então deixe de chorar e agradeça; como o rouxinol, sorri por suas lágrimas!

***

Se você não encontrá-lo, fique sabendo que o mundo é todo dor dentro de dor, transitoriedade e perda.

Então, por que lamentar um pequeno infortúnio enquanto em cima de você há um mundo cheio de aflição? Vem, confie em Allah!

***

Confie em Allah! Ria na cara do infortúnio; ele também vai rir.

À medida que ele ri, ele vai diminuir; ele vai mudar e se transformar.

***

Saiba, ó arrogante, a felicidade neste mundo está abandono-o.

Conhecer a Allah é suficiente. Abandone o mundo; todas as coisas serão suas.

***

Ser arrogante é perda total; faça o que fizer, todas as coisas serão contra você.

Assim, ambas as situações exigem o abandono do mundo daqui.

***

Abandonar o mundo é considerá-lo propriedade de Allah, com a Sua permissão, em Seu nome;

Se você quer fazer comércio, depende em fazer esta vida fugaz eterna.

***

Se você procurar a si mesmo, é tanto podre e sem fundamento.

Se você procurar o mundo exterior, o selo da efemeridade está em cima dele.

***

Isso significa que não há nenhum valor em tomá-lo; os bens deste mercado são todos podres.

Portanto, passe diante; as boas mercadorias estão todas alinhados para além dele.

***

---

[1] As peças nesta Segunda Estação se assemelham à poesia, mas elas não são poesia. Elas não foram postas em versos intencionalmente. Eles em vez disso assumem essa forma a um grau devido à perfeita ordem das verdades que elas expressam.

A FRUTA DA AMOREIRA PRETA

[O Velho Said falou isso com a língua do Novo Said, sob a amoreira abençoada.]

que eu estou abordando não é Ziya Pasha, são aqueles apaixonados pela Europa.

Quem fala não é a minha alma, é o meu coração em nome dos estudantes do Alcorão.

***

As palavras anteriores são todas verdades; cuidado, não se perca, não exceda os seus limites!

Não preste atenção às ideias da Europa e se desvie, ou eles vão fazer você se arrepender!

***

Você vê os mais esclarecidos deles, em brilho a sua porta-estandarte,

Exclame com espanto: de quem, a quem posso reclamar?

***

O Alcorão diz, e eu digo também - eu não vou segurar:

Eu apresento a minha reclamação com Ele. Eu não estou confuso, como você.

***

Eu desvio meu clamor das criaturas para Allah; eu não escapo, como você.

Eu dirijo a minha reclamação do chão aos céus. Eu não fujo, como você.

***

Para todos a causa do Alcorão é luz sobre luz; eu não renego, como você.

No Alcorão está a verdade e a sabedoria; eu vou provar isso. Eu considero como nada a filosofia hostil.

***

No Critério há verdades brilhantes; eu as tomei para mim mesmo, não as vendo, como você.

Viajei da criação para o Criador; eu não perdi o caminho, como você.

***

Eu passo por cima de caminhos espinhosos, eu não piso neles, como você.

Da terra para o Trono, ofereço graças; eu não os negligencio, como você.

***

Eu olho a morte e a hora designada como um amigo; eu não estou com medo, como você.

Eu vou entrar no túmulo sorrindo, não tremendo, como você.

***

Eu não vejo isso como a boca de um dragão, toca de um animal, descendo para o nada, como você.

Ela me junta com os meus amigos; eu não estou irritado com a sepultura, como você.

***

É a porta da Misericórdia, portão da Luz, portal da Verdade; não estou incomodado por ele; eu não vou recuar.

Dizendo: *Bismillah* (Em nome de Allah), eu vou bater nela.[I] eu não vou olhar para trás nem sentir terror.

***

Dizendo: *Alhamdu Lilah* (Louvado seja Allah), eu vou deitar e encontrar a felicidade. Eu não vou sofrer nenhum problema nem permanecer solitário.

Dizendo: *Allahu Akbar* (Allah é o Maior)! Eu vou ouvir a chamada para a Ressurreição e acordar,[II]

Eu não vou ficar para trás do Grande Encontro, ou da Mesquita Poderosa.

***

Eu não vou sentir nenhuma angústia, graças ao favor Divino, a luz do Alcorão, e o esplendor da crença;

Não pare, eu vou me apressar, voar, para a sombra do Trono do Clemente. Se Allah quiser, eu não vou errar, como você.

***

[I] Eu não vou exclamar: "Ai de mim!", e fugir.

[II] Eu vou ouvir o chamado de Israfil na Alvorada da Ressurreição, e declarando: *Allahuakbar*"Allah é o Maior!", vou acordar. Eu não vou me atrasar do Grande Encontro e do Congresso das Orações.

UMA SÚPLICA QUE ME OCORREU EM PERSA

هذِهِ الْمُنَاجَاةُ تَخطَّرَتْ فِى الْقَلْبِ هكَذَا بِالْبَيَانِ الْفَارِسِى

[Esta súplica ocorreu ao meu coração em persa, e, portanto, foi escrita nessa língua. Foi incluída no meu trabalho, Habab, publicado pela primeira vez.]

يَارَبْ بَشَشْ جِهَتْ نَظَرْ مِيكَرْدَمْ دَرْدِ خُودْرَا دَرْمَانْ نَمِى دِيدَمْ

O meu Senhor! Descuidadamente não confiando em você, mas em meu próprio poder e vontade, lancei um olhar sobre a pesquisa "os seis aspectos" procurando uma cura para meus males. Ai, eu não consegui encontrar cura para eles, e eu entendi que estava sendo dito para mim: "Os seus males não são suficientes como cura para você?"

دَرْرَاسْتْ مِى دِيدَمْ كِه دِى رُوزْ مَزَارِ پدَرِ مَنَسْتْ

Em negligência olhei para o tempo passado em meu direito de encontrar consolo, mas vi ontem o que parecia ser o túmulo do meu pai e do tempo passado como o enorme túmulo de todos os meus antepassados. Ele me encheu de horror em vez de consolo. (*)

(*) A crença mostra que o horrível grande túmulo era uma familiar e iluminada reunião e um encontro de amigos.

وَ دَرْ چَپْ دِيدَمْ كِه فَرْدَا قَبْرِ مَنَسْتْ

Então, olhei para o futuro à esquerda, mas novamente não consegui encontrar nenhuma cura. O amanhã apareceu como a minha sepultura e o futuro, como o grande túmulo de meus contemporâneos e das futuras gerações; não me proporcionou um sentimento de familiaridade, mas um de susto.(*)

(*) A crença e a paz de crença mostram que o terrível e enorme túmulo é um convite do Clemente em palácios deliciosas de bem-aventurança.

وَ اِيمْرُوزْ تَابُوتِ جِسْمِ پُرْ اِضْطِرَابِ مَنَسْتْ

Uma vez que nada de bom apareceu à esquerda, também, olhei para o dia de hoje, e vi que ele se parece com um esquife; ele estava levando meu cadáver lutando desesperadamente.(*)

(*) A crença mostra o esquife ser um lugar de comércio e uma pousada brilhante.

بَرْ سَرِ عُمْرْ جَنَازَهءِ مَنْ اِيسْتَادَه اَسْتْ

Assim, eu não consegui encontrar nenhuma cura a partir deste aspecto, também, por isso, levantei a cabeça e olhei para o topo da árvore da minha vida. Mas vi que o seu único fruto era o meu cadáver; ele estava olhando para mim do topo da árvore.(*)

(*) A crença mostra o fruto da árvore não ser o cadáver, mas a casa gasta do meu espírito, que manifestará a vida eterna e é destinada para a felicidade eterna, da qual se afastou para viajar entre as estrelas.

دَرْ قَدَمْ آبِ خَاكِ خِلْقَتِ مَنْ وَ خَاكِسْتَرِ عِظَامِ مَنَسْت

De desespero desse aspecto também, abaixei a cabeça. Olhei e vi que a poeira sob os pés dos meus ossos tinham-se misturado com o pó da minha primeira criação. Não ofereceu nenhuma cura, mas acrescentou mais dor aos meus males.(*)

(*) A crença mostra o pó ser a porta que conduz à misericórdia e uma cortina diante dos salões do Paraíso.

چُونْ دَرْ پَسْ مِينِگَرَمْ بِينَمْ اِينْ دُنْيَاءِ بِى بُنْيَادْ هِىچْ دَرْ هِىچَسْت

Afastei-me também daquilo e olhei atrás de mim, onde vi um mundo transitório, sem fundamento, girando e partindo nos vales do nada e as trevas da inexistência. Não era lenitivo para os meus males, em vez disso, adicionou veneno de horror e medo.(*)

(*) A crença mostra o mundo girando em trevas consistir em missivas do Eternamente Procurado e páginas de inscrições Divinas, que, tendo completado seus deveres e expressando seus significados, deixaram os seus resultados de existência em seu lugar.

وَ دَرْ پِيشْ اَنْدَازَهءِ نَظَرْ مِيكُنَمْ دَرِ قَبِرْ كُشَادَه اَسْت

وَ رَاهِ اَبَدْ بَدُورِ دِرَازْ بَدِيدَارَسْت

Uma vez que eu podia ver nada de bom naquilo, também, mudei meu olhar para diante de mim. Vi que a porta da sepultura estava aberta no final do meu caminho. A estrada que leva à eternidade além dela, atingiu meu olhar de longe. (*)

(*) Uma vez que a crença mostra a porta do túmulo abrir para o mundo da luz e a estrada que leva para a felicidade eterna, ela era ao mesmo tempo um lenitivo para os meus males, e uma cura.

مَرَا جُزْ جُزْءِ اِخْتِيَارِى چِيزِى نِيسْت دَرْ دَسْت

Assim, ao invés de receber consolo e uma sensação de familiaridade, senti apenas terror e medo nesses seis aspectos. E para além da faculdade de escolha eu nada tinha na mão com a qual suportá-los e enfrentá-los. (*)

(*) A crença dá um documento para depender de um poder infinito no lugar da faculdade de escolha, que é como a menor partícula indivisível; de fato, a própria crença é um documento.

كِه اُو جُزْءْ هَمْ عَاجِزْ هَمْ كُوتَاه و هَمْ كَمْ عَيَارَسْت

Mas, a arma humana chamada a faculdade de escolha tanto carece de poder e seu alcance é curto. E é imprecisa. Não pode criar, e para além de 'aquisição', nada pode fazer. (*)

(*) A crença faz com que a faculdade de escolha ser empregada em nome de Allah, e torna-a suficiente ante tudo o que ele pode enfrentar. Como quando um soldado emprega sua força insignificante por conta do estado, ele pode realizar atos milhares de vezes maiores do que sua própria força...

نَه دَرْ مَاضِى مَجَالِ حُلُولْ نَه دَرْ مُسْتَقْبَلْ مَدَارِ نُفُوذْ اَسْتْ

Ele também não pode penetrar no passado, nem discernir o futuro, e em relação às minhas esperanças e aos meus receios, era de nenhum benefício. (*)

(*) A crença toma as rédeas daquela parte da mão do corpo do animal e as entrega ao coração e ao espírito, e pode, portanto, penetrar o passado e o futuro. Porque a esfera da vida do coração e do espírito é ampla.

مَيْدَانِ اُو اِينْ زَمَانِ حَالْ و يَكْ آنِ سَيَّالَسْتْ

O campo da faculdade de escolha é o breve tempo presente e o instante presente que passa.

بَا اِينْ هَمَه فَقْرْهَا وَ ضَعْفْهَا قَلَمِ قُدْرَتِ تُو آشِكَارَه

نُوِشْتَه اَسْتْ دَرْ فِطْرَتِ مَا مَيْلِ اَبَدْ وَ اَمَلِ سَرْمَدْ

Assim, apesar de todas as minhas necessidades e fraquezas, desejo e pobreza, e meu estado deplorável induzido pelos horrores e terrores decorrentes dos seis aspectos, claramente escritos na página do meu ser pela caneta do poder, e incluídos na minha natureza, eram desejos que se estendem até a eternidade e esperanças se espalhando por toda a eternidade.

بَلْكِه هَرْ چِه هَسْتْ ، هَسْتْ

Na verdade, de tudo o que há no mundo, existem amostras dele em meu ser. Eu estou ligado a tudo. É por elas que sou usado e as sirvo.

دَائِرَهءِ اِحْتِيَاجْ مَانَنْدِ دَائِرَهءِ مَدِّ نَظَرْ بُزُرْگِى دَارَسْتْ

A esfera da necessidade se estende até onde os olhos podem ver.

خَيَالْ كُدَامْ رَسَدْ اِحْتِيَاجْ نِيزْ رَسَدْ

دَرْ دَسْتْ هَرْچِه نِيسْتْ دَرْ اِحْتِيَاجْ هَسْتْ

Na verdade, onde quer que a imaginação vai, a esfera da necessidade se estende também. Há necessidade lá também. O que quer que o homem não tenha, está em necessidade. O que ele não tem, ele precisa. E o que lhe falta é interminável.

دَائِرَهءِ اِقْتِدَارْ هَمْچُو دَائِرَهءِ دَسْتِ كُوتَاهْ كُوتَاهَسْتْ

Mas, em seguida, a extensão de seu poder vai apenas até o seu braço de curto alcance.

پَسْ فَقْرِ و حَاجَاتِ مَا بقَدْرِ جِهَانَسْتْ

Isso significa que o meu desejo e as necessidades são tão grandes como o mundo.

وَ سَرْمَايَهءِ مَا هَمْچُو جُزْءِ لاَيَتَجَزَّا اَسْتْ

Quanto ao meu capital é tão infinitesimal como uma partícula indivisível.

اِينْ جُزْءْ كُدَامْ وَ اِينْ كَائِنَاتِ حَاجَاتْ كُدَامَسْتْ

Então, para que serve a faculdade de escolha, no valor de cinco reais em relação às minhas necessidades que abrangem o mundo e só podem ser obtidos por milhões de reais? Elas não podem ser compradas com eles, e não podem ser adquiridas por eles. Nesse caso, a pessoatem deprocurar outra solução.

پَسْ دَرْ رَاهِ تُو اَزْ اِينْ جُزْءْ نِيزْ بَازْ مِى گُذَشْتَنْ چَارَهءِ مَنْ اَسْتْ

A solução é esta: renunciar à faculdade de escolha e deixar os assuntos para a vontade Divina; desistir de seu próprio poder e força, buscar refúgio no poder e na força da Allah Todo-Poderoso, a aderir a verdadeira confiança n'Ele.

"Ó meu Senhor! Uma vez que o caminho para ser salvo é esse, eu renuncio à minha faculdade de escolha por Tua causa, e desisto do meu egoísmo.

تَا عِنَايَتِ تُو دَسْتْگِيرِ مَنْ شَوَدْ رَحْمَتِ بِى نِهَايَتِ تُو پَنَاهِ مَنْ اَسْتْ

Então, a Tua graça pode me levar pela mão como compaixão por minha impotência e fraqueza, e Sua misericórdia pode ter pena de minha necessidade e indigência e ser um apoio para mim, e abrir a porta para mim."

آنْ كَسْ كِه بَحْرِ بِى نِهَايَتِ رَحْمَتْ يَافْتْ اَسْتْ تَكْيَه نَه كُنَدْ بَرْ اِينْ جُزْءِ اِخْتِيَارِى

كِه يَكْ قَطْرَه سَرَابَسْتْ

Sim, quem encontra o mar sem limites de misericórdia, certamente não depende de suafaculdade de escolha como uma gota de miragem; ele não abandona a misericórdia e recorre a sua faculdade de escolha.

اَيْوَاهْ اِينْ زِنْدِگَانِى هَمْچُو خَابَسْتْ

وِينْ عُمْرِ بِى بُنْيَادْ هَمْچُو بَادَسْتْ

Ai de mim! Temos sido enganados. Nós supomos a vida deste mundo ser constante, e assim perdemos tudo. Sim, esta vida que passa é apenas um sono; ele passa como um sonho. Esta vida frágil voa como o vento, e se afasta.

اِنْسَانْ بَزَوَالْ دُنْيَا بَفَنَا اَسْتْ آمَالْ بِى بَقَا آلاَمْ بَبَقَا اَسْتْ

O homem arrogante, que confia em si mesmo e supõe que viverá para sempre, está condenado a morrer. Ele passa rapidamente. O mundo, também, a casa do homem, cai na escuridão da inexistência. As esperanças não duram, enquanto perdurarem as dores no espírito.

بِيَا اَىْ نَفْسِ نَافَرْجَامْ وُجُودِ فَانِى يِ خُودْرَا فَدَا كُنْ

خَالِقِ خُودْرَا كِه اِينْ هَسْتِى وَدِيعَه هَسْتْ

Uma vez que a realidade é esta, venha, ó minha alma miserável, que anseia pela vida, apaixonada pelo mundo, aflita com esperanças infinitas e dores! Acorde e recobre os sentidos! Assim como o vagalume confia em sua própria luz minúscula e permanece na escuridão infinita da noite, e uma vez que não depende de si, a abelha encontra o sol de dia, e olha todas as flores que são suas amigas, douradas com a luz do sol; se você confiar em si mesmo, em seu ser e em seu ego, você se parecerá com o vagalume. Enquanto que se você sacrifica seu ser transitório pela causa do Criador, que o deu a você, você encontrará uma luz sem fim da existência. Então, sacrifique-se! Uma vez que essa existência é uma confiança dada a você em custódia.

وَ مُلْكِ اُو وَ اُو دَادَه فَنَا كُنْ تَا بَقَا يَابَدْ

اَزْ آنْ سِرِّى كِه ، نَفْىِ نَفْىْ اِثْبَاتْ اَسْتْ

Além disso, é propriedade d'Ele, e é Ele quem a concedeu. Portanto, despreze-a, sacrifique-a sem hesitação. Sacrifique-a para que seja permanente, uma vez que a negação da negação é uma afirmação. Ou seja, se o nada não é, então ele é. Se o nada é negado, então passa a ser.

خُدَاىِ پُرْكَرَمْ خُودْ مُلْكِ خُودْرَا مِى خَرَدْ اَزْ تُو

بَهَاىِ بِى گِرَانْ دَادَه بَرَاىِ تُو نِگَاهْ دَارَسْتْ

O Criador Todo-Generoso compra sua própria propriedade de você, e dá-lhe o alto preço do Paraíso em troca. Ele cuida muito bem da propriedade para você, e aumenta o seu valor. E Ele vai devolvê-la, tanto na forma duradoura como perfeita. Ó minha alma! Não perca tempo! Faça esse comércio que é rentável em cinco aspectos, e seja salvo das cinco derrotas; tenha um lucro de cinco vezes de uma só vez!

***

بِسْمِ اللّٰهِ الرَّحْمٰنِ الرَّح۪يمِ

﴿ فَلَمَّا اَفَلَ قَالَ لَٓا اُحِبُّ الْاٰفِل۪ينَ ﴾[282]

لَقَدْ اَبْكَانِى نَعْىُ (لَٓا اُحِبُّ الْاٰفِل۪ينَ) مِنْ خَل۪يلِ اللّٰهِ[283]

O versículo [284] لَٓا اُحِبُّ الْاٰفِل۪ينَ me fez chorar, foi proferido por Abraão (Que a paz esteja com ele), que anuncia a passagem e a morte do universo.

فَصَبَّتْ عَيْنُ قَلْب۪ى قَطَرَاتٍ بَاكِيَاتٍ مِنْ شُئُونِ اللّٰهِ

Os olhos do meu coração choraram com ele, derramando lágrimas amargas. Cada lágrima era extremamente triste como os olhos chorosos do meu coração. O versículo faz outros chorarem, e como se chorassem. As linhas a seguir em persa são as minhas lágrimas.

لِتَفْس۪يرِ كَلَامٍ مِنْ حَك۪يمٍ اَىْ نَبِىٍّ ف۪ى كَلَامِ اللّٰهِ

Eles são uma espécie de comentário de algumas palavras do Profeta Mohammad presentes dentro da Palavra de Allah Onisciente.

نَمِى زِيبَاسْتْ اُفُولْدَه گُمْ شُدَنْ مَحْبُوبْ

Um amado que está escondido por definição não é bonito, uma vez que aquele condenado a declinar não pode ser verdadeiramente belo. Ele pode não amar com o coração, que é criado para o amor eterno e é o espelho do Eternamente Procurado, e não deve ser amado com ele.

نَمِى اَرْزَدْ غُرُوبْدَه غَيْبْ شُدَنْ مَطْلُوبْ

O desejado condenado a se perder no ocaso não é digno de penhora do coração, da preocupação da mente. Não pode ser o objeto dos desejos. Não é digno de ser lamentado com tristeza e dor. Então, por que o coração deve adorá-lo e ser ligado a ele, e assim permanecer?

نَمِى خَواهَمْ فَنَادَه مَحْوْ شُدَنْ مَقْصُودْ

O procurado que se perde na efemeridade; não quero alguém assim. Pois eu sou efêmero, não quero aquele que é assim. O que vou fazer com ele?

نَمِى خَوانَمْ زَوَالْدَه دَفْنْ شُدَنْ مَعْبُودْ

O adorado que está morto e enterrado; não vou chamá-lo, não procurarei refúgio nele. Pois eu sou infinitamente carente e impotente, e aquele que é impotente não encontra cura para os meus males sem limites. Ele não consegue espalhar lenitivo nas minhas feridas eternas. Como pode alguém que não pode salvar-se da morte ser um objeto de adoração?

عَقْلْ فَرْيَادْ مِى دَارَدْ نِدَاءِ (لاَ اُحِبُّ الآفِلِينَ)مِى زَنَدْ رُوحَمْ

Na verdade, a razão, que está obcecada com coisas externas, grita em desespero ao ver a morte das coisas que ela adora no universo, e o espírito, que busca por um amado eterno, profere o grito:[285] لاَ اُحِبُّ الْاٰفِلِينَ

نَمِى خَواهَمْ نَمِى خَوانَمْ نَمِى تَابَمْ فِرَاقِى

Eu não quero a separação, eu não desejo a separação, eu não posso respeitar a separação...

نَمِى اَرْزَدْ مَرَاقَه اِينْ زَوَالْ دَرْ پَسْ تَلاَقِى

Reuniões seguidas imediatamente pela separação não valem a tristeza e a dor, não são dignas de serem almejadas. Pois, assim como a passagem do prazer é dor, imaginar o passar do prazer também é dor. As obras de todos os amantes metafóricos, ou seja, as obras de poesia sobre o amor, são todos gritos de dor decorrente da imaginação desta passagem. Se você fosse restringir o espírito de todas as obras de poesia, de cada um fluiriam estes gritos graves.

اَزْ آنْ دَرْدِى گِرِينِ (لاَ اُحِبُّ الْاٰفِلِينَ) مِى زَنَدْ قَلْبَمْ

Assim, é devido à dor e às atribulações dessas reuniões manchadas de transitoriedade, esses tristes amores metafóricos, que o meu coração lamenta e grita como o choro de Abraão: لاَ اُحِبُّ الْاٰفِلِينَ

دَرْ اِينْ فَانِى بَقَا خَازِى بَقَا خِيزَدْ فَنَادَنْ

Se você quer permanecer neste mundo transitório, a permanência surge da transitoriedade. Encontre transitoriedade em relação a sua alma-comandante do mal, de modo que você possa ser duradouro.

فَنَا شُدْ هَمْ فَدَا كُنْ هَمْ عَدَمْ بِينْ كِه اَزْ دُنْيَا بَقَايَه رَاهْ فَنَادَنْ

Despoja-se da imoralidade, a base da adoração deste mundo. Seja transitório! Sacrifica seus bens e propriedades pela causa do Verdadeiro Amado. Veja as extremidades dos seres, que apontam para a inexistência, porque o caminho que conduz à permanência neste mundo começa a partir da transitoriedade.

فِكِرْ فِيزَارْ مِى دَارَدْ اَنِينِ (لاَ اُحِبُّ الْاٰفِلِينَ) مِى زَنَدْ وِجْدَانْ

A mente humana, que mergulha nas causas, permanece perplexo com as convulsões da morte do mundo, e lamenta desesperadamente. Enquanto a consciência, que deseja a verdadeira existência, rompe a ligação com os amados metafóricos e os seres transitórios com o grito de Abraão: لَا أُحِبُّ الْآفِلِينَ e se liga ao Verdadeiramente Existente, o Amado Eterno.

بِدَانْ اَىْ نَفْسِ نَادَانَمْ كِه دَرْ هَرْ فَرْدْ اَزْ فَانِى دُو رَاهْ هَسْتْ

بَا بَاقِى دُو سِرِّ جَانِ جَانَانِى

Ó minha alma ignorante! Saiba que o mundo e seus seres são certamente efêmeros, mas você pode encontrar o caminho que conduz à permanência em cada coisa efêmera, e pode ver dois lampejos, dois mistérios, das manifestações da beleza do Amado Imortal, se você consguir ultrapassar a imagem efêmera e seus próprios limites.

كِه دَرْ نِعْمَتْهَا اِنْعَامْ هَسْتْ وَ پَسْ آثَارْهَا اَسْمَا بِگِيرْ مَغْزِى وَ مِيزَنْ دَرْ فَنَا آنْ

قِشْرِ بِى مَعْنَا

Sim, a generosidade concedida é vista e se sente os favores do Clemente nela. Se passar da graça para a doação, você encontrará o Doador. Além disso, cada trabalho do Uno e Eternamente Procurado dá a conhecer os Nomes do Criador Todo-Glorioso, como uma missiva. Se você passar da decoração para o significado, você encontrará o caminho representado por meio de Seus Nomes. Já que você pode encontrar a semente, a essência, desses seres efêmeros, obtenha-a. Então, sem piedade você pode jogar fora suas coberturas e cascas sem sentido pela causa da efemeridade, sem sentir dor.

بَلِى آثَارْهَا گُويَنْدْ زِاَسْمَا لَفْظِ پُرْ مَعْنَا بِخَانْ مَعْنَا وَ مِيزَنْ دَرْ هَوَا آنْ لَفْظِ بِى

سَوْدَا

Entre os seres não há na realidade vestígio que não seja uma palavra incorporada com muitos significados e não faz recitar inúmeros Nomes do Criador Glorioso. Uma vez que os seres são palavras, palavras de poder, leia os seus significados e coloque-os em seu coração. Corajosamente lance palavras sem significado para os ventos da transitoriedade. Não se preocupe em olhar para trás, ocupando desnecessariamente a si mesmo.

عَقْلْ فَرْيَادْ مِى دَارَدْ غِيَاثِ (لَا أُحِبُّ الْآفِلِينَ) مِيزَنْ اَىْ نَفْسَمْ

A corrente de pensamento da mente mundana, que adora o aparente e cujo capital consiste em conhecimento "objetivo", leva a nada e à inexistência, ela grita desesperadamente em sua perplexidade e frustração. Ela procura um verdadeiro caminho que conduz à realidade. Uma vez que o espírito tenha retirado a mão dos transitórios e efêmeros, o coração desistiu de seus amados metafóricas, e a consciência também virou o rosto para os seres transitórios, você também, minha alma miserável, clame:

لاَ اُحِبُّ الْاٰفِلِينَ, como Abraão (a paz esteja com ele), e se salve.

چه خُوشْ گُويَدْ اُو شَيْدَا جَامِىِ عِشْقْ خُوىْ

Veja como Mawlana Al Jámi expressou isso, cuja natureza foi amassada com amor Divino quando quis orientar o olhar para o monoteísmo e desviá-lo do politeísmo :[I]

يَكِى خَواهْ يَكِى خَوانْ يَكِى جُوىْ يَكِى بِينْ يَكِى دَانْ يَكِى گُوىْ

Isto é,

1. Deseje apenas um; o resto não vale a pena querer.

2. Convoque Um; os outros não vão chegar para a ajuda.

3. Procure Um; o resto não vale a pena.

4. Veja Um; os outros não são vistos o tempo todo; escondem-se por trás do véu da efemeridade.

5. Conheça Um; Outros conhecimentos que não sã extraidos do conhecimento d'Ele são sem benefício.

6. Cite Um; as palavras que não O indicam não podem ser consideradas insignificantes.

نَعَمْ صَدَقْتَ اَىْ جَامِى ۞ هُوَ الْمَطْلُوبُ ۞ هُوَ الْمَحْبُوبُ ۞ هُوَ الْمَقْصُودُ ۞ هُوَ الْمَعْبُودُ

Sim, você falou a verdade absoluta ó Al Jámi. Ele é verdadeiro Amado, o Verdadeiro Procurado, o Desejado, o Verdadeiro Objeto de adoração é Ele sozinho...

كِه لاَ اِلٰهَ اِلاَّ هُو بَرَابَرْ مِيزَنَدْ عَالَمْ

Pois, em um poderoso círculo para a menção dos Nomes Divinos, neste mundo, juntamente com todos os seus seres e as suas diferentes línguas e as várias canções declaram: [286] لاَ اِلٰهَ اِلاَّ هُو ; juntos, eles testemunham a Unicidade Divina. E tratando a ferida causada por: لاَ اُحِبُّ الْاٰفِلِينَ apontam para o Amado Imortal no lugar de todos os amados metafóricas, com quem cortou as relações.

***

[I] Só esta linha é de Maulana Jami'

[Vinte e cinco anos atrás, em Yusa Tepesi (Monte Joshua) acima do Bósforo de Istambul, em uma época que eu tinha decidido abandonar o mundo, um número de amigos importantes foi ter comigo para me ligar de volta ao mundo e à minha posição anterior. Eu disse-lhes para me deixarem até a manhã seguinte para que eu pudesse buscar orientação. Naquela manhã, as duas tabelas a seguir foram transmitidas ao meu coração. Assemelham-se á poesia, mas elas não são. Eu não as mudei para o bem daquela abençoada memória, e elas foram mantidas como me ocorreram. Elas foram adicionadas à Vigésima Terceira Palavra, e agora foram incluídas aqui por conta de sua "estação".]

A PRIMEIRA TABELA

[A tabela que descreve a realidade do mundo dos desatentos.]

Não me chame para o mundo;	Eu vim, e vi que era transitório.
Quando a negligência tornou-se um véu;	Vi o desaparecimento da luz da verdade
Vi todos os seres e as existências,	Que eram efêmeras, prejudiciais.
Se você citar a existência, sendo, eu a vesti;	Ai de mim! Vi no nada muito sofrimento!
Se você diz, a vida, eu a provei;	Vi que era tormento após tormento.
A mente se tornou pura tortura;	Vi permanência ser atribulação.
A vida tornou-se puro capricho;	Vi realização de ser pura perda.
As ações se tornaram pura hipocrisia;	Vi a esperança ser pura dor.
A união tornou-se separação;	Eu vi o remédio ser a doença.
Estas luzes se tornaram trevas;	Eu vi esses amigos serem órfãos.
Essas vozes se tornaram anúncios da morte;	Eu vi os vivos estarem mortos.
O conhecimento foi transformado em fantasia;	Eu vi na sabedoria mil doenças.
O prazer tornou-se pura dor;	Eu vi existência mil inexistências.
Se você citar o Amado, eu o encontrei;	Ai de mim! Vi na separação muita dor.

***

A SEGUNDA TABELA

[A Tabela indicando a realidade do mundo das pessoas de orientação, aqueles com corações fáceis.]

Quando a negligência passou,	E vi que a luz da verdade de forma clara.
A existência tornou-se a prova de Allah;	Veja, a vida é o espelho de Allah.
A mente tornou-se a chave do tesouro	Veja, a transitoriedade é a porta da permanência.
A centel da perfeição apagou-se,	Mas, vê o Sol da Beleza!
A separação se tornou verdadeira união;	Vejo, a dor é puro prazer.
A vida tornou-se pura ação;	Veja, a eternidade é vida pura.
A escuridão tornou-se o recipiente de luz;	Veja, há verdadeira vida na morte.
Todas as coisas se tornaram familiares;	Vejam todos os sons são a recordação de Allah.
Todos os átomos existentes	Veja, cada um recita as glorificações de Allah.
Encontrei a pobreza um tesouro da satisfação	Veja a força na impotência.
Se você encontrar Allah,	Veja, todas as coisas são suas.
Se você é o servo do Proprietário de todas as coisas,	Veja, Sua propriedade é sua.
Se você é arrogante e afirma possuir controle sobre si mesmo,	Veja, é tentação e atribulação sem fim;
A experiência é tormento sem limites;	Veja, é uma calamidade sem objetivo.
Se você é um verdadeiro servo de Allah,	Veja, que é um prazer sem limites e facilidade.
Prova suas recompensas incontáveis,	Experimente a felicidade infinita...

***

[Vinte e cinco anos atrás, em Ramadan, após a *salat al 'Asr*, eu li a composição do Cheikh Abd al-Qádir Jilani em verso sobre os Nomes Mais Belos. Eu senti um desejo de escrever uma súplica com os Nomes Divinos, e naquela época somente isso foi escrito. Eu queria escrever uma súplica semelhante ao de meu santo mestre, mas, ai de mim! Eu não tenho capacidade de escrever poesia e mantive-me deficiente. No entanto, a súplica foi adicionada à Trigésima Terceira Carta da Trigésima Terceira Palavra, conhecida como as Trinta e Três Janelas, em seguida, foi incluído aqui por conta de sua "estação".]

هُوَ الْبَاقِى

حَكِيمُ الْقَضَايَا نَحْنُ فِى قَبْضِ حُكْمِهِ ۞ هُوَ الْحَكَمُ الْعَدْلُ لَهُ الْاَرْضُ وَ السَّمَاءُ

عَلِيمُ الْخَفَايَا وَ الْغُيُوبِ فِى مُلْكِهِ ۞ هُوَ الْقَادِرُ الْقَيُّومُ لَهُ الْعَرْشُ وَ الثَّرَاءُ

لَطِيفُ الْمَزَايَا وَ النُّقُوشِ فِى صُنْعِهِ ۞ هُوَ الْفَاطِرُ الْوَدُودُ لَهُ الْحُسْنُ وَ الْبَهَاءُ

جَلِيلُ الْمَرَايَا وَ الشُّؤُنِ فِى خَلْقِهِ ۞ هُوَ الْمَلِكُ الْقُدُّوسُ لَهُ الْعِزُّ وَ الْكِبْرِيَاءُ

بَدِيعُ الْبَرَايَا نَحْنُ مِنْ نَقْشِ صُنْعِهِ ۞ هُوَ الدَّائِمُ الْبَاقِى لَهُ الْمُلْكُ وَ الْبَقَاءُ

كَرِيمُ الْعَطَايَا نَحْنُ مِنْ رَكْبِ ضَيْفِهِ ۞ هُوَ الرَّزَّاقُ الْكَافِى لَهُ الْحَمْدُ وَ الثَّنَاءُ

جَمِيلُ الْهَدَايَا نَحْنُ مِنْ نَسْجِ عِلْمِهِ ۞ هُوَ الْخَالِقُ الْوَافِى لَهُ الْجُودُ وَ الْعَطَاءُ

سَمِيعُ الشَّكَايَا وَ الدُّعَاءِ لِخَلْقِهِ ۞ هُوَ الرَّاحِمُ الشَّافِى لَهُ الشُّكْرُ وَ الثَّنَاءُ

غَفُورُ الْخَطَايَا وَ الذُّنُوبِ لِعَبْدِهِ ۞ هُوَ الْغَفَّارُ الرَّحِيمُ لَهُ الْعَفْوُ وَ الرِّضَاءُ [287]

Ó minha alma! Juntamente com o meu coração, chora e pranteia, e diz:
Eu sou efêmero; eu não quero quem é efêmero.
Eu sou impotente; eu não quero o impotente.
Eu entreguei o meu espírito ao Clemente; eu não quero outro.
Eu quero um, mas eu quero um amigo eterno.
Eu sou um átomo, mas quero um sol eterno.
Eu não sou nada, em nada, mas quero esses seres, todos eles.

***

FRUTO DO PINHEIRO, ZIMBRO, E CIPRESTE PRETO NAS TERRAS ALTAS DE BARLA

[Apesar de ser uma parte da Décima Primeira Carta, foi transferida aqui pela importância]

Uma vez, durante meu cativeiro, enquanto olhando para as majestosas e maravilhosas formas de pinheiro, cedros e árvores de zimbro no topo da montanha, uma suave brisa soprava. Transformou a cena em uma magnífica exibição, deliciosa, e clamorosa de dança e um desempenho arrebatador de louvor e glorificação, o prazer de vê-las foi transformado em instruções para os meus olhos e sabedoria para os meus ouvidos. De repente lembrei-me das linhas curdas do Ahmad al-Jizri, cujo significado é:

هَرْكَسْ بِتَمَاشَاگَهِ حُسْنَاتَه زِهَرْ جَاىْ تَشْبِيهِ نِگَارَانْ بِجَمَالاَتَه دِنَازِنْ

"Todo mundo já se apressou a olhar para você e sua beleza; eles estão agindo timidamente ante sua beleza."

Meu coração chorou em seguida, expressando seus significados instrutivos como segue:

يَا رَبْ هَرْ حَىْ بِتَمَاشَاگَهِ صُنْعِ تُو زِهَرْجَاىْ بَتَازِى ...زِنِشِيبْ اَزْ فِرَازِى مَانَنْدِ دَلاَّلاَنْ بِنِدَاءِ بِآوَازِى...دَمْ دَمْ زِجَمَالِ نَقْشِ تُو دَرْ رَقْصْ بَازِى...زِكَمَالِ صُنْعِ تُو خُوشْ خُوشْ بِگَازِى...زِشِيرِينِى آوَازِ خُودْ هَىْ هَىْ دِنَازِى...اَزْوَىْ رَقْصَ آمَدْ جَذْبَه خَازِى...اَزِينْ آثَارِ رَحْمَتْ يَافْتْ هَرْ حَىْ دَرْسِ تَسْبِيحُ نَمَازِى...اِيسْتَادَسْتْ هَرْ يَكِى بَرْ سَنْگِ بَالاَ سَرْفِرَازِى...دِرَازْ كَرْدَسْتْ دَسْتْهَارَا بَدَرْگَاهِ اِلٰهِى هَمْ چُو شَهْبَازِى...بِجُنْبِيدَسْتْ زُلْفْهَارَا بَشَوْقْ اَنْگِيزِ شَهْنَازِى...بَبَالاَ مِيزَنَنْدْ اَزْ پَرْدَه هَاىِ هَاىِ هُوِى عِشْقْ بَازِى...مِيدِهَدْ هُوشَه گِرِينْهَاىِ دَرِينْهَاىِ زَوَالِى اَزْ حُبِّ مَجَازِى...بَرْ سَرِ مَحْمُودْهَا نَغْمَهَاىِ حُزْنْ اَنْگِيزِ اَيَازِى...مُرْدَهَارَا نَغْمَهَاىِ اَزَلِى اَزْ حُزْنْ اَنْگِيزِ نَوَازِى...رُوحَه مِى آيَدْ اَزُو زَمْزَمَهءِ نَازُ نِيَازِى...قَلْبْ مِيخَوَانَدْ اَزِينْ آيَاتْهَا سِرِّ تَوْحِيدْ زِعُلُوِّ نَظْمِ اِعْجَازِى...نَفْسْ مِيخَواهَدْ دَرْ اِينْ وَلْوَلَهَا زَلْزَلَهَا ذَوْقِ بَاقِى دَرْ فَنَاىِ دُنْيَا بَازِى...عَقْلْ مِيبِينَدْ اَزِينْ زَمْزَمَهَا دَمْدَمَهَا نَظْمِ خِلْقَتْ نَقْشِ

حِكْمَتْ كَنْزِ رَازِى...آرْزُو مِيدَارَدْ هَوَا اَزِين هَمْهَمَهَا هَوْهَوهَا مَرْگِ خُودْ دَرْ تَرْكِ اَذْوَاقِ مَجَازِى...خَيَالْ بِينَدْ اَزِين اَشْجَارْ مَلاَئِكْ رَا جَسَدْ آمَدْ سَمَاوِى بَاهَزَارَانْ نَىْ...اَزِين نَيْهَا شُنِيدَتْ هُوشْ سِتَايِشْهَاىِ ذَاتِ حَىْ...وَرَقْهَارَا زَبَانْ دَارَنْدْ هَمَه هُو هُو ذِكْرْ آرَنْدْ بَدَرْ مَعْنَاىِ حَىٌّ حَىْ...چُو لاَ اِلَهَ اِلاَّ هُو بَرَابَرْ مِيزَنَدْ هَرْ شَىْ...دَمَادَمْ جُويَدَنْدْ يَا حَقْ سَرَاسَرْ گُويَدَنْدْ يَا حَىْ بَرَابَرْ مِيزَنَنْدْ اَللّٰهْ

﴿فَيَا حَىُّ يَا قَيُّومُ بِحَقِّ اِسْمِ حَىِّ قَيُّومِ.﴾

حَيَاتِى دِهْ بَايِنْ قَلْبِ پَرِيشَانْ رَا اِسْتِقَامَتْ دِهْ بَايِنْ عَقْلِ مُشَوَّشْ رَا آمِينْ

Significado dos dísticos persas sobre *"Fruto do pinheiro, zimbro, e cipreste preto nas terras altas de Barla"*:

هَرْكَسْ بِتَمَاشَاگَهِ حُسْنَاتَه زِهَرْ جَاىْ تَشْبِيهِ نِگَارَانْ بِجَمَالاَتَه دِنَازِنْ

Meu coração chorou em seguida, expressando seus significados instrutivos como segue:

"Todo mundo já se apressou a olhar para você e sua beleza; eles estão agindo timidamente ante sua beleza."

يَا رَبْ هَرْ حَىْ بِتَمَاشَاگَهِ صُنْعِ تُو زِهَرْجَاىْ بَتَازِى

Todos os seres vivos aparecem de todos os lados e olham a face da terra que expõe a Sua criação.

زِنشِيبُ اَزْ فِرَازِى مَانَنْدِ دَلاَّلاَنْ بِنِدَاءِ بِآوَازِى

Surgem de cima e de baixo e chamam como arautos.

دَمْ دَمْ زِجَمَالِ نَقْشِ تُو دَرْ رَقْصْ بَازِى

As árvores parecidas com os arautos se alegram com a beleza de seus bordados, e dançam.

زِكَمَالِ صُنْعِ تُو خُوشْ خُوشْ بِگَازِى

Ficam cheios de alegria com a perfeição da Sua arte, e emitem sons mais belos.

زِشِيرِينِى آوَازِ خُودْ هَىْ هَىْ دِنَازِى

É como se a doçura de suas próprias vozes os enchessem de alegria também, e executassem uma melodia delicada.

اَزْوَىْ رَقْصَ آمَدْ جَذْبَه خَازِى

Em resposta as árvores começaram a dançar e estão buscando êxtase.

اَزِينْ آثَارِ رَحْمَتْ يَافْتْ هَرْ حَىْ دَرْسِ تَسْبِيحُ نَمَازِى

É por meio desta misericórdia Divina todos os seres vivos recebem instrução na glorificação e salat especial de cada um.

اِيسْتَادَسْتْ هَرْ يَكِى بَرْ سَنْگِ بَالاَ سَرْفِرَازِى

Depois de receber a instrução, as árvores se colocam em rochas altas levantam as cabeças para o Trono Divino.

دِرَازْ كَرْدَسْتْ دَسْتْهَارَا بَدَرْگَاهِ اِلٰهِى هَمْ چُو شَهْبَازِى

Cada uma estende uma centena de mãos para o Tribunal de Allah, como Chihbaz Kalandar[I] e assume uma posição imponente de adoração.

بِجُنْبِيدَسْتْ زُلْفْهَارَا بَشَوْقْ اَنْگِيزِ شَهْنَازِى

Balançam seus pequenos galhos como atraídos pela beleza de Chanaz[II] e fazem recordar com isso os espectadores, expressando seu prazer e deleite elevado.

بَبَالاَ مِيزَنَنْدْ اَزْ پَرْدَه هَاىِ هَاىِ هُوىِ عِشْقْ بَازِى

Elas sopram das classes da melodia apaixonada como se tocassem as cordas mais sensíveis e as veias sentimentais. (Nota)

مِيدِهَدْ هُوشَه گِرِينْهَاىِ دَرِينْهَاىِ زَوَالِى اَزْ حُبِّ مَجَازِى

Um significado como esse vem à mente: Elas recordam tanto o choro causado pela dor do desvanecimento dos amores metafóricos e dos gemidos profundamente tristes.

بَرْ سَرِ مَحْمُودْهَا نَغْمَهَاىِ حُزْنْ اَنْگِيزِ اَيَازِى

Elas fazem ouvir as canções melancólicas de todos os amantes que se separaram de seus amados, como Sultan Mahmud. Tocam as músicas de seus amados misturadas com tristezas.

I Herói famoso que se refugiou na Corte Divina, orientado pelo Cheikh Al-Quiláni, elevando-se ao grau de santidade.

II Mulher bela, famosa pelos seus longos cabelos de trança de quarenta nós.

Nota: بَبَالاَ مِيزَنَنْدْ اَزْ پَرْدَه هَاىِ هَاىِ هُوىِ چَرْخِ بَازِى ۞ مُرْدَهَارَا نَغْمَهَاىِ اَزَلِى اَزْ حُزْنْ اَنْگِيزِ نَوَازِى

مُرْدَهَارَا نَغْمَهَاىِ اَزَلِى اَزْ حُزْنْ اَنْگِيزِ نَوَازِى

Elas parecem ter um dever de fazer os mortos ouvirem os sons e as vozes tristes. Que não maisouvem as vozes e as palavras do mundo.

رُوحَه مِى آيَدْ اَزُو زَمْزَمَهءِ نَازُ نِيَازِى

O espírito compreende a partir disto que as coisas recebem com glorificação a manifestação dos nomes do Criador Glorioso; eles entoam um canto gracioso e evocativo.

قَلْبْ مِيخَوانَدْ اَزِينْ آيَاتْهَا سِرِّ تَوْحِيدْ زِعُلُوِّ نَظْمِ اِعْجَازِى

O coração lê o mistério da Unidade Divina destas árvores, cada uma como um sinal incorporado, que significa: Na sua criação há uma organização, ordem, arte e sabedoria, que, se todas as causas de existência tivessem o poder de agir e escolher, e elas reunidas, não conseguiriam imitá-las.

نَفْسْ مِيخَواهَدْ دَرْ اِينْ وَلْوَلَهَا زَلْزَلَهَا ذَوْقِ بَاقِى دَرْ فَنَاىِ دُنْيَا بَازِى

A alma, ao vê-las, vê toda a terra como girando em um tumulto clamoroso da separação, e busca o prazer duradouro. Ela recebe o significado: "Você vai encontrá-lo ao abandonar o culto a este mundo."

عَقْلْ مِيبِينَدْ اَزِينْ زَمْزَمَهَا دَمْدَمَهَا نَظْمِ خِلْقَتْ نَقْشِ حِكْمَتْ كَنْزِ رَازِى

A mente descobre dos cantos dos animais e das árvores e das vociferantes plantas e do ar, a ordem, a mais significativa ordem da criação, e entende que tudo glorifica o Criador Magnífico de várias formas.

آرْزُو مِيدَارَدْ هَوَا اَزِينْ هَمْهَمَهَا هَوْهَوَهَا مَرْگِ خُودْ دَرْ تَرْكِ اَذْوَاقِ مَجَازِى

O desejo da alma recebe tais prazeres do murmúrio do ar e do sussurro das folhas que a faz esquecer todos os prazeres metafóricos. Ele deseja morrer no prazer da realidade, abandonando o prazer metafórico que constitui na vida daquele prazer.

خَيَالْ بِينَدْ اَزِينْ اَشْجَارْ مَلاَئِكْ رَا جَسَدْ آمَدْ سَمَاوِى بَاهَزَارَانْ نَىْ

A imaginação vê que os anjos encarregados das árvores penetraram o seu íntimo vestindo as árvores em que foram penduradas muitas flautas uma nova vestimenta. É como se o Monarca Eterno vestisse as árvores para um esplêndido desfile acompanhadas com os sons de milhares de flautas. Assim, as árvores mostram-se, não corpos inconscientes sem vida, mas altamente conscientes e significativas.

اَزِينْ نَيْهَا شُنِيدَتْ هُوشْ سِتَايِشْهَاىِ ذَاتِ حَىْ

As flautas são puras e poderosas como a emissão de uma celestial e exaltada orquestra. A mente não ouve daquelas flautas as queixas dolorosas de separação, que todos os amantes ouvem à frente dos quais Mawlana Jalaluddin Rumi, mas ouve agradecimentos celestiais, louvores Divinos oferecidos Àquele Misericordioso, o Sempre Eterno, o Autossubsistente.

وَرَقْهَارَا زَبَانْ دَارَنْدْ هَمَه هُو هُو ذِكْرْ آرَنْدْ بَدَرْ مَعْنَاىِ حَىٌّ حَىْ

Se as árvores se tornarem corpos, as folhas se tornaram línguas. No tocar da brisa cada uma recita repetidamente: "É Ele! É Ele!' Com as bênçãos de suas vidas eles proclamam que o seu Criador é Vivente, Autossubsistente.

چُو لاَ اِلٰهَ اِلاَّ هُو بَرَابَرْ مِيزَنَنْدْ هَرْ شَىْ

Então, todas as coisas declaram continuamente: لاَ اِلٰهَ اِلاَّ هُو "Não há outra divindade além d'Ele!", citando e agindo conjuntamente no âmbito da recordação das importantes criaturas.

دَمَادَمْ جُويَدَنْدْ يَا حَقْ سَرَاسَرْ گُويَدَنْدْ يَا حَىْ بَرَابَرْ مِيزَنَنْدْ اَللّٰه

E pede a Allah, Exaltado seja, as necessidades de suas vidas do tesouro da misericórdia Divina, com sua língua da manifestação e da natureza, pede os direitos de vida, ao reiterar o Seu Nome de: "O Vivente!"

فَيَا حَىُّ يَا قَيُّومُ بِحَقِّ اِسْمِ حَىِّ قَيُّومِ

Ó Vivente, ó Autossubsistente! Através dos nomes de Vivente e Autossubsistente,

حَيَاتِى دِهْ بَايِنْ قَلْبِ پَرِيشَانْ رَا اِسْتِقَامَتْ دِهْ بَايِنْ عَقْلِ مُشَوَّشْ رَا آمِينْ

Dota esse coração infeliz com a vida, e confere direção à mente confusa. Amém.

***

[Uma vez, à noite, em um ponto alto da Montanha de Pinho, perto de Barla eu estava olhando para o rosto do céu quando as seguintes linhas de repente me ocorreram. Com a imaginação ouvi a fala das estrelas pela língua de disposição, e é assim que as linhas foram escritas. Uma vez que eu não sei as regras de versificação, eles não foram escritos com rima métrica, mas à medida que me ocorreram. Foram tomadas da Quarta Carta, e a última parte do Primeiro Lugar de Parada da Trigésima Segunda Palavra.]

A FALA DAS ESTRELAS

Em seguida, ouça as estrelas, ouve a sua fala harmoniosa!
Veja que sabedoria tem embelezado o decreto de Sua Luz!

***

Todas começaram a falar a língua da verdade,
Eles dirigem à Majestade da soberania do Todo-Poderoso da Glória;

***

Somos cada um de nós provas de dispersão da luz da existência de nosso Criador;
Somos testemunhas, tanto da Sua Unidade e Poder;

***

Olhamos como os anjos os milagres sutis dourando a face dos da Terra

***

Somos inúmeros olhos[I] atentos dos céus
Olham a terra, e estudam o Paraíso;

***

Somos os frutos requintados inumeráveis que a mão da sabedoria do Majestoso na parte celestial e em todos os ramos da Via Láctea;

***

Somos Mesquitas viajantes, casas girando, ninhos elevados, lâmpadas iluminando, aviões e navios poderosos dos habitantes dos céus;

***

Somos os milagres do poder, fenômenos da criação, raridades da sabedoria, a maravilha da criação, um mundo de luz, do Poderoso Perfeito, do Sapiente Majestoso.

***

[I] Ou seja, a face da terra é local de sementeiras e o cultivo das rosas do Paraíso, em que são expostos os ilimitados milagres, os anjos do mundo celestial contemplam esses milagres e essas maravilhas, e como os anjos, as estrelas, que são como os olhos dos corpos celestes, contemplam as excelentes moldadas criaturas na terra, e fazendo isso, olham o mundo do Paraíso. Ao mesmotempo, eles olham tanto a terra como o Paraíso; eles observam aqueles fugaz maravilhas em uma duradoura forma no Paraíso. É o dizer, há perspectiva de ambos os mundos.

Demonstramos inúmeras provas, com cem mil línguas e o ouvimos de todas as pessoas;

Que os olhos dos incrédulos se ceguem, não veem os nossos rostos, não ouvem as nossas palavras; apesar de sermos os são sinais que falam a verdade;

***

Somos um só caminho; nosso selo é um; somos submetidos e glorificadores do nosso Senhor; nós recordamos os Seus Nomes; somos atraídos por Ele, pertencemos à Sua criação do círculo poderoso da Via Láctea.

***

A Décima Oitava Palavra

[Esta palavra é constituída por duas estações, mas a segunda ainda não foi escrita. Há três pontos na primeira estação.]

PRIMEIRO PONTO:

بِسْمِ اللّٰهِ الرَّحْمٰنِ الرَّح۪يمِ

﴿لَا تَحْسَبَنَّ الَّذ۪ينَ يَفْرَحُونَ بِمَا اَتَوْا وَيُحِبُّونَ اَنْ يُحْمَدُوا بِمَا لَمْ يَفْعَلُوا فَلَا تَحْسَبَنَّهُمْ بِمَفَازَةٍ مِنَ الْعَذَابِ وَلَهُمْ عَذَابٌ اَل۪يمٌ﴾[288]

Um tapa como castigo para a minha alma ordenadora do mal:

Ó minha alma tola, encantada com a glória, enamorada da fama, viciada em louvor, e sem igual no egoísmo! Se for justa reivindicação de que a fonte do figo e suas milhares frutas é a sua pequena semente, e que todas as uvas em seus cem cachos pendurados em um galho seco da videira são produzidas pela habilidade do ramo, e que aqueles que se beneficiam deles devem louvar e estimar o ramo e a semente, então talvez você tenha o direito de ser orgulhoso e vaidoso sobre as bênçãos com que você é carregado. Mas, na verdade você merece ser constantemente repreendido, porque você não é como a semente e o ramo: já que você tem a faculdade da escolha, você reduz o valor desses prêmios por meio de seu orgulho. Por sua vaidade, você os destrói; por sua ingratidão, você os anula; por reivindicá-los como seus próprios, você coloca os mãos sobre eles de forma ilegal. Seu dever não é para a glória de seus atos, mas para agradecer. O que é adequado para você não é a fama, mas a humildade. O seu direito não é louvor, é o arrependimento e o pedir perdão. Sua perfeição não reside no egoísmo, mas no reconhecimento de Allah.

Sim, você em seu corpo se assemelha à "natureza" do mundo. Ambos foram criados para receber o bem e serem a coisa para a qual o mal é conhecido. Ou seja, vocês não são o agente e a fonte, mas o destinatário e o passivo. Vocês têm apenas um efeito, e isso está sendo a causa do mal, porque vocês não aceitam como deveriam ter feito o bem decorrente do bem absoluto. Além disso, ambos foram criados como véus, para que as coisas que são aparentemente feias, cuja beleza não é óbvia, sejam atribuídas a vocês, e seriam o meio da Essência Divina Santíssima sendo reconhecida livre de defeito. Mas vocês assumiram uma forma totalmente contrária ao dever de suas naturezas. Apesar de sua incapacidade transformaram o bem em mal, como se agissem como parceiros para o seu Criador. Isso significa que alguém que se adora a si próprio e cultua a natureza é extremamente tolo e cruel.

E não diga: "Eu sou um lugar de manifestação, e aquele que se manifesta beleza torna-se bonito". Por que você não o assimilou, então não é um lugar de manifestação, mas um lugar de passagem.

E não diga: "Entre as pessoas eu fui escolhido. Estas frutas, essas obras finas, são mostradas por mim. Isso significa que tenho algum mérito." Não! Allah me livre! Ao contrário, elas foram dadas a você em primeiro lugar porque você está mais falido, mais carente, e mais triste do que todos os outros![1]

SEGUNDO PONTO:

Este ponto elucida um mistério do versículo:[289] ﴿ اَحْسَنَ كُلَّ شَىْءٍ خَلَقَهُ ﴾ e é como se segue:

Em todas as coisas, até mesmo nas que parecem ser as mais feias, há um aspecto da verdadeira beleza. Sim, tudo no universo, cada evento, é em si mesmo belo, o que é chamado de "beleza essencial", ou é bonito em relação aos seus resultados, que é chamado de "beleza relativa." Há certos eventos que são aparentemente feios e confusos, mas sob esse véu aparente, há casos mais brilhantes da beleza e da ordem.

Por exemplo, sob o véu de chuvas tempestuosas e solo lamacento durante a estação da primavera estão escondidos os sorrisos de inúmeras belas flores e plantas bem ordenadas. E por trás dos véus da destruição cruel e separações tristes do outono a libertação de pequenos animais amáveis, amigos das flores tímidas, dos deveres da vida para preservá-las dos golpes e tormentos dos eventos do inverno, que são manifestações do poder e da glória Divina, com a pavimentação do caminho para a nova e bela primavera, sob o véu do inverno.

Sob o véu de eventos como tempestades, terremotos e pragas, há o desdobramento de numerosas flores imateriais ocultas, como as sementes de muitas potencialidades que permaneceram sem germinar e crescer belas por conta de eventos que são aparentemente feios. Como se as convulsões em geral e a mudança universal fossem todas chuvas imateriais. Mas o homem olha para o aparente, com egoísmo, e sentencia com o pior é julga de acordo com o resultado que lhe é benéfico e julga que é mal, por avidez por ser ambicioso e depende das aparências. A situação é que o que depende do homem dos objetivos das coisas, se for um, o que depende dos Nomes de seu Criador são milhares.

Por exemplo, o homem considera as plantas e as árvores espinhentas prejudiciais e sem sentido, mesmo estando entre os grandes milagres do poder do Criador, apesar de serem heróis bem equipados das gramíneas e árvores.

Por exemplo, o domínio dos falcões sobre os pardais é aparentemente incompatível com a misericórdia, mas por meio deste se desdobram as habilidades do pardal.

Ele considera a neve, por exemplo, muito fria e pouco convidativa, mas sob aquele véu desagradável frio há objetivos tão quentes e resultados tão doces que desafiam a descrição.

Além disso, o homem olha para o aparente com egoísmo, julga tudo de acordo com o rosto que olha para ele, supõe contrárias às boas maneiras muitas coisas que são perfeitamente educadas e corretas. Por exemplo, na visão do homem, a discussão a

[1] Certamente, eu estava extremamente aprazido pelo Novo Said, silenciando a sua alma a esse ponto na sua disputa e disse: "Mil bênção de Allah!"

respeito de seu órgão sexual é vergonhoso, mas esse véu da vergonha está no rosto de quem olha para o homem. Uma vez que os rostos que olham para a criação, a arte, e os seus objetivos e propósitos são véus que se consideraram com o olho da sabedoria, são perfeitamente éticos. A vergonha não os toca nunca.

Assim, certas expressões do Alcorão Sagrado, a fonte da educação e conduta correta, estão de acordo com estes rostos e véus. Sob os rostos aparentes de criaturas e eventos que nos parecem ser feios, são extremamente belos, sábios e belos rostos que olham para a sua criação, que olham para o seu Criador; assim olhando para a sua criação, que olham ao seu Criador; há, também, numerosos belos véus que escondem a sua sabedoria, e, além disso, um grande número de casos aparentes de desordem e confusão que são escritas sagradas.

TERCEIRO PONTO:

﴿إِنْ كُنْتُمْ تُحِبُّونَ اللّٰهَ فَاتَّبِعُونِي يُحْبِبْكُمُ اللّٰهُ﴾[290]

Uma vez que no universo há beleza observável de arte, e isso é certo, ele necessita com certeza tão definida como realmente o testemunhou a Mensagem de Mohammad (Allah o abençoe e lhe dê paz). Uma vez que, a beleza da arte e as formas finamente ornamentadas destas belas criaturas mostram que seu Formador possui uma vontade significativa para fazer bonito e poderoso desejo de enfeitar. E esta vontade e desejo mostram que o Criador possui um amor elevado e inclinação sagrada para as perfeições da arte que Ele exibe em Suas criaturas. E este amor e inclinação necessitam ser voltadas para e concentradas no homem, a pessoa mais iluminada e perfeita entre os seres. E o homem é o fruto consciente da árvore da criação. E as frutas são a parte mais abrangente e mais longe, a parte com a visão mais geral e da consciência universal. E o que tem a vista mais abrangente e universal consciência deve ser o indivíduo mais elevado e brilhante, que vai se reunir com e ser abordado pelo Belo Criador; que vai gastar sua consciência universal e visão abrangente inteiramente na adoração de seu

Agora, duas tabuletas, duas esferas aparecem. Uma delas é uma magnífica esfera senhoril, bem-ordenada e requintadamente modelada e enfeitada tabuleta de arte. A outra é uma esfera iluminada de adoração e uma tabuleta ampla e abrangente do pensamento e da reflexão, admiração, agradecimento, e crença. Esta segunda esfera age com toda a sua força em nome da primeira esfera.

Assim, fica claramente entendida a extensão do grau do líder da segunda esfera que serve a todos os fins do Criador, apreços de arte do Criador, e a extensão de ser amado e aceito aos seus olhos.

É de todo razoável aceitar que o Formador Munificente dessas criaturas finas, Que ama tanto a Sua arte e ainda leva em consideração todos os gostos da boca, permaneceria indiferente em relação à Sua mais bela criatura, que, com um clamor de admiração e apreço que faz o Trono e a terra reverberarem e com uma ladainha de agradecimento e exaltação que traz ao êxtase a terra e o mar, se virou para ele com adoração? Ele não quis falar com ele e quer fazê-lo e Seu Mensageiro e deseja sua conduta louvável para passar para os outros? É possível que ele não falaria com ele e não faria dele seu mensageiro ... De maneira nenhuma!

﴿إِنَّ الدِّينَ عِنْدَ اللّٰهِ الْإِسْلَامُ﴾[291] ۞ ﴿مُحَمَّدٌ رَسُولُ اللّٰهِ وَالَّذِينَ مَعَهُ﴾[292]

***

LÁGRIMAS VERTIDAS DE UM CORAÇÃO QUE CHORA NO ALVORECER EM UM MOMENTO DE SEPARAÇÃO E DE VIAGEM

O vento da Transfiguração sopra ao alvorecer
Peça o cuidado da porta Divina,
Acorde, meu coração! Na hora da alvorada,

Acordem, ó meus olhos ao alvorecer
A magia é o arrependimento dos pecadores.
Arrepende-se e pede perdão à porta de Allah,

سَحَرْ حَشْرِيسْتْ دَرُو هُشْيَارْ دَرْ تَسْبِيحْ هَمَه شَیْ.*. بَخَوابِ غَفْلَتْ سَرْسَمْ
نَفْسَمْ حَتَّی کَیْ.*. عُمْرْ عَصْرِيسْتْ سَفَرْ بَاقَبْرْ مِی بَايَدْ زِهَرْ حَیْ.*.بِبَرْخِيزْ
نَمَازِی چُو نِيَازِی گُو بِکُنْ آوَازِی چُونْ نَیْ.*. بَگُو يَا رَبْ پَشِيمَانَمْ خَجِيلَمْ
شَرْمْسَارَمْ اَزْ گُنَاهْ بِی شُمَارَمْ پَرِيشَانَمْ ذَلِيلَمْ اَشْكْ بَارَمْ اَزْ حَيَاتْ بِی قَرَارَمْ.*.
غَرِيبَمْ بِی کَسَمْ ضَعِيفَمْ نَاتُوَانَمْ عَلِيلَمْ عَاجِزَمْ اِخْتِيَارَمْ بِی خْتِيَارَمْ اَلْاَمَانْ گُويَمْ
عَفُوْ جُويَمْ مَدَدْ خَواهَمْ زِدَرْگَاهَتْ اِلَهِی[293]

***

A Décima Nona Palavra

[Sobre a Mensagem de Mohammad (Allah o abençoe e lhe dê paz)]

وَمَامَدَحْتُ مُحَمَّدًا بِمَقَالَتِى ۞ وَ لكِنْ مَدَحْتُ مَقَالَتِى بِمُحَمَّدٍ (عليه الصلاة و السلام)[294]

Sim, esta Palavra é bela, mas o que a torna assim mais bela são os atributos e as qualidades de Mohammad (Allah o abençoe e lhe dê paz).

Como sendo o Décimo Quarto Lampejo, esta Palavra é composta por quatorze Gotículas.

PRIMEIRA GOTÍCULA: Há três grandes e universais coisas que tornam conhecidos para nós o nosso Senhor. Uma delas é o livro do universo, uma parte de cujo testemunho que ouvi de treze Lampejos junto com a 13ª lição da Risâle-i Nur em árabe. Outra é o Selo dos Profetas (Allah o abençoe e lhe dê paz), o sinal supremo do livro do universo. A outra é o Alcorão de Estatura Poderosa. Agora, temos de nos familiarizar com o Selo dos Profetas (Allah o abençoe e lhe dê paz), que é a segunda e articulada prova, e devemos ouvi-lo.

Sim, considere a personalidade coletiva desta prova: a face da terra é sua mesquita, a cidade de Makka, seu mihrab[295], e a cidade de Madina, seu púlpito. Nosso Profeta (Allah o abençoe e lhe dê paz), esta prova clara, é o líder de todos os crentes, pregador para toda a humanidade, o chefe de todos os profetas, mestre de todos os santos, o líder de um círculo para a recordação de Allah compreendendo todos os profetas e santos. Ele é uma árvore luminosa cuja vida e raízes são todos os profetas, e cujas frutas frescas são todos os santos; o que todos os profetas alegam contam com seus milagres e todos os santos dependem e corroboram a sua confirmação de prodígios. Uma vez que ele declara e afirma:[296] لَا اِلٰهَ اِلَّا اللّٰهُ Tudo à esquerda e à direita, ou seja, os recitadores luminosos dos Nomes de Allah alinhados no passado e no futuro, repetem as mesmas palavras, e por meio de seu consenso em efeito declara: "Você fala a verdade e o que você diz está certo!" Que falsa ideia tem o poder de se intrometer em uma reivindicação que é assim afirmada e corroborada por milhares?

SEGUNDA GOTÍCULA: Assim como a prova luminosa da unidade divina é afirmada pela unanimidade e pelo consenso das duas asas, assim como centenas de indicações nas escrituras reveladas, como a Torá, o Evangelho e os Salmos,[1] e os milhares de sinais que apareceram antes do início de sua missão e a notícia conhecida dada pelas vozes do invisível e do testemunho unânime dos adivinhos, as indicações dos milhares de seus milagres, como a divisão da lua, e da justiça da Sharia todos o confirmam e corroboram com ele.

Assim também, na sua pessoa, sua moral louváveis, que estavam no cume da perfeição; e em suas funções, a sua total confiança e qualidades elevadas, que eram da

[1] Em sua Risâle-i Hamidiye, Husayn Jisri extraiu cento e quatorze indicações dessas escrituras. Se foram encontradas todas essas depois das alterações dos textos, havia certamente muitas menções explícitas antes.

mais alta excelência, e seu medo extraordinário de Allah, adoração, seriedade e firmeza, o que demonstrou a força de sua crença e sua certeza total e sua firmeza completa, estas todos mostram tão claramente como o sol quão fiel ele foi para a sua causa.

TERCEIRA GOTÍCULA: Se puder, venha! Vamos para a Península Arábica, para a Era da felicidade! Em nossa imaginação iremos vê-lo e visitá-lo em seus deveres. Veja! Vemos uma pessoa distinta pelo seu fino caráter e bela forma. Em sua mão há um livro milagroso e, em sua língua, um discurso verídico; ele está proferindo um sermão eterno para toda a humanidade, de fato, para os humanos, os gênios e os anjos, e para todos os seres. Ele resolve e expõe o estranho enigma do mistério da criação do mundo; ele descobre e resolve o talismã abstruso que é o mistério do universo; e fornece respostas convincentes e satisfatórias às três perguntas impressionantes e difíceis que são feitas por todos os seres e pelas sempre perplexas mentes ocupadas: "Quem é você? De onde você veio? Para onde você vai?"

QUARTA GOTÍCULA: Veja! Ele espalha a Luz da verdade que, se você olhar para o universo como estando fora da esfera luminosa de sua verdade e orientação, você o vê como um lugar de luto geral, de seres estranhos um ao outro e hostis, e seres inanimados serem como cadáveres horríveis e criaturas vivas como órfãos chorando devido aos golpes da morte e separação. Agora, olhe! Por meio da luz que ele propaga, o lugar de luto universal foi transformado em um lugar onde Nomes e louvores a Allah são recitados em alegria e êxtase. Os seres hostis estrangeiras se tornaram amigos e irmãos. Enquanto os idiotas, criaturas inanimadas mortas todos se tornam funcionários familiares e servos dóceis. E os chorosos, reclamantes órfãos são vistos como ou recitando os Nomes e os louvores a Allah ou dando graças por terem sido liberados de suas funções.

QUINTA GOTÍCULA : Além disso, por sua luz, o movimento do universo, e suas variações, mudanças e transformações deixam de ser sem sentido, fúteis e brinquedos de azar; eles se elevam para serem missivas dominicais, páginas inscritas com os sinais da criação, espelhos dos Nomes Divinos, e o próprio mundo torna-se um livro de sabedoria do Eternamente Procurado. A fraqueza e impotência ilimitada, pobreza e necessidades do homem o tornam inferior a todos os outros animais, e sua inteligência, um instrumento para a transmissão de dor, tristeza torna-o mais miserável, mas quando ele é iluminado com a Luz, ele se eleva acima de todos os animais e todas as criaturas. Pela súplica, sua impotência iluminada, pobreza e inteligência fazem dele um monarca acariciado; devido à suas reclamações, ele se torna um legatário mimado da terra. Isso quer dizer que, se não fosse por sua Luz, o universo, o homem, e todas as coisas, não seriam nada. Sim, certamente essa pessoa é necessária em um universo tão maravilhoso; caso contrário, o universo e os firmamentos não existiriam.

SEXTA GOTÍCULA: Assim, aquele nobre ser traz e anuncia a boa notícia da felicidade eterna; ele é o descobridor e proclamador de uma infinita misericórdia, o arauto e observador das belezas da soberania de religiosidade, e o revelador e expositor dos tesouros dos Nomes Divinos. Se você considerá-lo dessa forma, isto é, em relação a ele ser um servo cultuador de Allah, você verá que ele é o modelo de amor, o exemplar de misericórdia, a glória da humanidade, e o fruto mais luminoso da árvore da criação. Porém, se você olhar desta forma, isto é, em relação a sua Mensagem, você verá que ele é a prova de Allah, a luz da verdade, o sol de orientação, e os meios para a felicidade. E olha! Sua Luz iluminou de leste a oeste como um raio deslumbrante, e metade da terra e um quinto da humanidade aceitou o dom da sua orientação e o preservou como a própria vida. Então, como é que as nossas almas ordenadoras do mal e os demônios não aceitam com todos os seus graus, a base de toda convocação do nobre ser, ou seja لَا اِلٰهَ اِلَّا اللّٰهُ

SÉTIMA GOTÍCULA : Veja: Se erradicar em nenhum momento os seus maus, costumes e hábitos selvagens a que foram anexadas fanaticamente, ele engalana os vários povos selvagens, inflexíveis de que uma ampla península com todas as melhores virtudes, e fez-lhes os professores de todos os o mundo e mestres para as nações civilizadas. Veja, não era uma dominação externa, ele conquista e subjuga suas mentes, espíritos, corações e almas. Ele se tornou o amado dos corações, o professor de mentes, o treinador das almas, o governante dos espíritos.

OITAVA GOTÍCULA: Você sabe que um pequeno hábito como o tabagismo entre uma pequena nação pode ser removido de forma permanente por um governante poderoso, com grande esforço. Mas olhe! Estão sendo removidos inúmeros hábitos arraigados de intratáveis, fanáticas grandes nações com pouca força para fora e pouco esforço em um curto período de tempo, e em seu lugar ele assim estabelecida qualidades exaltadas que eles se tornaram tão firme como se tivessem misturado com seu próprio sangue. Ele alcança muitos feitos extraordinários como este. Assim, apresentamos a Península Arábica como um desafio para aqueles que se recusam a ver o testemunho da época abençoada do Profeta. Deixe-os, cada um leva uma centena de filósofos, vá lá, e se esforçam por cem anos; seriam capazes de realizar nesse tempo um centésimo do que ele conseguiu em um ano?

NONA GOTÍCULA: Além disso, você sabe que um homem insignificante de pequena posição entre uma pequena comunidade em uma questão em disputa de pequena importância não pode dizer uma mentira pequena, mas vergonhoso descaramento de rosto e sem medo sem mostrar ansiedade ou inquietação suficiente para informar os inimigos ao seu lado de seu engano. Agora olhe para esse grande homem; embora ele empreendesse uma tarefa enorme que exigia um funcionário de grande autoridade e grande posição e uma situação de grande segurança, pode qualquer contradição ser encontrada nas palavras que ele proferiu em uma comunidade de grande tamanho em face de grande hostilidade a respeito de um grande causa e assuntos de grande importância, com grande facilidade e liberdade, sem medo, hesitação, timidez ou ansiedade, com sinceridade pura, grande seriedade, e em uma intensa e elevada forma, que irritou seus inimigos? É de todo possível que qualquer trapaça deveria ter sido envolvida? Allah me livre!

﴿ اِنْ هُوَ اِلَّا وَحْىٌ يُوحَى ﴾[297] A verdade não engana, e aquele que percebe a verdade não se deixa enganar. Seu caminho, o que é verdade, é livre de engano. Como poderia uma fantasia parecem aquele que vê a verdade é a verdade, e enganá-lo?

DÉCIMA GOTÍCULA: Agora, veja! Que curiosidade excitante, verdades atraentes, necessárias e impressionantes que ele mostra, o que importa ele prova!

Você sabe que mais o que impele o homem é a curiosidade. Mesmo, se era para ser dito a você:

"Se você dá a metade de sua vida e da propriedade, alguém virá da Lua e Júpiter e dizer-lhe tudo sobre eles. Ele também irá dizer-lhe a verdade sobre o seu futuro e o que vai acontecer com você ", você seria obrigado a dar-lhes, se você tem alguma curiosidade em tudo. Considerando que o Ser conta a história de um monarca que é tal que em Seu reino, a Lua voa em volta de uma traça como uma mosca, e a traça, a terra, tremula em volta de uma lâmpada, e a lâmpada, o sol, é apenas uma lâmpada entre milhares em uma casa de hóspedes de milhares de que a Monarca.

Além disso, ele fala verdadeiramente de um mundo tão maravilhoso e uma revolução tão importante que, se a Terra fosse uma bomba e explodisse, não seria tão estranho. Veja! Ouça as Suratas, na língua dele, como:

﴿إِذَا الشَّمْسُ كُوِّرَتْ﴾[298] ۞ ﴿إِذَا السَّمَاءُ انْفَطَرَتْ﴾[299] ۞ ﴿اَلْقَارِعَةُ﴾[300]

que ele receita.

Além disso, ele diz a verdade sobre um futuro onde o futuro neste mundo é uma pequena miragem. E ele diz mais seriamente de uma felicidade, onde toda a felicidade do mundo não é mais que um clarão fugaz de raio em relação a um sol eterno.

DÉCIMA PRIMEIRA GOTÍCULA: Com certeza, maravilhas nos aguardam sob o véu aparente do universo que é estranho e desconcertante. Então, alguém, como ele (o nobre ser), maravilhoso e extraordinário, um expositor de maravilhas, é necessário para falar de suas maravilhas. Resulta da conduta do nobre homem que ele os viu, e os vê, e diz que ele os viu. Ele nos instrui mais profundamente sobre o que o Allah dos céus e da terra, Que nos alimenta com Suas bênçãos, vontades e desejos de nós. Todos devem, portanto, deixar tudo e correr para e atender a esse grande homem que ensina inúmeras outras verdades necessárias e desperta curiosidades como estas, então, como é que a maioria das pessoas é surda e cega, e mesmo louca, de modo que não veem essa verdade, e não o ouvem e compreendem?

DÉCIMA SEGUNDA GOTÍCULA: Assim, como esta grande pessoa é uma prova articulada e verdadeira evidência ao grau de veracidade da unidade do Criador dos seres, assim ele é uma prova decisiva e clara evidência da ressurreição dos mortos e da felicidade eterna. Sim, com a sua orientação, ele é a razão da felicidade eterna vindo e é o meio de alcançá-la; assim também por meio de suas orações e súplicas, ele é a causa da existência e a razão da sua criação. Repetimos aqui este mistério, que é mencionado na Décima Palavra, devido a sua "estação".

Veja! Este homem suplica numa salat ampla como se a Península Arábica e a própria Terra realizassem salat e invocações por sua salat sublime. Veja, ele também suplica em uma congregação tão grande que é como se todos os membros luminosos e aperfeiçoados da humanidade desde o tempo de Adão até a nossa idade e, até o fim dos tempos, estivessem seguindo-o e dizendo "Amém" a suas súplicas. E veja! Ele está implorando por uma necessidade tão universal que não só os moradores da terra, mas também os dos céus, e todos os seres, se juntam em sua oração, declarando: "Sim! Ó Senhor nosso! Concede-nos! Nós também queremos isso!" E ele suplica com tanto desejo, com tanta tristeza, com tanto amor, tanta saudade, e roga de forma que todo o cosmos chegue às lágrimas, levando-os a se juntarem a sua prece.

E veja! A finalidade e o objetivo da sua prece é tal que eleva o homem, o mundo, e todas as criaturas, do nível mais baixo, inferior, inútil, para o nível mais alto; ao valor, a permanência e à exaltada função. E veja! Ele pede e implora por ajuda e misericórdia de uma maneira tão elevada e doce, como se ele fizesse todos os seres e os céus e a terra ouvirem, e colocá-los em êxtase, a exclamarem: "Amém, ó Senhor nosso! Amém!" E veja! Ele pede as suas necessidades de alguém Poderoso, Oniouvinte e Munificente, Onisciente, Onividente e Misericordioso ouve a necessidade mais secreta e a prece do ser vivo mais oculto, e os aceita, e tem misericórdia dele, pois Ele dá o que pede, mesmo que apenas por meio da língua muda. E Ele dá de forma tão sábio, vista, e compassiva que não deixa dúvidas de que esse carinho e regulação são especiais para o Oniouvinte e Onividente, o Mais Generoso e Misericordioso.

DÉCIMA TERCEIRA GOTÍCULA : Que maravilha! O que quer esse orgulho da raça humana, esse ser único, constituindo na glória do cosmos, que possui todas as virtudes dos filhos de Adão atrás dele, em pé, no mundo, com as mãos erguidas, orando, dirigindo-se ao Trono Supremo? Ouça e veja! Ele está desejando a felicidade eterna. Ele está pedindo a vida eterna, pede o encontro com Allah. Ele pede o Paraíso. Ele pede com todos os Sagrados Nomes Divinos, que exibem sua beleza e decretos nos reflexos dos seres. Mesmo, se não fosse por razões do cumprimento dessas inúmeras solicitações, como a misericórdia, graça, sabedoria e justiça, uma única das orações que está sendo teria sido suficiente para a construção do Paraíso, cuja criação é tão fácil para o poder Divino como a criação da primavera. Sim, assim como sua Mensagem foi a razão para a abertura deste lugar de exame, assim também a sua adoração a Allah foram o motivo para a abertura do Outro Mundo.

Que maravilha! Será que a perfeita ordem observada no universo, o que fez com que os estudiosos e os inteligentes pronunciarem: [301] لَيْسَ فِى الْاِمْكَانِ اَبْدَعُ مِمَّا كَانَ , e a beleza impecável da arte dentro da misericórdia, da beleza incomparável de religiosidade, - podem permitir a feiura, a crueldade, a falta de ordem de ouvirem e responderem ao menos significativo dos desejos e vozes, e sua consideração irrelevante ao mais importante, os desejos mais necessários, e não ouvi-los ou compreendê-los, e não executá-los? Allah nos livre! Cem mil vezes, Allah nos livre! Tal beleza não permitiria tal feiura; não se tornaria feia.

E assim, meu amigo imaginário! Isso é suficiente por agora, temos de voltar. Uma vez que se permanecermos cem anos nesta época na Península Arábica, não conseguiríamos ainda compreender um centésimo das maravilhas dos deveres que estão sendo e as maravilhas que ele realizou, e nunca se cansaríamos de vê-lo.

Agora, vamos! Vamos olhar para os séculos, um por um, que passarem por nós. Veja como cada um abriu como uma flor com o esplendor que recebeu desse dom de Orientação! Eles produziram milhões de frutos esclarecidos como Abu Hanifa, Cháfi'i, Abu Bayazid Bistami, Chah Jiylani, Chah Naqchband, Imam Ghazáli, e Imam Rabbani. Mas adiando os detalhes de nossas observações para outro tempo, devemos recitar algumas bênçãos para que o expositor de milagres e portador da orientação, que mencionam uma série de seus certos milagres:

عَلَى مَنْ اُنْزِلَ عَلَيْهِ الْفُرْقَانُ الْحَكِيمُ مِنَ الرَّحْمٰنِ الرَّحِيمِ ۞ مِنَ الْعَرْشِ الْعَظِيمِ
سَيِّدِنَا مُحَمَّدٍ اَلْفُ اَلْفِ صَلَاةٍ وَ اَلْفُ اَلْفِ سَلَامٍ بِعَدَدِ حَسَنَاتِ اُمَّتِهِ عَلَى مَنْ بَشَّرَ
بِرِسَالَتِهِ التَّوْرٰيةُ وَ الْاِنْجِيلُ وَ الزَّبُورُ ۞ وَ بَشَّرَ بِنُبُوَّتِهِ الْاِرْهَاصَاتُ وَ هَوَاتِفُ الْجِنِّ
وَ اَوْلِيَاءُ الْاِنْسِ وَ كَوَاهِنُ الْبَشَرِ ۞ وَ انْشَقَّ بِاِشَارَتِهِ الْقَمَرُ ۞ سَيِّدِنَا مُحَمَّدٍ اَلْفُ
اَلْفِ صَلَاةٍ وَ سَلَامٍ بِعَدَدِ اَنْفَاسِ اُمَّتِهِ ۞ عَلَى مَنْ جَائَتْ لِدَعْوَتِهِ الشَّجَرُ وَ نَزَلَ

سُرْعَةً بِدُعَائِهِ الْمَطَرُ وَ اَظَلَّتْهُ الْغَمَامَةُ مِنَ الْحَرِّ ۞ وَ شَبِعَ مِنْ صَاعٍ مِنْ طَعَامِهِ مِأَتٌ
مِنَ الْبَشَرِ وَ نَبَعَ الْمَاءُ مِنْ بَيْنِ اَصَابِعِهِ ثَلاَثَ مَرَّاتٍ كَالْكَوْثَرِ وَ اَنْطَقَ اللّٰهُ لَهُ الضَّبَّ
وَ الظَّبْىَ وَ الْجِذْعَ وَ الذِّرَاعَ وَ الْجَمَلَ وَ الْجَبَلَ وَ الْحَجَرَ وَ الْمَدَرَ صَاحِبِ الْمِعْرَاجِ
وَ مَازَاغَ الْبَصَرُ ۞ سَيِّدِنَا وَ شَفِيعِنَا مُحَمَّدٍ اَلْفُ اَلْفِ صَلاَةٍ وَ سَلاَمٍ بِعَدَدِ كُلِّ
الْحُرُوفِ الْمُتَشَكِّلَةِ فِى الْكَلِمَاتِ الْمُتَمَثِّلَةِ بِاِذْنِ الرَّحْمٰنِ فِى مَرَايَا تَمَوُّجَاتِ
الْهَوَاءِ عِنْدَ قِرَائَةِ كُلِّ كَلِمَةٍ مِنَ الْقُرْآنِ مِنْ كُلِّ قَارِءٍ مِنْ اَوَّلِ النُّزُولِ اِلَى آخِرِ الزَّمَانِ
وَ اغْفِرْلَنَا وَ ارْحَمْنَا يَا اِلٰهَنَا بِكُلِّ صَلاَةٍ مِنْهَا آمِينَ ۞ [302]

[Eu descrevi as evidências da Profecia de Mohammad (Allah o abençoe e lhe dê paz) que indiquei aqui brevemente em um tratado turco chamado Chu'á'at-ı Ma'rifeti'n-Nabi e na Décima Nona Carta (Os Milagres de Mohammad). E há também os aspectos dos milagres do Prudente Alcorão que foram mencionados brevemente. Mais uma vez, em um tratado turco chamado Lámiát (Brilhantes) e na Vigésima Quinta Palavra (Os Milagres do Alcorão) expliquei de forma concisa quarenta maneiras em que o Alcorão é um milagre, e indiquei quarenta aspectos de seu milagre. E daqueles quarenta aspectos, apenas a eloquência na palavra de ordem, eu escrevi quarenta páginas em um comentário árabe chamado Ichárat al-I'jaz (Sinais do Milagre). Se você tem necessidade, você pode se referir a essas três obras.]

DÉCIMA QUARTA GOTÍCULA: O Prudente Alcorão, o Tesouro dos milagres e o milagre supremo, prova a profecia de Mohammad (Allah o abençoe e lhe dê paz), juntamente com a unidade Divina de forma tão decisiva que não deixa mais necessidade de provas. Vamos dar a sua definição e indicar um ou dois lampejos de seu milagre que têm sido a causa de críticas.

O Prudente Alcorão, que nos dá a conhecer o nosso Senhor, é assim: ele é o tradutor eterno do grande livro do universo; o revelador dos tesouros dos Nomes Divinos escondidos nas páginas da terra e do céu; a chave das verdades escondidas por baixo dessas linhas de eventos; o tesouro dos favores dos discursos mais misericordiosos e eternos, que saem do mundo do Invisível além do véu deste mundo manifesto; o sol, a fundação, e plano do mundo espiritual do Islam, o mapa dos mundos do além; o expositor distinto, a exposição lúcida, a prova articulada, claro tradutor da Essência Divina, dos atributos e das ações; o instrutor, a verdadeira sabedoria, guia e líder do mundo da humanidade; é ao mesmo tempo um livro de sabedoria e de lei, e um livro de oração e adoração, um livro de comando e convocação, um livro de invocação e conhecimento divino – é livro para todas as necessidades espirituais; é uma biblioteca sagrada de livros apropriados para as formas de todos os santos e verazes, dos purificados e estudiosos, cujas formas e caminhos são todos diferentes.

Considere os lampejos do milagre nas suas repetições, que são imaginadas como falha: uma vez que o Alcorão é tanto um livro de invocação e de oração, um livro de intimação, a repetição nele é apenas desejável; de fato, é essencial e mais eloquente. Não é defeito como o imaginam.

Certamente, o papel da invocação é a iluminação por meio da repetição. A função da oração é o fortalecendo pela repetição; a função do comando e da convocação é a confirmação pela repetição. Além disso, nem todo mundo é capaz de sempre ler todo o Alcorão, mas é mais capaz de ler uma Surata. Portanto, uma vez que os efeitos mais importantes do Alcorão estão incluídos na maior parte das longas suratas, cada uma é como um pequeno Alcorão. Isso quer dizer que ninguém deve ser privado, alguns dos seus objetivos, como unidade Divina, a ressurreição dos mortos e a história de Moisés, foram repetidos. Além disso, como as necessidades corporais, as necessidades espirituais são várias. O homem necessita de alguns deles em cada respiração; da mesma forma que o corpo precisa de ar, o espírito precisa da palavra *Hu* (Ele). Necessita de algumas coisas a cada hora, como: *Bismillah* "Em Nome de Allah". E assim por diante. Isso significa que a repetição dos versículos surge a partir da repetição da necessidade da pessoa, despertando-a e excitando-a – e para despertar o desejo e o apetite dela.

Além disso, o Alcorão é um fundador; ele é a base da evidente Religião, e a fundação do mundo do Islam. Ele mudou a vida social humana, e é a resposta para repetidas questões de suas diversas categorias. A repetição é necessária para o fundador, a fim de estabelecer as coisas. A repetição é necessária para a confirmação delas. A confirmação, verificação e repetição são necessários para enfatizá-las.

Além disso, ele fala de tais assuntos poderosos e verdades minuciosas que numerosas repetições são necessárias em diferentes formas, a fim de estabelecê-las nos corações de todos. No entanto, eles são aparentemente repetições, mas na realidade cada versículo tem inúmeros significados, inúmeros benefícios, e muitos aspectos e níveis. Em cada lugar que eles são mencionados têm um significado diferente, para diferentes benefícios e finalidades.

E também, a abrangência e a concisão do Alcorão em certos assuntos cosmológicos é um lampejo de milagres com a finalidade de orientação. Ele não pode ser alvo de críticas e não é uma falha, como alguns ateus imaginam.

Se você perguntar: "Por que o Prudente Alcorão não fala de seres da mesma forma como a filosofia e a ciência? Ele deixa algumas questões em forma breve, e fala de algumas de maneira simples e superficial que é fácil na opinião geral, não fere os sentimentos gerais nem cansa as mentes das pessoas comuns. Por que isso?"

Por meio de uma resposta dizemos: A filosofia se desviou do caminho da verdade, por isso... E também, é claro que você entendeu a partir das Palavras anteriores que elas ensinam que o Prudente Alcorão fala do universo, a fim de dar a conhecer a Essência Divina, os atributos e os Nomes. Ou seja, ele explica o significado do livro do universo para dar a conhecer o seu Criador. Isso significa que ele olha para os seres, não para si mesmo, mas para o seu Criador. Portanto, ele se dirige a todos. Mas, a filosofia e a ciência olham para os seres por eles mesmos, e visam os cientistas, em particular. Nesse caso, uma vez que o Prudente Alcorão faz dos seres evidências e provas, a prova tem de ser superficial, de modo que será rapidamente entendida na visão geral. E já que o Alcorão de Orientação aborda todas as classes de homens, as pessoas comuns, que formam a classe mais numerosa, quer uma orientação concisa com coisas desnecessárias, e que aproxima as coisas sutis com estreitas comparações, e não muda as coisas superficiais que, na sua visão, são evidentes em uma forma desnecessária ou mesmo prejudicial, para que não os faça cair em erro.

Por exemplo, ele diz sobre o sol: "O sol é uma lâmpada ou lanterna giratória." Uma vez que não fala sobre a natureza do sol, mas como uma espécie de mola mestra de uma ordem e o centro de um sistema, e a ordem e o sistema são reflexos da habilidade do

Criador. Ele diz:[303] ﴿ اَلشَّمْسُ تَجْرِى ﴾ Ou seja, o sol se move. Para chamar a atenção para as alienações ordenadas do poder Divino nas revoluções de inverno e verão, do dia e da noite com a frase: O sol que segue o seu curso, faz entender a grandeza do Criador. Assim, qualquer que seja a realidade desta revolução, ele não afeta a ordem, que é tecida e observada, e que é o objetivo. Ele também diz:[304] ﴿وَجَعَلْنَا الشَّمْسَ سِرَاجًا﴾

Entende-se da lâmpada a misericórdia e a benevolência do Criador, sugerindo que o mundo é um palácio, e as coisas dentro dele como decorações, necessidades e provisões preparadas para o homem e os seres vivos, e que o sol é também um castiçal subjugado. Agora olha e vê o que esta filosofia tola e tagarela diz:

"O sol é uma grande massa líquida em chamas. Isso faz com que os planetas que foram arremessados fora dele a girar em torno dele. Sua massa é tal-e-tal. É isso, é isso." Ela não concede ao espírito a satisfação e realização do verdadeiro conhecimento, concede apenas um terrível medo e admiração temerosa. Ela não fala dele como o Alcorão faz. Você pode entender a partir desta comparação o valor das questões da filosofia, ostentação por fora e oco por dentro. Então, não se deixe enganar pelo seu exterior brilhante e ser desrespeitoso para com as exposições mais milagrosos do Alcorão!

اَللّٰهُمَّ اجْعَلِ الْقُرْآنَ شِفَاءً لَنَا وَ لِكَاتِبِهِ وَ اَمْثَالِهِ مِنْ كُلِّ دَاءٍ وَ مُونِسًا لَنَا وَ لَهُمْ فِى حَيَاتِنَا وَ بَعْدَ مَوْتِنَا وَ فِى الدُّنْيَا قَرِينًا وَ فِى الْقَبْرِ مُونِسًا وَ فِى الْقِيَامَةِ شَفِيعًا وَ عَلَى الصِّرَاطِ نُورًا وَ مِنَ النَّارِ سِتْرًا وَ حِجَابًا وَ فِى الْجَنَّةِ رَفِيقًا وَ اِلَى الْخَيْرَاتِ كُلِّهَا دَلِيلاً وَ اِمَامًا بِفَضْلِكَ وَ جُودِكَ وَ كَرَمِكَ وَ رَحْمَتِكَ يَا اَكْرَمَ الْاَكْرَمِينَ وَ يَا اَرْحَمَ الرَّاحِمِينَ آمِينَ ۞ اَللّٰهُمَّ صَلِّ وَ سَلِّمْ عَلَى مَنْ اُنْزِلَ عَلَيْهِ الْفُرْقَانُ الْحَكِيمُ وَ عَلَى آلِهِ وَ صَحْبِهِ اَجْمَعِينَ آمِينَ آمِينَ ۞ [305]

[Nota: As Seis Gotas da Décima Quarta Gotícula na Risâle-i Nur em árabe, e especialmente os Seis Pontos da Quarta Gotícula, explicam quinze dos aproximadamente quarenta tipos de milagres do Prudente Alcorão. Julgando esses serem suficientes, limitamo-nos a discussão aqui. Se desejar, pode consultá-las, e vocêencontrará um tesouro de milagres...]

***

A Vigésima Palavra

[Esta Palavra consiste em duas Estações]

PRIEMEIRA ESTAÇÃO

بِسْمِ اللهِ الرَّحْمٰنِ الرَّحِيمِ

﴿وَاِذْ قُلْنَا لِلْمَلٰئِكَةِ اسْجُدُوا لاٰدَمَ فَسَجَدُوا اِلَّا اِبْلِيسَ﴾[306] ۞ ﴿اِنَّ اللهَ يَأْمُرُكُمْ اَنْ تَذْبَحُوا بَقَرَةً﴾[307] ۞ ﴿ثُمَّ قَسَتْ قُلُوبُكُمْ مِنْ بَعْدِ ذٰلِكَ فَهِىَ كَالْحِجَارَةِ اَوْ اَشَدُّ قَسْوَةً﴾[308]

Um dia, ao recitar estes versículos, três pontos foram transmitidos para mim do esplendor do Alcorão contra os sussurros de Satanás. Suas sugestões tomaram esta forma:

Ele disse: "Você diz que o Alcorão é um milagre, e de infinita eloquência, e que é a orientação para todos em todos os momentos." Então, qual é o significado em repetir persistentemente na forma histórica de certos eventos menores, como a seguinte: que significado existe em um evento insignificante como o abate de uma vaca como se fosse algo significativo, e mesmo nomear uma importante Surata, de: "a Vaca"?

Também, o evento da "prostração perante Adão"; ocorreu no reino do invisível e não pode ser compreendido racionalmente. Deve ser submetido a e aceito, com certeza, somente depois de uma forte crença ser alcançada. Uma vez que o Alcorão instrui aqueles que usam suas razões, em muitos lugares ele diz:[309] ﴿اَفَلَا يَعْقِلُونَ﴾, e refere-se ao que diz para a razão. Além disso, que orientação é mostrar certas condições naturais de rochas serem importantes, quando são os resultados do acaso?"

Os pontos com que fui inspirado tomaram esta forma:

PRIMEIRO PONTO: No Prudente Alcorão há inúmeros eventos menores por trás dos quais se escondem princípios universais, e são mostrados como as pontas das leis gerais. Por exemplo:[310] ﴿عَلَّمَ آدَمَ الْاَسْمَاءَ كُلَّهَا﴾

Certamente, o "ensinamento dos Nomes" foi um milagre de Adão perante os anjos por causa de sua capacidade de ser legatário da terra, e foi um evento menor. Mas ele forma a ponta de um princípio universal, que é o seguinte: era o ensino, devido à compreensão integral do homem, de inúmeras ciências, e numerosos ramos globalizantes do conhecimento sobre o universo, uma extensa aprendizagem sobre os atributos e qualidades do Criador, que proporcionou superioridade do homem não só sobre os anjos, mas também sobre os céus, a terra e as montanhas na questão de assumir o Encargo

Supremo. E como o Alcorão afirma que por sua disposição abrangente, o homem é um legatário espiritual da terra, de modo que o evento menor no mistério dos anjos prostrando perante Adão e Satanás não prostrando é a ponta de um princípio amplo e universal; estes sugerem uma extensa verdade que é como se segue:

Ao mencionar a obediência e a submissão dos anjos ante a pessoa de Adão, e o orgulho e a recusa de Satanás, o Alcorão faz entender que a maioria dos seres físicos do universo e seus representantes não físicos e nomeados seres são submetidos ao homem, e os sentidos do homem estão predispostos e passíveis de se beneficiarem de todos eles. E apontando o que um inimigo temível e sério obstáculo no caminho do progresso do homem são matéria maléfica e os seus representantes e os espíritos malignos de longa permanência, que corrompem a natureza do homem e o conduzem por caminhos errados, o Alcorão de exposição miraculosa, ao falar de uma questão menor com Adão (a paz esteja com ele), dialoga de forma elevada com todo o universo e com toda a humanidade.

SEGUNDO PONTO: Embora a terra do Egito seja uma parte do Grande Deserto do Saara, pela bênção do Nilo tornou-se um campo cultivável extremamente fértil. Esse lugar paradisíaco abençoado sendo encontrado ao lado do Saara infernal fez a sua agricultura altamente procurada por seu povo e a tem assim fixado em seus personagens que, para eles, tornou-se sagrada, e a “Vaca” e o “Touro” - os meios para a agricultura – também se tornaram sagrados, e até mesmo objetos cultuados. O povo do Egito daquela época considerou a vaca e o touro tão sagrados que os adoraram. Assim, entende-se da questão do "Bezerro" que os filhos de Israel daquela época, que cresceram no Egito, tinham chegado a ter uma parte desse costume.

Assim, o Prudente Alcorão faz entender pelo sacrifício de uma vaca que por sua mensagem, Moisés excisou e destruiu o conceito de culto à vaca, que havia se tornado uma parte do caráter da nação e agia em suas próprias naturezas.

Assim, com este pequeno incidente, ele expõe com um elevado milagre um princípio universal que é instrução essencial em sabedoria para todos em todos os momentos.

Fazendo uma analogia com isso, você pode entender que determinados incidentes menores no Alcorão que são mencionados na forma de acontecimentos históricos, são as pontas dos princípios universais. Mesmo, em Lami'át, na seção sobre os Milagres do Alcorão, tomando as sete frases da História de Moisés, que são mencionadas e repetidas em muitos Suratas, explicamos como cada parte dessas sentenças particulares compreende um importante princípio universal. Se você quiser, pode consultar esse tratado.

TERCEIRO PONTO:

﴿ثُمَّ قَسَتْ قُلُوبُكُمْ مِنْ بَعْدِ ذٰلِكَ فَهِيَ كَالْحِجَارَةِ اَوْ اَشَدُّ قَسْوَةً وَاِنَّ مِنَ الْحِجَارَةِ لَمَا يَتَفَجَّرُ مِنْهُ الْاَنْهَارُ وَاِنَّ مِنْهَا لَمَا يَشَّقَّقُ فَيَخْرُجُ مِنْهُ الْمَاءُ وَاِنَّ مِنْهَا لَمَا يَهْبِطُ مِنْ خَشْيَةِ اللّٰهِ وَمَا اللّٰهُ بِغَافِلٍ عَمَّا تَعْمَلُونَ﴾[311]

Ao recitar o versículo acima, o Sussurrante disse: "Que sentido há em discutir e explicar como se fossem os mais importantes e significativos assuntos, certos estados naturais de rochas que são comuns e todo mundo conhece? Como isto é apropriado, e qual é a sua necessidade?"

Diante desta sugestão, o seguinte ponto foi-me inspirado pelo esplendor do Alcorão:

Sim, é apropriado e há necessidade para isso. E é tão apropriado e há um sentido tão significativo e verdade tão enorme e necessária que somente pela concisão milagrosa do Alcorão e a orientação graciosa tem sido simplificada a um grau e resumida. Sim, a concisão, uma fundação do milagre do Alcorão, e a orientação graciosa, instrução apropriada, que é uma função da sua orientação, exige que, em face das pessoas comuns, que formam a maioria daqueles a quem o Alcorão dirige verdades universais e princípios profundos e gerais são mostrados em formas familiares e particulares, e que, devido às suas mentes simples, apenas as pontas das grandes verdades são mostradas, e em forma simples e, além disso, as disposições Divinas, que são maravilhosas e extraordinárias sob o véu do lugar-comum e debaixo da terra, são apresentados brevemente. Assim, é devido a este mistério que o Prudente Alcorão diz o seguinte com o versículo acima:

Ó filhos de Israel e filhos de Adão! O que aconteceu com vocês que seus corações se tornaram mais duros e mais sem vida do que pedras? Por que vocês não veem que aqueles extremamente rígidos, sem vida, enormes rochas formadas em vastas camadas debaixo da terra são tão obedientes e subjugadas ante os comandos Divinos e tão suaves e dóceis sob as obras dominicais que em qualquer grau as disposições Divinas ocorrem sem resistência na formação de árvores no ar, canais de água[I] ordeiros e veias, como a circulação de sangue nas veias, ocorrem com a mesma facilidade e ordem e com sabedoria perfeita naquelas duras rochas surdas sob a Terra. E a forma como os galhos de árvores e plantas se espalham no ar com facilidade sem encontrarem qualquer obstáculo, as veias delicadas de raízes se espalham com a mesma facilidade nas rochas debaixo da terra. O Alcorão indica isso e ensina uma extensa verdade com o versículo, e assim, por alusão, diz o seguinte ao coração endurecido:

Ó filhos de Israel e filhos de Adão! Que tipo de coração que vocês carregam dentro de sua fraqueza e impotência, para que com a sua dureza resista ao comando de um Protetor desses? Considerando como perfeita e obedientemente as enormes camadas de rochas duras desempenham as suas funções delicadas na escuridão ante Seus mandamentos. Eles não exibem desobediência. Na verdade, essas pedras atuam como represas para a água da vida e outros meios de vida de todos os seres vivos sobre a terra, e são os meios para a sua divisão e distribuição. Eles fazem isso com tanta sabedoria e justiça que são macios como cera ou ar na mão do poder do Sapiente, Magnífico, não oferecendo nenhuma resistência, eles se prostram diante de Seu vigoroso poder. Uma vez que como criaturas bem ordenadas e disposições Divinas sábias e graciosas ocorrem em cima da terra, que observamos, o mesmo ocorre dentro dela. Na verdade, a sabedoria e o favor Divinos se manifestam lá de uma forma mais maravilhosa e estranha em relação à sabedoria e à ordem. Veja, como cera aquelas duras e poderosas rochas insensíveis

---

[I] Sim, só é apropriado que o Alcorão explique as três importantes funções das camadas de rocha, a pedra fundamental do majestoso palácio viajante conhecido como a Terra, que lhe foi confiada pelo Criador Todo-Glorioso.

Seu Primeiro Dever: Assim como a terra funciona como uma mãe para as plantas e as ergue através do poder dominical, através do poder Divino, as rochas agem como uma enfermeira para a terra e a levanta.

Seu Segundo Dever: Serve a circulação regular das águas no corpo da terra, como a circulação do sangue.

Seu Terceiro Dever: Isto é atuar como tesoureiro para o fluxo crescente e contínuo com equilíbrio regular das nascentes e dos rios, da fontes e dos riachos. De fato, as evidências da Unidade Divina, que as pedras espalham com todas as suas forças na forma de água da vida, eles escrevem e derramam sobre a face da terra.

exibem uma suavidade quanto aos comandos de criação, e como eles não oferecem resistência ou dureza às águas delicadas, às raízes finas, e às veias de seda, que são funcionários Divinos. Sendo assim como um amante, o coração da rocha derrete com o toque dessas delicadas e belas coisas, e se torna a terra em seu caminho.

E, por meio: [312] ﴿وَإِنَّ مِنْهَا لَمَا يَهْبِطُ مِنْ خَشْيَةِ اللّٰهِ﴾, o Alcorão mostra a ponta de uma vasta verdade que é assim: como no caso de Moisés pedindo a visão de Allah e da famosa montanha desmoronando na manifestação Divina e as rochas sendo dispersas, por intermédio das manifestações da Divina glória na forma de terremotos e as agitações das montanhas, a maioria é como grandes monólitos formados de líquido solidificado, e certas outras ocorrências geológicas - por essa manifestação da glória, as pedras caem dos altos cumes das montanhas e se quebram. Algumas delas são esmigalhadas e transformadas em terra, se tornam a fonte de plantas. Outras permanecem como rochas, e rolam para baixo, para os vales e as planícies e são dispersas. Servem a muitos propósitos nas obras dos habitantes da terra; sendo utilizadas em suas casas, por exemplo, e prostrando em submissão perante a sabedoria e o poder Divino em certos casos de sabedoria e benefícios ocultos, elas assumem a forma de servidores dos princípios da sabedoria Divina. O seu abandono à posição das alturas por temor, escolhendo lugares mais baixos de forma humilde, e sendo os meios desses benefícios significativos, e que não são nem inúteis, nem agem por sua própria vontade, nem são objetos do acaso, mas dentro da desordem, pelas disposições sábias de Sapientíssimo e Todo-poderoso que eles estão dentro de uma ordem sábia não aparente a olho superficial – a evidência disso são os propósitos e benefícios associados às rochas, bem como a perfeita ordem e a fina arte das camisas adornadas e estampados com as joias das frutas e flores com que os corpos das montanhas que rolam para baixo são vestidas. Estes testemunhar de forma decisiva que não se pode duvidar.

Assim, você viu o quão importantes essas três partes do versículo são, do ponto de vista da sabedoria. Agora veja a maneira sutil do Alcorão de exposição e eloquência milagrosa. Veja como ele mostra por meio dos três famosos e observados eventos nas três partes do versículo, as pontas das verdades extensas e importantes acima mencionadas, e pela lembrança de mais três eventos, que são uma lição de advertência, oferecem orientação sutil; seus constrangimentos de uma forma que não podem resistir.

Por exemplo, na segunda parte do versículo, ele diz:

﴿وَإِنَّ مِنْهَا لَمَا يَشَّقَّقُ فَيَخْرُجُ مِنْهُ الْمَاءُ﴾[313]

Por aludir, nesta sentença, para a rocha que se dividiu com ânsia perfeita sob o Cajado de Moisés (a paz esteja com ele) e derramou doze fluxos de doze fontes, ele dá o seguinte significado: Ó filhos de Israel! Grandes rochas se tornam frágeis e desintegram-se ante um único milagre de Moisés (a paz esteja com ele). Eles derramaram lágrimas em inundações, derramando-se com força por admiração ou alegria. Como é que vocês são tão injustos que estão obstinados em face de todos os milagres de Moisés, e não choram, seus olhos são sem vida e seus corações, duros?

E na terceira parte, ele diz: [314] ﴿وَإِنَّ مِنْهَا لَمَا يَهْبِطُ مِنْ خَشْيَةِ اللّٰهِ﴾

Chamando a atenção para esta parte do famoso caso da enorme montanha desmoronamento e se espalhando por temor na manifestação da glória Divina, que ocorreu no Monte Sinai perante as súplicas de Moisés (a paz esteja com ele), e as pedras rolando para baixo, de novo por temor, ensinam este significado: Ó povo de Moisés! Como é que vocês não temem a Allah quando as montanhas que são compostas de rochas são esmagadas e espalhados de temor a Ele? Apesar de saber que Moisés subiu ao Monte Sinai acima de vocês, a fim de receber a Aliança, e que em sua busca da visão de Allah, a montanha desmoronou, e vocês viram, como é que vocês são tão ousados que não tremeram de medo de Allah, e tornaram seus corações duros e insensíveis?

E, na primeira parte, ele diz: [315]﴿وَاِنَّ مِنَ الْحِجَارَةِ لَمَا يَتَفَجَّرُ مِنْهُ الْاَنْهَارُ﴾

Pela recordação desta parte, rios abençoados como o Nilo, o Tigre e o Eufrates, que jorram das montanhas, o Alcorão faz entender a forma das rochas milagrosas recebem os comandos da criação e são subjugados a eles. Ele infere o seguinte significado nos corações vigilantes: não é certamente possível que as montanhas fossem a fonte real de tais rios poderosos. Vamos supor que as montanhas se tornassem água na sua totalidade e cada uma um reservatório cônico, elas só persistiriam alguns meses antes de perder o equilíbrio ao fluxo rápido e abundante desses grandes rios. E a chuva, que penetra apenas cerca de um metro na terra, não seria o rendimento suficiente para que o alto consumo. Isso significa que as nascentes desses rios não são algo normal e natural decorrente do acaso, mas que o Todo-Glorioso Criador as faz fluir de um tesouro invisível em forma verdadeiramente maravilhosa.

Assim, aludindo a este mistério e afirmando esse significado, é narrado em um Hadice:

"Cada um desses três rios são alimentados com gotas do Paraíso, emitidas continuamente, como resultado do que eles são fontes de abundância."[316] E em outro, é dito: "A fonte destes três rios é do Paraíso"[317] A verdade dessas narrativas é a seguinte: uma vez que as causas físicas não são capazes de produzir o seu abundante fluxo, suas fontes devem estar em um mundo invisível e deve surgir a partir de um tesouro de misericórdia; o equilíbrio entre os seus rendimentos e despesas são mantidos, desta forma.

Assim, ao inferir este significado, o Prudente Alcorão dá a seguinte instrução: Ó filhos de Israel e filhos de Adão! Com a sua dureza de coração, insensibilidade e negligência vocês desobedecem e fecham os olhos para os comandos e a luz do conhecimento do Pré-Eterno Sol, Um tão Glorioso que faz fluir das bocas de rochas sem vida poderosos rios comuns, como a abençoado Nilo, que transforma o Egito em um paraíso e produz testemunhas de Sua Unicidade para o coração do universo e da mente da Terra tão eloquente quanto a força, aparência e fluxo abundante desses rios poderosos, e os faz fluir para os corações e as mentes de gênios e humanos. Como é que, algumas rochas sem vida insensíveis manifestam os milagres de Seu poder de forma tão maravilhosa,[1] mostrando o Criador Todo-Glorioso, como a luz do sol mostra o sol, você

[1] O bendito Nilo nasce nas montanhas da Lua, a corrente principal do rio Tigre em uma caverna no distrito de Müküs na província de Wan, e o ramo principal do Eufrates, no sopé de uma montanha na região de Diyadin. É estabelecido pela ciência que as origens das montanhas são rochas solidificadas a partir de matéria líquida. Uma das glorificações do Profeta (Allah o abençoe e lhe dê paz) é: →

é cego diante da luz de Seu conhecimento, e não o vê?

Então veja o que a eloquência foi vestida sobre estas três verdades e observe cuidadosamente a orientação eloquente. Que dureza de coração pode suportar sem derreter o calor desta orientação eloquente?

Se você entendeu isso desde o começo até aqui, eis que um lampejo de orientação milagrosa do Prudente Alcorão, e agradeça a Allah Todo-Poderoso!

﴿سُبْحَانَكَ لاَ عِلْمَ لَنَا اِلاَّ مَا عَلَّمْتَنَا اِنَّكَ اَنْتَ الْعَلِيمُ الْحَكِيمُ﴾[319]

اَللّٰهُمَّ فَهِّمْنَا اَسْرَارَ الْقُرْآنِ كَمَا تُحِبُّ وَ تَرْضَى وَ وَفِّقْنَا لِخِدْمَتِهِ آمِينَ

بِرَحْمَتِكَ يَا اَرْحَمَ الرَّاحِمِينَ

اَللّٰهُمَّ صَلِّ وَ سَلِّمْ عَلَى مَنْ أُنْزِلَ عَلَيْهِ الْقُرْآنُ الْحَكِيمُ وَ عَلَى آلِهِ وَ صَحْبِهِ اَجْمَعِينَ[320]

***

[318] سُبْحَانَ مَنْ بَسَطَ الْاَرْضَ عَلَى مَاءٍ جَمَدَ provas decisivas de que a criação original da terra foi a seguinte: algum assunto líquido solidificado na ordem divina e tornou-se rocha. Com licença Divina, a rocha se tornou terra. A palavra Terra (*Ardh*) na glorificação, significa terra (solo). Ou seja, o líquido era demasiado macio para suportar qualquer coisa, e a rocha era muito dura para se beneficiar dela. Portanto, o Sábio e Compassivo extendeu a terra sobre a rocha e fez dele o lugar de habitação para os seres vivos.

A SEGUNDA ESTAÇÃO DA VIGÉSIMA PALAVRA

[Um lampejo do milagre do Alcorão que brilha sobre os milagres dos Profetas.]

Observe atentamente as duas perguntas e respostas no final.

بِسْمِ اللّٰهِ الرَّحْمٰنِ الرَّحِيمِ

﴿وَلَا رَطْبٍ وَلَا يَابِسٍ اِلَّا فِى كِتَابٍ مُبِينٍ﴾ 321

Registrei Quatorze anos atrás[I] (e agora 30 anos se passaram) no meu comentário do Alcorão chamado Icharat al-I'jaz (Sinais do Milagre), eu escrevi uma tese em árabe sobre um dos mistérios deste versículo. Agora dois dos meus irmãos, cujos desejos são importantes, em minha opinião, tem pedido uma explicação daquela tese em turco. E assim, contando com a ajuda de Allah Todo-Poderoso, e o esplendor do Alcorão, eu digo isto:

De acordo com uma interpretação, o Livro esclarecedor é todo o Alcorão. O versículo acima afirma que tudo, verde ou seco, é encontrado dentro dele, é isso mesmo? Sim, tudo é encontrado no mesmo, mas nem todos podem ver isso, por todas as coisas que ele contém são encontrados em diferentes níveis. Às vezes, as sementes, por vezes, os núcleos, por vezes, os resumos, por vezes, os princípios, por vezes, os sinais, são encontrados de forma explícita ou implícita, ou alusivamente, ou vagamente, ou como um lembrete, mas uma delas se expressa de acordo com a necessidade, de uma forma adequada aos propósitos do Alcorão e em conexão com as exigências da posição. Por exemplo:

Coisas como o avião, a eletricidade, as ferrovias e o telégrafo vieram à existência como maravilhas da ciência e tecnologia como o resultado do progresso do homem na ciência e na indústria. Certamente, o Alcorão Sagrado, que trata de toda a humanidade, não negligencia estes. Na verdade, não tem negligenciado; indica-os de duas "maneiras".

A Primeira: Na forma dos milagres dos Profetas ...

A Segunda: é esta: indica-os na forma de certos eventos históricos. Por exemplo:

﴿قُتِلَ اَصْحَابُ الْاُخْدُودِ ۞ النَّارِ ذَاتِ الْوَقُودِ ۞ اِذْ هُمْ عَلَيْهَا قُعُودٌ ۞ وَهُمْ عَلٰى مَا يَفْعَلُونَ
بِالْمُؤْمِنِينَ شُهُودٌ ۞ وَمَا نَقَمُوا مِنْهُمْ اِلَّا اَنْ يُؤْمِنُوا بِاللّٰهِ الْعَزِيزِ الْحَمِيدِ﴾ 322 [II]

Da mesma forma,

﴿فِى الْفُلْكِ الْمَشْحُونِ* وَخَلَقْنَا لَهُمْ مِنْ مِثْلِهِ مَا يَرْكَبُونَ﴾ 323

Assim como versículos como estes apontam para a estrada de ferro. de modo que o seguinte versículo faz alusão à energia elétrica, bem como apontando para inúmeras outras luzes e mistérios:

[I] Os primeiros anos da 1ª Guerra Mundial.

[II] Estes versículos indicam que o trem tornou o mundo do Islam prisioneiro. Os incrédulos derrotaram o Islam com ele.

﴿ اَللّٰهُ نُورُ السَّمٰوَاتِ وَالْاَرْضِ مَثَلُ نُورِهِ كَمِشْكَاةٍ فِيهَا مِصْبَاحٌ اَلْمِصْبَاحُ فِى زُجَاجَةٍ

اَلزُّجَاجَةُ كَاَنَّهَا كَوْكَبٌ دُرِّىٌّ يُوقَدُ مِنْ شَجَرَةٍ مُبَارَكَةٍ زَيْتُونَةٍ ۞ لاَ شَرْقِيَّةٍ وَلاَ غَرْبِيَّةٍ

يَكَادُ زَيْتُهَا يُضِىءُ وَلَوْ لَمْ تَمْسَسْهُ نَارٌ نُورٌ عَلَى نُورٍ يَهْدِى اللّٰهُ لِنُورِهِ مَنْ يَشَاءُ ﴾[324]

Uma vez que muitas pessoas têm se ocupado com este segundo tipo, e precisam de muito cuidado e elucidação, e uma vez que são muitos, por enquanto vamos nos contentar com estes versículos que aludem ao trem e à eletricidade, e não devemos abrir essa porta.

Com relação à primeira coisa, indicamo-las na forma dos Milagres dos Profetas. E vamos mencionar alguns deles a título de exemplo.

INTRODUÇÃO: O Prudente Alcorão envia os Profetas para as comunidades do homem como líderes e vanguardas do progresso espiritual e moral. Da mesma forma que dá a todos eles um número de maravilhas e os torna os mestres e contramestres em relação ao progresso material da humanidade, e ordena aos homens segui-los absolutamente. Portanto, tal como falar das perfeições espirituais e morais dos Profetas, é incentivar as pessoas a se beneficiar delas, assim também discutir seus milagres é inferir encorajamento para alcançar coisas semelhantes e imitá-las. Pode mesmo ser dito que, como realizações espirituais e morais, realizações materiais e maravilhas foram dadas primeiro à humanidade como um presente pela mão de milagres. Assim, o primeiro deu ao homem o dom do navio, que foi um milagre de Noé (que a paz esteja com ele), e o relógio, um milagre de José (a paz esteja com ele), foi a mão de milagres. É uma indicação sutil a esta verdade que a maioria dos artesãos tem um Profeta como o patrono de seu ofício. Por exemplo, os marinheiros têm Noé (a paz esteja com ele), os relojoeiros têm José (a paz esteja com ele), os alfaiates têm Idris (a paz esteja com ele), e assim por diante.

Na verdade, os estudiosos de investigação e da ciência da retórica estão de acordo que todos os versículos do Alcorão contêm numerosos aspectos de orientação e instrução. Os versículos dos milagres dos profetas, que são os mais brilhantes do Alcorão dentre os versículos de Exposição Milagrosa, portanto, não são meros relatos históricos, mas compreendem inúmeros significados e os tipos de orientação. Sim, ao mencionar os milagres do Profeta, é traçado o limite último da ciência e da indústria do homem. Ele está apontando o dedo para seus objetivos mais distantes. Especificando seus objetivos finais e, batendo a mão de encorajamento nas costas do homem, ele está pedindo-lhe que vá em frente na direção deles. Assim como o passado é a loja das sementes do futuro e espelho para os seus atributos, de modo que o futuro é o campo cultivável do passado e o espelho para seus estados. Agora vamos explicar apenas algumas amostras da mais extensa fonte como exemplos:

Por exemplo, o versículo: ﴿ وَ لِسُلَيْمٰنَ الرِّيحَ غُدُوُّهَا شَهْرٌ وَرَوَاحُهَا شَهْرٌ ﴾[325]

que descreve um dos milagres de Salomão (a paz esteja com ele), a subjugação do ar. Isto diz: "Salomão percorreu a distância de dois meses em um dia, voando pelo ar." Está sugerindo. Assim é que o caminho está aberto para o homem para cobrir uma distância no ar. Nesse caso, ó homem! Uma vez que o caminho está aberto para você chegar a este nível! E, em sentido, Allah Todo-Poderoso está dizendo com a língua deste versículo: "Ó homem! Fiz um dos meus servos montar no ar, porque ele abandonou os desejos de sua alma. Se vocês também desistirem da preguiça, que vem da alma, e se beneficiarem completamente de algumas de Minhas leis no cosmos, vocês também podem montá-lo "

E o versículo:

﴾ فَقُلْنَا اضْرِبْ بِعَصَاكَ الْحَجَرَ فَانْفَجَرَتْ مِنْهُ اثْنَتَا عَشْرَةَ عَيْنًا ﴿[326] o que explica um milagre de Moisés (a paz esteja com ele). Este versículo indica que os tesouros da misericórdia escondidos debaixo da terra podem ser adquiridos com ferramentas simples. Mesmo em lugares duros como rochas, a água da vida pode ser atraída com um cajado. Assim, pelo significado do versículo diz ao homem: "Você pode encontrar o brilho sutil de misericórdia, a água da vida, com um cajado. Nesse caso, vamos lá, trabalhe e o encontre!" Em um sentido, o Todo Poderoso Allah diz por meio de língua alusiva do versículo: "Ó homem! Eu coloquei na mão de um dos Meus servos, que confiou em Mim um cajado que tira a água da vida de onde ele deseja; se você também contar com as leis da Minha misericórdia, você pode obter um instrumento parecido com o dele ou próximo a ele. Então, venha e faça isso!" E uma das mais importantes contribuições para o progresso do homem foi a criação de um instrumento que faz com que a água flue para trás da maioria dos lugares que ele golpeia. Este versículo traça metas e limites mais distantes, e termina além disso, assim como o versículo anterior especificou pontos finais muito à frente dos aviões de hoje.

E por exemplo, [327]﴾ وَأُبْرِئُ الْأَكْمَهَ وَالْأَبْرَصَ وَأُحْيِي الْمَوْتَى بِإِذْنِ اللَّهِ ﴿ que diz respeito a um milagre de Jesus (a paz esteja com ele). Assim como o Alcorão exorta explicitamente o homem a seguir a moral elevada de Jesus (a paz esteja com ele). Por isso, ele encoraja alusivamente a arte elevada e a medicina dominical de que Jesus era o mestre. O versículo indica o seguinte: "Remédios podem ser encontrados até mesmo para os males mais crônicos. Nesse caso, ó homem! Ó filhos afligidos com a calamidade de Adão! Não se desesperem! Qualquer que seja a doença, a cura é possível. Procurem-na e vocês a encontrão. É ainda possível dar um toque temporário de vida para a morte." O sentido que Allah Todo-Poderoso está dizendo com a língua figurativa deste versículo: "Ó homem! Eu dei dois presentes a um dos meus servos, que abandonou o mundo por mim. Um deles foi o remédio para os males espirituais, e o outro a cura para as doenças físicas. Os corações moribundos foram erguidos para a vida por intermédio da luz da orientação, e pessoas doentes que estavam como mortas encontraram saúde por meio de sua respiração e cura. Você também pode encontrar a cura para todos os males na farmácia da Minha sabedoria. Trabalhe para encontrá-la! Se você procurar, certamente a encontrará." Assim, este versículo traça o limite que está muito à frente do atual progresso humano na medicina. Ele aponta para isso, e exorta em sua direção.

E, por exemplo, os versículos, sobre o profeta Davi:

﴾ وَأَلَنَّا لَهُ الْحَدِيدَ ﴿[328] ۞ ﴾ وَآتَيْنَاهُ الْحِكْمَةَ وَفَصْلَ الْخِطَابِ ﴿[329]

E [330]﴾ وَأَسَلْنَا لَهُ عَيْنَ الْقِطْرِ ﴿ que é a respeito de Salomão (a paz esteja com ele).

Estes indicam que o amolecimento do ferro é uma das maiores graças Divinas, por meio da qual é mostrada a virtude de um dos maiores profetas. Com efeito, o amolecimento do ferro, isto é, tornando-o macio como massa, a fundição do cobre, o encontro de minerais e sua extração é a origem, a fonte, a base e o fundamento de todas as indústrias de materiais humanos. Assim, este versículo indica: "A grande recompensa concedida a um grande Mensageiro e vice regente da terra na forma de um grande milagre foi o amolecimento do ferro. Tornando-se tão suave como massa e fino como um fio e fundição de cobre são a base para a maioria das indústrias." Uma vez que a sabedoria foi dada à língua de alguém que era tanto Mensageiro como vice regente, ou seja, a alguém que era ao mesmo tempo líder espiritual e material, e o artesanato e a indústria foram dadas para sua mão. E por um lado impele explicitamente os homens para a sabedoria em sua língua, e por outro lado incentiva-os implicitamente para o ofício manual. Com a língua alusiva deste versículo, Allah Todo-Poderoso está dizendo:

"Ó filhos de Adão! Eu dei essa sabedoria à língua e ao coração de um dos meus servos que cumpriu minhas ordens e obrigações que julgou sobre tudo com a melhor distinção e manifestou a verdade. Dei-lhe tal arte de forma que pudesse moldar o ferro em qualquer forma com a mão como se fosse de cera. Era uma forma significativa do poder de sua vice-gerência e regra. Como era possível, ela foi dada. É ao mesmo tempo importante, e vocês estão precisando muito disso em sua vida social. Se vocês também obedecerem os meus comandos na criação, a sabedoria e o ofício serão dados também a vocês. No decorrer do tempo vocês vão alcançá-lo e aproximar-se dele." Assim, é pelo abrandamento da fundição do ferro e do cobre que o homem alcança o seu maior progresso na indústria, e seu maior poder e força. No versículo, a palavra quitr é usada para descrever o cobre. Estes versículos dirigem a visão da humanidade na direção dessa verdade, e severamente advertem o povo dos tempos antigos que não apreciavam sua importância, bem como a preguiça nos tempos modernos ...

E, por exemplo, o versículo:

﴿قَالَ الَّذِى عِنْدَهُ عِلْمٌ مِنَ الْكِتَابِ اَنَا آتِيكَ بِهِ قَبْلَ اَنْ يَرْتَدَّ اِلَيْكَ طَرْفُكَ فَلَمَّا رَآهُ مُسْتَقِرًّا عِنْدَهُ﴾[331]

que aponta para o seguinte evento maravilhoso: a fim de atrair o trono de Bilkis para ele, um dos ministros de Salomão (a paz esteja com ele), versado em ciência de atração, disse: "Eu terei o trono aqui antes de piscar os olhos." O versículo sugere, então, que é possível trazer tanto as próprias coisas ou suas imagens instantaneamente de muito longe, e é um fato que Allah Todo-Poderoso concedeu essa capacidade a Salomão (a paz esteja com ele), na forma de um milagre, para estabelecer a sua inocência e justiça. Por ser homenageado com regência, bem como sua Mensagem, Salomão poderia desta forma ser informado de eventos em todas as regiões de seus extensos domínios, e ver a condição de seus súditos e ouvir de seus problemas. Isso significa que, se o homem depende de Allah Todo-Poderoso, e pede a Ele com a língua de sua capacidade inata, como Salomão (a paz esteja com ele) pediu a ele com a língua de sua castidade.E se ele está de acordo com as Suas leis de sabedoria do universo, o mundo pode tornar-se como uma cidade para ele. Ou seja, enquanto o trono de Bilkis estava no Iêmen, apareceu instantaneamente em Damasco, ou a sua imagem, e ele foi visto. As imagens dos homens ao redor do trono, também foram certamente transmitidas lá, e suas vozes ouvidas. Este, portanto, indica esplendidamente a atração de imagens e sons a partir de longas distâncias, e, com efeito, diz:

"Ó Reis e Governantes! Se vocês quiserem agir com justiça pura, esforce-se para ver e compreender a face da terra em todos os seus detalhes, como Salomão. Pois, pelo aumento do nível de ser informado sempre que desejar sobre cada parte de seu reino, um governante justo e rei que preza seus súditos evitará a desigualdade, e pode governar com justiça completa." E Allah Todo-Poderoso, com efeito, diz com a alusiva língua do versículo:

"Ó filhos de Adão! Eu agraciei um dos Meus servos com um reino amplo, e para que ele pudesse agir com justiça completamente dentro dele, eu lhe permiti conhecer pessoalmente todas as situações e eventos que ocorreram lá. E uma vez que eu tenho dado a todos os homens a capacidade inata de serem vice regentes da terra, dei-lhes também a capacidade de ver, considerar e compreender toda a face da terra, de acordo com essa capacidade, uma vez que Minha sabedoria exige isso. Se os indivíduos não chegarem a esse ponto, os homens podem alcançá-lo como uma corrida. E se não o alcançarem fisicamente, os santos podem alcançá-lo no sentido. Nesse caso, vocês podem tirar proveito desta grande recompensa. Vamos lá, vamos ver vocês fazerem isso! Na condição de não negligenciarem seus deveres de adoração, se esforçarem para transformar a face da terra em um jardim cada parte do que vocês podem ver, e os sons de todos os cantos que vocês podem ouvir. Prestem atenção ao decreto do Misericordioso:

﴿ هُوَ الَّذِى جَعَلَ لَكُمُ الْاَرْضَ ذَلُولاً فَامْشُوا فِى مَنَاكِبِهَا وَكُلُوا مِنْ رِزْقِهِ وَاِلَيْهِ النُّشُورُ ﴾332

O versículo acima mencionado alude para o limite mais distante no futuro na atração de imagens e sons, uma das melhores artes do homem, e sugere incentivo.

E, por exemplo, os versículos:

﴿ مُقَرَّنِينَ فِى الْاَصْفَادِ ﴾333 ۞ ﴿ وَمِنَ الشَّيَاطِينِ مَنْ يَغُوصُونَ لَهُ وَيَعْمَلُونَ عَمَلاً دُونَ ذَلِكَ ﴾334

afirma que Salomão (a paz esteja com ele) subjugou gênios, demônios e espíritos malignos, impediu os seus malefícios, e empregou-os nas coisas úteis. São as palavras do Altíssimo: "cingidos por correntes" os gênios, os habitantes mais inteligentes e importantes da terra após o homem, podem servi-lo. O contato pode ser feito com eles. Os demônios também podem ser obrigados a desistir de sua inimizade e, se quiserem ou não, foram feitos para servir. Assim, Allah Todo-Poderoso os submeteu a um dos Seus servos, que foi obediente aos Seus mandamentos. Por meio da língua alusiva dos versículos, em sentido, Allah Todo-Poderoso está dizendo: "Ó ser humano! Fiz gênios, demônios, e seu maldosos obedecerem a um de Meus servos que Me obedecia. Se você também for subjugado aos meus comandos, numerosos seres, e até mesmo gênios e demônios, podem ser subjugados a você."

Estes versículos traçam os limites finais da evocação dos espíritos, e a conversa com gênios, como o espiritismo, que foram filtrados a partir de uma mistura de arte e ciência e surgiram a partir de extraordinária sensibilidade física e espiritual do homem. Os versículos especificam a forma mais benéfica destes e abrem o caminho para eles. Mas não devem ser subjugados por gênios, demônios e espíritos maus, que às vezes os chamam de os maus espíritos dos mortos, e se tornam seus brinquedos, e um motivo de chacota, como hoje em dia, mas para subjugá-los por meio do talismã do Alcorão, e se salvarem de suas maldades.

Outros versículos sobre Salomão (a paz esteja com ele) aludem a espíritos que aparecem em formas físicas, e sua evocação aos demônios e subjugá-los, e outros versículos, como:[335]﴿ فَاَرْسَلْنَا اِلَيْهَا رُوحَنَا فَتَمَثَّلَ لَهَا بَشَرًا سَوِيًّا ﴾ indica a evocação dos espíritos e seres espirituais, assumindo a forma física. Mas a evocação dos bons espíritos aludidos aqui não é à maneira "dos civilizados" de desrespeitarem espíritos naquele mundo totalmente sério e atraí-los para seus próprios lugares e jogos, mas – como um grupo de santos como Muhyiddin al-Arabi, que, mais a sério e com um propósito, reuniu-se com os espíritos quando eles queriam ser atraídos e formar uma relação com eles, e, indo para o seu lugar e aproximar-se de seu mundo a tal ponto, e beneficiar-se da sua espiritualidade. É isso a que os versículos aludem e, dentro da alusão, fazem compreender que estão incentivando o homem a alcançá-lo. Eles traçam o limite mais distante das artes e ciências ocultas deste tipo, e apontam a sua melhor forma.

E, por exemplo, o versículo acerca dos milagres de Davi (a paz esteja com ele):

﴿ اِنَّا سَخَّرْنَا الْجِبَالَ مَعَهُ يُسَبِّحْنَ بِالْعَشِيِّ وَالْاِشْرَاقِ ﴾[336]

﴿ عُلِّمْنَا مَنْطِقَ الطَّيْرِ ﴾[337] ۞ ﴿ يَا جِبَالُ اَوِّبِى مَعَهُ وَالطَّيْرَ وَاَلَنَّا لَهُ الْحَدِيدَ ﴾[338]

Estes indicam que Allah Todo-Poderoso deu aos louvores e glorificação de David (a paz esteja com ele) tal força e um som tão alto e agradável que levaram as montanhas ao êxtase, que, como um enorme gramofone ou um homem, formaram um círculo no horizonte ao redor do chefe declamador, recitando também as glorificações. Isso é possível, eu me pergunto? É verdade?

Sim, é verdade. Cada montanha com cavernas pode falar com o homem na linguagem do homem como um papagaio; por meio de um eco. Você diz: Alhamdulillah (Louvado seja Allah!), para a montanha ante você, e a montanha declarará: Alhamdulillah (Louvado seja Allah!), exatamente o mesmo que você diz. Uma vez que Allah Todo-Poderoso deu essa capacidade às montanhas, isso pode certamente ser feito para desenvolver, e a semente é feita para germinar.

Assim, uma vez que Ele deu a Davi (a paz esteja com ele), a vice-gerência da terra, juntamente com sua Mensagem em forma excepcional, Ele assim fez a semente daquela capacidade de se desdobrar - como um milagre - digna de sua extensa Mensagem e regra magnífica que enormes montanhas o seguiram como soldados, estudantes, ou seguidores, e sob seu comando e em sua língua declararam os louvores e glorificações do Criador Todo-Glorioso. O que quer que David (a paz esteja com ele) dissesse, eles repetiam. Agora, no momento presente, porque os meios de comunicação têm-se multiplicado e desenvolvido, um comandante poderoso poderia obrigar seu grande exército disperso nas montanhas de declarar: Alláhu Ákbar (Allah é o Maior), e poderia fazer as montanhas falar, trazendo-os para o tumulto. Uma vez que um comandante de homens pode fazer as montanhas falarem metaforicamente na língua das pessoas presentes nas montanhas, sem dúvida um magnífico comandante de Allah Todo Poderoso poderia fazê-las falar, na verdade, e recitar Seus louvores. Além disso, eu tenho explicado em palavras anteriores de que todas as montanhas têm uma personalidade coletiva ou identidade corporativa, e oferecem glorificações e adoração de uma forma adequada para cada um. Isso quer dizer que, assim como por meio do mistério do eco todas as montanhas recitam glorificações na língua dos homens, assim também eles glorificam o Criador Todo-Glorioso em suas próprias línguas particulares.

Além disso, os versículos: ﴿وَالطَّيْرَ مَحْشُورَةً﴾[339] ۞ ﴿عُلِّمْنَا مَنْطِقَ الطَّيْرِ﴾[340] mostram que Allah Todo-Poderoso concedeu a David e Salomão (a paz esteja com eles) o conhecimento das línguas de espécies de aves, e das línguas de suas capacidades inatas; isto é, das coisas para as quais eles seriam úteis. Sim, uma vez que é a verdade, e uma vez que a face da terra é uma mesa cheia estabelecida pelo Misericordiosíssimo em honra ao homem, a maioria dos outros animais e aves que se beneficia com isso pode ser subjugada ao homem e servi-lo. O homem emprega alguns dos menores deles, a abelha que fornece o mel e o bicho da seda, e com inspiração divina, abriu uma estrada benéfica, e empregando pombos em várias tarefas e aves e ensinou pássaros como os papagaios a falar, ele acrescentou coisas boas para as virtudes da civilização humana. Da mesma forma, se línguas de capacidades inatas de outras aves e animais eram conhecidas, há muitas espécies que poderiam ser empregadas em tarefas importantes, como seus irmãos, os animais domesticados. Por exemplo, contra pragas de gafanhotos: se a língua de estorninhos fosse conhecida, que eliminam os gafanhotos sem comê-los, e os seus movimentos pudessem ser regulados, que serviços valiosos poderiam ser empregados gratuitamente!

Assim, este versículo traça o limite mais distante em subjugar aves e beneficiar-se delas desta forma, e em fazer seres inanimados falar como o telefone ou o gramofone, e em lucrar com as aves. Ele especifica o objetivo mais distante. Aponta o dedo para ele em forma majestosa e de uma forma insta o homem para ele. Por intermédio da língua alusiva destes versículos, Allah Todo-Poderoso, diz em sentido:

"Ó homens! Para honrar a sua missão profética e a justiça completa de seu governo, subjuguei a um dos seus companheiros que era totalmente submisso a Mim, as enormes criaturas em Meus domínios, levando-os a falar, e fiz a maioria das Minhas tropas e animais seus servos. Nesse caso, uma vez que tenho o compromisso de cada um de vocês a Confiança Suprema, da qual o céu, a terra, e as montanhas se negaram assumir, e dei-lhes a capacidade de serem os Meus legatários na terra, vocês devem se render a Mim, Quem em Cujas mãos estão as rédeas dessas criaturas, de modo que as criaturas em Meus domínios podem produzir também para vocês, e vocês podem obter em Nome de Quem detém as rédeas e subir para uma posição digna de suas habilidades.

Uma vez que a verdade é esta, ao invés de ouvir o gramofone, brincando com os pombos e fazê-los entregar cartas e ensinar papagaios a falar, vocês devem se esforçar em alcançar a diversão mais agradável e elevada. Então, as montanhas podem ser enormes gramofones para vocês, como foram para Davi, e as recitações harmoniosas de louvores divinos podem chegar a seus ouvidos a partir das árvores e plantas ao toque da brisa, e as montanhas podem mostrar sua verdadeira natureza como criaturas maravilhosas que recitam os louvores Divinos em milhares de línguas, e a maioria das aves podem ser revestidas na forma de amigos íntimos ou servos obedientes, como a Poupa de Salomão. Em seguida, eles podem entretê-los e levá-los ansiosamente para as perfeições e realizações de que vocês são capazes, e não fazê-los caírem da posição exigida pela humanidade, como outras diversões."

E, por exemplo, no versículo,

[341] ﴿قُلْنَا يَا نَارُ كُونِي بَرْدًا وَسَلاَمًا عَلَى اِبْرَاهِيمَ﴾ que é acerca de um dos milagres de Abraão (a paz esteja com ele), há três indicações sutis:

A Primeira: Como outras causas naturais, o fogo não age cegamente de acordo com seus próprios desejos e natureza, mas realiza um dever sob um comando. Assim, ele não queimou Abraão (a paz esteja com ele), porque foi ordenado a não o queimar.

A Segunda: Há um grau de calor que queima por meio de sua frieza. Ou seja, ele tem um efeito, como a queima. Por meio da palavra سَلاَمًا, seja frescor,[1] o Poderoso Allah está dizendo para o frio: "Não o queime com sua frieza, nem com o seu calor!" Isso quer dizer que, por meio de sua frieza, o fogo em um grau tem um efeito de queimar. É tanto fogo e frio. De fato, nas ciências naturais há um grau de fogo, o estado de "calor branco", o calor que não se espalha para os seus arredores. Ela atrai o calor em torno dele para si mesmo e com este frio, congela líquidos circundantes, tais como água, com efeito, queima-os por meio de seu frio. Assim, o frio intenso é uma categoria de fogo que queima por meio de sua frieza. Nesse caso, esse frio intenso é certamente uma parte do Inferno, pois contém todos os graus e tipos de fogo.

A Terceira: Assim como existe uma substância imaterial como a crença que combate os efeitos do fogo do inferno e oferece proteção contra ela, a armadura do Islam, há uma substância física que protege contra os efeitos do fogo mundano. Porque, como é exigido pelo nome de Sapientíssimo, este mundo é a morada da sabedoria, e Allah Todo-Poderoso realiza Suas obras sob o véu de causas. Portanto, o fogo não queimou nem o corpo de Abraão, nem as suas vestes; Ele o revestiu de um estado que resistiu ao fogo. Assim, por esta alusão, ao versículo é na verdade está dizendo: "Ó nação de Abraão! Assemelham-se a Abraão, para que as suas vestes materiais e espirituis possam ser a sua armadura contra o fogo, o seu maior inimigo, tanto aqui como lá.

"Revesti seu espírito na crença em Allah, e isso será sua armadura contra o fogo do Inferno. Além disso, existem algumas substâncias que Allah Todo-Poderoso tem escondido na terra para vocês que os protegerão contra os males do fogo. Procurem-nos, extraiam-nos, e usem-nos!" Assim, uma das importantes descobertas do homem e um passo em seu progresso foi encontrar uma substância que o fogo não queima; e se vestiu com roupas resistentes ao fogo. Então veja quão elevado, sutil e fina uma vestimenta que este versículo tece no tear de Hanifan Musliman, que não será arrendado em toda a eternidade.

E, por exemplo, o versículo: [343] ﴿وَعَلَّمَ آدَمَ الْاَسْمَاءَ كُلَّهَا﴾ que diz: "O maior milagre de Adão (a paz esteja com ele) na questão da legatariedade suprema foi o ensinamento dos nomes." Como os milagres dos outros Profetas cada um alude a uma maravilha humana particular, o milagre de Adão, que foi o pai de todos os profetas e a

[1] Um Comentário do Alcorão diz: Se Ele não tivesse dito: سَلاَمًا ele teria sido queimado com a sua frieza.[342]

"Inauguração da Função de Profecia", aponta quase explicitamente os aspectos finais de toda a realização humana e o progresso e os objetivos finais da humanidade. Pela língua de alusão, Allah Todo-Poderoso (Exaltado seja) está dizendo com este versículo:

"Ó filhos de Adão! Como prova de sua superioridade sobre os anjos na questão da legatariedade, ensinei seu antepassado todos os nomes, e vocês também, já que são seus filhos e herdeiros de suas habilidades, devem aprender todos os Nomes e em sua posição como titulares da Confiança Suprema demonstrar ante todas as criaturas o seu merecimento. Uma vez que o caminho está aberto para vocês subirem ao posto exaltado, tais como ter as posições mais elevadas sobre todos os seres do universo, e as grandes criaturas como a terra, para ser submetida a vocês. Vamos lá, um passo à frente, adiram a todos os Meus Nomes e subam! Mas o seu antepassado já foi enganado por Satanás, e caiu temporariamente para a Terra da posição do Paraíso. Cuidado! Em seu progresso, não sigam a Satanás e para não caírem do céu da sabedoria Divina, para a desorientação da "natureza". Continuamentelevantem a cabeça e estudem cuidadosamente Meus Nomes mais Belos, façam de suas ciências e seu progresso passos para ascenderem aos céus. Em seguida, vocês podem subir para Meus Nomes Dominicais, que são as realidades e as fontes de suas ciências e realizações, e vocês podem olhar para o seu Senhor com os seus corações pelo telescópio dos Nomes".

UM PONTO SIGNIFICATIVO E UM MISTÉRIO IMPORTANTE

Ao descrever sob o título do versículo acima "quanto ao ensino dos nomes" de todas as coisas com relação às realizações de aprendizagem, de progresso científico e das maravilhas da tecnologia que o homem manifesta com sua disposição abrangente, este versículo maravilhoso contém a seguinte alusão sutil e elevada: todas as realizações e perfeições, toda aprendizagem, todo o progresso, e todas as ciências, têm uma realidade elevada, que é baseada em um dos Nomes Divinos. Ao ser baseado no Nome, o que está escondido sob vários véus e têm diversas manifestações e diferentes esferas, as ciências, as artes e realizações encontram sua perfeição e tornam-se realidade. Caso contrário, não são uma sombra incompleta e deficiente.

Por exemplo, a engenharia é uma ciência; sua realidade e ponto final, chega aos Nomes de Justiceiro e Onipotente de Allah Todo-Poderoso, e observa com toda a sua majestade a manifestação sábia desses Nomes no reflexo da engenharia.

E, por exemplo, a medicina é uma ciência, e também uma arte; seu ponto final e realidade são baseados no Nome de Absolutamente Sábio de Quem Cura, e pelaa observação de que as manifestações de compaixão de Nome, na grande farmácia da terra, a medicina encontra sua perfeição e torna-se realidade.

E, por exemplo, as ciências naturais, que discutem a realidade dos seres; pelaa visão do regulador, alimentador das manifestações supremas do Nome do Sapientíssimo Allah Todo-Poderoso (Exaltado seja) nas coisas, nos seus benefícios e suas vantagens, e por meio de alcançar o Nome, e baseando-se n'Ele, estas ciências podem conter a verdadeira sabedoria. Caso contrário, elas são transformadas em superstição, ou tornam-se absurdas, ou abrem o caminho para a desorientação como faz a filosofia naturalista.

São três exemplos. Vocês podem fazer analogias com estas e outras ciências e realizações.

Assim, com este versículo, o Prudente Alcorão atinge por intermédio de encorajamento ao ser humano, pedindo-lhe que alcance os picos mais altos, os limites mais distantes, os graus finais, que ele está muito atrás no atual grau de seu progresso. Ele aponta os dedos para esses graus, dizendo: "Em frente, marche!" Contentando-nos por agora com estas joias do tesouro sublime deste versículo, vamos fechar esta porta.

Além disso, por exemplo, o Prudente Alcorão, o milagre supremo de Mohammad (Allah o abençoe e lhe dê paz), o Selo da assembleia da profecia, em face daqueles que reivindicam a Mensagem Divina os milagres de todos os Profetas anteriores são como um único milagre de confirmação; o líder dos Profetas e motivo de orgulho do universo; que se manifesta em detalhes em todos os graus todos os Nomes que foram ensinados em resumo a Adão (a paz esteja com ele); que, levantando o dedo, por meio da manifestação da glória Divina dividiu a lua, e a baixou, por meio da manifestação da beleza Divina fez brotar água do meio de seus dedos como a Fonte de Kauçar[344]; e que foi verificado e corroborado por mil milagres.[345] Pelos inúmeros versículos claros, como:

﴿قُلْ لَئِنِ اجْتَمَعَتِ الْاِنْسُ وَالْجِنُّ عَلَى اَنْ يَأْتُوا بِمِثْلِ هٰذَا الْقُرْآنِ لَا يَأْتُونَ بِمِثْلِهِ وَلَوْ كَانَ بَعْضُهُمْ لِبَعْضٍ ظَهِيرًا﴾[346]

que descreve a pureza de sua exposição, a eloquência de sua expressão, a abrangência dos seus significados, e a elevação e a doçura de seus estilos a respeito da verdade e da realidade, que é o mais brilhante dos aspectos dos milagres do Prudente Alcorão – por versículos como este, ele direciona os olhares de homens e gênios aos aspectos mais claros e mais brilhantes deste milagre pré-eterno. Provoca todos os homens e gênios. Desperta a vontade de seus amigos e a obstinação de seus inimigos, exorta-os com o incentivo intenso a imitá-lo e copiá-lo, para se assemelharem a ele com suas palavras. Ele também apresentou aquele milagre diante dos olhos das criaturas, de tal forma que é como se o único objetivo no homem que vem a este mundo é levar esse milagre como seu objetivo e princípio orientador, e estudá-lo para entender o propósito de sua criação, e avançar na direção dele.

Em Resumo: Todos os milagres dos outros profetas (a paz esteja com eles) indicam uma maravilha da arte humana ou ofício, e o milagre de Adão (a paz esteja com ele) indica em forma concisa, além das bases desses ofícios, o índice das ciências e ramos do conhecimento, e das maravilhas e perfeições, e exorta o homem na sua direção. Quanto à exposição milagrosa do Alcorão, o milagre supremo de Mohammad (Allah o abençoe e lhe dê paz), uma vez que mostra em detalhes a realidade do ensino dos Nomes, aponta claramente para a verdadeira meta das ciências e ramos do conhecimento, que são a verdade e a realidade, bem como as perfeições, realizações e felicidade neste mundo e no próximo. Com verdadeiramente poderoso encorajamento, exorta o homem em direção a eles. Ele encoraja e exorta, de tal maneira que diz: "Ó homem! Em face de manifestações de dominicalidade, o objetivo elevado do universo é a adoração e submissão universal do homem a Allah, enquanto seu objetivo mais distante é alcançar a adoração por meio dessas ciências e perfeições." Ao afirmar isso, ele sugere:

"No fim dos tempos, a humanidade vai se render à ciência e à aprendizagem; vai obter toda a sua força a partir disso. O poder e o governo passarão para as mãos da ciência."

Além disso, o Alcorão de exposição miraculosa coloca repetidamente mostra a sua eloquência e beleza de expressão, por alusão ele diz:

"Ao final dos tempos, a eloquência e a beleza de expressão, a mais brilhante das ciências e dos ramos do conhecimento, serão as mais procuradas em todas as suas variedades. Ainda, a fim de fazer outro aceitar suas ideias e por em prática a sua palavra, os homens vão encontrar a sua arma mais eficaz na expressão eloquente, e sua força mais irresistível na excelente oratória."

Em resumo: A maioria dos versículos do Alcorão são as chaves para um tesouro de perfeições e guias para uma loja de conhecimento.

Se desejar, você pode chegar até os céus do Alcorão e as estrelas de seus versículos, fazendo as últimas vinte Palavras de uma escada de vinte degraus.[I] Por meio delas vocêveráo que sol brilhante é o Alcorão! Veja como ele borrifa a pura luz sobre as verdades Divinas e as verdades do reino contingente! Veja que esplendor brilhante ele espalha!

Conclusão: Uma vez que, juntamente com a alusão às maravilhas do atual progresso humano, todos os versículos sobre os Profetas também estão em um estilo que infere e traça seus limites no futuro; e, uma vez que certamente todos os versículos apontam para inúmeros significados, na verdade, é unanimidade acordada, e ainda, que existem comandos categóricos para seguir e obedecer os profetas, em seguida, juntamente com os significados explícitos dos versículos acima, pode-se dizer que eles indicam de forma alusiva a importância das artes e das ciências do homem, e impeli-lo em relação a eles.

DUAS RESPOSTAS IMPORTANTES ÀS DUAS PERGUNTAS IMPORTANTES

A PRIMEIRA:

Se você disser: "O Alcorão foi revelado ao homem, então por que ele não descreve as maravilhas da civilização explicitamente, pois elas têm a maior importância aos seus olhos? Por que ele se contenta com sinais secretos, alusões escondidas, pequenas indicações, e lembretes limitados?"

A Resposta: Porque os direitos das maravilhas da civilização humana só podem reivindicar tanto nas discussões do Alcorão. Já que o dever básico do Alcorão é ensinar sobre as perfeições e atuar na "esfera de religiosidade" e os deveres e as circunstâncias da "esfera de adoração." Assim, os direitos das maravilhas humanas nessas duas esferas diminuem para serem apenas um sinal fraco e indicação leve. Uma vez que, se eles estavam a exigir os seus direitos a partir da "esfera de religiosidade", eles receberiam muito poucos.

Por exemplo, se o avião[II] do homem dissesse ao Alcorão: "Dê-me o direito de falar e um lugar em seus versículos," os planetas, a Terra e a Lua, que são os aviões da "esfera de religiosidade", responderiam em nome do Alcorão: "Você toma um lugar em relação ao seu tamanho." Se os submarinos do homem fossem pedir um lugar nos versículos do Alcorão, os submarinos dessa esfera, ou seja, a terra e as estrelas que nadam no vasto oceano da atmosfera e o éter diriam: "Seu lugar ao nosso lado é tão pequeno a ponto de ser insignificante." Se as brilhantes luzes elétricas como estrelas fossem exigir o direito

---

[I] De fato, As Trinta e Três Palavras, Trinta e Três Cartas, Trinta e Um Lampejos, e Treze Raios formam uma escada de cento e vinte degraus.

[II] Enquanto escrevia este assunto sério, involuntariamente minha caneta mudou seu estilo sutil, porém espirituoso. Então eu deixei a minha pena livre. Espero que algo de estilo sem seriedade não estrague a seriedade do assunto

de falar e pedir para serem incluídas em seus versículos, as luzes elétricas daquela esfera, como relâmpagos, as estrelas cadentes, os raios, e as estrelas e luzes que adornam a face dos céus, diriam: "Você pode inserir suas discussões e explicações em relação à sua luz." Se as maravilhas da civilização fossem exigir seus direitos com vista à delicadeza da arte e buscar um lugar em seus versículos, em seguida, uma única mosca iria pedir-lhes para ficar em silêncio, dizendo: "Seus direitos não são iguais nem a uma das minhas asas! Pois, se todas as artes plásticas e instrumentos delicados alcançados pelo livre arbítrio do homem fossem reunidos, eles não poderiam ser tão maravilhosos como a arte de meus membros delicados e meu minúsculo corpo." O versículo: ﴿إِنَّ الَّذِينَ تَدْعُونَ مِنْ دُونِ اللّٰهِ لَنْ يَخْلُقُوا ذُبَابًا وَلَوِ اجْتَمَعُوا لَهُ﴾[347] pede-lhes para ficarem em silêncio.

Se as maravilhas da civilização fossem para a "esfera de adoração" e exigissem os seus direitos, receberiam uma resposta como esta: "Suas relações com a gente são muito poucas, e vocês não podem facilmente entrar na nossa esfera. Uma vez que, o nosso programa é o seguinte: o mundo é uma casa de hóspedes, e quanto ao homem, ele permanece lá apenas um curto período de tempo. É um convidado com muitos deveres e em um breve tempo de vida é encarregado de preparar todas as necessidades para a Vida Eterna. As matérias mais importantes e essenciais serão oferecidas a vocês. Mas a maioria de vocês vê este mundo fugaz sob o véu de negligência, como uma morada eterna, colorida e em forma de sentimentos mundanos. Assim, a sua quota de adoração, a base da qual é o amor à verdade e o pensar na Outra Vida, é muito pequena. No entanto, se há entre vocês artesãos e artistas respeitados e inventores inspirados, que representam a minoria absoluta, servem o interesse geral e o bem-estar público e a melhoria da vida social dos servos de Allah, que é um culto valioso, esses sinais e indicações do Alcorão são certamente suficientes para as pessoas sensíveis, a fim de encorajar os seus esforços e apreciar a sua arte."

A RESPOSTA PARA A SEGUNDA PERGUNTA:

Se você disser: "Nenhuma das minhas dúvidas resta agora, depois destas investigações, e eu afirmo que, juntamente com outras maravilhas, no Alcorão são alusões a e indicações das maravilhas da civilização moderna, de fato, para promover avanços. Tudo necessário para a felicidade do homem neste mundo e no próximo é encontrado dentro dele em relação ao seu valor. Mas por que o Alcorão não os menciona explicitamente para que os incrédulos obstinados fossem obrigados a confirmá-lo, e os nossos corações também estariam aliviados?"

A Resposta: A religião é um exame, um teste, proposto por Allah para que na arena de competição espíritos elevados e espíritos básicos possam ser distinguidos uns dos outros. Assim como os materiais estão mergulhados no fogo para que diamantes e carvão, ouro e terra sejam separados, assim também a religião é um julgamento sobre as obrigações impostas ao homem por Allah e uma condução para a concorrência, o que esta morada de exame consiste. Desta forma, as joias elevadas na mina das habilidades do homem tornam-se separadas da escória. Uma vez que, o Alcorão foi revelado nesta morada de exame para o homem se aperfeiçoar por meio da prova na arena da competição, irá certamente apenas aludir aos eventos ocultos do futuro pertencentes a este mundo, que todo mundo verá, e só abrirá a porta para a razão a um grau que comprova seu argumento. Se ele os mencionasse explicitamente, o mistério da responsabilidade do homem seria negado. Simplesmente, seria tão evidente como escrever:[348] لا إله إلا الله claramente em estrelas no rosto dos céus. Então, todo mundo teria que afirmar quer queria ou não. Não haveria competição, e o exame também seria para nada. Um espírito como o carvão permaneceria no mesmo nível de um espírito como diamantes.[I]

Em resumo: O Prudente Alcorão é sábio. Ele oferece a tudo uma posição em relação ao seu valor. Assim, 1300 anos atrás[349], o Alcorão viu escondido na escuridão do futuro os frutos ocultos e o progresso do homem, e mostrou-os de uma forma melhor do que vemos e veremos. Isso significa que o Alcorão é a Palavra de Quem vê no mesmo instante todo o tempo e tudo dentro dele.

Assim, um lampejo dos milagres do Alcorão resplandece no rosto dos milagres dos Profetas.

اَللّٰهُمَّ فَهِّمْنَا اَسْرَارَ الْقُرْآنِ وَ وَفِّقْنَا لِخِدْمَتِهِ فِى كُلِّ آنٍ وَ زَمَانٍ[350]

﴿ سُبْحَانَكَ لاَ عِلْمَ لَنَا اِلاَّ مَا عَلَّمْتَنَا اِنَّكَ اَنْتَ الْعَلِيمُ الْحَكِيمُ ﴾[351]

﴿ رَبَّنَا لاَ تُؤَاخِذْنَا اِنْ نَسِينَا اَوْ اَخْطَاْنَا ﴾

اَللّٰهُمَّ صَلِّ وَ سَلِّمْ وَ بَارِكْ وَ كَرِّمْ عَلَى سَيِّدِنَا وَ مَوْلٰينَا مُحَمَّدٍ عَبْدِكَ وَ نَبِيِّكَ وَ رَسُولِكَ النَّبِيِّ الْاُمِّيِّ وَ عَلَى آلِهِ وَ اَصْحَابِهِ وَ اَزْوَاجِهِ وَ ذُرِّيَّاتِهِ وَ عَلَى النَّبِيِّينَ وَ الْمُرْسَلِينَ وَ الْمَلٰئِكَةِ الْمُقَرَّبِينَ وَ الْاَوْلِيَاءِ وَ الصَّالِحِينَ. ۞ اَفْضَلَ صَلاَةٍ وَ اَزْكَى سَلاَمٍ وَ اَنْمَى بَرَكَاتٍ بِعَدَدِ سُوَرِ الْقُرْآنِ وَ آيَاتِهِ وَ حُرُوفِهِ وَ كَلِمَاتِهِ وَ مَعَانِيهِ وَ اِشَارَاتِهِ وَ رُمُوزِهِ وَ دَلاَلاَتِهِ وَاغْفِرْلَنَا وَارْحَمْنَا وَ الْطُفْ بِنَا يَا اِلٰهَنَا يَا خَالِقَنَا بِكُلِّ صَلاَةٍ مِنْهَا بِرَحْمَتِكَ يَا اَرْحَمَ الرَّاحِمِينَ ۞ وَ الْحَمْدُ لِلّٰهِ رَبِّ الْعَالَمِينَ ۞ آمِينَ[352]

***

[I] Abu Jahl o Maldito e Abu Bakr o Veraz apareceriam iguais, e o mistério do exame estabelecido por Deus, seria perdido.

A Vigésima Primeira Palavra

[Esta Palavra consiste de duas estações.]

PRIMEIRA ESTAÇÃO

بِسْمِ اللّٰهِ الرَّحْمٰنِ الرَّحِيمِ

﴿إِنَّ الصَّلاَةَ كَانَتْ عَلَى الْمُؤْمِنِينَ كِتَابًا مَوْقُوتًا﴾[353]

Uma vez, um homem idoso, de compleição física e posto me disse: "As salat são boas, mas para realizá-las a cada dia cinco vezes é excessivo. Uma vez que elas não têm fim, tornam-se cansativas."

Muito tempo depois que o homem disse essas palavras, escutei minha alma e a ouvi dizer exatamente as mesmas coisas. Olhei para ela e a vi receber a mesma lição de Satanás, com o ouvido de preguiça. Então entendi que aquelas palavras eram como fossem ditas, em nome de todas as almas ordenadoras do mal, ou então tinham sido solicitadas. Então eu disse: "Uma vez que a alma comanda o mal, aquele que não reforma a sua alma não pode reformar a outros. Nesse caso, vou começar com a minha própria alma."

Eu disse: Ó alma! Ouça os cinco "Avisos", em resposta a essas palavras que você proferiu em composta ignorância, no sofá da ociosidade, no sono da negligência.

Primeiro Aviso

Ó minha alma miserável! Será a sua vida eterna? Teria você qualquer documento incontestável mostrando que você viverá até o próximo ano, ou até mesmo amanhã? O que lhe causa o tédio é a sua fantasia de que viverá para sempre. Você reclama como se você fosse permanecer neste mundo para se divertir, para sempre. Se você tivesse entendido que a sua vida é breve e que ela está partindo infrutiferamente, certamente não lhe causaria tédio, mas excitar uma ânsia real e prazer agradável para passar uma hora fora das vinte e quatro em um fino, agradável, fácil, e misericordioso ato de serviço, que é um meio de ganhar a verdadeira felicidade da vida eterna.

Segundo Aviso

Ó minha alma adoradora de estômago! Todos os dias você come pão, bebe água e respira o ar; eles lhe causam tédio? Eles não o fazem, porque uma vez a necessidade é repetida, não causa tédio, mas prazer. Nesse caso, as salat não devem causar-lhe tédio, pois elas atraem as necessidades do sustento do meu coração, a água da vida do meu espírito, e o ar das minhas faculdades senhoris, que são seus companheiros na casa do meu corpo. Sim, é batendo pela súplica na porta do Clemente e Munificente que o sustento e a força podem ser obtidos por um coração aflito com dores infinitas e tristezas, cativado por prazeres infinitos e esperanças. E é por voltar-se para a fonte da misericórdia de um Adorado Eterno e Amado Perene com as salat que a água da vida pode ser embebida pelo espírito conectado com a maioria dos seres, que rapidamente partem deste mundo transitório chorando na separação. E sendo mais necessitado de ar na escuridão triste, esmagadora, transiente, e nas sufocantes condições deste mundo. Apenas pela janela da salat que um sentido interior consciente e faculdade sutil luminosa podem respirar, que, por desejar naturalmente a vida eterna e foi criado para a eternidade e é um reflexo do Pré-Eterno e Pós-Eterno e é infinitamente delicado e sutil.

Terceiro Aviso

Ó minha alma impaciente! É de todo sensato pensar hoje nas dificuldades passadas de culto, nas dificuldades das salat, e nos problemas de infortúnio, e ser angustiado, imaginar as futuras obrigações de culto, serviço das salat e sofrimentos do desastre, e exibir impaciência? Em sendo assim impaciente, você se assemelha a um comandante imprudente que, embora o flanco direito do inimigo se juntasse ao seu flanco direito e se tornasse em novas forças para ele, enviou uma força significativa para o flanco direito, e enfraqueceu o centro. Então, enquanto não havia soldados inimigos no flanco esquerdo, ele enviou uma grande força de lá, e deu-lhes a ordem para disparar. Nenhuma força, em seguida, manteve-se no centro, e o inimigo entendeu isso e o atacou e o cercou.

Sim, você se assemelha a isso, pois os problemas de ontem foram hoje transformados em misericórdia; a dor passou, enquanto o prazer permanece. A dificuldade foi transformada em bênção, e as dificuldades, em recompensa. Nesse caso, você não deve se sentir fatigado no que faz, mas fazer um esforço sério para continuar com um novo entusiasmo e uma nova ânsia. Quanto aos dias futuros, que ainda não chegaram, e pensa neles agora e se sintaentediado e cansado é uma loucura como pensar hoje da futura fome e sede, e começa a gritar e chorar. Uma vez que, a verdade é esta, se você for razoável, pensa somente no hoje em conexão com a adoração, e diz: "Eu estou gastando uma hora dele em um ato aprazível, agradável, e elevado de serviço, cuja recompensa é alta e cujo encargo é pouco". Então seu desânimo amargo será transformado em empreendimento doce.

Ó minha alma impaciente! Você é acusada de ser paciente em três aspectos. Um deles é a paciência na adoração. O outro é a paciência em abster-se do pecado. E o terceiro é a paciência em face do desastre.[354] Se você é inteligente, toma como seu guia a verdade aparente na comparação neste Terceiro Aviso. Diga em moda masculina: "Ó o Mais Paciente!", E arcar com os três tipos de paciência. Se você não desperdiçar no caminho errado as forças da paciência que Allah Todo-Poderoso lhe deu, elas devem ser o suficiente para suportar todas as dificuldades e todos os desastres. Portanto, mantenha-se com as forças!

Quarto Aviso

Ó minha alma tola! Será que este dever de adoração é sem resultado, e será que a sua recompensa é pouca, que lhes causa tédio? Ao passo que se alguém estava lhe dando um pouco de dinheiro, ou intimando-o, ele poderia fazer você trabalhar até a noite, e você trabalharia sem faltar. Será que as salat prescritas são nesta casa de hóspedes do mundo sustento e riqueza para o seu coração impotente e fraco, e alimento e luz em seu túmulo, que lhe será certa morada, e na Ressurreição, quando você será, de qualquer maneira, julgado, serão um documento e patente, e na Ponte de Sirat, sobre a qual você é obrigado a passar, serão uma luz e uma montaria? É sem resultado e de pouca recompensa? Alguém lhe promete um presente no valor de dez mil reais, e o faz trabalhar por cem dias. Você confia no homem que pode voltar atrás em sua palavra e trabalha sem faltar. Então, se aquele para quem a quebra de uma promessa é impossível, promete recompensar com o Paraíso e um presente como a felicidade eterna, e o emprega por um tempo muito curto em um dever muito agradável, se você não executar esse serviço, ou você agir acusadoramente em relação de Sua promessa ou desconsidera o seu dom, realizando-o de má vontade como alguém forçado a trabalho, ou por estar entediado, ou trabalhando de forma desanimada, você vai merecer uma reprimenda severa e punição incrível. Você não pensou nisso? Apesar de servir sem vacilar no trabalho mais pesado neste mundo por medo de prisão, será que o medo de uma prisão eterna como o Inferno não o enche de entusiasmo por um ato verdadeiramente leve e de agradável serviço?

Quinto Aviso

Ó minha alma adoradora do mundo! A sua negligência na adoração e descuido nas salat prescritas surgem a partir da multiplicidade de suas ocupações mundanas, ou porque você não consegue encontrar tempo devido à luta pela sobrevivência? Foi você criado apenas para este mundo onde você gasta todo o seu tempo? Você sabe que no que diz respeito às suas habilidades, que é superior a todos os animais, mas em relação à aquisição das necessidades da vida mundana não pode competir com até mesmo um pardal. Então, por que você não pode compreender que o seu dever básico não é trabalhar como um animal, mas lutar por uma vida verdadeira e eterna, como um verdadeiro ser humano. Além disso, as coisas que você chama de ocupações mundanas na maioria das vezes não lhe dizem respeito, e são assuntos triviais em que você se intromete oficiosamente. Você negligencia as coisas essenciais e passa o seu tempo na aquisição de informações não essenciais como se fosse viver por mil anos. Por exemplo, você desperdiça o seu precioso tempo em coisas sem valor, como saber o que os anéis em torno de Saturno são ou quantas galinhas há na América. Como se estivesse se tornando um especialista em astronomia ou estatística.

Se você diz: "O que me impede de praticar as salat e as adorações e me leva a ser negligente são coisas desnecessárias como essas, mas as questões essenciais, como ganhar a vida", então a minha resposta é esta: se você trabalha por um salário diário de cem reais, e alguém chega até você e diz: "Vem e cava aqui por dez minutos, e você encontrará um brilhante e uma esmeralda no valor de cem mil reais." Se você responder: "Não, não vou, porque dez reais serão cortados do meu salário e minha subsistência será menor", é claro que você entende que pretexto tolo seria. Da mesma maneira, você trabalha neste pomar para o seu sustento. Se você abandonar as salat, todos os frutos do seu esforço serão restritos a apenas um meio de vida mundana, sem importância, e improdutiva. Mas se passar seus períodos de descanso com as salat, que permitem que o seu espírito relaxe e o coração tome fôlego, você descobrirá duas minas espirituais que são uma fonte importante, tanto paraa subsistência mundana produtiva, e seus meios de subsistência e as provisões para a Outra Vida.

Primeira Mina: Por uma intenção firme, você receberá uma parte dos louvores e glorificações oferecidas por todas as plantas e árvores, seja floração ou frutificação, que crescem no pomar.[I]

Segunda Mina: Tudo o que é comido de produtos do pomar, seja por animais ou pelo homem, gado ou moscas, por compradores ou ladrões, tornar-se-á como caridade para você.[355] Mas com a condição de que você trabalhe em nome do Verdadeiro Provedor e dentro dos limites do que Ele permite, e se veja como um distribuidor oficial dando Sua propriedade para as Suas criaturas.

[I] Esta Primeira Estação foi uma lição para alguém em um pomar, por isso foi explicada dessa maneira.

Então, veja que grande perda é causada por alguém que abandona as salat. Que riqueza significativa que se perde, e fica-se privado dos dois resultados e das minas que de outra forma iriam fazê-lo trabalhar avidamente e garantir-lhe força e disposição; fica-se falido. Mesmo, quando envelhece, cansa-se de jardinagem e perde-se o interesse nele, dizendo: "O que é isso para mim? Eu vou de qualquer maneira deixar este mundo, por que eu deveria colocar-me em tanta dificuldade?" Ele afundará em ociosidade. Mas o primeiro homem diz: "Eu vou trabalhar mais, tanto na adoração e nas atividades lícitas, a fim de enviar a luz ainda mais abundante para a minha sepultura e adquirir mais provisões para a minha vida no futuro."

Em resumo: Ó minha alma! Saiba que o ontem a deixou, e, quanto ao amanhã, você não tem nada para provar que será seu. Nesse caso, saiba que a sua verdadeira vida é o dia de hoje. Então, jogue pelo menos uma das suas horas em uma mesquita ou tapete de oração, um cofre para o futuro, como um fundo de reserva, criado para o verdadeiro futuro. Saiba também que, para você e para todos, cada novo dia é a porta para um novo mundo. Se você não realizar as salat, seu mundo nesse dia vai embora escuro e miserável, e testemunhará contra você no Mundo da Similitudes. Para todos, todos os dias, existe um mundo privado fora desse mundo, e sua natureza é dependente do coração e das ações da pessoa. Como um esplêndido palácio refletido em um espelho assume a cor do espelho. Se ele é preto, aparece preto; se é vermelho, aparece vermelho. Também assume as qualidades do espelho; se o espelho é bom, mostra-se o palácio bonito, e se não for, mostra-se feio. Assim como ele mostra as coisas mais delicadas serem grosseiras, altere a forma de seu próprio mundo com seu coração, sua mente, suas ações e seus desejos. Você pode fazê-lo testemunhar a seu favor ou contra você. Se você executar as salat, e por meio delas você ficar voltado para o Glorioso Criador do mundo, de repente, seu mundo, que olha por você, será iluminado. Simplesmente, as salat são como uma lâmpada elétrica e sua intenção de realizá-las tocam o interruptor. Elas dispersam as trevas do mundo e mostram as mudanças e os movimentos dentro da confusa miséria do caos mundano em uma ordem sábia e propositiva e uma escrita significativa do poder Divino.

Eles espalham uma luz do versículo cheio de luz,[356] ﴿ اَللّٰهُ نُورُ السَّمٰوَاتِ وَالْاَرْضِ ﴾ sobre o seu coração, e o seu mundo naquele dia é iluminado pela reflexão da luz. Ele fará com que testemunhe em seu favor por sua luminosidade.

Cuidado, não diga: "Quais são as minhas salat, em comparação com a realidade delas?". Porque, a semente de uma tamareira descreve a árvore adulta. A diferença está apenas no resumo e nos detalhes; como as salat de um grande santo, as salat de pessoas comuns, como eu ou você, mesmo que elas não estejam cientes disso, têm uma quota daquela luz. Mas o desdobramento e a iluminação diferem de acordo com os graus de quem as realiza. No entanto, muitos estágios e graus existem a partir da semente de uma tamareira para a árvore madura, os graus das salat são ainda mais numerosos. Mas a essência daquela verdade luminosa está presente em todos os graus.

اَللّٰهُمَّ صَلِّ وَسَلِّمْ عَلٰى مَنْ قَالَ اَلصَّلَاةُ عِمَادُ الدِّينِ وَعَلٰى آلِهِ وَصَحْبِهِ اَجْمَعِينَ[357]

***

A SEGUNDA ESTAÇÃO DA VIGÉSIMA PRIMEIRA PALAVRA

[Esta compreende cinco curas para cinco das feridas do coração.]

بِسْمِ اللّٰهِ الرَّحْمٰنِ الرَّحِيمِ

﴿ رَبِّ اَعُوذُ بِكَ مِنْ هَمَزَاتِ الشَّيَاطِينِ ۞ وَاَعُوذُ بِكَ رَبِّ اَنْ يَحْضُرُونِ ﴾[358]

Ó aflito com a doença de tentações! Você sabe ao que seus tentações se assemelham? Uma calamidade! Quanto mais importância são dadas, mais eles crescem. Se você lhes dá nenhuma importância, desaparecem. Se você os vê tão grandes, eles crescem mais. Se os vê tão pequenos, eles se tornam menores. Se você tem medo deles, eles incham e lhe fazem mal. Se você não os teme, eles são leves e permanecem ocultos. Se não sabe a sua verdadeira natureza, eles persistem e se estabelecem. Enquanto que, se você os conhece e os reconhece, eles desaparecem. E assim, vou explicar apenas cinco "aspectos" que, dos muitos tipos de estes tentações calamitosos, são aquelas que ocorrem com mais frequência. Talvez possa ser curativa para você e para mim, para esses tentações são tais que a ignorância os convida e conhecimento os repele. Se você não os reconhece eles vêm, se você os reconhece eles vão.

Primeiro Aspecto - Primeiro Ferimento

Satanás primeiro lança uma dúvida no coração. Se o coração não a aceita, ela se transforma de uma dúvida em ofensa. Ela retrata ante a imaginação algumas lembranças imundas e, estados grosseiramente feios que se assemelham a ofensas, e faz o coração declarar: "Ai de mim!", e cai em desespero. A pessoa que sofre de tentações supõe que ele agiu injustamente ante seu Senhor e sente uma terrível agitação e ansiedade. A fim de ser salvo delas, foge da presença Divina e quer mergulhar na negligência. A cura para esta ferida é esta:

Ó homem miserável, que sofre de tentações! Não se assuste! Pois, o que vem a sua mente não é ofensa, mas algo imaginário. É como imaginar que a incredulidade não é incredulidade, que a ofensa não é ofensa também. Uma vez que, de acordo com a lógica, uma imaginação não é um julgamento, e ofensa é um julgamento. Além disso, essas palavras feias não são as palavras de seu coração, porque o seu coração está triste e pesaroso por elas. Ao contrário, elas vêm da faculdade interior situado perto do coração, que é um meio de sussurros satânicos. O dano de tentações é imaginar o dano. Ou seja, ele está a sofrer danos no coração por imaginar que eles sejam prejudiciais. Pois, está imaginando ser uma realidade da imaginação desprovida de julgamento. Além disso, é atribuir ao coração obras de Satanás; e supor suas palavras serem dele. Essa pessoa pensa que é prejudicial, por isso se torna prejudicial. Isso é o mesmo que Satanás queria.

Segundo Aspecto

É o seguinte: Quando significados surgem no coração, eles entram na imaginação despojados de forma; é lá que eles estão vestidos com uma imagem ou forma. A imaginação, sempre afetada por alguma causa, tece imagens de uma espécie. Ela deixa no caminho as imagens das coisas a que ela dá importância. Qualquer que seja o significado, passa por ela, ou ela o veste, ou o usa, ou mancha, ou camufla. Se os significados são puros e limpos, e as imagens, sujas e desprezíveis, não há roupas, mas há contato. O homem com tentações confunde o contato com o ser vestido. Ele exclama: "Ai de mim! Quão corrompido meu coração se tornou. Esta baixeza me fez desprezível!" Satanás se aproveita desta veia dele. A cura desta ferida é como se segue:

Escuta, ó infeliz! Assim como a limpeza exterior é o meio para a conduta correta de sua salat, não é afetada pela impureza interior dos seus órgãos internos, e não é estragado por ela, de modo que os significados sagrados estando próximos das formas impuras, estas não os prejudica. Por exemplo, você está refletindo sobre alguns sinais Divinos, quando de repente se sente mal, ou um desejo, ou um estímulo como uma necessidade de urinar. Claro que sua imaginação verá o que for necessário para curar o mal ou atender a necessidade, e olha para ele, tece formas humildes apropriadas para eles, e os significados que surgem passarão entre eles. Mas não há nenhum mal em sua passagem, nem sujidade, nem erro, nem lesão. Se houver algum erro, é em dar-lhes atenção e imaginar o dano.

Terceiro Aspecto

É o seguinte: Há certas conexões ocultas entre as coisas. Há mesmo os fios de conexões entre as coisas que você menos espera. Eles são ou não de fato, ou a sua imaginação os fez de acordo com a arte com a qual ela estava preocupada, e amarrou-os juntos. É devido a este mistério de conexões que, às vezes, vê-se uma coisa sagrada atrair a atenção para uma coisa suja. Como afirmado na ciência da retórica: "Embora a oposição seja a causa da distância no mundo exterior, é a causa da proximidade na imaginação." Ou seja, uma conexão imaginária é o meio de reunir as imagens de dois opostos. A lembrança que surge dessa conexão é chamada de associação de ideias.

Por exemplo, ao realizar a salat, fazer invocações, perante a Caaba na Presença Divina, e estiver em situação de reflexão dos versículos, a associação ideias toma conta de você e o leva para mais distante, do que não lhe diz respeito. Se sua cabeça estiver aflita com a associação de ideias, desta forma, cuidado, não se assuste. Em vez disso, é o momento em que você recobre os sentidos, volte atrás. Não diga: "Eu cometi um grande erro", para não fortalecer a sua tênue conecção. Quanto mais você sente arrependimento, mais importância você dá a ela e a sua fraca memória fica enraizada. Torna-se uma doença imaginária. Não tenha medo, não é uma doença do coração. Esse tipo de lembrança é principalmente involuntário. Especialmente em pessoas nervosas sensíveis é mais comum. Satanás opera a mina deste tipo de tentações muito. A cura para esta ferida é como se segue:

A associação de ideias é essencialmente involuntária. A pessoa não é responsável por ela. Em associação existe proximidade; não há toque ou entrelaçamento. Por conseguinte, a natureza das ideias não passa de uma para a outra e que não prejudicam uma à outra. Assim como Satanás e o anjo da inspiração estão próximos um do outro em torno do coração, e os pecadores e os piedosos estão perto um do outro na mesma casa não causam nenhum dano, assim também, se, a pedido de associação de ideias, imaginações sujas veem e entram entre os pensamentos puros, elas não causam nenhum dano. A menos que seja intencional, ou imaginando-os prejudiciais, alguém fica muito ocupado com eles. E, às vezes, o coração fica cansado e a mente ocupa-se com qualquer coisa que encontra, a fim de entreter-se. Então Satanás encontra uma oportunidade, e espalha coisas sujas, ante isso, e instiga-os.

Quarto Aspecto

Este é um escrúpulo decorrente de procurar a melhor forma de uma ação. Supondo que seja o medo de Allah, quanto mais rigoroso se torna, mais graves as condições se tornam para a pessoa. Atinge, ainda, o ponto que enquanto procura melhores formas de ação, desvia-se para o que é ilegal. Às vezes, em busca de uma Sunna[359] o faz desistir do que é obrigatório. Ele diz: "Eu me pergunto se o meu ato era justo?", e o repete. Este estado continua, e ele cai em desespero terrível. Satanás se aproveita deste estado dele, e das feridas dele. Existem duas curas para essa ferida.

A Primeira Cura: As tentações como estas são dignos dos Mu'tazilas, porque eles dizem:

"As ações e as coisas pelas quais uma pessoa é responsável ou são, em si mesmas e em relação à Outra Vida, boas, e por serem boas elas foram permitidas, ou elas são ruins, e porque são ruins foram proibidas. Isso significa que, do ponto de vista da realidade e da Outra Vida, o bem e o mal das coisas depende das próprias coisas, e a permissão e a proibição Divinas seguem isto." De acordo com essa escola de pensamento, a seguinte tentação surge em cada ação que uma pessoa desempenha. "Pergunta-se se minha ação foi realizada no bom caminho que, em essência, o é ou não?" Embora a verdadeira escola, a Escola sunita, diz: "Allah Todo-Poderoso ordena uma coisa, então se torna boa. Ele proíbe uma coisa, então se torna ruim." Isto é, a bondade se torna existente pela permissão e a maldade pela proibição. Eles olham para a consciência de quem executa a ação, e são estabelecidos de acordo com isso. E este bem e o mal não estão no rosto aparente que se parece com este mundo, mas no rosto de quem olha para a Vida Futura.

Por exemplo, você executou a satal ou fez a ablução e havia uma causa que por si só as estragaria, mas você estava completamente inconsciente disso. Sua salat e ablução, portanto, são justas e aceitáveis. No entanto, os Mu'tazilas dizem: "Na realidade, eram ruins e doentias. Mas podem ser aceitas por você, porque você era ignorante e não sabia, então você tem uma desculpa." Por isso, de acordo com a escola sunita, não diga sobre uma ação que está conforme as aparências da Chari'a: "Pergunta-se se era justa?"; não tenha tentações sobre o assunto. Diga: "Foi aceito?"; não se torna orgulhoso e vaidoso!

A Segunda Cura: Isto é:[360] لَا حَرَجَ فِى الدِّينِ Desde que as quatro escolas de direito são verdadeiras; e uma vez que perceber um erro que leva à busca do perdão é preferível – para a pessoa atingida com tentações – a ver as ações como boas, o que leva ao orgulho, ou seja, é melhor se a pessoa veja sua ação como defeituosa e procura o perdão, ao invés de considerá-la boa e cair no orgulho; já que é assim, jogue fora suas tentações e diga a Satanás: "Este estado é uma dificuldade. É difícil estar ciente da realidade das coisas. É contrário à facilidade na religião expressa por

اَلدِّينُ يُسْرٌ ❁ لَا حَرَجَ فِى الدِّينِ[361] É contrário ao princípio,. Certamente tal ação é conforme uma verdadeira escola de direito. Isso é suficiente para mim. E, pelo menos por admitir minha incapacidade de realizar o culto de uma maneira digna dele, ele é um meio de se refugiar na compaixão Divina por implorar humildemente perdão, e humildemente suplicar que meus atos falhos sejam aceitos.

Quinto Aspecto

Em matéria de crença, o que ocorre a alguém em forma de dúvidas são tentações. O homem infeliz que sofre de tentações, por vezes, confunde conceitos em sua mente com fantasias. Ou seja, ele imagina uma dúvida que ocorreu a sua imaginação ser uma dúvida que entrou em sua mente, e supõe que suas crenças foram danificadas. Às vezes, ele supõe uma dúvida que ele imaginou ter prejudicado a sua crença. Às vezes, ele supõe uma dúvida que ele imaginou ter sido confirmada pela sua razão. Às vezes, ele supõe ponderar sobre um assunto relacionado com a descrença ser incredulidade. Isto é, ele supõe ser ao contrário da crença exercitar sua capacidade de refletir na forma de compreender as causas da desorientação, e sua capacidade de estudar e raciocinar de forma imparcial. Então, espantado com estas suposições, que resultam dos sussurros de Satanás, ele exclama: "Ai de mim! Meu coração está corrompido e minhas crenças estragadas." Desde que essas situações sejam principalmente involuntárias, e ele não possa consertá-las por sua faculdade de escolha, ele cai em desespero. A cura para esta ferida é como se segue:

Imaginar a incredulidade não é incredulidade, nem fantasiar a incredulidade é incredulidade. Supor a desorientação não é desorientação, também refletir sobre desorientação não é desorientação, porque tanto imaginar e fantasiar, supor e refletir, são diferentes de confirmação com a razão e a submissão do coração; são diferentes disso; estão livres de uma forma; não escutam a faculdade de escolha; não estão incluídos entre as obrigações da religião. Mas a afirmação e a submissão não são assim; eles são dependentes de um equilíbrio. E assim como imaginar, fantasiar, supor, e refletir não são afirmação ou submissão, de modo que não podem ser dúvida ou hesitação. Mas se eles são repetidos desnecessariamente e estabelecidos, então uma espécie de dúvida real pode nascer deles. Além disso, tomando continuamente a parte do lado oposto, chamando-o raciocínio imparcial ou sendo justo, atinge o ponto que a pessoa involuntariamente favorece o lado oposto. O tomar a parte da verdade, que incumbe a ele, é destruído. Ele também cai em perigo. Um estado de espírito torna-se fixo em sua cabeça por meio do qual ele se torna um representante oficial de Satanás ou o inimigo.

O mais importante deste tipo de tentação é a seguinte: a pessoa que sofre disso confunde algo que é realmente possível com algo que é razoavelmente possível. Ou seja, se vê algo que é por si possível, ele imagina que seja razoavelmente possível e razoavelmente duvidoso. Considerando que um dos princípios da teologia (kalam) é que algo que é possível por si não se opõe ao conhecimento certo e não contradiz as exigências da razão. Por exemplo, o Mar Negro afundar na terra, neste momento, é por si só possível, mas julgamos com certeza que o mar está em seu lugar, e sabemos isso sem duvidar, e essa possibilidade que é realmente possível não nos causa dúvida e não danifica a nossa certeza. Por exemplo, por si só, é possível que o sol não nasça hoje ou que não nascerá amanhã. Mas esta possibilidade de modo algum prejudica a nossa certeza de que ele vai se por e não dá lugar a qualquer dúvida. Da mesma forma, suspeitas infundadas decorrentes de possibilidades deste tipo sobre, por exemplo, o desaparecimento da vida deste mundo e o surgimento da Outra Vida, que estão entre as verdades da fé, não causam nenhum dano à certeza de crença. Além disso, a regra bem conhecida: لاَ عِبْرَةَ لِلْاِحْتِمَالِ الْغَيْرِ النَّاشِئِ عَنْ دَلِيلٍ A possibilidade que não surge a partir de qualquer prova ou evidência não tem importância é um dos princípios estabelecidos de ambas as ciências dos princípios da religião e os princípios da jurisprudência (fiquih).

Se você diz: "O que é a sabedoria e o propósito nas tentações sendo visitados em nós, que são, portanto, prejudiciais e uma aflição para os crentes?"

A Resposta: Na condição de que eles não levam a excesso ou sobrecarregam uma pessoa, essencialmente as tentações são a causa de vigilância, levam a busca da melhor forma, e dão origem à seriedade. Eles banem a indiferença e repulsam o descuido. Portanto, neste reino de exame e arena de competição, o Absolutamente Sábio coloca-os nas mãos de Satanás, como um chicote de encorajamento para nós. Ele o estala em nossas cabeças. Se doer excessivamente, deve reclamar com o Todo-Sábio e Compassivo, e dizer:

أَعُوذُ بِاللهِ مِنَ الشَّيْطَانِ الرَّجِيمِ [362]

***

A Vigésima Segunda Palavra

[Esta Palavra consiste em duas Estações]

PRIMEIRA ESTAÇÃO

بِسْمِ اللّٰهِ الرَّحْمٰنِ الرَّحِيمِ

﴿وَيَضْرِبُ اللّٰهُ الْاَمْثَالَ لِلنَّاسِ لَعَلَّهُمْ يَتَذَكَّرُونَ﴾[363] ۞ ﴿وَتِلْكَ الْاَمْثَالُ نَضْرِبُهَا لِلنَّاسِ لَعَلَّهُمْ يَتَفَكَّرُونَ﴾[364]

Uma vez dois homens estavam se lavando em uma piscina. Sob alguma influência extraordinária perderam os sentidos e quando abriram os olhos, viram que tinham sido transportados para uma terra estranha. Foi de tal forma que com a sua perfeita ordem era como um país, ou melhor, uma cidade, ou um palácio. Eles olharam em torno de si em completa confusão: se fosse olhado de uma maneira, um vasto mundo era aparente; se em outra, um país bem ordenado; e se em outra, uma bela cidade. E se fosse olhado ainda de outra maneira, era um palácio que compreendia um mundo verdadeiramente magnífico. Ao viajarem ao redor desse mundo estranho, observaram e viram que as criaturas de uma forma estavam falando de uma forma, mas eles não entendiam a língua deles. No entanto, foi entendida a partir de seus sinais de que eles estavam realizando obras e deveres importantes.

Um dos dois homens disse ao seu amigo: "Este mundo estranho deve ter alguém para regulá-lo, e este ordeiro país deve ter um senhor, e esta bela cidade, um dono, e este palácio bem-feita, um mestre de obras. Temos de tentar conhecê-lo, pois se entende que a pessoa que nos trouxe até aqui é ele. Se não o reconhecemos, quem vai nos ajudar? O que podemos esperar destas criaturas impotentes cuja língua não conhecemos e que não acatam a gente? Além disso, certamente aquele que faz um vasto mundo, na forma de um país, cidade e palácio, e enche-o de cima para baixo com coisas maravilhosas, e embeleza-o com todo o tipo de adorno, e enfeita-o com milagres instrutivos, quer algo de nós e daqueles que vêm aqui. Precisamos conhecê-lo e descobrir o que ele quer."

O outro homem disse: "Eu não acredito nisso, de que existe uma pessoa como o que você fala, e que ele governa este mundo inteiro por conta própria."

Seu amigo respondeu-lhe: "Se não o reconhece e fica indiferente em relação a ele, não há nenhuma vantagem em tudo isso, e se ele é prejudicial, seu dano será imenso. Considerando que, se nós tentarmos reconhecê-lo, há pouca dificuldade envolvida, e se há um benefício, será ótimo. Portanto, não é de forma sensata ficar indiferente para com ele".

O homem insensato disse: "Eu considero que toda a minha vontade e o meu prazer se baseia em não pensar nele. Além disso, eu não vou me preocupar com coisas que não fazem sentido para mim. Todas essas coisas são objetos confusos do acaso, elas estão acontecendo por si mesmas. Que tenho eu com isso?"

Seu amigo inteligente respondeu: "Esta sua obstinação vai me empurrar, e a um monte de outros, para o desastre. Às vezes, acontece que um país inteiro fica assolado por causa de uma pessoa mal-educada."

Assim, o homem insensato se virou para ele e disse: "Ou me prova decisivamente que este grande país tem um único dono e único fabricante, ou me deixe em paz."

O amigo respondeu: "Sua obstinação alcançou o grau de loucura, e você será a causa de algum desastre que nos alcançará. Então eu vou lhe mostrar doze provas que demonstram que este mundo que parece um palácio, um país, uma cidade, tem um único fabricante e que só ele dirige e administra tudo. Ele é completamente livre de toda deficiência. Este fabricante, que não aparece para nós, vê a nós e a tudo, e ouve nossas palavras. Todas as suas obras são milagres e maravilhas. Todas estas criaturas que vemos, cujas línguas não entendemos são seus funcionários."

Primeira Prova

Venha e olhe atentamente a tudo ao seu redor: a mão invisível está trabalhando dentro de todas estas obras. Para algo que não tem sequer um pingo[I] de força, algo tão pequeno como uma semente, está levantando uma carga de milhares de quilos. E algo que não tem sequer uma partícula de consciência[II] está realizando obras extremamente sábias e propositais. Isso significa que eles não estão funcionando por si mesmos, mas que um possuidor oculto do poder está levando-os a trabalhar. Se eles fossem independentes, seria necessário que todas as obras que vemos em todos os lugares nesta terra fossem milagres e tudo ser uma maravilha milagrosa. E isso é um disparate.

Segunda Prova

Venha, olhe atentamente para as coisas que adornam todas estas planícies, campos e moradias!

Há marcas em cada narração do Ser oculto nelas. Simplesmente, cada uma fornece notícias do Senhor invisível como um selo ou carimbo. Olhe em frente de seus olhos: o que ele faz de uma onça de algodão?[III] Veja quantos rolos de tecido, linho fino, e material florido vieram dela? Veja quantas delícias açucaradas e doces redondos estão sendo feitos. Se milhares de pessoas como nós fossem se vestir com eles e comê-los, eles ainda seriam suficientes. E olha! Ele tomou um punhado de ferro, água, terra, carvão, cobre, prata e ouro, e fez um bocado de carne[IV] deles. Olhe para isso e veja! Ó tolo! Estas obras são particulares a tal ser que toda essa terra, juntamente com todas as suas partes está sob

---

[I] Isto é uma alusão às sementes, que carregam árvores em suas cabeças.

[II] Isso indica plantas delicadas como a videira, o que em si não pode subir ou suportar o peso dos frutos, por isso jogamos seus braços delicados em torno de outras plantas ou árvores e se enrolam em torno deles, eles se carregam neles.

[III] Isto indica uma semente. Por exemplo, uma semente de papoula como um átomo, o núcleo de um caroço de damasco, e uma pequena semente de melão, produzem do tesouro da misericórdia folhas e tecidos mais finos do que casimira, flores mais brancos do que o linho, frutas mais doces do que o açúcar, mais delicados e delicioso de que doces e conservas, e os oferecem para nós.

[IV] Isso indica a criação dos corpos de animais a partir dos elementos e seres vivos de esperma.

o seu poder milagroso e é submissa a cada um de seus desejos.

Terceira Prova

Venha, olhe para essas obras de arte raras móveis![I] Cada uma foi formada de tal maneira que é simplesmente uma amostra em miniatura do enorme palácio. Qualquer coisa que haja no palácio, encontra-se nestas pequenas máquinas móveis. É de todo possível que alguém que não seja o fabricante do palácio pudesse vir e incluir o palácio maravilhoso em uma pequena máquina? Além disso, é de todo possível que, embora ele tivesse incluído um mundo inteiro em uma máquina do tamanho de uma caixa, não pudesse haver qualquer coisa nele sem propósito ou pudesse ser atribuída ao acaso? Isso significa que todas as máquinas raras que você pudesse ver, cada uma é como um selo daquele Senhor invisível. Ou melhor, cada uma é como um anuncio ou proclamação. Por suas línguas de disposição eles estão dizendo: "Nós somos a arte do Ser Que pode fazer todo este nosso mundo tão fácil e simples como Ele nos criou."

Quarta Prova

Ó meu amigo teimoso! Venha, vou lhe mostrar uma coisa ainda mais estranha. Veja! Todas essas obras e as coisas desta terra mudaram e estão mudando. Eles não param em qualquer estado. Observe cuidadosamente que cada um desses corpos sem vida e caixas insensíveis assumiu a forma de ser absolutamente dominante. Muito simplesmente, é como se cada um governasse todos os outros. Olhe para esta máquina ao nosso lado;[II] é como se emitisse comandos; todas as necessidades e as substâncias necessárias para o seu adorno e funcionamento vêm aceleradas a ela de lugares distantes. Olhe lá: aquele corpo sem vida[III] é como se acenasse; isso faz com que o maior corpo o servisse e trabalhasse em seu próprio local de trabalho. Faça novas analogias da mesma forma.

Simplesmente, tudo subjuga a si mesmo todos os seres deste mundo. Se você não aceitar a existência do Senhor invisível, você tem de atribuir todas as suas habilidades, artes e perfeições nas pedras, terra, animais e criaturas que lembram o homem em toda parte desta terra, às próprias coisas. No lugar de um único ser milagroso, que sua mente considera improvável, você tem dede aceitar milhões de seres como ele, que ambos se opõem um ao outro, e similares, e um dentro do outro, para que eles não causem confusão em todos os lugares e a ordem fosse desordenada. Considerando que, se dois dedos se intrometessem em um país, causariam confusão. Porque, se há dois chefes em uma aldeia, ou dois governadores em uma cidade, ou dois reis em um país, o resultado é o caos. Que dirá se há infinitos governantes absolutos?

[I] Isto é uma alusão aos animais e seres humanos. Uma vez que, assim como os animais são pequenos índices do mundo, e o ser humano é um exemplo em miniatura do universo, tudo o que existe no mundo, há uma amostra dele no ser humano.

[II] A máquina indica árvores frutíferas. Uma vez que elas carregam em seus ramos delgados centenas de bancadas e fábricas, tecem, adornam e cozinham folhas maravilhosas, flores e frutos, e deita-os para nós. E árvores majestosas, como o pinho e o cedro, até mesmo, colocam as suas bancadas em pedra seca, e trabalham.

[III] Isto é uma alusão aos grãos, sementes e aos ovos de moscas. Por exemplo, uma mosca deixa os seus ovos nas folhas do olmo. De repente, a árvore enorme torna suas folhas no útero de uma mãe e um berço para os ovos, e em uma loja cheia de alimento como o mel. Simplesmente, dessa forma a árvore, que não produz frutos, produz frutos com espíritos.

Quinta Prova

Ó meu amigo cético! Venha, olhe atentamente para as inscrições deste vasto palácio, olhe para todos os adornos da cidade, veja a ordem de toda esta terra, e reflita sobre todas as obras de arte neste mundo! Veja! Se essas inscrições não fossem trabalhos da pena de um ser invisível que possui milagres e habilidades infinitas, e fossem atribuídas a acasos inconscientes, ao mero acaso e à natureza surda, então cada pedra e cada planta nesta terra teria de ser um gravador tão maravilhoso e um excelente escritor que poderia escrever mil livros em cada letra e incluir milhões de obras de arte em uma única inscrição. Porque olhar para a inscrição nestas pedras;[I] em cada um são as inscrições de todo o palácio, e as leis que ordenam toda a cidade, e os programas para a organização de todo o país. Isso significa que ele é tão maravilhoso para fazer essas inscrições como fazer todo o país. Nesse caso, todas as inscrições, todas as obras de arte, são proclamações de que existe um Senhor invisível e selos dele.

Uma vez que, uma letra não pode existir sem mostrar a pessoa que a escreveu, e uma inscrição artística não pode existir sem dar a conhecer o seu escritor, como é que um escritor que escreve um livro enorme em uma única letra e inscreve mil inscrições em uma única inscrição, não deve ser conhecido por seus escritos e por sua inscrição?

Sexta Prova

Venha, vamos sair para essa ampla planície.[II] Sobre ela há uma alta montanha cujo cume vamos subir até que possamos ver toda a região circunvizinha. Vamos levar conosco um bom par de binóculos que trará tudo para perto, as coisas estranhas que estão acontecendo nesta terra estranha. A cada hora acontecem coisas que não podíamos imaginar. Veja! Estas montanhas, planícies, e cidades estão subitamente mudando. E como? De tal maneira que milhões de coisas estão se alterando regular e ordenadamente um dentro do outro. Transformações verdadeiramente maravilhosas estão sendo moldadas, como se milhões de vários tecidos estão a serem tecidos um dentro do outro. Veja! Essas coisas floridas que conhecemos e estamos familiarizados com elas estão desaparecendo e outros veem em seu lugar de forma ordenada que lhes assemelham na natureza, mas são diferentes na forma. É simplesmente como se esta planície e as montanhas são páginas, e dentro delas estão sendo escritos centenas de milhares de livros diferentes. E eles estão sendo escritos sem falhas e sem defeitos.

É impossível centena de vezes que estas questões terem surgido por conta própria. Sim, essas obras que são habilmente e cuidadosamente formadas a um grau infinito é impossível mil vezes terem ocorrido por conta própria, em vez disso, mostram o artista que as formou. Além disso, a pessoa que fez isso mostra tais milagres que nada poderia ser difícil para ele. É tão fácil para ele escrever mil livros como escrever uma letra. Olhe ao seu redor; ele tanto coloca tudo em seu devido lugar com perfeita sabedoria, e generosamente derrama sobre todos os favores de que são dignos, e devolve e abre véus gerais e portas tão generosamente que os desejos de todos ficam satisfeitos. Ele cria

[I] Isto é uma alusão ao homem, o fruto da árvore da criação, e ao fruto que tem o programa de sua árvore e índice. Uma vez que o que a caneta do poder tem escrito no grande livro do universo, ele escreveu seu resumo na natureza do homem. E qualquer que seja a pena do Determinador Divino escreveu em uma árvore do tamanho de uma montanha, ele também a incluiu em seu fruto do tamanho de uma unha.

[II] Isto indica a face da terra, na primavera e no verão. Uma vez que os grupos de centenas de milhares de diferentes criaturas são criados um dentro do outro e escritos ali. Eles são alterados sem falha ou erro e em perfeita ordem. Milhares de mesas do mais Misericordioso são definidas, em seguida, removidas e substituídas por outras novas. Cada árvore é como se tivesse bandeja, cada jardim é como caldeirão.

mesas tão generosamente que um banquete de dádivas é dado a todas as pessoas e aos animais desta terra; a cada grupo e indivíduo é dado algo especial e apropriado a ele. Então, há alguma coisa mais impossível no mundo de que não deve haver qualquer coisa atribuível ao acaso nesses assuntos que vemos, ou que, entre essas questões que vemos há qualquer coisa sem propósito ou inútil, ou que muitas mãos devem estar interferindo nelas, ou que o seu criador não deve ser capaz de tudo, ou que tudo não deve estar submetido a ele? E assim, meu amigo, encontra um pretexto perante isso, se puder!

Sétima Prova

Venha, meu amigo! Agora vamos deixar esses assuntos particulares e voltar nossa atenção para as posições mútuas das partes deste mundo maravilhoso, sob a forma de um palácio. Veja! Obras universais estão sendo realizadas e as revoluções gerais estão ocorrendo neste mundo com tal ordem que todas as rochas, terra, árvores, tudo neste palácio, observa os sistemas universais do mundo, e de acordo com eles, como se cada um estivesse agindo com vontade.

As coisas que são distantes se apressam em ajudar umas às outras. Agora veja, uma estranha caravana[I] apareceu, vinda do Invisível. Os suportes nela se assemelham a árvores, plantas e montanhas. Cada uma carrega uma bandeja de disposições sobre a cabeça. E olha, elas estão trazendo as provisões para os diversos animais que os aguardam deste lado. E veja, a poderosa lâmpada[II] elétrica naquele domo fornecendo-lhes tanta luz como cozinhando toda a comida tão bem que os alimentos a serem cozidos são anexados a uma corda[III] por uma mão invisível e elevados perante ela. E deste lado, veja estes, miseráveis, fracos, pequenos animais impotentes; como têm perante as cabeças presas duas pequenas bombas[IV] cheias de sustento delicado, como duas fontes; é o suficiente para essas criaturas indefesas apenas pressionarem a boca contra elas.

Em resumo: Assim como todas as coisas em todo o mundo olham uma para a outra, por isso, elas ajudam uma à outra. E assim como elas veem umas às outras, elas cooperam umas com as outras. E assim como elas aperfeiçoam os trabalhos umas das outras, assim também elas apoiam umas às outras; estando ombro a ombro, elas funcionam juntas. Façam analogias como esta para tudo, elas são incontáveis. Assim, todas essas coisas demonstram tão decisivamente como dois mais dois são igual a quatro que tudo está subjugado ao fabricante deste palácio maravilhoso, isto é, para o dono deste mundo estranho. Tudo age de acordo com Sua Vontade. Tudo é como um soldado sob seu comando. Tudo se transforma por sua força. Tudo funciona por seu comando. Tudo é colocado em ordem por sua sabedoria. Tudo ajuda os outros por sua generosidade. Tudo corre para o auxílio dos outros por sua compaixão, isto é, elas são feitas para se apressarem para ajudarem uma a outra. Agora, meu amigo, diz alguma coisa perante isso, se puder!

Oitava Prova

Venha, meu amigo tolo que se julga razoável como a minha alma! Você não quer reconhecer o dono deste magnífico palácio! Mas tudo o indica, aponta para ele, testemunha-o. Como você pode negar o testemunho de todas essas coisas? Você tem, portanto, de negar o palácio, também, e dizer: "Não há nenhum mundo, nenhum país."

[I] Estas são as caravanas de plantas e árvores, que levam o sustento de todos os animais.

[II] A lâmpada elétrica poderosa indica o sol.

[III] E a corda, e a comida a ela ligada, são os galhos finos de árvores e seus frutos deliciosos.

[IV] E as duas pequenas bombas aludem os seios das mães.

Negar-se, também, e desaparecer! Ou então, recobrar os sentidos e me escutar! Agora, veja, há elementos uniformes e minerais[1] dentro do palácio e que englobam a terra. Simplesmente, tudo o que aparece no país é feito desses elementos. Isso significa que, a quem quer que essas coisas pertençam, tudo feito deles é também seu. A quem quer que o campo pertence, as colheitas são dele também. E a quem quer que o mar pertença, as coisas dentro dele são também suas.

E olha, esses tecidos, esses materiais decorados, estão sendo feitos a partir de uma substância única. É evidentemente a mesma pessoa que traz a substância, prepara-a, e a torna em fio. Para tal trabalho não permite a participação de outras pessoas. Nesse caso, todos os tecidos, habilmente feitos são particulares dele.

E olha! Cada tipo desses tecidos e produtos manufaturados é encontrado em todas as partes do país; eles têm-se espalhado com todos os seus semelhantes, e estão sendo feitos e entrelaçados um dentro do outro, da mesma maneira, no mesmo instante. Isso significa que eles são obra da mesma pessoa e do mesmo ato por meio de um único comando, caso contrário, sua correspondência e conformidade, no mesmo instante, da mesma forma, do mesmo tipo, seria impossível. Nesse caso, cada uma dessas coisas habilmente formadas é como uma proclamação daquele Senhor invisível, e apontam para ele. Como se cada tipo de material florido, cada máquina engenhosa, cada bocado doce, é um selo daquela pessoa exibidora de milagre; um selo seu, uma marca, uma decoração; cada um diz pela língua de disposição: "A obra de arte que sou, as caixas e lojas onde sou encontrado também são sua propriedade." Cada inscrição diz: "Quem me teceu também teceu o rolo de tecido de que sou uma parte." Cada bocado doce diz: "Aquele que me faz e me cozinha, o caldeirão em que eu estou é também seu." Cada máquina diz: "Quem me fez, também fez todos aqueles que, como eu, espalharam-se por todo o país e aquele que nos levanta em cada parte dela, também é ele. Isso significa que ele também é o dono do país. Nesse caso, quem quer que seja o dono de todo esse país e palácio é, deve ser o nosso dono também."

Por exemplo, a fim de ser o verdadeiro proprietário de um único cinturão-cartucheira ou mesmo um botão que pertence ao governo, alguém também tem de possuir todas as fábricas em que são feitos. Se um soldado irregular gabador afirmar o contrário, ser-lhe-á dito: "Eles são da propriedade do governo." E vão ser tomados dele, e será punido.

Em resumo: Assim como os elementos neste país, tudo o cerca e engloba, e seu proprietário só pode ser aquele que é dono de todo o país, da mesma forma, uma vez que as obras de arte que estão espalhadas por ele se assemelham e exibem um único selo, mostram que são a arte de uma única pessoa que governa tudo.

E assim, meu amigo! Há um sinal de unidade, um selo da unidade, neste país, isto é, neste magnífico palácio. Por serem uma coisa só, certas coisas são abrangentes. E, embora sendo muitas, algumas exibem uma unidade ou semelhança, já que se parecem entre si e são encontradas em todos os lugares. Quanto à unidade, ela mostra Um da Unidade. Isso significa que seu criador, dono, senhor, e formador tem de ser um só, também. Além disso, olhe atentamente para isso: por trás do véu do invisível uma corda

[1] Quanto aos elementos e minerais, estes indicam os elementos do ar, da água, da luz e da terra, que têm inúmeros deveres bem ordenados; eles se apressam para a assistência de todos os seres carentes com licença dominical, entram em todos os lugares e levam ajuda sob o comando Divino, e levantam todas as coisas necessárias para a vida e mamam criaturas vivas, e são a fonte da tecer e inscrever os artefatos Divinos, e seus progenitores e berços.

espessa apareceu.[I] Agora veja, milhares de cordas estão penduradas dele. E veja as pontas das cordas: um diamante, uma decoração, um favor, um presente foi anexado a cada uma. Presentes adequados estão sendo dados a todos. Você sabe que ação lunática é não reconhecer ou agradecer a pessoa que se estende por trás do estranho véu dos tais favores e presentes maravilhosos invisíveis? Porque se você não o reconhece, você será obrigado a dizer: "Essas cordas estão fazendo os diamantes e os outros presentes em suas pontas e oferecendo-os." Então você tem de atribuir a cada corda o significado de um rei. Considerando diante de nossos olhos uma mão invisível está fazendo as cordas também, e anexando os presentes a eles. Isso significa que, tudo neste palácio aponta para aquele que expõe o milagre em vez de apontar para si mesmos. Se você não o reconhece, por negá-los, você cai cem vezes abaixo de um animal.

Nona Prova

Venha, meu amigo irracional! Você não reconhece o proprietário deste palácio, e você não quer conhecê-lo, porque você considera sua existência improvável. Você se desvia em negação porque não pode compreender, com seu cérebro estreito, suas artes maravilhosas e seus atos. Porquanto a verdadeira improbabilidade, as dificuldades reais, as adversidades e os problemas incríveis são não reconhecê-lo. Porque, se o reconhecermos, todo o palácio, todo o mundo, torna-se fácil, como uma única coisa, sem problemas; torna-se o meio para a abundância e plenitude ao nosso redor. Se não reconhecê-lo e ele não existisse, então tudo se tornaria tão difícil como todo este palácio, porque tudo é tão habilmente feito como o palácio. Em seguida, nem a abundância nem a plenitude permaneceriam. De fato, nenhuma dessas coisas que vemos passaria para a mão de alguém, muito menos a nossa. Olha só o pote de conserva que acompanha o presente cordão.[II] Se não tivesse saído de sua oculta cozinha, exibindo milagre, não poderíamos tê-lo comprado por mil reais, apesar de comprá-lo agora por quatro.

Sim, todas as improbabilidades, dificuldades, problemas, penosidades, de fato, a impossibilidade, está em não reconhecê-lo. Uma vez que é dada vida a partir de uma raiz, por meio de uma lei, em um centro, e a formação de milhares de frutas é tão fácil como um fruto. Mas, se os frutos estivessem vinculados a diferentes centros e raízes, e leis diferentes, cada fruto seria tão difícil de produzir como a árvore. E se o equipamento de um exército inteiro está em um centro, por meio de uma lei, e de uma fábrica, no que se refere a quantidade é tão fácil como equipar um único soldado. Enquanto se cada soldado é equipado de lugares diferentes, então para equipar um soldado lá teria de haver muitas fábricas como para todo o exército.

Assim como estes dois exemplos, se, este palácio bem ordenado, esta bela cidade, este país avançado, este mundo magnífico, a criação de todas as coisas é atribuída a um único ser, torna-se tão fácil, tão leve, é a razão para a abundância infinita, disponibilidade e generosidade que vemos. Caso contrário, tudo se tornaria tão caro, tão difícil, que, se o mundo inteiro fosse dado a alguém, ele não poderia obtê-los.

[I] A espessa corda faz alusão a árvores frutíferas, às milhares cordas, aos seus ramos, e aos diamantes, às decorações, aos favores e presentes, às variedades de flores e frutas.

[II] O pote de conservas indica os dons da misericórdia Divina, como melões, melancias, romãs, e cocos, que são as conservas do poder Divino, e como latas de leite.

Décima Prova

Venha, meu amigo, que recobrou um pouco os seus sentidos! Estamos aqui há quinze dias[I] . Se não conhecemos as regras deste mundo e não reconhecemos o seu rei, vamos merecer punição. Nós não temos nenhuma desculpa, pois por 15 dias, como foi dada uma trégua, não interferiram com a gente. É claro que só não fomos deixados à nossa própria sorte. Não podemos vagar entre essas delicadas, bem equilibradas, sutis, habilmente feitas e instrutivas criaturas como um animal e destrui-las; elas não nos permitem prejudicá-las. As penas deste rei augusto deste país são incríveis. Você pode entender o quão poderoso e majestoso ele é do jeito que ele comanda este enorme mundo como se fosse um palácio, e o faz girar como uma máquina. Ele administra este país grande, como uma casa, nada falta. Veja, como encher um recipiente e esvaziá-lo, ele preenche continuamente este palácio, este país, esta cidade, com perfeita ordem, e esvazia-os com sabedoria perfeita. Como espalhar uma mesa, em seguida, limpá-la, variedades de alimentos são trazidas por sua vez, e dadas para comer na forma de uma grande variedade de mesas[II] sendo postas por uma mão invisível em todas as partes de seu vasto país, e sendo depois tiradas. A mão invisível afasta uma, então traz outra em seu lugar. Você vê isso também, e se usa sua cabeça, você entenderá que dentro dessa majestade impressionante há uma liberalidade infinitamente generosa.

E veja, assim como todas essas coisas testemunham a soberania e a unidade desse invisível, assim também essas revoluções e mudanças que passam em sucessão como caravanas e são abertas e fechadas por trás daquele verdadeiro véu, testemunham a sua continuidade e permanência. Uma vez que as causas das coisas desaparecem junto com elas. Considerando que as coisas que atribuímos a eles, que seguem depois deles, são repetidas. Isso significa que essas obras não são deles, mas as obras de alguém que não perece. Entende-se a partir das bolhas na superfície de um rio desaparecendo e as bolhas que as sucedem brilhando da mesma forma que o que as faz brilhar é um possuidor constante e elevado de luz. Da mesma forma, a mudança rápida das coisas e as coisas que as seguem após terem assumindo as mesmas cores mostra que eles são as manifestações, inscrições, reflexos e obras de arte de quem é perpétuo, eterno e único.

Décima Primeira Prova

Venha, meu amigo! Agora vou lhe mostrar uma prova decisiva tão poderosa como as dez anteriores. Vamos embarcar em um barco,[III] e navegar a uma península, muito distante. Uma vez que, a chave para este mundo cheio de mistério estará lá. Além disso, todo mundo está olhando para essa península e aguardando alguma coisa dela; eles estão recebendo ordens de lá. Veja, vamos lá.

Agora chegamos e já aportamos na península. Há uma grande reunião, uma grande multidão, como se todas as pessoas importantes do país se reunissem lá. Olhe com

---

[I] Quinze dias indica a idade de quinze anos, a idade da razão. [365]

[II] As mesas indicam a face da terra, no verão, durante o qual centenas de mesas do Misericordioso surgem frescas e diferentes das cozinhas de misericórdia. Cada jardim é um caldeirão, cada árvore é portadora de uma bandeja.

[III] O barco indica história, e a península, a era da felicidade ou época do Profeta Mohammad (Allah o abençoe e lhe dê paz). Livrando-nos da veste desta baixa civilização em sua costa escura, entrando nos mares do tempo, a bordo do navio da história e desembarcando na Península Arábica na Era da Felicidade, e visitando a Glória Mundial (Mohammad – Allah o abençoe e lhe dê paz) em suas funções, sabemos que ele é uma prova de Unidade Divina tão brilhante que ilumina o mundo todo e as duas faces do passado e do futuro, e dispersa a escuridão da descrença e desorientação.

cuidado, esta grande comunidade tem um líder. Venha, vamos nos aproximar; devemos familiarizar-nos com ele. Veja! Que decorações brilhantes que ele tem, mais de mil.[I]. Quão poderosamente ele fala! Quão agradável é a sua conversa! Nesses quinze dias, aprendi um pouco do que ele diz. Você aprende de mim. Veja, ele está falando do rei milagroso deste país. Ele está dizendo que o glorioso rei enviou-o para nós.

E ele está exibindo tais maravilhas que não deixam nenhuma dúvida de que ele é o seu enviado especial. Olhe com cuidado, não são só as criaturas nesta península que estão a ouvir o que ele diz; ele está fazendo todo o país ouvir de forma maravilhosa. De perto e de longe todo mundo está tentando ouvir o discurso aqui. Não são só os humanos que estão escutando, os animais estão ouvindo também. Olhe, até mesmo as montanhas estão ouvindo os comandos que ele trouxe de tal forma que se mexem em seus lugares, e as árvores, também, mudam para o local que ele indica. Ele faz brotar água de onde ele deseja. Ele ainda faz de seus dedos uma Fonte de Kauçar, e dá de beber a eles. Olha, ao seu sinal, uma importante lâmpada[II] na cúpula deste palácio se divide em duas. Isso significa que este país, juntamente com todos os seus seres reconhece que ele é um funcionário e enviado. Eles o acatam e lhe obedecem, uma vez que sabem que ele é o intérprete mais eminente e verdadeiro de um expositor invisível de milagres, e o arauto de sua religiosidade, o revelador do seu talismã, e um enviado confiável que transmite seus comandos. Todos aqueles com inteligência ao redor dele declaram: "Sim, isso é certo!", a respeito de tudo o que ele diz, e afirma. Com efeito, por submeter-se a seus sinais e comandos, as montanhas e árvores neste país e a enorme luz[III] que o ilumina, dizem: "Sim, sim, tudo o que você diz é verdade!"

Meu amigo tolo! Poderia haver alguma contradição ou engano a respeito do rei exibidor de milagre sobre o qual este ser mais luminoso, magnífico, e sério, que carrega mil decorações particulares com a própria tesouraria do rei, está falando com toda a sua força, confirmado por todos os notáveis do país, e acerca dos atributos do rei que ele menciona, e os comandos que ele retransmite? Se houver qualquer coisa contrária à verdade nestas coisas, será necessário negar este palácio, estas lâmpadas, esta comunidade, tanto a sua realidade como a sua existência. Se você puder, levante objeções contra isto; mas você verá que elas serão esmagadas pelo poder da prova, e arremessadas de volta a você.

Décima Segunda Prova

Venha, meu irmão, que recobrou um pouco os sentidos! Mostrar-lhe-ei mais uma prova da força de todas as onze provas anteriores. Veja este Decreto[IV] luminoso, que desce do alto e que todo mundo olha com extrema atenção além de admiração ou

---

[I] As mil decorações são os milagres de Mohammad (Allah o abençoe e lhe dê paz), que de acordo com aqueles que têm-nas investigado, chegam a quase mil.[366]

[II] A lâmpada importante é a lua, que ele dividiu em duas metades com sua indicação. Isto é, como Maulana Jami disse: "Com a caneta do seu dedo, aquele iletrado que não sabia escrever, escreveu um ا (alif) na página dos céus e fez de um quarenta, dois de cinquenta", isto é, antes da divisão, a lua se assemelhava um م (mim), cujo valor é quarenta; e após a divisão tornou-se dois crescentes, e se assemelhava a dois ن (nun), cujo valor é cinquenta.

[III] A enorme luz é o sol; quando ele reapareceu do Oriente na rotação da terra para trás, o Imam Áli (Que Allah esteja satisfeito com ele), que não foi capaz de realizar a *salatul 'Asr* uma vez que o Profeta (Allah o abençoe e lhe dê paz) estava dormindo em seus braços, devido a esse milagre, foi capaz de realizar a *salatul 'Asr* no tempo. [367]

[IV] O Decreto luminoso se refere ao Alcorão, e o selo nele, para seus milagres.

veneração. Aquele com as mil decorações parou por ele e está explicando o seu significado para todos. Os estilos do Decreto brilham tanto que atraem o olhar apreciativo de todo mundo, e falam de assuntos tão importantes e graves que todo mundo é obrigado a dar ouvidos a eles. Uma vez que ele descreve todas as qualidades, os atos, comandos e atributos de quem governa esta terra toda, é quem fez este palácio e exibe essas maravilhas. Assim como existe um poderoso selo sobre o Decreto como um todo, olha! Existe um selo inimitável em cada linha e cada frase, e, além disso, os significados, as verdades, os comandos e exemplos de sabedoria que afirma são vistos como em um estilo particular para ele, tendo, portanto, o significado de um selo.

Em resumo: O Decreto Supremo mostra o Ser Supremo tão claramente como o sol, por isso, quem não é cego pode vê-lo.

Meu amigo! Se você recobrou os sentidos, isso é suficiente por agora. Se você tem algo a dizer, diga.

Em resposta, o homem obstinado disse: "Eu só posso dizer isso em face de suas provas: Todo louvor a Allah por eu ter chegado a acreditar. E eu acredito de uma forma brilhante, como o sol é claro como o dia, que este país tem um único rei da perfeição, neste mundo, um proprietário único Glorioso, este palácio, um único Belo Criador. Que Allah esteja satisfeito com você, por você me salvar de minha ex-obstinação e loucura. Cada uma das provas que você mostrou foi suficiente para demonstrar a verdade. Mas porque a cada prova sucessiva, mais claras, prazerosas, mais agradáveis, mais luminosas, níveis mais justo do conhecimento, véus em convivência, e janelas de amor se abriram e revelaram, que eu esperei e escutei."

A história na forma de uma comparação, indicando a poderosa verdade da unidade Divina e a crença em Allah chegou a sua conclusão. Pela graça do Mais Misericordioso, o esplendor do Alcorão, e a luz da fé, vamos agora estabelecer doze 'lampejos' e uma Introdução do sol de verdadeira unidade Divina correspondente às doze provas na história.

وَ مِنَ اللهِ التَّوْفِيق وَ الْهِدَايَةُ [368]

***

A SEGUNDA ESTAÇÃO DA VIGÉSIMA SEGUNDA PALAVRA

INTRODUÇÃO

بِسْمِ اللّٰهِ الرَّحْمٰنِ الرَّحِيمِ

﴿اَللّٰهُ خَالِقُ كُلِّ شَىْءٍ وَهُوَ عَلَى كُلِّ شَىْءٍ وَكِيلٌ﴾ ۞ ﴿لَهُ مَقَالِيدُ السَّمٰوَاتِ وَ
الْاَرْضِ﴾[369] ۞ ﴿فَسُبْحَانَ الَّذِى بِيَدِهِ مَلَكُوتُ كُلِّ شَىْءٍ وَاِلَيْهِ تُرْجَعُونَ﴾[370] ۞
﴿وَاِنْ مِنْ شَىْءٍ اِلَّا عِنْدَنَا خَزَائِنُهُ وَمَا نُنَزِّلُهُ اِلَّا بِقَدَرٍ مَعْلُومٍ﴾[371] ۞ ﴿مَا مِنْ دَابَّةٍ
اِلَّا هُوَ آخِذٌ بِنَاصِيَتِهَا اِنَّ رَبِّى عَلَى صِرَاطٍ مُسْتَقِيمٍ﴾[372]

Introdução: No meu tratado intitulado Katra (Gota), que é sobre a crença em Allah, o principal polo dos pilares da fé, expliquei em breve a evidência da existência e unidade do Todo-Poderoso Allah dadas por todos os seres por cinquenta e cinco línguas. Além disso, no tratado Nokta (Ponto), mencionei quatro provas universais além das evidências da existência e unidade de Allah Todo-Poderoso cada qual tem a força de mil provas. Além disso, como já discuti em torno de doze dos meus tratados árabes centenas de provas decisivas, demonstrando a existência e a unidade necessária do Todo-Poderoso Allah, fiquei contente com aqueles e não vou empreender agora investigações profundas. Tentarei explicar nesta Vigésima Segunda Palavra, apenas doze 'Lampejos' do sol da crença em Allah que eu escrevi brevemente em outros lugares da Risâle-i Nur.

PRIMEIRO LAMPEJO

A afirmação da unidade Divina é de dois tipos. Por exemplo, se as mercadorias de um homem rico chegar a um mercado ou a uma cidade, existem duas maneiras em que um pode saber que eles são seus. Uma delas é breve e simples, como acontece com as pessoas comuns, que é: "Ninguém além dele é capaz de possuir esta grande quantidade de mercadorias." Mas, no caso de ser de um homem comum, muito delas pode ser roubado. Muitos outros podem reclamar a propriedade de partes delas. A segunda maneira é a seguinte: pela leitura das etiquetas em cada pacote, reconhecendo sua assinatura em cada rolo, e vendo o seu selo em cada nota, o homem declara: "Tudo pertence àquela pessoa." Aqui, tudo na verdade mostra o homem importante. Da mesma forma, a afirmação da unidade divina é de dois tipos:

Um deles é a afirmação superficial e comum de unidade Divina, que diz: "Allah Todo-Poderoso é Único, Ele não tem parceiro ou igual. Este universo é Seu".

O segundo é a verdadeira afirmação da unidade Divina, que, pela visão do selo do Seu poder em tudo, o selo de Sua religiosidade, e as inscrições de Sua pena, é abrir uma janela diretamente na Sua luz de tudo e confirmar e acreditar com quase a certeza de vê-lo, de que tudo surge da mão de Seu poder e que em nada tem Ele qualquer parceiro ou assistente em Sua divindade ou em Sua religiosidade ou em Sua soberania e, portanto, para alcançar uma espécie de consciência permanente da presença Divina. Nesta Palavra, devemos mencionar raios demonstrando esta verdadeira afirmação pura e elevada da unidade Divina.

Um lembrete dentro do primeiro ponto: Ó adorador desatento às causas! As causas são um véu; uma vez que a dignidade e a grandeza Divina obriga-os a serem assim. Mas o que executa as coisas é o poder do Eternamente Procurado; uma vez que a unidade e a glória Divina exigem que eles sejam assim, e exige a sua independência. Os funcionários do Monarca Pré-Eterno não são executivos da soberania de religiosidade, são os arautos da Sua soberania e os observadores da sua religiosidade. Sua finalidade é dar a conhecer a dignidade de poder e majestade de religiosidade, de modo que o poder não deve ser visto estar associado com assuntos desprezíveis e inferiores. Não é como um rei humano, manchado pela impotência e indigência, que, portanto, tem funcionários como parceiros. Ou seja, as causas foram colocadas de modo que a dignidade de poder pode ser preservada na visão superficial da mente. Uma vez que, como as duas faces de um espelho, tudo tem uma face externa que olha para este mundo manifesto, que se assemelha a face colorida do espelho e pode refletir várias cores e estados, e uma face interna que se parece com o seu Criador, que se assemelha ao brilho da face do espelho. Na face externa, que olha para o mundo manifesto, pode ter estados incompatíveis com a dignidade e perfeição do poder do Eternamente Procurado, assim causas têm sido postas a ser a fonte e os meios desses estados. Mas, na face interna, a da realidade, que olha para o seu Criador, tudo é transparente e bonito; é apropriado que o poder deve-se ser associado a ele. Não é incompatível com a sua dignidade; por conseguinte, as causas são puramente aparentes e na face interior das coisas e, na realidade, não tem qualquer efeito real.

Outro exemplo de sabedoria em causas aparentes é este: as causas foram colocadas para que as queixas injustas e infundadas acusações devam ser dirigidas a eles e não ao Absolutamente Justo. Já que os defeitos surgem deles, de sua incapacidade e falta de capacidade. Uma comparação é narrada na forma de um exemplo que ilustra este sutil mistério:

O Anjo Azrail (o Anjo da Morte - a paz esteja com ele) disse a Allah Todo-Poderoso: "Seus servos irão se queixar de mim, enquanto estou cumprindo o meu dever de tomar posse dos espíritos dos moribundos; eles estarão ressentidos comigo." Por isso, Allah Todo-Poderoso disse a ele pela língua de sabedoria: "Vou deixar o véu de desastres e doenças entre você e os Meus servos, para que as reclamações sejam dirigidas a eles, e eles não estarão indignados com você."[373] Então veja, as doenças são um véu; o que se imagina ser coisas ruins na hora marcada são atribuídas a eles, e os que na realidade são coisas boas nos espíritos dos moribundos sendo tomados são atribuídos a Azrail (a paz esteja com ele) e seu dever. Da mesma forma, Azrail é também um véu; ele é um supervisor daquele dever e um véu para o poder Divino, de modo que certas condições quando os espíritos são tomados que são aparentemente cruéis e são inadequadas para a perfeição da misericórdia sejam atribuídas a ele.

Sim, a dignidade e a grandeza demandam que as causas são um véu para a mão de poder na visão da mente, enquanto que a unidade Divina e a glória demandam que as causas tirem as mãos e não tem nenhum efeito real.

SEGUNDO LAMPEJO

Olhe para este jardim do universo, este pomar da terra; olhe atentamente para o belo rosto dos céus dourados com estrelas! Você verá que todos os artefatos espalhados e dispersos neles são selos específicos do Criador Glorioso, e Belo Formador específico do Criador de Todas as Coisas, e de cada criatura Sua, nos níveis escritos nas páginas da noite e do dia, no verão e inverno, todos publicados pela caneta do poder. São inimitáveis, assinaturas ilustres do Criador de tudo. Vamos agora mencionar alguns desses carimbos, selos e assinaturas a títude lo de exemplo:

Por exemplo, dos inúmeros selos, considere isto um de muitos colocados na vida: "Ele faz tudo de uma coisa e faz uma coisa de tudo, porque Ele faz os inúmeros membros e sistemas de animais de um fluido e também da água simples, que é bebida. Assim, para fazer tudo de uma coisa e fazer uma coisa de tudo é certamente a obra de Alguém com Poder Absoluto. E Alguém Que com perfeita ordem transforma em um determinado corpo inúmeras substâncias a partir dos inúmeros alimentos ingeridos, seja planta ou animal, e tece deles uma pele particular, e faz deles membros simples, é certamente Um Poderoso, Onisciente Absoluto sobre todas as coisas e conhece todas as coisas. Na verdade, o Criador da Vida e da Morte administra a vida por Sua sabedoria nesta oficina do mundo por uma lei emitida de Seu comando tão milagroso que somente Aquele Que detém o universo inteiro no aperto de Seu poder poderia aplicar esta lei e mantê-la em vigor.

Assim, se sua mente não é extinta e seu coração não é cego, você entenderá que o fazer uma coisa, tudo, com perfeita facilidade e ordem, e faz tudo uma coisa habilidosamente com perfeito equilíbrio e perfeita ordem, de forma industrial, é um selo especial para o Criador de tudo e um selo especial do Criador de Todas as Coisas. Por exemplo, se você vê que, juntamente com a tecelagem de cem rolos de casimira e vários outros tecidos, como seda ou cambraia de uma única onça de algodão, um maravilhoso trabalhador faz muitos alimentos, doces e pasteis, então você vê que ele leva um punhado de ferro e pedra, mel e manteiga, água e terra, e faz ouro puro, você certamente declarará Ele possuir arte única, uma vez que todos os elementos da terra são subjugados ao seu comando e todas as substâncias da terra sujeitas a sua palavra. De fato, a manifestação do poder e da sabedoria na vida é mil vezes mais maravilhoso do que este exemplo.

Este é um selo de muitos sobre a vida.

TERCEIRO LAMPEJO

Olhe para os seres vivos que giram nesse universo fluindo, nesta inundação de seres! Você verá que em cada um há muitos selos colocados pelo Sempre Vivo e Autossubsistente. Um deles é este: uma criatura viva, por exemplo, o ser humano, é simplesmente uma amostra em miniatura do universo, um fruto da árvore da criação, e uma semente do mundo, pois ele é composto por amostras da maioria dos reinos dos seres do mundo. É como se o ser animado é uma gota filtrada do universo em uma medida extremamente precisa. Então, para criá-la e ser seu Senhor, tem de segurar o universo inteiro no aperto do seu poder.

Assim, se sua mente não está submersa em delírios você entenderá que para formar uma palavra de poder, por exemplo, uma abelha, um índice da maioria das coisas diminutas e escrever em uma página, por exemplo, no homem, a maioria dos assuntos deste livro do universo, e incluir em um ponto, por exemplo, em uma pequena semente de figo, o programa da poderosa figueira, e exibir em uma única letra no coração humano, as obras de todos os Nomes Divinos manifestados nas páginas do macrocosmo que as abrangem, e escrever na faculdade humana da memória, que está situada em um lugar do tamanho de uma lentilha, escritos suficientes para encher uma biblioteca, e incluir nessa pequena faculdade um índice detalhado de todos os eventos no cosmos - para fazer todas as coisas é certamente um selo especial do Criador de Todas as Coisas, o Senhor Glorioso do universo.

Assim, se um selo de muitos selos dominicais sobre os seres vivos mostra a sua luz e faz ler seus sinais, portanto, se você fosse capaz de ver e considerar todos os selos de uma vez, você não iria declarar:[374] سُبْحَانَ مَنِ اخْتَفَى بِشِدَّةِ الظُّهُورِ

QUARTO LAMPEJO

Olhe atentamente para os múltiplos seres multicoloridos, nadando nos mares dos céus e espalhados sobre a face da terra! Você verá que em cada um há assinaturas inimitáveis do Sol Pré-Eterno. Assim como os selos sobre a vida e os selos em seres vivos são aparentes e vimos um ou dois deles, por isso estão lá essas assinaturas na doação da vida. Uma vez que, as comparações trazem significados profundos para mais perto do entendimento, vamos demonstrar esta verdade com uma comparação.

Por exemplo, a partir dos planetas até as gotículas de água, até os fragmentos de vidro e os cintilantes flocos de neve, uma assinatura de imagem e reflexão do sol, uma obra luminosa especial ao sol, é aparente. Se você não aceitar os pequenos sóis aparentes nessas inúmeras coisas serem a manifestação do reflexo do sol, você tem de aceitar a existência real de um verdadeiro dom natural em cada gota e fragmento de vidro de frente para a luz, e em cada ponto transparente ante ele, descendo assim para as profundezas da loucura.

Da mesma forma, existe tal assinatura em todos os seres vivos em relação a dar a vida, entre as manifestações luminosas do Pré-Eterno Sol, supondo que todas as causas serem reunidas e tinham o poder de agir e possuir vontade, eles ainda não poderiam imitar a assinatura. Uma vez que, cada ser vivo, todos os milagres do poder Divino, são pontos do foco dos Nomes Divinos, que são como os raios do Sol Pré-Eterno. Se aquela estranha inscrição da arte, a ordem maravilhosa de sabedoria, a manifestação do mistério da Unidade nos seres vivos não é atribuída ao Único e Eternamente Procurado, seria necessário aceitar que está escondido dentro de cada criatura viva, e mesmo em uma mosca ou uma flor, um infinito poder criativo, um conhecimento que engloba todas as coisas, uma vontade absoluta com a qual governa o universo, e até mesmo os atributos eternos particulares ao Necessariamente Existente, caindo, assim, para o grau mais ridículo de desorientação e da superstição, muito simplesmente, necessita atribuir Divindade a cada partícula da flor ou da mosca. Já que um estado tem sido dada a essas partículas, especialmente se estão em sementes, em que eles olham para o ser vivo do qual fazem parte, e assumem uma posição de acordo com seus sistemas e ordens. A partícula está ainda em posição de olhar para todos os membros da espécie a que pertence o seu ser vivo, ou a voar com asas, a fim de ser plantada em um local adequado para a continuação de suas espécies e plantar a bandeira da espécie. Na verdade, ela mantém uma posição em que as transações dos seres vivos com todos os outros seres podem continuar, e suas relações com eles conectadas com sustento. Uma vez que, tem necessidade de todos eles.

Por isso, se essa partícula não é um funcionário de um Possuidor de Poder Absoluto, e se sua relação com Ele é cortada,tem de ser atribuído um olho que vê todas as coisas e uma consciência que abrange todas as coisas.

Em resumo: Se os sóis em miniatura e as várias cores nas gotas de água e nos fragmentos de vidro não são atribuídos ao reflexo do sol e a manifestação da sua reflexão, tem-se aceitar a existência de inúmeros sóis em lugar do sol; isso necessita aceitar uma superstição totalmente impossível. Exatamente da mesma maneira, se tudo não é atribuído ao Poder Absoluto, necessita-se aceitar deuses infinitos em vez do Allah Único; de fato, deuses ao número de partículas existentes, ficando assim com o grau de aceitação de uma impossibilidade cem vezes maior.

Para resumir: A partir de cada partícula três janelas se abrem para a luz da unidade e da existência necessária do Sol Pré-Eterno:

Primeira Janela: Um soldado tem uma relação com cada uma das esferas militares, isto é, com sua esquadra, sua companhia, seu batalhão, seu regimento, sua divisão, e o exército, e deveres de acordo com essas relações e ações de acordo com as funções e regulamentos militares. As partículas têm relações similares.

Por exemplo, uma partícula sem vida na pupila do olho tem relações com o seu olho, sua cabeça, seu corpo, seus poderes de reprodução, e atração e repulsão, com suas veias e artérias, com os nervos motores e sensoriais, e com o resto da raça humana, e tem deveres em relação a cada um. Isso mostra evidentemente aos olhos que não são cegos que são a obra de arte e encarregado oficial do Pré-Eterno Todo-Poderoso, e está sob a sua regulamentação.

Segunda Janela: Todas as moléculas do ar podem visitar todas as flores e frutas. Elas também podem se inserir e trabalhar nelas. Se eles não são os funcionárias subjugados do Poder Absoluto Que vê e conhece todas as coisas, essas moléculas errantes teriam que conhecer todos os sistemas e estruturas das frutas e flores e sua arte, a adaptação de todas as diferentes formas, que as vestem com a sua perfeita e abrangente arte. Assim, todas essas partículas mostram tão claramente quanto o sol os raios de uma luz de Unidade Divina. Você pode comparar a luz com o ar, e a terra com a água.

Em qualquer caso, as fontes originais das coisas são essas quatro substâncias. Conforme a ciência moderna, são hidrogênio, oxigênio, carbono e nitrogênio, os componentes dos elementos primários.

Terceira Janela: Você enche um vaso de flores com um pouco de terra, que é composta de partículas e é o meio de crescimento de qualquer planta florida ou frutífera, em seguida, coloca algumas sementes nele. A mesma semente de animais não é diferente, mas é um fluido, as sementes de todas as plantas com flores e frutíferas no mundo não se diferem uma da outra.

Sendo compostas de carbono, nitrogênio, hidrogênio e oxigênio, elas se diferem apenas em virtude do programa de seus progenitores, depositado nelas pela escrita imaterial da caneta da Predestinação.

Assim, se colocarmos estas sementes, por sua vez, no vaso de flores, você acredita, como tem ocorrido, que cada planta aparecerá junto com suas formas e partes maravilhosas. Se essas partículas não são funcionários sob as ordens de alguém que conhece todos os estados e condições de tudo, é capaz de dar tudo a um ser adequado a ele e tudo necessário a ele, e a quem cujo poder tudo é subjugado totalmente com facilidade, cada partícula da terra teria, então, de conter fábricas imateriais e imprensas do número de todas as plantas floríferas e frutíferas, de modo que poderia ser a fonte de todos os vários e diferentes seres cujas partes, membros, e formas são todas distantes e diferentes uma da outra. De outra forma seria necessário atribuir a todos os seres conhecimento abrangente e um poder capaz de formá-los, para que pudessem ser o meio do que está acima.

Isso quer dizer que, se a conexão com o Allah Todo-Poderoso é cortada, torna-se necessário aceitar deuses ao número de partículas da terra, e esta é uma superstição impossível agravada mil vezes mais. No entanto, quando eles são funcionários, torna-se extremamente fácil. Assim como, em nome de seu rei e pela sua força, um soldado comum de um poderoso rei pode fazer um país inteiro migrar, ou juntar dois mares, ou tomar outro rei prisioneiro, então sob o comando do Monarca da Pré-eternidade e Pós-Eternidade, uma mosca acabou com Nimrod, e uma formiga destruiu o palácio do Faraó, arrasando-o, e uma semente de figo suporta o peso de uma figueira.

Além disso, em tcada partícula há mais duas testemunhas verdadeiras da necessária existência e unidade do Criador. Uma delas é que, juntamente com sua impotência absoluta, cada um desempenha funções mais importantes e diversas. A outra é que, apesar de sua falta de vida, cada um está em conformidade com a ordem e o sistema universal, exibindo, assim, uma consciência universal. Ou seja, pela língua de sua impotência cada partícula atesta a existência necessária do Absolutamente Poderoso, e por sua conformidade com a ordem do mundo, testemunha Sua unidade.

كَمَا اَنَّ فِى كُلِّ ذَرَّةٍ شَاهِدَانِ عَلَى اَنَّهُ وَاجِبٌ وَاحِدٌ كَذٰلِكَ فِى كُلِّ حَىٍّ

لَهُ آيَتَانِ عَلَى اَنَّهُ اَحَدٌ صَمَدٌ[375]

Sim, em cada ser vivo há um selo da Unicidade Divina e um selo da Samadiya (Absolutismo). Pois, cada um expõe junto no espelho de seu ser a maioria dos Nomes Divinos, cujas manifestações são aparentes no universo. Muito simplesmente, como um ponto do foco, cada um mostra a manifestação do Grande Nome de Vivente e Autossubsistente. Assim, uma vez que, ele mostra uma espécie de sombra da unicidade da Essência Divina sob o véu do Nome de Doador da Vida, ele tem um selo de unidade Divina. E já que o ser vivo é como uma amostra em miniatura do universo e um fruto da árvore da criação, ele mostra um selo de Samadiya (Absolutismo), que transmite em conjunto com a facilidade para a pequena esfera de sua vida útil às suas necessidades, que são, tantas como o universo. Ou seja, isso mostra que tem um Senhor, o dirigir-se a Ele, mostra todas as coisas, Cujo respeito e favor tomam o lugar de todas as coisas. Tudo na existência não pode tomar o lugar de Seu olhar.

نَعَمْ يَكْفِى لِكُلِّ شَىْءٍ شَىْءٌ عَنْ كُلِّ شَىْءٍ وَ لاَ يَكْفِى عَنْهُ كُلُّ شَىْءٍ وَ لَوْ لِشَىْءٍ وَاحِدٍ

Além disso, esta situação mostra que o seu Senhor está precisando de nada, nem nada diminui Seu tesouro, e nem nada é difícil para o Seu poder. Esta, então, é uma espécie de selo de Samadiya (Absolutismo)

Assim, cada ser vivo é um selo da Unidade Divina e carimbo Samadiya (Absolutismo). Sim, pela língua de sua vida, cada ser vivo recita:

﴿ قُلْ هُوَ اللّٰهُ اَحَدٌ ۞ اَللّٰهُ الصَّمَدُ ﴾[376]

Além desses dois selos, há várias "janelas" mais importantes, mas desde que foram explicadas em detalhes em outros lugares, a nossa discussão aqui foi breve.

Vendo que cada partícula na existência abre de uma só vez até três janelas e duas aberturas para a unicidade do Necessariamente Existente, e a vida também abre duas portas, você pode comparar a forma como todos os níveis de seres de partículas como o sol espalha a luz do conhecimento do Todo-Glorioso.

Assim, você pode entender disso estes graus de progresso no conhecimento de Allah, e os níveis de consciência de Sua presença.

QUINTO LAMPEJO

Se um livro é escrito à mão e sob a forma de uma carta, uma única caneta é suficiente para escrevê-lo, enquanto que, se é impresso, canetas, ou seja, peças de impressão são necessárias para o número de letras do livro de modo para ser impresso e vir à existência. Se a maior parte do livro é escrita em um roteiro extremamente com algumas de suas letras, como Surata Ya, Sin, a pronúncia das letras Ya, Sin, seria necessário para que possa ser impressos todas as peças de impressão são necessárias para essas letras individuais.

Da mesma forma, se você diz que o livro do universo é a escrita da caneta do poder do Eternamente Procurado e a missiva do Único e Exclusivo, você percorre um caminho razoável, tão fácil ao ponto de ser necessário. Mas se você o atribuir à natureza e ao acaso, você percorre um caminho tão difícil a ponto de ser impossível, e tão cheio de superstição e ilusão a ser inaceitável. Pois então, teria de estar presente em todos os bits de terra, em cada gota de água, em cada pedaço de ar, em milhões de peças de impressão de metal e inumeráveis fábricas imateriais, que poderiam modelar e formar os números incontáveis de plantas de floração e frutíferas. Caso contrário, a pessoatem de aceitar que eles possuem abrangente conhecimento e poder sobre todas as coisas, para que possam ser a verdadeira origem dessas criaturas. Uma vez que, cada pedaço de terra, água e ar pode ser a fonte da maioria das plantas. No entanto, as plantas, de floração ou de frutificação, são formadas de modo tão bem ordenado e equilibrado, e são tão distintas e diferentes uma da outra, que uma fábrica imaterial diferente ou diferentes prelos seriam necessários para cada uma. Isso significa que, se a natureza deixa de ser um padrão e se torna a fonte, isso exige que tudo contenha máquinas para fazer tudo o resto. A adoração da natureza, portanto, está baseada em uma ideia tão supersticiosa que mesmo aqueles que são submetidos a ela têm vergonha dela. Veja a irracionalidade infinitamente delirante do equivocado, que se supõem ser inteligente e tire uma lição!

Em resumo: Cada letra de um livro descreve-se ao ponto de uma letra e aponta para a sua própria existência, de uma forma, enquanto descreve seu escritor com dez palavras e mostra a ele de muitas maneiras. Por exemplo: "Aquele que me escreveu tem a escrita à mão bela. Sua caneta é vermelha, e assim por diante." Da mesma forma, cada letra do livro poderoso do universo aponta para si mesmas na medida do seu próprio tamanho e ser físico, mas descreve os Nomes dos Pré-Eterno Onifeitor como odes, e testemunha o que ela significa e aponta para seus Nomes com os dedos ao número de seus atributos. Isso significa que, mesmo que nega tanto a si mesmo e ao universo como o tolo, ainda não deve negar o Todo-Glorioso Criador.

SEXTO LAMPEJO

Assim como o Criador Todo-Glorioso colocou sobre a cabeça de cada ser e na testa de todas as Suas criaturas os selos de Sua unidade, alguns dos quais você já viu nos lampejos anteriores, assim de forma brilhante que Ele tem colocado muitos selos de unidade em cada espécie e numerosos selos de unicidade em todos os universais, bem como os vários selos de unicidade no mundo como um todo. Desses muitos selos e carimbos, vamos apontar um na

O Único e Expressivo Escultor vivifica e espalha na primavera e no verão, pelo menos, trezentas mil espécies de plantas e animais com completa distinção e diferenciação e total ordem e separação em meio a entrelaçamento infinito e confuso, é um selo da unidade Divina tão clara e brilhante como a própria primavera. Sim, qualquer pessoa com um pingo de consciência entenderá que criar com perfeita ordem, enquanto traz à vida da terra morta, na primavera trezentas mil amostras da ressurreição dos mortos, e escreve, sem falta, erro ou deficiência, na mais bem equilibrada e bem proporcionada, bem ordenada e perfeita forma os membros individuais de três mil espécies diferentes uma dentro da outra sobre a face da terra, é um selo especial a Um Todo-Glorioso, Um Todo-Poderoso de perfeição, Um Sábio de Beleza, possuindo poder infinito, todo tipo de conhecimento, e uma vontade capaz de governar todo o universo. O Alcorão Sagrado decreta:

﴿فَانْظُرْ اِلَى آثَارِ رَحْمَتِ اللّٰهِ كَيْفَ يُحْيِى الْاَرْضَ بَعْدَ مَوْتِهَا اِنَّ ذٰلِكَ لَمُحْيِى

الْمَوْتَى وَهُوَ عَلَى كُلِّ شَىْءٍ قَدِيرٌ﴾[377]

Sim, é certamente fácil para o Poder Criador que, dentro de alguns dias, demonstra exemplos de trezentos mil ressurreições em vivificar a terra, para vivificar os homens. Por exemplo, poderia ser dito a um Visualizador de Milagres Quem com um sinal removerá as montanhas de Gelincik e Sübhan: "Você é capaz de remover deste vale esta enorme rocha que está bloqueando nosso caminho?" Da mesma forma, pode-se dizer de uma forma que infere dúvida ao Onisciente e Poderoso, ao Todo-Generoso e Clemente, Que criou o céu e as montanhas e a terra em seis dias e continuamente as enche e esvazia: "Você pode remover de nós esta camada de terra que foi preparada e colocada na eternidade e está bloqueando nosso caminho para o Seu banquete? Você pode nivelar a terra e nos deixar passar?"

Você observou um selo de unicidade Divina na face da terra no verão. Agora veja! Um selo de unicidade está claramente evidente nas vastas, sábias e perspicazes disposições da primavera na face da terra. Uma vez que, a atividade está em absolutamente vasta escala, e a vastidão está juntamente com uma velocidade absoluta, e que a velocidade está juntamente com uma generosidade absoluta e, juntamente com estes uma ordem absoluta e perfeita beleza da arte e requinte da criação estão aparentes. Estes formam um selo que pode pertencer apenas a alguém possuindo conhecimento infinito e poder sem limites. Sim, vemos que na terra dentro de uma extensão absoluta há criação, eliminação e atividade que está em absolutamente vasta escala. E estes estão ocorrendo dentro desse vasto alcance com velocidade absoluta. E juntamente com a velocidade e grande alcance uma generosidade absoluta é evidente na multiplicação dos seres individuais. E juntamente com a generosidade, grande alcance e velocidade, uma absoluta facilidade é aparente. E criar a ordem absoluta e excepcional beleza da arte para ser vista em todas as espécies e indivíduos, e a diferenciação perfeita dentro de infinito entrelaçamento, e os trabalhos valiosos dentro de extrema abundância, e a correspondência completa em uma escala extensa, e as maravilhas artísticas com a maior facilidade, e demonstrar uma arte maravilhosa e atividade milagrosa em um momento, em todos os lugares, da mesma forma, em cada indivíduo – juntamente com a generosidade, a facilidade, a velocidade e o grande alcance, é certamente e sem dúvida o selo de Quem embora esteja em nenhum lugar é onipresente e tudo vê em todos os lugares. Nada é escondido d'Ele, nem é nada difícil para Ele. Partículas e estrelas são iguais em relação ao seu poder.

Por exemplo, em um pomar de generosidade do Todo-Glorioso e Clemente, contei os cachos pendurados em um de videira da espessura de dois dedos, o que eu vi ser como uma pequena semente entre os cachos de seus milagres: foram cento e cinquenta e cinco. Contei as uvas em um cacho: havia cerca de cento e vinte. Eu pensei: se esta videira fosse uma torneira de onde fluiu água com mel e água produzida continuamente, seria apenas o suficiente para os cachos que, em face deste calor, sugariam as centenas de pequenas bombas do sumo de misericórdia. No entanto, apenas ocasionalmente obtém um pouco de umidade. Quem faz isso, então, deve certamente ser poderoso sobre todas as coisas.

سُبْحَانَ مَنْ تَحَيَّرَ فِى صُنْعِهِ الْعُقُولُ[378]

SÉTIMO LAMPEJO

Veja! Com pouca dificuldade, você pode ver os selos do Único, Eternamente Procurado na página da terra, então levante a cabeça, abra os olhos, e olhe também para o grande livro do universo. Você-verá que nele como um todo um selo de unicidade é lido que é tão claro como é grande. Pois, como os componentes de uma fábrica ou membros de um palácio ou cidade, estes seres apoiam um ao outro, estendem as mãos para ajudar um ao outro, e respondem às necessidades e solicitações de um ao outro, dizendo: "Eis-me aqui, ao seu serviço." Ajudando um ao outro, eles trabalham juntos e em ordem. Unindo esforços, eles servem os seres animados. Cooperando e tornando um único objetivo, eles obedecem a ao Preparador Onisciente. Estão em conformidade com uma regra de assistência mútua, que está em vigor a partir do sol e da lua, noite e dia, e no inverno e no verão, para plantas que vêm para a assistência de animais famintos e necessitados, e os animais se apressando para a ajuda de homens fracos e nobres, e até mesmo substâncias nutritivas que voam para ajudar delicados, lactentes fracos e frutas, e partículas de alimentos de passagem para a assistência das células do corpo. Eles mostram a qualquer um que não é totalmente cego que estão agindo por meio da força de um único, mais generoso Sustentador, e sob o comando de um único Preparador mais sábio.

Assim, por um lado este apoio mútuo e assistência, esta resposta às necessidades umas das outras, este abraço mútuo, esta subjugação, esta ordem, testemunham decisivamente que os seres são administrados e organizados por um único Preparador e estão sendo impulsionados e dirigidos por um único Sustentador. Por outro lado, esta graça perfeita dentro da sabedoria universal é para ser vista claramente na arte das coisas; e a misericórdia abrangente que brilha dentro da providência; e o sustento distribuído sobre a misericórdia e disperso, de modo a responder às necessidades de todos os seres vivos carentes para o seu sustento; estes formam um selo de unicidade Divina tão brilhante que qualquer pessoa cuja mente não está completamente extinguida vai entendê-lo e quem não está completamente cego vai vê-lo.

Sim, um véu de sabedoria demonstrando intenção, consciência e vontade, cobriu todo o universo, e sobre esse véu de sabedoria foi espalhado um véu de graça e favor exibindo beneficência, ornamentação, decoração, e benevolência; e sobre o véu adornado de favor um manto de misericórdia exibindo lampejos de tornar conhecido e amado, de doação e concessão de presentes envolve o universo; e distribuídos por esse véu iluminado da misericórdia universal está uma mesa de disposições gerais que mostram bondade e compaixão, doação e perfeita benevolência e carinho e fino favor dominical.

Sim, todos os seres de partículas até sóis, sejam eles particulares ou espécies, grandes ou pequenas, foram vestidas com uma magnífica camisa bordada de sabedoria com frutas e objetivos, benefícios e efeitos. E sobre a camisa-exibindo sabedoria, uma peça de roupa de favor bordada com flores de graça e beneficência foi cortada de acordo com a estatura das coisas; e sobre aquela roupa ornamentada de favor, uma mesa geral de sustento, foi criada, iluminada com lampejos de amor, doação, carinho, e concessão de presentes, para os quais as decorações de misericórdia foram anexadas, e que, juntamente com a concessão dessas decorações incrustadas de joias iluminadas, é suficiente para todos os grupos de seres vivos na face da terra, e atende a todas as suas necessidades. Assim, esta questão aponta para um Provedor Todo-Glorioso Que é Onisciente, Todo-Generoso, e Clemente, e mostra-O tão claramente como o sol.

É assim mesmo? Tudo necessita de sustento?

Sim, como ser individual está em necessidade de sustento e todas as necessidades são para continuar sua vida, vemos que todos os seres no mundo, e especialmente os seres vivos, universais ou particulares, inteiros ou partes, tem muitos desejos e necessidades materiais e de outra forma, para a sua existência, suas vidas, e a continuação das suas vidas. Mas seus desejos e necessidades são para as coisas que suas mãos não podem alcançar o menor deles e sua força é insuficiente para o menor deles. No entanto, vemos que todos os seus desejos e sustentos materiais e imateriais são dados a eles.

[379]﴿ مِنْ حَيْثُ لاَ يَحْتَسِبُ ﴾ de inesperados lugares, com perfeita ordem, no momento oportuno, de forma adequada, com sabedoria perfeita.

Que estranho! Esta forma de incapacidade e de necessidade, de ajuda e assistência invisível não mostra, acaso, um Onisciente e Sustentador Glorioso, um Belo Clemente Preparador?

OITAVO LAMPEJO

Qualquer tipo de semente semeada em um campo mostra que o campo deve estar à disposição do dono da semente, e que a semente também está sob a disposição de quem tem o controle do campo. Da mesma forma, o campo cultivável de seres conhecidos como os elementos e sua universalidade e integralidade, bem como a sua identidade e natureza incomplexa, e as plantas e animais – estes frutos de misericórdia, milagres de poder e palavras de sabedoria conhecidas como criaturas – e sua dispersão na maioria dos lugares e estabelecidos em todos os lugares, bem como serem semelhantes e se assemelharem um ao outro, mostram que eles estão sob a disposição de um Único Exibidor de Milagres e de tal forma que é como se cada flor, fruta e animal é um selo, carimbo e assinatura do seu Criador. Onde quer que eles se encontrem, cada um diz pela língua de disposição: "De qualquer selo que eu seja, o lugar que eu fui encontrado também é de sua fabricação.

De que selo eu sou, este lugar é uma missiva Sua. De cuja assinatura eu sou, esta terra também é de sua tecelagem." Isso significa que, ser Sustentador da menor criatura é especial para Aquele Que tem todos os elementos ao alcance do Seu poder. Qualquer um que não seja cego pode ver que para regular e governar o animal mais simples é especial para Aquele Que tem todos os seres no aperto de Sua dominicalidade.

Na verdade, por meio língua de similaridade com outros indivíduos, cada ser individual diz: "Somente aquele que é dono de minha espécie pode ser meu dono. Não pode ser de outra forma", e pela língua de espalhar sobre a face da terra, juntamente com outras espécies, cada espécie diz: "Somente aquele que é dono de toda a face da terra pode ser o nosso dono. Não pode ser de outra forma", e pela língua de estar vinculado ao sol e outros planetas e solidário com os céus, a terra diz: "Somente aquele que é dono de todo o universo pode ser meu dono. Não pode ser de outra forma." Sim, supondo que alguém dissesse a uma maçã consciente: "Você é a minha obra de arte" pela língua de disposição, a maçã responderia: "Fique em silêncio! Se você é capaz de formar todas as outras maçãs na terra; de fato, se você pode ter controle sobre todos os meus companheiros, as outras árvores frutíferas, espalhadas sobre a terra, e todos os dons do processo do Misericordiosíssimo do tesouro da misericórdia em carradas, então você pode reivindicar ser o meu Sustentador." A maçã diria isso e daria uma tapa naquela pessoa tola.

NONO LAMPEJO

Apontamos alguns dos selos, carimbos e assinaturas sobre as informações em parte parcial, no todo e no total, no mundo como um todo, e na vida, nos seres vivos, e no despertar da vida. Agora, vamos indicar um dos inúmeros selos sem importância entre as espécies.

Desde que os inúmeros frutos de uma árvore frutífera são administrados a partir de um centro, de acordo com uma lei e uma única forma de despertar, a dificuldade, o sofrimento e a despesa são transformados em facilidade. É tão fácil para numerosas frutas tornarem-se iguais a uma única fruta. Isso significa que, em relação à quantidade, multiplicidade e numerosos centros necessitam da dificuldade, da despesa, e dos equipamentos de toda a árvore para uma única fruta. A diferença é apenas no que diz respeito à qualidade. Como todas as fábricas requeridas para todo o exército são necessárias para fabricar todo o equipamento militar para um único soldado. Isto quer dizer que, se a matéria passa da unidade para a multiplicidade, no que diz respeito à quantidade de aumentar as dificuldades com o número de indivíduos. Assim, a extrema facilidade de ser vista claramente em todas as espécies é o resultado da facilidade resultante de unicidade.

Em resumo: A conformidade e semelhança de membros básicos entre todos os indivíduos de uma espécie, e todas as espécies de um gênero, provam que são as obras de um único Criador, porque a unidade da caneta e a unidade do selo requer isso. Da mesma forma, a facilidade absoluta observável e falta de dificuldade exigem – realmente, necessitam – que são as obras de Único Criador. Caso contrário, as dificuldades crescentes com o grau de impossibilidade condenariam o gênero e a espécie à inexistência.

Para concluir: Se todas as coisas são atribuídas a Allah Todo-Poderoso, elas se tornam tão fáceis como uma coisa única, enquanto que, se elas são atribuídas ao acaso, tornam-se tão difíceis como tudo. Já que é assim, a profusão extraordinária observada no universo e a abundância ilimitada diante de nossos olhos exibem um selo de unicidade como o sol. Se estes frutos que obtemos em tal abundância não fossem propriedade do Um e Único, não teríamos uma única romã para comer, mesmo se dermos todo o mundo por ela.

DÉCIMO LAMPEJO

Assim como a vida, que exibe uma manifestação da beleza Divina, é uma prova da unidade Divina, e uma espécie de manifestação de unicidade, a morte também, que mostra a manifestação da glória Divina, é uma prova da unicidade Divina.

Por exemplo, [380]﴿وَلِلّٰهِ الْمَثَلُ الْاَعْلٰى﴾. Como mostra a luz do sol e da reflexão, as bolhas em um rio caudaloso que brilham no sol e objetos transparentes que brilham na face da terra testemunham ao sol. Naquelas tribos de gotas e objetos transparentes desaparecendo, a manifestação magnífica continuada do sol e a exibição ininterrupta e constante de sua luz sobre os sucessivos grupos e tribos de gotas e objetos transparentes que seguem depois deles, testemunham decisivamente que as imagens pequenas do sol e as luzes e lampejos que aparecem e faíscam, incendiam-se e morrem, e são alterados e renovados, é a manifestação de um dom permanente, perpétuo, elevado, único cuja manifestação é eterna. Ou seja, assim como sua aparência e se tornam visíveis, as gotículas brilhantes demonstram a existência do sol, portanto, com o seu desaparecimento e extinção, demonstram a sua continuidade, permanência e unidade.

Exatamente da mesma maneira, por sua existência e vida esses seres que fluem testemunham a existência e a unidade necessária do Necessariamente Existente, e com a sua morte e desaparecimento, eles testemunham a sua Pré-Eternidade, Eternidade, e Unidade. Sim, as belas criaturas e seres finos que são renovados e restaurados dentro do declínio e desaparecimento que ocorrem pela alternância de dia e noite, inverno e verão, e os séculos e as idades, certamente apontam para a existência, continuidade e unicidade de um elevado possuidor, eterno de beleza continuamente manifesta. Enquanto as mortes e o desaparecimento desses seres, juntamente com suas causas aparentes e humildes demonstram que as causas são nada mais que um mero véu. Esta situação é prova decisiva de que essas artes, essas inscrições, estas manifestações, são as artes constantemente renovadas, as inscrições em mudança, os espelhos que se deslocam de um Belo de Glória, Cujos Nomes são sagrados e bonitos; que são Seus selos que seguem uma após a outra, e seus selos que são alterados com sabedoria.

Em resumo: O livro poderoso do universo, tanto nos ensina os sinais da criação sobre a existência e unicidade divina e testemunha a todos os atributos de perfeição, beleza e glória do Todo-Glorioso. E eles provam a perfeição da Essência Divina sem defeito. Uma vez que, é óbvio que a perfeição em um trabalho aponta para a perfeição do ato, que é a fonte e a origem da obra. E a perfeição do ato aponta para a perfeição do nome, a perfeição do nome aponta para a perfeição do atributo, a perfeição do atributo para a perfeição das qualidades essenciais, e a perfeição das qualidades aponta necessariamente e auto evidentemente para a perfeição da essência dotada dessas qualidades.

Por exemplo, as inscrições perfeitas e adornos de um palácio impecável indicam a perfeição dos atos de um construtor mestre por trás delas. E a perfeição dos atos mostra a perfeição dos títulos e nomes do mestre que demonstram sua posição. E a perfeição dos nomes e títulos mostra para a perfeição dos outros atributos que podem beneficiar a arte e as obras do mestre. E a perfeição da arte e os atributos mostram a perfeição das habilidades e capacidades essenciais do artesão, que são chamadas de qualidades essenciais. E a perfeição dessas qualidades e habilidades essenciais mostra a perfeição da natureza essencial do mestre.

Exatamente da mesma maneira, as obras irrepreensíveis observadas no mundo, que manifestam o significado de [381] ﴿هَلْ تَرَى مِنْ فُطُورٍ﴾ esta arte nos seres bem ordenados do universo, apontam observadamente aos atos perfeitos de um ativo possuidor do poder. E esses atos perfeitos apontam claramente para os nomes perfeitos de um agente Glorioso. E essa perfeição necessariamente aponta e testemunha os atributos perfeitos do Belo expressados pelos Nomes. E, certamente, esses atributos perfeitos apontam e testemunham a perfeição do Perfeito qualificado pelos atributos. E essas qualidades perfeitas apontam com tanta certeza absoluta para a Essência perfeita do Único possuidor das qualidades que eles indicam que todos os tipos de perfeição a serem vistos em todo o universo, mas são sinais de Suas perfeições, sugestões da Sua Glória, e alusões a Sua beleza, e as pálidas, sombras fracas em relação a Sua perfeição.

DÉCIMO PRIMEIRO LAMPEJO, QUE TEM A FORÇA DE SÓIS

Como é definido na Décima Nona Palavra, nosso mestre Mohammad o Confiável (Allah o abençoe e lhe dê paz) é o sinal supremo do poderoso Livro do Universo e o grande nome Alcorão Sagrado, a semente da árvore do universo e seu fruto mais luminoso, o sol do palácio do mundo e a lua radiante do mundo do Islam, o arauto da soberania da religiosidade Divina, e o divulgador sábio do talismã do universo, que voa nos níveis da realidade com as asas de Mensagem, que têm sob sua sombra todos os profetas, e as asas do Islam, que têm sob sua proteção todo o mundo islâmico; que levou atrás de si todos os profetas e mensageiros, todos os santos verazes, todos os purificados e os estudiosos, e demonstrou a unicidade Divina com toda sua força e abriu o caminho para a Trono da Unidade; tenha qualquer dúvida ou suspeita, então, o poder de dissimular ou ocultar a crença em Allah, que ele demonstrou, ou a unicidade Divina que ele provou?

Se conseguimos conhecer o Senhor Generoso de milagres puros e a demonstração de algumas evidências, com os tipos de seus milagres, em Quatorze Gotículas e Dezenove Sinais da água da vida daquela Clara Prova na Décima Nona Palavra e Décima Nona Carta, vamos aqui nos contentar com esta indicação e concluírmos com uma oração nobre, em forma de indicações para as bases que abençoam o sinal da Unicidade, aquele sinal absoluto e queb testemnha a sua veracidade.

اَللّٰهُمَّ صَلِّ عَلَى مَنْ دَلَّ عَلَى وُجُوبِ وُجُودِكَ وَ وَحْدَانِيَّتِكَ وَ شَهِدَ عَلَى جَلاَلِكَ وَ جَمَالِكَ وَ كَمَالِكَ الشَّاهِدُ الصَّادِقُ الْمُصَدَّقُ وَ الْبُرْهَانُ النَّاطِقُ الْمُحَقَّقُ سَيِّدُ الْاَنْبِيَاءِ وَ الْمُرْسَلِينَ الْحَامِلُ سِرَّ اِجْمَاعِهِمْ وَ تَصْدِيقِهِمْ وَ مُعْجِزَاتِهِمْ وَ اِمَامُ الْاَوْلِيَاءِ وَ الصِّدِّيقِينَ الْحَاوِى سِرَّ اِتِّفَاقِهِمْ وَ تَحْقِيقِهِمْ وَ كَرَامَاتِهِمْ ذُو الْمُعْجِزَاتِ

الْبَاهِرَةِ وَ الْخَوَارِقِ الظَّاهِرَةِ وَ الدَّلاَئِلِ الْقَاطِعَةِ الْمُحَقَّقَةِ الْمُصَدَّقَةِ لَهُ ذُو الْخِصَالِ الْغَالِيَةِ فِى ذَاتِهِ وَ اْلاَخْلاَقِ الْعَالِيَةِ فِى وَظِيفَتِهِ وَ السَّجَايَا السَّامِيَةِ فِى شَرِيعَتِهِ الْمُكَمَّلَةِ الْمُنَزَّهَةِ لَهُ عَنِ الْخِلاَفِ مَهْبِطُ الْوَحْيِ الرَّبَّانِيِّ بِاِجْمَاعِ الْمُنْزِلِ وَ الْمُنْزَلِ وَ الْمُنْزَلِ عَلَيْهِ سَيَّارُ عَالَمِ الْغَيْبِ وَ الْمَلَكُوتِ مُشَاهِدُ اْلاَرْوَاحِ وَ مُصَاحِبُ الْمَلٰئِكَةِ اَنْمُوذَجُ كَمَالِ الْكَائِنَاتِ شَخْصًا وَ نَوْعًا وَ جِنْسًا (اَنْوَرُ ثَمَرَاتِ شَجَرَةِ الْخِلْقَةِ) سِرَاجُ الْحَقِّ بُرْهَانُ الْحَقِيقَةِ تِمْثَالُ الرَّحْمَةِ مِثَالُ الْمَحَبَّةِ كَشَّافُ طِلْسِمِ الْكَائِنَاتِ دَلاَّلُ سَلْطَنَةِ الرُّبُوبِيَّةِ الْمُرْمِزُ بِعُلْوِيَّةِ شَخْصِيَّتِهِ الْمَعْنَوِيَّةِ اِلَى اَنَّهُ نُصْبُ عَيْنِ فَاطِرِ الْعَالَمِ فِى خَلْقِ الْكَائِنَاتِ ذُو الشَّرِيعَةِ الَّتِى هِىَ بِوُسْعَةِ دَسَاتِيرِهَا وَ قُوَّتِهَا تُشِيرُ اِلَى اَنَّهَا نِظَامُ نَاظِمِ الْكَوْنِ وَ وَضْعُ خَالِقِ الْكَائِنَاتِ نَعَمْ اِنَّ نَاظِمَ الْكَائِنَاتِ بِهٰذَا النِّظَامِ اْلاَتَمِّ اْلاَكْمَلِ هُوَ نَاظِمُ هٰذَا الدِّينِ بِهٰذَا النِّظَامِ اْلاَحْسَنِ اْلاَجْمَلِ سَيِّدُنَا نَحْنُ مَعَاشِرَ بَنِى آدَمَ وَ مُهْدِينَا اِلَى اْلاِيمَانِ نَحْنُ مَعَاشِرَ الْمُؤْمِنِينَ مُحَمَّدٍ بْنِ عَبْدِ اللّٰهِ بْنِ عَبْدِ الْمُطَّلِبِ عَلَيْهِ اَفْضَلُ الصَّلَوَاتِ وَ اَتَمُّ التَّسْلِيمَاتِ مَا دَامَتِ اْلاَرْضُ وَ السَّمٰوَاتُ فَاِنَّ ذٰلِكَ الشَّاهِدَ الصَّادِقَ الْمُصَدَّقَ يَشْهَدُ عَلَى رُؤُسِ اْلاَشْهَادِ مُنَادِيًا وَ مُعَلِّمًا لِاَجْيَالِ الْبَشَرِ خَلْفَ اْلاَعْصَارِ وَ اْلاَقْطَارِ نِدَاءً عُلْوِيًّا بِجَمِيعِ قُوَّتِهِ وَ بِغَايَةِ جِدِّيَّتِهِ وَ بِنِهَايَةِ وُثُوقِهِ وَ بِقُوَّةِ اِطْمِئْنَانِهِ وَ بِكَمَالِ اِيمَانِهِ بِاَشْهَدُ اَنْ لاَ اِلٰهَ اِلاَّ اللّٰهُ وَحْدَهُ لاَ شَرِيكَ لَهُ[382]

DÉCIMO SEGUNDO LAMPEJO, QUE TEM A FORÇA DE SÓIS

Este Décimo Segundo Lampejo da Vigésima Segunda Palavra é como um oceano de verdades que todas as anteriores vinte e duas Palavras formam apenas vinte e duas gotas do mesmo, e é uma fonte de tais luzes que formam apenas vinte e dois lampejos daquele Sol. Sim, cada uma das vinte e duas Palavras anteriores é um lampejo da estrela de um versículo que brilha nos céus do Alcorão; e cada uma das gotículas individuais do rio de um versículo que flui a partir desse oceano de discernimento (distinguindo a verdade e a mentira); cada uma é apenas uma pérola de um único versículo, o qual constitui caixas de joias do tesouro sublime do Livro de Allah. Assim, as Palavras de Allah, que estão em grande parte definidas na Décima Quarta Gotícula da Décima Nona Palavra, foram reveladas a partir do Grande Nome, o Sublime Trono, e a maior manifestação de religiosidade, e afirma repetidamente com toda a sua força dentro de uma amplitude e elevação que liga a pré-eternidade à pós-eternidade e une a terra ao Trono Divino, e com a certeza de todos os seus versículos:[383] لاَ اِلٰهَ اِلاَّ هُوَ Ela chama todo o universo para testemunhar e tornar a depor.[384] لاَ اِلٰهَ اِلاَّ هُوَ بَرَابَرْ مِيزَنَدْ عَالَمْ

Se você olhar para o Alcorão com os olhos de um coração sincero, você verá que seus seis aspectos são tão brilhantes e transparentes que nenhuma escuridão, desorientação, dúvida ou suspeita, nenhum truque poderia adentrá-lo ou encontrar uma fissura através da qual a entrar e violar a sua pureza, porque, acima disso, é o selo do milagre; abaixo dele, provas e evidências; por trás dele, o seu ponto de apoio, a revelação dominical pura; perante a felicidade deste mundo e do outro; a sua direita, questionando a razão e assegurando a sua confirmação; a sua esquerda, invocando a consciência para testemunhar e assegurar sua transmissão; dentro dele é auto evidente a pura orientação do Misericordioso; seu exterior observadamente consiste nas luzes de crença; e seus frutos, com toda a certeza os estudiosos e os santos purificados e verazes, que estão adornados com todas as perfeições e realizações humanas. Se você apertar o ouvido ao peito daquela língua do Invisível, ouvirá de longe uma voz celestial mais familiar e convincente, infinitamente séria e elevada, equipada com a prova que repete: لاَ اِلٰهَ اِلاَّ هُوَ Afirma isso tão certamente ao grau de 'certeza absoluta', e o ilumina com um 'conhecimento de certeza' que se assemelha à 'visão de certeza.'

Em resumo: Tanto o Mensageiro mais Nobre de Allah (Allah o abençoe e lhe dê paz), e o Critério Mais Decisivo da Verdade e Falsidade eram sóis. Um deles, a língua do Mundo Manifesto, apontando com os dedos do Islam e a Mensagem e confirmado por todos os profetas e os purificados apoiados por milhares de milagres, demonstraram esta verdade com toda a sua força.

E o outro, como a língua do Mundo Invisível, indicando com os dedos de direito e de orientação sob a confirmação de todos os sinais criadores do universo dentro de quarenta aspectos do milagre, demonstra a mesma verdade com toda a seriedade. Essa verdade, então, não é mais clara do que o sol e mais brilhante do que a luz solar?

Ó homem obstinado pouco afundado em desorientação![1] Como você pode se opor a esses sóis com a lâmpada de sua cabeça, mais escura do que um vagalume? Como você pode mostrar desdém por eles? Você está tentando extingui-las com sopro? Ora a sua mente negativa! Como você pode negar as palavras e as reivindicações que aquelas duas línguas dos Manifestos Mundos Invisíveis e falam em nome do Sustentador de todos os mundos e Proprietário do universo; que falam em Seu nome? Ó, desgraçado, mais baixo e mais impotente do que uma mosca! Quem é você que tenta desmentir o Dono Glorioso do universo?

***

[1] Isto é dirigido a alguém que estava tentando abolir o Alcorão.

CONCLUSÃO

Ó amigo, cuja mente está alerta e o coração, atento! Se você entendeu esta Vigésima Segunda Palavra desde o início até aqui, toma os doze Lampejos juntos em sua mão, e encontra uma lâmpada de verdade tão poderosa como mil lâmpadas elétricas, adira aos versículos do Alcorão abaixo mencionados. Monte o corcel da ajuda Divina, ascender aos céus de verdade, suba ao Trono do conhecimento Divino. Declare:

اَشْهَدُ اَنْ لاَ اِلٰهَ اِلاَّ اَنْتَ وَحْدَكَ لاَ شَرِيكَ لَكَ[385]

E, dizendo:

لاَ اِلٰهَ اِلاَّ اللّٰهُ وَحْدَهُ لاَ شَرِيكَ لَهُ لَهُ الْمُلْكُ وَ لَهُ الْحَمْدُ يُحْيِى وَ يُمِيتُ وَ هُوَ حَىٌّ لاَ يَمُوتُ بِيَدِهِ الْخَيْرُ وَ هُوَ عَلَى كُلِّ شَىْءٍ قَدِيرٌ[386]

Proclame a Sua Unicidade sobre as cabeças de todos os seres do universo nesta mesquita poderosa do mundo.

﴿ سُبْحَانَكَ لاَ عِلْمَ لَنَا اِلاَّ مَا عَلَّمْتَنَا اِنَّكَ اَنْتَ الْعَلِيمُ الْحَكِيمُ ﴾[387]

﴿ رَبَّنَا لاَ تُؤَاخِذْنَا اِنْ نَسِينَا اَوْ اَخْطَأْنَا رَبَّنَا وَلاَ تَحْمِلْ عَلَيْنَا اِصْرًا كَمَا حَمَلْتَهُ عَلَى الَّذِينَ مِنْ قَبْلِنَا رَبَّنَا وَلاَ تُحَمِّلْنَا مَا لاَ طَاقَةَ لَنَا بِهِ وَاعْفُ عَنَّا وَاغْفِرْلَنَا وَارْحَمْنَا اَنْتَ مَوْلٰينَا فَانْصُرْنَا عَلَى الْقَوْمِ الْكَافِرِينَ ﴾[388] ۞ ﴿ رَبَّنَا لاَ تُزِغْ قُلُوبَنَا بَعْدَ اِذْ هَدَيْتَنَا وَهَبْ لَنَا مِنْ لَدُنْكَ رَحْمَةً اِنَّكَ اَنْتَ الْوَهَّابُ ۞ رَبَّنَا اِنَّكَ جَامِعُ النَّاسِ لِيَوْمٍ لاَ رَيْبَ فِيهِ اِنَّ اللّٰهَ لاَ يُخْلِفُ الْمِيعَادَ ﴾[389]

اَللّٰهُمَّ صَلِّ وَ سَلِّمْ عَلَى مَنْ اَرْسَلْتَهُ رَحْمَةً لِلْعَالَمِينَ وَ عَلَى آلِهِ وَ صَحْبِهِ اَجْمَعِينَ وَارْحَمْنَا وَ ارْحَمْ اُمَّتَهُ بِرَحْمَتِكَ يَا اَرْحَمَ الرَّاحِمِينَ آمِينَ[390]

﴿ وَ آخِرُ دَعْوٰيهُمْ اَنِ الْحَمْدُ لِلّٰهِ رَبِّ الْعَالَمِينَ ﴾[391]

***

A Vigésima Terceira Palavra

(Constitui em Dois Capítulos)

بِسْمِ اللّٰهِ الرَّحْمٰنِ الرَّحِيمِ

﴿لَقَدْ خَلَقْنَا الْاِنْسَانَ فِى اَحْسَنِ تَقْوِيمٍ ۞ ثُمَّ رَدَدْنَاهُ اَسْفَلَ سَافِلِينَ ۞ اِلاَّ الَّذِينَ

اٰمَنُوا وَ عَمِلُوا الصَّالِحَاتِ﴾[392]

CAPÍTULO PRIMEIRO

Explicaremos somente cinco das numerosas virtudes da fé, em cinco pontos.

O PRIMEIRO PONTO

O ser humano transcende, pela virtude da luz da fé, a mais elevada das alturas e adquire um valor que o torna merecedor do Paraíso. Por outro lado, pelas trevas da descrença desce ao mais ínfimo dos pontos e ingressa num estado que o torna merecedor do Inferno. Isso, porque a fé vincula o ser humano com o seu Glorioso Criador. Então, a fé é uma forma de relação. Assim, o ser humano adquire um valor sublime que destaca a obra Divina nele e manifesta a inscrição dos Nomes Divinos na página de Sua existência. Por outro lado, a descrença corta esta relação, com a ocultação da obra Divina daquela parte. Assim, seu valor aparece somente em respeito a matéria física.

Além do mais, o valor da matéria é nulo, sendo efêmero e passageiro, e a vida animal, temporária. Eis que explicaremos este mistério com um exemplo esclarecedor:

Como o valor da obra difere do valor do material e a excelência da obra que o ser humano produz, por exemplo, às vezes estes valores são iguais, às vezes o material é mais valioso do que a própria obra. Pode conter um material de ferro, valendo cinco reais, feita por cinco mil. Pode uma obra de antiguidade alcançar um valor de milhões, apesar de ser constituída de material valendo cinco. Se tal antiguidade é levada a um mercado de comércio de antiguidades e é atribuída a algum experiente artesão ou a um artista antigo e famoso, renomado e celebrado, a antiguidade será vendida por um milhão. Se levar a mesma obra a um galpão de ferro velho, provavelmente pode comprá-la por cinco.

Do mesmo jeito, o ser humano é a obra extraordinária do Criador, Glorificado seja. O homem é o mais sutil e gracioso milagre de Seu Poder, pois Ele o criou como um fenômeno para a manifestação de todos os Seus Belos Nomes e uma espécie de todas Suas inscrições, tornando-o uma miniatura de todo o cosmos.

Se a luz da fé for constante no seu interior, ela mostra todas as inscrições e os sinais significativos que ela carrega e que serão lidos naquela luz. O crente lê as inscrições com consciência e as sente de forma completa. Ele faz os outros lerem e pensarem nelas, como se dissesse: "Eu sou o produto e a criatura do Magnífico Criador, a manifestação de Sua Misericórdia e Generosidade." Em outras palavras mais amplas, a obra Divina se reflete no ser humano.

Portanto, a fé – que é uma interpretação da pertinência ao Criador, Glorificado seja – mostra todos os vestígios da obra no ser humano, estabelecendo o valor deste à medida do aparecimento da obra Divina e o brilho daquele eterno espelho. Então, este ser humano – sem qualquer significado – alcança a mais sublime posição entre as criaturas, o objeto da atenção Divina, adquirindo uma honra que o capacita a ser um hóspede digno do Paraíso.

Por outro lado, se a descrença – que é o corte de relação com Allah – entrar no seu ser, todos aqueles profundos sinais dos Belos Nomes Divinos caem na escuridão, ficando impossível lê-los. Certamente, quando o Criador é esquecido, os aspectos espirituais que apontam para Ele não podem ser compreendidos, como se ficassem de cabeça para baixo, perdendo a maioria daqueles sublimes sinais da própria obra, cheia de significados e de elevadas inscrições espirituais; a sobra delas, que pode ser vista, será atribuída a causas inferiores como à natureza e ao acaso, perdendo-se e desaparecendo totalmente. Cada uma dessas brilhantes diamantes transforma-se num pedaço de vidro sem qualquer brilho. Sua importância se restringe ao que diz respeito somente à matéria animal. E como já dissemos: o propósito e o fruto da matéria é somente passar uma vida curta, parcial, que a pessoa vive, sendo a mais impotente das criaturas, a mais necessitada e a mais triste delas. Finalmente, ele se decompõe e desaparece. Assim, a descrença destrói a natureza humana, deste jeito, transformando-a de precioso diamante em carvão.

O SEGUNDO PONTO

Como a fé é uma luz que ilumina e esclarece os seres humanos, possibilita a leitura de todas as letras da eternidade escritas sobre eles, ela também ilumina o universo inteiro e salva, das trevas, o tempo passado e futuro.

Explicarei este mistério com uma comparação, recorrendo a um dos segredos do seguinte versículo sagrado:

﴿ اَللّٰهُ وَلِيُّ الَّذِينَ اٰمَنُوا يُخْرِجُهُمْ مِنَ الظُّلُمَاتِ اِلَى النُّورِ ﴾[393]

Tive uma visão que havia duas montanhas grandes, frente à frente. Entre elas, havia uma enorme e estranha ponte. Debaixo da ponte, um vale profundo e encontrei-me em cima daquela ponte. O mundo estava submerso por uma escuridão densa de todos os lados, impossível de se distinguir. Olhei para a direita e vi um enorme cemitério dentro de uma escuridão sem fim, ou assim, imaginei. Olhei para a esquerda e parece que vi ondas violentas empurrando-se no meio de impressionantes ondas de trevas, como se preparando para atacar. Olhei para baixo da ponte e pensei que estivesse vendo um abismo extremamente profundo. Eu só tinha uma débil lanterna de bolso cuja luz fraca utilizei perante a situação horrorosa que aparecia diante dos meus olhos. No início e ao redor da ponte vi dragões, leões e monstros tão assustadores que disse para mim mesmo: "Gostaria não ter esta lanterna, assim não veria estes horrores." Para onde eu apontava a lanterna, via cenas igualmente horrorosas. Aí disse: "Ai de mim! Esta lanterna só me causa problemas!" Fiquei zangado, joguei a lanterna no chão e a quebrei. Aparentemente quando quebrei a lanterna, parece que toquei num interruptor de uma enorme lâmpada que ilumina o mundo inteiro e de repente toda aquela escuridão sumiu. Todas as partes foram preenchidas com a luz da lâmpada e a verdade sobre todas as coisas tornou-se visível. Vi que aquela ponte na realidade era uma estrada que levava por uma planície reta, por um vale. E aquele túmulo enorme que vi na minha direita era na realidade a formação de assembleias de recordação de Allah, de louvor, realizadas por homens iluminados em belos jardins que irradiam luz, alegria, prazer e felicidade do coração. Os abismos na minha esquerda, que achava que eram tempestuosos e relampejantes, na realidade eram agradáveis e atrativas montanhas arborizadas, que alegram espectadores, atrás dos quais havia uma enorme hospedagem, um lindo lugar de recreação e entretenimento. Quanto àquelas criaturas que pensei que fossem monstros e dragões assustadores na realidade eram animais domésticos e mansos como camelos, bois, carneiros e bodes. Aí, eu disse: [394] اَلْحَمْدُ لِلّٰهِ عَلَى نُورِ الْاِيمَانِ Então, recitei o versículo Sagrado:[395] ﴿ اَللّٰهُ وَلِيُّ الَّذِينَ آمَنُوا يُخْرِجُهُمْ مِنَ الظُّلُمَاتِ اِلَى النُّورِ ﴾ Então, acordei da minha visão.

Assim, aquelas duas montanhas eram o início e o fim da vida, ou seja, este mundo e o reino intermediário.

A ponte era o caminho da vida.

A minha direita era o passado, e a esquerda, o futuro.

Por sua vez, a lanterna de bolso era o ego humano, que é vaidoso, depende do que sabe e não dá ouvidos à revelação celestial.

Aquelas criaturas, que pareciam monstros, são as vicissitudes deste mundo e suas estranhas criaturas.

Como pode ser notado, o homem, que depende de seu ego e da ilusão, que cai no laço das trevas da descrença e que é afligido pelas algemas do extravio letal, parece com o meu primeiro estado naquela minha visão. Ele vê o passado com a luz deficiente daquela lanterna que é o conhecimento deficiente e errado; um enorme túmulo e entre trevas do nada. Por outro lado, imagina o futuro um lugar tempestuoso de selvageria, que o desvia para o acaso. Também, imagina cada um dos acontecimentos e cada uma das criaturas, as quais na realidade são designadas e submissas ao Onisciente e Misericordioso, como monstros ferozes e assassinos perniciosos, tornando-a a manifestação do versículo:

﴿وَالَّذِينَ كَفَرُوا اَوْلِيَاؤُهُمُ الطَّاغُوتُ يُخْرِجُونَهُمْ مِنَ النُّورِ اِلَى الظُّلُمَاتِ﴾[396]

Porém, se a pessoa é atingida pela orientação Divina, se a fé entrar no seu coração, se a tirania de sua alma é quebrada e se ele ouvir o Livro de Allah, então ela vai parecer mais com o meu segundo estado, na minha visão. Imediatamente, o universo terá as cores do dia, e ficará repleto da luz Divina e o mundo todo recitará o versículo:

﴿ اَللّٰهُ نُورُ السَّمٰوَاتِ وَالْاَرْضِ ﴾[397]

Ele verá que o passado não é um enorme túmulo, como imagina, mas cada uma de suas eras, como é visto pela luz do coração, repleta de funções de servidão, sob a liderança de um profeta enviado, ou de uma comunidade de virtuosos escolhidos, que administra aquela sublime função e a divulga, estabelecendo os seus pilares no rebanho da melhor forma possível. Após o término daqueles numerosos espíritos puros, cumprirem suas funções vitais e suas obrigações naturais eles se elevam para estações sublimes, exclamando: [398] اَللّٰهُ أَكْبَرُ atravessando o véu do futuro. Ele olha para sua esquerda e, pela luz da fé, consegue perceber de longe que, por trás das transformações purgatórias e ultra túmulo, tão volumosos quanto altas montanhas, há palácios de alegria nos jardins do Paraíso, onde foram preparadas as infindáveis hospedagens do Clemente. Conscientiza-se que cada um dos fenômenos universais é como tempestades, terremotos, pestes e coisas similares nada mais são que serventes d'Ele, obedientes a Ele que, apesar de serem aparentemente cruéis, são na realidade gentis instâncias de sabedoria, como tempestade de primavera e chuva. Ele até verá que a morte é uma introdução para a vida eterna e o túmulo é o portal para a felicidade perpétua.

Deduza você mesmo os outros aspectos da metáfora, aplicando a realidade como exemplo.

O TERCEIRO PONTO

A fé é tanto luz como força ao mesmo tempo. O ser humano que consegue a fé verdadeira é capaz de desafiar o universo e pode se livrar da pressão dos acidentes e das vicissitudes dependendo da força de sua fé. Consegue navegar no barco da vida, no meio de ondas gigantescas dos acontecimentos, com total segurança, dizendo: "Confio em Allah." Ele confia todas as suas dificuldades nas mãos do Possuidor do Absoluto Poder, e tranquilamente passa pelo mundo do Período do Túmulo para descansar. Então consegue voar para o Paraíso para alcançar a felicidade eterna. Mas se ele não colocar sua confiança em Allah, além de não conseguir se elevar e voar para o Paraíso, os pesos o atrairão para a mais baixa das escalas.

Então, a fé exige a Unidade Divina, e esta leva a submissão a Allah, a submissão leva à confiança em Allah e a confiança em Allah aplaina o caminho para a felicidade neste mundo e no Outro. Porém, não pense que o confiar em Allah é rejeitar todas as causas, mas consiste em considerar as causas como um véu na mão do poder Divino que deve ser cuidado e levado em consideração; agarrar-se a ela, ou adotá-la é uma espécie de prece efetiva. A procura dos efeitos e a observação dos resultados só devem ser pedidas a Allah; e todos os agradecimentos e os louvores só devem ser feitos a Ele.

Aqueles que confiam em Allah e aqueles que não confiam, parecem como dois homens que, carregados de coisas pesadas nas costas e nas cabeças compraram bilhetes e entraram num grande navio. Um deles, assim que entrou no navio, deixou todas as coisas no chão, sentando em cima delas e de olho nelas; enquanto o outro homem não os colocou no chão por ser orgulhoso e estúpido. Disseram-lhe: "Deixe sua carga no chão e descanse um pouco." Ele respondeu: "Não, não vou colocar com receio que suma alguma coisa. Sou forte. Vou guardar minhas coisas nas costas e na cabeça."

Novamente disseram-lhe: "Este barco imperial é seguro, é mais forte do que todos nós e pode guardar a nós e às nossas coisas melhor. Assim, você pode sentir tonteiras e cair no mar junto com suas coisas. Vai se sentir cada vez mais fraco. Estas suas costas fracas e sua cabeça vazia não vão aguentar este peso que fica cada vez maior. Até o capitão, vendo você desse jeito, vai expulsá-lo do navio, pensando que você é maluco, ou vai mandar que seja colocado na prisão dizendo que você é um traidor que difama nosso navio e que está debochando de nós. Será motivo de gozação de todo mundo, porque, ao mostrar soberbia podem deduzir que você está ocultando fraqueza por meio sua arrogância; impotência com seu orgulho; rebaixamento e hipocrisia por sua pretensão; todos rirão de você, pois se tornou um palhaço." Assim, ele entendeu seu erro, colocou sua carga no chão e sentou em cima dela. Ele disse: "Ah! Allah lhe pague! Livrei-me da dificuldade, da prisão e de ser tratado como tolo."

Ó ser humano que está distante da confiança em Allah! Recobre a razão, veja seus erros como o homem nesta história e confie em Allah. Confie n'Ele, para que possa se livrar de ser o mendigo do universo, de ficar tremendo diante de qualquer acontecimento, de ser presunçoso, de ser tolo, do sofrimento no Além e da prisão das pressões deste mundo.

O QUARTO PONTO

A fé é o que faz o Ser Humano ser humano, e até o faz ser rei. Sendo assim, o principal dever do homem é a fé e a súplica. A blasfêmia transforma o ser humano num animal impotente e monstruoso.

Dentre milhares de provas sobre este assunto, as diferenças entre a forma nas quais os homens e os animais vieram a este mundo se constituem em provas suficientes e em argumento decisivo.

Sim, as diferenças, nos modos como homens e animais vêm a este mundo, mostra que a fé torna o homem verdadeiramente homem. Porque o animal, assim que vem ao mundo, nasce, em perfeitas condições de acordo com suas habilidades, como se tivesse sido completado e aperfeiçoado num outro mundo. O animal aprende todas as condições e regras da sua vida e sua relação com o universo em duas horas, dois dias ou dois meses e ganha todas as suas habilidades para sobreviver, tornando-se exímio. O pardal ou a abelha, por exemplo, aprende o poder vital, a conduta e as habilidades de sobrevivência efetiva em vinte dias, ou seja, por inspiração Divina, as quais o ser humano demora vinte anos para aprender. Isto quer dizer que o dever fundamental dos animais não é o aperfeiçoamento por intermédio da aprendizagem, não é ter progresso pelo conhecimento e nem é pedir ajuda rezando e mostrando sua impotência. Provavelmente, o dever deles é trabalhar de acordo com suas habilidades, completar suas tarefas e reconhecer que são servos de Allah por seus atos.

O ser humano, ao contrário, quando nasce precisa aprender todas as coisas, vem totalmente ignorante sobre as leis da vida e não assimila as condições de sua vida nem em vinte anos. Permanece necessitando aprender até o fim da sua vida. Além disso, ele é mandado ao mundo numa condição extremamente fraca e impotente a ponto de só poder ficar em pé um ou dois anos depois. Somente com quinze anos ele consegue perceber a diferença entre malefícios e benefícios, e com a ajuda da experiência da humanidade, atrai coisas vantajosas para si e evita coisas que o prejudicam. Então, o dever fundamental, a função inerente dos seres humanos é aperfeiçoar-se pela aprendizagem e adorar a Allah com suas preces e súplicas. Em outras palavras, o dever do homem é saber as respostas das seguintes perguntas: "A misericórdia de quem administra minha vida da maneira tão sábia?" "A generosidade de quem cuida tão bem de mim?" "A graça de quem me abastece e administra tão delicadamente?" Além disso, sua função é rogar e suplicar ao Provedor de Todas as Necessidades com a língua da impotência e humildade, rezar e pedir a Ele milhares de necessidades de que precisa, e que a nenhuma delas pode pegar com suas próprias mãos. Ou seja, é voar nas asas da fraqueza e humildade, para a elevada estação da adoração e da servidão. Então, o ser humano veio para este mundo para progredir por meio conhecimento e prece. Em termos de sua natureza e capacidade intrínsecas, tudo é relacionado ao conhecimento. E o princípio, fonte, luz e espírito de todo conhecimento verdadeiro é o conhecimento de Allah. E a essência e o princípio do conhecimento de Allah é a crença n'Ele.

Em adição, ao ser humano estar sujeito a sofrer infinitos desastres e ser alvo de ataques de infinitos inimigos, por causa da sua impotência, e por sofrer de inumeráveis necessidades e serem afligidos por incontáveis necessidades por causa da sua pobreza sem limites, após a fé, seu principal dever é suplicar. Por sua vez, a súplica é o fundamento do culto. É como uma criança que, para conseguir algo que necessita e que não possa alcançar, chora ou pede, ou seja, suplica com a língua de impotência com seus atos ou palavras, e somente assim tem o sucesso em alcançá-lo. Do mesmo jeito, o ser humano é como uma criança delicada, suscetível e frágil no mundo dos seres vivos. Ele deve chorar por sua impotência e fraqueza ou suplicar com humildade e necessidade às portas do Clemente e Misericordioso até que consiga as coisas que ele quer ou possa oferecer sua gratidão por elas serem assim feitas. Ou então, como uma criança tola e levada que faz escândalos por causa de uma mosca, a pessoa dirá: "Eu, com a minha própria força, domino coisas impossíveis de subjugar que são mil vezes mais poderosas e faço estas coisas me obedecerem por minhas próprias reflexões, ideias e estratagemas, farei com que isto me obedeça", desviando-se assim para a ingratidão pelas dádivas, não somente se opondo aos princípios da sua natureza, mas também fazer a si mesmo merecer um castigo muito severo.

O QUINTO PONTO

A fé necessita da súplica como meio de comunicação, e a natureza humana tem um intenso desejo por ela, Allah, Glorificado e Exaltado Seja, diz também:

﴿ قُلْ مَا يَعْبَؤُا بِكُمْ رَبِّي لَوْلَا دُعَاؤُكُمْ ﴾[399]

Ele também ordena: ﴿ اُدْعُونِي اَسْتَجِبْ لَكُمْ ﴾[400]

Se você disser: "Nós frequentemente suplicamos a Allah, mas não somos atendidos, apesar do versículo afirmar que toda súplica é atendida."

A Resposta: O atendimento à súplica é uma coisa e a sua aceitação é outra completamente diferente. Cada súplica é atendida, mas o seu ser aceita e a execução do que foi pedido depende da Prudência de Allah, Glorificado seja.

Por exemplo, se uma criança doente chama o médico, dizendo: "Doutor, Doutor", e ele responder: "Aqui estou, o que você quer?" A criança diz: "Examina-me!" O médico lhe diz: "Vou atendê-lo." A criança diz: "Dê-me este remédio." O médico, então, pode lhe dar exatamente o que pede ou algo melhor e mais benéfico para ele. Ou nada lhe dá.

Assim, Allah, Exaltado seja, Onisciente Absoluto, Presente e Observador, atende à súplica do Seu servo e transforma a desolação da solidão e do isolamento em familiaridade, com Sua presença e resposta, mas não em conformidade aos desejos e caprichos do ser humano. Dá-lhe o que deseja, ou melhor ainda, ou nada lhe concede, de acordo com a Prudência Divina.

Além disso, a súplica é uma forma de adoração. Os frutos e os benefícios da adoração pertencem à vida futura. Os objetivos inerentes a este mundo, porém, são os tempos particulares da súplica e adoração e não seus objetivos.

Por exemplo, as orações e súplicas por chuva são uma forma de adoração. A falta de chuva é o momento para tal adoração. Nem a adoração, nem a súplica são para trazer chuva. Se realizadas com essa intenção, só para isso, não são dignas de aceitação, pois elas não são adoração sincera para Allah.

O mesmo acontece quanto ao pôr do sol; é o momento do anúncio da *salatul maghrib* (oração do crepúsculo). Na hora do eclipse do sol e da lua são os tempos de dois cultos especiais conhecidos como *salat al-kussuf* (eclipse solar) e *salat al-khussuf* (eclipse lunar). Isto é, com o véu dos dois sinais luminosos da noite e do dia, que proclamam a Grandeza de Allah, Glorificado seja. Senão, essa adoração para a revelação do sol e da lua cuja aparência e tempo os eclipses são do conhecimento dos astrônomos.

Da mesma maneira, que a questão é assim, a falta de chuva é o momento para as orações pela chuva, e a hora das calamidades e da imposição de coisas prejudiciais são momentos certos para súplicas pertinentes. Quando o homem percebe sua impotência e debilidade recorre à súplica e busca refúgio na porta do Onipotente Absoluto. Mesmo que Allah, Glorificado seja, não elimine as calamidades, apesar de muitas súplicas, não pode ser dito que elas não foram aceitas. Deve sim ser dito que o tempo para a súplica ainda não acabou. Se por meio de Sua graça e generosidade, Allah Todo-Poderoso, remove a calamidade, então o tempo para a súplica terminou.

Com isso, a súplica é um dos segredos da adoração, e a adoração deve ser pura e sincera pela causa de Allah. O homem só deve anunciar sua impotência e buscar refúgio n'Ele com a súplica; ele não deve interferir nas questões de Seu Domínio. Ele deve deixar a tomada de medidas para Ele e confiar na Sua Sabedoria. Não deve acusar Sua Misericórdia ou se desesperar dela.

Na verdade, foi estabelecido pelos evidentes versículos do Alcorão que, assim como todos os seres oferecem sua glorificação particular e adoração, as prostrações específicas transparecem as incontáveis posições de adoração, as sendas das súplicas que levam para a proteção do Senhor Grandioso.

Porém, pela língua da habilidade inata como a súplica de todas as plantas, cada uma busca formas de se superar para mostrar e manifestar Seus Belos Nomes.

Ou pela língua da necessidade inata, como são as súplicas de todas as espécies vivas, suprem suas necessidades essenciais, além dos elementos da continuidade de sua existência como uma espécie de sustento.

Ou pela língua de exigência. Na verdade, cada ser espiritual necessitado suplica sinceramente, recorre diretamente ao Protetor desconhecido e se dirige ao seu Misericordioso Senhor. Esses três tipos de súplicas são sempre aceitas se não há nada para torná-las inaceitáveis.

O quarto tipo conhecido, é a nossa conhecida súplica. Isso também é de dois tipos:

Um é efetivo e momentâneo, e o outro é verbal e íntimo.

Por exemplo, recorrer às causas é uma prece efetiva, sabendo-se que com a reunião das causas não significa criar o efeito, mas tomar uma posição aceitável a fim de buscar o efeito que satisfaz a Allah, Glorificado seja. Certamente, arar um campo é bater na porta dos tesouros da misericórdia Divina. Uma vez que este tipo de súplica efetiva é dirigido ao Nome Absolutamente Generoso e ao atributo, ele é aceito na grande maioria dos casos.

O segundo tipo é a súplica com a língua e o coração, ou seja, o pedido para conseguirmos determinados desejos que a mão não pode alcançar. O aspecto mais importante, o objetivo mais bonito, o fruto mais doce desta súplica é que: "Quem oferece as súplicas esteja consciente que há Alguém Que ouça os desejos do seu coração, cuja Mão possa alcançar todas as coisas, Que possa atender os desejos e esperanças de todos, Que tenha pena de sua impotência, e conforte a sua pobreza."

Ó homem impotente e necessitado! Não negligencie a chave do tesouro da ampla misericórdia e da inesgotável força, que é a súplica. Apegue-se a ela para alcançar os picos mais altos da humanidade! Faça das súplicas do universo uma parte de sua súplica!

Faça de si um servo e um responsável total, dizendo: ﴿إِيَّاكَ نَسْتَعِينُ﴾[401] Seja a mais perfeita proporção da criação!...

***

CAPÍTULO SEGUNDO

Incluindo cinco observações em relação à felicidade e à infelicidade do homem

[Uma vez que o homem foi criado na mais perfeita proporção e foram-lhe dadas habilidades mais abrangentes, ele consegue ingressar na arena de prova e do exame que lhe foi imposto, em que ele pode subir ou descer estações, postos e graus ínfimos para o mais alto dos planos, da terra para o Trono Divino, e do átomo para a galáxia. Como um milagre do Poder Divino, o resultado da criação, é uma maravilha da arte Divina diante da qual foram abertos dois infindáveis caminhos para a subida ou descida infinita. Vamos explicar o mistério deste extraordinário progresso e o declínio do homem em cinco "Observações".]

PRIMEIRA OBSERVAÇÃO

O homem tem necessidade da maioria das variedades de seres no universo e está ligado a eles. Suas necessidades se espalham em todas as partes do mundo, e seus desejos estendem-se para a eternidade. Como ele quer uma flor, ele também quer a primavera. Como ele deseja um jardim, do mesmo modo ele também deseja o Paraíso eterno. Como ele se emociona ao ver a pessoa amada, deseja, também, ver o Belo e o Magnífico no Paraíso. Como necessita abrir uma porta para ver um amigo que lá se encontra, também necessita visitar o mundo do Período do Túmulo onde estão noventa e nove por cento de seus entes queridos. Ele precisa procurar refúgio na corte do Absolutamente Poderoso, pois é Ele Quem vai fechar a porta deste mundo enorme e abrir a porta da Outra Vida, que é o congregação das milagres e arrancar o mundo, construindo a Outra Vida para substituir o mundo.

Assim, para o homem nesta posição, o objeto de Adoração Verdadeira será somente a Um em cujas mãos estão as rédeas de todas as coisas, Onipotente, Magnificente, Misericordioso, Belo, Prudente e Perfeito com quem estão os tesouros de tudo, Que é vê tudo, está presente em todo lugar, nada o abrange, isento de impotência, livre de culpa, e muito acima de todo defeito, porque quem consegue suprir as necessidades do ser humano, com esperanças e desejos ilimitados é quem possui poder ilimitado e prudência abrangente. Por isso, somente Ele merece ser adorado.

Ó homem, se você for servo somente d'Ele, você vai ganhar um lugar superior a todas as criaturas. Mas se você negligenciar a servidão a Ele, você vai se tornar um humilde servo das criaturas impotentes. Se você se vangloriar de seu poder e egoísmo, abandonar a súplica e a confiança em Allah, gabando-se, desviando-se do caminho certo, você cairá mais baixo do que uma formiga ou abelha quanto à bondade e à criatividade, tornar-se-á mais fraco do que a aranha ou a mosca. Será mais pesado do que uma montanha em relação ao mal e à destruição, e mais prejudicial do que uma peste.

Sim, ó homem! Você tem duas direções:

A primeira: é a da criatividade, da existência, do bem, da efetividade e da ação.

A segunda: é a direção da destruição, da não existência, do mal, da negatividade e da passividade.

Em relação à primeira direção, você é inferior a uma abelha ou a um pardal; é mais fraco do que uma aranha ou mosca.

Em relação à segunda direção (a da destruição), você é capaz de superar as montanhas, a terra e o céu; você é capaz de tomar a seu cargo o que eles (céus e terra) temeram assumir, e assume uma esfera mais ampla e mais vasta do que eles, porque quando você faz o bem, você é capaz de fazê-lo apenas na medida do seu próprio poder e força, e com o grau que sua mão pode alcançar. Mas quando você comete o mal, este ultrapassa os limites e impera; a sua destruição se espalha em todo lugar.

Por exemplo, a incredulidade é maldade, destruição e inaceitação. Porém este mal contém depreciação de todo o universo, menosprezar todos os Nomes Divinos e abusar de toda a humanidade, uma vez que esses seres têm posições elevadas e deveres importantes, pois são missivas divinas, espelhos gloriosos e funções específicas.

Portanto, a incredulidade, além de rebaixar essas existências da posição de espelhação, da funcionalidade, da indicação do significado. Assim, ela os rebaixa rapidamente ao grau de decadência do acaso, à posição de coisa efêmera, regenerada, alternada imediatamente com a da destruição do desaparecimento e da separação, à posição da não existência, sem importância e valor. Assim, também, pela negação, ele insulta os Nomes Divinos, as inscrições, as manifestações e as belezas que deveriam ser vistas por meio do universo e nos espelhos dos seres.

A humanidade que é uma poesia bem composta de sabedoria, que proclama as manifestações dos Nomes Sagrados e Divinos, é um milagre do poder divino como a semente que contém todos os membros de uma árvore eterna. Essa humanidade é movida pela incredulidade no seu aspecto vivo que ganhou superioridade sobre a terra, os céus e as montanhas, assumindo a Grande custódia e sendo preferida aos anjos, tornando-se dona da posição de legatária na terra... É empurrada desta sublime posição para o mais baixo dos níveis, mais humilde e baixa do que qualquer vil criatura, efêmera, impotente, pobre; rebaixa-a rapidamente à mais deteriorada e confusa forma.

Em resumo: No que diz respeito à destruição e ao mal, a alma ordenadora do mal pode cometer crimes infinitos. No que diz respeito à criatividade e à prática do bem, seu poder é extremamente limitado e parcial. Então, o ser humano consegue destruir uma casa em um dia, mas não pode construí-la em uma centena de dias. No entanto, se ele abandonar o egoísmo e procurar o bem e a existência da ajuda Divina, deixando de seguir a si próprio, pedir indulgência e tornando-se um verdadeiro servo de Allah, sendo a manifestação do segredo do versículo:

﴿يُبَدِّلُ اللّٰهُ سَيِّئَاتِهِمْ حَسَنَاتٍ﴾[402]

Sua capacidade sem fim para o mal será transformada em uma capacidade sem fim para o bem. Ele vai adquirir o valor do mais excelente padrão e ascender ao mais alto dos níveis.

Ó homem desatento! Olhe para a munificência e a generosidade de Allah, Bendito e Exaltado seja! No momento que a justiça decreta que Ele registre o ato maléfico como mil, e um único ato bom como um só ato bom, ou não o registra, pois o seu bem e interesse se reverte para o próprio ser humano, Ele, o Onipotente, registra um único ato maléfico como um, e um único ato bom como dez, e às vezes como setenta ou setecentos, ou mesmo às vezes como sete mil.

Você também entenderá desta observação que o ingresso no Inferno é ato de castigo e de justiça, enquanto o ingresso no Paraíso é um ato de pura generosidade.

SEGUNDA OBSERVAÇÃO

O homem tem dois aspectos.

O primeiro: O aspecto do egoísmo é restrito à vida deste mundo.

O segundo: O aspecto da adoração a Allah é estendido à vida eterna.

Em relação ao primeiro aspecto, ele é uma criatura miserável cujo capital consiste, em relação à vontade parcial, de apenas uma parte de livre-arbítrio como um fio de cabelo; tem um capacidade de adquirir pouco lucro, e da vida, uma chama que se apaga rapidamente; de um tempo de vida, um período breve e passageiro; da existência, um corpo em decomposição rápida. Junto com isso, ele é um indivíduo delicado, fraco dentre inumeráveis indivíduos das variedades de seres dispersos pelos níveis do universo.

No que diz respeito ao segundo aspecto e especialmente sua impotência e pobreza, que são voltadas para a adoração, o homem desfruta de ampla, verdadeiramente grande e de vasta importância. O Criador Prudente incluiu na natureza do homem uma impotência infinitamente vasta e sem limites de enorme pobreza, para que ele possa ser um espelho amplo que contém as inúmeras manifestações do Todo-Poderoso e Misericordioso cujo poder e misericórdia são infinitos, cuja generosidade e opulência são ilimitadas.

Na verdade, o homem se assemelha a uma semente. A esta semente tem sido dado órgãos imateriais importantes pelo poder de Allah e um programa, sutil, valioso por Predestinação, de modo que ela possa trabalhar sob o solo e, emergindo do mundo estreito, entrar no amplo mundo do ar, e pedir, finalmente, ao seu Criador com a língua de habilidade de ser uma árvore, e alcançar a digna perfeição. Se a semente atrair certas substâncias nocivas e desviar seus órgãos imateriais que lhe foram dados, devido à péssima mistura e a deterioração de seu gosto, sem dúvida, apodrecerá e se deteriorará naquele estreito lugar e em tempo curto. Mas se os órgãos imateriais da semente se submetem ao comando da criação de Allah: [403]﴿ فَالِقُ الْحَبِّ وَالنَّوٰى ﴾ e os empregam bem, vai emergir desse mundo estreito uma árvore frutífera de grande porte, assumindo sua realidade particular e seu pequeno espírito na forma de uma realidade ampla e universal.

Da mesma forma, órgãos significantes e programas valiosos foram colocados na natureza do ser humano pelo Poder e pela Determinação Divinos. Se o ser humano usar esses órgãos espirituais nos desejos de sua alma, sob o solo da vida mundana nos limites estreitos deste mundo terreno, ele decairá e se decomporá no meio de dificuldades em uma breve vida em um lugar restrito e estreito, como a semente podre, e carregará a responsabilidade sobre o seu espírito infeliz, partindo frustrado deste mundo.

Se, no entanto, ele nutrir a semente de suas habilidades com a água do Islam e a luz da fé sob o solo de adoração a Allah, orientando seus órgãos espirituais na direção de seu objetivo real, em conformidade com os mandamentos do Alcorão, certamente, produzirá ramos e brotos no Mundo das Similitudes, no Reino do Intermediário e no Paraíso das dádivas e integridades ilimitadas, ele se tornará uma semente de grande valor e uma máquina brilhante como os ramos de uma árvore eterna e a verdade permanente; será uma fruta abençoada e luminosa da árvore do universo.

Sim, o verdadeiro progresso é conseguido, orientando o coração, o segredo, o espírito, o intelecto, e até mesmo a imaginação e outras faculdades sutis dadas ao homem para a vida da felicidade eterna e a ocupação de cada um com o dever especial de adoração digno dela. Se submeter o coração, o intelecto e todas as faculdades sutis sob a ordem da alma ordenadora do mal e colocar todos a seu serviço, e mergulhar nas futilidades deste mundo, que os desorientados pensam que é progresso, ou seja, desfrutam de seus variados gostos, até piores, é declínio, e não progresso.

Eu vi esse fato em uma visão descrita na seguinte comparação:

Eu estava entrando em uma grande cidade, onde encontrei palácios enormes. Às portas de alguns desses palácios aconteciam festas alegres e festivais que chamavam a atenção como se fossem teatros e entretenimentos. Olhei atentamente e vi que o dono do palácio estava parado à porta, brincando com seu cachorro. As senhoras estavam conversando docemente com jovens estranhos. As garotas estavam organizando os jogos das crianças. O porteiro do palácio tinha tomado o papel de ator, como fosse dirigir os outros. Então, percebi que o interior do enorme palácio estava completamente vazio. Todas as suas atividades agradáveis estavam paralisadas. A moral de seus habitantes tinha decaído. Ficaram com esta imagem na frente do palácio. Andei um pouco e deparei-me com outro palácio. Vi um cão fiel deitado à porta, com um porteiro, severo, firme, calmo, nada acontecendo na frente do palácio que chamasse a atenção. Fiquei curioso e quis saber porque aquele palácio era daquele jeito e este desse jeito. Entrei e vi que o interior estava cheio de alegria. As pessoas do palácio estavam ocupadas com suas diferentes e refinadas funções, cada um no seu andar. No primeiro andar havia homens que administravam o palácio. No andar de cima, as garotas e as crianças estudando. No terceiro andar, as senhoras estavam ocupadas com artes plásticas e bordados bonitos em vários tipos de vestes. E no piso superior, estava o dono do palácio trocando informações com o rei, e estava ocupado com seus próprios e elevados deveres, a fim de manter a tranquilidade dos habitantes do palácio, de acordo com as suas funções, realizações e progresso. Por estar invisível para eles, ninguém me proibiu circular nas dependências do palácio. Assim, saí do palácio e circulei na cidade e verifiquei que estava dividida em dois tipos de palácios. Perguntei sobre isso e me disseram: "Os primeiros tipos de palácios, onde há festas na porta e cujo interior está vazio, pertencem ao lugar dos descrentes e pessoas desviadas. Os outros pertencem a honrosos muçulmanos." Então, em um canto, me deparei com um palácio no qual estava escrito o nome **"Said"**. Fiquei curioso. Quando olhei mais vi a minha imagem sobre ele. Gritei perplexo, voltei a mim e acordei.

E agora vou interpretar esta visão para você com a anuência de Allah:

A cidade representa a vida social e a civilização humana. Cada um dos palácios representa um ser humano. O povo dos palácios eram as faculdades sutis no homem como os olhos, ouvidos, coração, o íntimo, o espírito, o intelecto, e coisas como a alma, o capricho e os poderes da luxúria e da raiva. Cada uma das faculdades do homem tem o dever diferente de adoração, prazer e dor. A alma, o capricho e os poderes de luxúria e da raiva são como o porteiro e o cão. Assim, sujeitar as faculdades sutis e elevadas à alma ordenadora do mal e ao capricho e fazê-los esquecer de seus deveres fundamentais é, certamente, declínio e não progresso. Você pode interpretar o resto por si mesmo.

TERCEIRA OBSERVAÇÃO

Em relação aos seus atos e ações, o ser humano quanto ao trabalho é um animal débil, uma criatura impotente. A extensão de seu poder de disposição e de propriedade é tão limitada que não é maior do que a medida que a mão pode alcançar. Até mesmo os animais domésticos, aqueles cujas rédeas foram dadas ao homem, têm cada um deles uma parte de sua fraqueza, impotência, e preguiça, de modo que, se forem comparados com os seus homólogos selvagens, vê-se uma grande diferença aparente (como a diferença entre cabras e vacas domésticas, e cabras e vacas selvagens).

Porém, a respeito da indignação, aceitação, súplica e petição desse homem, é um passageiro honrado nesta hospedagem mundana. Ele é um hóspede do Generosíssimo que lhe abriu os tesouros infinitos da misericórdia. Submeteu a ele inumeráveis e belos servos e criações.

Abriu-lhe um enorme círculo que foi preparado para a sua recreação, diversão e seu benefício, um círculo muito amplo, sua metade é tão longa e larga que chega onde leva a imaginação.

Se o ser humano que confia em seu ego e faz da vida mundana seu objetivo, e trabalha para certos prazeres temporais em sua luta por viver, ele se afundará em um círculo extremamente limitado e depois desaparecerá. Todos os membros, sistemas e faculdades dados ao homem testemunharão contra ele no Dia da Ressurreição e apresentarão uma petição contra ele.

Por outro lado, se ele sabe que é um hóspede e gasta o capital de sua vida dentro do círculo permitido pelo Generoso, de Quem é hóspede, trabalhará no amplo espaço para uma vida eterna, e depois respirará e descansará. Assim, ele pode alcançar a escala mais alta. Também, todas as faculdades, membros e sistemas concedidos ao homem testemunharão favoravelmente a ele no Outro Mundo.

Certamente, todas as faculdades concedidas ao homem não são para sua insignificante vida mundana, mas para uma vida eterna de grande significado. Se compararmos o homem aos animais, veremos que o homem é muito mais rico em consideração aos membros e sistemas, cem vezes mais do que os animais. Porém, ele é cem vezes mais pobre no que diz respeito aos prazeres e o desfrute da vida mundana, porque, o humano encontra em cada prazer o vestígio de milhares de dores. Portanto, as dores do passado, o sufoco do presente e o medo do futuro, e a dor da ausência do prazer, estragam sua sensibilidade. O animal não é assim. Ele recebe prazeres sem dor, saboreia as coisas de forma limpa, não turva, não sofre as dores do passado, nem o medo do futuro o angustia. Vive em paz, dorme e rende graças ao seu Criador.

Então, o homem que foi criado na melhor proporção, que restringe sua mente a esta vida mundana, descerá cem vezes abaixo do nível animal, como o pardal, mesmo que seja cem vezes mais elevado e mais perfeito que este, por causa de seu capital. Em outro lugar expliquei esta verdade por intermédio de uma comparação. É o momento de voltar a explicá-la.

Um homem deu dez moedas de ouro a um servo seu e o ordenou que mandasse fazer um traje do melhor tecido. A outro, deu mil moedas de ouro com uma nota escrita que lhe pôs no bolso e o enviou ao mercado. O primeiro servo comprou um traje excelente com as dez moedas de ouro. O segundo, por descuido, vendo o primeiro servo, sem ler a nota que tinha no bolso, deu as mil moedas de ouro a um lojista e lhe pediu um traje. O lojista desonesto lhe deu um traje de pior qualidade. Esse servo irresponsável entregou o traje a seu senhor e recebeu uma reprimenda e um castigo terrível. Assim, o menos inteligente entendeu que as mil moedas de ouro dadas ao segundo servo não eram só para comprar um traje, mas para negociar algo mais importante.

Portanto, cada órgão espiritual e faculdade do homem crescem a um nível cem vezes mais amplo do que dos animais.

Por exemplo, onde estão as faculdades e membros do ser humano como os olhos, os quais podem discernir entre todos os graus de beleza e a sensação do gosto que pode distinguir todas as variedades de sabores particulares dos alimentos, e a sua mente, que pode penetrar nos pontos mais profundos da realidade, e seu coração que suspira por toda classe de perfeição? Onde estão os órgãos extremamente simples dos animais os quais se aperfeiçoaram somente um ou dois graus? Há somente uma diferença; um órgão particular de certa função nos animais, especialmente de certas espécies se desenvolve mais. Mas esse desenvolvimento é particular.

A riqueza e o segredo da abundância das faculdades concedidas ao homem são porque sua sabedoria e seus sentimentos ganharam força e desenvolvimento, descobrimentos e extensões por causa do pensamento e cérebro. E por causa da densidade de suas necessidades, formou-se uma grande variedade de emoções e diversificaram sua sensações. Por causa da abrangência de sua natureza, resulta ter o desejo de muitos objetos. Também, por ter muitos deveres inatos, seus órgãos e faculdades cresceram muito. Por isso, criou-se uma natureza capaz de realizar qualquer classe de adoração, recebeu habilidades, as quais contêm as sementes de todas as perfeições.

Por isso, esta grande riqueza de órgãos e este imenso capital não lhe foram dados para adquirir apenas esta vida temporal fútil, mas também para cumprir o dever fundamental do homem de dirigir suas missões até inumeráveis objetivos e proclamar sua impotência, sua pobreza e seus erros pela oração, observar as glorificações do existente com um olho universal e atestá-las, agradecer pela assistência do Mais Misericordioso com oferecimento e contemplação dos milagres do Poder Divino sobre as existências, pensando nisso com sua visão aberta.

Ó homem, adorador deste mundo, amante da vida mundana, ignora "a mais perfeita proporção". Ouça o que o "Velho Said" viu da realidade da vida deste mundo e de acontecimento teatral que o transformou no "Novo Said".

Vi que sou um viajante, empreendendo uma viagem longa, quer dizer, sendo enviado para lá. O meu senhor me dava diariamente uma parte das sessenta moedas de ouro, para gastar. Cheguei num hotel que possuía um local de entretenimento onde gastei dez moedas de ouro numa só noite na mesa de jogo, em busca da fama. Pela manhã estava sem dinheiro nenhum, não pude comprar nada nem praticar qualquer comércio. O que me sobrou daquele dinheiro foi pecados e dores, e dos entretenimentos, feridas e penas.

Enquanto estava neste estado terrível, um homem apareceu de repente, e me disse: "Você gastou todo o seu capital em vão, tendo merecido ser castigado. Você irá ao seu destino de mãos vazias. Se você for perspicaz e pessoa de visão, a porta do arrependimento está aberta. A partir de agora, cada vez que receber as moedas de ouro, guarde a metade das quinze delas que sobraram para comprar algo do que vai precisar no seu destino." Mas eu não aceitei. O homem disse: "Guarde, então, um terço." Porém, também não aceitei. Ele disse: "Guarde, então, um quarto." Novamente, não aceitei. Vi que não consigo deixar o vício que adquiri. O homem virou a cabeça com enfado e se foi.

Logo vi como se as coisas mudassem. Vi-me num trem que descia em alta velocidade dentro de um túnel sob a terra. Fiquei assustado, mas sem opção, pois não conseguia escapar para nenhum lado. Estranhamente, atrativas flores e tentadoras frutas apareceram de ambos os lados do trem. Eu, tolo e sem experiência, olhei-as e estendi a mão para pegá-las. Porém, já que as flores e as frutas tinham espinhas, feriram-me e fizeram-me sangrar as mãos. Com o movimento do trem, minhas mãos se feriram, doíam muito.

Logo, um encarregado do trem me disse: "Dê-me cinco centavos e lhe darei quantas quiser destas flores e frutas. Em vez de cinco centavos, você perde cem centavos com o ferimento das mãos. Além disso, você poderá ser castigado por desejar tomá-las sem permissão".

Com angústia, coloquei a cabeça para fora da janela do trem e olhei para frente para ver quanto faltava para terminar o túnel. Vi que a saída dele apareciam muitos buracos. Pessoas eram jogadas daquele trem naqueles buracos. Vi que um dos buracos era destinado a mim. Em ambos os lados havia lápides. Olhei com curiosidade. Vi escrito no epitáfio o nome: **"SAİD"**, com letras maiúsculas. Gritei, com perplexidade e tristeza: "Oh!" Então, ouvi a voz daquele homem que me aconselhou longamente na porta do local de entretenimento, dizendo: "Você recobrou a razão?" Respondi: "Sim! Mas depois que as minhas energias se esgotaram e não há mais opção." Disse ele: "Arrepende-se e confie em Allah." Disse-lhe: "Assim farei." Então, despertei... O Velho Said havia desaparecido. Vi-me, então, como o Novo Said.

Interpretarei uma parte dessa visão. Que Allah a transforme em bem. Interprete você mesmo o resto.

A viagem era o que passei desde o mundo dos espíritos, ao ventre da mãe, à juventude, à senilidade, ao cemitério, à região intermediária (Período do Túmulo), à ressurreição, passando pela ponte, a uma viagem até a eternidade. As sessenta moedas de ouro eram sessenta anos da vida e quando tive a visão, tinha quarenta e cinco anos. Não tinha nada para garantir. Mas, um sábio estudioso sincero do Alcorão me aconselhou que deixasse a metade das quinze moedas de ouro que me restaram para a vida eterna. Aquele hotel era Istambul, para mim. O trem é o tempo. Cada vagão do trem, um ano. Enquanto o túnel é a vida presente. As flores e as frutas com espinhos são prazeres ilícitos e entretenimentos proibidos com os que nos comprazem enquanto surge a pena pelo desaparecimento e a separação que sangram e rompem o coração.

O homem do trem me disse: "Dê-me cinco centavos que lhe darei quanto quiser." A interpretação disto é: Os prazeres e os entretenimentos que o homem recebe licitamente na esfera lícita são suficientes para seus gostos. Não deixam margem para entrar na ilícita. Você pode interpretar o resto.

QUARTA OBSERVAÇÃO

O homem parece com uma criança delicada e mimada neste universo. Há uma grande força em sua debilidade e um grande poder em sua impotência, porque é pela força de sua debilidade e pelo poder de sua impotência que esta existência se faz sujeita a ele.

Se o homem compreende sua debilidade e faz súplicas verbais, em situações e condutas, se reconhece sua impotência e busca ajuda cumprindo as graças desse afeto, obterá seus desejos, e seus objetivos serão dominados por ele já que com seu próprio poder não pode obter um décimo deles. Só às vezes, incorretamente, atribui a satisfação de seu desejo ao seu próprio poder que obteve por intermédio de súplicas oferecidas com a língua à sua disposição.

Por exemplo, a força na debilidade de um filhote provoca a galinha mãe atacar um leão. Assim, a força oculta na debilidade do filhote faz a sua feroz mãe submeter-se a ele, ficando a leoa com fome e o filhote alimentado por ela, apesar de sua debilidade e pequenez. Portanto, deve-se observar a enorme força na debilidade que manifesta a observação da misericórdia Divina.

Da mesma forma, a débil e mimada criança consegue, devido a sua debilidade, a misericórdia dos outros, e com o seu choro, seus desejos são atendidos e os fortes submetem-se a ela. Assim, ela consegue o que não conseguiria um milésimo com sua débil força. A sua debilidade e sua impotência estimulam compaixão e cuidado a ela. Com isso consegue submeter os heróis com seu dedo mindinho. Se a criança negar esta compaixão e denunciar este cuidado com orgulho, e disser com ilusão e loucura: "Eu é que dominei a todos com a minha própria força", sem dúvida, ela merecerá, por isso, receber um castigo.

Da mesma maneira, se o ser humano negar a misericórdia de seu Criador e anunciar a Sua sabedoria, e disser como Carun (Corá), desagradecendo a graça:

﴿إِنَّمَا أُوتِيتُهُ عَلَى عِلْمٍ﴾[404] merecerá também castigo.

Portanto, o domínio e a autoridade que o ser humano desfruta, a superação humana e as conquistas da civilização não são conseguidas por sua superioridade e força de seu argumento, nem pela sua conquista, mas foram concedidas a ele por causa de sua debilidade, foram-lhe estendidas ajudas por causa de sua deficiência, foram-lhe dadas por causa de sua pobreza, foram-lhe inspiradas por causa de sua ignorância, foram-lhe agraciadas por causa de sua necessidade. A razão de seu domínio não foi pela força nem pelo poder de conhecimento, mas por compaixão e clemência do Senhor e por misericórdia e sabedoria Divinos pelas quais lhe é subjugada a existência. Certamente, o que o homem faz derrotando insetos como escorpião sem olhos e serpente sem patas, que se veste de seda produzida por bicho-da-seda sem mãos, e come mel produzido por pequeno inseto venenoso, não sendo pela sua força, mas pela submissão Divina e da generosidade do Misericordioso. São o fruto de sua debilidade.

Ó homem, se a realidade é assim, deixe o orgulho e o egoísmo. Declare perante a porta Divina a sua impotência e debilidade com a língua de assistência, e sua pobreza e necessidade com a língua do rogo e a súplica, e demonstre que é Seu servo e diz:

﴿حَسْبُنَا اللّٰهُ وَنِعْمَ الْوَكِيلُ﴾[405] e eleve-se.

Não diga: "Não sou nada. Que importância eu tenho para que este universo intensivamente fique submisso a mim pelo Prudente Absoluto, intencional e cuidadosamente para que se peça o agradecimento completo de minha parte?" Mesmo supondo que nada é quanto à sua alma e imagem, porém, em relação à sua função e posição, você tem o valor de ser observador atento deste majestoso universo, de ser uma língua que fala eloquentemente desta existência perfeita, de ser um discernente leitor deste livro do Universo e de ser um superintendente perplexo em vista dos seres glorificantes e um capataz de respeito das existências veneradoras.

Sim, ó homem!

Em relação ao seu corpo físico-vegetal, e o seu desejo animal é uma parte parcial, uma partícula depreciada, uma criatura pobre, um animal débil, misturado aos movimentos dos seres existentes. Porém, aperfeiçoando-se com a educação do Islam o qual está iluminado com a luz da fé, a qual consiste em irradiação do amor Divino, como humano e dentro da servidão, é um sultão, e dentro de sua individualidade é um todo completo, e dentro de sua pequenez é um universo. Dentro de sua qualidade é muito grande e um observador com uma faculdade tão extensa que pode dizer: "Meu Senhor Compassivo fez do mundo uma casa para mim. Fez do sol e da lua lâmpadas para minha casa, fez da primavera um ramo de rosas, do verão uma mesa repleta de alimentos com generosidade e do animal um servo para mim; fez das plantas um sortido de decorações para minha casa".

Em resumo: Se você der ouvidos ao Satã e à alma maligna, descerá à mais baixa das escalas. Porém, se der ouvidos à verdade e ao Alcorão, pode elevar-se à mais alta das escalas e será o mais excelente modelo do universo.

QUINTA OBSERVAÇÃO

O homem é enviado a este mundo como um funcionário e hóspede, dotado de habilidades muito importantes. Segundo as habilidades, está encarregado de cumprir missões importantes. Ele também foi dotado com uma grande fortaleza de ânimo e com o peso de ameaças severas para fazê-lo trabalhar por esses objetos e deveres. Aqui resumiremos os deveres fundamentais dos seres humanos e sua condição que explicamos em outra parte para que se entenda o segredo da "mais perfeita proporção".

Dizemos: O homem, depois de vir para este mundo tem dois aspectos de adoração:

Primeiro aspecto: Adoração e contemplação em forma de ausência.

Segundo aspecto: Adoração e invocação na forma de presença relacionada com Ele.

Primeiro aspecto: É afirmar sinceramente a soberania do Domínio aparente no Universo, observar a maravilha de suas perfeições e virtudes. Depois, proclamar e anunciar as únicas artes que consistem nas inscrições dos Sagrados e Divinos Nomes, mostrando-os aos demais. Então, pesar com as escalas da mente as joias dos Nomes Divinos que cada um tem como um tesouro inerte, oculto, e apreciá-los com admiração valorizando-os com o coração. Em seguida, estudar as páginas da existência que significam a carta manuscrita pela pena do Poder Divino e verificar as páginas da terra e do céu e refletir sobre esta maravilha. Então, contemplando admiravelmente os enfeites das artes sutis da existência, sentir o amor pelo conhecimento do Belo Criador e anelar a ascensão à presença de Seu Perfeito Criador e receber a Sua bênção.

Segundo aspecto: É o estado da presença e direção, que passa da arte ao Criador e vê que um Criador Excelso deseja Se fazer conhecer e informar a Seu respeito por meio de milagres de Suas próprias artes. Ele, também, por sua vez, confia-Lhe seu amor e sua adoração.

Então, vê que um Senhor Misericordioso e Generoso mostra-Se a ele com deliciosos favores materiais e espirituais e ele, em troca disso, O agradece com seus atos, sua conduta, suas palavras com todos os seus órgãos e faculdades.

Então, vê que Um Belo e Glorioso anuncia Sua tremenda Perfeição, Sua Glória e Sua Beleza nos espelhos desta existência e atrai os olhares atentos. Então, diz em troca: “Allah é Maior”, “Glorificado Seja Allah.” E com humildade se prostra ante Ele com amor e admiração.

Então, vê que o Opulento Absoluto está mostrando Sua ilimitada riqueza e tesouro com uma generosidade absoluta. O homem, em troca, exaltando-O, rezando para Ele, roga e pede, expressando seu desejo total.

Então, vê que o Glorioso Criador fez da terra uma exposição extraordinária para mostrar todas as estranhas e extraordinárias criações. Ele, em troca, diz: “Que maravilha!”, com apreço. Diz: “Bendito seja Allah!”, com consideração. Diz: “Glorificado Seja Allah!”, com admiração. Diz: “Allah é Maior!”, enaltecendo o Criador.

Então, vê que o Único Criador carimba todas as criaturas com o carimbo da Unicidade com Seus sinais especiais, com Suas declarações. Incrusta nelas os testemunhos da Unicidade e finca a bandeira da Unidade em cada região do mundo e proclama o Seu Domínio. Ele, em troca, responde com a aceitação, com a fé, com a unidade, com a adoração, com a afirmação e com o serviço.

Desta feita, o ser humano, com a adoração e a contemplação destas classes, converte-se em homem de “melhor proporção”. Com a prosperidade e a bênção da fé, pode ser apto ao encargo confiável, digno de ser o legatário na terra.

Ó homem descuidado, criado na mais perfeita proporção, que é reduzido à mais baixa das escalas por sua má escolha, escute-me bem e veja as duas tabuletas escritas no segundo estágio da Décima Sétima Palavra. Eu também via o mundo como você, com a embriaguez da juventude, o descuido de ver um mundo formoso e bonito, quando despertei da embriaguez da juventude na manhã da velhice, vi quão feia era a cara deste mundo que não se relaciona com o Outro, pensava que era bonita e quão bela era a verdadeira face relacionada com o Outro Mundo!

Primeira Tabuleta: Descreve a verdade do mundo dos negligentes no qual não vi semelhança com o mundo dos extraviados que foram presos com o véu da negligência.

Segunda Tabuleta: Sinaliza a realidade dos guiados e os que sempre se recordam de Allah.

Nada mudei daquelas duas tabuletas, deixando-as como estavam. Mesmo que pareçam poemas, mesmo que não sejam...

﴿سُبْحَانَكَ لاَ عِلْمَ لَنَا اِلاَّ مَا عَلَّمْتَنَا اِنَّكَ اَنْتَ الْعَلِيمُ الْحَكِيمُ﴾[406]

﴿رَبِّ اشْرَحْ لِى صَدْرِى وَيَسِّرْ لِى اَمْرِى وَاحْلُلْ عُقْدَةً مِنْ لِسَانِى يَفْقَهُوا قَوْلِى﴾[407]

اَللّٰهُمَّ صَلِّ وَ سَلِّمْ عَلَى الذَّاتِ الْمُحَمَّدِيَّةِ اللَّطِيفَةِ الْاَحَدِيَّةِ شَمْسِ سَمَاءِ الْاَسْرَارِ

وَ مَظْهَرِ الْاَنْوَارِ وَ مَرْكَزِ مَدَارِ الْجَلاَلِ وَ قُطْبِ فَلَكِ الْجَمَالِ اَللّٰهُمَّ بِسِرِّهِ لَدَيْكَ وَ

بِسَيْرِهِ اِلَيْكَ آمِنْ خَوْفِى وَ اَقِلْ عُثْرَتِى وَ اَذْهِبْ حُزْنِى وَ حِرْصِى وَ كُنْ لِى وَ خُذْنِى اِلَيْكَ مِنّى وَ ارْزُقْنِى الْفَنَاءَ عَنّى وَ لاَ تَجْعَلْنِى مَفْتُونًا بِنَفْسِى مَحْجُوبًا بِحِسّى وَاكْشِفْ لِى عَنْ كُلِّ سِرٍّ مَكْتُومٍ يَا حَىُّ يَا قَيُّومُ يَا حَىُّ يَا قَيُّومُ يَا حَىُّ يَا قَيُّومُ وَ ارْحَمْنِى وَارْحَمْ رُفَقَائِى وَ ارْحَمْ اَهْلَ اْلاِيمَانِ وَ الْقُرْآنِ آمِينَ يَا اَرْحَمَ الرَّاحِمِينَ وَ يَا اَكْرَمَ اْلاَكْرَمِينَ ۞ وَ آخِرُ دَعْوَيهُمْ اَنِ الْحَمْدُ لِلّٰهِ رَبِّ الْعَالَمِينَ[408]

***

A Vigésima Quarta Palavra

[Esta Palavra é composta por cinco "ramos". Estude o quarto ramo com cuidado. E segure o quinto ramo e escala-o, em seguida, colhe os seus frutos!]

بِسْمِ اللّٰهِ الرَّحْمٰنِ الرَّحِيمِ

﴿اَللّٰهُ لَا اِلٰهَ اِلَّا هُوَ لَهُ الْاَسْمَاءُ الْحُسْنٰى﴾[409]

Vamos indicar cinco ramos de uma das muitas verdades da árvore luminosa deste versículo glorioso.

PRIMEIRO RAMO

Um sultão tem títulos diferentes nas esferas de seu governo, e diferentes estilos e atributos entre as classes de seus súditos, e diferentes nomes e sinais nos níveis de seu governo, por exemplo, Juiz Justo no Judiciário, Sultão na função pública, Comandante em Chefe do Exército, e Califa no estabelecimento de sábios. Se, fizer uma analogia com estes, você conhece o resto de seus nomes e títulos, você entenderá que um único sultão pode possuir mil nomes e títulos nas esferas e níveis de seu governo. É como se, por sua personalidade espiritual e telefone corporativo, o governante está presente e conhecido em todas as esferas; e por suas leis, regulamentos e representantes, vê e é visto; e por trás do véu em todos os graus, dispõe e vê, governa e observa com seu decreto, conhecimento e poder.

É exatamente o mesmo para o Sustentador do Universo, Quem é o Soberano de Pré-Eternidade e Pós-Eternidade; nos graus de sua religiosidade Ele tem atributos e denominações que são todos diferentes, mas que se parecem entre si; e nas esferas de Sua Divindade Ele tem nomes e marcas diversos, mas que estão um dentro do outro; e em Suas atividades magníficas Ele tem representações e denominações que são todos diferentes, mas que se assemelham um ao outro; e nas alienações de Seu poder Ele tem títulos que se diferem, mas que insinuam um ao outro; e nas manifestações de Seus atributos Ele tem aparições sagradas todas diferentes, mas que mostram umas às outras; e nas telas de Seus atos Ele tem alienações sábios, que são de vários tipos, mas que completam um ao outro; e em Sua arte multicolorida e variedades de criaturas, Ele tem aspectos esplêndidos de religiosidade todos diversos, mas que olham um para o outro. E junto com isso, em cada mundo, em todos os domínios dos seres, o título de um dos Nomes Mais Belos se manifesta. Em cada esfera de um Nome é dominante e os outros Nomes são subordinados a ele, em vez disso, eles estão lá por causa disso.

Além disso, em todos os níveis do ser, muitos ou poucos, grandes ou pequenos, particulares ou gerais, Ele tem uma aparência por uma manifestação particular, uma religiosidade particular, um Nome particular. Isso quer dizer que, embora o Nome em questão seja geral e abranja tudo, está voltado para uma coisa com essa intenção e a importância que é como se fosse especial para aquela coisa sozinha. Além disso, embora o Criador Todo-Glorioso esteja perto de tudo, há quase setenta mil véus luminosos obscurecendo-O. Por exemplo, você pode comparar quantos véus existem a partir do grau particular de criatividade do Nome do Criador que se manifesta em você ao mais alto grau e título supremo que é o Criador de todo o universo. Isso significa que, na condição de deixar o universo inteiro atrás de você, desde a porta de criatividade você pode atingir os limites do Nome do Criador e aproximar-se da esfera de atributos.

Os véus têm janelas que dão uma para a outra, e os nomes aparecem um dentro do outro, e os atos olham para o outro, e as semelhanças entram umas dentro das outras, e os títulos insinuam um ao outro, e as manifestações são semelhantes entre si, e as disposições auxiliam e completam uma á outra, e as várias disposições da religiosidade ajudam e assistem uma à outra. Certamente, portanto, não necessitam negar os outros títulos, atos e graus de religiosidade quando Allah Todo-Poderoso é conhecido por um dos Seus Nomes, títulos ou graus de religiosidade. Com efeito, isso é prejudicial se uma transição não é feita da manifestação de qualquer um Nome aos outros. Por exemplo, se as obras dos Nomes de Todo-Poderoso e Criador são vistos, e não o Nome do Onisciente, a pessoa pode cair na negligência e na desorientação da natureza. Ele deve sempre ter em vista e recitar:[410] هُوَ e:[411] هُوَ اللّٰهُ Ele deve prestar atenção, e ouvir de tudo: [412]﴿قُلْ هُوَ اللّٰهُ اَحَدٌ﴾ Sua língua deve expressar e proclamar:

[413]لاَ اِلٰهَ اِلاَّ هُو بَرَابَرْ مِيزَنَدْ عَالَمْ Assim, pelo decreto de Allah,

[414] اَللّٰهُ لاَ اِلٰهَ اِلاَّ هُوَ لَهُ الْاَسْمَاءُ الْحُسْنٰى , o Alcorão aponta para estas verdades que mencionamos.

Se você quiser observar estas verdades elevadas de perto, vai e pede um mar tempestuoso ou o tremor de terra: "O que você está dizendo?" Você vai ouvir que eles estão dizendo: "Ó Glorioso! O Glorioso! Ó Poderoso, ó Compulsor." Então pergunte aos pequenos animais e seus filhotes sendo criados com bondade e compaixão no mar e na terra: " O que vocês estão dizendo?" Eles certamente responderão:" Ó Belo! Ó Belo! Ó Clemente e Misericordioso!"[1] Em seguida, preste atenção aos céus; eles dizem: "O

[1] Mesmo que um dia eu olhei para os gatos; tudo o que eles estavam fazendo era comer, brincar e dormir. Eu me perguntava: como é esses monstrinhos que sem realizar tarefas são conhecidos como abençoados. Mais tarde, eu me deitei para dormir à noite. Eu olhei; um dos gatos tinha chegado. Ele estava deitado no meu travesseiro e colocou sua boca contra a minha orelha, e murmurou: *Ya Rahim, Ya Rahim, Ya Rahim, Ya Rahim* (Ó Misericordioso) Da maneira mais clara, como se refutando em nome de sua espécie, a oposição e o insulto que me ocorreu, jogando na minha cara. Então isto me ocorreu: Gostaria de saber se esta recitação é particular deste gato, ou é geral entre os gatos? E é só um objetor injusto como eu, que o ouve, ou se alguém ouve com atenção, eles podem ouvi-lo?
Na manhã seguinte, eu prestei atenção aos outros gatos; não era tão clara, mas em graus variados estavam repetindo a mesma invocação. Na primeira, *Ya Rahim*, era visível após o seu ronronar. Depois, gradualmente, ronronar e miados tornaram-se o mesmo: *Ya Rahim*. Tornou-se uma recitação desarticulada, eloquente e triste. Eles podiam fechar a boca e proferir um suave: *Ya Rahim*;
Contei a história para os irmãos que me visitaram e eles também escutaram com atenção, e disseram que ouviram até certo ponto. Mais tarde, eu me perguntei que recurso especial era aquele Nome, e por que eles o recitavam como os homens e não na língua animal. Em seguida, foi comunicado ao meu coração que uma vez que estes animais são muito delicados e acariciados como crianças e são amigos do homem, eles estão em muita necessidade de bondade e compaixão. Quando são afagados e dada atenção a eles na →

Glorioso da Beleza!" e dê o ouvido para a terra; ela diz: "Ó Belo da Glória!" Ouça com atenção para os animais; eles estão dizendo: "Ó Misericordiosíssimo! Ó Provedor!" E pergunte à primavera; você vai ouvir muitos nomes, como: "Ó Gentil! Ó Misericordiosíssimo! Ó o Mais Clemente! Ó o Mais Generoso! Ó Gracioso! Ó Benevolente! Ó Doador de Formas! Ó Doador de Luz! Ó Doador! Ó Adornador! " Então pergunte a um ser humano que é um verdadeiro ser humano, e vê como ele lê todos os Nomes Mais Belos e como eles estão escritos em sua testa. Se você olhar com cuidado, você também pode lê-los. É como se o universo é uma enorme orquestra comemorando os Nomes Divinos. Misturando a música mais leve com os refrãos mais poderosos, que produz uma harmonia sublime e sutil. Você poderá fazer outras analogias, da mesma forma.

Com certeza, o homem é o lugar de manifestação de todos os Nomes, mas os Nomes sendo diferentes resultaram na variedade do universo e as diferenças no culto dos anjos, e também causaram certo grau de variedade entre os homens. As diversas leis dos profetas, os diferentes meios dos santos e os diferentes caminhos dos estudantes purificados surgiram a partir deste mistério. Por exemplo, em conjunto com os outros Nomes, o Nome do Todo-Poderoso foi predominante em Jesus (a paz esteja com ele), e naqueles que seguem o caminho do amor, o Nome de Amar Alguém prevalece, e naqueles que seguem o caminho da contemplação e reflexão, o Nome do Onisciente.

Assim, se alguém é tanto professor e policial e escrivão do tribunal, e um inspetor no serviço público, em cada escritório, ele tem tanto relações como funções, obrigações e salários, responsabilidades e promoção, inimigos e rivais que são a causa de seus fracassos. Ele aparece diante do rei com muitos títulos, e vê o rei. Busca a ajuda dele em muitas línguas. Recorre a muitos dos títulos do governante, e procura a sua ajuda em muitas formas, a fim de ser salvo da maldade dos inimigos.

Da mesma forma, o homem, que manifesta muitos Nomes e é cobrado com muitos deveres e afligido com muitos inimigos, invoca muitos dos Nomes em suas orações e súplicas. Como Mohammad, o árabe (Allah o abençoe e lhe dê paz), a causa do orgulho da humanidade e realmente o homem mais perfeito, suplicou com mil e um Nomes em sua oração, Jawchan al-Kabir. É devido a este mistério que a Surata:

﴿ قُلْ اَعُوذُ بِرَبِّ النَّاسِ ۞ مَلِكِ النَّاسِ ۞ اِلٰهِ النَّاسِ ۞ مِنْ شَرِّ الْوَسْوَاسِ الْخَنَّاسِ ﴾[415]

Ordena que nos refugiemos em Allah por meio de três títulos, e,

بِسْمِ اللّٰهِ الرَّحْمٰنِ الرَّحِيمِ[416] mostra a procura de ajuda por meio de três Nomes.

SEGUNDO RAMO

Isso explica dois mistérios que compreendem as chaves de muitos outros mistérios.

Primeiro Mistério: "Por que os santos diferem muito em suas visões e iluminações, embora sejam unânimes sobre os princípios da crença? Por que suas iluminações, que estão no grau de testemunho, às vezes em oposição à realidade e ao contrário da verdade? E por que as suas ideias que consideram ser a verdade, estabelecendo-os pelas provas

maneira que gostam, como elogios e agradecimentos pelas recompensas, e ao contrário dos cães, eles proclamam a misericórdia do Criador Misericordioso em seus próprios mundos. Eles alertam o ser humano no sono da negligência, e através de seu grito de *Ya Rahim*, lembram aqueles que adoram o acaso de Quem a ajuda vem e de Quem a misericórdia pode ser esperada.

decisivas, fazem pensadores e estudiosos verem e mostrarem a realidade de uma maneira que contradiz o outro? Por que uma verdade assume várias cores?"

Segundo Mistério: "Por que os primeiros profetas deixaram alguns dos pilares da fé como a ressurreição corporal de forma breve e não a explicaram em detalhes, como o Alcorão, para que no futuro algumas das suas comunidades fossem tão longe como negar algumas desses pilares concisos? Além disso, por que alguns dos santos apenas avançam na afirmação da unidade Divina, e embora mesmo progrida até o grau de "certeza absoluta" na unidade Divina, alguns dos pilares da fé aparecem em seus caminhos muito pouco e de forma resumida? E, como resultado, aqueles que os seguiram no futuro não dão a devida importância aos pilares da fé, e alguns deles até caíram no erro? Desde que a verdadeira perfeição é encontrada por meio do desdobramento de todos os pilares da fé, por que alguns dos místicos avançam significativamente neles, enquanto alguns se mantiveram muito para trás, enquanto o Mensageiro mais Nobre Allah (Paz e bênçãos estejam sobre ele), que manifestou todos os Nomes Divinos em seu grau máximo e foi o chefe dos profetas, e do Alcorão Sagrado, que é o chefe luminoso de todas as Escrituras Sagradas, descreveram em detalhes todos os pilares da fé, de forma clara, e na mais séria e deliberada forma?"

Porque, na realidade, a mais verdadeira e completa perfeição é assim. Sim, a sabedoria nestes mistérios é a seguinte: com certeza o homem é o lugar de manifestação de todos os Nomes, mas desde que o seu poder é leve, sua vontade parcial, suas habilidades diversas e desejos diferentes, ele procura a realidade entre milhares de véus e barreiras. Assim, em descobrir a realidade e testemunhar a verdade, as barreiras intervêm. Algumas pessoas não conseguem contornar as barreiras. Suas habilidades são todas diferentes. As habilidades de alguns não pode apoiar o desdobramento de algumas das verdades da fé. Além disso, as cores das manifestações do Nome variam de acordo com o lugar em que se manifestam; eles se tornam diferentes. Algumas pessoas que os manifestam não podem ser o meio para a manifestação completa de um Nome. Além disso, a manifestação dos Nomes assume diferentes formas em relação à universalidade, particularidade, sombra, ou originalidade. Algumas capacidades não podem transcender a particularidade. E alguns não podem sair da sombra. Em algumas capacidades, às vezes um Nome é predominante, de acordo com a preparação, e executa sua sentença sozinho, e predomiana nessa preparação. Agora vamos fazer algumas indicações a este mistério profundo e esta extensa sabedoria com uma enigmática, completa, verdadeira, mas um pouco complexa comparação.

Por exemplo, vamos supor que uma flor adornada, uma gota viva enamorada da Lua, e uma gotícula de suor transcendente que olha para o Sol. Cada uma delas possui consciência e alguma perfeição, e cada uma tem um anseio para essa perfeição. Juntamente com a indicação de muitas verdades, estas três coisas também fazem alusão à viagem espiritual da alma, da mente e do coração. Eles também correspondem aos três níveis daqueles que investigam a realidade.[1]

O Primeiro indica aqueles que seguem o caminho do pensamento intelectual; aqueles que seguem o caminho da santidade; e aqueles que seguem o caminho da profecia.

O Segundo corresponde àqueles que se aproximam da realidade, procurando

[1] Há também três grupos em cada nível. As três coisas dadas como exemplos na comparação destes três grupos, que está em cada nível. Na verdade, eles olham para esses nove grupos, e não para os três níveis.

assegurar a perfeição pelos sistemas corporais; e quem dela se aproxima, esforçando-se com a mente e o refino da alma; e quem dela se aproxima pela crença, a submissão e a purificação do coração.

O Terceiro é a comparação dos que não desistem do egoísmo, estão mergulhados em trabalho, e abordagem da realidade por meio de dedução e raciocínio apenas; e daqueles que buscam a realidade com o conhecimento e da ciência, da razão e da aprendizagem; e aqueles que se aproximam da realidade rapidamente pela crença e pelo Alcorão, pela pobreza e pela adoração. Estas comparações indicam a sabedoria nas diferenças entre os três grupos, cujas capacidades são também diferentes.

Assim, sob os títulos de flor, gota, e gotícula de suor, vamos mostrar por meio de comparação, o mistério e a extensa sabedoria no progresso dos três grupos. Por exemplo, com a permissão do Criador e Seu comando, o Sol tem três tipos de manifestação, reflexão e brilho: uma é a sua reflexão sobre as flores, outra a sua reflexão sobre a Lua e os planetas, e outra sua reflexão sobre objetos brilhantes como vidro e água.

A Primeira é de três maneiras:

Uma delas é uma manifestação e reflexão universal e geral segundo o qual o seu brilho abrange todas as flores de uma só vez.

Outra é uma manifestação especial que tem uma reflexão especial para cada espécie.

Outra é uma manifestação particular pelo qual seu esplendor está de acordo com a individualidade de cada flor. Esta nossa comparação está em conformidade com esta declaração, que as cores enfeitadas de flores surge a partir dos reflexos mutantes das sete cores na luz do sol. De acordo com isso, as flores também são os tipos de espelhos para o Sol.

A segunda é a luz e o esplendor que, com a permissão do Criador Onisciente, o Sol dá à Lua e aos planetas. Tendo recebido esta extensa, luz e esplendor universal, a Lua, cuja luz é como uma sombra daquela luz, aproveita do Sol de uma forma universal. Em seguida, sua radiação e esplendor brilham de um modo particular sobre os mares e o ar e iluminam a terra, e, em parte, as bolhas no mar e as partículas translúcidas da terra e as moléculas do ar.

A Terceira é, pelo comando Divino, um reflexo do Sol que, fazendo o ar e a superfície do mar em espelhos, é pura, universal e sem sombra. Em seguida, o Sol dá a cada uma das bolhas no mar, as gotas de água, as moléculas de ar, e os flocos de neve uma reflexão particular e pequena imagem de si mesmo.

Assim, nas três formas mencionadas acima, o Sol dá um esplendor e favor em cada flor, a Lua, e todas as gotas e gotículas de suor. E estes por sua vez são cada um deles de duas maneiras:

A Primeira Maneira é direta e sem barreira ou véu. Desta forma, representa a forma de profecia.

A Segunda Maneira: Neste, as barreiras intervêm. As capacidades dos espelhos e locais de manifestação adicionam cor às manifestações do dom. Desta forma, representa a forma de santidade.

Assim, na primeira forma, 'Flor', 'Gota', e 'Gotícula de suor' cada uma pode dizer: "Eu sou um espelho para o Sol de todo o mundo." Mas na segunda forma, não podem dizer isso; podem sim dizer: "Eu sou o espelho para o meu próprio sol, ou para o Sol que se manifesta na minha espécie." Pois esta é a maneira pela qual eles conhecem o sol. Eles não podem ver um Sol, que olha para o mundo inteiro; o Sol daquele indivíduo ou daquela espécie ou gênero aparece para ele dentro de limites estreitos e sob restrições limitantes. E não se pode atribuir a esse sol restrito as obras irrestritas, não confinadas do sol absoluto. Uma vez que dentro dessas restrições estreitas e limites que não se pode atribuir ao Sol com a certeza de testemunho do coração suas obras majestosas como fornecer a toda a face da terra luz e calor, agitando todas as plantas e animais para a vida, e fazendo os planetas girarem em torno dele. Na verdade, mesmo que essas três coisas, que supomos ter consciência, atribuissem essas maravilhas ao sol que eles veem sob essas restrições, só podem fazê-lo com a mente e com a crença, e por submeter-se ao fato de que aquelas coisas restritas coisa são absolutas. Considerando que esses julgamentos de 'Flor', 'Gota', e 'Gotícula de suor', que supomos possuir razão como um ser humano, isto é, sua atribuição a essas obras poderosas ao Sol, é pela mente, não é por visão. Na verdade, às vezes suas decisões relativas à crença se chocam com suas visões sobre o cosmos. Eles só podem acreditar neles com muita dificuldade.

Agora nós três precisamos entrar nesta comparação, que é estreita para a realidade, mas em alguns dos cantos dos quais os membros da realidade são para ser vistos e que são misturados com a realidade. Nós três devemos supor-nos ser 'Flor', 'Gota', e 'Gotícula de suor'. Uma vez que, a consciência que supomos que elas tenham é insuficiente, devemos acrescentar nossas razões para a delas. Isso quer dizer que, assim como elas recebem esplendor de seu físico Sol, que também receberão esplendor do nosso imaterial Sol e deve entendê-lo.

E assim, meu amigo, quem não se esqueceu do mundo, está preocupado com a materialidade, e tem alma densa! Você ser 'Flor'. A 'Flor' assume uma cor dissolvida da luz do Sol, e se mistura à imagem do Sol em essa cor e se reveste de uma forma adornada. Uma vez que, a sua capacidade se assemelha a ele também, então deixe este filósofo que estudou ciência secular e está mergulhado em causas como o Velho Said ser "Gota", que está apaixonada pela Lua. Uma vez que, a Lua proporciona-lhe a sombra da luz que recebeu do Sol, e dá luz para a pupila do olho, a 'Gota' também brilha com a luz, mas ele só pode ver a Lua com ela, ela não pode ver o Sol. Em vez disso, ela só pode vê-lo por sua crença. Então, deixe este pobre homem ser 'gotícula de suor', que sabe que tudo seja diretamente de Allah Todo-Poderoso e considera o acaso um véu. Ele é uma 'gotícula de suor', que sabe ser ele pobre no seu próprio eu. Ele nada tem em que se apoiar, de modo a depender de si mesmo como 'Flor'. Ele não possui nenhuma cor que pudesse aparecer por meio dela. E ele não reconhece outras coisas que pudesse virar na direção delas. Ele tem uma enorme pureza, com a qual segura a imagem do Sol diretamente na pupila do olho. Agora, uma vez que, tomamos o lugar dessas três coisas, devemos considerar-nos. O que nós temos? O que devemos fazer?

Assim, olhamos e vemos por meio dos favores que o mais Munificente está adornando, iluminando, e alimentando-nos. E o homem adora aquele que concede favores a ele. Ele quer estar perto de alguém digno de ser adorado, e deseja vê-lo. Em tal caso, de acordo com as nossas capacidades, cada um de nós viaja por atração daquele amor. Você, que é como 'Flor', você está indo, mas vai como uma flor. Veja, você foi. Você avançou até ter atingido um grau universal, como tal você se tornou como todas as flores. Mas a 'Flor' é um espelho denso; dissolve-se e refrata as sete cores da luz; ela esconde o reflexo do sol. Você não será bem sucedido em ver o rosto do sol que você ama, pois as cores e as características, que são restritas, dispersam-nos, colocam um véu sobre ele e o obscurecem. Nesta situação, você não pode ser salvo da separação que ocorre com a interposição de barreiras. No entanto, você pode ser salvo com uma condição, que é que você levantar a cabeça, que está afundada no amor a sua própria alma, e retira o seu olhar, que se envaidece e tem prazer em seus próprios méritos, e lança-os ao rosto do Sol no céu. Mas com a condição de você virar o rosto olhando para a terra para ganhar o seu sustento, até o sol. Pois, você é o seu espelho. Seu dever é agir como um espelho para ele. Quer você saiba ou não, o seu sustento vai de qualquer maneira vir da terra, a porta para o tesouro da misericórdia. Sim, uma flor é um espelho minúsculo do Sol, e o Sol também é apenas uma gota como lampejo manifestando nos mares dos céus o Nome de Luz do Pré-Eterno Sol.

Ó coração do homem! Entenda a partir disto, de que tipo de Sol você é o espelho. Depois de cumprir esta condição, você encontrará a sua perfeição. Mas, assim como na realidade real você não pode ver o Sol, também, você não consegue entender esta verdade nua e crua; as cores de seus atributos dão-lhe uma cor e seu telescópio nublado impõe uma forma sobre ele, e sua capacidade limitada o restringe.

Agora, sábio filósofo que entrou na 'Gota'! Você tem avançado tanto quanto a Lua com o telescópio de sua gota de pensamento e pela escadaria da filosofia. Você entrou na lua. Olha, por si só, a Lua é densa e escura; não tem nem luz, nem vida. Seu esforço tem sido em vão e seu conhecimento revelou-se inútil. Você só pode ser salvo da escuridão do desespero, da desolação da solidão, da importunação de espíritos malignos, e dos horrores da desolação por meio destas condições: que você desista da noite, da natureza e se volte para o Sol da realidade, e que acredite com toda a certeza que as luzes desta noite são as sombras das luzes do sol durante o dia. Depois de cumprir essas condições, você encontrará a sua perfeição. Você encontrará o majestoso Sol no lugar da pobre e escura lua. Mas, como o seu amigo anterior, você não será capaz de vê-lo claramente; você o verá além dos véus com que sua razão e sua filosofia são familiares e estão familiarizados, por trás das telas tecidas pela ciência e aprendizagem, e dentro de uma cor conferida pela sua capacidade.

E agora, ó nosso terceiro amigo como a gotícula de suor, que é pobre e incolor. Ela rapidamente se evapora no calor do Sol, abandona o seu egoísmo, monta o vapor, e se eleva no ar. A matéria densa dentro dela tem o fogo com a chama do amor e é transformada em luz e esplendor. Ela adere a um raio proveniente das manifestações daquela luz, e se aproxima dele. Ó você que se assemelha à 'gotícula de suor'! Uma vez que você age como um espelho direto ao Sol, em qualquer grau que você é, encontrará uma abertura, uma janela, olhando puramente no próprio Sol de uma forma que garanta a segurança absoluta. E não sentirá dificuldade em atribuir ao Sol suas obras maravilhosas. Sem hesitar, você será capaz de atribuir-lhe os majestosos atributos de que é merecedor. Nada será capaz de levá-lo pela mão e fará com que você desista de atribuir a ele as obras impressionantes de sua soberania essencial. Nem a constrição de barreiras, nem as limitações de sua capacidade, nem a pequenez de espelhos irá confundi-lo, nem o impelirá contra a verdade. Porque, uma vez que, você olha para ele com pureza, sinceridade, diretamente, você entende que o que aparece nos lugares de manifestação e é observado nos espelhos, não é o Sol, mas manifestações dele e seus reflexos coloridos de uma espécie. Com certeza essas reflexões são seus títulos, mas eles não são exibidos todas as obras de seu esplendor.

Assim, nessa comparação misturada com a realidade, a perfeição é alcançada por meio de três maneiras diferentes, e que diferem sobre as virtudes dessas perfeições e os detalhes dos graus de testemunhar. Mas, em conclusão, e na submissão à Verdade e confirmando a realidade, eles estão de acordo. Assim como um homem da noite que nunca viu o sol e só viu sua sombra no espelho da Lua, não pode espremer em sua mente a luz resplandecente e parte da gravidade incrível vinculada ao Sol, mas se submete a quem o viu e os imita; da mesma forma, aquele que não pode alcançar o grau máximo dos Nomes como o Todo-Poderoso e Doador da Vida pelo legado de Mohammad (Allah o abençoe e lhe dê paz), aceita a ressurreição dos mortos e o Grande Encontro imitativamente, e declara que não é uma matéria que pode ser compreendida pela razão. Uma vez que, a realidade da ressurreição e o Juízo Final são as manifestações do Maior Nome e do grau supremo de alguns outros Nomes, aqueles cujo olhar não pode subir lá são obrigados a acreditar nisso por meio de imitação. Enquanto aqueles cujas mentes podem entrar lá, veem a ressurreição e o juízo Final tão facilmente como o dia e a noite, a primavera e o inverno, e o aceita com uma mente fácil.

Assim, é devido a este mistério que o Alcorão fala da ressurreição e do Grande Encontro ao mais alto nível e da mais perfeita forma detalhada, e o nosso Profeta (que a paz e as bênçãos estejam com ele), que manifestou o Grande Nome, ensinou assim. E como é exigido pela sabedoria de orientação, os profetas anteriores não ensinaram suas comunidades, que estavam num nível um pouco simples e primitivo, sobre a ressurreição dos mortos, ao mais alto nível e com os detalhes mais amplos. É também devido a este mistério que alguns daqueles que seguiram o caminho da santidade não puderam ver ou demonstrar algumas das verdades da fé no mais alto grau. É também devido a este mistério que há diferenças acentuadas nos graus daqueles que têm conhecimento de Allah. Numerosos outros mistérios como estes se desdobram a partir desta verdade. Agora, uma vez que tanto a comparação sugere um pouco a verdade, e esta é extremamente ampla e profunda, nós também devemos nos contentar com a comparação, e não tentar mistérios que estão além do nosso limite e capacidade.

TERCEIRO RAMO

Uma vez que os Hadices que falam dos sinais do fim dos tempos, dos eventos do final dos tempos, e dos méritos e das recompensas de certas ações não foram bem compreendidos, alguns estudiosos que dependem de sua razão consideraram alguns deles inconsistentes ou falsos. Enquanto alguns dos estudiosos cuja crença era fraca, mas egoísmo era forte foram tão longe como negá-los. Por agora, não devemos tentar qualquer discussão detalhada, mas só devemos explicar doze "Princípios".

Primeiro Princípio: Este é um assunto que já explicamos na pergunta e resposta no final da Vigésima Palavra. O resumo é o seguinte: A religião é um exame, um teste, que distingue os espíritos elevados dos vis. Fala portanto, de assuntos que todo mundo deve ver no futuro, de tal forma que não permanecem todos juntos desconhecidos, nem auto evidentes que todos seriam obrigados a aceitá-los. Eles abrem a porta para a razão, mas não tiram a vontade da sua mão, porque se um sinal do Último Dia aparecesse completamente auto evidente e todo mundo fosse obrigado a afirmá-lo, então, uma exposição de carvão permaneceria igual a uma de diamantes. O mistério da prestação de contas e os resultados de exame do homem iriam para nada. É por causa de tanta controvérsia que tem havido muitos assuntos, como o do Mahdi e de Sufyan.

Além disso, as narrações são muito diferentes; eles tornaram-se os pronunciamentos que contradizem uns aos outros.

Segundo Princípio: Existem vários níveis nas questões do Islam. Se um exige prova definitiva, a opinião predominante é suficiente para o outro. Outro requer apenas assentimento e aceitação e não ser rejeitado. Nesse caso, questões secundárias ou eventos particulares no tempo, que não estão entre as bases da crença não exigem certa conformidade e prova definitiva, não apenas serem rejeitadas e devem ser submetidas, e não se deve interferir com elas.

Terceiro Princípio: No tempo dos Companheiros do Profeta (Allah o abençoe e lhe dê paz) a maioria dos estudiosos judeus e cristãos entraram no Islam, e seu antigo conhecimento tornou-se muçulmano junto com eles. Alguns de seus conhecimentos anteriores, que eramcontrários à verdade foram imaginados ser uma parte do Islam.

Quarto Princípio: Algumas das palavras dos narradores do Hadice ou os sentidos por eles deduzidos foram considerados parte dos textos dos próprios Hadices.

No entanto, uma vez que o homem não pode ser livre de falhas, algumas de suas deduções ou palavras contrárias à verdade supõe-se serem dos Hadices e foram considerados inconsistentes.

Quinto Princípio: De acordo com o significado de:[417] إِنَّ فِي أُمَّتِي مُحَدَّثُونَ , isto é, [418] مُلْهَمُونَ alguns dos significados que foram obtidos pelas inspirações de estudiosos de Hadices relacionados que seguiram o caminho da iluminação e da santidade deveriam ser Hadices. Considerando que, devido à certos obstáculos, a inspiração dos santos pode ser um erro. Assim, alguns que são contrários à verdade podem surgir a partir disso.

Sexto Princípio: Há certas histórias que, tendo se tornado mundialmente conhecidas, transformaram-se em provérbios. Seus verdadeiros significados não são tidos em conta. Uma vez que, o objetivo de se espalharem é o considerado, assim, algumas histórias e fábulas se tornaram bem conhecidas entre as pessoas desta forma, O Nobre Mensageiro de Allah (Allah o abençoe e lhe dê paz) disse na forma de comparações e metáforas para fins de orientação. Se houver algum erro nos verdadeiros significados deste tipo de questões, ele se refere aos costumes e tradições do povo, e a forma como eles foram passados entre eles.

Sétimo Princípio: Há muitas comparações e parábolas que, com o passar do tempo ou com o passar da aprendizagem para a ignorância têm sido supostos fatos físicos, e tornaram-se enganos. Por exemplo, dois anjos de Allah no mundo de Similitudes chamados 'O Boi' e 'O Peixe',[419] que estão entre os supervisores dos animais da terra e do mar e são representados como um boi e peixe, foram imaginados serem enorme boi e um peixe físico, e o Hadice foi mal interpretado. E por exemplo, uma vez na presença do Profeta um estrondo profundo foi ouvido. O Mensageiro de Allah (Allah o abençoe e lhe dê paz) decretou: "Esse é o som de uma pedra que foi rolando ladeira abaixo por 70 anos e só agora atingiu o fundo do inferno."[420] Assim, alguém que ouviu este Hadice que não conhece a verdade pode desviar-se em negação. Mas, em seguida, vinte minutos após o Hadice ter falado foi definitivamente estabelecido para alguém que foi ter com Mensageiro (Allah o abençoe e lhe dê paz) e lhe disse: "O famoso hipócrita morreu vinte minutos atrás." O Mensageiro de Allah (Allah o abençoe e lhe dê paz) havia descrito de forma eloquente como setenta anos a vida útil do hipócrita da incredulidade tinha sido uma descida contínua para o nível mais ínfimo como uma pedra do Inferno. Allah Todo-Poderoso que fez o estrondo ouvido no momento da sua morte, e lhe deu um sinal.

Oitavo Princípio: Nessa arena de prova e do reino do exame, o Todo-Poderoso Allah, Aquele Absolutamente Sábio, esconde coisas mais importantes no meio de muitas outras, e isso está vinculado a muitos propósitos, benefícios e exemplos de sabedoria. Por exemplo, ele escondeu Lailatul Cadr (a Noite do Poder) em todo o Ramadan, e a hora em que as preces são atendidas em toda a sexta-feira, e os santos bem aceitos entre as pessoas em geral, e do tempo de vida de uma pessoa, e o Dia da Ressurreição na vida do mundo.[421] Porque, se a hora da morte do homem fosse especificada, o primeiro semestre de sua vida seria passado em negligência absoluta e o segundo, no terror, como ir passo a passo para a forca. Enquanto que para o equilíbrio entre este mundo e o Outro a ser preservada, e permanece perpetuamente entre a esperança e o medo, viver e morrer tem de ser possível a cada momento. Nesse caso, vinte anos de vida incerta são preferíveis a mil anos de vida que são especificadas.

Assim, o Dia da Ressurreiçãoé a hora marcada do mundo, o macro-antropo. Se o tempo fosse especificado, todas as idades precoces e médias teriam sido mergulhadas em negligência absoluta, e estes últimos séculos, em terror. Assim, como em sua vida pessoal, o homem está preocupado com a continuação da existência de sua casa e aldeia, por isso, sua vida social e como um membro da humanidade, ele está preocupado com a continuação da existência da terra e do mundo. O Alcorão diz: ﴿ اِقْتَرَبَتِ السَّاعَةُ ﴾[422]

Ou seja, o Dia da Ressurreição está próximo. Ele não chegou depois de mil mais anos, ou esses muitos anos não negam a sua proximidade, porque o Dia da Resureição é a hora marcada do mundo, e em relação à vida do mundo um ou dois mil anos são como um ou dois minutos em relação a um ano. A Hora do Juízo Final não é apenas a hora marcada da humanidade que deve ser relacionada a ele e visto como distante. É por isso que o Absolutamente Sábio esconde o Dia da Ressurreição em Seu conhecimento entre as "Cinco coisas ocultas." É devido ao mistério desta indefinição que cada idade, incluindo a Idade da Bênção, a Idade do Profeta, as pessoas têm se assustado do fim do mundo. Alguns deles até disseram que as condições são todas aparentes.[423]

Assim, as pessoas injustas que não conhecem esta verdade dizem: "Por que os Companheiros do Profeta com os corações vigilantes e visões aguçadas, a quem tinham sido ensinados todos os detalhes da vida após a morte, supusessem um fato que ocorreria 1.400 anos mais tarde, estar perto de seu século, como se as suas ideias tivessem se desviado mil anos a partir da verdade?"

A Resposta: Porque pelo resplendor da conversa do Profeta (que a paz e as bênçãos estejam com ele), os Companheiros pensaram na Outra Vida mais do que ninguém, e sabendo da transitoriedade do mundo e compreendendo a sabedoria Divina na hora do Dia da Ressurreição ser vago, eles assumiram uma posição de sempre aguardar a hora designada do mundo e trabalhar sério para o futuro. O Nobre Mensageiro de Allah (Allah o abençoe e lhe dê paz) repetia: "Esperem o Dia da Ressurreição. Esperem por ele"[424], foi orientação profética decorrente dessa sabedoria, não foi um pronunciamento de revelação a respeito do momento específico de sua ocorrência e longe da verdade. A causa é uma coisa e a sabedoria é outra. Assim, ditos do Profeta (que a paz e as bênçãos estejam com ele) deste tipo surgem da sabedoria em certas coisas que são por tempo indeterminado.

É também devido a este mistério que esperavam que os indivíduos que virão no fim dos tempos, como o Mahdi e Sufyan muito tempo antes, e até mesmo no momento da geração seguinte ao Profeta, e esperavam viver o suficiente para vê-los. Alguns dos santos, mesmo, disseram que tinham passado. Como o fim do mundo, a sabedoria Divina exige que os tempos destes indivíduos não sejam tão especificados, porque cada época tem necessidade de sentido do Mahdi, pois fortalece a moral e salva as pessoas do desespero. Cada século tem de ter uma fatia desse significado. A fim de que as pessoas não sigam descuidadamente o mal e as rédeas da alma não devem ser deixadas livres na indiferença, a cada século, os indivíduos temíveis que vêm para liderar a contenda devem ser reduzidos dos temidos. Se eles tivessem sido especificados, os benefícios da orientação geral teriam sido perdidos.

Agora, a diferença nas narrações sobre os indivíduos, como o Mahdi, e seu significado, é esta: quem expôs os Hadices aplicaram o texto dos Hadices para as suas próprias interpretações e comentários. Por exemplo, uma vez o centro do poder na época era Damasco ou Madina, imaginavam os eventos relacionados com o Mahdi e Sufyan em lugares como Basra, Kufa, e Síria, que estavam na região desses centros, e os expuseram em conformidade. Além disso, eles imaginavam os milagres que pertencem à identidade coletiva ou comunitária que esses indivíduos representam para a suas pessoas e os expuseram dessa maneira, atribuindo-lhes uma forma para eles pelo que, quando esses indivíduos extraordinários aparecerem, todo mundo vai reconhecê-los. No entanto, como dissemos, este mundo é a arena da prova. A porta é aberta para a razão, mas a vontade não é tirado da mão. Assim, quando os indivíduos, e até mesmo a terrível Dajjal (anticristo), aparecem, muitas pessoas e ele próprio ainda não sabem no início que ele é o Dajjal. Aqueles indivíduos do fim dos tempos serão conhecidos pelo discernimento e da luz da fé.

É narrado em um Hadice sobre o Dajjal, que é um dos sinais do fim dos tempos:

"Seu primeiro dia é como um ano, seu segundo dia como um mês, seu terceiro dia como uma semana, e seu quarto dia como os outros dias. Quando ele aparecer, o mundo ouvirá. Ele viajará pelo mundo em quarenta dias."[425] Algumas pessoas injustas têm dito sobre esta narração que é impossível, Allah me livre, e chegaram tão longe ao ponto de negá-la e declará-la nula. Porém, o seu conhecimento está com[426] وَالْعِلْمُ عِنْدَ اللهِ deve ser esta:

Ele indica a aparência de um indivíduo do Norte, que negará a divindade virá para liderar uma grande frente proveniente de ideias ímpias do naturalismo, no Norte, onde o mundo da descrença é o mais denso, e que será ateu. Há um exemplo de sabedoria nisso, pois nas latitudes próximas ao polo norte de todo o ano é de um dia e uma noite; há seis meses de noite e seis meses de dia. "Um dia do Dajjal é um ano" alude a sua aparência perto dessas latitudes. Qual é o significado de "seu segundo dia é um mês" é passar nessa direção do Norte, por vezes acontece que há um mês no verão o sol não se põe. Isto sugere que o Dajjal surgirá no Norte e invadirá o sul em direção ao mundo civilizado. Ao atribuir o dia para o Dajjal, ele aponta para isso. Ele vem mais nessa direção, e o sol não se põe durante uma semana, e assim continua até que, haja três horas entre o nascer e o pôr do sol. Enquanto estava sendo mantido como prisioneiro de guerra na Rússia, eu estava em um lugar assim. Perto de nós havia um lugar onde o sol não se punha por uma semana. Eles costumavam ir até lá para vê-lo. Quanto à parte: "Quando o Dajjal aparecer, todo o mundo vai ouvir falar do assunto", o telégrafo e o rádio resolveram isso. Quanto a viajar pelo mundo durante quarenta dias, a estrada de ferro e o avião, que são suas montarias resolveram isso. Os negadores que anteriormente consideravam essas duas declarações serem impossíveis, agora os veem tão comuns!

Uma vez que, escrevi em outro tratado com algum detalhe sobre Gog e Magog e a Barreira, que estão entre os sinais do fim do mundo, que os leitores consultem lá e aqui só digo isto: há relatos afirmando que as tribos conhecidas como os manchus e mongóis, que jogaram a sociedade humana no caos e foram a causa da construção da Grande Muralha da China, mais uma vez vão derrubar a civilização humana perto do Dia do Juízo com uma ideia como a anarquia.

Alguns ateus dizem: "Onde estão as tribos que realizam estes atos extraordinários e que irão realizá-los? "

A Resposta: Uma calamidade como gafanhotos aparece em uma temporada em grande quantidade, em seguida, sobre a mudança das estações do ano, essas numerosas tribos que perturbam o país consignam sua realidade para alguns indivíduos limitados. Então, quando chega a hora, a ordem Divina, um grande número de indivíduos aparece daqueles limitados indivíduos e embarca na mesma corrupção. Como se a realidade da sua identidade nacional fosse purificada, mas não destruída, e quando o tempo chegar, ela ressurge. Da mesma forma, essas mesmas tribos que anularam o mundo uma vez irão quando o tempo chegar novamente, derrubar a civilização humana com a permissão Divina. Mas o que os impele será em forma diferente.[427] لاَ يَعْلَمُ الْغَيْبَ اِلاَّ اللهُ

Nono Princípio: Os resultados de algumas questões de fé olham para este mundo restrito e estreito, enquanto outros olham para o Outro Mundo, que é amplo e absoluto. Para dar o efeito apropriado de ou encorajamento ou de restrição, alguns Hadices sobre os méritos e as recompensas de ações estão em um estilo eloquente, e algumas pessoas que não pensam supõem que sejam exagerados. No entanto, uma vez que todos eles são verdade pura e realidade, não há nenhum exagero neles.

Por exemplo, há este Hadice que tem preocupado os chefes dos injustos mais do que de qualquer um. Seu significado é:

لَوْ وُزِنَتِ الدُّنْيَا عِنْدَ اللهِ جَنَاحَ بَعُوضَةٍ مَا شَرِبَ الْكَافِرُ مِنْهَا جُرْعَةَ مَاءٍ

"Se o mundo tivesse tanto valor como uma asa de mosca para Allah Todo-Poderoso, os incrédulos não teriam tido tanto como um gole de água a partir dele." [428]A realidade é esta: a frase para عِنْدَ اللهِ "Allah Todo-Poderoso refere-se" ao reino eterno. Sim, uma vez que, a luz do reino eterno na medida da asa de uma mosca é eterno, é maior do que uma luz temporária que enche a face da terra. Isso significa que ele não quer dizer que o mundo enorme é igual a uma asa de mosca, mas que todo mundo é mundo privado, que está situado dentro de suas curtas vidas, não é igual a um esplendor Divino eterno e generosidade na medida da asa de uma mosca do reino eterno.

Além disso, o mundo tem duas faces, na verdade, três faces. Uma delas é o espelho para os Nomes de Allah Todo-Poderoso; outra olha para a Outra Vida e é o seu campo cultivável; e a terceira olha para a transitoriedade e a inexistência. Este é o mundo do povo de desorientação que não está de acordo com as coisas que conhecemos que agradam a Allah. Isto quer dizer, não infere no vasto mundo que é o espelho para os Nomes mais Belos, e consiste em missivas do Eternamente Procurado, e é o preparo para a Outra Vida, mas o mundo daqueles que adoram o mundo, que se opõe à Outra Vida e é a fonte de todos os erros e fonte de calamidades, não vale uma partícula eterna que será dada aos crentes na Outra Vida. Assim, como pode a forma entendida pelos ateus injustos ser comparada com a mais verdadeira e séria verdade? O que tem o significado que esses ateus supõem ser o mais exagerado a ver com isso?

Por exemplo, os outros que os ateus injustos supõem ser exagero e mesmo impossível são narrações sobre as recompensas por ações e méritos de algumas Suratas do Alcorão. Por exemplo, há relatos de que, "O mérito da Surata al-Fátiha é igual ao do Alcorão"[429], "Surata al-Ikhlas é igual a um terço do Alcorão"[430], "Surata al-Zilzal, um quarto"[431], "Surata al-Káfirun, um quarto"[432], "Surata Ya, Sin, dez vezes o Alcorão."[433] Pessoas injustas e irracionais têm dito que estes são impossíveis porque Surata Ya, Sin, e as outras Suratas meritórias estão dentro do Alcorão, o que torna sem sentido.

A Resposta: A realidade é esta: Uma vez que, cada uma das letras do Alcorão Sagrado é um mérito, cada uma é uma boa ação. Além da graça Divina os méritos dessas letras brotam e rendem às vezes dez, às vezes setenta, e às vezes setecentos méritos, como as letras de Ayat al-Kursi. Às vezes, eles produzem mil e quinhentos, como as letras de Surata al-Ikhlas, e às vezes dez mil, como os versículos recitados na Lailat Al Bará-a (Noite de Arrependimento) e aqueles que coincidem com outros tempos aceitáveis. E às vezes eles produzem trinta mil, como os versículos recitados na Lailatul Cadr (Noite do Poder), que são como sementes de papoula em sua multiplicidade. A indicação de que a noite é o equivalente a mil meses dá a entender que naquela noite uma letra tem trinta mil méritos. Por isso, o Prudente Alcorão não equivale, e não pode ser comparado com a multiplicidade de seus méritos, mas pode ser comparado com algumas suratas, devido os méritos.

Por exemplo, vamos supor que existe um campo plantado com milho, mil plantas do mesmo. Se algumas sementes produzem sete espigas, e de cada espiga cem grãos, em seguida, uma única semente torna-se o equivalente a dois terços de todo o campo. Por exemplo, se uma semente produz dez espigas, e cada uma produz duzentos grãos, então, uma única semente é equivalente ao dobro do campo original. Você pode fazer outras analogias, da mesma forma.

Agora, vamos imaginar o Alcorão Sagrado ser um campo sagrado luminoso, celestial.

Cada uma de suas letras, juntamente com os seus méritos originais é como uma semente. Suas espigas não serão levadas em consideração. Elas podem ser comparadas com os Suratas e versículos sobre os quais são as narrações sobre os seus méritos, como Ya, Sin, Ikhlas, Fátiha, Káfirun, Zilzal. Por exemplo, o Alcorão tem 300.620 letras e Surata al-Ikhlas juntamente com Bismillah, sessenta e nove. Três vezes sessenta e nove é, duzentos e sete letras. Portanto, o mérito de cada letra da Surata Al-Ikhlas está próximo de mil e quinhentos méritos. Assim, se as letras da Surata Ya, Sin forem contadas e comparadas com todas as letras do Alcorão Sagrado, e depois multiplicadas dez vezes, produzirão o seguinte resultado: cada letra da Surata Ya, Sin, terá cerca de quinhentos méritos. Isto é, muitas boas ações podem ser contados. E assim, se você aplicar as outras da mesma forma, você entenderá o que é uma verdade sutil, fina, uma verdade sem exageros.

Décimo Princípio: Como com a maioria dos outros tipos de criaturas, entre os homens há certos indivíduos que são extraordinários em virtude de seus atos e ações. Se esses indivíduos avançaram em boas ações, eles têm sido a causa de orgulho da humanidade. Caso contrário, eles são a causa de sua vergonha. Além disso, eles estão escondidos. É como se cada um se tornasse uma identidade coletiva, um objetivo imaginário. Outras pessoas tentam imitá-los, e isso é possível. Isso significa que, sendo absoluta e por tempo indeterminado, é possível que uma pessoa extraordinária, perfeita estar presente em todos os lugares. Em relação a esta indeterminação, de acordo com a lógica, a universalidade pode ser posta sob a forma de uma possível proposição. Ou seja, é possível que todos os atos possam produzir o seguinte resultado:

Por exemplo, "Quem executa duas rak'ats de salat em tal e tal hora realiza o equivalente ao Hajj."[434] É, portanto, a verdade que em determinados momentos duas rak'ats de salat podem ser o equivalente a um Hajj. Devido a sua universalidade, este significado pode aplicar-se a todas as salat de duas rak'ats. Isso significa que narrações desse tipo não são de fato, contínuas e universais, porque uma vez que existem condições de aceitação, ele não permite que sejam contínuas e universais. Ou é na verdade temporárias e absolutas ou possíveis e universais. Ou seja, a universalidade neste tipo de Hadice é em relação à possibilidade. Por exemplo: "a calúnia é como assassinato."[435] Isto significa, alguém que se entrega a maledicência é mais prejudicial do que o veneno mortal, como um assassino. E por exemplo: "Uma boa palavra é um ato tão bom que é como libertar um escravo."[436]

Aqui, a fim de incentivar e conter, isso aponta para a possibilidade de ser essa pessoa perfeita indefinida presente em todos os lugares em forma absoluta como se fosse realmente o caso, o que suscita entusiasmo para o bem e para o mau gosto. Além disso, as coisas do mundo eterno não podem ser medidas na escala deste mundo. A coisa mais importante aqui não é igual à menor coisa lá. Porque o mérito das ações olha para aquele mundo, a nossa visão do mundo é estreita para eles. Não podemos encaixá-los em nossas mentes. Por exemplo:

مَنْ قَرَاَ هذَا اُعْطِىَ لَهُ مِثْلُ ثَوَابِ مُوسَى وَ هَارُونَ[437]

Isso quer dizer que:

اَلْحَمْدُ لِلّٰهِ رَبِّ السَّمٰوَاتِ وَ رَبِّ اْلاَرَضِينَ رَبِّ الْعَالَمِينَ۞ وَلَهُ الْكِبْرِيَاءُ فِى السَّمٰوَاتِ وَاْلاَرْضِ وَ هُوَ الْعَزِيزُ الْحَكِيمُ۞ اَلْحَمْدُ لِلّٰهِ رَبِّ السَّمٰوَاتِ وَ رَبِّ اْلاَرَضِينَ رَبِّ الْعَالَمِينَ۞ وَلَهُ الْعَظَمَةُ فِى السَّمٰوَاتِ وَاْلاَرْضِ وَ هُوَ الْعَزِيزُ الْحَكِيمُ ۞ وَلَهُ الْمُلْكُ رَبُّ السَّمٰوَاتِ وَ هُوَ الْعَزِيزُ الْحَكِيمُ۞[438]

O que mais tem atraído a atenção dos injustos e irracionais são narrações como estas. A realidade da questão é esta:

Com nossa mente estreita e visões curtas neste mundo, sabemos o quanto imaginamos ser as recompensas de Moisés e Arão (a paz esteja com eles). A recompensa do Absolutamente Compassivo dará a um de Seus servos infinitamente carentes no mundo da eternidade e felicidade eterna, em troca de uma única invocação que pode ser igual à recompensa dos dois, mas igual as recompensas como as concebemos e supomos que sejam.

Por exemplo, Há um homem primitivo, rude que nunca viu o rei e não conhece a majestade de seu governo. Ele imagina um senhor em uma aldeia, e com as suas limitadas ideias pensa do rei como uma versão mais exaltada do senhor. Há muito tempo com a gente mesmo, havia uma tribo simplória que costumava dizer: "Nosso senhor sabe o que o faz Sultão uma vez que ele cozinha a sopa de trigo em seu fogão em uma panela." Ou seja, eles imaginavam o Sultão em uma situação tão estreita e uma forma tão comum que ele cozinhava sua própria sopa de trigo; eles supuseram que ele tivesse a majestade de um capitão. Agora, se alguém fosse dizer a um daquela tribo: "Se você fizer esse trabalho para mim hoje, eu vou dar-lhe tanta majestade como você acha que o sultão tem, e dar-lhe uma classificação tão alta como o capitão." Dizer que isso é certo, porque a majestade da realeza, que entra nos limites estreitos de suas ideias é apenas a majestade de um capitão.

Assim, com nossos pontos de vista do mundo e mentes estreitas, não podemos pensar tanto quanto o homem primitivo das verdadeiras recompensas que olha para a Outra Vida. Não é o equivalente das verdadeiras recompensas de Moisés e Arão (a paz esteja com eles), pois de acordo com a regra de metáforas e comparações, o desconhecido é comparado com o conhecido; a verdadeira recompensa, que é desconhecida, para uma invocação de um dos servos fiéis de Allah é comparada com as recompensas que conhecemos e supomos. Além disso, a superfície do mar e o coração de uma gota são iguais quando se trata de segurar a reflexão completa do sol. A diferença está só em termos de qualidade. A natureza da recompensa refletida nos espelhos dos espíritos de Moisés e Arão (a paz esteja com eles)o como ceanos, é exatamente a mesma em natureza como a recompensa que um servo crente, que é como uma gota, recebe de um versículo alcorânico. Eles são iguais em natureza e quantidade, enquanto a sua qualidade depende da capacidade.

Além disso, por vezes acontece que uma única palavra, uma única glorificação, abre um tesouro de felicidade que não foi aberto com 60 anos de serviço. Isso quer dizer que, por vezes acontece que um único versículo pode ser tão benéfico quanto o Alcorão. Além disso, o esplendor Divino que o Nobre Mensageiro de Allah (Allah o abençoe e lhe dê paz), que manifestou o Grande Nome, recebeu de um único versículo, pode ter sido tanto como todo o esplendor de um dos outros profetas recebeu. E não seria contrário à verdade quando se diz que um crente que por meio de 'o legado de profecia' manifesta a sombra do Grande Nome, recebe, de acordo com sua própria capacidade e no que diz respeito à quantidade, uma recompensa tão grande como o esplendor de um profeta. Além disso, a recompensa e o mérito são do mundo de luz, e um lugar onde o mundo pode ser contido em um pontinho. Assim como os céus e todas as suas estrelas podem aparecer em um pequeno fragmento de vidro, a recompensa tão luminosa e o mérito como o céu podem estar situados em uma invocação ou versículo que adquire transparência pela intenção pura.

Conclusão: Ó injusto, irracional, egocêntrico, homem cavilar cuja crença é fraca e filosofia forte! Considere estes Dez Princípios, então não faça do pretexto uma narração que achava que era contrária à verdade e, definitivamente, se opôs à realidade, e aponta o dedo da oposição em Hadices lançando assim calúnias sobre o impecável Nobre Mensageiro (Allah o abençoe e lhe dê paz)! Porque, em primeiro lugar, esses Dez Princípios e o que eles acarretam farão você renunciar à negação; eles dizem: "Se houver qualquer falha real, é nossa", ela não pode ser encaminhada para os Hadices. Eles dizem também: "Se a culpa não é real, brota do seu mau entendimento." Em suma; se alguém embarca em negação e rejeição, primeirotem de negar esses Dez Princípios e mostrar que são falsos. Agora, se você é justo, depois de ponderar sobre esses Dez Princípios, com a devida atenção, não tente negar um Hadice que sua razão considera contrário à verdade! Diga: "Há tanto uma explicação, ou uma interpretação, ou uma exegese deste", e não o critique.

Décimo Primeiro Princípio: Assim como o Alcorão tem versículos obscuros que têm necessidade de interpretação ou então exigem submissão absoluta, há Hadices também que contêm dificuldades como as obscuridades do Alcorão. Eles necessitam, por vezes, de uma exposição e interpretação extremamente cuidadosas. Os exemplos acima podem ser suficientes para você.

Sim, alguém que está acordado interpreta o sonho de outra pessoa que está dormindo, e às vezes alguém que está dormindo ouve as palavras proferidas por aqueles que está acordado perto dele, mas dá-lhes um sentido e os interpreta de uma forma que se aplica ao seu próprio mundo de sono. Ó homem estupefeito pelo sono da negligência e da filosofia não negue em seu sonho o que se viu, manifestado pelo mistério de:

﴿مَا زَاغَ الْبَصَرُ وَمَا طَغٰى﴾[439], e pelo[440] تَنَامُ عَيْنِى وَلاَ يَنَامُ قَلْبِى ., e que o que estava realmente acordado e ciente, o interprete. Sim, se um mosquito pica alguém que está dormindo, ele às vezes sonha que recebeu ferimentos terríveis na guerra e isso tem uma realidade no sono. Se ele estava a ser questionado, ele dizia: "Em verdade fui ferido. Armas e rifles foram disparados contra mim." Aqueles sentado perto dele riem de sua angústia no sono. Assim, a visão manchada de sono da negligência e do pensamento filosófico, certamente, não podem ser o critério para as verdades da profecia.

Décimo Segundo Princípio: Uma vez que, a profecia, a afirmação da unidade Divina, e a crença que todos olham para a unicidade, a Outra Vida, e a Divindade, eles veem a verdade e a realidade de acordo com aqueles. Enquanto filósofos e cientistas olham para a multiplicidade, para as causas e para a natureza, e veem de acordo com eles. Os seus pontos de vista são extremamente distantes um do outro. O maior objetivo do povo de filosofia é tão pequeno e insignificante a ponto de ser imperceptível entre os objetivos dos estudiosos da religião e da teologia.

É por isso que os cientistas têm avançado muito nas explicações detalhadas sobre a natureza dos seres e seus estados mais minuciosos, mas estão tão atrás das exaltadas ciências Divinas e das ciências preocupadas com a Outra Vida, que são a verdadeira sabedoria e conhecimento, que estão mais atrás do que um simples crente. Aqueles que não entendem este mistério supõem que os estudiosos de investigação do Islam estarem relativamente atrasados em relação aos filósofos. Mas como podem aqueles cujas mentes não veem mais longe do que os seus olhos e estão submersos na multiplicidade, alcançar aqueles que seguem objetivos sagrados elevados pelo "legado de profecia"?

Além disso, quando algo é considerado a partir de dois pontos de vista, eles mostram duas verdades diferentes, e ambos podem ser a verdade. Nenhum determinado fato da ciência pode tocar as verdades sagradas do Alcorão. A mão curta da ciência não pode chegar até à sua sublimidade pura. Vamos citar um exemplo para ilustrar isso:

Por exemplo, se o globo da terra é considerado do ponto de vista das pessoas da ciência, a sua realidade é esta: como um planeta de tamanho médio, gira em torno do sol em meio a inúmeras estrelas; é uma pequena criatura em relação às estrelas. Mas, como é explicado no Décima Quinta Palavra, se for considerado do ponto de vista das pessoas do Alcorão, a sua realidade é esta: Uma vez que, o homem, o fruto do mundo, é um mais abrangente, mais maravilhoso, mais impotente, mais fraco, e mais sutil milagre do poder

Divino, a Terra, seu berço e morada, é em relação ao significado e à arte, o coração e o centro do universo; apesar da sua pequenez e humildade em relação aos céus, é a exibição e exposição de todos os milagres de arte Divina; o lugar da reflexão e ponto de foco das manifestações de todos os Nomes Divinos; o local de exibição e reflexão da atividade dominical infinita; os meios e o mercado da criatividade Divina ilimitada e, especialmente, a criação munificente das inúmeras espécies de plantas e animais de pequeno porte; e o local em pequena medida de amostras de criaturas dos grandes mundos da Outra Vida; é um tear trabalhando rapidamente tecendo têxteis eternos; o lugar rapidamente mudando para produzir visualizações de panoramas eternos; o campo arável estreito e temporário e a sementeira produzindo velozmente as sementes para os jardins eternos.

É devido a essa imensidão de significado e importância da arte da terra que o Alcorão Sagrado mantém – como uma pequena fruta da grande árvore do céus – igual a todos os céus, como segurar um coração minúsculo equivalente a um corpo enorme. Ele a coloca em uma bandeja de uma balança e coloca todos os céus no outro, e repetidamente diz: رَبُّ السَّمٰوَاتِ وَ الْاَرْضِ[441]. Compare outros assuntos com isso e entenda que os sem alma, as verdades obscuras da filosofia não podem entrar em conflito com as brilhantes verdades vivas do Alcorão. Uma vez que, o ponto de vista é diferente, eles aparecem de forma diferente.

QUARTO RAMO

﴿ اَلَمْ تَرَ اَنَّ اللّٰهَ يَسْجُدُ لَهُ مَنْ فِى السَّمٰوَاتِ وَمَنْ فِى الْاَرْضِ وَالشَّمْسُ وَالْقَمَرُ وَالنُّجُومُ وَالْجِبَالُ وَالشَّجَرُ وَالدَّوَابُّ وَكَثِيرٌ مِنَ النَّاسِ وَكَثِيرٌ حَقَّ عَلَيْهِ الْعَذَابُ وَمَنْ يُهِنِ اللّٰهُ فَمَا لَهُ مِنْ مُكْرِمٍ اِنَّ اللّٰهَ يَفْعَلُ مَا يَشَاءُ ﴾[442]

Vamos apontar apenas uma única joia do tesouro deste versículo extenso e sublime. É como se segue:

O Alcorão Sagrado afirma claramente que tudo, desde os céus até a terra, desde as estrelas até as moscas, desde os anjos até os peixes, desde os planetas até as partículas, prostram-se, adoram, louvam e glorificam a Allah Todo-Poderoso. Mas o seu culto varia de acordo com as suas capacidades e os Nomes Divinos que se manifestam; é tudo diferente. Vamos explicar uma das variedades de sua adoração com uma comparação.

Por exemplo:[443] ﴿ وَ لِلّٰهِ الْمَثَلُ الْاَعْلٰى ﴾, quando um poderoso senhor de todo o domínio constrói uma cidade ou esplêndido palácio, ele emprega quatro categorias de trabalhadores.

A Primeira Categoria são os seus escravos e servos. Este tipo não recebe salário ou remuneração, mas para cada item de trabalho que eles realizam por comando de seu senhor, eles experimentam um prazer sutil e agradável vontade. O que quer que profira por meio do louvor e da descrição do seu senhor aumenta o seu prazer e vontade.

Sabendo que sua conexão com o seu santo Senhor ser uma grande honra, eles se contentam com isso. Também eles encontram prazer de olhar para o seu trabalho com a visão de seu senhor, e por causa dele e em seu nome. Eles não precisam de qualquer salário, posto ou remuneração.

A Segunda Categoria são funcionários comuns. Eles não sabem por que estão trabalhando ou por que estão a ser empregados pelo senhor glorioso. Ele faz com que eles funcionem por suas próprias ideias e conhecimentos e dá-lhes um salário adequadamente pequeno. Estes funcionários não têm conhecimento de que vários e abrangentes objetivos e questões exaltadas resultam em consequência do seu trabalho. Alguns deles até mesmo imaginam que seu trabalho diz respeito a ele e não têm nenhum objetivo além de seu salário.

A Terceira Categoria: o senhor de todo domínio tem alguns animais queemprega em vários postos de trabalho na construção da cidade e do palácio. Ele apenas dá-lhes forragem, mas o seu trabalho em tarefas adequadas para as suas capacidades lhes dá prazer. Pois, se uma potencialidade ou capacidade é realizada em ação e trabalho, há uma respiração e expansão e isso resulta em prazer. O prazer de ser tido de toda a atividade decorrente deste. O salário e a remuneração deste tipo de servo, então, são apenas forragem e aquele prazer, e se satisfazem com isso.

A Quarta Categoria são os trabalhadores que sabem o que estão fazendo, por que e para quem estão trabalhando, por que os outros trabalhadores estão a trabalhar, qual é o propósito do senhor de todo o domínio e por que ele está fazendo com que eles funcionem. Os trabalhadores desta categoria são, portanto, os chefes e supervisores sobre os outros trabalhadores. Eles recebem remuneração classificada de acordo com sua posição e grau.

Exatamente da mesma maneira, o Senhor do Universo, que é o Senhor Todo-Glorioso dos céus e da terra e o Belo Construtor deste mundo e do Outro, emprega os anjos, os animais, os seres inanimados, as plantas e os seres humanos no palácio deste mundo, neste reino da causalidade. Ele usa-os não por necessidade, uma vez que, Ele é o Criador de tudo, mas para certos exemplos de sabedoria, como o funcionamento do Seu poder, sublimidade, e religiosidade. Ele faz com que eles adorem e os encarregou destas quatro categorias com diferentes funções de culto.

A Primeira Categoria é dos anjos, que são representados na comparação com os escravos. Para os anjos não há esforço e progresso; todos eles têm sua situação fixa e determinada posição, e recebem um prazer especial a partir do próprio trabalho e uma emanação da sua adoração. Ou seja, a recompensa desses servos é encontrada dentro de suas funções. Assim como o homem se alimenta de ar, água, luz e comida, e recebe o prazer deles, por isso são os anjos alimentados pelas variedades de lembrança, glorificação, louvor, adoração, conhecimento e amor de Allah, e ter o prazer disso. Pois, uma vez que são criados a partir da luz, a luz é suficiente para o seu sustento. Até mesmo aromas perfumados, que estão perto de luz, são uma espécie de alimento para eles que eles gostam. De fato, os bons espíritos têm prazer em cheiros doces.

Além disso, há nas tarefas que os anjos desempenham no comando d'Aquele a Quem eles adoram, no trabalho que realizam por amor a Ele, no serviço que descarregam em Seu nome, na supervisão que executam por Seu favor, na honra que eles ganham por sua ligação com Ele, na pureza que eles alcançam pelo estudo de Seu domínio, tanto na sua face externa e de sua face que olha para Ele, na facilidade que encontram por contemplar as manifestações de Sua beleza e glória, tal felicidade sublime que a mente humana não pode compreender, e aquele que não é anjo não pode perceber.

Uma espécie de anjos são adoradores, e a adoração de outro tipo é no trabalho. Dos anjos da terra, do tipo que são trabalhadores têm um tipo de ocupação humana. Se assim se pode dizer, um tipo é como pastores e outros como agricultores. Ou seja, a face da terra é como uma fazenda geral e um anjo nomeado supervisiona todas as espécies de animais dentro dele pelo comando do Criador Todo-Glorioso, com a sua permissão, por amor a Ele e por meio de Seu poder e força. E para cada espécie de animal existe um anjo menor nomeado para atuar como pastor especial.

A face da terra é também um local de cultivo; as plantas são semeadas em toda ela. Há um anjo encarregado de supervisioná-las em nome de Allah Todo-Poderoso e por intermédio de Seu poder, e há anjos que são menores do que ele e que adoram e glorificam a Allah pela supervisão de espécies particulares. O Arcanjo Miguel (a paz esteja com ele), que é um dos portadores do trono de sustento, é o supervisor mais importante deles.

Os anjos que estão na posição de pastor e agricultor não têm qualquer semelhança com os seres humanos, uma vez que sua supervisão é puramente por amor a Allah Todo-Poderoso, e em Seu nome e por meio de Seu poder e comando. A sua supervisão aos animais consiste apenas em contemplar as manifestações da religiosidade nas espécies em que estão empregados; apreciar as manifestações do poder e a misericórdia nele; dar a conhecer a essa espécie os comandos divinos por meio de um tipo de inspiração; e de alguma forma ordenar as ações voluntárias das espécies.

A sua supervisão das plantas no campo da terra em particular consiste em representar a glorificação espiritual das plantas na língua dos anjos; proclamando na língua angelical as saudações espirituais que as plantas oferecem ao Criador Todo-Glorioso com suas vidas; e empregando as faculdades dadas às plantas corretamente e direcioná-las para determinados objetivos e ordenando-as de alguma forma. Estes deveres dos anjos são ações meritórias de uma espécie em razão de faculdade de escolha dos anjos. Na verdade, eles são uma espécie de culto e adoração. Mas os anjos não têm nenhum poder real de disposição, uma vez que em tudo é um selo peculiar ao Criador de todas as coisas. Outra de mão não pode interferir na criação. Ou seja, este tipo de trabalho dos anjos forma sua adoração. Não é um costume como com os seres humanos.

A Segunda Categoria de Trabalhadores neste palácio do universo são os animais. Dado que os animais também têm uma alma apetitiva e faculdade de escolha, o seu trabalho não é "puramente por amor a Allah"; em certa medida, eles tomam uma parte para suas almas. Portanto, uma vez que o Glorioso e Munificente Senhor de todo o domínio é todo-generoso, Ele lhes dá um salário durante o seu trabalho de modo que suas almas recebem uma parte. Por exemplo, o Onisciente Criador emprega o famoso rouxinol,[1] conhecido por seu amor à rosa, por cinco objetivos.

Primeiro Objetivo: É o empregado oficial para proclamar em nome das espécies animais a intensa relação que existe entre eles e as espécies de plantas.

Segundo Objetivo: É um orador dominical dentre os animais, que são como convidados do Todo-Misericordioso necessitado para seu sustento, empregada para aclamar os presentes enviados pelo Provedor Generoso, e anunciar a sua alegria.

Terceiro Objetivo: É para anunciar a todos as boas-vindas oferecidas para as

[1] Uma vez que o rouxinol fala poeticamente, nossa discussão também se torna poética um pouco. Mas não é imaginária, é a verdade.

plantas, que são enviadas para a assistência de seus companheiros animais.

Quarto Objetivo: É para anunciar, por cima das cabeças abençoadas e os belos rostos de plantas, a necessidade intensa das espécies animais por elas, o que atinge o grau de amor e paixão.

Quinto Objetivo: É para apresentar com saudade aguda no Tribunal da Misericórdia do Todo-Glorioso, do Belo e Munificente Senhor de Todos os Domínios uma glorificação mais graciosa inspirada no rosto verdadeiramente delicado da rosa.

Existem outros significados semelhantes a esses cinco objetivos, e eles são o objetivo das ações do rouxinol realizadas em prol da Verdade (Glorificado e Exaltado seja). O rouxinol fala em sua própria língua, mas entendemos esses significados de suas palavras melancólicos. Se ele próprio não sabe o significado completo de sua própria música como os anjos entendem, não prejudicam o nosso entendimento. O ditado: "Aquele que ouve entende melhor do que aquele que fala" é bem conhecido. Além disso, o rouxinol não mostra que ele não conhece estes objetivos em detalhes, mas isso não significa que eles não existam. Pelo menos ele os informa como um relógio informa sobre o tempo. Ele não sabe o que está fazendo. Isso não impede que você entenda.

No entanto, o pequeno salário do rouxinol é o prazer que ele experimenta contemplando as sorridentes, lindas rosas, e o prazer que ele recebe de conversar com eles e derramar seus males. Ou seja, sua canção triste não é uma reclamação decorrente de tristeza de animais, é agradecimento, em troca de dons do Misericordiosíssimo. Compare o rouxinol com a abelha, a aranha, a formiga, os insetos rastejantes, os animais machos, que são os meios de reprodução, e os rouxinóis de todas as pequenas criaturas: as obras de todos eles têm numerosos objetivos. Para eles, também, um prazer especial, como um pequeno salário, foi incluído em seus deveres. Por esse prazer, eles servem aos objetivos importantes contidos na arte dominical. Assim como um marinheiro comum age como timoneiro em um navio imperial e recebe um pequeno salário, assim também os animais empregados em funções de glorificação, cada um recebe um pequeno salário.

Um Adendo à Discussão Sobre o Rouxinol: No entanto, não supõe que esta proclamação e o anúncio dessas canções de glorificação são peculiares ao rouxinol. Na maioria das espécies existe uma classe semelhante ao rouxinol que consiste em um indivíduo fino ou indivíduos que representam os melhores sentimentos das espécies com as melhores glorificações e a melhor poesia. Os rouxinóis de moscas e insetos, em particular, são numerosos e variados. Por sua poesia zumbido eles fazem todos os animais com orelhas, do maior para o menor, ouvir as suas glorificações, e dar-lhes prazer.

Alguns deles são noturnos. Esses amigos declamando poesia de todos os animais de pequeno porte são seus oradores de voz doce, quando todos os seres estão mergulhados no silêncio e tranquilidade da noite. Cada um é o centro de um círculo de recolhimento silencioso, uma assembleia na solidão, ao qual todos os outros escutam, e, de alguma forma, relembram e enaltecem o Criador Todo-Glorioso em seus próprios corações.

Outros tipos são diurnos. Durante o dia, na primavera e no verão, eles proclamam a misericórdia do Clemente e Misericordioso e para com todos os seres animados dos púlpitos das árvores com suas vozes musicais, canções sutis e glorificações poéticas. É como se, como o líder de um encontro para a recitação dos Nomes de Allah induz ao êxtase os participantes, todas as criaturas escutando começassem louvar o Criador Todo-Glorioso cada um em sua própria língua especial e com um canto particular.

Ou seja, cada tipo de ser, e até mesmo as estrelas, têm um recitador chefe e luminoso rouxinol disperso. Mas o mais excelente, o mais nobre, o mais luminoso, o mais deslumbrante, o maior e o rouxinol mais honrado, cuja voz é a que mais soa, cujos atributos são os mais brilhantes, cuja recitação é a mais completa, cuja graça é a mais universal, cuja essência é a mais perfeita, e cuja forma é a mais bonita, que trouxe todos os seres dos céus e da terra no jardim do universo ao êxtase e arrebatamento por sua poesia sutil, sua doce canção, sua glorificação exaltada, foi o glorioso rouxinol da espécie humana, o rouxinol do Alcorão é Mohammad o árabe:

عَلَيْهِ وَ عَلَى آلِهِ وَ اَمْثَالِهِ اَفْضَلُ الصَّلاَةِ وَ اَجْمَلُ التَّسْلِيمَاتِ[444]

Para Concluir: Os animais, que servem no palácio do universo, conformam com total obediência aos comandos de criação e exibem perfeitamente em nome de Allah Todo-Poderoso os objetivos incluídos em suas naturezas. A glorificação e a adoração que eles concretizam com a realização das tarefas relacionadas com suas vidas neste maravilhoso modelo pelo poder de Allah Todo-Poderoso, são presentes e saudações que eles apresentam ao Tribunal do Criador Todo-Glorioso, o Doador da Vida.

A Terceira Categoria de trabalhadores são plantas e criaturas inanimadas. Uma vez que, não têm nenhum faculdade de escolha, eles não recebem salário. Seu trabalho é "puramente por amor a Allah", e em Seu nome, por Sua conta, e por sua vontade, poder e força. No entanto, pode ser percebido a partir de seu crescimento e desenvolvimento que eles recebem uma espécie de prazer de suas funções de polinização e produção de sementes e frutas. Mas eles não sentem dor alguma. Devido a sua vontade, os animais sentem dor, bem como prazer. Uma vez que, a vontade não entra em trabalho de plantas e dos seres inanimados, o seu trabalho é mais perfeito do que a dos animais, que têm vontade. Entre aqueles que possuem vontade, o trabalho de criaturas como a abelha que são iluminados pela revelação e inspiração é mais perfeito que o trabalho desses animais que dependem de sua faculdade de vontade.

Todas as espécies de plantas no campo da face da terra, oram e pedem ao Todo-Criador sábio por suas línguas de disposição e potencialidade: "Ó Senhor nosso! Dá-nos força para que, levantando a bandeira da nossa espécie em todas as partes da terra, possamos proclamar o esplendor de Sua religiosidade; concede-nos prosperidade para que possamos Lhe adorar em todos os cantos da mesquita da terra; concede-nos o poder de espalhar e viajar, a fim de expor a nossa língua particular, os bordados dos Seus Mais Belos Nomes e Suas maravilhosas, artes antigas".

O Prudente Criador responde sua prece espiritual e confere nas sementes de uma espécie de minúsculas asas feitas de cabelo: eles voam longe, espalhando-se por toda parte. Eles fazem com que os Nomes Divinos serem lidos em nome de suas espécies, (como as sementes da maioria das plantas espinhentas e algumas flores amarelas). Ele dá a algumas espécies bela carne que é necessária ou agradável para os seres humanos; Ele faz com que o homem as plante em todos os lugares. Para alguns Ele dá, cobrindo um osso duro e indigesto, carne que os animais comem para que dispersem as sementes em uma área ampla. Em alguns Ele concede pequenas garras que apertem todos aqueles que os tocam; movendo-se para outros lugares, eles levantam a bandeira das espécies e apresentam a arte antiga do Criador Todo-Glorioso. E para algumas espécies, como o melão amargo, Ele dá a força de um rifle de chumbo grosso que, quando está maduro, os pequenos melões que são seus frutos, caem e dispersam suas sementes como tiro à distância de vários metros e as planta. Eles trabalham para que inúmeras línguas glorifiquem o Criador Todo-Glorioso e recitem Seus Belos Nomes. Você pode pensar em outros exemplos da mesma forma.

O Prudente Criador, que é Todo-Poderoso e Onisciente, criou tudo lindamente e com perfeita ordem. Ele equipou-os muito bem, virando os seus rostos na direção de belos objetivos, empregou-os em belas funções, levou-os a proferir belas glorificações e lindas adorações. Ó homem! Se de fato você é um ser humano, não confunda natureza, oportunidade, futilidade, e desorientação com essas belas coisas. Não as faça feias. Não aja de forma feia. Não seja feio!

A Quarta Categoria são seres humanos. Os seres humanos, que são uma espécie de servos no palácio do universo, assemelham-se aos anjos e animais. Assemelham-se aos anjos na universalidade do culto, amplidão de supervisão, integralidade do conhecimento, e em serem arautos da religiosidade Divina. No entanto, o homem é mais abrangente (na sua adoração), mas uma vez que ele tem uma alma apetitiva que está disposta para o mal, ao contrário dos anjos, ele está sujeito ao progresso e ao declínio, que é de grande importância. Além disso, uma vez que em seu trabalho o homem busca o prazer de sua alma e uma parte para si mesmo, ele se assemelha a um animal. Sendo assim, o homem recebe dois salários: o primeiro é insignificante, animal, e imediato; o segundo, angelical, universal, e adiado.

Agora, o dever do homem e seu salário, seu progresso e declínio foram discutidos em parte, em todas as Vinte e Três Palavras, e foram explicados em maior detalhe na Décima Primeira e Vigésima Terceira Palavras em particular. Vamos, pois, encurtar a discussão aqui e fechar a porta. E rogando ao Misericordioso para abrir-nos as portas da Sua misericórdia, e buscando perdão por nossas faltas e erros, concluímos aqui.

QUINTO RAMO

O Quinto Ramo tem cinco 'frutos'.

Primeiro Fruto:

Ó minha alma, auto devota! Ó meu amigo adorador do mundo! O amor é a causa da existência do universo e o liga; ele é simultaneamente a luz do universo e sua vida. Uma vez que o homem é o fruto mais abrangente do universo, um amor que vai conquistar o universo tenha sido incluído em seu coração, a semente desse fruto. Assim, apenas quem possui infinita perfeição pode ser digno de um amor tão infinito.

Ó alma e ó amigo! Duas faculdades que causam medo e amor foram incluídas na natureza do homem. Este amor e medo são dirigidas as criaturas ou ao Criador. No entanto, o medo de criaturas é uma doença grave, enquanto o amor para eles é uma atribulação calamitosa. Uma vez que, você terá medo de quem não tem compaixão por você nem aceitam suas súplicas por misericórdia, então o medo é uma calamidade grave. Quanto ao amor, a quem você ama não o reconhece ou parte sem se despedir, como sua juventude e propriedade. Ou então ele o despreza por causa de seu amor. Você não percebeu que, noventa e nove em cada cem casos de amor metafórico, o amante reclama da amada? Já que, amar e idolatrar amados do mundo com o coração interior, que é o espelho do Eternamente Procurado, oprime a pessoa amada, e ele acha desagradável e o rejeita. Porque a natureza do homem rejeita e deixa para trás as coisas que são contrárias e indignas a ele. (Amores físicos estão fora do nosso debate.)

Ou seja, as coisas que você ama não o reconhecem e desprezam, ou não o acompanham. Eles se separam de você, apesar de você. Sendo assim, direcione o seu medo e amor a quem o seu medo se torna humilhação prazerosa, seu amor e felicidade sem sombras. Sim, temer o Criador Glorioso significa encontrar uma maneira de Sua misericórdia compassiva, e refugiar-se na mesma. O medo é um chicote; isso o leva para o abraço da Sua misericórdia. É sabido que uma mãe assusta suavemente seu filho, por exemplo, e puxa-o contra o peito. O medo é mais agradável para o filho, porque o leva a seu terno abraço, considerando que a ternura de todas as mães é apenas um lampejo da Divina Misericórdia. Isso significa que há um prazer supremo no temor a Allah. Se existe prazer em temer a Allah, é claro o prazer infinito que há para ser encontrado no amor de Allah. Além disso, aquele que teme a Allah é salvo do medo calamitoso e angustiante dos outros. Além disso, porque é pelo amor de Allah, o amor que ele tem pelas criaturas não é tingido com tristeza e separação.

De fato, o homem ama a si mesmo em primeiro lugar, em seguida, suas relações, e depois sua nação, e então as criaturas vivas, o universo e o mundo. Ele está conectado com todas essas esferas. Ele recebe prazer no seu prazer e dor na sua dor. No entanto, uma vez que nada é estável neste mundo de revoltas e revoluções rápidas como o vento, o coração miserável do homem está constantemente ferido. As coisas que as suas mãos agarram choram por eles quando eles partem, até mesmo cortá-los. Ele permanece na angústia perpétua, ou então mergulha na embriaguez dos desatentos. Já que é assim, minha alma, se você tem sentido, reúne todos esses amores e dá-lhes o seu verdadeiro dono; seja salvo dessas calamidades. Estes amores infinitos são especialmente de Um Que possui infinita perfeição e beleza. Quando você os dá ao seu verdadeiro dono, você será capaz de amar tudo sem desgaste em Seu nome e como Seus espelhos. Isso significa que esse amor não deve ser gasto diretamente no universo. Caso contrário, mesmo sendo uma deliciosa recompensa, tornar-se-á uma doença grave.

Há outro aspecto, além disso, ó alma! e é o mais importante. Você gasta todo seu amor em si mesma. Você faz da sua própria alma o seu objeto de adoração e amor. Você sacrifica tudo por ela. Simplesmente, você lhe atribui uma espécie de religiosidade. Considerando que a causa do amor ou é a perfeição, porque a perfeição é amada por si mesma, ou é benefício, ou é prazer, ou é divindade, ou faz como estes. Agora, ó alma, em várias das Palavras provamos decisivamente que a sua natureza essencial é fermentada de falha, deficiência, pobreza e impotência, e como o grau relativo da escuridão e obscuridade mostra o brilho da luz, no que diz respeito aos opostos, você age como um espelho com eles para a perfeição, beleza, poder e misericórdia do Belo Criador. Isso significa, ó alma, que não é amor que você deve ter para sua alma, mas inimizade. Ou você tem pena dela, ou depois que ela estiver em paz, tem compaixão dela. Se você ama sua alma, porque é a fonte de prazer e benefício e que é atraído por suas delícias, não prefere o prazer e o benefício da alma, que é um simples ponto, ao prazer e aos benefícios infinitos. Não se assemelhe a um vagalume. Uma vez que, afoga todos os seus amigos e as coisas que você ama na escuridão da desolação e se satisfaz com um pequeno vislumbre em si. Você deve amar um Amado Pré-Eterno em Cujos graciosos favores são dependentes de todos os prazeres e benefícios de sua alma, juntamente com todos os benefícios, recompensas e criaturas do universo com os quais você está conectado e dos quais você lucra e por cuja felicidade você é feliz, então você pode ter prazer, tanto o seu próprio e sua felicidade, e receber um prazer infinito do amor d'Aquele Absolutamente Perfeito.

De qualquer forma, o seu intenso amor por si mesmo e por sua alma é o amor pela Essência Divina que você emprega mal e gasta consigo apenas. Nesse caso, rasgue o egoísmo em sua alma e mostra-Lhe. Todos os seus amores dispersos pelo universo são dados a você para gastar em Seus Nomes e atributos. Você tem usado de forma errada e está sofrendo a penalidade, uma vez que, a pena por um amor ilícito mau gasto é tormento implacável. Com certeza, uma partícula do amor de um Pré-eterno Amado, Que, por meio dos Nomes de Clemente e Misericordioso, preparou uma morada como o Paraíso adornado com huris (pares) para você em que todos os seus desejos corporais serão gratificados, e por meio de outros de seus nomes tem preparado para você favores eternos naquele Paraíso que irá satisfazer todos os anseios do seu espírito, coração, mente, e outras faculdades internas sutis, e em todos aqueles cujos nomes estão contidos muitos tesouros da graça e generosidade – uma partícula de Seu amor pode tomar o lugar de todo o universo. Mas o universo não pode tomar o lugar de mesmo uma manifestação particular do Seu amor. Nesse caso, preste atenção a este Decreto Pré-eterno que esse Pré-Eterno Amado causou Seu próprio Amado para anuncia-lo, e segui-lo:

﴿اِنْ كُنْتُمْ تُحِبُّونَ اللّٰهَ فَاتَّبِعُونِى يُحْبِبْكُمُ اللّٰهُ﴾[445]

Segundo Fruto:

O alma! A adoração não é a introdução a recompensas adicionais, mas o resultado de recompensas anteriores. Sim, nós recebemos o nosso salário, e, consequentemente, encarregados com as funções de serviço e adoração. Porque, ó alma!, já que o Criador Todo-Glorioso, Que o vestiu na existência, que é bem puro, deu-lhe estômago e apetite, por meio de Seu Nome de Provedor, Ele colocou diante de você todos os alimentos em uma mesa de prêmios. Então, uma vez que Ele lhe deu uma vida enfeitada com os sentidos, a vida também exige sustento, como um estômago; todos os seus sentidos, olhos e ouvidos são como as mãos ante as quais colocou uma mesa de generosidades tão ampla quanto a Terra. Então, porque Ele lhe deu humanidade, que requer muitos sustentos imateriais e generosidades, que Ele colocou ante o estômago da humanidade, na medida em que a mão da mente possa alcançar, uma extensa mesa de prêmios tão ampla quanto os mundos de ambas as dimensões conhecidas e desconhecidas. Então, uma vez que Ele lhe deu o Islam e a crença, os quais exigem infinitas graças e são alimentados com inúmeros frutos de misericórdia e são humanidade suprema, Ele abriu perante você uma mesa de prêmios, prazer e felicidade que inclui a esfera da contingência junto com a esfera de Seus Nomes e atributos sagrados. Então, ao lhe dar amor, que é uma luz da fé, Ele tem derramado sobre você uma mesa interminável de bênçãos, felicidade e prazer. Isso quer dizer que, no que diz respeito a sua parte física, você é um ser insignificante, fraco, impotente, humilde, restrito, especialmente limitado, mas por Seu favor, você como se fosse elevado de um ser particularmente insignificante para um ser todo luminoso universal. Uma vez que, dando-lhe vida, Ele o elevou de uma particularidade para uma universalidade; e, dando-lhe humanidade, para a verdadeira universalidade; e concedendo-lhe o Islam, elevou-o a uma exaltada universalidade luminosa; e dando-lhe conhecimento e o amor d'Ele, ascendeu-o a uma luz abrangente.

Ó alma! Você recebeu este salário, e você é cobrado com o prazeroso, dever abundante, fácil e leve de adoração. Mas você é preguiçoso nisto também. Se você a executa pela metade, é como se os antigos salários fossem insuficientes para você e você está querendo arrogantemente coisas maiores. Além disso, você está reclamando: "Por que a minha súplica não foi aceita?" Mas o seu direito não é reclamar, mas suplicar. Por meio de Sua pura graça e generosidade, Allah Todo-Poderoso concede o Paraíso e a felicidade eterna. Então, busque refúgio em Sua misericórdia e generosidade constantemente. Confie n'Ele e preste atenção a este decreto:

﴿ قُلْ بِفَضْلِ اللّٰهِ وَبِرَحْمَتِهِ فَبِذٰلِكَ فَلْيَفْرَحُوا هُوَ خَيْرٌ مِمَّا يَجْمَعُونَ ﴾[446]

Se você diz: "Como posso responder a essas incontáveis graças universais com meus limitados e parciais agradecimentos"?

A Resposta: Com a intenção universal e a crença ilimitada... Por exemplo, um homem entra na presença de um rei com um presente no valor de cinco reais, e vê que outros presentes valem milhões chegaram de pessoas, e foram alinhados lá. Ocorre-lhe: "Meu presente é nada. O que devo fazer?" Então ele diz de repente: "Meu Senhor, ofereço-lhe todos esses presentes valiosos em meu nome, uma vez que é digno deles. Se eu tivesse o poder, eu teria lhe dado presentes iguais a eles." Assim, o rei, que tem necessidade de nada e aceita presentes de seus súditos como um sinal de sua lealdade e respeito, aceita que a intenção e o desejo universal do homem miserável, e o merecimento de sua crença elevada como se fosse o maior presente.

Exatamente da mesma maneira, ao realizar as salat um impotente servo de Allah Todo-Poderoso declara: Attahiátu lilah "Saudações a Allah" Ou seja, "ofereço-Te por minha conta todos os dons de adoração que todas as criaturas Te oferecem em suas vidas. Se eu fosse capaz, eu teria oferecido a Ti tantas saudações como eles, pois Tu és digno delas, e digno de mais ainda". Tal intenção e crença compreendem extensas graças universais. As sementes e os grãos das plantas são suas intenções.

E, por exemplo, o melão pronuncia mil intenções no seu coração, sob a forma de núcleos de suas sementes: "Ó meu Criador! Quero proclamar os bordados dos Teus mais belos nomes em muitos lugares da terra." Uma vez que, Allah Todo-Poderoso sabe como as coisas futuras virão, Ele aceita a sua intenção como adoração real. A regra: "a intenção do crente é melhor do que as suas ações"[447] faz alusão a esse mistério.

سُبْحَانَكَ وَ بِحَمْدِكَ عَدَدَ خَلْقِكَ وَ رِضَاءَ نَفْسِكَ وَ زِنَةِ عَرْشِكَ وَ مِدَادِ كَلِمَاتِكَ
وَ نُسَبِّحُكَ بِجَمِيعِ تَسْبِيحَاتِ اَنْبِيَائِكَ وَ اَوْلِيَائِكَ وَ مَلٰئِكَتِكَ[448]

A sabedoria em oferecer glorificações em números infinitos também é entendida a partir deste mistério. Por exemplo:

Assim como um oficial apresenta todas as funções de seus soldados ao rei em seu próprio nome, o homem, que atua como agente para outras criaturas, comanda os animais e as plantas, tem a capacidade de ser vice regente sobre os seres da terra, e em seu próprio mundo se considera representar todos, declara[449] ﴿ اِيَّاكَ نَعْبُدُ وَ اِيَّاكَ نَسْتَعِينُ ﴾ Ele oferece a adoração e procura de ajuda de toda a criação para o Verdadeiro Objeto Todo-Glorioso de Adoração em seu próprio nome. Ele também diz:

سُبْحَانَكَ بِجَمِيعِ تَسْبِيحَاتِ جَمِيعِ مَخْلُوقَاتِكَ وَ بِاَلْسِنَةِ جَمِيعِ مَصْنُوعَاتِكَ[450]

Todas as Suas criaturas pronunciam de acordo com isso, e diz:

اَللّٰهُمَّ صَلِّ عَلٰى مُحَمَّدٍ بِعَدَدِ ذَرَّاتِ الْكَائِنَاتِ وَ مُرَكَّبَاتِهَا[451]

Ele oferece bênçãos ao Profeta (Allah o abençoe e lhe dê paz), em nome de tudo.

Porque tudo está relacionado com a luz de Mohammad (Allah o abençoe e lhe dê paz). Assim, você pode entender a sabedoria nos incontáveis números mencionados nas glorificações e bênçãos ao Profeta (Allah o abençoe e lhe dê paz).

Terceiro Fruto

Ó alma! Se em uma vida breve, você quer fazer algo que vai beneficiá-la na Vida Futura, e você quer que cada momento de sua vida seja tão benéfico como um tempo de vida, e se você quiser transformar suas ações habituais em adoração e sua negligência na consciência da presença Divina, siga as práticas ilustres do Profeta (Allah o abençoe e lhe dê paz). Uma vez que, quando você aplica suas ações para as decisões da Chari'a, isso proporciona uma espécie de consciência da presença de Allah; torna-se o culto de uma espécie e rende muitos frutos para a Outra Vida. Por exemplo, você comprou alguma coisa. No momento em que você aplicou o que é aceitável e exigido pela Chari'a, esse ato ordinário de compra adquiriu o valor de culto. Recordando as injunções da Chari'a causa uma imaginação de revelação. E pensando no Legislador, que está voltado para Allah, isso o faz consciente de Sua presença. Significa que, na aplicação da Ilustre Sunna às suas ações, são vantagens, como fazer esta vida fugaz os meios de obtenção de uma vida eterna que produz frutos eternos. Preste atenção ao decreto:

﴿ فَآمِنُوا بِاللّٰهِ وَرَسُولِهِ النَّبِيِّ الْأُمِّيِّ الَّذِى يُؤْمِنُ بِاللّٰهِ وَكَلِمَاتِهِ وَاتَّبِعُوهُ لَعَلَّكُمْ

تَهْتَدُونَ ﴾[452]

Tente refletir de forma abrangente sobre o esplendor e a manifestação de todos os Nomes Mais Belos, cujas manifestações são difundidas dentro dos preceitos do Chari'a e a Ilustre Sunna ...

Quarto Fruto

Ó alma! Não olhe para os mundanos, especialmente aos dissipados e aos incrédulos, para que não seja enganado por seu brilho superficial e prazeres ilícitos; não os imite. Pois, mesmo que você os imite, não seja como eles; ou então você diminuirá imensamente. Você não pode ser um animal mesmo, por que o intelecto em sua cabeça se torna uma ferramenta de mau agouro que constantemente bate-lhe na cabeça. Por exemplo, há um palácio e em um de seus grandes apartamentos está uma lâmpada elétrica poderosa. As pequenas luzes elétricas que se ramificam a partir dela e são ligadas a ela foram divididas entre seus pequenos apartamentos. Agora, alguém toca o interruptor da luz poderosa e a desliga; todos os apartamentos estão mergulhados em profunda escuridão e desolação. Outro palácio tem pequenas luzes elétricas em todos os seus apartamentos que não estão ligados à poderosa luz. Se o dono do último palácio aperta o interruptor da poderosa luz elétrica e a desliga, ainda pode haver luzes nos demais apartamentos pelo qual ele pode realizar o seu trabalho, e que não permitirá que os ladrões lucrem com a escuridão.

Ó alma! O primeiro palácio é de um muçulmano e do Profeta Mohammad (Allah o abençoe e lhe dê paz) é a grande luz elétrica em seu coração. Se ele o esquece, ou (eu busco refúgio com Allah contra o maldito Satanás,) ele o expulsa de seu coração, ele não vai aceitar nenhum dos outros profetas, de fato, não permanecerá lugar em seu espírito para qualquer perfeição. Ele não reconhecerá Seu Senhor. Todos os apartamentos e faculdades sutis em sua natureza estarão mergulhados na escuridão, e haverá uma terrível destruição e desolação em seu coração. Como é que ele vai lucrar em face dessa destruição e desolação, onde encontrará familiaridade? Qual o benefício que garantirá a atenção do dano? No entanto, os ocidentais se assemelham ao segundo palácio; mesmo que expulsem de seus corações a luz do Profeta Mohammad (Allah o abençoe e lhe dê paz), uma espécie de luzes podem permanecer, ou eles supõem que permanecerão. Eles podem continuar a ter um tipo de crença no Criador e em Moisés e Jesus (que a paz esteja com eles), o que lhes permitirá atingir os bons costumes e o caráter.

Ó minha alma ordenadora do mal! Se você disser: "Eu não sou um ocidental e eu quero ser um animal," quantas vezes eu lhe disse:" Você não pode ser um animal, pois há inteligência em sua cabeça, e ela atinge o seu rosto, os olhos e a cabeça com as dores do passado e o medo do futuro, e lhe bate. Acrescenta mil dores a um prazer. Considerando que os animais recebem prazer sem dor. Então, primeiro arranque a sua inteligência e jogue-a fora, em seguida, seja um animal. Você também receberá o tapa corretivo de:

﴿ كَالْاَنْعَامِ بَلْ هُمْ اَضَلُّ ﴾[453]

Quinto Fruto

Ó minha alma! Como já dissemos várias vezes, desde que o homem é o fruto da árvore da criação, ele é uma criatura que, como a fruta, é o mais distante e mais abrangente e olha para tudo, e carrega a semente de um coração que tem em si os aspectos da unicidade de tudo, e cuja face olha para a multiplicidade, a transitoriedade e o mundo. Quanto à adoração, é uma linha de união que vira o rosto de transitoriedade para a permanência, da criação para o Criador, da multiplicidade para a unicidade e da extremidade para a origem, ou é um ponto de união entre a origem e a extremidade. Se um fruto valioso, consciente que formará uma semente olhar para as criaturas vivas debaixo da árvore, e contando com a sua beleza se lançar em suas mãos; se for negligente, ele cai; cairá em suas mãos e será esmagada, e irá para o nada como uma fruta comum. Mas se a fruta encontrar o seu ponto de apoio, e for capaz de pensar que pela semente dentro dela ela segura os aspectos da unicidade de toda a árvore, ela será o meio de continuidade da árvore e da existência da realidade da árvore, em seguida, uma única semente dentro dessa única fruta manifestará uma verdade universal perpétua dentro de uma vida eterna.

Da mesma forma, se o homem mergulhar em multiplicidade, for afogado no universo e intoxicado pelo amor do mundo, for enganado pelos sorrisos de seres efêmeros e lançar-se em seus braços, ele certamente cairá na perda infinita. Ele cairá em transitoriedade e efemeridade, e a inexistência. De fato, ele se elimina, espiritualmente. Mas se ele escutar com o ouvido do seu coração para as aulas na crença da língua do Alcorão e levantar a cabeça e se virar para a unicidade, ele poderá subir por meio do culto ao trono de perfeições. Ele poderá se tornar um homem eterno.

Ó minha alma! Uma vez que a realidade é assim, e já que você é um membro da nação de Abraão (Que a paz esteja com ele), como Abraão, disse:

﴿ لَا اُحِبُّ الْاٰفِلِينَ ﴾[454] Vire eu rosto para o Eterno Amado e chorar o seguinte linhas de gostar de mim. Os versos persas para serem incluídos aqui foram incluídos na Segunda Estação da Décima Sétima Palavra, e não foram repetidos aqui.

A Vigésima Quinta Palavra

O Tratado dos Milagres do Alcorão

> Embora haja um milagre perpétuo como o Alcorão, buscar mais uma prova parece supérfluo para a minha mente;
>
> Enquanto há uma prova da realidade, como o Alcorão, seria silenciar aqueles que o negam o seu peso sobre o meu coração?

UM LEMBRETE

[No início, nossa intenção era escrever esta Palavra na forma de cinco 'Luzes', mas no final da Primeira Luz, fomos obrigados a escrever muito rápido, a fim de imprimi-la nos velhos escritos (otomanos).[455] Mesmo em alguns dias, escrevi vinte a trinta páginas em duas ou três horas. Portanto, escrevendo três Luzes de forma breve e concisa, abandonamos as duas últimas. Espero que meus irmãos olhem de forma justa e com tolerância as falhas e os defeitos, as dificuldades e os erros, que podem ser atribuídas a mim.]

A maioria dos versículos deste Tratado dos Milagres do Alcorão foi a causa de críticas por ateus, ou que tenha sido recusado por cientistas, ou que tenha sido objeto de dúvida e desconfiança por demônios entre os gênios e os humanos. Assim, esta Vigésima Quinta Palavra explica as verdades e os pontos seletos desses versículos de tal forma que os próprios pontos que os ateus e os cientistas imaginavam ser falhas têm sido provados de acordo com os princípios acadêmicos para serem lampejos de milagres e fontes das perfeições da eloquência do Alcorão. A fim de não causar aversão, respostas decisivas foram dadas sem mencionar as suas dúvidas. Apenas na primeira estação da Vigésima Palavra suas dúvidas foram declaradas a respeito de três ou quatro versículos, como:

﴿وَالشَّمْسُ تَجْرِى﴾[456] ۞ ﴿وَ الْجِبَالَ اَوْتَادًا﴾[457]

Além disso, embora este Tratado dos Milagres do Alcorão tenha sido escrito de maneira concisa e com grande velocidade, no que diz respeito à ciência da retórica e ciências árabes, é explicado de uma forma tão intelectual, profunda e poderosa que tem causado estranheza aos estudiosos. Embora todo mundo que o estude não entenderá todos os assuntos discutidos, há uma parcela significativa para cada um neste jardim. Apesar dos defeitos na fraseologia e na forma de expressão por ter sido escrito muito rápido e em condições confusas, ele explica a verdade e a realidade dos assuntos mais importantes.

Said Nursi

TRATADO DOS MILAGRES DO ALCORÃO

بِسْمِ اللّٰهِ الرَّحْمٰنِ الرَّحِيمِ

﴿ قُلْ لَئِنِ اجْتَمَعَتِ الْاِنْسُ وَالْجِنُّ عَلٰى اَنْ يَاْتُوا بِمِثْلِ هٰذَا الْقُرْاٰنِ لَا يَاْتُونَ بِمِثْلِهِ وَلَوْ كَانَ بَعْضُهُمْ لِبَعْضٍ ظَهِيرًا ﴾458

[Dos inúmeros aspectos dos milagres do Alcorão Sagrado de exposição milagrosa, o tesouro de milagres e o maior milagre de Mohammad (Allah o abençoe e lhe dê paz), já salientei perto de quarenta em meus tratados árabes, na Risale-i Nur árabes, em meu comentário do Alcorão chamado Icharat al-I'jaz (Os Sinais dos Milagres), e nas últimos vinte e quatro Palavras. Agora vou explicar a um grau apenas cinco desses aspectos e incluir neles brevemente os outros aspectos, e em uma Introdução dar uma definição do Alcorão e indicar a sua natureza.]

INTRODUÇÃO

A Introdução consiste em três partes.

PRIMEIRA PARTE: O QUE É O ALCORÃO? Como é definido?

Resposta: Como é explicado no Décima Nona Palavra e provado em outras , o Alcorão é a tradução pré-eterna do poderoso Livro do Universo; a interpretação pós-eterna das várias línguas recitando os versículos da criação; o comentador do livro dos Mundo Manifesto e do Invisível; o revelador das tesourarias dos Nomes Divinos escondidos nos céus e na terra; a chave para as verdades escondidas sob as linhas de eventos; a língua do Mundo Invisível na Mundo Manifesto; o tesouro dos favores pós-eternos do Misericordioso e dos endereços pré-eternos do Santíssimo, que vêm do mundo do Invisível para além do véu deste mundo manifesto; é o sol, fundação, e plano do mundo espiritual do Islam; o mapa sagrado dos mundos da Outra Vida; a palavra exposta, a exposição lúcida, a prova decisiva e o claro intérprete da Essência Divina, dos atributos, Nomes e funções; ele é o instrutor do mundo da humanidade; a luz e a água do Islam, os macro-antropos; a verdadeira sabedoria da humanidade; e o verdadeiro guia e líder convidando a humanidade para a prosperidade e a felicidade; é tanto um livro da lei, um livro de oração, um livro de sabedoria, um livro de culto, um livro de comando e convocação, um livro de invocação, um livro de pensamento, e um único livro sagrado abrangente que inclui muitos livros para que possam ser recorridos a todas as necessidades de toda a humanidade; é uma escritura revelada semelhante a uma biblioteca sagrada que oferece tratados adequados para todas as várias formas e os caminhos diferentes de todos os santos, os verazes, os sábios e os doutos, o que é apropriado para as iluminações de cada caminho, e é adequado para o curso de cada caminho e o descreve.

SEGUNDA PARTE e o complemento da definição:

Como é explicado e provado na Décima Segunda Palavra, já que o Alcorão veio do Sublime Trono e o Grande Nome, e do mais alto grau de cada Nome, é a Palavra de Allah em relação ao Seu Senhor do Universo; é um decreto Divino por meio de Seu título de Allah de todos os seres; é um endereço no Nome do Criador dos Céus e da Terra; é uma conversa em relação a dominicalidade absoluta; é um sermão pré-eterno por causa da soberania Divina universal; é um caderno dos favores do Misericordioso, do ponto de vista da global, abrangente misericórdia Divina; é uma coleção de endereços no início do que são certas cifras em relação à enormidade da majestade Divina; e por sua descida da abrangência do Grande Nome, é uma escritura sagrada cheia de sabedoria que parece e inspeciona todos os lados do Sublime Trono.

É por causa deste mistério que, com fitness completo o título da Palavra de Allah foi dada para o Alcorão, e é sempre dada. Depois do Alcorão vem o nível dos livros e escrituras dos outros profetas. No entanto, essas outras palavras Divinas inúmeras são cada um sob a forma de inspiração manifestada por uma conta especial, um título parcial, uma manifestação particular, um nome em particular, uma dominicalidade especial, uma soberania particular, um mercê especial. As inspirações dos anjos e do homem e os animais variam muito em relação a universalidade e particularidade.

TERCEIRA PARTE: O Alcorão é a escritura revelada, que contém em síntese, os livros de todos os profetas, cujos tempos foram todos diferentes, os escritos de todos os santos, cujos caminhos são todos diversos, e as obras de todos os estudantes purificados, cujos caminhos são variados. Seus seis aspectos são todos brilhantes e refinados da escuridão, de dúvidas e ceticismo; o seu ponto de apoio é certa revelação celeste e o Verbo pré-eterno; seu objetivo é a felicidade evidentemente eterna; a sua face interna é claramente orientação pura; seu aspecto superior é necessariamente as luzes da crença; seu aspecto inferior é evidência inegável e prova; seu aspecto direito é, evidentemente, a entrega do coração e da consciência; seu aspecto esquerdo é manifestamente a subjugação da razão e do intelecto; seu fruto é, indiscutivelmente, a misericórdia do Misericordioso e o reino do Paraíso; e sua classificação e conveniência são seguramente aceitas pelos anjos, homens e gênios.

Cada um dos atributos destas três partes em matéria de definição do Alcorão foi provado de forma decisiva em outros lugares, ou eles serão provados. Nossas reivindicações não são isoladas; cada uma pode ser comprovada com provas claras.

PRIMEIRA LUZ

Esta Luz é composto por três "Raios".

PRIMEIRO RAIO: Esta é a eloquência do Alcorão, que está no grau de milagre. Sua eloquência é maravilhosa nascida da beleza da ordem de suas palavras, a perfeição da sua concisão, as maravilhas de seu estilo, sua singularidade e simpatia, a excelência de sua expressão, sua superioridade e clareza, o poder e a verdade de seus significados, e a pureza e fluência de sua linguagem, que por um mil e trezentos anos tem desafiado os homens mais brilhantes de letras da humanidade, seus oradores mais célebres e mais profundamente intelectuais deles, e os convidou para contestá-la. Ele provocou-os intensamente. E apesar de tê-los convidado para contestá-lo, esses gênios, cujas cabeças tocam os céus em seu orgulho e vaidade, não conseguiram sequer abrir a boca para fazê-lo, e inclinaram suas cabeças totalmente humilhados. Assim, vamos apontar para o milagroso em sua eloquência em dois "aspectos".

Primeiro aspecto: Possui milagres e eles existem, porque a grande maioria das pessoas da Península Arábica na época era iletrada. Devido a isso, em vez de escrita, eles preservaram as suas fontes de orgulho, eventos históricos e historias incentivando a boa conduta moral, por meio da poesia e da eloquência. Devido à atração de poesia e eloquência, provérbios significativos permaneceram na memória das pessoas para serem passados de geração em geração. Em consequência dessa necessidade inata, portanto, os produtos mais na demanda no mercado imaterial de que as pessoas era a eloquência e o falar bem. Um poeta ou orador de uma tribo era como seu maior herói nacional. Era ele a sua maior fonte de orgulho. Assim, entre os povos do mundo, a eloquência e a retórica das pessoas inteligentes, que devido a sua inteligência governavam o mundo após o estabelecimento do Islam, estava no mais alto e mais avançado grau. Foi a coisa mais valorizada entre os que sentiram maior necessidade, e foi o seu motivo de orgulho. Atribuíram esse valor à eloquência que duas tribos batalhariam na palavra de um poeta ou orador, e que iria fazer as pazes com a sua palavra. Eles ainda escreveram em ouro nas paredes da Caaba sete Cassidas (poemas) de sete poetas chamados de al-Mu'allaqat al-Sab'a, e tinha muito orgulho neles. Foi em tal momento quando a eloquência era a mais procurada depois que o Alcorão foi revelado. Assim como no tempo de Moisés (que a paz esteja com ele) foi a magia a mais procurada e na época de Jesus (que a paz esteja com ele), foi a medicina. O mais importante de seus milagres eram nesses campos.

O Alcorão, por isso, convidou os oradores árabes daquele tempo para responder até mesmo a uma das mais curtas das Suratas. Ele desafiou-os com o decreto de:

﴿وَإِنْ كُنْتُمْ فِى رَيْبٍ مِمَّا نَزَّلْنَا عَلَى عَبْدِنَا فَأْتُوا بِسُورَةٍ مِنْ مِثْلِهِ﴾[459]

Ele também disse: "Se vocês não acreditarem, serão condenados e devem ir para o Inferno." Provocou-os intensamente. Ele quebrou o seu orgulho de forma assustadora. Foi desprezo de suas mentes arrogantes. Condenou-os em primeiro lugar à extinção eterna e, em seguida, à extinção eterna no Inferno, bem como a extinção do mundo. Ele disse: "Ou me contestam, ou vocês e suas propriedades perecerão."

Se tivesse sido possível contestar o Alcorão, seria de todo possível que enquanto houvesse uma solução fácil como contestá-lo com uma ou duas linhas e anular a reivindicação, eles teriam escolhido o mais perigoso e o mais difícil, o caminho de guerra? Sim, é de todo possível que pessoas inteligentes, aquelas nações politicamente sensatos, que ao um tempo estavam para governar o mundo por meio da política, tivessem abandonado o mais curto, o mais fácil, e a maneira mais leve, e escolhido o mais perigoso, o que ia colocar as suas vidas e todos os seus bens em perigo? Uma vez que, se os seus cálculos literários tivessem sido capazes de contestá-lo com poucas palavras, o Alcorão teria anulado sua reivindicação, e que teriam sido salvos do desastre material e moral. No entanto, escolheram uma longa estrada perigosa como a guerra. Isso significa que não foi possível contestar com palavras; era impossível, por isso foram obrigados a lutar com a espada.

Além disso, existem duas razões para o Alcorão ser disputado e imitado. A primeira é a ambição de disputá-lo; o outro, o prazer de seus amigos ao imitá-lo. Impelidos por isso, milhões de livros em árabe foram escritos, mas nenhum deles se assemelha ao Alcorão. Quer instruídos ou ignorantes, quem olha para ele e para eles é obrigado a dizer: "O Alcorão não se assemelha a estes. Nenhum deles foi capaz de imitá-lo." O Alcorão, portanto, não é inferior a todos eles, e de acordo com o consenso dos amigos e inimigos, isso é completamente inválido e impossível, ou o Alcorão é superior a todos eles.

Se você diz: "Como você sabe que ninguém tentou contestá-lo, e que ninguém tinha confiança suficiente para desafiá-lo, e a ajuda de alguém a outro fosse de qualquer proveito?"

A Resposta: Se tivesse sido possível contestá-lo, certamente teria sido tentado. Pois, era uma questão de honra e orgulho, e a vida e a propriedade estavam em risco. Se tivesse sido tentado, várias pessoas teriam apoiado tal tentativa. Uma vez que, aqueles que obstinadamente se opõem à verdade sempre foram muitos. E se muitas pessoas tivessem apoiado, eles certamente teriam encontrado a fama. Pois, concursos insignificantes atraem a admiração das pessoas e encontram a fama em histórias e contos. Assim, um concurso extraordinário e evento como esse nunca teria permanecido secreto. As coisas mais feias e infames contra o Islam foram transmitidas e tornaram-se famosas, mas para além de uma ou duas histórias sobre Mussaylima o mentiroso, nenhuma coisa tem sido relacionada. Mussaylima foi muito eloquente, mas quando comparado com a exposição do Alcorão, que possui beleza infinita, suas palavras passaram para as crônicas como absurdas. Assim, o milagre da eloquência do Alcorão é tão certo quanto dois mais dois é igual a quatro; e é assim que é.

Segundo Aspecto: Vamos agora explicar em cinco 'Pontos' a sabedoria milagrosa do Alcorão contidos em sua eloquência.

Primeiro Ponto: Há uma eloquência maravilhosa e pureza de estilo na ordem da palavra do Alcorão. Do início ao fim, Icharat al-I'jaz (Sinais dos Milagres) demonstra essa eloquência e concisão na ordem da palavra. A forma como os ponteiros dos segundos, minutos, as horas de um relógio cada um completa a ordem dos outros, que é o caminho de todos os períodos do Alcorão Sagrado, e suas palavras, e a ordem nas relações entre as sentenças e palavras, foram expostas em Icharat al I'jaz, desde a primeira página até a última. Quem quiser pode olhar para isso e ver esta maravilhosa eloquência na ordem da palavra. Aqui, vamos dar um ou dois exemplos, a fim de demonstrar a ordem da palavra nas partes de uma frase.

Por exemplo: [460]﴿ وَلَئِنْ مَسَّتْهُمْ نَفْحَةٌ مِنْ عَذَابِ رَبِّكَ ﴾ Nesta frase, ele quer apontar a punição castigo tão terrível mostrando a gravidade da menor quantidade. Isto quer dizer, expressa a pequenez ou raridade, e todas as partes da sentença procuram também a pequenez ou a raridade e querem reforçá-la. Assim, são as palavras. Mas se a palavra لَئِنْ significa dúvida, e a dúvida procura pequenez, a palavra مَسَّ significa tocar levemente e expressa uma pequena quantidade. Assim como a palavra نَفْحَةٌ respiração é apenas um sopro, por isso está na forma singular. Gramaticalmente masdar marra, uma vez, significa pequenez. Também o tanwin indicando indefinição em um sopro expressa pequenez ou raridade e significa que é tão insignificante que raramente é conhecido. A palavra مِنْ significa uma parte; significa um pouco e indica escassez. A palavra عَذَابِ aponta um tipo de punição leve em relação ao castigo ou penalidade, e sugere uma pequena quantidade. E aludindo à compaixão e sendo usada no lugar do Dominador, Compulsor, ou Vingador, a palavra رَبِّكَ indica pequenez ou raridade. Ele diz que, se a pequena quantidade de punição sugerida em tudo essa escassez tem esse efeito, você pode comparar quão terrível seria o castigo Divino. Ora, quanto as pequenas partes desta sentença olha um, para o outro e ajuda um ao outro! Como cada um reforça o objetivo do conjunto! Este exemplo evoca as palavras e objetiva um pequeno grau.

Segundo Exemplo:

﴿ وَمِمَّا رَزَقْنَاهُمْ يُنْفِقُونَ ﴾ 461

As partes desta sentença apontam cinco das condições que tornam a esmola aceitável.

Primeira Condição: Isto é dar tantas esmolas que não façam com que o doador passe necessidade de receber esmolas ele mesmo. Afirma esta condição por meio da divisão ou partes representadas na palavra مِنْ da palavra مِمَّا daquilo.

Segunda Condição: não é para tirar de um e dar para outro, mas dar dos próprios bens. As palavras رَزَقْنَاهُمْ os agraciamos como sustento expressam essa condição. Significa: "Dar do sustento que é seu."

Terceira Condição: Isso não é colocar uma obrigação ao destinatário. A palavra نَا em رَزَقْنَا. Isso quer dizer: "Eu os sustento. Qunado vocês dão algo de Minha propriedade para um de Meus servos, vocês não podem colocá-los sob uma obrigação."

Quarta Condição: Você deve dá-la a uma pessoa que vai gastá-la em seu meio de vida, uma vez que as esmolas dadas a quem vai desperdiçá-las, não é aceitável. A palavra يُنْفِقُونَ aponta esta condição.

Quinta Condição: Isto é, para dar em nome de Allah. As palavras رَزَقْنَاهُمْ afirmam isso. Ou seja: "A propriedade é Minha; você deve dá-la em Meu nome."

Estas condições podem ser estendidas. Ou seja, a forma que a esmola deve tomar, com que bens, pode ser dada como aprendizado e conhecimento. Pode também ser dada com palavras, ou atos, ou como conselho. A palavra مَا de مِمَّا indicam esses vários tipos por sua generalidade. Além disso, ele indica isto com a própria frase, porque é absoluta e expressa generalidade. Assim, com as cinco condições desta frase curta descrevendo a esmola, o que abre um vasto campo diante da mente, concedendo-a a ele pela sentença como um todo. Assim, na sentença como um todo, a ordem das palavras tem muitos aspectos.

Da mesma forma, a ordem da das palavra dentre as palavras abrange uma esfera ampla e tem muitos aspectos. E entre as frases. Por exemplo:[462] ﴿قُلْ هُوَ اللّٰهُ اَحَدٌ﴾ contém seis frases. Três deles são positivas e três negativas. Isso prova seis graus de Unicidade Divina e, ao mesmo tempo refuta seis formas de associar parceiros a Allah. Cada frase é simultaneamente a prova das outras frases e o resultado. Uma vez que, cada frase tem dois significados, por meio de um significa que é o resultado; do outro, a prova. Ou seja, dentro da Surata al-Ikhlas são trinta suratas compostas de provas que demonstram uma a outra para ser tão bem-ordenada como a própria Surata. Por exemplo:

قُلْ هُوَ اللّٰهُ لِاَنَّهُ اَحَدٌ لِاَنَّهُ صَمَدٌ لِاَنَّهُ لَمْ يَلِدْ لِاَنَّهُ لَمْ يُولَدْ لِاَنَّهُ لَمْ يَكُنْ لَهُ كُفُوًا اَحَدٌ[463]

E:

وَلَمْ يَكُنْ لَهُ كُفُوًا اَحَدٌ لِاَنَّهُ لَمْ يُولَدْ لِاَنَّهُ لَمْ يَلِدْ لِاَنَّهُ صَمَدٌ لِاَنَّهُ اَحَدٌ لِاَنَّهُ هُوَ اللّٰهُ[464]

هُوَ اللّٰهُ فَهُوَ اَحَدٌ فَهُوَ صَمَدٌ فَاِذًا لَمْ يَلِدْ فَاِذًا لَمْ يُولَدْ فَاِذًا لَمْ يَكُنْ لَهُ كُفُوًا اَحَدٌ[465]

Outro exemplo:

﴿الٓمٓ ۞ ذٰلِكَ الْكِتَابُ لَا رَيْبَ فِيهِ هُدًى لِلْمُتَّقِينَ﴾[466]

Cada uma destas quatro frases tem dois significados. Com um, cada uma é prova das outras frases, com o outro, é seu resultado. A partir dos dezesseis tópicos de seus relacionamentos, um bordado milagroso da ordem da palavra é forjado. É assim descrito em Icharat al-I'jaz. Além disso, como é explicado na Décima Terceira Palavra, é como se todos os versículos do Alcorão tivessem olhos que vissem a maioria dos outros versículos e rostos que se parecessem com eles, de modo que cada um estendesse aos demais os fios imateriais da relação; cada um tecesse um milagroso bordado. Do início ao fim, Icharat al-I'jaz expusesse essa beleza e eloquência da ordem das palavras.

Segundo Ponto: Esta é a eloquência maravilhosa em seu significado. Veja este exemplo, que é explicado na Décima Terceira Palavra. Por exemplo, se você quiser entender a eloquência do versículo:

﴿سَبَّحَ لِلّٰهِ مَا فِى السَّمٰوَاتِ وَالْاَرْضِ وَهُوَ الْعَزِيزُ الْحَكِيمُ﴾[467]

Imagine-se na Era da Ignorância nos desertos da barbárie antes da luz do Alcorão. Então, num momento em que tudo está envolto na escuridão da ignorância e negligência e envolto em véus sem vida da natureza, ouvir versículos da língua celestial do Alcorão como:

﴿سَبَّحَ لِلّٰهِ مَا فِى السَّمٰوَاتِ وَالْاَرْضِ﴾[468]

ou,

﴿تُسَبِّحُ لَهُ السَّمٰوَاتُ السَّبْعُ وَالْاَرْضُ وَمَنْ فِيهِنَّ﴾[469]

Agora, olhe! Veja como as criaturas mortas ou dormindo no mundo são ressuscitados para a vida nas mentes dos ouvintes ao som de تُسَبِّحُ سَبَّحَ glorificam-No; como eles se tornam conscientes, e se erguem e recitam os Nomes de Allah. E como no grito e luz تُسَبِّحُ glorificam-No as estrelas, que eram pedaços sem vida de fogo nos céus negros, todos aparecem na vista de quem a ouve como palavras exibindo sabedoria na boca do céu e da verdade pronunciando luzes. A terra, também, ao invés de ser uma terra desolada é vista como uma cabeça com a terra e o mar, como línguas, e animais e plantas como palavras de glorificação e louvor.

Agora, considere este exemplo, que foi provado na Décima Quinta Palavra. Ouça estes versículos. O que eles dizem?

﴿ يَا مَعْشَرَ الْجِنِّ وَالْاِنْسِ اِنِ اسْتَطَعْتُمْ اَنْ تَنْفُذُوا مِنْ اَقْطَارِ السَّمٰوَاتِ وَالْاَرْضِ فَانْفُذُوا لَا تَنْفُذُونَ اِلَّا بِسُلْطَانٍ ۞ فَبِاَيِّ آلَاءِ رَبِّكُمَا تُكَذِّبَانِ ۞ يُرْسَلُ عَلَيْكُمَا شُوَاظٌ مِنْ نَارٍ وَ نُحَاسٌ فَلَا تَنْتَصِرَانِ ۞ فَبِاَيِّ آلَاءِ رَبِّكُمَا تُكَذِّبَانِ ﴾[470] ۞ ﴿ وَلَقَدْ زَيَّنَّا السَّمَاءَ الدُّنْيَا بِمَصَابِيحَ وَجَعَلْنَاهَا رُجُومًا لِلشَّيَاطِينِ ﴾[471]

Estes versículos dizem: "Ó humanos e gênios, arrogantes e refratários em sua impotência e baixeza, rebeldes e obstinados em sua fraqueza e pobreza! Se vocês desobedecerem os meus mandamentos, e têm o poder de fazê-lo, passem além dos limites de Meus domínios! Como vocês se atrevem a opor-se aos comandos de um Monarca Cujos comandos as estrelas, as luas e os sóis obedecem como se fossem soldados sob ordens? Em sua rebeldia vocês se opõem a um Todo-Sábio e Glorioso Quem tem obedientes soldados que são, assim, incríveis. Suponham que Seus demônios fossem resistir, Seus soldados fizessem chover pedras sobre eles como balas de canhão. Em sua impiedade vocês se revoltam nas terras de um Soberano tão Glorioso que entre as Suas forças há alguns que não são criaturas indefesas, não insignificantes como vocês, mas supondo o impossível vocês eram inimigos infiéis do tamanho das montanhas ou do globo, eles poderiam atirar para baixo estrelas e flamejantes mísseis em vocês dessa magnitude e cercá-los. Vocês infringem uma lei que junta os seres como aqueles; se fosse necessário, poderiam lançar o globo da terra em seu rosto e chover estrelas e corpos celestes em vocês como se fossem mísseis, com a permissão de Allah." Vocês podem comparar com estes podem, eloquência e forma elevada de expressão de outros versículos e seus significados.

Terceiro Ponto: Esta é a maravilhosa singularidade de seu estilo. Na verdade, o estilo do Alcorão é ao mesmo tempo estranho, original, maravilhoso e convincente. Ele não imitou nada nem ninguém. E ninguém foi capaz de imitá-lo. Seu estilo sempre preservou o frescor, a juventude e a singularidade que possuía quando foi revelado pela primeira vez e continua a preservá-lo. Por exemplo, o estilo único da cifra como muqatta'at, 'as letras desconexas', como,[472] ﴿ الٓمٓ ۞ الٓرٰ ۞ طٰهٰ ۞ يٰسٓ ۞ حٰمٓ ۞ عٓسٓقٓ ﴾

No início de algumas Suratas. Nós descrevemos cinco ou seis dos lampejos dos milagres que compõem em *Icharat al I'jaz.*

Por exemplo, estas letras no início de certas suratas tomaram metade de cada categoria das muitas categorias bem conhecidas das letras, como as letras enfáticas, as sibilantes, as letras estressados, as letras suaves, as labiolinguais e as trêmulas letras. Tomar mais do que a metade das letras leves e menos da metade das letras pesadas, nenhuma das quais é divisível, reduziu pela metade a cada categoria. Embora a mente humana fosse capaz disso, reduzir pela metade a todas as categorias que se sobrepõem uma dentro da outra, hesitante entre duas centenas de possibilidades, da única maneira possível, o que foi oculto para a mente humana e desconhecido para ela, e organizar todas as letras dessa forma, ao longo dessa ampla distância, não foi obra da mente humana. E o acaso não poderia ter interferido na mesma. Assim, para além destas letras no início das Suratas cifras Divinas exibindo cinco ou seis lampejos semelhantes do milagroso, estudiosos versados nos mistérios da ciência das letras e das autoridades dentre os santos deduziram muitos segredos destas "desarticuladas letras". Eles descobriram tais verdades que declararam por conta própria essas letras formam um milagre brilhante. Uma vez que não são parte de seus segredos e também não podemos fornecer provas claras para todos, não podemos abrir a porta. Vamos, portanto, nos satisfazer em nos referir aos leitores para a explicação em *Icharat al-I'jaz* de cinco ou seis lampejos dos milagres relacionados a elas.

Agora vamos apontar os estilos do Alcorão que dizem respeito à Surata, ao objetivo, ao versículo, à frase e à palavra.

Por exemplo, se a Surata [473]عَمَّ é estudada com cuidado, mostra os eventos de vida após a morte, da ressurreição dos mortos, do Paraíso e do Inferno em um estilo tão único e maravilhoso que prova que os atos Divinos e as obras dominicais neste mundo como se olhasse para cada um desses eventos do Outro Mundo, e convencesse o coração. Para expor o estilo desta Surata totalmente seria demorado, por isso, vamos indicar apenas um ou dois pontos, da seguinte forma:

No início da Surata, para provar a ressurreição, ela diz: "Nós fizemos a terra um leito lindamente decorado para vocês, e das montanhas mastros e estacas cheias de tesouros para suas casas e suas vidas. Fizemo-los como casais, amorosos e próximos uns dos outros. Fizemos a noite um manto para o seu sono e conforto, o dia a arena para vocês ganharem o seu sustento, o sol como lâmpada para o fornecimento da luz e do calor, e das nuvens derramamos água como se fossem uma fonte produzindo a água da vida. E criamos facilmente e rapidamente da água simples as várias plantes que produzem flores e frutos que carregam todo o seu sustento. Sendo assim, o Dia da Ressurreição, o dia em que devem ser separado o bem do mal, à sua espera. Não é difícil para Nós, apresentar esse dia." De uma forma velada ela aponta para as provas que depois disso na ressurreição, as montanhas serão dispersas, o céu despedaçado, o Inferno preparado, e às pessoas do Paraíso dados jardins e pomares. Ela diz, com efeito: "Uma vez que Ele faz essas coisas relacionadas com as montanhas e a terra diante de seus olhos, ele deve fazer as coisas semelhantes a estes na Outra Vida." Ou seja, a ""montanha" no início da Surata parece o estado das montanhas na ressurreição, e o jardim dos jardins e paraísos na Outra Vida. Você pode comparar outros pontos a isso e ver que estilo bonito e elevado ela tem.

E, por exemplo:

﴿ قُلِ اللّٰهُمَّ مَالِكَ الْمُلْكِ تُؤْتِى الْمُلْكَ مَنْ تَشَاءُ وَتَنْزِعُ الْمُلْكَ مِمَّنْ تَشَاءُ ﴾474

Estes versículos descrevem os atos Divinos na espécie humana, e as manifestações Divinas nas alternâncias da noite e do dia, os atos dominicais de eliminação nas estações do ano, as obras dominicais na vida e na morte sobre a face da terra e na ressurreição e na congregação neste mundo em um estilo tão elevado que cativa as mentes dos atenciosos. Desde o seu estilo brilhante, elevado e de grande alcance é claramente entendido com pouco estudo, não devemos abrir o tesouro, por enquanto.

E, por exemplo,

﴿ اِذَا السَّمَاءُ انْشَقَّتْ ۞ وَاَذِنَتْ لِرَبِّهَا وَحُقَّتْ ۞ وَاِذَا الْاَرْضُ مُدَّتْ ۞ وَاَلْقَتْ مَا فِيهَا وَ تَخَلَّتْ ۞ وَاَذِنَتْ لِرَبِّهَا وَحُقَّتْ ﴾475

Isso explica em um estilo verdadeiramente elevado o grau de submissão e obediência ao Todo Poderoso comando de Allah dos céus e da terra. É assim: apenas como um comandante-em-chefe abre dois escritórios para acomodar as matérias necessárias para o combate, um para a estratégia e outro para a inscrição de soldados, e quando essas questões são realizadas e a luta acaba, ele se dirige aos dois escritórios, a fim de convertê-los em outra coisa para algum outro negócio, ambos dizem, seja pelas línguas das pessoas que trabalham nelas ou por meio de suas próprias: "O Chefe! Dê-nos uma breve pausa para que possamos limpar as partes da antiga empresa e jogá-las fora, então você pode nos honrar com a sua presença. Lá, já os temos jogado, aguardamos seu comando. Peça o que quiser. Nós ouvimos e obedecemos! Tudo que você faz é verdadeiro, bom e benéfico."

Da mesma forma, os céus e a terra foram abertos como duas arenas de obrigação, julgamento e análise. Após o período estipulado é terminado, eles vão colocar de lado as coisas que pertencem ao campo da experimentação e dizerem: "Ó Senhor nosso! O comando é Seu, emprega-nos agora no que quiser. O nosso direito é apenas obedecê-Lo. Tudo que Você faz é certo." Considere cuidadosamente o estilo majestoso dessas frases!

E, por exemplo:

﴿ يَا اَرْضُ ابْلَعِى مَاءَكِ وَيَا سَمَاءُ اَقْلِعِى وَغِيضَ الْمَاءُ وَقُضِىَ الْاَمْرُ وَاسْتَوَتْ عَلَى الْجُودِىِّ وَقِيلَ بُعْدًا لِلْقَوْمِ الظَّالِمِينَ ﴾476

A fim de apontar para uma mera gota do mar de eloquência deste versículo, vamos mostrar um aspecto de seu estilo na forma de uma comparação. Na vitória a ser ganha em uma grande guerra, o comandante diz: "Cessar fogo!", para um exército disparador e "Alto" para outro exército de assalto. Ele emite o comando, e, naquele momento, os tiros cessam e o ataque é interrompido. Ele diz: "Está terminado, nós vencemos. Nossa bandeira é plantada no topo da alta cidadela no centro dos inimigos. Esses tiranos de maus-modos encontraram a sua recompensa e foram rebaixados à categoria mais ínfima."

Da mesma forma, o Incomparável Soberano emitiu o comando para os céus e a terra para aniquilar o povo de Noé. Depois de terem cumprido o seu dever, Ele decretou: "Ó terra, absorve as tuas águas! Ó céus, terminou! Agora, as águas estão retrocedendo. A Arca, que é um funcionário do Divino cumprindo o seu dever como uma tenda, é estabelecida no topo da montanha. Os infratores receberam sua retribuição." Veja a natureza elevada do seu estilo. Ele está dizendo: "Os céus e a terra obedecem ao comando como dois soldados altamente disciplinados." É, portanto, aludindo ao fato de que o universo fica irritado com a rebelião do homem, os céus e a terra ficam irritados. E com essa alusão ele está dizendo: "Não se pode rebelar contra Aquele Cujos comandos os céus e da terra obedecem como dois soldados disciplinados", restringindo o homem de forma impressionante. Assim, ele descreve um evento universal como o Dilúvio com todas as suas consequências e verdades em algumas frases de uma forma concisa, miraculosa, bela e sucinta. Você pode comparar esta gota do oceano com outras gotas. Agora, considere o estilo apresentado pela janela das palavras.

Por exemplo, considere as palavra como: ﴿كَالْعُرْجُونِ الْقَدِيمِ﴾[477] em

﴿وَالْقَمَرَ قَدَّرْنَاهُ مَنَازِلَ حَتَّى عَادَ كَالْعُرْجُونِ الْقَدِيمِ﴾[478]

Veja que estilo sutil que ele exibe. É assim: uma das mansões da lua está nas Plêiades. O Alcorão compara a lua quando ela está crescente com um ramo velho de tamareira, murcho e esbranquiçado. Por esta parábola retrata para o olho da imaginação uma árvore por trás do véu verde dos céus; um de seus brancos e curvados ramos luminosos tem rasgado o véu e levantado a cabeça; as Plêiades são como um cacho de uvas no ramo e as outras estrelas luminosas de todos os frutos escondidos dessa árvore da criação. Se você tem qualquer discernimento, entenderá o que é um estilo e forma adequada, graciosa, sutil e elevada de expressão na visão dos habitantes do deserto, para os quais a tâmara da tamareira é o mais importante meio de subsistência.

E, por exemplo, como é provado no final da Décima Nona Palavra, as palavras seguem o seu curso em: ﴿وَالشَّمْسُ تَجْرِي لِمُسْتَقَرٍّ لَهَا﴾[479] a palavra تَجْرِى abre-se uma janela para um estilo elevado, da seguinte forma como a palavra تَجْرِى segue seu curso, isso põe em mente a coisa extrordinária do Criador, recordando as disposições ordenadas do poder Divino nas alternâncias do inverno e verão, do dia e da noite, e dirige o olhar para as missivas do Absoluto inscrito pela caneta do poder nas páginas das estações. Ele proclama a sabedoria do Criador Todo-Glorioso.

E com a palavra lâmpada em:[480] ﴿وَجَعَلَ الشَّمْسَ سِرَاجًا﴾ abre-se uma janela para o estilo assim: faz compreender a majestade e a generosidade do Criador, recordando que o mundo é um palácio e as coisas dentro dele são adornos, alimentos e necessidades preparados para o homem e as criaturas vivas, e que o sol é uma vela subserviente, demonstrando que o sol é uma evidência da Unicidade de Allah, e que os o maior, mais brilhante objeto de adoração dos idólatras é apenas uma lâmpada subjugada, uma criatura inanimada. Ou seja, a palavra سِرَاج lâmpada chama a atenção para a misericórdia do Criador dentro da grandeza de Sua religiosidade; recorda Seus favores dentro da amplitude de Sua misericórdia, e ao fazê-lo informa sobre a Sua generosidade dentro da majestade de Sua soberania, proclamando assim a unicidade Divina, e dizendo indiretamente: "Uma lâmpada inanimada e subserviente é de modo algum apropriada para ser adorada."

E no curso تَجْرِى de seguir o seu curso chama a atenção para a maravilhoso ordenada disposição de poder Divino nas revoluções da noite e do dia e do inverno e verão, e ao fazê-lo torna conhecidas a grandeza do poder do Único Criador em Sua religiosidade. Ou seja, verifica-se a mente do homem a partir dos pontos do sol e da lua para as páginas da noite e do dia e do inverno e verão, e chama a atenção para as linhas de eventos gravados nessas páginas. Uma vez que, o Alcorão não fala do sol por causa do sol, mas por Aquele Que o ilumina. Além disso, ele não fala da natureza do sol, uma vez que o homem não tem necessidade, mas do dever do sol, que é a fonte principal para a arte dominical, e centro da ordem de criatividade dominical e um traslado para o harmonia e ordem da arte dominical nas coisas que o Registrador Pré-Eterno tece com os fios do dia e da noite. Você pode comparar outras das palavras do Alcorão com estas. Enquanto todas são palavras simples, comuns, cada uma cumpre o dever de uma chave para os tesouros dos significados sutis.

É porque o estilo do Alcorão na maior parte elevado e brilhante na forma descrita acima, que na ocasião um nômade árabe foi atraído por uma única frase, e sem ser muçulmano prostrou. O nômade prostrou ao ouvir a frase:

﴿ فَاصْدَعْ بِمَا تُؤْمَرُ ﴾[481]

Quando perguntado: "Você se tornou muçulmano?", ele respondeu: "Não. Estou prostrando pela eloquência dessas palavras."

Quarto Ponto: Esta é a pureza de linguagem maravilhosa em sua redação; isto é, nas palavras empregadas. Sim, assim como o Alcorão é extraordinariamente eloquente em relação ao seu estilo e forma de exposição, assim há uma pureza de linguagem verdadeiramente fluente em sua formulação. A evidência clara dessa existência é o fato de que ela não aborrece ou causa cansaço; enquanto o testemunho dos estudantes brilhantes das ciências da retórica constitui uma prova decisiva da sabedoria da pureza de linguagem.

Sim, não cansa mesmo se repetidas milhares de vezes; na verdade, ela dá prazer. Não é onerosa para a memória de uma pequena e simples criança; a criança pode decorá-la com facilidade. Não é desagradável ao ouvido, dolorido com a menor palavra, de alguém muito doente; é fácil. É como bebida saborosa ao paladar de um nos estertores da morte. A recitação do Alcorão dá prazer doce ao ouvido e à mente de uma pessoa assim como a água de Zamzam para a boca e o paladar. A razão para não causar tédio, e a sabedoria dele, é esta: ser o Alcorão alimento e sustento para o coração, força e riqueza para a mente, água e luz para o espírito, e cura e remédio para a alma. Todos os dias comemos pão, e ainda não nos cansamos disso. Mas se tivéssemos de comer o fruto preferido todos os dias, ele poderia causar tédio. Isso significa porque o Alcorão é verdade, realidade, veracidade, orientação e maravilhosamente pura linguagem de que ele não causa cansaço e preserva seu frescor e afabilidade como se preservasse juventude perpétua. Mesmo um dos líderes coraixitas, um orador especialista, foi enviado pelos idólatras para ouvir o Alcorão. Ele foi e ouviu, em seguida, retornou e disse-lhes: "Estas palavras têm tal doçura e frescor que não se parecem com as palavras dos homens. Eu conheço poetas e adivinhos; estas palavras não se parecem com as deles. O melhor que podemos fazer é enganar os nossos seguidores e dizer que é magia."[482] Assim, até mesmo os inimigos mais obstinados foram surpreendidos pela pureza de linguagem do Alcorão Sagrado.

Seria muito longo explicar as fontes da linguagem pura do Alcorão Sagrado em seus versículos, palavras e frases, por isso vamos manter a breve explicação e mostrar como exemplo a fluência e a pureza de linguagem do texto em uma sentença obtida pela posição das letras e um único lampejo milagroso que brilha a partir desse posicionamento. Tome o versículo:

﴿ثُمَّ أَنزَلَ عَلَيْكُم مِّن بَعْدِ الْغَمِّ أَمَنَةً نُّعَاساً يَغْشَى طَآئِفَةً مِّنكُمْ...﴾ [483]

Neste versículo, todas as letras do alfabeto estão presentes. Mas, veja, apesar de todas as categorias de letras enfáticas estarem juntas, não estragaram a suavidade de estilo. Na verdade, isso acrescentou brilho, harmonia, congruência, melódica pureza de linguagem emitida de variadas cadeias. Além disso, observe atentamente o seguinte lampejo de milagre: as letras do alfabeto, "ا " e "ي ", elas são as mais leves e foram transpostas uma com a outra como irmãs, cada uma foi repetida vinte e uma vezes. E a letra "م" e a letra "ن"[I] são irmãs e foram alteradas de lugar, foram ambas mencionadas trinta e três vezes. As tristes letras "ش" "س" e "ص", irmãs em relação à articulação, qualidade e som, cada uma foi mencionada três vezes. E, apesar de "ع" e "غ" serem irmãs, já que "ع" é mais leve, é mencionada seis vezes, enquanto porque "غ" é mais dura, é mencionada metade desse número, três vezes. E "ز", "ذ", "ظ", e "ط" são irmãs no que diz respeito à articulação, qualidade e som, cada uma é mencionada duas vezes, enquanto ل e ا na forma de لا se uniram e partes do "ا" na forma de "لا" é a metade de "ل", "ل" é mencionada quarenta e duas vezes e como a metade dele "ا" vinte e uma vezes. E "ء" e "ه" são irmãs em relação à articulação, "ء"[II] é mencionada treze vezes e sendo um grau mais leve a ". ه " é mencionada quatorze vezes. E "ق", "ف" e "ك" são irmãs; desde que "ك" tem um ponto adicional, é mencionada dez vezes, "ف", nove vezes

[I] Tanwin (nasalação) também é a letra *nun*.

[II] Pronunciada e não pronunciada, a Hamza é vinte e cinco vezes, e três a mais que a irmã silenciosa de Hamza, a Alif, porque seus pontos são três.

e ق" nove vezes, "ب" nove vezes, e "ت" doze vezes. E "ت" vem em terceiro lugar, é mencionada doze vezes. "ر" é irmã de "ل", mas de acordo com seu valor numérico, "ر" é duzentos e "ل" trinta, por isso, aumentou seis vezes mais e caiu seis. Além disso, uma vez que "ر" é repetida na pronúncia, torna-se enfática e é mencionada apenas seis vezes. E porque o "ض", "ث", "ح", e "خ" são enfáticas e ganham qualidades adicionais em conexão com outras letras, cada uma foi mencionada apenas uma vez. "و" é mais leve do que "ه" e "ء", e mais pesada do que "ي" e "ا", é mencionada dezessete vezes, quatro vezes mais do que a pesada "ء" e quatro vezes menos do que a suave "ا".

Assim, o posicionamento extraordinário das letras na passagem aqui mencionada e suas relações ocultas, e a bela e suave ordem, a sutil e harmônica regularidade mostram tão claramente quanto dois mais dois igual a quatro, que não estaria dentro dos limites do pensamento humano que os compôs. Quanto ao acaso e à coincidência, é impossível terem interferido. E assim, tal como a estranha e maravilhosa ordem e a regularidade na posição dessas letras levam a uma fluência e pureza de linguagem nas palavras, de modo que possa haver muitos outros casos ocultos de sabedoria. Uma vez que, tal ordem foi seguida nas letras, certamente nas palavras, frases e significados uma ordem tão misteriosa, uma harmonia tão luminosa, foi observada que se o olho a visse, declararia: O que Allah quiser!, e se a razão fosse compreendê-la, exclamaria: que Allah abençoe!

Quinto ponto: Esta é a excelência na sua forma de exposição; isto é, a superioridade, concisão, e grandeza. Assim como há pureza de linguagem na ordem das palavras, no texto, e no significado, e singularidade em seu estilo, por isso, a sua forma de exposição há uma excelência superior. Na verdade, todas as categorias e níveis de discurso e sermão, como estímulo e dissuasão, louvor e censura, demonstração e orientação, esclarecimento e silêncio no argumento, são no mais alto grau na exposição do Alcorão.

Dos inúmeros exemplos de sua maneira de exposição[I] na categoria de incentivo e insistência é que na Surata:

﴿هَلْ اَتٰى عَلَى الْاِنْسَانِ﴾[484] isso é tão doce quanto a água da Kauçar e flui com a fluência da fonte de Salsabil, e doce como os frutos do Parapiso, que é tão suave quanto as vestes das huris.

Dos numerosos exemplos da categoria de dissuasão e a ameaça no início da Surata: ﴿هَلْ اَتٰيكَ حَدِيثُ الْغَاشِيَةِ﴾[485] Aqui a exposição do Alcorão tem um efeito como chumbo fervendo nos ouvidos do povo de desorientação, e fogo queimando seus cérebros, e zaqqum[486] escaldante em seus paladares, e Inferno agredindo seus rostos, e como uma árvore espinhosa amarga em seus estômagos. Um funcionário como o Inferno

---

[I] O estilo aqui tenha deslizado para as roupas de significado desta Surata.

encarregado por alguém em infligir tormento e tortura, a fim de demonstrar as suas ameaças, e sua divisão além de raiva fervente, e seu provérbio:

﴿ تَكَادُ تَمَيَّزُ مِنَ الْغَيْظِ ﴾487 ertamente mostra quão impressionante terríveis às ameaças da pessoa são.

Dos milhares de exemplos na categoria de louvor, a maneira de exposição do Alcorão nas cinco Suratas começando com al-hamdulillah (louvado seja Allah) é brilhante como o sol,[1] adornada como as estrelas, majestosa como os céus e a terra, amável como os anjos, compassiva como ternura para filhos e crias neste mundo, e bela como o Paraíso na Outra Vida.

Dos milhares de exemplos na categoria de censura e restrição, no versículo:

﴿ اَيُحِبُّ اَحَدُكُمْ اَنْ يَاْكُلَ لَحْمَ اَخِيهِ مَيْتًا ﴾488 que condena seis vezes. Ele impede a maledicência forçosamente seis vezes. É assim: como é conhecido: a "أ" no início do versículo é interrogativa. Este escoa por todas as palavras do versículo como a água. Assim, com a primeira "أ" ele pergunta: "vocês não têm raciocínio, o assento da pergunta" e responde: "Vocês não entendem quão feio é?"

Com a segunda, ele pergunta com a palavra يُحِبُّ: O seu coração, a sede de amor e ódio, estaria tão corrompido que ama a coisa mais desprezível?

Com a terceira, ele pergunta com as palavras اَحَدُكُمْ: O que aconteceu com a sua vida social e da civilização, que recebe sua vitalidade da comunidade, que considera aceitável um ato que, assim, envenena sua vida?

Com a quarta, ele pergunta com as palavras اَنْ يَاْكُلَ لَحْمَ: O que aconteceu com a sua humanidade que você dilacere o seu amigo como a um animal selvagem?

Com a quinta, pede com as palavras اَخِيهِ: Você não tem compaixão e sentimento de companheirismo que você dilacere injustamente com seus dentes, injuriando ao irmão espiritual em tantos aspectos? Você não tem consciência de que vai morder seus próprios membros como um louco?

E com a sexta pergunta com a palavra مَيْتًا: Onde está sua consciência? Estaria sua natureza tão corrompida que você faça a coisa mais repugnante à pessoa mais respeitada, seu irmão, como comer a sua carne? Ou seja, a maledicência é censurada e desprezada pela razão, pelo coração, pela humanidade, pela consciência, pela natureza humana e pela solidariedade social e nacional. Então veja! Como este versículo restringe este crime em seis concisos graus, em seis níveis milagrosos!

Dos milhares de exemplos da categoria da prova, há o versículo:

---

[1] Nessas frases há uma alusão às questões discutidas nessas Suratas.

﴿فَانْظُرْ اِلَى آثَارِ رَحْمَتِ اللّٰهِ كَيْفَ يُحْيِى الْاَرْضَ بَعْدَ مَوْتِهَا اِنَّ ذٰلِكَ لَمُحْيِى الْمَوْتَى وَهُوَ عَلَى كُلِّ شَىْءٍ قَدِيرٌ﴾[489]

Sua exposição é tal em provar a ressurreição e a banir as dúvidas que não poderia ser mais claramente demonstrada. É assim: ele diz que, como é provado e explicado na Nona Verdade da Décima Palavra e no Sexto Lampejo da Vigésima Segunda Palavra, cada exemplo de ressurreição da primavera é fornecido em trezentas mil maneiras na terra sendo levantados para a vida com a maior ordem e diferenciação, apesar das inúmeras espécies que são todas misturadas em total confusão, demonstrando, assim, para o observador humano que a ressurreição dos mortos não seria difícil para Aquele que faz isso. Além disso, como escrever sem falta ou erro com a caneta de poder de centenas de milhares de espécies na página da terra, todos juntos e um dentro do outro, é o selo do Único da Unidade; com este versículo que tanto comprova a Unicidade Divina tão claramente como o sol, e demonstra a ressurreição dos mortos tão facilmente e de forma decisiva como o nascer e o pôr do sol. Assim, o Alcorão demonstra essa verdade no que diz respeito à forma, como descrito pela palavra [490]كَيْفَ, da mesma forma que menciona isso em detalhes em muitos Suratas.

E por exemplo, na Surata,[491] ﴿قٓ وَالْقُرْاٰنِ الْمَجِيدِ﴾ prova a ressurreição de uma forma tão brilhante, suave, doce e sublime que convence tão certamente como a chegada da primavera. Olhe: em resposta aos incrédulos que negam a ressurreição para a vida dos ossos decompostos dizendo: "Isto é extraordinário; não poderia ser", decreta:

﴿أَفَلَمْ يَنْظُرُوا إِلَى السَّمَاءِ فَوْقَهُمْ كَيْفَ بَنَيْنَاهَا وَزَيَّنَّاهَا وَمَا لَهَا مِنْ فُرُوجٍ ... الخ الاية﴾[492]

A sua forma de exposição flui como água e brilha como as estrelas. Ela dá tanto prazer e deleite para o coração como tâmaras. E é o seu sustento.

E em um dos exemplos mais sutis da categoria de demonstração, ele diz:

﴿يٰسٓ ۞ وَالْقُرْآنِ الْحَكِيمِ ۞ اِنَّكَ لَمِنَ الْمُرْسَلِينَ﴾[493]

Ou seja, "Eu juro pelo Alcorão da Sabedoria que você é um dos Mensageiros Divinos." Este juramento indica que a prova da Mensagem é tão certa e verdadeira, e sua veracidade é tão digna de honra e respeito, que é juramentada. Ao indicar isso, está dizendo: "Você é o Mensageiro, para que mantenha o Alcorão em sua mão, e o Alcorão é a verdade e é a palavra da Realidade. Certamente, ele contém a verdadeira sabedoria, e por cima o selo do milagre. "

E um dos exemplos concisos e milagrosos da categoria da prova é este:

﴿قَالَ مَنْ يُحْيِى الْعِظَامَ وَهِىَ رَمِيمٌ ۞ قُلْ يُحْيِيهَا الَّذِى أَنْشَأَهَا أَوَّلَ مَرَّةٍ وَهُوَ بِكُلِّ خَلْقٍ عَلِيمٌ﴾[494]

Ou seja, o homem pergunta: "Quem vai ressuscitar ossos decompostos?" Você diz: "Quem os fez, em primeiro lugar e deu-lhes a vida, Ele vai ressuscitá-los." Como foi descrito na terceira comparação da Nona Verdade na Décima Palavra, se alguém reagrupa um grande exército em um dia diante de seus olhos, e alguém diz: "Por uma corneta essa pessoa reúne os membros de um batalhão que havia se dispersado para descansar; ele é capaz de trazer o batalhão por uma ordem," e você diz, ó homem: "Eu não acredito nisso", você pode ver quão tolo seria negar isso.

Da mesma forma, o Todo-Poderoso e Onisciente arrola e une novamente com o comando de "Seja!" e é, e com perfeita ordem e equilíbrio de sabedoria, as partículas e faculdades sutis do batalhão como os corpos de todos os animais – que são como um exército – e outros seres vivos, e cria a cada século, a cada primavera mesmo, todas as centenas de milhares de espécies do exército do tipo de criaturas que vivem na face da terra. Pode-se questionar então como Ele pode reunir em um toque da trombeta de Israfil as peças fundamentais e partículas de um batalhão, que já estão familiarizados uns com os outros, para reuni-los com um só toque? Ela pode ser considerada improvável? Se for considerado improvável, é uma tolice sem sentido.

Na categoria de orientação, a maneira de exposição do Alcorão é tão comovente, terna, familiar e suave que enche o espírito com ardor, o coração com prazer, a mente com interesse, e os olhos de lágrimas. Dos milhares de exemplos é este versículo:

﴿ثُمَّ قَسَتْ قُلُوبُكُمْ مِنْ بَعْدِ ذَلِكَ فَهِىَ كَالْحِجَارَةِ أَوْ أَشَدُّ قَسْوَةً﴾[495]

Como é provado e explicado na discussão do terceiro versículo na Primeira Estação da Vigésima Palavra, ele diz aos filhos de Israel: "O que aconteceu com vocês que, apesar de rochas duras derramarem lágrimas de doze fontes, como olhos diante de um milagre como o cajado de Moisés (que a paz esteja com ele), permanecem indiferentes diante de todas as suas maravilhas, com os olhos secos e sem lágrimas e duras e sem fervor de seus corações?" Uma vez que, esse sentido de orientação é explicado lá, na Palavra a que nos referimos, vamos nos satisfazer com isso aqui.

Dos milhares de exemplos na categoria de tornar compreendida e silenciar na argumentação, considerem apenas os dois seguintes:

﴿وَاِنْ كُنْتُمْ فِى رَيْبٍ مِمَّا نَزَّلْنَا عَلَى عَبْدِنَا فَأْتُوا بِسُورَةٍ مِنْ مِثْلِهِ وَادْعُوا شُهَدَاءَكُمْ مِنْ دُونِ اللّٰهِ اِنْ كُنْتُمْ صَادِقِينَ﴾[496]

Ou seja, "Se vocês têm alguma dúvida, convoquem todos os seus anciãos e simpatizantes para ajudá-los e testemunhem para você, então compõem algo semelhante a uma única Surata." Já que isso foi explicado e provado em *Icharat al-I'jaz*, aqui nós só devemos apontar um breve resumo do mesmo. É como se segue:

O Alcorão de exposição miraculosa diz: "Ó gênios e humanos! Se vocês têm alguma dúvida de que o Alcorão é a palavra de Allah e imaginam que seja a palavra de humano, então vamos lá, aqui está, vamos ver! Vocês trazem um livro como este Alcorão de alguém iletrado, que não sabe ler e escrever como o que vocês chamam de Mohammad "o Honesto", e levem-no para compô-lo! Se vocês não puderem fazer isso, então ele não precisa ser iletrado, que ele seja um famoso homem de letras e conhecimento. E se vocês não forem capaz de fazer isso, tudo bem, não por si mesmo, tomem todas as melhores obras de todos os seus oradores e homens de eloquência, e certamente de todos os gênios literários do passado e todos aqueles do futuro, e a assistência de todos os seus deuses. Trabalhem com todas as suas forças, componham algo similar a este Alcorão. E se vocês não puderem fazer isso, deixem de lado as verdades do Alcorão e seus muitos aspectos miraculosos, que não é possível imitar, e façam uma obra que igual apenas em eloquência da ordem de suas palavras!"

﴿فَأْتُوا بِعَشْرِ سُوَرٍ مِثْلِهِ مُفْتَرَيَاتٍ﴾[497] Ele diz: "Vamos lá, eu não quero o seu verdadeiro significado de vocês, deixem-no ser fabricações, mentiras e falsos contos. Vocês não serão capazes de fazer isso. Assim, não precisa ser tanto quanto todo o Alcorão, basta apresentar بِعَشْرِ سُوَرٍ dez Suratas como ele. Vocês não são capazes de fazer isso ou, então, apresentem uma única Surata. Isto será muito bom. Então tudo bem, apresentem o equivalente a uma curta Surata. Vocês não são capazes de fazer isso também, embora a necessidade de vocês para fazê-lo seja tão grande. Para sua honra e autoestima, sua dignidade e religião, sua honra tribal e orgulho, a sua vida e propriedade, e suas vidas neste mundo e no Outro serão todos salvos por produzir algo como ele. Caso contrário, neste mundo vocês vão permanecer em humilhação, sem honra, dignidade, religião, ou orgulho, e suas vidas e os bens serão destruídos e morrerão. Na Outra Vida, como é indicado pelo versículo:

﴿فَاتَّقُوا النَّارَ الَّتِى وَقُودُهَا النَّاسُ وَ الْحِجَارَةُ﴾[498] vocês serão condenados à prisão perpétua no Inferno; juntamente com os seus ídolos, são o combustível para seus fogos. Desde que a sua necessidade é, portanto, grande, e que vocês tenham entendido agora sua impotência em oito graus, vocês devem ter certeza de oito vezes mais que o Alcorão é um milagre. Então quer acreditar nele, ou ficar em silêncio e ir para o Inferno!"

Então veja a forma como o Alcorão obriga-os a aceitar o argumento nesta categoria de "silenciamento no argumento" que está dentro de "fazer entendido", e dizer:

"لَيسَ بَعْدَ بَيانِ القُرآنِ بَيانٌ"[499] De fato, depois do Alcorão não há necessidade de se aprofundar na exposição.

Aqui está um segundo exemplo:

﴿فَذَكِّرْ فَمَا اَنْتَ بِنِعْمَتِ رَبِّكَ بِكَاهِنٍ وَلاَ مَجْنُونٍ ۞ اَمْ يَقُولُونَ شَاعِرٌ نَتَرَبَّصُ بِهِ رَيْبَ الْمَنُونِ ۞ قُلْ تَرَبَّصُوا فَاِنِّى مَعَكُمْ مِنَ الْمُتَرَبِّصِينَ ۞ اَمْ تَأْمُرُهُمْ اَحْلاَمُهُمْ

بِهٰذَا اَمْ هُمْ قَوْمٌ طَاغُونَ ۝ اَمْ يَقُولُونَ تَقَوَّلَهُ بَلْ لاَ يُؤْمِنُونَ ۝ فَلْيَأْتُوا بِحَدِيثٍ مِثْلِهِ
اِنْ كَانُوا صَادِقِينَ ۝ اَمْ خُلِقُوا مِنْ غَيْرِ شَيْءٍ اَمْ هُمُ الْخَالِقُونَ ۝ اَمْ خَلَقُوا
السَّمٰوَاتِ وَالْاَرْضَ بَلْ لاَ يُوقِنُونَ ۝ اَمْ عِنْدَهُمْ خَزَائِنُ رَبِّكَ اَمْ هُمُ الْمُصَيْطِرُونَ
۝ اَمْ لَهُمْ سُلَّمٌ يَسْتَمِعُونَ فِيهِ فَلْيَأْتِ مُسْتَمِعُهُمْ بِسُلْطَانٍ مُبِينٍ ۝ اَمْ لَهُ الْبَنَاتُ
وَلَكُمُ الْبَنُونَ ۝ اَمْ تَسْئَلُهُمْ اَجْرًا فَهُمْ مِنْ مَغْرَمٍ مُثْقَلُونَ ۝ اَمْ عِنْدَهُمُ الْغَيْبُ فَهُمْ
يَكْتُبُونَ ۝ اَمْ يُرِيدُونَ كَيْدًا فَالَّذِينَ كَفَرُوا هُمُ الْمَكِيدُونَ ۝ اَمْ لَهُمْ اِلٰهٌ غَيْرُ اللّٰهِ
سُبْحَانَ اللّٰهِ عَمَّا يُشْرِكُونَ ﴾[500]

Aqui vamos explicar apenas uma das milhares de verdades destes versículos como mais um exemplo da categoria de silenciar no argumento. É o seguinte: com a palavra [501]ام - ام ele silencia todos os grupos do povo de desorientação em quinze categorias de perguntas retóricas que expressam surpresa e obstrução de todas as fontes de suas dúvidas. Ele não deixa brecha satânica pela qual as dúvidas podem entrar e se esconder; fecha todos elas. Ele não deixa véu de desorientação em que pode rastejar e se esconder; ele rasga todos eles. Não deixa uma de suas mentiras; esmaga-as. Em cada frase que tanto destrói a essência das ideias blasfemas de um grupo com uma frase curta, ou desde a falsidade é óbvia, ele expõe que o silêncio, ou, uma vez que é refutado em detalhe em outros versículos, que aqui faz alusão a ele brevemente. Por exemplo, a primeira frase faz alusão ao versículo: ﴿ وَمَا عَلَّمْنَاهُ الشِّعْرَ وَمَا يَنْبَغِى لَهُ ﴾[502]

Enquanto a sentença quinze aponta para o versículo:

﴿ لَوْ كَانَ فِيهِمَا آلِهَةٌ اِلاَّ اللّٰهُ لَفَسَدَتَا ﴾[503] Você pode fazer mais exemplos das outras frases como estas. É assim: ele diz no início: Anuncia os decretos Divinos. Você não é um adivinho, uma vez que as palavras de adivinhos são confusas e conjecturais, enquanto as suas são verdadeiras e certas. E você não é louco; mesmo os seus inimigos atestam a sua sanidade perfeita.

﴿ اَمْ يَقُولُونَ شَاعِرٌ نَتَرَبَّصُ بِهِ رَيْبَ الْمَنُونِ ﴾[504] Será que eles o chamam de poeta, como os comuns irracional, infiéis? Eles estão esperando você morrer? Diz a eles: "Esperem! Vou esperar com vocês!" Suas vastas e brilhantes verdades são livres das imaginações de poesia e independente das suas fantasias.

[505]﴿أَمْ تَأْمُرُهُمْ أَحْلَامُهُمْ بِهَذَا﴾Ou como irracionais filósofos que confiam em suas razões, eles se refreiam, dizendo: "Nossas faculdades da razão são suficientes." Mas a razão exige que você seja seguido, porque tudo que você diz é razoável. Mas, novamente, a razão por si só não pode alcançá-lo.

[506]﴿أَمْ هُمْ قَوْمٌ طَاغُونَ﴾Ou é a razão de sua negação a sua não submissão a Allah Todo-Poderoso como maus tiranos? Mas as extremidades dos Faraós e Nimrodes, que eram os líderes dos opressores arrogantes, são conhecidos.

[507]﴿أَمْ يَقُولُونَ تَقَوَّلَهُ بَلْ لَا يُؤْمِنُونَ﴾Ou como mentirosos hipócritas, sem consciência que o acusam, dizendo: "Você fez o Alcorão!"? Mas até o momento eles sabem que você é o mais sincero entre eles e o terem denominado de Mohammad o Honesto. Isso significa que eles não têm a intenção de acreditar. Caso contrário, deixa-os encontrarem algo semelhante ao Alcorão entre as obras dos homens.

[508]﴿أَمْ خُلِقُوا مِنْ غَيْرِ شَيْءٍ﴾Ou como os filósofos absurdos que acreditavam que o universo ser sem propósito e em vão, supõem eles serem sem rumo e sem sabedoria, propósito, dever, ou Criador? Será que eles se tornaram cegos que não veem que o universo é adornado de cima para baixo com exemplos de sabedoria e produz os frutos de objetivos, e que seres de partículas dos sóis são encarregados de deveres e estão submetidos aos mandamentos Divinos?

[509]﴿أَمْ هُمُ الْخَالِقُونَ﴾Ou eles imaginam que os materialistas como os faraó, "vieram a existir por si só, alimentam-se, e eles mesmos criaram tudo o que precisam", por isso são isentos de acreditar e adorar? Isso significa que todos supõem ser o Criador, quando o Criador de uma coisa tem de ser o Criador de tudo, Ou seja, o seu orgulho e sua vaidade tê-los feito tão completamente estúpidos que imaginam ser possuidores de um Poder Absoluto alguém que é absolutamente impotente e pode ser derrotado por uma mosca ou um micróbio. Já que eles abdicaram à sua razão e humanidade a este grau e terem caído a nível mais baixo do que os animais e até de seres inanimados, não fique triste com as suas negações. Considera-os uma variedade de animais nocivos e matéria imunda! Ignora-os e não lhes dê importância!

[510]﴿أَمْ خَلَقُوا السَّمَوَاتِ وَالْأَرْضَ بَلْ لَا يُوقِنُونَ﴾Ou, como o irracional, confuso ateísta, que negou a Allah todos os atributos e negou o Criador, eles negam a Allah, para que eles não acatem o Alcorão? Nesse caso, deixe que eles neguem a existência dos céus e da terra, ou dizer deixe-os dizer: "Nós os criamos!" Que eles perdem a cabeça completamente e começar a proferir os delírios frenéticos de loucura. Para nos céus como muitas provas da unidade divina são evidentes e são recitados como as estrelas, e na terra, como muitos como as flores. Isso significa que eles não têm a intenção de adquirir certos conhecimentos e descobrir a verdade. Caso contrário, como é que eles supõem ser sem autor o livro do universo, em uma palavra do que está escrito um livro inteiro, apesar de

saber que uma letra não pode existir sem a pessoa que a escreveu.

[511] ﴿أَمْ عِنْدَهُمْ خَزَائِنُ رَبِّكَ﴾ Ou, como um grupo de filósofos equivocados que negaram a Allah Todo-Poderoso o Livre Arbítrio, ou como os brâmanes, que negam a origem da profecia de modo que não acreditam em você? Nesse caso, deixe que neguem todos os traços de sabedoria e propósito, toda a ordem e frutos que são evidentes em todos os seres e demonstram a vontade e a escolha, que eles negam todas as obras de misericórdia e graça, e todos os milagres de todos os profetas! Ou deixe-os dizer: "Todos os tesouros das bênçãos dados às criaturas estão conosco e sob nosso controle." Deixe-os provarem que não estão aptos a serem abordados! Não fique aflito com sua negação, diga : "Os animais irracionais de Allah são muitos!"

[512] ﴿أَمْ هُمُ الْمُصَيْطِرُونَ﴾ Ou, como os arrogante Mu'tazilas, que fizeram a razão dominante, imaginam eles serem rivais e inspetores de obras do Criador, e desejam manter o Criador Todo-Glorioso responsável? Cuidado, não desanime! Nada pode vir das recusas das pessoas egocêntricas como essas! Não se importe!

[513] ﴿أَمْ لَهُمْ سُلَّمٌ يَسْتَمِعُونَ فِيهِ فَلْيَأْتِ مُسْتَمِعُهُمْ بِسُلْطَانٍ مُبِينٍ﴾ Ou, como os espíritas e adivinhos falsos, seguem eles a Satanás e os gênios e supõem que tenham encontrado outro caminho para o Mundo do Invisível? Nesse caso, têm eles uma escada pela qual ascendem aos céus que estão fechados para os demônios? Será que imaginam que podem desmentir as suas notícias dos céus? As negações de tais charlatães não valem nada!

[514] ﴿أَمْ لَهُ الْبَنَاتُ وَلَكُمُ الْبَنُونَ﴾ Ou, como os filósofos politeístas que atribuíram parceiros a Allah sob o nome de “dez intelectos" e "os mestres das espécies”, e os sabeus, que atribuíram uma espécie de divindade às estrelas e aos anjos, que eles atribuem à prole do Poderoso Allah? Como os hereges e equivocados, que eles atribuem um filho a Ele, que é contrário à existência necessária, a unidade, e eternidade, e absoluta autossuficiência do Único e Absoluto? Será que eles atribuem a feminilidade aos filhos, que se opõem ao culto dos anjos, pureza e tipo? Será que supõem que seja um intercessor por eles, para não o seguirem? Geração é o meio de multiplicação, a assistência mútua, perpetuação e vida para criaturas como o homem, que é contingente, transitório, e na necessidade de perpetuar a espécie, é corpóreo e divisível, capaz de se multiplicar, impotente e carente de um herdeiro para ajuda-lo. Então, para atribuir prole – e uma espécie de descendentes que aquele contingente impotente, homens miseráveis que não se gostam e não poderiam igualar com seu orgulho arrogante, ou seja, descendentes do sexo feminino para o Todo-Glorioso, cuja existência é necessária e perpétua, Quem resiste a partir da pré-eternidade para pós-eternidade, Cuja essência é totalmente distante do exaltado acima da corporalidade, Cujo ser é livre e isento de divisão e multiplicação, e Cujo poder está muito acima e além de toda a impotência; é, de fato, tal delírio, tal lunático delirante que as mentiras e negações desses desgraçados que subscrevem a tal ideia não valem nada. Não se importe! Os absurdos cérebros de dispersão, os delírios febris de cada louco lunático, não deve ser atendido!

[515]﴿أَمْ تَسْأَلُهُمْ أَجْرًا فَهُمْ مِنْ مَغْرَمٍ مُثْقَلُونَ﴾Ou, como os rebeldes, adoradores arrogantes deste mundo, que fizeram da ganância e avareza um hábito; acham eles que o que você propõe onera, de modo que fogem de você? Será que não sabem que você só procura salário e recompensa de Allah? É um fardo para eles um quadragésimo da propriedade dada a eles por Allah Todo-Poderoso, ou uma parte dele e, como consequência, ambos recebem abundância, e são salvos da inveja e maldições dos pobres? Será que eles consideram a ordem para dar zakat onerosa e, portanto, retém do Islam? Suas negações não têm importância, e que eles merecem é um tapa, não uma resposta ...

[516]﴿أَمْ عِنْدَهُمُ الْغَيْبُ فَهُمْ يَكْتُبُونَ﴾Ou não aceitam as suas notícias sobre o Invisível? Será que possuem livros sobre o invisível, e não aceitam o seu Livro sobre o Invisível? Como os budistas, que afirmam estarem familiarizados com o Invisível, ou os pseudo intelectuais, que imaginam as suas conjecturas sobre seus assuntos estarem certas. Isso significa que eles imaginam que o Mundo do Invisível, que é divulgado a ninguém além dos Mensageiros Divinos, que recebem a revelação, e que ninguém tem a capacidade de entrar, está presente e aberto diante deles, e que eles obtêm informações a partir dele e o anotam. Portanto, não se desanimem com as mentiras desses fanfarrões arrogantes que ultrapassam a sua marca a um grau infinito! Em breve, suas verdades derrubarão completamente as suas imaginações!

[517]﴿أَمْ يُرِيدُونَ كَيْدًا فَالَّذِينَ كَفَرُوا هُمُ الْمَكِيدُونَ﴾ Ou, como hipócritas mentirosos, ateus astuciosos, cujas naturezas são corrompidas e consciências apodrecidas, eles querem enganar as pessoas e levá-las para longe da orientação que eles não podem obter, para enganá-las, e assim chamá-los ou de adivinhos, ou possuídos, ou feiticeiros? Será que eles querem fazer os outros acreditarem que não creem? Não pense nesses charlatões insidiosos como seres humanos, não fique entristecido com suas artimanhas e negações, nem desanimc. Em vcz disso, aumenta seus esforços, uma vez que eles só enganam as suas almas e se machucam. E seus sucessos no mal são temporários; é um estratagema Divino, atraindo-os para a perdição gradualmente.

[518]﴿أَمْ لَهُمْ إِلَهٌ غَيْرُ اللهِ سُبْحَانَ اللهِ عَمَّا يُشْرِكُونَ﴾ Ou, como os magos, que imaginaram dois deuses separados chamado o Criador do Bem e do Mal , ou como os idólatras e adoradores de causas, que atribucm uma espécie de divindade a diferentes causas e imaginam cada uma delas para ser uma fonte de suporte a eles, que contam com outros deuses e contestam você? Será que eles consideram-se livres de qualquer necessidade de você? Isso significa que eles tornaram-se cegos e não veem a perfeita ordem e harmonia impecável em todo o universo, que é claro como o dia. De acordo com o decreto, [519]﴿لَوْ كَانَ فِيهِمَا آلِهَةٌ إِلاَّ اللهُ لَفَسَدَتَا﴾ Se houver dois chefes em uma aldeia, ou dois governadores em uma cidade, ou dois reis em um país, a ordem é virada de cabeça para baixo e a harmonia estragada. Mas a partir de uma asa de mosca até as

lâmpadas nos céus, uma excelente ordem tem sido observada que não deixa muito espaço, como a asa de uma mosca para parceiros a serem associados com Allah. Desde que a o ato acima de uma forma tão oposta à razão, à sabedoria, ao sentimento, e o que é óbvio, não deixe que suas mentiras o afastem de proclamar a mensagem!

Assim, uma das centenas de joias desses versículos, que constituem uma série de verdades, explicamos brevemente apenas uma única joia da forma de exposição do Alcorão na categoria de "dar a entender" e "silenciar em argumento." Se eu tivesse o poder e mostrado mais algumas joias, você também teria dito: "Estes versículos são um milagre por si só." Mas a maneira de exposição do Alcorão em fazer compreender e instruir é tão maravilhosa, sutil, e fluente que a mais simples e comum das pessoas facilmente compreende uma verdade mais profunda da forma como ele explica. Sim, o Alcorão de exposição miraculosa, simples e clara ensina verdades mais abstrusas de uma forma que acaricia a visão das pessoas em geral, e não machuca seus sentimentos, nem irrita suas mentes, nem as cansa. Assim como quando se fala com uma criança, palavras infantis são usadas, da mesma forma os estilos do Alcorão descem ao nível daqueles que aborda chamado na terminologia dos estudiosos de teologia:

[520]"التَّنَزُّلاتِ الإلَهِيَّةِ إلى عُقولِ البَشَرِ" ele os aborda dessa maneira; por comparações na forma de alegorias, faz uma pessoa comum iletrada entender as verdades Divinas abstrusas e mistérios dominicais que a mente dos filósofos mais sábios não podem provocar.

Por exemplo, por meio de uma comparação, o versículo:

[521]﴿الرَّحْمنُ عَلَى الْعَرْشِ اسْتَوَى﴾ Ele retrata a religiosidade Divina como um reino, e o grau de religiosidade como a de um Rei sentado no trono de sua soberania e exercer o Seu governo. De fato, como o discurso do Criador Todo-Glorioso do universo, o Alcorão procede do último grau de Sua dominicalidade, passa por cima de todos os outros graus, orientando aqueles que se levantam para eles, e passando por setenta mil véus, que olha para cada um e ilumina. Ela espalha seu brilho e espalha sua luz para milhares de níveis daqueles que aborda, a compreensão e a inteligência de quem são todos diferentes. Embora tenha vivido pelas eras e pelos séculos, cujas capacidades são todas diferentes, e transmitir seu significado a esta grande extensão, não perdeu um pingo de sua perfeita juventude, e mantém o seu frescor total e delicadeza, ela ensina cada pessoa comum de uma maneira mais fácil, mais hábil, e compreensível. Seja qual for o aspecto de um maravilhoso livro exposto que assim ensina, convence, e satisfaz com a mesma lição, as mesmas palavras, vários níveis de pessoas cuja compreensão e graus são todos diferentes qualquer aspecto de tal livro é estudado, um lampejo de milagres certamente aparecerá.

Em resumo: Assim como quando algumas palavras do Alcorão como Alhamudullilah "Louvado seja Allah" são recitadas, elas preenchem uma caverna, que é a orelha de uma montanha, da mesma forma que enchem os ouvidos minúsculos de uma mosca, assim também os significados do Alcorão satisfazem os ouvidos como montanhas, da mesma forma que com as mesmas palavras que ensinam e satisfazem as simples e minúsculas mentes, como de uma mosca. Uma vez que, o Alcorão chama para a crença todos os níveis de gênios e humanos, ele ensina as ciências da crença a todos. Nesse caso, a mais humilde das pessoas comuns se ajoelha ombro a ombro com os mais elevados da elite e, juntos, ouvem os ensinamentos do Alcorão e se beneficiam deles. Ou seja, o Alcorão é uma refeição celestial em que milhares de diferentes níveis de mentes, intelectos, corações e espíritos encontram seu alimento na mesma mesa. Seus desejos são realizados e os seus apetites são satisfeitos. Na verdade, numerosas de suas portas permanecem fechadas e são deixadas para os que virão no futuro. Se você quer um exemplo dessa categoria, do começo ao fim o Alcorão faz exemplos. Todos os alunos do Alcorão e aqueles que ouvem os seus ensinamentos, como os intérpretes da lei, os verazes, os filósofos islâmicos, os sábios, os estudiosos da jurisprudência e estudiosos de teologia, as guias de santos daqueles que buscam conhecimento de Allah, os polos espirituais dos amigos de Allah, os eruditos e exigentes, e a massa de muçulmanos, declaram unanimemente: "Nós entendemos completamente o que o Alcorão nos ensina." Em suma, lampejos do brilho milagroso do Alcorão na categoria de "fazer-se entendido e instruir" assim como fazem nas outras categorias.

SEGUNDO RAIO

Este Raio é a abrangência extraordinária do Alcorão. É composto por cinco 'lampejos'.

O Primeiro Lampejo é a abrangência nas palavras. Esta abrangência é claramente aparente nos versículos mencionados tanto em todas as Palavras anteriores, e nesta Palavra. Como é indicado pelo Hadice:

لِكُلِّ اٰيَةٍ ظَهْرٌ وَبَطْنٌ وَحَدٌّ وَمُطَّلَعٌ وَ لِكُلٍّ شُجُونٌ وَغُصُونٌ وَ فُنُونٌ[522] as palavras do Alcorão foram posicionadas de tal forma que todas as suas frases, palavras , e até mesmo letras, e às vezes até uma omissão, tem muitos aspectos. Ele dá a todos aqueles que aborda a sua parte de uma porta diferente.

Tomemos, por exemplo, o versículo: [523]﴿وَ الْجِبَالَ اَوْتَادًا﴾ Uma frase que diz: "Eu fiz as montanhas como estacas e postes para a terra de vocês." A participação de uma pessoa comum a partir desta frase seria esta: ele vê as montanhas que aparecem como estacas fincadas no chão, pensa nos benefícios e nas generosidades neles, e agradece ao seu Criador.

A participação de um poeta a partir desta frase: ele imagina a terra como o solo, em que é lançado em um arco varrendo a cúpula dos céus como uma tenda verde poderosa enfeitada com lâmpadas elétricas, e ele vê as montanhas contornando a base dos céus para serem as estacas da tenda. Ele adora o Criador Todo-Glorioso em admiração.

A participação de um literato que mora em tenda quanto à frase: ele imagina a face da terra ser um deserto estéril, e as cadeias das montanhas como as tendas variadas de nômades, como se a camada de solo fosse encarregada de altos cargos e nas pontas dos postos havia levantado o manto do solo, que ele vê como a morada de inúmeras criaturas diferentes que olham um para o outro. Ele se prostra em admiração diante do Criador Glorioso, Quem colocou e armou tão facilmente esses augustos e poderosos seres, como tendas na face da terra.

A participação de um geógrafo com uma tendência literária a partir desta frase: ele pensa no globo da terra como um navio que navega os oceanos ou o ar ou o éter, e as montanhas como mastros e postes fincados no navio para equilibrá-lo e estabilizá-lo. Ele declara:[524] سُبْحَانَكَ مَا اَعْظَمَ شَانُكَ Diante do Todo-Poderoso da Perfeição, Que faz o poder e o globo como um navio comum, coloca-nos nele, e o faz viajar pelos confins do mundo.

A participação do sociólogo e filósofo da sociedade humana desta frase; seus pensamentos seriam assim: a terra é uma casa, e a coluna daquela casa é a vida animal, enquanto o suporte da vida animal são a água, o ar, a terra, as condições de vida. E o apoio da água, do ar e da terra são as montanhas, uma vez que as montanhas são os reservatórios de água, os pentes do ar: eles precipitam os gases nocivos e os purificam; são os preservadores da terra: preservam-na de ser transformada em um pântano, e do avanço do mar. Eles também são os tesouros para outras necessidades da vida humana. Em reverência absoluta ele oferece louvor e agradecimento ao Criador da Glória e Bondade, Que fez estas grandes montanhas como postes para a Terra – a casa da nossa vida – desta forma, e designou-os como os guardiões dos tesouros da nossa subsistência.

A participação de um estudioso das ciências naturais a partir desta frase seria esta: ele pensaria nos terremotos e tremores que ocorrem como resultado de convulsões e fusões no coração da terra sendo acalmadas pelo impulso das montanhas; que o surgimento das montanhas é a causa da rotação estável da Terra sobre seu eixo e sua órbita e de não se desviar de sua rotação anual, como resultado das convulsões de terremotos; e que a raiva e a ira da terra são acalmados por sua respirando pelas aberturas nas montanhas. Ele viria a acreditar completamente, e exclamar:[525] اَلْحِكْمَةُ لِلّٰهِ

Outro exemplo:[526] ﴿اَنَّ السَّمٰوَاتِ وَالْاَرْضَ كَانَتَا رَتْقًا فَفَتَقْنَاهُمَا﴾ O estudioso não contaminado pelo estudo da filosofia entenderia a palavra [527]"رتقا" assim: enquanto o céu estava brilhando e sem nuvens, e a terra seca e sem vida e incapaz de produzir, o céu estava aberto com chuva e a terra com vegetação, e todos os seres vivos foram criados da água por uma espécie de casamento e de impregnação. Fazer isso foi o trabalho de Alguém tão Poderoso e Glorioso que a face da terra é apenas um pequeno jardim Seu, enquanto as nuvens, encobrindo o rosto dos céus, absorvem água para regá-lo. O estudioso entende isso e se prostra diante de Seu poder.

Um filósofo pesquisador entenderia a mesma palavra da seguinte forma: enquanto no início da criação, o céu e a terra eram uma massa disforme, cada uma composta de matéria como massa úmida, sem benefícios, filhos, ou criaturas, o Onisciente Criador tanto os rolou e expandiu-os em uma bela e benéfica forma, e os tornou a fonte de criaturas adornadas e numerosas. O filósofo ficaria maravilhado diante da amplitude de Sua sabedoria.

Um filósofo moderno entenderia a palavra assim: em primeiro lugar, o nosso mundo e os outros planetas, que formam o sistema solar, foram fundidos na forma de uma massa indiferenciada. Em seguida, o Todo-Poderoso e Autossubsistente rolou a massa e colocou cada um dos planetas em sua posição; deixando o sol onde ele estava e trazendo a terra aqui, Ele estendeu a terra sobre o globo da terra e o aspergiu com água do céu, espalhou luz sobre ele a partir do sol, e a habitou colocando-nos nela. O filósofo puxaria a cabeça para fora do pântano da natureza, e declararia:[528] اٰمَنْتُ بِاللّٰهِ الْوَاحِدِالْاَحَدِ

E outro exemplo: [529]﴿وَالشَّمْسُ تَجْرِى لِمُسْتَقَرٍّ لَهَا﴾ A letra Lam, de لِمُسْتَقَرٍّ traduzida aqui como "até', expressa também o sentido de "em". Assim, os crentes ordinários veem isso no sentido de "até"! e entendem que o sol, que é uma lâmpada móvel, fornecendo luz e calor a eles, certamente vai concluir a sua jornada e chegar ao seu lugar de descanso, em seguida, assumir uma forma que, não mais será benéfica. E pensando sobre as grandes bênçãos que o Criador Todo-Glorioso tem anexado ao sol, eles declaram: "Subahanallah" [530] "Alhamudullilah"[531]

Um erudito também mostra o Lam no sentido de "até", mas ele pensaria nele, não só como uma lâmpada, mas também como um transporte das tapeçarias tecidas pelo Senhor no tear da primavera e do verão, como um pote de tinta cuja tinta é luz para as letras do Eternamente Procurado escritas nas páginas da noite e do dia. E pensando na ordem e regularidade do mundo, de que o movimento aparente do sol é um sinal e para o qual ele aponta, exclama ante a Sua sabedoria: "Machallah"[532], e declara ante a arte do Criador Sábio: "Baracallah"[533], e ele se curva em prostração.

Um geógrafo e filósofo entenderia a Lam como significando "em", assim: pelo comando Divino e com um movimento de mola em seu próprio eixo, o sol ordena e impulsiona o sistema solar. Exclamando em admiração e espanto diante do Criador Todo-Glorioso Quem, assim, cria e define este poderoso relógio: "Todo poder pertence a Allah!", Ele rejeita a filosofia e abraça a sabedoria do Alcorão.

Um estudioso preciso consideraria esta Lam como tanto causal e adverbial, e entenderia assim: "Uma vez que, o Onisciente Criador tornou as causas aparentes um véu de Suas obras, por meio de uma lei Divina de Sua chamada gravidade, ele juntou os planetas ao sol como pedras em uma tipoia, e fez com que eles girassem com diferentes, mas regulares movimentos dentro da esfera de Sua sabedoria; e Ele fez o giro do sol sobre seu próprio eixo a causa aparente dando origem à gravidade. Ou seja, o significado de لِمُسْتَقَرٍّ (até) um lugar determinado, é [534]فِى مُسْتَقَرٍّ لَهَا لِاِسْتِقْرَارِ مَنْظُومَتِهَا Já que é uma regra Divina, uma lei dominical como o movimento aparente dando origem ao calor, e o calor à força, e a força à gravidade. Assim, no entender isso de uma única letra do Alcorão, o filósofo declararia: "Alhamdulillah"[535] É no Alcorão que a verdadeira sabedoria é para ser encontrada. Eu considero a filosofia não valer nada!"

E a ideia seguinte ocorreria a um pensador de tendência poética deste Lam e a estabilidade mencionada acima: "O sol é uma árvore luminosa, e os planetas são seus frutos móveis. Mas ao contrário das árvores, o sol sacode-se, mas os frutos não caem. Se não se agitar, eles iriam cair e espalhados." Então ele pensaria consigo mesmo: "O sol é o líder de êxtase de um grupo recitando os Nomes de Allah. Ele recita em êxtase no centro do círculo e faz com que os outros recitem." Em outro tratado, descrevi este significado da seguinte forma:

"Sim, o sol é uma árvore frutífera; ele se agita, de modo que os frutos dos planetas não caem.

Se ele repousar em silêncio, a atração cessaria; e que seus estáticos iriam chorar pelo espaço. ”

Outro exemplo: [536]﴿أُولَٰئِكَ هُمُ الْمُفْلِحُونَ﴾ Este versículo é geral e não específico, não especifica de que forma eles devem ser bem sucedidos, de modo que cada pessoa pode encontrar o que quer nele. As suas palavras são poucas, e podem ser demoradas. O objetivo de alguns daqueles a quem se está dirigindo é serem salvos do Inferno. Outros pensam somente no Paraíso. Alguns desejam a felicidade eterna. No entanto, outros buscam apenas aprazer a Allah. Enquanto outros conhecem o seu objetivo e desejam ser a visão de Allah; e assim por diante. Em muitos lugares, o Alcorão deixa as palavras abertas desta forma, para que possam ser gerais. Deixa as coisas não ditas, de modo que podem expressar vários significados. Torna isso breve, para que todos possam encontrar a sua parte. Assim, ele diz[537] الْمُفْلِحُونَ. Ele não determina como devem prosperar. É como se, com esta omissão estivesse dizendo: "Ó muçulmanos! Boas notícias! Ó você que teme a Allah! Você vai encontrar a bem-aventurança por ser salvo do Inferno. Ó justo! Você deve encontrar a bem-aventurança no Paraíso. Ó você que busca o conhecimento de Allah! Você alcançará o prazer de Allah. Ó amante de Allah! Você experimentará a visão de Allah." E assim por diante.

Assim, de milhares de exemplos, oferecemos um exemplo de cada uma das frases, palavras, letras e omissões que demonstram a abrangência das palavras do Alcorão. Você pode fazer analogias e comparar os seus versículos e histórias com estes.

Outro exemplo, o versículo:[538]﴿فَاعْلَمْ اَنَّهُ لَا اِلٰهَ اِلَّا اللّٰهُ وَاسْتَغْفِرْ لِذَنْبِكَ﴾Este versículo contém tantos aspectos e graus que todos os níveis de santos encontraram as suas necessidades a partir dele, em todas as suas jornadas espirituais e em todos os seus graus, e de terem encontrado sustento espiritual e um novo significado a partir dele apropriado para o seu próprio nível. Pois, uma vez que, o nome de ‘Allah’ é o Nome abrangente, há aspectos da unidade Divina dentro dele ao número dos Nomes mais Belos:[539] اَیْ لَا رَزَّاقَ اِلَّا هُوَ ۞ لَا خَالِقَ اِلَّا هُوَ ۞ لَا رَحْمٰنَ اِلَّا هُوَ E assim por diante.

E, por exemplo, entre as histórias do Alcorão, a história de Moisés (que a paz esteja com ele) contém milhares de benefícios, assim como o cajado de Moisés. Existem inúmeros objetivos e aspectos da história, como consolar e confortar o Profeta Mohammad (Allah o abençoe e lhe dê paz), ameaçar os incrédulos, censurar os dissimuladores e repreender os judeus. Por esta razão, é repetida em muitas Suratas. Embora expresse todos os objetivos em cada lugar que a Surata é repetida, apenas um é o objetivo principal e os outros são secundários.

Se você dissesse: Como podemos conhecer todos os significados dos exemplos que você deu que o Alcorão tem intenção de apontar?

Nós responderíamos: Desde que o Alcorão é um tema pré-eterno, e está acima e além dos séculos, que, camada sobre camada, são todas diferentes, dirige-se a todos da humanidade alinhados dentro delas e os instrui, certamente ele os incluirá e pretende inúmeros significados de acordo com esses diferentes entendimentos, e fará alusões ao que pretende. Os inúmeros significados contidos nas palavras do Alcorão semelhantes aos mencionados aqui foram provados em Icharatal-I'jaz (Sinais de Milagres) de acordo com as regras da gramática árabe, e as ciências da retórica, semântica e eloquência e sua regras. De acordo com o consenso daqueles qualificados para interpretar a Chari'a, os comentaristas do Alcorão, os estudiosos da teologia e da jurisprudência, e de acordo com o testemunho de suas diferenças, sob a condição de que eles são considerados corretos pelas ciências da língua árabe e os princípios da religião, todos os aspectos e significados que são encontrados aceitáveis pela ciência da semântica, e apropriado pela ciência da retórica, e desejável pela ciência da eloquência, pode ser considerado um dos significados do Alcorão. O Alcorão tem colocado alusões a cada um desses significados de acordo com a sua gravidade. Eles são ou literal ou significativamente. Se significativamente, há alusões a eles em qualquer contexto anterior ou posterior ou em outros versículos. Alguns deles foram expostos em comentários do Alcorão de vinte, trinta, quarenta, sessenta e até oitenta volumes, escritos por estudiosos exigentes, que são provas claras e decisivas da abrangência extraordinária das palavras do Alcorão. No entanto, se nessa Palavra fôssemos apontar as alusões que indicam todos os significados em conjunto com as suas regras, a discussão se tornaria extremamente prolongada. Por isso, resumimo-los aqui, e para parte dele, encaminhamos para *Icharatal-I'jaz*.

Segundo Lampejo: Esta é a abrangência extraordinária em seu significado. Sim, juntamente com a concessão dos tesouros de seu significado as fontes para todos os intérpretes da Chari'a, as iluminações de todos aqueles que procuram o conhecimento de Allah, os caminhos de todos aqueles que buscam a união com Allah, os caminhos de todos os aperfeiçoados dentre a humanidade, e as escolas de todos os estudiosos, o Alcorão tem sido em todos os tempos guia de todos eles e dirigindo-os em seu progresso, e é verificado, por unanimidade, por todos que iluminou os caminhos a partir de suas tesourarias.

Terceiro Lampejo: Esta é a abrangência extraordinária em seu conhecimento. O Alcorão tem causado a fluir a partir dos oceanos de seu próprio conhecimento, as numerosas e diversas ciências da *Chari'a*, as ciências múltiplas da realidade, e as inúmeras ciências diferentes de sufismo (*Tariqa*). Da mesma forma, tem provocado a fluir em abundância e a boa ordem da verdadeira sabedoria da esfera de contingência, as verdadeiras ciências da esfera da necessidade, e o conhecimento enigmático da esfera da Outra Vida. Seria preciso escrever um volume inteiro para fornecer exemplos deste Lampejo, e mesmo assim como meros exemplos, que apontam para as vinte e cinco Palavras até agora escritas. Sim, as verdades verídicas de todas as vinte e cinco Palavras são apenas vinte e cinco gotas do oceano do conhecimento do Alcorão. Se houver erros com essas Palavras, eles brotam de minha compreensão defeituosa.

Quarto Lampejo: Esta é a abrangência extraordinária dos temas que ele propõe. Juntamente com a reunião dos assuntos extensos do homem e dos seus deveres, o universo e o Criador do universo, do céu e da terra, neste mundo e no Outro, o passado e o futuro, e pré-eternidade e pós-eternidade, o Alcorão explica todos os tópicos essenciais e importantes, desde a criação do homem a partir do fluido seminal até quando este entra no túmulo; da conduta correta de comer e dormir para as questões de decreto Divino e a Predestinação; desde a criação do mundo em seis dias, até os deveres do vento soprando, indicado pelos juramentos de:[540]﴿وَالذَّارِيَاتِ﴾ e [541]﴿وَالْمُرْسَلَاتِ﴾ , a partir de sua intervenção no coração do homem e, indicado por:[542] ﴿يَحُولُ بَيْنَ الْمَرْءِ وَقَلْبِهِ﴾

e: [543]﴿وَمَا تَشَاؤُنَ اِلاَّ اَنْ يَشَاءَ اللّٰهُ﴾ para [544]﴿وَالسَّمٰوَاتُ مَطْوِيَّاتٌ بِيَمِينِهِ﴾ isto é, segurar todos os céus dentro de Seu aperto; de flores, uvas, e tâmaras da terra, descritos em:[545] ﴿وَجَعَلْنَا فِيهَا جَنَّاتٍ مِنْ نَخِيلٍ وَاَعْنَابٍ﴾ para a estranha verdade expressada por: [546]﴿اِذَا زُلْزِلَتِ الْاَرْضُ زِلْزَالَهَا﴾ a partir do estado dos céus em:

[547]﴿ثُمَّ اسْتَوَى اِلَى السَّمَاءِ وَهِىَ دُخَانٌ﴾ a serem rasgados com a fumaça e as estrelas caindo e sendo espalhadas no espaço infinito; do mundo que está sendo aberto para testes e exames, ao seu encerramento; da sepultura, a primeira casa da Outra Vida, e, em seguida, a partir do Reino Intermediário, a ressurreição, e da Ponte, para a felicidade eterna; a partir dos acontecimentos do passado, e a criação do corpo de Adão e a disputa de seus dois filhos, até o Dilúvio, e o afogamento do povo do Faraó, e os principais acontecimentos da maioria dos profetas; e da circunstância de pré-eterna a que alude:

[548]﴿اَلَسْتُ بِرَبِّكُمْ﴾ para a ocorrência pós-eterna expressa por:

[549]﴿وُجُوهٌ يَوْمَئِذٍ نَاضِرَةٌ ۞ اِلَى رَبِّهَا نَاظِرَةٌ﴾ todos esses temas importantes, fundamentais são explicados de uma maneira condizente com o Glorioso Quem administra todo o universo como se fosse um palácio, e abre e fecha neste mundo e no Outro, como dois quartos, e regula a terra como se fosse um jardim e os céus, como se fossem um teto decorado com lâmpadas, e vê o passado e vê o futuro, como se fossem duas páginas apresentam diante d'Ele como uma única noite e único dia, e olha no pré-e pós-eternidade como se fossem o ontem e o amanhã, de uma forma em que os dois lados de uma cadeia de eventos sejam unidos e toquem-se no tempo presente. Assim como um mestre de obras fala de duas casas que ele tem construído e disposto, e faz com que o programa, a lista e o índice dos assuntos envolvidos, de forma que o Alcorão é apropriado Quem faz o universo e o organiza, e escreve e exibe a lista e o índice e – se alguém pode dizer isso - o programa dos assuntos relacionados com ela. Não há nenhum sinal de qualquer artificialismo ou falsa apresentação. E assim como não há qualquer vestígio de imitação ou indício de qualquer fraude, como falar em nome de outra pessoa ou supondo-se estar no lugar de outra pessoa e falar, também, com toda a sua seriedade, toda a sua pureza, toda a sua sinceridade, a pureza brilhante do Alcorão, declara: "Eu sou a palavra e a exposição do Criador do mundo", assim como a luz do dia declara: "Eu vim do sol."

Na verdade, além do Criador Quem adorna este mundo com as artes antigas e o enche com deliciosas generosidades e espalha em abundância sobre a face do mundo, juntamente com essas maravilhas da Sua arte tantos presentes valiosos, e coloca-os em linhas ordenadas espalhadas ao longo a face da terra, para além deste Doador de Recompensas, quem mais poderia o Alcorão de exposição miraculosa ser apropriado – o Alcorão, que enche o mundo com este clamor de saudação e aclamação, este louvor retumbante e graças, e transforma a terra em um lugar para a recitação dos Nomes de Allah, uma mesquita, e lugar para olhar sobre as obras Divinas de arte? Cujo discurso poderia ser parte d'Ele? Quem pode reclamar a propriedade além d'Ele? Cuja palavra pode ser diferente da Sua? Cuja luz poderia ser a exposição do Alcorão, que resolve o talismã da criação e ilumina o mundo, além do Pré-Eterno Sol? Quem tem a capacidade de produzir coisa similar a isso, e imitá-lo? Na verdade, é impossível para o Artista Que adorna este mundo com Sua arte não falar com o homem, que aprecia Sua arte. Já que Ele faz e sabe, Ele certamente fala. E uma vez que fala, é certamente o Alcorão que é apropriado para o Seu discurso. Como deve o Senhor de Todo o Domínio, Que não é indiferente ao modo como uma flor é ordenada ficar indiferente a um discurso que traz todo o Seu domínio a um clamor de saudação e louvor? Ele permitiria que fosse atribuído aos outros e ser feito como nada?

Quinto Lampejo: Esta é a maravilhosa abrangência de estilo e concisão do Alcorão. É composto por cinco 'Brilhos'.

Primeiro Brilho: O estilo do Alcorão tem abrangência tão maravilhosa que uma única Surata contém o oceano do Alcorão, que por sua vez contém o universo. Um único de seus versículos contém o tesouro da Surata. E a maioria dos versículos constitui cada um, uma curta Surata, enquanto a maioria das Suratas constitui em curtos Alcorões. Assim, este é um grande favor, orientação e facilitação decorrente de sua concisão milagrosa. Uma vez que, embora todos tenham necessidade do Alcorão o tempo todo, ou devido à insensatez ou por algum outro motivo, eles não têm tempo para lê-lo inteiro, ou não têm oportunidade. Portanto, a fim de que não sejam privados do mesmo, cada Surata é como um curto Alcorão, e cada versículo longo ainda tem a patente de uma Surata. Aqueles que penetram no significado interior das coisas concordam que todo o Alcorão está contido na Surata al-Fátiha, mesmo, e a Fátiha no Bismillah. A prova deste fato é o consenso dos estudiosos que a investigaram.

Segundo Brilho: Os versículos do Alcorão são abrangentes por meio de denotar e indicam todas as categorias de discurso e o verdadeiro conhecimento das necessidades humanas, como o comando, a proibição, a promessa e a ameaça, o estímulo, a dissuasão, contenção e orientação, as histórias e comparações, as ordenanças Divinas e ensinamentos, as ciências relacionadas com o universo e as leis e as condições de vida pessoal, a vida social, a vida do coração, a vida espiritual e a vida do Outro Mundo. Daí a verdade do ditado:[550] خُذْ مَا شِئْتَ لِمَا شِئْتَ tornou-se aceito a tal ponto pelo povo da realidade que se tornou proverbial entre eles. Há tal abrangência nos versículos do Alcorão que eles podem ser a cura para todos os males e o sustento para cada necessidade. Sim, eles têm de ser assim, porque é essencial que o guia absoluto de todos os níveis do povo de perfeição, que se eleva continuamente nos graus de progresso, possua essa propriedade.

Terceiro Brilho: Esta é a concisão milagrosa do Alcorão. Por vezes, acontece que o Alcorão menciona as duas extremidades de uma cadeia longa de tal modo que claramente mostra toda a cadeia. E, às vezes, acontece que inclui explicitamente e implicitamente, em sentido figurado, e alusivamente em uma palavra muitas provas de uma afirmação. Por exemplo, no versículo:

﴿وَمِنْ اٰيَاتِهٖ خَلْقُ السَّمٰوَاتِ وَالْاَرْضِ وَاخْتِلَافُ اَلْسِنَتِكُمْ وَ اَلْوَانِكُمْ﴾[551]

mencionando o início e o fim da cadeia de criação do universo, que formam uma cadeia de sinais e indicações da unidade Divina, o versículo mostra a segunda cadeia. Ele faz ler a primeira cadeia. Sim, o primeiro grau das páginas do mundo que testemunham um Criador Todo-Sábio é a origem da criação dos céus e da terra. Em seguida, estão os céus sendo adornados com estrelas e a terra alegrar-se com os seres vivos. E depois, a mudança das estações do ano, pela subjugação do sol e da lua. Em seguida, a alternância do dia e da noite, e a cadeia de eventos dentro deles. E assim vai tão longe como as características e as distinções individuais nos rostos e nas vozes, o mais difundido lugar da multiplicidade. Assim, uma vez que, existe uma ordem surpreendente e sábia nas características dos rostos individuais, que são as mais distantes da ordem e mais sujeitas à interferência do acaso, se for demonstrado que a pena de um artesão mais sábio trabalha lá, certamente as outras páginas, cuja ordem é clara, serão entendidas e exibirão a sua inscrição. E uma vez que as obras de arte e sabedoria de um Criador são evidentes na criação original dos vastos céus e da terra, Que os posiciona propositadamente como os alicerces do palácio do universo; as obras de Sua arte e a marca de Sua sabedoria, certamente será mais clara em Seus outros seres. Assim, ao expor o oculto e esconder o óbvio, este versículo expressa a mais bela concisão.

Da mesma forma nos versículos:[552] ﴿فَسُبْحَانَ اللّٰهِ حِينَ تُمْسُونَ﴾ até:

﴿وَلَهُ الْمَثَلُ الْاَعْلَى فِى السَّمٰوَاتِ وَالْاَرْضِ وَهُوَ الْعَزِيزُ الْحَكِيمُ﴾[553] a cadeia de provas que começa seis vezes com as palavras,[554] وَمِنْ آيَاتِهِ وَمِنْ آيَاتِهِ, E entre os Seus sinais, é uma sequência de joias, uma sequência de luz, uma sequência de milagres, uma sequência de concisão milagrosa. Desejo do fundo do coração exibir os diamantes ocultos nestes tesouros, mas o que posso fazer? A discussão aqui não a suporta. Então, adie-a para outra vez, eu não vou abrir essa porta agora.

E por exemplo: [555] ﴿فَاَرْسِلُونِ ۞ يُوسُفُ اَيُّهَا الصِّدِّيقُ﴾. Entre: فَاَرْسِلُونِ e [556]يُوسُفُ estão as palavras:

اِلَى يُوسُفَ لِاَسْتَعْبَرَ مِنْهُ الرُّؤْيَا فَاَرْسَلُوهُ فَذَهَبَ اِلَى السِّجْنِ وَ قَالَ يُوسُفُ[557] Ou seja, apesar de cinco frases terem sido abreviadas e resumidas em uma frase, isso não estragou a clareza ou dificultou a compreensão.

E, por exemplo:[558] ﴿اَلَّذِى جَعَلَ لَكُمْ مِنَ الشَّجَرِ الْاَخْضَرِ نَارًا﴾ Aqui o Alcorão está dizendo na face dos rebeldes negadores, que estavam desafiando o Alcorão, dizendo:

"Quem poderá reviver os ossos, quando já estiverem decompostos?", Quem os criou da primeira vez, Ele os ressuscitará para a vida. E esse Criador conhece todos os aspectos de cada coisa. Além disso, Aquele que fornece fogo para vós desde as árvores verdes é capaz de dar vida a ossos secos. Assim, esta frase parece de várias maneiras a afirmação de que o homem será ressuscitado para a vida, e prova isso.

Em primeiro lugar, com estas palavras, o Alcorão começa a cadeia de generosidades que coloca perante o homem, move-as a sua frente, e chama-lhe a atenção. Tendo-as descrito em detalhes em outros versículos, ele abrevia a descrição aqui, e se refere à inteligência. Isto é: "Vocês não podem fugir de Quem lhes dá frutas e fogo de árvores, sustento e sementes de plantas, cereais e grãos da terra, e faz da terra um excelente berço para vocês cheio de todo o seu sustento, e do mundo um palácio em que se encontram todas as suas necessidades – vocês não podem ser independentes d'Ele, ou desaparecer em não existência e se esconder lá. Vocês não podem entrar no túmulo, sem direitos para dormir no conforto e não serem despertados.

Em seguida, ele chama a atenção para uma evidência da afirmação. Com as palavras, الشَّجَرِ الأَخْضَرِ a árvore verde, implica: "Ó você que nega a ressurreição! Olhe para as árvores! Aquele Que faz surgir a vida e torna verde, na primavera inúmeras árvores ósseas semelhantes que ficaram mortas durante todo o inverno, e em cada árvore ainda demonstra três exemplos de ressurreição: pelas folhas, flores e frutos – o poder de tal Pessoa não pode ser contestado pela negação ou por considerar improvável a ressurreição."

Em seguida, ele aponta outra evidência, dizendo: "Como vocês consideram improvável dar vida como o fogo, consciência como a luz, a ossos como madeira, Aquele que lhes extrai de matéria sutil, leve, iluminada como fogo, de matéria densa, pesada escura como árvore?"

Em seguida, ele afirma explicitamente outra evidência; ele diz: "Aquele que cria a famosa árvore que produz o fogo, enquanto verde para os nômades no lugar de fósforos quando dois de seus ramos são friccionados juntos, e combina dois opostos como o verde e úmido e o seco e quente, e os torna a fonte do fogo – tudo, até mesmo os elementos fundamentais, olham para Seu comando e atuam por Seu poder. Não pode ser considerada improvável d'Aquele Que demonstra que nenhum deles é independente e age de acordo com a vontade própria que Ele deve erguer o homem da terra, uma vez mais, que foi feita a partir de terra e mais tarde retornou à terra. Ele não pode ser desafiado com rebelião."

Então, com as lembrança da famosa árvore de Moisés (que a paz esteja com ele), isso mostra que essa afirmação de Mohammad (Allah o abençoe e lhe dê paz) é também o de Moisés (a paz esteja com ele). Levemente aludindo ao consenso dos profetas, acrescenta mais um ponto sutil para a frase.

Quarto Brilho: A concisão do Alcorão é tão abrangente e maravilhosa que, quando estudada cuidadosamente torna-se evidente que, às vezes, por meio de algum detalhe simples ou evento específico, ele mostra compaixão para com as mentes simples, comuns mais extensas, longas, regras universais e leis gerais, como mostra um oceano em um jarro. Devemos salientar apenas dois de milhares de exemplos.

Primeiro Exemplo: São os três versículos expostos em detalhes na Primeira Estação da Vigésima Palavra, que descrevem com o nome de "o ensinamento dos Nomes" para a pessoa de Adão, o ensino de todas as ciências e ramos do conhecimento com que os filhos de Adão têm sido inspirados. Por meio dos anjos prostrando diante de Adão e Satanás não prostrando, afirmam que a maioria dos seres, desde os peixes aos anjos está submetida à espécie humana, que apenas criaturas nocivas como cobras até Satanás não obedecem ao homem e são hostis a ele. E pelo povo de Moisés (que a paz esteja com ele) o abate de uma vaca, ele afirma que o conceito do culto à vaca – que foi feita a partir do culto à vaca no Egito e mostrou seu efeito no "caso de bezerro"- foi abatido pela faca de Moisés. E pela água jorrando da rocha e fontes que fluem e se espalhando, eles também afirmam que a camada de rocha que está sob as camadas de solo agem como fonte de ambas as nascentes de água e do solo.

Segundo Exemplo: Este é o todo e as partes da história de Moisés (a paz esteja com ele), que é frequentemente repetida no Alcorão, e cada uma das repetições é mostrada como a ponta de uma regra universal, cada repetição afirmando a regra em questão. Por exemplo:[559] ﴿يَا هَامَانُ ابْنِ لِى صَرْحًا﴾ O Faraó comandando seu ministro: "Construa-me uma torre alta para que eu possa dar uma olhada para os céus e observá-los. Gostaria de saber se existe um Allah que governa nos céus como Moisés alega Que pode ser visto a partir de sua disposição? "Assim, por meio da palavra[560] صَرْحًا e esse pequeno incidente, afirma uma regra estranha dominante nas tradições dos faraós egípcios, que, porque eles viviam no deserto, sem montanhas, queriam torres, e porque não reconhecem o Criador, eram adoradores da natureza e reivindicavam divindade; e adorando a fama, por meio da exibição das obras de seu domínio perpetuaram seus nomes e construíram as famosas pirâmides como montanhas; e concordando com a magia e metempsicose, tiveram seus corpos mumificados e preservados em suas montanhas como túmulos.

E, por exemplo:[561] ﴿فَالْيَوْمَ نُنَجِّيكَ بِبَدَنِكَ﴾Ao dizer ao Faraó, que está se afogando: "Hoje eu vou salvar seu corpo que vai se afogar", ele está expressando, uma regra exemplar contaminada da vida dos faraós, que era como consequência da ideia da metempsicose e mumificação dos corpos de todos eles, para levá-los do passado e enviá-los para serem vistos pelas gerações do futuro. E este presente século um corpo foi descoberto que era o corpo do faraó, arremessado na praia onde ele se afogou. O versículo afirma, portanto, um sinal miraculoso do Invisível, que o corpo estava a ser carregado nas ondas dos séculos e lançado pelo mar de tempo para a praia deste século.

E, por exemplo:[562] ﴿يُذَبِّحُونَ اَبْنَاءَكُمْ وَيَسْتَحْيُونَ نِسَاءَكُمْ﴾Um evento no tempo de um faraó, a degola dos filhos de Israel e a preservação de suas mulheres e filhas, menciona os numerosos massacres que a nação judaica sofreu em todas as idades, e o papel de suas mulheres e meninas têm desempenhado na vida humana dissoluta.

﴿وَلَتَجِدَنَّهُمْ اَحْرَصَ النَّاسِ عَلَى حَيٰوةٍ﴾[563] ﴿وَتَرَى كَثِيرًا مِنْهُمْ يُسَارِعُونَ فِى الْاِثْمِ وَالْعُدْوَانِ وَاَكْلِهِمُ السُّحْتَ لَبِئْسَ مَا كَانُوا يَعْمَلُونَ﴾[564] ﴿وَيَسْعَوْنَ فِى

الْاَرْضِ فَسَادًا وَاللّٰهُ لَا يُحِبُّ الْمُفْسِدِينَ﴾[565] ﴿وَقَضَيْنَا اِلَى بَنِى اِسْرَائِيلَ فِى

الْكِتَابِ لَتُفْسِدُنَّ فِى الْاَرْضِ مَرَّتَيْنِ﴾[566] ﴿وَلَا تَعْثَوْا فِى الْاَرْضِ مُفْسِدِينَ﴾[567]

Estas duas afirmações do Alcorão, dirigidas aos judeus, compreendem as duas regras gerais temíveis, que essa nação trama na vida social humana com a sua astúcia, que sacodem a sociedade humana. Eles dizem que, assim como foi a nação que fez concurso de trabalho com o capital; e por usura e dos juros compostos, fez o pobre confrontar-se com o rico, e fez com que os bancos fossem fundados, e acumulou riqueza por meio de artimanhas e fraudes; por isso foi mais uma vez a nação que, a fim de ter a sua vingança sobre os vencedores e os governos em que sempre sofreram privação e opressão, foram envolvidos em todo tipo de organização corrupta secreta e teve um dedo em cada espécie de revolução.

E, por exemplo:[568] ﴿فَتَمَنَّوُا الْمَوْتَ﴾ Isto é, "Se o que vocês dizem é verdade, procurai, então, a morte, mas vocês não vão procurá-la!" Assim, por um pequeno incidente em uma pequena reunião na presença do Profeta (Allah o abençoe e lhe dê paz), salienta que a nação judaica, que é a mais famosa entre as nações da humanidade pela sua ganância pela vida e o medo da morte, não vai, de acordo com a sua língua de disposição, buscar a morte até o Dia do Juízo, e não vai desistir de sua ambição pela vida.

E, por exemplo:[569] ﴿ضُرِبَتْ عَلَيْهِمُ الذِّلَّةُ وَالْمَسْكَنَةُ﴾ Com isso, descreve geralmente o destino do futuro da nação. É por causa dessas regras temíveis que regem o destino e o caráter desta nação que o Alcorão age de forma tão severa contra eles. Aplica-lhes bofetadas impressionantes como punição. A partir destes exemplos estabelece analogias com as outras histórias e passagens sobre Moisés (que a paz esteja com ele) e os filhos de Israel. Agora, existem muitos lampejos de milagres como o lampejo neste Quarto Brilho por trás das palavras simples e assuntos específicos do Alcorão. Uma dica é suficiente para o sábio.

Quinto Brilho: Esta é a abrangência extraordinária do Alcorão no que diz respeito aos seus objetivos e temas, significados e estilos, e suas qualidades sutis e belas virtudes. De fato, se as Suratas e os versículos do Alcorão de exposição miraculosa são estudados cuidadosamente e, especialmente, as aberturas das Suratas, e o início e o fim dos versículos, será visto que, embora reúna todas as categorias de eloquência, todas as partes do excelente discurso, todas as classes de estilos elevados, todos os tipos de excelente moralidade, todos os resumos das ciências relacionadas com o universo, todos os índices do conhecimento Divino, todas as regras benéficas para a vida individual e social humana, e todas as leis luminosas das exaltadas ciências físicas, nenhum traço de confusão é evidente. Na verdade, para reunir em um só lugar muitas categorias diferentes de conhecimento e não causar qualquer disputa ou dificuldade só pode ser obra de uma ordem milagrosa esmagadora.

Em seguida, juntamente com a ordem dentro desta abrangência, como é exposto e provado nas últimas vinte e quatro Palavras, rasgar os véus do habitual e comum, que são a fonte de ignorância agravada, e tirar as maravilhas escondidas debaixo delas e exibi-las; esmagar com a espada de diamante da prova o ídolo da natureza, que é a fonte de desorientação; espalhar com estrondosas explosões da trombeta, as densas camadas do sono da negligência; e descobrir e revelar o talismã obscuro do ser e o estranho enigma da criação do mundo, perante o qual a filosofia humana e a ciência têm permanecido impotente, é apenas mais certamente o trabalho maravilhoso de um fazedor de milagres, como o Alcorão o Alcorão, que vê a realidade, está familiarizado com o Invisível, dá orientação, e mostra a verdade.

Se os versículos do Alcorão são considerados com cuidado e de forma justa, será visto que eles não se assemelham a uma cadeia gradual de pensamento, seguindo um ou dois objetivos, como outros livros. Uma vez que a forma do Alcorão é súbita e instantânea; é inspirada no momento; sua marca é que todos os seus aspectos chegam juntos, mas independentemente de lugares distantes, um discurso mais sério e importante que vem isoladamente e de forma concisa.

Sim, quem além de Criador do universo que poderia dar um discurso preocupado a respeito deste grau com o universo e o Criador do universo? Quem poderia ir além de sua marca a um grau infinito e fazer o Criador Todo-Glorioso falar de acordo com seus próprios caprichos, em seguida, fazer o universo falar a verdade? Sim, no Alcorão, o Criador do universo é visto estar falando e fazendo os outros falarem mais sério e honestamente e de forma elevada e verdadeira. Não há sinal algum de sugerir imitação. Ele fala e faz falar. Se supormos o impossível, alguém como Musaylima pudesse dar um passo além da sua marca a um grau infinito, e por meio de imitação tornar o Criador Todo-Glorioso, o Sublime e Majestoso, falar de acordo com suas próprias ideias, e o universo também, certamente haveria milhares de sinais de imitação e indícios de falsidade. Uma vez que, quando o desprezível assumir a forma do sublime, todas as suas ações mostram a sua pretensão. Portanto, considere cuidadosamente estes versículos, que proclamam este fato com um juramento:

﴿وَالنَّجْمِ اِذَا هَوٰى ۞ مَا ضَلَّ صَاحِبُكُمْ وَمَا غَوٰى ۞ وَمَا يَنْطِقُ عَنِ الْهَوٰى ۞ اِنْ هُوَ اِلَّا وَحْيٌ يُوحٰى﴾570

TERCEIRO RAIO

Este é o milagre do Alcorão de exposição miraculosa, que é a sua notícia sobre o Invisível, preservando a sua juventude em todos os tempos e sendo apropriado a todos os níveis da pessoa. Este Raio tem três "irradiações".

Primeira Irradiação: Esta é a sua notícia do Invisível. É composto por três 'Brilhos'.

O Primeiro Brilho é a sua narrativa sobre o passado, uma parte do Invisível. Na verdade, o Alcorão Sagrado menciona pela língua de alguém, que todos concordaram foi tanto analfabeto e confiável, os acontecimentos importantes e fatos significantes sobre os profetas, desde o tempo de Adão até a Era da Felicidade de uma forma que, confirmadas pelas escrituras como a Torá e a Bíblia, diz deles com o maior poder e a seriedade. Concorda com os pontos em que os antigos Livros concordaram, e decidem entre eles nos pontos sobre os quais não diferiram, apontando a verdade da questão. Ou seja, a visão do Alcorão que penetra no Invisível vê os acontecimentos do passado de uma forma acima de todas as escrituras anteriores, e pronuncia-as direito e confirma-as nas questões em que estão de acordo, e atua como árbitro entre eles, corrigindo em assuntos sobre os quais eles estão em desacordo.

No entanto, os fatos que o Alcorão relata sobre os acontecimentos do passado não poderiam ter sido aprendidos pelo exercício da razão, eles foram comunicados por ele; eles transmitiram conhecimento, dependente dos céus, sobre a revelação. E, quanto ao conhecimento transmitido, é o domínio dos que sabem ler e escrever, e estes foram revelados a um conhecido por amigos e inimigos por igual que não sabia ler nem escrever, e sendo de confiança; alguém descrito como iletrado.

Além disso, o Alcorão fala sobre esses eventos passados como se tivesse realmente visto, já que leva o espírito e o ponto vital de um evento longo, e torna-os a introdução ao seu objetivo. Ou seja, os resumos e extratos que o Alcorão contém mostram que ele vê todo o passado junto com todos os seus eventos. Pois, assim como alguém que é um especialista em alguma ciência ou ofício mostra sua habilidade e proficiência por algumas palavras sucintas ou uma declaração concisa, também, os resumos e espíritos dos eventos mencionados no Alcorão mostram que quem as disse abrange todos os eventos e os vê, e, se assim se pode dizer, relaciona-os com habilidade extraordinária.

O Segundo Brilho é a revelação do futuro, o que é outra parte do Invisível. Existem muitos tipos disso. O primeiro tipo é particular, e especial para os santos e aqueles que buscam a verdade pela iluminação. Por exemplo, Muhyiddin al-'Arabi descobriu inúmeras notícias do Invisível do Alcorão na Surata:[571]﴿الٓمٓ ۞ غُلِبَتِ الرُّومُ﴾ e o Imam-i Rabbani viu muitos sinais dos eventos do Invisível e da comunicação deles nas letras desconexas 'no início de algumas Suratas, e assim por diante. Para os estudiosos da Escola Batiniya, o Alcorão consistiu do começo ao fim de informações sobre o Invisível. Nós, no entanto, vamos indicar algumas em geral. Estes também têm muitos níveis, um dos quais discutiremos. Assim, o Alcorão Sagrado diz que o Nobre Mensageiro de Allah (Allah o abençoe e lhe dê paz):[I]

﴿فَاصْبِرْ اِنَّ وَعْدَ اللّٰهِ حَقٌّ﴾[572] ۞ ﴿لَتَدْخُلُنَّ الْمَسْجِدَ الْحَرَامَ اِنْ شَاءَ اللّٰهُ آمِنِينَ
مُحَلِّقِينَ رُؤُسَكُمْ وَ مُقَصِّرِينَ لاَ تَخَافُونَ... ۞ هُوَ الَّذِى اَرْسَلَ رَسُولَهُ بِالْهُدَى وَدِينِ
الْحَقِّ لِيُظْهِرَهُ عَلَى الدِّينِ كُلِّهِ﴾[573] ۞ ﴿وَهُمْ مِنْ بَعْدِ غَلَبِهِمْ سَيَغْلِبُونَ٭ فِى بِضْعِ
سِنِينَ لِلّٰهِ الْاَمْرُ﴾[574] ۞ ﴿فَسَتُبْصِرُ وَيُبْصِرُونَ ۞ بِاَيِّكُمُ الْمَفْتُونُ﴾[575] ۞ ﴿اَمْ
يَقُولُونَ شَاعِرٌ نَتَرَبَّصُ بِهِ رَيْبَ الْمَنُونِ ۞ قُلْ تَرَبَّصُوا فَاِنِّى مَعَكُمْ مِنَ

[I]Uma vez que estes versículos que dão notícia do Invisível foram expostos em numerosos comentários do Alcorão, e também devido à pressa imposta ao autor com a sua intenção de ter este trabalho impresso no antigo roteiro [otomano, com caracteres árabes], não foram explicados aqui e esses tesouros valiosos permaneceram fechados. [Tr.]

الْمُتَرَبِّصِينَ﴾[576] ۞ ﴿وَاللّٰهُ يَعْصِمُكَ مِنَ النَّاسِ﴾[577] ۞ ﴿فَاِنْ لَمْ تَفْعَلُوا وَ لَنْ
تَفْعَلُوا﴾[578] ۞ ﴿وَلَنْ يَتَمَنَّوْهُ اَبَدًا﴾[579] ۞ ﴿سَنُرِيهِمْ آيَاتِنَا فِى الْآفَاقِ وَفِى اَنْفُسِهِمْ
حَتَّى يَتَبَيَّنَ لَهُمْ اَنَّهُ الْحَقُّ﴾[580] ۞ ﴿قُلْ لَئِنِ اجْتَمَعَتِ الْاِنْسُ وَالْجِنُّ عَلَى اَنْ يَأْتُوا
بِمِثْلِ هٰذَا الْقُرْآنِ لَا يَأْتُونَ بِمِثْلِهِ وَلَوْ كَانَ بَعْضُهُمْ لِبَعْضٍ ظَهِيرًا﴾[581] ۞ ﴿يَأْتِى اللّٰهُ
بِقَوْمٍ يُحِبُّهُمْ وَيُحِبُّونَهُ اَذِلَّةٍ عَلَى الْمُؤْمِنِينَ اَعِزَّةٍ عَلَى الْكَافِرِينَ يُجَاهِدُونَ فِى سَبِيلِ
اللّٰهِ وَلَا يَخَافُونَ لَوْمَةَ لَائِمٍ﴾[582] ۞ ﴿وَقُلِ الْحَمْدُ لِلّٰهِ سَيُرِيكُمْ آيَاتِهِ فَتَعْرِفُونَهَا﴾[583]
۞ ﴿قُلْ هُوَ الرَّحْمٰنُ آمَنَّا بِهِ وَعَلَيْهِ تَوَكَّلْنَا فَسَتَعْلَمُونَ مَنْ هُوَ فِى ضَلَالٍ مُبِينٍ﴾[584]
۞ ﴿وَعَدَ اللّٰهُ الَّذِينَ آمَنُوا مِنْكُمْ وَعَمِلُوا الصَّالِحَاتِ لَيَسْتَخْلِفَنَّهُمْ فِى الْاَرْضِ كَمَا
اسْتَخْلَفَ الَّذِينَ مِنْ قَبْلِهِمْ وَلَيُمَكِّنَنَّ لَهُمْ دِينَهُمُ الَّذِى ارْتَضَى لَهُمْ وَلَيُبَدِّلَنَّهُمْ مِنْ
بَعْدِ خَوْفِهِمْ اَمْنًا﴾[585]

As informações sobre o Invisível que muitos versículos como estes dão tornaram-se exatamente verdade. Porque foram dadas por alguém que foi alvo de muitas críticas e objeções e poderia ter perdido sua causa por menor erro, e foram falados, sem hesitação, e com absoluta seriedade e confiança de uma maneira que confirmaram a sua autenticidade; estas notícias do Invisível demonstram com certeza que quem as deu tinha recebido instruções do Mestre Pré-Eterno, e então falou.

Terceiro Brilho é a notícia dada sobre verdades Divinas, verdades cósmicas, e em matéria da vida após a morte. As exposições do Alcorão das verdades Divinas, e as suas explicações sobre o cosmos, que resolvem o talismã do universo e o enigma da criação, são as mais importantes de suas divulgações sobre o Invisível. Pois, não é razoável esperar que a razão humana descubra as verdades sobre o Invisível e segui-las sem se desviar em meio a inúmeras formas de desorientação. É bem sabido que os filósofos mais brilhantes da humanidade foram incapazes de resolver o mais insignificante dos assuntos pelo uso da razão. Além disso, é somente após o Alcorão elucidar essas verdades Divinas e verdades cósmicas, que apontou, e depois o coração do homem e sua alma foram purificados, e depois de seu espírito ter avançado e sua mente ter sido aperfeiçoada afirma e aceita essas verdades, ela diz ao Alcorão: Bárakallah! (quão grandes são as bênçãos de Allah!) Esta seção foi, em parte, explicada e provada na Décima Palavra, e não há necessidade de repeti-la. Mas quando se trata de fatos relativos à Outra Vida e ao Reino de Intermediário, a mente humana certamente não pode subir para eles e vê-los por conta própria. No entanto, pode prová-las ao grau vê-las por meios indicados pelo Alcorão. É explicado e provado na Décima Palavra quão certas e verdadeiras são estas revelações do Alcorão sobre o Invisível.

Segunda Irradiação: Esta é a juventude do Alcorão. Ele preserva a sua frescura e juventude em todas as idades, como se recém-revelado. Na verdade, o Alcorão tem de ter a juventude perpétua desde que como um endereço pré-eterno, aborda de uma só vez todos os níveis da humanidade em todas as épocas. E é assim que tem sido visto e é visto. Mesmo, apesar de todos os séculos serem diferentes no que diz respeito às ideias e capacidade, à medida que olha para cada um em particular, e o ensina. As obras e as leis do homem envelhecem como o homem; elas mudam e são alteradas. Mas as regras e leis do Alcorão são tão firmes e bem fundamentadas que aumentam a força com o passar dos séculos. Na verdade, a época atual e os adeptos do Livro, nesta idade, que têm sido invocados mais do que qualquer outro povo e taparam os ouvidos às palavras do Alcorão, são tão necessitados de seu discurso orientador:

يَآ اَهْلَ الْكِتَابِ يَآ اَهْلَ الْكِتَابِ[586] é como se abordassem esta idade diretamente, e a frase يَآ اَهْلَ الْكِتَابِ compreende também o significado de [587]يَآ اَهْلَ الْمَكْتَبِ Ele oferece o seu grito de:[588] ﴿يَآ اَهْلَ الْكِتَابِ تَعَالَوْا اِلَى كَلِمَةٍ سَوَاءٍ بَيْنَنَا وَ بَيْنَكُمْ﴾ até os confins do mundo com toda a sua força, todo o seu vigor, toda a sua juventude.

Por exemplo, a civilização moderna, que é o produto do pensamento de toda a humanidade e talvez dos gênios também, assumiu uma posição de oposição ao Alcorão, que os indivíduos e as comunidades não conseguiram competir. Com sua magia ela impugna os milagres do Alcorão. Agora, a fim de provar a alegação do versículo:

﴿قُلْ لَئِنِ اجْتَمَعَتِ الْاِنْسُ وَالْجِنُّ ....﴾[589] vamos comparar as bases e os princípios que a civilização estabeleceu como oposição, com os princípios do Alcorão.

No Primeiro Grau: As comparações e as avaliações que formam todas as Palavras da Primeira até a Vigésima Quinta, e os versículos em seus inícios que formam as suas verdades, tudo prova com a certeza de que dois mais dois são iguais a quatro, os milagres do Alcorão e a superioridade em face da civilização.

No Segundo Grau: Resume na Décima Segunda Palavra uma série de princípios. Por causa de sua filosofia, a civilização atual aceita "a força" como o ponto de apoio na vida da sociedade. Ela toma como objetivo "os benefícios", e considera "a disputa" o princípio de sua vida. Ela considera a ligação entre as comunidades ser "racismo e nacionalismo negativo."Enquanto seu objetivo é fornecer "divertimentos" para gratificar os apetites da alma e o aumento das necessidades do homem. No entanto, a intenção da força é a superação e a dos benefícios é a disputa por eles, porque são insuficientes para satisfazer todas as necessidades. A intenção do conflito é a disputa, e do racismo é a superação, uma vez que prospera em devorar os outros. Assim, é por causa destes princípios da civilização que, apesar de todas as suas virtudes, tem fornecido uma espécie de felicidade superficial para apenas vinte por cento da humanidade e causa aos expressivos oitenta por cento sofrimento e pobreza.

A sabedoria do Alcorão, no entanto, tem como ponto de apoio "a verdade" em lugar da força, e no lugar do benefício tem "a virtude e o aprazimento de Allah", como seus objetivos. Ele considera "o princípio de assistência mútua" fundamental para a vida, em vez de disputa. Nos laços entre as comunidades aceita "os laços de religião, classe e país", no lugar de racismo e nacionalismo. Os seus objetivos são para colocar uma barreira diante dos ataques ilícitos de apetites da alma e instar o espírito de assuntos sublimes, para satisfazer as emoções elevadas do homem e incentivá-lo para as perfeições humanas. Portanto, a intenção da verdade é a concórdia, a intenção da virtude é o apoio mútuo, a intenção de assistência mútua, é a ajuda de um ao outro, e a intenção da religião é a fraternidade e a atração. E o resultado de frear e amarrar a alma mal dominante e deixar o espírito livre, instando-o em direção à perfeição é à felicidade neste mundo e no próximo. Assim, apesar das virtudes da civilização atual ter adquirido a partir da orientação do Alcorão, em particular, e das religiões reveladas anteriores, na verdade, ela tem, assim, sofrido uma derrota ante o Alcorão.

Terceiro Grau: De milhares de questões, vamos apontar apenas três ou quatro a título de exemplo. Uma vez que, os princípios e as leis do Alcorão vieram da pré-eternidade, eles devem ir para a pós-eternidade. Eles não estão condenados a envelhecer e morrer como as leis da civilização. Eles estão sempre jovens e fortes. Por exemplo, apesar de todas as suas sociedades por boas obras, todos os seus estabelecimentos para o ensino de ética, toda a sua severa disciplina e regulamentos, a civilização tem sido incapaz de contestar o Alcorão Sagrado em dois dos seus assuntos, e ser derrotado por eles. Estas duas questões são:[590] ﴿وَاَقِيمُوا الصَّلٰوةَ وَاٰتُوا الزَّكٰوةَ﴾ e, [591]﴿وَاَحَلَّ اللّٰهُ الْبَيْعَ وَحَرَّمَ الرِّبٰوا﴾ Vamos descrevê-los, esta vitória miraculosa, por meio de uma introdução. É assim:

Como é provado em *Icharatal-I'jaz*, assim como a origem das revoluções da humanidade é uma frase, então outra frase é a origem de toda imoralidade.

Primeira frase: "Enquanto eu estou satisfeito, que me importa que outros morram de fome."

Segunda frase: "Você trabalha, para eu comer."

Sim, as classes superiores e inferiores na sociedade humana, ou seja, os ricos e os pobres vivem em paz quando em equilíbrio. A base desse equilíbrio é a compaixão e a bondade nas classes mais altas, e respeito e obediência nas classes mais baixas. Agora, a primeira frase incita as classes superiores a praticar a opressão, a imoralidade e a impiedade. E assim como a segunda tem impulsionado as classes mais baixas ao ódio, a inveja, e a enfrentar as classes mais altas, e negado a tranquilidade do homem durante vários séculos, também neste século, como o resultado da luta entre o capital e o trabalho tem sido a causa dos acontecimentos importantes da Europa bem conhecida por todos. Assim, juntamente com todas as suas sociedades para as boas obras, todos os seus estabelecimentos para o ensino de ética, toda a sua severa disciplina e regulamentos, não poderia conciliar essas duas classes da humanidade, nem poderia curar as duas feridas terríveis na vida humana. O Alcorão, no entanto, erradica a primeira frase com a sua intimação para pagar o zakat, e curá-la. Enquanto ele arranca a segunda frase com a sua proibição da usura e dos juros, e cura isso. De fato, o versículo do Alcorão está à porta do mundo e declara a usura e os juros proibidos. Ele lê o seu decreto para a humanidade, dizendo: "A fim de fechar a porta da contenda, feche a porta da usura e dos juros" Ela proíbe seus alunos de ingressar nisso.

Segundo Princípio: A civilização não aceita a poligamia. Ela considera o decreto do Alcorão como sendo contrário à sabedoria e em detrimento dos benefícios do homem. De fato, se o propósito do casamento fosse apenas satisfazer a luxúria, a poligamia teria sido contrário a ele. Mas como é testemunhado por todos os animais e corroborado pelas plantas que, a finalidade e o objetivo do casamento é a reprodução. O prazer da luxúria satisfatória é um pequeno salário dado por misericórdia Divina para incentivar o desempenho do dever. Uma vez que, de acordo com a sabedoria, o casamento é para a reprodução e a perpetuação da espécie, e as mulheres podem dar à luz apenas uma vez por ano, e podem ser impregnadas apenas na metade do mês, e depois de cinquenta anos de idade entram em menopausa, e os homens podem impregnar até com cem anos de idade, e, portanto, uma mulher é insuficiente para um homem. Por isso, a civilização foi obrigada a aceitar inúmeras casas de má reputação.

Terceiro princípio: a civilização irracional critica o versículo do Alcorão que destina às mulheres um terço [na herança]. No entanto, a maioria das regras relativas à vida social está em conformidade com a maioria, e principalmente quando a mulher encontra alguém para protegê-la. Quanto ao homem, ela será um fardo para ele e terá que combinar esforços com alguém mais que vai proporcionar-lhe meios de subsistência. Assim, desta forma, se a mulher tem metade do legado do pai, o marido garante a deficiência dela. Mas se o homem recebe duas partes de seu pai, ele vai dar uma parte para manter a mulher com quem ele se casou, tornando-se assim igual a sua irmã. A justiça do Alcorão exige que seja assim. Ele decretou desta forma.[I]

Quarto Princípio: Assim como o Alcorão proíbe severamente a adoração de ídolos, proíbe também a adoração de imagens, que é uma espécie de imitação da adoração de ídolos. Enquanto a civilização conta a representação de formas como uma de suas virtudes, e tentou contestar o Alcorão nesta matéria. Mas representadas formas, seja pictórico ou concretamente, são ou incorporadas tirania, ou hipocrisia, ou luxúria; eles excitam a luxúria e incentivam o homem a opressão, a hipocrisia e a libertinagem. Além disso, a compaixão do Alcorão ordena as mulheres a usar o véu de modéstia para que possam ser tratadas com respeito e as fontes de compaixão não serem pisadas sob os pés dos desejos inferiores, nem ser como bens inúteis para a emoção de luxúria.[II] A civilização, no entanto, tem atraído as mulheres para fora de suas casas, rasgado seus véus, e corrompido a humanidade. Para a família a vida continua por meio do amor e do respeito mútuo entre homem e mulher. Mas o vestido imodesto destruiu o respeito e o carinho sincero, e envenenou a vida familiar. Enquanto o culto da forma humana, em particular, abalou a moral de forma terrível, causando a degradação do espírito do homem. Isso pode ser entendido a partir do seguinte: olhar com intenção impura, e com o desejo para o cadáver de uma mulher bonita que está na necessidade de piedade e

---

[I] Esta é parte da minha defesa judicial, que foi o suplemento para o Tribunal da Apelação e que silenciou o tribunal. É apropriado como uma nota de rodapé para essa passagem. Eu disse ao tribunal: Certamente, se houver alguma justiça na face da terra, ela irá rejeitar e anular uma decisão injusta, que condenou alguém por expor uma regra mais sagrada, apenas regra Divina que governa na vida social de trezentos e cinquenta milhões de pessoas no ano de 1350, e em todos os séculos, contando com a confirmação e o consenso de 350 mil comentários do Alcorão, e seguir as crenças dos nossos antepassados de 1350 anos.

[II] No Vigésimo Quarto Lampejo da Trigésima Primeira Carta sobre o véu das mulheres se mostrou decisivamente que o vestido islâmico é natural para as mulheres, e que deixá-lo de lado é contrário à natureza da mulher.

compaixão destrói a moralidade; assim também, olhar lascivamente as representações de mulheres mortas, ou de mulheres que vivem, porque elas são como pequenos cadáveres, sacode a suas próprias raízes das emoções humanas elevadas, e os destrói.

Assim, juntamente com a assistência da felicidade humana neste mundo, todos os milhares de assuntos do Alcorão como os três exemplos acima, servem também a felicidade eterna. Você pode comparar outros assuntos com estes.

Assim como a civilização atual permanece derrotada ante os princípios do Alcorão a respeito da vida social humana, e na realidade, está falida em face da miraculosidade do Alcorão, também ficou provado decisivamente nas últimas vinte e cinco Palavras por meio de comparações entre filosofia europeia e ciências humanas, que são o espírito da civilização, e a sabedoria do Alcorão que a filosofia é impotente e a sabedoria do Alcorão milagrosa. A impotência e a falência da filosofia e o milagre e a riqueza da sabedoria do Alcorão foram provados você deve consulta-las na Décima Primeira e Décima Segunda Palavra.

Além disso, assim como a civilização atual é derrotada ante a miraculosidade da sabedoria do Alcorão, no que diz respeito à aprendizagem e às ações, o mesmo é verdade quanto à literatura e eloquência. A comparação entre a literatura e a eloquência da civilização e aquelas do Alcorão é a da tristeza escura e o choro desesperado de um órfão de mãe e a canto melancólico e barulhento de um bêbado, a triste e sem esperança saudade de ver uma elevada paixão decorrente de uma separação temporária e canções patrióticas pedindo a vitória ou a guerra e elevado auto sacrifício. No que diz respeito aos efeitos de seus estilos, literatura e eloquência produzem quer tristeza quer alegria. E a tristeza é de dois tipos. Ou é uma tristeza escura decorrente da falta de amigos, ou seja, não ter amigos ou proprietário, que é o sofrimento produzido pela literatura da civilização, que é manchada por desorientação, apaixonada pela natureza, manchada por negligência; ou é a segunda tristeza, que decorre da separação de amigos, ou seja, os amigos existem, mas a sua ausência causa um triste anseio. Esta é a orientação de dispersão da luz que dá a que o Alcorão produz. A alegria também é de dois tipos. Um estimula os desejos da alma. Esta é a marca da literatura da civilização nas áreas de teatro, cinema e romances. Enquanto o outro silencia a alegria da alma, e é sutil e educado, inocentemente pedindo espírito, coração, mente e faculdades sutis para atingir as sublimes matérias, para a sua casa original e morada eterna, e os seus companheiros da Outra Vida; é a alegria que a exposição miraculosa que o Alcorão produz. Ele preenche o ser humano com ânsia do Paraíso e a felicidade eterna e com a visão da beleza de Allah.

Assim, o grande significado e a poderosa verdade expressa pelo versículo:

﴿قُلْ لَئِنِ اجْتَمَعَتِ الْاِنْسُ وَالْجِنُّ عَلَى اَنْ يَأْتُوا بِمِثْلِ هذَا الْقُرْآنِ لَا يَأْتُونَ بِمِثْلِهِ وَلَوْ كَانَ بَعْضُهُمْ لِبَعْضٍ ظَهِيرًا﴾[592]

é imaginado por aqueles de pouca inteligência ser uma suposição impossível para os efeitos de proferir uma peça exagerada de eloquência. Allah nos livre! Não é um exagero, nem é uma suposição impossível; é uma peça absolutamente verdadeira de retórica, possível e real.

Um aspecto de ser nesta forma é esta: se todas as belas palavras dos gênios e humanos que ainda não partem do Alcorão e que não pertencem a ele fossem reunidos, eles não poderiam imitar o Alcorão. E eles não foram capazes de imitá-lo, uma vez que eles não foram capazes de mostrar o que eles têm. O segundo aspecto é o seguinte: civilização, ciência, filosofia e literatura europeia, produtos do pensamento e esforços de gênios e humanos e até mesmo de demônios, permanecem nos próprios poços de impotência perante os decretos, a sabedoria e a eloquência do Alcorão. Assim como mostramos nos exemplos.

Terceira Irradiência: É como se o Alcorão Sagrado se dirige a cada século diretamente para todas as classes da humanidade, e se dirige a cada um em particular. De fato, desde que o Alcorão convoca toda a humanidade, com todas as suas classes e as instrui na fé, a ciência mais alta e mais sutil, e no conhecimento de Allah, o ramo mais amplo e luminoso de aprendizagem, e nas leis do Islam, que são os mais importantes e diversos das ciências, é essencial que ele deve instruir cada classe e grupo de forma adequada. O que ele ensina, no entanto, é o mesmo; não difere. Nesse caso, tem de haver diferentes níveis da mesma lição, e de acordo com seu grau, cada classe assume a sua quota de um dos véus do Alcorão. Nós temos dado muitos exemplos disso, e eles podem ser consultados. Aqui vamos indicar apenas um ou dois pontos de menor importância, e a participação de entendimento de uma ou duas classes. Por exemplo:

﴿لَمْ يَلِدْ وَلَمْ يُولَدْ وَلَمْ يَكُنْ لَهُ كُفُوًا اَحَدٌ﴾[593]

A parcela de compreensão disto entre as pessoas comuns, que formam a classe mais numerosa: "Allah Todo-Poderoso está acima de ter pai e mãe, parentes ou esposa." Enquanto a parcela de uma classe média: "É negar a divindade de Jesus (que a paz esteja com ele), dos anjos, e de qualquer coisa que tenha nascido." Pois, embora negando algo impossível é, aparentemente, sem propósito, de acordo com as regras da retórica, a necessária declaração é intencional, o que dá o seu propósito. Assim, o objetivo de negar o filho e o genitor, que são particulares a corporeidade, é negar a divindade de quem tem prole, pais e semelhantes; e é para mostrar que eles não são dignos de serem adorados. É por isso que a Surata al-Ikhlas é benéfica para todos o tempo todo. A participação de uma classe mais avançada: "Allah Todo-Poderoso está acima de todas as relações que sugerem que dá à luz e nasce. Ele está isento de ter quaisquer parceiros, ajudantes ou companheiros. Suas relações com todos os seres são o de Criador. Ele cria por Sua vontade pré-eterna com o comando de 'Seja!', e é. Ele está muito além de ter qualquer relação contrária à perfeição, ou seja compelido, necessitado, ou com involuntariedade." E a parte de compreensão de uma classe mais alta ainda: "Allah Todo-Poderoso é Pré-eterno e Pós-eterno, Ele é o Primeiro e o Último. Nem na Sua essência, nem em Seus atributos, nem em Suas ações, tem Ele de forma alguma quaisquer iguais, entre pares, ou jogo, ou qualquer coisa semelhante, assemelhando-se, ou análogo a Ele. Apenas, em Seus atos, pode haver comparações expressando semelhança: ﴿وَلِلّٰهِ الْمَثَلُ الْاَعْلٰى﴾[594] Você pode fazer analogias com o exemplo anterior para outras classes, que todos receberam ações diferentes, como aqueles que alcançaram o conhecimento de Allah, os amantes de Allah, e os verdadeiramente sinceros.

Segundo exemplo: ﴿مَا كَانَ مُحَمَّدٌ اَبَا اَحَدٍ مِنْ رِجَالِكُمْ﴾[595] A parcela de compreensão deste da primeira classe: "Zayd, o servo do Nobre Mensageiro de Allah

(Allah o abençoe e lhe dê paz), a quem ele também se dirigia como "meu filho", divorciou-se de sua esposa pomposa porque ele não se sentia igual a ela. Por ordem de Allah, o Mensageiro (Allah o abençoe e lhe dê paz) a tomou como esposa. O versículo diz: "Se o Profeta chama alguém de seu filho, é em relação a sua Mensagem. No que diz respeito a sua pessoa, ele não é seu pai, Assim às mulheres, que tomou podiam ser inadequadas para ele."

A segunda parcela da classe é a seguinte: "O grande governante olha para seus súditos com compaixão paternal. Se ele é um monarca espiritual governando tanto externa como internamente, então, uma vez que a sua compaixão está cem vezes além de um pai, seus súditos olham para ele como um pai e sobre si mesmos como seus filhos reais. A visão de um pai não pode ser transformada na de um marido, e a visão de uma filha não pode ser facilmente transformada no ponto de vista de uma esposa, por isso, uma vez que o Profeta tomar as filhas das crentes parece impróprio, o Alcorão diz: 'O Profeta (Allah o abençoe e lhe dê paz) age bondosamente com vocês com os olhos da compaixão divina, e o faz de uma maneira paternal. Em nome de sua Mensagem, vocês são como seus filhos. Mas no que diz respeito à sua pessoa humana, ele não é seu pai, quanto ao tomar uma esposa de vocês ser inconveniente."

O terceiro grupo iria entendê-lo assim: "Vocês não devem reivindicar uma conexão com o Profeta (Allah o abençoe e lhe dê paz), e contar com suas perfeições e confiar em sua compaixão paternal, cometer erros e falhas. "Sim, muitas pessoas são preguiçosas porque elas se apoiam em seus anciãos e guias. Mas, por vezes dizem: "Nossas orações foram realizadas", como fazem alguns 'alauítas)

O Quarto Ponto. Outro grupo iria entender um sinal do Invisível a partir desse versículo, como segue: Os filhos do sexo masculino do Profeta não alcançam a idade de adultos em consequência de algum sábio propósito. Seus descendentes não seriam de homens. O uso do termo "Rijal" (homens) indica que ele seria pai de mulheres; sua linhagem continuaria pelas mulheres. E, louvado seja Allah, os abençoados descendentes de Fátima, como Hassan e Hussain, as duas luas radiantes de duas linhas luminosas, continuou a linha física e espiritual do Sol da profecia.

اَللّٰهُمَّ صَلِّ عَلَيْهِ وَ عَلٰى آلِهِ[596]

[A Primeira Luz aqui chega a uma conclusão com Três Raios.]

SEGUNDA LUZ

A Segunda Luz compreende três fachos.

PRIMEIRO FACHO: De acordo com o testemunho de milhares de estudantes brilhantes de retórica e da ciência do estilo retórico como Zamakhshari, Sakkaki, e 'Abdal-Qahir Jurjani, há no Alcorão de exposição miraculosa como um todo, uma fluência agradável, uma correção superior, uma solidariedade mútua firme, e proporcionalidade compacta e potente cooperação entre as sentenças e peças, e uma harmonia elevada entre os versículos e os seus objetivos. E, no entanto, enquanto há sete ou oito fatores significativos que poderiam estragar ou destruir a harmonia, a cooperação e o apoio mútuo, fluência e correção, eles não o estragam, na verdade, eles dão força para a fluência, exatidão, e proporcionalidade. Apenas, essas causas têm exercido uma influência até certo ponto e outras retiradas do véu da ordem e fluência. Mas, assim como uma série de solavancos e excrescência aparecem em uma árvore, para não estragar a harmonia da árvore, mas para produzir frutos que serão os meios para a árvore alcançar sua adornada perfeição e beleza; da mesma forma, esses fatores destacam suas cabeças nodosas, a fim de expressar significados que irão reforçar a fluente palavra de ordem do Alcorão. Assim, embora o perspícuo Alcorão tenha sido revelado parte por parte como estrelas em mais de 20 anos em resposta às circunstâncias e necessidades, possui uma harmonia perfeita e mostra como tal proporcionalidade que é como se fosse revelado todo de uma vez.

Além disso, embora as circunstâncias que levaram a revelação do Alcorão tenham sido diferentes e diversas, suas peças se suportam tão mutuamente que é como se tivessem sido reveladas em resposta a apenas uma delas. E, embora o Alcorão tenha vindo em resposta a perguntas diferentes e repetidas, ele exibe o máximo de mistura e unidade, como se fosse a resposta a uma única pergunta. E, embora o Alcorão tenha vindo para explicar as exigências de inúmeros eventos diversos, ele exibe uma ordem tão perfeita que é como se explicasse um único evento. E, embora o Alcorão tenha sido revelado pela condescendência Divina em estilos adequados para a compreensão das inúmeras pessoas que enfrentariam, cujas circunstâncias eram diferentes e diversas, ele exibe uma excelente correspondência tal e bela suavidade de estilo que é como se as circunstâncias fossem um e o nível de compreensão o mesmo; flui tão bem quanto a água. E, embora o Alcorão aborde numerosas classes distantes uma da outra, possui tal facilidade de exposição, como uma eloquência na sua palavra de ordem, tal clareza na sua forma de expressão que é como se ele estivesse se dirigindo a uma única classe. Mesmo que, cada classe suponha que só ela está sendo tratada. E, embora o Alcorão tenha sido revelado a fim de orientar e conduzir os diversos objetivos, possui uma integridade tão perfeita, um equilíbrio tão cuidado, uma ordem tão boa que é como se o objetivo fosse um deles.

Assim, enquanto estas são todas as causas da confusão, elas têm sido utilizadas de forma miraculosa do Alcorão, na sua fluência e proporcionalidade. Com certeza, todo aquele cujo coração é sem doença, cuja mente é perfeita, cuja consciência não está doente, cujo sabor é perfeito vê na forma do Alcorão uma bela exposição de suavidade de estilo, harmonia graciosa, uma proporção agradável, uma única eloquência. Todos os lúcidos veem que o Alcorão possui um olho que vê claramente todo o universo, juntamente com seus aspectos exteriores e interiores como se fosse uma página; que vira a página como quiser, e diz os significados da página da forma que desejar. Seriam necessários vários volumes se fôssemos explicar o significado deste Primeiro Facho juntamente com exemplos, por isso bastando com as explicações e provas deste fato, nos meus tratados árabes e em Icharatal-I'jaz, e nas vinte e cinco Palavras até aqui, eu indiquei apenas aqui estas características do Alcorão nele como um todo.

SEGUNDO FACHO

Trata-se das qualidades milagrosas no estilo original do Alcorão nos resumos e nomes divinos mais bonitos, que ele mostra nas extremidades dos seus versículos.

LEMBRETE: Há muitos versículos neste Segundo Fecho. Estes não são apenas exemplos para o Segundo facho, mas para todos os exemplos anteriores e Raios. Seria extremamente demorado explicar todos eles e dar-lhes a devida importância, então por enquanto eu sou obrigado a ser breve e sucinto. Portanto, eu indiquei com muita concisão todos os versículos que formam exemplos desse forte mistério de milagres, e adiei a explicação detalhada deles para outro momento.

Assim, o Alcorão de exposição miraculosa menciona principalmente resumos na conclusão de seus versículos que quer conter os Nomes Divinos ou os seus significados; ou consulte o versículo com a razão, a fim de instá-lo a refletir sobre ele; ou eles compõem uma regra universal, dentre os objetivos do Alcorão, a fim de corroborar e fortalecer o versículo. Assim, nos resumos são algumas indicações de sabedoria exaltada do Alcorão e certas gotas de água da vida da orientação Divina, e certas faíscas do raio dos milagres do Alcorão. Agora vou mencionar brevemente apenas dez dessas inúmeras indicações, e apontar um significado conciso de apenas uma das inúmeras verdades, que são um exemplo entre muitos. A maioria destas dez indicações são encontradas juntas de forma compacta na maioria dos versículos e formam um verdadeiro bordado milagroso. Além disso, a maior parte dos versículos que dão como exemplo são exemplos da maioria das indicações. Vamos apontar apenas uma indicação para cada versículo, e deve apenas apontar levemente para os significados desses versículos apresentados como exemplos nas palavras precedentes.

Primeira Qualidade da Beleza de Expressão: Com sua exposição milagrosa, o Alcorão Sagrado estabelece, espalha diante dos olhos, os atos e as obras do Todo-Glorioso Criador. Em seguida, ele extrai os Nomes Divinos dessas obras e atos, ou ele prova que os objetivos básicos do Alcorão como a ressurreição dos mortos e a unidade Divina. Um exemplo do primeiro sentido é o seguinte:

﴿هُوَ الَّذِى خَلَقَ لَكُمْ مَا فِى الْاَرْضِ جَمِيعاً ثُمَّ اسْتَوَى اِلَى السَّمَاءِ فَسَوَّيهُنَّ سَبْعَ سَمٰوَاتٍ وَهُوَ بِكُلِّ شَىْءٍ عَلِيمٌ﴾[597]

E um exemplo da segunda parte:

﴿اَلَمْ نَجْعَلِ الْاَرْضَ مِهَادًا ۞ وَ الْجِبَالَ اَوْتَادًا ۞ وَخَلَقْنَاكُمْ اَزْوَاجًا﴾ ۞... (حتى) ﴿اِنَّ يَوْمَ الْفَصْلِ كَانَ مِيقَاتًا﴾[598]

O primeiro versículo descreve as obras Divinas, e estabelece a mais poderosa delas, que testemunham por sua ordem e visão o conhecimento e o poder, como as instalações de uma conclusão, ou um objetivo importante. Em seguida, ele extrai o Nome do Onisciente. No segundo versículo, como é explicado brevemente no terceiro ponto do Primeiro Raio na Primeira Luz, menciona atos e milagres de Allah Todo-Poderoso, em seguida, conclui a ressurreição dos mortos, que é o Dia da Discriminação.

Segundo Ponto de Beleza de Expressão: O Alcorão desenrola os tecidos da arte Divina e apresenta-os ao olhar humano. Então, nos resumos passa sobre a tecelagem dentro dos Nomes Divinos, ou então encaminha para a razão.

O primeiro exemplo destes:

﴿قُلْ مَنْ يَرْزُقُكُمْ مِنَ السَّمَاءِ وَالْاَرْضِ اَمَّنْ يَمْلِكُ السَّمْعَ وَالْاَبْصَارَ وَمَنْ يُخْرِجُ الْحَىَّ مِنَ الْمَيِّتِ وَيُخْرِجُ الْمَيِّتَ مِنَ الْحَىِّ وَمَنْ يُدَبِّرُ الْاَمْرَ فَسَيَقُولُونَ اللّٰهُ فَقُلْ اَفَلَا تَتَّقُونَ ۞ فَذٰلِكُمُ اللّٰهُ رَبُّكُمُ الْحَقُّ﴾[599]

Assim, no início ele pergunta: "Quem é que prepara os céus e a terra como se fossem dois armazéns para o seu sustento, e faz com que um produza chuva e o outro, as sementes? Existe alguém que não seja Allah, que poderia torná-los dois lojistas subservientes? No caso em que, graças devem ser oferecidas somente a Ele".

Na segunda frase, ele pergunta: "Quem é o dono dos seus olhos e ouvidos, os mais preciosos de seus membros? De que bancada ou loja você os obteve? É apenas o seu Sustentador que poderia dá-los. Ele é Aquele Que cria e levanta você, e as deu a você. Nesse caso, não há Sustentador além d'Ele, e o único digno de ser adorado é Ele".

Na terceira frase, diz: "Quem é que ressuscita a terra morta e eleva a vida de centenas de milhares de espécies de seres mortas? Quem poderia fazer isso acontecer além do Verdadeiro Allah e Criador de todo o universo? Certamente é Aquele que o faz acontecer, Ele os ergue para a vida. Uma vez que Ele é a Verdade, Ele não violará os direitos; Ele mandará você para um Tribunal Supremo. Ele vai ressuscitá-lo para a vida, assim como Ele ressuscita para a vida a terra."

Na quarta frase, ele pergunta: "Quem, além de Allah pode administrar e regular esse vasto universo com perfeita ordem, como se fosse um palácio ou uma cidade? Uma vez que, não pode ser outro além de Allah, o poder que administra com extrema facilidade o vasto universo e todos os seus corpos celestes é tão impecável e infinito, ele não pode ter necessidade de sócio ou associado, assistência ou ajuda. Aquele Que dirige o vasto universo não deixará as pequenas criaturas para outras mãos. Isso significa que você será obrigado a dizer: "Allah".

Assim, a primeira e a quarta frases dizem "Allah", a segunda, "Senhor", e a terceira, "Verdadeiro". Assim, entende como milagrosamente aptas são as palavras:

﴿فَذٰلِكُمُ اللّٰهُ رَبُّكُمُ الْحَقُّ﴾600 Ela menciona grandes alienações do Todo Poderoso Allah, as tecelagens significativas de Seu poder. Em seguida, mencionando os nomes de "Allah", "Senhor" e "Verdade", ele mostra a fonte dessas grandes alienações do poder Divino.

Um exemplo da segunda:

﴿اِنَّ فِى خَلْقِ السَّمٰوَاتِ وَالْاَرْضِ وَاخْتِلاَفِ الَّيْلِ وَالنَّهَارِ وَالْفُلْكِ الَّتِى تَجْرِى فِى الْبَحْرِ بِمَا يَنْفَعُ النَّاسَ وَمَا اَنْزَلَ اللّٰهُ مِنَ السَّمَاءِ مِنْ مَاءٍ فَاَحْيَا بِهِ الْاَرْضَ بَعْدَ مَوْتِهَا وَبَثَّ فِيهَا مِنْ كُلِّ دَابَّةٍ وَتَصْرِيفِ الرِّيَاحِ وَالسَّحَابِ الْمُسَخَّرِ بَيْنَ السَّمَاءِ وَالْاَرْضِ لَآيَاتٍ لِقَوْمٍ يَعْقِلُونَ﴾601

Primeiro este enumera as manifestações da soberania Divina na criação dos céus e da terra, que demonstra o poder perfeito de Allah Todo-Poderoso e a vastidão de Sua religiosidade, e testemunha a Sua unidade; a manifestação da religiosidade na alternância do dia e da noite, a manifestação da misericórdia divina na subjugação dos navios no mar, o mais importante meio de transporte na vida social humana; a manifestação da imensidão do poder divino, que envia a água da vida para a terra morta do céu e aumenta a vida de centenas de milhares de espécies e torna-as como uma exposição de maravilhas; a manifestação da misericórdia e do poder na criação de um número infinito de diferentes animais na terra de solo simples; a manifestação da sabedoria e misericórdia no emprego dos ventos em funções importantes, como auxiliar na polinização e respiração das plantas e animais e na impulsão e regularização deles, de modo a torná-los adequados para desempenhar essas funções; a manifestação da religiosidade na subjugação e ajuntamento das nuvens, os meios de misericórdia, suspensos entre o céu e a terra em grandes massas estranhas, e dispersá-las, como se dispersa um exército para descansar e, em seguida convocá-lo de volta às suas funções. Então, a fim de incitar a mente a refletir sobre os seus detalhes e as verdades essenciais, diz:[602] ﴿لَآيَاتٍ لِقَوْمٍ يَعْقِلُونَ﴾. A fim de despertar a mente das pessoas com ele, referindo-se às suas faculdades de sensatez.

Terceira Qualidade de Beleza de Expressão: Às vezes o Alcorão explica os atos de Allah Todo-Poderoso em detalhes, em seguida, sumaria-os. Ele convence com os detalhes e memoriza-os e os fixa, resumindo-os. Por exemplo:

﴿وَكَذٰلِكَ يَجْتَبِيكَ رَبُّكَ وَيُعَلِّمُكَ مِنْ تَأْوِيلِ الْاَحَادِيثِ وَيُتِمُّ نِعْمَتَهُ عَلَيْكَ وَعَلَى آلِ يَعْقُوبَ كَمَا اَتَمَّهَا عَلَى اَبَوَيْكَ مِنْ قَبْلُ اِبْرَاهِيمَ وَاِسْحٰقَ اِنَّ رَبَّكَ عَلِيمٌ حَكِيمٌ﴾[603]

Com este versículo, ele aponta as bênçãos derramadas sobre o Profeta José e seus antepassados. Ele diz: "Fora de toda a humanidade o favor Divino enobreceu-o com o posto de profeta; vinculando todas as linhas de profecia a sua linha e fez dela a chefe de todas as linhagens entre a humanidade; fez a sua família uma célula de instrução e orientação nas ciências Divinas e sabedoria dominical, e uniu em você por esse conhecimento e essa sabedoria, domínio mundano próspero e a felicidade eterna na Outra Vida; e o fez tanto um poderoso governante do Egito, e um alto profeta, e um guia sábio, e o distinguiu e a seus antepassados, com conhecimento e sabedoria." Ele enumera essas dádivas Divinas, então diz: Na verdade, o seu Senhor é Sapiente, Prudentíssimo. "Sua religiosidade e sabedoria exigem que Ele manifeste em você, em seus pais e antepassados os Nomes Divinos de Sapiente, Prudentíssimo". Assim, ele sintetiza essas generosidades detalhadas com este resumo.

E, por exemplo:[604] ﴿قُلِ اللّٰهُمَّ مَالِكَ الْمُلْكِ تُؤْتِي الْمُلْكَ مَنْ تَشَاءُ﴾ Esse versículo mostra a disposição do Allah Todo-Poderoso na vida social da humanidade, de tal forma que vincula glória com humilhação, pobreza com riqueza diretamente à vontade e desejo do Allah Todo-Poderoso. Quer dizer, "Até as disposições mais dispersas nos níveis de multiplicidade são pela vontade e Predestinação. O acaso e a coincidência não podem interferir. "Depois de fazer essa declaração, ele menciona a questão mais importante na vida do homem, o seu sustento. Este versículo prova com uma ou duas frases introdutórias que o sustento do homem é enviado diretamente da tesouraria do Verdadeiro Provedor da misericórdia. É assim: "O seu sustento está ligado à vida da terra, e da terra a ser ressuscitado para a vida parece com a primavera, e a primavera está nas mãos d'Aquele Que subjuga o sol e a lua, e alterna a noite e o dia. Nesse caso, somente Aquele Que enche a face da terra, com todas as frutas pode dar uma maçã a alguém como verdadeiro sustento. Somente Ele pode ser seu verdadeiro Provedor "Em seguida, ele diz.:[605] ﴿وَتَرْزُقُ مَنْ تَشَاءُ بِغَيْرِ حِسَابٍ﴾

Resume e comprova esses atos detalhados nesta frase. Ou seja, "aquele que lhe dá sustento ilimitado é Aquele Que realiza esses atos."

Quarta Qualidade de Beleza de Expressão: Às vezes, acontece que o Alcorão menciona as criaturas Divinas com um arranjo especial da sentença, em seguida, mostra que as criaturas estão dentro de uma ordem e equilíbrio e que eles são seus frutos, proporcionando uma espécie de transparência e brilho. E, em seguida, esta transparência e este brilho mostram os Nomes Divinos, a manifestação dos quais é arranjo espelhado. É como se as criaturas mencionadas acima fossem palavras, e os nomes são os seus significados, ou as sementes dos frutos, ou suas essências. Por exemplo:

﴿وَلَقَدْ خَلَقْنَا الْاِنْسَانَ مِنْ سُلَالَةٍ مِنْ طِينٍ ۞ ثُمَّ جَعَلْنَاهُ نُطْفَةً فِى قَرَارٍ مَكِينٍ ۞
ثُمَّ خَلَقْنَا النُّطْفَةَ عَلَقَةً فَخَلَقْنَا الْعَلَقَةَ مُضْغَةً فَخَلَقْنَا الْمُضْغَةَ عِظَامًا فَكَسَوْنَا
الْعِظَامَ لَحْمًا ثُمَّ اَنْشَاْنَاهُ خَلْقًا آخَرَ فَتَبَارَكَ اللّٰهُ اَحْسَنُ الْخَالِقِينَ﴾[606]

Assim, o Alcorão menciona em ordem essas maravilhosas, estranhas, surpreendentes, bem ordenadas e equilibradas etapas, da criação do homem, de tal forma como um espelho que:[607] ﴿فَتَبَارَكَ اللّٰهُ اَحْسَنُ الْخَالِقِينَ﴾ aparece por si só de dentro deles, e faz-se exclamado. Um escriba que escrevia este versículo pronunciou as palavras antes de chegar a eles, e perguntou a si mesmo: "Será que a revelação veio a mim também?" Considerando que era a perfeição da ordem e transparência das palavras anteriores e sua coerência, que tiveram de mostrar as palavras finais antes de chegar a eles.

E por exemplo:

﴿اِنَّ رَبَّكُمُ اللّٰهُ الَّذِى خَلَقَ السَّمٰوَاتِ وَالْاَرْضَ فِى سِتَّةِ اَيَّامٍ ثُمَّ اسْتَوٰى عَلَى الْعَرْشِ
يُغْشِى الَّيْلَ النَّهَارَ يَطْلُبُهُ حَثِيثًا وَالشَّمْسَ وَالْقَمَرَ وَالنُّجُومَ مُسَخَّرَاتٍ بِاَمْرِهِ اَلَا لَهُ
الْخَلْقُ وَالْاَمْرُ تَبَارَكَ اللّٰهُ رَبُّ الْعَالَمِينَ﴾[608]

Neste versículo, o Alcorão aponta a sublimidade do poder Divino e a soberania da dominicalidade. Ele mostra um Todo Poderoso de Glória estabelecido no trono de Sua dominicalidade, Que, com o sol, a lua e as estrelas como soldados sob ordens aguardam seu comando, gira a noite e o dia, um após o outro como duas linhas ou duas fitas, uma branca e outra preta, e grava os sinais de Sua religiosidade nas páginas do universo. Isso ele faz de tal forma que, quando um espírito ouve o versículo, sente o desejo de exclamar: بَارَكَ اللّٰهُ ۞ مَاشَاءَ اللّٰهُ ۞ فَتَبَارَكَ اللّٰهُ رَبُّ الْعَالَمِينَ[609] Ou seja,

﴿تَبَارَكَ اللّٰهُ رَبُّ الْعَالَمِينَ﴾[610] é como o resumo, a semente, o fruto, e a água da vida, do que precedeu.

Quinta Qualidade de Beleza de Expressão: O Alcorão menciona, por vezes, material, assuntos especiais que estão sujeitos a alterações e são o meio de várias circunstâncias, em seguida, a fim de mudá-los em forma de verdades constantes, resume-os com constantes, luminosos Nomes Divinos universais, e os vincula. Ou ele conclui com um resumo que incentiva o pensamento e a tomada de lições. Um exemplo do primeiro significado:

﴿وَعَلَّمَ آدَمَ الْاَسْمَاءَ كُلَّهَا ثُمَّ عَرَضَهُمْ عَلَى الْمَلٰئِكَةِ فَقَالَ اَنْبِئُونِى بِاَسْمَاءِ هٰؤُلَاءِ اِنْ كُنْتُمْ صَادِقِينَ ۞ قَالُوا سُبْحَانَكَ لَا عِلْمَ لَنَا اِلَّا مَا عَلَّمْتَنَا اِنَّكَ اَنْتَ الْعَلِيمُ الْحَكِيمُ﴾[611]

Primeiro de tudo, este versículo menciona uma questão particular, que é: "A questão de vice-gerência de Adão, que era o seu conhecimento que lhe dava superioridade sobre os anjos." Então, dentro deste evento, menciona a derrota dos anjos ante Adão no que diz respeito ao conhecimento. Em seguida, ele resume esses dois eventos com dois nomes universais:[612] ﴿اَنْتَ الْعَلِيمُ الْحَكِيمُ﴾ Ou seja: já que você é Prudente, Sapientíssimo, instruíste Adão e ele prevaleceu sobre nós. E já que Tu és Sapientíssimo, Tu nos trataste de acordo com as nossas capacidades e deu-lhe preferência, de acordo com suas habilidades.

Um exemplo do segundo significado:

﴿وَاِنَّ لَكُمْ فِى الْاَنْعَامِ لَعِبْرَةً نُسْقِيكُمْ مِمَّا فِى بُطُونِهِ مِنْ بَيْنِ فَرْثٍ وَدَمٍ لَبَنًا خَالِصًا سَائِغًا لِلشَّارِبِينَ﴾[613]

Até:[614] ﴿فِيهِ شِفَاءٌ لِلنَّاسِ اِنَّ فِى ذٰلِكَ لَاٰيَةً لِقَوْمٍ يَتَفَكَّرُونَ﴾

Esses versículos apontam que Allah Todo-Poderoso faz as Suas criaturas como ovelhas, cabras, gados e camelos em mananciais de leite puro, delicioso para o homem, e artefatos como uvas e tâmaras em caldeirões e bandejas carregadas com generosidades deliciosamente doces para ele, e minúsculos milagres de Seu poder como o mel da abelha em fabricantes de um doce, saudável, e, em seguida, concluir com as palavras ﴿اِنَّ فِى ذٰلِكَ لَاٰيَةً لِقَوْمٍ يَتَفَكَّرُونَ﴾, de fato nisto há sinais para um povo que pensa, incitando assim o homem a pensar e tirar lições e compará-las com outras coisas.

Sexta Qualidade da Beleza de Expressão: Às vezes, acontece que um versículo espalha decretos dominicais sobre uma grande multiplicidade de coisas, então ele unifica-as com um laço de unidade semelhante a um aspecto da unidade, ou situa-as dentro de uma regra universal. Por exemplo:

﴿وَسِعَ كُرْسِيُّهُ السَّمٰوَاتِ وَالْاَرْضَ وَلَا يَؤُدُهُ حِفْظُهُمَا وَهُوَ الْعَلِىُّ الْعَظِيمُ﴾[615]

Assim, juntamente com a prova com dez frases em Ayatul-Kursi (versículo do Trono) dez níveis de unidade Divina em tons variados, com a frase:

﴿مَنْ ذَا الَّذِى يَشْفَعُ عِنْدَهُ اِلاَّ بِاِذْنِهِ﴾[616] Isso rejeita totalmente e com veemência os associados parceiros com Allah e a interferência de outros. Além disso, uma vez que este versículo manifesta o Maior Nome, seus significados relacionados com as verdades Divinas estão em um grau máximo, demonstrando os atos dominicais de eliminação de um nível máximo. Além disso, depois de mencionar a regulamentação Divina de todos os céus, a terra, a preservação abrangendo todas as coisas, no grau máximo, um laço de união e aspecto de unidade resumem as fontes dessas manifestações máximas com a frase: [617] ﴿وَهُوَ الْعَلِىُّ الْعَظِيمُ﴾

E, por exemplo:

﴿اَللّٰهُ الَّذِى خَلَقَ السَّمٰوَاتِ وَالْاَرْضَ وَاَنْزَلَ مِنَ السَّمَاءِ مَاءً فَاَخْرَجَ بِهِ مِنَ الثَّمَرَاتِ رِزْقًا لَكُمْ وَسَخَّرَ لَكُمُ الْفُلْكَ لِتَجْرِىَ فِى الْبَحْرِ بِاَمْرِهِ وَسَخَّرَ لَكُمُ الْاَنْهَارَ ۞ وَسَخَّرَ لَكُمُ الشَّمْسَ وَالْقَمَرَ دَائِبَيْنِ وَسَخَّرَ لَكُمُ الَّيْلَ وَالنَّهَارَ ۞ وَاٰتٰيكُمْ مِنْ كُلِّ مَا سَاَلْتُمُوهُ وَاِنْ تَعُدُّوا نِعْمَتَ اللّٰهِ لاَ تُحْصُوهَا﴾[618]

Estes versículos descrevem como Allah Todo-Poderoso criou o imenso universo como um palácio para o homem, e envia a água da vida dos céus para a terra, fez os céus e a terra dois servos que produzem alimentos para ele. Da mesma forma, Ele sujeitou os navios para que os humanos possam se beneficiar dos frutos da terra encontrados em cada parte dela, e também trocar os frutos do seu trabalho e garantir o sustento em cada respeito. Isto é, ele fez os ventos como chicotes, navios como cavalos, e os mares como um deserto sob seus cascos. E, além de ligar o homem com todas as regiões da terra por meio de navios, Ele subjugou os rios, grandes e pequenos para ele, tornando-os meios de transporte. E fazendo o sol e a lua viajarem o verdadeiro Doador de Bênçãos alterna as estações do ano e os faz dois servos obedientes pelos quais Ele oferece ao homem Suas bênçãos multicoloridos que mudam com as estações do ano; Ele os criou também como dois timoneiros transformando essa poderosa roda. E fez a noite e o dia sujeitos ao homem; isto é, Ele fez a noite como um véu para o sono e repouso, e o dia um lugar de comércio para ganhar o seu sustento.

Depois de enumerar essas dádivas divinas, com o resumo:

﴿وَاٰتٰيكُمْ مِنْ كُلِّ مَا سَاَلْتُمُوهُ وَاِنْ تَعُدُّوا نِعْمَتَ اللّٰهِ لاَ تُحْصُوهَا﴾[619]

O versículo aponta a vasta extensão das graças derramadas sobre o homem, e sua profusão de abundância. Ou seja, tudo o que o homem pede pela língua de sua capacidade e necessidades inatas, tudo têm sido dado a ele. Um final nunca pode ser alcançado em contar as bênçãos divinas outorgadas ao homem, que não podem ser esgotados. Certamente, uma vez que os céus e a terra são uma mesa de prêmios para o homem, e coisas como o sol e a lua, a noite e o dia algumas das recompensas sobre a mesa, as generosidades voltadas para o homem estão certamente, além de contagem e do cálculo.

Sétima Qualidade da Beleza de Expressão: Às vezes, acontece que, a fim de não permitir causas aparentes faz com que a capacidade de criar e demonstrar como longe estão disso, um versículo aponta os objetivos e frutos dos efeitos de modo que possa ser entendido que as causas são apenas um véu aparente. Uma vez que, para a vontade os objetivos mais sábios e propositais são seguidos, e importantes resultados são obtidos, é necessariamente o trabalho de quem mais Conhece e é mais Sábio, considerando que as causas são sem vida e sem inteligência. Assim, ao mencionar os objetivos e resultados, esses versículos mostram que, embora as causas sejam superficiais e sendo unidos a adjacentes aos seus efeitos, na realidade há uma grande distância entre eles. A distância entre o motivo para a criação do efeito é tão grande que o lado das maiores causas não podem alcançar a criação dos efeitos mais insignificantes. Assim, é dentro desta longa distância entre causa e efeito que os Nomes Divinos surgem como estrelas. O lugar da sua subida é esta distância. A um olhar superficial para as montanhas sobre o horizonte parecem ser unidas a e contíguas com as fronteiras do céu, apesar das montanhas até o céu haver uma grande distância em que as estrelas nascem e outras coisas estão situadas; assim também a distância entre causas e efeitos é tal que ela pode ser vista apenas com a luz do Alcorão pelo telescópio da crença. Por exemplo:

﴿فَلْيَنْظُرِ الْاِنْسَانُ اِلٰى طَعَامِهِ ۝ اَنَّا صَبَبْنَا الْمَٓاءَ صَبًّا ۝ ثُمَّ شَقَقْنَا الْاَرْضَ شَقًّا ۝
فَاَنْبَتْنَا فِيهَا حَبًّا ۝ وَ عِنَبًا وَ قَضْبًا ۝ وَ زَيْتُونًا وَ نَخْلاً ۝ وَ حَدَائِقَ غُلْبًا ۝ وَ فَاكِهَةً
وَ اَبًّا ۝ مَتَاعًا لَكُمْ وَ لاَنْعَامِكُمْ﴾[620]

Ao mencionar os milagres do poder Divino em uma sequência proposital, este versículo vincula as causas aos efeitos e com as palavras ﴿مَتَاعًا لَكُمْ﴾, para o seu uso e conveniência aponta para um objetivo na sua conclusão. Este objetivo prova que na sequência de todas as causas e efeitos é um triturador escondido que vê e segue o objetivo, para quem as causas são um véu. De fato, com a frase,[621] ﴿مَتَاعًا لَكُمْ وَ لِاَنْعَامِكُمْ﴾ , não permite todas as causas a capacidade de criar. É na verdade dizendo: "A chuva vem do céu, a fim de produzir alimentos para vocês e seus animais. Como a água não possuem a capacidade de pena de você e produzir alimentos, isso significa que a chuva não vem, ela é enviada. E a terra produz plantas e sua comida vem de lá, mas sem ter sentimentos e inteligência, está muito além da capacidade da terra pensar em seu sustento e sentir compaixão por vocês, por isso ela não produz por si. Além disso, uma vez que, é remoto que as plantas e árvores considerarem a sua comida e compassivamente produzirem frutas e grãos para vocês, o versículo demonstra que eles são cordas e cabos que Todo-sábio e Compassivo estende por trás do véu, para que Ele vincula sua generosidade e a estende para animar as criaturas". Assim, a partir desta explicação, numerosos Nomes Divinos surgem, como o Clemente, o Provedor, Doador, e o Generoso.

E outro exemplo:

﴿اَلَمْ تَرَ اَنَّ اللّٰهَ يُزْجِى سَحَابًا ثُمَّ يُؤَلِّفُ بَيْنَهُ ثُمَّ يَجْعَلُهُ رُكَامًا فَتَرَى الْوَدْقَ يَخْرُجُ
مِنْ خِلاَلِهِ وَ يُنَزِّلُ مِنَ السَّمَاءِ مِنْ جِبَالٍ فِيهَا مِنْ بَرَدٍ فَيُصِيبُ بِهِ مَنْ يَشَاءُ وَ يَصْرِفُهُ
عَنْ مَنْ يَشَاءُ يَكَادُ سَنَا بَرْقِهِ يَذْهَبُ بِالْاَبْصَارِ ۞ يُقَلِّبُ اللّٰهُ الَّيْلَ وَ النَّهَارَ اِنَّ فِى
ذٰلِكَ لَعِبْرَةً لِاُولِى الْاَبْصَارِ ۞ وَاللّٰهُ خَلَقَ كُلَّ دَابَّةٍ مِنْ مَاءٍ فَمِنْهُمْ مَنْ يَمْشِى عَلَى
بَطْنِهِ وَ مِنْهُمْ مَنْ يَمْشِى عَلَى رِجْلَيْنِ وَ مِنْهُمْ مَنْ يَمْشِى عَلَى اَرْبَعٍ يَخْلُقُ اللّٰهُ مَا
يَشَاءُ اِنَّ اللّٰهَ عَلَى كُلِّ شَىْءٍ قَدِيرٌ﴾[622]

Este versículo explica as disposições maravilhosas na formação de nuvens e causando as chuvas, que é um dos milagres mais importantes da dominicalidade e estranho véu do tesouro da misericórdia. Como os soldados que se dispersaram para descansar, reúnem-se ao chamado de uma corneta, as nuvens se juntam e formam ao comando Divino quando suas peças foram dispersas e escondidas na atmosfera. Em seguida, como um exército é formado por pequenos grupos, os pedaços de nuvens se juntam e formam massas – as quais são vastas e imponentes, úmidas e brancas, e contêm a neve e o granizo como as montanhas se movendo na ressurreição – a partir dos quais a água da vida é enviada para os seres vivos. Mas em ser enviada, uma vontade e propósito são aparentes; vêm de acordo com a necessidade. Isso significa que ela é enviada. Enquanto o céu está claro e vazio, as peças montanhosas das nuvens não se reúnem por vontade própria em um grande e maravilho encontro, elas são enviadas por alguém que conhece os seres vivos. Nesta distância, em seguida, Nomes Divinos de ascensão, como Todo-Poderoso, Onisciente, Triturador, Desenhista, Nutridor, e Doador da Vida.

Oitava Qualidade da Beleza de Expressão: Às vezes, acontece que, a fim de impulsionar o coração para aceitar as maravilhas do Todo-Poderoso Allah na Outra Vida e torna a mente afirmá-las, o Alcorão menciona Suas obras surpreendentes neste mundo a título de preparação, ou menciona as maravilhas obras Divinas do futuro e na Outra Vida, de tal forma que adquirimos convicção firme sobre eles por intermédio de coisas semelhantes que observamos aqui. Por exemplo:

﴿اَوَ لَمْ يَرَ الْاِنْسَانُ اَنَّا خَلَقْنَاهُ مِنْ نُطْفَةٍ فَاِذَا هُوَ خَصِيمٌ مُبِينٌ﴾[623]

Nesta discussão sobre a ressurreição dos mortos, o Alcorão prova a ressurreição em sete ou oito maneiras diferentes. Em primeiro lugar, chama a atenção para a primeira criação, dizendo: "Você vê a sua criação de espermatozóides a um coágulo de sangue, de um coágulo de sangue para um nódulo como feto, e disso até e a criação humana, então como é que você nega a segunda criação, que é como ele ou ainda mais fácil? "

E com as palavras: 624﴿ اَلَّذِى جَعَلَ لَكُمْ مِنَ الشَّجَرِ الْاَخْضَرِ نَارًا ﴾ O Todo Poderoso Allah indica as graças poderosas que Ele agracia o homem, dizendo: "Aquele que concede essas bênçãos a você não vai deixá-lo em liberdade para entrar no túmulo, dormir e nunca mais se levantar." E por alusão diz: "Você vê as árvores mortas ganharem vida e crescerem verdes, mas você não tira conclusões de seus ossos que ganham vida quando como acontece com a lenha seca, e assim por considerarem improvável a ressurreição do ser humano. Além disso, poderia Aquele Que cria os céus e a terra permanecer impotente diante da vida e da morte do ser humano, o fruto dos céus e da terra? Será que Aquele Que administra a poderosa árvore não atribuir nenhuma importância para o seu fruto e permitir que outros o alegarem? Você acha que Ele iria abandonar o resultado de toda a árvore, tornando sem propósito e em vão a árvore da criação, que, juntamente com todas as suas partes é amassado com sabedoria?" Ele diz: "Aquele Q o ressuscitará à vida como a todo o universo é como um soldado sob as Suas ordens." É absolutamente submisso diante de Seu comando de: "Seja!" e é. É tão fácil para Ele criar a Primavera como criar uma flor. Ele é Um cujo poder é tão fácil de criar todos os animais como criar uma mosca. Tal Ser não pode ser desafiado com as palavras:

625﴿ مَنْ يُحْيِى الْعِظَامَ ﴾ Seu poder é menosprezado. Então, com a expressão:

626﴿ فَسُبْحَانَ الَّذِى بِيَدِهِ مَلَكُوتُ كُلِّ شَىْءٍ ﴾

Isso diz: "Ele é Um Todo-Poderoso da Glória, em Cujas Mãos estão as rédeas de todas as coisas, com Ele são as chaves de todas as coisas; Ele alterna o inverno e o verão tão facilmente como virar as páginas de um livro, e abre e fecha este mundo e o Outro, como se fossem duas casas." Já que é assim, a conclusão de todas essas evidências é.:

627 ﴿ وَاِلَيْهِ تُرْجَعُونَ ﴾ Isto é, "Ele vai ressuscitá-los à vida da sepultura e trazê-los. Lá serão chamados a prestar contas na presença do Todo-Poderoso."

Assim, todos esses versículos já preparam a mente para aceitar a ressurreição, e por isso têm que preparar o coração, porque eles têm apontado atos semelhantes no mundo.

Às vezes, acontece também que o Alcorão menciona obras de Allah Todo-Poderoso na Outra Vida de tal forma que o homem pode entender as coisas semelhantes neste mundo. Em seguida, não permanece possibilidade de negá-los ou considerá-los pouco prováveis. Um exemplo são as que os começos das suratas:

﴿ اِذَا الشَّمْسُ كُوِّرَتْ ﴾628 ۞ ﴿ اِذَا السَّمَاءُ انْفَطَرَتْ ﴾629 ۞

﴿ اِذَا السَّمَاءُ انْشَقَّتْ ﴾630

Nestas Suratas ele menciona as revoluções poderosas e os atos dominicais da disposição na ressurreição e o Grande Encontro de tal forma que, se o homem vê as coisas semelhantes a eles neste mundo, por exemplo, no outono e na primavera, ele aceita essas revoluções facilmente, que causam pavor ao coração e não podem ser compreendidas pela mente. Para proporcionar ainda um resumo do significado dessas três Suratas seria muito longo, então por enquanto vamos apontar uma única frase a título de exemplo.

Por exemplo, a frase:[631] ﴿ إِذَا الصُّحُفُ نُشِرَتْ ﴾ expressa o seguinte: na ressurreição, todos os atos de todas as pessoas serão publicados escritos em páginas. Sendo muito estranho por si só, a mente não pode compreender este assunto. Mas como a Surata indica, da mesma forma que na ressurreição da primavera as coisas são semelhantes a outros pontos, as coisas semelhantes a esta postura de estarem abertas as páginas são muito claras. Se todas as árvores frutíferas ou plantas com flores realizam feitos, atos e deveres, e da maneira que apresentam os nomes Divinos e glorificar a Allah, realizam o culto. Todos esses feitos são escritos em suas sementes juntamente com suas histórias de vida, e emergem em outra primavera em outro lugar. Assim como eles mencionam mais eloquentemente os feitos de suas mães e estoque pelas línguas das formas e formas que exibem, assim eles publicam as páginas de suas obras por seus ramos, folhas, flores e frutos. Assim, Aquele que realiza esta Sabedoria, Preservação, Planejamento, Carinho, Trabalho Benevolente, é aquele que diz:

﴿ إِذَا الصُّحُفُ نُشِرَتْ ﴾

Você pode fazer analogias com outros pontos deste e deduzi-los, se puder. Para ajudá-lo, eu vou dizer o seguinte: a frase:[632] ﴿ إِذَا الشَّمْسُ كُوِّرَتْ ﴾é uma brilhante metáfora que significa "dobrado"; e "recolhido"; assim também faz alusão a coisas semelhantes a ele.

A Primeira: Allah Todo-Poderoso afastou os véus da não-existência, o éter, e os céus, e tomando do Tesouro de Sua misericórdia uma lâmpada como um brilhante cintilante para iluminar o mundo, exposto para o mundo. Quando o mundo estiver fechado, ele deve enrolar o brilhante em seus véus e removê-lo.

A Segunda: O sol é um funcionário encarregado de espalhar as mercadorias de sua luz e envolver a cabeça da terra, alternadamente, em luz e escuridão. Todas as noites ele recolhe suas mercadorias e as esconde e, às vezes, faz negócios escassos devido ao véu de uma nuvem, e às vezes a lua atrai um véu sobre o seu rosto e de certa forma dificulta suas operações, em seguida, ajusta os livros de contas de suas mercadorias e transações. Da mesma forma, um tempo virá quando este funcionário renunciará a seu posto. Mesmo que não haja nenhuma causa para a sua destituição, devido ao alargamento das duas manchas negras em seu rosto, como começou, com a permissão Divina, o sol levará de volta a luz que se propague ao comando dominical e a envolverá em torno de sua própria cabeça. Será dito: "Nenhum trabalho continua para você na terra. Vá para o Inferno e queime aqueles que o adoraram e insultaram um funcionário obediente como você, inferindo que você era desleal!" Ele irá ler o decreto de ﴿ إِذَا الشَّمْسُ كُوِّرَتْ ﴾ por seu rosto manchado de preto.

Nona Qualidade da Beleza de Expressão: Às vezes, acontece que o Alcorão Sagrado menciona certos objetivos específicos, e em seguida, a fim de impulsionar a mente por meio deles, confirma, estabelece, verifica, e prova os objetivos pelos Nomes Divinos, que são como regras universais. Por exemplo:

﴿قَدْ سَمِعَ اللّٰهُ قَوْلَ الَّتِى تُجَادِلُكَ فِى زَوْجِهَا وَتَشْتَكِى اِلَى اللّٰهِ وَاللّٰهُ يَسْمَعُ تَحَاوُرَكُمَا اِنَّ اللّٰهَ سَمِيعٌ بَصِيرٌ﴾[633]

Aqui, o Alcorão diz: "Allah Todo-Poderoso é absolutamente Oniouvinte; Ele ouve tudo, até mesmo pelo Nome Divino da Verdade, uma mulher discutindo com você e reclamando de seu marido, uma questão verdadeiramente insignificante. E, uma vez que, as mulheres manifestam as manifestações mais sutis de misericórdia e são minas de abnegada compaixão, Ele ouve pelo Nome do Compassivo a legítima reivindicação de uma mulher e sua reclamação a Ele, e pelo Nome da Verdade leva isso a sério, conferindo-lhe maior importância." Assim, a fim de tornar este objetivo, nomeadamente, universal, Um fora da esfera da contingência do universo Quem ouve e vê um pequeno incidente entre as criaturas, deve, necessariamente, ouvir e ver todas as coisas, e Aquele que é Senhor do universo da necessidade vê o sofrimento das criaturas insignificantes dentro do universo que são injustiçadas, e ouve seus gritos. Aquele que não vê o seu sofrimento e não ouve seus gritos de socorro não pode ser o Senhor. Nesse caso, ele estabelece duas verdades poderosas com a frase: [634]﴿اِنَّ اللّٰهَ سَمِيعٌ بَصِيرٌ﴾e, por exemplo:

﴿سُبْحَانَ الَّذِى اَسْرٰى بِعَبْدِهِ لَيْلاً مِنَ الْمَسْجِدِ الْحَرَامِ اِلَى الْمَسْجِدِ الْاَقْصَى الَّذِى بَارَكْنَا حَوْلَهُ لِنُرِيَهُ مِنْ اٰيَاتِنَا اِنَّهُ هُوَ السَّمِيعُ الْبَصِيرُ﴾[635]

Aqui, depois de mencionar a viagem noturna do Nobre Mensageiro (Allah o abençoe e lhe dê paz) da Sagrada Mesquita em Makka para a Mesquita Al Acsa em Jerusalém, que foi o início de sua ascensão, o Alcorão diz: ﴿اِنَّ اللّٰهَ سَمِيعٌ بَصِيرٌ﴾O pronome Ele (اِنَّهُ)refere-se a Allah Todo-Poderoso ou ao Profeta. Se ele se refere ao Profeta, é assim:

"Havia dentro desta jornada especial, uma viagem geral e ascensão universal, durante a qual, tanto quanto a árvore de Loto e a distância de duas cordas de arco, ele ouviu e viu os sinais dominicais e as maravilhas da arte Divina, que eram evidentes aos olhos e ouvidos nos graus universais dos Nomes Divinos".

Isso mostra que essa particular e insignificante viagem era como uma chave para uma viagem que era universal e um conjunto de maravilhas.

Se o pronome se refere a Allah Todo-Poderoso, é assim: "Ele convidou um de Seus servos para viagem à Sua presença; e para confiar-lhe um dever, mandou-o da Mesquita Sagrada para a Mesquita Al Acsa, onde Ele o levou a reunir-se com os profetas que estavam ali reunidos. Em seguida, depois de mostrar que ele era o herdeiro absoluto com os princípios de todas as suas religiões, transportou-o por seus reinos em seus aspectos internos e externos, tanto quanto “a distância de dois comprimentos de arco.”

Ele era certamente um servo e viajou numa ascensão particular, mas assumiu a confiança que estava relacionada com todo o universo, e uma luz que mudaria a cor do universo. Desde que houvesse entre eles uma chave para abrir as portas da felicidade eterna, o Todo Poderoso Allah descreveu este Ser com os atributos de ouvir e ver todas as coisas. Desta forma ele poderia demonstrar os propósitos e exemplos de sabedoria da confiança, a luz e a chave de âmbito mundial.

E, por exemplo:

﴿اَلْحَمْدُ لِلّٰهِ فَاطِرِ السَّمٰوَاتِ وَالْاَرْضِ جَاعِلِ الْمَلٰئِكَةِ رُسُلاً اُولِى اَجْنِحَةٍ مَثْنٰى

وَثُلاَثَ وَرُبَاعَ يَزِيدُ فِى الْخَلْقِ مَا يَشَاءُ اِنَّ اللّٰهَ عَلٰى كُلِّ شَىْءٍ قَدِيرٌ﴾[636]

Nesta Surata, o Alcorão diz: "Por decorarem os céus e a terra, desta forma e exibirem as obras de Sua perfeição, o seu Criador Todo-Glorioso provoca inúmeros espectadores a exalá-Lo e louvá-Lo. Ele pavimenta-os com recompensas incontáveis para que os céus e a terra louvem e exaltem o Criador infinitamente Misericordioso pelas línguas de todas as graças e aqueles que as recebem." Depois disso, aponta que, desde que o Criador deu aos homens, aos animais e aos pássaros membros e asas com as quais viajam pelas cidades e terras do mundo, e desde que o Todo-Glorioso também deu asas aos anjos, os habitantes do reino dos céus, a fim de voarem por palácios celestiais das estrelas e terras altas das constelações, Ele é certamente poderoso sobre todas as coisas. Aquele Que dá asas a uma mosca, para voar de fruta para fruta, e as asas para um pardal a voar de árvore em árvore, é Aquele Que dá asas aos anjos para voarem de Vênus a Júpiter. Além disso, os anjos não se restringem a particularidades como os habitantes da terra; eles não estão confinados a um lugar específico. Com as palavras:[637] مَثْنٰى وَثُلاَثَ وَرُبَاعَ, sugere que ao mesmo tempo podem estar presentes em quatro ou mais estrelas; ele dá detalhes. Assim, por meio de descrever a "teoria dos anjos com asas", que é um evento particular, ele aponta para uma oficina universal, geral do poder Divino e de sua imensidão, e verifica e estabelece isso com o resumo: [638]﴿اِنَّ اللّٰهَ عَلٰى كُلِّ شَىْءٍ قَدِيرٌ﴾

Décima Qualidade da Beleza de Expressão: Às vezes, acontece que um versículo menciona atos rebeldes do homem e, em seguida, restringe-o com ameaças graves. Então, para que a gravidade das ameaças não o lance em desespero e desesperança, conclui com alguns Nomes Divinos que apontam para a Sua misericórdia e o consola. Por exemplo:

﴿قُلْ لَوْ كَانَ مَعَهُ اٰلِهَةٌ كَمَا يَقُولُونَ اِذًا لاَبْتَغَوْا اِلٰى ذِى الْعَرْشِ سَبِيلاً ۞ سُبْحَانَهُ

وَتَعَالٰى عَمَّا يَقُولُونَ عُلُوًّا كَبِيرًا ۞ تُسَبِّحُ لَهُ السَّمٰوَاتُ السَّبْعُ وَالْاَرْضُ وَمَنْ فِيهِنَّ وَ

﴿إِنْ مِنْ شَيْءٍ إِلاَّ يُسَبِّحُ بِحَمْدِهِ وَلٰكِنْ لاَ تَفْقَهُونَ تَسْبِيحَهُمْ إِنَّهُ كَانَ حَلِيمًا غَفُورًا﴾[639]

Este versículo diz: "Dize-lhes: Se, como você diz, Allah tinha tido parceiros na sua soberania, deveria haver certamente alguns sinais de doença, causada pela mão que se estendia até o trono da sua religiosidade e interferido. No entanto, pelas línguas das manifestações e inscrições dos Nomes Divinos que se manifestam, todas as criaturas, universais ou particulares, grandes ou pequenas, a partir dos sete níveis dos céus até os organismos microscópicos, glorificam o Todo-Glorioso significado por esses Nomes, declarando que Ele está livre de parceiros ou afins.

Sim, assim como os céus declaram ser Ele Sagrado pela luz de dispersão das palavras dos sóis e estrelas, e pela sabedoria que mostram e a sua ordem, testemunham a Sua unidade, a atmosfera O glorifica e O santifica pela voz das nuvens e das palavras dos trovões, relâmpagos e chuva, e testemunham Sua unidade. A terra também glorifica e declara ser um Criador Todo-Glorioso por meio de suas palavras vivas conhecidas como animais, plantas e outros seres; e assim é que glorificam e testemunhar a sua unidade por meio das palavras de suas árvores e suas folhas, flores e frutos. Da mesma forma, apesar de seu tamanho minúsculo e insignificância, as menores criaturas e seres mais particulares glorificam o Todo-Glorioso indicadas pelos inúmeros Nomes universais que mostram e testemunham a sua unidade pelas inscrições que eles suportam.

Assim, desde que o homem é o resumo e o resultado do universo, e legatário de Allah na terra, e o seu fruto delicado, este versículo aponta como é feio e merecedora de punição a sua incredulidade e associando parceiros com Allah. Pois, é contador e contrário a todo o universo, que em conjunto glorifica, por unanimidade, com uma língua, o seu Criador Todo-Glorioso e testemunha em sua própria maneira a Sua unidade, e realiza o dever de adoração com o qual ele é encarregado, transportando-o para fora em perfeita submissão. Mas, para não lançar o homem em desespero, e mostrar a sabedoria do Todo-Glorioso Dominador de permitir uma rebelião tão infinitamente feia e não destruir o universo em torno de humanidade, ele diz: ﴿إِنَّهُ كَانَ حَلِيمًا غَفُورًا﴾[640]

Ele mostra com este resumo da sabedoria em seu adiamento, e deixa uma porta aberta para a esperança.

Assim, você pode entender a partir destas dez indicações de milagres que, nos resumos das conclusões dos versículos são inúmeras aspersões de orientação e lampejos de milagres. Os maiores gênios entre os estudiosos da retórica têm mordido os dedos em absoluta maravilha e admiração por estes estilos únicos, e declarado: "Estas não são palavras de ser humano", e têm acreditado com certeza absoluta nisso de que:

﴿إِنْ هُوَ إِلَّا وَحْيٌ يُوحَى﴾[641]

Isso significa que juntamente c, om as indicações acima mencionadas, numerosos outras facetas não incluídasídas em nossa discussão estão contidos em outros versículos no arranjo que dos quais uma impressão da miraculosidade está tão aparente que mesmo um cego pode vê-la.

O Terceiro Facho da Segunda Luz:

O Alcorão não pode ser comparado com outras palavras e discursos. Isso ocorre porque o discurso é de diferentes categorias, e no que diz respeito à superioridade, poder, beleza e delicadeza, tem quatro fontes: uma é o falante, outra é o destinatário, outra é a finalidade, e outra é a forma. Sua fonte não é apenas a forma como as pessoas letradas têm mostrado de forma errada. Assim, em discurso deve-se considerar: "Quem disse isso? A quem eles dizem isso? Por que eles dizem isso? De que forma é que eles dizem isso?" Não se devem considerar apenas as palavras e parar por aí. Já que o discurso extrai sua força e beleza dessas quatro fontes, se as fontes do Alcorão são estudadas cuidadosamente, o grau de sua eloquência, superioridade e beleza será compreendido. De fato, se a fala olha para o falante, se for comando ou proibição, compreende também a vontade e o poder do falante, de acordo com a sua posição. Em seguida, elimina a resistência; ele tem um efeito como a eletricidade física e aumenta em proporção da superioridade e do poder do discurso. Tomemos, por exemplo, o versículo:

﴿يَا اَرْضُ ابْلَعِى مَاءَكِ وَيَا سَمَاءُ اَقْلِعِى﴾[642]

Ou seja, "ó terra! Seu dever está concluído, engula a água. Ó céu! Não resta mais necessidade, deixe de chover." E, por exemplo:

﴿فَقَالَ لَهَا وَ لِلاَرْضِ ائْتِيَا طَوْعاً اَوْ كَرْهاً قَالَتَا اَتَيْنَا طَائِعِينَ﴾[643] Ou seja: "Ó terra! Ó céu! Venham se vocês quiserem ou não, vocês estão de qualquer maneira submissos à minha sabedoria e poder. Emergem do não-ser e venham para o local de exposição de minha arte na existência." E eles responderam: "Nós vamos com perfeita obediência. Por Seu poder, realizamos todos os deveres que o Senhor tem-nos mostrado." Considere o poder e elevação desses verdadeiros e eficazes comandos, que compreendem o poder e, em seguida, olhem para as palavras humanas, como a seguinte conversa sem sentido com os seres inanimados:[644] اُسْكُنِى يَا اَرْضُ وَانْشَقِّى يَا سَمَاءُ وَقُومِى اَيَّتُهَا الْقِيَامَةُ

Podem as duas ordens serem comparadas? Sim, se houver qualquer comparação entre as vontades que surgem a partir de desejos e ordens oficiosos emitidos desses desejos, e a ordem de um comandante de autoridade real? Pode haver qualquer comparação entre essas palavras e a ordem efetiva: "Em frente, marchem!" de um comandante supremo de um vasto exército? Porque, se uma ordem como essa é ouvida por um soldado comum, enquanto as duas ordens são as mesmas na forma, em significado que eles diferem quanto muito como um soldado comum e do comandante de um exército.

E por exemplo, os versículos: ﴿اِنَّمَا اَمْرُهُ اِذَا اَرَادَ شَيْئاً اَنْ يَقُولَ لَهُ كُنْ فَيَكُونُ﴾[645] e,[646] ﴿وَاِذْ قُلْنَا لِلْمَلٰئِكَةِ اسْجُدُوا لِآدَمَ﴾ Olhe para o poder e a sublimidade destes dois versículos, em seguida olhe para o discurso do homem na forma de ordem. Não é este último como um vaga-lume em relação ao sol? Para descrever seu ato a ambos os olhos e ouvidos, um verdadeiro dono descreve seu ato, enquanto o executa, e um verdadeiro artista explica sua arte como ela funciona, e um verdadeiro doador explica suas bênçãos como ele as concede, isto é, a fim de combinar tanto a palavra como a ação, cada um diz: "Olha! Eu tenho feito isso e eu estou fazendo isso desta forma. Eu fiz isso por esse motivo, e isso será assim, e eu estou fazendo isso por isso será assim."

E por exemplo:

﴿أَفَلَمْ يَنْظُرُوا إِلَى السَّمَاءِ فَوْقَهُمْ كَيْفَ بَنَيْنَاهَا وَ زَيَّنَّاهَا وَمَا لَهَا مِنْ فُرُوجٍ ۝
وَالْأَرْضَ مَدَدْنَاهَا وَ أَلْقَيْنَا فِيهَا رَوَاسِيَ وَ أَنْبَتْنَا فِيهَا مِنْ كُلِّ زَوْجٍ بَهِيجٍ ۝ تَبْصِرَةً وَ
ذِكْرَى لِكُلِّ عَبْدٍ مُنِيبٍ ۝ وَ نَزَّلْنَا مِنَ السَّمَاءِ مَاءً مُبَارَكًا فَأَنْبَتْنَا بِهِ جَنَّاتٍ وَ حَبَّ
الْحَصِيدِ ۝ وَالنَّخْلَ بَاسِقَاتٍ لَهَا طَلْعٌ نَضِيدٌ ۝ رِزْقًا لِلْعِبَادِ وَ أَحْيَيْنَا بِهِ بَلْدَةً مَيْتًا
كَذَلِكَ الْخُرُوجُ﴾[647]

Pode haver qualquer comparação entre estas descrições, estes atos, que brilham como os frutos estrelados do Paraíso, na constelação desta Surata nos céus do Alcorão, e nos vários níveis de provas mencionados dentro deles por meio de ordem de retórica, e essa prova da ressurreição dos mortos, a sua conclusão, com a frase:[648] كَذَلِكَ الْخُرُوجُ - vem, silenciando, assim, aqueles que estão no início da Surata que negam a ressurreição – pode haver qualquer comparação entre esta e as discussões dos homens sobre atos intrometidos que pouco têm a ver com eles? Não é nem mesmo a comparação de imagens de flores por meio de cópia, e as flores de vida real. Para explicar inteiramente o significado de:[649] أَفَلَمْ يَنْظُرُوا até كَذَلِكَ الْخُرُوجُ seria muito demorado, por isso vamos passar por cima com uma indicação concisa, como esta:

Uma vez que, no início da Surata, os incrédulos negam a ressurreição, o Alcorão dá uma longa passagem introdutória, a fim de obrigá-los a aceitá-la. Ele diz: "Vocês não olham para o céu acima de vocês, que temos construído em tão magnífica forma ordenada? Vocês não veem como temos adornado com estrelas, o sol e a lua, e como não permitimos nenhuma falha ou defeito? Vocês não veem como temos estendido a terra para vocês e com que sabedoria a temos decorado? Nós erguemos as montanhas sobre ela e a protegemos da invasão do mar. Vocês não veem como criamos todas as variedades de plantas e as coisas que crescem sobre a terra, bonitas e de todas as cores, e como temos feito bela cada parte dela com eles. E vocês não veem como enviamos a chuva abundante do céu, e com isso criamos jardins, pomares, grãos, altas árvores frutíferas, como a deliciosa tamareira, e como as fizemos crescer e enviamos aos Meus servos sustento com elas? E vocês não veem que ressuscito à vida a terra árida com a chuva? Eu criei milhares de ressurreições mundanas. Da mesma forma que ressuscito com o Meu poder essas plantas da terra árida, será a forma como a sua ressurreição. Na ressurreição, a terra morrerá e vocês sairão vivos."

Pode haver qualquer comparação entre as explicações eloquentes destes versículos estabelecidos em provar a ressurreição, apenas um milésimo de que temos sido capazes de aludir, e as palavras humanas colocadas para apoiar uma reivindicação?

Desde o início deste tratado até aqui, esforçando-se em fazer um inimigo obstinado aceitar o milagroso Alcorão por meio de raciocínio imparcial, conhecido como o apuramento da verdade, deixamos muitos segredos dos direitos do Alcorão. Trouxemos o sol, na função de velas e fizemos comparações. Efetuamos o dever de apurar a verdade, e temos provado o seu milagre de forma brilhante. Agora, em uma ou duas palavras, não em nome de "apuramento da verdade", mas na de 'realidade', vamos apontar a verdadeira posição do Alcorão, que está além de comparação.

De fato, a comparação de qualquer discurso com os versículos do Alcorão é como a comparação da minúscula reflexão das estrelas em pedaços de vidro com as próprias estrelas. Como podem as palavras do Alcorão, cada uma das quais retrata e mostra uma verdade constante, serem comparadas com o significado humano que retrata por suas palavras os minúsculos reflexos dos seus pensamentos e sentimentos? Como podem as angélicas palavras do Alcorão, que inspiram as luzes de orientação e são a expressão do Criador Todo-Glorioso do sol e da lua, serem comparadas às palavras cortantes do homem com a sua substância e falsas sedutoras sutilezas para despertar desejos básicos? Sim, a comparação dos vermes venenosos e insetos, com os anjos sagrados e seres espirituais luminosos, das palavras do homem e as do Alcorão. A Vigésima Quinta Palavra junto com as anteriores vinte e quatro Palavras provaram essas verdades. Esta nossa afirmação não é infundada; sua prova é a conclusão acima mencionada. Na verdade, como podem as palavras do Alcorão, que são todas as conchas de joias de orientação e fontes das verdades da fé e nascentes dos fundamentos do Islam, e que vieram diretamente do Trono do Todo-Misericordioso, e acima e além do olhar universal para o homem e descer até ele, e compreendem o conhecimento Divino, poder e vontade, e são os endereços pré-eternos – como podem as suas palavras serem comparadas com vãs, fantásticas, fúteis, palavras – alimentando o desejo do homem?

Sim, como pode o Alcorão, que é como uma árvore de Tuba, e espalha-se sob a forma de folhas o mundo do Islam com todas as suas qualidades, marcas e perfeições, todas as suas ordenanças e princípios, e é exibido fresco e belo por sua água da vida, seus estudantes purificados e santos, cada um como uma flor, e produz todas as perfeições e verdades cósmicas e divinas como frutas, e novamente como uma frutífera árvore que produz numerosas sementes dentro de seus frutos cada um como princípio e um programa de ações e exibe verdades em sucessão contínua – como isso pode ser comparado com a fala do homem, que nós sabemos?[650] أَيْنَ الثَّرَا مِنَ الثُّرَيَّا

Embora por 1350 anos, o Alcorão Sagrado tenha estabelecido e exibido todas as suas verdades no mercado do universo, e de todos, de todas as nações, todos os países têm tomado algumas de suas joias e suas verdades, e eles os adotaram, nem a familiaridade, nem a abundância, nem a passagem do tempo, nem as grandes mudanças têm prejudicado suas valiosas verdades e excelentes estilos, ou o envelheceram, ou dessecado, ou fez perder o seu valor, ou extingue a sua beleza. Isso por si só é um aspecto milagroso.

Se alguém se apresentar agora e colocar algumas das verdades do Alcorão trazidas em uma ordem infantil de acordo com suas próprias fantasias, e se fosse para compará-las com alguns dos versículos do Alcorão, a fim de contestá-los, e dizer: "eu proferi palavras parecidas com o Alcorão" seria totalmente insensato, como no exemplo a seguir: há um homem comum, um construtor de casas comuns, incapaz de compreender as inscrições elevadas de um mestre que construiu um esplêndido palácio, cujas pedras são várias joias, e decorado com enfeites harmoniosos que mostram as inscrições elevadas de todo o palácio e sua relação com as pedras. Se o homem comum, que não teve qualquer participação em qualquer uma das joias e dos adornos do palácio, fosse entrar no palácio, destruísse as inscrições elevadas nas pedras valiosas e lhe desse uma forma, uma ordem, semelhante ao de uma casa comum de acordo com seus desejos infantis e orçado em algumas esferas agradáveis a sua visão juvenil, e depois dissesse: "Olha! Eu tenho mais habilidade e riqueza e adornos mais preciosos do que o construtor do palácio", em comparação, seria a arte de um louco, delirante falsificador.

A TERCEIRA LUZ

A terceira luz é composta por três Brilhos.

PRIMEIRO BRILHO: Um aspecto importante do milagroso Alcorão das milagrosas Exposições foi explicado na Décima Terceira Palavra. Ele foi incluído aqui para que possa tomar o seu lugar entre os outros aspectos de seus irmãos milagrosos. É o seguinte: se você quiser ver e apreciar como as estrelas brilhantes, todos os versículos do Alcorão dispersam a escuridão da incredulidade espalhando a luz do milagre e da orientação, imagine-se na idade da ignorância e do deserto de selvageria, onde tudo estava envolto em véus sem vida da natureza, sob a escuridão da ignorância e negligência. Então, de repente da língua elevada do Alcorão, você ouve versículos como:

﴿سَبَّحَ لِلّٰهِ مَا فِى السَّمٰوَاتِ وَالْاَرْضِ وَهُوَ الْعَزِيزُ الْحَكِيمُ﴾[651]

﴿يُسَبِّحُ لِلّٰهِ مَا فِى السَّمٰوَاتِ وَمَا فِى الْاَرْضِ الْمَلِكِ الْقُدُّوسِ الْعَزِيزِ الْحَكِيمِ﴾[652]

Veja como essas criaturas mortas ou dormindo da primavera surgem para a vida ao som de exaltação(سَبَّحَ)e glorificação(يُسَبِّحُ) nas mentes dos ouvintes, como acordam, surgem, e mencionam os Nomes de Allah! E ao som de:

﴿تُسَبِّحُ لَهُ السَّمٰوَاتُ السَّبْعُ وَالْاَرْضُ﴾[653] as estrelas desses céus negros, cada pedaço inanimado de fogo, e as miseráveis criaturas na face da terra apresentam a seguinte vista aos ouvintes: o céu aparece como uma boca e as estrelas como palavras – exibindo sabedoria e verdade – enunciação de luzes. A terra aparece como uma cabeça, a terra e o mar como línguas, e todos os animais e plantas como palavras de glorificação. Caso contrário, você não vai apreciar as sutilezas do prazer em olhar a partir deste momento para aquele. Porque, se você olhar para cada versículo como se tivesseespalhado sua luz desde aquela época, e tivesse se tornado como o conhecimento universalmente aceito com o passar do tempo, e brilhasse com as outras luzes do Islam, e tomasse a sua cor do sol do Alcorão, ou se você olhasse para ele por um véu superficial e simples de familiaridade, você não veria realmente que tipo de escuridão cada versículo dispersa ou quão doce é o recital de sua miraculosidade, e você não apreciaria este tipo de seu milagre entre seus muitos tipos. Se você quiser ver um dos mais altos graus do Alcorão de miraculosidade de Exposição Milagrosa, ouça a seguinte comparação:

Vamos imaginar uma árvore extremamente estranha, vasta e espalhada, que está oculta debaixo de um véu do invisível e escondida em um nível de ocultação. É claro que tem de haver relação, harmonia e equilíbrio entre uma árvore e todos os seus membros, como seus ramos, frutos, folhas e flores, o mesmo entre os membros do homem. Cada uma das suas partes toma uma forma, de acordo com a natureza da árvore. Portanto, se alguém aparece e rastreia uma imagem na parte superior do véu correspondente aos membros da árvore, que nunca foi vista, em seguida, delimita cada membro, dos ramos para a fruta, e da fruta para as folhas desenha uma forma proporcional e preenche o espaço entre sua origem e extremidades, que é uma distância infinita, com os desenhos que mostram exatamente o tipo e a forma de seus membros, certamente, nenhuma dúvida continuará que o artista vê a árvore escondida com um olho que penetra e engloba o invisível, então ele mostra isso.

Da mesma forma, as declarações discriminatórias do Alcorão de exposição miraculosa relativas à realidade de seres contingentes (isto é, sobre a realidade da árvore da criação, que se estende desde o princípio do mundo até os limites mais distantes do Porvir, e se espalha a partir da terra para o Trono Divino e das mínimas partículas para o sol) preservaram a proporção entre os membros, a tal ponto e deram cada membro e frutas de forma tão adequada que as representações do Alcorão, todos os estudiosos exigentes declararam na conclusão de suas investigações: "Que maravilhas Allah quis! Quão grandes são as bênçãos de Allah." Eles disseram: “É só você que resolve e desvenda o talismã do universo e o enigma da criação, ó Alcorão Sagrado"!

654 ﴿وَلِلّٰهِ الْمَثَلُ الْاَعْلٰى﴾ e não há erro na comparação – vamos representar os Nomes e Atributos Divinos, e os atos dominicais e os atos como a árvore de Tuba de luz, a esfera de cuja grandeza se estende desde a pré-eternidade para a pós-eternidade, e os limites de cuja vastidão se espalha pelo espaço infinito e o abarca, e os limites de cujas ações se estendem desde:

﴿يَحُولُ بَيْنَ الْمَرْءِ وَقَلْبِهِ﴾ 655 ۞ ﴿فَالِقُ الْحَبِّ وَالنَّوٰى﴾ 656

Até,

﴿وَالسَّمٰوَاتُ مَطْوِيَّاتٌ بِيَمِينِهِ﴾ 657 ۞ ﴿خَلَقَ السَّمٰوَاتِ وَالْاَرْضَ فِى سِتَّةِ اَيَّامٍ﴾ 658

O Alcorão Sagrado descreveu a realidade luminosa, as verdades desses Nomes e Atributos, atos e ações, em conjunto com todos os seus ramos e galhos, objetivos e frutos, de uma forma tão harmoniosa, tão apropriada de um para outro, sem estragar os outros ou estragar o decreto de um e de outro, ou serem distantes uns dos outros, que todas as pessoas de iluminação e aquelas que penetraram às realidades, e todo o sábio e o inteligente que têm viajado no reino da dimensão interna das coisas, declararam: "Glorificado seja Allah!" perante as evidências do Alcorão, afirmaram, dizendo: "quão perfeitas em veracidade e congruências, quão conformados com a realidade, quão excelentes, quão dignas!"

Tomemos, por exemplo, os seis pilares da fé, que são como uma única sucursal dessas duas árvores poderosas que imaginam toda a esfera da contingência e da necessidade: eles mostram todos os ramos e galhos desses pilares – como medida em que as mais distantes das frutas e Flores – observando tal harmonia e proporção entre eles, e os descreve de uma forma tão equilibrada, e ilustra-os de forma tão simétrica que a mente humana é incapaz de percebê-lo e fica espantada com a sua beleza. E a prova de que a beleza de proporção e relação perfeita e equilíbrio completo foram preservados entre os cinco pilares do Islam, que são como uma parte do ramo da crença, até os menores detalhes, o menor ponto de conduta, os mais distantes objetivos, a maioria da profunda sabedoria, e as frutas mais insignificantes, é a perfeita ordem, equilíbrio e beleza de proporção e solidez da Grande Chari'a do Islam, que emergiu das decisivas declarações, dos sentidos, das indicações, e das alusões do Alcorão abrangente; eles formam uma prova irrefutável e decisiva e apenas testemunham que não se pode duvidar. Isto significa que as exposições do Alcorão não podem ser atribuídas a um conhecimento parcial do homem e, particularmente, ao conhecimento de alguém analfabeto. Eles permanecem em vez de um conhecimento abrangente e são as palavras d'Aquele que é capaz de ver todas as coisas e observar em um momento todas as verdades da eternidade entre pré-e pós-eternidade. Nisto acreditamos.

SEGUNDO BRILHO: A que ponto a filosofia humana que desafia a sabedoria do Alcorão caiu perante a sabedoria que foi explicada e ilustrada com comparações na Décima Segunda Palavra e provada nas outras Palavras, remetemos os leitores para aqueles tratados e oferecemos agora uma comparação adicional de outro ponto de vista. É como se segue:

As ciências humanas e a filosofia olham para o mundo de forma fixa e constante. Elas discutem a natureza dos seres e suas características em detalhes; se elas falam de seus deveres perante o seu Criador, falam deles brevemente. Simplesmente, falam apenas da decoração e das letras do livro do universo, e anexam qualquer importância ao seu significado.

Quanto ao Alcorão, olha o mundo como transitório, passageiro, enganador, como viagem instável, e passando por revolução, sem constância. Ele fala brevemente sobre a natureza dos seres e suas características superficiais e materiais, mas menciona em detalhe os deveres de adoração que são cobrados pelo Criador, e em que aspectos aponta para Seus Nomes e Sua obediência ante as ordens da criação Divina. Vamos, portanto, olhar para as diferenças entre a filosofia humana e a sabedoria do Alcorão em relação a esta questão de olhar para as coisas momentâneas ou em detalhes, e veremos qual é a pura verdade e a realidade.

Um relógio na nossa mão parece ser constante, mas o seu interior está em convulsão permanente pelo movimento do funcionamento e da agitação constante das engrenagens e peças. Da mesma forma, juntamente com a sua aparente estabilidade, este mundo, que é um enorme relógio de poder Divino, está perpetuamente girando dentro de agitação e mudança, transitoriedade e evanescência. De fato, desde que o tempo entrou no mundo, o dia e a noite são como um ponteiro de duas cabeças contando os segundos desse enorme relógio. Os anos são como um ponteiro contando seus minutos, enquanto os séculos contam suas horas. Assim, o tempo molda o mundo sobre as ondas da morte e decadência. Ele atribui todo o passado e o futuro para a não existência, deixando de existir apenas o presente.

Juntamente com esta forma que o tempo dá ao mundo, no que diz respeito ao espaço é também como um relógio submetido a uma revolução instável. Porque, assim como o espaço da atmosfera muda rapidamente e rapidamente passa de um estado para outro por ser cheio e esvaziado com as nuvens, por vezes, várias momentos do dia, faz com que a mudança seja como uma ponteiro contando os segundos. E o espaço da terra, que é como o chão da casa do mundo. Uma vez que, com a vida e a morte e os animais e as plantas sua face muda muito rapidamente, como um ponteiro dos minutos que mostra que este aspecto do mundo também é transitório.

Assim como a terra é assim em relação a sua superfície, então por meio das revoluções e revoltas dentro dela, e as montanhas emergentes, como resultado disso e desaparecendo, este aspecto do mundo está lentamente passando também, como um ponteiro de horas. E pela mudança, como os movimentos dos corpos celestes, o aparecimento de cometas, a ocorrência de eclipses solares e lunares, e estrelas cadentes, o espaço dos céus também, que é como o teto da casa do mundo, mostram que os céus também não são estáveis e constantes, mas estão progredindo em direção à velhice e á destruição. Sua mudança é lenta e tardia como o ponteiro contando os dias em um relógio semanal, mas em todos os aspectos demonstra que é transitória e passageira e caminhando para a destruição.

Assim, o mundo, no que diz respeito a ele próprio, foi construído sobre estes sete pilares. Esses pilares perpetuamente agitam-no. Mas quando o mundo, que é assim em movimento,sendo abalado, olha para o seu Criador, o movimento e a mudança são o funcionamento da caneta do poder escrever as missivas do Eternamente Procurado. E esses estados mutantes são os espelhos dos Nomes Divinos, que sendo constantemente renovados, exibem com representações sempre diferentes a manifestação das qualidades dos Nomes.

E assim, em relação ao mundo, ele é ao mesmo tempo transitório e apressa-se para a morte, e está passando por revolução. Embora na realidade ele esteja partindo, como a água que flui, ao olho desatento, parece estar congelada; devido à ideia de natureza, tornou-se densa e turva, e torna-se um véu escondendo a Outra Vida. Assim, pela investigação filosófica e ciência natural, e os divertimentos sedutores da civilização dissoluta e as suas paixões embriagantes, a filosofia doente tem tanto aumentado o Estado e a inação congelada do mundo, e fez mais densa negligência, e aumentou a sua opacidade e turbidez, e fez com que o Criador e a Outra Vida fossem esquecidos. Enquanto, com seus versículos:

﴿اَلْقَارِعَةُ مَا الْقَارِعَةُ﴾[659] ۞ ﴿اِذَا وَقَعَتِ الْوَاقِعَةُ﴾[660] ۞ ﴿وَ الطُّورِ وَ كِتَابٍ مَسْطُورٍ﴾[661]

o Alcorão figura o mundo em relação a ele como o algodão, e lança-o fora, por meio de suas exposições como:

﴿اَوَلَمْ يَنْظُرُوا فِى مَلَكُوتِ السَّمٰوَاتِ وَ الْاَرْضِ﴾[662] ۞ ﴿اَفَلَمْ يَنْظُرُوا اِلَى السَّمَاءِ فَوْقَهُمْ كَيْفَ بَنَيْنَاهَا﴾[663] ۞ ﴿اَوَلَمْ يَرَ الَّذِينَ كَفَرُوا اَنَّ السَّمٰوَاتِ وَالْاَرْضَ كَانَتَا رَتْقًا﴾[664]

ele dá ao mundo uma transparência e remove sua turbidez, Por suas iluminações de dispersão luminosa como:

﴿اَللّٰهُ نُورُ السَّمٰوَاتِ وَالْاَرْضِ﴾[665] ۞ ﴿وَمَا الْحَيٰوةُ الدُّنْيَا اِلَّا لَعِبٌ وَ لَهْوٌ﴾[666]

Ele derrete o congelado mundo inativo mostrada com a morte, como os versículos:

﴿إِذَا السَّمَاءُ انْفَطَرَتْ﴾[667] ﴿إِذَا الشَّمْسُ كُوِّرَتْ﴾[668]

﴿إِذَا السَّمَاءُ انْشَقَّتْ﴾[669] ﴿وَنُفِخَ فِى الصُّورِ فَصَعِقَ مَنْ فِى السَّمٰوَاتِ وَمَنْ فِى الْاَرْضِ اِلَّا مَنْ شَاءَ اللّٰهُ﴾[670]

ele dispersa a ilusão de que o mundo é eterno. Por suas explosões estrondosas, como:

﴿يَعْلَمُ مَا يَلِجُ فِى الْاَرْضِ وَمَا يَخْرُجُ مِنْهَا وَمَا يَنْزِلُ مِنَ السَّمَاءِ وَمَا يَعْرُجُ فِيهَا وَهُوَ مَعَكُمْ اَيْنَ مَا كُنْتُمْ وَاللّٰهُ بِمَا تَعْمَلُونَ بَصِيرٌ﴾[671]

﴿وَقُلِ الْحَمْدُ لِلّٰهِ سَيُرِيكُمْ آيَاتِهِ فَتَعْرِفُونَهَا وَمَا رَبُّكَ بِغَافِلٍ عَمَّا تَعْمَلُونَ﴾[672]

ele espalha o nascimento da negligência da noção da "natureza".

Assim, do começo ao fim, os versículos do Alcorão voltados para o universo procedem de acordo com este princípio. Eles revelam e mostram a realidade do mundo como ele é. Por meio da amostra de quão feio o mundo é, verifica-se o rosto do homem a partir dele, e aponta o belo rosto do mundo, que olha para o Criador e fixa os olhos do homem nisso. Ele instrui na verdadeira sabedoria e conhecimento, ensinando os significados do livro do universo, e olhando com pouca frequência para as letras e decorações. Não deixa o significado ser esquecido como a filosofia embriagantes, nem faz o homem se apaixonar do feio e perder seu tempo com coisas sem sentido devido à decoração das letras.

O TERCEIRO BRILHO: No Segundo Brilho apontamos para a queda da filosofia humana ante a miraculosa sabedoria do Alcorão. Agora, neste Brilho, vamos mostrar o grau da sabedoria e da ciência – ante a sabedoria do Alcorão – dos estudantes purificados, os santos e os iluminados entre os filósofos, os ocidentais, todos estudantes do Alcorão, e faremos uma breve indicação para a miraculosidade do Alcorão a este respeito.

A mais verdadeira indicação da sublimidade do Alcorão Sagrado e uma prova mais clara da sua verdade e justiça e um sinal mais poderoso de sua miraculosidade é esta: a preservação de todos os cursos de todas as áreas da unidade Divina, juntamente com todas suas necessidades os expõe, têm preservado seu equilíbrio e não o têm estragado; e têm preservado o balanço de todas as exaltados verdades Divinas; e reunido todas as ordenanças ditadas pelos Nomes Divinos e preservado a sua proporção mútua; e reunido os atos dominicais e Divinos com equilíbrio perfeito. Assim, esta preservação, equilíbrio e reunião é uma característica que certamente não está presente nas obras do homem nem nos produtos do pensamento do eminente entre os homens. É para ser encontrado em nenhum lugar nas obras dos santos que penetraram na face interior dos seres, que olham para o seu Criador, nem nos livros dos ocidentais, que passaram para o sentido oculto das coisas, nem no conhecimento do espiritual que penetrou no mundo do Invisível. Como se tivessem praticado uma divisão do trabalho, é como se cada grupo aderisse a apenas um ou a dois ramos da grande árvore da realidade; cada um ocupa-se apenas com o seu fruto ou com suas folhas. Eles não sabem nada sobre os outros, ou não se preocupam com eles.

A realidade absoluta não pode ser compreendida por visões restritas. Uma visão universal como a do Alcorão é necessária, a fim de compreendê-lo. Com certeza, são instruídos pelo Alcorão, mas com uma mente particular, eles só podem ver completamente um ou dois lados da realidade universal, estão preocupados com eles, e presos a eles. Eles estragam o equilíbrio da realidade pelo excesso ou da negligência e prejudica a sua proporção e harmonia. Esta verdade foi explicada com uma comparação inusitada no segundo ramo da Vigésima Quarta Palavra, e agora vamos apontar para o assunto com outra comparação.

Por exemplo, suponhamos que há um tesouro no fundo do mar, cheio de inúmeras joias de vários tipos. Mergulhadores estão a mergulhar nas profundezas para procurar as joias do tesouro. Desde os seus olhos estão fechados, eles entendem o que está lá por meio da habilidade das mãos. Um diamante alongado vem na mão de um deles. O mergulhador assume que todo o tesouro consiste de um longo pilar como o diamante. Quando ele ouve de outras joias de seus companheiros, ele imagina que elas são auxiliares do diamante que ele encontrou e são facetas e enfeites do mesmo. Na mão de outro passa um rubi redondo, enquanto outro acha um pedaço quadrado de âmbar, e assim por diante, cada um deles acredita que a jóia que ele vê com a mão é a principal parte essencial do tesouro, e supõe que as coisas sobre o que ele ouve são peças e detalhes adicionais do mesmo. Então o equilíbrio das verdades é estragado, e a proporção recíproca também é prejudicada. A cor de muitas verdades mudam, e a fim de ver a verdadeira cor da realidade, eles são obrigados a recorrer a interpretações forçadas e explicações elaboradas. Às vezes, vão mesmo tão longe como a negação e rejeição. Qualquer um que estuda os livros dos filósofos ocidentais e as obras dos sufis, que contam com iluminações e visões, sem pesá-las na balança da Sunna, sem dúvida, confirma esta nossa afirmação. Isso quer dizer que, apesar de suas obras se referirem a verdades semelhantes aos do Alcorão e serem tomadas com os ensinamentos do Alcorão, porque elas não são o Alcorão, estão com defeito dessa forma. Os versículos do Alcorão também, que são oceanos de verdades, são mergulhadores do tesouro no fundo do mar. Mas seus olhos estão abertos e abrangem o tesouro. Veem o que há no tesouro e o que não há. Descrevem-no e o expõe com tal harmonia, ordem e proporção em que mostram a verdadeira beleza e delicadeza. Por exemplo, da mesma forma que ver a vastidão da religiosidade expressa pelos versículos:

﴿وَالْأَرْضُ جَمِيعًا قَبْضَتُهُ يَوْمَ الْقِيَامَةِ وَالسَّمٰوَاتُ مَطْوِيَّاتٌ بِيَمِينِهِ﴾[673] ۞ ﴿يَوْمَ
نَطْوِي السَّمَاءَ كَطَيِّ السِّجِلِّ لِلْكُتُبِ﴾[674]

assim também veem a misericórdia abrangente expressa por estes:

﴿إِنَّ اللّٰهَ لَا يَخْفٰى عَلَيْهِ شَيْءٌ فِي الْأَرْضِ وَلَا فِي السَّمَاءِ ۞ هُوَ الَّذِي يُصَوِّرُكُمْ
فِي الْأَرْحَامِ كَيْفَ يَشَاءُ﴾[675] ۞ ﴿مَا مِنْ دَابَّةٍ إِلَّا هُوَ آخِذٌ بِنَاصِيَتِهَا﴾[676]

﴿وَكَاَيِّنْ مِنْ دَابَّةٍ لاَ تَحْمِلُ رِزْقَهَا اَللّٰهُ يَرْزُقُهَا وَاِيَّاكُمْ﴾[677]

E assim como eles veem e apontam a vasta extensão da criatividade expressa por:

﴿خَلَقَ السَّمٰوَاتِ وَالْاَرْضَ وَجَعَلَ الظُّلُمَاتِ وَالنُّورَ﴾[678]

Assim também veem e mostram a disposição compreensiva e abrangente da dominicalidade expressa por:[679] ﴿خَلَقَكُمْ وَمَا تَعْمَلُونَ﴾

Eles veem e apontam a poderosa verdade expressa por:

﴿يُحْيِى الْاَرْضَ بَعْدَ مَوْتِهَا﴾[680]

E a verdade magnânima expressa por: [681]﴿وَ اَوْحَى رَبُّكَ اِلَى النَّحْلِ﴾

E a grande verdade soberana e de comando expressa por,

﴿وَ الشَّمْسَ وَالْقَمَرَ وَالنُّجُومَ مُسَخَّرَاتٍ بِاَمْرِهِ﴾[682]

Eles veem e mostram a compaixão, que regulamenta a verdade expressa por:

﴿اَوَ لَمْ يَرَوْا اِلَى الطَّيْرِ فَوْقَهُمْ صَافَّاتٍ وَيَقْبِضْنَ مَا يُمْسِكُهُنَّ اِلاَّ الرَّحْمٰنُ

اِنَّهُ بِكُلِّ شَىْءٍ بَصِيرٌ﴾[683]

E a vasta verdade expressa por:

﴿وَسِعَ كُرْسِيُّهُ السَّمٰوَاتِ وَالْاَرْضَ وَلاَ يَؤُدُهُ حِفْظُهُمَا﴾[684]

E que guarda a verdade expressa por:[685] ﴿وَهُوَ مَعَكُمْ اَيْنَ مَا كُنْتُمْ﴾

E a verdade abrangente expressa por:

﴿هُوَ الْاَوَّلُ وَالْآخِرُ وَالظَّاهِرُ وَالْبَاطِنُ وَهُوَ بِكُلِّ شَىْءٍ عَلِيمٌ﴾[686]

E a proximidade expressa por:

﴿وَلَقَدْ خَلَقْنَا الْاِنْسَانَ وَنَعْلَمُ مَا تُوَسْوِسُ بِهِ نَفْسُهُ وَ نَحْنُ اَقْرَبُ اِلَيْهِ مِنْ حَبْلِ الْوَرِيدِ﴾[687]

E a verdade elevada, indicada por:

﴿تَعْرُجُ الْمَلٰئِكَةُ وَالرُّوحُ اِلَيْهِ فِى يَوْمٍ كَانَ مِقْدَارُهُ خَمْسِينَ اَلْفَ سَنَةٍ﴾[688]

E a verdade abrangente expressa por:

﴿إِنَّ اللّٰهَ يَأْمُرُ بِالْعَدْلِ وَالْاِحْسَانِ وَاِيتَائِ ذِى الْقُرْبٰى وَيَنْهٰى عَنِ الْفَحْشَاءِ

وَالْمُنْكَرِ وَالْبَغْىِ﴾[689]

Os versículos do Alcorão veem e mostram em detalhes cada um dos seis pilares da crença em relação a este mundo e ao Outro como ação e conhecimento. Eles veem e mostram intencionalmente e seriamente cada um dos cinco pilares do Islam, e todos os princípios que garantem a felicidade neste mundo e no Outro. Eles preservam o seu equilíbrio, perpetuam a sua porção, e uma forma do milagre do Alcorão vem a ser a partir da fonte da beleza que nasce da proporção mútua da totalidade dessas verdades.

É devido a este grande mistério que, embora os estudiosos de teologia (kalam) sejam estudantes do Alcorão e uma parte deles tenha escrito milhares de obras de dez volumes cada um sobre os pilares da crença, porque, como os Mu'tazilas eles preferiram a razão à revelação, eles não foram capazes de expressar com clareza apenas dez dos versículos do Alcorão, ou prová-los decisivamente, ou convencer persuasivamente o que lhes dizem respeito. É simplesmente como se tivessem cavado túneis sob montanhas distantes, tomado tubos com as cadeias de causas, até os confins do mundo, não cortam as correntes, e depois demonstram conhecimento de Allah e da existência do Necessariamente Existente, que são como a água da vida. Os versículos do Alcorão, no entanto, tudo podem extrair da água de todo lugar como a equipe de Moisés, abriram uma janela de tudo, e dão a conhecer o Todo-Glorioso Criador. Temos efetivamente provado e demonstrado esse fato no tratado árabe Katre, e nas outras Palavras, que fluem do oceano do Alcorão.

É também devido a este mistério que, desde que todos os líderes dos grupos heréticos que passaram para a natureza interna das coisas (Batin), que, não seguem a Sunna do Profeta (Allah o abençoe e lhe dê paz), mas que dependem de suas visões, voltaram na metade do caminho, e se tornaram líderes de uma comunidade fundando seitas, têm sido incapazes para preservar a proporção e o equilíbrio das verdades do Alcorão, eles caíram em inovação e desorientação e dirigiram uma comunidade de pessoas no caminho errado. Assim, a impotência completa de tudo isso demonstra a miraculosidade dos versículos do Alcorão.

***

CONCLUSÃO

Dois lampejos da miraculosidade do Alcorão mencionados no Décima Quarta Gota da Décima Nona Palavra são suas repetições, que são imaginadas ser uma falha, e sua brevidade sobre as ciências físicas, sendo ambos fontes de lampejos da miraculosidade. Além disso, um lampejo dos milagres do Alcorão que brilha sobre os milagres dos profetas no Alcorão é demonstrado claramente na Segunda Estação da Vigésima Palavra. Da mesma forma que estes, inúmeros lampejos de miraculosidade foram mencionados nas outras Palavras e em meus tratados árabes. Portanto, considerando aqueles serem suficientes, aqui nós só devemos dizer isto, que mais um milagre do Alcorão é assim como todos os milagres dos profetas exibem um cunho dos milagres do Alcorão, assim com todos os seus milagres, o Alcorão é em si um milagre do Profeta Mohammad (Allah o abençoe e lhe dê paz). E todos os milagres do Profeta Mohammad (Allah o abençoe e lhe dê paz) são milagres do Alcorão que demonstram sua relação com Allah Todo-Poderoso. E, com a aparência de que a relação de todas as suas palavras tornam-se milagres. Então, uma única das suas palavras pode conter o significado de uma árvore de verdades, como uma semente; e pode estar ligada a todos os membros de uma poderosa verdade, como o centro do coração; e desde que conta com um conhecimento e infinita vontade, pode olhar para inúmeras coisas junto com suas letras, totalidades, situações e posições. É por isso que os estudiosos da ciência das letras afirmam ter encontrado uma página de segredos em uma única das letras do Alcorão, e eles provam o que afirmam aos adeptos dessa ciência.

Agora, reúna na visão da sua mente todas as Luzes, Raios, Lampejos, Brilhos, desde o início deste tratado até aqui e considere-os todos juntos! Como conclusão decisiva, eles recitam e proclamam em voz retumbante a afirmação feita no início, isto é:

﴿قُلْ لَئِنِ اجْتَمَعَتِ الْاِنْسُ وَالْجِنُّ عَلَى اَنْ يَأْتُوا بِمِثْلِ هذَا الْقُرْآنِ لاَ يَأْتُونَ بِمِثْلِهِ
وَلَوْ كَانَ بَعْضُهُمْ لِبَعْضٍ ظَهِيرًا﴾[690]

﴿سُبْحَانَكَ لاَ عِلْمَ لَنَا اِلاَّ مَا عَلَّمْتَنَا اِنَّكَ اَنْتَ الْعَلِيمُ الْحَكِيمُ﴾[691]

﴿رَبَّنَا لاَ تُؤَاخِذْنَا اِنْ نَسِينَا اَوْ اَخْطَاْنَا﴾[692] ۞ ﴿رَبِّ اشْرَحْ لِى صَدْرِى ۞
وَيَسِّرْ لِى اَمْرِى ۞ وَاحْلُلْ عُقْدَةً مِنْ لِسَانِى ۞ يَفْقَهُوا قَوْلِى﴾[693]

اَللّٰهُمَّ صَلِّ وَ سَلِّمْ اَفْضَلَ وَ اَجْمَلَ وَ اَنْبَلَ وَ اَظْهَرَ وَ اَطْهَرَ وَ اَحْسَنَ وَاَبَرَّ وَ اَكْرَمَ وَ اَعَزَّ
وَ اَعْظَمَ وَ اَشْرَفَ وَ اَعْلَى وَ اَزْكَى وَ اَبْرَكَ وَ اَلْطَفَ صَلَوَاتِكَ وَ اَوْفَى وَ اَكْثَرَ وَ اَزْيَدَ
وَ اَرْقَى وَ اَرْفَعَ وَ اَدْوَمَ سَلاَمِكَ صَلاَةً وَ سَلاَمًا وَ رَحْمَةً وَ رِضْوَانًا وَ عَفْوًا وَ غُفْرَانًا

تَمْتَدُّ وَ تَزِيدُ بِوَابِلِ سَحَائِبِ مَوَاهِبِ جُودِكَ وَ كَرَمِكَ وَ تَنْمُوا وَ تَزْكُوا بِنَفَائِسِ شَرَائِفِ لَطَائِفِ جُودِكَ وَ مِنَنِكَ اَزَلِيَّةً بِاَزَلِيَّتِكَ لاَ تَزُولُ اَبَدِيَّةً بِاَبَدِيَّتِكَ لاَ تَحُولُ عَلَى عَبْدِكَ وَ حَبِيبِكَ وَ رَسُولِكَ مُحَمَّدٍ خَيْرِ خَلْقِكَ النُّورِ الْبَاهِرِ اللاَّمِعِ وَ الْبُرْهَانِ الظَّاهِرِ الْقَاطِعِ وَ الْبَحْرِ الذَّاخِرِ وَ النُّورِ الْغَامِرِ وَ الْجَمَالِ الزَّاهِرِ وَ الْجَلاَلِ الْقَاهِرِ وَ الْكَمَالِ الْفَاخِرِ صَلاَتَكَ الَّتِى صَلَّيْتَ بِعَظَمَةِ ذَاتِكَ عَلَيْهِ وَ عَلَى آلِهِ وَ صَحْبِهِ كَذٰلِكَ صَلاَةً تَغْفِرُ بِهَا ذُنُوبَنَا وَ تَشْرَحُ بِهَا صُدُورَنَا وَ تُطَهِّرُ بِهَا قُلُوبَنَا وَ تُرَوِّحُ بِهَا اَرْوَاحَنَا وَ تُقَدِّسُ بِهَا اَسْرَارَنَا وَ تُنَزِّهُ بِهَا خَوَاطِرَنَا وَ اَفْكَارَنَا وَ تُصَفِّى بِهَا كُدُورَاتِ مَا فِى اَسْرَارِنَا وَ تَشْفِى بِهَا اَمْرَاضَنَا وَ تَفْتَحُ بِهَا اَقْفَالَ قُلُوبِنَا[694]

﴿رَبَّنَا لاَ تُزِغْ قُلُوبَنَا بَعْدَ اِذْ هَدَيْتَنَا وَهَبْ لَنَا مِنْ لَدُنْكَ رَحْمَةً اِنَّكَ اَنْتَ الْوَهَّابُ﴾[695]

﴿وَ آخِرُ دَعْوَيهُمْ اَنِ الْحَمْدُ لِلّٰهِ رَبِّ الْعَالَمِينَ﴾ ۞ آمِينَ آمِينَ آمِينَ[696]

***

PRIMEIRO ADENDO

[Do Adendo adicionado à Vigésima Quinta Palavra, este Primeiro Adendo consiste no Décimo Sétimo Grau da Primeira Estação do Sétimo Raio, O Sinal Supremo, por conta de sua estação.]

Conhecer o objetivo da vida neste mundo, e a vida ser crença, o viajante incansável e insaciável pelo mundo que estava questionando o universo a respeito de seu Senhor então disse para si mesmo: "Vamos consultar o livro chamado Alcorão de Exposição Milagrosa, que é conhecido como a palavra e a fala do Único que estamos buscando, e é o mais famoso, brilhante e dominante livro no mundo, desafiando a todos em todos os séculos, que não se submetem a ele. Mas primeiro temos de provar que é o livro de nosso Criador." E ele começou a procurar.

Já que o viajante vivia neste tempo, ele olhou primeiro para a Risale-i Nur, que consiste em lampejos do milagroso Alcorão, e viu que os seus cento e trinta partes são pontos excelentes e luzes dos versículos do Difirenciador entre a verdade e a mentira, e as explicações autênticas deles. Embora pelos muitos esforços a Risale-i Nur se espalhassem as verdades do Alcorão em todos os lugares em uma época tão obstinada e ímpia como esta, o fato de que ninguém se opusesse com sucesso a elas, prova que o Alcorão, que é o seu mestre, sua fonte, sua autoridade e o seu sol, é celestial e revelado, e não a palavra de ser humano. Apenas uma prova do Alcorão fora das centenas da Risale-i Nur, a Vigésima Quinta Palavra juntamente com a última parte da Décima Nona Carta, tem-se revelado de forma tão decisiva que o Alcorão é milagroso em quarenta aspectos que todos que os viram, em vez de criticá-los ou contestá-los, encheram-se de admiração perante suas provas, apreciando-as e elogiando-as. Então, referindo-lo às Risale-i Nur para provar aspectos milagrosos do Alcorão e ser a Palavra de Allah, o viajante só notou com breves indicações vários pontos que demonstram a sua grandeza.

Primeiro Ponto: Com todos os seus milagres e todas as suas verdades, que são uma indicação da sua veracidade, o Alcorão é um milagre de Mohammad (Allah o abençoe e lhe dê paz), assim também com todas as suas maravilhas e as evidências de sua missão profética e perfeições de seu conhecimento, Mohammad (Allah o abençoe e lhe dê paz) é um milagre do Alcorão, e uma prova decisiva de que ele é a Palavra de Allah.

Segundo Ponto: O Alcorão provocou uma transformação na vida social neste mundo em tão luminosa, feliz, e verdadeira forma, e provocou revolução na alma, nos corações, nos espíritos, nas mentes das pessoas, e em sua vida pessoal, social e política, e continuou e dirigiu a revolução, que a cada minuto por quatorze séculos os seus seis mil, seiscentos e sessenta e seis versículos são recitados com profunda reverência pela língua de pelo menos cem milhões de pessoas, e capacitou-os, purificou suas almas e seus corações, e fez com que os espíritos se desdobrassem e progredissem, dando direção e luz às mentes, e vitalidade e alegria à vida. Com certeza, esse livro não tem igual; é admirável, uma maravilha, um milagre.

Terceiro ponto: A eloquência do Alcorão tem demonstrado desde aquele tempo até agora ser ilustrada pelo seguinte: ele fez a filha de Labid remover das paredes da Caaba os famosos versos dos mais célebres poetas, escritos em ouro, chamados os Sete Poemas Suspensos, e a fez também declarar ao fazê-lo: "Ao lado dos versículos do Alcorão estes já não têm qualquer valor!"

Além disso, quando um poeta beduíno ouviu o versículo, ﴿فَاصْدَعْ بِمَا تُؤْمَرُ﴾[697]

sendo recitado, ele curvou-se em prostração. Quando perguntado se ele havia se tornado um muçulmano, ele respondeu: "Não, eu estava prostrando ante a eloquência deste versículo."

Além disso, milhares de sábios brilhantes e figuras literárias como os gênios da ciência da retórica, 'Abdal-Qahir Jurjani, Sakkaki e Zamakhchari, todos chegaram à conclusão de que, "a eloquência do Alcorão está além do poder do homem, que não pode alcançá-la."

Além disso, embora a partir daquele tempo emitisse continuamente um desafio provocando oradores e poetas vaidosos e egoístas, proclamando de uma forma que aflija seu orgulho: "produzam coisa similar a uma única Surata ou resignam-se à ignomínia e ruína no mundo e na Outra Vida!", os oradores obstinados daquele tempo desistiram de disputá-lo verbalmente, o caminho mais curto de produzir como uma Surata, e escolheram o caminho da guerra, que era longo e colocaram suas vidas e seus bens em perigo, provando assim que não era possível tomar o caminho mais curto.

E também, milhões de livros árabes estão em circulação, escritos desde aquele tempo pelos amigos do Alcorão pelo desejo de se assemelhar a ele e imitá-lo, e por seus inimigos, movidos para combatê-lo e criticá-lo, e essas obras estão sendo escritas e têm melhorado nos encontros de mentes e ideias, mas, se até mesmo o homem mais comum ao ouvi-las, declara que nenhuma delas chegou a se assemelhar a ele, dizendo: "Não se assemelham ao Alcorão e não são do nível dele. É tanto inferior a todos eles ou superior. Ninguém no mundo, nenhum incrédulo, nem um idiota mesmo, pode dizer que ele é inferior, o que significa que, o grau de sua eloquência está acima de todos . "Uma vez, um homem recitou o versículo, [698] ﴿سَبَّحَ لِلّٰهِ مَا فِى السَّمٰوَاتِ وَالْاَرْضِ﴾ e disse: "Eu vejo a eloquência nele, embora seja considerado maravilhoso." Por isso, foi dito a ele: "Retorna àquele tempo como o viajante, e depois ouça-o." Assim, imaginando-se lá antes que o Alcorão foi revelado, ele viu os seres do mundo estarem sem vida, sem consciência e deveres, miseráveis e obscuros em um mundo transitório e instável no meio do espaço vazio sem limites. De repente, ao ouvir este versículo da língua do Alcorão, ele viu que devolve um véu do universo e a face do mundo, iluminando-os. Ele viu que este discurso pré-eterno e decreto eterno instrui os seres conscientes alinhados nos séculos, revelando que o universo é como uma grande mesquita, e acima de tudo os céus, a terra e todos os seres, a serem empregados na glorificação e lembrança de Allah, com entusiasmo exercendo suas funções com alegria. Ele apreciou o grau de eloquência deste versículo, e comparando os outros a ele, entendeu um dos milhares de exemplos de sabedoria na recitação da eloquência do Alcorão cobrindo metade da terra e um quinto da humanidade e proferindo veneração, perpetuando a sua soberania sublime por quatorze séculos, sem parar.

Quarto Ponto: O Alcorão apresenta uma afabilidade tão verdadeira que, para aqueles que o recitam, as muitas repetições, que mesmo às coisas mais doces causam enfado, não trazem cansaço, e para aqueles cujos corações não são corrompidos e gosto não estragado, as repetições aumentam sua afabilidade. Desde tempos remotos, isto foi aceito por todos e tornou-se proverbial. Além disso, demonstra uma frescura, juventude e originalidade que, embora tenha vivido durante quatorze séculos e esteja disponível gratuitamente para todos, tem preservado a sua frescura, como se recém revelado. Cada século tem-no visto jovem como se fosse dirigido ao século em particular. E, embora, a fim de beneficiar-se dele o tempo todo, todos os ramos dos estudiosos sempre tiveram cópias do mesmo com eles em grande número e têm seguido e imitado seu estilo e forma de expressão, preservou exatamente a originalidade em seu estilo e forma de exposição.

Quinto Ponto: Uma ala do Alcorão está no passado, e uma está no futuro, e assim como a sua raiz e uma asa são as verdades acordados dos profetas antigos, e confirma-as e as corrobora, e eles também confirmam-no com a língua de unanimidade, assim também todos os verdadeiros caminhos sufi e formas de santidade cujos frutos, os santos e eruditos purificados, que recebem vida do Alcorão, mostram por seu progresso espiritual vital que a sua bendita árvore está viva, radiante, e os meios para a verdade. Eles crescem e vivem sob a proteção de sua segunda asa, e testemunham que o Alcorão é a pura verdade e a montagem de verdades e na sua abrangência, é uma maravilha inigualável.

Sexto Ponto: A veracidade do Alcorão mostra que seus seis aspectos são luminosos. De fato, os pilares da argumentação e provas abaixo deles; os lampejos do selo de miraculosidade acima deles; os dons de felicidade neste mundo e no próximo antes dele, o seu objetivo; as verdades da revelação divina, o seu ponto de apoio por trás dele; o parecer favorável e evidência de mentes verticais inumeráveis, à sua direita; e a verdadeira tranquilidade, atração sincera, e apresentação de firmes corações e consciências limpas, à sua esquerda tudo prova que o Alcorão é maravilhoso e firme cidadela inexpugnável de ambos os céus e a terra.

Da mesma forma, o Arranjador do universo, Que o tornou Sua prática de sempre exibir a beleza do universo, proteger o bom e o certo, e elimina os impostores e mentirosos, estabeleceu Seu selo em ser a pura verdade e à direita nos seis níveis, e não ser a palavra do ser humano, e não contém erro; e, dando-lhe o lugar de respeito e grau de sucesso no mundo mais aceitável, mais alto e mais dominante, confirmou e endossou o Alcorão.

Assim também, aquele que é a fonte do Islam e intérprete do Alcorão – sua crença nele e dispensando-lhe o maior respeito do que a todos os outros, e estar em um estado de sono como quando foi revelado, e outras palavras e outros discursos não se assemelham ou se aproximam dele, e que a discrição do intérprete sem hesitação e com total confiança pelos verdadeiros eventos cósmicos do Alcorão de modo geral o passado e o futuro por trás do véu do Invisível, e nenhum truque ou culpa sendo observada nele estando sob os olhares dos olhos mais afiados, e sua crença e afirmação de cada pronunciamento do Alcorão com toda a sua inabalável força, é um selo confirmando de que o Alcorão foi revelado, é verdadeiro e é o Verbo bendito do Próprio Compassivo Criador.

Além disso, um quinto da humanidade, na verdade a maior parte dela, é atraída pelo Alcorão e ligada a ele na religião e dando ouvidos a ele desejando ansiosamente a verdade, e de acordo com o testemunho de muitas indicações, eventos e iluminações, gênios, anjos e seres espirituais também se reunindo em torno dele em adoração verdadeira como mariposas, sempre que é recitado, é um selo que confirma a aceitação do Alcorão por todos os seres e que ocupa uma posição elevada.

Também, todas as classes da humanidade desde a mais inculta e humilde até a mais inteligente e mais culta, têm a sua quota total de instruções do Alcorão e a compreensão de suas verdades mais profundas, e todos os ramos de estudiosos como os grandes intérpretes da Grande Chari'a, em particular, e centenas de ciências islâmicas e ramos do conhecimento, os estudantes brilhantes e exigentes de teologia, os princípios da religião extraindo do Alcorão todas as necessidades e respostas para suas próprias ciências, – este é um selo confirmando que o Alcorão é a fonte da verdade e a mina de realidade.

E ainda, embora os números de literários árabes, que foram os mais avançados no que diz respeito à literatura, – aqueles dentre eles que não eram muçulmanos – tivessem a maior necessidade de disputar com o Alcorão, foram incapazes de produzir formas semelhantes a apenas uma única Surata e sua eloquência, sendo esta apenas um aspecto dos sete principais aspectos da miraculosidade do Alcorão, assim como os oradores famosos e estudiosos brilhantes até o presente, que queriam ganhar fama por meio disputa, foram incapazes de se opor a um único aspecto de seu milagre e permaneceram em silêncio em impotência, – este é um selo confirmando que o Alcorão é um milagre e está além dos poderes do ser humano.

Sim, o valor, a superioridade e a eloquência de um discurso ou palavra é aparente por meio do conhecimento, "de quem e para quem ele veio, e com que propósito". O Alcorão, então, não pode ter igual, e ninguém pode alcançá-lo. O Alcorão é o discurso e tratamento do Senhor e Criador de todo o universo e um diálogo de forma alguma atingido pela imitação e a artificialidade, foi enviado em nome de todos os seres humanos, na verdade, de todos os seres, ao mais famoso e renomado da humanidade, à força e amplitude de cuja crença deu origem ao poderoso Islam e levantou seu dono ao nível "da distância de duas cordas de arco" e o enviou de volta como o destinatário do Eternamente Procurado. Ele descreve e explica as questões relacionadas à felicidade neste mundo e no próximo, os resultados da criação do universo e os propósitos dominicais dentro dele. Ele expõe também a crença daquele a quem foi enviado que foi o mais elevado e o mais extenso, e deu à luz todas as verdades do Islam. Ele vira e mostra todos os lados do enorme universo como um mapa, um relógio, ou uma casa, e ensina e descreve-o na forma do Artesão Que os fez para produzir coisa similar a este Alcorão de exposição miraculosa não é possível; o grau de sua miraculosidade não pode ser alcançado.

Além disso, milhares de precisos e eruditos de grande inteligência têm escrito comentários expondo o Alcorão, alguns dos quais são de trinta, quarenta, ou mesmo setenta volumes, mostrando e provando com argumentos as inúmeras qualidades, excelentes pontos, características, mistérios, significados elevados, e inúmeras indicações relativas a cada tipo de assunto oculto e invisível no Alcorão. E os cento e trinta partes da Risale-i Nur, em particular, cada uma das quais prova com argumentos decisivos uma qualidade, um ponto fino do Alcorão, – todas as suas partes, como Milagres do Alcorão, e a Segunda Estação da Vigésima Palavra, que deduz muitas coisas do Alcorão sobre as maravilhas da civilização como a estrada de ferro e o avião, e do Primeiro Raio, chamado Sinais do Alcorão, que divulga alusões de versículos para a Risale-i Nur e eletricidade, e os oito curtos tratados chamados Os Oito Sinais, que mostram o quão bem-ordenadas, cheias de significado, e misteriosas são as palavras do Alcorão, e o pequeno tratado provando em cinco aspectos a miraculousidade dos versículos no final da Surata al-Fath em relação à notícia do Invisível – cada parte da Risale-i Nur mostra uma verdade, uma luz do Alcorão. Tudo isso forma um selo confirmando que o Alcorão não tem igual, é um milagre, uma maravilha, e é a língua do mundo do Invisível no Manifesto Mundial e da Palavra de Um Onisciente do Invisível.

Assim, devido a essas qualidades e características do Alcorão acima indicadas em seis pontos, seis aspectos, e seis níveis, o sublime, a soberania luminosa e sagrada, regra poderosa continuaram em perfeito esplendor iluminando os séculos e a face da terra por 1.300 anos. Além disso, por causa dessas qualidades do Alcorão, cada uma de suas letras ganhou a distinção sagrada de produzir, pelo menos, dez prêmios, dez méritos e dez frutos eternos, e as letras de certos versículos e Suratas rendendo cem ou mil frutos, ou ainda mais, e em tempos abençoados a luz, a recompensa, e o valor de cada letra passando de dez para centenas de pessoas. O viajante pelo mundo entendeu isso e disse ao seu coração: "O Alcorão, que é, portanto, miraculoso em todos os aspectos, pelo consenso das suas Suratas, a concordância de seus versículos, a concordância de suas luzes e mistérios, e a concordância de seus frutos e obras, testificam com suas evidências na forma de provas a existência, a unidade, os atributos e os nomes de um único Necessariamente Existente que é a partir do seu testemunho de que o testemunho interminável de todos os crentes têm emitido."

Assim, em breve indicação para a instrução na fé e na unidade Divina que o viajante recebeu do Alcorão, foi dito no Grau Décimo Sétimo da Primeira Estação:

لاَ اِلهَ اِلاَّ اللّٰهُ الْوَاجِبُ الْوُجُودِ الْوَاحِدُ اْلاَحَدُ الَّذِى دَلَّ عَلَى وُجُوبِ وُجُودِهِ فِى وَحْدَتِهِ الْقُرْآنُ الْمُعْجِزُ الْبَيَانِ اَلْمَقْبُولُ الْمَرْغُوبُ لاَجْنَاسِ الْمَلَكِ وَ اْلاِنْسِ وَ الْجَانِّ اَلْمَقْرُوءُ كُلُّ آيَاتِهِ فِى كُلِّ دَقِيقَةٍ بِكَمَالِ اْلاِحْتِرَامِ بِاَلْسِنَةِ مِأتِ مِلْيُونٍ مِنْ نَوْعِ اْلاِنْسَانِ الدَّائِمُ سَلْطَنَتُهُ الْقُدْسِيَّةُ عَلَى اَقْطَارِ اْلاَرْضِ وَ اْلاَكْوَانِ وَ عَلَى وُجُوهِ اْلاَعْصَارِ وَ الزَّمَانِ وَ الْجَارِى حَاكِمِيَّتُهُ الْمَعْنَوِيَّةُ النُّورَانِيَّةُ عَلَى نِصْفِ اْلاَرْضِ وَ خُمْسِ الْبَشَرِ فِى اَرْبَعَةَ عَشَرَ عَصْرٍ بِكَمَالِ اْلاِحْتِشَامِ .. وَ كَذَا شَهِدَ وَ بَرْهَنَ بِاِجْمَاعِ سُوَرِهِ الْقُدْسِيَّةِ السَّمَاوِيَّةِ وَ بِاِتِّفَاقِ آيَاتِهِ النُّورَانِيَّةِ اْلاِلهِيَّةِ وَ بِتَوَافُقِ اَسْرَارِهِ وَ اَنْوَارِهِ وَ بِتَطَابُقِ حَقَائِقِهِ وَ ثَمَرَاتِهِ وَ آثَارِهِ بِالْمُشَاهَدَةِ وَ الْعِيَانِ[699]

***

A FLOR DE EMIRDAG

[Uma resposta extremamente poderosa para as objeções levantadas contra a repetição no Alcorão.]

Caríssimos e leais Irmãos!

Devido à minha situação miserável, este Tópico é confuso e sem graça. Mas percebi definitivamente que, sob a redação confusa havia um valioso tipo de milagre, mas, infelizmente, eu fui incapaz de expressá-lo. Porém, por mais que seja o texto confuso – já que trata do Alcorão – ele é tanto culto em forma de reflexão, e uma concha de uma joia brilhante, sagrada, elevada. O diamante na mão deve ser olhado, não para suas roupas rasgadas. Além disso, eu escrevi isso em um ou dois dias durante o Ramadan, enquanto extremamente doente, miserável e sem comida, da necessidade de forma concisa e muito brevemente, e inclusive muitas verdades e muitas provas em uma única frase. Suas deficiências, então, devem ser esquecidas![I]

Meus verdadeiros e leais irmãos! Ao ler o Alcorão – de Exposição Milagrosa – durante Ramadan, ponderei sobre os significados dos trinta e três versículos que indiquei no Primeiro Raio da Risale-i Nur, eu vi que cada versículo, ou melhor os versículos daquela página e sua abordagem parece olhar a Risale-i Nur e seus alunos, em certa medida – na medida em que eles têm uma parte na história. Particularmente os versículos de luz em Surata Al-Nur, assim como eles apontam para a Risale-i Nur, com os dez dedos, de modo que os versículos seguintes – os versículos da escuridão – que apontam diretamente para aqueles que se opõem a ela; esses produzem mais uma quota. Simplesmente, entendi que esta "estação" surge da particularidade para a universalidade e que uma parte daquela universalidade é a Risale-i Nur e seus alunos.

De fato, no que diz respeito à amplitude, exaltação e abrangência o discurso do Alcorão recebe em primeiro lugar a extensa estação da Divindade universal do Locutor Pré- Eterno, e da extensa estação dirigida em nome da humanidade, na verdade, de todos os seres, e a mais extensa estação de orientação de toda a humanidade em todos os séculos, e da estação das mais elevadas exposições abrangentes das leis Divinas sobre a regulação deste mundo e do Outro, e os céus e a terra, e pré-eternidade e pós-eternidade, e a Divindade do Criador do universo, e de todos os seres. Este Discurso exibe um milagre tão elevado e abrangente que tanto seu nível aparente e simples, que prepara as mentes simples de pessoas comuns, o grupo mais numeroso dos discursos do Alcorão, e seu nível mais alto, participa dela.

Dirigindo-se a todas as idades e todas as classes de pessoas, nas suas histórias e narrativas históricas, não reconta uma parte ou uma lição a partir deles, mas aponta elementos de um princípio universal, como se fosse recém revelada. Particularmente as suas ameaças, muitas vezes repetidas[700] اَلظَّالِمِينَ اَلظَّالِمِينَ , e suas exposições graves de calamidades aplicados nos céus e na terra, o castigo por seus erros – por meio destes e a retribuição aplicados nos povos de 'Ad e Samud e no Faraó – chama a atenção para

---

[I] Como o Décimo Tópico dos Frutos da Prisão de Denizli, é uma pequena, brilhante flor de Emirdag e desse mês do Ramadan. Ao explicar um exemplo de sabedoria nas repetições do Alcorão, ela dissipa as podres e venenosas ilusões do povo de desorientação.

os erros inigualáveis deste século, e pela salvação dos profetas como Abraão (a paz esteja com ele) e Moisés (a paz esteja com ele) dá consolo aos crentes oprimidos.

Na verdade, todo o tempo passado e os tempos e séculos que partem, do ponto de vista de negligência e desorientação formam um lugar terrível de não-existência e um grave cemitério arruinado, mas o Alcorão de Exposição Milagrosa mostra a cada século e classe de pessoas na forma de páginas vivas e instrutivas, mundos estranhos, vivos e dotados de espírito, e reinos existentes do Sustentador que estão conectados com a gente. Com um milagre elevado, que, às vezes, nos transmite esses tempos e, outras nos traz esses tempos. Inspirando vida ao universo, que, na opinião da desorientação é sem vida, infeliz, morto, e um deserto sem limites girando no meio de separação e morte, com o mesmo milagre deste mesmo Alcorão de Estatura Poderosa faz surgir a vida desses seres mortos, os faz conversar uns com os outros como funcionários encarregados de tarefas e acelera a ajuda de um ao outro, que instrui a humanidade, os gênios e os anjos com verdadeira, luminosa, e prazerosa sabedoria.

Por certo, então, ela adquire distinções sagradas, como a existência de dez méritos em cada uma das suas letras, e às vezes de cem, mil ou milhares de méritos, e se todos os homens e os gênios se reunissem, seriam incapazes de produzir coisa similar a ele; e sua fala completamente adequada com toda a humanidade e todos os seres; e a todo o tempo ser inscrito com avidez nos corações de milhões de hafizes (memorizadores do Alcorão), e de não causar cansaço por suas frequentes e numerosas repetições; e apesar de suas muitas passagens e frases obscuras, e de ser perfeitamente instalado nas delicadas e simples cabeças de crianças; e de ser agradável como a água de Zamzam nos ouvidos do doente, o moribundo, e aqueles angustiados por algumas palavras; e a obtenção de seus alunos a felicidade neste mundo e no próximo.

Sua suavidade de estilo, que observa exatamente a situação de iletrado de seu intérprete,não permite que se aproxime dele linguagem bombástica, artificialidade, ou simulação, e sua revelação direta dos céus, demonstra um claro milagre. Assim também mostra um claro milagre na graça e orientação de lisonjear as mentes simples de pessoas comuns, as mais numerosas das classes de homens, por meio da condescendência em sua expressão e, principalmente, abrindo as páginas mais claras e evidentes como os céus e a terra, e ensinam os milagres maravilhosos de poder e linhas significativas de sabedoria debaixo daquelas coisas banais.

Ao fazer-se conhecido que também é um livro de oração e de convocação, de invocação e Divina unidade, que exigem repetição, demonstra uma espécie de milagre por fazer compreender em uma única frase e uma única história, por suas repetições agradáveis, inúmeros significados diferentes para numerosas diferentes classes de pessoas. Da mesma forma, fazendo saber que as menores coisas sem importância, em eventos comuns são comuns dentre seu ponto de vista compassivo e na esfera de sua vontade e regulação, demonstra uma espécie de milagre em atribuir importância até mesmo aos pequenos eventos que envolvem os companheiros do Profeta no estabelecimento do Islam e a codificação da Chari'a, e tanto nos eventos que são princípios universais e, no estabelecimento do Islam e da Chari'a, que são em geral, os seus frutos mais importantes, como se fossem sementes.

No que diz respeito à repetição, é necessária devido à repetição da necessidade, a repetição de certos versículos que, como respostas a muitas perguntas repetidas ao longo de um período de vinte anos, instrui diferentes níveis de pessoas não é uma falha, na verdade, repetir certas frases tão poderosas que produzem milhares de resultados e um número de versículos resultantes de inúmeras evidências, que descrevem uma infinita e impressionante revolução abrangente que, por destruir totalmente o vasto universo e mudar sua forma no Dia do Juízo, removerá o mundo e encontrará a poderosa Outra Vida em seu lugar, e provará que todas as partículas e universos desde os átomos até as estrelas estão nas Mãos e sob a alienação de Um Único Ser, e mostrará a ira Divina e a raiva dominical – por conta do resultado da criação do universo – na injustiça da humanidade, que enraivece a terra, os céus, e os elementos. Repetir esses versículos não é uma falha, mas o mais poderoso milagre e a mais elevada eloquência; uma eloquência e estilo lúcido corresponde exatamente aos requisitos do assunto.

Por exemplo, como é explicado no Décimo Quarto Lampejo da Risale-i Nur, a sentença: بِسْمِ اللّٰهِ الرَّحْمٰنِ الرَّحِيمِ, que constitui um único versículo e é repetido cento e quatorze vezes no Alcorão, é uma verdade que se liga ao Trono Divino e à terra, e ilumina o cosmos, e o qual todos precisam o tempo todo, se fosse repetido milhões de vezes, ainda seria preciso mais. Há necessidade e desejo por ele, não só todos os dias como o pão, mas a cada momento como o ar e a luz.

E, por exemplo, o versículo: [701]﴿ اِنَّ رَبَّكَ لَهُوَ الْعَزِيزُ الرَّحِيمُ ﴾ que é repetido oito vezes na Surata[702] ﴿طٰسٓمٓ﴾, repetido por conta do resultado da criação do universo e em nome da dominicalidade universal, a salvação dos profetas, cujas histórias são contadas na surata, e as punições de seus povos, a fim de ensinar que a dignidade dominical exige os tormentos desses povos transgressores enquanto a compaixão Divina exige salvação dos profetas. É um milagre conciso, miraculoso, e elevado, para o qual, se repetido milhares de vezes, ainda haveria necessidade e desejo.

E, por exemplo, o versículo: [703]﴿ فَبِاَيِّ آلَاءِ رَبِّكُمَا تُكَذِّبَانِ ﴾ que se repete em Surat al-Rahman, e o versículo: [704]﴿ وَيْلٌ يَوْمَئِذٍ لِلْمُكَذِّبِينَ ﴾ na Surata al-Mursalat grita ameaçadoramente para a humanidade e os gênios através dos séculos e dos céus e da terra, a incredulidade, ingratidão e injustiça daqueles que causam raiva ao universo e aos céus e à terra, estragam os resultados da criação do mundo, e negam e respondem desatenciosamente à majestade de regra Divina, e violam os direitos de todas as criaturas. Se uma lição geral, portanto, preocupada com milhares de verdades e da força dos milhares de assuntos é repetida milhares de vezes, ainda seria necessário dele e de sua imponente e bela concisão e eloquência milagrosa.

E, por exemplo, a repetição da frase:

سُبْحَانَكَ يَا لَا اِلٰهَ اِلَّا اَنْتَ الْاَمَانُ الْاَمَانُ خَلِّصْنَا وَ اَجِرْنَا وَ نَجِّنَا مِنَ النَّارِ[705]

na súplica do Profeta (Allah o abençoe e lhe dê paz) chamada de Jawshan al-Kabir, é uma súplica verdadeira e autêntica do Alcorão, uma espécie de rito sumário a partir dela.

Ela contém a maior verdade e o mais importante dos três deveres supremos das criaturas em face da Divindade, glorificação e louvor de Allah, declarando que Ele é Todo-Santo, e a questão mais impressionante que o ser humano enfrenta, o ser salvo da eterna miséria e a adoração, o resultado mais preciso da impotência humana. Então, se ela é repetida milhares de vezes, ainda é pouco.

Assim, a repetição do Alcorão procura princípios como estes. Às vezes, em uma página, ainda, em relação aos requisitos da posição, a necessidade de explicação e as exigências da eloquência, expressa a verdade da unicidade Divina, talvez, vinte vezes, explícita e implicitamente. Isso não causa tédio, mas dá-lhe um poder e vontade. Foram explicadas na Risale-i Nur com provas apropriadas, adequadas e aceitáveis aos olhos de retórica, as repetições do Alcorão. A sabedoria e o significado das suratas de Makka e Madina do Alcorão Sagrado serem diferentes em relação à eloquência, ao milagre, ao detalhe e à brevidade é como segue:

Em Makka, os primeiros versículos foram dirigidos àqueles que se opunham a eles, ou seja, os idólatras das tribos coraixitas incultas. Portanto, um estilo retórico, poderoso e elevado era necessário, e um milagre, convincente, conciso e persuasivo. A fim de estabelecê-lo, a repetição foi necessária. Assim, na maioria das suratas de Makka, repetindo e expressando os pilares da crença e os graus na afirmação da unicidade Divina com a mais poderosa, elevada e milagrosa concisão, revelou-se tão poderosamente a primeira criação e a Ressurreição, Allah e a Outra Vida, não apenas em uma única página, versículo, frase ou palavra, mas, por vezes, em uma letra, por meio de dispositivos gramaticais como alterar as posições das palavras ou frases, tornando uma palavra indefinida e as omissões e inclusões, que os gênios e os líderes da ciência da retórica conheceran-nocom admiração. A Risale-i Nur, e a Vigésima Quinta Palavra e seus Adendos, em particular, provam, em resumo, quarenta aspectos do milagre do Alcorão, e seu comentário, Icharat al-I'jaz, da Risale-i Nur em árabe, que de uma forma maravilhosa prova o aspecto milagroso do Alcorão em sua ordem das palavra, têm demonstrado no fato de que nas suratas e os versículos de Makka são os mais altos estilos de eloquência e o mais elevado e conciso milagre.

As regras da retórica e métodos de orientação e fundações exigiram ser um discurso dirigido ao povo do livro corresponde à realidade da sua situação. Ele veio de maneira fácil, clara e suave, com plano para esclarecer os detalhes – sem ativos pessoais (fé) – porque essas partículas são as disposições sub-origem e universitárias leis, e sobre as diferenças entre as legislações e condições. Então, muitas vezes encontramos versículos em claro gráfico de maneira milagrosa, especial, civil e suave.

Quanto às suratas e aos versículos de Madina, a primeira classe a que foram endereçados e seus opositores foram os adeptos do Livro, os judeus e os cristãos crentes na existência de Allah. Por isso, as regras da retórica e métodos de orientação e fundações exigiram ser um discurso dirigido ao povo do livro que correspondia à realidade da sua situação; não foi a explicação dos altos princípios da religião e os pilares da crença em um estilo simples, claro e detalhado, mas a explicação de assuntos específicos na Chari'a e suas injunções, que foram a causa de litígio, e as origens e as causas das questões secundárias e leis gerais. Assim, nas suratas e nos versículos de Madina, pelas explicações, com estilo claro, simples, detalhado, na forma incomparável de exposição peculiar do Alcorão, ele menciona principalmente dentro dessas questões secundárias particulares, um resumo poderoso e elevado – uma conclusão e prova, uma frase relacionada com a unicidade Divina, a crença ou a Outra Vida que torna universal a questão particular da Chari'a e garante que ela está de acordo com a crença em Allah. Ela ilumina a passagem e a eleva. A Risale-i Nur provou as qualidades e os excelentes pontos e elevada eloquência nos resumos e conclusões, que expressam a unicidade Divina e a Outra Vida, e vêm principalmente no final dos versículos, como:

﴿إِنَّ اللّٰهَ عَلٰى كُلِّ شَىْءٍ قَدِيرٌ﴾[706] ۞ ﴿إِنَّ اللّٰهَ بِكُلِّ شَىْءٍ عَلِيمٌ﴾[707]

﴿وَهُوَ الْعَزِيزُ الْحَكِيمُ﴾[708] ۞ ﴿وَهُوَ الْعَزِيزُ الرَّحِيمُ﴾[709]

Explicado no Segundo Raio da Segunda Luz da Vigésima Quinta Palavra, dez de muitos pontos desses resumos e conclusões, provou-se ao obstinado que eles contêm um milagre supremo.

Sim, ao expor as questões secundárias da Chari'a e as leis da vida social, o Alcorão de uma só vez eleva os pontos de vista daqueles que aborda a pontos elevados, universais, e transforma um estilo simples em elevado e uma instrução na Chari'a para instrução na unicidade Divina, ele mostra que é ao mesmo tempo um livro de direito, de comando e sabedoria, um livro dos princípios da fé e da crença, de invocação e reflexão e intimação. E por meio do ensino de muitos dos objetivos da orientação do Alcorão em cada passagem, ele exibe uma eloquência brilhante e milagrosa diferente das suratas de Makka.

Às vezes, em duas palavras, por exemplo,[710] رَبُّ الْعَالَمِينَ, pela frase,[711] رَبُّكَ, exprime a unicidade Divina, e por, رَبُّ الْعَالَمِينَ , a unicidade Divina. Ela expressa a unidade Divina dentro da unicidade Divina. Em uma única frase, ela vê e situa uma partícula na pupila do olho, e situa o sol no meio do céu. Seu Poder que coloca com um só instrumento cada coisa em seu devido lugar, tornando o sol um olho para o céu. Por exemplo, após o versículo:

712 ﴿خَلَقَ السَّمٰوَاتِ وَ الْاَرْضَ﴾ após o versículo:

713 ﴿يُولِجُ الَّيْلَ فِى النَّهَارِ وَ يُولِجُ النَّهَارَ فِى الَّيْلِ﴾ ele diz:

714 ﴿وَ هُوَ عَلِيمٌ بِذَاتِ الصُّدُورِ﴾. Ele diz: "Dentro da vasta majestade da criação da terra e dos céus, Ele conhece e regula os pensamentos do coração." Por uma exposição deste tipo, ele transforma o nível simples e iletrado e discussão particular que leva em conta as mentes das pessoas comuns, em uma conversa geral elevada e atraente com a finalidade de orientação.

A Pergunta: Às vezes, uma verdade importante não é aparente a uma visão superficial e, em algumas posições da conexão não se sabe quando uma frase concisa, expondo a unidade Divina ou um princípio universal, é retirada de uma matéria e comum, e imagina-se ser uma falha. Por exemplo, mencionar o princípio extremamente elevado:

وَفَوْقَ كُلِّ ذِى عِلْمٍ عَلِيمٌ[715] quando José (a paz esteja com ele) apreendeu o irmão por meio de subterfúgios, não parecia estar em consonância com a eloquência. Qual é o seu significado e propósito?

A Resposta: Na maioria das suratas longas e de meio comprimento, cada uma constitui um pequeno Alcorão, e em muitas páginas e passagens, e não apenas dois ou três objetivos são seguidos, pela sua própria natureza, o Alcorão é composto por muitos livros e ensinamentos, como sendo um livro de invocação, crença e reflexão, e um livro de leis, sabedoria e orientação. Assim, uma vez que descreve as majestosas manifestações de dominicalidade Divina e a abrangência de todas as coisas, como uma espécie de recitação do livro poderoso do universo, seguem-se muitos objetivos em todas as discussões e, por vezes, em uma única página. Enquanto instruindo no conhecimento de Allah, os graus de unidade Divina, e as verdades da fé, com uma conexão aparentemente fraca ele abre outro assunto de instrução na passagem seguinte, juntando-se as conexões poderosas para o fraco. Ela corresponde perfeitamente à discussão e aumenta o nível de eloquência.

A segunda pergunta: "Qual é a sabedoria e o propósito do Alcorão provando e chamando a atenção para a Outra Vida, a unidade Divina, e a recompensa e a punição do homem, milhares de vezes, de forma explícita, implícita e alusivamente, e ensinar-lhes em cada surata, em cada página, e em cada discussão?"

A Resposta: A fim de ensinar sobre os assuntos mais importantes de toda a esfera da contingência, e as revoluções da história do universo, e os mais importantes, mais significantes e mais impressionantes assuntos relacionados aos direitos do homem, que – se assumiu a suprema confiança e vice-gerência da terra – levará tanto à sua perdição ou à felicidade eterna, e para remover suas inúmeras dúvidas e esmagar suas violentas negações e sua obstinação, de fato, para fazer o homem confirmar essas revoluções impressionantes e submeter-se aqueles assuntos mais necessário e essenciais que são tão grandes como as revoluções, se o Alcorão chama a sua atenção para eles milhares, ou até milhões de vezes, não é excessivo, para as discussões no Alcorão que é lido milhões de vezes, e eles não causam tédio, nem a necessidade de cessar.

Por exemplo, uma vez que os versículos:

﴿إِنَّ الَّذِينَ آمَنُوا وَعَمِلُوا الصَّالِحَاتِ لَهُمْ جَنَّاتٌ تَجْرِى مِنْ تَحْتِهَا الْأَنْهَارُ﴾[716]

﴿خَالِدِينَ فِيهَا أَبَدًا﴾[717]

onde anunciam a boa notícia da felicidade eterna, e "salvam da extinção eterna da morte, que a cada momento se mostra ao homem miserável, a ele mesmo e ao seu mundo, e todos aqueles que ele ama, e ganha para eles uma soberania eterna", se é repetida milhares de milhões de vezes e dada a importância do universo, ainda não é excessivo e não perde o seu valor. Assim, no ensino de inúmeros e inestimáveis assuntos desse tipo, e se esforçando em persuadir, convencer e provar a ocorrência das revoluções impressionantes que destruirão a forma atual do universo e a transformarão como se fosse uma casa, o Alcorão de Exposição Milagrosa certamente chama a atenção para estas questões, milhares de vezes explícita, implícita e alusivamente, e isso não é excessivo, mas renova a recompensa, que é como uma necessidade essencial, o mesmo que as necessidades essenciais de pão, remédio, ar e luz são renovados.

E, por exemplo, como é provado decisivamente na Risale-i Nur, a sabedoria no Alcorão repetindo severamente, com raiva, e com força, ameaçando com versículos como:[718]﴿ إِنَّ الْكَافِرِينَ فِي نَارِ جَهَنَّمَ ﴾[719] ﴿ وَالظَّالِمِينَ لَهُمْ عَذَابٌ أَلِيمٌ ﴾ a descrença do homem é tal como uma transgressão contra os direitos do universo e a maioria das criaturas que tornam os céus e a terra raivosos e causam raiva dos elementos, para distribuir sopros sobre esses malfeitores com tormenta e tempestade. De acordo com a declaração clara dos versículos:

﴿ إِذَا أُلْقُوا فِيهَا سَمِعُوا لَهَا شَهِيقًا وَهِيَ تَفُورُ ۞ تَكَادُ تَمَيَّزُ مِنَ الْغَيْظِ ﴾[720]

O Inferno rugirá para aqueles negadores iníquos que quase se desintegra com fúria. Assim, pela sabedoria de mostrar, não do ponto de vista da pequenez do homem e a insignificância diante de um crime tão geral e agressão sem limites, mas a importância dos direitos do Monarca de assuntos do Universo perante a grandeza do crime culposo e a grandiosidade da injusta agressão, e a feiúra ilimitada na incredulidade e na maldade daqueles que negam – de acordo com a sabedoria de mostrar isso, se repetir em Seu decreto mais furiosa e severamente o crime e sua punição, milhares, milhões, ou mesmo milhares de milhões de vezes, ainda não seria excessivo nem uma falha, porque há mil anos milhares de milhões de pessoas leram esses versículos todos os dias, e não com tédio, mas com ânsia total e necessidade.

Na verdade, todos os dias, o tempo todo, para todos, um mundo desaparece e a porta de um novo mundo se abre para eles. Pela repetição de[721] لَا إِلٰهَ إِلَّا اللّٰهُ mil vezes por necessidade e com saudade, a fim de iluminar cada um desses mundos transitórios, faz لَا إِلٰهَ إِلَّا اللّٰهُ uma lâmpada para cada um desses véus em mudança. Da mesma forma, de acordo com a sabedoria de apreciação pela leitura do Alcorão as penalidades desses crimes e as ameaças graves do Monarca Pré-Eterno, que quebra sua obstinação, e de trabalhar para ser salvo da rebelião da alma, de modo a não obscurecer na escuridão esses múltiplos, véus fugazes e renovar universos em viagem, e para não fazer feio suas imagens que são refletidas nos espelhos de suas vidas, e não para se voltar contra eles essas opiniões de hóspedes que podem testemunhar a seu favor, o Alcorão os repete em forma verdadeiramente significativa. Mesmo Satanás estremece ao imaginar estar fora de lugar dessas ameaças tão poderosos, graves e repetidas do Alcorão. Isso mostra que os tormentos do Inferno são pura justiça para os que negam que não os atendem.

E, por exemplo, em repetir muitas vezes as histórias de Moisés (que a paz esteja com ele), que contêm muitos exemplos de sabedoria e de benefícios, como a história de sua equipe, e dos demais profetas (a paz esteja com eles), ele demonstra que as profecias de todos os outros profetas são uma provada veracidade da Mensagem de Mohammad (Allah o abençoe e lhe dê paz), e que aquele que não nega todos eles não pode, na verdade, negar a Mensagem dele. Para este efeito, e uma vez que todos nem sempre têm tempo ou capacidade de ler todo o Alcorão, ele repete as histórias da mesma forma que repete os pilares importantes da crença, a fim de fazer todas as suratas longas e meio longas cada uma como um pequeno Alcorão. Repeti-las, então, não é excessivo, é necessário por eloquência, e ensina que a questão da Mohammad (Allah o abençoe e lhe dê paz) é a maior causa da humanidade e o assunto mais importante do universo.

Foi demonstrado decisivamente na Risale-i Nur, com muitas provas e indícios de que através de dar a mais alta posição para a pessoa de Mohammad no Alcorão e incluí-lo em quatro pilares da crença e sustentar que[722] مُحَمَّدٌ رَسُولُ اللهِ, igual ao pilar de لَٓا اِلٰهَ اِلَّا اللهُ que a Mensagem de Mohammad (Allah o abençoe e lhe dê paz) é a maior verdade do universo, e que a pessoa de Mohammad é a mais nobre das criaturas, e sua personalidade coletiva universal e classificação sagrada, conhecida como a Realidade de Mohammad, é o Sol mais radiante dos dois mundos. Seu merecimento a esta posição extraordinária também foi comprovada. Uma destas provas é a seguinte:

De acordo com o princípio de [723] اَلسَّبَبُ كَالْفَاعِلِ, com o equivalente a todas as boas obras realizadas por toda a sua comunidade em todos os momentos, que entram em seu livro de boas obras; e a luz que ele trouxe iluminando todas as verdades do cosmos; e fazer gratos não só os gênios, a humanidade e os seres animados, mas também o universo, os céus e a terra; e as súplicas de plantas, oferecidas pela língua de disposição, e as súplicas dos animais oferecidos pela língua de sua necessidade inata, e os justos de sua (Allah o abençoe e lhe dê paz) comunidade todos os dias legando a ele suas bênçãos e súplicas por misericórdia e espiritual ganhos, cujos milhões – e em conjunto com seres espirituais, mesmo, milhões de milhões – de súplicas não rejeitáveis são aceitos, como nós realmente testemunhamos com os nossos olhos; e desde que cada um das trezentas mil letras do Alcorão produz de uma centena a milhares de méritos, apenas no que diz respeito à recitação do Alcorão por toda a sua comunidade, com número infinito de luzes que entram no livro de suas obras; – devido a todos estes, O Onisciente do Invisível vê e sabe que a Realidade de Mohammad (Allah o abençoe e lhe dê paz), que é a sua personalidade coletiva, seria, no futuro, como uma árvore de Tuba do Paraíso, e, de acordo com a classificação, atribuída a ele suprema importância no Alcorão, e em Seu Decreto mostrou o seguinte dele e recebendo de sua intercessão por meio de adesão a sua ilustre Sunna para ser uma das questões mais importantes relativas ao homem. E de vez em quando Ele levou em consideração a sua personalidade humana e o estado humano na sua infância, que era uma semente da majestosa árvore de Tuba.

Assim, uma vez que as verdades repetidas no Alcorão são deste valor, todas as naturezas justas vão testemunhar que, em suas repetições são um milagre poderoso e extenso. A não ser, que uma pessoa que sofre de alguma doença do coração e da doença da consciência devido à praga do materialismo, e esteja incluída na regra:

قَدْ يُنْكِرُ الْمَرْءُ ضَوْءَ الشَّمْسِ مِنْ رَمَدٍ ۞ وَ يُنْكِرُ الْفَمُ طَعْمَ الْمَاءِ مِنْ سَقَمٍ[724]

***

DUAS ADIÇÕES, QUE FORMAM UMA CONCLUSÃO AO DÉCIMO TÓPICO

A PRIMEIRA: Doze anos atrás, eu soube que um ateu temível e obstinado tinha iniciado uma conspiração contra o Alcorão, que deveria ser traduzido. Ele disse: "O Alcorão deve ser traduzido para que todos possam saber o que é." Ou seja, ele arquitetou um plano terrível com a ideia de que todo mundo vendo suas repetições desnecessárias e sua tradução seja lida em seu lugar. No entanto, as provas irrefutáveis da Risale-i Nur provaram decisivamente que: "A verdadeira tradução do Alcorão não é possível, e as outras línguas não podem preservar as qualidades e os excelentes pontos do Alcorão em lugar da linguagem gramatical da língua árabe. As traduções banais e parciais do homem não podem substituir as palavras milagrosas e abrangentes do Alcorão, cada letra das quais rende de dez a mil méritos; eles não podem ser lidos em seu lugar nas mesquitas." Espalhando-a por toda parte, a Risale-i Nur reduziu o temível plano a nada. Suponho que era devido às tentativas idiotas e lunáticas de dissimuladores para extinguir o Sol do Alcorão por conta de Satanás por soprarem nele como crianças tolas terem tomado lições daquele ateu, que eu estava inspirado para escrever esta Décima Matéria enquanto sob grande constrangimento e numa situação mais angustiante. Mas eu não sei a realidade da situação desde que eu fui incapaz de encontrar-me com outros.

SEGUNDA ADIÇÃO: Depois da nossa libertação da prisão de Denizli, eu ficava no último andar do famoso Shehir Hotel. A dança sutil e graciosa das folhas, galhos e troncos de muitas árvores de álamo dos excelentes jardins à minha frente, o toque da brisa, cada uma com um movimento arrebatador e êxtase como um círculo de dervixes, fez doer meu coração, entristeceu-me total e melancolicamente por ter sido separado de meus irmãos e permanecer sozinho. De repente, as estações de outono e inverno vieram à mente e um descuido me venceu. Eu lamentei tanto aqueles choupos e as graciosas criaturas vivas balançando com alegria perfeita que meus olhos se encheram de lágrimas. Com esta lembrança das separações e não ser sob o véu ornamentado do universo, a dor em um mundo cheio de mortes e separações me pressionou. Então, de repente, a luz da Realidade de Mohammad (Allah o abençoe e lhe dê paz) veio em meu auxílio e transformou a minha dor e tristeza em alegria. Na verdade, eu sou eternamente grato a Mohammad (Allah o abençoe e lhe dê paz) pela assistência e consolo que aliviaram a minha situação naquele momento, apenas um único instante do esplendor sem limites daquela Luz, como para todos e cada um os crentes. Foi assim:

Ao mostrar essas abençoadas e delicadas criaturas sem função ou propósito, e seu movimento sem alegria, mas como se tremessem à beira da não existência e separação e caindo no nada, que a visão desatenta assim tocando os meus sentimentos de desejo de imortalidade, o amor das coisas belas, e a compaixão por e criaturas companheiras e a vida que transformara o mundo em uma espécie de inferno e minha mente em um instrumento de tortura. Então, só naquele momento, a Luz de Mohammad (Allah o abençoe e lhe dê paz) trouxe como um presente para a humanidade levantar o véu; ele mostrou no lugar de extinção, o não-ser, o nada, o sem propósito, a futilidade e as separações, os significados e os exemplos de sabedoria ao número das folhas dos choupos, e como é provado na Risale-i Nur, os resultados e os deveres que podem ser divididos em três tipos:

O Primeiro Tipo olha para os Nomes do Criador Todo-Glorioso. Por exemplo, se um mestre artesão faz uma máquina maravilhosa, todo mundo o aplaude, dizendo: "Que maravilhas Allah quis! Bendito seja Allah!" Da mesma forma, a máquina felicita o artesão pela língua de sua disposição, e da exibição perfeita dos resultados pretendidos dela. Todos os seres vivos e todas as coisas são máquinas, como essa; eles aplaudem o seu Artesão por suas glorificações.

O segundo tipo de exemplos de sabedoria olha para os pontos de vista dos seres vivos e seres conscientes. Cada um dos seres se torna um agradável objeto de estudo, um livro de conhecimento. Eles deixam seus significados na esfera da existência nas mentes dos seres conscientes e suas formas em suas memórias, e nas tábuas do Mundo de Similitudes, e os cadernos do mundo do Invisível, em seguida, eles partem do Manifesto Mundial e retiram-se para o mundo do Invisível. Ou seja, eles deixam para trás uma existência aparente, mas ganham muitas existências relativas ao significado, ao Invisível, e ao conhecimento. Sim, uma vez que, Allah existe e Seu conhecimento abrange tudo o que, na visão da realidade, no mundo dos crentes certamente não há o não-ser, a extinção, o nada, a aniquilação, e a transitoriedade, enquanto o mundo dos descrentes está cheio de não-existência, separação, nada, e transitoriedade. Isto é ensinado pelo ditado que está na boca de todos: "Para quem Allah existe, tudo existe; e para quem Ele não existe, nada existe; para eles nada há."

Em Resumo: Assim como a crença salva o homem da extinção eterna no momento da morte, ela poupa o mundo de cada um das trevas de aniquilação e do nada. Considerando que a incredulidade, e especialmente se for descrença absoluta, tanto manda o homem e seu mundo privado para a não-existência com a morte, quanto o lança nas trevas infernais. Ela transforma os prazeres da vida em venenos amargos. Deixe os brincos daqueles que preferem a vida deste mundo, para os da Outra Vida! Deixe-os vir e encontrar uma solução para isso, ou então deixe-os entrar na crença e serem salvos destas perdas terríveis!

﴿سُبْحَانَكَ لَا عِلْمَ لَنَا اِلَّا مَا عَلَّمْتَنَا اِنَّكَ اَنْتَ الْعَلِيمُ الْحَكِيمُ﴾ [725]

De seu irmão que está
precisando muito de suas
orações e sente muita
saudade de vocês,

Said Nursî

***

A Vigésima-Sexta Palavra

Um Tratado Sobre A Predestinação

بِسْمِ اللّٰهِ الرَّحْمٰنِ الرَّح۪يمِ

﴿وَاِنْ مِنْ شَيْءٍ اِلَّا عِنْدَنَا خَزَائِنُهُ وَمَا نُنَزِّلُهُ اِلَّا بِقَدَرٍ مَعْلُومٍ﴾[726]

﴿وَكُلَّ شَيْءٍ اَحْصَيْنَاهُ ف۪ي اِمَامٍ مُب۪ينٍ﴾[727]

[A Predestinação[728] e o Livre Arbítrio[729] são dois importantes assuntos. Devemos tentar decifrar alguns de seus mistérios em quatro "Tópicos".]

PRIMEIRO TÓPICO

A Predestinação e o Livre arbítrio são aspectos de uma crença pertencendo ao estado de consciência que mostra os limites finais do Islam e da fé; eles não são teóricos e não pertencem ao conhecimento. É o dizer, o crente atribui tudo a Allah Todo-Poderoso, mesmo suas ações e ele próprio, até finalmente o livre arbítrio o confrontar, assim, ele não consegue evadir-se de suas obrigações e responsabilidades. Ele lhe diz: "Você é responsável e sob obrigações". Então, a Predestinação lhe aparece pela frente para não se orgulhar de suas boas ações e suas realizações, dizendo: "Conheça os seus limites: quem os faz não é você." Sim, a Predestinação e o Livre Arbítrio são os graus finais da fé e do Islam; o anterior foi incluído dentro dos assuntos da crença para salvar a alma do orgulho e o seguinte, para fazê-lo admitir suas responsabilidades. Obstruir as almas ordenadoras do mal, alegadoras da Predestinação para isentarem-se da responsabilidade pelo mal que cometem, e se orgulharem e se convencerem por causa das virtudes que possuem e dependem do Livre Arbítrio, são ações totalmente opostas ao mistério da Predestinação e a sabedoria do Livre Arbítrio; não são assuntos pertencentes ao conhecimento que deve gerar tais ações.

Para as pessoas comuns, que não progrediram espiritualmente, isso no passado e durante as calamidades, a Predestinação pode ser usada como remédio para o desespero e a tristeza. Mas não pode ser usada para justificar a rebelião e em matéria de futuro para que se torne uma causa de dissipação e ociosidade. Ou seja, a Predestinação não foi incluída entre as questões de fé para aliviar as pessoas de suas obrigações e responsabilidades, mas para salvá-las do orgulho e da vaidade. Enquanto o Livre Arbítrio foi incluído, a fim de ser a fonte de males, e não a de virtudes, de modo que as pessoas se tornam como o Faraó.

Sim, como o Alcorão afirma, o homem é totalmente responsável por seus males, pois é ele que quer os males. Uma vez que, estes são destrutivos, o homem pode cometer muita destruição com um único ato de maldade, como incendiar uma casa com um fósforo, e ele se torna merecedor de um castigo incrível. No entanto, ele não tem o direito de ter orgulho nas boas obras; sua parte neles é extremamente pequena. Pois o que quer e exige as boas ações é a misericórdia Divina, e o que os cria é o poder dominical. Ambos, pedido e resposta, razão e causa, são de Allah. O homem só os tem por meio de súplica, crença, consciência e consentimento. Quanto aos males, é a alma do homem que os quer, seja por meio de capacidade ou por escolha, – como na luz branca e bela do sol algumas substâncias tornam-se negras e apodrecem, e a escuridão está relacionada à sua capacidade – no entanto, é Todo Poderoso Allah que cria os males por uma lei Divina que compreende inúmeros benefícios. Ou seja, a causa e o pedido são do solo, de modo que é a alma, que é responsável, embora seja Allah Todo-Poderoso que cria os males e os traz à existência, e uma vez que eles têm outros resultados e frutos que são bons, eles são bons.

É pelo motivo acima exposto que a "aquisição" (kasb) do mal é mal, mas a criação do mal não é mal. O preguiçoso que recebe dano da chuva, que compreende muitos exemplos de bem, não pode dizer que a chuva não é misericórdia. Sim, juntamente com o mal menor na sua criação há inúmeros casos de bem. Abandonar o bem por um mal menor se torna um mal maior. Portanto, um mal menor torna-se um bem. Não há mal ou feiúra na criação Divina. Eles preferem se referir ao desejo de Seu servo e para a sua capacidade.

Além disso, a Predestinação é isenta do mal e da fealdade em relação aos resultados e aos frutos, e livre da tirania e da fealdade em relação à razão e à causa. Porque a Predestinação vê as verdadeiras causas e atos com justiça. Os homens constroem seus julgamentos sobre as causas que veem superficialmente e caem no erro dentro da pura justiça da Predestinação. Por exemplo, um juiz considera você culpado de roubo e o envia para a prisão. Você não é ladrão, mas você cometeu um assassinato que ninguém sabe a respeito. Assim, a Predestinação também condenou você à prisão, mas o fez pelo crime secreto e agiu justamente. Uma vez que, o juiz sentenciou você pelo roubo do qual você é inocente, ele agiu injustamente. Assim, em uma só coisa, a justiça da Predestinação e a criação Divina e a escolha errada do homem ou a aquisição eram aparentes em dois respeitos; você pode fazer analogias com isso para outras coisas. É dizer: em relação à origem e o fim, a fonte e o ramo, a causa e o resultado, a Predestinação e a criação estão isentos do mal, da fealdade e da tirania.

Se for dito: "O homem não tem capacidade de criar com seu Livre Arbítrio e não tem nada além de "aquisição", que é teórica, então como é que no Alcorão de exposição miraculosa, é mostrado ser rebelde e hostil para com o Criador dos céus e da terra, Que reclama muito sobre ele? O Criador mobiliza a Si mesmo e a todos os Seus anjos para ajudar Seus servos fiéis contra os rebeldes, dando-lhes maior importância."

A Resposta: Porque a incredulidade, a rebelião e o mal são a destruição e a não existência. No entanto, grande destruição e inúmeros casos de não existência podem resultar de uma questão teórica única e uma instância de não existência. Se o timoneiro de um grande navio abandonar o seu dever, o navio pode afundar e o trabalho de todos os empregados sobre ele ser para nada; todas essas instâncias de destruição resultarão de uma única instância de não-existência. Da mesma forma, uma vez que, a descrença e a rebelião são não existência e destruição, o Livre Arbítrio pode provocá-los por meio de uma questão teórica e causar consequências impressionantes. Pois, embora a descrença seja apenas um mal, ela insulta todo o universo, acusando-o de ser inútil e fútil, e nega todos os seres, que apresentam provas da unicidade Divina, e são depreciativas em relação a todas as manifestações dos Nomes Divinos. Por isso, é pura sabedoria quando Allah Todo-Poderoso profere queixas graves sobre os incrédulos, ameaçando-os de forma impressionante em nome do universo e todos os seres e os Nomes Divinos; é pura justiça que devem sofrer castigo eterno. Uma vez que, pela incredulidade e rebelião, o homem toma o caminho da destruição, com um pequeno ato, ele pode realizar um grande número de obras. Diante da incredulidade, portanto, os crentes estão em necessidade da graça infinita de Allah Todo-Poderoso. Se devido a uma criança problemática que está tentando incendiar uma casa, dez homens fortes que se comprometeram a protegê-la e repará-la podem ser obrigados a rogar aos pais da criança, ou mesmo recorrer ao rei. Da mesma forma, os crentes estão precisando de muitos favores Divinos, a fim de suportar as pessoas de rebelião sem maneiras.

Em Resumo: Se quem falar da Predestinação e do Livre Arbítrio tem convicção perfeita e está ciente da presença Divina, ele atribui o universo e a si mesmo a Allah Todo-Poderoso, sabendo que estão sob a Sua disposição. Então, ele tem o direito de falar deles. Se ele sabe que ele mesmo e tudo são de Allah Todo-Poderoso, ele assume a responsabilidade, baseando-se em seu Livre Arbítrio. Ele admite que é a fonte dos males e proclama seu Senhor livre de culpa. Ele permanece dentro da esfera de adoração e assume as obrigações que lhes são cobradas por Allah Todo-Poderoso. Além disso, ele não se orgulha de suas boas obras e realizações; ele, sim, olha para a Predestinação e oferece graças. Ele vê a Predestinação nas calamidades que recaem sobre ele, e suporta-as com paciência.

No entanto, se quem falar da Predestinação e do Livre Arbítrio é um dos desatentos e negligentes, então ele não tem o direito de falar deles. Pois, impulsionado por sua desorientação, sua alma ordenadora do mal atribui ao universo as causas e divide a propriedade de Allah entre eles, e atribui a sua propriedade a si mesmo. Ele atribui seus atos a si mesmo e ao acaso. Ele refere sua responsabilidade e defeito, à Predestinação. Ele vai finalmente atribuir o Livre Arbítrio a Allah Todo-Poderoso, e considerará a Predestinação o último de todos. Assim, a discussão deles se torna sem sentido. Discuti-los é apenas um truque da alma, que é totalmente contrária à sabedoria neles, a fim de salvar uma pessoa da responsabilidade.

SEGUNDO TÓPICO

Esta é uma pequena e erudita investigação abordando estudiosos em particular.[1]

Se você diz: "Como a Predestinação é compatível com o Livre Arbítrio?"

A Resposta: Em sete maneiras...

A Primeira: O Justo e Sábio, Cuja sabedoria e justiça do universo testifica com a língua de ordem e equilíbrio, deu ao homem um Livre Arbítrio de natureza desconhecida, que seria o meio de recompensa e punição para ele. O não sabermos muito sobre os numerosos aspectos da sabedoria do Justo e Sábio como o Livre Arbítrio é compatível com a Predestinação não prova que ele não é assim.

---

[1] Este Segundo Tópico é o mais profundo e difícil das perguntas do mistério da Predestinação. Ela é realizada pelos estudiosos para ser uma das questões mais importantes e controversas da teologia e da fé, mas a *Risale-i Nur* resolveu completamente.

A Segunda: Necessariamente todo mundo percebe em si mesmo uma vontade de escolha; ele a conhece por sua consciência. Conhecer a natureza dos seres é uma coisa; conhecer que eles existem é algo diferente. Há muitas coisas que, apesar de sua existência são auto-evidentes, não conhecemos a sua verdadeira natureza... O Lívre Arbítrio pode ser incluído entre estes. Tudo o que não se restringe ao que conhecemos; o não conhecê-lo não prova que as coisas que não conhecemos não existem.

A Terceira: O Livre Arbítrio não se opõe à Predestinação, de fato, a Predestinação corrobora o Livre Arbítrio. Uma vez que, a Predestinação é um tipo de conhecimento Divino, este está relacionado com a nossa vontade e escolha, caso em que o corrobora, não o anula.

A Quarta: A Predestinação é um tipo de conhecimento. Este é dependente de coisa conhecida. Ou seja, ele sabe como ele é. A conhecida não é dependente do conhecimento. Ou seja, os princípios de conhecimento não são fundamentais para o conhecimento que dirige a coisa conhecida no que diz respeito à sua existência externa. Porque a essência da coisa conhecida e sua existência externa visa a vontade e baseia-se no poder. Além disso, a pré-eternidade não é a ponta de uma cadeia alcançada no passado, que deve ser considerada o ponto final na existência das coisas e uma fonte de compulsão. Em vez disso, a pré-eternidade detém o passado, o presente e o futuro de uma só vez, olhando para eles de cima como um espelho. Nesse caso, não é direito imaginar um fim para o tempo passado que remonta dentro da esfera de contingência e a denomina de pré-eternidade, e supor que as coisas entram no conhecimento da pré-eternidade em sequência, e que a pessoa está fora dela; raciocinar assim, não é certo. Considere o seguinte exemplo para explicar este mistério:

Suponha que há um espelho na mão e a área à sua direita é o passado e a à sua esquerda, o futuro; o espelho só tem o que é o oposto disso. Então, com um movimento, ele detém ambos os lados, mas não pode segurar tudo. Entretanto, quanto mais baixo o espelho é mantido, menos aparecerá nele, e o mais alto que sobe, a área que engloba se expande, até poder conter ambos os lados simultaneamente em sua totalidade. O que quer que ocorra nas áreas refletidas no espelho nesta posição não pode ser dito preceder ou seguir outra, ou de estar em conformidade com ou opor-se ao outro. A Predestinação é parte do conhecimento pré-eterno, e nas palavras do Hadice, o conhecimento pré-eterno é "em uma estação elevada, que a partir de sua sublime visão de ponto abrange tudo o que foi e será a partir de pré-eternidade para pós a eternidade." Nós e nosso raciocínio não podem estar fora dele para que possamos ser como um espelho para a área do passado.

A Quinta: A Predestinação tem uma conexão com a causa e o efeito. Ou seja, este efeito ocorrerá por meio desta causa. Nesse caso, não se pode dizer que: "Uma vez que, a morte de tal pessoa é determinada em tal e tal hora, que culpa tem o homem que disparou o rifle por sua própria escolha, pois se ele não tivesse disparado, o outro ainda teria morrido?"

Pergunta: Por que isso não pode ser dito?

Resposta: Porque a Predestinação especificou que a morte de fulano poderia ocorrer por meio do rifle do homem. Se você acha que se ele não disparasse o rifle, então você está supondo que a Predestinação não tinha qualquer ligação com ele, então como que você decretaria a sua morte? Se você imaginar a causa e o efeito serem separados como os Jabriyya, ou negar a Predestinação como os Mu'tazila, você deixa a escola sunita e junta-se aos hereges. Nós, o povo da verdade dizemos: "Se ele não tivesse disparado a arma, não sei se ele teria morrido." Os Jabariyya dizem: "Se ele não tivesse disparado, o outro ainda teria morrido." Enquanto os Mu'tazila dizem: "Se ele não tivesse disparado, o outro não teria morrido."

O Sexto:[I] De acordo com Maturidi, a tendência, a essência do Livre Arbítrio, é uma questão teórica ou relativa e pode ser atribuída aos servos de Allah. Mas os Ach'arita consideram ter existência, por isso não os atribui a eles. No entanto, de acordo com os Ach'arita, o poder de disposição dentro de tendência é uma questão teórica, sem uma existência externa definida, o que torna a tendência e a alienação em conjunto uma questão de relativa falta. As questões teóricas ou relativas não necessitam de causas por que, para a sua causa das questões teóricas adquire o peso de preferência, a matéria teórica pode tornar-se efetiva e existente. Nesse caso, nesse momento pode ser abandonada. O Alcorão pode dizer a uma pessoa naquele momento: "Este é o mal; não o faça."

De fato, se os servos de Allah foram os criadores de suas ações e tiveram o poder de criar, em seguida, suas vontades teriam sido removidas. Uma regra estabelecida nas ciências da religião e da filosofia é:[730] مَا لَمْ يَجِبْ لَمْ يُوجَدْ , Isto é, tem de haver uma causa para uma coisa existir. A causa requer necessariamente o efeito. Então, nenhum Livre Arbítrio permaneceria.

Se você disser: A preferência sem causa ou atributo para causar a preferência é impossível. Enquanto a questão teórica ou relativa que chamamos de aquisição humana, às vezes, faz uma coisa e, às vezes, não; se não há nada a causar a preferência, esta sem algo para causar ela ocorreria necessariamente, e isso destrói uma das bases mais importantes da teologia?

A Resposta: Ser preferível, sem algo para torná-lo preferível é impossível. Isto é, um ser considerado preferível, ou superior sem uma causa ou atribuo de fazê-lo assim é impossível. Mas a preferência, sem algo para causá-la é permitido e ocorre. A vontade é um atributo, e sua marca é a realização de uma obra como essa.

Se você perguntar: "Uma vez que, quem cria o assassinato é Allah Todo-Poderoso, por que vocês me chamam de assassino?"

A Resposta: Porque de acordo com as regras da gramática, o particípio ativo é derivado do infinitivo, que é uma questão relativa. Não pode ser derivado do substantivo verbal, o que é uma questão real ou inexistente. O infinitivo é a aquisição; por isso somos chamados de assassinos. O substantivo verbal é uma criatura de Allah Todo-Poderoso. Algo que dá uma noção de responsabilidade não pode ser derivado do substantivo verbal.

A Sétima: Com certeza, a faculdade de vontade e Livre Arbítrio do homem são fracos e uma questão teórica, mas Allah Todo-Poderoso, o Absolutamente Prudente, fez aquilo fraco e vontade parcial uma condição para a conexão de Sua vontade universal. Ele de fato, diz: "Meu servo! Seja qual for o caminho que você deseja seguir com a sua vontade, eu vou lhe levar lá. Nesse caso, a responsabilidade é sua!" Se a comparação não é errada, você pega uma criança impotente em seus ombros e deixa a escolha para ela, diga-lhe que você vai levá-la para onde ela desejar. A criança quer ir para uma alta montanha e você a leva lá, mas ela fica gripada ou cai. Então, é claro que você a repreende, dizendo: "Você quis ir para lá", e você lhe dá um tapa. Assim, Allah Todo-

[I] Esta é uma verdade abordando exatos estudiosos em particular.

Poderoso, o mais firme dos juízes, faz a vontade de Seu servo, o que é extremamente fraco, uma condição, e Sua vontade universal o segue.

Em Resumo: Ó homem! Você tem uma vontade conhecida como o Livre Arbítrio que é extremamente fraca, mas cuja mão em atos de maldade e destruição é extremamente comprida e nas boas ações é extremamente curta. Dê uma das mãos de sua vontade à súplica, para que possa alcançar o Paraíso, uma flor decorrente de boas ações se estende para a felicidade eterna. E dê a sua outra mão para o pedido de perdão, de modo que possa ser curta para as maldades e não chegará à árvore Zakkum do Inferno, que é um fruto daquela árvore amaldiçoada. Ou seja, assim como a súplica e a confiança em Allah fortalece enormemente a inclinação para fazer o bem, de modo que o arrependimento e o pedido de perdão corta a inclinação para fazer o mal, pondo fim às suas transgressões.

TERCEIRO TÓPICO

A crença na Predestinação é um dos pilares da fé. Ou seja, a crença de que "tudo é determinado por Allah Todo-Poderoso." As provas certas para a Predestinação são tão numerosas que não podem ser calculadas. Vamos mostrar em uma introdução, de forma simples e clara, o quão forte e amplo é este pilar da fé.

Introdução:

Numerosos versículos do Alcorão, como:

﴿وَلاَ رَطْبٍ وَلاَ يَابِسٍ اِلاَّ فِى كِتَابٍ مُبِينٍ﴾[731] afirmam claramente que antes de entrar na existência e depois que se passa pela existência, tudo está escrito. Por meio de seus sinais de criação como a ordem, o equilíbrio, a regularidade, a ornamentação, a diferenciação, bem como a prestação de forma, os versículos, os sinais do poderoso Alcorão inscrito pelo poder de Allah e chamado de universo confirmam estas declarações do Alcorão. De fato, as missivas bem ordenadas e os versículos finamente equilibrados do livro do universo testemunham que tudo está escrito. A indicação de que tudo é determinado e escrito antes de entrar em existência são todos os começos, as sementes, as proporções medidas e os formulários; cada um destes é prova disso. Uma vez que, as sementes e os grãos são recipientes sutis que aparecem a partir da ordem de "Seja!," e está em cada um dos quais é depositado um pequeno índice traçado pela Predestinação. O poder Divino emprega partículas minúsculas de acordo com esse plano da Predestinação, e constrói os poderosos milagres de poder sobre as sementes. Ou seja, tudo o que acontecerá com a árvore é como se fosse inscrito em sua semente. Já que em relação às suas sementes de substâncias são simples e semelhantes umas às outras; materialmente não são nada.

Além disso, as proporções bem medidas de tudo mostram claramente a Predestinação. Sim, qualquer que seja a criatura viva considerada, é como se sua forma e medida surgisse a partir de um molde com sabedoria e habilmente forjada. Para receber tal medida, a forma, e modelo, outrem de haver um molde físico verdadeiramente maravilhoso e infinitamente complexo, ou poder pré-eterno que corta e forma de acordo com um molde imaterial bem proporcionado que existe em conhecimento e vem da Predestinação, e veste-o na mesma. Por exemplo, olhe atentamente para esta árvore ou aquele animal, você verá que as partículas, que são sem vida, surdas, cegas, inconscientes, e semelhantes entre si, estão em movimento em seu crescimento e desenvolvimento. Em algumas das extremidades intrincadas do ser as partículas param, como se vissem, soubessem e reconhecessem o lugar de frutos e benefícios. Em seguida, em outro lugar elas mudam sua direção à medida que objetivam uma meta importante. Isso significa que elas estão em movimento, de acordo com as proporções medidas imateriais da árvore ou do animal, que vêm da Predestinação, e são regidas por essas proporções.

Uma vez que, há manifestações da Predestinação a esta medida nas coisas físicas e visíveis, certamente as formas com que as coisas estão vestidas com o passar do tempo e os estados adquiridos por movimentos que realizam também serão dependentes da ordenação de Predestinação. Em uma semente são duas manifestações da Predestinação; uma é "evidente" e aponta para o kitab mubin (Livro Esclarecedor), que é um título de vontade e os comandos criadores; a outra é "teórica" e aponta para a imam mubin (Registro Esclarecedor), que é um título do conhecimento Divino e a ordem Divina. A "Evidente" Predestinação especifica a natureza física, os estados e as partes da árvore que a semente compreende. Enquanto a Predestinação "teórica" especifica as etapas, os estados, as formas, os movimentos, e as glorificações que a árvore vai sofrer e realizar durante o período de sua vida, e que estão na semente e serão criados a partir dele; estes estágios, estados, formas e atos, que mudam constantemente e são chamados de sua história de vida, cada um tem uma medida regulamentada de acordo com a Predestinação, o mesmo que galhos e folhas da árvore.

Dado que existe tal manifestação da Predestinação na mais comum e simples das coisas, isso certamente demonstra que todas as coisas são escritas antes que venham a existir; isto pode ser entendido com pouca atenção. Agora, a evidência para o fato de que a história da vida de tudo foi escrita após sua existência são todas frutas, que neste mundo falam do Livro Esclarecedor e Registro Esclarecedor, da faculdade de memória no ser humano, o que aponta para a lauhi mahfuz (Tábua Preservada); todos estes atingem e testemunham este fato. Na verdade, os eventos apontados da vida de uma árvore são escritos em suas sementes, que são como os corações de seus frutos. E a história da vida do homem, juntamente com alguns dos acontecimentos passados do mundo são escritos em sua memória de tal forma que, como copiados com a mão do poder e da pena da Predestinação em uma faculdade tão pequena como um grão de mostarda uma pequena nota na página de suas ações, a memória dá a nota para a mão do homem e a coloca no bolso da sua mente, para que com isso ele chame suas ações à mente no momento do acerto de contas. Assim, também, devido ao fato de que ele pode ter a certeza de que, dentro dos distúrbios da transitoriedade e da morte há inúmeros espelhos duradouros em que o Todo-Poderoso e Sábio retrata e torna permanentes as identidades dos seres transitórios; e verdadeiramente inúmeros comprimidos que durarão por toda a eternidade em que o Onisciente Preservador inscreve os significados dos seres transitórios.

Em Resumo: Desde a vida das plantas, o nível mais simples e menor de vida, é dependente da ordenação da Predestinação a esta medida, certamente a vida humana, o mais alto nível de vida, foi tirada em tudo em seus detalhes de acordo com a escala e medição da Predestinação e se inscreve pela sua caneta. Sim, assim como gotas de chuva falam das nuvens, e gotas de água apontam para a existência de uma fonte, e notas e pastas para a existência de um grande livro, assim também, a "evidente" Predestinação que observamos e que é a ordem física dos seres vivos indica que o caderno da vontade Divina e comandos criacionais conhecidos como o Livro Esclarecedor. Da mesma forma, seus frutos, sementes, grãos, formas e modelos, que são como as gotas, as notas e pastas da Predestinação "teórica", que é a ordem não-física e pertence à vida, indica a Tábua

Preservada, um escritório do conhecimento Divino, que é chamado de Registro Esclarecedor.

Conclusão: Vemos claramente que, no momento de seu crescimento e desenvolvimento as partículas dos seres vivos viajam para suas extremidades intrincadas e paradas, então mudam seu caminho. Em cada uma das extremidades produzem frutos de benefícios, usos e exemplos de sabedoria. Claramente, as formas das coisas e suas medidas são desenhadas com uma caneta da Predestinação. Assim, evidentes Determinações observáveis mostram que nos estados não-físicos dos seres vivos também são bem ordenadas, de extremidades frutíferas e limites desenhados com a caneta da Predestinação. O poder Divino é a fonte, a Predestinação é o padrão. O poder escreve o livro significativo nesse padrão. Uma vez que, entendemos claramente que os limites frutíferos e as extremidades propositais foram desenhados com a caneta da Predestinação, física e não-física, certamente os estados e estágios que todos os seres vivos sofrem no decorrer de suas vidas são também desenhados com a caneta. Já que suas histórias de vida seguem um curso com ordem e equilíbrio; eles mudam as formas e recebem os modelos. Se a caneta da Predestinação determina regras em todos os seres vivos, sem dúvida, a história da vida do homem, o fruto mais perfeito do mundo e vice-regente da Terra e portador da Confiança Suprema, mais do que tudo depende da lei da Predestinação.

Se você pergunta: "A Predestinação cercou-nos assim. Negou a nossa liberdade. Não é a crença nela um fardo cansativo e maçante para o coração e o espírito, que anseiam por expansão e de andar livremente?"

Resposta: Absolutamente não! Não é opressivo; em vez disso, proporciona uma luminosidade e alegria produzindo uma leveza, facilidade e espírito, garantindo confiança e segurança. Porque se o homem não acredita na Predestinação, ele é obrigado a suportar um fardo tão pesado quanto o mundo sobre os ombros de seu espírito dentro de um espaço restrito, o que permite a ele apenas uma independência insignificante e liberdade provisória. Uma vez que, o homem está conectado com todo o universo, ele tem objetivos e desejos infinitos. Mas desde que o seu poder, vontade e liberdade são insuficientes para atender a um milionésimo destes, pode-se entender o quão incrível é o fardo do sofrimento que ele traz. Assim, a crença na Predestinação joga esse fardo em sua totalidade sobre o navio da Predestinação, o que lhe permite viajar livremente dentro de suas perfeições com facilidade, liberdade de espírito e de coração. Ele só nega a liberdade mesquinha da alma ordenadora do mal e esmaga a sua tirania e domínio faraônico, e sua atuação como quiser. A crença na Predestinação produz prazer e felicidade indescritíveis. Nós só vamos aludir a ela com a seguinte comparação:

Dois homens viajaram para a sede do governo de um rei, e lá entraram em seu privado palácio, um lugar de belezas raras. Um deles não reconheceu o rei e colocou as mãos sobre tudo, roubando, querendo se instalar lá. No entanto, teve algumas dificuldades, pois ele teve de administrar o palácio e o seu parque, supervisionar suas receitas, trabalhar suas máquinas, e alimentar seus animais estranhos; ele sofreu angústia constante. O parque paradisíaco virou um inferno para ele, tudo o fazia sentir dor. Ele não conseguia governá-lo. Ele passou seu tempo com pesar. Então, este ladrão é um homem grosseiro que foi lançado na prisão como punição. O segundo homem reconheceu o rei e considerou-se seu convidado. Ele acreditou que todos os assuntos no parque e palácio ocorreram por meio da regulamentação da lei, e que tudo funcionou perfeitamente com facilidade de acordo com um programa. Deixando as dificuldades com a lei do rei, ele se beneficiou, usufruindo completamente de todos os prazeres desse jardim paradisíaco, e contando com a misericórdia do rei e da eficácia das leis administrativas, viu tudo de forma mais agradável e passou sua vida em prazer perfeito e felicidade. Ele entendeu o significado do ditado:[732] مَنْ آمَنَ بِالْقَدَرِ اَمِنَ مِنَ الْكَدَرِ

QUARTO TÓPICO

Se você diz: "No Primeiro Tópico você provou que tudo sobre a Predestinação é bom e belo. Mesmo o mal e a feiúra vêm do que é bom é bonito. Mas os desastres e sofrimentos neste mundo refutam essa afirmação."

A Resposta: Ó minha alma e meu amigo que sente dor de intensa compaixão! Os fatos que todas as virtudes e perfeições voltam à existência e que a base de toda rebelião, das calamidades e dos defeitos da não existência são uma prova de que a existência é boa, pura, e a não existência, é pura maldade. Uma vez que, a não existência é pura maldade, as circunstâncias ou resultam em não existência ou dão uma ideia do que, também compreende o mal. Portanto, a vida, a luz mais brilhante de existência, procedendo de diferentes circunstâncias, encontra força; encontra situações diferentes e é purificada; leva-se em inúmeras qualidades, produz os resultados desejados, entra em várias etapas e exibe de forma abrangente as impressões do Doador dos Nomes da Vida. É devido a este fato que certas coisas acontecem com criaturas vivas na forma de sofrimentos, calamidades, dificuldades e atribulações pelo qual as luzes de existência são renovadas em suas vidas, e as trevas da não existência se afastam e suas vidas são purificadas. Já que, prisão, repouso, silêncio, ócio, descanso e monotonia são todos, tanto em qualidade como em condições, não existência. Mesmo o maior prazer é reduzido a nada pela monotonia.

Em Resumo: Desde que a vida mostra as impressões dos Nomes Mais Belos, tudo o que acontece com ela é bom. Por exemplo, uma pessoa extremamente rica e infinitamente hábil que é proficiente em muitos ofícios, por uma hora e, em troca de um salário, veste um pobre e miserável vestuário artisticamente adornado. Esta peça de vestuário ele fez, a fim de tornar o miserável homem agir como modelo e para mostrar as obras de sua arte e sua vasta riqueza. Ele trabalha o vestuário no homem, dá-lhe várias formas, e altera-o. A fim de mostrar toda a variedade de sua arte, ele o corta, muda, alonga e o encurta. Pode o homem pobre que recebe o salário se justificar se ele diz para a pessoa: "Você está me dando problemas. Você está me fazendo abaixar e levantar. Ao cortar e encurtar esta peça de vestuário que me faz mais bonito, você está estragando a minha beleza". Será que ele tem o direito de lhe dizer: "Você está agindo de maneira rude e injustamente"? Assim, como ele, a fim de apresentar as impressões de Seus Mais Belos Nomes, o Criador Todo-Glorioso, o Incomparável Criador, altera dentro de numerosas circunstâncias a roupa da existência com que Ele veste as criaturas vivas, o adorna com sentidos e faculdades sutis, como olhos, ouvidos, razão e coração. Ele o muda dentro de muitas situações. Entre elas estão as circunstâncias sob a forma de sofrimento e calamidade que mostram os significados de alguns de Seus Nomes, e os raios de misericórdia dentro de lampejos de sabedoria, e os casos sutis de beleza dentro desses raios de misericórdia.

***

CONCLUSÃO

[Cinco parágrafos que silenciaram a rebeldia, o orgulho, a alma vaidosa, presunçosa e hipócrita do Velho Said, e o obrigaram a submeter-se.]

Parágrafo Primeiro: Desde que as coisas existem e estão cheias de arte, elas certamente têm um criador. Como é decisivamente provado na Vigésima Segunda Palavra, se tudo não é de um ser, então cada coisa se torna tão difícil e problemática como todas as coisas. Se tudo é de um ser, tudo se mais fácil como uma só coisa. Desde que alguém fez a terra e os céus e os criou, com certeza que o Ser mais sábio e mais hábil, não deixaria para outros seres vivos, que são os frutos, resultados e objetivos dos céus e da terra, e estragar o seu trabalho. Tornando isso inútil e sem propósito, ele não entregaria aos outros todas as suas sábias obras; Ele não daria os seus agradecimentos e adoração a outros.

Parágrafo Segundo: Ó minha alma vaidosa! Você se assemelha a uma videira. Não se torne orgulhosa! A própria planta não anexa os cachos de uvas; alguém mais as liga.

Parágrafo Terceiro: Ó minha alma hipócrita! Não se torne vã, dizendo: "Eu servi a religião." De acordo com o significado do ditado:

إِنَّ اللهَ لَيُؤَيِّدُ هذَا الدِّينَ بِالرَّجُلِ الْفَاجِرِ[733] foi porque você não foi purificado. Na verdade, você deve conhecer a si mesmo para ser um homem tão pecador, e que seu dever de culto é obrigado por recompensas anteriores. Pois, estes são a função de sua natureza, compete à você, devido a sua criação e o resultado da arte; saiba disso e seja salvo da vaidade e da hipocrisia!

Parágrafo Quarto: Se você quer o conhecimento da realidade e a verdadeira sabedoria, ganhe o conhecimento de Allah Todo-Poderoso, já que as realidades de seres são raios do Nome Divino da Verdade e as manifestações de Seus Nomes e atributos. A realidade de todas as coisas, seja física, não física, essencial, não essencial, e a realidade de todos os seres humanos, é baseada em um Nome e conta com a sua realidade. As coisas não são meramente formas insignificantes sem realidade. Há uma breve discussão sobre este mistério no final da Vigésima Palavra. Ó minha alma! Se você deseja a vida deste mundo e foge da morte, saiba certamente que as condições que você supõe serem a vida são apenas o minuto em que você está. Todo o tempo anterior ao presente minuto e as coisas do mundo dentro daquele tempo estão mortas no presente minuto. E todo o tempo posterior ao presente minuto e tudo o que ele contém não existem nele, e nada mais. Isso significa que a vida física na qual você confia é apenas um minuto. Alguns dos sábios, disseram que era mesmo um décimo de minuto, ou melhor, a passagem instantânea. É devido a este mistério que certos santos declararam que no que diz respeito a este mundo, ele é inexistente. Já que é assim, desistir da vida física da alma; subir para o nível de vida do coração, do espírito e das faculdades intimas; veja que ampla esfera de vida eles têm. Para eles, o passado e o futuro, que para você estão mortos, estão vivos; eles existem e cheios de vida. Ó minha alma! Como o meu coração, você também chora e grita e diz:

"Sou efêmero; não quero outro que é assim.
Eu sou impotente; não quero outro que é assim.
Eu entreguei o meu espírito ao Misericordioso; não quero outro.
Quero outro, mas que seja um amigo eterno.
Eu sou um mero átomo, mas desejo um Sol Eterno
Eu não sou nada, mas desejo esses seres, todos eles."

Parágrafo Quinto: Este Parágrafo me ocorreu em árabe, e por isso foi escrito assim. Além disso, ele lembra um dos trinta e três graus de reflexão na recitação, Allah é o Maior.

اَللّٰهُ اَكْبَرُ اِذْ هُوَ الْقَدِيرُ الْعَلِيمُ الْحَكِيمُ الْكَرِيمُ الرَّحِيمُ الْجَمِيلُ النَّقَّاشُ الْاَزَلِيُّ الَّذِى مَا حَقِيقَةُ هٰذِهِ الْكَائِنَاتِ كُلاًّ وَ جُزْءًا وَ صَحَائِفَ وَ طَبَقَاتٍ وَ مَا حَقَائِقُ هٰذِهِ الْمَوْجُودَاتِ كُلِّيًّا وَ جُزْئِيًّا وَ وُجُودًا وَ بَقَاءً اِلاَّ خُطُوطُ قَلَمِ قَضَائِهِ وَ قَدَرِهِ وَ تَنْظِيمِهِ وَ تَقْدِيرِهِ بِعِلْمٍ وَ حِكْمَةٍ وَ نُقُوشُ پَرْكَارِ عِلْمِهِ وَ حِكْمَتِهِ وَ تَصْوِيرِهِ وَ تَدْبِيرِهِ بِصُنْعٍ وَ عِنَايَةٍ وَ تَزْيِينَاتُ يَدِ بَيْضَاءِ صُنْعِهِ وَ عِنَايَتِهِ وَ تَزْيِينِهِ وَ تَنْوِيرِهِ بِلُطْفٍ وَ كَرَمٍ وَ اَزَاهِيرُ لَطَائِفِ لُطْفِهِ وَ كَرَمِهِ وَ تَوَدُّدِهِ وَ تَعَرُّفِهِ بِرَحْمَةٍ وَ نِعْمَةٍ وَ ثَمَرَاتُ فَيَّاضِ رَحْمَتِهِ وَ نِعْمَتِهِ وَ تَرَحُّمِهِ وَ تَحَنُّنِهِ بِجَمَالٍ وَ كَمَالٍ وَ لَمَعَاتِ تَجَلِّيَاتِ جَمَالِهِ وَ كَمَالِهِ بِشَهَادَةِ تَفَانِيَةِ الْمَرَايَا وَ سَيَّالِيَّةِ الْمَظَاهِرِ مَعَ بَقَاءِ الْجَمَالِ الْمُجَرَّدِ السَّرْمَدِيِّ الدَّائِمِ التَّجَلِّى وَ الظُّهُورِ عَلَى مَرِّ الْفُصُولِ وَ الْعُصُورِ وَ الدُّهُورِ وَ الدَّائِمِ الْاِنْعَامِ عَلَى مَرِّ الْاَنَامِ وَ الْاَيَّامِ وَ الْاَعْوَامِ نَعَمْ فَالْاَثَرُ الْمُكَمَّلُ يَدُلُّ لِذِى عَقْلٍ عَلَى الْفِعْلِ الْمُكَمَّلِ ثُمَّ الْفِعْلُ الْمُكَمَّلُ يَدُلُّ لِذِى فَهْمٍ عَلَى الْاِسْمِ الْمُكَمَّلِ ثُمَّ الْاِسْمُ الْمُكَمَّلُ يَدُلُّ بِالْبَدَاهَةِ عَلَى الْوَصْفِ الْمُكَمَّلِ ثُمَّ الْوَصْفُ الْمُكَمَّلُ يَدُلُّ بِالضَّرُورَةِ عَلَى الشَّاْنِ الْمُكَمَّلِ ثُمَّ الشَّاْنُ الْمُكَمَّلُ يَدُلُّ بِالْيَقِينِ عَلَى كَمَالِ الذَّاتِ بِمَا يَلِيقُ بِالذَّاتِ وَ هُوَ

الْحَقُّ الْيَقِينُ. نَعَمْ تَفَانِى الْمِرْآةِ زَوَالُ الْمَوْجُودَاتِ مَعَ التَّجَلّى الدَّائِمِ مَعَ الْفَيْضِ الْمُلاَزِمِ مِنْ اَظْهَرِ الظَّوَاهِرِ اَنَّ الْجَمَالَ الظَّاهِرَ لَيْسَ مُلْكَ الْمَظَاهِرِ مِنْ اَفْصَحِ تِبْيَانٍ مِنْ اَوْضَحِ بُرْهَانٍ لِلْجَمَالِ الْمُجَرَّدِ لِلاِحْسَانِ الْمُجَدَّدِ لِلْوَاجِبِ الْوُجُودِ لِلْبَاقِى الْوَدُودِ.. اَللّٰهُمَّ صَلِّ عَلَى سَيِّدِنَا مُحَمَّدٍ مِنَ ٱلاَزَلِ اِلَى ٱلاَبَدِ عَدَدَ مَا فِى عِلْمِ اللّٰهِ وَ عَلَى آلِهِ وَ صَحْبِهِ وَ سَلِّمْ[734]

***

ADENDO

بِسْمِ اللّٰهِ الرَّحْمٰنِ الرَّحِيمِ

[Este curto Adendo tem grande importância; é benéfico para todos.]

Os caminhos que levam a Allah Todo-Poderoso são verdadeiramente numerosos. Embora todas as formas verdadeiras sejam tomadas a partir do Alcorão, algumas são mais curtas, mais seguras e mais gerais do que outras. Uma delas é a forma de impotência, pobreza, compaixão e reflexão, a partir dos quais, com o meu entendimento com defeito, fui beneficiado.

Na verdade, como o amor extático, a impotência é um caminho que, por meio de adoração, leva a ganhar o amor de Allah; mas é mais seguro. A pobreza também leva ao Nome Divino de Todo-Misericordioso. E, como o amor extático, compaixão leva o nome do Clemente, mas é um caminho mais rápido e mais amplo. Também como amor extático, a reflexão leva ao Nome do Sapientíssimo, mas é um caminho mais rico, mais amplo e mais brilhante. Este caminho não consiste em dez passos como as "dez faculdades sutis" de algumas das ordens *Sufi (Tariqat)* empregando recitação silenciosa, nem dos sete estágios, como as "sete almas" de quem pratica recitação pública, mas em quatro etapas. É a realidade, ao invés de uma *Tariqat.* É *Chari'a.*

No entanto, não deixe que seja mal interpretado. Significa ver a própria impotência, pobreza e falhas diante de Allah Todo-Poderoso, não para fabricá-las ou exibi-las para as pessoas. O método deste curto caminho é seguir as práticas do Profeta (Allah o abençoe e lhe dê paz), execute as obrigações religiosas e desista de pecados graves. E é especialmente para realizar as salat corretamente e com atenção, e segui-las com as tasbihat.

O versículo:[735] ﴿فَلَا تُزَكُّوا اَنْفُسَكُمْ﴾ aponta para o primeiro passo.

O versículo:[736] ﴿وَلَا تَكُونُوا كَالَّذِينَ نَسُوا اللّٰهَ فَاَنْسٰيهُمْ اَنْفُسَهُمْ﴾ aponta para a segunda etapa.

O versículo:[737] ﴿مَا اَصَابَكَ مِنْ حَسَنَةٍ فَمِنَ اللّٰهِ وَمَا اَصَابَكَ مِنْ سَيِّئَةٍ فَمِنْ نَفْسِكَ﴾ aponta para a terceira etapa.

O versículo:[738] ﴿كُلُّ شَيْءٍ هَالِكٌ اِلَّا وَجْهَهُ﴾ aponta para a quarta etapa.

Uma breve explicação sobre estas quatro etapas é a seguinte:

Primeiro Passo: Como o versículo:[739] ﴿فَلَا تُزَكُّوا اَنْفُسَكُمْ﴾ sugere, é para não purificar a alma. Uma vez que, por conta de sua natureza e disposição inata, o homem ama si mesmo. Na verdade, ele ama a si mesmo antes de qualquer outra coisa, e apenas a si mesmo. Ele sacrifica tudo que não seja ele mesmo pela sua própria alma. Ele elogia a si mesmo de uma maneira dignificando algum objeto de adoração. Ele absolve e exonera-se de falhas da mesma forma. À medida que ele puder, ele não vê falhas como sendo apropriadas a ele, e não as aceita. Ele se defende apaixonadamente como se adorando. Mesmo, usando em si mesmo os membros e as faculdades que lhe foram dadas como parte de sua natureza, a fim de louvar e glorificar o Verdadeiro Objeto de Adoração, ele exibe o significado do versículo:[740] ﴿مَنِ اتَّخَذَ اِلٰهَهُ هَوٰيهُ﴾ Ele se aprecia, confia em si mesmo, ele se imagina. Assim, a sua purificação e limpeza nesta fase, nesta etapa, é a de não se purificar; não é para se absolver.

Segundo Passo: Como o versículo:

[741] ﴿وَلَا تَكُونُوا كَالَّذِينَ نَسُوا اللّٰهَ فَاَنْسٰيهُمْ اَنْفُسَهُمْ﴾ ensina, o homem se esquece de si mesmo, e não tem conhecimento de si mesmo. Se ele pensa na morte, é em relação aos outros. Se ele vê transitoriedade e declínio, ele não os atribui a si mesmo. Sua alma ordenadora do mal exige que, quando se trata de transtornos e serviço dos outros, ele se esquece de si mesmo, mas quando se trata de receber sua recompensa, beneficiar-se e do prazer, ele pensa em si mesmo, e toma a sua parte com fervor. Sua purificação, limpeza e treino nesta fase é o inverso deste estado. Ou seja, quando se esquecido de si mesmo, não é para ser esquecido. Ou seja, esquece de si mesmo quando se trata de prazer e ambição e ganância, e pensa em si mesmo quando se trata de morte e serviço dos outros.

Terceiro Passo: Como o versículo:

[742]﴿مَا اَصَابَكَ مِنْ حَسَنَةٍ فَمِنَ اللّٰهِ وَمَا اَصَابَكَ مِنْ سَيِّئَةٍ فَمِنْ نَفْسِكَ﴾ensina, a natureza da alma ordenadora do mal exige que ela sempre considere o bem-estar de si mesmo e se torne vaidosa e presunçosa. Assim, nesta etapa, a pessoa só vê falhas, defeitos, impotência e pobreza em si mesma, e entende que todas as suas boas qualidades e perfeições são dádivas concedidas a ele pelo Criador Glorioso. Ela dá graças em vez de ser vaidosa, e oferece louvor em vez de vangloriar-se. De acordo com o significado do versículo:[743] ﴿قَدْ اَفْلَحَ مَنْ زَكّٰيهَا﴾ sua purificação, nesta fase, é conhecer a sua perfeição a depender da imperfeição, o seu poder na impotência, e sua riqueza na pobreza.

Quarto Passo: À medida que o versículo:[744] ﴿كُلُّ شَيْءٍ هَالِكٌ اِلَّا وَجْهَهُ﴾ ensina, a alma ordenadora do mal considera-se livre e independente e de existir por si só. Devido a isso, o homem alega possuir uma espécie de religiosidade. Ele abriga uma rebelião hostil em relação a seu verdadeiro objeto de adoração. Assim, pela compreensão do seguinte fato, ele é salvo com isso. O fato é o seguinte:

De acordo com o significado aparente das coisas, que cuida de cada coisa em si, tudo é transitório, deficiente, acidental, não existente. Mas de acordo com o significado que significa algo diferente de si mesmo e em relação a cada coisa ser um reflexo para os Nomes do Glorioso Criador e encarregado de vários deveres, cada um é uma testemunha, que é testemunhado, e é existente. A purificação e limpeza da alma, nesta fase, é como se segue:

Em sua existência, ela é não existente, e em sua não existência ela tem existência. Isso quer dizer, se ela se valoriza e atribui existência a si mesmo, está em uma escuridão de não existência tão grande quanto o universo. Ou seja, se confia em sua existência individual e está desatenta ao Doador verdadeiro da existência, tem uma luz individual de existência como a de um vaga-lume e é submerso em uma escuridão sem fim de não existência e separação. Mas se desiste de egoísmo, vê-se que ela não é nada, e é um reflexo das manifestações do Doador Verdadeiro da Existência, ela ganha todos os seres e uma existência infinita. Uma vez que, quem encontra o Necessário Existente, a manifestação de Cujos Nomes todos os seres manifestam, encontra tudo.

***

CONCLUSÃO

As quatro etapas deste caminho de impotência, pobreza, compaixão e a reflexão foram explicadas nas vinte e seis Palavras escritas até agora, que estão preocupadas com o conhecimento da realidade, a realidade da Chari'a, e a sabedoria do Alcorão. Assim, aqui vamos aludir brevemente a apenas um ou a dois pontos, da seguinte forma:

Na verdade, esse caminho é mais curto, porque consiste em quatro etapas. Quando a impotência remove a mão da alma, a dá diretamente ao Todo-Poderoso da Glória. Considerando que, quando o caminho do amor extático, a maneira mais rápida, toma a mão da alma, e a atribui ao metaforicamente amado. Só depois que o amado é encontrado para ser transitório ele vai para o Verdadeiro Amado.

Também, este caminho é mais seguro, porque os delírios e as reivindicações exageradas da alma não estão presentes nele. Pois, além de impotência, pobreza e defeitos, a alma nada possui para que ultrapasse a sua marca.

Além disso, esse caminho é muito mais amplo e universal, pois não há necessidade de condenar o universo nem restringí-lo, porque o povo da "Unicidade da existência" imaginaram que o universo é nada. Disseram: "Ninguém existe além d'Ele" a fim de alcançarem a tranquilidade e a presença constante no coração. O mesmo acontece com o povo da "unicidade de testemunho" uma vez que prenderam o universo na prisão do esquecimento absoluto. Disseram: : "Não há nada testemunhado além d'Ele", a fim de alcançarem a tranquilidade do coração, enquanto o Alcorão perdoa mais explicitamente o universo da execução e o livra da prisão.

Este caminho, de acordo com o Alcorão, vê o universo submisso ao seu Criador, Todo-Poderoso, e está a Seu serviço. São manifestações dos Belos Nomes sendo espelhos que refletem aquelas manifestações. Ou seja, ele as utiliza literalmente e as afasta do significado nominal de que esteja a serviço e submissa por si. Quando o ser se salva da negligência absoluta, e atinge a presença divina permanente, de acordo com o método do Alcorão Sagrado, encontra o caminho que conduz a Deus Todo-Poderoso em tudo.

Em Resumo: Este caminho não olha para o universo do ponto de vista nominal, ou seja, não o olha submetido a si mesmo, mas o isola disso e lhe designa a função de estar submisso a Allah, Glorificado seja.

***

A Vigésima Sétima Palavra

TRATADO DE IJTIHAD (DILIGÊNCIA INDEPENDENTE DA LEI)

> Cinco ou seis anos atrás, em um tratado árabe, escrevi sobre assuntos a verem com *ijtihad* sobre pontos da Chari'a. Agora, a pedido de dois dos meus irmãos, esta Palavra foi escrita sobre essa matéria, a fim de colocar em seu devido lugar alguém que tinha ultrapassado a marca em seus ataques a ele.

بِسْمِ اللّٰهِ الرَّحْمٰنِ الرَّحِيمِ

﴿وَلَوْ رَدُّوهُ إِلَى الرَّسُولِ وَإِلَى أُولِي الْأَمْرِ مِنْهُمْ لَعَلِمَهُ الَّذِينَ يَسْتَنْبِطُونَهُ مِنْهُمْ﴾[745]

A porta de ijtihad está aberta, mas no presente momento, há seis "obstáculos" para entrar nela.

O PRIMEIRO: No inverno, quando as tempestades são ferozes mesmo pequenos orifícios são bloqueados, e não é de forma razoável abrir novas portas. Sob o ataque de um poderoso dilúvio, fazer aberturas na parede, a fim de repará-lo leva a se afogar. Da mesma forma, no momento da negação e do assalto dos preceitos da Europa e da legião de inovações e da destruição de desorientação, abrir novas portas no palácio do Islam em nome de ijtihad, e fazer aberturas que serão os meios para pessoas inclinadas à destruição escalando as paredes e entram nela, é um crime contra o Islam.

O SEGUNDO: O ijtihad não pode ser feito sobre os ensinamentos essenciais da religião, pois ele é especificado e definitivo. Além disso, ele é como alimento básico e de sustento. Embora neste momento todo o esforço e empenho devem ser gastos em serem respeitados e ressuscitados para a vida, eles estão sendo abandonados e degradados. Então, abandoná-los, apesar de estarem entre as questões teóricas do Islam e por serem as puras e sinceras interpretações das primeiras gerações do Islam não são inadequadas para as necessidades de todos os tempos, e fazer novas interpretações da lei de forma arbitrária é uma inovação e traição ao Islam.

O TERCEIRO: Assim como vários produtos no mercado são procurados de acordo com a estação do ano, eles ficam em demanda um após o outro, por isso, a exposição do mundo e do mercado da sociedade humana e da civilização, cada século diferentes mercadorias são procurados e estão em demanda; elas são exibidas no mercado, atraídas pela demanda, os olhares estão virados para eles, as mentes são atraídas por eles. Como no presente momento a mercadoria da política e de seguro de vida deste mundo e a demanda da filosofia são procuradas, por exemplo. E no momento das primeiras gerações do Islam e do mercado daquele tempo, deduzindo da Palavra do Criador dos Céus e da Terra Seus desejos e aquilo que Ele quer de nós foram os produtos mais procurados, e obtendo o significa de ganhar com a luz da profecia e da felicidade eterna do Alcorão no Outra Vida, que havia sido revelado, a tal ponto que não podia ser escondido.

Naquela época, uma vez que, as mentes das pessoas, os corações e os espíritos foram dirigidos com toda a força no sentido de compreender os desejos do Senhor dos Céus e da Terra, as discussões, as conversas, os eventos e as circunstâncias da vida social, tudo procurava isso. Já que ocorreram em conformidade com esses desejos, quem quer que tenha alta capacidade, o seu coração e a natureza inconscientemente receberam instrução no conhecimento de Allah de tudo. Ele recebeu o conhecimento das circunstâncias, dos eventos e das discussões que tiveram lugar naquele momento. Como tudo se tornou um professor para tal pessoa, e inculcou em sua natureza e disposição o conhecimento preparatório para o ijtihad. Essas instruções naturais iluminaram-no a tal ponto que foi quase capaz de interpretar a lei, sem adquirir os conhecimentos, a ser iluminado sem fogo... Assim, quando alguém capaz que recebeu tal instrução natural desta forma começou a trabalhar em interpretar o lei, a sua capacidade, que se tornou como um fósforo manifestando o mistério da Luz na Luz; ele tornou-se qualificado a interpretá-lo (mujtahid) de forma rápida e em um curto espaço de tempo.

Neste momento, no entanto, devido à dominação da civilização europeia e da supremacia da filosofia natural e da preponderância das condições de vida mundana, mentes e corações tornaram-se dispersos, e o esforço e o favorecimento se dividiram. As mentes tornaram-se estranhas para questões não materiais. Assim, é por isso disso que se alguém agora deseja memorizar o Alcorão com a idade de quatro anos e tenha a inteligência de um mujtahid como Sufyan ibn Uyayna, que realizou debates com estudiosos da religião em uma idade precoce, ele precisaria dez vezes mais do que Sufyan para tornar-se qualificado para interpretar a lei. Se Sufyan adquiriu a aprendizagem em dez anos, a este homem seriam necessários cem anos, porque o período de estudo natural do Sufyan começou na idade da razão. Sua disposição e habilidades foram lentamente preparadas e iluminadas; tomaram lições de tudo e tornou-se como um fósforo. Mas seu colega no momento presente, uma vez que seu pensamento está submerso em filosofia, sua mente mergulhada na política, e seu coração está atordoado com a vida deste mundo, sua disposição e habilidades têm crescido distantes do ijtihad. Com certeza, eles tornaram-se distantes da interpretação da Chari'a na medida em que se têm preocupados com as ciências modernas, e mantiveram-se atrás em relação a ela, na medida em que ele se tornou conhecedor das ciências físicas. Portanto, ele não pode dizer: "Eu sou tão inteligente quanto ele. Por que não posso estar no mesmo nível que ele?" Ele não tem o direito de dizer isso, e não pode estar no mesmo nível que ele.

O QUARTO: Assim como no corpo está a inclinado de expandir, para o seu crescimento e desenvolvimento, e uma vez que, é de dentro, a inclinação para expandir é um ser aperfeiçoado para o corpo, Enquanto se se trata de uma inclinação para a expansão de fora dele, é para rasgar a pele do corpo, para destruí-lo, não é expansão. Da mesma forma, quando a inclinação para se expandir e não interpreta a lei presente dentro da esfera do Islam pela porta perfeita de taqwa (temor a Allah) e a forma de se conformar com os ensinamentos essenciais do Islam, como as primeiras gerações de justiça, que eram uma perfeição e sendo aperfeiçoadas. Mas se tal inclinação e desejo veem daqueles que desistem dos fundamentos, preferem a vida deste mundo ao da Outra Vida, e estão contaminados com a filosofia materialista, é o meio de destruir o corpo do Islam e lançar fora do pescoço a cadeia da Chari'a.

O QUINTO: Três pontos de vista tornam o ijtihad terreno neste tempo, e o impedem de ser celestial. Considerando que a Chari'a é celestial, revelada, e uma vez que as interpretações fazem conhecer os seus preceitos ocultos, elas também são celestiais.

O Primeiro: A sabedoria de um preceito é uma coisa, enquanto que a razão para isso é algo diferente. A sabedoria e o benefício são a causa de sua escolha, e não os meios de serem necessitados e criados. A razão é o meio para a sua existência. Por exemplo, as salat são encurtadas enquanto viajando; duas rak'ats são realizadas.

A razão para essa permissão da Chari'a é a viagem, enquanto a sua sabedoria é a dificuldade. Se houver a viagem, mas nenhuma dificuldade, salat ainda são encurtadas. Pois, essa é a razão. Porém, se não houver jornada, mas dificuldades, não haverá razão para encurtar salat. Assim, contrariamente a este fato, o ponto de vista neste momento é para configurar o benefício e a sabedoria no lugar da razão, e para fazer a sua apreciação, de acordo com isso. Tal ijtihad é certamente terreno, não celestial.

O Segundo: O ponto de vista na atualidade olha principalmente para a felicidade mundana enquanto que o ponto de vista da Chari'a olha principalmente para a felicidade na Vida Futura, e para a felicidade neste mundo em segundo lugar e, indiretamente, como o meio para a Vida Futura. Ou seja, o ponto de vista desta vez é estranho para o espírito da Chari'a; nesse caso, não se pode fazer interpretações em seu nome.

O Terceiro: Existe uma regra:[746] اِنَّ الضَّرُورَاتِ تُبِيحُ الْمَحْظُورَاتِ Esta regra não é universal. Já que não é por meio do que é proibido, a necessidade torna lícito o que é ilícito. Mas, se algo se tornou uma necessidade devido ao abuso e por razões ilícitas, esta necessidade não pode ser a base de preceitos que o permitem, nem formam uma desculpa. Por exemplo, se, por meio de uma má escolha alguém se embriaga de forma ilegal, de acordo com os estudiosos da Chari'a, suas ações agem contra ele, e ele não pode ser considerado dispensado. Se ele se divorciar da esposa, o divórcio está em vigor. E se ele comete um crime, ele recebe a punição. Contudo, se não for por meio de má escolha, o divórcio não está em vigor, nem ele recebe punição. E, por exemplo, mesmo que um alcoólatra seja viciado em álcool ao grau de necessidade, ele não pode dizer: "Isso é uma necessidade, e é legal para mim."

Assim, neste momento há muitas questões que tenham atingido o grau de necessidade e assumiram a forma de uma calamidade geral que aflige as pessoas e que, se têm surgido de má escolha, de desejos ilícitos e de atos proibidos, não podem ser a base de preceitos permissivos que fazem o ilícito ser lícito. No entanto, já que aqueles que fazem interpretações no momento, fazem essas necessidades com base em ordens da Chari'a, suas interpretações são terrenas, produtos de suas próprias fantasias, contaminadas pela filosofia, e não podem ser celestiais ou reveladas, ou de acordo com a Chari'a. No entanto, se o exercício de autoridade sobre as ordens Divinas do Criador dos Céus e da Terra e de interferência na adoração de Seus servos, é sem a permissão do Criador, o exercício da autoridade e da interferência são rejeitados. Por exemplo, um número de desatentos e negligentes aprova a mudança de algumas das marcas do Islam como no Sermão de sexta-feira, e substituindo a língua de cada país para o árabe, por duas razões:

A Primeira: "Para que dessa forma a massa de muçulmanos entenda a política atual." Mas a política atual tem se tornado tão misturada com mentiras e trapaças e maldades que se tornou como os próprios sussurros de Satanás. No entanto, o púlpito é o local de transmitir a revelação Divina, de modo que os rumores políticos não têm o direito de subir a essa posição elevada.

A Segunda: "O sermão de sexta-feira é para a compreensão das admoestações de certas Suratas do Alcorão." Sim, se a maioria das nações islâmicas está conformada com os ensinamentos essenciais e questões incontestáveis do Islam e os preceitos que são bem conhecidos e os levam a cabo, então, a leitura do Sermão na língua conhecida e a tradução do Alcorão,[1] se for possível, seria desejável, a fim de compreender as questões teóricas da Chari'a e suas questões sutis e ensinamentos abstrusos. Entretanto, os bem conhecidos preceitos incontestáveis do Islam como as cinco salat, o jejum durante o mês de Ramadan, a zakat, e a ilegalidade de assassinato, de fornicação, e das bebidas inebriantes são negligenciados, as pessoas comuns não têm necessidade de aprender a sua necessidade ou ilegalidade, mas pelo encorajamento e advertência, serem lembrados desses decretos sagrados, e, pelo seu senso de crença e sentimentos pelo Islam serem agitados, a serem solicitados, incentivados, e lembrados para estarem em conformidade com elas. No entanto, por mais humildes e ignorantes que possam ser, eles entendem o seguinte breve significado do Alcorão e o Sermão em árabe: "O pregador e o recitador do Alcorão estão recordando os pilares da fé e do Islam, que são conhecidos por mim e por todos, e nos ensinando, e recitá-los." Um desejo por eles nasce em seus corações. Que palavras estão lá no universo que podem ser comparadas com os milagrosos lembretes instrutivos, avisos e encorajamentos do Todo-Sábio Alcorão, que vem do Trono Sublime?

O SEXTO: Uma vez que os grandes intérpretes da lei entre os justos das primeiras gerações do Islam viveram perto do tempo dos Companheiros do Profeta, a idade da luz e da verdade, eles foram capazes de receber a luz pura e fazer interpretações puras. Mas, os intérpretes da lei neste tempo olham para o livro de realidade por trás de tantos véus e de tão longa distância que conseguem ver até mesmo sua letra mais clara com dificuldade.

Se você diz: Os Companheiros do Profeta também eram seres humanos e não isentos de erros e diferenças, enquanto os meios de ijtihad e os preceitos da Chari'a é a justiça e a veracidade dos Companheiros, em que a comunidade islâmica concordou, dizendo: "Todos os companheiros eram justos e todos falavam a verdade."

A Resposta: Sim, a maioria absoluta dos Companheiros do Profeta foi amante da verdade, da veracidade e da justiça. Pois, naquele tempo, a feiura da mentira e da falsidade foi mostrada em toda a sua feiura e a beleza de direito e da verdade foi mostrada em toda a sua beleza, de tal forma que a distância entre eles se estendia desde o solo até o Trono Divino. Houve uma clara separação entre eles, das profundezas do Musaylima o mentiroso ao mais baixo dos graus ao grau de veracidade do Profeta Mohammad (Allah o abençoe e lhe dê paz) no mais alto grau. Na verdade, da mesma forma que a mentira levou Musaylima para o mais baixo dos graus, a veracidade e o direito elevaram Mohammad o Confiável para o mais alto grau.

Assim, os companheiros, que possuíam sentimentos elevados e adotavam os bons costumes e foram iluminados com a luz da conversa do Sol da Profecia, não estenderam as mãos para a palhaçada e a sujeira da mentira na loja de Musaylima, que era tão feia e a causa de aviltamento, e se encolheram da incredulidade. Assim também encolheram a mentira, a companheira de incredulidade, e procuraram, tanto quanto puderam – especialmente em relacionar os preceitos da Chari'a e propagaram-nos – verdade,

[1] A Vigésima Quinta Palavra, sobre milagroso, mostrou que uma verdadeira tradução do Alcorão não é possível.

veracidade e direito, que são tão excelentes e motivo de orgulho e glória, ascensão e progresso, e eram a coisa mais procurada do tesouro elevado da Glória da Mensagem, e que iluminam a vida social do homem com o seu belo esplendor; os companheiros agiam em conformidade com eles e tinham desejo deles; isso é certo, definido, e necessário. Enquanto, neste tempo, a distância entre a verdade e a mentira se tornou tão estreita que eles estão agora simplesmente ombro a ombro. É extremamente fácil passar da veracidade à mentira. Mentir é mesmo preferível à veracidade devido à propaganda da política e da diplomacia. E assim, se o mais feio e as melhores coisas são vendidas na mesma loja pelo mesmo preço, certamente a joia da veracidade e do direito, que é a mais elevada e penetra até a essência da realidade, não será obtida cegamente, dependendo da a palavra e da habilidade do lojista.

***

CONCLUSÃO

As leis sagradas mudam de acordo com as idades. De fato, em cada idade profetas e leis podem vir, de acodo com os povos, e eles vieram. Desde a subsequência ao Selo dos Profetas, sua Maior Chari'a é suficiente para todos os povos em todas as épocas, não há necessidade por leis diferentes. No entanto, em questões secundárias, a necessidade de escolas diferentes persistiu até certo ponto. Assim como as roupas mudam com a mudança das estações do ano e os medicamentos mudam de acordo com as disposições, as leis sagradas mudam de acordo com as idades, e seus preceitos mudam de acordo com as capacidades dos povos. Porque as questões secundárias dos preceitos da Chari'a olham para as circunstâncias humanas, elas vêm de acordo com eles, e são como medicamento.

Na época dos primeiros profetas, já que as classes sociais eram distantes e os caracteres dos seres humanos eram um tanto grosseiros e violentos, e suas mentes, primitivas e perto de nomadismo, as leis na época vieram todas em diferentes formas, adequadas às suas condições. Havia até mesmo diferentes profetas e leis no mesmo continente, no mesmo século. Então, uma vez que com a vinda do Profeta do fim dos tempos, o homem como tal avançou do primário estágio para o secundário, e por inúmeras revoluções e levantes alcançou uma posição em que todos os povos humanos poderiam receber uma única aula e ouvir um único professor e agir de acordo com uma lei única, sem necessidade de leis diferentes, nem houve necessidade de diferentes professores. Mas porque eles não estavam todos completamente ao mesmo nível e não surgiam na mesma espécie de vida social, as escolas de direito tornaram-se numerosas. Se, como alunos de uma escola de ensino superior, a grande maioria da humanidade foi vestida com o mesmo tipo de vida social e atingiu o mesmo nível, em seguida, todas as escolas poderiam ser unidas. Mas, como o estado do mundo não permite isso, as escolas de direito não podem ser as mesmas.

Se você diz: A verdade é uma só; Como podem os diferentes preceitos das quatro e doze escolas serem verdadeiros?

A Resposta: A mesma água governa de cinco maneiras diferentes em cinco doentes de diferente disposição, assim: para um, a água é uma cura para a sua doença, e de acordo com o medicamento, necessária. Para outro, é como veneno para a sua enfermidade é prejudicial e proibida. Por outro, causa uma pequena quantidade de dano, e é condenável medicamente. Para outro a água é benéfica e sem danos; de acordo com o medicamento é aconselhável para ele. E para mais um não é nem prejudicial nem benéfica; ele pode bebê-la com boa saúde, e para ele é medicamente permitida. Assim, aqui a verdade tornou-se numerosa; todas as cinco são verdadeiras. Você seria capaz de dizer: "A água é apenas uma cura, só é necessária, e governa de nenhuma outra forma?"

Da mesma forma, impulsionados pela sabedoria Divina, os preceitos Divinos mudam de acordo com as escolas de direito e aqueles que as seguem, e elas mudam como verdade, e todas são verdadeiras e corretas. Por exemplo, uma vez que, de acordo com a sabedoria Divina e determinação, a maioria daqueles que seguem o Imam Cháfi'i estão mais perto de vida da aldeia e do nomadismo que os Hanafis, e lhes falta na vida social, o que torna a comunidade como um só corpo, cada pessoa recita a Fátiha por trás do líder da oração, de modo a expressar suas dores no Tribunal do Dispensador das necessidades e expressam seus desejos privados. E isso é absolutamente certo e de pura sabedoria. No entanto, uma vez que a maioria dos governos islâmicos favoreceu a escola do Imam-i A'zam, a grande maioria daqueles que seguem a escola estão mais próximos da civilização e da vida urbana e mais equipada para a vida social. Assim, a comunidade torna-se como um único indivíduo e um homem fala em nome de todos; todos o afirmam com os seus corações e atam os seus corações a ele e sua palavra torna-se a palavra de todos; de acordo com a escola Hanafi, a Fátiha não é recitada por trás do líder da oração. E não ser recitada é absolutamente certo e de pura sabedoria.

E, por exemplo, uma vez que, pela formação de uma barreira contra as agressões da natureza, a Chari'a modifica-a e educa a alma ordenadora do mal, de acordo com a escola Cháfi'i, cuja maioria dos seguidores é de aldeões, seminômades, e ocupados em trabalhos manuais: "As abluções são anuladas por tocar uma mulher; a menor impureza é prejudicial." Enquanto, de acordo com a escola Hanafi, uma vez que a grande maioria dos seguidores entrou na vida social e se tornou 'semicivilizada', tocar mulheres não anula as abluções; há licença para uma pequena quantidade de impureza."

Agora vamos considerar um trabalhador braçal e um cavalheiro. Devido a sua arte e a maneira de sua vida, o trabalhador sofre com a mistura, estar em contato com as mulheres que são canonicamente estranhas para ele. Desde que ele se senta no mesmo lar como elas e está envolvido com coisas impuras, a natureza e sua alma ordenadora do mal encontram o campo vazio e pode fazê-lo ultrapassar os limites. Portanto, a fim de formar uma barreira contra essas utrapassagens, a Chari'a lhe diz: "Não toque na mulher, que sua ablução fica nula; não se contamine que sua salat não será válida." A voz soa celeste em seus ouvidos espirituais. Enquanto que, de acordo com os costumes sociais e em nome da moralidade comum, o cavalheiro, sob a condição de ser honorável, não afligido por estar em contato com as mulheres que são canonicamente estranhas para ele e, em nome da limpeza da civilização, ele não está contaminado em qualquer grau com coisas impuras. Portanto, na Escola Hanafi, a Chari'a não demonstra rigor e censura; ela mostrou seu lado permissivo, e o ilumina. "Se a sua mão foi tocada, sua ablução não está anulada. Se você tem vergonha e não realiza o istinjá (limpeza das partes pudicas) em público, não há nenhum mal nisso. Uma pequena quantidade de impureza é permitida." Isso o salva de tentações. Assim, duas gotas do oceano como exemplos para você. Fazer analogias com eles, e se você puder, equilibrá-los nas escalas da Chari'a, desta forma, com o saldo de Mizan,[747] Cha'rani

﴿سُبْحَانَكَ لاَ عِلْمَ لَنَا اِلاَّ مَا عَلَّمْتَنَا اِنَّكَ اَنْتَ الْعَلِيمُ الْحَكِيمُ﴾[748]

اَللّٰهُمَّ صَلِّ وَ سَلِّمْ عَلَى مَنْ تَمَثَّلَ فِيهِ اَنْوَارُ مَحَبَّتِكَ لِجَمَالِ صِفَاتِكَ وَ اَسْمَائِكَ بِكَوْنِهِ مِرْآةً جَامِعَةً لِتَجَلِّيَاتِ اَسْمَائِكَ الْحُسْنَى وَ مَنْ تَمَرْكَزَ فِيهِ شُعَاعَاتُ مَحَبَّتِكَ لِصَنْعَتِكَ فِى مَصْنُوعَاتِكَ بِكَوْنِهِ اَكْمَلَ وَ اَبْدَعَ مَصْنُوعَاتِكَ وَ صَيْرُورَتِهِ اَنْمُوذَجَ كَمَالاَتِ صَنْعَتِكَ وَ فِهْرِسْتَةَ مَحَاسِنِ نُقُوشِكَ وَ مَنْ تَظَاهَرَ فِيهِ لَطَائِفُ مَحَبَّتِكَ وَ رَغْبَتِكَ لِاِسْتِحْسَانِ صَنْعَتِكَ بِكَوْنِهِ اَعْلَى دَلاَّلِى مَحَاسِنِ صَنْعَتِكَ وَ اَرْفَعَ

الْمُسْتَحْسِنِينَ صَوْتًا فِى اِعْلاَنِ حُسْنِ نُقُوشِكَ وَ اَبْدَعِهِمْ نَعْتًا لِكَمَالاَتِ صَنْعَتِكَ وَ مَنْ تَجَمَّعَ فِيهِ اَقْسَامُ مَحَبَّتِكَ وَ اِسْتِحْسَانِكَ لِمَحَاسِنِ اَخْلاَقِ مَخْلُوقَاتِكَ وَ لَطَائِفِ اَوْصَافِ مَصْنُوعَاتِكَ بِكَوْنِهِ جَامِعًا لِمَحَاسِنِ اْلاَخْلاَقِ كَافَّةً بِاِحْسَانِكَ وَ لِلَطَائِفِ اْلاَوْصَافِ قَاطِبَةً بِفَضْلِكَ وَ مَنْ صَارَ مِصْدَاقًا صَادِقًا وَ مِقْيَاسًا فَائِقًا لِجَمِيعِ مَنْ ذَكَرْتَ فِى فُرْقَانِكَ اِنَّكَ تُحِبُّهُمْ مِنَ الْمُحْسِنِينَ وَ الصَّابِرِينَ وَ الْمُؤْمِنِينَ وَ الْمُتَّقِينَ وَ التَّوَّابِينَ وَ اْلاَوَّابِينَ وَ جَمِيعِ اْلاَصْنَافِ الَّذِينَ اَحْبَبْتَهُمْ وَ شَرَفْتَهُمْ لِمَحَبَّتِكَ فِى فُرْقَانِكَ حَتَّى صَارَ اِمَامَ الْحَبِيبِينَ لَكَ وَ سَيِّدَ الْمَحْبُوبِينَ

لَكَ وَ رَئِيسَ اَوِدَّائِكَ وَ عَلَى آلِهِ وَ اَصْحَابِهِ وَ اِخْوَانِهِ اَجْمَعِينَ

آمِينَ بِرَحْمَتِكَ يَا اَرْحَمَ الرَّاحِمِينَ[749]

***

ADENDO À VIGÉSIMA SÉTIMA PALAVRA

Sobre os Companheiros do Profeta
(Que Allah esteja satisfeito com todos eles)

Como Maulana Jámi, eu digo,

یا رسول الله چه باشد چون سگ اصحاب کهف
داخل جنت شوم در زمرهٔ اصحاب تو
او رود در جنت من در جهنم کی رواست
او سگ اصحاب کهف من سگ اصحاب تو

بِاسْمِهِ سُبْحَانَهُ [750] ﴿وَاِنْ مِنْ شَیْءٍ اِلَّا يُسَبِّحُ بِحَمْدِهِ﴾ [751]

بِسْمِ اللّٰهِ الرَّحْمٰنِ الرَّحِيمِ

﴿مُحَمَّدٌ رَسُولُ اللّٰهِ وَالَّذِينَ مَعَهُ اَشِدَّاءُ عَلَى الْكُفَّارِ رُحَمَاءُ بَيْنَهُمْ...﴾ [752]

Vocês Perguntam: Existem alguns relatos que dizem: "Num momento em que as inovações são abundantes, alguns dos justos entre os crentes e os que temem a Allah estarão em um nível com os Companheiros do Profeta Mohammad, ou ainda com maior virtude." São estas narrações corretas? E em caso afirmativo, qual é o seu verdadeiro significado?

A Resposta: O consenso dos sunitas Ahl al-Sunna wa'l-Jama'at, que, após os profetas, os mais virtuosos da humanidade são os companheiros, é uma prova absoluta de que as partes corretas dessas narrações referem-se às virtudes menores. Pois, em virtudes menores e perfeições particulares a qualidade pode ser considerada preferível ao que é superior e, de fato é preferível. Mas, do ponto de vista da virtude geral os Companheiros não podem ser alcançados, que são objeto de louvor Divino no final da Surata al-Fath, e são elogiados e aplaudidos na Torá, nos Evangelhos, e no Alcorão. Por enquanto, vamos explicar três pontos de sabedoria a respeito dessa verdade, que compreendem três razões, fora de muitas razões e exemplos de sabedoria.

Primeira Instância da Sabedoria: O companheirismo do Profeta era como elixir. Quem a experimentou por um minuto recebeu luzes da realidade equivalente a anos de caminhada espiritual. Pois, em conversa há reflexão e matiz. É bem sabido que por intermédio da reflexão, do seguimento e da imitação, e pela luz sublime da profecia, um nível verdadeiramente exaltado pode ser alcançado; uma vez que, por lealdade ao seu soberano e por segui-lo, o servo de um sultão pode alcançar uma posição tão alta que o comandante de um rei não pode alcançar. É devido a este mistério que os maiores santos não podem atingir o nível dos companheiros. Mesmo santos como Jalaluddin Suyuti, que conversou várias vezes com o Nobre Mensageiro de Allah (Allah o abençoe e lhe dê paz) durante a vigília, mesmo se eles fazem isso e são honrados neste mundo com a sua companhia, eles ainda não podem alcançar o nível dos companheiros, porque o companheirismo deles ao Profeta era pela luz da missão profética, pois o acompanhavam na condição de Profeta e Mensageiro. Quanto aos santos, viram-no após sua morte e conversaram com ele, pela luz de sua santidade. Ou seja, a personificação e a aparência do Nobre Mensageiro de Allah (Allah o abençoe e lhe dê paz) é em relação a sua santidade, não em relação à sua missão profética. Uma vez que, é assim, as duas situações se distinguem na proporção da sublimidade do grau de profecia sobre a situação da santidade.

Pode ser entendido o alcance do elixir luminoso do companheirismo pelo seguinte: o homem primitivo de coração tão duro e selvagem que enterrava sua filha viva, ao ser honrado com a companhia do Profeta por uma hora, adquiriu tanta bondade e compaixão que não pisaria em uma formiga. E o selvagem ignorante que conversava com o Profeta por um dia, em seguida, ia para terras como a China e Índia e instruía os povos civilizados nas realidades e os orientava na perfeição.

Segunda razão: Como é explicado e provado na discussão do ijtihad na Vigésima Sétima Palavra, a grande maioria dos companheiros era do mais alto nível de perfeições humanas. Porque naquele tempo na poderosa revolução do Islam, o bem e a verdade apareceram em toda a sua beleza, e o mal e a mentira, em toda a sua feiura, e fizeram-se sentir fisicamente. Essa diferença foi evidente entre o bem e o mal e abriu tal distância entre a verdade e a mentira que elas se desenharam tão distantes uma da outra como a crença e a incredulidade, e mesmo o Inferno e o Paraíso. Os Companheiros, que, por natureza possuíam emoções elevadas, que foram cativados pela mais alta moralidade, e inclinados para a dignidade e a virtude, não iriam estender voluntariamente as mãos para o mal e a mentira, e assim caírem para o nível de Musaylima, o mentiroso, e suas declarações ridículas. Uma vez que, ele foi o arauto do mal e da mentira, e sua incorporação. Seus personagens exigiram que olhassem para a classificação das perfeições, as do Amado de Allah (Allah o abeçoe e lhe dê paz) no mais alto dos altos, que era o arauto e a personificação da veracidade, do bem e do certo, e eles se apressaram nesse caminho com todas as suas forças e empenhos.

Por exemplo, às vezes acontece que no mercado da civilização e na loja da vida social humana, todo mundo foge com nojo dos resultados terríveis e consequências horríveis de certas coisas, como de um veneno mortal, muito menos querem comprá-los, enquanto os belos resultados e consequências valiosas de algumas outras coisas e de bens imateriais atraem a visão geral e procuram a si mesmos como uma panaceia universal e um diamante brilhante; todo mundo tenta o seu melhor para comprá-los. Da mesma forma, na era da felicidade no mercado da vida social humana, uma vez que produtos como a mentira, o mal e a incredulidade deram origem a resultados como eterna miséria e vis palhaços como Musaylima, o mentiroso, é certo e claro que a companheiros, que foram cativados pelas características elevadas e pelo amor pelas coisas exaltadas, fugiriam deles com aversão como de veneno fatal. E por necessidade, os Companheiros, com suas naturezas puras e características louváveis, poderiam, com todas as suas forças, emoções e faculdades, desejar e serem clientes da verdade, honestidade e crença, que produziu resultados como a felicidade eterna e frutos luminosos como o Nobre Mensageiro de Allah (Allah o abençoe e lhe dê paz), como se fosse a panaceia mais eficaz e o precioso diamante. No entanto, após esse tempo, a distância entre a verdade e a mentira gradualmente e aos poucos diminuiu, até que ficaram ombro a ombro. Tendo começado a serem vendidos em conjunto na mesma loja, a moralidade social tornou-se corrompida. A propaganda dos políticos provocou uma demanda maior por mentira. Numa altura em que a feiura incrível de mentir começou a ser escondida e o brilho da beleza da verdade começou a não ser aparente, que pode alcançar a força, a constância e o temor (taqwa) dos companheiros nas questões de justiça, veracidade, exaltação, e direito, ou ultrapassar o seu nível? Vou explicar uma coisa que me ocorreu que iluminará isso a um grau. Era assim:

Certa vez, ocorreu-me, por que pessoas maravilhosas como Muhyiddin al-'Arabi não atingiram os níveis dos companheiros? Então, enquanto dizendo: سُبْحَانَ رَبِّيَ الْاَعْلَى[753], durante a salat, o significado da frase foi esclarecido para mim. Não no seu sentido completo, mas na sua realidade, em parte, tornou-se evidente para mim. Eu disse no meu coração: "Se eu pudesse executar uma das salat, da mesma forma como essa frase, seria melhor do que o culto de um ano." Após salat entendi que esse pensamento e o estado foram de orientação indicando que o grau dos Companheiros na adoração não pôde ser alcançado. Nessa revolução social poderosa provocada pelas luzes do Alcorão, enquanto os opostos foram separados um do outro, e os males, juntamente com todos os seus detalhes e escuridão, todos os que os seguiram, de bons e perfeitos, juntamente com todas as suas luzes e resultados ficaram cara a cara – em um momento tão emocionante, todas as glorificações de Allah e recitações de Seus Nomes expressam todos os níveis de seus significados na hora e novamente e de uma jovem e inalterável moda. Assim também, de acordo com a queda daquela poderosa revolução todos os sentidos e faculdades internas sutis de pessoas foram despertados, mesmo percebidos como fantasia e imaginação, em um estado desperto e consciente, receberam os inúmeros significados dessas recitações e glorificações de acordo com suas próprias percepções, e as absorveram.

Assim, devido a essa sabedoria, quando os companheiros, cujos sentidos foram despertados e suas sutis faculdades alertadas, pronunciaram essas palavras abençoadas que compõem as luzes da crença e da glorificação, fizeram-no em todo o seu sentido e participaram delas com todos os seus sentidos. No entanto, depois que a revolução e a revolta, as faculdades sutis gradualmente afundaram no sono e os sentidos caíram a partir desse ponto de realidade em negligência; como frutos, sob o véu da familiaridade, essas palavras abençoadas perderam gradualmente sua delicadeza e frescor. Simplesmente, como se secando pelo ar de superficialidade, apenas um pouco de frescor permanece, e isso pode ser restaurado ao seu estado anterior somente por meio de cirurgia drástica de um tipo reflexivo e de raciocínio. Assim, é por isso que outro só pode alcançar a virtude e o nível dos Companheiros alcançado em 40 minutos, apenas em 40 dias.

Terceira Razão: Como é provado na Décima Segunda, Vigésima Quarta e Vigésima Quinta Palavras, a comparação da profecia e da santidade é a do próprio sol e a imagem do sol como ele aparece em espelhos. Assim, quanto mais alta a esfera da profecia é da santidade, os servidores da esfera da profecia e dos Companheiros, as estrelas e do Sol, têm de ser superiores ao justo na esfera da santidade no mesmo grau. O legado da profecia e da veracidade, que é a santidade suprema, é a santidade dos companheiros; mesmo se um santo alcança isso, ele ainda não pode alcançar o primeiro posto do nível dos companheiros,. Vamos explicar três dos vários aspectos desta terceira razão.

Primeiro aspecto: Os Companheiros não podem ser alcançados no ijtihad, ou seja, em deduzir os preceitos e entender o que agrada a Allah Todo-Poderoso de Suas Palavras, porque essa poderosa revolução Divina estava envolvida em entender os desejos dominicais e preceitos Divinos. Todas as mentes estavam voltadas para deduzir as leis Divinas. Todos os corações estavam ansiosos para saber "o que o nosso Senhor quer de nós?" Tudo o que aconteceu naquela época foi feito de uma maneira que fez isso ser conhecido e compreendido. As discussões da época diziam respeito a eles. Assim, uma vez que tudo e todas as situações, discussões, conversas e histórias ocorreram de tal forma a dar algum tipo de instrução a esses significados, e uma vez que, isso aperfeiçoou as capacidades dos companheiros e iluminou suas mentes, e desde que a sua capacidade de interpretar a lei e deduzir seus preceitos estava pronta para ser iluminada como um fósforo, alguém neste momento com inteligência e capacidade dos companheiros não poderia alcançar em dez anos, ou talvez em cem anos, o nível de dedução e interpretação que chegaram em um dia ou um mês. Porque agora, a felicidade do mundo é o foco de atenção em lugar de felicidade eterna. A atenção e visão da humanidade são dirigidas para objetivos diferentes.

Certamente, a luta pela subsistência, juntamente com a falta de confiança em Allah tem desnorteado o espírito do homem. Os filósofos naturalistas e materialistas cegaram seu intelecto, assim como o ambiente social não fortalece a mente e a capacidade de uma pessoa em matéria de interpretação da lei Divina, de modo que confunde e dispersa. Provamos na discussão sobre o ijtihad na Vigésima Sétima Palavra na comparação entre Sufyan ibn Uyayna e alguém da sua inteligência, hoje, que a outra pessoa não poderia adquirir em cem anos o que Sufyan adquiriu em dez.

Segundo Aspecto: O nível dos companheiros na proximidade de Allah não pode ser alcançado com os passos de santidade, porque Allah Todo-Poderoso está infinitamente perto de nós; mais perto de nós do que a nossa veia jugular, mas estamos infinitamente distantes d'Ele. A proximidade Divina pode ser obtida de duas maneiras:

A primeira é por meio do desdobramento do imediatismo Divino perante o servo, porque a proximidade profecia a Ele, Exaltado seja, faz parte do desdobramento, e os dignos companheiros se manifestem pelo legado da profecia e do companheirismo do Profeta.

A segunda é percorrer os graus de nossa distância de Allah e sermos honrados com a proximidade Divina a uma extensão. A maior parte da viagem espiritual de santidade está de acordo com isso, quer seja pela viagem espiritual ou liberal.

Deste modo, a primeira forma é meramente dada, não é adquirida; é atração, desenho do mais Misericordioso, e está sendo amado por Ele. O caminho é curto, mas muito firme, muito elevado, muito puro, e sem sombras ou dificuldades. O outro é adquirido, por muito tempo, e na sombra. Mesmo que as suas maravilhas estranhas sejam muitas, não pode alcançar a primeira em relação à qualidade e Proximidade Divina. Por exemplo, existem duas maneiras de se chegar a ontem a partir de hoje. A primeira é não estar sujeito ao longo do tempo. Por um poder sagrado, é elevar-se acima do tempo, e ver o ontem presente como hoje. A segunda é percorrer a distância de um ano, viajar e virar, e vir para o ontem. Mas ainda o ontem não pode ser alcançado; deixa a pessoa e se afasta. Da mesma forma, existem duas formas de passar da aparência para a realidade. A primeira é ser levado diretamente pela atração da realidade, e, sem entrar no reino intermediário do caminho sufi, encontrar a realidade dentro da própria aparência. A segunda é passar por vários níveis, por uma jornada espiritual. Com certeza, os santos são bem sucedidos em aniquilar a alma e matar a alma ordenadora do mal, mas eles ainda não podem alcançar os companheiros, porque, as almas dos companheiros foram purificadas e lavadas, por muitas faculdades dentro da alma, que se manifestam em maior grau as variedades de adoração, agradecimento e louvor. Após a alma ter sido aniquilada, o culto dos santos adquire uma simplicidade e clareza.

Terceiro aspecto: Os Companheiros não podem ser alcançados em relação às ações virtuosas e às recompensas referentes à vida após a morte. Porque, assim como em certas condições um sentinela em situação assustadora e importante, pode ganhar, em uma hora, a virtude de adoração de um ano, e se for atingido por uma bala alcança em um minuto a uma posição semelhante a um grau de santidade que só pode ser alcançada em pelo menos, 40 dias; assim também, o serviço dos companheiros no estabelecimento do Islam e em propagar os decretos do Alcorão e sua declaração de guerra contra todo o mundo em nome do Islam foi tão elevada que os outros não podem alcançar em um ano o que eles alcançaram em um minuto. Pode-se mesmo dizer que todos os minutos nesse serviço sagrado foram como o minuto do martírio do soldado martirizado. Todas as suas horas foram como o de uma hora de um soldado fiel em alguns postos aterrorizantes em que os atos são poucos, mas a recompensa é grande e de alto valor.

De fato, os companheiros constituíram a pedra fundamental na construção do Islam e formaram a primeira fila em seu estabelecimento e na propagação das luzes do Alcorão, Eles têm uma boa parte de todas as boas obras de toda comunidade islâmica de acordo com a regra اَلسَّبَبُ كَالْفَاعِلِ[754] . A comunidade islâmica durante a sua repetição:[755] اَللّٰهُمَّ صَلِّ عَلٰى سَيِّدِنَا مُحَمَّدٍ وَعَلٰى آلِهِ وَاَصْحَابِهِ mostra que os Companheiros receberam uma parte das boas obras de toda a comunidade.

Além disso, assim como uma característica insignificante a raiz de uma árvore assume uma forma ampla nos ramos da árvore, e é maior que o maior ramo; e tal como uma pequena protuberância começando gradualmente forma uma massa; e assim como um excesso do tamanho de uma ponta de agulha em um ponto central pode tornar-se mais de um metro na circunferência, como estes quatro exemplos, já que os companheiros estavam a partir das raízes e fundamentos da árvore luminosa do Islam, e foram no início de linhas luminosas da estrutura do Islam, e eram de entre os líderes da comunidade islâmica e foram os primeiros de seu número, e uma vez que, eles estavam perto do centro do Sol da profecia e da lâmpada da Realidade, algumas de suas ações eram muitas e os seus pequenos atos de serviço, ótimos. Para alcançar sue nível, exige ser um verdadeiro companheiro.

اَللّٰهُمَّ صَلِّ عَلٰى سَيِّدِنَا مُحَمَّدٍ الَّذِى قَالَ اَصْحَابِى كَالنُّجُومِ بِاَيِّهِمْ اِقْتَدَيْتُمْ اهْتَدَيْتُمْ

وَ خَيْرُ الْقُرُونِ قَرْنِى وَ عَلٰى آلِهِ وَ صَحْبِهِ وَ سَلِّمْ[756]

﴿ سُبْحَانَكَ لاَ عِلْمَ لَنَا اِلاَّ مَا عَلَّمْتَنَا اِنَّكَ اَنْتَ الْعَلِيمُ الْحَكِيمُ ﴾[757]

Primeira pergunta : Diz-se que os companheiros do Nobre Mensageiro de Allah (Allah o abençoe e lhe dê paz) viram-no, creram e acreditaram nele. No entanto, nós cremos nele sem vê-lo. Por isso, a nossa crença não é mais forte? Além disso, há relatos que apoiam o que afirmamos?

A Resposta: Naquele tempo, quando todas as ideias se opunham e eram hostis às verdades do Islam, os companheiros acreditaram tão fortemente – apesar de apenas verem a pessoa humana do Mensageiro de Allah (Allah o abençoe e lhe dê paz). Creram nele sem lhes mostrar nenhum milagre, de forma tão forte que todas as ideias gerais no mundo, contrárias ao Islam, não iriam sacudi-los. Elas nem sequer causaram qualquer dúvida ou insinuações neles. Que comparação há entre a crença deles e a crença de vocês?

Quanto a vocês porém, apesar de não o verem pessoalmente e na sua forma humana, sendo como a semente da árvore de Tuba profética, os pensamentos do mundo islâmico fortalecem e enriquecem a sua crença com a personalidade moral iluminada por todas as luzes do Islam e as verdades do Alcorão, aquela magnífica personalidade coletiva, permeada por milhares de milagres. Onde está a sua crença que vacila e cai na dúvida com mera palavra de um filósofo ocidental perante a crença deles que não vacilou perante as dificuldades e os ataques de todo o mundo de incredulidade, dos cristãos, dos judeus e dos filósofos?

Ó alegador, onde está a sua frágil crença que não tem força em cumprir as práticas obrigatórias perante a determinação e a força da crença deles, sua autenticidade que atingiu o nível de benevolência?

No entanto, o Hadice cujo significado é: "Aqueles que não me virem e crerem em mim são preferíveis a vocês",[758] refere-se a determinadas virtudes. Diz respeito a determinados indivíduos especiais. A discussão, no entanto, é no que diz respeito à virtude geral e da maioria.

Segunda pergunta: Dizem que os santos e possuidores da perfeição abandonaram o mundo, segundo um Hadice que diz: "O amor a este mundo é a fonte de todos os erros."[759] No entanto, os companheiros estiveram muito envolvidos com o mundo. Não o abandonaram. Alguns deles estiveram mesmo à frente da civilização da sua época,. Como é que você diz que mesmo o menor desses companheiros tem maior valor do que o maior santo?

A Resposta: Foi provado decisivamente na Segunda e Terceira Estação da Trigésima Segunda Palavra que amar a face do mundo que olha para a Outra Vida e para os Nomes Divinos não é causa de perda, mas o meio para a perfeição e realização, e por mais longe que alguém vá naquelas duas faces, mais longe vai em adoração e conhecimento de Allah. O mundo dos companheiros estava naquelas duas faces. Eles viram este mundo como o campo cultivável da Outra Vida, e o semearam e colheram. Viram os seres como os espelhos dos Nomes Divinos, e olharam-nos com ternura. Quanto à transitoriedade do mundo, é a sua face transitória, que se parece com desejos básicos do ser humano.

Terceira pergunta: Os caminhos sufi são os caminhos da realidade. Alguns dos heróis e os líderes da Ordem Naqchbandi, que é reivindicada a ser a mais famosa, a mais elevada, e a rodovia entre as formas sufi, definiu a sua base como segue.

دَرْ طَرِيقِ نَقْشِبَنْدِى لاَزِمْ آمَدْ چَارْ تَرْكْ تَرْكِ دُنْيَا تَرْكِ عُقْبَى تَرْكِ هَسْتِى تَرْكِ تَرْكْ[760]

Ou seja, no caminho Naqchi a pessoa tem de desistir de quatro coisas: desistir deste mundo; e, por conta da alma, não fazer mesmo a Outra Vida o verdadeiro objetivo; esquecer sua existência; e de modo a não se tornar vaidoso e orgulhoso, não pensar sobre esses atos de renúncia. Isso significa que o verdadeiro conhecimento de Allah e as perfeições humanas são alcançados por meio de desistir do que é diferente de Allah?

A Resposta: Se o homem foi formado por apenas um coração, seria necessário abrir mão de tudo que não seja Allah, e deixar para trás até mesmo os Nomes e os Atributos Divinos e ligar o coração à apenas a Essência Divina. Mas, o homem possui muitos sentidos e faculdades sutis encarregados com funções, como a mente, o espírito, a alma, e outras. O homem perfeito é aquele que, dirigindo todos os sentidos sutis para a realidade nas diferentes formas de culto especial para eles, marcha heroicamente como os companheiros em uma ampla e rica arena de moda para a meta, com o coração como comandante e as faculdades sutis como soldados, uma vez que o coração abandonar seus soldados, a fim de salvar apenas a si mesmo e proceder por conta própria é a causa não de orgulho, mas de aflição.

Quarta pergunta: De onde vem a reivindicação de superioridade dos Companheiros? E quem a colocou à frente? Por que esse assunto foi objeto de discussão naquele tempo? Além disso, por que há essa reivindicação de igualdade com os grandes intérpretes da lei?

A Resposta: Existem dois grupos que dizem estas coisas. Um é dos sinceros estudiosos religiosos e homens de religião que, vendo certos Hadices, abriram essas discussões, a fim de encorajar e animar os piedosos e os retos naquele tempo. Não temos nada a dizer a eles. Eles são realmente poucos e são rapidamente alertados. O outro grupo, no entanto, é composto por pessoas mais temíveis, vaidosas que querem espalhar a sua negação das escolas de direito, afirmando a igualdade com os grandes intérpretes da lei, e continuar a sua descrença, afirmando a igualdade com os companheiros. Porque, em primeiro lugar, as pessoas de desorientação se tornaram depravadas, e se tornaram viciadas em depravação, e não podem cumprir as obrigações da Chari'a, uma vez que constituem em entrave à sua depravação. A fim de encontrar um pretexto para si mesmos, eles dizem: "Estas perguntas podem ser interpretadas. As escolas de direito são opostas uma a outra nesses assuntos. E os intérpretes da lei eram seres humanos como nós, e podem ter cometido erros. Nesse caso, como eles, devemos interpretar a lei Divina e realizar a nossa adoração como desejamos. Por que deveríamos ser obrigados a segui-los?" Assim, devido a essas artimanhas satânicas, esses miseráveis colocaram-se fora da esfera das escolas de direito. Foi demonstrado claramente na Vigésima Sétima Palavra quão infundadas e podres essas afirmações são, por isso, recorremos a isso.

Em segundo lugar, esse grupo de pessoas de desorientação viu que o assunto não termina com os intérpretes da lei, porque o que estava em seus ombros eram apenas as questões teóricas da religião, enquanto que esse grupo quer desistir e mudar os ensinamentos essenciais da religião. Se eles dizem: "Nós somos melhores do que eles," a questão não termina aí. Uma vez que, os intérpretes da lei podem interferir em questões teóricas e em questões secundárias que não são categóricas, mas essas pessoas de desorientação que não seguem nenhuma escola de lei querem misturar suas ideias nos fundamentos da religião, bem como mudar as questões que não são para serem mudadas, e oporem-se aos pilares incontestáveis do Islam. E assim eles são obrigados a atacar os companheiros, que são os portadores e suportes dos fundamentos da religião. Ai de nós! Provou-se decisivamente na Vigésima Sétima Palavra que não os animais em forma humana como eles, mas os seres humanos verdadeiros e a maioria dos santos mesmo, que são os mais perfeitos dos verdadeiros seres humanos, não podem ganhar o caso alegando igualdade com o menor dos companheiros.

اَللّٰهُمَّ صَلِّ وَ سَلِّمْ عَلٰى رَسُولِكَ الَّذ۪ى قَالَ لَاتَسُبُّوا اَصْحَاب۪ى لَوْ اَنْفَقَ اَحَدُكُمْ مِثْلَ

اُحُدٍ ذَهَبًا مَا بَلَغَ نِصْفَ مُدٍّ مِنْ اَصْحَاب۪ى صَدَقَ رَسُولُ اللّٰهِ[761]

﴿سُبْحَانَكَ لَا عِلْمَ لَنَا اِلَّا مَا عَلَّمْتَنَا اِنَّكَ اَنْتَ الْعَل۪يمُ الْحَك۪يمُ﴾[762]

***

A Vigésima Oitava Palavra

Esta palavra é sobre o Paraíso e consiste em duas Estações. A Primeira indica algumas das maravilhas sutis do Paraíso. No entanto, isso não prova a existência dele, uma vez que este tenha sido provado de forma brilhante pelas doze Verdades decisivas do Décima Palavra e pelos argumentos consecutivos, firmes e claras em árabe, que formam a base e o resumo da Décima Palavra e a Segunda Estação desta Palavra. Esta Estação discutida com perguntas e respostas forma uma série de aspectos do Paraíso que foram a causa de críticas. Se a assistência Divina é iminente, uma grande Palavra, será posteriormente, escrita sobre essa poderosa verdade. Se Deus quiser.

بِسْمِ اللّٰهِ الرَّحْمٰنِ الرَّحِيمِ

﴿وَبَشِّرِ الَّذِينَ آمَنُوا وَعَمِلُوا الصَّالِحَاتِ اَنَّ لَهُمْ جَنَّاتٍ تَجْرِى مِنْ تَحْتِهَا الْاَنْهَارُ كُلَّمَا رُزِقُوا مِنْهَا مِنْ ثَمَرَةٍ رِزْقًا قَالُوا هذَا الَّذِى رُزِقْنَا مِنْ قَبْلُ وَ اُتُوا بِهِ مُتَشَابِهًا وَ لَهُمْ فِيهَا اَزْوَاجٌ مُطَهَّرَةٌ وَهُمْ فِيهَا خَالِدُونَ﴾[763]

As breves respostas a uma série de perguntas sobre o Paraíso eterno.

As descrições dos versículos do Alcorão sobre o Paraíso, que são mais bonitas do que o Paraíso, mais lindas do que as huris, e mais doces do que a água de Salsabil, não deixam nada a ser dito sobre isso para que ninguém deva dizer isso. No entanto, a fim de trazer para mais perto do entendimento aqueles brilhantes versículos pré-eternos, pós-eternos, elevados e requintados, devemos mencionar uma série de passos, e, como amostras daquele Paraíso alcorânico, uma série de finos pontos são como amostras de suas flores. Vamos apontar para estes com cinco perguntas e respostas alusivas. Na verdade, o Paraíso é o meio, tanto para todos os prazeres espirituais, como para todos os prazeres físicos.

Primeira pergunta: Que ligação tem a corporeidade defeituosa, deficiente, mutante, instável e sofredora com a eternidade e o Paraíso? Uma vez que, o espírito tem prazeres elevados, isso é suficiente. Porque é que a ressurreição corporal é necessária para os prazeres do corpo?

A Resposta: Porque, assim como em relação à água, ao ar e à luz, a terra é densa e escura, mas se é a fonte e o meio de todas as variedades de artefatos Divinos, no que significa que se eleva acima dos outros elementos; e assim como no que diz respeito ao mistério da sua abrangência e com a condição de que é purificada, a alma humana, que também é densa, sobe acima de todas as outras faculdades sutis humanas. Assim também a corporeidade é o espelho mais rico e abrangente para a manifestação dos Nomes Divinos. Todas as ferramentas e os instrumentos para medir o conteúdo dos tesouros da misericórdia e imputar os seus saldos estão na corporeidade. Por exemplo, se as escalas para o número de tipos de alimentos e seus prazeres não se originam no sentido do gosto na língua, não se pode provar e pesar todos eles, e reconhecê-los e experimentá-los. Além disso, os instrumentos para experimentar e conhecer as manifestações da maioria dos Nomes Divino e a degustá-los e reconhecê-los, mais uma vez está na corporeidade. E as faculdades para experimentar todos os infinitamente vários prazeres também estão na corporeidade.

Como é provado na Décima Primeira Palavra, entende-se claramente a partir da disposição do universo e a abrangência do homem que o Criador do universo quer dar a conhecer todos os tesouros da Sua misericórdia, e todas as manifestações de Seus Nomes e experimentar todas as variedades de Suas bênçãos. A morada da felicidade, portanto, que é um vasto conjunto formado da inundação do universo e uma grande exposição dos tecidos têxteis no tear do universo e uma loja eterna das culturas produzidas no campo cultivável do mundo, vai assemelhar o universo a um grau. E preservará todas as suas questões fundamentais, tanto corporais e espirituais. Seu Criador Onisciente, o Mais Compassivo, também dará como recompensa pelos deveres das ferramentas físicas e instrumentos, prazeres dignos deles; e para Seus servos, como um salário e recompensa pela adoração particular de cada um. Caso contrário, a situação poderia ocorrer contrária a Sua sabedoria, justiça e misericórdia, que não é de forma adequada para a beleza de Sua misericórdia e perfeição de Sua justiça, e de modo algum compatível com eles.

Segunda pergunta: Se um corpo está vivo, suas peças são constantemente formadas e dissolvidas; está condenado à extinção e não pode ser eterno. Comer e beber são para a perpetuação do indivíduo, e as relações sexuais são para a perpetuação da espécie. Estes são fundamentais para este mundo, mas não há nenhuma necessidade para eles no mundo da eternidade e da Outra Vida. Então, por que eles são um dos maiores prazeres do Paraíso?

A Resposta: Em primeiro lugar, os corpos dos seres vivos estão condenados ao aniquilamento e morte neste mundo por causa de um desequilíbrio entre o que é retirado e o que é gasto. Desde a infância até a maturidade muito é retirado, e depois disso o que é gasto aumenta; o saldo é estragado, e o corpo morre. No mundo da eternidade, no entanto, as partículas do corpo permanecem constantes e não estão sujeitas a composição e dissolução, ou então o saldo permanece constante.[I] Como um círculo fechado ou de movimento perpétuo, o corpo da criatura viva se torna eterno juntamente com o funcionamento da máquina da vida corporal para o prazer. Embora neste mundo comer, beber e ter relações sexuais surjam da necessidade e executam uma função, várias delícias e prazeres foram colocados dentro deles como um salário imediato para o dever cumprido, e estes são superiores a outros prazeres. Uma vez que nesta morada de dores comer e ter relações sexuais são os meios a tantos prazeres maravilhosos e diferentes, certamente no Paraíso, que é a morada de prazer e felicidade, esses prazeres vão assumir uma forma sublime. A recompensa pelos deveres relativos a Outra Vida realizados aqui também será adicionada a eles como prazer, e que será ampliada por necessidades mundanas que tomaram a forma de agradáveis, apetites de outro mundo, por isso se tornará um abraço total, fonte viva de prazer digno do Paraíso e adequado para a eternidade. Na verdade, de acordo com o significado do versículo:

﴿وَمَا هٰذِهِ الْحَيٰوةُ الدُّنْيَا اِلَّا لَهْوٌ وَلَعِبٌ وَاِنَّ الدَّارَ الْاٰخِرَةَ لَهِىَ الْحَيَوَانُ﴾[764]

as coisas materiais, que são inanimadas, sem consciência e vida na morada deste mundo, lá estarão vivos e conscientes. Assim como os seres humanos e animais aqui, as árvores e as pedras lá vão entender comandos e executá-los. Se você disser a uma árvore para lhe trazer tal-e-tal fruta, ela vai trazê-la. E se você disser a uma pedra para vir, virá. Uma vez que, pedras e árvores assumirão essa forma elevada, certamente exigirão que, em conjunto com a preservação de suas necessidades corporais, comer, beber, e ter relações sexuais também vão assumir uma forma mais elevada do que a sua forma mundana, mais elevada ao grau do Paraíso, que é mais elevado do que este mundo.

Terceira pergunta: De acordo com o significado de:[765] اَلْمَرْءُ مَعَ مَنْ اَحَبَّ no Paraíso, o amigo vai estar junto com o amigo. Portanto, o amor por amor a Allah despertado num nômade simples durante a conversa de um minuto com o Profeta (Allah o abençoe e lhe dê paz), significa que ele tem de estar com o Profeta (Allah o abençoe e lhe dê paz) no Paraíso. Mas, se o Nobre Mensageiro de Allah (Allah o abençoe e lhe dê paz) recebe esplendor ilimitado, como pode ser unido a de um simples nômade?

A Resposta: Vamos aludir a esta verdade elevada com uma comparação. Por exemplo, um magnífico personagem oferece um vasto banquete e espetáculo finamente adornado em um esplêndido jardim. Ele preparou-o de tal maneira que

[I] Neste mundo, os corpos dos seres humanos e animais são como pensões, quartéis e escolas de partículas. As partículas sem vida entram neles e adquirem merecimento de serem partículas para o reino eterno, que está vivendo, então eles os deixam. Na Outra Vida, no entanto, a luz da vida está repleta de mistério do versículo:[766] ﴿اِنَّ الدَّارَ الْاٰخِرَةَ لَهِىَ الْحَيَوَانُ﴾ Não há necessidade andar, viajar, instruir-se e treinar a fim de ser iluminado. As partículas permanecerão constantes e fixas.

incluiu todas as comidas deliciosas que o sentido do paladar pode experimentar, e todas as coisas boas que agradam o sentido da visão, e todas as maravilhas que divertem a faculdade da imaginação, e assim por diante; ele incluiu nele tudo o que iria satisfazer e dar prazer aos sentidos externos e internos. Agora, havia dois amigos e eles foram juntos para o banquete e se sentaram em uma mesa em um pavilhão. Mas, o sentido do paladar de um deles era muito limitado, por isso ele recebeu apenas prazer menor. Seus olhos só envergavam um pouco, não tinha nenhum sentido de olfato, e ele não conseguia entender as artes maravilhosas nem compreender as maravilhas. Só podia se beneficiar e ter o prazer de um milésimo ou mesmo um milionésimo daquele lugar bonito, na medida de sua capacidade. O outro homem entretanto tinha desenvolvido seus sentidos exteriores e interiores, sua mente, coração, emoções e faculdades sutis tão perfeitamente que, embora estivesse ao lado de seu amigo, podia perceber e experimentar todas as sutilezas, belezas, maravilhas e coisas finas na exposição, e receber os seus diferentes prazeres.

Uma vez que, este mundo confuso, triste, e estreito é assim, e apesar do maior e o menor estarem juntos, a diferença entre eles é tão grande quanto o solo em relação às plêiades, certamente no Paraíso, o reino da glória e eternidade, enquanto o amigo está junto com o amigo, cada um receberá a sua parte da mesa do Clemente e Misericordioso, de acordo com sua capacidade e na medida das suas aptidões. Mesmo se os paraísos em que eles estão encontrados sejam diferentes, isto não será um obstáculo para estarem juntos. Pois, embora os oito níveis do Paraíso estejam um acima do outro, o telhado de todos eles é o Trono Supremo.[767] Se houver círculos murados em volta de uma montanha cônica, um dentro do outro e um sobre o outro de seu pé até o cume, os círculos são um sobre o outro e procuram um ao outro, mas não impedem uns aos outros de verem o sol. Há também várias narrações de Hadices, indicando que os paraísos são de uma maneira próximo a isto.

Quarta pergunta: É dito em Hadiccs: "Embora as huris estejam vestidas com setenta vestes, a medula de seus ossos da perna pode ser vista."[768] O que isso significa? Que tipo de significado pode ter? Que tipo de beleza é essa?

A Resposta: O seu significado é realmente bonito e sua beleza é mais linda. É assim: neste mundo, o que é feio, inanimado, sem vida, e na maior parte apenas uma casca, a beleza e a graciosidade só aparecem bonitos para os olhos, e desde que a familiaridade não é um obstáculo, isso é suficiente. Enquanto que, no Paraíso, o que é bonito, vivo, brilhante e totalmente a essência e a semente sem a casca, como o olho, os sentidos e faculdades sutis de todo o homem vai querer receber os seus prazeres diferentes e várias delícias das huris, o sexo frágil, e das mulheres deste mundo, que serão como huris e ainda mais bonitas. Ou seja, o Hadice indica que da beleza de suas melhores roupas até a medula de seus ossos, cada camada será o meio do prazer para o sentido e uma faculdade sutil. Sim, dizendo: "As huris vestem setenta roupas e a medula dos seus ossos das pernas podem ser vistas", o Hadice aponta que os sentidos mesmo que sejam muitos, o sentimento, os poderes e as faculdades que o ser humano tem estão encantados com a beleza, o prazer da adoração, são cativados pelo ornamento, e anseiam por encanto, as huris compreendem todos eles - todo tipo de adorno e beleza requintada, física, espiritual e imaterial, que vão agradar e satisfazer a todos eles, e gratificá-los e torná-los todos felizes.

Isso quer dizer que, assim como as huris estão vestidas com setenta variedades de adornos do Paraíso, e não uma só espécie, nenhuma das quais esconde as outras; então elas exibem beleza e graciosidade talvez setenta vezes maior do que seus próprios corpos e seres, todos os tipos e variedades diferentes. Demonstram a verdade indicada pelo versículo:

﴿ وَفِيهَا مَا تَشْتَهِيهِ الْاَنْفُسُ وَتَلَذُّ الْاَعْيُنُ ﴾[769]

Há também um Hadice que afirma que se não existem no Paraíso matérias estranhas, resíduos desnecessários, o povo do Paraíso não vai excretar resíduos depois de comer e beber.[770] Uma vez que, neste mundo humilde, as árvores, o mais comum dos seres vivos , não excretam apesar de tomarem muitos alimentos, por que o povo do Paraíso, que são a classe mais elevada da vida o faria?

Quinta pergunta: Diz-se nos Hadices: "A algumas pessoas do Paraíso são dadas terras tão extensas como o mundo, e milhares de palácios e centenas de milhares de huris são concedidas a eles."[771] Que necessidade tem uma única pessoa de todas essas coisas, por que deveria ser necessário? Como pode ser isso e o que isso significa?

A Resposta: Se o homem fosse apenas um ser sem vida, ou apenas uma criatura vegetal consistindo de apenas um estômago, ou de apenas um simples corpo animal limitado, pesado, temporário, ele não poderia possuir muitos palácios e huris, ou estar em forma para eles. Mas, o ser humano é um milagre tão abrangente de poder que, mesmo neste mundo transitório e de vida breve, se lhe fosse dado o governo de todo o mundo com a sua riqueza e os prazeres, sua ambição não estaria satisfeita – em relação à necessidade de algumas de suas faculdades sutis, que não se desenvolvem aqui. É razoável, portanto, direito e verdade que uma pessoa que possui uma capacidade infinita que bate na porta de uma infinita misericórdia com a mão dos desejos infinitos e da língua de necessidades infinitas, receber na morada eterna a bem-aventurança das bênçãos divinas descritas nos Hadices. Vamos observar esta verdade elevada pelo telescópio de uma comparação. É como se segue:

Cada um dos pomares existentes em Barla, o seu dono e proprietário, como acontece no pomar esse vale[1], cada pássaro, pardal e abelha em Barla, que só têm um punhado de grãos para a alimentação, pode dizer: "Todos os jardins e pomares de Barla são minhas estâncias agradáveis onde eu voo ao redor e me divirto." Cada um inclui toda Barla em sua propriedade. Outras partilhas não invalidam

[1] Isto é, o jardim de Süleyman, que serviu este pobre com lealdade perfeito para oito anos, onde esta Palavra foi escrita em uma ou duas horas.

essa sua propriedade. Da mesma forma, um homem que é o verdadeiro ser humano pode dizer: "Meu Criador fez este mundo uma casa para mim, o sol uma lâmpada e as estrelas luzes elétricas, a face da terra é o meu lugar de descanso, de tapetes de seda estendidos." E diz isso e agradece a Allah. As outras criaturas que compartilham isso com ele não negam a sua declaração. Ao contrário, as criaturas enfeitam e embelezam o mundo.

Será que se neste estreito mundo passageiro, em virtude de sua humanidade, o homem ou mesmo o pássaro reclama uma espécie de poder de disposição sobre uma vasta esfera e recebe uma grande recompensa, como pode ser considerado improvável que lhe seja dada a propriedade de uma área que se estende por uma distância que leva quinhentos anos para percorrer em uma casa ampla e eterna de bem-aventurança?

Além disso, assim como neste mundo estreito, denso e escuro o sol está presente, ao mesmo tempo em inúmeros espelhos, assim também, como é provado na Décima Sexta Palavra, um ser luminoso pode estar presente em muitos lugares da mesma forma ao mesmo tempo. Por exemplo, o Anjo Gabriel (que a paz esteja com ele) está em mil estrelas ao mesmo tempo, e perante o Trono Divino, e na presença do Profeta (Allah o abençoe e lhe dê paz), e na Presença Divina; e o encontro do Profeta Mohammad (Allah o abençoe e lhe dê paz) com os mais justos de sua comunidade durante a ressurreição dos mortos, ao mesmo tempo e o seu aparecimento neste mundo em inúmeros lugares ao mesmo tempo; a visão do grupo de santos conhecidos como abdal, aparecendo ao mesmo tempo em muitos lugares; e pessoas comuns, por vezes, levarem a cabo tanto quanto um ano de trabalho em um minuto num sonho e observando isso; e todo mundo estar em contato e preocupado com inúmeros lugares ao mesmo tempo em suas corações, espíritos e imaginação todos estes são bem conhecidos e podem ser testemunhados.

Certamente, no Paraíso, portanto, o que é luminoso, irrestrito, amplo e eterno, o povo do Paraíso, cujos corpos têm a força e a leveza do espírito e a rapidez da imaginação, estando em centenas de milhares de lugares ao mesmo tempo, e conversando com centenas de milhares de huris, e recebendo prazer em centenas de milhares de maneiras, é apropriado para o Paraíso eterno, a infinita misericórdia, e como foi informado pelo Nobre Profeta (Allah o abençoe e lhe dê paz) é a realidade e a verdade . No entanto, essas vastas verdades não podem ser pesados na balança de nossas mentes pequenas.

Esta pequena mente não pode perceber os verdadeiros significados,

Porque balança não pode suportar esse peso.

﴿سُبْحَانَكَ لاَ عِلْمَ لَنَا اِلاَّ مَا عَلَّمْتَنَا اِنَّكَ اَنْتَ الْعَلِيمُ الْحَكِيمُ﴾ [772]

﴿رَبَّنَا لاَ تُؤَاخِذْنَا اِنْ نَسِينَا اَوْ اَخْطَاْنَا﴾ [773]

اَللّٰهُمَّ صَلِّ عَلٰى حَبِيبِكَ الَّذِى فَتَحَ اَبْوَابَ الْجَنَّةِ بِحَبِيبِيَّتِهِ وَ بِصَلاَتِهِ وَ اَيَّدَتْهُ اُمَّتُهُ عَلٰى فَتْحِهَا بِصَلَوَاتِهِمْ عَلَيْهِ عَلَيْهِ الصَّلاَةُ وَ السَّلاَمُ اَللّٰهُمَّ اَدْخِلْنَا الْجَنَّةَ مَعَ الْاَبْرَارِ بِشَفَاعَةِ حَبِيبِكَ الْمُخْتَارِ آمِينَ[774]

***

Um Curto Adendo à Palavra sobre o Paraíso
[Sobre o Inferno]

Como é provado na Segunda e Oitava Palavras, a crença carrega a semente de uma espécie de Paraíso, enquanto a incredulidade esconde a semente de uma espécie de Inferno. E assim como a incredulidade é uma semente do Inferno, então é um dos seus frutos. E assim como a descrença é a razão de ser enviado para o Inferno, por isso é a causa da existência e da criação do Inferno. Porque, se a um governante insignificante de pequena dignidade, orgulho pequeno e pequena majestade for dito descaradamente por alguma pessoa grosseira: "Você não vai me punir e você não pode" se não houver prisão naquele lugar, o governante vai certamente construir uma para ele e vai jogá-lo nela. No entanto, ao negar o Inferno, o incrédulo está desmentindo Aquele de infinitas dignidades, orgulho e glória, Que é sublime e infinitamente poderoso, e está acusando-O de impotência, mentira e incapacidade; ele está insultando a Sua dignidade e ofendendo terrivelmente o Seu orgulho. Ele é rebelde causando afronta a Sua glória. Se, supor o impossível, não havia razão para a existência do Inferno, seria certamente criado para a descrença, que compreende a negação e atribuindo a impotência a este grau, e como um incrédulo certamente ser lançado nele.

﴿رَبَّنَا مَا خَلَقْتَ هذَا بَاطِلاً سُبْحَانَكَ فَقِنَا عَذَابَ النَّارِ﴾[775]

***

A Vigésima Nona Palavra

Esta Vigésima Nona Palavra é sobre a Imortalidade do Espírito, dos Anjos, e da Ressurreição.

أَعُوذُ بِاللهِ مِنَ الشَّيْطَانِ الرَّجِيمِ بِسْمِ اللهِ الرَّحْمٰنِ الرَّحِيمِ

﴿تَنَزَّلُ الْمَلٰئِكَةُ وَالرُّوحُ فِيهَا بِاِذْنِ رَبِّهِمْ﴾[776] ۞ ﴿قُلِ الرُّوحُ مِنْ اَمْرِ رَبِّى﴾[777]

[Este tratado é composto por uma introdução e dois objetivos principais]

INTRODUÇÃO

Pode-se dizer que a existência dos anjos e seres espirituais é tão definitiva quanto a dos seres humanos e dos animais. Na verdade, como é explicado na Primeira Etapa da Décima Quinta Palavra, a realidade, sem dúvida, requer e a sabedoria certamente exige que como a terra os céus tenham habitantes, e que seus habitantes sejam inteligentes, e adequados. Na língua da Chari'a, esses habitantes, dos quais existem vários tipos, são chamados de anjos e seres espirituais.

A realidade exige que seja assim. Pois, apesar da pequenez e insignificância da Terra em relação aos céus, ser preenchida com seres inteligentes e de tempos em tempos ser esvaziada e depois recarregada com novos seres sugere – na realidade informa claramente – que os céus também, com suas constelações majestosas como palácios adornados, estão cheios de criaturas animadas, a luz da luz da existência, e as criaturas conscientes e inteligentes, a luz de criaturas animadas. Como os humanos e os gênios, essas criaturas são espectadoras do palácio do mundo, e ponderosos sobre o livro do universo, e arautos deste reino da religiosidade. Com a sua universal e seu culto abrangente, eles representam a glorificação dos grandes e universais seres do universo.

A natureza do universo certamente aponta para sua existência. Uma vez que é embelezado e decorado com incontável número de obras de arte finamente adornadas e significativas decorações e bordadores sábios, que evidentemente exigem os olhares de admiradores pensativos e admiráveis amantes apreciativos; exigem a sua existência. Sim, assim como a beleza requer um amante, a comida é dada a quem tem fome. Assim, o sustento dos espíritos e a nutrição dos corações nesta beleza da arte sem limites olha para os anjos e os seres espirituais; ele aponta para elas. Por enquanto, este adorno infinito exige uma obrigação infinita da contemplação e da adoração, os humanos e os gênios podem executar apenas um milionésimo do dever infinito, aquela supervisão prudente, aquela extensa adoração. Isto significa que as variedades infinitas de anjos e seres espirituais são necessárias para desempenhar essas funções, e preencher e habitar a mesquita poderosa do mundo, com suas fileiras.

Na verdade, uma espécie de seres espirituais e anjos está presente em todos os aspectos, em todas as esferas do universo, cada encarregada com um dever de adoração. Pode-se dizer de acordo com ambas as narrações dos Hadices e da sabedoria na ordem do mundo, que a partir de planetas e estrelas sem vida até as gotas de chuva, todos são navios ou veículos para uma espécie de anjo. Os anjos montam esses veículos com permissão Divina e viajam observando o Mundo Manifesto; eles representam o seu louvor e glorificação.

Pode-se também dizer que certos tipos de organismos vivos atuam como aviões para diferente tipos de espíritos. Uma vez que, as aves do paraíso, chamados de pássaros verdes طُيورٌ خُضرٌ em um Hadice, dizem: "Os espíritos do povo do Paraíso entram em Pássaros Verdes no Reino de Intermediário e viajam neles em torno do Paraíso"[778], para voar, cada uma é um veículo para um tipo de espírito. Os espíritos entram neles perante uma Ordem Divina, e por meio das faculdades e dos sentidos desses corpos vivos, como os olhos e ouvidos, observam os milagres da criação do mundo corpóreo. Eles executam a glorificação particular de cada um.

Já que a realidade exige que assim seja, dessa forma faz a sabedoria. Pois, com uma intensa atividade, o Onisciente Criador cria continuamente a vida sutil e seres luminosamente inteligentes de terra densa, que têm pouca ligação com o espírito, e de água turva, que tem pequena relação com a luz da vida. Ele certamente cria certos tipos de seres inteligentes dos mares de luz e até mesmo dos oceanos da escuridão, do ar, da energia elétrica e de outros materiais adequados para sutis e apropriadas espíritos para a vida. E, certamente, essas criaturas são extremamente numerosas.

PRIMEIRO OBJETIVO

Acreditar em anjos e afirmar que a crença é um dos pilares da fé. Existem quatro Pontos fundamentais neste objeto.

Primeiro Ponto Fundamental

A perfeição da existência é a vida. Ou melhor, a verdadeira existência da existência é a vida. A vida é a luz da existência e a consciência é a luz da vida. A vida é o ápice e a base de tudo. A vida se apropria de tudo para os seres vivos; é como fazer uma coisa o dono de tudo. Por meio da vida, uma coisa viva pode dizer: "Todas essas coisas me pertencem. O mundo é a minha casa. O universo é minha propriedade, dado a mim por meu dono".

Assim como a luz é a causa das coisas que são vistas e, segundo alguns, da existência das cores, assim é a vida o revelador dos seres; é a causa das suas qualidades serem realizadas. Além disso, de um insignificante particular transforma em geral e universal, e é a causa de coisas universais serem concentradas em um particular. Ela também é a causa de todas as perfeições de existência, por exemplo, para fazer inúmeras coisas cooperarem e se unirem, e torná-las os meios de unidade e serem dotados de espírito. A vida é mesmo uma espécie de manifestação da unicidade Divina nos níveis de multiplicidade, e um espelho que reflete a unicidade Divina.

Considere o seguinte: um objeto sem vida, mesmo que seja uma grande montanha, é um órfão, um estranho, sozinho. Suas únicas relações são com o lugar onde está situado, e com as coisas que o encontram. Qualquer outra coisa que existe no cosmos, não existe para a montanha. Uma vez que, a montanha não tem nem vida pela qual pode estar relacionada com a vida, nem consciência com o que pode estar relacionada.

Agora considere um pequeno objeto como uma abelha, por exemplo. A vida instantânea que entra ela estabelece uma conexão com o universo que é como se conclui um acordo comercial com ele, especialmente com as flores e plantas da terra. Ele pode dizer: "A terra é meu jardim; é a minha casa de comércio". Assim, com os sentidos instintivos inconscientes que o impulsionam e estimulam para além dos conhecidos cinco sentidos externos e sentidos internos de seres animados, a abelha tem um sentimento e uma familiaridade e relação de reciprocidade com a maior parte das espécies do mundo, e estão à sua disposição.

Se a vida, em seguida, exibe o seu efeito, assim, no mais ínfimo dos seres animados, certamente, quando ele sobe para o nível mais alto, que é do ser humano, isso será revelado, ampliado e iluminado, a tal ponto que, assim como um ser humano é capaz de se mover por entre os quartos de sua casa com a sua consciência e mente, que são a luz da vida, para que ele possa viajar por mundos espirituais e corporais mais elevados com eles. Isso quer dizer que, assim como o ser consciente e animado pode ir em espírito como um convidado para esses mundos, eles também vêm como convidados para o seu espírito espelhado por ser refletido e representado lá.

A vida é a prova mais brilhante da unicidade do Único Todo-Glorioso, e uma das maiores fontes de Sua graça; é uma manifestação mais sutil de sua compaixão, e um bordado mais escondido, incognoscível, e incomparável de sua arte.

A vida é oculta e sutil, porque a vida das plantas, mesmo, que seja a mais baixa dos níveis de vida, e o despertar da força de vida em sementes, ou seja, a sua agitação, abertura, e crescimento, que são os primeiros passos na vida vegetal, manteve-se insondável pela ciência humana, desde o tempo de Adão, apesar de ser tão evidente e familiar, tão onipresente e comum. A razão do homem não foi capaz de descobrir a sua verdadeira realidade.

Além disso, a vida é tão pura e sem manchas que em ambos os seus aspectos, isto é, tanto na sua face interior como na exterior, é pura, translúcida, transparente, uma vez que a mão do poder toca-a diretamente, sem nenhum véu, em tempo em que tornou as causas aparentes um véu para se ocupar em todas as outras questões, para ser a fonte dos aspectos insignificantes e suas qualidades externas inadequadas contrárias à dignidade do poder

Em Resumo: Pode-se dizer que, se não houvesse vida, a existência não seria existência; não seria diferente da nãoexistência. A vida é a luz do espírito, e a consciência é a luz da vida.

Uma vez que, a vida e a consciência são importantes a esta grande extensão; e há evidência pessoal, uma ordem absolutamente perfeita no universo, e uma precisão magistral e a mais sábia harmonia; e o nosso humilde e miserável globo, nossa errante terra foi preenchido com incontável número de seres animados, seres inteligentes, e seres com espíritos; pode-se concluir com certeza decisiva que esses palácios celestiais, essas constelações sublimes também animam os habitantes conscientes que lhes são próprios. Como os peixes vivem em água, assim são os habitantes luminosos presentes no fogo do sol. O fogo não consome a luz; de fato, o Fogo auxilia a luz.

Além disso, já que é fácil perceber isso, o poder pré-eterno cria seres animados inumeráveis e seres com espíritos das substâncias mais comuns e a mais densa matéria, e dando-lhes grande importância, transmuta a matéria densa, por meio da vida em uma substância sutil; e uma vez que, espalha a luz da vida em todos os lugares em grande abundância, e doura a maioria das coisas com a luz da consciência; com tal poder e sabedoria impecável, o Onisciente e Todo-Poderoso, certamente não negligenciaria as outras cheias de matéria sutil como a luz e o éter, que estão perto e adequados para o espírito; Ele não iria deixá-los sem vida, sem consciência, inanimados. Na verdade, Ele cria seres animados e conscientes em grande número de luz, que também é matéria, e até mesmo de significados, ar e até mesmo palavras. Assim, como Ele cria numerosas espécies diferentes de animais, de modo que destas torrentes de matéria sutil Ele cria inúmeras criaturas espirituais diferentes. Um tipo deles são os anjos, outros são as variedades de seres espirituais e gênios.

No exemplo seguinte fica claro para você como a ideia da existência de anjos e de espíritos em grande número, como é mostrado pelo Alcorão sagrado, uma verdade, evidência e racional, e como a negação e a inaceitação contrariam a verdade, a sabedoria, na realidade superstição, aberração, delírio e insensatez.

Havia dois homens, um rústico e rude, o outro civilizado e inteligente, que fez amigos e foi para uma cidade esplêndida como Istambul. Em um canto distante daquela cidade civilizada e magnífica se depararam com um pequeno edifício, pouco sujo, uma fábrica. Eles olharam e viram que a fábrica estranha estava cheia de homens, pobres e miseráveis trabalhando. Tudo ao redor do edifício eram seres com espíritos e seres animados, mas seus meios de condições de vida e subsistência eram tais que alguns eram herbívoros, que viviam apenas com plantas, enquanto outros eram piscívoros, comiam nada mais do que peixes.

Os dois homens observavam a cena. Então viram à distância milhares de palácios adornados e castelos grandiosos. Entre os palácios havia oficinas espaçosas e praças amplas. Por causa da distância, ou por causa dos defeitos da visão dos homens, ou porque se tinham escondido, os habitantes dos palácios não eram visíveis para os dois homens. Além disso, as condições miseráveis na fábrica não eram para ser vistas nos palácios. Em consequência disto, o rude-caipira, que nunca antes tinha visto uma cidade, declarou: "Esses palácios não têm habitantes, eles estão vazios, não existem seres com espíritos neles", proferindo a mais absurda ignorância. Para o que o segundo homem respondeu:

"Ó homem miserável! Este pequeno e insignificante edifício que você vê aqui foi preenchido com seres dotados de espíritos, com trabalhadores, e há alguém que continuamente os emprega e os substitui. Olha, não há um espaço vazio ao redor desta fábrica, que foi preenchida com seres animados e com espíritos. Você acha que é de todo possível que não haja habitantes de alto escalão e adequados nessa cidade ordenada, nos palácios adornados com sabedoria e tão cheios de arte que podemos ver à distância? Claro eles estão ocupados, e as diferentes condições de vida lá são apropriadas para aqueles que vivem lá. No lugar de grama, comem doces, e em lugar de peixe, bolos. O fato de não ser visível para você por causa da distância, ou por causa de sua fraca visão, ou por estarem escondidos, pode, em nenhum momento apontar não estarem lá." O fato de que uma coisa não é vista não indica a sua não existência.

Como a comparação acima indica, o fato de que o globo da terra ser a casa desses números infinitos de seres dotados de consciência e espírito, apesar de sua insignificância e densidade entre os corpos celestes elevados e planetas, e até mesmo as suas mais grosseiras e mais podres partículas tornando-se massas de microrganismos quando deixam de ser fontes de vida, necessariamente, comprovadamente, decisivamente indica, testemunha e proclama que o espaço infinito e os céus majestosos com suas constelações e estrelas estão cheias de seres animados, de seres conscientes, e seres com espíritos. A Ilustre Chari'a de Mohammad (Allah o abençoe e lhe dê paz) e o Alcorão de Exposição Milagrosa chamam esses seres, que são criados a partir de fogo, luz, labareda, luminosidade, escuridão, ar, sons, cheiro, palavras, eter e até mesmo de energia elétrica, e de outra matéria que flui sutil, de anjos, gênios e seres espirituais. Há diferentes tipos de anjos, assim como há diferentes tipos de seres corpóreos. De fato, o anjo apontado para um pingo de chuva não será do mesmo tipo que o anjo apontado para o sol. Há também uma grande variedade de tipos diferentes de gênios e seres espirituais.

A Conclusão deste Ponto Fundamental

Como pode ser estabelecida empiricamente, a matéria não é essencial para que a existência possa ser subordinada a ela, e ser dependente dela. Ao contrário, a matéria subsiste por meio de um significado, e o significado é vida, é espírito.

Além disso, como pode ser estabelecido por meio de observação, a matéria não é a coisa servida para que tudo possa ser atribuído a ela. É, antes, o servo, que presta serviço para o processo da perfeição de uma verdade. E que a verdade é vida. E o fundamento daquela verdade é espírito.

E também, como é evidente, a matéria não é dominante, de modo que o recurso pode ser feito a ele ou perfeições procuraram a partir dele. Pelo contrário, ela é dominada; parece com o decreto de algum fundamento, que está em movimento na forma que esse decreto dita. E esse fundamento é a vida, é espírito, é a consciência.

E ainda, como é necessário, a matéria não é a semente, não é o fundamento, não é uma morada constante para que eventos e perfeições possam ser afixados a ela ou construídos sobre ela. Ao contrário, é um escudo preparado para ser dividido, alugado, dissolvido; é uma casca, é espuma, é uma forma.

Considere o seguinte: uma criatura tão pequena que só pode ser vista com um microscópio tem sentidos aguçados, pode ouvir a voz de seu amigo, e ver o seu sustento; ela tem sentidos extremamente sensíveis e afiados. Isto demonstra que os efeitos do aumento da vida e da luz do espírito intensificam em proporção a redução e a refinação da matéria. É como se quanto mais matéria é refinada e mais nos tornamos distantes de nossas existências materiais, mais perto chegamos do mundo do espírito, o mundo da vida e o mundo da consciência; e mais intensamente o calor do espírito e a luz da vida se manifestam.

É, portanto, de todo possível que não deveria haver este número de destilações da vida, da consciência e do espírito dentro deste véu da materialidade, e que o mundo interior que está além do véu não deve estar cheio de seres conscientes e seres com espíritos? É de todo possível que as fontes destes inumeráveis locais de destilação, lampejos e frutos do significado, o espírito, a vida e a verdade aparente nesta existência material no Manifesto Mundial deve ser atribuída apenas à matéria e ao movimento da matéria, e ser explicado por isso? Allah me livre! Absolutamente não! Essas inúmeras destilações e lampejos demonstram que este material e mundo manifesto é apenas um véu de renda espalhados sobre os mundos internos e espirituais.

Segundo Ponto Fundamental

Pode-se dizer que todos os estudiosos das ciências especulativas e de copistas têm-se unido, consciente ou inconscientemente, para realizar um consenso em afirmar, apesar da diferença de expressão, a existência e a realidade dos anjos e seres espirituais. Um grupo de filósofos peripatéticos, mesmo da Escola Iluminista, que fizeram grandes progressos no estudo da matéria, sem negar o significado dos anjos, afirmou que cada reino na criação tem uma essência imaterial espiritual. Eles descreveram os anjos assim. Além disso, um grupo dos primeiros filósofos que era Iluminista, sendo obrigado a aceitar o significado dos anjos, cometeu apenas o erro de nomeá-los: "os Dez intelectos e Mestres dos Reinos da Criação. "Por meio da inspiração e orientação da revelação, estudiosos de todas as religiões reveladas aceitaram que cada reino da criação tem um anjo apontado para ele, e nomeou-os de Anjo da Montanha, Anjo do Mar, e o Anjo da Chuva, por exémplo. Mesmo os materialistas e naturalistas, cujo raciocínio é restrito ao que é imediatamente evidente para eles e quem tem com efeito caído ao nível da humanidade para os de matéria inanimada, em vez de ser capaz de negar o significado dos anjos[1], foram obrigados a aceitá-los em um aspecto, embora o nomeando de Forças Fluentes.

Ó você, homem miserável, que está relutante em aceitar os anjos e seres espirituais, em que você baseia essa opinião? Em que fatos você confia para se opor à consciente ou à unanimidade de todos os estudiosos sobre a existência e a realidade do significado dos anjos e da real existência de seres espirituais? E, como ficou provado no Primeiro Ponto Fundamental, a vida é o revelador dos seres, na verdade, é a sua consequência, a sua essência; e uma vez que, todos os estudiosos estão unânimes na aceitação do significado dos anjos; e este nosso mundo tem sido preenchido, a tal ponto com criaturas animadas e seres com espíritos; é possível que a vastidão do espaço e os céus rarefeitos permaneceriam vazios de habitantes, não terem habitantes? Você nunca deve pensar que as leis em vigor nesta criação são suficientes para que o universo seja vivo, porque as leis que regem são comandos não substanciais; eles são princípios imaginários, que podem ser considerados como inexistentes. Se não houvesse criaturas absolutamente obedientes chamados anjos para representá-los, torná-los aparentes, e tomarem as rédeas em suas próprias mãos, essas leis não poderiam ser definidas como inexistentes, nem serem representadas como tendo uma identidade particular, nem ser uma realidade externa. Considerando que a vida é uma realidade externa, e um comando imaginário não se pode sustentar uma realidade externa.

Em resumo: Uma vez que, os estudiosos da religião, da filosofia, e das ciências especulativas e de copistas, já em vigor concordaram que os seres não estão restritos a este mundo manifesto; e uma vez que, apesar de ser inanimado e

[1] Eles têm sido incapazes de encontrar uma maneira de negar a realidade e o significado dos anjos e seres espirituais. Na verdade, eles têm sido compelidos a afirmá-los em um aspecto, afirmando que eles sejam uma das leis naturais, embora os descreveu de forma errada, nomeando-os Kuwa-yissariya ou Forças Fluir. (Ei, você que se considerem ser tão inteligente!)

inapropriado para a formação dos espíritos, o mundo manifesto visível tem sido adornado de tal forma com os seres com espíritos, a existência certamente não se limita a ele. Existem inúmeros outros níveis de existência em relação ao qual o Mundo Manifesto é um véu bordado.

Além disso, uma vez que, assim como o mar é adequado para peixes, e o Mundo do Invisível e o Mundo do Significado apropriados para os espíritos, e isso impõe serem preenchidos com eles; e uma vez que, todos os comandos testemunham a existência do significado dos anjos; certamente e sem qualquer sombra de dúvida, a forma mais bonita da realidade da existência dos anjos e dos seres espirituais, e a visão mais racional de sua natureza cujos intelectos firmes vão aceitar e aclamar, é o que o Alcorão expõe e elucida. O Alcorão de exposição miraculosa afirma que: "Os anjos são servos honrados. Nunca contestando um comando, eles fazem o que lhes é ordenado. Os anjos são sutis, seres luminosos, e são divididos em diferentes tipos".

Assim como a humanidade é uma nação e os seres humanos são os portadores, representantes e formas de realização da Chari'a ou código de leis Divinas que procede do atributo da fala Divina, assim são os anjos uma poderosa nação, e aqueles dentre eles que são os trabalhadores são os portadores, representantes, e formas de realização do "código de leis referentes à criação, que procedem do atributo da vontade Divina." Eles são uma classe de servos de Allah que são dependentes dos comandos do poder criativo e vontade pré-eterna, que são o verdadeiro e eficaz agente, e para quem todos os corpos celestes são como lugares de culto, como mesquitas.

Terceiro Ponto Fundamental

A questão dos anjos e seres espirituais é uma daquelas questões em que a realidade universal pode ser inferida a partir da existência de um único particular. Se um único indivíduo é visto, a existência da espécie pode ser concluída. Quem nega isso, nega-o como um membro da espécie a que pertence. Enquanto quem aceita o indivíduo é obrigado a aceitar suas espécies inteiras. Uma vez que é assim, considere o seguinte:

Você não viu e ouviu que todos os estudiosos das religiões reveladas ao longo das idades, desde o tempo de Adão até agora chegaram a um acordo sobre a existência dos anjos e a realidade de seres espirituais? Os diferentes grupos da humanidade têm concordado em ter visto e conversado com anjos e em suas narrações que lhes dizem respeito, como se estivessem discutindo e narrando eventos sobre o outro. Você acha que, se um único anjo não tinha sido visto, e a existência de um ou vários indivíduos foi estabelecida por meio da observação, e sua existência não foi percebida claramente, de forma evidente que teria sido de todo possível para tal acordo e tal consenso continuar persistentemente e por unanimidade de uma forma tão afirmativa e positiva, baseada na observação?

Além disso, é de todo possível que a origem dessa crença geral seja de alguns princípios necessários e matérias evidentes? E é possível que uma ilusão sem fundamento deva persistir e tornar-se permanente em todas as crenças da humanidade ao longo de todas as revoluções que sofreu? E é possível que a base da afirmação desses estudiosos das religiões, deste poderoso consenso, não deva haver certa intuição e certeza empírica?

E é de todo possível que certa intuição e certeza empírica que resultam de inumeráveis sinais, e esses sinais que foram observados em diversas ocasiões, e essas numerosas observações não deveriam todas, sem dúvida ou hesitação, serem fundadas sobre princípios necessários? Nesse caso, a causa e a base da afirmação da crença universal realizada por esses estudiosos são os princípios necessários e categóricas decorrentes do grande número de vezes que os anjos e seres espirituais têm sido observados e vistos, o que demonstra a força do consenso.

E ainda, é possível, racional ou viável que o testemunho unânime dos profetas e santos, que são como os sóis, luas e estrelas na sociedade humana, sobre a existência de anjos e seres espirituais e realmente vê-los, deve ser presa de dúvidas ou objeto de suspeita, especialmente quando são qualificados para falar sobre este assunto? É óbvio que duas pessoas que estão qualificadas para falar sobre um assunto são preferíveis aos milhares de pessoas que não são. E, neste assunto estão afirmando uma questão, e as pessoas que a afirmam são preferíveis aos milhares de pessoas que negam ou rejeitam.

É de todo possível que haja qualquer dúvida sobre as afirmações do Alcorão de exposição miraculosa, o Sol dos Sois no mundo de verdades, que nunca se põe, em nenhum conjunto de tempo, brilhando continuamente nos céus do universo? E pode haver dúvida sobre o testemunho de Mohammad (Allah o abençoe e lhe dê paz), o Sol da profecia?

Uma vez que, se em uma única ocasião, a existência de um único ser espiritual é verificada, isso demonstra a existência real de toda a espécie; e desde que prove a existência de toda a espécie ser verdade, com certeza, a melhor, mais racional e aceitável forma de sua existência real será semelhante ao exposto pela Chari'a, descrito pelo Alcorão, e visto por Aquele que ascendeu ao céus (o Profeta Mohammad [Allah o abençoe e lhe dê paz])."

Quarto Ponto Fundamental

Se as criaturas do universo são observadas com cuidado, pode ser visto que, como particulares, os universais têm identidades coletivas, cada um dos quais aparece como uma função universal; é evidente que cada um executa um dever universal. Por exemplo, assim como uma flor por si exibe um bordado cheio de arte, e com a língua de seu ser recita Nomes do Criador, de modo que o jardim do mundo se assemelha a uma flor, e executa um dever extremamente ordenado, universal de glorificação. E assim como um fruto emite uma proclamação expressando sua glorificação de Allah dentro de uma ordem e regularidade, o mesmo faz a árvore poderosa em sua totalidade têm um dever natural bem ordenado e adoração. E assim como uma árvore glorifica a Allah pelas palavras de suas frutas, flores e folhas, assim como os vastos oceanos dos céus glorificam o Criador Todo-Glorioso e louvam o Sublime Criador por seus sóis, luas e estrelas, que são como palavras; e assim por diante. Embora os seres externos sejam exteriormente inanimados e inconscientes, todos eles executam deveres extremamente vitais, conscientes e de glorificação. De uma certeza, portanto, assim como os anjos são seus representantes expressando sua glorificação no Mundo das Dimensões Internas das Coisas, então eles são as contrapartidas, moradias, e mesquitas desses anjos no mundo externo e manifesto.

Como é explicado no Quarto Ramo da Vigésima Quarta Palavra, a primeira das quatro categorias de trabalhadores empregados pelo Criador Todo-Glorioso do palácio deste mundo é a dos anjos e seres espirituais. Uma vez que, sem o saber, as plantas e os seres inanimados executam deveres sem salário extremamente importantes ao comando de Quem é Onisciente; também sem o saber, os animais servem extensos objetivos universais, em troca de um salário insignificante; e uma vez que, observadamente, em troca de dois salários, um imediato e o outro adiado, seres humano, conhecendo os objetivos do Criador Todo-Glorioso, são empregados por meio de sua conformidade com eles, tendo uma quota de tudo para si, e sua supervisão dos outros servos; certamente será a primeira categoria, bem como a quarta, que constituirá os servos e os trabalhadores. Ambos se assemelham a seres humanos no conhecimento dos objetivos universais do Todo-Glorioso Criador, eles estão em conformidade com eles pela adoração, e são contrários a eles. Por estarem além do prazer sensual e algum salário parcial, eles consideram suficiente o prazer, a perfeição e a felicidade que experimentam pela atenção do Criador Todo-Glorioso, do comando, do favor, da consideração e nome, por meio de sua percepção d'Ele, conexão com Ele, e proximidade com Ele. Eles trabalham com a sinceridade mais pura, suas funções de culto variando de acordo com os seus diferentes tipos, e de acordo com as variedades das criaturas no universo.

Como em um governo há vários funcionários dos vários departamentos, de modo que os deveres de adoração e glorificação variam nas esferas do reino de religiosidade. Por exemplo, pelo poder, da força, do acerto de contas e da ordem de Allah Todo-Poderoso, o Arcanjo Miguel é como um supervisor geral das criaturas de Allah semeadas no campo da face da terra. Se alguém pode dizer isso, ele é o chefe de todos os anjos que se assemelham a agricultores. E, por meio de permissão, comando, poder e sabedoria do Criador Todo-Glorioso, os pastores incorpóreos de todos os animais têm uma cabeça, um anjo supremo designado para a tarefa.

Assim, uma vez que é necessário para que haja um anjo designado sobre cada uma das criaturas externas a fim de representar no Mundo das Dimensões interiores das coisas os deveres de adoração e serviço de glorificação que ele executa, e apresenta-os com conhecimento de causa no Tribunal Divino, a forma como os anjos são descritos nas narrações do Portador da Mensagem Verdadeira (Allah o abençoe e lhe dê paz) é certamente mais adequado e racional. Por exemplo, ele declarou: "Há alguns anjos que têm quarenta ou quarenta mil cabeças. Em todas as cabeças há quarenta mil bocas, e com as quarenta mil línguas em cada uma dessas bocas glorificam a Allah de quarenta mil maneiras." Este Hadice tem uma realidade e ambos contêm um significado, e tem uma forma, ou forma de descrição. O seu significado é o seguinte:

A adoração dos anjos é tanto extremamente ordenada e perfeita, e mais universal e abrangente. Quanto à forma da verdade, é esta:

Há certos seres corpóreos poderosos que executam suas funções de adoração com quarenta mil cabeças de quarenta mil maneiras. Por exemplo, os céus glorificam a Allah com os sóis e as estrelas. Enquanto a terra, que é um único ser, realiza o seu dever de adoração, sua glorificação dominical com cem mil cabeças e com as centenas de milhares de línguas em cada boca. Assim, o anjo nomeado para o globo da terratem de ser visto desta forma, a fim de exibir este significado no mundo das dimensões internas das coisas.

Eu mesmo vi uma amendoeira de médio porte que tinha perto de quarenta grandes ramos como cabeças. Quando eu olhei para um ramo, vi que tinha ramificações de quase quarenta menores, como línguas. Então eu olhei para uma língua de um desses pequenos ramos; quarenta flores estavam abertas nele. Estudei as flores considerando a sabedoria neles, e vi em cada uma quarenta requintados e bem ordenados estames, cores e artes, cada uma das quais proclamando um dos nomes do Criador Todo-Glorioso e suas manifestações variam constantemente. É de todo possível que o Onisciente e Belo, que é o Criador Todo-Glorioso da amendoeira, imporia muitas funções a uma árvore inanimada, e não apontasse sobre ela um anjo apropriado para isso, para ser como o seu espírito, para compreender e expressar o seu significado, proclamá-lo ao universo, e apresentá-lo ao Tribunal Divino?

Ó amigo! Até agora, a nossa explicação tem sido uma introdução para fazer o coração aceitar, a razão se submeter, e obrigar a alma a se render. Se você entendeu isso em algum grau, e gostaria de se encontrar com os anjos, prepare-se. Além disso, purificar-se do preconceito culposo. Agora veja, as portas do mundo do Alcorão estão abertas! Olha, o Paraíso do Alcorão é com

﴿مُفَتَّحَةً الْأَبْوَابُ﴾[779] Entre e veja! Veja os anjos em forma bela no paraíso do Alcorão! Cada um dos seus versículos revelados é um lugar para pousar, assim olhe para eles:

﴿وَالْمُرْسَلَاتِ عُرْفًا ۝ فَالْعَاصِفَاتِ عَصْفًا ۝ وَالنَّاشِرَاتِ نَشْرًا ۝ فَالْفَارِقَاتِ فَرْقًا ۝ فَالْمُلْقِيَاتِ ذِكْرًا﴾[780] ۝ ﴿وَالنَّازِعَاتِ غَرْقًا ۝ وَالنَّاشِطَاتِ نَشْطًا ۝ وَالسَّابِحَاتِ سَبْحًا ۝ فَالسَّابِقَاتِ سَبْقًا ۝ فَالْمُدَبِّرَاتِ أَمْرًا﴾[781] ۝

﴿تَنَزَّلُ الْمَلٰئِكَةُ وَالرُّوحُ فِيهَا بِاِذْنِ رَبِّهِمْ﴾[782] ﴿عَلَيْهَا مَلٰئِكَةٌ غِلاَظٌ شِدَادٌ لاَ يَعْصُونَ اللّٰهَ مَا اَمَرَهُمْ وَ يَفْعَلُونَ مَا يُؤْمَرُونَ﴾[783]

Também ouça:

﴿سُبْحَانَهُ بَلْ عِبَادٌ مُكْرَمُونَ ۞ لاَ يَسْبِقُونَهُ بِالْقَوْلِ وَهُمْ بِاَمْرِهِ يَعْمَلُونَ﴾[784]

Ouça os seus louvores. E se você quiser se encontrar com os gênios, insira esta retumbante Surata:[785] ﴿ قُلْ اُوحِىَ اِلَىَّ اَنَّهُ اسْتَمَعَ نَفَرٌ مِنَ الْجِنِّ﴾

Veja-os e ouça o que dizem. Dê uma lição neles. Olha, eles estão dizendo:

﴿اِنَّا سَمِعْنَا قُرْآنًا عَجَبًا ۞ يَهْدِى اِلَى الرُّشْدِ فَآمَنَّا بِهِ وَلَنْ نُشْرِكَ بِرَبِّنَا اَحَدًا﴾[786]

***

SEGUNDO OBJETIVO

[O segundo objetivo é sobre a ressurreição dos mortos, o fim do mundo, e a Outra Vida.]

É constituída por quatro pontos fundamentais, e uma Introdução que é na forma de uma comparação.

INTRODUÇÃO

Se alguém fosse alegar sobre um palácio ou uma cidade: "Esta cidade ou este palácio será destruído, e será então reparado e reconstruído de modo que fique intacto", seis perguntas, certamente surgirão perante a sua alegação.

A Primeira: Por que eles deveriam ser destruídos? Existe uma razão ou algo para a necessidade disso? Se a resposta for "Sim", ele teria que provar isso.

A Segunda: A pergunta, como a seguinte surgiria: "Será que o construtor que iria destruir e depois reconstruí-los possui o poder de fazê-lo? Será que é capaz disso?" Se a resposta for "Sim", ele teria que provar isso.

A Terceira: A seguir tal pergunta surgiria: "É a destruição possível? E, eles serão destruídos no futuro" Se a resposta for "Sim", e se provar tanto a possibilidade de destruição e sua ocorrência, as duas seguintes perguntas surgirão: "É possível que esse estranho palácio ou essa cidade sejam reconstruídos a partir do zero? Se for possível, eles serão reconstruídos?" Se a resposta for: "Sim" e ele provar isso bem, então em nenhum aspecto ou canto desta matéria pode uma lacuna ou brecha permanecer pela qual qualquer dúvida, suspeita ou desconfiança podem entrar.

Assim, como na comparação, há fatos que requeiram a destruição e reconstrução do palácio da terra e da cidade do universo. Seu autor e construtor é poderoso o suficiente; a sua destruição é possível, e ocorrerá. A sua reconstrução é possível, e acontecerá. Estas questões serão comprovadas após o primeiro ponto fundamental.

Primeiro Ponto Fundamental

O espírito é definitivamente imortal. Quase todas as indicações no primeiro objetivo, que apontam para a existência de anjos e seres espirituais também apontam para a imortalidade do espírito, que é o nosso tema aqui. Em mimha opinião, o assunto é tão certo que outra explicação seria inútil. De fato, a distância entre nós e as inúmeras caravanas de espíritos imortais que estão à espera para ir para a Outra Vida nos mundos intermediários e do Espírito é tão fina e leve que não há necessidade de demonstrar com provas. Inúmeros santos e inúmeras pessoas de iluminação entram em contato com eles, e aqueles que discernem os segredos do túmulo os veem, e até mesmo um número de pessoas comuns se comunica com eles, a massa de pessoas que forma as relações com eles em sonhos verdadeiros, formam a massa de relatórios unânimes, e simplesmente tornam-se parte do conhecimento comumente aceito da humanidade. No entanto, porque o pensamento materialista tem ficado estupefato nesta idade, foram capazes de implantar dúvidas em suas mentes relativas ainda às questões mais evidentes. A fim de eliminar estas dúvidas, portanto, deverão estabelecer uma introdução e quatro fontes das inúmeras fontes que brotam da intuição do coração e do discernimento do intelecto.

Introdução

Como é provada na Quarta Verdade da Décima Palavra, uma beleza eterna, permanente e inigualável requer a eternidade e a permanência de admiradores extasiados tendo espelhos. Uma arte impecável, eterna e perfeita busca a perpetuação de arautos atenciosos. E uma infinita misericórdia e beneficência exige a continuação da facilidade e felicidade dos mais necessitados de agradecê-las.

E o mais importante desses admiradores extasiados tendo reflexo, aquelas que anunciam os pensadores, aqueles necessitados de agradecimento é o espírito humano, em cujo caso, ele acompanhará a beleza, a perfeição, que a misericórdia na estrada sem fim para a eternidade; ele será imortal.

Como também é comprovado na Décima Palavra, na Sexta Verdade, não só do espírito humano, mas também os níveis mais simples de existência não foram criados para extinção; eles manifestam uma forma de imortalidade. Até mesmo uma flor insignificante, que não tem espírito, quando deixa a existência externa, manifesta uma espécie de imortalidade de mil maneiras. Por sua forma se torna permanente em inúmeras lembranças. E encontra perpetuação em todas as suas centenas de sementes, a lei segundo a qual ela foi formada continua. Desde a lei de formação da flor, o modelo de sua forma, que lembra um pequeno fragmento de espírito, se torna permanente por um preservador Onisciente; e uma vez que é preservada ao longo de transformações turbulentas com perfeita ordem nas suas sementes minúsculas e se faz permanente; se você não entender o grau em que o espírito humano, que é de uma natureza extremamente abrangente e elevada, foi vestido com existência externa, e é um consciente, vivo, e comandando a lei luminosa, certamente manifesta a imortalidade, e é amarrado e ligado à eternidade. Se você não entender isso, como você pode afirmar que é um ser humano consciente? Pode-se perguntar ao Onisciente da Glória, o Preservador Imperecível, Quem inclui e preserva o programa e a lei de formação de uma grande árvore em sua pequena semente como pingo? Essa lei, até certo ponto, assemelha-se a um espírito, "como ele pode preservar os espíritos dos mortos?"

PRIMEIRA FONTE: Isso é subjetivo. Ou seja, se alguém analisa a sua própria vida, percebe um espírito imortal. Com efeito, no decurso de ocupar o seu corpo por certo número de anos, o espírito faz com que o corpo se altere consideravelmente, no entanto, o espírito evidentemente permanece constante. Nesse caso, embora o corpo seja efêmero, ele não afeta a permanência do espírito, nem estraga sua natureza, mesmo que o espírito esteja completamente nu no momento da morte. No entanto, no decorrer da vida, o espírito muda gradualmente suas roupas do corpo e, no momento da morte, ele é subitamente a roupa. Foi estabelecido por certa conjectura, de fato, pela observação, que o corpo subsiste apesar do espírito; nesse caso, o espírito não subsiste por meio do corpo. Ao contrário, uma vez que o espírito subsiste e é dominante de si mesmo, o corpo pode ser disperso e novamente reunido como deseja; ele não vai infringir a independência do espírito.

Na verdade, o corpo é a casa do espírito, é o seu lar; que não é a sua roupa. A roupa cobre o espírito é uma bainha bem sutil, algo que pode ser comparado a um corpo, que é, em certa medida, constante, e é etéreo e apropriado para o espírito. No momento da morte, então, o espírito não está completamente nu, ele deixa sua casa vestido em sua bainha como corpo.

SEGUNDA FONTE: Este é objetivo. Isto quer dizer, que é um tipo de julgamento empírico que foi formado por meio de observações repetidas e numerosas ocorrências de eventos. Na verdade, quando se entende que um único espírito continua após a morte, isso implica na continuação de todos os espíritos como uma categoria do ser. Pois de acordo com a ciência da lógica, é certo que, se uma qualidade intrínseca é observada em um único indivíduo, a existência de qualidade pode ser assumida em todos os indivíduos, porque é intrínseco. Se for intrínseco, estará presente em cada indivíduo. Considerando que as indicações baseadas não em uma, mas em inúmeras observações além de cálculo e de contar, e os sinais que apontam para a imortalidade dos espíritos são tão definitivos, assim como para nós há um lugar chamado Novo Mundo, ou seja, Estados Unidos, e que o ser humano os seres são encontrados lá, podemos, de forma alguma duvidar da existência dessas pessoas. Da mesma forma, é inaceitável duvidar que os espíritos daqueles que morreram agora estão presentes em grande número no Mundo da Dimensão interior das coisas e no Mundo Espiritual, e que têm relações com nós. Nossos presentes imateriais irão até eles, e suas emanações luminosas virão até nós.

Além disso, com certa intuição, pode-se perceber com a consciência de que um aspecto fundamental do homem continua após sua morte. E esse aspecto fundamental é o espírito. Quanto ao espírito, não está sujeito à destruição e dissolução. Isto é, porque é simples e não composto, que tem a unicidade. Tal como a destruição, a dissolução, e a decomposição, eles são a função de substâncias complexas e compostas. Como explicamos acima, a vida garante uma forma de unidade dentro de multiplicidade; ela causa uma espécie de permanência. Ou seja, a unicidade e permanência são fundamentais para o espírito, de onde se espalha para a multiplicidade.

A mortalidade do espírito seria ou por destruição e dissolução, enquanto que a unicidade não oferece nenhuma oportunidade para estes, e sua natureza simples não permite decomposição; ou seria por aniquilação. Mas a compaixão ilimitada do Absolutamente Generoso não permitiria a aniquilação, e Sua generosidade sem limites não permitiria que devesse ser levado de volta a partir do espírito humano, a generosidade de existência que Ele derramou sobre ele, o que ele deseja ardentemente, e da qual é digno.

TERCEIRA FONTE: O espírito é uma lei de ordem, viva, consciente, luminosa, abrangente, verdadeira, preparada para adquirir universalidade, foi vestida pela existência exterior. E mesmo as mais fracas leis manifestam estabilidade e permanência. Porque, se for considerado com cuidado, será visto presente em todas as espécies que estão sujeitas a alterações, é uma verdade constante que, girando dentro das mudanças, transformações e fases da vida, faz com que as formas exteriores das coisas mudem, e vivem e não morrem, sejam permanentes.

Assim, enquanto o ser humano é um indivíduo, devido à abrangência de sua natureza, a consciência universal e a abrangente imaginação, ele é como uma espécie. Uma lei que governa e está em vigor em espécie também está em vigor no indivíduo humano. Uma vez que, o Criador Todo-Glorioso criou o homem como um espelho abrangente, para o culto universal, e com uma natureza exaltada, mesmo que o espírito-verdade que está presente em cada indivíduo provoque forma externa do indivíduo para mudar centenas de milhares de vezes, com a permissão do Senhor, ele não vai morrer, mas continuará, partindo como veio. Nesse caso, por ordem de Allah e com a Sua permissão e através da Sua condição permanente, o espírito do indivíduo humano, que é o elemento consciente e parte viva dele, é imortal.

QUARTA FONTE: Considere as leis que regem as espécies, que se assemelham um pouco ao espírito, e uma vez que ambas as questões do Mundo do Comando Divino e da Vontade, no que diz respeito a sua origem, estão a um nível adequado para o espírito, e só falta uma existência perceptível. Estudá-los e ver que, se as leis que comandam estavam vestidas na existência externa, cada uma delas seria o espírito das espécies. E as leis são sempre permanentes; elas são sempre perpétuas e constantes. Nenhuma mudança ou transformação afeta a união das leis, ou as estraga.

Por exemplo, se uma figueira morrer e for dispersa, a lei da sua formação, que é como o seu espírito, continuará em suas minúsculas sementes; ela não vai morrer. E assim, uma vez que mesmo as leis comandantes mais comuns e fracas são, portanto, ligadas à permanência e continuidade, o espírito humano tem de estar ligado não só com a permanência e imortalidade, mas com toda a eternidade. Pois, de acordo com o glorioso decreto do Alcorão:

﴿قُلِ الرُّوحُ مِنْ اَمْرِ رَبِّى﴾[787] O espírito também é uma lei consciente e viva que veio do mundo do Comando Divino, e que o poder Pré-Eterno vestiu com existência externa. Isso quer dizer que, assim como as leis inconscientes que procedem do atributo da vontade Divina e do Mundo do Comando Divino estão sempre, ou na maior parte, resistindo, assim são ainda mais definitivos que o espírito, que é uma espécie de irmão delas, e como elas é uma manifestação do atributo da vontade e vem do Mundo do Comando, manifesta a imortalidade. É também mais digno dela, porque é existente, tem uma realidade externa. E é mais potente, mais elevado, porque possui a consciência. Também é mais duradouro do que elas, e mais valioso, porque está vivendo.

Segundo Ponto Fundamental

Há assuntos que necessitam de felicidade eterna, e o Agente de Todo-Glorioso é capaz de conceder essa felicidade. Além disso, a destruição do universo e morte do mundo são possíveis, e elas vão ocorrer. E a ressurreição do mundo e o Juízo Final são possíveis, e eles vão ocorrer. Vamos explicar todas essas seis questões brevemente e de forma que satisfaça à razão. Na verdade, na Décima Palavra, os argumentos são estabelecidos e elevam o coração ao nível de crença perfeita, enquanto aqui, vamos discuti-los na forma de explicações do Velho Said em seu tratado chamado Nokta (O Ponto), que convencem e silenciam apenas a razão.

Há assuntos que se implicam na felicidade eterna. Um argumento decisivo apontador a essas questões consiste em uma suposição filtrada por Dez Fontes e Pontos Centrais.

PRIMEIRO PONTO CENTRAL: Se observar com cuidado, será visto que uma perfeita e intencional ordem abarca todo o universo. Traços de escolha e lampejos de finalidade são para serem vistos em todos os aspectos dela. O que impressiona os olhos por meio do testemunho de seus frutos é que em cada coisa há uma luz de intenção; em cada função, um lampejo de vontade; em cada movimento, um brilho de escolha; em cada conjunto composto, uma chama de sabedoria. Assim, se não houvesse a felicidade eterna, esta ordem autêntica consistiria apenas em uma forma fraca e inútil. Seria uma falsa ordem, não uma ordem de verdade. Ligações, relações e coisas imateriais, que são o espírito da ordem, seriam perdidos e chegados a nada. Ou seja, o que dá a ordem para encomendar é a felicidade eterna. Nesse caso, a ordem do universo aponta para a felicidade eterna.

SEGUNDO PONTO CENTRAL: A sabedoria total é aparente na criação do universo. De fato, a sabedoria Divina, que é a representação do favor pré-eterno, proclama a felicidade eterna pela língua de observância de benefícios e na sequência de efeitos demonstrados pelo universo em sua totalidade. Porque, se não houvesse a felicidade eterna, seria necessário, por orgulho, negar a sabedoria e os benefícios que são evidentes, constantes no universo. Uma vez que, a Décima Verdade da Décima Palavra demonstra esta verdade como o sol, vamos nos contentar com isso e interromper a discussão aqui.

TERCEIRO PONTO CENTRAL: Pelo testemunho da razão, sabedoria, dedução e experiência, a ausência de futilidade e ausência de resíduos na criação de seres, que são constantes, indicam felicidade eterna. O sinal de não haver desperdício e nada em vão na criação é a escolha do Todo-Glorioso Criador e a preferência do caminho mais curto, o ponto mais próximo, a forma mais leve, e a melhor maneira na criação de tudo, e Sua imposição por vezes uma centena de deveres em uma coisa, e Sua anexação de mil frutos e objetos para um ser frágil.

Como não há desperdício e nada em vão, certamente haverá felicidade eterna. Uma vez que, a não existência e sem retorno faria tudo fútil; tudo seria um desperdício. A ausência de resíduos em toda a criação, e no homem, por exemplo, que é estabelecido pela ciência, demonstra faculdade imaterial ilimitada do homem, e as esperanças infinitas, os ideias e os desejos não serão tão desperdiçados. Nesse caso, o desejo profundamente enraizado do homem para ser aperfeiçoado aponta para a existência de uma perfeição, e seu desejo de felicidade proclama que ele é definitivamente destinado para a felicidade eterna. Se não fosse assim, ao contrário de todos os outros seres, que são feitos com sabedoria e com um propósito, essas faculdades imateriais autênticas, aquelas esperanças elevadas, seriam desperdício e futilidade; elas murchariam e seriam inúteis. Já que esta verdade está provada na Décima Primeira Verdade da Décima Palavra, cortamos a curta discussão aqui.

QUARTO PONTO CENTRAL: Em cada uma das muitas coisas diferentes, de noite e de dia, e no inverno e na primavera, nos céus, e até mesmo na personalidade do homem e nos corpos que ele muda ao longo de sua vida, e no sono, que se assemelha à morte, é um tipo diferente de ressurreição que se assemelha à ressurreição dos mortos; tudo isso fala de e alude à realidade do Dia da Ressurreição. Por exemplo, dia, ano, tempo de vida do homem, e da revolução de grande relógio de Allah, conhecida como a terra, lembram os mostradores de um relógio nosso da semana, que contam os segundos, os minutos, as horas e os dias; cada um precursor do seguinte, eles dão notícias um do outro; eles se transformam e funcionam. Como eles mostram a manhã após a noite, e a primavera após o inverno, eles insinuam que depois da morte, a manhã da ressurreição será exibida a partir desse instrumento, aquele grande relógio.

Existem muitas variedades de ressurreição que uma pessoa experimenta durante sua vida. Assim como ele vê os sinais da ressurreição por uma espécie de morte e renascimento, todas as noites, todas as manhãs, por isso, é concordado que ele sofre o que se assemelha a uma ressurreição a cada cinco ou seis anos, mudando todas as partículas de seu corpo, e ainda passa por uma ressurreição gradual duas vezes por ano. Além disso, a cada primavera, ele testemunha mais de trezentos mil tipos de ressurreição e ascensão à vida nos reinos animal e vegetal.

Assim, tantos sinais, indicações e marcas de ressurreição certamente apontam para a grande ressurreição dos mortos como se fossem gotas dele. O Criador Todo-Sábio causando uma espécie de ressurreição nos mundos animal e vegetal, isto é, acordando para a vida da mesma forma todas as raízes das plantas e certos animais na primavera, e restaura outras partes deles, como folhas, flores e frutos, não é exatamente o mesmo, mas semelhante, pode ser uma indicação de uma ressurreição pessoal no indivíduo humano dentro da ressurreição geral. Para o indivíduo humano é como uma espécie de comparação com as outras espécies animadas, e a luz da mente deu tal amplitude às ações humanas e pensa que elas abrangem o passado e o futuro. Se ele consome todo o mundo, não fica satisfeito. Nas outras espécies, a natureza do indivíduo é determinada; seu valor é pessoal;

seu ponto de vista, de acesso restrito; suas qualidades, limitadas; seu prazer e dor, instantâneo. Enquanto a natureza humana é exaltada, seu valor, mais alto; sua opinião, universal; suas qualidades, sem limites; seu prazer imaterial e dor em parte permanente. Nesse caso, as diversas ressurreições que se repetem na outra espécie animada evidentemente conta e aponta para os seres humanos serem ressuscitados e restaurados para a vida exatamente na grande ressurreição dos mortos. Uma vez que, está provado com a certeza de dois mais dois igual a quatro da Nona Verdade da Décima Palavra, cortamos a curta discussão aqui.

QUINTO PONTO CENTRAL: Aqueles que têm olhado atentamente para as realidades da criação consideram que as potencialidades ilimitadas incluídos na essência do espírito humano, e as capacidades ilimitadas contidas nessas potencialidades, e os desejos infinitos decorrentes dessas habilidades, e as esperanças infinitas resultantes desses desejos infinitos, e os pensamentos ilimitados e ideias nascidos daquelas infinitas esperanças são mãos estendidas para a felicidade eterna, que está além deste manifesto Mundial; são os olhos olhando para ele, que estão voltados para ele. Assim, a natureza do homem, que não pode mentir, e o intenso desejo definido e inabalável para a felicidade eterna em sua natureza inspiram a consciência com certeza sobre a realização da felicidade eterna. Esse fato é demonstrado tão claramente quanto à luz do dia na Décima Primeira Verdade da Décima Palavra, e assim cortamos esta curta discussão aqui.

SEXTO PONTO CENTRAL: A misericórdia do Criador Todo-Belo, que é o Clemente e o Misericordioso, por esses seres, aponta para a felicidade eterna. Sim, é da natureza da misericórdia, que torna a generosidade assim e a salva da vingança, não para reter do homem a felicidade eterna, que liberta os seres da angústia da separação eterna. Porque, se a felicidade eterna, a chefe, a cabeça, o objetivo, e o resultado de todos os prémios, não é dada, e se depois de morrer, o mundo não é ressuscitado na forma de vida após a morte, todos os prémios seriam transformados em desejo de vingança. E em tal transformação, seria necessário negar a existência da misericórdia Divina, que é evidente e necessária, e, pelo testemunho de todo o universo, inquestionável e manifesta. É uma verdade constante mais brilhante que o sol. Olhe e tome nota das dádivas de amor, compaixão e razão, algumas das manifestações e traços sutis da misericórdia. Suponha que a separação eterna e a inesgotável despedida vão arrastar para fora da vida humana; você verá que o terno amor torna-se uma grande calamidade; a compaixão doce, uma grande desgraça; essa razão luminosa, uma grande atribulação. Ou seja, a misericórdia (porque é a misericórdia), não pode enfrentar o verdadeiro amor com a separação eterna. Desde a Segunda Verdade da Décima Palavra demonstrou este fato mais lindamente, cortamos esta curta discussão aqui.

SÉTIMO PONTO: Todo o requinte, todas as virtudes, todas as perfeições, todas as atrações, todo o desejo, toda a compaixão conhecida e vista no universo são significados, significações, palavras imateriais. Mostram-se necessária e evidentemente para o coração e empurra no olho da mente as manifestações da graça do Criador Todo-Glorioso, bondade, benevolência e generosidade. Uma vez que, existe uma verdade, uma realidade, neste mundo, certamente há verdadeira misericórdia. E já que há verdadeira misericórdia, haverá felicidade eterna. A Quarta Verdade da Décima Palavra, e também a Segunda Verdade, iluminaram este fato tão claramente quanto à luz do dia.

OITAVO PONTO CENTRAL: A consciência do ser humano, que é a sua natureza consciente, olha e aponta paraa felicidade eterna. Sim, se alguém ouve a sua própria consciência despertada, ele ouvirá uma voz gritando: "Eternidade! Eternidade!" Se todo o universo fosse dado a tal consciência, não poderia satisfazer a sua necessidade pela eternidade. Ou seja, a consciência é criada por causa daquela eternidade. O estar sendo atraída e desenhada desta forma só é possível porque ela é atraída por um verdadeiro objetivo e cativante verdade. A conclusão da Décima Primeira Verdade da Décima Palavra demonstra esse fato.

NONO PONTO CENTRAL: Esta é a mensagem de Mohammad o árabe (Allah o abençoe e lhe dê paz), que era sincero, veraz e confiável. De fato, suas palavras abriram as portas da felicidade eterna; tudo o que ele disse são janelas que se abrem para a felicidade eterna. Na verdade, ele tinha na mão o consenso de todos os profetas (a paz esteja com eles) e com o acordo unânime de todos os santos, uma vez depois da Unidade Divina, todas as suas chamadas e os esforços se concentraram na ressurreição dos mortos e na felicidade eterna. Existe alguma coisa que poderia abalar essa força? A Décima Segunda Verdade da Décima Palavra demonstra essa verdade da maneira mais óbvia.

DÉCIMO PONTO CENTRAL: Estas são as determinadas notícias do Alcorão Sagrado, que tem preservado o seu milagre em sete aspectos por treze séculos, e continua, como provamos quarenta tipos de seus milagres na Vigésima Quinta Palavra.

. Sim, as notícia do próprio Alcorão sobre a revelação da ressurreição do corpo é o revelador do talismã enigmático do mundo e a chave para a sabedoria do universo. Além disso, certas provas racionais contidas no Alcorão de exposição miraculosa, que se coloca diante dos olhos, ordenando que sejam ponderados são milhares em número. Em suma, o Alcorão convoca para se pensar e chamar a atenção a milhares de provas racionais decisivos. Os nobres versículos, por exemplo:

﴿قُلْ يُحْيِيهَا الَّذِى اَنْشَاَهَا اَوَّلَ مَرَّةٍ﴾[789] e: ﴿وَقَدْ خَلَقَكُمْ اَطْوَارًا﴾[788]

que compreendem uma comparação ou analogia, e:

﴿وَمَا رَبُّكَ بِظَلاَّمٍ لِلْعَبِيدِ﴾[790]

Outro método aponta para a evidência da justiça no universo. Em outros muitos outros versículos foram colocados óculos de "observações, com muitas lentes de ampliação para olhar fixamente por seu intermédio para a felecidade eterna na Ressurreição dos corpos. Explicamos em nosso tratado intitulado Nokta

(O Ponto) a substância da analogia figurativa existentes nos dois primeiros vercículos acima, com todas os outros versículos, cujo resumo é o seguinte:

Ao passar de etapa em etapa, o corpo humano sofre maravilhosas e ordenadas transformações. De esperma para um coágulo de sangue; de um coágulo de sangue para osso e carne; de osso e carne para uma nova criação, isto é, ou seja, a transformação em forma humana seguindo regras extremamente precisas. Cada uma destas fases tem leis específicas, determinada ordem, como desenvolvimento regular que ele exibe as manifestações de um propósito, vontade, escolha, e sabedoria revelando o que há por trás de intenções.

Assim, o Criador Todo-sábio, Que cria o corpo, desta forma, muda a cada ano como se se tratasse de roupa. Para o corpo ser mudado e para a sua manutenção, um composto é necessário para que apareçam novas partículas que vão funcionar e encher o lugar das peças que estão dissolvidos. Uma vez que, as células do corpo são destruídas por uma ordem da lei divina, que exige uma matéria sutil, conhecida como sustento, o que irá repará-lo, novamente pela uma lei dominical ordenada. O Verdadeiro Provedor atribui e distribui este sustento por uma lei especial em relação às diferentes necessidades dos membros do corpo.

Agora, considere o comportamento da matéria sutil que o Provedor Onisciente envia: você verá que, enquanto partículas da matéria são dispersas pelo ar, do solo e da água como uma caravana, de repente elas se reúnem de uma forma que sugere uma deliberada ação, como se tivessem subitamente recebido a ordem de se mover. Elas se recolhem juntas da forma mais ordeira como se a cada partícula fosse confiado um dever e ordenado a proceder a um determinado lugar. Além disso, é evidente a partir de sua conduta que estão a ser impulsionadas por uma lei específica de quem age e tem escolha, e do reino do inanimado estão entrando no reino dos vivos. Em seguida, eles entram em um corpo como sustento por meio de uma regra particular, e com um fim determinado e em um processo regular, e depois de serem cozidas em quatro cozinhas do corpo, passando por quatro transformaçõcs surpreendentes, e que estão sendo forçadas por meio de quatro filtros, elas são rateadas pelas leis regulares e de beneficência do Provedor Verdadeiro de acordo com as diferentes necessidades de todos os membros, e são distribuídas a cada parte do corpo.

Assim, qualquer que seja dessas partículas que você considera com o olho da sabedoria, você verá o acaso cego, a coincidência sem lei, a natureza surda, e as causas inconscientes não podem interferir de modo algum com ela; ela é impelida de forma exigente, ordenada, auditiva, e conhecida. Por qualquer estágio, cada uma delas entra dos elementos periféricos às células do corpo, age voluntariamente pelas leis específicas daquele estágio. Entra nele deforma ordenada. Por qualquer nível viaja, ela caminha com tal ordem que parece evidente a proceder ao comando de um Movedor Onisciente. Desta forma, avança gradualmente de etapa em etapa, de um nível a outro, até que, sob o comando de seu Senhor, sem se desviar do seu objetivo e objeto, atinge a sua posição apropriada, por exemplo, o olho do Tawfik[791], onde se estabelece e trabalha.

Esta situação, ou seja, a manifestação de dominicalidade no sustento, demonstra que primeiro as partículas foram determinadas; elas foram designadas para a tarefa, foram designadas para essas posições. É como se a existência de uma disposição e ordem, como: "Este será o sustento de células de fulano de tal" que está sendo escrito na testa de cada um deles, aponta para o sustento de cada pessoa que está sendo escrito na sua testa pela caneta da Predestinação, e seu nome sendo escrito em seu sustento. É de todo possível que o Criador Todo-Glorioso, Que nutre e sustenta com poder ilimitado e sabedoria abrangente, Que tem disposição absoluta sobre todos os seres desde partículas diminutas até os planetas, e gira-os com ordem e equilíbrio, não deve realizar "a última criação", ou que ele deveria ser incapaz de fazê-lo?

Assim, muitos versículos do Alcorão apresentam para a visão humana esta última criação sábia, que terá lugar na ressurreição dos mortos e do Grande Encontro. Ele remove a dúvida e a incerteza. Ele diz:

﴿قُلْ يُحْيِيهَا الَّذِى اَنْشَاَهَا اَوَّلَ مَرَّةٍ﴾[792]

Ou seja, aquele que o criou do nada de uma forma tão sábia é Aquele que vai trazê-lo de volta à vida na Outra Vida. E ele diz:

﴿وَهُوَ الَّذِى يَبْدَؤُا الْخَلْقَ ثُمَّ يُعِيدُهُ وَهُوَ اَهْوَنُ عَلَيْهِ﴾[793]

Isto é: "Seu retorno e retorno para a vida na ressurreição é mais livre de problemas mais fácil e que a sua criação neste mundo."

Assim é mais fácil e sem problemas para soldados de um regimento que se dispersaram descansarem e se reunirem sob a bandeira regimental ao som de uma corneta de que a formação de um novo regimento a partir do zero. Assim, de acordo com a razão, é mais fácil e mais possível do que a primeira criação para as partículas fundamentais de um corpo, que são entremeadas e familiares e conectadas uma com a outra, voltar a se reunir no soar da trompete do anjo Israfil (a paz esteja com ele), e responder ao comando do Todo-Glorioso Criador com: "Aqui estamos, Senhor!" De qualquer forma, talvez isso não seja necessário para todas as partículas se reunirem. As peças fundamentais e partículas essenciais, que são como núcleos e sementes, e são chamados de[794] عَجْبُ الذَنَبْ em um Hadice,[795] podem ser suficientes como base da segunda criação. O Onisciente Criador pode construir o corpo humano a partir deles.

A seguir, um resumo da comparação judicial indicada por versículos como o terceiro acima: [796]﴿ وَ مَا رَبُّكَ بِظَلاَّمٍ لِلْعَبِيدِ ﴾

Muitas vezes vemos neste mundo que os homens tirânicos, pecaminosos e cruéis passam suas vidas em grande facilidade e conforto, enquanto os oprimidos, justos e religiosos passam grandes dificuldades e em degradação. Então a morte vem e torna os dois iguais. Se esta igualdade não tinha fim, uma injustiça seria aparente. No entanto, uma vez que, a sabedoria e a justiça Divina estão livres de toda a iniquidade como é estabelecido pelo testemunho do universo, eles evidentemente exigem uma montagem final em que o primeiro será punido e este último receberá a sua recompensa. Então desordenadamente, homens miseráveis podem receber punição e recompensa, em conformidade com as suas potencialidades, ser o meio de absoluta justiça, sabedoria dominical manifesta, e ser o irmão mais velho de todos os seres do mundo.

Com certeza, o reino deste mundo não permite o florescimento ilimitado do homem das potencialidades contidas dentro de seu espírito. Isso significa que ele será enviado para outro mundo. A essência do homem é realmente poderosa, então ela é designada para a eternidade. Sua natureza é exaltada, de modo que seus crimes são grandes. Ele não se parece com os outros seres. Sua ordem é importante, também. Ele não pode viver sem fim. Ele não pode viver sem significado. Ele não pode ser feito em vão. Ele não pode ser condenado à extinção absoluta. Ele não pode escapar da pura inexistência. O Inferno abriu a sua boca, e espera por ele. E o Paraíso abriu seu abraço gracioso, e olha para ele. Uma vez que, a Terceira Verdade da Décima Palavra tem demonstrado estes dois exemplos de forma mais bela, vamos cortar a curta discussão aqui.

A título de exemplo, você pode fazer analogias e estudar outros versículos do Alcorão semelhantes aos dois acima, que contêm muitas provas sutis e racionais.

Dessa forma, essas Dez Fontes e Pontos Centrais formam uma prova decisiva e determinada suposição, e assim como a firme hipótese e prova poderosa são provas decisivas para a causa e a necessidade da ressurreição e do Dia do Julgamento, e , conforme está claramente provado na Décima Palavra fazem a maioria dos Nomes mais Bonitos, como Onisciente, Compassivo, Preservador e Justo, requerem a vinda do Dia do Juízo Final e da ressurreição, e da existência de bem-aventurança eterna; eles apontam claramente para a realização de felicidade eterna. Ou seja, os assuntos que requeiram a ressurreição dos mortos e o Dia do Juízo são tão poderosos que não deixam espaço qualquer dúvida ou incerteza.

Terceiro Ponto Fundamental

O Agente possui o poder. Sem dúvida, os assuntos que requeiram a ressurreição dos mortos existem. Além disso, o Único Que vai realizá-lo é poderoso ao grau máximo. Não há deficiência no Seu poder. As maiores coisas e as menores são as mesmas em relação ao seu poder. É tão fácil para Ele criar a Primavera como criar uma flor. Sim, este universo juntamente com todos os seus sóis, estrelas, mundos, partículas e substâncias testemunham a sublimidade e o poder do Todo-Poderoso em línguas sem fim. Será que qualquer dúvida ou receio tem o direito de considerar a ressurreição corporal remota de tal poder?

É fácil de ver que cada idade dentro deste mundo o Poderoso de Glória cria um novo, viajante e ordenado universo. Na verdade, Ele faz, um mundo bem ordenado novo a cada dia. Ele perpetuamente cria e muda com sabedoria perfeita mundos transitórios e universos um após o outro na face dos céus e da terra. Ele pendura na corda do tempo mundos regulares ao número de séculos, anos, de fato, dias, e através deles demonstra a enormidade de Seu poder. Ele atribui à cabeça do globo enorme flor da primavera que adorna com cem mil bordados de ressurreição como se fosse uma única flor, e por isso mostra a perfeição da Sua sabedoria e da beleza de sua arte. Pode-se dizer de Alguém como Esse: "Como pode Ele realizar a ressurreição dos mortos, e como Ele pode transformar este mundo no futuro?" O versículo: [797]﴿مَا خَلْقُكُمْ وَلاَ بَعْثُكُمْ اِلاَّ كَنَفْسٍ وَاحِدَةٍ﴾ proclama o perfeito poder do Todo-Poderoso, que nada é difícil para Ele, que, assim como a menor coisa, as maiores não apresentam dificuldades para o Seu poder, e que é tão fácil para o Seu poder de criar inúmeros indivíduos como criar um único. Explicamos o significado essencial do versículo brevemente na conclusão da Décima Palavra, e em detalhe no tratado intitulado Nokta (Ponto) e na Vigésima Carta. Em ligação com a discussão aqui, vamos elucidar uma parte dela sob a forma de três "Matérias", como se segue:

O Poder Divino é essencial, caso em que, a impotência não pode intervir nele. Além disso, é ligado às dimensões internas de coisas, de modo que tais obstáculos não podem ser interpenetrados com ele. Também, sua relação é de acordo com as leis, por isso elementos particulares são iguais aos universais, pequenas coisas são como as abrangentes. Vamos provar esses três assuntos.

PRIMEIRO ASSUNTO: O Poder Pré-Eterno é necessário, essencial, inerente à mais Pura e Sagrada Essência Divina, significa que é da necessidade intrínseca pela Essência, sem possibilidade de desmembramento. Portanto, a impotência, que é o oposto do poder, não pode ser claramente apresentado à essência necessária daquele poder. Porque, se fosse esse o caso, implicaria a combinação de opostos. Uma vez que, a essência não pode ser afetada por impotência, evidentemente, não pode intervir no poder, que é a qualidade inerente daquela Essência. Se a impotência não pode intervir naquele poder essencial, claramente não pode haver graus nela. Já que os graus de existência de uma coisa são contudo a intervenção de seus opostos.

Por exemplo, os graus de calor são pela intervenção do frio, e os graus de beleza pela intervenção de feiura; outros exemplos podem ser feitos da mesma forma. Desde contingentes de seres essas qualidades não são verdadeiras, naturais e inerentes, qualidades necessárias, seus opostos podem entrar neles. Com a existência de graus, a diversidade, a variação e a mudança surgiram no mundo. Uma vez que, não pode haver graus no poder Pré-Eterno, necessariamente, aquelas coisas decretadas por ele serão as mesmas em relação a ele. A maior será igual à menor, e as partículas as mesmas que as estrelas. A ressurreição de toda a humanidade será tão fácil para o poder como a sensibilização para a vida de um único indivíduo; a criação da primavera tão fácil como dar forma a uma única flor. Considerando que se atribuiu ao acaso, a criação de uma única flor seria tão difícil quanto àa da primavera.

Provou-se na nota de rodapé para a última seção do Quarto Grau de "Allah é o Maior" na Segunda Estação desta Palavra, e na Vigésima Segunda Palavra, e na Vigésima Carta e em seu Termo Aditivo, que, quando a criação dos seres é atribuída Ao Único Um de Unidade, todas as coisas tornam-se tão fáceis como uma coisa. Se forem atribuídos ao acaso, a criação de uma única coisa se torna tão difícil e problemática como a de todas as coisas.

SEGUNDO ASSUNTO: O Poder Divino está relacionado com a face interior das coisas. Sim, o universo tem duas faces, como um espelho. Uma delas é sua face externa, que lembra a face colorida do espelho, a outra é a sua face que olha para o seu Criador. Isto se assemelha à face brilhante do espelho. Sua face externa é a arena dos opostos. É onde assuntos como bonito e feio, o bem e o mal, grandes e pequenos, difícil e fácil aparecem. É por isso que o Todo-Glorioso Criador fez aparentes causas um véu para a alienação de Seu poder, de modo que a mão do poder não deve aparecer para a mente estar diretamente relacionada com as questões que, em face do que são insignificantes ou indignos. Uma vez que, a majestade e a dignidade exigem que seja assim. Mas Ele não deu um verdadeiro efeito às causas e intermediários, pois a unidade de unicidade exige que eles não tenham nenhum.

Quanto à face interior dos seres que procura o seu Criador, em tudo está brilhando, é limpa. As cores e as distorções da individualidade não intervêm nele. Este aspecto olha o seu Criador, sem intermediário. Não há correntes e disposições de causas nela. Causa e efeito não podem se intrometer nisso. Ele não contém nada contorcido ou torto. Os obstáculos não podem interferir nele. Uma partícula se torna irmã do sol.

Em resumo: O poder Divino é simples, infinito, e essencial. O lugar ligado ao poder Divino não tem nem intermediário, nem mancha, nem é a cena de rebelião. Portanto, dentro da esfera do poder Divino o grande não tem orgulho do lugar sobre o pequeno. A comunidade não tem preferência sobre o individuo. Os universais não podem esperar mais do poder Divino de que os particulares.

TERCEIRO ASSUNTO: A relação do poder Divino está de acordo com as leis. Ou seja, considera muitos e poucos, grandes e pequenos como os mesmos. Vamos tornar este assunto abstruso mais fácil de entender com um número de comparações.

No universo, Transparência, Reciprocidade, Equilíbrio, Ordem, Desprendimento e Obediência são todas as questões que tornam muitos iguais a poucos, e grandes iguais a pequenos.

Primeira Comparação: Isso explica o Mistério da Transparência.

Por exemplo, a imagem e o reflexão do sol, que são o seu esplendor e manifestação, apresentam a mesma identidade na superfície do mar e em cada gota do mar. Se o globo terrestre fosse composto de diferentes fragmentos de vidro e exposto ao sol sem véu, o reflexo do sol seria o mesmo em cada fragmento e sobre toda a face da terra, sem obstrução ou divisão em pedaços ou diminuída . Se, supormos que o sol mostrou toda a sua vontade e por meio de sua vontade conferiu o brilho de sua luz e imagem da sua reflexão, não seria mais difícil para ele conferir seu brilho sobre toda a superfície da terra do que conferi-lo em uma única partícula.

Segunda Comparação: Trata-se do Mistério da Reciprocidade.

Por exemplo, vamos supor que há um vasto anel composto por seres vivos, isto é, seres humanos, cada um segurando um espelho. No seu centro está um indivíduo segurando uma vela. O brilho e a manifestação refletida em todos os espelhos que rodeiam o ponto central será o mesmo, e a sua relação será, sem obstáculo, fragmentação ou diminuição.

Terceira Comparação: Trata-se do Mistério do Equilíbrio.

Por exemplo, há uma enorme conjunto de balanças que são extremamente precisas e sensíveis. Qualquer que seja o de dois sóis ou de duas estrelas ou de duas montanhas ou de dois ovos ou de duas partículas são colocadas em seus dois pratos, vai exigir a mesma força para levantar um prato daquelas enormes balanças sensíveis para o céu e abaixar o outro para o chão.

Quarta Comparação: Trata-se do Mistério da Ordem.

Por exemplo, um enorme navio pode ser transformado tão facilmente em um pequeno barco de brinquedo.

Quinta Comparação: Trata-se do Mistério de Desprendimento.

Por exemplo, uma natureza desvinculada da individualidade respeita todos os dados do menor para o maior como o mesmo e os adentra sem ser diminuída ou fragmentada. As qualidades presentes no aspecto da individualidade externa não interferem e causam confusão; eles não alteram a visão de uma natureza desprendida como essa. Por exemplo, um peixe como uma agulha possui uma natureza tão desprendida como o de uma baleia. Ou um micróbio carrega a mesma natureza animal como um rinoceronte.

Sexta Comparação: Isso demonstra o Mistério de Obediência.

Por exemplo, um comandante com uma única ordem faz avançar tanto um soldado como um exército. A verdade do mistério desta comparação sobre a obediência é a seguinte:

Como é provado pela experiência, tudo no universo tem um ponto de perfeição, e tudo tem uma inclinação para esse ponto. O aumento da inclinação torna-se necessária.

O aumento da necessidade torna-se desejo. O aumento do desejo se torna atração, e atração, desejo, necessidade, e inclinação são cada semente e grão que, juntamente com as essências de coisas em conformidade com os comandos criativos de Allah Todo-Poderoso. A perfeição absoluta da verdadeira natureza dos seres contingentes é a existência absoluta. Suas perfeições particulares são uma existência peculiar a cada um que faz com que as habilidades de cada ser emergir do potencial para o real. Assim, a obediência de todo o universo ao comando Divino "Seja!", é a mesma que a de uma partícula, que é como um soldado único. Contidos todos juntos na obediência e conformidade dos seres contingentes ao comando de pré-eterno "Seja!", procedente da vontade Pré-Eterna é inclinação, necessidade, desejo e atração, que também são manifestações da vontade Divina. O fato de que quando a água sutil recebe o comando para congelar, com uma inclinação refinada pode dividir um pedaço de ferro demonstra a força do mistério da obediência.

Se essas seis comparações forem observadas nas potencialidades e ações de contingentes de seres, que são tanto defeituosos, finitos, e fracos, e não têm nenhum efeito real, sem dúvida, será visto que tudo é igual em relação ao poder Pré-Eterno, que é tanto pré-eterno, e pós-eterno, e cria todo o universo de inexistência pura, e sendo manifestado por meio das obras de sua enormidade deixa todas as mentes em admiração. Nada pode ser difícil para Ele. Tal poder não pode ser pesado nas pequenas balanças destes mistérios, nem são proporcionais. Eles foram mencionados para trazer o assunto para mais perto do entendimento e para dissipar quaisquer dúvidas.

Resultado e Resumo do Terceiro Ponto Fundamental

Uma vez que, o Poder Pré-eterno é infinito, e é inerente e qualidade necessária da Essência Mais Pura e Sagrada; e o aspecto interior imaculado e desvelado de tudo está virado a ele e o enfrenta, e está em equilíbrio em relação à contingência, que consiste na possibilidade igual de ser e não ser; e uma vez que esta face interna é obediente à ordem da criação e as leis Divinas do universo que formam a Grande Chari'a, a Chari'a da Criação, e está desengatada e livre de obstáculos e características diferentes; certamente, como a menor coisa, a maior pode não resistir a esse poder, nem esperar mais dele do que a menor. Nesse caso, a ressurreição de todos os seres com espíritos não é mais difícil para o poder Divino do que vivificar uma mosca na primavera. Assim, o decreto de:

﴿مَا خَلْقُكُمْ وَلَا بَعْثُكُمْ اِلَّا كَنَفْسٍ وَاحِدَةٍ﴾[798] não é exagero; é verdadeiro e correto. E a nossa afirmação de que "o agente possui o poder" tem provado ser verdade em forma decisiva; não há nada para escondê-la a este respeito.

Quarto Ponto Fundamental

Assim como há coisas que necessitam da ressurreição dos mortos e do Grande Encontro, e quem vai realizá-la possui o poder de fazê-lo, uma vez que o mundo possui o potencial para a ressurreição dos mortos e o Grande Encontro. Há quatro "Assuntos" nesta nossa afirmação que "este lugar é possível."

O primeiro é a possibilidade de morte deste mundo.

O segundo é a sua morte certa.

O terceiro é a possibilidade do mundo destruído, morto sendo reconstruído e ressuscitado na forma de vida após a morte.

O quarto é a sua reconstrução real e ressurreição, que são possíveis.

PRIMEIRO ASSUNTO: A morte do universo é possível. Uma vez que, se algo está incluído na lei do processo de perfeição, há limite para o crescimento e desenvolvimento dele. E se há crescimento e desenvolvimento, essa coisa está limitada de ter um tempo de vida natural. E se ele tem um tempo de vida natural, há limite de ser um tempo para a sua morte natural. É estabelecido pelo raciocínio indutivo e extensa investigação que não se pode salvar das garras da morte. De fato, assim como o homem é o microcosmo, e ele não pode ser salvo da destruição, o universo também é o macroantropo; ele também não pode ser salvo das garras da morte. Ele também vai morrer e será então ressuscitado, ou ele vai estar dormindo e, em seguida, abrir os olhos na manhã da ressurreição. ( )

Além disso, assim como uma árvore viva, que é uma cópia em miniatura do universo, não pode salvar sua vida da destruição e dissolução, de modo a corrente do universo, que se ramificou da árvore da criação, não pode salvar-se da destruição e dispersão a fim de ser reparado e renovado. Se, com a permissão da vontade pré-eterna, alguma doença externa ou evento destrutivo não acontecer com o mundo antes do momento de sua morte natural, e seu Onisciente Criador também não demoli-lo antes que o tempo, com certeza, de acordo com o acerto de contas científica, um dia virá em que os significados e mistérios do versículo:

﴿اِذَا الشَّمْسُ كُوِّرَتْ ۞ وَاِذَا النُّجُومُ انْكَدَرَتْ ۞ وَاِذَا الْجِبَالُ سُيِّرَتْ ۞ اِذَا السَّمَاءُ انْفَطَرَتْ ۞ وَاِذَا الْكَوَاكِبُ انْتَثَرَتْ ۞ وَاِذَا الْبِحَارُ فُجِّرَتْ﴾[799]

se manifestará com a permissão do Pré-Eterno Todo-Poderoso, e as agonias da morte dos macroantropo que é o mundo começará; ele vai preencher o espaço e tornar a reverberar com um estertor terrível e som devastador; rugindo, ele vai morrer. Em seguida, na ordem divina, ele vai voltar à vida mais uma vez.

A Sutil, Alusiva Matéria

Assim como a água congela em seu próprio detrimento, e o gelo derrete em seu próprio detrimento, e uma semente ganha força em detrimento da casca, e uma palavra torna-se grosseira em detrimento do significado, e o espírito enfraquece por conta do corpo, e o corpo torna-se mais fino por conta do espírito, assim também este mundo, o mundo denso, torna-se transparente e refinado com o funcionamento da máquina da vida por conta do futuro, que é o mundo sutil. O poder criativo polvilha a luz da vida em densos, sem vida, extinguidos objetos mortos com uma atividade surpreendente é um sinal de que ele se dissolve, queima e ilumina este mundo denso, com a luz da vida por conta do mundo sutil.

Não importa o quão fraca é a realidade, ela não morre; não é aniquilada como uma forma. Em vez disso, ela viaja em indivíduos e formas. A realidade cresce, se desenvolve e expande-se gradualmente, enquanto a casca e a forma desgastam, tornam-se mais finas, e quebram. Elas são renovadas em melhor forma, de modo a tornarem-se adequadas para a estatura da realidade estável e expandida. Em relação ao aumento e diminuição, a realidade e a forma estão em proporção inversa. Ou seja, a forma mais substancial cresce, a realidade torna-se mais fraca. Quanto menos substancial a forma se torna, à aquele grau a realidade se torna mais forte.

Assim, esta lei abrange todas as coisas incluídas na lei do processo de perfeição. Isto significa que é certo, um tempo virá quando o Mundo Manifesto, que é a casca e forma da poderosa realidade do universo, quebrar-se-á, com a permissão do Criador Todo-Glorioso. Em seguida, ele será renovado em uma forma melhor. O significado será alcançado do versículo:

﴿يَوْمَ تُبَدَّلُ الْاَرْضُ غَيْرَ الْاَرْضِ﴾[800]

Em Resumo: A morte do mundo é possível. Além disso, não pode haver dúvida de que isso é possível.

SEGUNDO ASSUNTO: Esta é a morte real do mundo. A prova desta matéria é o consenso de todas as religiões reveladas; o testemunho de todas as naturezas saudáveis; a indicação de todas as mudanças, transformações e alterações no universo; o testemunho do número de séculos e anos por meio de suas mortes nesta pousada do mundo. Tudo isso são indicações e provas da morte do próprio mundo.

Se você quiser imaginar as agonias da morte do mundo, como o Alcorão as aponta, pense em como as partes do universo estão ligadas uma à outra com uma exata e exaltada ordem. Elas são mantidas com uma delicada, ligação tão oculta e sutil e estão tão ligadas dentro de uma ordem que, em um único comando que os corpos celestes elevados recebem: "Seja", ou "Deixe sua órbita", o mundo vai entrar em sua agonia de morte. As estrelas colidem, os corpos celestes giram, um grande estrondo ocorrerá no espaço infinito como o som devastador de milhões de bolas de canhão e grandes armas do tamanho do globo. Conflitantes e colidindo uma com a outra, enviando uma chuva de faíscas, as montanhas que tomam o voo, os mares em chamas, a face da terra será achatada.

Assim, por esta morte e essas agonias o Pré-Eterno do Poder sacudirá o universo. Ele vai purificar o universo e o Inferno e os assuntos do Inferno serão chamadas para um lado, e do Paraíso e as questões pertinentes ao Paraíso chamadas para o outro, e o mundo da Outra Vida se manifestará.

TERCEIRO ASSUNTO: O retorno à vida do mundo, que morrerá, é possível. Pois, como está provado no Segundo Ponto Fundamental, não há deficiência no Poder Divino, e as coisas que o necessitam são extremamente poderosas. A matéria está dentro do reino do possível. E, se uma possível matéria tem algo extremamente poderoso necessitando-o, e não há deficiência no poder do agente, pode ser considerado não como possível, mas como real.

Um ponto Alusivo

Se o universo é estudado com cuidado, veremos que dentro dele há dois elementos que se espalharam por toda parte e se enraizaram; com seus traços e frutos como bem e mal, beleza e feiura, benefícios e danos, perfeição e defeito, luz e escuridão, orientação e desorientação, luz e fogo, crença e descrença, obediência e rebelião, medo e amor, pois os opostos se chocam um com o outro no universo. Eles estão constantemente manifestados pela mudança e transformação. Suas rodas giram como a oficina das culturas de algum outro mundo.

Com certeza, os ramos e os resultados, que são opostos, desses dois elementos continuarão na eternidade; eles se concentrarão e se separarão um do outro. Então eles vão se manifestar na forma de Paraíso e Inferno. Uma vez que, é fora deste mundo transitório que o mundo permanente será feito, seus elementos fundamentais, certamente, irão para a eternidade e permanência.

Na verdade, o Paraíso e o Inferno são os dois frutos do ramo da árvore da criação, que se estende, inclina, e vai para a eternidade; eles são os dois resultados da cadeia do universo; os dois armazéns desta inundação de atividade Divina; os dois grupos de seres, que fluem em ondas para a eternidade; e o local da manifestação do favor Divino, o outro da ira Divina. Quando a mão do poder sacudir o universo com um movimento violento, essas duas cisternas se encherão com as questões pertinentes.

O segredo deste ponto Alusivo é o seguinte:

Como a benevolência eterna e a sabedoria pré-eterna necessárias, o Pré-Eternamente e Onisciente criou este mundo para ser um lugar de julgamento, uma arena de exame, um espelho para Seus Nomes mais Belos, e uma página para a caneta da Predestinação e poder. Agora, experimentação e análise são a causa do crescimento e desenvolvimento. E o crescimento faz com que a disposição se desenrole. E isso faz com que os desdobramentos das habilidades se tornem aparentes. E essa emergência das habilidades faz com que as verdades relativas se tornem evidentes. E as verdades relativas tornando-se evidentes causam os bordados das manifestações dos Nomes Mais Belos para serem exibidos e o universo ser transformado em uma missiva do Eternamente Procurado. É por este mistério de exame e o mistério da responsabilidade do homem que as essências de diamante de elevados espíritos são purificados da matéria de carvão de espíritos vis, e os dois separados um do outro.

Assim, uma vez que, por mistérios como estes, e por outros mais sutis e elevados exemplos de sabedoria, que nós ainda não sabemos o que, o pré-Eternamente Sábio quis o mundo desta forma, Ele também quis a mudança e a transformação deste mundo para esses exemplos de sabedoria. Ele misturou os opostos para sua mudança e transformação, e os colocou frente um do outro. Combinando dano com benefício, incluindo o mal com o bem, e misturando feiura com a beleza, amassou-os juntos como massa, e fez o universo sujeito à lei da mudança e mutação, e o princípio da transformação e perfeição.

Um dia virá em que este conjunto de exame será fechado, o período de prova será concluído, os Nomes Divinos realizarão seu decreto, a pena da Predestinação completará a escrita de suas missivas, o poder Divino concluirá os bordados de sua arte, os seres terão cumprido as suas obrigações, as criaturas realizarão seus atos de serviço, e tudo terá afirmado o seu significado, este mundo produzirá as mudas de vida da Outra Vida, a terra exibirá todos os milagres do poder do poder do Todo-Poderoso Criador, e todas as maravilhas de Sua arte, e este mundo transitório anexará na sequência do tempo, a formação de quadros dos panoramas da eternidade.

Uma vez que, a eterna sabedoria e beneficência pré-eterna do Criador Todo-Glorioso exige verdades como os resultados do exame e prova, as verdades de manifestações desses Nomes Divinos, as verdades das missivas da caneta da Predestinação, os originais dessas amostras de bordados do tipo de arte, os objetivos e benefícios dos deveres dos seres, os salários dos atos de serviço de criaturas, as verdades declaradas dos significados do livro do universo, o surgimento das sementes da disposição inata, a abertura de um Supremo Tribunal de Julgamento, a exibição das amostras semelhante a panoramas tomadas deste mundo, o rasgar do véu das causas aparentes, e a rendição de tudo diretamente perante o Criador Todo-Glorioso. Uma vez que, a pré-sabedoria e beneficência eterna do Criador Todo-Glorioso exigem estas verdades, eles exigem a purificação dos opostos, a fim de livrar o mundo de mudança e transição, transformação e extinção, e separar as causas da mudança e a matéria de divergência. Certamente Ele vai trazer a ressurreição e purificar aqueles opostos, a fim de obter esses resultados.

Assim, como resultado desta purificação, o Inferno vai assumir sua forma eterna e terrível, e seus detentos manifestarão a ameaça:

﴿وَامْتَازُوا الْيَوْمَ اَيُّهَا الْمُجْرِمُونَ﴾[801]

Enquanto o Paraíso assumirá sua forma eterna e majestosa, e seu povo e companheiros manifestarão a declaração:

﴿سَلاَمٌ عَلَيْكُمْ طِبْتُمْ فَادْخُلُوهَا خَالِدِينَ﴾[802]

Como é provado na Segunda Questão da Primeira Estação da Vigésima Oitava Palavra, por Seu poder perfeito, o Pré-Eternamente Onisciente dará aos habitantes destas duas casas eternas e corpos permanentes que não serão objeto de dissolução, mudança, velhice, ou declínio. Uma vez que, não haverá causas de mudanças, que são a causa do declínio.

QUARTO ASSUNTO: Isso é possível, irá ocorrer. De fato, depois de morrer, o mundo será ressuscitado como a Outra Vida. Depois de ser destruído, Aquele que fez o mundo vai repará-lo e reconstruí-lo de forma ainda melhor, e irá convertê-lo em uma das mansões do Outra Vida. Assim como a prova é, acima de tudo, o acordo do Alcorão, junto com todos os seus versículos, que compreende milhares de provas racionais e todas as escrituras reveladas, assim como os atributos do Todo-Glorioso pertencente a Seu poder e aqueles pertencentes a Sua Beleza, e todos Seus Belos Nomes indicam claramente a sua ocorrência. Assim também, Ele prometeu que criaria a ressurreição e a Grande Reunião por meio de todos os Seus decretos celestes que enviou a Seus profetas. E desde que Ele prometeu, certamente deve realizá-lo. Você pode consultar a Oitava Verdade da Décima Palavra quanto a este assunto.

Além disso, assim como o árabe Mohammad (Allah o abençoe e lhe dê paz), com a força de seus mil milagres, e todos os profetas e mensageiros, os santos e os justos concordaram com sua ocorrência e deram notícia de que, assim como o universo, juntamente com todos os seus sinais da criação contam a sua ocorrência.

Em Resumo: A Décima Palavra com todas as suas verdades, e a Vigésima Oitava Palavra com todas suas provas nas "Especialidades" 'em sua Segunda Estação, demonstraram com a certeza do surgimento do sol da manhã depois de definir a noite anterior que, após a configuração da vida deste mundo, o sol da verdade aparecerá mais uma vez na forma de Outra Vida.

Assim, em busca de assistência do Nome Divino do Todo-Sábio e beneficiando do esplendor do Alcorão, desde o início até aqui nossas explicações tomaram a forma de quatro "Pontos Fundamentais", a fim de preparar o coração para a aceitação, a alma para a rendição, e convencer a razão. Mas, quem somos nós que devemos falar sobre este assunto? O que diz o verdadeiro Dono deste mundo, o Criador do universo, o Mestre desses seres? Devemos ouvi-Lo. Podem os outros se atrever a interferir oficiosamente, enquanto o Proprietário deste domínio fala?

Devemos ouvir o Discurso do Pré-Eterno Criador Todo-Sábio que Ele profere dirigido a todas as fileiras daqueles de cada século sucessivo na mesquita do mundo e local de instrução, que é a terra, com milhares de decretos como:

﴿إِذَا زُلْزِلَتِ الْأَرْضُ زِلْزَالَهَا ۞ وَأَخْرَجَتِ الْأَرْضُ أَثْقَالَهَا ۞ وَقَالَ الْإِنْسَانُ مَا لَهَا ۞
يَوْمَئِذٍ تُحَدِّثُ أَخْبَارَهَا ۞ بِأَنَّ رَبَّكَ أَوْحَى لَهَا ۞ يَوْمَئِذٍ يَصْدُرُ النَّاسُ أَشْتَاتًا لِيُرَوْا
أَعْمَالَهُمْ ۞ فَمَنْ يَعْمَلْ مِثْقَالَ ذَرَّةٍ خَيْرًا يَرَهُ ۞ وَمَنْ يَعْمَلْ مِثْقَالَ ذَرَّةٍ شَرًّا يَرَهُ﴾[803]

o que causa o tremor da terra, e:

﴿وَبَشِّرِ الَّذِينَ آمَنُوا وَعَمِلُوا الصَّالِحَاتِ أَنَّ لَهُمْ جَنَّاتٍ تَجْرِي مِنْ تَحْتِهَا الْأَنْهَارُ
كُلَّمَا رُزِقُوا مِنْهَا مِنْ ثَمَرَةٍ رِزْقًا قَالُوا هَذَا الَّذِي رُزِقْنَا مِنْ قَبْلُ وَأُتُوا بِهِ مُتَشَابِهًا
وَلَهُمْ فِيهَا أَزْوَاجٌ مُطَهَّرَةٌ وَهُمْ فِيهَا خَالِدُونَ﴾[804]

que enche todas as criaturas com alegria e entusiasmo. Temos de dar atenção a esses decretos do possuidor de todo Domínio, o Proprietário deste Mundo. Em seguida, devemos dizer: "Nós acreditamos nele e o afirmamos."

﴿سُبْحَانَكَ لاَ عِلْمَ لَنَا اِلاَّ مَا عَلَّمْتَنَا اِنَّكَ اَنْتَ الْعَلِيمُ الْحَكِيمُ﴾[805]

﴿رَبَّنَا لاَ تُؤَاخِذْنَا اِنْ نَسِينَا اَوْ اَخْطَاْنَا﴾[806]

اَللّٰهُمَّ صَلِّ عَلَى سَيِّدِنَا مُحَمَّدٍ وَ عَلَى آلِ سَيِّدِنَا مُحَمَّدٍ كَمَا صَلَّيْتَ عَلَى سَيِّدِنَا اِبْرَاهِيمَ وَ عَلَى آلِ سَيِّدِنَا اِبْرَاهِيمَ اِنَّكَ حَمِيدٌ مَجِيدٌ[807]

***

[Esta palavra descobre o talismã da criação através da resolução de um talismã importante do Prudente Alcorão.]

A Trigésima Palavra

São duas expressões sobre "Eu" e o "átomo".

É constituída por dois objetivos. O primeiro deles diz respeito à natureza e aos resultados do "eu" e o segundo trata do movimento e dos deveres do "átomo".

PRIMEIRO OBJETIVO

بِسْمِ اللّٰهِ الرَّحْمٰنِ الرَّحِيمِ

﴿إِنَّا عَرَضْنَا ٱلْاَمَانَةَ عَلَى السَّمٰوَاتِ وَٱلْاَرْضِ وَالْجِبَالِ فَاَبَيْنَ اَنْ يَحْمِلْنَهَا وَاَشْفَقْنَ مِنْهَا وَحَمَلَهَا ٱلْاِنْسَانُ اِنَّهُ كَانَ ظَلُومًا جَهُولاً﴾[808]

Nós devemos indicar uma única joia do grande tesouro deste versículo, como se segue:

O "eu" é um componente, um aspecto, dos numerosos aspectos da "Custódia", a partir da influência de que o céu, a terra e as montanhas se encolheram, e de que eles estavam com medo. De fato, desde o tempo de Adão até agora, o "eu" tem sido a semente de uma árvore terrível de Zaqqum[809] e, ao mesmo tempo, de uma árvore luminosa de Tuba[810], que precipitam ramos em todo o mundo da humanidade. Antes de tentar elucidar essa grande verdade, vamos dar uma explicação por meio de uma introdução que facilitará a compreensão.

Assim como o "eu" é a chave para os Nomes Divinos, que são tesouros escondidos, assim é a chave para o talismã bloqueado da criação; é um enigma de resolução de problemas, um talismã maravilhoso. Quando sua natureza é conhecida, tanto o "eu" em si, o enigma estranho, aquele incrível talismã, é revelado, e revela o talismã do universo e os tesouros do Mundo Necessário. Discutimos este problema da seguinte forma em meu tratado árabe de nome "Chamma", como segue:

A chave do mundo está na mão do homem e ligada a si mesmo. Apesar de esterem aparentemente abertas, as portas do universo estão de fato fechadas. Allah Todo-Poderoso deu ao homem por meio de uma relação da custódia, uma chave, chamada "eu", que abre todas as portas do mundo; Ele deu-lhe um enigmático "eu" com o qual ele pode descobrir os tesouros escondidos do Criador do universo. Mas o "eu" é também um enigma extremamente complicado e um talismã difícil de resolver. Quando a sua verdadeira natureza e o propósito de sua criação são conhecidos, como é o próprio é resolvido, assim será o universo.

O Onisciente Criador deu ao homem como custódia um "eu" que compreende indicações e exemplos que mostram e causam o reconhecimento das verdades dos atributos e das funções de Sua religiosidade, de modo que o "eu" pode ser uma unidade de medida e os atributos da religiosidade e as funções da Divindade podem ser conhecidos. No entanto, não é necessário para uma unidade de medida ter existência real; como linhas hipotéticas em geometria, uma unidade de medida pode ser formada por hipótese e suposição. Não é necessário para a sua existência real ser estabelecida pelo conhecimento e por provas concretas.

Pergunta: Por que o conhecimento dos atributos e Nomes de Allah Todo-Poderoso está ligado ao "eu"?

Resposta: Uma vez que, uma coisa absoluta e abrangente não tem limites nem fim, nem pode ser uma forma que lhe é dada, nem pode ser uma forma que lhe é conferida, nem pode ser determinada; a sua equidade é não poder ser compreendida. Por exemplo, uma luz sem fim, sem a escuridão não pode ser conhecida ou percebida. Mas se uma linha real ou de imaginária escuridão é desenhada, então ela se torna conhecida. Assim, se os atributos de Allah Todo-Poderoso, como conhecimento e poder, e Nomes como Onisciente e Todo-Compassivo são todos-abrangentes, sem limites, e sem igual, eles não podem ser determinados, e o que eles são não pode ser conhecido ou percebido. Portanto, se eles não têm limites ou um fim real, é necessário traçar um limite hipotético e imaginário. O "eu" faz isso. Imagina em si uma religiosidade fictícia, propriedade, poder e conhecimento: ele desenha uma linha. Por fazer isso, coloca um limite imaginário sobre os atributos e abrangentes, dizendo: "Até aqui, é meu, depois disso, é d'Ele;" ele faz uma divisão. Com as pequenas unidades de medida em si, entende lentamente a verdadeira natureza dos atributos.

Por exemplo, com a sua religiosidade imaginada sobre o que ele possui, o "eu" pode compreender a religiosidade de seu Criador sobre a contingente criação.

E com a sua aparente propriedade, pode compreender a verdadeira propriedade de seu Criador, dizendo: "Como eu sou o dono da casa, assim também é o Criador o dono do universo." E com o seu conhecimento parcial, pode entender o Seu conhecimento, e com a sua pequena quantidade de arte adquirida, pode compreender a arte originária do Glorioso Criador. Por exemplo, o "eu", diz: "Como eu fiz e arranjei essa casa, então alguém deve ter feito o universo e organizado", e assim por diante. Milhares de estados misteriosos, atributos e percepções que dão a conhecer e mostram a um grau todos os atributos e as funções Divinas estão contidas dentro do "eu". Isto quer dizer, o 'Eu' é refletido, e, como uma unidade de medida e uma ferramenta para a descoberta, tem um significado indicativo; não ter nenhum significado em si mesmo, ele mostra o significado dos outros. É uma vertente consciente da corda grossa do ser humano, um fino fio da vestimenta da essência da humanidade, é uma "ا" Alif do livro do caráter da humanidade, e tem duas faces.

A primeira dessas faces olha para o bem e para a existência. Com essa face é capaz de receber apenas favor; ela aceita o que é dado, em si, não pode criar. Essa face não está ativa, ela não tem a capacidade de criar. Sua outra face olha para o mal e vai para a não existência. Essa face é ativa, tem o poder de agir. Além disso, a verdadeira natureza do "eu" é indicativa; ela mostra o significado de outras coisas que não a si mesma. Sua religiosidade é imaginária. Sua existência é tão fraca e sem substância que, em si, não pode suportar ou apoiar alguma coisa. Pelo contrário, é uma espécie de escala ou medida, como um termômetro ou barômetro, que indica os graus e as quantidades das coisas; é uma medida que dá a conhecer o absoluto, todo-abrangente e ilimitados atributos do Ser Necessário.

Assim, aquele que conhece a si próprio, desta forma, e percebe e age de acordo com ela, é incluído na boa notícia de: [811]﴿ قَدْ اَفْلَحَ مَنْ زَكّٰيهَا ﴾

Ele realmente realiza a Custódia, e por meio do telescópio de seu "eu", ele vê o que o universo é e quais funções ele está executando. Quando ele obtém informações sobre o universo, ele vê que o seu "eu" o confirma. Este conhecimento vai permanecer como luz e sabedoria para ele, e não será transformado em escuridão e futilidade. Quando o "eu" cumpre o seu dever, ele abandona a sua religiosidade imaginária e suposta propriedade, que são as unidades de medida, e diz:[812] لَهُ الْمُلْكُ وَ لَهُ الْحَمْدُ وَ لَهُ الْحُكْمُ وَ اِلَيْهِ تُرْجَعُونَ Ele alcança a verdadeira adoração. Ele alcança o posto de: (Ahsani Taqvim) “a mais perfeita proporção."[813]

Mas, esquecer-se da sabedoria de sua criação e abandonando o dever de sua natureza, o "eu" em si visa apenas a luz de seu significado nominal, se ele acredita que possui a si mesmo, em seguida, trai a custódia, e vem sob a categoria de:

﴿ وَ قَدْ خَابَ مَنْ دَسّٰيهَا ﴾[814]

Foi este aspecto de custódia, portanto, o que dá origem a tudo atribuído a parceiros a Allah, ao mal e à desorientação, que os céus, a terra e as montanhas estavam aterrorizados; eles estavam com medo de associar parceiros hipotéticos a Allah.

De fato, se o "eu" não é conhecido por aquilo que ele é, um Alif insubstancial, um fio, uma linha hipotética, pode brotar em segredo sob o solo e incha gradualmente. Ele permeará todas as partes de um ser humano. Como um dragão gigantesco, engolirá o ser humano; aquela pessoa com todas as suas faculdades vai, simplesmente, tornar-se puro 'eu'. Então, também, o "ego" da raça humana dá força para o "ego" individual por meio de racionalismo humano e racionalismo nacional, e o "eu", ganhando o apoio do “ego” da raça humana, contesta os comandos do Glorioso Criador, como Satanás. Em seguida, utilizando-se como um ponto de referência, ele compara a todos, tudo mesmo, com a própria; ele divide a soberania de Allah Todo-Poderoso entre eles e outras causas. Ele cai no atribuir parceiros a Allah em grande escala, indicando o significado de:

﴿إِنَّ الشِّرْكَ لَظُلْمٌ عَظِيمٌ﴾[815]

É como um homem que rouba um dinheiro do erário público; ele só pode justificar sua ação, ao concordar em dar um pouco do dinheiro para cada um de seus amigos que estão presentes. Então, o homem que diz: "Eu me possuo," tem de acreditar e dizer: "Tudo é dono de si mesmo."

Assim, enquanto nesta posição traiçoeira, o "eu" está em absoluta ignorância. Mesmo que ele conheça milhares de ramos da ciência, com a ignorância misturada é mais ignorante. Uma vez que, quando os seus sentidos e pensamentos produzirem as luzes do conhecimento do universo, aquelas luzes se apagam, porque tal "eu" não encontra qualquer material dentro de si com a qual confirma, ilumina, e perpetua. O que quer que ele encontra é tingido com as cores que estão dentro dele. Mesmo se encontrar pura sabedoria, a sabedoria tem a forma, dentro desse "eu", de inutilidade absoluta. Uma vez que, a cor de um "eu" que está nesta condição é o ateísmo e atribuem parceiros a Allah, é a negação de Allah Todo-Poderoso. Se todo o universo está cheio de sinais brilhantes, um ponto escuro no 'eu' esconde-os da vista, como se fossem extintos.

A natureza do homem e do "eu" dentro de sua natureza foram explicados de forma clara e em pormenor na Décima Primeira Palavra, como um significado literal. Eles são mostrados como uma balança mais sensível e medição precisa, um índice abrangente e mapa perfeito, um espelho abrangente, e um calendário adequado e diário do universo. Uma vez que, consideramos a explicação naquela Palavra é suficiente e que pode ser consultada, vamos reduzir e concluir a introdução aqui. Se você entendeu a introdução, venha, vamos entrar na própria verdade.

Considere o seguinte: no mundo da humanidade, desde o tempo de Adão até agora, duas grandes correntes, duas linhas de pensamento, sempre existiram e vão por isso continuar. Como duas poderosas árvores, elas se espalharam para fora de seus ramos em todas as direções e em todas as classes da humanidade.

Uma delas é a linha de profecia e de religião, a outra é a linha da filosofia e sabedoria. Eles vieram e estão indo.

Sempre que essas duas linhas estiverem de acordo e unidas, ou seja, se a linha da filosofia, tendo se juntado à linha da religião, tem sido obediente e a serviço dela, o mundo da humanidade tem experimentado uma felicidade brilhante e vida social . Entretanto, quando elas se separaram, a bondade e a luz foram atraídas pelo lado da linha de profecia e religião, e do mal e da desorientação para o lado da linha da filosofia. Agora vamos encontrar a origem e os fundamentos dessas duas linhas.

A linha de filosofia que não obedece a linha da religião, tomando a forma de um árvore de Zaqqum, dissipa as trevas de atribuir parceiros a Allah e a desorientação em todos os lados. Mesmo no ramo do poder do intelecto, isso produz o fruto do ateísmo, do materialismo e do naturalismo para o consumo do intelecto humano. E no reino do poder da paixão, derrama as tiranias do Nimrod, do Faraó, e do Chaddad na humanidade.[1] E no reino do poder de apetites animais, que alimenta e dá os frutos de deusas, ídolos, e aqueles que reivindicam divindade.

A origem da árvore de Zaqqum juntamente com a da linha de profecia, que é como a árvore da Tuba de culto, estão nas duas faces do "eu". Os ramos abençoados da linha da profecia no jardim do globo terrestre são as seguintes: no ramo do poder do intelecto, tem alimentado os frutos dos profetas, dos mensageiros, e os santos. No ramo do poder de repulsa, que resultou em reis angélicos e governantes justos. E no ramo do poder de atração, resultou em pessoas de bom caráter, modestos de belas maneiras, tanto generosos como graciosos. Assim, a linha de profecia mostrou como a humanidade é o fruto mais perfeito do universo. Vamos explicar as duas faces do "eu" como a raiz e pivô e como principal semente dessas duas árvores. Ou seja, a profecia se apodera de uma face do "Eu", e a filosofia toma conta da outra, fazendo com que elas divirjam.

A primeira face, que é a face da profecia: Ela é a origem da pura adoração.

Ou seja, o "eu" conhece a si mesmo para ser servo. Ele percebe que serve a outro além dele mesmo. Sua essência tem apenas um significado literal. Ou seja, ele entende que carrega o significado da outra. Sua existência é dependente; ou seja, ele acredita que a sua existência é devida apenas à existência do outro, e que a continuação de sua existência é devida unicamente à criatividade dos outros. Sua propriedade é ilusória; ou seja, ele sabe que com a permissão de seu proprietário tem uma propriedade aparente e temporária. Sua realidade é como sombra; isto é, uma sombra condicionada, insignificante e que exibe a manifestação de uma realidade verdadeira e necessária. Quanto à sua função, sendo uma medida e equilíbrio para os atributos e funções do seu Criador, é serviço consciente.

É desta forma que os profetas, os puros e os santos que eram da linha dos profetas, considerado o "eu", eles viram isso neste respeito, e compreenderam a verdade. Eles entregaram a soberania do Senhor de Toda a Soberania e concluíram que aquele Senhor de toda a glória não tem parceiro ou semelhante, nem em sua soberania, nem em Sua religiosidade, nem em Sua Divindade. Ele não tem necessidade de assistente ou adjunto. A chave para todas as coisas está na Sua Mão. Ele tem poder absoluto sobre todas as coisas. Eles também concluíram que as causas são apenas um véu aparente; a natureza é o conjunto de

[1] Foi o pântano da filosofia naturalista que deu origem aos ídolos e deusas estabelecidos nas cabeças dos antigos gregos, que nutria e alimentava Nimrodes e Faraós. Foi mais uma vez que mesmo a filosofia naturalista que produziu as filosofias do antigo Egito e da Babilônia, que tanto atingiu o grau de magia ou, desde que foram representados pela elite, foram consideradas magias pelas pessoas em geral. Certamente, se o homem não percebe a luz de Deus Todo-Poderoso por causa do véu da Natureza, ele vai atribuir divindade a tudo e, assim, vai causar a si mesmo nada além de problemas.

regras de Sua criação, uma coleção de Suas leis, e a maneira em que Ele demonstra Seu poder.

Assim, esta brilhante, luminosa, e bela face é como uma semente viva e significativa de que o Criador Glorioso criou uma árvore de Tuba do culto, os ramos abençoados que têm adornado com frutos luminosos todas as partes do mundo da humanidade. Dispersando a escuridão do todo o passado, isso mostra que esse tempo longo passado não é um lugar de não existência e um vasto cemitério como a filosofia o considera, mas um jardim radiante e um lugar de luz para as almas luminosas que têm partido deste mundo, que têm deixado as suas cargas pesadas e permanecido livres. É uma subida de muitos degraus luminosos e uma órbita de luzes para passar as almas a fim de que elas possam saltar para o futuro e para a felicidade eterna.

Quanto à segunda face, ela é representada pela filosofia. E quanto à filosofia, ela se refere ao "eu" como não tem nenhum significado além do que o seu próprio significado. Ou seja, ela declara que o "eu" aponta apenas para si mesmo, que o seu significado é em si. Ela considera que o "eu" funciona puramente por conta própria. Ele se refere à sua existência como necessária e essencial, isto é, diz que existe em si e de si mesmo. Ela falsamente assume que o "eu" é dono de sua própria vida e é o mestre em sua esfera de disposição. Ela supõe que seja uma realidade constante. E considera o dever do 'eu' ser a perfeição da pessoa, que se origina de amor a si mesmo, e da mesma forma, as filosofias construíram seus modos de pensar em muitas dessas fundações corruptas. Temos dado provas definitivas em nossos outros tratados, especialmente nas Palavras e, mais particularmente na Décima Segunda e Vigésima Quinta Palavras, de quão infundadas e podres essas fundações são.

Mesmo homens como Platão e Aristóteles, Ibn Sina e Farabi, que eram os representantes mais ilustres e autoridades da linha de filosofia, disseram que o objetivo final da humanidade é ligarem-se ao Ser Necessário, isto é, realmente se assemelharem a Ele. Eles, portanto, proferiram sentença na forma do Faraó, e, por atiçarem o "ego" e permitindo quc o politeísmo corra livre nos vales, abriu o caminho para inúmeras maneiras diferentes de associar parceiros a Allah, como culto às causas, aos ídolos, à natureza, e às estrelas. Eles fecharam as portas de impotência e fraqueza, pobreza e necessidade, carência e imperfeição, que são intrínsecos aos seres humanos, impedindo, assim, o caminho para a adoração. Estando imersos no naturalismo e sendo completamente incapazes de emergir associando parceiros a Allah, eles não foram capazes de encontrar o grande portão de agradecimento.

Por outro lado, a linha de profecia considerada na forma de um adorador, que o objetivo da humanidade e um dever dos seres humanos está a ser moldado por Allah - dando ética e bom caráter, e, conhecendo sua impotência de buscar refúgio com o poder Divino, vendo sua fraqueza para confiar na força Divina, vendo sua pobreza de confiar na misericórdia Divina, por perceber a sua necessidade de procurar a ajuda de riquezas Divinas, vendo suas falhas por pedir perdão pelo perdão Divino, e por perceber sua deficiência de ser glorificador da perfeição Divina.

Então, é porque a filosofia que não obedece a linha da religião, assim, perdeu o seu caminho, que o "eu" tomou as rédeas em suas próprias mãos e correu para todos os tipos de desorientação. E fora do "eu" que estava nesta posição, uma árvore de Zaqqum brotou e engoliu mais da metade da humanidade.

Assim, no ramo do poder dos apetites animais daquela árvore, os frutos que apresentou para a humanidade são ídolos e deusas. Porque, de acordo com os princípios da filosofia, o poder é aprovado. "Poder é certo" é mesmo a norma. Ela diz: "Todo o poder para o mais forte." "O vencedor leva tudo", e, "No poder há direito."[I] Ele deu suporte moral à tirania, incentivou déspotas e opressores de reivindicarem divindade.

Além disso, apropriando-se da beleza em obras de arte e beleza na decoração e atribuindo-as às próprias obras de arte e sua decoração, e por não relacioná-las com a manifestação do sagrado e da pura beleza do Criador e Formador, ele diz: "Quão bonito é," em vez de: "Quão bem feito é", considerando cada um como um ídolo digno de adoração. Além disso, porque ele admira uma beleza fraudulenta, de gabolice, ostentação, e hipócrita que pode ser vendido a qualquer pessoa, tenha aclamado os hipócritas, e fez os ídolos como monumentos de pessoas para seus próprios adoradores.[II] No ramo do poder da paixão de que a árvore, que tem alimentado os frutos de maiores e menores Nimrodos, Faraós e Chaddades governando a infeliz humanidade. No ramo do poder do intelecto, produziu frutos como ateísmo, Materialismo e o Naturalismo na mente da humanidade, e a tem jogado em confusão.

Agora, a fim de iluminar esta verdade, vamos comparar os resultados que nascem dos fundamentos sólidos da linha da profecia com as originárias das fundações podres da forma da filosofia, e deve mencionar três ou quatro exemplos.

Primeiro Exemplo: De acordo com a regra de:[816] تَخَلَّقُوا بِاَخْلاَقِ اللهِ, que é um dos princípios da linha de profecia a respeito da vida do indivíduo, há a instrução: "Ser distinguido por morais dados por Allah e virar-se para Allah Todo-Poderoso, com humildade reconhecendo sua impotência, pobreza e imperfeição, e assim ser um servo em Sua presença." Entretanto, a busca da regra própria da filosofia: "Tente imitar o Necessariamente Existente" é o objetivo da humanidade por perfeição. Não, na verdade, a essência da humanidade foi amassada com impotência infinita, fraqueza, pobreza e necessidade, enquanto que a essência do

---

[I] O princípio da profecia diz: "O poder é de direito; o direito não está no poder." É, portanto, para tirania e garante justiça.

[II] Isto é, a fim de parecer conveniente aos seus adoradores e ganhar a sua atenção, aquelas pessoas como ídolos demonstram, através de ostentação hipócrita, uma espécie de atitude de adoração.

Necessariamente Existente é infinitamente onipotente, poderoso, autossuficiente, e sem necessidade.

Segundo exemplo: Entre os princípios da linha da profecia a respeito da vida social estão os de assistência mútua, magnanimidade e generosidade. Estes têm sido aproveitados para a ajuda e a assistência de todas as coisas a partir do sol e da lua até mesmo as plantas. Para a assistência de animais, por exemplo, e com a ajuda dos animais aos seres humanos, e mesmo das partículas de alimento para as células do corpo. Entretanto, entre os princípios da linha de filosofia sobre a vida social é o de disputa, que brota do uso indevido de suas disposições inatas por uma série de tiranos, homens brutais, e bestas selvagens. Na verdade, eles aceitaram este princípio em um nível tão fundamental e tão geral que idiotamente declaram: "A vida é uma disputa."

Terceiro Exemplo: Um dos resultados valiosos e princípios sublimes da linha da profecia relativa à unicidade Divina é: اَلْوَاحِدُ لاَ يَصْدُرُ اِلاَّ عَنِ الْوَاحِدِ "Se uma coisa tem a unidade, ela deve proceder a partir de apenas um." Isto é: "Uma vez que cada coisa em si e todas as coisas têm coletivamente unidade, portanto, devem ser a criação de um único ser."

Considerando que, uma das crenças da filosofia antiga é:

اَلْوَاحِدُ لاَ يَصْدُرُ عَنْهُ اِلاَّ الْوَاحِدُ "A partir de um, um procede." Isto é: "De uma pessoa, apenas uma única coisa pode prosseguir. Tudo o resto procede dela por meio de intermediários. "

Este princípio enganoso de filosofia, que é manchado por parceiros associados com Allah, apresenta o Absolutamente Autossuficiente e Onipotente como estando em necessidade de intermediários impotentes, e dá todas as causas e os intermediários uma espécie de parceria em sua religiosidade. Ela atribui ao Criador Glorioso o título de "Movedor Principal", que na verdade indica o status da criatura. Além disso, ele atribui o resto de sua soberania a causas e intermediários, abrindo assim o caminho para associar os parceiros com Ele de uma forma mais abrangente. Se os iluministas (Ichraqiyyun), que eram filósofos eminentes, proferiram um absurdo como este, você pode imaginar o quanto mais absurdo será o que os filósofos inferiores, como os materialistas e naturalistas, dizem.

Quarto Exemplo: De acordo com o significado de:

﴿وَاِنْ مِنْ شَيْءٍ اِلاَّ يُسَبِّحُ بِحَمْدِهِ﴾[817] que é um dos princípios sábios de profecia: "Se o propósito e a sabedoria de tudo, em especial, todos os seres vivos, tem um aspecto que olha ao ser em si, então os efeitos que dizem respeito ao seu Criador e os exemplos de sabedoria que olham para seu Criador devem ser inumeráveis. Cada coisa, uma única fruta, por exemplo, tem tanta sabedoria e tantos fins como todos os frutos de uma árvore." Este princípio, que é a pura verdade, resulta da união de uma das formas de filosofia com a linha da profecia.

No entanto, os princípios sem sentido de uma filosofia enganadora que não aderiram a esta linha dizem: "O objetivo de todo ser vivo olha para si mesmo ou está conectado com benefícios pela humanidade", considerando-se, assim, uma futilidade extremamente insensata e anexando um propósito, uma pequena fruta, para uma árvore tão grande como uma montanha. Porque esta verdade foi explicada em certa medida, na Décima Verdade da Décima Palavra e algumas partes foram mencionados no tratado chamado Lami'at (brilhos), resumimo-la aqui. No entanto, você pode estender esses quatro exemplos para milhares.

É por causa dessas fundações podres e resultados desastrosos da filosofia que os gênios entre os filósofos muçulmanos, como Ibn Sina e Farabi ficaram encantados com seu aparente resplendor e foram enganados em tomar este caminho e, assim, atingido apenas o posto de um crente comum. O argumento do Islam, al-Ghazali, não lhes concedeu mesmo essa classificação.

Além disso, o principal dos Mu'tazilites, que estava entre os mais eruditos estudiosos de Teologia islâmica, sendo fascinado pelo aparente glamour do caminho da filosofia e sendo intimamente envolvidos com ela, assumiram que o intelecto seja autossuficiente. Por isso, eles puderam atingir apenas o posto de divergentes, crentes novatos. Além disso, figuras literárias famosas do Islam, como Abu al-'Alá al-Ma'arri, que era conhecido por seu pessimismo, e Ômar Khayyam, que foi caracterizado por seu choro lamentável, tiveram prazer na linha de carícias da filosofia de suas almas ordenadoras do mal, eles receberam recusas de desprezo, restrição condenatórias e bofetadas de castigo do povo da verdade e de perfeição, que disseram: "Vocês estão sendo insolentes, aproximando-se de heresia, e estão disseminando heresia".

Outro resultado das fundações podres da linha da filosofia é que, embora o "eu", em si, seja uma essência tão insubstancial como o ar, é uma atitude de mau agouro de a filosofia considerar como relativo apenas a si mesmo, é como se esse vapor como "eu" torna-se líquido; e depois, por causa de sua familiaridade e preocupação com o materialismo, ele endurece. Em seguida, por negligência e negação, que o "ego" congela. Então, pela rebeldia torna-se opaco, perdendo a sua transparência. Em seguida, gradualmente se torna mais denso e envolve seu dono. Torna-se distendido com os pensamentos da humanidade. Em seguida, supondo que o resto da humanidade, e até mesmo as causas serem com como eles mesmos, embora não aceitem isso e o reneguem , dão a cada um deles o status de um Faraó. Então, neste momento ele ocupa a sua posição contestando os comandos do Criador Glorioso, que diz:[818] ﴿ مَنْ يُحْيِي الْعِظَامَ وَ هِيَ رَمِيمٌ ﴾ e como um desafio, acusam o Absolutamente Onipotente de impotência. Eles ainda degradam os atributos do Criador Glorioso. Eles rejeitam ou negam ou distorcem o que não condiz com os seus interesses e não agradam ao Faraó cuja alma ordenadora do mal.

Um grupo de filósofos, por denominar o Todo-Poderoso Allah de "Auto Necessitado", negou-Lhe a Escolha. Eles rejeitaram o testemunho infinito de toda a criação que prova que Ele tem escolha. Glorificado seja Allah! Apesar de todos os seres do universo das menores partículas até o sol mostrarem que o Criador tem escolha, cada um com sua própria individualidade, ordem, sabedoria e medida, esta filosofia cega recusou-se a vê-lo. Além disso, outro grupo de filósofos disse: "O conhecimento Divino não está preocupado com questões insignificantes", e negou sua abrangência impressionante e, portanto, rejeitou o testemunho veraz de todos os seres.

Além disso, por atribuir efeitos às causas, a filosofia tem dado a natureza o poder de criar. Como foi definitivamente provado na Vigésima Segunda Palavra, uma vez que a filosofia não vê o selo evidente em tudo, como significando o Criador de todas as coisas, e assume ser a natureza o autor, que é impotente, inanimado, inconsciente, e cego, e cujo aparente poder está nas mãos do acaso e da força que também são cegos, ele atribui à natureza certos seres, cada qual expressa milhares de exemplos de sabedoria exaltada e é como uma missiva do Eternamente Procurado.

Além disso, os filósofos não encontraram a porta para a ressurreição e para a vida após a morte, o que, como é provado na Décima Palavra, que Allah Todo-Poderoso com todos os Seus Nomes, o universo com todas as suas verdades, a linha de profecia com todas as suas verificações, e os livros revelados com todos os seus versículos demonstram. Eles, portanto, negam a ressurreição e atribuem pré-eternidade às almas. Você pode deduzir dessas superstições o que as suas opiniões sobre outros assuntos seriam. Na verdade, os satânicos levantaram as mentes dos filósofos ateus como se com os bicos e as garras de seus "eus" e os jogaram nos vales de desorientação. Assim, no Microcosmo, o "eu" é o ídolo, como aqueles no macrocosmo, como a natureza.

﴿فَمَنْ يَكْفُرْ بِالطَّاغُوتِ وَيُؤْمِنْ بِاللّٰهِ فَقَدِ اسْتَمْسَكَ بِالْعُرْوَةِ الْوُثْقٰى لَا انْفِصَامَ لَهَا وَاللّٰهُ سَمِيعٌ عَلِيمٌ﴾[819]

É oportuno mencionar aqui o significado de um evento fictício que eu descrevi no semi verso em Lami'at como uma viagem imaginária, que vai iluminar a verdade acima mencionada.

Oito anos antes de escrever este tratado, em Istambul, durante o mês de Ramadan, quando o Velho Said, que estava preocupado com o estudo da filosofia, estava prestes a ser transformado no Novo Said, enquanto meditando sobre as três maneiras que são indicadas no final da Surat al-Fátiha,

﴿صِرَاطَ الَّذِينَ اَنْعَمْتَ عَلَيْهِمْ غَيْرِ الْمَغْضُوبِ عَلَيْهِمْ وَلَا الضَّٓالِّينَ﴾[820]

vi algo parecido com um sonho ou visão, um evento imaginário, que foi o seguinte:

Eu me vi em um vasto deserto. Uma camada de obscura, deprimente e sufocante nuvem cobria toda a face da terra. Não havia nem brisa, nem luz, nem água, nenhuma delas foi encontrada. Eu imaginava que todos os lugares estavam cheios de monstros, perigosas e terríveis criaturas. Ocorreu-me que, por meio do outro lado desta terra deve haver luz, brisa e água. Era necessário chegar lá. Percebi que estava sendo conduzido involuntariamente. Sob a terra eu rastejei em uma caverna em forma de túnel e, gradualmente, viajei pela terra. Vi que muitas pessoas haviam passado por aquele caminho subterrâneo antes de mim, por todos os lados que estavam submersos. Vi suas pegadas, e algumas vezes ouvi suas vozes, e depois cessaram.

Ó meu amigo que me acompanha em minha viagem imaginária! Essa terra é a natureza e a filosofia do naturalismo. E o túnel é a maneira que os filósofos abriram com o seu pensamento, a fim de alcançar a verdade. As pegadas que vi foram as de filósofos famosos como Platão e Aristóteles,[1] e as vozes que ouvi foram de gênios como Ibn Sina e Farabi. Na verdade, vi em vários lugares algumas das coisas que Ibn Sina tinha dito e alguns de seus princípios, mas ele ficou preso, não podendo ir mais longe; ficou submerso antes de chegar à verdade. De qualquer forma, a fim de salvá-lo da ansiedade, mostrei-lhe uma pequena parte da verdade. Agora volto para a minha viagem.

Aos poucos, percebi que eu tinha sido dado duas coisas para usar. Uma delas era uma lanterna; ela dissiparia as trevas daquela natureza subterrânea. A outra era um dispositivo que, por esmagar poderosas pedras e rochas enormes, abriria um caminho para mim. Foi-me dito: "Esta lanterna e o dispositivo foram dados a você a partir da tesouraria do Alcorão." Então eu continuei por muito tempo desta forma. Então, de repente percebi que tinha saído do outro lado. Vi um mundo onde em todos os lugares havia regozijo, luz do sol brilhante em um dos mais belos da primavera e uma brisa revigorante e deliciosa água da vida. Eu disse: Alhamdulillah "Louvado seja Allah!"

Então, percebi que não possuía a mim mesmo, alguém estava me testando. Tal como na primeira parte da viagem, encontrei-me nesse vasto deserto debaixo da nuvem sufocante. E, apesar de agora de outra forma, alguém estava me conduzindo. Desta vez, ele não estava sob a terra; eu estava fazendo esta longa jornada sobre a face da terra, a fim de chegar ao outro lado. Vi coisas nesta parte da minha viagem tão estranha e curiosa que não podem ser descritas: o mar se revoltava, tempestades me ameaçavam, tudo causando dificuldades para mim. Mas mais uma vez, com os meios de transporte que me tinha sido dados a partir

[1] Se você diz: "Quem pensa que você é para desafiar esses filósofos famosos? Você é como uma mera mosca e ainda assim você se intromete no voo das águias", eu responderia: "Apesar de ter um professor pré-eterno como o Alcorão, em questões relacionadas com a verdade e o conhecimento de Deus, eu não tenho de anexar tanto valor quanto o de uma asa de mosca para aquelas águias, que são os estudantes de filosofia equivocada e de intelecto iludido. No entanto, se sou inferior a eles, seu professor é mil vezes mais inferior do que o meu. Com a ajuda do meu professor, o que causou-os ficarem submersos não fez mais do que cobrir os dedos dos meus pés. Uma pessoa insignificante que age em conformidade com as leis e mandamentos de um grande rei é capaz de atingir mais do que um grande marechal de campo de um rei insignificante..."

do Alcorão, ultrapassei-os e repassei-os. No caminho, vi que havia cadáveres de viajantes em todos os lugares. Aqueles que haviam completado a viagem foram um em mil. De qualquer forma, depois de ter sido salvo da nuvem cheguei ao outro lado da terra e saí em plena vista do sol deslumbrante. Respirando a brisa revigorante, declarei: *Alhamdulillah* "Louvado seja Allah!"

Comecei a olhar em volta daquele céu que parecia o mundo. Então vi que havia alguém que não me deixou ficar lá. Em um instante ele me levou para o vasto deserto, como se quisesse me mostrar outro caminho. Lá vi diferentes tipos de coisas, alguns como aviões, alguns como carros, alguns como guinchos, que tinham caído exatamente como elevadores. Quem, de acordo com seu poder e capacidade, saltou para eles, foi levado para cima. Eu, também, saltei para um deles, e em um instante ele me levou acima da nuvem. Saí entre as mais belas montanhas verdes e espetaculares. A camada de nuvem não alcançou mais meio do que a metade do caminho das montanhas. Em todos os lugares havia o mais gentil dos ventos, a mais deliciosa água, e a mais suave das luzes. Vi que em todos os lados havia esses veículos alegóricos como elevadores. Mesmo que os tinha visto nas duas primeiras partes da minha viagem e na outra face da terra, não tinha entendido o que eram. Agora percebi que eles eram manifestações dos versículos do Sagrado Alcorão.

Assim, a primeira forma, indicada por,[821] ﴿وَلَا الضَّآلِّينَ﴾, é daqueles que estão submersos na natureza e aqueles que são seguidores da filosofia do naturalismo. Você viu nesta primeira forma quantas dificuldades existem na passagem para a verdade e a luz. A segunda forma, que é indicada por, [822]﴿غَيْرِ الْمَغْضُوبِ﴾, é daqueles que adoram causas e aqueles que dão o poder de criar e do efeito a intermediários, como filósofos peripatéticos. Estes tentaram abrir o caminho para a verdade última e o conhecimento do Necessariamente Existente por meio do intelecto e da razão. Quanto à terceira via, que é indicada por aqueles[823] ﴿اَلَّذِينَ اَنْعَمْتَ عَلَيْهِمْ﴾ , é a estrada luminosa do povo do Alcorão, que são as pessoas do caminho reto. Esta estrada luminosa é uma excelente maneira revelada e concedida pelo Misericordiosíssimo. Ele é o mais curto, o mais fácil, o caminho mais seguro, e é aberto a todos.

***

SEGUNDO OBJETIVO

[O segundo objetivo aponta uma joia única do tesouro do versículo seguinte, e diz respeito à transformação de partículas diminutas.]

بِسْمِ اللّٰهِ الرَّحْمٰنِ الرَّحِيمِ

﴿وَقَالَ الَّذِينَ كَفَرُوا لَا تَأْتِينَا السَّاعَةُ قُلْ بَلَى وَرَبِّي لَتَأْتِيَنَّكُمْ عَالِمِ الْغَيْبِ لَا
يَعْزُبُ عَنْهُ مِثْقَالُ ذَرَّةٍ فِي السَّمٰوَاتِ وَلَا فِي الْأَرْضِ وَلَا أَصْغَرُ مِنْ ذٰلِكَ وَلَا أَكْبَرُ
إِلَّا فِي كِتَابٍ مُبِينٍ﴾[824]

[Este segundo objetivo assinala o peso de um mero átomo do grande tesouro deste versículo; isto é, algumas joias dos caixões que são partículas, e discute a algum pequeno grau o movimento e seu dever. É composto por uma introdução e três pontos.]

INTRODUÇÃO

A transformação de partículas são as vibrações e andanças que ocorrem quando os sinais de criação estão sendo escritos no livro do universo pela pena de poder do Pré-Eterno. Eles não são jogos de azar e de movimento confuso, sem sentido como os materialistas e naturalistas fantasiam. Pois, como todos os seres, cada e todas as partículas dizem: *Bismillah* "Em Nome de Allah", porque, cada partícula, no início do seu movimento, leva cargas infinitamente superiores a sua força. Por exemplo, uma semente do tamanho de um grão de trigo suporta uma carga do tamanho de um pinheiro enorme. E na conclusão do seu dever, ele diz: *Alhamdulillah* "Louvado seja Allah." Porque por exibir uma arte que é bela e cheia de propósito, bem decorada e cheia de benefícios que surpreendem todas as mentes, ele exibe uma obra de arte como uma ode em louvor ao Glorioso Criador. Olhe atentamente para os romãs e as espigas de milho, por exemplo.

Na verdade, as transformações de partículas [I] são os movimentos e as vibrações significativas que procedem de acordo com o ditado e princípio do

---

[I] Esta nota é uma explicação do longo período [aqui, um parágrafo] definir as transformações de partículas minúsculas, que é o tema do segundo objetivo.

→

"Registro Esclarecedor ", que é um título de conhecimento e ordem Divina e é o arranjo da origem passada e progênie futura de tudo no Mundo do Invisível. Eles procedem por meio de transcrição do "Livro Esclarecedor", que é o título para o poder Divino e a vontade Divina, formado do tempo presente e do Mundo Manifesto e consiste na livre disposição do poder e da vontade na criação das

---

O Registro Esclarecedor e o Livro Esclarecedor são repetidos em vários lugares do Alcorão Sagrado. Um grupo de comentaristas do Alcorão afirmou que eles são os mesmos, enquanto outros afirmaram que eles são diferentes um do outro. Suas explicações quanto aos seus verdadeiros significados foram diversas, mas em breve eles concordaram que são os dois títulos para descrever o conhecimento Divino. No entanto, através do esplendor do Alcorão, eu cheguei à conclusão de que o Registro Esclarecedor, que se parece mais com o mundo do invisível do que com o Mundo Manifesto, era um título de um dos aspectos do conhecimento de Deus e Seu comando. Ou seja, parece mais com o passado e o futuro do que com o presente. Parece mais com a origem e os descendentes, as raízes e sementes de tudo, ao invés de parar na sua existência visível. É um caderno para a Determinação Divina. A existência desse caderno foi provada na Vigésima Sexta Palavra e também na nota de rodapé da Décima Palavra.

Sim, este Registro Esclarecedor é uma espécie de título para o conhecimento e os mandamentos de Deus. Ou seja, as origens e raízes de que as coisas são trazidas à existência com perfeita ordem e a arte mostra que eles devem ser organizados de acordo com um caderno dos princípios do conhecimento Divino. E porque os resultados, a progênie, e as sementes de coisas contêm os índices e os programas de seres que virão a existir posteriormente, eles indicam que devem ser um pequeno registro de comandos Divinos.

Por exemplo, uma semente pode ser vista como o índice de programa e que vai dar forma à estrutura de toda a árvore e, além disso, como a pequena forma de realização dos comandos que causam a árvore de vir a existir e determinar os seus programas e índices. Em suma, o Registro Esclarecedor é como um índice e um programa da árvore da criação, que espalha seus ramos através de cada parte do passado e do futuro, e do mundo do Invisível. Neste sentido, o Registro Esclarecedor é um caderno e registro dos princípios da determinação Divina. Através do ditado e exigência desses princípios, as partículas são empregadas em seus deveres e movimentos nas coisas, quando essas coisas vêm à existência.

Quanto ao Livro Esclarecedor, ele se parece mais com o Mundo Manifesto do que com o Mundo do Invisível. Ou seja, parece mais tempo para apresentar do que para o passado e para o futuro. É um título, um caderno, um livro da vontade e poder de Deus, mais do que de Seu conhecimento e comando. Se o Registro Esclarecedor é o caderno para a Determinação Divina, o Livro Esclarecedor é o caderno para o poder Divino. Ou seja, o fato de que tudo em sua existência, essência, atributos e funções exibe arte perfeita ordem e prova que tem sido dada à existência através das leis de uma vontade eficaz e princípios de uma alimentação impecável. E, assim como sua forma especificada e individual, a tudo tem sido dado medida e forma particular. Portanto, o poder terá um cadastro universal e abrangente de leis, um grande livro, segundo a qual a forma e a substância de tudo o particular é cortado, costurado e vestido.

A existência deste livro, como o Registro Esclarecedor, foi provado entre as questões da determinação Divina e vontade do homem na Vigésima Sexta Palavra.

Basta olhar para a estupidez do povo de negligência, desorientação e filosofia, eles perceberam que "Tábua Preservada" do poder criativo, e a manifestação, reflexão e manifestação em coisas desse livro perspicaz escrita da sabedoria dominical e vontade, e ainda, Deus me livre, nomeando-a "natureza", eles se tornaram completamente sem sentido. Considerando que, por meio do ditado do Registro Esclarecedor, ou seja, através do decreto e a instrução da determinação Divina, o poder Divino é a criação da cadeia dos seres, cada elo que é um sinal na criação das coisas. Ele está causando o movimento de partículas, que está escrevendo na página metafórica de tempo, o que é chamado de Tábua de Extinção e Reafirmação.

Assim, o movimento de partículas é a vibração e o movimento da escrita é a transcrição, que ocorrem enquanto seres passam do Mundo do Invisível para o Mundo Manifesto, à medida que passam do conhecimento ao poder. E, como a Tábua da Extinção e de Reafirmação, é uma lousa para escrever e apagar, um caderno em constante mudança da Tábua Suprema Preservada, que é fixa e constante. É o seu caderno na esfera da contingência, onde todas as coisas são manifestações incessantes da vida e da morte, existência e efemeridade. E esta é a realidade do tempo. Na verdade, o que chamamos de tempo, que é um poderoso rio que flui na criação, tem uma realidade como tudo o mais. Sua realidade é como a tinta e a página da escrita de Poder na Tábua de Extinção e Reafirmação.[825] لاَ يَعْلَمُ الْغَيْبَ اِلاَّ اللهُ

coisas. Assim, este movimento e essa vibração significativa procedem a partir da escrita e do desenho das palavras de poder "na Tábua de Extinção e Reafirmação", que é uma página metafórica, e a realidade do fluxo de tempo.

PRIMEIRO PONTO

O primeiro ponto aborda duas questões.

PRIMEIRA QUESTÃO: Em cada movimento e repouso de cada partícula brilha, a luz da unicidade como se fossem dois sois brilhantes. Como está provado brevemente na primeira indicação da Décima Palavra e em detalhes na Vigésima Segunda Palavra, se cada partícula não é um funcionário de Allah agindo com a Sua permissão e sob a Sua autoridade, e se ele não está passando por mudanças dentro de Seu conhecimento e poder, em seguida, cada partícula deve ter conhecimento infinito e poder ilimitado; deve ter olhos que veem tudo, um rosto que olha para todas as coisas, e autoridade sobre todas as coisas. Certamente, cada partícula dos elementos atua, ou pode atuar, de forma ordenada em todos os seres animados, sabendo-se que a ordem das coisas e suas regras diferem uma da outra. Não se pode agir sem conhecer as ordens das coisas. Ou mesmo se agisse, não poderia agir sem erro. Na realidade, as ações são feitas sem erro. Nesse caso, as partículas que estão realizando suas funções nos seres ou estão agindo com a autorização e sob comando, dentro do comhecimento e da vontade do proprietário de um conhecimento abrangente, ou elas próprias devem ter tal abrangente conhecimento e poder absoluto.

Sim, cada partícula do ar pode entrar nos corpos de todos os seres animados, nos frutos de todas as flores, e nas estruturas de todas as folhas. Ela pode agir dentro deles, embora a forma como os seres são formados é diferente e sua ordem e seus sistemas bastante distintos. Como se a fábrica de um figo fosse um tear para tecer pano e a fábrica de uma romã, uma máquina para a produção de açúcar, e assim por diante; os programas das suas estruturas e órgãos de todos diferentes uns dos outros. Uma partícula de ar, então, entra ou pode entrar em todos eles. Resgata a sua posição e age de uma forma sábia e mestra sem erro. E na conclusão do seu dever se afasta. Uma partícula móvel de ar móvel, portanto, seja necessário conhecer as formas, medidas e formações com que as plantas e os animais, e até mesmo frutas e flores, são vestidos, ou então deve ser um funcionário, agindo sob o comando e vontade de quem sabe.

O mesmo ocorre com uma partícula estacionária de terra estacionária: uma vez que tem a capacidade de ser os meios e o local de cultivo para todas as sementes de todas as plantas e árvores frutíferas, ou não deve estar na própria partícula ou no punhado de terra que é a sua pequena casa de máquinas imateriais e fábricas em bom estado de funcionamento para o número de variedades de árvores e plantas, flores e frutas – em verdade, é em cada partícula que deve haver uma fábrica que lhe é peculiar e todos os equipamentos e máquinas necessários para o funcionamento da fábrica ou então deve ter um conhecimento milagroso que conhece todas as coisas sobre todas as coisas e um poder milagroso que cria tudo a partir do nada; ou, essas funções são executadas no comando e com a permissão de quem está sabendo de todas as coisas, e por meio do poder e força de quem tem poder absoluto sobre todas as coisas.

Se um homem sem treino e inexperiente, comum, vulgar, e cego fosse para a Europa e a todas as fábricas de lá para trabalhar em todas as artes e ofícios na forma perfeita e magistral, e se fosse para exibir uma habilidade sábia e artística, a tal ponto que deixasse todos sem palavras com espanto, qualquer pessoa com um grão de consciência saberia que o homem não estava agindo por sua própria iniciativa, mas que um mestre de todos os comércios estava lhe ensinando e fazendo com que ele funcionasse.

E se houvesse um homem cego e impotente que morasse em uma casinha simples e fosse incapaz até mesmo de se levantar do lugar, e se pequenos fragmentos de pedra e pedaços de materiais como osso e algodão entrassem em sua pequena casa e, em seguida, sacos de açúcar, fardos de pano, caixas de joias, roupas finamente feitas incrustadas com joias e comidas deliciosas surgissem. Alguém com um grão de inteligência não dizeria: "Esse homem é um porteiro miserável ou meramente uma trava na porta da fábrica de um milagre, maravilhoso trabalhando, qual é a fonte de seus milagres"?

Exatamente da mesma maneira, o movimento e os deveres de partículas de ar em plantas e árvores, em flor e frutas, todos os quais são missivas do Eternamente Procurado, obras dominicais de arte antiga, milagres de poder, e maravilhas de sabedoria, indicam que as partículas estão agindo sob o comando e a vontade de um Todo-Sábio e Glorioso Criador, Todo-Generoso e Belo Criador.

As partículas de terra, também, já que elas são a fonte e os meios para os brotos e as plantas produzidas por sementes, cada uma das quais é uma fábrica e bancada diferente, uma diferente prensa tipográfica, tesouraria e antiga, um manifesto diferente proclama os Nomes do Criador Glorioso e odes declamando Suas perfeições, é tão definido como dois mais dois igual a quatro que as partículas de terra estão agindo no comando, com a permissão, e pela vontade e poder de um Criador Todo-Glorioso, Que é o Senhor do comando de "**Seja!**" **e é**,[826] e a cujo comando tudo é subjugado. Nisso acreditamos.

SEGUNDO ASSUNTO: O segundo assunto indica brevemente os deveres e as instâncias da sabedoria no movimento de partículas.

Os materialistas, cujo uso de suas razões está limitado ao que é imediatamente aparente para eles, têm, em suas filosofias absurdas que são baseadas em fundamentos de futilidade, tomadas das transformações de partículas, que consideram como resultados de coincidência como base fundamental de todos os seus princípios e mostram que as obras e criaturas Divinas resultam a partir dessas transformações. Qualquer pessoa com um grão de inteligência saberia quão contrárias a sua atribuição a criaturas, adornadas com infinitos exemplos de sabedoria para algo com base no propósito, na coincidência sem sentido, o que é completamente sem ordem.

No entanto, do ponto de vista da sabedoria do Alcorão Sagrado, as transformações de partículas têm muitas finalidades e funções, e demonstram muitos exemplos de sabedoria. O Alcorão aponta para esses deveres e exemplos de sabedoria em muitos de seus versículos, como:

﴿ وَاِنْ مِنْ شَىْءٍ اِلاَّ يُسَبِّحُ بِحَمْدِهِ ﴾[827]

Vamos mencionar vários destes a título de exemplos.

O Primeiro: Renovando e atualizando as manifestações de Seu ato de criação, o Necessariamente Existente faz de cada espírito um modelo e a fim de vesti-lo cada ano em novo corpo por meio de milagres de Seu poder, e por Sua sabedoria para transcrever milhares e milhares de livros diferentes de cada livro, e demonstrar uma verdade individual em constantes formas diferentes e também preparar o terreno e abrir caminho para os seres, mundos e universos, que seguem um após o outro, grupo por grupo, o Criador Glorioso faz as partículas se moverem e emprega-as por Seu poder.

O Segundo: O Senhor Glorioso de Todos os Domínios criou este mundo e, especialmente, o campo da face da terra, sob a forma de uma propriedade cultivada. Ou seja, Ele preparou-o de tal maneira que floresceria e produzir culturas sempre frescas e poder semear e colher os inúmeros milagres de Seu poder. Assim, causando o movimento de partículas com sabedoria e empregá-las de forma ordenada em Seu campo da terra, exibe todas as idades, a cada temporada, a cada mês, na verdade todos os dias e todas as horas, seres infinitos por milagres do Seu poder, cada um dos quais é um cosmos, e faz com que Seu campo produza constantemente diferentes culturas. Ele fornece pelo movimento das partículas, presentes do tesouro infinito de Sua misericórdia e amostras de Seu poder infinito.

O Terceiro: O Glorificado e Exaltado seja causa o movimento de partículas com perfeita sabedoria e emprega-as com perfeita ordem para que, pela exibição dos bordados das manifestações intermináveis dos Nomes Divinos, Ele possa apresentar os bordados intermináveis em um campo limitado e definido nas manifestações dos Nomes, e Ele possa escrever os sinais infinitos, que apontará para infinitos significados, em uma página pequena.

Sim, em essência, as colheitas deste ano são como as do ano passado, mas seus significados são diferentes. Uma vez que, as determinações relativas são alteradas, seus significados alteraram e aumentam. E, embora as determinações relativas e realizações transitórias sejam substituídos e são aparentemente efêmeros, seus belos significados são preservados e são constantes e permanentes.

Uma vez que, as folhas, as flores e os frutos da árvore da primavera passada não têm espíritos, na realidade eles são os mesmos que os da presente primavera. Mas as concretizações relativas diferem. E, as formas de realização relativos desta primavera substituem as da primavera passada, com diferentes formas de realização, a fim de estabelecer os significados das funções dos Nomes Divinos, cujas manifestações estão sendo constantemente renovados.

O Quarto: O Onisciente e Glorioso causa o movimento de partículas no solo estreito deste mundo, na oficina e no campo da face da terra, tornando assim o cosmos como se fluísse e os seres como se viajassem, a fim de surgirem as coisas como: culturas ou itens para decoração ou disposição adequados para o mais amplo mundo das dimensões internas das coisas, e intermináveis outros mundos do além, como o mundo infinito de Similitudes. Ele faz crescer, assim, neste pequeno mundo, vastas quantidades de culturas adequadas para esses vastos mundos. Ele provoca um dilúvio sem fim para fluir pelo mundo do tesouro infinito de Seu poder e para verter para o mundo do invisível, e alguns deles nos mundos da vida após a morte.

O Quinto: Ao causar o movimento de partículas com perfeita sabedoria por meio de Seu poder e as empregar com perfeita ordem, a fim de apresentar infinitas perfeições divinas, manifestações intermináveis de beleza e glória, e incontáveis glorificações dominicais neste campo estreito e limitado e tempo finito e curto, Ele causa glorificação infinitas em tempo finito e em um campo limitado. Ele exibe as manifestações infinitas de Sua beleza, glória e perfeição. Ele cria muitas verdades sobre o invisível, muitos frutos para a vida futura, e muitos bordados e tecelagens significativas da individualidade duradoura e formas de criaturas efêmeras apropriadas para o Mundo de Similitudes e a Tábua. Portanto, Aquele que faz com que o movimento das partículas é Aquele que exibe esses grandes propósitos e poderosos exemplos de sabedoria. Se assim não fosse, teria de ser um cérebro tão grande como o sol em cada partícula.

Esses filósofos desmiolados supõem serem sem propósito as transformações de partículas, que ocorrem com sabedoria não se limitando aos cinco exemplos acima, mas sabedoria infinita. Eles imaginam as partículas, que giram como dervix Maulaui glorificando a Allah e recitando Seus Nomes em dois movimentos de enlevo, um virando sobre seus próprios eixos, o outro descrevendo círculos, cambaleando como atordoados e sem rumo. Pode-se entender disso, então, que o conhecimento não é conhecimento, é ignorância, e sua filosofia, futilidade.

(Um sexto e demorado exemplo será tratado no Terceiro Ponto.)

SEGUNDO PONTO

Em cada partícula há duas evidências verdadeiras para a existência e unicidade do Necessariamente Existente. Com efeito, ao desempenhar as suas funções importantes conscientemente e levantando poderosas cargas, apesar de ser impotente e sem vida, uma partícula testemunho decisivamente a existência do Necessariamente Existente. E conformando-se com a ordem universal peculiar a cada lugar que entra, e por se estabelecer em qualquer lugar como se fosse sua terra natal, ela testemunha a unicidade do Necessariamente Existente e a unidade de que o Ser é o proprietário de todas as coisas, com seus rostos aparentes e seus aspectos interiores com o olhar para Ele. Ou seja, quem detém as partículas também deve possuir todos os lugares que entram.

Assim, a partícula demonstra que ela é firme e móvel e age sob o comando de um Poder Absoluto, e em Seu nome, porque é impotente, sua carga é extremamente pesada e suas funções sem fim; a adaptação de seu movimento de forma a conhecer as ordens abrangentes do universo e entra em cada lugar sem obstáculo mostra que ela age através do poder e da sabedoria de um Único Ser Que Possui o Conhecimento Absoluto.

Um soldado privado tem relações com sua equipe, sua companhia, seu batalhão, seu regimento, e sua divisão, e assim por diante, e tem deveres em relação a cada um. Desde que ele conhece todas essas relações e deveres, ele agirá em conformidade com elas. Por ter recebido treinamento e instrução sob a disciplina militar, ele está em conformidade com as regras e regulamentos de um único comandante supremo que comanda todas as seções.

Da mesma forma, cada partícula é devidamente colocada dentro de compostos, e com todas as facetas dos compostos têm diferentes relações benéficas e deveres diferentes bem regulados que produzem resultados sábios todos diferentes. É, portanto, certamente Único no aperto de cujo poder está todo o universo que pode colocar as partículas de tal forma a preservar todas as suas relações com deveres em todas as facetas dos compostos, e não estraga os sábios resultados.

Por exemplo, uma partícula localizada no olho do Taufik[1] está colocado apropriadamente no que diz respeito aos vasos sanguíneos como as porque é impotente artérias e veias, e o motor e os nervos sensoriais, e tem uma relação sábia e propositada com a face e, em seguida, com a cabeça, o tronco, e com todo o corpo humano, e tem funções benéficas em relação a cada um. Isto demonstra que o único que cria todos os membros do corpo será capaz de colocar a partícula naquela posição.

As partículas entrando no corpo como sustento na caravana de alimentos, em especial, fazem sua jornada com ordem e sabedoria surpreendente. Em seu caminho, eles passam pelos modos e estágios de uma forma ordenada, e progridem de forma consciente, sem confusão e continuam até que sejam tensas por meio dos quatro filtros nos corpos dos seres animados. Em seguida, são carregados para os glóbulos vermelhos, a fim de dar assistência aos membros e células que estão em necessidade de sustento, tornando esta assistência de acordo com uma lei de generosidade. Pode ser claramente entendido a partir disso que Aquele que impulsiona essas partículas e faz com que elas passem pelos milhares de diferentes estados deve necessariamente ser um Senhor Generoso, um Criador Compassivo, em relação a Seu poder as partículas e as estrelas são iguais.

Além disso, cada partícula age dentro de bordados da maior arte e tem relações com todas as outras partículas nelas contidas. Uma vez que, cada uma

[1] O primeiro escrivão do Risale-i Nur.

está em uma posição tanto de domínio como de sujeição a todo o resto, tanto individualmente quanto em geral, ela ou conhece e cria aquele bordado maravilhosamente hábil e arte ornamentada, exibindo sabedoria, que é mil vezes impossível, ou cada uma delas é um ponto atribuído a esse movimento, que procede da lei da Predestinação e a caneta do poder do Todo-sábio Criador.

Por exemplo, se as pedras da cúpula da Santa Sofia não são dependentes da habilidade de comando e do seu arquiteto, todas as pedras devem ser especialistas na arte de construir como a do arquiteto Sinan, e devem ser sujeitas a, ou ter domínio sobre o resto das pedras. Isto é, eles devem ter o poder de dizer: "Vem, estaremos ombro a ombro, a fim de não cair e colapsar."

Da mesma forma, se as partículas nas criaturas, que são milhares de vezes mais habilmente moldadas, maravilhosas e cheias de sabedoria do que a cúpula da Basílica de Santa Sofia, não são dependentes do comando do mestre de obras do universo, a cada um deles devem ser atribuídos tantos atributos de perfeição como os do Criador do universo.

Glorificado seja Allah! Uma vez que, os incrédulos não aceitam um Necessariamente Existente, eles são obrigados, de acordo com suas crenças aceitar tantos deuses falsos quanto as partículas. Assim, não importa o quão ilustre um filósofo ou erudito incrédulo pode ser, ele está em profunda ignorância ao máximo grau.

TERCEIRO PONTO

Este ponto é uma indicação para o sexto exemplo dos poderosos exemplos de sabedoria no movimento de partículas, o que foi prometido no final do Primeiro Ponto.

Tal como foi referido na nota de rodapé da resposta à Segunda Questão na Vigésima Oitava Palavra, outro exemplo de sabedoria dos milhares contidos nas transformações de partículas e o seu movimento nos corpos dos seres animados, é iluminar as partículas e torná-las vivas e significativas, a fim de serem adequadas para a construção do mundo da Outra Vida. É como se os corpos de animais e seres humanos, e até mesmo de plantas, fossem como hospedarias, quartéis e escolas para aqueles que entrassem para as aulas e fossem treinados; partículas inanimadas entram neles e são iluminadas. Simplesmente, as partículas recebem treino e instrução e adquirem uma fineza. Ao cumprir diferentes funções, tornam-se dignas de serem partículas no mundo da permanência e do reino da Outra Vida, que está viva, com todos os seus elementos.

Pergunta: Como se sabe que existe essa sabedoria no movimento de partículas?

Resposta: Em primeiro lugar: É conhecida pela sabedoria do Criador, que é provada por todos os sábios benefícios e propósitos e a ordem em todas as criaturas. Uma vez que, uma sabedoria que atribui a sabedoria universal para a coisa mais particular, não iria embora sem sabedoria e propósito do movimento de partículas, o que demonstra a maior atividade na enchente do universo e são os meios para bordados cheios de sabedoria. Além disso, uma sabedoria e soberania que não deixa a menor criatura sem um salário, recompensa, e perfeição em suas funções, não deixaria seus mais numerosos funcionários e agentes principais, sem luz, sem um salário.

Em segundo lugar: Causando o movimento dos elementos e as empregando, o Onisciente Criador eleva-os ao grau de minerais como recompensa de perfeição, e os instrui na glorificação peculiar aos minerais. E causando o movimento de minerais e os empregando, Ele lhes confere a classificação do grau de vida vegetal. E, apresentando a vida vegetal na forma de sustento, Ele lhes concede, por seu movimento e emprego, o grau de pureza da vida animal. E pelo emprego das partículas em animais, Ele as ergue por meio de sustento ao grau da vida humana. E por purificar as partículas num corpo humano pela filtração repetida, favorecendo-as, Ele as promove aos locais mais sutis e delicados, os quais são o cérebro e o coração. De tudo isto, pode ser entendido que o movimento das partículas não é sem sabedoria, mas que as elas são feitas para acelerar a uma espécie de perfeição digna de si mesmas.

Em Terceiro lugar: Entre as partículas de seres animados, algumas, como as de caroços e sementes, recebem tal luz, delicadeza e qualidade que são como um espírito ou um rei para o resto das partículas, de uma árvore enorme, por exemplo. Assim, uma vez que entre todas as partículas de uma árvore enorme alguma alcança esta posição por meio do cumprimento dos seus delicados deveres, passando pelos vários estágios da vida da árvore, ela demonstra que, pelo comando do Onisciente Criador estas partículas recebem fineza, luz, posto e instrução em conta e honra dos Nomes Divinos manifestados sobre elas, de acordo com o tipo de movimento que são as funções de suas naturezas, e em homenagem a elas.

Para concluir: Uma vez que, o Onisciente Criador tenha especificado para tudo o que um ponto adequado de perfeição e um nível adequado do resplendor da existência, dando a tudo uma disposição que irá se esforçar para chegar a esse ponto da perfeição, Ele as guia para ele. Esta "Lei da religiosidade" está em vigor em todas as plantas e animais, como nos seres inanimados, em que se promove a terra clara ao posto de diamantes e ao nível de joias de valor inestimável. Dentro desta verdade, a ponta de uma poderosa "Lei da religiosidade" está aparente.

E já que o Criador Todo-Generoso dá como forma de pagamento aos animais que Ele emprega na poderosa lei da geração um prazer especial como uma espécie de salário, e dá um salário de perfeição aos animais empregados em outras funções dominicais, como abelhas e rouxinóis, por exemplo, Ele lhes confere um nível em que sentem ânsia e recebem prazer. E dentro deste, a ponta de uma poderosa "Lei da Generosidade" está aparente.

E uma vez que, a realidade de tudo olha para a manifestação de um dos Nomes de Allah Todo-Poderoso, e é obrigada a isso, e é um espelho para Ele; qualquer que seja a beleza aparente em cada, é devido ao Nome; o Nome exige que seja assim. Esteja ou não a coisa ciente disso, na visão da realidade a beleza é exigida. E a partir desta verdade, a ponta de uma mais poderosa "Lei da Beleza e de Fazer Belo" está aparente.

E uma vez que, como é necessário por Sua lei de generosidade, quando a vida de uma coisa termina, o Generoso Criador não pega de volta o posto e a perfeição que Ele derramou sobre ela, mas conserva os frutos, os resultados, o real significado e a identidade daquele portador da perfeição e seu espírito, se ele tem um espírito. Por exemplo, Ele torna permanentes os significados e os frutos das perfeições que Ele tornou manifestos no homem neste mundo. Ele ainda devolve ao crente grato a concretização do agradecimento e do louvor pelos frutos transitórios que ele comeu na forma de uma fruta do Paraíso. E nesta verdade, a ponta de uma poderosa "Lei da Misericórdia" está aparente.

E uma vez que, o Incomparável Criador nada desperdiça, Ele não faz nada em vão. Ele ainda utiliza nas criaturas da primavera os materiais do outono anterior, que, tendo cumprido os seus deveres, morreram, incluindo-os na sua construção. Por certo, de acordo com o significado de:

﴿ يَوْمَ تُبَدَّلُ الْاَرْضُ غَيْرَ الْاَرْضِ ﴾[828]

E a indicação de, ﴿ وَاِنَّ الدَّارَ الْاٰخِرَةَ لَهِىَ الْحَيَوَانُ ﴾[829] é de fato uma exigência de sabedoria que as partículas da terra, que são inanimadas e inconscientes ainda desempenham funções importantes neste mundo, devem ser utilizadas e incluídas em algumas das construções da Outra Vida, das pedras, das árvores, e de todas as coisas dos quais estarão certamente animadas e conscientes. Já que, sair do mundo das partículas do mundo, quando foi destruído ou lançá-las em não existência seria um desperdício. E a partir desta verdade, a ponta da verdadeiramente poderosa "Lei da Sabedoria" está aparente.

E desde que os muitos resultados, significados e frutos deste mundo, e as páginas tecidas dos atos e das ações, e os espíritos e os corpos daqueles que, como os gênios e os humanos são cobrados com a Custódia são enviados para o mercado da Outra Vida. Certamente, é uma exigência de justiça e de sabedoria que depois de receber sua perfeição especial de acordo com o desempenho das suas funções, as partículas da terra, que acompanham e servem essas frutas e significados, serão incluídas na construção da Outra Vida. Isto é, elas serão incluídas nela junto com os resíduos deste mundo, que serão destruídos, depois de muitas vezes servir e receber a luz da vida, e depois de ser o meio para as glorificações de criaturas animadas. E a partir desta verdade, a ponta de uma verdadeiramente poderosa "Lei de Justiça" está aparente.

E uma vez que, assim como o espírito é dominante sobre o corpo, de modo que os comandos que trazem as coisas à existência, que são escritos por

Predestinação, são dominantes sobre a matéria inanimada. Esta é capaz de assumir uma posição e uma ordem, devido à escrita imaterial da Predestinação.

Por exemplo, em todos os tipos de óvulos e espermatozoides, e variedades de sementes e grãos, a matéria adquire diferentes fileiras e luzes de acordo com os comandos que trazem as coisas à existência, escritos de forma diferente por Predestinação. Uma vez que, a matéria inanimada de sementes[I], sendo a mesma no que diz respeito à sua substância, torna-se a fonte de inumeráveis seres diferentes. Ela obtém fileiras e luzes que são todas diferentes. Certamente, então, é a exigência de um conhecimento abrangente de que se uma partícula tem estado repetidamente a serviço da vida e das glorificações dominicais que estão na vida, a sabedoria daqueles significados será gravada na testa imaterial da partícula pela pena da Predestinação, que nada negligencia. E nesse sentido, a ponta de uma verdadeiramente poderosa "Lei da Abrangência do Conhecimento" está aparente.

Uma vez que este é o caso, as partículas[II] não são sem propósito.

Em resumo: Além das dicas visíveis de cada uma das sete leis acima mencionadas, isto é, a "Lei da religiosidade", a "Lei da generosidade", a "Lei da Beleza", a "Lei da Misericórdia ", a "Lei da Sabedoria", a "Lei da Justiça', e a " Lei da Abrangência do Conhecimento ", e de muitas outras vastas leis, um Nome Maior e a maior manifestação desse Nome Maior está apontado. Ele pode ser entendido a partir dessa manifestação que, como o resto das criaturas, as transformações de partículas no mundo estão ocorrendo com um equilíbrio sensível medido com o conhecimento, de acordo com os comandos dados pelo poder Divino que traz as coisas à existência, sobre os limites elaborados pela Predestinação, para os casos mais exaltados de sabedoria. Simplesmente, eles estão sendo preparados para outro mundo superior.[III] Nesse caso, os corpos dos seres animados são cada um como escolas, quartéis, e casa de hóspedes para a instrução das viajantes partículas. Pode-se afirmar com certeza que é assim.

Conclusão: Como é afirmado e provado na Primeira Palavra, todas as coisas dizem: Bismillah "Em Nome de Allah". Assim, como todos os seres, cada

---

[I] Com efeito, as sementes são todos os compostos dos quatro elementos; elas são formadas da matéria como hidrogénio, oxigénio, azoto e carbono. Materialmente podem ser considerados da mesma; a diferença entre eles reside apenas na escrita imaterial da Determinação Divina.

[II] Esta frase é a resposta para a frase "uma vez que" no início dos últimos sete parágrafos.

[III] Pois, como pode ser observado, a luz da vida se acendeu e se dispersou mais livremente neste mundo turvo e humilde com uma atividade que é extremamente extensa, e uma nova luz da vida é iluminada amplamente, mesmo em materiais insignificantes e substâncias podres, e que a matéria densa e insignificante é refinada e polida, com a luz da vida. Isto indica claramente que este mundo turvo e sem vida está sendo dissolvido, polido e tornado belo através do movimento de partículas e a luz da vida em prol de outro mais sutil mundo exaltado, puro e vivo. É como se ele está sendo adornado, a fim de ir para um mundo sutil. Se aquelas pessoas, portanto, cujas mentes estão tão angustiadas que não podem espremer para eles. a ideia de ressurreição corporal olham com a luz do Alcorão, eles vão ver a 'Lei do Autossubsistente por meio do qual o universo subsiste "que é tão abrangente quanto ressuscitar todas as partículas como se fossem um exército. Pode ser visto estando claramente em vigor e prevalece sobre a criação.

partícula, cada grupo e cada assembleia particular de partículas dizem: Bismillah "Em Nome de Allah" com a língua de disposição, e eles estão em movimento.

De acordo com o mistério dos anteriores três pontos, no início do seu movimento cada partícula recita: بِسْمِ اللّٰهِ الرَّحْمٰنِ الرَّحِيمِ com a língua de disposição. Isto é, "Eu estou movendo-me em nome de Allah, por amor a Ele, com a Sua permissão, e por meio de Seu poder." Então, como todas as criaturas, no final de seu movimento, cada partícula e cada grupo de partículas declaram pela língua de disposição:[830] ﴿ اَلْحَمْدُ لِلّٰهِ رَبِّ الْعَالَمِينَ ﴾ . Cada partícula mostra-se assim ser como a ponta de uma pequena caneta de poder traçar os bordados da habilmente trabalhadas criaturas, que são como odes de louvor. Na verdade, cada uma delas é como a ponta de uma agulha virada em criaturas, que por sua vez são como os registros de um poderoso, imaterial, gramofone dominical com inúmeros braços; eles fazem essas criaturas recitar odes glorificando seu Senhor e cantam hinos louvando a Allah.

﴿دَعْوٰيهُمْ فِيهَا سُبْحَانَكَ اللّٰهُمَّ وَتَحِيَّتُهُمْ فِيهَا سَلاَمٌ وَ اٰخِرُ دَعْوٰيهُمْ اَنِ الْحَمْدُ لِلّٰهِ رَبِّ الْعَالَمِينَ﴾[831]

﴿ سُبْحَانَكَ لاَ عِلْمَ لَنَا اِلاَّ مَا عَلَّمْتَنَا اِنَّكَ اَنْتَ الْعَلِيمُ الْحَكِيمُ﴾[832]

﴿ رَبَّنَا لاَ تُزِغْ قُلُوبَنَا بَعْدَ اِذْ هَدَيْتَنَا وَهَبْ لَنَا مِنْ لَدُنْكَ رَحْمَةً اِنَّكَ اَنْتَ الْوَهَّابُ﴾[833]

اَللّٰهُمَّ صَلِّ عَلَى سَيِّدِنَا مُحَمَّدٍ صَلاَةً تَكُونُ لَكَ رِضَاءً وَ لِحَقِّهِ اَدَاءً وَ عَلَى آلِهِ وَ صَحْبِهِ وَ اِخْوَانِهِ وَ سَلِّمْ وَسَلِّمْنَا وَ سَلِّمْ دِينَنَا آمِينَ يَا رَبَّ الْعَالَمِينَ[834]

***

A Trigésima Primeira Palavra

O Mi'raj (Ascensão) do Profeta Mohammad
(Allah o abençoe e lhe dê paz)

[NOTA: A Ascensão é uma questão que resulta dos fundamentos e dos pilares da fé, e segue atrás deles, uma luz que atrai a força das luzes dos pilares da fé. Com certeza, a Ascensão não pode ser provada de forma independente para ateus , que não aceitam os pilares da fé, porque não pode ser discutida com aqueles que não conhecem a Allah, nem reconhecem o Profeta, nem aceitam os anjos, e que negam a existência dos céus. Em primeiro lugar, esses pilares devem ser provados. Uma vez que, este é o caso, vamos abordar a discussão para um crente que, considera improvável, tem dúvidas sobre a Ascensão. Vamos explicar isso para ele. No entanto, de vez em quando devemos ter em conta o que não crê e está em posição de ouvinte, para fixar o assunto com ele. Alguns lampejos da verdade da Ascensão têm sido mencionados em outro lugar das outras Palavras. Diante da insistência dos meus irmãos buscamos a graça de Allah Todo-Poderoso para unir todos aqueles diferentes lampejos com a essência da verdade, e com todos eles formarmos um reflexada beleza das perfeições de Mohammad (Allah o abençoe e lhe dê paz).]

بِسْمِ اللّٰهِ الرَّحْمٰنِ الرَّحِيمِ

﴿سُبْحَانَ الَّذِى اَسْرَى بِعَبْدِهِ لَيْلاً مِنَ الْمَسْجِدِ الْحَرَامِ اِلَى الْمَسْجِدِ الْاَقْصَى
الَّذِى بَارَكْنَا حَوْلَهُ لِنُرِيَهُ مِنْ آيَاتِنَا اِنَّهُ هُوَ السَّمِيعُ الْبَصِيرُ﴾[835] ۞ ﴿اِنْ هُوَ اِلاَّ
وَحْىٌ يُوحَى ۞ عَلَّمَهُ شَدِيدُ الْقُوَى ۞ ذُو مِرَّةٍ فَاسْتَوَى ۞ وَ هُوَ بِالْاُفُقِ الْاَعْلَى
۞ ثُمَّ دَنَا فَتَدَلَّى ۞ فَكَانَ قَابَ قَوْسَيْنِ اَوْ اَدْنَى ۞ فَاَوْحَى اِلَى عَبْدِهِ مَا اَوْحَى ۞
مَا كَذَبَ الْفُؤَادُ مَا رَاَى ۞ اَفَتُمَارُونَهُ عَلَى مَا يَرَى ۞ وَلَقَدْ رَآهُ نَزْلَةً اُخْرَى ۞ عِنْدَ
سِدْرَةِ الْمُنْتَهَى ۞ عِنْدَهَا جَنَّةُ الْمَاْوَى ۞ اِذْ يَغْشَى السِّدْرَةَ مَا يَغْشَى ۞ مَا زَاغَ
الْبَصَرُ وَمَا طَغَى ۞ لَقَدْ رَاَى مِنْ آيَاتِ رَبِّهِ الْكُبْرَى﴾[836]

Uma vez que, está relacionado com a nossa questão aqui, exporei duas alusões baseadas em princípios da ciência da eloquência contida na frase pronominal[837] "إِنَّهُ", que é parte do vasto tesouro do primeiro versículo sublime mencionado acima. Também foi explicado no tratado sobre os milagres do Alcorão.

Depois de mencionar a viagem do mais nobre amado de Allah (aquele sobre quem estejam as bênçãos e a mais perfeita paz) da mesquita de Makka até a mesquita em Jerusalém, que foi o início de sua Ascensão, o Alcorão Sagrado diz:

﴿إِنَّهُ هُوَ السَّمِيعُ الْبَصِيرُ﴾[838] O sujeito "إِنَّهُ" que faz alusão ao ponto mais distante da Ascensão indicada pelos versículos de Surata an-Najm, ﴿وَالنَّجْمِ إِذَا هَوَى﴾, refere-se a Allah, Exaltado seja, ou ao Profeta (Allah o abençoe e lhe dê paz).

Se ela se refere ao Profeta (Allah o abençoe e lhe dê paz), a regra da eloquência e da relação na sequência das palavras afirma o seguinte: Há, dentro dessa jornada parcial, uma geral e uma ascensão universal durante a qual o Profeta (Allah o abençoe e lhe dê paz) ouviu e viu os sinais e as maravilhas da arte Divina, que seus olhos e ouvidos perceberam de dentro dos graus universais dos Nomes Divinos, tanto quanto "**a árvore de Lótus do limite mais distante e a distância de dois comprimentos de arco**." Ela indica que sua jornada parcial e particular era como a chave para uma jornada que é ao mesmo tempo universal e uma exposição de maravilhas.

Se o pronome se refere a Allah Todo-Poderoso, é assim: a fim de convidar um de Seus servos em uma viagem para a Sua presença e confiar-lhe o dever, depois de enviá-lo a partir da Mesquita de Makka para Jerusalém, que é onde se reúnem os profetas, fazê-lo se encontrar com eles e demonstrar que ele é o único herdeiro dos princípios das religiões de todos os profetas. Ele o levou numa viagem por meio tanto de seu domínio como de Sua soberania até "**a árvore de Lótus do limite mais distante e a distância de dois comprimentos de arco**."

Certamente, ele era um servo e a viagem foi uma ascensão particular, mas lhe foi atribuída uma custódia que fora ligada a todo o universo e tinha sido dada uma luz que mudarria o aspecto do universo. Além disso, se tinha com ele a chave para abrir a porta que conduz à felicidade eterna, Allah, Exaltado seja, lhe outorgou o atributo de "ver e ouvir todas as coisas" para que pudesse demonstrar a sabedoria abrangente abarcando o mundo da custódia, luz, chave, sabedoria e propósitos que abordam todo o universo e abraçam todas as criaturas.

Esta verdade profunda contém quatro princípios.

O Primeiro: Por que a Ascensão foi necessária?

O Segundo: Qual foi a realidade da Ascensão?

O Terceiro: Qual foi a sabedoria e o propósito da Ascensão?

O Quarto: Quais são os frutos e benefícios da Ascensão?

PRIMEIRO PRINCÍPIO

O mistério da necessidade da Ascensão

Diz-se, por exemplo, "que Allah[839] ﴿أَقْرَبُ اِلَيْهِ مِنْ حَبْلِ الْوَرِيدِ﴾" Ele está mais perto de tudo do que qualquer outra coisa. Ele está livre além do corpóreo e do espaço. No entanto, todos os santos são capazes de conversar com Ele em seus corações, então porque foi o santo, Mohammad (Allah o abençoe e lhe dê paz) bem sucedido em manter uma conversa interior com Allah de que qualquer santo pode fazer em seu coração, e só depois, como resultado de uma viagem longa como a Ascensão?"

A Resposta: Vamos fazer este mistério profundo mais fácil de entender por meio de duas comparações. Considere-as a partir da Décima Segunda Palavra, que é sobre o mistério do milagre do Alcorão e o mistério da Ascensão.

Primeira Comparação: Um rei tem dois tipos de entrevistas, conversas e Discussões à sua disposição, e dois modos de discurso e favor. A primeira é a de conversar com o sujeito comum sobre um determinado assunto e necessidade especial por meio de um telefone privado. O segundo, sob o título de soberania augusta, em nome da realeza suprema, com a dignidade de regra universal, e com o objetivo de publicação e promulgação de seus mandamentos, é para conversar e falar por meio de um emissário ligado a essas questões ou por de um alto oficial relacionado com esses comandos. É também falar por um edital ilustre que proclama sua majestade.

Assim,[840] ﴿وَلِلّٰهِ الْمَثَلُ الْاَعْلٰى﴾ com esta comparação, o Criador do universo, o Senhor de todas as coisas com as suas faces aparentes e internas, o Soberano de Pré-eternidade e Pós-Eternidade, tem dois modos de conversar, falar, e favorecer. O primeiro é particular e privado, o outro universal e geral. A ascensão, portanto, era uma manifestação da santidade de Mohammad (Allah o abençoe e lhe dê paz), na forma de uma universalidade e exaltação superior a todas as outras santidades. Ele estava sendo homenageado pela conversa e discurso de Allah, Exaltado seja, pelo Seu Nome de Senhor do Universo e título de Criador de todos os seres.

Segunda Comparação: Um homem segura o espelho que ele está segurando para o sol. Segundo a sua capacidade, o espelho recebe a luz, que contém as sete cores, do sol, e uma reflexão. O homem torna-se conectado com o sol e conversa com ele em relação a isso. Se ele dirige o espelho luminoso em direção a sua casa escura ou seu pequeno jardim privado, que é coberto por um telhado, ele não pode se beneficiar em relação ao valor do sol, mas apenas de acordo com a capacidade do espelho.

Um segundo homem, no entanto, abaixa o espelho, enfrenta o sol diretamente, e vê a sua majestade e compreende a sua grandeza. Em seguida, ele sobe uma montanha muito alta, vê o brilho do amplo domínio do sol e conversa com ele pessoalmente sem véu. Em seguida, retorna e faz grandes janelas em sua casa e no telhado sobre o seu jardim, e abre caminhos para o sol no céu, e fala e conversa com a constante luz do sol real. E ele é capaz de falar com ele, agradecido como segue:

"Ó sol amável, que é a beleza do mundo e animal de estimação dos céus, que doura a face da terra com sua luz e o faz olhar os rostos de todas as flores sorridentes! Você aqueceu e iluminou minha pequena casa e jardim, da mesma forma que tem iluminado o mundo inteiro e aquecido a face da terra." O primeiro homem com o espelho, no entanto, não pôde dizer isso, já que, a reflexão e os traços do sol são limitados e restritos pelo espelho, e estão em conformidade com a restrição.

Assim, a manifestação do Único e Eternamente Procurado, o Pré-Eterno Sol e Pós-Eterno Soberano, aparece na essência humana em duas formas, que compreendem inúmeros graus.

O primeiro é uma manifestação por uma relação dominical que se estende para o espelho do coração. Por meio do qual, todos podem receber a luz particular e universal, o discurso e a conversa do Pré-Eterno Sol, em relação à sua capacidade, e em relação à manifestação dos Nomes Divinos e atributos em sua travessia dos graus, em sua jornada espiritual. Os graus de santidade, que procedem sob a sombra da maioria dos Nomes e atributos, surgem a partir desse tipo.

O Segundo: Uma vez que, o homem possui abrangência e é o fruto mais iluminado da árvore do universo, e uma vez que, ele é capaz de exibir de uma vez no espelho do seu espírito todos os Nomes Divinos manifestados no universo, Allah, Exaltado seja, exibiu, por meio da manifestação de Sua essência e ao nível máximo dos Nomes Mais Belos, no membro da raça humana que refletem com mais abrangência a maior manifestação desses Nomes. Esta exposição e manifestação constituem o mistéri interno da Ascensão de Mohammad (Allah o abençoe e lhe dê paz), pelo qual sua santidade tornou-se a fonte de sua Mensagem.

A santidade passa pela sombra e assemelha-se ao primeiro homem na Segunda Comparação. Enquanto na mensagem não há sombra, olha diretamente para a unicidade do Todo-Glorioso e assemelha-se ao segundo homem na Segunda Comparação. Quanto à Ascensão, uma vez que foi a maior maravilha da santidade de Mohammad (Allah o abençoe e lhe dê paz) e também seu mais alto grau, ela foi transformada no grau da mensagem. A face interna da Ascensão foi santidade, passou da criação para o Criador. Embora sua face aparente fosse mensagem, ela foi do Criador para a criação. A santidade é a jornada espiritual nos níveis próximos de Allah; ela necessita de certa quantidade de tempo e muitos graus devem ser percorridos. Enquanto a mensagem, cuja luz é maior, olha para o mistério de descobrir o imediatismo Divino, para o qual a passagem instantânea é suficiente. Foi por essa razão que é dito no Hadice: "Ele foi e voltou em um instante."[841]

Agora dizemos ao ateu que está na posição de ouvinte: "Uma vez que, o universo assemelha-se a um país mais ordenado, a uma cidade magnífica, e a um adornado palácio, ele certamente deve ter um governante, proprietário e construtor. E uma vez que, existe tal magnífico, Todo-Glorioso proprietário, Todo-Perfeito Governante, e Belo Criador; e uma vez que, havia um ser humano cuja visão era universal e que demonstrou uma relação com o mundo inteiro, com o país, com a cidade, e com o palácio e foi conectado a todos eles por seus sentidos e faculdades de percepção; certamente, o Magnífico Criador teria uma relação elevada ao grau máximo com o ser humano, cuja visão era universal e de consciência global, e o favoreceria com um endereço exaltado e sagrado.

Entre aqueles que manifestam essa relação desde o tempo de Adão (que a paz esteja com ele) até agora, Mohammad o árabe (Allah o abençoe e lhe dê paz), demonstrou-o no grau muito mais completo de acordo com o testemunho de suas realizações, ou seja, o fato de ter tomado metade do globo e um quinto da humanidade sob esta direção e controle e de ter transformado e iluminado a forma espiritual do universo. Sendo assim, a Ascensão, que compreendia o máximo grau dessa relação, é mais digno e adequado para ele.

SEGUNDO PRINCÍPIO

Pergunta: Qual Foi a Realidade da Ascensão?

Resposta: Consistiu na jornada da pessoa de Mohammad (Allah o abençoe e lhe dê paz), pelos graus da perfeição. Ou seja, pelos vários Nomes e títulos que Ele faz manifestos na disposição das criaturas, e mostrando que aquele Seu servo especial de todas as obras de sua religiosidade que Ele exibe nas esferas, na criação e regulação dentro da soberania de Sua religiosidade, e nos níveis dos céus dentro dessas esferas – cada um é o meio para a sede da religiosidade e o centro para a atuação de poder – Allah, Exaltado seja, fez aquele servo abraçar tanto todas as perfeições humanas, exibir todas as manifestações divinas, ver todos os níveis do universo, o arauto da soberania de religiosidade e proclamador essas coisas agradáveis a Allah, e o solucionador do talismã do universo. E para que ele pudesse fazer isso, montou-o no Buraq, fê-lo viajar pelos céus como um relâmpago que atravessa todos os seus níveis, observar a religiosidade Divina de mansão em mansão como a lua, e de esfera em esfera, e mostrando-lhe cada um dos profetas, seus irmãos, cujas residências estão nos céus dessas esferas, Ele o elevou para a estação de uma distância de dois comprimentos de arco e apresentou a ele Sua Unidade e Sua Palavra e com a visão de Si Mesmo.

Esta verdade exaltada pode ser examinada com o telescópio de duas comparações. **Primeira Comparação**: Como é explicado na Vigésima Quarta Palavra, um rei tem diferentes títulos nas diferentes esferas e escritórios de seu governo, de diferentes qualidades e atributos nas classes de seus súditos, e diferentes nomes e marcas nos graus de sua soberania. Por exemplo, ele é Juiz Sábio no Judiciário, Soberano no serviço público, Comandante-em-chefe do exército, Califa no estabelecimento legislativo, e assim por diante; é o mesmo com o resto de seus nomes e títulos. Em cada esfera, ele tem um assento ou cadeira que tem o significado de um trono espiritual. O único rei pode ser capaz de ter mil nomes e títulos nessas esferas de soberania e os níveis de governo; ele pode ter mil tronos de soberania um dentro do outro. É como se o governante está presente e é conhecido em todas as esferas por sua personalidade corporativa e através de seu telefone particular; e vê e é visto em todas as classes por suas leis, regulamentos, e representantes; e administra e observa por trás do véu em todos os níveis por seu comando, conhecimento e poder; e tem um centro diferente e sede em todas as esferas. Seus decretos são todos diferentes uns dos outros, e os seus níveis são todos diferentes uns dos outros.

Assim, um rei como este pode permitir que uma pessoa de sua escolha visitasse todas as suas diferentes esferas e escritórios e pode mostrar-lhe o domínio imperial e os comandos soberanos especiais para cada um. Ele pode levá-lo a viajar de esfera em esfera e de um nível para outro até trazê-lo à sua presença. Lá, ele vai confiar-lhe certos comandos universais e gerais relativos a todos esses âmbitos e vai mandá-lo de volta.

Da mesma forma a esta comparação, o Senhor do Universo, Que é o Soberano de Pré-Eternidade e Pós-Eternidade, tem funções e atributos dos níveis de Sua religiosidade, que são todos diferentes, mas que se parecem um com o outro; e Nomes e assinaturas nas esferas de Sua Divindade que são todos diferentes, mas que parecem uma dentro da outra; e manifestações e revelações no desempenho das Suas obras esplêndidas que são todas diferentes, mas que se assemelham uma à outra; e títulos na alienação do Seu poder, que são todos diferentes, mas que indicam um ao outro; e aparências sagradas na manifestação de Seus atributos que são todas diferentes, mas que apontam uma a outra; e atos de disposição na manifestação de suas ações que são todos diferentes, mas se completam; e Ele tem religiosidade majestosa em Sua arte multicolorida e criaturas cujos aspectos são todos diferentes, mas que uma observa a outra.

Como consequência deste vasto mistério, Ele ordenou o universo e o organizou de uma forma incrível e maravilhosa com diferentes formações uma sobre a outra a partir de partículas, que são o nível mais ínfimo dos seres, até os céus, e desde o primeiro nível dos céus para o Sublime Trono. Os céus construídos um sobre o outro e cada semelhante ao telhado de um mundo diferente, um trono de religiosidade, de um centro para a Disposição Divina.

Com certeza, no que diz respeito à unidade Divina, todos os Nomes Divinos podem ser encontrados naquelas esferas e naqueles níveis; eles se manifestam em conjunto com os títulos. Mas, assim como no Ministério da Justiça o título de Juiz Sábio é fundamental e dominante e lá o resto de títulos do rei seguem o seu comando e dependem deles, por isso em cada nível de criaturas, em cada céu, um Nome, um título Divino, é dominante, e os outros títulos estão dentro dele.

Por exemplo, em qualquer esfera dos céus, o Profeta Mohammad (Allah o abençoe e lhe dê paz) se encontrou com Jesus (a paz esteja com ele), que manifestou o nome do Todo-Poderoso, em que esfera Allah, exaltado seja, Se manifestou com o título de Todo-Poderoso. E, por exemplo, o mais predominante na esfera dos céus é Moisés (que a paz esteja com ele) que assume o título de Locutor, que ele manifesta. E assim por diante.

Assim, desde que a pessoa de Mohammad (Allah o abençoe e lhe dê paz) manifestou o Grande Nome, e todos os Nomes Divinos, e uma vez que, a sua missão profética era universal, ele estava certamente conectado com todas as esferas de religiosidade. E se reunir com os profetas cujos assentos são nessas esferas e passar por todos esses níveis, certamente exige o fato da Ascensão.

Segunda Comparação: O título de Comandante-em-Chefe, que é um dos títulos de um rei, manifesta-se e faz uma aparição em cada posto do exército daquele comandante-em-chefe, que é uma classificação ampla e universal, com a de um cabo, que é especial e particular. Por exemplo, um soldado vê na pessoa de seu cabo uma amostra do título imponente do comandante-em-chefe, ele o procura e recebe as ordens dele. Ao tornar-se cabo, a manifestação do título na classificação da vontade do sargento comanda a atenção dele e será a isso que ele procurará. Então, se ele for promovido ao posto de sargento, ele será uma amostra do título de comandante-em-chefe e uma manifestação dele no posto de tenente. Ele estará presente juntamente com um assento que lhe é peculiar naquele posto. E assim por diante. Ele terá o título em cada uma das suas fileiras de capitão, major, general, e marechal de campo em relação à sua pequenez ou grandeza.

Agora, se o comandante-em-chefe deseja confiar ao soldado um dever que diz respeito a todas as fileiras do exército, se ele deseja promovê-lo a um posto onde ele pode observar cada esfera como um inspetor e ele próprio ser observado; ele vai levá-lo a fazer uma viagem de inspeção das fileiras, desde o de cabo ao mais alto, e também lhe permitirá ser visto. Em seguida, ele vai recebê-lo em sua presença e honrá-lo com a conversa e conferir-lhe uma decoração e um decreto, irá mandá-lo de volta para onde veio em um instante.

O ponto seguinte deve ser observado nesta comparação: se o rei não é de forma alguma sem poder e se ele tem o poder espiritual, da mesma forma que tem o poder material, ele não nomeará pessoas como o general, o marechal de campo e o tenente como seus representantes, mas estará presente em todos os lugares em pessoa. Ele vai dar as suas ordens diretamente, meramente atrás de certos véus e indivíduos, eles próprios da classe. Na verdade, há narrações relativas que certos reis que eram santos do mais alto nível executaram seus assuntos em muitas esferas na forma de indivíduos diferentes.

Na medida em que a verdade que nós procuramos nesta comparação está em causa, uma vez que o Comandante-em-Chefe não era de forma alguma impotente, a ordem e o comando provêm diretamente dele em todas as esferas. Os assuntos foram executados através de seu comando, sua vontade e seu poder.

Como esta comparação, os comandos e as funções de autoridade do Soberano da Pré-Eternidade e Pós-Eternidade, Que é o Rei dos céus e da terra, Proprietário do comando de **"Seja!", e "é"**,[842] e o Comandante Absoluto, estão em vigor em todos os níveis de criaturas e estão conforme a perfeita obediência e ordem. Cada uma aparece como uma esfera de soberania, um nível de governo nos níveis de criaturas e classes de seres, que se estendem desde as partículas até os planetas e de moscas até os céus, e que, grandes e pequenos, particulares e universais, são todos diferentes, mas são tais que parecem um com o outro.

Agora, a maneira de compreender os objetivos exaltados e resultados poderosos de todo o universo e ver todas as diferentes funções de adoração de todos os seus níveis; e, pela observação da autoridade de soberania de Um de Grandeza e o esplendor de Seu governo, para entender o que é agradável a Ele; e para ser o arauto da Sua soberania, é fazer uma viagem por todos esses níveis e esferas até o Sublime Trono, que é o título alcançado de maior esfera; até a distância de dois comprimentos de arco. É para encontrar lá com o Todo-Glorioso e Belo. E essa viagem é a realidade da Ascensão.

Como o ser humano comum viaja na mente com a velocidade da imaginação, e a viagem de santos no coração com a velocidade de um raio, cada anjo, que tem corpo luminoso, circula com a velocidade do espírito, do Trono para a terra, e da terra para o Trono; e como o povo do Paraíso vai subir ao Paraíso na ressurreição com a velocidade de Buraq por um período maior do que de 500 anos;[843] com certeza, o corpo de Mohammad (Allah o abençoe e lhe dê paz) foi junto com seu espírito elevado, até o Trono Divino. Uma vez que, o corpo de Mohammad (Allah o abençoe e lhe dê paz), o tesouro das faculdades de seu espírito, e os meios para o desempenho das suas funções, é leve e tem as características de luz, é mais sutil do que o coração dos santos, mais substancial do que os espíritos dos mortos e os corpos dos anjos, e mais etéreo do que os corpos astrais e sutis.

Agora vamos considerar o ateu que está escutando. Vem à mente que ele pensaria em dizer: "Eu não reconheço Allah e não reconheço o Profeta, como eu deveria acreditar na Ascensão?" A quem gostaríamos de responder como segue:

Como o universo e os seres existem, e dentro deles há atos de criação; e uma vez que um ato ordenado não pode ocorrer sem um autor, um livro significativo não pode ficar sem um escrivão, e um habilidoso bordado sem bordador; os atos propositais que enchem o universo certamente têm um autor, e as letras significativas e os bordados incríveis que cobrem a face da terra e são renovados de época em época têm um escriba e bordador.

E uma vez que, dois governadores dirigindo o mesmo assunto estragam a ordem no assunto; e já que, a partir de uma asa de mosca até as lâmpadas nos céus há perfeita ordem, deve haver apenas um governador, um governante. Uma vez que, a arte e a sabedoria em tudo são tão maravilhosas que exigem que o Criador de uma coisa seja poderoso sobre todas as coisas, na medida em que Ele conhece cada matéria. Sendo assim, se Ele não fosse Um, teria de haver deuses ao número de seres. Estes seriam tanto opostos como concordantes um ao outro, e que, portanto, seria cem mil vezes impossível que esta maravilhosa ordem não fosse quebrada.

Além disso, como é evidentemente aparente, a um comando as classes de seres estão em movimento de uma forma mil vezes mais bem ordenada que um exército – cada grupo, desde as estrelas, do sol, da lua e dos seus movimentos, até as flores da amendoeira, exibindo as decorações e os uniformes do Pré-Eterno, Exaltado seja, conferidos a ele, e o movimento que Ele determinou, mil vezes mais regular e perfeito do que um exército – uma vez que, isto é assim, o universo tem um Governante Absoluto por trás do véu do Invisível a Cujo comando os seres procuram e se conformam.

E uma vez que, de acordo com o testemunho de todos os assuntos sábios os quais Ele realiza e exibe obras esplêndidas, o Governante é um Todo-Glorioso Soberano; e uma vez que, de acordo com as generosidades as quais Ele demonstra que é um Senhor Clemente, e de acordo com os belos exemplos de Sua arte que Ele exibe, Ele é um Criador Que ama a Sua arte; e uma vez que, Ele é um Criador Todo-Sábio Que deseja atrair para as Suas obras de arte os olhares de admiração dos seres conscientes com os adornos e habilidades que Ele demonstra; e uma vez que, se pode entender que Ele deseja dar a conhecer aos seres conscientes o significado dos adornos, que surpreendem a mente, que Ele exibe na criação do mundo e informá-los por meio da sabedoria de Sua religiosidade sobre de onde as criaturas veem e para onde estão indo; certamente, este Governante e Criador Onisciente deseja demonstrar Sua Soberania.

E desde que Ele quer Se fazer conhecido e amado por criaturas conscientes pelas muitas obras de benevolência e misericórdia e maravilhas da arte que Ele exibe, Ele certamente Se fará conhecido por meio de um arauto o que Ele deseja deles e que essas coisas são as que agradam a Allah, e lhes dizem respeito.

Sendo assim, Ele nomeará um dos seres conscientes e proclamar a Sua Soberania por meio dele. Ele honrará um arauto com a proximidade de Sua presença e lhe fará os meios de expor a arte que Ele ama. Ele nomeará um deles como professor, a fim de informar os outros seres conscientes desses objetivos exaltados e exibir suas perfeições. Ele certamente vai nomear um guia para que o talismã contido no universo e o enigma da religiosidade que Ele tem escondido dentro de seres não permanecerão sem sentido. Ele nomeará um guia que lhe ensinará os propósitos constantes das belezas da arte que Ele exibe e publica como um espetáculo para que todos possam contemplar de modo que não fiquem inúteis e vãos. Além disso, a fim de anunciar as coisas que agradam aos seres conscientes, Ele erguerá um deles a uma posição acima dos outros, e irá informá-lo sobre essas coisas e enviá-lo para eles.

Como a realidade e a sabedoria exigem que ele seja assim, o mais digno de realizar essa tarefa foi o Profeta Mohammad (Allah o abençoe e lhe dê paz), pois ele realmente exerceu estas funções mais perfeitamente, ao fato de o mundo do Islam que ele fundou e a luz do Islam que ele mostrou sejam verdadeiras e testemunhas; isso exigiu que ele subisse acima de todo o resto do universo, superado todos os seres, e alcançado uma posição na qual ele teve uma conversa universal, elevada e abrangente com o Criador de todos os seres. Assim, a Ascensão expressa esta verdade também.

Em resumo: Uma vez que, Ele tem formado, arranjado, e adornado o vasto universo desta forma, para fins poderosos e objetivos sublimes, como o mencionado acima; e desde que a humanidade existe entre os seres para ver esta Soberania universal, juntamente com todas as suas sutilezas e essa Soberania Divina suprema, juntamente com todas as suas verdades; certamente que o Governante Absoluto vai falar com o homem, Ele vai informá-lo de Seus propósitos.

Uma vez que, todos não podem libertar-se de assuntos particulares, insignificantes e humildes, e subir para a posição mais alta e universal e, portanto, não podem receber a conversa do Governante universal, certos indivíduos especiais dentre os seres humanos serão nomeados para essa função, de modo que podem ser relacionados a dois aspectos. Em primeiro lugar, a fim de ensinar os seres humanos, devem ser dos próprios seres humanos. E, a fim de serem capazes de receber a conversa diretamente, devem ser extremamente elevados espiritualmente.

Assim, uma vez que, entre esses seres humanos a quem foram dados a conhecer os efeitos do Criador do universo mais perfeitamente, divulgado o talismã do universo e resolvido o enigma da criação, e quem anunciou a sublimidade da soberania de religiosidade da melhor maneira foi Mohammad (Allah o abençoe e lhe dê paz), certamente, de todos os seres humanos ele faria uma viagem espiritual, na forma de uma Ascensão em turnê pelo mundo corpóreo; ele percorreria todos os níveis para além do mundo intermediário dos Nomes Divinos, a manifestação dos atributos e atos Divinos, e os níveis de seres, todos os quais são conhecidos como os setenta mil véus. E a Ascensão foi isso.

Mais uma vez o seguinte vem à mente: Ó ouvinte! Você está pensando em perguntar: "Como devo acreditar? O que significa percorrer uma distância de milhares de anos para um Senhor Que está mais perto do que qualquer outra coisa e se encontrar com Ele depois de passar por setenta mil véus?" Ao que respondemos o seguinte:

Allah, Exaltado seja, está mais perto de tudo do que qualquer outra coisa, mas tudo é infinitamente distante d'Ele. Por exemplo, se o sol possuísse consciência e pudesse falar, seria capaz de conversar com você por meio de um espelho na sua mão. Ele teria o poder de dispor sobre você como ele desejasse. De fato, apesar de que estaria mais perto de você do que a pupila do olho, que é como um espelho, você estaria a distância de aproximadamente quatro mil anos dele e não podia de nenhuma maneira se aproximar dele. Se você progredisse e subisse para a posição da lua e chegasse ao ponto de estar cara a cara com ele, você ainda só seria capaz de ser uma espécie de reflexo para ele.

Da mesma forma, embora o Todo-Glorioso, que é o Sol da Pré-Eternidade e Pós-Eternidade, está mais perto de tudo do que qualquer outra coisa, tudo é infinitamente distante d'Ele. Somente Aquele Que percorre todos os seres, eleva-se acima de particularidade e gradualmente passa pelos milhares de véus nos graus da universalidade, até se aproximar de um Nome Divino, que engloba todos os seres e, em seguida, percorre os vários graus além dele, pode ser honrado com uma espécie de proximidade Divina.

Por exemplo, o soldado está muito distante do posto de comandante-em-chefe. Ele olha o seu comandante de uma longa distância através de muitos véus que ele vê em seu cabo. Quanto à vontade de ganhar a verdadeira proximidade com sua posição por sua personalidade corporativa, o soldado tem de passar por muitos graus universais ou fileiras, como o de tenente, capitão, e major, etc. Enquanto o comandante-em chefe está presente com o soldado e o vê em pessoa, bem como por meio de seu comando, regulamento, observação, decreto, e conhecimento. Está presente pessoalmente se for comandante moral e espiritualmente, como é na figura e na aparência. Uma vez que, esta verdade foi provada de forma decisiva na Décima Sexta Palavra, julgamos suficiente parar a discussão aqui.

Mais uma vez, vem à mente que você pergunta: "Eu nego a existência dos céus e não acredito em anjos, assim como posso acreditar em alguém que viaja pelos céus e se encontra com os anjos?"

Sim, claro, é difícil demonstrar alguma coisa e convencer alguém como você que não utiliza a mente, mas os olhos, sobre os quais um véu foi colocado e que vê apenas o que é imediatamente evidente. Mas a verdade é tão brilhante que até os cegos podem vê-la, por isso, também dizem o que é acordado por unanimidade, que as profundezas do espaço estão cheias de matéria chamada "éter".

Certamente, as energia sutis como a luz, a eletricidade, e o calor apontam para a existência de alguma matéria sutil que preenche o espaço. Pois, assim como frutas indicam claramente a existência da árvore que as produziu, as flores indicam o seu jardim, as espigas o campo arado, e os peixes os mares, as estrelas também invadem os olhos da mente indicando a existência necessária de sua fonte, sementeira, canteiro e mar.

Uma vez que, existem diferentes formações do mundo acima de nós e regras diferentes são vistas estarem em vigor em diferentes condições, os céus, que são a fonte dessas regras, também são diferentes. E uma vez que, assim como no ser humano existem faculdades imateriais além de seu corpo, como a mente, o coração, o espírito, a imaginação e a memória, certamente, no mundo, que é o macroanthropo, e no universo, que é a árvore da qual o homem é o fruto, há outros mundos além do mundo físico. Além disso, existem céus para cada mundo, do mundo da terra até o mundo do Paraíso.

Na medida em que os anjos estão em causa, dizemos isto: no globo da terra, que é de tamanho médio entre os planetas e insignificante e denso entre as estrelas, seres animados e conscientes, os mais valiosos e luminosos entre os seres, são encontrados em um número incontável. Assim, certamente as estrelas, que são como castelos e palácios ornamentados e finos em comparação com a terra, que é como uma casa escura, e os céus, que são como os mares das estrelas, serão as moradas dos anjos e seres espirituais, que são conscientes, animados, extremamente numerosos, e de vários tipos.

No meu comentário sobre o Alcorão chamado Icharatal-I'jaz (Sinais dos Milagres), a existência e a pluralidade dos céus tem sido provadas conclusivamente na seção sobre o versículo:[844]﴿ثُمَّ اسْتَوٰى اِلَى السَّمَاءِ فَسَوّٰيهُنَّ سَبْعَ سَمٰوَاتٍ﴾ e na Vigésima Nona Palavra temos provado a existência de anjos, com a finalidade de dois mais dois é igual a quatro, assim considerando aquilo ser suficiente cortamos a discussão aqui.

Em resumo: É exigido pela sabedoria e pela razão que os céus são formados de éter, que são a fonte de energias sutis, como a eletricidade, a luz, o calor e a gravidade, e que, de acordo com o Hadice: [845] اَلسَّمَاءُ مَوْجٌ مَكْفُوفٌ que são favoráveis ao movimento de estrelas e planetas. É ainda necessário que a partir de[846] مَجَرَّةُ السَّمَاءِ, o planeta mais próximo que deve ser composto de sete níveis em diferentes estados e formações, e que cada nível, cada mundo, do mundo da terra para o Reino Intermediário e Mundo de Similitude, para o mundo da outra vida, deve ter um céu, como um telhado.

E o seguinte vem à mente: Ó ateu! Você diz: "O homem só é capaz de subir a uma altura de um ou dois quilômetros com mil dificuldades por meio do aeroplano.[847] Como, então, alguém poderia entrar e sair do corpo em poucos minutos cobrindo uma distância que normalmente levaria milhares de anos?"

Ao qual respondemos: De acordo com a sua ciência, na sua rotação anual de um corpo pesado como a terra corta uma distância de aproximadamente 188 horas em um minuto. Em um ano cobre uma distância de cerca de 25 mil anos. Poderia o Exaltado seja e Glorioso, então, Que causa seu movimento regular e a gira como uma pedra na funda ser incapaz de levar um ser humano para o Seu Trono? Poderia uma sabedoria que faz com que o corpo da terra, que é extremamente pesado, viajar ao redor do sol através de uma lei dominical conhecida como a gravidade do Sol. Como um dervixe Maulaui, ser incapaz de erguer um corpo humano para o Trono do Todo-Misericordioso como relâmpago através da gravidade da misericórdia daquele Todo-Misericordioso e a atração do Pré-Eterno amor do Sol?

Mais uma vez, vem à mente que você diria: "Tudo bem que ele pudesse subir lá, mas por que ele subiu e por que deveria? Não teria sido suficiente se ele tivesse ido apenas de coração e no espírito como os santos?"

Ao que gostaríamos de responder: Desde que o Todo-Glorioso Criador quis mostrar os Seus sinais maravilhosos que se encontram em ambos os aspectos exteriores de coisas e em seus aspectos que parecem diretamente para Si, e para fazer as oficinas e as fontes dos espetáculos universais a ser contemplado, e apontar os resultados das ações do homem no futuro, era necessário tomar juntamente com o seu coração e espírito, tão longe quanto o Seu Trono os olhos de Mohammad, que eram como a chave para o mundo dos objetos visíveis, e os ouvidos que perceberam os sinais no mundo do som. Além disso, é exigido pela sabedoria e pela razão, que o Todo-Glorioso Criador deveria ter levado tão longe quanto Seu Trono seu corpo abençoado, que era como a máquina do seu espírito compreendendo diferentes membros e componentes, por meio dos quais são exercidas as suas funções.

Assim como no Paraíso a sabedoria Divina faz com que o corpo acompanhe o espírito, porque o corpo é o meio pelo qual os deveres de adoração são realizados e os meios de inúmeros prazeres e dores, por isso fez o seu corpo abençoado acompanhar o seu espírito. Uma vez que, o corpo vai para o Paraíso, juntamente com o espírito, é pura sabedoria que Ele deveria ter feito o corpo abençoado de Mohammad (Allah o abençoe e lhe dê paz) acompanhá-lo, que subiu para a árvore de Lótus do limite mais distante, que é o tronco da casa do Paraíso.

Mais uma vez, vem à mente que você diria: "De acordo com critérios racionais não é impossível percorrer uma distância de milhares de anos em vários minutos?"

Para o que gostaríamos de responder: O movimento nas diferentes obras de arte do Todo-Glorioso Criador varia ao grau máximo. Por exemplo, é sabido quão diferentes são as velocidades da luz, da eletricidade, do espírito, da imaginação, e do som. E, como foram estabelecidas pela ciência, as velocidades do movimento dos diferentes planetas são tão diferentes que surpreendem a mente.

Como, então, o movimento na velocidade do espírito de seu corpo sutil, que seguiu seu espírito exaltado durante a Ascensão, parece contrário à razão? Além disso, por vezes acontece que em dormir por 10 minutos você fica sujeito ao equivalente a um ano de estados diferentes. E ainda, se as palavras ditas e ouvidas durante um sonho com duração de um minuto foram coletadas juntas, para que possam ser ditas e ouvidas no mundo desperto, um dia ou até mais, seria necessário. Isso significa que um único período do tempo é relativo; pode parecer como um dia para uma pessoa e como um ano para outra.

Considere o significado disso por meio de uma comparação. Vamos imaginar um relógio que mede a velocidade do movimento exibido pelo homem com balas de canhão, som, luz, eletricidade, espírito e imaginação. O relógio tem dez ponteiros. Um mostra as horas, enquanto outro conta os minutos em uma esfera de sessenta vezes maior. Outro ponteiro conta os segundos em uma esfera sessenta vezes maior do que o anterior, e ainda outros cada um conta regularmente diminuindo frações de um décimo de segundo em vastas esferas que aumentam regularmente sessenta vezes.

Vamos supor que os círculos descritos pelo ponteiro que conta as horas foram do tamanho do nosso relógio, de modo que o ponteiro que conta os décimos de um segundo teria que ser do tamanho da órbita anual da Terra, ou mesmo maior. Agora, vamos supor que existem duas pessoas. Uma delas montada sobre o ponteiro das horas e observa de acordo com o seu movimento, enquanto a outra está no ponteiro de contagem de décimos de segundo. Haverá uma diferença enorme, tão grande como a relação entre o nosso relógio e a órbita anual da Terra, no que diz respeito às coisas observadas por estes dois indivíduos no mesmo período de tempo.

Assim, uma vez que, o tempo é como um matiz, sombra, ou fita de movimento, uma regra que está em vigor em movimento também está em vigor no tempo. E assim, embora as coisas que observamos no período de uma hora seriam iguais em quantidade observadas pelo indivíduo consciente montado no ponteiro das horas do relógio, como o montado no ponteiro da contagem dos décimos de um segundo, o Nobre Mensageiro de Allah (Allah o abençoe e lhe dê paz) montado no Buraq da Assistência Divina e no mesmo espaço de tempo da hora especificada, como um relâmpago atravessou toda a esfera da contingência, viu as maravilhas dos aspectos exteriores de coisas e os aspectos que olham ao seu Criador, subiu ao ponto da esfera da necessidade, foi homenageado com a conversa Divina e favorecido com a visão da beleza Divina, recebeu seu decreto, e voltou ao seu dever. Era possível que isso aconteça, e isso aconteceu.

E mais uma vez vem à mente que você diria: "Sim, isso poderia acontecer, é possível. Mas tudo que é possível não ocorre, não é? Há algo mais semelhante a este de modo que possa ser aceito? Como é possível a ocorrência de algo para o qual não há casos semelhantes postulados por apenas probabilidade? "

Para que gostaríamos de responder: Há tantos casos semelhantes a isso que não podem ser enumerados. Por exemplo, qualquer pessoa que possua visão pode ascender com os olhos do chão para o planeta Netuno em um segundo. Qualquer pessoa que tenha conhecimento pode montar as leis da astronomia com seu intelecto e viajar além das estrelas em um minuto. Quem tem crença pode, com a montagem de seu pensamento sobre a ação e os pilares da salat, por uma espécie de Ascensão, deixar o universo para trás e ir tão longe quanto a presença Divina. Quem vê com o coração e todo santo de perfeição pode, por sua jornada espiritual, atravessar em 40 dias o Trono Divino e a esfera dos Nomes e atributos Divinos. E certas pessoas, até mesmo, como Chaikh Geilani e Imam-i Rabbani, sinceramente gravaram suas ascensões espirituais, tão longe quanto o Trono, que durou um minuto.

Além disso, há o ir e vir dos anjos, que são corpos luminosos, do Trono Divino para a terra e da terra para o Trono em um curto período de tempo. E o povo do Paraíso ascende aos jardins do Paraíso da planície da ressurreição em um curto espaço de tempo. Claro, esses muitos exemplos demonstram que é pura sabedoria, completamente racional, e uma corrência sobre a qual não pode haver dúvida de que a pessoa de Mohammad (Allah o abençoe e lhe dê paz), que é o Senhor de todos os santos, o líder de todos os crentes, a cabeça das pessoas do Paraíso, e é aceito por todos os anjos, deve ter tido uma ascensão que era o meio de jornada espiritual, e que deveria ter sido de uma forma adequada à sua classificação.

TERCEIRO PRINCÍPIO

Qual foi a sabedoria da Ascensão?

A Resposta: A sabedoria da Ascensão é tão exaltada que o pensamento humano não pode compreendê-la. É tão profunda que o pensamento humano não pode alcançá-la, e tão sutil e fina que o intelecto não pode vê-la por si só. Mas mesmo se a realidade dos exemplos de sabedoria na Ascensão não pode ser compreendida, a sua existência pode ser conhecida pelas determinadas indicações, como se segue: A fim de demonstrar a luz da sua unicidade e a manifestação de Sua unidade nestes níveis de multiplicidade, o Criador do universo escolheu um indivíduo eminente para representar todas as criaturas, e levou-o por meio de uma ascensão que era como um elo a partir dos níveis mais distantes de multiplicidade para a fonte da unidade. Lá, dirigindo-Se a ele como representante de todos os seres conscientes, explicou-lhe os propósitos Divinos e os fez conhecidos por ele, e observado por meio de seu olhar a beleza de sua arte e perfeição de Sua Soberania nos reflexos de Suas criaturas, e fez com que ele as observasse.

Além disso, de acordo com o testemunho de Suas obras, o Criador do mundo possui infinita beleza e perfeição. As duas, tanto a beleza como a perfeição, são amadas por si mesmas. Sendo assim, o Possuidor daquela beleza e perfeição tem um amor infinito por elas, e Seu infinito amor se manifesta de muitas maneiras diferentes em Suas obras de arte. Ele ama as Suas obras de arte, porque vê Sua beleza e perfeição dentro delas.

As mais amáveis e elevadas entre as obras de arte são os seres animados. Os mais amáveis e elevados entre os seres animados são os seres conscientes. E por causa da sua abrangência, os mais amáveis entre os seres conscientes podem ser encontrados entre os seres humanos. O indivíduo mais amável entre os seres humanos é o que mais desenvolveu plenamente a sua potencialidade e exibiu as amostras no seu interior das perfeições manifestas em todas as criaturas e espalhadas entre eles.

Assim, a fim de ver em um ponto e em um espelho todas as variedades de Seu amor se espalhar por todas as criaturas e mostrar, através do mistério da Sua Unidade, todas as variedades de Sua beleza, o Criador dos seres tomará uma pessoa que está no grau de ser uma fruta luminosa da árvore da criação e cujo coração é como uma semente que contém as verdades essenciais da árvore, e demonstrará a relação de amor daquele indivíduo, que representa o universo, por uma ascensão que é como um fio que liga a semente, que está na origem, com o fruto, que é o fim. Ele vai chamá-lo à Sua presença e honrá-lo com a beleza da visão de Si Mesmo. E, para levá-lo a espalhar esse estado sagrado aos outros, Ele irá favorecê-lo com a Sua Palavra e confiar-lhe a sagacidade de Seu decreto.

A fim de olhar para essa sabedoria exaltada, vamos observá-la com telescópio de duas comparações.

Primeira Comparação: Como é explicado em detalhe na história de comparação de preços na Décima Primeira Palavra, havia um rei ilustre que tinha grandes tesouros e nesses tesouros muitas variedades de joias eram encontradas. Tinha muita habilidade em artesanato estranho, o conhecimento abrangente de inúmeras artes mágicas, e a erudição e a prendizagem em inúmeras ciências maravilhosas. De acordo com o mistério que cada possuidor de beleza e perfeição quer tanto ver e mostrar sua beleza e perfeição é claro que o rei hábil pretendia abrir uma exposição e se exibir dentro dela, a fim de revelar ao povo o esplendor de sua soberania para que eles possam olhá-lo e manifestar tanto o brilho de sua riqueza, as maravilhas da sua arte e as maravilhas de seu conhecimento. Desta forma, ele pode observar a sua própria beleza transcendente e a perfeição em dois aspectos. O primeiro para que ele mesmo possa ver com seus próprios olhos, que estão cientes da realidade, enquanto o outro para que ele possa olhar por meio do olhar dos outros.

Como consequência desta sabedoria, ele começou construir um enorme e esplêndido palácio. Foi magnificamente dividido em apartamentos e mansões. Adornou-o com todo tipo de tesouro de joias de seus cofres, e com os melhores e as mais belas artes de sua própria obra. Ordenou-o com os maiores requintes de seu conhecimento e ciência, e enfeitou-o e o completou com as obras miraculosas de sua aprendizagem. Em seguida, espalhou mesas com variedades de graças e os mais deliciosos alimentos dignos de cada grupo e preparou um banquete geral. Em seguida, a fim de mostrar as suas perfeições aos seus súditos, convidou-os para o banquete e para contemplar as perfeições.

Então, ele nomeou um deles como o mais alto posto geral, convidou-o a partir dos níveis mais baixos e das moradas de passar esfera após esfera os níveis crescentes um após o outro. Mostrando-lhe as máquinas sucessivas e as oficinas de sua arte maravilhosa e os armazéns do produto vindo de baixo, levou-o para sua própria esfera particular e seu apartamento privado. Lá, ele o honrou mostrando-lhe a pessoa abençoada que foi a fonte de todas essas perfeições e de levá-lo a sua presença. Ele informou-o sobre a verdadeira natureza do palácio e de suas próprias perfeições. Apontou-o como guia para os outros espectadores e mandou-o de volta. Ele foi descrever ao povo o construtor do palácio por meio de seu conteúdo, suas inscrições, e maravilhas, e informar aqueles que entraram no palácio os significados alusivos das inscrições dentro dele, o que as obras de arte significavam, e que o desenvolvimento harmonioso, as inscrições bem proporcionadas e as obras de arte em seu interior eram, e como eles apontavam as perfeições e as habilidades do dono do palácio. Ele também foi para ensinar-lhes o comportamento correto e as formalidades em ver a exposição e descrever o protocolo e as cerimônias que estavam de acordo com o prazer e os desejos do rei intelectual e hábil, que não apareceu.

Exatamente da mesma maneira, [848]﴿وَلِلّٰهِ الْمَثَلُ الْأَعْلٰى﴾, o Todo-Glorioso Criador, Que é o Monarca da Pré-Eternidade e Pós-Eternidade, desejava ver e mostrar Suas perfeições infinitas e beleza sem limites. Então, Ele fez este mundo de tal maneira que cada ser expressa Suas perfeições com inúmeras línguas e aponta para Sua beleza com muitos sinais. O universo mostra por todos os seus seres os muitos tesouros imateriais escondidas em todos os Seus Mais Belos Nomes e as muitas sutilezas veladas em todos os Seus títulos sagrados. E mostra isso de tal maneira que, embora desde o tempo de Adão, todas as ciências, juntamente com todas as suas leis têm estudado este livro do universo, apenas uma pequena proporção de significados e sinais do livro, que estabelece e aponta para os Nomes e as perfeições Divinas, foram lidas.

Assim, a sabedoria e a beleza do Todo-Glorioso, o Todo-Belo de Glória, o Perfeito Criador, Quem abre o palácio do mundo como se fosse uma exposição, a fim de ver e mostrar a Sua própria beleza transcendente e perfeição exige que Ele deva informar alguém do significado dos sinais do palácio, para que não permaneçam em vão e sem benefício para os seres conscientes na Terra. Sua sabedoria exige que Ele deva fazer com que um deles viaje nos mundos superiores, que são as fontes das maravilhas no palácio e são os tesouros de seus resultados; que Ele deve elevá-lo acima de todos os outros, honrá-lo com Sua presença e levá-lo para visitar os mundos da vida após a morte, confiar-lhe inúmeras funções, como professor de todos os Seus servos, arauto da soberania de Sua soberania, locutor dessas coisas que Lhe são agradáveis, e expositor dos sinais da criação no palácio do mundo; que Ele deve marcar a sua preeminência, conferindo-lhe as decorações de milagres, e dar a conhecer por um decreto, como o Alcorão que essa pessoa é o intérprete pessoal verdadeiro do Todo-Glorioso.

Assim, a título de exemplo, temos demonstrado com o telescópio da presente comparação de um ou dois dos muitos exemplos de sabedoria na Ascensão. Outros podem ser pensados da mesma maneira.

Segunda Comparação: Se uma pessoa experiente e hábil fosse compor e escrever um livro milagroso, e em todas as páginas do livro houvesse tantas verdades que preenchessem uma centena de livros, e em todas as suas linhas houvesse muitos significados sutis que fossem preencher uma centena de páginas, e em todas as suas palavras tantas verdades que completassem uma centena de linhas, e em todas as suas letras muitos significados que preenchessem uma centena de palavras, e se todos os significados e todas as verdades do livro fossem olhar e apontar para as perfeições transcendentes de que expõe o seu milagroso escritor, ele certamente não deixaria tal tesouro inesgotável fechado e, portanto, inútil. Ele certamente iria ensiná-lo aos outros, para que o livro tão valioso não fosse permanecer sem sentido e em vão, e suas próprias perfeições ocultas se tornassem aparentes e encontrassem sua perfeição, e sua beleza transcendente fosse vista; e assim, ele também deveria ser aprazido, e deveria fazer-se amado. Além disso, ele faria com que alguém chegasse ao fim desse maravilhoso livro da primeira à última página e lhe ensinaria todos os seus significados e verdades para que a pessoa, então, os ensinasse a outras pessoas.

Exatamente da mesma maneira, a fim de mostrar Suas perfeições, a Sua beleza, e as verdades de Seus Nomes, o Escritor Pré-Eterno escreveu o universo de tal forma que todos os seres estabelecem e afirmam Suas perfeições infinitas, Nomes e atributos, juntamente com Suas inúmeras facetas e aspectos. É claro que, se o significado de um livro continua a ser desconhecido, o seu valor é reduzido a nada. No entanto, um livro como o universo, cada palavra contém milhares de significados, não pode perder o seu valor ou ter sido feito em vão.

Sendo assim, o Autor do livro vai certamente torná-lo conhecido e explicar uma parte dele para cada grupo de acordo com a sua capacidade. Ele instruirá em todos os conteúdos do livro o indivíduo que tem a mais extensa e abrangente visão, a consciência mais universal, e a maior capacidade. A sabedoria exige que Ele deva levar o indivíduo a uma viagem sublime, a fim de ensinar-lhe todo o conteúdo do livro e as suas verdades universais. Isto é, Ele deve levá-lo a viajar do extremo mais baixo dos níveis de multiplicidade, que é a primeira página, para a esfera da unidade Divina, que é a página final. Assim, por meio desta comparação, você pode olhar para uma extensão nos casos exaltados de sabedoria na Ascensão.

Agora, vamos considerar o ateu que está ouvindo, e, observando o seu coração, vamos conhecer o estado em que se encontra e por isso vem à mente que seu coração possa dizer: "Eu comecei a acreditar nele agora, mas eu ainda não tenho uma compreensão clara do mesmo. Tenho três dificuldades mais importantes:

"**A Primeira**: Por que esta poderosa Ascensão especial para Mohammad o árabe?"

"**A Segunda**: Como ele é a semente do universo? E você diz que o universo foi criado a partir de sua luz, e também que ele era o seu mais distante e mais iluminado fruto. O que isso significa?

"**A Terceira**: Em suas explicações acima você diz que ele fez a sua Ascensão, a fim subir para o reino celestial e ver as máquinas e oficinas das obras de arte encontradas no reino da terra, e os tesouros de seus resultados. O que isto significa?"

A Resposta:

Sua primeira dificuldade: Foi analisado em detalhe nas primeiras Trinta Palavras, então aqui nós devemos estabelecer uma lista concisa indicando brevemente as perfeições de Mohammad (Allah o abençoe e lhe dê paz), os sinais de sua missão profética, e o fato de que ele era o mais digno para fazer a Ascensão. É como se segue:

Em primeiro lugar: Apesar das inúmeras corrupções nos textos das Sagradas Escrituras como a Torá, os Evangelhos e os Salmos, nos últimos tempos, até mesmo, um estudioso exigente como Hussain Jisri extraiu cento e quatorze boas novas da Missão Profética de Mohammad (Allah o abençoe e lhe dê paz), que ele apresentou em seu Risale-i Hamidiye.[849]

Em segundo lugar: Ficou provado historicamente que havia muitas previsões exatas da profecia de Mohammad (Allah o abençoe e lhe dê paz), como os dos dois adivinhos Shiqq e Satih, que, algum tempo antes de sua missão profética, deram notícias dele e o fato de que ele era para ser o último Profeta.[850]

Em terceiro lugar: Havia centenas de acontecimentos extraordinários, famosos na história, chamados irhasat, isto é, sinais alertando os homens de uma vinda de profeta, como, por exemplo, na noite do nascimento de Mohammad, (Allah o abençoe e lhe dê paz) os ídolos na Caaba ruíram de seus lugares e o famoso Palácio de Khosroé o persa rachou e roeu.[851]

Em quarto lugar: A história e as biografias do Profeta mostram que ele satisfez a sede de um exército com água que fluiu de seus dedos, que na presença de uma grande congregação na mesquita, o suporte de madeira seca contra o qual Mohammad (Allah o abençoe e lhe dê paz) estava se inclinando gemeu como um camelo e chorou ao ser separado dele quando ele subiu ao púlpito, e que ele se distinguia por quase mil milagres atestados pelos versículos do Alcorão, tais como:[852] ﴿ وَ انْشَقَّ الْقَمَرُ ﴾ referindo-se à divisão da lua, e verificado por aqueles que os investigaram.

Em quinto lugar: Qualquer um que considera os fatos e é justo e imparcial não pode hesitar em concordar que, como é acordado por unanimidade pelos amigos e inimigos, boas qualidades morais podiam ser encontrados no mais alto grau em sua personalidade, e que, de acordo com o testemunho de todos os seus negócios e as suas ações, atributos e caráter de maior excelência eram aparentes no caminho em que cumpriu suas funções e proclamou o Islam, e, de acordo com as boas qualidades e condutas prescritas pela religião do Islam, virtudes louváveis da mais alta ordem vieram a ser encontradas na lei que ele trouxe.

Em sexto lugar: Como é mencionado na Segunda Indicação da Décima Palavra, é uma exigência de sabedoria que a Divindade se manifeste. E este desejo da Divindade se manifestar é atendido no nível mais alto e mais brilhante pela adoração abrangente realizada por Mohammad (Allah o abençoe e lhe dê paz) na prática de sua religião. Além disso, a sabedoria e a verdade exigem que o Criador do mundo mostre Sua beleza em Sua perfeição absoluta por alguns meios. E aquele que conheceu esse desejo, e exibiu e descreveu Sua beleza mais perfeita foi evidentemente a pessoa de Mohammad (Allah o abençoe e lhe dê paz).

Foi também claramente Mohammad (Allah o abençoe e lhe dê paz), que, em resposta ao desejo do Criador do mundo de expor e atrair olhares atentos para com a Sua arte perfeita dentro de infinita beleza, anunciou aquela arte com a voz mais alta.

Novamente foi necessariamente Mohammad (Allah o abençoe e lhe dê paz) que, em resposta ao desejo do Senhor do Universo de proclamar Sua unicidade nos níveis de multiplicidade, anunciou todos os graus de unicidade, cada um ao nível máximo de unicidade.

E, como é indicado pela beleza absoluta de seres e, como é exigido pela verdade e sabedoria, o Dono do mundo deseja ver e exibir em espelhos, Sua infinita e essencial beleza e as sutilezas e as qualidades de Seu requinte. E novamente foi evidentemente Mohammad (Allah o abençoe e lhe dê paz), que, em resposta a esse desejo, agiu como um reflexo e exibiu Sua beleza da forma mais radiante, e adorou-O e o fizeram outros.

Além disso, em resposta ao desejo do Criador do palácio deste mundo de expor Seus tesouros escondidos, que são preenchidos com os milagres mais maravilhosos e as joias de valor inestimável, e por meio deles descrever e dar a conhecer Suas perfeições, foi novamente o próprio Mohammad (Allah o abençoe e lhe dê paz) que exibiu, descreveu, e expos da forma mais abrangente.

Além disso, uma vez que o Criador do universo o fez de tal maneira que o adornou com diferentes variedades de maravilhas e enfeites e incluiu criaturas conscientes para que possam fazer passeios e excursões e refletir sobre ele e tirar lições, a sabedoria exige que Ele deva dar a conhecer os significados e o valor das obras de arte para aqueles que observam e refletem sobre eles. E foi novamente o próprio Mohammad (Allah o abençoe e lhe dê paz), que, em resposta a este desejo do Criador do universo, por meio do Alcorão Sagrado, atuou como guia da forma mais abrangente para gênios e humanos, de fato, seres espirituais e anjos.

Além disso, o Onisciente Senhor do Universo deseja, por meio de um emissário, fazer com que todos os seres conscientes desvendam o talismã obscuro contendo os objetivos e propósitos da mudança e das transformações no universo e resolver o enigma das três perplexas perguntas: "De onde os seres vieram?", "Para onde estão indo?", e "Que são eles?" E novamente foi o próprio Mohammad (Allah o abençoe e lhe dê paz) que, em resposta a este desejo do Todo-Sábio Governante, por meio das verdades do Alcorão, desvendou o talismã e resolveu o enigma da forma mais clara e mais abrangente.

Além disso, o Criador Todo-Glorioso do universo deseja fazer-Se conhecido por seres conscientes por meio de todos os seus artefatos finos e fazê-los amá-Lo por todas as suas preciosas generosidades, e, certamente, para dar a conhecer a eles por meio de um enviado, Seus desejos e o que vai agradá-Lo em retorno pelas generosidades. E novamente, foi o próprio Mohammad (Allah o abençoe e lhe dê paz) que, em resposta a este desejo do Todo-Glorioso Criador, por meio do Alcorão, expôs esses desejos e coisas que agradam a Ele na forma mais exaltada e perfeita.

Além disso, uma vez que, o Senhor do Universo deu ao homem, que é o fruto do universo, uma disposição abrangente que engloba o universo e preparou-o para o culto universal, e por causa de suas faculdades e sentidos, a multiplicidade e o mundo afligem o homem, o Senhor deseja mudar o rosto do homem da multiplicidade para a unicidade, da transitoriedade para a permanência. E novamente foi o próprio Mohammad (Allah o abençoe e lhe dê paz), que, em resposta a esse desejo, por meio do Alcorão, atuou como guia da forma mais abrangente e completa, e da melhor maneira, e realizou o dever de profecia da maneira mais perfeita.

Entre os seres, os mais superiores são os seres animados, e entre os seres animados os mais superiores são os seres conscientes, e entre os seres conscientes os mais superiores são os verdadeiros seres humanos. Assim, aquele dentre os verdadeiros seres humanos que realizaram os deveres acima mencionados ao nível mais abrangente e da maneira mais perfeita subiria por uma ascensão abrangente à distância de dois comprimentos de arco, bateria à porta da felicidade eterna, abriria o tesouro da Misericórdia, e veria as verdades ocultas de crença. Mais uma vez seria ele.

Em sétimo lugar: Como é fácil ver, os seres são feitos belos com o maior grau de fino embelezamento e adorno. Tal embelezamento e adorno demonstram claramente que o seu Criador possui uma vontade muito forte para fazer bonito e intenção de enfeitar. A vontade de fazer bonito e adornar demonstra que o Criador, necessariamente, possui um forte desejo e amor sagrado pela Sua arte. E entre os seres aquele que exibe em si mesmo as maravilhas mais abrangentes e sutis de arte, e o conhecia e os fez conhecidos e amados, e ele mesmo amou, e que apreciava que as belezas fossem encontradas em outros seres, declarando: Machallah "Que maravilhas Allah quis!", e foi mais amado aos olhos de seu Criador, que nutre e ama sua arte, iria certamente ser ele.

Assim, aquele que faz soar os céus e fez tremer o universo com a melodia do Alcorão, e através de admiração, apreço, contemplação, exibição, menção dos Nomes Divinos e a afirmação da unidade Divina que faz aquele que declara: *Subhanallah*[853], *Machallah*[854], *Allahu Ákbar*[855], na face da êxtase, é novamente Mohammad, o confiável, ele próprio (Allah o abençoe e lhe dê paz).

E assim, de acordo com os significados de[856] السَّبَبُ كالفَاعِلِ , e a pura verdade e sabedoria que aquele em cujas escalas será encontrado o equivalente a todas as boas ações praticadas por sua comunidade e cujas perfeições espirituais acrescentadas a todas as bênçãos de toda a sua comunidade, e quem, como resultado das funções que ele exerceu em sua mensagem, recebeu recompensa imaterial e emanações ilimitadas de misericórdia e amor Divino, avançaria pela escada da Ascensão, tão longe quanto o Paraíso, a árvore de Lótus, o limite mais distante, o Trono Divino, e a distância de dois comprimentos de arco é a pura verdade e a essência da sabedoria.

Sua segunda dificuldade: Ó você que está ouvindo! Esta segunda verdade que você fez difícil é tão profunda e exaltada que a mente não consegue alcançar, nem se aproximar dela. Ela só pode ser vista com a luz da fé. No entanto, o fato de que essa verdade existe pode ser trazida para perto do entendimento por meio de alegorias e comparação. Nesse caso, vamos tentar fazer isso da seguinte forma:

Assim, quando o universo é considerado do ponto de vista da sabedoria, é visto ter o significado de uma grande árvore. Pois, assim como uma árvore tem galhos, folhas, flores e frutos, portanto, neste mundo inferior, que é uma parte da árvore da criação, há elementos que são como os seus ramos; plantas e árvores, que são como as folhas; animais, que são como suas flores; e o homem, que é como o fruto.

Além disso, o Nome Divino de todos os sábios exige que a lei do Todo-Glorioso Criador que está em vigor em árvores geralmente também estará em vigor na grande árvore da criação. Sendo assim, a sabedoria requer que a árvore da criação também seja formada a partir de uma semente, e essa semente que contém os fundamentos e princípios de outros mundos além do mundo físico, porque a semente fundamental e original do universo, que compreende milhares de mundos diferentes, não pode ser um pedaço de matéria dessecada.

Uma vez que, antes da árvore do universo não havia nenhuma árvore da mesma espécie, é também uma exigência do Nome do Todo-Sábio que aquele significado e luz, que são como uma fonte e semente para ela, deve ser revestida com as vestes de um fruto na árvore do universo. Uma vez que, uma semente não pode ficar permanentemente sem roupa; e no início da criação não estava vestida com a veste de uma fruta, seria certamente vestida nele no final. E já que a fruta é a humanidade; e, como foi provado acima, a fruta mais famosa e o resultado sublime dentre a humanidade, atraindo a atenção de todos e confinando para si mesmo o olhar de um quinto da humanidade, e com suas qualidades morais e espirituais fez o mundo considerá-lo tanto com os sentimentos de amor ou de admiração, é a Pessoa de Mohammad (Allah o abençoe e lhe dê paz), mais certamente, luz, que era a semente da qual o universo foi formado, ficaria vestida de corporeidade em sua pessoa e aparece sob a forma de um fruto final.

Ó ouvinte! Não considere improvável que esse estranho e poderoso universo é criado a partir da essência particular de um ser humano! Por que o Todo-Poderoso da Glória, Que cria uma enorme árvore de pinheiro, um tipo do mundo, a partir de uma semente do tamanho de um grão de trigo, não criaria o universo de "Luz de Mohammad" (Allah o abençoe e lhe dê paz)?[857] Por que Ele não seria capaz de fazê-lo?

Uma vez que, como a Árvore de Tuba, a árvore do universo tem as suas raízes e seu tronco acima e os galhos abaixo, há uma linha luminosa conectando o nível da fruta abaixo à da semente original. Assim, a Ascensão é o revestimento e forma a linha de ligação, a maneira que Mohammad (Allah o abençoe e lhe dê paz) abriu. Ele passou por sua santidade, voltou por meio da sua mensagem, e deixou a porta aberta. Os santos de sua comunidade seguiram depois dele, viajaram por essa estrada luminosa com o coração e o espírito na sombra da Ascensão do Profeta, e de acordo com suas habilidades, alcançaram postos elevados.

Além disso, como foi provado acima, o Criador do universo o fez e adornou na forma de um palácio para os objetivos demonstrados na resposta à Primeira Dificuldade.

Uma vez que, Mohammad (Allah o abençoe e lhe dê paz) foi o meio de todos esses objetivos serem realizados, ele deve ter sido recompensado com favor pelo Criador do universo antes de o universo ter sido criado, ele deve ter sido o primeiro a receber a Sua manifestação, já que o resultado e o fruto de uma coisa são considerados em primeiro lugar. Ou seja, a existência material em último e o significado em primeiro lugar. No entanto, uma vez que, Mohammad (Allah o abençoe e lhe dê paz) foi tanto o fruto mais perfeito, os meios de todas as outras frutas que adquirem valor, os meios de todos os objetivos que se manifestam, sua luz deve ter recebido a primeira manifestação da criatividade.

Sua Terceira Dificuldade: Isso é tão extenso que aqueles que, como nós, com mentes estreitas não conseguem contê-lo e compreendê-lo. No entanto, podemos olhar para ele de longe.

Sim, as oficinas imateriais e leis universais do mundo inferior encontram-se nos mundos superiores. E os frutos das ações dos gênios e dos humanos e os resultados das ações de todas as inumeráveis criaturas na terra, que são uma exposição de obras de arte, também estão representados nos mundos superiores. Além disso, grande número de sinais e o testemunho de muitos relatos mostram que as boas ações tomarão a forma dos frutos do Paraíso e as más ações sob a forma de alimentos amargos do Inferno. A sabedoria na criação e o Nome Divino do Todo-Sábio exigem isto e o Alcorão Sagrado indica isso.

Com certeza, a multiplicidade na face da terra é tão difundida e a criação tão ramificada que suas espécies de criaturas e as classes de seres são muito mais numerosas do que todos os seres dispersos por todo o universo. Em um estado de constante mudança, eles enchem a terra e são esvaziados a partir dela. Assim, as fontes e minas da multiplicidade e estas informações são leis e manifestações universais dos Nomes Divinos.

Essas leis e as manifestações universais dos Nomes que englobam tudo são, em certa medida, puras e indiferenciadas e cada uma forma um céu que é como o Trono e o teto de um mundo e de seu centro de direção. Um desses mundos é o Paraíso, o Jardim de Permanência na árvore de Lótus do limite mais distante. É estabelecido por contas dadas pelo Comunicador Veraz (Allah o abençoe e lhe dê paz) que o louvor e a glorificação na terra toma a forma dos frutos daquele Paraíso.[858] Assim, esses três pontos mostram que os tesouros dos resultados e as frutas produzidas sobre a terra estão lá, no céu, e que as culturas e produtos desses resultados e frutas também voltam lá.

Não diga: "Como pode ser que as minhas palavras: Alhamdulillah 'Louvado seja Allah!', que são formadas apenas de ar, devem tornar-se um fruto corpóreo do Paraíso?", porque, às vezes, durante o sonho, você come na forma de uma deliciosa maçã uma boa palavra que pronunciou durante o dia enquanto acordado. E às vezes você come à noite na forma de algo amargo, uma palavra feia que você pronunciou durante o dia. Se você difamar e caluniar, é como comê-los na forma de carne podre. Nesse caso, as boas palavras e as palavras feias que você diz no sono deste mundo, você comerá na forma de frutas no mundo do além, que é o mundo da consciência. Você não deve considerar improvável que vai comê-los.

QUARTO PRINCÍPIO

Quais são os frutos e benefícios da Ascensão?

A Resposta: Vamos mencionar apenas cinco, a título de exemplo, dos mais de quinhentos frutos da Ascensão, que tem o significado da Árvore da Tuba.

PRIMEIRO FRUTO

Este fruto tem trazido para o universo e para a humanidade um tesouro, um presente da Luz pré-eterna e pós-eterna, que é o de ver com os olhos as verdades dos pilares da fé e eis que contemplam os anjos, o Paraíso, a Outra Vida, e mesmo o Todo-Glorioso. Ele ergue o universo a partir de um estado imaginário da miséria, transitoriedade e desordem e, pela Luz e das frutas mostra a sua realidade, que consiste de missivas sagradas do Eternamente Procurado e ser um belo reflexo para a beleza da unidade Divina. Ele fez feliz e satisfeito o universo e todos os seres conscientes.

Além disso, por esta Luz e este fruto sagrado, ele mostra que o ser humano não é apenas desnorteado, miserável, impotente, empobrecido, com necessidades infinitas e inúmeros inimigos efêmeros e impermanentes, mas é como o estado de desorientação; ele mostra o homem em sua verdadeira forma de ser um milagre do poder do Eternamente Procurado "no mais excelente dos padrões", uma cópia completa de missivas do Eternamente Procurado, um dos destinatários do Monarca Pré-Eterno e Pós-Eterno, o servo especial, o admirador e amigo de Suas perfeições, o amante perplexo com Sua beleza, e um convidado amado nomeado para o Paraíso eterno. Ele preencheu todos os seres humanos que são verdadeiros seres humanos com infinita alegria e infinita saudade.

SEGUNDO FRUTO

Este fruto tem trazido para gênios e humanos um presente os fundamentos do Islam, e em primeiro lugar da salat,[859] que constituem as coisas agradáveis para o Senhor, o Governador da Pré-Eternidade e Pós-Eternidade, Que é o Criador dos seres, Proprietário do universo, e Senhor do Universo. Descobrir as coisas que agradam a Ele traz tanta felicidade que não pode ser descrita. Quão ansioso está todo o mundo para descobrir, de longe, os desejos de um benfeitor generoso poderoso ou rei, e se eles descobrirem, quão felizes eles ficam. Dizem com saudade: "Se ao menos houvesse algum meio pelo qual eu pudesse me comunicar com esse personagem diretamente. Se eu pudesse aprender o que ele quer de mim. Se eu soubesse o que agradaria a ele que eu pudesse fazer."

O homem, então, deve entender o quão necessário estar desejoso e ansioso descobrir os desejos e o prazer do Governador da Pré-Eternidade e Pós-Eternidade. Uma vez que, todos os seres estão ao alcance do Seu poder, e a beleza e perfeição de serem encontradas em todos os seres são apenas pálidas sombras em relação à Sua beleza e perfeição, e sendo por Ele necessitados de inúmeras maneiras, o homem constantemente recebe um número incontável de Suas generosidades.

Assim, como um fruto direto da Ascensão, Mohammad (Allah o abençoe e lhe dê paz) ouviu com absoluta certeza o que é que agrada ao Monarca da Pré-Eternidade e Pós-Eternidade, atrás de setenta mil véus, e ao retornar, trouxe-o como um presente para a humanidade.

Na verdade, quão curioso está o homem para conhecer as condições na lua. Se alguém fosse lá ir e voltar trazendo notícias dela, pelo auto sacrifício que ele iria mostrar, e por compreender as condições de lá, seria tratado com admiração e curiosidade. Mas a lua é simplesmente um passeio no domínio de um Senhor de tal domínio que circunda o globo da terra como mosca, e o mundo voa em torno do sol como uma mariposa, enquanto o sol é uma lâmpada entre milhares e é apenas uma vela em uma casa de hóspedes do Glorioso Senhor de todo o domínio.

Assim, Mohammad (Allah o abençoe e lhe dê paz) viu as obras e maravilhas da arte e dos tesouros da misericórdia no reino eterno deste Todo-Glorioso, e voltou e informou a humanidade. E assim, se a humanidade não ouvi-lo com admiração completa, curiosidade e amor, você pode entender quão contrário à razão e à sabedoria é a sua atitude.

TERCEIRO FRUTO

Mohammad (Allah o abençoe e lhe dê paz) viu o tesouro da felicidade eterna, obteve suas chaves, e trouxe-as como um presente para os gênios e os humanos. Sim, pela Ascensão, viu o Paraíso com seus próprios olhos e testemunhou as manifestações eternas da misericórdia do Todo-Glorioso e Misericordioso, ele entendeu a felicidade eterna com certeza absoluta e total e trouxe como presente para gênios e humanos a boa notícia de sua existência.

Se os gênios e os humanos miseráveis imaginarem-se e todos os seres estarem na situação da alma ardente de um mundo instável entre as perturbações da morte e da separação, que está sendo derramado com a inundação de tempo e o movimento de partículas nos oceanos da não existência e separação eterna, não pode ser descrito como precioso e inspirar tal boa notícia nos ouvidos dos gênios e humanos efêmeros, que assim deveriam ser condenados à aniquilação eterna. Se, no momento em que ele está a ser executado e enviado para a não existência, o homem é perdoado e dado um palácio em proximidade com o rei, que grande alegria este lhe causaria. Assim, reunir-se toda essa alegria e felicidade para o número de gênios e humanos e, em seguida, avaliar esta boa notícia.

QUARTO FRUTO

Assim como ele provou o fruto da visão da beleza Divina, de modo que ele trouxe para gênios e humanos o dom deste fruto ser atingível por todos os crentes. Você pode entender a partir da seguinte forma deliciosa, agradável e requintada fruta que é isso.

Todo mundo da percepção fina ama aquele que possui beleza e perfeição e é benevolente, e seu amor aumenta proporcionalmente aos seus graus; atinge o grau de adoração e um campo com o que sacrificaria sua própria vida. Ao ver aquela pessoa apenas uma vez, o seu amor se tornou tal, que ele sacrificaria o mundo. No entanto, em relação à beleza, perfeição e benevolência de Allah Todo-Poderoso, a beleza, a perfeição e a benevolência de todos os seres não são o equivalente até mesmo a algumas faíscas minúsculas em relação ao sol. Ou seja, se você é um verdadeiro ser humano, você pode entender quão deliciosa e fina uma fruta é, a felicidade e a alegria que ela traz para receber em eterna felicidade a visão do Todo-Glorioso da Perfeição: Quem é digno do amor sem limites, infinita saudade, e sendo contemplado eternamente.

QUINTO FRUTO

O homem sendo o fruto precioso do universo e o amado acariciado do Criador do Universo foi compreendido pela Ascensão, e ele trouxe esse fruto para gênios e humanos. Esse fruto eleva o homem, uma criatura insignificante, um animal fraco, um ser consciente, impotente, para um grau elevado de orgulho acima de todos os seres do universo. Ele dá ao homem prazer indescritível e felicidade prazerosa. Uma vez que, se é dito a um ordinário soldado: "Você foi promovido ao posto de marechal de campo", quão feliz ele seria. Mas o homem é um miserável, impotente e efêmero 'animal racional' que constantemente sofre os golpes da morte e da separação. Se, então, ele é informado de que não só, ele fará excursões e passeios com a velocidade da imaginação e da amplitude do espírito em um eterno interminável Paraíso dentro da mercê de um Todo Compassivo e Generoso Misericordioso, e viajará na mente em conformidade com todos os desejos de seu coração em ambas as dimensões exteriores de coisas e essas dimensões que parecem diretamente para o seu Criador, mas que ele também contemplará a visão da beleza Divina em eterna felicidade, você pode imaginar o que é uma alegria profunda e verdadeira felicidade um ser humano que não tenha caído do nível da humanidade iria se sentir em seu coração.

Agora dizemos ao nosso ouvinte: Rasgue a camisa do ateísmo e jogue-a fora! Ouça com ouvidos crentes! Olhe com os olhos muçulmanos! Vamos mostrar-lhe com duas comparações curtas o grande valor em um ou dois outros frutos.

Por exemplo, você e eu estamos juntos em um determinado país. Nós vemos que tudo é hostil para nós e de um ao outro, e é estranho para nós. Em todos os lugares está cheio de cadáveres horríveis. Os sons a serem ouvidos são o choro dos órfãos e as lamentações dos oprimidos. Então, se alguém aparece quando estamos nessa situação trazendo boas notícias do rei do país que os seus súditos que eram estranhos para nós assumiram a forma de amigos e os inimigos se transformam em irmãos, e os cadáveres horríveis são vistos como adorando e louvando e glorificando em profunda humildade e submissão; e se o choro comovente torna-se louvor e exaltação e gritos de "Viva o rei", e as mortes e os saques e a pilhagem sejam transformados em desmobilizações e liberação do dever; e se juntarmos a alegria geral para a nossa própria alegria, você certamente entenderá quão alegre e feliz que a notícia é.

Assim, quando os seres do universo são considerados com o olho de desorientação, como eram antes da luz da fé, que é um fruto da Ascensão de Mohammad (Allah o abençoe e lhe dê paz), eles são vistos como estranhos, ameaçadores, problemáticos, terríveis, aterrorizantes corpos do tamanho de montanhas, enquanto a hora marcada é de cortar as cabeças das pessoas e lançá-las no abismo do eterno e interminável nada. Embora a desorientação interprete todas as vozes como sendo lamentações ocasionadas pela separação e morte, as verdades dos pilares da fé, que são frutos da Ascensão, mostram-lhe que, assim como os seres são irmãos e amigos seus e louvadores e glorificadores do Todo-Glorioso, assim são a morte e o falecimento de uma desmobilização e quitação de direitos; na realidade, essas vozes são todas glorificações de Allah. Se você deseja entender esta verdade em sua totalidade, você deve consultar a Segunda e a Oitava Palavras.

A Segunda Comparação: Você e eu estamos em um lugar parecido com um vasto deserto. Há uma tempestade de areia e a noite é tão negra que não podemos ver até mesmo nossas mãos. Se, de repente, sem um amigo ou protetor, com fome e sede, ficamos desesperados e sem esperança, uma pessoa estava a passar pela cortina de escuridão e se aproxima de nós trazendo um carro como um presente; e se ele nos coloca nele, em seguida, imediatamente nos instala em um lugar como o Paraíso onde o nosso futuro está seguro, comida e bebida pronta preparada, e onde temos um protetor mais gentil e simpático, você pode entender quão satisfeitos ficaríamos?

Assim, o grande deserto é a face deste mundo. O mar de areia consiste em seres e o homem miserável, que é lançado ao redor pela força da enchente de tempo e o movimento de partículas dentro de eventos. Todos os seres humanos veem o futuro com os olhos da desorientação, envoltos em escuridão terrível, e seus corações atormentados com a ansiedade. Eles sabem que ninguém pode fazer ouvir os seus gritos de socorro. Eles estão infinitamente com fome, infinitamente com sede.

No entanto, quando este mundo é visto em termos de coisas que agradam a Allah, que é um fruto da Ascensão; ou seja, ele é visto como a casa de hóspedes de alguém extremamente generoso, e os seres humanos são vistos como seus hóspedes e funcionários, e que o futuro seja tão delicioso quanto o Paraíso, tão doce quanto à misericórdia, tão brilhante quanto à felicidade, você entenderá quão requintadamente doce e delicioso o fruto é.

Neste ponto, a pessoa que está escutando diz: "Interminável louvor e graças a Allah Todo-Poderoso, por eu ter sido salvo do ateísmo e agora afirmar a Unidade Divina. Eu alcancei uma crença completa, eu ganhei crença perfeita."

E nós dizemos: "Irmão! Parabenizamos você. Que Allah, Exaltado seja, nos permita a intercessão de Seu Mensageiro mais Nobre (Allah o abençoe e lhe dê paz). Amém."

اَللّٰهُمَّ صَلِّ عَلَى مَنِ انْشَقَّ بِاِشَارَتِهِ الْقَمَرُ وَ نَبَعَ مِنْ اَصَابِعِهِ الْمَاءُ كَالْكَوْثَرِ صَاحِبُ الْمِعْرَاجِ وَ مَا زَاغَ الْبَصَرُ سَيِّدِنَا مُحَمَّدٍ وَ عَلَى آلِهِ وَ اَصْحَابِهِ اَجْمَعِينَ مِنْ اَوَّلِ الدُّنْيَا اِلَى آخِرِ الْمَحْشَرِ [860]

﴿سُبْحَانَكَ لاَ عِلْمَ لَنَا اِلاَّ مَا عَلَّمْتَنَا اِنَّكَ اَنْتَ الْعَلِيمُ الْحَكِيمُ﴾ [861]

﴿رَبَّنَا تَقَبَّلْ مِنَّا اِنَّكَ اَنْتَ السَّمِيعُ الْعَلِيمُ﴾ [862] ۞ ﴿رَبَّنَا لاَ تُؤَاخِذْنَا اِنْ نَسِينَا اَوْ اَخْطَاْنَا﴾ [863] ۞ ﴿رَبَّنَا لاَ تُزِغْ قُلُوبَنَا بَعْدَ اِذْ هَدَيْتَنَا﴾ [864] ۞ ﴿رَبَّنَا اَتْمِمْ لَنَا نُورَنَا وَاغْفِرْلَنَا اِنَّكَ عَلَى كُلِّ شَيْءٍ قَدِيرٌ﴾ [865]

﴿وَ آخِرُ دَعْوَيهُمْ اَنِ الْحَمْدُ لِلّٰهِ رَبِّ الْعَالَمِينَ﴾ [866]

***

ADENDO À DÉCIMA NONAPALAVRA E TRIGÉSIMA PRIMEIRA PALAVRA

Sobre O Milagre Da Divisão Da Lua

بِسْمِ اللّٰهِ الرَّحْمٰنِ الرَّحِيمِ

﴿اِقْتَرَبَتِ السَّاعَةُ وَ انْشَقَّ الْقَمَرُ ۝ وَاِنْ يَرَوْا آيَةً يُعْرِضُوا وَ يَقُولُوا سِحْرٌ مُسْتَمِرٌّ﴾[867]

Os filósofos e os seus imitadores irracionais, que querem eclipsar com seus delírios viciosos a divisão da lua, que é um milagre de Mohammad (Allah o abençoe e lhe dê paz) que brilha como a lua, dizendo: "Se a divisão da lua tivesse ocorrido, teria sido conhecida pelo mundo inteiro e teria sida relacionada em toda a história posterior do homem."

A Resposta: Desde que a divisão da lua foi demonstrada como uma evidência de profecia, e aconteceu instantaneamente, à noite, quando as pessoas estavam dormindo, e ante uma reunião que, embora testemunhassem tal evidência, negaram-na; e desde que não havia obstáculos que dificultam o avistamento, como névoa, nuvens, e tempo – as diferenças entre as diferentes partes do mundo; e já que na época da ciência e da civilização não foram generalizadas, e a observação dos céus era muito limitada, e o evento em si foi excepcional, houve, portanto, nada a exigir que devesse ter sido visto em todo o mundo e passou para as histórias gerais. Por agora, ouça Cinco Pontos de muitos que vão dissipar essas nuvens de ilusão quanto à divisão da lua.

PRIMEIRO PONTO

A teimosia extrema dos incrédulos lá naquele momento é bem conhecida e está registrada na história. E, no entanto, quando o Alcorão Sagrado anunciou este evento para o mundo inteiro dizendo:[868]﴿وَ انْشَقَّ الْقَمَرُ﴾, nenhum daqueles incrédulos, que negaram o Alcorão, desmentiu este versículo; ou seja, nenhum deles negou o evento que estava sendo anunciado. Se o evento não tivesse sido considerado um fato definido pelos incrédulos na época, teriam tornado o versículo um pretexto, negado de forma mais temível, e tentado atacar e derrubar a alegação da missão profética de Mohammad (Allah o abençoe e lhe dê paz). No entanto, as biografias do Profeta e as histórias que mencionam o evento nada relacionam que sugerisse que os incrédulos o negaram. A única coisa que a história se refere é que o versículo:[869] ﴿وَ يَقُولُوا سِحْرٌ مُسْتَمِرٌّ﴾, aponta os incrédulos que viram o evento declararem que é magia, e disserem que, se as caravanas em outros lugares tinham visto, era verdade, caso contrário, ele os havia enfeitiçado. As caravanas que chegaram à manhã seguinte do Iêmen e de outros lugares anunciaram que tinham visto tal acontecimento. Assim, os incrédulos, em seguida, disseram que o orgulho de Todos os Mundos (Allah o abençoe e lhe dê paz) que, Allah me livre, a magia do órfão de Abu Tálib tinha afetado os céus.[870]

SEGUNDO PONTO

A maioria dos estudiosos mais ilustres, como Saad al-Din Taftazani, declarou que como o Profeta tinha satisfeito a sede de um exército inteiro com água que fluiu de seus dedos, e toda a congregação tinha ouvido um poste de madeira seca sobre o qual Mohammad (V) tinha se colocado para discursar o sermão, a chorar por se separar dele, a divisão da lua, também, foi narração autêntica,[871] isto é, tinha sido transmitida por inúmeras autoridades. Ou seja, esses eventos foram passados de um grupo para outro formando uma vasta congregação de tal forma que uma conspiração para desmenti-los seria impossível. Como a aparência do famoso cometa Haley mil anos atrás tinha sido relatada por unanimidade, bem como a existência da ilha de Ceilão estava certa devido a relatos unânimes, embora não a tivessem visto.

E assim, não é razoável fomentar dúvidas infundadas em tal certeza, de assuntos testemunhados. É o suficiente para que eles não sejam impossíveis. E, como a divisão da lua é bastante possível como desdobramento de uma montanha com uma erupção vulcânica.

TERCEIRO PONTO

Os milagres são para provar reivindicações de profecia e convencer aqueles que negam essas alegações; eles não são para compelir as pessoas a acreditarem. Portanto, os milagres têm de se manifestar aos que ouvem reivindicações de profecia em um grau que vai convencê-los. Assim como seria contrário ao Onisciente e à sabedoria do Glorioso exibi-los em todo o mundo ou em modo auto evidente de forma que todos seriam obrigados a crer, portanto, seria também contrária ao mistério da responsabilidade do homem. Uma vez que, esta responsabilidade exige "abrir a porta para a razão e não a remoção do Livre Arbítrio." Se o Onisciente Criador havia deixado a divisão da lua para uma ou duas horas, a fim de mostrar para o mundo inteiro como os filósofos desejam, e que tinha sido registrada em todas as histórias gerais do homem, então, teria sido como todas as outras ocorrências no céu, e não teria sido uma evidência para a alegação de Mohammad (Allah o abençoe e lhe dê paz) ser Profeta nem sido especial para a mensagem dele. Ou então, teria sido um milagre tão evidente que teria negado o Livre Arbítrio, uma parte da razão do homem, obrigando-o a aceitá-la; querendo ou não, ele teria que concordar com a sua missão profética. Alguém com um espírito negro como carvão como Abu Jahl teria permanecido no mesmo nível como alguém com um espírito semelhante ao diamante como Abu Bakr Assidik; o mistério da responsabilidade do homem teria sido perdido. Foi devido a este mistério que, sendo ambos instantâneos, e à noite, e em um momento de sono, e as diferenças de tempo, névoa e nuvem e outros obstáculos ocultá-lo, não foi mostrado para o mundo inteiro e não passou para a história.

QUARTO PONTO

Uma vez que, este evento ocorreu instantaneamente à noite, enquanto todos dormiam, é claro que não foi visto em todo o mundo. Mesmo que algumas pessoas tinham visto aquilo, não teriam acreditado em seus olhos. E mesmo que os tinha feito crer, um evento tão significativo não teria se tornado uma fonte permanente para futuras histórias por meio de relatórios individuais isolados.

Em alguns livros está escrito que depois da lua dividida em duas metades, caiu por terra, mas os estudiosos verídicos rejeitaram tais adições, dizendo que eles estavam talvez adicionado por dissimulação com a intenção de reduzir a nada o valor deste milagre evidente.

E, por exemplo, assim como o mesmo tempo na Inglaterra e Espanha, que foram, então, envoltos em brumas da ignorância, teria sido logo após o por do sol, na América durante o dia, e na China e no Japão pela manhã, assim também em outros lugares haveria outros obstáculos que a impediriam de ser vista. Agora, considere esses objetores irracionais que dizem que as histórias de povos como os ingleses, chineses, japoneses e norte-americanos não a mencionam, e que, portanto, não ocorreu. Mil maldições estão nas cabeças daqueles bajuladores da Europa e que repetem essas coisas.

QUINTO PONTO

A divisão da lua aconteceu não de sua própria vontade, em consequência de certas causas, nem como resultado do acaso, nem foi um evento natural que ocorreu pelas leis ordinárias da natureza. Em vez disso, o Onisciente Criador do Sol e da Lua causou acontecer como algo fora do comum, a fim de confirmar a Sua Mensagem ao Mensageiro e para iluminar a sua afirmação.

Como o mistério de orientação, o mistério da responsabilidade humana, e a sabedoria de Mensagem necessária, foi demonstrado como uma prova convincente para certas pessoas especificadas pela sabedoria dominical. O mistério da sabedoria necessária que não foi mostrado para as pessoas em todas as regiões do mundo, que ainda não tinha ouvido falar de alegação de Mohammad (Allah o abençoe e lhe dê paz) quanto à missão profética. Numerosos obstáculos impediram-nos, portanto, como névoa, nuvem, e fuso horário, e o fato de que em alguns países a lua não tivesse nascido, e em outros o sol havia nascido, enquanto em outros era de manhã, e em outros ainda o sol tinha acabado de se por.

Se fosse mostrada a toda a gente, que seria mostrado como um resultado do Sinal de Mohammad (Allah o abençoe e lhe dê paz), e um milagre da profecia, caso em que a mensagem dele seria tão evidente que todos teriam sido obrigados a afirmá-la. Nenhuma escolha teria permanecido para a razão. E a crença é atingida pelo Livre Arbítrio do homem e sua razão. O mistério da responsabilidade humana teria sido para nada. E se fosse mostrado apenas como uma ocorrência nos céus, sua conexão com a Mensagem de Mohammad (Allah o abençoe e lhe dê paz) teria sido cortada, e não teria mantido nenhuma peculiaridade a ele.

Para concluir: Não há mais qualquer dúvida sobre a possibilidade de que a Divisão da lua ocorreu; que tenha sido provado de forma decisiva. E agora vamos mencionar seis[1] das muitas evidências que apontam para a sua ocorrência.

A concordância dos Companheiros do Profeta, que eram todos homens de justiça, em sua ocorrência.

O seu acordo ao expor o versículo,[872] ﴿وَانْشَقَّ الْقَمَرُ﴾ de todos os comentaristas exigentes sobre o Alcorão.

[1] Isto é, existem seis provas relativas ao caso, sob a forma de um consenso de seis vezes. Infelizmente, a explicação deles é breve, mas eles merecem muito mais.

O fato de que, contando com inúmeras cadeias diferentes de autoridades e linhas de transmissão, todos os estudiosos dos Hadices proféticos e transmissores das narrações autênticas narraram o evento.[873]

O testemunho de todos os santos e verdadeiros, aqueles que recebem inspiração, e desvendam os mistérios da criação.

A confirmação de estudiosos e teólogos eruditos, cujas formas diferem grandemente um do outro.

O fato de a Comunidade de Mohammad (Allah o abençoe e lhe dê paz) aceitou sua ocorrência, o que, em um princípio estabelecido, nunca concordou com o erro.[874]

Estas seis evidências provam a divisão da lua tão claramente como o sol.

Conclusão: Até aqui este Adendo tem sido em nome de estabelecimento da verdade, e de silenciar aqueles inimigos que o negam. Suas sentenças finais serão agora em nome da verdade e por uma questão de crença. Na verdade, estabelecer a verdade citada acima, agora a verdade fala.

O Selo da Profecia, que era a lua luminosa do seu céu, provou sua santidade por sua Ascensão. Esta foi a maior maravilha e o milagre supremo de santidade, conseguido por seu culto, que foi tão elevado fazendo-o ser amado por Allah. Isso quer dizer que, por viajar com seu corpo terrestre pelos céus, sua superioridade e ser amado por Allah foram demonstrados para os habitantes dos céus e habitantes dos mundos elevados. Assim, também, pela lua, que está vinculada à terra e suspensa nos céus, sendo dividida em duas metades no sinal de um habitante da terra, um milagre indicando a mensagem daquele habitante da terra foi exibido para os outros habitantes. Assim, a pessoa de Mohammad (Allah o abençoe e lhe dê paz) voou até o cume da perfeição nas duas asas luminosas da mensagem e da santidade como as duas asas desdobradas e luminosas da lua; ele subiu para a distância de dois comprimentos de arco; ele se tornou o motivo de orgulho de ambos os habitantes dos céus e os habitantes da terra...

عَلَيْهِ وَ عَلَى آلِهِ الصَّلاَةُ وَ التَّسْلِيمَاتُ مِلأُ الأَرْضِ وَ السَّمٰوَاتِ[875]

﴿سُبْحَانَكَ لاَ عِلْمَ لَنَا اِلاَّ مَا عَلَّمْتَنَا اِنَّكَ اَنْتَ الْعَلِيمُ الْحَكِيمُ﴾[876]

اَللّٰهُمَّ بِحَقِّ مَنِ انْشَقَّ الْقَمَرُ بِاِشَارَتِهِ اجْعَلْ قَلْبِى وَ قُلُوبَ طَلَبَةِ رَسَائِلِ النُّورِ
الصَّادِقِينَ كَالْقَمَرِ فِى مُقَابَلَةِ شَمْسِ الْقُرْآنِ آمِينَ آمِينَ[877]

***

A Trigésima Segunda Palavra

[Esta Palavra consiste de três Locais de Paradas. É um adendo explicando o Oitavo Lampejo da Vigésima Segunda Palavra, e é também um comentário sobre a primeira das cinquenta e cinco línguas com as quais todos os seres do universo testemunham a unicidade Divina. Essas línguas foram em alusão ao meu tratado chamado Katre (uma gota). É uma verdade vestida com a roupa de comparação, de muitas verdades que pertencem ao versículo: ﴿لَوْ كَانَ فِيهِمَا آلِهَةٌ اِلاَّ اللّٰهُ لَفَسَدَتَا﴾[878]]

PRIMEIRO LOCAL DE PARADA

بِسْمِ اللّٰهِ الرَّحْمٰنِ الرَّحِيمِ

﴿لَوْ كَانَ فِيهِمَا آلِهَةٌ اِلاَّ اللّٰهُ لَفَسَدَتَا﴾ ۞ لاَ اِلٰهَ اِلاَّ اللّٰهُ وَحْدَهُ لاَ شَرِيكَ لَهُ لَهُ الْمُلْكُ وَ لَهُ الْحَمْدُ يُحْيِى وَ يُمِيتُ وَ هُوَ حَىٌّ لاَ يَمُوتُ بِيَدِهِ الْخَيْرُ وَ هُوَ عَلَى كُلِّ شَىْءٍ قَدِيرٌ وَ اِلَيْهِ الْمَصِيرُ[879]

Uma noite no Ramadan, eu disse que a frase acima afirmando a Unicidade Divina consiste em onze frases, e que em cada uma delas há um grau de expressar essa unicidade e algumas boas notícias. Mas desses graus eu só discuti o significado e a importância de: لاَ شَرِيكَ لَهُ[880] e que estava na forma de uma conversa alegórica e debate imaginário que seria acessível às pessoas comuns. Agora estou escrevendo essa conversa a pedido e desejo dos meus muitos valorizados irmãos que me assistem e de meus amigos da mesquita. É como segue:

Vamos supor uma pessoa qualquer, em nome de parceiros imaginados por todos os tipos de politeístas, de incrédulos e desorientados, como os naturalistas, os que acreditam no acaso, e os idólatras. Essa pessoa suposta deseja ser senhor sobre algo dentre os seres do universo, e por isso alega ser seu verdadeiro dono.

Em primeiro lugar, a pessoa suposta encontrou uma partícula, que é a menor desses seres, e ele falou com ela na linguagem do naturalismo e da filosofia dizendo que era para ser seu senhor e verdadeiro dono. Mas a partícula respondeu-lhe com a língua da verdade e sabedoria dominical, dizendo:

"Eu executo inúmeras funções. Entrando em muitas criaturas que são todas diferentes eu faço meu trabalho nelas. E há, dentre inúmeras partículas como eu, aquelas que se movem de um lugar para outro[1] e trabalham comigo. Se você tem o conhecimento e o poder de me empregar em todas essas funções, e a autoridade e a capacidade de utilizar e tem em seu comando todos os outros também, e se você é capaz de ser o verdadeiro dono e tiver total controle sobre os seres dos quais eu me tornei uma parte de forma completa, por exemplo, mais glóbulos vermelhos, então você pode afirmar que é meu senhor e atribuir-me a algo que não seja Allah Todo-Poderoso. Mas se você não pode fazer todas essas coisas, fique em silêncio!

"E da mesma maneira que você não pode ser senhor, você não pode interferir de qualquer maneira. Pois, não há tal ordem completa em nossos deveres e movimento que aquele que não tem a sabedoria infinita e o abrangente conhecimento não pode se meter com a gente. Se ele fizesse, causaria o caos. No entanto, uma pessoa como você, que é grosso, impotente, e cego, e está nas garras do acaso cego e da natureza, não poderia mesmo começar a esticar um dedo para interferir."Então, assim como os materialistas, quem faz estas afirmações, diz: "Nesse caso, seja dono de si mesmo. Por que você diz que está a trabalhar por conta de outrem?" Para o qual a partícula respondeu:

"Se eu tivesse um cérebro como o sol, e abrangente do conhecimento como a sua luz, e todo-abrangente como o seu poder de fogo, e os sentidos abrangentes como as sete cores em sua luz, e se eu tivesse um rosto que olhasse para todos os lugares em que viajo e todos os seres em que eu trabalho, e um olho que olha para eles e palavras que levam autoridade com eles, então talvez eu fosse entrar em loucura como você e reclamar ser dono de mim mesmo. Sai! Vá embora! Você não vai conseguir nada de mim!"

Assim, quando o representante daquelas coisas consideradas como parceiros de Allah se desesperou da partícula, ele esperava convencer o glóbulo vermelho. E vindo do outro lado ele disse a ele em nome do acaso e na linguagem da natureza e filosofia: "Eu sou seu senhor e proprietário." E o glóbulo vermelho respondeu-lhe pela língua de verdade e da sabedoria divina:

"Eu não estou sozinho. Se você é capaz de possuir todos os meus companheiros no exército de sangue cujo selo, a natureza como funcionários, e a ordem é a mesma, e se você tiver sabedoria sutil e poderosa força suficiente para possuir todas as células do corpo em que viajamos e são empregados com sabedoria perfeita, e se você puder demonstrar que este seja o caso, então talvez algum significado possa ser encontrado em sua alegação.

---

[1] De fato, cada objeto que está em movimento, a partir de pequenas partículas até os planetas, mostra em si o selo da "súplica eterna" e unicidade. Além disso, em virtude do seu movimento, cada um deles toma posse de todos os locais em que viaja em nome da unidade, incluindo-os, assim, na propriedade de seu dono. Quanto a esses seres que não estão em movimento, eles são, cada um deles, a partir de plantas até as estrelas fixas, como um selo da unidade que mostra o lugar em que está situada a missiva do seu Criador.
Ou seja, cada flor e fruta são os selos e as estampas da unicidade que demonstram, em nome da unidade, que as suas habitações e locais nativos são as missivas de seu Criador.
Em suma, através de seu movimento todas as coisas tomam posse de todas as coisas em nome da unidade. Isto é, aquele que não tem todas as estrelas dentro de seu alcance não pode ser senhor de uma única partícula.

"Mas alguém estupido como você não pode ser proprietário com o seu único apoio sendo a natureza surda e a força cega; de fato, você é incapaz de interferir em mesmo um átomo. Uma vez que, a ordem com que funcionamos é tão perfeita que só aquele que vê, ouve, sabe e faz tudo o que pode tem autoridade sobre nós." E dizendo: "Então, fica em silêncio! Meu dever é tão importante e a ordem tão perfeita que eu não tenho tempo para responder ao lixo ilegível, como o seu.", ele repeliu.

Então, já que ele não foi capaz de induzi-lo ao erro, o representante foi embora e em seguida foi ter com a pequena casa conhecida como uma célula do corpo. Ele disse a ela na linguagem da filosofia e da natureza: "Eu não consegui convencer a partícula e o glóbulo vermelho, mas talvez você vá ser razoável. Uma vez que, você foi feita de várias substâncias apenas como uma casa minúscula, eu sou capaz de fazê-lo. Você será o meu artefato e a minha verdadeira propriedade." A célula respondeu-lhe pela língua de sabedoria e da verdade, dizendo:

"Eu sou só uma coisinha diminuta, mas tenho deveres muito importantes e relações muito sensíveis; eu estou ligada ao corpo como um todo, assim como a todas as suas células. Por exemplo, eu executo tarefas complexas e perfeitas nas veias, e no que diz respeito às artérias, nos nervos sensoriais e motores, nos poderes de atração e repulsão, na procriação e na faculdade imaginativa. Se você tem o conhecimento e o poder de formar, organizar e empregar todo o corpo e todos os seus vasos sanguíneos, nervos e faculdades, e se você tiver sabedoria abrangente e poder de penetração com o qual controla todas as células do corpo, que são como eu, no que respeita as qualidades e os talentos que nós somos irmãos, demonstre-o. Só então você pode afirmar que é capaz de me possuir. Se você não puder, então, fora com você!

"Os glóbulos vermelhos trazem minha comida, enquanto os brancos combatem as doenças que me atacam. Eu tenho trabalho a fazer, não me distraia! De qualquer forma, uma coisa impotente, sem vida, surda e cega como você não pode de forma alguma interferir conosco. Uma vez que, temos uma ordem[I] tão exata, sutil e impecável que, se

---

[I] O Onisciente Criador criou o corpo humano como se fosse uma cidade bem organizada. Um grande número de vasos sanguíneos desempenham as funções de telefones e telégrafos, enquanto outros deles são como tubos de uma fonte através da qual o sangue, que é a água da vida, flui. Quanto ao sangue criado dentro dele são dois tipos de corpúsculos. Um deles, conhecido como glóbulos vermelhos, distribui nutrientes para as células do corpo; que transmite o sustento para as células de acordo com a lei Divina. (Como comerciantes e funcionários de alimentos.) O outro tipo são os glóbulos brancos, que são em menor número do que o anterior. Seu dever, como soldados, é a defesa contra inimigos, como doenças. Sempre que eles se comprometem a defesa, com as suas duas revoluções como dervixe Maulaui, eles assumem um estado rápido e maravilhoso. Quanto ao sangue como um todo, ele tem duas funções gerais; a primeira é a de reparar o dano causado às células do corpo e a segunda é coletar qualquer matéria de resíduos das células e limpar o corpo. Há dois tipos de vasos sanguíneos, veias e artérias. Um deles leva o sangue purificado, que são os canais através dos quais o sangue limpo é conduzido. Os outros são os canais para o sangue turvo que recolhe a matéria de resíduos; transmite estes para o sangue, onde ocorre a respiração; isto é, os pulmões. O Criador Todo-Sábio criou os dois elementos do ar, nitrogênio e oxigênio. Quanto ao oxigênio, quando entra em contato com o sangue na respiração, ele desenha a si mesmo, como o âmbar, o elemento impuro, o carbono, que está poluindo o sangue. Os dois combinam e são transformados em matéria chamada gás carbônico. O oxigénio também mantém a temperatura do corpo, e purifica o sangue. Isto porque, na ciência química, o Onisciente Criador concedeu ao oxigênio e ao carbono uma relação intensa, o que pode ser descrito como "paixão química", segundo a qual, de acordo com esta lei Divina, quando esses dois elementos se aproximam do outro, eles se combinam. Foi estabelecido pela ciência que o calor é produzido pela combinação, porque é um tipo de combustão.

A sabedoria na presente é o seguinte: o movimento das partículas destes dois elementos é diferente. Em combinação, as partículas de um elemento se unem uma com a outra, cada uma com duas partículas →

a pessoa que tem autoridade sobre nós, não for absolutamente sábio, absolutamente poderoso e absolutamente Onisciente, nossa ordem seria quebrada e nossa regularidade estragada."

Em seguida, quem alega as reivindicações se desespera, também. Ele encontrou o corpo de um ser humano e disse a ele, mais uma vez como os naturalistas dizem na linguagem da natureza cega e da filosofia sem rumo: "Você é meu, eu o fiz; ou de qualquer forma eu tenho uma parte em você." O corpo humano respondeu com a língua da realidade e sabedoria, e com a eloquência de sua ordem:

"Se você possuir o poder e o conhecimento de ter o controle real sobre os corpos de todos os seres humanos, que são os mesmos como eu e em cujas faces são a estampa do poder e o selo da criação, que são os mesmos, e se você tem a riqueza e jurisdição de possuir, de água e ar até plantas e animais, os tesouros de meu sustento, e se você tem o poder infinito e a sabedoria infinita com a qual me empregar com sabedoria perfeita e causar-me a realizar o meu culto, e o poder e a sabedoria de apresentar em um estreito e humilde navio como eu, faculdades sutis e imateriais, como o espírito, o coração e o intelecto, que são extremamente vastos e exaltados e para o qual eu sou apenas o estojo, então, demonstre tudo isso e depois diz que você me fez. Caso contrário, fique em silêncio!" "Além disso, de acordo com o depoimento da ordem perfeita no meu corpo e na indicação do carimbo da unicidade no meu rosto, meu Criador é Aquele Que é poderoso sobre todas as coisas, conhece todas as coisas, e vê e ouve todas as coisas. Alguém sem rumo e impotente como você não pode se intrometer em Sua arte. Você não pode interferir nem mesmo num átomo."

O representante das coisas imaginadas serem parceiros de Allah não poderiam encontrar nenhuma maneira de interferir no corpo, assim ele se retirou. Em seguida, ele encontrou a raça humana e disse para si mesmo: "Este é um grupo desorganizado e indisciplinado. Talvez, como Satanás interfere em suas ações individuais e sociais que se realizam por meio do exercício de suas vontades, eu vou ser capaz de encontrar uma forma de interferir no funcionamento de seus corpos e naturezas. E, em seguida, encontrar alguma maneira, eu vou ser capaz de exercer controle sobre o corpo e as células do corpo, que me foram enviados em embalagem."

Então, ele disse para a raça humana, uma vez mais na linguagem da natureza surda e da filosofia sem rumo: "Vocês parecem estar em grande confusão. Eu sou seu senhor e proprietário, ou pelo menos em parte eu os possuo." Ao que a raça humana respondeu pela língua de verdade e realidade, sabedoria e ordem:

---

movendo-se em seguida com um único movimento. Um movimento permanece suspenso, porque antes de combinar houve dois movimentos; agora duas partículas se tornaram um. Cada par de partículas adquire um movimento como uma única partícula. O outro movimento é transformado em calor de acordo com uma lei do Todo-Sábio Criador. Por uma questão de fato, "o movimento produz calor" é um princípio estabelecido.

Assim, como consequência deste fato, por esta combinação química, o carbono é removido do sangue e a temperatura do corpo do ser humano é mantida e, ao mesmo tempo o sangue é purificado. Na inalação, o oxigênio tanto purifica a água de vida do corpo e acende o fogo da vida. Ao exalar, ele produz, na boca, fruto de palavras, que são os milagres do poder Divino فَسُبْحَانَ مَنْ تَحَيَّرَ فِي صُنْعِهِ الْعُقُولُ.[881]

"Se você possuir o poder e a sabedoria para fazer a camisa que veste todo o globo da terra e é tecido e costurado com sabedoria perfeita das linhas coloridos de todas as centenas de milhares de espécies animais e vegetais, das quais nós somos um, e para fazer o tapete, que é espalhado sobre a face da terra e é tecido a partir de centenas de milhares de espécies de seres animados e é criado de forma extremamente fina e ornamentada, e renovar e reformar continuamente, e se você possuir poder global e abrangente sabedoria com a qual tem livre disposição sobre o globo da terra do qual somos o fruto, e sobre o universo do qual somos a semente, e enviar nossas necessidades vitais de todas as regiões do cosmos com o equilíbrio da sabedoria, e se você tem a capacidade de criar todos aqueles que, como nós, vieram antes de nós e aqueles que virão depois de nós, em cujas faces o selo de energia é o mesmo, então, talvez, você pode reivindicar ter domínio sobre mim.

"Mas se você não pode, fique em silêncio! Não diga isso, vendo confusão em minha espécie, você será capaz de interferir, de alguma forma, porque a ordem é impecável. As condições que você imagina serem confusas e desordenadas são transcritas com perfeita ordem de acordo com o livro de poder e Predestinação. Uma vez que, a perfeita ordem em animais e plantas, que são muito inferiores a nós e estão sob nossa supervisão, demonstra que esta aparente desordem em nós é uma espécie de escrita.

"É de todo possível aquele que artisticamente posiciona um fio condutor por meio de um tapete inteiro deve ser outro além do mestre desenhador do tapete; ou aquele que cria uma fruta deve ser diferente do criador da árvore que a produziu; ou quem cria a semente deve ser diferente do criador que produziu a semente?

"Além disso, seus olhos são cegos: você não vê os milagres de poder no meu rosto, as maravilhas da criação em meu ser. Se você os viu, você deve entender que o meu Criador é tal que nada pode resistir a Ele ou ser difícil para Ele. As estrelas são tão fáceis para Ele como as partículas. Ele cria a primavera com tanta facilidade quanto uma flor. Ele é Aquele que inclui o índice do vasto universo em meu ser com perfeita ordem. Poderia uma coisa sem vida, impotente, cega e surda como você interferir de alguma forma na arte de tal Ser? Então, fique em silêncio! E dizendo: "Fora com você! Vá embora!", ele o afugentou.

Em seguida, aquele que está fazendo essas afirmações se foi e dirigiu-se ao amplo tapete que cobre a face da terra e à ricamente decorada e bordada camisa vestindo-a em nome do acaso e na linguagem da natureza e da filosofia, afirma: "Eu posso ter controle sobre você e ser seu proprietário, ou pelo menos ter uma parte em você". Assim, a camisa[I], e o tapete disseram-lhe, em nome da verdade e da realidade e pela língua da sabedoria:

"Se você tem o poder e a arte de tecer e criar todas as bem ordenadas e propositais camisas e tapetes, cujos bordados são todos diferentes, que têm vestido a terra em todos os anos e séculos, em seguida, são removidas de forma ordenada e amarradas na linha do tempo passado, e vestirão a terra de novo, tapetes e camisas cujos programas e formulários foram elaborados e especificados na esfera da Predestinação, e que serão anexadas à fita do tempo futuro, e se você tem duas mãos sábias e poderosas com as quais alcança desde a criação do mundo a sua destruição, na verdade, desde a pré-eternidade

---

I Na verdade, o tapete é tanto vida e vibra de uma forma regular. Seus bordados estão sendo substituídos continuamente com sabedoria e perfeita ordem, a fim de mostrar as diferentes manifestações cada vez mais dos Nomes do Tecelão.

até a pós-eternidade, e se você tem a sabedoria e a capacidade de criar cada um de todos os meus fios e repará-los e renová-los com ordem e sabedoria perfeita, e se você é capaz de criar o mundo, que é o nosso modelo e está nos desgastando, fazendo de nós o seu véu e sua roupa exterior, então você pode afirmar ter domínio sobre mim. Se você não pode, então, fora com você! Não há lugar para você aqui!" Além disso, há em nós uma estampa e selo de unicidade que aquele que não tem todo o universo ao alcance de seu poder, e que não pode ver de uma vez todas as coisas com todas as suas funções, e não pode fazer inúmeras coisas ao mesmo tempo, que não é todo presente e tudo vê em todos os lugares, que não está confinado pelo espaço, e que não possui infinita sabedoria, conhecimento e poder, tal pessoa não pode nos possuir, nem poderia interferir em nós."

Assim, o representante se foi, dizendo: "Talvez eu seja capaz de convencer o globo da terra e encontrar alguma coisa para mim lá." Então ele foi e disse ao mundo[I], mais uma vez, em nome do acaso e na língua da natureza: "Uma vez que, você viaja de uma maneira tão sem rumo, você demonstra que não tem dono. Nesse caso, você pode ser meu."Ao qual a Terra respondeu com uma voz de trovão, em nome da verdade e com a língua da realidade:

"Não fale um absurdo desses! Como eu poderia estar sem rumo e sem dono? Você encontrou minhas roupas ou até mesmo o ponto mais ínfimo ou um fio que esteja em desordem, e você os viu, sem sabedoria, propósito e arte que possa me dizer que eu sou sem dono e estou sem rumo?

"Se você pode realmente possuir minha vasta órbita em que eu viajo em um ano, uma distância que deve levar cerca de 25 mil anos,[II] onde eu cumpro o meu dever de serviço com equilíbrio e sabedoria perfeita, e possuo os dez planetas, que são meus irmãos e são encarregados com deveres como eu, juntamente com o espaço através do qual eles viajam, e se você tem infinita sabedoria e puder criar e posicionar o sol, que é o nosso líder e ao qual estamos ligados por uma atração compassiva, e me amarrar e aos outros planetas a ele como pedras em um estilingue, e nos empregar e fazer-nos girar com ordem e sabedoria perfeita, então você pode afirmar ter domínio sobre mim. Mas se você não puder, saia! Vá para o Inferno! Eu tenho trabalho a fazer, e de executar o meu dever.

"Além disso, nossa ordem magnífica, nosso movimento incrível, e nossa subjugação proposital demonstram que o nosso Mestre é tal que todos os seres de partículas minúsculas até as estrelas e galáxias são obedientes e subjugadas a Ele como soldados sob ordens. Ele é o Possuidor Onisciente da Glória, o Possuidor de Absoluta Soberania Quem veste o sol com planetas tão facilmente como Ele matiza e ornamenta uma árvore com o seu fruto."

[I] Em suma, a partícula encaminhou o reclamante ao glóbulo vermelho. O glóbulo vermelho o encaminhou para a célula e a célula o encaminhou para o corpo humano; o corpo humano para a raça humana e a raça humana para a camisa da Terra, que é tecida de todas as espécies de criaturas animadas. A camisa da terra remeteu-o para o globo da terra que, por sua vez. o encaminhou para o sol. E o sol o remeteu a todas as estrelas. Cada um delas disse: "Vá embora! Se você é capaz de tomar posse do próximo acima de mim, fazê-lo, em seguida, vir e tentar ser o meu mestre. Se você não conseguir derrotá-lo, então você não conseguirá obter a minha posse." Ou seja, aquele cuja autoridade não se estende a todas as estrelas não pode fazer uma única partícula atender sua pretensão de domínio.

[II] Se a metade do diâmetro de um círculo é de aproximadamente 180 milhões km, o círculo cobre aproximadamente uma distância de 25.000 anos.

Uma vez que, o reclamante nada poderia encontrar para si mesmo sobre a terra, ele saiu e disse para si sobre o sol: "Esta é uma enorme coisa. Talvez eu seja capaz de encontrar um buraco no meio e abrir um caminho nela; então talvez eu seja capaz de subjugá-la, bem como à terra." Então ele disse ao sol, como os adoradores do fogo falam, em nome da idolatria e na linguagem da filosofia que é o porta-voz do Diabo: "Você é um governante, você possui a si mesmo; você dispõe dos assuntos livremente, como você deseja." Mas o sol respondeu a ele em nome da verdade e pela língua de realidade e sabedoria Divina, dizendo: "Allah me livre! Cem mil vezes, Allah me livre! Sou um funcionário subserviente. Eu sou um candelabro na casa de hóspedes do meu Senhor. Eu não sou o verdadeiro dono de uma mosca, ou mesmo de uma asa de mosca. Uma vez que na própria mosca há joias imateriais e obras de arte antigas, como olhos e ouvidos, que não estão em minha loja. Eles estão fora da esfera do meu poder", repreendendo-o assim.

Então, quem faz as alegações mudou sua abordagem e disse com a língua de filosofia diabólica: "Desde que você não possui a si mesmo, você é um servo; eu apelo a você em nome do acaso." Ao que o sol respondeu, falando a verdade e a realidade e com a língua de culto:

"Eu só posso pertencer a alguém que é capaz de criar todas as estrelas sublimes, que são as minhas companheiras, para colocá-las nos céus com sabedoria impecável, fazê-las girar com magnificência absoluta e adorná-las com elegância requintada."

Em seguida, o reclamante disse para si mesmo: "As estrelas são uma grande multidão, e elas parecem estar todas espalhadas e em desordem. Talvez eu seja capaz de ganhar alguma coisa delas em nome dos meus clientes." Assim foi no meio delas e disse-lhes em nome do acaso e das coisas atribuídas a Allah como parceiros, na linguagem da filosofia rebelde e como os sabeus adoradores de estrelas, disse: "Já que vocês estão tão dispersas, vocês estão todas sob a jurisdição de diferentes governantes." Ao que uma estrela respondeu, falando por todas as outras:

"Assim como atordoado, sem cérebro, estúpido e cego você não está a ver e compreender o selo de unicidade em nós, e não reconhece o nosso fim elevado, a regularidade e as leis da nossa adoração. Você imagina que sejamos sem fim. Mas são as obras de arte e servos de um único e exclusivo Quem detém no aperto de Sua Mão alimenta os céus, que são os nossos mares, o cosmos, que é a nossa árvore, e espaço infinito, que é onde fazemos nossas excursões.

"Somos como iluminações elétricas e testemunhas resplandecentes exibindo a perfeição de Sua religiosidade. Somos radiantes provas proclamando a soberania de Sua religiosidade. Com todos os nossos diferentes tipos, somos servos luminosos no domínio da Sua soberania que dão luz e mostrar a majestade de que a soberania das sublimes habitações e nos humildes, nas habitações deste mundo, o Mundo Intermediário e no outro.

"De fato, cada um de nós é um milagre do único e potência do original Um, um bem ordenado fruto da árvore da criação, uma prova iluminada da unidade; cada um de nós é um lugar de habitação, avião e mesquita para os anjos, e uma lâmpada e sol para os mundos elevados, e um testemunho da soberania da religiosidade; e cada um de nós é um ornamento, palácio, e flor do espaço, e um resplandente peixe nos mares celestiais, e um belo olho[1] na face do céu.

[1] Isso significa, estamos observando indicações e contemplando as maravilhas da criação de Deus Todo-Poderoso e causando outros para contemplá-los. Isto é, assim como os céus são vistos para ser observando

→

"Além disso, ao longo de nós, como um todo, há um silêncio dentro de tranquilidade, um movimento dentro de sabedoria, um adorno dentro de majestade, a beleza da criação dentro da ordem, e uma perfeição de arte dentro de simetria.

"E apesar de estarmos assim e proclamarmos nosso Criador Glorioso e Sua Unidade, Unicidade, O Eternamente rogado, e Seus atributos de beleza, glória e perfeição a todo universo com inúmeras línguas, vocês ainda nos acusam inteiramente servos puros, limpos, obedientes e subservientes de seremos confusos, desordenados, e sem direitos, e até mesmo de seremos sem dono. Portanto, vocês merecem um tapa de punição."

E uma estrela, como a pedra arremessada por Satanás, entregou um poderoso tapa no rosto do reclamante que ele atirou das estrelas para a própria boca do Inferno. E lançou a natureza,[I] que estava junto com ele, para os vales da ilusão e o acaso no abismo da não existência, e essas coisas atribuídas a Allah como parceiros na escuridão da impossibilidade, e a filosofia que é hostil à religião ao mais baixo dos graus. Todas as estrelas recitaram este decreto sagrado juntamente com a estrela:

﴿لَوْ كَانَ فِيهِمَا آلِهَةٌ اِلاَّ اللّٰهُ لَفَسَدَتَا﴾[882]

E elas proclamaram: "Não há nada, desde a asa de mosca até as lâmpadas que estão no céu, nada, até mesmo do tamanho da asa de uma mosca, em que essas coisas atribuídas a Allah como parceiros possam interferir."

﴿سُبْحَانَكَ لاَ عِلْمَ لَنَا اِلاَّ مَا عَلَّمْتَنَا اِنَّكَ اَنْتَ الْعَلِيمُ الْحَكِيمُ﴾[883]

اَللّٰهُمَّ صَلِّ وَ سَلِّمْ عَلَى سَيِّدِنَا مُحَمَّدٍ سِرَاجِ وَحْدَتِكَ فِى كَثْرَةِ مَخْلُوقَاتِكَ وَ دَلاَّلِ
وَحْدَانِيَّتِكَ فِى مَشْهَرِ كَائِنَاتِكَ وَ عَلَى آلِهِ وَ صَحْبِهِ اَجْمَعِينَ[884]

***

as maravilhas da arte divina na terra, com inúmeros olhos, assim como os anjos no céu, as estrelas assistir a terra, que é uma exposição de maravilhas e prodígios, e causam criaturas conscientes para observá-lo com atenção.

[I] Mas, depois de sua queda, a natureza se arrependeu. Ele entendeu que o seu verdadeiro dever não era de agir e de ter um efeito, mas aceitar e ser passivo. E ele reconheceu que era uma espécie de caderno de determinação divina, mas um caderno capaz de mudança e de transformação; que era uma espécie de programa de poder dominical, foi semelhante ao corpo das regras de criação estabelecidas pelo Todo-poderoso da Glória, e foi uma coleção de Suas leis. Ele assumiu o seu dever de adoração com perfeita submissão reconhecendo a sua total impotência, e, assim, adquiriu o título da criação Divina e arte dominical.

بِسْمِ اللّٰهِ الرَّحْمٰنِ الرَّح۪يمِ

﴿فَانْظُرْ اِلَى آثَارِ رَحْمَتِ اللّٰهِ كَيْفَ يُحْيِى الْاَرْضَ بَعْدَ مَوْتِهَا﴾[885]

A seguinte seção alude para uma flor do jardim pré-eterno do versículo acima.

حَتَّى كَاَنَّ الشَّجَرَ الْمُزَهَّرَةَ ۞ قَصِيدَةٌ مَنْظُومَةٌ مُحَرَّرَةٌ

وَ تُنْشِدُ لِلْفَاطِرِ الْمَدَائِحَ الْمُبَهَّرَةَ ۞ اَوْ فَتَحَتْ بِكَثْرَةٍ عُيُونُهَا الْمُبَصَّرَةَ

لِتُنْظَرَ لِلصَّانِعِ الْعَجَائِبَ الْمُنَشَّرَةَ ۞ اَوْ زَيَّنَتْ لِعِيدِهَا اَعْضَائَهَا الْمُخَضَّرَةَ

لِيَشْهَدَ سُلْطَانُهَا آثَارَهُ الْمُنَوَّرَةَ ۞ وَ تُشْهِرَ فِى الْمَحْضَرَةِ مُرَصَّعَاتِ الْجَوْهَرِ

وَ تُعْلِنَ لِلْبَشَرِ حِكْمَةَ خَلْقِ الشَّجَرِ ۞ بِكَنْزِهَا الْمُدَخَّرِ مِنْ جُودِ رَبِّ الثَّمَرِ

سُبْحَانَهُ مَا اَحْسَنَ اِحْسَانَهُ ۞ مَا اَزْيَنَ بُرْهَانَهُ مَا اَبْيَنَ تِبْيَانَهُ

خَيَالْ بِينَدْ اَزِينْ اَشْجَارْ مَلاَئِكْ رَا جَسَدْ آمَدْ سَمَاوِى بَا هَزَارَانْ نَىْ .. اَزِينْ نَيْهَا شُنِيدَتْ هُوشْ سِتَايِشْهَاىِ ذَاتِ حَىْ... وَرَقْهَارَا زَبَانْ دَارَنْدْ هَمَه هُو هُو ذِكْرْ آرَنْدْ بَدَرْ مَعْنَاىِ حَىُّ حَىْ.... چُو لاَ اِلٰهَ اِلاَّ هُو بَرَابَرْ مِيزَنَدْ هَرْشَىْ ....دَمَا دَمْ جُويَدَنْدْ يَا حَقْ سَرَاسَرْ گُويَدَنْدْ يَا حَىْ بَرَابَرْ مِيزَنَنْدْ اَللّٰهْ[886]

﴿وَ نَزَّلْنَا مِنَ السَّمَاءِ مَاءً مُبَارَكًا﴾[887]

Significado:

"É como se todas as árvores floridas fossem odes lindamente compostas falassem poeticamente pela língua de disposição recitando os manifestantes louvores do Criador Glorioso.

Ou, é como se todas as árvores floridas abrissem milhares de olhos que olham e causassem milhares de outros abrirem a fim de verem, não com um ou dois olhos, mas com milhares, as maravilhas do Glorioso Formador de arte que estão sendo transmitidas e exibidas, e assim pessoas atentas vão olhar nelas, também.

Ou, é como se todas as árvores floridas tivessem embelezado seus membros verdejantes com o melhor adorno para o momento de seu desfile e para os seus próprios festivais particulares no festival geral da primavera, de modo que seu Monarca Glorioso fosse contemplar os dons, as maravilhas sutis, e as obras de arte resplandecente que Ele lhes concedeu; e assim Ele irá apresentar a contemplação da criação às instâncias adornadas com joias de Sua misericórdia, na primavera, e na face da terra, que é a exposição de arte Divina; e assim que Ele proclamará para a humanidade a sabedoria na criação da árvore.

Ele demonstra a perfeição do poder Divino mostrando que tesouro importante paira sobre os seus ramos delicados e que riqueza significativa existe nos frutos de Suas bênçãos misericordiosas!"

***

UM ADENDO CURTO AO PRIMEIRO LOCAL DE PARADA

فَاسْتَمِعْ اٰيَةً

﴿ اَفَلَمْ يَنْظُرُوا اِلَى السَّمَاءِ فَوْقَهُمْ كَيْفَ بَنَيْنَاهَا وَ زَيَّنَّاهَا...الخ﴾[888]

ثُمَّ انْظُرْ اِلَى وَجْهِ السَّمَاءِ كَيْفَ تَرَى سُكُوتًا فِى سُكُونَةٍ...حَرَكَةً فِى حِكْمَةٍ...تَلَئْلُأً فِى حِشْمَةٍ تَبَسُّمًا فِى زِينَةٍ...مَعَ اِنْتِظَامِ الْخِلْقَةِ مَعَ اِتِّزَانِ الصَّنْعَةِ...تَشَعْشُعُ سِرَاجِهَا... تَهَلْهُلُ مِصْبَاحِهَا... تَلَئْلُؤُ نُجُومِهَا...تُعْلِنُ لِاَهْلِ النُّهَى... سَلْطَنَةً بِلاَ اِنْتِهَاءٍ[889]

﴿ اَفَلَمْ يَنْظُرُوا اِلَى السَّمَاءِ فَوْقَهُمْ كَيْفَ بَنَيْنَاهَا وَ زَيَّنَّاهَا...الخ﴾

O seguinte explica a passagem acima,que por sua vez é uma explicação do versículo citado.

ثُمَّ انْظُرْ اِلَى وَجْهِ السَّمَاءِ كَيْفَ تَرَى سُكُوتًا فِى سُكُونَةٍ

Em primeiro lugar, a frase: Como é silenciosa na sua tranquilidade.

O versículo dirige um olhar atento para a face lindamente adornada dos céus para que aquele que a contemplasse se tornasse consciente do silêncio lá que está dentro de uma grande tranquilidade, e assim possa entender que é, portanto, pelo comando e subjugação de Quem possui o Poder Absoluto.

Uma vez que, se tivessem sido independentes, aqueles enormes globos, todos em estreita proximidade um do outro, aqueles corpos celestes impressionantemente infinitos, teriam causado um alvoroço tal com suas revoluções extremamente rápidas, que teriam ensurdecido o cosmos. E haveria tanta confusão naquela comoção tumultuada que teriam dispersado o universo. É bem conhecido o tumulto e alvoroço causados pela ação de vinte búfalos num campo. Certamente, a astronomia afirma que existem entre as estrelas algumas milhares de vezes maiores do que a Terra e que giram a uma velocidade setenta vezes mais rápidas do que o de uma bala de canhão. Assim, o grau de poder e subjugação do Glorioso Criador e Todo-Poderoso de Perfeição pode ser entendido a partir disto, juntamente com o grau de obediência e submissão das estrelas a Ele.

Em segundo lugar, a frase: حَرَكَةً فِى حِكْمَةٍ[890] O versículo nos manda olhar para o movimento da face dos céus, que é com sabedoria e propósito. De fato, o movimento maravilhoso poderoso ocorre dentro de uma sabedoria precisa e abrangente.

Por exemplo, um artesão que opera máquinas de uma fábrica com sabedoria e propósito demonstra o grau de sua habilidade e artesanato em proporção à ordem e grandeza da fábrica. Da mesma forma, quando olhamos para ele, desta forma, o grau de poder e sabedoria do Todo-Poderoso de Glória se torna evidente para nós por tornar o poderoso sol como uma fábrica, e seus planetas, esses impressionantes, globos imensos, como máquinas da fábrica, e Sua fiação e revolvendo-os como pedras em um estilingue.

Em terceiro lugar:[891] تَلَئْلأُفِى حِشْمَةٍ تَبَسُّمًا فِى زِينَةٍ Ele tem este significado: a majestade radiante e o sorridente adorno na face dos céus são tais que demonstram a sublimidade da soberania e o requinte da arte do Criador Glorioso. À medida que a miríade das lâmpadas elétricas penduradas em dias de festival demonstra o grau de majestade e a conquista do rei em progresso material, os vastos céus, também, com as suas majestosas e adornadas estrelas demonstram aos atentos olhares a soberania sublime e requintada arte do Glorioso Criador.

Em quarto lugar:[892] مَعَ اِنْتِظَامِ الْخِلْقَةِ مَعَ اِتِّزَانِ الصَّنْعَةِ Esta frase diz o seguinte: olhe para a ordem das criaturas na face dos céus, e vê sua simetria e equilíbrio preciso, então, entenda o quão poderoso e sábio é o seu Criador.

Na verdade, os vastos céus demonstram o grau de poder e sabedoria do Único Que transforma várias e pequenas criaturas ou animais, preparando-os para suas funções, e Que impele cada um deles em uma determinada maneira, por meio de seu equilíbrio particular, e do grau de sua obediência e submissão a Ele. Da mesma forma, os vastos céus demonstram aos olhares atentos por suas vastidões e inúmeras estrelas impressionantes, por sua imensidão imponente e revoluções rápidas e o fato de que elas não excedam seus limites por uma letra, nem por um segundo, ou negligenciam as suas funções por um décimo de segundo, o saldo extremamente fino e particular com o qual o Glorioso Criador realiza sua religiosidade.

تَشَعْشُعُ سِرَاجِهَا تَهَلْهُلُ مِصْبَاحِهَا تَلَئْلُؤُ نُجُومِهَا تُعْلِنُ لاَهْلِ النُّهَى سَلْطَنَةً بِلاَ اِنْتِهَاءٍ[893]

Esta frase diz claramente o que é aludido no versículo acima, e em muitos semelhantes a ele, que menciona a subjugação do sol, da lua e das estrelas. Isso quer dizer que, para fixar a lâmpada fornecendo calor e luz do sol ao teto embelezado dos céus, e para torná-lo o pote de tinta para escrever as missivas do Eternamente Rogado em linhas do dia e da noite nas páginas do verão e do inverno; e para fazer a lua, como os ponteiros das horas que brilha nos grandes relógios das minaretes e das torres, um ponteiro de horas do poderoso relógio do tempo na cúpula dos céus, e fazê-lo mover-se por suas mansões com equilíbrio preciso e perfeita medição sob a forma de muitos crescentes variando de tal forma que deixa um crescente uma noite e depois retorna para coletá-lo; e para enfeitar a bela face do céu com as estrelas que cintilam e sorriem na cúpula dos céus, todos estes são sinais da soberania ilimitada de uma religiosidade sustentável. Eles são indícios de uma Divindade majestosa que se faz conhecida por criaturas conscientes. Eles convidam aqueles que pensam, que acreditam e afirmam a unicidade Divina.

Olhe para a página colorida do livro do universo;
Veja o que formas a caneta de ouro de poder traçou.
Nenhum ponto escuro permanece para o olhar do olho do coração;
É como se Allah inscrevesse Seus sinais com luz.
Olhe! Que milagre de sabedoria é o universo incrível!
Olhe! Que espetáculo maravilhoso é a vastidão do espaço!
Então, ouve as estrelas, ouve seu discurso harmonioso!
Veja o que a sabedoria tem embelezado sobre o decreto de sua luz.
No total, eles começam a falar a língua da verdade,
Eles tratam a majestade do Todo-Poderoso, a soberania do Todo-Glorioso:
Cada um de nós é prova da luz espalhada da existência de nosso Criador,
Somos testemunhas tanto para a Sua unicidade e poder,
Somos milagres sutis dourando a face dos céus para os anjos contemplar.
Somos os inúmeros olhos atentos dos céus que observam a terra, que estudam o Paraíso.
Somos os inúmeros frutos requintados que a mão da sabedoria do Todo-Glorioso e Belo amarrou
Para a parte celestial da árvore da criação, a todos os ramos da Via Láctea. Para os habitantes dos céus,
Somos cada um de nós uma mesquita viajante, uma casa de fiação, uma casa nobre,
Cada um é uma lâmpada iluminada, um poderoso navio, um avião.
Somos cada um de nós um milagre de poder, uma maravilha da arte criativa,
Criada pelo Poderoso de Perfeição, o Todo-Sábio da Glória;
A raridade de sua sabedoria, uma maravilha da sua criação, um mundo de luz.
Demonstramos para a humanidade inúmeras provas,
Nós os fizemos ouvir com essas inúmeras das nossas línguas;
Mas os seus malditos e incrédulos olhos cegos, não viram
os nossos rostos,
Eles não ouviram as nossas palavras.
E nós somos sinais que falam a verdade:
Nossa estampa é uma, o nosso selo é um,
Estamos dominados pelo nosso Senhor;
Glorificamo-Lo através da nossa subjugação;
Recitamos os Seus Nomes;
Estamos cada um em êxtase,
Um membro do poderoso círculo da Via Láctea.

***

SEGUNDO LOCAL DE PARADA

بِسْمِ اللّٰهِ الرَّحْمٰنِ الرَّحِيمِ

﴿قُلْ هُوَ اللّٰهُ اَحَدٌ ۞ اَللّٰهُ الصَّمَدُ﴾[894]

Este Local de Parada consiste de três Objetivos.

O PRIMEIRO OBJETIVO

O representante do povo de desorientação e aqueles que atribuem parceiros a Allah caiu por terra pelo apedrejamento que recebeu de uma estrela, como foi descrito no final do Local da Primeira Parada. Então, porque ele não conseguiu encontrar em qualquer lugar um átomo de politeísmo das partículas até as estrelas, desistiu de reivindicar a ele dessa forma e em vez disso tentou por meio de três perguntas importantes, criar dúvidas na mente dos crentes sobre a unidade e unicidade Divina.

A primeira pergunta: Ele disse à maneira dos ateus: "Ó monoteístas! Olhando em nome dos meus clientes, não consegui encontrar nada, nem obter qualquer coisa fora dos seres do universo; não consegui fundamentar minhas reivindicações. Mas então, como você prova a existência d'Aquele que é Um e Único e possui poder infinito? Por que você não acha que seja possível aos outros interferirem e participarem do Seu poder?"

A Resposta: É decisivamente provado na Vigésima Segunda Palavra que cada criatura, cada partícula, cada estrela é um argumento esclarecedor para o Necessariamente Existente e Absolutamente Poderoso. Todos os elos das cadeias de seres no universo são uma evidência clara de Sua unicidade. O Alcorão Sagrado prova isso com suas inúmeras provas, e menciona mais frequentemente, estas provas que são mais claras na visão das pessoas em geral. Por exemplo:

﴿وَلَئِنْ سَاَلْتَهُمْ مَنْ خَلَقَ السَّمٰوَاتِ وَالْاَرْضَ لَيَقُولُنَّ اللّٰهُ﴾[895] ۞ ﴿وَمِنْ آيَاتِهِ خَلْقُ السَّمٰوَاتِ وَالْاَرْضِ وَاخْتِلَافُ اَلْسِنَتِكُمْ وَ اَلْوَانِكُمْ﴾[896]

Com estes e muitos versículos como eles, o Alcorão Sagrado apresenta a criação dos céus e da terra como provas evidentes da unidade Divina. E assim, quer se goste ou não, devido à forma como os céus e a terra foram criados, quem é consciente e inteligente será obrigado a afirmar o Criador Glorioso. Como o Alcorão diz: Eles vão certamente dizer:

﴿لَيَقُولُنَّ اللّٰهُ﴾[897]

No Primeiro Local de Parada começamos com uma partícula e demonstramos o selo da unicidade sobre os seres, a começar pela partícula até as estrelas e os céus. Com versículos como estes o Alcorão repele o politeísmo, a começar pelas estrelas e os céus e terminando com as partículas, indicando que o Possuidor de Poder Absoluto. Que criou os céus e a terra com tal ordem e equilíbrio, naturalmente criou o sistema solar, que é uma região do mesmo. O sistema solar está evidentemente dentro do alcance de Seu controle e direção.

Uma vez que, o Absolutamente Poderoso detém o sol e os planetas ao seu alcance, ordena-os, subjuga-os, e os direciona, certamente a terra, que é um membro do sistema solar e está vinculado ao sol, também está dentro do alcance de Sua regulação e Seu controle. Sendo assim, os seres que são criados e inscritos na face da terra e são como seus objetivos e frutos também estão do alcance de Seu domínio de sustentação e aperfeiçoamento.

E uma vez que, todas as criaturas se espalham e são espalhadas sobre a terra, que douram e adornam sua face, é continuamente renovada, indo e vindo, enchendo a terra e sendo esvaziada por ele, estão todos eles dentro do alcance de Seu conhecimento e poder; e eles são medidos e ordenados na balança da justiça e da sabedoria; e todas as espécies de seres animados estão dentro do alcance do Seu poder; certamente, todos os membros bem ordenados e irrepreensíveis dessas espécies, que são como espécimes em miniatura do cosmos, equilíbrio de suas espécies, e pequenos índices do livro do universo, também devem estar dentro do alcance de Seu domínio de criação, sustentação, direção e aperfeiçoamento.

E já que é assim, as células, os corpúsculos de sangue, os membros e músculos que compõem os corpos das criaturas animadas também estão evidentemente ao alcance de Seu conhecimento e poder.

E uma vez que, todas as células e os corpúsculos estão sob Seu comando e ao alcance de Seu domínio, e estão em movimento de acordo com Suas leis, certamente as partículas além de serem formadas e são como lançadeiras que tecem os bordados de arte que eles vestem, estão também, necessariamente, dentro do alcance do Seu poder e da esfera de Seu conhecimento. Pois, eles estão em movimento de forma ordenada, executam perfeitamente tarefas ao Seu comando, com a permissão d'Ele, e por meio de Seu poder.

E já que é assim, as características de identificação e as marcas distintivas a serem encontradas em cada um, todas as diferenças nos rostos, nas vozes e línguas de necessidade também ocorrem através de Seu conhecimento e Sua sabedoria.

Então agora olhe novamente para o versículo que menciona e assinala o início e o fim dessa cadeia:

﴿وَمِنْ آيَاتِهِ خَلْقُ السَّمٰوَاتِ وَالْاَرْضِ وَاخْتِلَافُ اَلْسِنَتِكُمْ وَاَلْوَانِكُمْ اِنَّ فِي ذٰلِكَ لَآيَاتٍ لِلْعَالِمِينَ﴾[898]

Por isso, agora dizemos: Ó representante dos incrédulos! Você pode ver que estes argumentos tão fortes como as correntes do universo provam o caminho da afirmação da unicidade Divina, e demonstram um Possuidor de Poder Absoluto. Desde que a criação dos céus e da terra demonstra um Criador Todo-Poderoso, e o poder infinito daquele Todo-Poderoso Criador, e que o Seu poder infinito está no ponto de infinita perfeição, há uma absoluta falta de necessidade de eventuais parceiros. Ou seja, Ele de modo algum precisa de quaisquer associados.

Uma vez que, Ele não tem necessidade, por que vocês tomam esse caminho escuro? Por que é que vocês se sentem constrangidos a tomar? Além disso, uma vez que, tanto ele e os seres não estão absolutamente em necessidade de parceiros, assim como é impossível que haja eventuais parceiros na Sua Divindade, por isso é impossível que haja qualquer um em Sua criação e sustentação dos seres. A sua existência é impossível. A razão para isto é a seguinte:

Provamos que o poder do Criador dos céus e da terra é tanto infinito como no ponto de perfeição infinita. Se houvesse qualquer parceiro, isso significaria que, apesar de Seu poder ser infinito, outro poder finito ameaçaria e superaria Seu poder infinito e perfeito e que tomaria posse de determinadas áreas do mesmo, e lhe daria finidade. Se deixar sem significado, lhe daria limite quando é ilimitado, e daria a algo finito, outro infinito, finititude, tornando-o finito sem que haja basicamente necessidade, quando ele é infinito. Esta é uma impossibilidade múltipla e mais irracional.

Além disso, já que não há necessidade de parceiros e, a sua existência é impossível, afirmar o contrário é puramente arbitrário. Isto é, uma vez que, não há nenhuma causa que poderia induzir tal afirmação, racional ou logicamente, seria sem sentido. De acordo com a ciência da jurisprudência, tal afirmação é designada como "arbitrária". Ou seja, ela é "alegação abstrata", sem sentido.

Um princípio das ciências da teologia e da jurisprudência é este:

لآ عِبْرَةَ للإحْتِمالِ الغَيْرِ النّاشِئ عَنْ دَلِيلِ۞وَلا يُنَافِى الإمكَانُ الذّآتِىُ اليَقِنَ العِلْمِى

que a probabilidade não originária de qualquer indicação ou sinal não tem importância; ela não pode induzir dúvida em uma questão que é definitiva. Ela não pode abalar a certeza baseada no bom senso.

Por exemplo, é possível que o lago de Barla se transforme em melaço de uva ou se transforme em óleo. Mas desde que essa possibilidade não se origina de qualquer indicação, ela não afeta nosso determinado conhecimento, ou induz dúvida no fato de que ele consiste de água.

Por isso, questionamos todo tipo de criatura de todos os cantos do cosmos e tudo o que foi questionado, a partir das partículas até as estrelas no Primeiro Local de Parada, e da criação dos céus e da terra até as características individuais de rostos no Segundo Local de Parada, tudo demonstrado pela língua de ser o selo da unicidade; tudo testemunhou que Allah é Um só.

Você viu isso por si mesmo. Nada há, então, em nenhuma das criaturas no universo em que a possibilidade de Allah ter quaisquer parceiros. Portanto, a alegação de que Allah tem parceiros é puramente arbitrária, sem sentido e uma "reivindicação abstrata"; é pura ignorância e inqualificável estupidez.

Assim, nada restou para o representante do povo de desorientação a dizer uma face disto. A única coisa que podia dizer seria: "O que indica que Allah tem parceiros é a configuração de causas no cosmos. É que tudo está vinculado a uma causa. Então, isso significa que as causas têm um efeito real, e se elas têm um efeito, não seriam capazes de serem parceiros de Allah?"

A Resposta: Efeitos têm sido vinculados a causas porque a vontade e a sabedoria Divina obriga-os a serem assim, e de modo que um grande número de Nomes Divinos se manifeste. Tudo foi vinculado a uma causa, mas temos decisivamente provado em vários lugares, incluindo em muitas das Palavras, que "causas não têm poder real com o qual criar os seus efeitos." Assim, por ora podemos dizer:

Entre as causas, os seres humanos são auto evidentes os mais superiores, e têm o maior Livre Arbítrio e a capacidade mais ampla de controlar e dirigir outras causas. E entre as mais óbvias das ações do homem sobre o qual ele exerce escolha estão o comer e os poderes do discurso e do pensamento. Além disso, todas essas faculdades são extremamente bem-ordenadas, maravilhosas, e as cadeias propositais. Mas as centenas de elos nessas cadeias apenas um está sujeito ao Livre Arbítrio do ser humano.

Por exemplo, na cadeia de ações relativas à alimentação e à nutrição das células do organismo até atingir o fruto, apenas o mover a mandíbula e mastigar a comida estão sujeitos à escolha do homem. E na cadeia da fala, só cabe-lhe a exalação do ar e o soprar a articulação das letras. E, enquanto uma palavra na boca por ser uma semente, torna-se uma árvore, pois produz os frutos de milhões da mesma palavra com o ar e entra nos ouvidos dos ouvintes junto com milhões de outras. A imaginação do homem pode chegar a esta fase metafórica; como o braço curto de escolha pode alcançá-la?

Uma vez que, entre as causas, o homem é o mais superior e tem o maior Livre Arbítrio e ainda suas mãos estão mesmo assim amarradas da criação real, como outras causas, como as criaturas inanimadas, os animais, os elementos da natureza, possam ter algum poder real de dispor sobre outras causas? Todas elas são apenas envelopes, uma cobertura para as obras dominicais, uma bandeja para os presentes do Clemente.

É claro que o receptáculo para o presente de um rei, ou o lenço em que está envolvido, ou o indivíduo que traz o presente, que é colocado em sua mão, não pode de modo algum ser parceiro na soberania do rei. Qualquer um que supõe que eles são parceiros está imaginando absurdos sem sentido. Da mesma forma, as causas aparentes e intermediárias não podem ter absolutamente nenhuma participação na sustentação das criaturas de Allah. Sua sorte é só para realizar um serviço de adoração.

O SEGUNDO OBJETIVO

O representante de quem atribui parceiros a Allah não podia em nenhum respeito provar isso, e assim, embora em desespero, já que ele queria destruir o caminho daqueles que afirmam a unicidade Divina, ele tentou semear dúvidas em suas mentes, fazendo a seguinte pergunta:

A Segunda Pergunta: "Ó vocês que afirmam a unidade Divina! Vocês dizem: ﴾قُلْ هُوَ اللّٰهُ اَحَدٌ ۞ اَللّٰهُ الصَّمَدُ﴿[899] que o Criador do universo é Um, Ele é Único, Ele é Absoluto, procurado por todas as criaturas; e que o Criador de tudo é Ele. Que Ele é Um em essência e ao mesmo tempo as rédeas de tudo estão diretamente em Sua Mão, a chave de tudo está em Suas Mãos; uma coisa não pode ser um obstáculo para o outro. E você diz que no mesmo instante Ele tem disposição total sobre todas as coisas e todos os seus estados. Como pode um fato tão rebuscado ser acreditado? Como pode um único indivíduo estar em inúmeros lugares e fazer inúmeras coisas ao mesmo tempo, sem dificuldade?"

A Resposta: Esta pergunta pode ser respondida pela explicação de um mistério extremamente profundo, sutil, elevado e completo sobre a unidade Divina e do Absolutismo. A mente do homem só pode olhar para este mistério com o telescópio e observatório de comparação e da alegoria. Enquanto não há nada similar ou análogo a essência e os atributos de Allah Todo-Poderoso, as funções de Seus atributos podem ser olhados de uma forma por meio de comparação e alegoria. Então, vamos apontar para esse mistério com comparações de natureza material.

Primeira Comparação: Como é provado na Décima Sexta Palavra, um único indivíduo pode alcançar a universalidade ou a abrangência por meios de espelhos diferentes. Embora, na verdade, ser um particular ou parte de algo maior que si mesmo, é como se ele se torna um universal com inúmeras qualidades e funções.

Com efeito, matéria como o vidro e a água pode ser um reflexo para objetos físicos, e um tal objeto pode atingir a universalidade de tal reflexo. Da mesma forma, ar, éter, e algumas criaturas do Mundo de Similitudes são como reflexos para objetos luzentes e seres espirituais. Essas criaturas semelhantes a reflexos passam com a velocidade de um raio ou imaginação para ser meios de transporte e espectador, de modo que os seres espirituais luzentes viajam com a velocidade da imaginação nesses reflexos impecáveis, essas habitações sutis. No espaço de um único instante os seres espirituais podem entrar em milhares de lugares. E porque eles são luzentes e porque suas reflexões são as mesmas que eles e possuem suas qualidades, eles são como presentes na pessoa em cada reflexo, em toda parte, como é contrários ao que acontece com os seres físicos.

As reflexões e semelhanças de seres corpóreos densos não são idênticas aos do corporalidade desses seres; eles não possuem as suas qualidades e pode-se pensar deles como mortos. Por exemplo, embora o sol seja particular e um único indivíduo, torna-se universal por meio de objetos brilhantes. Ele reflete a sua imagem, um sol como o próprio, em todos os objetos brilhantes, nas gotas de água, e nos fragmentos de vidro sobre a face da terra, de acordo com sua capacidade. O calor do sol, a luz, e as sete cores em sua luz, uma espécie de semelhança ao sol essencial, são encontrados em todos os objetos físicos brilhantes.

Vamos supor que o sol tenha conhecimento e consciência, então cada reflexo seria como uma espécie de morada ou assento ou cadeira para ele; estaria em contato com tudo pessoalmente. Seria capaz de se comunicar com todas as criaturas conscientes por meio de reflexos, com a pupila de cada olho, ainda, cada uma das quais seria como um telefone. Uma coisa que não seria obstáculo para outra. Comunicar-se com uma coisa não seria uma barreira para a comunicação com a outra. Apesar de estar presente em todos os lugares, estaria presente em lugar nenhum.

Se o sol, que é como um material, parcial, e espelho inanimado apenas ao Nome Divino da LUZ de inúmeros Nomes, pode, portanto, exibir a atividade universal em um número ilimitado de lugares ao mesmo tempo enquanto um único indivíduo, seria o Todo-Glorioso, com a unidade de Sua essência, incapaz de realizar inúmeras ações ao mesmo tempo?

Segunda Comparação: Uma vez que, o cosmos é como uma árvore, todas as árvores podem ser vinculadas às verdades do universo. Então vamos pegar a poderosa e majestosa árvore em frente ao nosso quarto como um exemplo em miniatura do universo e demonstrar com isso a manifestação da Unidade Divina no universo como segue:

Esta árvore tem pelo menos dez mil frutos e cada fruto tem pelo menos uma centena de sementes aladas. Em um instante de tempo os dez mil frutos e um milhão de sementes exibem juntamente e ao mesmo tempo arte e criatividade. Na realidade, o centro das leis da formação da árvore está presente em suas raízes e tronco, por meio de uma manifestação da vontade Divina e uma condensação do comando dominical, o que pode ser descrito como particular, individualizado, e um "nó" da vida, é também apresentar nas extremidades de todos os seus ramos, dentro de cada fruto e cada semente. Nenhuma parte de qualquer membro da árvore falta-lhe as leis, elas não são obstáculos um para o outro; a árvore é formada por eles.

E essa única manifestação da vontade e o direito de emitir a partir de um comando não são transmitidos e se irradiam como a luz, o calor e o ar, porque não deixam nenhum rastro, nem pode qualquer indício deles ser percebido nas longas distâncias e vários seres entre os lugares que eles vão. Se a presença em todos os frutos e sementes tivesse ocorrido por transmissão e irradiação, algum vestígio ou indício delas seria percebido. Em vez disso, eles estão presentes em todos os lugares sem serem fragmentados ou irradiados.

As ações universais e gerais não são incompatíveis com a Sua unidade e individualidade. Pode-se mesmo dizer que, enquanto a manifestação da vontade, da lei e da fonte da vida estiverem presentes em todos os lugares, eles estão presentes em nenhum deles.

É como se a lei tivesse tantos olhos e ouvidos quanto há frutos e sementes da árvore majestosa. Sim, cada parte da árvore é como um centro dos sentidos da lei, de modo que as grandes distâncias não sejam um véu e não formam uma barreira, mas como fios de telefone, são um meio de facilitar e trazer as coisas mais de perto. O mais distante é como o mais próximo.

Uma vez que, está claro da observação, por uma única manifestação parcial de um atributo do Único e Absoluto, como vontade, milhões de eventos ocorrem em milhões de lugares, sem intermediário, a pessoatem deter certeza, certeza absoluta, que o Todo-Glorioso pode ter disposição total sobre a árvore do universo, juntamente com todas suas partes e partículas, pela manifestação do Seu poder e vontade.

Como provado e explicado na Décima Sexta Palavra, dizemos aqui: ao estar em um lugar e sendo partículas identificáveis como únicas, pelo mistério da luminosidade, de impotentes e subjugadas criaturas como o sol, e as criaturas semi-luminosas, como os seres espirituais, que são restritos pela matéria, e as leis emitidas por um comando e as manifestações de vontade que são a fonte da vida e o centro de direção desta árvore que, por sua vez, são como a sua luz e seu espírito, estão claramente presentes em vários lugares e em inúmeros eventos. Apesar de serem indicações restritas pela matéria, é como se eles adquirissem uma universalidade absoluta, e por meio do exercício do arbítrio, no espaço de um segundo pode comprovadamente realizar um grande número de obras. Você vê por si mesmo e não será capaz de negá-lo.

A Única, a Mais Pura e Sagrada Essência, Cujos atributos são todos compreensão e funções universais, está muito além e exaltada acima da matéria, e é totalmente remota e livre de qualquer restrição e das trevas da densidade. Todas estas luzes e seres luminosos são apenas sombras obscuras de seus Nomes Sagrados; e toda a existência e vida e o mundo dos espíritos, o Reino Intermediário, e o Mundo de Similitudes, espelhos semitransparentes refletindo Sua beleza.

Que se pode ser escondido perante Sua Unidade, que está dentro da manifestação de Seus atributos e ações, que por sua vez são evidentes por Sua vontade universal, poder absoluto, e abrangente conhecimento? Que matéria pode ser difícil para Ele? Que lugar pode ser escondido d'Ele? Que objeto pode permanecer distante d'Ele? Que indivíduo pode se achegar a Ele sem adquirir universalidade? Pode alguma coisa ser escondida d'Ele? Pode qualquer assunto ser um obstáculo para outro? Pode qualquer lugar estar vazio de Sua presença?

Como Ibn al-Abbas (Que Allah esteja satisfeito com ele) disse: "Em todos os seres há um olho imaterial que vê, e ouvido que ouve". Não é assim? Não seriam as cadeias de seres cada uma como um fio ou veia para o transporte rápido de seus mandamentos e leis? Não seriam os obstáculos e as dificuldades os meios e intermediários em Sua disposição dos seres? Não seriam as causas e os intermediários não meramente um véu aparente? Enquanto Ele está presente em nenhum lugar, Ele não está presente em todos os lugares? Será que ele tem alguma necessidade de estar localizado em um lugar ou situação? Podem os véus da distância, a pequenez, e os graus de existência serem obstáculos à sua proximidade, poder de disposição, e testemunho?

Além disso, poderiam as qualidades referentes ao material, contingentes, densos, numerosos, restritos, e limitados seres, e os estados de mudança, a transformação, divisão, e o espaço ocupado, que são suas consequências necessárias, particulares e confinadas, de alguma forma, tocar a essência Mais Pura e Sagrada, que está muito além da matéria, Necessariamente Existente, Luz das Luzes, o Único, Uno, e livre de qualquer restrição ou limitação e sublimemente exaltado e puro de qualquer falha ou deficiência? Poderia a impotência de alguma forma ser adequada para ele? Qualquer defeito poderia se aproximar do arredor de Seu esplendor e glória?

Conclusão Do Segundo Objetivo

Uma vez, quando eu estava refletindo sobre a unidade Divina, olhei para os frutos da árvore de plátano fora do meu quarto.

Uma corrente de pensamento me veio como inspiração, e eu a escrevi aqui em árabe exatamente como veio a mim.

نَعَمْ فَالْاَثْمَارُ وَالْبُذُورُ مُعْجِزَاتُ الْحِكْمَةِ خَوَارِقُ الصَّنْعَةِ هَدَايَاءُ الرَّحْمَةِ بَرَاهِينُ الْوَحْدَةِ بَشَائِرُ لُطْفِهِ فِى دَارِ الْاٰخِرَةِ شَوَاهِدُ صَادِقَةٌ بِاَنَّ خَلَّاقَهَا لِكُلِّ شَيْءٍ قَدِيرٌ بِكُلِّ شَيْءٍ عَلِيمٌ كُلُّ الْاَثْمَارِ وَالْبُذُورِ مَرَايَاءُ الْوَحْدَةِ فِى اَطْرَافِ الْكَثْرَةِ اِشَارَاتُ الْقَدَرِ رُمُوزَاتُ الْقُدْرَةِ بِاَنَّ تِلْكَ الْكَثْرَةَ مِنْ مَنْبَعِ الْوَحْدَةِ تَصْدُرُ شَاهِدَةً لِوَحْدَةِ الْفَاطِرِ فِى الصُّنْعِ وَالتَّصْوِيرِ ثُمَّ اِلَى الْوَحْدَةِ تَنْتَهِى ذَاكِرَةً لِحِكْمَةِ الْقَادِرِ فِى الْخَلْقِ وَالتَّدْبِيرِ وَكَذَا هُنَّ تَلْوِيحَاتُ الْحِكْمَةِ بِاَنَّ صَانِعَ الْكُلِّ بِكُلِّيَّةِ النَّظَرِ اِلَى الْجُزْئِىِّ يَنْظُرُ ثُمَّ اِلَى جُزْئِهِ اِذْ اِنْ كَانَ ثَمَرًا فَهُوَ الْمَقْصُودُ الْاَظْهَرُ مِنْ خَلْقِ هٰذَا الشَّجَرِ فَالْبَشَرُ ثَمَرٌ لِهٰذِهِ الْكَائِنَاتِ فَهُوَ الْمَطْلُوبُ الْاَظْهَرُ لِخَالِقِ الْمَوْجُودَاتِ وَالْقَلْبُ كَالنَّوَاةِ فَهُوَ

الْمِرْآةُ الْاَنْوَرُ لِصَانِعِ الْكَائِنَاتِ مِنْ هٰذِهِ الْحِكْمَةِ صَارَ الْاِنْسَانُ الْاَصْغَرُ فِى هٰذِهِ الْمَخْلُوقَاتِ هُوَ الْمَدَارُ الْاَظْهَرُ لِلنَّشْرِ وَالْمَحْشَرِ فِى هٰذِهِ الْمَوْجُودَاتِ وَالتَّخْرِيبِ وَالتَّبْدِيلِ لِهٰذِهِ الْكَائِنَاتِ

O seguinte é a fonte do parágrafo Árabe:

فَسُبْحَانَ مَنْ جَعَلَ حَدِيقَةَ اَرْضِهِ : مَشْهَرَ صَنْعَتِهِ : مَحْشَرَ حِكْمَتِهِ : مَظْهَرَ قُدْرَتِهِ : مَزْهَرَ رَحْمَتِهِ : مَزْرَعَ جَنَّتِهِ : مَمَرَّ الْمَخْلُوقَاتِ : مَسِيلَ الْمَوْجُودَاتِ : مَكِيلَ الْمَصْنُوعَاتِ : فَمُزَيَّنُ الْحَيْوَانَاتِ : مُنَقَّشُ الطُّيُورَاتِ : مُثَمَّرُ الشَّجَرَاتِ : مُزَهَّرُ النَّبَاتَاتِ مُعْجِزَاتُ عِلْمِهِ ، خَوَارِقُ صُنْعِهِ ، هَدَايَاءُ جُودِهِ ، بَشَائِرُ لُطْفِهِ ، تَبَسُّمُ الْاَزْهَارِ مِنْ زِينَةِ الْاَثْمَارِ ، تَسَجُّعُ الْاَطْيَارِ ، فِى نَسْمَةِ الْاَسْحَارِ : تَهَزُّجُ الْاَمْطَارِ عَلَى خُدُودِ الْاَزْهَارِ ، تَرَحُّمُ الْوَالِدَاتِ عَلَى الْاَطْفَالِ الصِّغَارِ تَعَرُّفُ وَدُودٍ تَوَدُّدُ رَحْمٰنٍ تَرَحُّمُ حَنَّانٍ تَحَنُّنُ مَنَّانٍ لِلْجِنِّ وَ الْاِنْسَانِ وَ الرُّوحِ وَ الْحَيْوَانِ وَ الْمَلَكِ وَ الْجَانِّ

Todas os frutos e os grãos dentro delas são milagres da sabedoria prudente, maravilhas da arte Divina, presentes da Divina Misericórdia, provas materiais da unidade Divina, portadores da boa notícia dos favores Divinos que serão concedidos no futuro. Assim como todos eles são testemunhas confiáveis do Seu poder e conhecimento abrangente, cada um deles é um espelho confirmando Sua unidade em todos os cantos do mundo da multiplicidade e em todas as partes do mundo dessa árvore, um mundo que se tornou múltiplo.

Eles transformam o olhar da multiplicidade em unidade. Cada um deles diz pela língua de seu ser: "Não deixe seu olhar vagar sobre toda esta árvore frondosa e poderosa para não distrair-se, porque toda a árvore está dentro de nós. Sua multiplicidade está contida dentro de nossa unidade."

Mesmo, assim como cada semente, que é como o coração do fruto, é um espelho físico confirmando a unidade Divina, de modo que menciona e recita na oração silenciosa de seu coração os Nomes Divinos, a árvore poderosa recita em sua oração audível.

Além disso, assim como os frutos e sementes são espelhos que professam a unidade Divina, então eles são os sinais visíveis da Predestinação e símbolos consagrados do poder Divino. Por estas palavras, a Predestinação e o poder íntimo são o seguinte:

"Os muitos ramos e galhos desta árvore apareceram a partir de uma única semente e demonstram a unidade do artista da árvore em criá-la e dar-lhe forma. Em seguida, depois crescendo e espalhando os seus ramos, que reúnem todas as suas verdades em uma única fruta. É encapsulado todo o seu significado em uma única semente, demonstrando, assim, a sabedoria na Criação e no planejamento do Criador Glorioso."

Da mesma forma, a árvore do universo leva a sua existência a partir de uma fonte de unidade e é sustentada por ela. E o homem, o fruto do universo, demonstra a unidade dentro dessa multiplicidade de seres, enquanto que com os olhos de fé o seu coração vê o mistério da unidade dentro da multiplicidade.

. Além disso, os frutos e as sementes são alusões da sabedoria dominical. A sabedoria diz o seguinte para aqueles que estão conscientes: "A relação global desta árvore e seu planejamento olham com sua abrangência e universalidade para um único fruto. Porque o fruto é um espécime em miniatura da árvore. É o que é visado pela árvore. Além disso, a relação abrangente e o planejamento olham cada uma das sementes dentro do fruto, porque a semente tem o significado ou o índice de toda a árvore. Ou seja, uma vez que, o fruto é o objetivo da existência da árvore e da finalidade de sua criação, Aquele Que planeja a árvore considera cada fruta com todos os Seus Nomes ligados ao planejamento. Além disso, a grande árvore, às vezes, é podada e aparada por causa da pequena fruta; algumas partes da mesma são destruídas de modo que possa criar um novo crescimento. Ela é enxertada, a fim de produzir, ainda melhor, frutos permanentes".

Da mesma forma, o ser humano, que é o fruto da árvore do universo, é o propósito da sua criação e existência e o objetivo da criação dos seres. Enquanto seu coração, que é a semente da fruta, é um espelho mais brilhante e abrangente para o universo do Criador. Segue-se a partir desta sabedoria, portanto, que o pequeno homem será a causa da destruição e transformação do universo. Ele será o ponto de revoluções momentosas, como o Dia da Ressurreição. Será para o seu julgamento que a porta deste mundo será fechada e que a da Outra Vida será aberta.

Desde que chegamos a uma discussão da ressurreição, é adequado explicar um ponto sobre a sua realidade que demonstra a clareza e a força com a qual o Alcorão Sagrado ilumina e revela a ressurreição, como segue:

O resultado rendido por esta sequência de pensamento mostra que, se é necessário para o julgamento do homem e o ganhar a felicidade eterna, o universo inteiro será destruído e que o poder capaz de destruir e transformar o universo se manifesta e existe. Mas a ressurreição tem muitos graus. É obrigatório acreditar em algumas delas; devem ser reconhecidas. Enquanto outras se tornam aparentes de acordo com os níveis de desenvolvimento espiritual e intelectual, e estes conhecimentos relativos a ambos são necessários.

A fim de apresentar provas convincentes e fortes ao nível mais simples e fácil, o Alcorão Sagrado aponta um poder capaz de abrir um verdadeiro e vasto reino da ressurreição. O grau de ressurreição em que é necessário que todos acreditem é o seguinte:

Depois de os seres humanos morrerem, seus espíritos partem para outro reino. E os seus corpos apodrecem exceto uma minuta célula da base da coluna vertebral que agirá como uma semente. Ela permanece intacta, e no Dia da Ressurreição Allah Todo-

Poderoso criará o corpo humano dela e retornar o seu espírito para ele.[900] Este grau é tão simples, então, pode ser visto a cada primavera por milhões de exemplos.

Às vezes, a fim de provar este ponto, os versículos do Alcorão apontam a atividade ilimitada de um poder capaz de ressuscitar à vida todas as partículas e, por vezes, os vestígios de um poder e sabedoria capazes de enviar todas as criaturas à extinção e, em seguida, recordá-las. Em seguida, eles apontam para a atividade e os vestígios de um poder e sabedoria capaz de espalhar as estrelas e quebrar os céus, e às vezes para a atividade e as manifestações de um poder e sabedoria capazes de causar a morte de todas as criaturas animadas e depois ressuscitá-las à vida tudo de uma vez a um único toque de trombeta.

Às vezes, os versículos demonstram as manifestações de um poder e sabedoria que aumentará a vida da face da terra e animar todas as criaturas separadamente. E, às vezes, eles demonstram os traços de um poder e uma sabedoria que, decipam suas montanhas, farão com que o globo da terra se desintegre completamente, e depois restaurá-lo e transformá-lo em uma ainda mais excelente forma.

Isso quer dizer que, para além do Dia da Ressurreição, em que é obrigatório para todos acreditarem e reconhecerem, com esse poder e sabedoria, Allah Todo-Poderoso pode criar vários outros graus e ressurreições. E o que é mais, a sabedoria dominical exige que, além de certa mente ocasionar a ressurreição da humanidade, Ele ocasionará todos os outros graus ou criar certas outras questões importantes.

Uma Pergunta: Você diz: "Você faz muito uso de analogias na forma de comparações ou parábolas nas palavras. Certamente, segundo a ciência da lógica, esta forma de analogia não oferece certeza. A prova lógica é necessária para questões de certo conhecimento. A analogia na forma de comparação e parábola é utilizada por estudiosos do direito canônico em matérias em que a opinião que prevalece é suficiente. Além disso, você apresenta comparações sob a forma de certas histórias; as histórias são imaginárias e não podem ser verdade. Isto não é contrário à realidade?"

A Resposta: Tem sido frequentemente afirmado na ciência da lógica que as analogias na forma de comparações e parábolas não oferecem certo conhecimento. No entanto, há certo tipo desta forma de analogia que forma uma prova mais poderosa do que aquelas provas que consistem em certo conhecimento utilizado na lógica. Além disso, é mais certo do que esse tipo de dedução. Este tipo de analogia, é como se segue:

Ele demonstra a ponta de uma verdade universal por meio de uma comparação parcial e constrói o seu acórdão nessa verdade. Demonstra a verdadeira lei em uma questão específica, de modo que a grande verdade pode ser conhecida e assuntos específicos podem ser atribuídos a ele.

Por exemplo, embora o sol seja um único ser, por meio de luminosidade ele está presente em todos os objetos brilhantes. A lei da verdade é demonstrada por meio desta comparação que afirma que a luz e a luminosidade não podem ser restritas: para eles, a distância e a proximidade são as mesmas, muitos e poucas são iguais, e o espaço não pode conquistá-los.

Este é outro exemplo: os frutos e as folhas de uma árvore são todos moldados e formados ao mesmo tempo, da mesma forma, fácil e perfeitamente, em um único centro e por uma lei emitida por um comando. Esta é uma comparação ou parábola demonstrando a ponta de uma poderosa verdade e lei universal. Prova a verdade e a lei verdadeira em uma verdadeiramente decisiva forma, de tal forma que, como a árvore, o universo poderoso exibe e é o campo de atuação daquela lei da verdade e do mistério da unidade Divina.

Assim, as analogias, comparações e parábolas empregadas em todas as Palavras são desta forma e são mais poderosas e oferecem mais certeza do que as provas categóricas de lógica.

Resposta à segunda parte da pergunta: É um fato bem conhecido que na arte de composição, quando o verdadeiro significado de uma palavra ou frase é usado unicamente como meio de perceber outro significado, é chamado de "expressão alusiva." O significado essencial de uma frase definida como "alusiva" não é o meio de verdade ou falsidade; é o seu significado alusivo como tal. Se o significado alusivo estiver correto, então a frase é verdadeira. Mesmo se o seu significado essencial for falso, não danifica a sua veracidade. Se o significado alusivo não for correto, enquanto o seu significado essencial é, então, a frase é falsa.

Por exemplo, "a salvação de tal e tal é de grande comprimento." Ou seja, "O cinto de Sua espada é muito longo." Esta frase faz alusão à alta estatura do homem. Se ele é alto, mas não tem uma espada e cinto, a frase ainda seria correta e verdadeira. Se ele não é alto, mas tem uma espada longa e cinto, então, a frase seria falsa, uma vez que não é o seu significado essencial que se intenciona.

Assim, as histórias ou parábolas nas palavras, como por exemplo, aquelas na Décima e Vigésima Segunda Palavras, são tipos de alusões. As verdades no final das histórias são extremamente corretas, extremamente verdadeiras e conforme a realidade; são os significados alusivos das histórias. Seus significados essenciais são comparações que trazem objetos distantes perto como um telescópio e, no entanto, podem não danificar a sua veracidade e verdade. Além disso, todas essas histórias são comparações ou parábolas. São puramente para permitir que as pessoas, em geral, entendam o que está devidamente comunicado sem que as palavras sejam colocadas em palavras, e as questões imateriais e abstratas sejam representadas em forma material.

TERCEIRO OBJETIVO

Depois de receber esta resposta decisiva e convincente para a sua segunda pergunta,[1]o representante de todo o povo de desorientação foi reduzido ao silêncio, mas, então, pediu a seguinte terceira questão:

"Frases do Alcorão como ﴿أَرْحَمُ الرَّاحِمِينَ﴾ **"O mais Clemente dos misericordiosos!"**[901]... ﴿أَحْسَنُ الْخَالِقِينَ﴾ **"O melhor dos criadores"**[902] sugerem que existem outros criadores e clementes. E vocês também dizem: 'O Criador do universo possui perfeições infinitas. Unidos n'Ele estão os níveis máximos de todo tipo de perfeição.' Uma vez que as perfeições dos seres são conhecidas por seus opostos, se não houver nenhuma dor, o prazer não será uma espécie de perfeição; se não houver

[1] Isto é, a questão no início do segundo objetivo, não as pequenas perguntas no final da Conclusão.

escuridão, não se poderá provar a existência da luz; se não houver separação, não haverá prazer na união, e assim por diante; ou haveria?"

A Resposta: Vamos responder à primeira parte da questão com cinco indicações.

PRIMEIRA INDICAÇÃO: Do início ao fim, o Alcorão demonstra a unidade Divina; esta é uma indicação clara de que esse tipo de frases do Alcorão não são como você as entende. Em vez disso, ﴿أَحْسَنُ الْخَالِقِينَ﴾ " é dizer: "Ele está no posto mais alto e melhor da criatividade", que de forma alguma indica que existe outro criador. Como os outros atributos, a criatividade tem muitos graus ou fileiras.

﴿أَحْسَنُ الْخَالِقِينَ﴾ significa: "Ele é um Criador Glorioso no grau mais distante e mais excelente de criatividade."

SEGUNDA INDICAÇÃO: Termos como﴿أَحْسَنُ الْخَالِقِينَ﴾ não procuram uma pluralidade de criadores, mas as variedades do estado de ser criatura. Isto é, "Ele é um Criador que cria tudo de uma forma adequada, no grau mais impecável." Versículos como:[903] ﴿أَحْسَنَ كُلَّ شَىْءٍ خَلَقَهُ﴾ expressam este significado.

TERCEIRA INDICAÇÃO: A comparação sugerida por termos como:

﴿أَحْسَنُ الْخَالِقِينَ﴾[907], اَللّٰهُ اَكْبَرُ[906], ﴿خَيْرُ الْفَاصِلِينَ﴾[904]﴿خَيْرُ الْمُحْسِنِينَ﴾[905],

não são adjetivos comparativos e superlativos comparando os atributos e as ações de Allah Todo-Poderoso, que são reais, com outros que possuem amostras desses atributos e ações. Uma vez que, todas as perfeições do universo, nos gênios, humanos e anjos, são pálidas sombras em relação à Sua perfeição. Como deve ser qualquer comparação possível? São seres humanos, e em particular o povo de negligência, que veem perfeição em termos de comparação.

Por exemplo, um soldado mostra completa obediência e respeito ao seu cabo. Parece para ele que todos os benefícios vêm dele e ele pensa pouco no rei. Mesmo se ele pensa nele, ele ainda ao cabo que mostra sua gratidão. Por isso, é dito ao soldado: "Veja aqui! O rei é muito maior do que o seu cabo, é somente a ele que você deve agradecer." Agora esta frase não compara o comando imperial do rei, que é real, ao do cabo, que é parcial e apenas aparente; porque isso seria sem sentido. É o resultado do que o soldado considera ser importante, de como ele vê as suas relações com o cabo, a quem prefere, ama e só agradece a ele.

Da mesma forma, quando causas aparentes são imaginadas serem o criador e doador de bênçãos na visão do povo de negligência, tornam-se um véu para o Verdadeiro Doador de Bênçãos. Essas pessoas negligentes se agarram em causas e acham que graças e favores proveem deles; eles os louvam e os aclamam. O Alcorão diz: "Allah Todo-Poderoso é maior, Criador por excelência, muito melhor Doador de Bênçãos. Então olhe para Ele e Lhe agradece."

QUARTA INDICAÇÃO: Assim como pode haver comparação entre seres reais e preferência por alguns em detrimento de outros, portanto, pode haver comparações entre possíveis ou mesmo hipotéticas coisas e preferências. Numerosos graus ou níveis estão presentes nas verdadeiras naturezas da maioria das coisas. Assim também, na visão do intelecto, inúmeros graus podem estar presentes nas verdadeiras naturezas dos Nomes Divinos e atributos sagrados, uma vez que, Allah Todo-Poderoso é o mais perfeito e excelente de todos os possíveis e imaginários graus desses atributos e Nomes. O universo inteiro testemunha esta verdade por meio de todas as suas perfeições.

[908]﴿لَهُ الأَسْمَاءُ الحُسْنَى﴾ descrevendo todos os Seus Nomes como os mais excelentes", expressa esse significado.

QUINTA INDICAÇÃO: Este uso do comparativo e superlativo não é para ser entendido em termos de criaturas, mas em termos do fato de que Allah Todo-Poderoso tem dois tipos de manifestações e atributos.

O Primeiro Tipo: Pelo mistério da Sua unidade, esta consiste em Sua disposição sobre as criaturas sob o véu de causas e intermediários e, na forma de uma lei universal.

O Segundo Tipo: Pelo mistério de Sua unidade; é Sua disposição sobre as criaturas diretamente, sem véu, sobre cada um de forma especial. Isto significa que pelo mistério da unidade, Sua dádiva, criação e a grandeza que são diretas são maiores e mais elevadas e excelentes do que as palavras de Sua concessão, criação e grandeza que são aparentes por meio das manifestações de causas e intermediários.

Por exemplo, vamos supor que há um rei, mas ele é um santo-rei. Ele tem um grande número de funcionários e comandantes, mas eles são apenas véus, para a autoridade, e a execução de todos os assuntos estão diretamente em sua mão. O poder do rei de disposição e execução dos assuntos é de dois tipos:

O Primeiro Tipo: A execução dos assuntos que ele demonstra e os comandos que ele dá por meio de uma lei universal na forma de funcionários visíveis e comandantes de acordo com suas habilidades e funções.

O Segundo Tipo: Este não é por uma lei universal. Ele não faz dos funcionários visíveis um véu; sua execução de coisas e favores reais é direta e pode ser descrita como a mais elevada e excelente.

Da mesma forma, o Criador do universo, o Monarca da Pré-Eternidade e Pós-Eternidade, fez inúmeras causas e intermediários um véu para Sua execução dos assuntos e tem demonstrado a majestade de Sua Soberania. Mas Ele deixou telefones particulares nos corações dos Seus servos para que possam deixar as causas atrás e virar diretamente a Ele, e poderem dizer:[909] ﴿إِيَّاكَ نَعْبُدُ وَ إِيَّاكَ نَسْتَعِينُ﴾

Assim, os significados de﴿أَحْسَنُ الخَالِقِينَ﴾, [910]﴿أَرْحَمُ الرَّاحِمِينَ﴾ اَللهُ أَكْبَرُ parte da pergunta do representante com cinco sinais.

O PRIMEIRO SINAL: Na sua pergunta, ele disse: "Se alguma coisa não tem oposto, como pode ser a perfeição?"

A Resposta: O questionador não sabe o que é a verdadeira perfeição. O que ele tem em mente é apenas perfeição relativa. Uma vez que, méritos, virtudes e qualidades que se parecem com algo e são adquiridos relativamente da outra coisa não são reais, eles são relativos e fracos. Se o que eles procuram desaparece, então eles também desaparecerão.

Por exemplo, o prazer relativo e os méritos do calor ocorrem por meio do efeito do frio, e o prazer relativo dos alimentos, pelo efeito da dor da fome. Se o frio e a fome desaparecerem, então o prazer diminui. Enquanto o verdadeiro prazer, o amor, a perfeição e a virtude são tais que não são construídos na imaginação de outra coisa. Eles estão presentes em si mesmos. Eles são verdades inerentes e essenciais.

Qualidades como a seguinte são assim: “O prazer da existência, da vida, do amor, do conhecimento,o prazer da fé, da misericórdia e da compaixão; e a beleza da luz, da visão, da fala, da nobre descontração, do bom caráter e da forma; a perfeição da essência e do atributo e a perfeição das ações.” Se há ou não oposto, essas qualidades não mudarão. Assim, todas as perfeições do Formador Glorioso, do Belo Criador, do Criador Perfeito são verdadeiras perfeições; elas são essenciais e o que é diferente d'Ele não pode afetá-Lo. Eles só podem ser destinatários.

O SEGUNDO SINAL: Sayyid al-Charif Jurjani escreveu em Charhal-Mawaquif: "A causa do amor é tanto prazer, benefício, semelhança (ou seja, inclinação para as criaturas de mesma espécie), ou perfeição. Uma vez que, a perfeição é amada por si mesma." Isso quer dizer que, se você ama algo, você o ama tanto por causa do prazer que proporciona, ou dos benefícios que ele traz, ou porque é semelhante em espécie, como a inclinação para as crianças, ou porque possui alguma perfeição. Se for a perfeição, nenhuma outra causa ou propósito é necessário; ele é amado puramente por si. Por exemplo, nos dias antigos, todo mundo amava as pessoas que possuíam a perfeição; mesmo que elas não tivessem nenhuma conexão com eles, ainda amava-os com admiração.

Assim, desde que todas as perfeições e as qualidades e tudo o que Allah Todo-Poderoso e todos os graus de Seus Belos Nomes são verdadeiras perfeições, eles são amados por si mesmos. O Glorioso, Que é o verdadeiro amado, ama Suas perfeições, que são verdadeiras perfeições, e as belezas de seus atributos e Nomes de uma forma adequada para Si Mesmo. E Ele ama as boas qualidades de Sua arte e as criaturas, que são espelhos que refletem essas perfeições.

Ele ama Seus profetas e santos, especialmente o Nobre Mais Amado, que é o Senhor dos Profetas e Príncipe dos Santos. Isto é, com o Seu amor por Sua própria beleza, Ele ama o Seu Amado, que é o espelho para aquela beleza. Com o Seu amor por Seus próprios Nomes, Ele ama o Seu amado e seus irmãos que é abrangente e ciente das manifestações desses Nomes.

Com o Seu amor por Sua arte, Ele ama Seu Amado e aqueles como ele, que são arautos e expositores daquela arte. Com Seu amor por Seus artefatos, Ele ama o Seu Amado e aqueles que o seguem que apreciam e admiram esses artefatos e respondem a eles dizendo: Machallah "Que maravilhas Allah quis! Baracallah (Que Allah Abençoe). Quão belas elas foram feitas." E com o Seu amor pelas boas qualidades de Suas criaturas, Ele ama o Sua mais nobre Amado e seus seguidores e irmãos em quem estão unidas as melhores qualidades morais.

O TERCEIRO SINAL: Todas as perfeições em todo o universo são sinais e indícios de perfeição e beleza de um Glorioso Ser. Na verdade, toda a bondade, perfeição e beleza do universo são apenas uma pálida sombra em relação a Sua verdadeira perfeição. Vamos indicar brevemente cinco provas desta verdade.

Primeira Prova: Um palácio perfeito e esplendidamente adornado e decorado claramente aponta para a habilidade perfeita e o artesanato. E esse artesanato e arte, que é um ato perfeito, claramente aponta para um perfeito autor, mestre e artesão, juntamente com seus títulos e nomes como Formador e Adornador. E esses nomes perfeitos, sem dúvida, apontam para os atributos perfeitos e as habilidades do mestre. E essa habilidade perfeita e esses atributos evidentemente apontam para sua habilidade perfeita e capacidade. E essa habilidade perfeita e capacidade necessariamente apontam para a perfeição de sua essência e para a exaltação de sua natureza.

Exatamente da mesma maneira, este palácio do universo, esta obra perfeita e adornada de arte, auto evidentemente aponta para ações de extrema perfeição, uma vez que as perfeições em obras de arte resultam de perfeição da ação e demonstram isso. E a perfeição das ações aponta para um autor perfeito e os Nomes perfeitos daquele autor. Isto é, em relação às obras de arte, eles apontam para a perfeição de Nomes como, Planejador, Formador, Onisciente, Clemente e Adornador.

Além disso, a perfeição dos Nomes e títulos, sem qualquer dúvida, aponta aos atributos perfeitos do Autor. Porque, se os atributos não fossem perfeitos, os Nomes e títulos que se originam a partir dos atributos não seriam perfeitos. E a perfeição dos atributos aponta auto evidentemente para a perfeição de Sua funcional essência, porque é da funcional essência que os atributos procedem. E a perfeição das funções essenciais aponta para o grau de "conhecimento de certeza" para a perfeição da funcional essência. Eles apontam para uma perfeição tão digna que, embora a luz da perfeição passe pelos véus de funções, atributos, nomes, ações, e obras de arte, ele ainda demonstra a bondade, a beleza e a perfeição a serem vistas nesta grande medida do universo.

Assim, após a existência desse grau de verdade, a perfeição essencial foi estabelecida com provas convincentes, que importância permanece para as perfeições relativas, que parecem outras coisas e que só existem na medida em que ganham superioridade sobre seus gostos e opostos? Você pode entender, então, quão insignificantes elas se tornam.

Segunda Prova: Quando o universo é estudado como algo de que lições devem ser tomadas, a consciência e o coração podem conjecturar e perceber o seguinte: Alguém que adornou e embelezou o universo com toda sorte de coisas boas, Ele Mesmo possui um grau infinito de beleza e perfeição para que possa fazê-lo assim.

Terceira Prova: É um fato bem conhecido que as obras de arte que são bem proporcionadas, simétricas, perfeitas e belas são baseadas em um plano muito bem elaborado. E um plano perfeitamente elaborado aponta para um conhecimento perfeitamente seguro, intelecto fino e refinada faculdade de espírito. Ou seja, é beleza imaterial do espírito que se manifesta em arte por meio do conhecimento. Assim, o universo, com suas inúmeras e excelentes qualidades materiais, é formado por destilação de excelentes qualidades imateriais pertencentes ao conhecimento. E essas qualidades imateriais referentes ao conhecimento e essas perfeições são certamente as manifestações de um infinito, eterno encanto, beleza e perfeição.

Quarta Prova: É óbvio que aquele que dá a luz deve possuir luz, e o que ilumina deve ser luminoso, que a recompensa vem de riquezas, e a bondade se rende de quem é amável. Uma vez que é assim, já que tudo esse encanto e essa beleza são dados ao universo e a perfeição é concedida aos seres, eles apontam para uma beleza eterna como os pontos de luz ao sol.

Os seres passam sobre a face da terra como um vasto rio espumante com lampejos de perfeição. Da mesma maneira que um rio brilha com manifestações do sol, a inundação de seres momentaneamente brilha com lampejos de amor, beleza e perfeição, e depois desaparece. E os seres seguintes após eles exibem os mesmos lampejos e desaparecem. Pode ser entendido a partir disto que, assim como as manifestações e instâncias de beleza sobre as bolhas de fluxo da água não são de si mesmos, mas são manifestações e instâncias de beleza da luz do sol, de modo que as qualidades e as perfeições que brilham brevemente na inundação do universo são os lampejos de beleza de Nomes de um Sol Eterno.

نَعَمْ تَفَانِى الْمِرْآتِ زَوَالُ الْمَوْجُودَاتِ مَعَ تَجَلِّى الدَّائِمِ مَعَ الْفَيْضِ الْمُلاَزِمِ مِنْ
اَظْهَرِ الظَّوَاهِرِ اَنَّ الْجَمَالَ الظَّاهِرَ لَيْسَ مُلْكَ الْمَظَاهِرِ مِنْ اَفْصَحِ تِبْيَانٍ مِنْ اَوْضَحِ
بُرْهَانٍ لِلْجَمَالِ الْمُجَرَّدِ لِلاِحْسَانِ الْمُجَدَّدِ لِلْوَاجِبِ الْوُجُودِ لِلْبَاقِى الْوَدُودِ...[911]

Quinta Prova: Se quatro pessoas que chegaram por quatro rotas diferentes, todos falam do mesmo evento, ele sugere com uma certeza nascida da unanimidade que o evento ocorreu definitivamente. Assim, embora as suas formas, disposições, habilidades e os tempos eram todos diferentes, todos os estudiosos da religião com suas diferentes fileiras, os santos e os purificados com seus diferentes caminhos e meios, e os verdadeiros filósofos, com seus diferentes credos estão de acordo. Eles são as pessoas de iluminação e conhecimento experiencial, que revelaram os segredos do cosmos e observaram e deram testemunho da verdade – por meio de suas revelações, iluminações e testemunhos, eles concordaram, por unanimidade, que as qualidades e perfeições de serem vistos nos espelhos e disposições do universo e seus seres, são as manifestações de uma única Necessariamente Existente perfeição e as manifestações da beleza de Seus Nomes.

Seu consenso e acordo, então, constitui uma prova inabalável.

Na minha opinião que, para não ouvir este sinal, o representante do povo de desorientação fosse obrigado a tapar até seus ouvidos e fugir. Para certamente, como morcegos, cabeças tão mergulhadas na escuridão não pudessem suportar estas luzes. Nesse caso, a partir de agora vamos considerá-los pouco, para sempre.

O QUARTO SINAL: Em vez de olhar para os seus gostos e os opostos, o prazer, encanto e beleza de uma coisa olha para onde essas qualidades se manifestam. Por exemplo, a generosidade é um atributo muito bom e agradável. O prazer que uma pessoa generosa obtém da alegria e do prazer daqueles que têm favorecido é milhares de vezes mais gratificante do que o prazer relativo obtido de sentir-se superior a outras pessoas generosas.

Além disso, uma pessoa amável e compassiva recebe verdadeiro prazer proporcionalmente em relação àqueles com quem ele tem sido compassivo e encontra tranquilidade e conforto. Por exemplo, o prazer de uma mãe recebe da felicidade e conforto de seus filhos, por causa de sua compaixão, é tão forte que ela sacrificaria sua alma para o seu conforto. O prazer de tal compaixão vai mesmo fazer uma galinha atacar um leão, a fim de proteger seus filhotes.

Assim, o verdadeiro prazer, a bondade, a alegria e a perfeição em atributos elevados não olham para seus pares e opostos, mas para seus dependentes e os lugares que eles se manifestam. A beleza, portanto, do Glorioso e Perfeito de misericórdia, Quem sempre vivo e autossubsistente, Clemente e Benevolente, Compassivo e Misericordioso, olha para os que recebem Sua misericórdia.

Existem graus intermináveis na felicidade, facilidade e alegria daqueles que recebem a manifestação de Sua misericórdia e compaixão, e, especialmente, aqueles que recebem suas infinitas variedades no Paraíso eterno. Podemos entender que, de acordo com os graus de sua felicidade e alegria, o Misericordioso e Compassivo experimenta significados exaltados, puros, santos e belos, como carinho e amor, de uma forma adequada a Ele, que podem ser descritos pelas qualidades que são próprias d'Ele. Ele possui qualidades absolutamente puros e santos, que nós não podemos falar porque a Chari'a não permite isso, mas o que pode ser descrito como "prazer sagrado", "amor santo", "pura alegria" e "felicidade sagrada." Provamos em muitos lugares que eles são infinitamente mais exaltados, elevados, santos e puros do que o amor, a alegria e a felicidade que vemos no universo e pode ser percebido entre as criaturas. Se você quiser dar uma olhada em um lampejo desses significados, então olhe através do telescópio das seguintes comparações.

Por exemplo, um personagem de coração nobre e magnânimo oferecendo um fino banquete em seu magnífico navio viajando para alimentar os pobres, os necessitados e com fome. Em seguida, ele mesmo assiste no convés. Você pode entender o quão satisfeito e feliz o prazer grato e a agradecida gratidão dos pobres, famintos e necessitados pelo que fez aquele generoso personagem; quanto isso o gratifica.

O homem não é o verdadeiro proprietário de mesmo o mais humilde repasto ele é apenas um distribuidor. Portanto, se a sua alegria é essa, você pode fazer uma analogia com os significados sagrados do amor e da misericórdia e os resultados que pertencem ao Clemente e Misericordioso, e que somos impotentes de expressar. Uma vez que, Ele faz homens, gênios, e animais viajaem nos mares do espaço, e subirem a bordo da poderosa terra, que é um navio dominical. Em seguida, carregando a mesa da face da terra com inúmcras variedades de alimentos, Ele convida todas as criaturas vivas para a festa, que é uma espécie de lanche ou aperitivo. Para além disso, Ele fará com que cada um de todo o tipo de prazer perfeito uma mesa cheia de recompensas em um reino permanente e eterno. Ele vai inaugurar um banquete interminável e abrangente de inúmeros prazeres e maravilhas sutis, que será verdadeiro alimento para seus incontáveis e infinitamente carentes e anseio servos.

E, por exemplo, um habilidoso e experiente artesão, que gosta de exibir sua ingenuidade, depois de inventar um objeto como um gramofone que funciona sem registros, irá configurá-lo, experimentá-lo e, em seguida, apresentá-lo. Se ele dá os resultados desejados e esperados perfeitamente, quão orgulhoso será sua sensação de inventar, quão satisfeito e gratificado ele será. Ele vai dizer para si mesmo:*Baracallah* [912]

E assim, se um homem insignificante fica tão satisfeito com o bom funcionamento de um gramofone e com o seu artesanato, que é apenas superficial, pois na realidade ele não cria nada, então como é que o Todo-Glorioso Criador será? Uma vez que, Ele criou o poderoso universo como uma orquestra e gramofone, e fez a terra e todas as criaturas animadas sobre ele, e entre as criaturas animadas especialmente o homem. E a cabeça do homem que Ele criou de tal forma que é um dominical gramofone e orquestra Divina de tal forma que a ciência e a filosofia são golpeadas com admiração na arte e artesanato exibidos nele.

Assim, todos estes seres mostram todos os resultados desejados deles ao grau máximo e da melhor maneira possível. Eles são completamente obedientes às ordens que lhes dão existência, que são descritos por culto especial das criaturas e pelas glorificações e saudações apontadas para Allah. O orgulho, o prazer e a alegria junto com o significado sagrado e as qualidades puras, que somos incapazes de descrever, que são obtidos a partir disso e da realização dos objetivos dominical pretendidos dos seres, são tão exaltados e sagrados que, se todas as mentes da humanidade fossem se unir e tornarem-se uma só mente, ela ainda seria incapaz de alcançar ou compreender a sua substância.

E outro exemplo. Que prazer e diversão um governante justo que gosta de fazer cumprir a justiça e o direito sente ao dar aos oprimidos seus direitos e recebe os seus agradecimentos, de punir os malfeitores e se vingar pelos oprimidos. Você pode fazer uma analogia com os significados sagrados pertencentes ao Absolutamente Sábio, do Verdadeiro Justo Aquele que Compele e o Glorioso, que surge a partir do estabelecimento da justiça, e não apenas para gênios e humanos, mas para todas as criaturas.

Ou seja, os significados sagrados decorrentes da conecção do direito à existência e o direito à vida em tudo, da proteção da existência e da vida dos agressores, e de prender e imobilizar essas criaturas horríveis de sua agressividade; e que surgem especialmente a partir do julgamento dos gênios e humanos no Grande Encontro no âmbito do Outra Vida. E, além disso, os significados sagrados decorrentes da maior manifestação da justiça e da sabedoria que é aparente em criaturas animadas. Assim, como pode ser visto a partir desses três exemplos, assim como um grande número de graus de beleza, graça e perfeição estão presentes em todos os mil e um Nomes Divinos, por isso há um grande número de graus de amor, orgulho, glória e grandeza.

É por isso que os elevados e autoritários santos que manifestaram o Nome do Amado disse: "O amor é o próprio fermento de todo universo. É pelo amor que todos os seres estão em movimento. É de amor que as leis da atração, afinidade e extase presentes em todos os seres brotam" Um deles escreveu o seguinte:

فَلَكْ مَسْتْ مَلَكْ مَسْتْ نُجُومْ مَسْتْ

سَمَوَاتْ مَسْتْ شَمْسْ مَسْتْ قَمَرْ مَسْتْ زَمِينْ مَسْتْ

عَنَاصِرْ مَسْتْ نَبَاتْ مَسْتْ شَجَرْ مَسْتْ بَشَرْ مَسْتْ

سَرَاسَرْ ذِى حَيَاتْ مَسْتْ هَمَه ذَرَّاتِ مَوْجُودَاتْ بَرَابَرْ مَسْتْ دَرْمَسْتَسْتْ[913]

Quer dizer, todo mundo recebe a manifestação do amor Divino e é embriagado, de acordo com sua capacidade. É bem sabido que cada coração tem carinho por alguém que dá bondade a ele, e que ama a verdadeira perfeição e é apaixonado pela nobre beleza. E o coração ama ainda mais aquele que dá bondade, não só a si, mas também àqueles que ama e sente compaixão por eles.

E assim, como explicamos anteriormente, pode não ser compreendido a partir da seguinte como merecedor de amor e paixão é o Todo-Belo e Glorioso, o Todo-Perfeito Amado, e quão embriagado e vertiginoso está todo o universo com o amor d'Ele? Pois, Ele é nomeado com mil Nomes cada um dos quais é a fonte de milhares de perfeições e os meios para milhares de graus de beleza. E por suas bênçãos, em todos os Nomes são milhares de tesouros contendo generosidades, e Ele faz com que todos aqueles seres que amamos sejam felizes.

É por causa deste mistério que os santos que manifestaram o Nome do Amado declararam: "Nós não queremos o Paraíso. Para nós, um lampejo de amor Divino será suficiente para sempre."

É também por isso que, como está registrado no Hadice: "A visão de um minuto de Beleza Divina no Paraíso superam todas as outras delícias."[914]

Assim, estas perfeições infinitas de amor só ocorrem por meio dos Nomes de Único, o Todo-Glorioso e Suas criaturas dentro da esfera de Sua unidade e unicidade. Ou seja, essas perfeições que são imaginadas a existir fora dessa esfera não são perfeições em tudo.

O QUINTO SINAL: o quinto sinal é constituído por cinco pontos.

Primeiro Ponto: O representante do povo de desorientação disse em seguida: "O mundo é execrado em seus Hadices e chamado de 'carne putrefata.'[915] Além disso, todos os santos e pessoas de verdade têm desprezo pelo mundo, eles dizem que é pernicioso e imundo. Enquanto, você o mostra ser o meio e a prova de todas as perfeições Divinas e falam dele com entusiasmo."

A Resposta: O mundo tem três faces.

Sua primeira face olha para os Nomes de Allah Todo-Poderoso; ela exibe a sua impressão. É um espelho para elas, refletindo seu significado literal. Esta face do mundo é composta de inúmeras cartas ou missivas que descrevem o Eternamente Rogado. Essa face é absolutamente linda, e é digna de amor, e não de ódio.

Sua segunda face olha para o futuro. É a sementeira da vida futura e arável campo para o Paraíso. É o canteiro de misericórdia. Essa face também é bonita como a primeira e é merecedora de amor e não de desprezo.

Sua terceira face olha para os apetites básicos do homem. É um véu de negligência e um brinquedo para satisfazer os desejos do mundo. Essa face é feia porque é transitória e mortal; ela está cheia de dor e de engano. O desprezo descrito no Hadice e a aversão das pessoas de verdade, então, é por esta face.

A importância e a aprovação que o Onisciente Alcorão demonstra para com o universo e todos os seres é para as duas primeiras faces. São as duas primeiras faces do mundo que os Companheiros do Profeta (Allah o abençoe e lhe dê paz) e outras pessoas de Allah buscam. Existem quatro classes de pessoas que têm desprezo pelo mundo.

A Primeira: Aqueles que buscam conhecimento de Allah. Eles têm desprezo por ele, porque ele é uma barreira ao conhecimento, ao amor e à adoração a Allah.

A Segunda: Aqueles que olham para a Outra Vida. Eles veem o mundo como feio ou porque os assuntos mundanos inevitáveis impedem-nos de fazer obras referentes a Outra Vida, ou devido ao seu elevado grau de crença, eles veem isso como feio em relação às perfeições e belezas do Paraíso. Com efeito, da mesma maneira que um homem considerável aparece feio quando comparado com o Profeta José (a paz esteja com ele), porém as valiosas qualidades deste mundo, quando comparadas com as do Paraíso, eles se tornam como nada.

A Terceira: Estes têm desprezo por este mundo, porque não podem obtê-lo. Esse desprezo não surge de ódio, mas de amor.

A Quarta: Estes têm desprezo pelo mundo, porque apesar de obtê-lo, não ficam, deixam-no. E isso os vexa. Eles insultam-no, a fim de consolar a si mesmos e dizer que é falso. Mas isso decorre de amor ao mundo, ao passo que o desprezo aceitável surge do amor a outra vida e o amor que brota do conhecimento de Allah.

Isto quer dizer, o desrespeito aceitável é um dos dois primeiros tipos. Que Allah Todo-Poderoso nos faça como aquelas pessoas. Amém.

بِحُرْمَةِ سَيِّدِ الْمُرْسَلِينَ[916]

***

TERCEIRO LOCAL DE PARADA

بِسْمِ اللّٰهِ الرَّحْمٰنِ الرَّحِيمِ

﴿وَاِنْ مِنْ شَىْءٍ اِلاَّ يُسَبِّحُ بِحَمْدِهِ﴾[917]

Este terceiro local de parada consiste de dois tópicos:

PRIMEIRO TÓPICO

De acordo com o significado de:[918] ﴿وَاِنْ مِنْ شَىْءٍ اِلاَّ يُسَبِّحُ بِحَمْدِهِ﴾ , tudo tem numerosos aspectos que dão para Allah Todo-Poderoso, como janelas.

As realidades de todos os seres e do universo são baseadas nos Nomes Divinos. A realidade de cada coisa é baseada em um nome ou em muitos. Os atributos das coisas e das artes que eles exibem também são baseados em e dependem de um Nome. A ciência natural verdadeira é baseada no Nome do Todo Sábio, a verdadeira medicina no Nome de Curador, a geometria em nome do Determinador, e assim por diante. Da mesma forma que todas as ciências são baseadas em e chegaram ao fim em um Nome, as realidades de todas as artes e ciências, e de todas as realizações humanas, baseiam-se nos Nomes Divinos. De fato, um grupo dos mais sábios dos santos afirmou que os Nomes Divinos constituem a verdadeira realidade das coisas, enquanto as essências das coisas são apenas sombras da realidade. Eles disseram também que, mesmo só aparentemente até vinte manifestações e impressiona dos Nomes Divinos podem ser vistos em uma única criatura viva. Vamos tentar fazer com que esta verdade sutil, mas vasta mais fácil de entender, por meio de uma comparação, e deve analisá-la, passando-a por uma peneira duas ou três vezes. Não importa quanto tempo a nossa discussão, ele ainda seria curto, mas não se deve tornar-se aborrecido.

Quando um retratista habilidoso ou escultor deseja pintar um retrato de uma bela flor ou para esculpir uma grande beleza pertencente ao belo sexo da humanidade, em primeiro lugar, ele determina as formas gerais desses dois objetos com poucas linhas. Ele determina estes encomendando e ajustando-os, pela estimativa e mensuração. E isso ele faz de acordo com regras e limites definidos pela geometria. É claro que esta ordenação e de medição é realizada com conhecimento e sabedoria ou propósito. Ou seja, os atos de ordenar e limitar a sua vez nas bússolas de conhecimento e sabedoria. Nesse caso, os significados de conhecimento e sabedoria governam por trás da ordenação limitante. Os compassos de conhecimento e sabedoria, então, apontam para si mesmos e eles demonstram que, dentro desses limites, eles começaram a representação de pequenos pormenores, como os olhos, orelhas, nariz, folhas e estames.

Agora vemos que os membros determinados pelo movimento dessas bússolas internas estão tomando forma artística e cuidadosamente. Sendo assim, aquele que transforma este conhecimento e as sábias bússolas possui significados de artesanato e cuidado; são eles que mandam e, em seguida, exibem-se.

Assim, pode ser entendido a partir disso que eles apontam para as qualidades inerentes de beleza e adorno. Sendo assim, o que faz a função de habilidade e cuidado é a vontade para embelezar e a intenção de decorar. Nesse caso, é sob o seu comando que o artista começa a enfeitar e iluminar. Ele dá uma forma sorridente e viva à estátua e à flor. E o que faz este sentido de função de embelezar e iluminar é certamente o sentido de favorecimento e munificência.

Sim, esses dois significados o governam a tal ponto que, muito simplesmente, a flor é um favor encarnado, e a estátua, generosidade personificada. Portanto, agora é o significado de fazê-lo amado e conhecido que impelem os significados de favorecimento e munificência e fazê-los funcionar. Isto é, por trás dos dois últimos significados, os significados de fazer-se conhecido por sua arte e que fazem as pessoas amarem seu governo.

O fazer-se amado e conhecido, sem dúvida surge de uma inclinação de ser misericordioso e a vontade de dar graças. Assim, desde que a misericórdia e a vontade de dar recompensas estão governando por trás dele, ele enfeitará a estátua com todos os tipos de recompensas e também conferirá a forma de flor como presente. Assim, ele enche as mãos e os bolsos da estátua com generosidades preciosas e dá a forma de flor como joia. Ou seja, o que torna sua misericórdia e vontade de dar função é a sensação de suavidade e compaixão. Isto é, o significado de piedade e doçura impele a misericórdia e a graça.

Além disso, o que impulsiona e faz manifestar o sentido de piedade e gentileza dentro dessa pessoa, que é autossuficiente e não precisa de ninguém, são os significados de beleza e perfeição; este desejo de se manifestar. E, quanto ao amor e à misericórdia, que são partes mais doces e mais deliciosas de que a beleza, eles desejam ser vistos no espelho da arte e de se verem pelos olhos de anseio dos admiradores.

Ou seja, uma vez que, a beleza e a perfeição são amadas por si mesmas, elas se adoram acima de tudo. Elas também são tanto beleza e amor. A união da beleza e do amor decorre a partir deste ponto. Uma vez que, a beleza ama a si mesma, que deseja ver-se no espelho. Assim, todas as generosidades adoráveis e belos frutos que foram definidos na estátua e na imagem suportam os lampejos, cada um de acordo com sua capacidade, do sentido da beleza. Eles exibem esses lampejos, tanto para o proprietário da beleza como para os outros.

Exatamente da mesma maneira, o Onisciente Criador delimita, ordena e dá proporções determinadas e formas para todas as coisas, particulares e universais, pela manifestação de Seus Nomes; ao Paraíso e a este mundo, ao céu e à terra, às plantas e aos animais, aos gênios e humanos, aos anjos e aos seres espirituais. Ao fazer isso, Ele faz com que eles recitam Seus Nomes de Determinador, Ordenador e Doador de Forma.

Ele determina os limites de suas formas gerais, de tal maneira que exibe Seus Nomes de Onisciente e Todo-Sábio. Então, pela definição de conhecimento e sabedoria, começa a formá-los dentro desses limites. Ele faz isso de tal maneira que mostra os significados de artesanato e cuidado e Seus Nomes de Criador e Munificente.

Em seguida, com a mão milagrosa de arte e a escova de munificência Ele dá as cores de beleza e adorno para os membros dessa forma, quer seja um único ser humano ou uma única flor, como olhos, orelhas, folhas e estames. Se for a terra, Ele dá as cores de beleza e adorno para os seus minerais, plantas e animais. Se for o Paraíso, Ele dá as cores de beleza e adorno para os seus jardins, palácios e houris. E assim por diante. Você pode fazer analogias para o resto também.

Além disso, ele enfeita e ilumina de tal forma que os significados de favorecimento e generosidade são predominantes nesses objetos. Eles governam a um grau em que esses seres enfeitados, esses artefatos luminosos, tornam-se como favores físicos e munificência encarnada. Eles mencionam os nomes do Clemente e Munificente.

Em seguida, o que impulsiona o favorecimento e a generosidade para se manifestarem são claramente as ações de se tornarem amados e conhecidos. Isto é, as qualidades de se fazer amado por criaturas animadas e conhecidas por aqueles conscientes. Eles fazem os seres animados e conscientes recitar os Nomes de Amoroso e Conhecido atrás dos nomes do Clemente e Munificente, e por esta recitação, que é realizada pelo próprio modo de seus seres, para ser ouvida.

Então, embelezando essas criaturas enfeitadas e bonitas com deliciosas frutas e resultados adoráveis, Ele muda de adorno para generosidades concedidas, da graça para compaixão. Ele faz com que recitem os Nomes de Agraciador e Compassivo e exibe a manifestação desses dois Nomes por trás dos véus exteriores.

Em seguida, o que impulsiona esse Um, Que é absolutamente sem necessidade, manifestar estes Nomes de Compassivo e Munificente são as qualidades de misericórdia e gentileza, que exibem os Nomes de Clemente e Misericordioso e faz com que sejam recitados.

E o que impulsiona os significados de misericórdia e gentileza a se manifestarem são sem dúvida, uma beleza essencial e perfeição que desejam se tornar evidentes; que causam o nome de Beleza, e os Nomes de Amoroso e Compassivo, que estão dentro do Nome de Beleza ser recitado. Uma vez que, a beleza é amada por si mesma, a beleza e quem possui beleza se amam. Além disso, é tanto encanto como amor.

A perfeição, também, é amada por si mesma; nenhuma outra causa é necessária. É ao mesmo tempo amante e amada. Desde a beleza que está no mais alto grau de perfeição e uma perfeição que está no mais alto grau de beleza são amadas e são dignas de amor ao máximo, certamente elas desejarão ver e se expor por meio da exibição de seus lampejos e manifestações em espelhos, de acordo com a capacidade dos espelhos. Ou seja, a beleza e a perfeição essencial para o Criador Todo-Glorioso, o Todo-Sábio da Beleza, o Todo-Poderoso da Perfeição, exige as qualidades de misericórdia e bondade, e impele os Nomes de Amado e Conhecido a se manifestarem.

Quanto a misericórdia e bondade, pela exibição de compaixão e generosidade, impelem a manifestação dos Nomes de Compassivo e Outorgante.

E compaixão e a outorga exigem as qualidades de dar a conhecer e amar e impulsionar os nomes de Amoroso e Conhecido a se manifestarem.

Tornar conhecido e amado impelem os significados de favorecimento e munificência e os exibem em algumas das facetas desses artefatos; eles fazem com que os nomes do Gracioso e Munificente serem recitados entre eles.

Quanto às qualidades de graça e generosidade, impelem os atos de adornar e iluminar. Eles causam os Nomes de Adornador e iluminador serem recitados pelas línguas de beleza e luminosidade dos artefatos.

E as qualidades de adorno e embelezamento exigem os significados de artesanato e cuidado. Eles causam aos nomes de Criador e Agraciador serem recitados pelas belas características dos artefatos.

Quanto à habilidade e ao cuidado, eles exigem conhecimento e sabedoria, e fazem com que os nomes de Todo-Sábio e Onisciente serem recitados por seus bem-ordenados, sábios e propositais membros.

E conhecimento e sabedoria exigem os atos de ordenar, formar e moldar. Eles exibem os Nomes de Determinante e Doador de Forma, levando-os a serem recitados pelo artefato em sua totalidade, por sua forma.

Assim, o Todo-Glorioso Criador fez todas as Suas criaturas ou artefatos de tal maneira que faz com que a maioria deles e, especialmente, os seres animados, recitarem numerosos Nomes Divinos. É como se Ele vestisse cada criatura em vinte camisas diferentes, uma em cima da outra ou as envolvesse em vinte véus, e em cada camisa ou véu Ele inscrevesse Nomes diferentes.

Por exemplo, como foi demonstrado na comparação, há muitas páginas em que é apenas aparente na criação de um belo membro do sexo frágil da humanidade ou de uma bela flor. A partir desses dois pequenos e particulares exemplos que você pode fazer analogias com outras criaturas grandes e universais.

A Primeira Página: É o estado que demonstra a forma geral e proporção. Ele menciona os nomes do Formador! O Determinante! O Ordenador!

A Segunda Página: Esse é o estado simples e sem adornos do ser humano e flor na comparação, o que ocorre com a divulgação das formas de todos os diferentes membros dessas duas criaturas. Muitos nomes, como Onisciente e Todo-Sábio, por exemplo, são escritos nesta página.

A Terceira Página: Através da conferência de beleza diferente e adorno em todos os diferentes membros dessas duas criaturas, muitos Nomes, como Criador e Onifeitor, por exemplo, são escritos nesta página.

A Quarta Página: Tal beleza e adorno são dados a esses dois artefatos. É como se eles se tornassem favores encarnados e de munificência. Esta página menciona e recita inúmeros Nomes, como por exemplo, o Propício! O Munificente!

A Quinta Página: Pela anexação de frutas deliciosas à flor e ás crianças adoráveis e fino caráter à mulher bonita, esta página recita Nomes como o Amado! O Misericordioso! O Doador de Graças!

A Sexta Página: Nesta página de doação e generosidade, Nomes como o Clemente e o Gentil são recitados.

A Sétima Página: Lampejos de tal beleza são evidentes nestes prémios e os resultados que eles são dignos de um agradecimento sincero e puro amor que têm sido amassado com verdadeiro desejo e compaixão. Nesta página, os nomes de o Belo de Perfeição, o Perfeito de Beleza estão inscritos e recitados.

Assim, se a bela flor e o ser humano apresentam esta série de Nomes, e somente em formas materiais e aparentes, você pode concluir que exaltados e universais Nomes todas as flores e as criaturas animadas, bem como os vastos seres universais, serem recitados.

Você também pode avaliar quantos luminosos Nomes sagrados, como Sempre-Vivo e Autssubsistente, e Doador da vida, o homem recita e faz serem recitados por motivo de seu espírito, coração, mente, e pelas páginas da vida e de outras qualidades sutis.

Assim, o Paraíso é uma flor. A companhia de huris também é uma flor. A face da Terra é uma flor. A primavera é uma flor. Os céus são uma flor, enquanto as estrelas são os bordados dourados. E o sol é uma flor, enquanto as sete cores em sua luz são as cores bordadas da flor. O universo é um ser humano lindo e enorme, da mesma forma que cada ser humano é um universo em miniatura. A companhia de huris, o conjunto de seres espirituais, o reino dos anjos, da congregação de gênios, e a espécie humana, foram todos formados, ordenados e criados como se fossem pessoas bonitas. Assim como todos eles exibem Nomes do Belo Criador por sua universalidade, como faz cada indivíduo isoladamente, por isso eles são todos os espelhos diferentes para Sua beleza e perfeição, misericórdia e amor. Todos são testemunhas confiáveis para a Sua infinita beleza e perfeição, misericórdia e amor. Todos são sinais e símbolos da beleza e da perfeição, da misericórdia e do amor.

Assim, este número infinito de diferentes tipos de perfeições ocorre dentro da esfera da unidade e unicidade Divina. Ou seja, o que se imaginava serem perfeições fora dessa esfera não são perfeições em tudo.

Compreenda, portanto, que a realidade dos seres é baseada em e depende dos Nomes Divinos; em vez disso, suas verdadeiras realidades são as manifestações desses Nomes; e que tudo menciona e glorifica seu Criador com numerosas línguas de várias maneiras.

E entenda um significado do versículo:[919] ﴿وَاِنْ مِنْ شَیْءٍ اِلَّا يُسَبِّحُ بِحَمْدِهِ﴾

Diga:[920] سُبْحَانَ مَنِ اخْتَفَى بِشِدَّةِ ظُهُورِهِ E entenda uma das razões porque frases como a seguinte são repetidamente mencionadas no final dos versículos do Alcorão:

﴿وَهُوَ الْعَزِيزُ الْحَكِيمُ﴾[921] ۞ ﴿وَهُوَ الْغَفُورُ الرَّحِيمُ﴾[922] ۞ ﴿وَهُوَ الْعَلِيمُ الْقَدِيرُ﴾[923]

Se você não conseguir ler os Nomes numa flor e não pode vê-los claramente, olhe para o Paraíso, estuda a primavera, assiste a face da terra. Você será capaz de ler claramente os Nomes escritos lá, pois eles são as enormes flores de misericórdia. Você será capaz de ver e entender suas impressões e manifestações.

***

O SEGUNDO PONTO DO SEGUNDO TÓPICO

Quando o representante do povo de desorientação não encontrou nenhum apoio ou base sobre a qual construir a sua desorientação e assim foi derrotado em argumento, ele disse o seguinte:

"Eu considero que a felicidade neste mundo, os prazeres da vida, o progresso da civilização e a perfeição das artes como tudo depende na recusa de pensar na Outra Vida e conhecer Allah, no amor a este mundo, em absoluta liberdade e licença e em confiar exclusivamente em mim mesmo. E ao fazê-lo eu atraí a maioria dos seres humanos para este caminho, com o auxílio de Satanás, e continuo a fazê-lo".

A Resposta: Nós dizemos, em nome do Alcorão: Ó homem miserável! Recobre os seus sentidos! Não ouça o representante do povo de desorientação. Se você ouvi-lo, sua perda será tão grande que a sua inteligência, o seu espírito e coração vão tremer até mesmo de imaginá-lo. Há dois caminhos à sua frente.

O Primeiro: O caminho da miséria colocado na sua frente pelo representante do povo de desorientação.

O Segundo: O caminho da felicidade definido para você pelo Alcorão Sagrado. Você deve ter notado e compreendido inúmeras comparações entre esses dois caminhos nas palavras, especialmente nas Curtas Palavras. Então, anote e entenda agora uma daquelas milhares de comparações que é adequada para esta discussão, como segue:

O caminho de atribuir parceiros a Allah, de desorientação, dissipação e do vício faz com que o homem caia para o menor grau. Aflito com dores infinitos, ele é forçado a suportar uma carga infinitamente pesada em seus ombros fracos e impotentes. Porque, se o ser humano não reconhece Allah e não coloca sua confiança n'Ele, torna-se extremamente fraco e impotente, empobrecido e necessitado, um animal sofrido, triste e efêmero, exposto a desgraças sem fim. Sofrendo continuamente a dor da separação de todos os objetos de amor e apego, ele acabará por abandonar todos os seus entes queridos e ir sozinho para a escuridão da sepultura. Ao longo de sua vida, ele se esforça em vão, com uma vontade extremamente limitada, pouca força, uma vida útil curta e mente embotada, contra dores e esperanças infinitos. Sem sucesso, ele se esforça para atingir inúmeros desejos e objetivos.

Mesmo que ele não seja capaz de suportar o peso de seu próprio ser, ele leva a carga do vasto mundo sobre seus ombros e mente miserável. Ele sofre o tormento do Inferno antes mesmo de chegar lá.

De fato, a fim de evitar a sensação desta dor atroz, este tormento espiritual incrível, o povo de desorientação recorre a uma embriaguez que é uma forma de estupor e, portanto, são temporariamente capazes de evitar a sensação de sua dor. Mas quando o fazem, de repente, sentem a proximidade do túmulo. Para quem não é um verdadeiro servo de Allah Todo-Poderoso vai imaginar que ele é dono de si mesmo. Mas com a sua vontade parcial e limitada e seu poder e força mesquinhos, ele é incapaz de administrar e controlar o seu ser neste mundo tempestuoso. Ele vê milhares de diferentes tipos de inimigos que atacam sua vida, a partir de micróbios nocivos até os terremotos. Em um estado incrível de medo doloroso ele olha para a porta do sepulcro, que todas as vezes parece terrível para ele.

Enquanto neste estado, o ser humano também será incomodado pelo estado do mundo e da humanidade, pois como ser humano ele está ligado a ambos. Mas, ele não os imagina estarem sob o controle do Todo-Sábio, Onisciente, Todo-Poderoso,

Misericordioso e Generoso, e os tem atribuído ao acaso e à natureza. E assim, em conjunto com suas próprias dores, ele sofre também as dores do mundo e da humanidade. Os terremotos, as pragas, as tempestades, a fome e a escassez, a separação e a enfermidade; tudo isso o atormenta da forma mais dolorosa e sombria.

Mas um ser humano desses não é digno de compaixão e simpatia, pois ele mesmo é responsável por isso.

Na Oitava Palavra há uma comparação entre dois irmãos que entraram num poço. Um não se contentou com uma bebida refrescante, doce, respeitável, agradável e lícita em uma festa magnífica com amigos agradáveis em um belo jardim e assim bebeu um pouco de vinho feio e sujo, a fim de obter prazer ilícito e impuro. Ele ficou bêbado e, em seguida, imaginou-se estar em algum lugar sujo no meio do inverno, cercado por animais selvagens, e tremendo, gritou.

Mas um ser humano desses não é digno de pena, pois ele imaginou seus honrados e abençoados companheiros serem monstros, e, assim, insultou-os. Ele também imaginou as deliciosas comidas e pratos limpos na festa serem impuros e pedras sujas e começou quebrá-los. E os livros e escritos profundos respeitados lá serem projetos sem sentido e banais, e assim rasgou-os e pisoteou-os.

Tal pessoa não é simplesmente indigna de simpatia, em vez disso, ela merece uma boa surra. Exatamente da mesma forma, uma pessoa que, pela escolha errada e a loucura de desorientação, está intoxicada com incredulidade, imagina esse hospício do mundo, que pertence ao Todo-Sábio Criador, ser o joguete do acaso e das forças naturais. Ele imagina a passagem de criaturas no mundo do Invisível, que é, de fato renovada, a manifestação dos Nomes Divinos, ser execução e aniquilamento. Ele supõe os ecos da glorificação de Allah dessas criaturas, que estão realizando suas tarefas com o passar do tempo, serem os lamentos de morte e separação eterna. Ele considera as páginas dos seres criados, que são inscrições do Eternamente Procurado, serem sem sentido e confusos. Ele imagina a porta do sepulcro, que se abre para o mundo da misericórdia, ser a entrada para a escuridão da não existência. E ele considera a hora marcada, que é na realidade um convite para se juntar aos seus verdadeiros amigos, ser o início da separação de todos eles.

Tal pessoa tanto traz sobre si tormentos cruéis e horríveis, e nega, difama e insulta todos os seres e os nomes de Allah e Suas inscrições. Ele é, portanto, não só indigno de compaixão e simpatia, mas também merecedor de punição severa. Ele não é de forma alguma digno de pena.

E assim, ó miseráveis de desorientação e dissipação! Que cumprimento é seu, que arte, que perfeição, que civilização, que progresso pode enfrentar esse silêncio impressionante da sepultura, esse desespero esmagador? Onde você pode encontrar a verdadeira consolação que é a necessidade mais urgente do espírito humano?

Que natureza, que causalidade, que parceiro atribuído por você a Allah, que descoberta, que nacionalidade, que falso objeto de adoração, em cada um dos quais você coloca tanta confiança e a quem você atribui as obras de Allah e Suas bênçãos de sustentação, quem deles pode livrá-lo da escuridão da morte que você imagina ser aniquilação eterna? Qual deles pode permitir-lhe atravessar as fronteiras do túmulo, as fronteiras do reino intermediário, as marchas da planície de ressurreição, a Ponte de Sirat? Ou pode realizar a sua felicidade eterna?

Mas fique sabendo que a mais definitivamente você vai viajar neste caminho e não poderá fechar a porta da sepultura. E um viajante em tal caminho deve confiar em alguém cujo controle e comando abraça toda esta vasta esfera e suas extensas fronteiras.

Ó povo desgraçado de desorientação e negligência! De acordo com os princípios que "a consequência de um amor ilícito é sofrer um tormento impiedoso", vocês estão sofrendo uma punição plenamente justificada, pois vocês estão empregando ilegalmente sua capacidade inata ao amor, ao conhecimento, às graças e à adoração que se relacionam adequadamente à essência, aos atributos e aos Nomes de Allah Todo-Poderoso, na sua própria alma e na vida deste mundo.

Vocês derramaram o amor que pertence a Allah Todo-Poderoso em si mesmos. Suas próprias almas tornaram-se os seus amados e farão com que vocês sofram sem fim: vocês não estão dando a verdadeira paz ao amado. Vocês estão sofrendo constantemente, porque vocês não as entregaram ao Possuidor de Poder Absoluto que é o único verdadeiro amado e vocês não confiam inteiramente n'Ele.

Vocês sofrem mais desgraças porque vocês dão ao mundo o amor que pertence aos Nomes e atributos do Todo-Poderoso Allah e dividem os trabalhos de sua arte entre as causas do mundo. Um grupo desses inúmeros amados de vocês vai virar as costas para vocês e deixá-los sem sequer dizer a Allah. Outro grupo não vai mesmo reconhecê-los, ou se o fizer, ele não vai amá-los. Ou se eles os amam, seus amores não serão de nenhum uso. Vocês vão sofrer constantemente de inúmeras separações e despedidas sem esperança de retorno.

Esta, então, é a natureza essencial e verdadeira do que o povo de desorientação chama de felicidade da vida, a perfeição humana, as vantagens da civilização e do prazer da liberdade. E dissipação e embriaguez são apenas um véu; elas bloqueiam temporariamente todos os sentimentos. Então, diga: "Eu cuspo na inteligência deles." Mas, a estrada luminosa do Alcorão, cura com as verdades da fé todas as feridas do povo de desorientação. Ele dispersa toda a escuridão e as trevas do primeiro caminho. Ele fecha a porta a toda desorientação e perdição.

Ele cura fraqueza, impotência, pobreza e a necessidade do ser humano com a confiança no Todo-Poderoso e Compassivo. Pois, entregar o fardo de sua vida e pertencer a Seu poder e misericórdia em vez de colocá-lo em si mesmo, o ser humano encontra facilidade e conforto, como se estivesse cavalgando sua própria vida e alma. O Alcorão afirma que ele não é um "animal racional", mas sim um verdadeiro ser humano e um convidado bem-aceito do Todo-Misericordioso.

Ele cura suavemente o ser humano das feridas infligidas a ele pela transitoriedade do mundo, da efemeridade das coisas e de amá-las, e o livra da escuridão da ilusão e da fantasia. Ele faz isso, mostrando o mundo ser uma casa de hóspedes do Todo-Misericordioso, e os seres nele sejam espelhos para os Nomes Divinos e inscrições sempre frescas do Eternamente Rogado.

Ele mostra a morte e a hora designada ser a ponte para o reino intermediário e o prelúdio de se juntar e encontrar os amados já no mundo da eternidade. Assim, cura as feridas provocadas pela noção de morte como a separação eterna, como mantido pelo povo de desorientação. Ele demonstra que a separação é de fato a forma mais verdadeira de reunião.

Além disso, ao estabelecer que o túmulo é uma porta aberta para o mundo de misericórdia, a morada de felicidade, o jardim do Paraíso, o reino luminoso do Todo-

Misericordioso, que dissipa o medo mais terrível do ser humano e mostra que a jornada aparentemente dolorosa, incômoda e desagradável para o reino intermediário é de fato a mais prazerosa, agradável e alegre de viagens. Com a sepultura, mostra que ela não é a boca de um dragão, mas é, antes, uma porta se abrindo para o jardim da misericórdia.

O Alcorão também diz ao crente: "Desde que você tem apenas parcial e restrita escolha, entregue os seus assuntos ao seu Proprietário universal. Desde que seu poder é leve, entregue-o ao Possuidor de Poder Absoluto. Desde que a sua vida é breve, pense na vida eterna. Não se preocupe! Há uma vida sem fim. Se a sua mente é maçante, deixe o sol do Alcorão brilhar em você. Olhe com a luz da fé, e em vez do vagalume de sua própria mente, cada versículo do Alcorão vai iluminá-lo como uma estrela.

"Uma vez que, você tem inúmeras esperanças e dores, fique sabendo que a recompensa infinita e a misericórdia ilimitada esperam por você. Desde que você tem inúmeros desejos e objetivos, não pense neles e se torne perturbado. Este mundo não pode contê-los; o lugar apropriado para eles é outro reino, e aquele que irá conceder-lhes é outro além de você."

O Alcorão também diz: "Ó ser humano! Você não possui a si mesmo. Em vez disso, você é totalmente propriedade de Quem possui poder infinito, o Toso-Compassivo da Glória Cuja misericórdia é infinita. Portanto, não se incomode por arcar com o ônus de sua vida, pois é Ele quem lhe concede vida e a administra.

"Além disso, o mundo não está sem dono. Portanto, não pense ansiosamente em seu estado e carregue o fardo em sua mente, uma vez que, o Proprietário do mundo é Prudente e Onisciente. Você é um convidado portanto, não seja intrometido e intruso.

"Além disso, criaturas como os seres humanos e os animais não foram deixados à própria sorte, em vez disso, eles são todos os funcionários com funções específicas. Eles são vigiados por um Onisciente e Compassivo. Não aflição seu espírito pensamento de suas dores e aflições. Não tente ser mais simpático e de bom coração do que o Criador Todo-Compassivo.

"Além disso, as rédeas de todas essas coisas que são hostis a você, de micróbios a pragas, tempestades, fome e terremotos, estão nas mãos de Todo-Compassivo Todo-Sábio. Sendo Onisciente, Ele não faz nada em vão. Ser Todo-Compassivo, Sua misericórdia é superabundante. Existe uma forma de graça e favor contida em tudo que faz".

O Alcorão também diz: "Este mundo é de fato efêmero, no entanto, produz as necessidades para um mundo eterno. É transitório e fugaz, mas produz frutos eternos, e exibe as manifestações de um Eterno tendo Nomes eternos. Seus prazeres são realmente poucos e suas dores muitos, mas os favores do Todo-Misericordioso e Compassivo são prazeres eternos e verdadeiros. E, como para as dores deste mundo, eles também produzem um tipo de prazer por causa da recompensa a ser tida para suportá-las.

"Uma vez que, a esfera do lícito é suficiente para todos os gostos, prazeres e alegrias do espírito, a alma e o coração, não se aproximem da esfera do ilícito. Uma vez que o prazer dentro dessa esfera, por vezes, leva a um milhar de dores. Ele também irá causar a perda de favores do Todo-Misericordioso, que são prazeres verdadeiros e duradouros.

"Além disso, conforme descrito acima, o prazer ilícito no caminho de desorientação faz com que o ser humano caia para o mais baixo dos graus. Então, nenhuma civilização, nenhuma filosofia pode fornecer um remédio para ele, e nenhum progresso humano e avanços científicos podem livrá-lo daquele profundo poço escuro. Considerando que, o Alcorão Sagrado eleva o homem, através da crença e às boas obras, desde o mais baixo dos graus até o mais alto, e demonstra que ele faz isso com provas claras. E isso enche aquele poço profundo com degraus de desenvolvimento interior e progresso espiritual.

"Além disso, facilita a viagem longa, tempestuosa e problemática do ser humano para a eternidade. Ele mostra-lhe os meios para percorrer uma distância de mil anos, ou melhor, de 50 mil anos, em um único dia. "Além disso, por meio de dar a conhecer o Todo-Glorioso, Quem é o Monarca da Pré-Eternidade e Pós-Eternidade, que confere ao homem a posição de fiador, convidado e confiado oficial com funções específicas. Ele garante que viaja com a maior facilidade tanto na casa de hóspedes deste mundo e nos estágios e lugares de parada do reino intermediário e no da Outra Vida.

"Um funcionário leal vai viajar no reino de seu monarca e atravessar as fronteiras de cada província com facilidade, viajando pelos meios mais rápidos, como por avião, barco ou comboio. Assim também aquele que forma uma relação com o Pré-eterno monarca através da crença e obedece a Ele pelas boas obras passará com a velocidade de um raio ou de Buraq pelas etapas desta casa de hóspedes do mundo, as esferas do reino intermediário e o mundo da ressurreição e as extensas fronteiras de todos os reinos que estão além da sepultura, até que ele alcance a felicidade eterna." O Alcorão revela essa verdade decisiva e aponta-a para aqueles que são purificados e os santos.

A verdade do Alcorão também diz: "Ó crente! Não dê sua capacidade infinita de amor à sua alma feia e imperfeita, e para você uma alma prejudicial e instintiva. Não tome isso como seu objeto de amor e os seus caprichos como seu objeto de adoração. Tome Aquele que tem derramado sobre você a capacidade infinita de amor. Ele também vai fazer você infinitamente feliz no futuro, e, por meio de Suas bênçãos, todos aqueles a quem você está conectado e cuja felicidade o faz feliz.

"Tome para o seu objeto de amor e adoração Aquele Que possui infinita perfeição e uma beleza que é infinitamente sagrada, exaltada, transcendente, impecável e imperecível. A beleza de Sua misericórdia e a misericórdia de Sua beleza está demonstrada por todas as belezas e bênçãos do Paraíso. Todos os Seus Nomes são infinitamente belos e em cada uma delas estão as luzes abundantes de justiça e beleza. Sua beleza e perfeição são indicados e apontados por justiça, beleza, virtude e perfeição de todos os objetos amáveis e amados no cosmos".

O Alcorão também diz: "Ó homem! Não desperdice sua infinita capacidade de amar, que adequadamente pertence a Seus Nomes e atributos, em outras criaturas transitórias. Uma vez que, as obras e criaturas de Allah são efêmeras, mas os Belos Nomes, cuja impressão e manifestação podem ser vistos sobre eles, são eternos e permanentes. E em cada um de Seus Nomes e atributos, existem milhares de graus de generosidade e beleza, perfeição e amor. Olha só no Nome do Todo-Misericordioso: O Paraíso é uma manifestação do mesmo, a felicidade eterna, um lampejo dele, e todo o sustento e generosidade no mundo, são apenas uma gota dele." Considere com cuidado, em seguida, este versículo que indica a verdadeira natureza do povo de desorientação e as pessoas de convicção, no que diz respeito às suas vidas e deveres:

﴿لَقَدْ خَلَقْنَا الْاِنْسَانَ فِى اَحْسَنِ تَقْوِيمٍ ۝ ثُمَّ رَدَدْنَاهُ اَسْفَلَ سَافِلِينَ ۝﴾

﴿إِلاَّ الَّذِينَ اٰمَنُوا وَعَمِلُوا الصَّالِحَاتِ﴾[924]

E este versículo que indica o seu resultado final e consequência:

﴿فَمَا بَكَتْ عَلَيْهِمُ السَّمَاءُ وَالْاَرْضُ﴾[925]

Quão sublime e milagrosamente expressam a comparação que fizemos. Uma vez que a verdade expressa milagrosamente e concisa no primeiro versículo é explicado em detalhes na Décima Primeira Palavra, referimo-nos aos nossos leitores para aquela parte da Risale-i Nur para uma discussão sobre isso.

Quanto ao segundo versículo, vamos mostrar, por meio de uma indicação concisa, como uma sublime verdade expressa. É como se segue:

O significado explícito do versículo é que os céus e a terra não choram quando o povo de desorientação morre. O significado implícito é que os céus e a terra choram quando o povo de crença parte deste mundo. Para o povo de desorientação, por meio de sua negação dos deveres e funções dos céus e da terra, a sua ignorância do seu significado, sua rejeição de seu valor, a sua recusa em reconhecer o seu Criador, são de fato atuações ofensivas e de hostilidade em relação a eles. Então, é claro, os céus e a terra não vão chorar por eles, mas na verdade amaldiçoá-los e se alegrarem com a sua morte.

Quanto ao significado implícito, que o céu e a terra choram pela morte de pessoas de convicção, é porque eles conhecem as atribuições e funções dos céus e da terra, o parecer favorável à sua verdadeira realidade, e compreendem, através da crença, os significados que expressam. Eles dizem: "Quão belos eles foram feitos, quão finamente estão realizando suas funções!" Eles os respeitam e lhes atribuem seu verdadeiro valor. Eles os amam e os Nomes que espelham para o bem de Allah Todo-Poderoso. E assim é por esta razão que os céus e a terra sofrem com a morte das pessoas de convicção como se chorassem.

UMA QUESTÃO IMPORTANTE: Você diz: "O amor não é voluntário. E, como consequência da necessidade inata, adoro comidas deliciosas e frutas. Eu amo meu pai, minha mãe e os meus filhos, minha esposa, e meus amigos e companheiros. Eu amo os profetas e os santos. E eu amo minha vida e minha juventude, a primavera, as coisas belas e o mundo. Como eu não posso amar essas coisas? Então, como devo antes dar todo esse amor à essência, aos atributos e aos Nomes de Allah Todo-Poderoso? O que isto significa?

A Resposta: Ouça quatro 'Pontos'.

PRIMEIRO PONTO: Na verdade, o amor não é voluntário, mas por meio da vontade a face do amor pode se transformar de um objeto de amor para outro. Por exemplo, quando um amado exibe alguma feiúra ou mostra que ele é um véu ou espelho para outro amado, que é verdadeiramente digno de amor, então o rosto de amor pode ser transformado a partir da metáfora para o verdadeiro amado.

SEGUNDO PONTO: Não dizemos que você não ama as coisas que você enumerou, mas sim para amá-los pelo amor de Allah Todo-Poderoso e em nome do Seu amor. Por exemplo, para amar comidas e frutas deliciosas como sendo a recompensa de Allah Todo-Poderoso, o Todo-Misericordioso e Compassivo, é amar Seus Nomes de Todo-Misericordioso e Doador de Mercês, e, por outro lado, assume o significado de agradecimento. Este amor é buscar ganho contente dentro da esfera do lícito, o que mostra que não é só por causa da alma instintiva, mas é em nome do Todo-Misericordioso. É para comer, pensativo e com gratidão.

Além disso, o amor e o respeito pelos pais, quando, por causa da sabedoria e misericórdia que compassivamente equipam-nos e levou-os a levá-lo até com terno cuidado, dizem respeito ao amor de Allah Todo-Poderoso. O sinal de que este amor, respeito e compaixão são pelo amor de Allah é que, quando eles são velhos e não têm mais utilidade para você e lhe trazem apenas problemas e dificuldades, você fica ainda mais amoroso, gentil e compassivo para com eles. O versículo:

﴿إِمَّا يَبْلُغَنَّ عِنْدَكَ الْكِبَرَ اَحَدُهُمَا اَوْ كِلاَهُمَا فَلاَ تَقُلْ لَهُمَا اُفٍّ﴾[926]

Convocando os filhos a respeitarem e serem gentis com os pais em cinco graus, e demonstrar o quão importantes são os direitos dos pais aos olhos do Alcorão, e como é feia a ingratidão para com eles.

Um pai deseja apenas que o filho, e ninguém mais, seja muito melhor do que ele. No entanto, o filho não pode reivindicar quaisquer direitos sobre o pai em troca disso. Ou seja, não existe uma causa inerente para a disputa entre os pais e o filho. Isto porque a disputa surge da inveja e do ciúme e não há nada disso no pai para com o filho. Ou surge a partir de abuso de direito e o filho não tem direitos que possa reclamar contra o pai. Se ele considera o pai injusto, ele não pode se rebelar contra ele. Ou seja, quem rebelar-se contra o pai e causar-lhe dor, é um monstro, um ser humano corrompido.

E, para amar e proteger os filhos com perfeita compaixão e ternura, porque eles são dons do Todo-Compassivo e Generoso mais uma vez se refere a Allah. O sinal que indica que o amor é pelo amor de Allah Todo-Poderoso é paciência e gratidão se eles morrerem, em vez de gritar em desespero. É dizer: "Ele era pequena criatura, amável, sendo criado e de propriedade de meu Criador, Que lhe confiou a minha supervisão. Agora que a Sua sabedoria exige que ele seja assim, Ele o levou de mim, levou a um lugar melhor. Se eu tivesse uma aparente parte naquela pequena criatura, milhares de verdadeiras partes pertenceram a seu Criador." É para se submeter dizendo: "Toda a autoridade está com Allah".

Quanto a amigos e conhecidos, se eles são amigos de Allah Todo-Poderoso, em razão de suas crenças e boas obras, de acordo com o significado de "amor pelo amor de Allah", que o amor, também, pertence a Allah.

Além disso, amar e valorizar a esposa como um presente sociável e gracioso da misericórdia divina. Mas não prenda o seu amor à beleza física dela, que desaparece rapidamente. Ao contrário, a mais atraente e agradável beleza da mulher é a finura do personagem que acompanha a delicadeza e o requinte peculiar a ela. Quanto ao sua mais preciosa e doce beleza, é a sua fervorosa, sincera, sublime e luminosa compaixão. Esta bela ternura e delicadeza de caráter continua e aumentar até o fim de seus dias.

Além disso, os fracos e delicados direitos de respeito da criatura serão protegidos por esse amor. Caso contrário, quando sua beleza superficial desaparece a pobre mulher perderá seus direitos, mesmo quando ela mais precisa deles.

E amar os profetas e santos como fiadores mais estimados de Allah Todo-Poderoso é fazê-lo por causa e em nome de Allah Todo-Poderoso, e desse ponto de vista que pertence a Ele.

E a amar e preservar a vida como a riqueza mais preciosa e o capital que ganhará a vida eterna, e um tesouro global rendendo perfeições eternas que Allah Todo-Poderoso deu a você e a toda a humanidade, e empregá-lo a Seu serviço, é, mais uma vez, em um aspecto, o amor que pertence ao Verdadeiro Objeto de Adoração.

Além disso, admirar, amar e colocar para o uso adequado, a graça e a beleza da juventude como sendo uma fina, doce e bela recompensa de Allah Todo-Poderoso é uma espécie de amor lícito e agradecido.

E amar a primavera, pensativamente como sendo a página das mais sutis e belas inscrições dos Nomes luminosos do Allah Todo-Poderoso e a exposição mais finamente decorada e brilhante da arte antiga do Criador Todo-Sábio é amar Seus Nomes.

E amar este mundo como sendo o preparo para a Vida Futura, como um reflexo dos Nomes Divinos e uma missiva de Allah Todo-Poderoso, e como uma casa de hóspedes temporários, com a condição de que a alma mal-dominante não interfira, é fazê-lo pelo amor de Allah Todo-Poderoso.

Em suma: Amar este mundo e as criaturas nele em sentido literal, como uma palavra. Não os ame em sentido nominal. Diga: "Como bem eles foram feitos." Não diga: "Como eles são lindos." Não dê nenhuma oportunidade para outros amores entrarem em seu coração interior porque o interior do coração é o espelho do Eternamente Procurado e pertence só a Ele. Diga:[927] اَللّٰهُمَّ ارْزُقْنَا حُبَّكَ وَ حُبَّ مَا يُقَرِّبُنَا اِلَيْكَ

Assim, se desta forma, todos os amores que enumerei darão um prazer sem dor, e, em um aspecto, uma união sem fim. Além disso, eles aumentarão o amor de Allah. São amores lícitos. E são, além disso, uma espécie de gratidão que é puro prazer e pensamento, que é puro amor.

Por exemplo, se um poderoso rei[1] fosse conceder uma maçã a você, haveria dois amores por essa maçã e dois prazeres na mesma. O primeiro deles é que a maçã seria amada porque é uma maçã, e haveria um prazer peculiar na extensão da maçã. Este amor não diz respeito ao rei. Ao contrário, o homem que coloca a maçã na boca e a come na presença do rei ama a própria maçã e a sua própria alma em vez do rei. Às vezes acontece que o rei não está satisfeito com isso amor que se nutre a alma instintiva; na verdade, ele detesta isso. Além disso, o prazer que a maçã dá é muito limitado e passa rapidamente. Após a maçã ser comida ela se vai, só permanece o lamento.

Quanto ao segundo amor, é para o favor real que é demonstrado por meio da maçã. Aquele que conserva a maçã preciosa, como se fosse a amostra e personificação de um favor real mostra que ele ama o seu rei. Além disso, o prazer, em que a fruta, que é um tipo de recipiente para o favor, é tal que é muito maior do que o prazer obtido a partir de um milhar de maçãs. Este prazer, então, é a essência da gratidão. Este amor é um amor respeitoso para o rei.

Exatamente da mesma forma, se todos os prêmios e as frutas são amados por si mesmos, se eles são impensadamente satisfeitos em apenas os prazeres materiais que eles produzem, o amor é apenas amor de si mesmo. Além disso, esses prazeres são transitórios e trazem dor. Mas, se eles são amados como favores provenientes da misericórdia de

[1] Uma vez dois chefes tribais entraram na presença de um rei. Eles estavam exatamente na mesma situação descrita aqui.

Allah Todo-Poderoso e como frutos da Sua generosidade, e se o prazer é obtido a partir deles com bom apetite, valorizando o grau de bondade em generosidade e favor, então, ele tem tanto o significado de gratidão como de um prazer sem dor.

TERCEIRO PONTO: Existem níveis no amor pelos Nomes de Allah Todo-Poderoso. Como explicamos acima, às vezes os nomes são amados com um amor por objetos bem-feitos. Às vezes, eles são amados como sendo títulos das perfeições Divinas. Às vezes, o ser humano é carente e desejoso dos Nomes em razão da abrangência de sua verdadeira natureza, juntamente com suas necessidades infinitas. É por meio dessas necessidades que ele ama. Por exemplo, se alguém fizer uma bondade a todas as suas relações, aos pobres, aos fracos e necessitados, pelos quais você sente simpatia embora você seja impotente para atender a sua necessidade de ajuda, como aquele favor dessa pessoa grante o título e o nome de generosa fosse agradá-lo, como você amaria essa pessoa por esse título.

Assim também, só pense nos Nomes de Clemente e Misericordioso de Allah Todo-Poderoso. Eles fazem felizes todos os pais crentes e antepassados, parentes e amigos a quem você ama e sente compaixão por, neste mundo por meio de todos os tipos de recompensas, e no Paraíso, por meio de todos os tipos de delícias. Eles causam felicidade, mostrando-lhe em bem-aventurança eterna a eles, e eles em felicidade eterna a você. Então, como merecedor de ser amado em Nome do Todo-Misericordioso e o título de Todo-Compassivo. E você pode ver por si mesmo o quão necessitado desses dois Nomes é o espírito humano. E você pode entender quão apropriada é a frase:

اَلْحَمْدُ لِلّٰهِ عَلَى رَحْمَانِيَّتِهِ وَ عَلَى رَحِيمِيَّتِهِ[928]

Você está conectado com o mundo e como resultado está afligido por sua miséria, então se você considerar cuidadosamente, você pode entender o quão necessitado e desejoso é o seu espírito do nome do Todo-Sábio e pelo título de Cuidador. Uma vez que, o Proprietário desses ordenados Nomes regula e sustenta com perfeita sabedoria o mundo, que é como uma espécie de casa para você, e as criaturas em seu interior, que são os seus familiares móveis e decorações adoráveis.

Vocês estão todos juntos conectados a outros seres humanos e se lamentam quando morrem.

Então, se você considerar cuidadosamente, você pode entender o quão necessitado é o seu espírito pelos Nomes de Herdeiro e Ressuscitador, e pelos títulos de Eterno, Todo-Generoso, Doador da Vida, e Munificente. Uma vez que, o Proprietário desses Nomes salva os seres humanos, no momento da sua morte e das trevas da não existência e estabelece-os em um lugar muito mais fino do que este mundo.

Assim, uma vez que a natureza do ser humano é exaltada e sua disposição inclusiva, ele é, por sua própria natureza, carente, com milhares de diferentes tipos de necessidades dos inúmeros Nomes Divinos, cada um dos quais tem muitos graus. A necessidade intensificada é saudade. A saudade intensificada é amor. E o amor intensificado é paixão. E se descobre de acordo com a perfeição da alma, das classes do amor, de acordo com as classes dos Nomes. O amor por todos os nomes também se torna o amor próprio, porque aqueles nomes são títulos da Essência Divina

Agora, apenas como exemplo, vamos explicar um dos inúmeros graus dos Nomes do Todo-Justo, Onisciente, Veraz e Misericordioso. Se você deseja ver os Nomes de

Clemente e Misericordioso, e a Verdade dentro da sabedoria e justiça na maior extensão, considere a seguinte comparação:

Vamos supor que há um exército em que há quatrocentas diferentes seções. E os uniformes que cada seção prefere são diferentes, as provisões que lhes agradam, as armas que eles vão levar com facilidade e os remédios para curar seus males particulares são todos diferentes. Além disso, em vez de serem separados em esquadrias e companhias, eles estão todos misturados.

Se o incomparável e único rei, então, por compaixão perfeita e solicitude, poder maravilhoso, milagroso, conhecimento abrangente e justiça extraordinária e sabedoria, sem confundir ou esquecer qualquer um deles fosse o próprio, em pessoa, sem ajudante, dar todos os seus completamente diferentes embora apropriados uniformes, provisões, medicamentos e armas, você não iria ver que poderoso, solícito, justo e generoso personagem o rei era. Se houvesse pessoas de dez nações em um batalhão, seria extremamente difícil vesti-los e equipá-los todos de forma diferente. Não importa que pessoas, de onde seriam, necessariamente teriam de ser equipadas da mesma forma.

Assim também, se você quiser ver a manifestação dos Nomes de Veraz, Clemente e Misericordioso dentro da justiça e da sabedoria de Allah Todo-Poderoso, olha para os exércitos de plantas e animais que compõem quatrocentas mil nações magníficas com as suas tendas erguidas na face da terra na primavera. Os grupos e as seções estão todos uns dentro de outros. E o uniforme de cada um é diferente, provisões, armas, modo de vida, exercício e desmobilização são todos diferentes. Além disso, eles não têm o poder de prever essas necessidades e as línguas para pedir esses desejos. Portanto, preste atenção e veja os títulos de Veraz, Misericordioso, Proveder, Compassivo e Generoso em conjunto com ordem e equilíbrio dentro da esfera de sabedoria e justiça. Veja como, sem confundir, obscurecer ou esquecer-se de qualquer um deles, Ele sustenta, regula e administra todos eles.

Poderia, por outro lado, interferir em uma matéria realizada com incrível ordem e equilíbrio abrangente? Quem, além d'Aquele que é Único e Exclusivo, Absolutamente Sábio e Poderoso sobre todas as coisas, poderia até mesmo esticar a Mão para esta arte, esta organização, este apoio, esta administração? Que acaso poderia interferir?

QUARTO PONTO: Você pergunta: "Enquanto eles estão na forma que o Alcorão comanda, quais são os resultados e benefícios de todos os meus amores diferentes e vários? Ou seja, o meu amor por comida, por mim, pela minha esposa, pelos pais e filhos, meus amigos, pelos santos, profetas, coisas belas, a primavera e este mundo?"

A Resposta: Seria necessário escrever um livro grosso, a fim de explicar todos os resultados. Por agora, apenas um ou dois resultados serão brevemente aludidos. Em primeiro lugar, os resultados imediatos neste mundo serão explicados, em seguida, aqueles que se tornarão evidentes no futuro serão mencionados, como segue:

Como foi explicado acima, amores como os das pessoas de negligência e os anexados a este mundo, que são para o bem da alma mal-dominante, trazem muitas atribulações, muita dor e sofrimento neste mundo. Enquanto a facilidade, os prazeres e a alegria que eles trazem são pequenos e poucos.

Por exemplo, a compaixão torna-se uma calamidade dolorosa por causa de impotência. O amor torna-se um infortúnio calamitoso por conta da separação. O prazer se torna um copo envenenado por conta de sua transitoriedade. E no futuro, porque eles não eram pelo amor de Allah Todo-Poderoso, serão ou sem benefício ou serão tormento. (Se eles fossem ilícitos.)

Pergunta: Como pode o amar os profetas e santos, ser sem benefício?

Resposta: Da mesma forma que o amor dos cristãos a Jesus (a paz esteja com ele), e os hereges a 'Ali (que Allah esteja satisfeito com ele) continuam sem o benefício.

Se esse amor está na forma que o Alcorão dirige, pelo amor de Allah Todo-Poderoso e em nome do amor do Todo-Clemente, então ele tem resultados favoráveis tanto neste mundo como no Outro.

Agora, voltemos ao nosso assunto, os resultados neste mundo de seu amor por comidas e frutos deliciosos são uma recompensa sem dor e um prazer que é a essência da gratidão

Seu amor por sua alma instintiva: É ter pena dela, treiná-la, e evitar desejos nocivos. Então a alma não vai montá-lo, não vai fazer de você um prisioneiro de seus desejos, em vez disso, você vai montá-la. Você a dirigirá, não a caprichos e fantasias, mas a orientação direita.

O seu amor pela esposa: Uma vez que é construída sobre ternura, em dom de compaixão e fineza de caráter, se você tem amor sincero e carinho por ela, ela também terá amor sincero e respeito por você. À medida que vocês dois se aproximem da velhice estes sentimentos aumentarão, você passará sua vida feliz. Mas se for o contrário, se for o amor por um rosto bonito e para o bem da alma instintiva, logo, o amor será rapidamente destruído e assim também será a boa relação.

Seu amor pelo pai e pela mãe: É culto pelo qual será recompensado se for pela causa de Allah. Sem dúvida seu amor e respeito a eles aumenta quando ficam mais velhos, ganhando o prazer espiritual sincero e uma tranquilidade do coração completa ao servi-los e beijar suas mãos com respeito sincero. Você se dirige a Deus, Todo-Poderoso, enquanto tiver sentimentos sublimes e a vontade sincera de prolongar suas vida para obter mais recompensas. Mas se for o contrário, e para o bem da alma e deste mundo, quando eles envelhecerem e se aproximarem do tempo de tornarem-se um fardo para você, se você mostrar-lhes o mais básico sentimento desprezível, de que eles são um incômodo e, em seguida, desejar a morte dessas pessoas respeitáveis, que eram a causa da sua vida, será dor selvagem e dolorosa para o espírito.

O seu amor pelos filhos: Quanto ao amor por essas adoráveis criaturas amigáveis quem Allah Todo-Poderoso confia a sua supervisão e educação, que é um amor e uma recompensa mais feliz. Nem você deve sofrer muita dor com seus infortúnios, nem deve gritar de desespero com suas mortes. Como foi dito acima, você dirá: "Uma vez que, o seu Criador é tanto Sábio e Compassivo, a respeito deles, a morte é a felicidade." Além disso, em relação a si mesmo, você pemsará na misericórdia d'Aquele que os deu e você será salvo da dor da separação.

O seu amor pelos amigos: Uma vez que, é por amor a Allah, porque a separação desses amigos, e até mesmo a morte, não será um obstáculo para a sua conversa e sua irmandade, você será beneficiado com que o amor imaterial e relação do espírito. E o prazer de reunião será permanente. Se não for por amor a Allah, o prazer de encontro de um dia irá resultar na dor de cem dias de separação.[1]

---

[1] Uma reunião de um segundo, pelo amor de Deus é de um ano. Considerando que, se é para o bem deste mundo, um ano é um segundo.

O seu amor pelos profetas e santos: Uma vez que, o domínio intermediário, que parece para o povo de negligência ser um lugar escuro, solitário e desolado, aparece para você como um lugar de parada iluminada pela presença desses seres luminosos, o fato de que você vai lá não induzirá terror e medo, mas, ao contrário, uma inclinação em direção a ela e um sentimento de saudade; não afastará o prazer da vida mundana.

Mas se for o contrário, se o amor pelos profetas e santos é do mesmo tipo do amor dos assinantes da cultura moderna pelos ídolos e heróis, em pensar na morte e desaparecimento dos seres humanos perfeitos e de seu apodrecimento naquele poderoso túmulo conhecido como o passado, ele adicionará mais uma tristeza para as vidas que já são dolorosas. Ou seja, ele imagina, dizendo: “Uma dia vou também entrar no túmulo, que apodrece mesmo esses homens perfeitos”. Ele olha para o cemitério com medo e se lamenta.

Enquanto no primeiro ponto de vista, eles são vistos com facilidade de espírito, pois eles têm descartado as roupas de seus corpos no passado e agora sua morada é o reino intermediário, que é a sala de espera para a Outra Vida. E o cemitério será visto como tendo uma familiaridade e simpatia.

Seu amor pelas coisas belas: Uma vez que, para o bem de quem os formou, será na forma de: "Quão bem eles foram feitos." Esse amor é pensamento agradável e faz com que o olhar de adoradores de belezas se satisfaça de ver o mais elevado e sagrado, e mil vezes tesouros mais belos dos graus de beleza de Allah. Este amor abre um caminho para estes tesouros porque transfere o olho dessas belas obras para a beleza das ações Divinas. E abre um caminho deles para a beleza dos Nomes e, a partir deles para a beleza dos atributos, e desses para o de uma beleza inigualável do Glorioso; Ele abre um caminho para o coração. Assim, esse amor é nesta forma, ao mesmo tempo prazeroso, adoração e reflexão.

O seu amor pela juventude: Desde que você amou-a como uma bela recompensa de Allah Todo-Poderoso, você, é claro, transformou isso em culto, não a afogou em dissipação e a destruiu. Uma vez que, este é o caso, o culto que você ganhou durante a sua juventude é fruto eterno desse estado transitório. À medida que envelhecer, porque você terá obtido os frutos duradouros que são o aspecto positivo da juventude, você será salvo de seu dano e excessos.

Além disso, na velhice você verá que tem alcançado sucesso na realização de mais adoração, e assim será mais digno de receber a misericórdia Divina. Ao contrário das pessoas de negligência, você não sentirá tristeza pelos prazeres da juventude que duraram cinco ou dez anos, então lamento por 50 anos: "Ai de mim, minha juventude fugiu!" Nem você será como um daqueles, que disseram:

لَيْتَ الشَّبَابَةَ يَعُودُ يَوْمًا فَأُخْبِرُهُ بِمَا فَعَلَ الْمَشِيبُ[929] "Se ao menos minha juventude voltasse um dia, eu falaria das desgraças que a velhice me trouxe"

O seu amor por exposições finamente decoradas como a primavera: Uma vez que, na forma de contemplar a arte Divina, quando a primavera termina o prazer do espetáculo não se desvanece. Já que, os significados que a primavera proporciona, como uma missiva dourada pode ser contemplad o tempo todo. Tanto a sua imaginação e tempo são como filmes no cinema, ambos com o prazer de que a contemplação de continuar para você, e eles renovam os significados e as belezas da primavera. Seu amor, portanto, não pode ser temporário e cheio de remorso e dor. Em vez disso, ele será cheio de prazer e diversão.

O seu amor por este mundo: Uma vez que, em nome de Allah Todo-Poderoso, as criaturas formidáveis deste mundo serão como amigos familiares para você. Desde que você os ame como o preparo do solo para o futuro, você será capaz de encontrar em tudo o capital ou a fruta que produzirá benefícios no futuro. Nem os seus desastres assustam-no, nem sua transitoriedade e efemeridade irão incomodá-lo. Você passará a sua estada nesta casa de hóspedes com a maior facilidade. Mas se você amá-lo como o povo de negligência faz, então, como já lhe disse cem vezes, você se afogará e perecerá em um amor infrutífero, condenado a uma deprimente, trituração e transitoriedade sufocante.

Assim temos mostrado apenas um ponto sutil de centenas de cada um dos amores que você enumerou, quando eles estão na forma que o Alcorão dirige. Indicamos, também, a um centésimo do dano que causam, se não são desta forma. Agora, se você quer ouvir e entender os resultados desses amores no reino eterno, no mundo do além, os resultados a que o Alcorão Sagrado aponta com seus versículos claros e distintos, então vamos mostrar brevemente por meio de uma introdução e nove indicações os resultados e um centésimo dos benefícios desses vários amores lícitos no futuro.

UMA INTRODUÇÃO: Allah Todo-Poderoso, com Sua Divindade gloriosa, Sua bela misericórdia, Sua poderosa religiosidade, Sua generosa benevolência, Seu imenso poder, e Sua sabedoria sutil, equiparou e adornou o homem minúsculo com muitos sentidos e sentimentos, membros, sistemas faculdades e aspectos sutis e imateriais para que por meio deles Ele possa levar o ser humano a perceber, saber, provar e reconhecer as variedades ilimitadas e os níveis de Sua bondade, generosidade e misericórdia; e para que, por meio dessas ferramentas, ele possa levar o ser humano a refletir sobre, conhecer e amar os tipos infinitos de manifestações de seus mil e um Nomes. Assim como cada um de muitos membros e faculdades do ser humano realiza um serviço completamente diferente de adoração, o mesmo acontece com cada um deles quando têm prazeres completamente diferentes, dores, deveres e recompensas.

Por exemplo, o olho vê a beleza das formas e as variedades dos belos milagres de poder no mundo das coisas visíveis. O seu dever, considerando sua lição destes, é a gratidão ao seu Criador. Os prazeres e as dores peculiares à vista são conhecidos, não há necessidade de ampliar em cima deles. E, por exemplo, o ouvido percebe os vários tipos de sons e as suas melodiosas canções, e as instâncias sutis da misericórdia de Allah Todo-Poderoso no mundo de coisas ouvidas. Seu culto, seus prazeres e recompensas são todos diferentes.

E, por exemplo, o sentido do olfato percebe os casos sutis de misericórdia dentro do reino de aromas. Ele tem um dever de gratidão e prazer peculiar a si mesmo. É claro, tem uma recompensa, também. Por exemplo, o sentido do gosto, na língua; apreciando todos os gostos de alimentos, ele executa seu dever com uma gratidão verdadeiramente diversificada; e assim por diante. Todas as faculdades do ser humano, incluindo seus aspectos sutis importantes, como o coração, o intelecto e do espírito, têm direitos distintos, prazeres e dores.

Assim, Allah Todo-Poderoso, o possuidor da Sabedoria Absoluta, certamente dará adequada recompensa para cada uma dessas faculdades, que Ele emprega em seres humanos. Todo mundo pode perceber com a sua consciência os resultados imediatos no mundo dessas inúmeras variedades de amor, como foi explicado acima, e que pode ser confirmado pela experiência.

Quanto aos resultados na Outra Vida, a sua existência e realidade tem sido conclusivas, provadas brevemente pelas decisivas e claras Doze Verdades da Décima Palavra, e pelos seis auto evidentes Pontos Fundamentais da Vigésima Nona Palavra. Eles também são demonstrados claramente em detalhe pelos versículos distintos e pelas explicações, alusões, símbolos e indicações do Alcorão Sagrado, que é:

اَصْدَقُ الْكَلاَمِ وَاَبْلَغُ النِّظَامِ كَلاَمُ اللهِ الْمَلِكِ الْعَزِيزِ الْعَلاَّمِ[930]

não há necessidade de apresentar provas mais extensas. Em qualquer caso, existem outras provas em outras Palavras: na Segunda Estação da Vigésima Oitava Palavra, que é sobre o Paraíso e está em árabe, e na Vigésima Nona Palavra.

Primeira Indicação: De acordo com o Alcorão, o resultado na Outra Vida dos amores lícitos e gratos por comidas deliciosas e frutos é, mais uma vez, a deliciosa comida e os frutos, mas de uma forma adequada para o Paraíso. Este amor lícito deseja esses alimentos e frutos da Outra Vida. Tanto é assim que, quando você pronuncia a frase: Alhamulillah "Louvado seja Allah" sobre o fruto que você come, neste mundo, será incorporado como um fruto do Paraíso e apresentado a você lá. Aqui você come o fruto, enquanto que lá você comerá Alhamudulillah "Louvado seja Allah".

Desde que você vê a munificência Divina e os favores do Todo-Misericordioso em generosidade e alimentos, como é estabelecido pelo Hadice, as indicações do Alcorão, e as exigências da sabedoria e misericórdia de prazer o da gratidão será dado a você no Paraíso em forma de um delicioso alimento.[931]

Segunda Indicação: O amor lícito de sua alma instintiva neste mundo não é um amor construído sobre as suas boas qualidades, mas sim aquele que vê as suas insuficiências, e as treina com uma compaixão que busca aperfeiçoá-las, e que as impele para o bem. Este amor resulta em dar aos objetos a alma de amor digno dela no Paraíso.

Como é explicitamente declarado e provado por um grande número de versículos no Alcorão, quando a alma utiliza seus desejos e anseios corretamente e emprega suas faculdades e sentidos da melhor maneira neste mundo, isto é, no caminho de Allah Todo-Poderoso, como resultado desse amor lícito e adoração, o Absolutamente Generoso outorgará houris no Paraíso, o reino eterno. Ele vestirá essas houris em setenta variedades de elegância do Paraíso. Ele enfeitará seus seres com setenta tipos de beleza que comoverá e satisfará todos os sentidos da alma. Cada houri será como um Paraíso de animação em miniatura. Além disso, seu amor da juventude neste mundo, ou seja, o resultado de gastar a energia da juventude na adoração será eterna juventude no reino da bem-aventurança.

Terceira Indicação: O amor lícito da esposa neste mundo é o amor sincero em consequência de sua delicada ternura, belas virtudes e bom caráter, juntamente com a proteção de desobedecer a Allah obstinadamente e pecar. O Absolutamente Misericordioso prometeu que, como resultado desse amor lícito sua esposa deve ser dada a você como uma esposa eterna na Outra Vida, no reino da bem-aventurança. Ela estará em uma forma mais linda adornada e atraente do que as Houris. Vocês vão relatar um para o outro a alegria das suas aventuras no mundo, trazendo à mente memórias antigas. Ela será uma amiga íntima, graciosa e eterna, que ama e é amada. E, certamente, aquilo que Ele promete será definitivamente determinado.

Quarta Indicação: O resultado do amor lícito para pais e filhos é este. Segundo o Alcorão, o Misericordioso dos misericordiosos concederá à família feliz, mesmo que suas estações sejam bastante diferentes, o puro prazer da companhia um do outro no reino eterno.

Ele voltará a ser a criança que morreu antes de atingir a idade de15 anos, isto é, a idade da puberdade, mais uma vez, para o abraço de seus pais e mães, de uma forma adequada para o Paraíso. Eles serão mais belamente adornados e amáveis, sob a forma dos filhos do Paraíso, que são conhecidos como [932]﴿ وِلْدَانٌ مُخَلَّدُونَ ﴾. Ele satisfará os seus sentimentos de apreço de criança e lhes dará o prazer e o deleite eternamente. Uma vez que, essas crianças não tinham atingido a idade da responsabilidade, eles permanecerão eternamente como filhos adoráveis e doces.

Cada coisa prazerosa neste mundo será encontrada em sua forma mais elevada no Paraíso.

Algumas pessoas podem pensar que, desde que o Paraíso não é adequado para a reprodução, não haverá nada desse apreço das crianças, que seja tão doce, isto é, o prazer de amá-las e educa-las. Mas ele estará lá também, e na forma mais encantadora e doce. Essa, então, é uma boa notícia para aqueles cujas crianças morrem antes da puberdade.

Quinta Indicação: O resultado do amor para os amigos justos neste mundo, de acordo com o decreto de "Amor pelo amor de Allah" é, como diz o Alcorão:

[933]﴿عَلَى سُرُرٍ مُتَقَابِلِينَ﴾ Allah Todo-Poderoso vai encaixá-los nas cadeiras do Céu um na frente do outro. Ele vai levá-los a se reunir com seus amigos, agradável e docemente. Eles vão se divertir contando suas velhas memórias e aventuras neste mundo, comum amor puro e companheirismo que não estará sujeito a separação.

Sexta Indicação: O resultado do amor pelos profetas e santos é como o Alcorão explica. Ou seja, ele será tanto para se beneficiar no mundo intermediário e na ressurreição da intercessão dos profetas e santos, e também para lucrar em abundância, por meio desse amor, da estação e das bênçãos que lhe convém.

Na verdade, de acordo com o significado de اَلْمَرْءُ مَعَ مَنْ اَحَبَّ "a pessoa estará junto com quem ela ama, um homem comum pode se aproximar do mais alto posto, seguindo uma pessoa exaltada a quem ele ama".

Sétima Indicação: O resultado do amor lícito pelas coisas bonitas e pela primavera. Ou seja, para ver com os olhos da: "Quão bem eles foram feitos", e amar a beleza e a ordem dos atos, que se encontram por trás dessas obras de arte. Amar as manifestações dos Belos Nomes, que estão por trás da ordem e harmonia das ações, e amar as manifestações dos atributos por trás desses nomes bonitos. E assim por diante.

O resultado será ver no Paraíso, o reino eterno, a manifestação dos Nomes e a beleza e os atributos dentro dos Nomes, de uma forma mil vezes mais bonita do que as belas criaturas vistas aqui.

Mais do que isso mesmo, o Imam Rabbani (Que Allah esteja satisfeito com ele) disse: "O requinte sutil do Paraíso será a similitude da manifestação dos Nomes de Allah."[934] Basta pensar nisso!

Oitava Indicação: O resultado na Outra Vaidade, amor pensativo neste mundo para as duas belas faces do mundo, que são a lavoura da Outra Vida e o reflexo dos Nomes Divinos. Um Paraíso eterno será dado, tão grande quanto o mundo, mas não é efêmero e transitório como este mundo. E os Nomes, apenas pálidas sombras do que são mostrados neste mundo, serão exibidos no espelho do Paraíso, em uma forma mais brilhante.

Além disso, o resultado de amar o mundo como sendo o preparo para a Outra Vida é como segue: Quando o mundo é visto assim, isto é, como uma sementeira ou um pequeno local de cultivo que produz apenas brotos, que resulta em um Paraíso onde esses brotos brotam e florescem. Pois, nesse mundo, os sentidos e faculdades do ser humano são pequenos brotos e no Paraíso, eles vão se desenrolar na forma mais perfeita. E suas habilidades, que são aqui como sementes minúsculas, serão dadas a ele lá, de uma forma que florescerá com todos os tipos de delícias e perfeições. Isto está provado pelas indicações do Alcorão e do Hadice e é necessária pela misericórdia e sabedoria.

Pois, não é amor censurável do mundo, que é a fonte de toda a culpa, mas amor de suas duas faces que olham para os Nomes de Allah e para a Outra Vida, e é por causa dos Nomes e da Outra Vida. É o cultivar aqueles rostos com adoração pensativa, como se tomando o mundo inteiro como o meio para a adoração. É, portanto, mais definitivamente exigida pela misericórdia e sabedoria que deve ser dada uma recompensa que é tão grande quanto o mundo. E, aquele que pelo amor à Outra Vida, amou a sua sementeira, e pelo amor á Allah Todo-Poderoso, amou o reflexo de seus Nomes, certamente deseja um amado como o mundo, e que também será um Paraíso tão grande quanto o mundo.

Pergunta: Qual é o uso de um vasto e vazio Paraíso como este?

Resposta: Se foi possível para você viajar com a velocidade da imaginação, rodar todas as regiões da terra e a maioria das estrelas, você seria capaz de dizer: "O universo inteiro é meu." O fato de que os anjos, os outros seres humanos e os animais compartilham o mundo com você não anulará o seu pedido. Da mesma forma, se o Paraíso é assim, cheio, você seria capaz de dizer, "O Paraíso é meu." O significado do Hadice, Um Paraíso de 500 anos será dado a alguns dos que estão no Paraíso, foi explicado na Vigésima Oitava Palavra e no Vigésimo Lampejo, o Tratado sobre a sinceridade.

Nona Indicação: O resultado da fé e do amor de Allah. Está provado pelo consenso das pessoas de desvelamento e verificação, por certo Hadice, e pelo Alcorão que mil anos de vida feliz neste mundo não valem uma hora de vida no Paraíso, e que mil anos de vida celestial não vale a uma hora de visão[1] e contemplação do Todo-Glorioso, Que possui incomparável beleza e perfeição.

Todo mundo pode perceber em sua consciência um grande anseio pela visão de um personagem famoso por sua grandiosidade e perfeição, como o Profeta Salomão (que a paz esteja com ele), e um grande desejo de ver um personagem que se distingue por sua beleza, como o Profeta José (Que a paz esteja com ele). E assim, se você puder, compare como tão desejada, procurada, e excitante é a visão de Um, uma manifestação de Cuja

---

[1] Incluído no Hadice é o seguinte: "Essa visão ultrapassa de longe todas as outras delícias do Paraíso, tanto que ele faz com que sejam esquecidos. E depois da visão do encanto e beleza de quem a vivencia terá aumentado a tal ponto que, quando voltar, será apenas com dificuldade e escrutínio que suas famílias em suas mansões irão reconhecê-lo"(Al-Munziri, *al-Targhibwa'l-Tarhib*, IV, 541,556)

beleza e perfeição são todas as virtudes e perfeições do Paraíso, que é milhares de vezes mais elevada do que todas as virtudes e perfeições deste mundo.

اَللّٰهُمَّ ارْزُقْنَا فِى الدُّنْيَا حُبَّكَ وَ حُبَّ مَا يُقَرِّبُنَا اِلَيْكَ وَ الْاِسْتِقَامَةَ كَمَا اَمَرْتَ وَ فِى الْآخِرَةِ رَحْمَتَكَ وَ رُؤْيَتَكَ[935]

﴿ سُبْحَانَكَ لَا عِلْمَ لَنَا اِلَّا مَا عَلَّمْتَنَا اِنَّكَ اَنْتَ الْعَلِيمُ الْحَكِيمُ ﴾[936]

اَللّٰهُمَّ صَلِّ وَ سَلِّمْ عَلَى مَنْ اَرْسَلْتَهُ رَحْمَةً لِلْعَالَمِينَ وَ عَلَى آلِهِ وَ صَحْبِهِ اَجْمَعِينَ آمِينَ[937]

LEMBRETE

Não considere o excesso as longas explicações detalhadas na última seção desta Palavra; elas são curtas em relação a sua importância e exigem mais explicações.

Não sou eu quem fala em qualquer uma das Palavras; é a realidade em nome de "Indicações do Alcorão." Quanto à realidade, ele fala a verdade. Se você vir qualquer coisa errada, então você pode estar certo de que, sem eu estar ciente dela minhas próprias ideias interferiram e causaram o erro.

***

SÚPLICA

Ó Senhor! Quando um homem bate a porta de um grande palácio e não é atendido, ele bate nela e chama na voz de alguém que é familiar para o palácio, para que possa ser aberta. Assim, este miserável bate na porta do Tribunal de Tua Misericórdia gritando na voz de Teu servo bem-amado Uways al-Qarani e com sua súplica. Abra esse Teu Tribunal para mim, como abriste para ele! Eu grito como ele fez:

اَقُولُ كَمَا قَالَ

اِلٰهِى اَنْتَ رَبِّى وَ اَنَا الْعَبْدُ ۞ وَ اَنْتَ الْخَالِقُ وَ اَنَا الْمَخْلُوقُ

وَ اَنْتَ الرَّزَّاقُ وَ اَنَا الْمَرْزُوقُ ۞ وَ اَنْتَ الْمَالِكُ وَ اَنَا الْمَمْلُوكُ

وَ اَنْتَ الْعَزِيزُ وَ اَنَا الذَّلِيلُ ۞ وَ اَنْتَ الْغَنِىُّ وَ اَنَا الْفَقِيرُ

وَ اَنْتَ الْحَىُّ وَ اَنَا الْمَيِّتُ ۞ وَ اَنْتَ الْبَاقِى وَ اَنَا الْفَانِى

وَ اَنْتَ الْكَرِيمُ وَ اَنَا اللَّئِيمُ ۞ وَ اَنْتَ الْمُحْسِنُ وَ اَنَا الْمُسِىءُ

وَ اَنْتَ الْغَفُورُ وَ اَنَا الْمُذْنِبُ ۞ وَ اَنْتَ الْعَظِيمُ وَ اَنَا الْحَقِيرُ

وَ اَنْتَ الْقَوِىُّ وَ اَنَا الضَّعِيفُ ۞ وَ اَنْتَ الْمُعْطِى وَ اَنَا السَّائِلُ

وَ اَنْتَ الْاَمِينُ وَ اَنَا الْخَائِفُ ۞ وَ اَنْتَ الْجَوَّادُ وَ اَنَا الْمِسْكِينُ

وَ اَنْتَ الْمُجِيبُ وَ اَنَا الدَّاعِى ۞ وَ اَنْتَ الشَّافِى وَ اَنَا الْمَرِيضُ[938]

فَاغْفِرْلِى ذُنُوبِى وَ تَجَاوَزْ عَنِّى وَ اشْفِ اَمْرَاضِى يَا اَللّٰهُ يَا كَافِى ۞ يَا رَبُّ يَا وَافِى

۞ يَا رَحِيمُ يَا شَافِى ۞ يَا كَرِيمُ يَا مُعَافِى ۞ فَاعْفُ عَنِّى مِنْ كُلِّ ذَنْبٍ وَ

عَافِنِى مِنْ كُلِّ دَاءٍ وَارْضَ عَنِّى اَبَدًا بِرَحْمَتِكَ يَا اَرْحَمَ الرَّاحِمِينَ[939]

﴿وَ آخِرُ دَعْوٰيهُمْ اَنِ الْحَمْدُ لِلّٰهِ رَبِّ الْعَالَمِينَ﴾[940]

***

A Trigésima Terceira Palavra

As Trinta e Três Janelas

Conhecendo o Criador

بِسْمِ اللّٰهِ الرَّحْمٰنِ الرَّح۪يمِ

﴿سَنُرِيهِمْ آيَاتِنَا فِى الْآفَاقِ وَفِى اَنْفُسِهِمْ حَتَّى يَتَبَيَّنَ لَهُمْ اَنَّهُ الْحَقُّ اَوَلَمْ يَكْفِ بِرَبِّكَ اَنَّهُ عَلَى كُلِّ شَىْءٍ شَهِيدٌ﴾[941]

Pergunta: Gostaria de uma explicação concisa dos meios com que o homem e o universo, ou seja, o microcosmo e o macrocosmo apontam para a existência necessária e a Unicidade de Allah, Seus atributos e funções, que as duas partes do versículo acima mostram. Por terem os incrédulos ido longe demais, estão dizendo: "Por quanto tempo devemos dizer: [942]﴿وَهُوَ عَلَى كُلِّ شَىْءٍ قَدِيرٌ﴾ e temos de levantar as mãos"?

Resposta: São as Trinta e Três Palavras que foram escritas de trinta e três gotas do oceano deste versículo e dos mares da verdade que dele decorrem. Se você as examinar, encontrará a sua resposta. O que dizemos agora é apenas uma espécie de indicação do borrifo de uma única gota do oceano.

Por exemplo, se um excelente trabalhador quer construir um esplêndido palácio, em primeiro lugar, define as bases, de forma sábia e regular, e planeja de maneira adequada o seu futuro propósito e os resultados. Então, habilmente os divide em seções e apartamentos. Em seguida, ordena e organiza os apartamentos, decora-os com tapeçarias, então, os ilumina com luzes elétricas. A fim de renovar suas obras engenhosas e favorecer o magnífico adornado palácio, faz novas criações, novas mudanças e transformações em todos os níveisdele. Então, instala um telefone em cada apartamento, ligado ao seu próprio domicílio, e abre uma janela em cada um, para que o seu seja visto.

Da mesma maneira:[943] ﴿وَلِلّٰهِ الْمَثَلُ الْاَعْلَى﴾ o Criador Incomparável, nomeado com mil e um nomes sagrados como o Todo-Glorioso, Criador, Onisciente, Soberano, Todo-Justo Árbitro, quis criar o palácio do universo e a árvore do cosmos, que constitui o macrocosmo. Estabeleceu as fundações do palácio e da árvore, em seis dias, pelos princípios da sabedoria e das leis de Seu conhecimento pré-eterno. Então, dividiu e formou os níveis superiores, inferiores e ramos por meio dos princípios da Predestinação e do Decreto. Em seguida, adornou tudo, cada mundo, de forma adequada, como o céu com estrelas e a terra com flores. Em seguida, manifestou e fez luminosos Seus Nomes dentro da arena daquelas leis universais e os princípios gerais. E, então, de uma maneira especial enviou como assistência às pessoas que choravam constrangidas por essas leis universais Seus Nomes de Clemente e Misericordioso. Ou seja, dentro desses princípios universais e gerais. Ele possui favores especiais, socorro especial, manifestações especiais, de modo que tudo pode procurar a ajuda d'Ele e olhar para Ele em todos os momentos de cada necessidade. Em seguida, a partir de cada apartamento, cada nível, cada mundo, cada reino do ser, cada indivíduo, de tudo, Ele abriu janelas que O mostram, isto é, dão a conhecer a Sua Existência e Unicidade. Ele deixou um telefone em cada coração.

Por agora não vamos tentar discutir as inúmeras janelas. Isso está, de qualquer maneira, além do nosso poder. Referindo-se ao conhecimento abrangente de Allah, vamos apenas apontar, de forma concisa e breve, Trinta e Três Janelas – uma vez que corresponde ao número abençoado das tasbihat (glorificações) em seguida às orações prescritas, e para uma explicação mais detalhada disto, que forma a Trigésima Terceira Carta e Trigésima Terceira Palavra e consiste nosbrilhantes versículos do Alcorão, que remetem o leitor para o resto das palavras.

Primeira Janela

Se olharmos, vemos que todas as coisas, especialmente as criaturas vivas, têm inúmeras necessidades e desejos diferentes. Estes desejos e necessidades são fornecidos no momento apropriado, de forma inesperada, de lugares que não conhecem, e suas mãos não podem alcançar; o socorro chega a eles. Mas, o poder destes seres carentes é insuficiente até mesmo para a menor das coisas infinitas que desejam, não podendo atender as suas necessidades. Considere: de quantas coisas você necessita que suas mãos não consigam alcançar, como os seus sentidos externos e internos e suas necessidades? Compare todas as outras criaturas vivas com você mesmo. Veja, assim como individualmente elas testemunham a Existência Necessária e apontam para Sua Unicidade e, em sua totalidade, mostram a razão do Único Necessariamente Existente por trás do véu do Invisível, o Único na Unidade, entre títulos de mais Generoso, Compassivo, Soberano e Dispensador.

Ó incrédulos ignorantes e desatentos dissolutos! Como vocês podem explicar esta atividade sábia, perceptiva e compassiva? Natureza surda? Força cega? O acaso sem sentido? Vocês podem explicar isso pelas causas impotentes e sem vida?

Segunda Janela

Enquanto na sua existência e individualidade, as coisas estão em uma forma hesitante, confusa e disforme entre inúmeras maneiras possíveis, elas recebem subitamente um aspecto mais bem ordenado e prudente da individualidade. Por exemplo, todos os seres humanos têm em seus rostos características faciais que os diferenciam de todos os seus semelhantes, e são equipados com sabedoria absoluta com sentidos externos e internos. Isto prova que o rosto é a marca mais brilhante da Unidade Divina. E assim como cada rosto demonstra a existência de um Criador Onisciente e aponta para Sua existência, assim também, a marca que todos os rostos exibem na sua totalidade, mostram para o olho da mente que todas as coisas são um selo peculiar de seu Criador.

Ó negador! Em que seminário você pode submeter essas marcas que não podem de forma alguma, ser imitadas, e a marca de Rogo Eterno, que está na totalidade?

Terceira Janela

O exército de todas as várias espécies de animais e plantas na face da Terra é composto por quatrocentos mil grupos diferentes.[1] São como um enorme exército. Vemos que cada espécie desse exército é alimentada com perfeito equilíbrio e ordem por seu sustento, aspectos, armas, vestes, instruções, e desmobilizações, todos diferentes sem nada ser esquecido e nenhum deles ser confundido; é uma marca do Único na Unidade tão brilhante quanto o sol que não pode de forma alguma, ser duvidado. Quem, além de Quem possui poder ilimitado, abrangente, conhecimento e sabedoria infinita poderia ter qualquer parte desta administração, que é maravilhosa no grau máximo? Porque, quem não conseguir administrar e levantar estas espécies e nações todas juntas, que estão uma dentro da outra e interferir com uma delas, lançará o todo em desordem. De acordo com o significado de:[944] ﴿ فَارْجِعِ الْبَصَرَ هَلْ تَرَى مِنْ فُطُورٍ ﴾ Não há nenhum sinal de confusão. Isso significa que ninguém pode interferir em nada.

Quarta Janela

Esta é a aceitabilidade das súplicas oferecidas por meio da capacidade latente em todas as sementes, e pela língua da necessidade inata em todos os animais, pela exigência do desesperado.

Sim, da mesma forma que essas inúmeras súplicas são observadamente aceitas e atendidas, da mesma forma numa larga medida que eles, em sua inteira auto evidência, indicam e apontam para um Criador Todo-Compassivo e Generoso, e Que responde às preces.

Quinta Janela

Vemos que coisas e seres vivos em particular vêm a existir, de repente e instantaneamente. Mas, enquanto as coisas que aparecem de repente de uma substância simples devem ser simples, sem forma, e sem arte, elas são criadas com uma arte e beleza exigindo muita habilidade; são decoradas com enfeites caprichosos que requerem muito tempo, e adornadas com artes maravilhosas, exigindo muitas ferramentas. Assim como cada uma dessas artes instantâneas e maravilhosas indicam combinações necessárias à existência de um Criador Onisciente e a unicidade de Seu Domínio, na sua totalidade mostram de forma mais brilhante o infinitamente Poderoso, infinitamente Sábio, Necessariamente Existente.

Então, agora, ó estupefato negador! Como você pode explicar isso? Com a "natureza" inconsciente, impotente e ignorante como você? Ou você quer cometer um erro infinito e chamar assim o Sagrado Criador da 'natureza', e sob o pretexto de nomeá-Lo assim atribui os milagres de Seu poder a ela e comete uma impossibilidade milhares de vezes pior?

---

[1] Os membros de alguns desses grupos são mais numerosos que todos os membros da raça humana desde o tempo de Adão até o Último Dia.

Sexta Janela

﴿إِنَّ فِى خَلْقِ السَّمٰوَاتِ وَالْاَرْضِ وَاخْتِلَافِ الَّيْلِ وَالنَّهَارِ وَالْفُلْكِ الَّتِى تَجْرِى فِى الْبَحْرِ بِمَا يَنْفَعُ النَّاسَ وَمَا اَنْزَلَ اللّٰهُ مِنَ السَّمَاءِ مِنْ مَاءٍ فَاَحْيَا بِهِ الْاَرْضَ بَعْدَ مَوْتِهَا وَبَثَّ فِيهَا مِنْ كُلِّ دَابَّةٍ وَتَصْرِيفِ الرِّيَاحِ وَالسَّحَابِ الْمُسَخَّرِ بَيْنَ السَّمَاءِ وَالْاَرْضِ لَاٰيَاتٍ لِقَوْمٍ يَعْقِلُونَ﴾[945]

Esse versículo tanto aponta para a existência e unidade Divina, como forma uma janela, verdadeiramente grande, exibindo um Grandíssimo Nome.

A essência do versículo é a seguinte: todos os mundos nos níveis superiores e inferiores do Universo mostram com todas as diferenças da língua um único resultado, ou seja, o Domínio do Único Criador Onisciente. É o seguinte: assim como no céu – e a astronomia mesmo admite isso – movimentos extremamente bem ordenados de resultados extremamente extensos mostram a existência, a unidade e o domínio perfeito de um Onipotente e Glorioso, o mesmo acontece na terra – e a geografia ainda atesta e reconhece isso – que a maioria das mudanças ordenadas, como nas estações, nos benefícios mais abrangentes, mostram a existência, a unicidade e o perfeito domínio do Todo-Poderoso e Glorioso.

Também, por receberem o sustento como misericórdia perfeita, e revestidos de forma diferente com sabedoria perfeita, e enfeitados com todos os tipos de sentidos pelo domínio perfeito, cada um de todos os animais da terra e do mar novamente testemunha a existência do Todo-Poderoso e Glorioso e indicam a Sua Unicidade. Assim, em sua totalidade, eles mostram em grande escala o extraordinário de Sua Divindade e a perfeição de Seu Domínio. Também, como cada uma das plantas bem ordenadas em jardins, as flores finamente decoradas que as plantas exibem, os bem proporcionados frutos que as flores mostram e os enfeitados ornamentos que as frutas apresentam comprovam a existência do Criador Onisciente e apontam para a Sua unicidade. Assim também, em sua totalidade, eles mostram mais brilhantemente a beleza da Sua Misericórdia e a perfeição de Seu Domínio.

Além disso, as gotas da chuva enviadas das nuvens com funções importantes de sabedoria, objetivos, benefícios e resultados necessários, novamente demonstram com o número das gotas a existência necessária, a unidade e o perfeito domínio do Onisciente Criador, e o mesmo acontece com todas as montanhas da terra e do que elas possuem de minerais com todas as suas propriedades diferentes, com benefícios diferentes e inúmeros que, junto à força e firmeza da montanha testemunham a existência e a unicidade do Criador Onisciente e a perfeição de Seu Domínio.

Também as inúmeras variedades de flores bem ordenadas, nas pequenas colinas e nas planícies entre as montanhas, cada uma testemunha a existência necessária de um Criador Onisciente e aponta para a sua unidade, e todos juntos mostram a majestade de Sua Soberania e a perfeição de Seu Domínio, com a grande variedade das formas ordenadas de todas as folhas das árvores e gramíneas, e todas as suas fases diferentes, estados, movimentos bem equilibrados e em êxtase novamente, mostram a existência necessária e unidade e Domínio perfeito do Criador Onisciente.

Além disso, o desenvolvimento regular no momento do crescimento de todos os corpos vivos, e cada um equipado com todos os tipos de órgãos direcionados conscientemente para vários e diferentes frutos, mais uma vez, testemunham a existência necessária do Criador Onisciente e indicam Sua unidade, e mostram em sua totalidade, em uma escala verdadeiramente grande, Seu abrangente poder e sua vasta sabedoria, a beleza de Sua arte e a perfeição de Seu Domínio. O mesmo acontece com as almas e os espíritos que estão situados em todos os corpos animais, e sendo protegidos de forma mais ordenada com os tipos de sistemas e numerosas faculdades, que enviam mensagens numerosas e diferentes com sabedoria perfeita, testemunham no número de animais, na verdade no número das suas faculdades, a existência necessária do Criador Onisciente e apontam para a Sua Unidade. Na sua totalidade, mostram mais brilhantemente a beleza da Sua misericórdia e a perfeição de Seu Domínio.

Além disso, as inspirações do Invisível, comunicadas a todos os corações, dão a conhecer ao homem todo tipo de ciência, conhecimento e realidade, e ensinam aos animais como suprir as suas necessidades, fazem saber a existência do Clemente, Sustentador e apontam para o Seu Domínio, de tal forma que seus sentidos internos e externos, como raios, juntam flores imateriais do jardim do universo, e todos, como chaves de diferentes mundos, demonstram tão claramente como o sol a existência necessária, a unidade, a unicidade e o perfeito domínio do Criador Onisciente, o Clemente e o Generoso Provedor.

Assim, a partir da Décima Segunda Janela, os doze aspectos aqui mencionados, será aberta uma vasta janela que exibe com luz de doze cores da verdade a Unicidade, o Perfeito Domínio de Allah, o Onipotente.

Ó negador infeliz! Com o que você pode bloquear esta janela que é tão ampla como o globo terrestre, de fato, como sua órbita anual? E com o que se pode extinguir esta fonte de luz que brilha como o sol? Por trás de que véu da negligência pode escondê-la?

Sétima Janela

A ordem perfeita das obras de arte espalhadas sobre a superfície do universo, sua proporção e equilíbrio perfeitos, a perfeição dos seus adornos, a facilidade em sua criação, seu único semelhante a outro, sua natureza exibindo uma única demonstração em grande escala, a existência necessária, o poder perfeito e unidade de um Criador Onisciente.

Além disso, a criação de inúmeros seres complexos, diferentes e bem ordenados a partir de elementos inanimados e simples, novamente testemunham, com o número desses seres compostos, a necessária existência do Criador Onisciente e aponta para Sua Unicidade e, em sua totalidade, esses seres demonstram a forma verdadeiramente brilhante de Sua unicidade e a perfeição do Seu poder.

Então, os seres distinguidos e diferenciados, à medida que são renovados ao serem montados e dissolvidos, isto é, durante o que é chamado de composição dos seres – em meio ao maior grau de entrelaçamento e confusão, por exemplo, a distinção do nascimento e o crescimento de sementes e raízes, sem confundi-los de qualquer forma, embora estejam todos misturados, as substâncias mistas que compõem as árvores divididas entre folhas, flores e frutas e os nutrientes que entram no organismo de forma mista sendo diferenciados e separados com perfeita sabedoria e equilíbrio perfeito para as células do corpo, – mais uma vez demonstram a existência necessária, o poder perfeito e a unidade do Absolutamente Sábio, o Absolutamente Conhecedor, o Absolutamente Poderoso.

Então, também, fazer de partículas diminutas um mundo ilimitado, um amplo campo arável e semear a cada instante, colher e obter grãos frescos de universos diferentes, as partículas inanimadas, impotentes e ignorantes feitas para realizar inúmeras tarefas ordenadas de uma forma mais consciente, sábia e competente – mostra também a existência necessária do Todo-Poderoso e Glorioso Criador da Perfeição, Seu poder perfeito, a grandeza de Sua soberania, Sua unidade e a perfeição de Seu Domínio.

Assim, por estas quatro maneiras, uma grande janela é aberta para o conhecimento de Allah e abordando o motivo ela exibe o Criador Onisciente em grande escala.

Agora, você infeliz desatento! Se você não quiser vê-Lo, aprender d'Ele, então, prive-se de sua razão, torne-se um animal, e, assim, seja salvo!

Oitava Janela

O testemunho de todos os profetas (a paz esteja com eles), que possuíam, entre os seres humanos, espíritos luminosos, confiando em seus manifestos e milagres evidentes, e os depoimentos de todos os santos que, com seus corações luminosos, são os polos espirituais da humanidade, confiando em suas iluminações e seus milagres; o testemunho de todos os sábios purificados, que possuem mentes luminosas, dependendo de suas pesquisas e verificações; o testemunho de todos estes para a existência necessária, a unidade e o domínio perfeito do Único da Unidade, a Existência Necessária, o Criador de todas as Coisas, formam uma janela verdadeiramente grande e cheia de luz.

Ó negador infeliz! Em quem você deposita sua confiança para não observar isso? Ou fechando os olhos durante o dia você imagina que o mundo esteja mergulhado em noite?

Nona Janela

O culto universal no cosmo demonstra evidentemente um Objeto Absoluto de Adoração. Sim, a obediência perfeita e a adoração de todos os anjos e seres espirituais – que é estabelecida pelo testemunho daqueles que penetraram no mundo do espírito e na dimensão interior das coisas, que se encontraram com os anjos e seres espirituais – de todos os seres vivos exercendo de forma evidente as suas funções em perfeita ordem, em forma de adoração; de todas as coisas inanimadas que exercem de forma evidente as suas funções com a apresentação perfeita e uma forma de adoração, todos demonstram a necessária existência e a unidade de um Objeto Verdadeiro de Adoração.

Também, o verdadeiro conhecimento do saber, que possui a força do consenso, e as graças frutíferas de todos aqueles que agradecem, a glorificação radiante, de todos aqueles que recitam os Nomes de Allah, a recompensa pelo aumento de louvores daqueles que recitam os louvores de Allah, todas as provas demonstrativas e descrições da Unicidade Divina de todos aqueles que reconhecem isso, o amor verdadeiro e a paixão de todos os amantes de Allah, a vontade verdadeira e o desejo daqueles que O buscam, a busca sincera e a penitência de todos aqueles que se voltam para Ele, todos estes demonstram a existência necessária, o perfeito Domínio e a unidade do Pré-Eterno e totalmente Adorado, Aquele que é Conhecido, Mencionado, Agradecido, Louvado, o Único, Amado, Desejado e Procurado.

Assim também toda a adoração aceitável de seres humanos perfeitos e o esplendor espiritual, as súplicas, visões e iluminações resultantes da sua aceitável adoração novamente demonstram a existência necessária, a unidade e o Domínio perfeito do Ser Eterno, o Objeto Permanente de Adoração. Assim, esses três aspectos abrem uma ampla janela de luz que dá para a unidade Divina.

Décima Janela

﴿وَاَنْزَلَ مِنَ السَّمَاءِ مَاءً فَاَخْرَجَ بِهِ مِنَ الثَّمَرَاتِ رِزْقًا لَكُمْ وَسَخَّرَ لَكُمُ الْفُلْكَ
لِتَجْرِيَ فِى الْبَحْرِ بِاَمْرِهِ وَسَخَّرَ لَكُمُ الْاَنْهَارَ ۞ وَسَخَّرَ لَكُمُ الشَّمْسَ وَالْقَمَرَ
دَائِبَيْنِ وَسَخَّرَ لَكُمُ الَّيْلَ وَالنَّهَارَ ۞ وَآتَيكُمْ مِنْ كُلِّ مَا سَاَلْتُمُوهُ وَاِنْ تَعُدُّوا
نِعْمَتَ اللّٰهِ لَا تُحْصُوهَا﴾[946]

A assistência mútua e a cooperação dos seres no universo é o fato de que eles respondem a outra demonstração de que todas as criaturas são elevadas por um Único Sustentador, são organizados por um único Diretor, estão sob a jurisdição de um único Dispensador, são os servos de um único Senhor. Por meio de uma lei abrangente de assistência mútua, o sol esquenta as necessidades para a vida dos seres vivos sobre a terra por um comando de domínio, a lua funciona como uma agenda e luz, ar, água e alimento ativando a assistência dos seres vivos, e as plantas ativando a ajuda aos animais, e os animais ativando a ajuda aos seres humanos, e os membros do corpo ativando a ajuda uns aos outros e as partículas de alimentos ativando a ajuda às células do corpo. Esta assistência mútua, sábia e generosa desses seres, a sua resposta umas às outras necessidades e seu apoio e fortalecimento um ao outro de acordo com a lei da generosidade, a lei de compaixão, a lei da misericórdia, tudo isso demonstra, de forma clara e auto evidente, que são os servos, funcionários e criaturas do Uno e Único da Unidade, do Incomparável e Eternamente procurado, do Uno, Absolutamente Poderoso, Onisciente, Compassivo e Generoso.

Ó filósofo falido! O que você diz em face desta janela poderosa? Pode o acaso interferir nisso?

Décima Primeira Janela

﴿اَلَا بِذِكْرِ اللّٰهِ تَطْمَئِنُّ الْقُلُوبُ﴾[947]

Ao conhecerem o Criador Único, todos os espíritos e os corações são libertados da angústia e da confusão decorrente do extravio, das dores espirituais e da angústia. São salvos mediante a atribuição de todos os seres a um Fabricante único. Eles encontram garantia na lembrança de um Allah Único. Pois, como é provado decisivamente na Vigésima Segunda Palavra, se todos os seres não são atribuídos a um único ser, torna-se necessário atribuir uma única coisa a inúmeras causas e, em seguida, a existência de uma única coisa se torna tão difícil como todos os seres. Se atribuídas a Allah, inúmeras coisas são atribuídas a um único ser, e se não são atribuídas a Ele, torna-se necessário atribuir tudo a inúmeras causas. Em seguida, uma única fruta torna-se tão difícil como o universo, de fato, mais difícil. É como se o controle de um soldado fosse entregue a uma centena de pessoas diferentes, uma centena de dificuldades, e que o controle de centenas de soldados entregue a um oficial se tornasse tão fácil como a um único soldado. Da mesma forma, a coincidência de numerosas causas diferentes na criação de uma única coisa é centenas de vezes mais difícil. E se a criação de inúmeras coisas é dada a um único ser, torna-se centenas de vezes mais fácil.

Assim, é somente pelo reconhecimento da Unicidade do Criador e do conhecimento de Allah que o homem pode se livrar do sofrimento sem limites decorrente do desejo de procurar a verdade inerente a sua natureza. Uma vez que, existem inúmeras dificuldades e dores na incredulidade e na associação de parceiros a Allah, essa forma é impossível e desprovida de verdade. Por outro lado, na adequabilidade à facilidade na arte da criação dos seres existe uma facilidade sem limites na afirmação da Unicidade Divina, a maneira que é certamente necessária e verdadeira.

Ó povo miserável e desorientado! Veja como é escuro e cheio de dor o caminho da desorientação! O que é que o leva a fazer isso? E veja como é fácil e agradável a forma de crença e afirmação da unicidade Divina! Tome esse caminho e seja livre!

Décima Segunda Janela

﴿سَبِّحِ اسْمَ رَبِّكَ الْاَعْلَى ۝ اَلَّذِى خَلَقَ فَسَوّٰى ۝ وَالَّذِى قَدَّرَ فَهَدٰى﴾[948]

De acordo com o significado deste versículo, foi dada a todas as coisas e especialmente às criaturas vivas uma forma e proporções regulares de acordo com a sabedoria com que surgiram de um molde proposital. Contidas nessas proporções estão medidas extremamente intrincadas para vários benefícios e utilizações. E a forma de suas roupas e suas proporções, que mudam ao longo dos períodos de suas vidas, são imateriais, bem ordenadas, medidas, e compostas dos eventos designados de suas vidas, novamente, de uma maneira apropriada para a sabedoria e aos benefícios. Isto mostra claramente que todas as inumeráveis criaturas, cujas formas e proporções planejadas no âmbito da determinação do Glorioso e Todo-Poderoso, do Onisciente da Perfeição, a quem foram dadas formas na oficina do Poder Divino, apontam para a existência do Ser necessário e testemunham a sua Unicidade e poder perfeito em línguas infindáveis. Olhe para o seu próprio corpo, seus membros e os frutos de seus lugares intrincados e complexos! Veja o poder perfeito dentro da perfeita sabedoria!

Décima Terceira Janela

De acordo com o significado de:[949] ﴿وَاِنْ مِنْ شَىْءٍ اِلَّا يُسَبِّحُ بِحَمْدِهِ﴾ tudo recorda o seu Criador por sua própria língua particular e declara a Sua santidade. Sim, as glorificações que todos os seres proferem audivelmente e pelas línguas de seus seres demonstram a existência de um Ser Único Santíssimo. O testemunho de disposição inata não pode ser rejeitado. Especialmente se a evidência vem de todos os lados, não se pode duvidar. Olhe as formas bem ordenadas de seres, que, pela sua forma de criação compõem o testemunho infinito, e oferecem evidências de inúmeras maneiras pela língua da disposição e olham para um único centro com círculos concêntricos – todas essas são línguas. Da mesma forma, suas congregações bem proporcionadas e equilibradas são todas as línguas que testemunham. Suas perfeitas vidas são todas línguas glorificantes. Assim, como é provado na Vigésima Quarta Palavra, a sua glorificação, exaltando e testemunhando a um Único e Santíssimo Ser por meiotodas estas línguas demonstram a necessária Existência do Uno como a luz mostra o sol, e aponta para a perfeição da Sua Divindade.

Décima Quarta Janela

﴿قُلْ مَنْ بِيَدِهِ مَلَكُوتُ كُلِّ شَيْءٍ﴾[950] ۞ ﴿وَاِنْ مِنْ شَيْءٍ اِلاَّ عِنْدَنَا خَزَائِنُهُ﴾[951] ۞

﴿مَا مِنْ دَابَّةٍ اِلاَّ هُوَ آخِذٌ بِنَاصِيَتِهَا﴾[952] ۞ ﴿اِنَّ رَبِّي عَلَى كُلِّ شَيْءٍ حَفِيظٌ﴾[953]

De acordo com o significado destes versículos, todas as coisas estão em necessidade de um Criador Todo-Glorioso, Único em tudo, em todos os assuntos e todas as circunstâncias. Na verdade, olhamos para os seres do universo e vemos que há a manifestação de uma força absoluta dentro de uma fraqueza absoluta, e os traços de um poder absoluto são evidentes dentro de uma impotência absoluta, como, por exemplo, os maravilhosos estados e estágios das plantas exibidos quando a força da vida desperta em suas sementes e raízes. Há também a manifestação de uma riqueza absoluta dentro de uma pobreza e aridez absoluta; como a pobreza das árvores e do solo no inverno e sua riqueza brilhante e abundância na primavera. As aspersões de uma vida absoluta também são visíveis dentro de uma inércia absoluta, como a transformação dos elementos em matéria viva. Há, além disso, a manifestação de uma consciência abrangente dentro de uma absoluta ignorância; como tudo, a partir de partículas diminutas até as estrelas, agindo conscientemente, em conformidade com a ordem do universo, às exigências da sabedoria e às exigências da vida.

Assim, esse poder dentro da impotência e força dentro da fraqueza, da riqueza e abundância dentro da pobreza, da vida e consciência dentro da inércia e ignorância necessária e evidentemente abrem janelas de todos os lados sobre a existência necessária da unidade de um Possuidor de Poder Absoluto, de Força absoluta, um Possuidor de Riquezas Absolutas, um Absolutamente Onisciente, Vivente, e Autossuficiente. Em sua totalidade eles apontam para uma estrada luminosa em grande escala.

E assim, ó descuidado que caiu no pântano da natureza! Se você não se livrar da natureza e reconhecer o Poder Divino, tem de aceitar que em tudo, mesmo em cada minúscula partícula, reside uma força infinita e poder, uma sabedoria infinita e a capacidade de ver, conhecer e administrar a maioria dos outros seres.

Décima Quinta Janela

De acordo com o significado do versículo:[954] ﴿اَلَّذِى اَحْسَنَ كُلَّ شَيْءٍ خَلَقَهُ﴾ tudo é formado de acordo com suas habilidades inatas com medida perfeita e pesado em uma balança de precisão, é organizado com a melhor arte, da melhor forma, da mais leve e viável maneira e forma. Veja as roupas das aves, por exemplo, é a forma mais fácil de elas eriçarem suas penas e continuamente usá-las. Além disso, às coisas são dados corpos e roupagens da forma mais sábia, sem desperdício e nada em vão; elas testemunham em todo o seu número a necessária existência de um Criador Onisciente e apontam para o Possuidor do Poder Absoluto e do Conhecimento.

Décima Sexta Janela

A ordem e a ordenação na criação e disposição de criaturas, que são renovadas temporada por temporada na terra, mostram claramente uma sabedoria universal. Uma vez que, o atributo não pode ficar sem quem o qualifique, essa sabedoria universal mostra, necessariamente, o Onisciente. O adorno maravilhoso dentro do véu da sabedoria evidentemente mostra uma beneficência perfeita, e esta necessariamente aponta para um Gracioso Criador Todo-Generoso. A benevolência abrangente e a dádiva dentro do véu da beneficência mostra, evidentemente, uma misericórdia toda abrangente, e esta mostra necessariamente um Clemente e Misericordioso. O sustento e os alimentos de todas as criaturas vivas acima do véu da misericórdia, todos perfeitamente adequados às suas necessidades, mostram claramente uma providência sustentadora, um Domínio compassivo, a manutenção e administração apontam necessariamente para um Provedor Todo-Generoso.

Sim, todas as criaturas na face da terra foram criadas com sabedoria perfeita, adornadas com beneficência perfeita, conferidas com a misericórdia perfeita, e alimentadas com compaixão perfeita, portanto testemunham a existência necessária de um Onisciente, Munificente, Compassivo, e Provedor, e apontam para a Sua unicidade.

Olhe e veja também a sabedoria universal que é aparente na face da terra como um todo, é para ser vista na sua totalidade e mostra claramente o objetivo e a vontade; a beneficência perfeita abrangendo todas as criaturas, que compreende à sabedoria; a toda abrangente misericórdia, que compreende à beneficência e à sabedoria, e inclui todos os seres da terra; o mais generoso sustento e alimento que compreende beneficência, misericórdia e sabedoria, e abrange todas as criaturas vivas. Assim como as sete cores que formam a luz e como a luz ilumina a face da terra e sem dúvida, mostra o sol, e também a beneficência dentro da sabedoria, a misericórdia dentro de beneficência e o sustento e a alimentação dentro da misericórdia mostram brilhantemente em grande escala e em um alto grau a unidade o perfeito Domínio de um absolutamente Sábio, Generoso, Compassivo, Provedor e o Necessariamente Existente.

Ó estupefato e negador desatento! Com o que você pode explicar este sábio, generoso, compassivo, providencial sustento, este estranho, maravilhoso, e milagroso estado dos assuntos que estão diante de seus olhos? É com o acaso e a coincidência, que são sem propósito como você? É com a força, que é cega como é o seu coração? Com a natureza, que é surda como sua cabeça? Com causas que são impotentes, sem vida, e ignorantes como você é? Ou você quer dar o nome de 'natureza', que é absolutamente impotente, ignorante, surda, cega, dependente do Todo-Glorioso, Que é totalmente santo, puro, exaltado, e livre de defeito e absolutamente Poderoso, Sapiente, Ouvinte e Onividente, e assim comete um erro infinito? Então, com que força você pode apagar esta verdade brilhante como o sol? Sob que véu da negligência pode escondê-la?

Décima Sétima Janela

﴿ إِنَّ فِي السَّمٰوَاتِ وَالْاَرْضِ لَاٰيَاتٍ لِلْمُؤْمِنِينَ ﴾[955]

Se observarmos a face da terra, no verão, vemos que uma generosidade absoluta e liberalidade, que necessitariam de confusão e desordem, são vistos dentro de uma total harmonia e ordem. Olhe para todas as plantas que adornam a face da terra!

Veja a velocidade absoluta na criação de coisas, que exigiria desequilíbrio e desordem, está evidentemente dentro de um equilíbrio perfeito. Olhe para todas as frutas que decoram a face da terra!

E na multiplicidade absoluta que exigiria pouca importância, de fato, feiura, está evidentemente dentro de uma beleza de arte perfeita. Olhe para todas as flores que douram a face da terra!

E a facilidade absoluta na criação de coisas, que exigiria uma falta de arte e simplicidade, é vista dentro de uma arte infinita, habilidade e atenção. Olhe atentamente para todas as sementes, que são como pequenos recipientes e programas dos ramos de plantas e árvores e os pequenos invólucros contendo suas histórias de vida!

E as grandes distâncias que requereriam diferença e diversidade, aparecem dentro de uma correspondência e conformidade. Olhe para todas as variedades de grãos de cereais semeados em todas as partes da terra!

E a mistura total que exigiria uma confusão e desordem é, ao contrário, vista dentro de uma perfeita diferenciação e separação. Considere a perfeita diferenciação das sementes quando brotam, apesar de serem lançadas na terra todas misturadas, e todas se assemelhando uma a outra no que diz respeito a sua substância, e as várias substâncias que entram nas árvores sendo separadas perfeitamente por folhas, flores e frutos, e os alimentos que entram no estômago todos misturados sendo separados perfeitamente de acordo com os vários membros e células. Veja o poder perfeito dentro da perfeita sabedoria!

E a grande abundância e infinita profusão que necessitam de pouca importância e inutilidade, sendo vistos como os mais valiosos e caros em relação às criaturas e à arte na face da terra. Dentro destas inúmeras maravilhas de arte, considere apenas as variedades da amoreira, as confecções do Poder Divino, sobre a mesa do Todo-Misericordioso na face da terra! Veja-os dentro da misericórdia perfeita, da arte perfeita!

Assim, como o dia indica a luz, e a luz o sol, o grande valor, juntamente com a profusão absoluta; o entrelaçamento infinito e misturado junto com a diferenciação e a separação dentro da profusão total; a grande distância em conjunto com a conformidade máxima e semelhança na diferenciação ilimitada e na separação; a infinita comodidade e facilidade juntamente com o cuidado infinito no fazer dentro da similaridade máxima; a velocidade absoluta e a rapidez em conjunto com o equilíbrio total, a harmonia e falta de desperdício dentro do mais belo feito; a infinita abundância e a multiplicidade juntamente com o mais alto grau de beleza, de arte dentro da absoluta falta de desperdício; a munificência extrema com ordem absoluta dentro do mais alto grau de beleza e arte, todos testemunham a existência necessária, o poder perfeito, o belo domínio, a unidade e unicidade do Todo-Poderoso e Glorioso, do Onisciente da Perfeição, do Todo-Compassivo e Belo. Eles demonstram o significado do versículo:

﴿لَهُ الْأَسْمَاءُ الْحُسْنَى﴾[956]

Então, agora, ó ignorante, miserável, obstinado e desatento! Com o que você pode interpretar esta poderosa verdade? Com o que você pode explicar este estado infinitamente milagroso e maravilhoso de coisas? Para quem você pode atribuir estas artes verdadeiramente extraordinárias? Que véu da negligência pode cobrir esta janela tão ampla quanto a terra e assim fechá-la? Onde está o acaso e a coincidência, o companheiro inconsciente em quem você confia e chama de "natureza", seu amigo e apoio na desorientação? É totalmente impossível para o acaso e a coincidência interferirem nestas questões, não é? E atribuir à "natureza" a milésima parte disso é mil vezes impossível, não é?

Ou será que a natureza, sem vida e impotente tem máquinas imateriais e máquinas de impressão dentro de cada coisa, feita para cada uma, e ao número de cada uma?

Décima Oitava Janela

﴿أَوَلَمْ يَنْظُرُوا فِي مَلَكُوتِ السَّمٰوَاتِ وَالْأَرْضِ﴾[957]

Considere esta comparação explicada na Vigésima Segunda Palavra: um palácio belo, bem ordenado, com trabalho bem feito aponta evidentemente por si para um ato bem ordenado. Isto quer dizer, um edifício indica o ato de construção. E um ato fino e bem ordenado indica, necessariamente, um agente proficiente, um construtor habilidoso. E os títulos de mestre e construtor apontam evidentemente para um atributo perfeito, isto é, uma faculdade para o ofício. E esse atributo perfeito e a faculdade perfeita para o ofício evidentemente indicam a existência de uma perfeita capacidade inata. E uma capacidade inata perfeita indica a existência de um espírito exaltado e uma essência elevada.

Da mesma maneira, as obras constantemente renovadas preenchendo a face da terra, na verdade o universo, mostram claramente atos de máxima perfeição. E estes atos, que são abrangidos por ordem total e sabedoria, apontam claramente para um agente cujos títulos e Nomes são perfeitos. Pois, é claramente evidente que os atos sábios e bem ordenados não podem ficar sem o Um que os execute. E os títulos de perfeição máxima apontam os atributos absolutamente perfeitos daquele agente. De acordo com as regras da gramática, a partícula ativa é formada a partir do infinitivo [isto é, o que é chamado de "raiz" na gramática árabe]; assim também a origem e as raízes de substantivos, nomes e títulos são atributos. E atributos no mais alto grau de perfeição apontam indubitavelmente às absolutamente perfeitas e essenciais qualidades. E essas essenciais e perfeitas qualidades – que somos incapazes de descrever – apontam mais certamente a uma essência que está no pico máximo da perfeição.

Assim, uma vez que, em cada parte do mundo todas as obras de arte e criaturas são obras perfeitas, cada um deles testemunha um ato, o ato testifica um nome, o nome um atributo, o atributo uma qualidade, e a qualidade uma Essência. Assim como individualmente eles testemunham a existência necessária do Criador Todo-Glorioso ao número de criaturas e indicam a sua Unicidade, todos eles formam uma ascensão no conhecimento Divino tão forte como as cadeias de seres. Eles formam uma prova da realidade em sequência contínua que nenhuma dúvida pode se aproximar.

Então, agora, ó negador, miserável e desatento! Com o que você pode esmagar essa prova que é tão poderosa como a cadeia do universo? Com o que você pode fechar esta janela de treliça com os seus espaços por entre inúmeros raios que brilham de verdade ao número dessas criaturas? Que véu da negligência pode se desenhar sobre ele?

Décima Nona Janela

De acordo com o significado do versículo:

﴿ تُسَبِّحُ لَهُ السَّمٰوَاتُ السَّبْعُ وَالْاَرْضُ وَمَنْ فِيهِنَّ وَاِنْ مِنْ شَىْءٍ اِلاَّ يُسَبِّحُ بِحَمْدِهِ ﴾[958]

O Criador Todo-Glorioso anexou inúmeros significados e exemplos de sabedoria aos corpos celestes de modo que é como se, a fim de manifestar a Sua glória e beleza, adornou os céus com as palavras dos sóis, luas e estrelas. Aos seres na atmosfera Ele também anexou exemplos de sabedoria, de significados e objetivos, como se os fizesse falar com as palavras do trovão, do relâmpago, e das gotas de chuva, dando instrução na perfeição de Sua sabedoria e na beleza de Sua misericórdia.

Ele faz com que o chefe da terra fale também com as suas palavras significativas conhecidas como animais e plantas e exibe as perfeições de Sua arte para o universo. Então, Ele faz as plantas e as árvores falarem, todas as palavras daquele chefe, por suas folhas, flores e frutas e novamente proclama a perfeição da Sua arte e a beleza da Sua misericórdia. Ele faz falar, também, as flores e frutos com as palavras de suas sementes, e dá instrução para ao sensato e consciente nas sutilezas de Sua arte e na perfeição do Seu Domínio. E assim, por meio destas inumeráveis palavras de glorificação, vamos emprestar nossos ouvidos e ouvir um único rebento e uma única flor, sua forma de expressão, e aprender a maneira em que eles testemunham.

Sim, todas as plantas e todas as árvores descrevem seu Criador com numerosas línguas, de tal forma que deixam aqueles que os estudam com espanto, levando-os a exclamar: "Glorificado seja Allah! Como é maravilhoso que eles prestem testemunho d'Ele!"

Sim, a glorificação das plantas no momento que suas flores abrem, no momento em que produzem novos brotos, quando oferecem suas palavras sorridentes é tão belo e claro como elas mesmas. Pela bela boca de cada flor e as línguas ordenadas dos seus rebentos, as palavras de suas bem medidas sementes, a ordem que demonstra sabedoria e é observada dentro de um equilíbrio que mostra conhecimento. O equilíbrio está dentro de um enfeite de arte que demonstra habilidade e artesanato. E o enfeite de arte está dentro de um adorno que demonstra favor e generosidade. E o adorno está dentro de aromas sutis que demonstram misericórdia e doação. E essas qualidades significativas, uma dentro da outra, formam tal língua do testemunho que tanto descreve o Todo-Belo Criador por Seus Nomes, retrata-O por Seus atributos, expõe a manifestação de Seus Nomes e expressa o fazer-Se amado e conhecido.

Se você ouvir esse testemunho de uma única flor, iriam suas dúvidas, suspeitas e negligência persistirem quando você ouve todas as flores nos jardins do domínio na face da terra e ouve com o que elevou a força que proclamam a existência necessária e a unicidade da Todo-Glorioso Criador? Se eles persistirem, pode-se dizer que você é um ser humano consciente?

Venha olhe cuidadosamente uma árvore! Veja sua boca delicada dentro da emergência ordenada das folhas na primavera, e as flores abrindo de forma medida, e as frutas crescendo com sabedoria e misericórdia, dançando ao sopro da brisa nas mãos dos ramos como crianças inocentes. Veja o justo equilíbrio dentro da sábia ordem expressada pela língua das folhas tornando-se verdes numa mão generosa, por intermédio das flores sorridentes com a alegria de um favor recebido, e das palavras dos frutos a rir por uma manifestação da misericórdia. Veja as artes cuidadosas e os enfeites dentro do equilíbrio demonstrando justiça; a misericórdia nos hábeis enfeites e adornos; os vários gostos doces e aromas deliciosos, que indicam misericórdia e doação; as sementes, cada uma das quais é um milagre de poder dentro dos agradáveis gostos: todos estes apontam, de forma mais clara a necessária existência e a unicidade do Onisciente, Generoso, Compassivo, Beneficente, Belo Criador, o Provedor de Beleza e de Favores, à beleza da Sua misericórdia e perfeição de Seu Domínio. Assim, se você pode ouvir ao mesmo tempo as línguas das disposições de todas as árvores na terra, você verá e entenderá que requintadas joias podem ser encontradas no tesouro do versículo:

﴿ يُسَبِّحُ لِلّٰهِ مَا فِى السَّمٰوَاتِ وَمَا فِى الْاَرْضِ ﴾[959]

Ó infeliz desatento que supõe ser livre por sua ingratidão! Se o Todo-Generoso de Beleza, que Se faz conhecido para você e amado por você por meio destas inumeráveis línguas não queria que você O conhecesse, Ele os teria silenciado. Uma vez que, não foram silenciados, devem ser atendidos. Você não pode ser salvo fechando os ouvidos em negligência. O universo não se cala se você parar de ouvir, os seres dentro dele não silenciarão, as testemunhas da unicidade Divina não segurarão suas línguas. E com certeza, eles vão condená-lo.

Vigésima Janela [I]

[I] O verdadeiro significado desta Vigésima Janela ocorreu ao meu coração ao mesmo tempo em árabe, desta forma:

تَلَأْلُؤُ الضِّيَاءِ مِنْ تَنْوِيرِكَ تَشْهِيرُكَ ۞ تَمَوُّجُ الْاَعْصَارِ مِنْ تَصْرِيفِكَ تَوْظِيفُكَ

سُبْحَانَكَ مَا اَعْظَمَ سُلْطَانَكَ

تَفَجُّرُ الْاَنْهَارِ مِنْ تَذْخِيرِكَ تَسْخِيرُكَ ۞ تَزَيُّنُ الْاَحْجَارِ مِنْ تَدْبِيرِكَ تَصْوِيرُكَ

سُبْحَانَكَ مَا اَبْدَعَ حِكْمَتَكَ

تَبَسُّمُ الْاَزْهَارِ مِنْ تَزْيِينِكَ تَحْسِينُكَ ۞ تَبَرُّجُ الْاَثْمَارِ مِنْ اِنْعَامِكَ اِكْرَامُكَ

سُبْحَانَكَ مَا اَحْسَنَ صَنْعَتَكَ

تَسَجُّعُ الْاَطْيَارِ مِنْ اِنْطَاقِكَ اِرْفَاقُكَ ۞ تَهَزُّجُ الْاَمْطَارِ مِنْ اِنْزَالِكَ اِفْضَالُكَ

سُبْحَانَكَ مَا اَوْسَعَ رَحْمَتَكَ

تَحَرُّكُ الْاَقْمَارِ مِنْ تَقْدِيرِكَ تَدْبِيرُكَ تَدْوِيرُكَ تَنْوِيرُكَ

سُبْحَانَكَ مَا اَنْوَرَ بُرْهَانَكَ مَا اَبْهَرَ سُلْطَانَكَ[960]

﴿فَسُبْحَانَ الَّذِى بِيَدِهِ مَلَكُوتُ كُلِّ شَىْءٍ﴾[961] ❁ ﴿وَاِنْ مِنْ شَىْءٍ اِلاَّ عِنْدَنَا خَزَائِنُهُ وَمَا نُنَزِّلُهُ اِلاَّ بِقَدَرٍ مَعْلُومٍ ❁ وَ اَرْسَلْنَا الرِّيَاحَ لَوَاقِحَ فَاَنْزَلْنَا مِنَ السَّمَاءِ مَاءً مُبَارَكًا فَاَسْقَيْنَاكُمُوهُ وَ مَا اَنْتُمْ لَهُ بِخَازِنِينَ﴾[962]

Assim como a perfeita sabedoria e a perfeita beleza da arte são aparentes em pormenores e resultam em detalhes, assim fazem os elementos universais e as grandes criaturas assumem seus cargos em conformidade com a sabedoria e a arte, apesar de estarem aparentemente sendo misturados por acaso, sem ordem. Assim, como os seus outros deveres sábios mostram, a luz brilha a fim de anunciar e dar a conhecer as criaturas divinas sobre a face da terra, com a permissão do seu Sustentador. Isto significa que a luz é empregada por um Sábio Criador e or meio dela Ele manifesta Suas antigas obras de arte nas exposições do mercado deste mundo.

Agora, considere os ventos! De acordo com a outra forma de testemunho, seus benefícios generosos e deveres, estão se apressando para tarefas extremamente numerosas e importantes. Isso significa que seu movimento em ondas é um ser empregado, um ser despachado, um ser utilizado por um fabricante Onisciente; é um trabalho expedito e rapidamente executa os comandos de seu Sustentador.

Agora, considere as nascentes, os córregos e os rios! O jorrarem-se para fora do solo e das montanhas não é por acaso. Isso é demonstrado pelo testemunho de seus benefícios e frutos, as obras da misericórdia Divina, e a declaração de serem armazenados em montanhas com o equilíbrio da sabedoria na proporção da necessidade, que eles são subjugados e armazenados por um Onisciente Sustentador, e que o seu fluir é em conformidade com a Sua exuberante ordem.

Agora, considere todas as variedades de pedras, joias e minerais na terra! Suas decorações e as propriedades benéficas, os benefícios sábios ligados a eles, de serem preparados de forma adequada às necessidades humanas e animais e necessidades vitais, tudo isto mostra que são feitos dessa forma pela decoração, arranjo, planejamento e formação do Onisciente Criador.

Agora, considere as flores e os frutos! Suas expressões, sabores, belezas, enfeites e perfumes são todos como convites para um cardápio na mesa do mais Generoso Criador, o Doador Todo-Compassivo de generosidades, é dado como vários cardápios e convites para cada espécie de seres por meio de suas diferentes cores, cheiros e gostos.

Agora, considere os pássaros! Uma indicação de que seu gorjeio e trinado são causados pelo Criador Onisciente, fazendo-os falar de forma surpreendente em que expressam seus sentimentos uns aos outros com esses sons, e declaram as suas intenções.

Agora, considere as nuvens! Uma indicação clara de que o ruído da chuva não é um som sem sentido e que a queda de raios e trovões não é um alarido fútil; é que esses seres estranhos são criados no espaço vazio. Também as gotas de chuva como a água da vida são ordenhadas das nuvens, sugadas pelas criaturas que vivem sobre a terra que são tão carentes e desejosas deles. Estes fatos mostram que o ruído e a colisão são mais significativos e cheios de sabedoria. Pela ordem do Sustentador Mais Generoso, a chuva evoca os que anseiam por ela: "Boas notícias! Estamos chegando!" Elas expressam esse significado.

Agora olhe para o céu e considere cuidadosamente somente a lua além de todos os inumeráveis corpos dentro dele! O seu movimento que está sob o comando de um Todo-Poderoso e Sábio é demonstrado pelos exemplos importantes da sabedoria conectados a ela e com referência a terra. Como já explicamos isso em outros lugares da Risale-i Nur, resumimos isto aqui.

Assim, os elementos universais que enumeramos da luz para lua abrem em grande escala uma janela verdadeiramente extensa. Eles proclamam e mostram a unicidade do Necessariamente Existente, a perfeição do Seu poder e a grandeza de Sua soberania.

E assim ó desatentos! Se vocês são capazes de calar essa voz, colidindo com trovão e extinguindo esta brilhante luz como o sol, esquecem-se de Allah. De outra forma, voltem às suas razões. Digam, glorificado sejas! E:

﴿ سُبْحَانَ مَنْ تُسَبِّحُ لَهُ السَّمٰوَاتُ السَّبْعُ وَالْاَرْضُ وَمَنْ فِيهِنَّ ﴾[963]

Vigésima Primeira Janela

﴿ وَالشَّمْسُ تَجْرِى لِمُسْتَقَرٍّ لَهَا ذٰلِكَ تَقْدِيرُ الْعَزِيزِ الْعَلِيمِ ﴾[964]

A lâmpada do universo, o sol, forma uma janela para a existência e unicidade do Fabricante do universo que é tão brilhante e luminosa como o próprio sol. Na verdade, apesar de suas grandes diferenças no que diz respeito à posição, tamanho e velocidade, os doze planetas, incluindo o nosso mundo conhecido como o sistema solar estão em movimento e giram com perfeita ordem, sabedoria e equilíbrio perfeito sem confusão por um segundo, estão vinculados ao sol por uma lei divina conhecida como gravidade, isto é, seguem o seu líder como em oração. Isso demonstra em grande escala o extraordinário poder Divino e a Unicidade do seu Sustentador. Esses corpos sem vida, as grandes e inconscientes massas, são rodados e empregados dentro da máxima ordem e do sábio equilíbrio, em várias formas, em distâncias diferentes e em movimentos diferentes, comprovando o grau de poder e sabedoria; compare por si mesmo. Se o acaso fosse interferir em minúscula quantidade neste vasto e complexo assunto, isso causaria uma explosão tão grande quc o universo se dispersaria. Se fosse para parar o movimento de um deles por um minuto, ele deixaria sua órbita e abriria a possibilidade de colisão com outro planeta. Você pode entender o quão incrível seria a colisão de corpos milhares de vezes maiores que a Terra.

Agora vamos consultar o conhecimento abrangente de Allah, as maravilhas do sistema solar, ou seja, os doze planetas que são seguidores e frutos do sol, e considerar apenas nosso próprio planeta, a Terra, que está aqui diante dos nossos olhos. Vemos que o nosso planeta é feito para seguir uma longa viagem ao redor do sol por um comando soberano como o seu dever mais importante – como é descrito na Terceira Carta de forma que demonstra a grandeza da majestade, a altivez da soberania Divina e da perfeição da Sua misericórdia e sabedoria. Como se a terra fosse feita como um grandioso navio do Senhor do Universo, cheia de maravilhas da arte Divina, ou uma habitação viajante como uma exposição, para a contemplação dos funcionários conscientes de Allah. E a lua fosse anexada a ela com cálculos precisos para instâncias poderosas de sabedoria, como sendo um ponteiro de relógio para dizer o tempo. À lua também tem sido dadas várias mansões pelas quais viajam. Assim, estes aspectos deste nosso planeta abençoado provam a existência necessária e a unicidade de um Possuidor de Poder Absoluto com um testemunho tão poderoso como o globo da terra em si. Você pode fazer uma analogia com o resto do sistema solar a partir deste.

Além disso, o sol é feito para girar sobre o seu próprio eixo, como uma roda de fiar, para enrolar em uma bola os fios imateriais chamados gravidade e prender os planetas com eles e colocá-los em ordem. Assim também é impulsionado em conjunto com seus planetas a uma velocidade que percorre cinco horas de distância em um segundo, de acordo com uma estimativa, na direção da Constelação de Hércules, ou para o 'Sol dos Sóis'. Isso certamente ocorre por meio do poder e o comando do Todo-Glorioso, o Monarca da Pré e Pós-Eternidade. É como se Ele fizesse o sistema solar executar essas manobras como um pelotão de soldados sob ordens, e assim demonstra a majestade de Seu Domínio.

Ó astrônomos! Que acaso pode interferir nessas questões? As mãos de que causas podem alcançá-las? Que força pode aproximar-se disso? Vamos lá, vocês dizem! Será que um Monarca Todo-Glorioso como Esse mostra impotência e permite a outros terem um papel na Sua soberania? Ele daria a outras mãos de viventes criaturas em particular, que são o fruto, o resultado, o objetivo e a essência do universo? Permitiria a outro interferir? Especialmente o homem, deixá-lo-ia fazer o que quisesse a mais abrangente das frutas, o mais perfeito dos resultados, seu legatário na terra, e modelo como hóspede? Encaminhá-lo-ia à natureza e ao acaso e reduziria a majestade de Sua soberania a nada; reduziria a nada a Sua perfeita sabedoria?

Vigésima Segunda Janela

﴿اَلَمْ نَجْعَلِ الْاَرْضَ مِهَادًا ۞ وَ الْجِبَالَ اَوْتَادًا ۞ وَخَلَقْنَاكُمْ اَزْوَاجًا﴾ 965 ۞

﴿فَانْظُرْ اِلَى آثَارِ رَحْمَتِ اللّٰهِ كَيْفَ يُحْيِى الْاَرْضَ بَعْدَ مَوْتِهَا﴾ 966

O globo terrestre é uma cabeça de cem mil bocas. Em cada boca há cem mil línguas. Em cada língua há cem mil provas, cada uma das quais dá testemunho de várias maneiras quanto à necessária existência, a unicidade, os atributos sagrados, e os nomes mais belos do Todo-Glorioso.

Sim, consideramos a primeira criação da terra e vemos que a rocha foi criada a partir de matéria em estado líquido e que o solo foi criado a partir da rocha. Se a substância tivesse permanecido líquida, não teria sido habitável e, se depois de se tornar rocha o fluido tivesse se tornado rígido como ferro, não seria adequado para o uso. Então, o que lhe deu o seu estado foi certamente a sabedoria do Criador Onisciente Quem viu as necessidades dos habitantes da terra. Em seguida, a camada de solo foi jogada sobre os pés das montanhas, para que os terremotos decorrentes de convulsões internos conseguissem respirar por meio das montanhas e não fizessem a terra se sacudir do seu movimento e deveres, e assim as montanhas preservarem a Terra da invasão do mar, e tudo fosse armazenado para as necessidades vitais dos seres vivos, pudessem purificar o ar de gases nocivos aos seres vivos, permitindo a respiração, para que pudessem acumular e manter reservas de água, e fossem uma fonte e minas para os minerais necessários aos seres vivos.

Assim, esta situação demonstra mais clara e poderosamente a existência necessária e a unicidade do Possuidor de Poder Absoluto, o Onisciente e Compassivo.

Ó geógrafos! Com que vocês podem explicar isso? Que acaso poderia fazer este navio soberano cheio de criaturas maravilhosas em uma exposição de maravilhas, e fazê-lo girar a uma velocidade em que cobre uma distância de vinte e quatro mil anos, em um ano, enquanto não permite que um único objeto disposto em sua face caia?

Considerem-se também as artes estranhas na face da terra. Como sabiamente os elementos são empregados em suas funções! Como eles assistem aos convidados do Único Misericordioso na terra pelo comando do Onisciente e Poderoso, e Se apressa em atendê-los!

Também olha para essas linhas bordadas nas artes estranhas e maravilhosas da face da terra, multicoloridas e cheias de estranha sabedoria! Veja como os riachos e córregos, mares e rios, montanhas e colinas foram todos feitos habitações e meios de transporte adequados para as Suas diferentes criaturas e servos. Veja como com perfeita sabedoria e ordem Ele encheu de centenas de milhares de variedades de plantas e animais, e lhes deu vida e os fez se alegrar, e como regularmente minuto a minuto Ele descarrega as criaturas e esvazia as habitações com a morte e, em seguida, mais uma vez, de forma ordenada, recarrega-as na forma de "ressurreição após a morte". Isso comprova, com centenas de milhares de línguas, a existência necessária e a unicidade do Todo-Poderoso, Glorioso, Onisciente e Perfeito.

Em resumo: A face da terra é uma exposição de maravilhas de arte, de maravilhas da criação, um lugar de passagem para as caravanas de seres, e uma mesquita e habitação para as fileiras de fiéis, é como o coração de todo o universo, que assim mostra a luz da unicidade divina com a mesma intensidade como o universo.

O geógrafo! Se a cabeça da Terra tem cem mil bocas e com centenas de milhares de línguas as quais cada uma torna Allah conhecido, você ainda não O reconhece e mergulha a cabeça no pântano da natureza e em seguida reflete sobre a grandeza de sua culpa! Saiba que um doloroso castigo é o que você merece! Recobre a sua razão e tire a cabeça do pântano! Diga:[967] آمَنْتُ بِاللهِ الَّذِى بِيَدِهِ مَلَكُوتُ كُلِّ شَىْءٍ

Vigésima Terceira Janela

﴿اَلَّذِى خَلَقَ الْمَوْتَ وَالْحَيٰوةَ﴾[968]

A vida é o mais luminoso e o mais belo dos milagres do poder Soberano. É o mais poderoso e mais brilhante das provas da unidade Divina. É a mais abrangente e o mais brilhante dos espelhos mostrando as manifestações do Único Eternamente Procurado. Sim, por si só, a vida dá a conhecer um Vivo e Autossubsistente, juntamente com todos os Seus Nomes e atos. A vida é uma luz, um medicamento, como uma poção misturada de numerosos atributos. Assim como as sete cores são combinadas na luz, e várias drogas são misturadas em conjunto em um medicamento, assim, a vida é uma realidade feita de numerosos atributos. Alguns dos quais na sua realidade expandem por meio dos sentidos; eles se desenvolvem e são diferenciados. No entanto, a maior parte faz-se percebida na forma de emoções, faz-se a conhecer, brotando para a vida.

Além disso, a vida compreende a misericórdia, o sustento, a graça e a sabedoria, que são dominantes no planejamento e na administração do universo. É como se a vida os prendesse por trás dele e os atraisse para o lugar em que entra. Por exemplo, quando a vida entra em um corpo, o nome do Onisciente também se manifesta; ela faz a sua casa bem e os ordena com sabedoria. Da mesma forma, o nome do Generosíssimo se manifesta, organiza e decora a sua moradia de acordo com suas necessidades. Ao mesmo tempo, a manifestação do Nome do Todo-Compassivo é aparente, que concede todos os tipos de recompensas para a continuidade e perfeição da vida. Mais uma vez e ao mesmo tempo, a manifestação do Nome de Provedor aparece e produz o sustento material e imaterial necessário para a perpetuação e os desdobramentos da vida e, em parte, armazena-os dentro de seu corpo. Isto quer dizer, a vida é como um ponto de focagem; vários atributos entram um no outro, de fato, tornam-se uma e a mesma coisa. É como se na totalidade da vida é tanto conhecimento e, ao mesmo tempo, poder e, ao mesmo tempo, sabedoria e misericórdia, e assim por diante... Assim, com relação a esta essência abrangente, a vida é um espelho d'Aquele eternamente procurado, refletindo os atributos essenciais. É devido a este mistério que o Uno Necessariamente Existente, que é o Vivente e Autossubsistente, cria a vida em grande abundância e plenitude, e a espalha em toda parte e a transmite, reúne tudo em torno da vida e a serve, uma vez que o dever da vida é grande. Sim, não é fácil ser o espelho do Eternamente Procurado, ele não é um dever pequeno.

Assim, a instantânea e contínua vinda do nada à existência dessas incontáveis e inúmeras vidas que o tempo todo vê diante de nossos olhos, – e de espíritos, que são as origens e essências das vidas – são enviados para demonstrar a existência necessária, os atributos sagrados, e os mais Belos Nomes do Ser Necessariamente Existente, Vivente e Autossubsistente, tão claramente como os raios de sol revelam a existência do sol. Assim como alguém que não reconhece e aceita a existência do sol é obrigado a negar a luz que preenche o dia. Portanto, aquele que não reconhece o Sol da Unidade Divina, que é Vivente e Autossubsistente, Quem concede a Vida e a Morte, tem de negar a existência dos seres vivos que enchem a terra e até mesmo o passado e o futuro,tem de ficar cem vezes mais baixo do que um animal e baixar o nível de vida para se tornar algo totalmente ignorante e sem vida.

A Vigésima Quarta Janela

﴿لَاۤ اِلٰهَ اِلَّا هُوَ كُلُّ شَىْءٍ هَالِكٌ اِلَّا وَجْهَهُ لَهُ الْحُكْمُ وَ اِلَيْهِ تُرْجَعُونَ﴾ 969

A morte é uma prova da soberania tanto quanto a vida é uma prova disso; é uma prova mais poderosa da unicidade Divina. Como o versículo:

﴿اَلَّذِى خَلَقَ الْمَوْتَ وَالْحَيٰوةَ﴾ 970, indica que a morte não é a não existência, a aniquilação, o não ser, uma extinção sem autor; mas sim, como é mostrado na Primeira Carta, é um ser dispensado do serviço por um Autor Onisciente, uma mudança de residência, uma troca de corpos, um descanso de dever, um ser libertado da prisão do corpo, é uma obra sábia e ordenada de sensatez. De fato, assim como a face viva da terra e as criaturas bem formadas e viventes sobre ela testemunham a existência necessária e unicidade de um Criador Onisciente, também com suas mortes os seres vivos dão testemunho da eternidade e unidade de Um Vivente e Autossubsistente. Uma vez que, foi provado e elucidado na Vigésima Segunda Palavra que a morte é uma prova extremamente poderosa da unicidade e da eternidade Divina, pedimos para consultar aquela Palavra e aqui explicamos apenas um ponto importante. É como segue:

Com ambas as suas existências os seres vivos apontam para a existência de um Ser Necessariamente Existente; com suas mortes aqueles seres vivos atestam a eternidade e a unicidade do Vivente e Eterno. Por exemplo, a face da terra, que é um ser vivo único, aponta para seu Criador com a sua ordem e circunstâncias, assim também aponta para Ele quando ela morre.

Ou seja, quando o inverno esconde a face da terra com a sua mortalha branca, afasta os olhares dos homens de si – sua contemplação muda para o passado para trás do cadáver da primavera que partiu - e mostra-lhes uma cena bem maior. Ou seja, todas as primaveras do passado da terra, que eram todas elas milagres do poder, informam-nos que novas criaturas vivas da primavera da terra virão, e já que todos eles testemunham a existência dessas maravilhas futuras da força Divina, cada terra viva, testemunha de forma brilhante, poderosa e em grande escala a existência necessária, a unicidade, perenidade e a eternidade de um Criador Todo-Glorioso, Todo-Poderoso, Perene e Eterno; eles demonstram provas tão brilhantes que, se alguém quiser ou não, fazem-no declarar:

آمَنْتُ بِاللّٰهِ الْوَاحِدِ الْاَحَدِ[971]

Em resumo: De acordo com o significado do versículo:

﴿ وَ يُحْيِي الْاَرْضَ بَعْدَ مَوْتِهَا ﴾[972] assim como esta terra viva indica o Criador com a primavera, com a morte, transforma o olhar do homem para os milagres do Poder Divino, alinhados às duas asas do tempo, o passado eo futuro, que fazem alusão a milhares de milagres de poder em lugar de um só milagre. E cada uma dessas primaveras testemunham mais do que certamente esta Primavera presente, para aqueles que já partiram para o passado terem ido juntamente com suas causas aparentes, e depois deles outros como eles vieram em seus lugares. Isto significa que as causas aparentes são nada: apenas que um Todo-Poderoso da Glória cria as primaveras, e os vincula a causas, mostra que Ele as enviou. Quanto às faces da terra alinhadas no tempo futuro, testemunham isso mais brilhantemente. Eles serão feitos novos a partir do nada, do não ser, e enviados; serão colocados na terra, feitos para cumprir o seu dever, e, em seguida, mandados embora.

E assim, ó desatentos, desviados na natureza e se afogando em seu pântano! Como pode algo que não possui mãos sábias e poder suficiente alcançar todo o passado e todo o futuro e interferir na vida da terra? Pode a sua nulidade total da natureza interferir nela? Se você quer ser salvo, diz: "No máximo, a natureza é um caderno do Poder divino. E quanto ao acaso, é um véu para ocultar a sabedoria Divina que oculta nossa ignorância." Aproxime-se da verdade!

Vigésima Quinta Janela

Como o atingido aponta para o atacante, uma fina obra de arte necessita de artista, um filhote requer um pai, e uma superfície inferior exige uma superfície superior, e assim por diante... Como todas estas qualidades conhecidas como questões relativas que não são absolutas e não podem existir sem um ao outro, a contingência, que é aparente nas partes do universo bem como no todo, aponta para a necessidade. O que se observa em todas as impressões aponta para um só ato; as criaturas aparentes em todos eles apontam para a criatividade; a multiplicidade e a composição vistas em tudo requerem a unidade.

A necessidade, o ato, a criatividade e a unidade de forma clara e necessariamente requerem alguém que não é contingente, posto em prática, numeroso, composto, e criado, mas tem os atributos de ser necessário, agente, uno, e criador. Nesse caso, todas as contingências, os estados em que atuam, a multiplicidade da criação e a composição atestam o Necessariamente Existente, Aquele que age como Lhe apraz, o Criador de todas as Coisas, o Único da Unicidade.

Em resumo: Assim como a necessidade é evidente a partir da contingência, o ato do estado a ser posto em prática, e a unidade da multiplicidade e da existência do anterior indica o último com certeza, da mesma forma as qualidades como criação e ter todas as suas necessidades providenciadas que podem ser vistas em seres humanos apontam claramente para a existência de atributos como Fazer e Prover. Por sua vez, a existência desses atributos aponta necessária e evidentemente para a existência de um Criador Todo-Compassivo, Que é o Criador e o Provedor. Ou seja, com as línguas de centenas de atributos deste tipo que trazem, cada ser testemunha com centenas dos mais belos nomes do Um Necessariamente Existente. Se este testemunho não é admitido, torna-se necessário negar todos os atributos deste tipo pertencentes aos seres...

Vigésima Sexta Janela [1]

As instâncias sempre renovadas de beleza e justiça passando sobre os rostos dos seres no universo mostram que eles são sombras das manifestações de uma Beleza Eterna. Sim, bolhas espumantes na superfície de um rio e, em seguida, desaparecem, e outras bolhas que vêm depois delas, espumantes como aquelas que os precederam, mostram que elas são espelhos para os raios de um sol perpétuo. Da mesma forma, os lampejos de beleza que brilham sobre os seres que viajam no rio de tempo que flui a um apontam para uma Beleza Eterna e são sinais d'Ele.

Além disso, o ardente amor no coração do universo aponta para um Amado Imortal. Como é indicado pelo fato de algo que não é encontrado na própria árvore não estará presente na forma autêntica na sua fruta, o amor ardente de Allah, presente na espécie humana, o fruto sensível da árvore do universo mostra que um verdadeiro amor e uma verdadeira paixão são encontrados em todo o universo, mas em outras formas. Nesse caso, esse amor verdadeiro e essa paixão no coração do universo apontam para um Amado Pré-Eterno. Além disso, todas as atrações e forças magnéticas que aparecem em várias e diferentes formas, no coração do universo, mostram aos corações conscientes que eles são assim, pela atração de uma desenhada verdade.

Além disso, de acordo com o consenso dos santos e aqueles que desvendam os mistérios da criação, que são as mais sensíveis e luminosos das criaturas, confiando em suas iluminações e testemunhando que já receberam a manifestação do mais Belo da Glória e por suas iluminações ter percebido que Todo-Glorioso da Beleza fazendo-Se conhecido e amado por eles. Sua unanimidade dizendo isso de novo testifica com certeza ao Necessariamente Existente, a existência do mais Belo da Glória, e ao fazer-Se conhecido pelo homem.

Além disso, a caneta de embelezar e decorar que funciona em seres e na face do universo aponta claramente para a beleza dos Nomes do Proprietário da caneta. Assim, a beleza da face do universo e do amor em seu coração, a atração em seu peito, o

[1] Esta janela aborda os amantes de Deus que se aproximam d'Ele com o coração em particular, ao invés das pessoas em geral.

descobrimento e o testemunhar em seu olho, a beleza e o adorno nele como um todo, abre uma verdadeira e sutil janela luminosa. Ele exibe para as mentes e corações conscientes o mais Belo da Glória, o Amado Imortal, o Eternamente Adorado Cujos Nomes são belos.

Ó descuidado que chafurda no meio de dúvidas sufocantes na escuridão da matéria e na obscuridade da ilusão! Recobre os seus sentidos! Levante-se para um estado digno de humanidade! Olhe por estas quatro aberturas, veja a beleza da unidade, atinja a crença perfeita e se torne um verdadeiro homem! ...

Vigésima Sétima Janela

﴿اَللّٰهُ خَالِقُ كُلِّ شَىْءٍ وَهُوَ عَلَى كُلِّ شَىْءٍ وَكِيلٌ﴾[973]

Olhamos desta janela para as coisas que parecem ser causas e efeitos no universo e vimos que a causa mais elevada possui poder suficiente para o efeito mais comum. Isto significa que as causas são um véu, e o outro faz os efeitos. Para citar apenas um pequeno exemplo de inúmeras criaturas, consideremos a faculdade da memória, que está situada na cabeça do homem em um espaço tão pequeno como um grão de mostarda: vemos que ela é como um livro tão abrangente – de fato, como uma biblioteca – que está escrito dentro dele, sem confusão, toda a história da vida de uma pessoa.

Que causa pode ser mostrada para este milagre de poder? A massa cinzenta do cérebro? As simples e inconscientes partículas de suas células? Os ventos do acaso e da coincidência? Mas o milagre da arte só pode ser obra de um Criador Onisciente que, a fim de informar ao homem que todas as ações realizadas foram gravadas e serão recuperadas no momento da contabilidade, escreve um livro pequeno do grande livro dos atos do homem para ser publicado na ressurreição, e o entrega na mão de sua mente. Assim, uma vez que, são comparáveis à faculdade humana com a memória, faça uma analogia com todos os ovos, sementes e grãos, e então compare os outros efeitos a esses pequenos e abrangentes milagres. Porque qualquer efeito e obra de arte que você olha contém tal maravilhosa arte que não é só a sua causa simples e comum, mas se todas as causas fossem se reunir, elas declarariam sua impotência diante dela.

Por exemplo, suponha que o sol, que se imagina ser uma grande causa, que possui vontade e consciência, se lhe é perguntado: "Você é capaz de fazer uma mosca?", certamente, iria responder: "Por intermédio da generosidade do meu Criador, há uma abundância de luz, calor e cores em minha loja, mas essas coisas da mosca ter olhos, ouvidos, e vida não estão na minha loja, nem estão ao meu alcance."

Além disso, a maravilhosa arte e os adornos em efeitos descartam causas e indicam o Um Necessariamente Existente, o Causador de causas, de acordo com o versículo:

﴿وَاِلَيْهِ يُرْجَعُ الْاَمْرُ كُلُّهُ﴾[974], e assim (a maravilhosa arte e os adornos com efeitos transmitem as coisas a Ele. Da mesma forma, os resultados, os objetivos e os benefícios associados a efeitos demonstram evidentemente que são as obras de um Sustentador Todo-Generoso, um Onisciente e Compassivo, além do véu das causas. As causas inconscientes certamente não podem pensar em algum objetivo e trabalhar para ele. E ainda, vemos que cada criatura que passa a existir o faz seguir não um, mas muitos objetivos, benefícios, e exemplos de sabedoria.

Isso significa que um Onisciente e Generoso Sustentador faz essas coisas e as envia. Ele faz desses benefícios o objetivo de sua existência. Por exemplo, choverá. É óbvio quão distantes as causas que aparentemente resultam em chuva são do pensar nos animais e ter piedade e compaixão deles. Isso significa que é enviada para a sua assistência pela sabedoria de um Criador Compassivo, Que cria os animais e garante o seu sustento. A chuva ainda é chamada de "misericórdia", porque, uma vez que dispõe de numerosas obras de misericórdia e benefícios, é como se a misericórdia se tornasse incorporada como chuva, fosse formada em gotas e chegasse dessa forma.

Além disso, todas as plantas finamente decoradas que sorriam para as criaturas e os enfeites e exposições de animais evidentemente apontam para a existência necessária e a Unicidade de um Todo-Glorioso por trás do véu do Invisível; Alguém que quer se fazer conhecido e amado por estas artes lindamente adornadas e finas. Ou seja, esse adorno nas coisas e estas exposições e embelezamentos indicam com certeza os atributos de tornar a conhecer e ser amado. Enquanto os atributos de dar a conhecer e ser amado evidentemente testemunham a existência necessária e a unidade de um Criador Todo-Poderoso Que é amado e conhecido.

Em resumo: Uma vez que, as causas são extremamente comuns e impotentes e os efeitos que lhes são atribuídos são mais valiosos e cheios de arte, isto descarta as causas. Os objetivos e benefícios dos efeitos também descarregam as causas ignorantes e sem vida, e as entregam a um Criador Onisciente. Além disso, o adorno e a habilidade em face de efeitos indica um Criador Sábio Que quer fazer conhecer o Seu poder aos seres conscientes e deseja ser amado.

Ó adorador miserável de causas! Com o que você pode explicar essas importantes verdades? Como você pode enganar a si mesmo? Se você tem senso, rasgue o véu das causas e declare: "Ele é Uno, Ele não tem parceiros!" Seja salvo de inúmeras ilusões!

Vigésima Oitava Janela

﴿وَمِنْ آيَاتِهِ خَلْقُ السَّمٰوَاتِ وَالْاَرْضِ وَاخْتِلَافُ اَلْسِنَتِكُمْ وَ اَلْوَانِكُمْ اِنَّ فِى ذٰلِكَ لَآيَاتٍ لِلْعَالِمِينَ﴾[975]

Se olharmos para o universo, vemos que há uma sabedoria e ordenação em tudo, desde as células do corpo até a totalidade do mundo.

Se olharmos para as células do corpo, vemos que há uma preparação significativa nessas minúsculas células organizadas pelo comando e de acordo com a lei de quem considera benéfico para o corpo. Por um lado, um tipo de sustentação é armazenado até no estômago sob a forma de gordura e é gasta no momento de necessidade. Por outro lado, nessas pequenas células há uma aptidão precisa de armazenamento.

Se olharmos para as plantas, vemos um planejamento mais sábio e carinhoso.

Se olharmos para os animais, vemos que levam uma boa vida, com generosos alimentos.

Se olharmos para os elementos poderosos do universo, vemos um governo majestoso e iluminado seguindo objetivos momentâneos.

Se olharmos para o universo como um todo, vemos uma ordenação perfeita de um reino de espaços harmonizados, ou uma cidade de rara beleza, ou palácio de extrema magnificência, e eis que estamos perante sistemas precisos de objetivos elevados.

Como é descrito e provado no primeiro ponto de parada da Trigésima Segunda Palavra, desde as partículas diminutas até as estrelas não é deixado o menor lugar para a associação de parceiros a Allah. Todos os seres estão, na verdade, tão interligados, que aquele que não pode subjugar todas as estrelas e mantê-las na mão, não pode fazer uma partícula dar atenção às suas reivindicações de ser o seu senhor e sustentador. É necessário possuir todas as estrelas, a fim de ser o verdadeiro sustentador de uma única partícula.

Além disso, como é descrito e comprovado no segundo ponto da Trigésima Segunda Palavra, quem não é capaz de criar e organizar os céus não pode fazer as características individuais no rosto do ser humano. Ou seja, quem não é Sustentador de todos os céus não pode fazer os traços distintos de um único rosto humano.

Assim, esta é uma janela tão grande quanto o universo que, se olharmos através dela, os versículos a seguir também aparecem para o olho da mente, escritos nas páginas do universo em letras grandes:

﴿اَللّٰهُ خَالِقُ كُلِّ شَىْءٍ وَهُوَ عَلَى كُلِّ شَىْءٍ وَكِيلٌ ۞ لَهُ مَقَالِيدُ السَّمٰوَاتِ وَ الْاَرْضِ﴾[976]

Aquele que não vê isso ou não tem mente ou não tem coração, ou é um animal em forma humana!

Vigésima Nona Janela

﴿وَ اِنْ مِنْ شَىْءٍ اِلاَّ يُسَبِّحُ بِحَمْدِهِ﴾[977]

Em uma primavera eu estava divagando numa estranha viagem, numa contemplação profunda. Enquanto contornava um morro, uma flor amarela brilhante chamou minha atenção. Ela imediatamente trouxe à mente as mesmas espécies de ranúnculos que eu tinha visto muito antes na minha terra natal e em outros países. Este significado foi conferido ao meu coração: que aquela flor é o selo, a estampa, a assinatura, a marca, de todas as flores daquela espécie em toda a Terra; são certamente os Seus selos, Suas estampas. Após essa noção do selo, o seguinte pensamento me ocorreu: justamente como um selo estampado em uma carta denota o autor da carta, da mesma forma, a flor é um selo, significando o Mais Misericordioso. E este outeiro que está inscrito com a impressão dessas espécies e escrito com as linhagens dessas plantas, tão cheias de significado, é a missiva do Criador da flor. Este monte é também um selo. Este planalto e planície assumiram a forma de uma missiva do Mais Misericordioso.

Após este pensamento, o seguinte fato veio à mente: como um selo, tudo atribui todas as coisas ao seu próprio Criador; isso prova que cada um é a carta do seu próprio Escritor. Assim, todas as coisas são janelas para a unicidade Divina de tal maneira que cada um atribui todas as coisas para um único da Unicidade. Ou seja, há uma impressão tão maravilhosa, uma arte tão milagrosa em cada coisa e, especialmente, em cada ser vivo, que quem as fez e as inscreve de forma tão significativa pode fazer todas as coisas, e quem faz todas as coisas certamente é Ele. Ou seja, aquele que não pode fazer todas as coisas não pode criar uma única coisa.

Ó desatentos! Olhem para a face do universo! Vejam as páginas de seres uma dentro da outra como letras do Único eternamente procurado, cada letra estampada com selos inumeráveis da unicidade Divina! Quem pode negar o testemunho de todos estes selos? Que poder pode silenciá-los? Qualquer um que você observa com o ouvido do coração, você vai ouvi-lo declarar:

اَشْهَدُ اَنْ لاَ اِلٰهَ اِلاَّ اللّٰهُ[978]

Trigésima Janela

﴿لَوْ كَانَ فِيهِمَا آلِهَةٌ اِلاَّ اللّٰهُ لَفَسَدَتَا﴾[979]

﴿كُلُّ شَىْءٍ هَالِكٌ اِلاَّ وَجْهَهُ لَهُ الْحُكْمُ وَ اِلَيْهِ تُرْجَعُونَ﴾[980]

Esta é a janela dos estudiosos da teologia *(kalam)*, baseada na contingência e criatividade, e sua estrada para provar o Uno Necessariamente Existente. Para todos os detalhes, vamos encaminhá-lo para os estudiosos dos grandes livros como *Charh al-Mawáquif* e *Charh al-Maqássid*, e aqui só demonstrar um ou dois raios que se estendem sobre o espírito do esplendor do Alcorão e esta Janela. É como segue:

É a exigência de domínio e governo de não aceitar rivais; eles rejeitam parceria; repudiam a interferência. É por isso que se há dois chefes de uma aldeia, vão destruir a sua tranquilidade e ordem. Ou se houver dois funcionários chefes de um distrito, ou dois governadores em uma província, vão causar o caos. Ou se existem dois reis em um país, vão causar completa e tempestuosa confusão. Uma vez que, uma sombra pálida e exemplo insignificante de domínio e regência nos impotentes e carentes seres humanos, necessitando de assistência, não aceitam a interferência dos rivais, adversários ou colegas, então você pode comparar a forma como um governo pleno em forma de soberania absoluta e um domínio ao grau de soberania executará a lei da rejeição de interferência em quem tem Poder Absoluto. Ou seja, a necessidade mais definida e constante de Divindade e Soberania são a unidade e a unicidade. A prova clara e o testemunho certo a isto é a ordem perfeita e bela harmonia no universo. Há uma ordem na asa de uma mosca como nas luzes no céu que o intelecto prostra diante dela em admiração e apreço, declarando: "Glorificado seja Allah! Que maravilhas que Allah quis! Quão grandes são as bênçãos de Allah!" Se houvesse um pingo de espaço para os parceiros de Allah, e se tivesse havido interferência, como o versículo:

﴿لَوْ كَانَ فِيهِمَا آلِهَةٌ اِلاَّ اللّٰهُ لَفَسَدَتَا﴾[981]

indica que a ordem teria sido destruída, a forma mudado, e sinais de doença teriam aparecido. Mas, como os versículos:

﴿فَارْجِعِ الْبَصَرَ هَلْ تَرَى مِنْ فُطُورٍ ۝ ثُمَّ ارْجِعِ الْبَصَرَ كَرَّتَيْنِ يَنْقَلِبْ اِلَيْكَ الْبَصَرُ خَاسِئًا وَ هُوَ حَسِيرٌ﴾[982]

estabelecem e apontam, no entanto, muitos olhares do ser humano tentando encontrar falhas, ele nada encontra em qualquer lugar, o olho retorna desgastado à sua morada, e diz ao espírito de busca de avarias que o enviou: "Estou desgastado por nada, não há falhas." Isso mostra que a ordem e a regularidade são as mais perfeitas. Ou seja, a ordem no universo é um testemunho definitivo da unicidade Divina.

Venha agora, vamos considerar a 'criação'. Os estudiosos de teologia declararam:

"O mundo está sujeito a alterações. E tudo o que está sujeito a mudança é criado. Toda coisa criada tem um criador, um causador. Nesse caso, o universo tem um criador pré-eterno."

Nós dizemos, sim, o universo é criado. Pois, vemos que a cada século, de fato, a cada ano e a cada temporada, um universo, um mundo vai e outro vem. Isto significa que há um Todo-Poderoso e Glorioso, Que cria um universo a cada ano, de fato, a cada temporada, e todos os dias, e o mostra para o cônscio e consciente. Então, Ele o leva de volta e coloca outro em seu lugar. Ele liga um universo ao outro como os elos de uma corrente, e os pendura na sequência de tempo. Por certo, os universos que aparecem do nada e desaparecem diante de nossos olhos a cada primavera, cada novo universo, mesmo este mundo, são milagres do poder do Onipotente que os cria. Aquele que continuamente cria e altera os mundos dentro do mundo deve definitivamente criar o mundo também. E Ele fez do mundo e da face da terra uma casa de hóspedes para os grandes visitantes.

Agora vamos para a discussão de "contingência". Os estudiosos de teologia, disseram:

"A contingência é igual quanto à existência e à não existência." Ou seja, se a existência e a não existência são ambas igualmente possíveis, aquele que vai especificar, preferir, e criar é necessário. Os seres contingentes não podem criar um ao outro em cadeias ininterruptas e intermináveis de causa e efeito. Nem podem criar um ao outro, e este o próximo, sob a forma de causa. Nesse caso há a necessidade do Necessariamente Existente que os cria. Eles se tornam nulos e invalida as sequências intermináveis de causalidade como as famosas doze provas categóricas chamadas "argumento da escada", e demonstram que a causalidade é impossível. Eles rompem as cadeias de causas e provam a existência do Um Necessariamente Existente.

E dizemos isto: é mais seguro e mais fácil de demonstrar uma estampa peculiar ao Criador de Todas as Coisas, sobretudo de causas sendo cortadas nas extremidades do mundo com as provas refutando a causalidade. Pelo esplendor do Alcorão, todas as janelas e todas as palavras estão baseadas neste princípio. No entanto, o ponto de contingência possui uma amplitude infinita. Ele demonstra a existência do Necessariamente Existente em inúmeros aspectos. Não está restrito à maneira dos estudiosos da teologia – cortar as cadeias de causas, que na verdade são uma estrada ampla e poderosa, que abre um caminho para o conhecimento do Necessariamente Existente por caminhos além da conta. É como se segue:

Vemos que em sua existência, seus atributos e sua vida útil, enquanto hesita entre inúmeras possibilidades, isto é, entre inúmeras maneiras verdadeiras e aspectos, cada coisa segue um caminho bem ordenado em relação ao seu ser em aspectos inumeráveis. Seus atributos também são dados de uma forma particular. Todos os atributos e estados que ele muda ao longo de sua vida são especificados da mesma forma. Isso significa que ele é impelido de maneira sábia em meio a inúmeras maneiras pela vontade de alguém que especifica a escolha de quem escolhe, e a criação de um criador inteligente. Ele o veste com bem ordenados atributos e estados. Em seguida, ele é retirado do isolamento e faz parte de um corpo composto, e as possibilidades aumentam, pois eles podem ser encontrados naquele corpo de milhares de maneiras. Considerando que, dentre essas possibilidades infrutíferas, é dado um Estado particular, fecundo, em que importantes resultados e benefícios são obtidos a partir do corpo, e são feitos para realizar funções importantes. Em seguida, o corpo é feito um componente de outro corpo. Mais uma vez as possibilidades aumentam, pois poderia existir em milhares de maneiras. Assim, é dado um estado entre as milhares de maneiras. E por esse estado é feito para executar funções importantes, e assim por diante. Ele demonstra, progressivamente, a existência necessária de um Planejador Onisciente. Faz saber que está sendo impelido pelo comando de um Comandante Onisciente. Um corpo no interior de corpo, cada um tem uma função, um dever bem ordenado, em todos os compostos que um dentro do outro se tornam componentes de compostos de maior dimensão, e com relações particulares para cada um, da mesma maneira que um soldado tem uma função e dever bem ordenado em sua equipe, sua empresa, seu batalhão, seu regimento, sua divisão e seu exército, e uma relação especial com cada uma dessas seções, um dentro do outro. Uma célula da pupila do olho tem obrigação com o olho e uma relação com ele, e tem funções e deveres inteligentes em sua cabeça como um todo e um relacionamento com ele. Se ela confunde estas coisas ínfimas, a saúde e a organização do corpo ficarão deterioradas. Ela tem funções particulares no que diz respeito a cada uma das veias, aos nervos sensoriais e motores, e mesmo ao corpo como um todo, e as relações sábias com eles. Esse estado especificado foi dado dentro de milhares de possibilidades pela sabedoria de um Criador Onisciente.

Da mesma maneira, cada uma das criaturas no universo testemunha a existência de um Necessariamente Existente pelo ser particular, a sábia forma, os atributos benéficos dando-lhe inúmeras possibilidades. Assim também quando entram compostos, essas criaturas proclamam seu Criador com uma língua diferente em cada composto. Passo a passo até o maior composto, por suas relações, funções e deveres, eles testemunham a existência necessária, a escolha e a vontade de seu Criador Onisciente. Porque aquele que situa uma coisa em todos os compostos, enquanto preserva suas relações sábias, deve ser o Criador de todos os compostos. Ou seja, é como se uma coisa única testemunha a Ele com milhares de línguas. Assim, do ponto de vista de contingência, o testemunho da existência de um Necessariamente Existente é tão numeroso, não como o número de seres do universo, mas como os atributos dos seres e os compostos que eles formam.

Ó desatentos! Quem não ouvir esse testemunho, essas vozes que enchem o universo, deve estar morto e irracional, não é assim? Vamos lá, vocês dizem...

Trigésima Primeira Janela

﴿لَقَدْ خَلَقْنَا الْاِنْسَانَ فِى اَحْسَنِ تَقْوِيمٍ﴾[983] ﴿وَ فِى الْاَرْضِ آيَاتٌ لِلْمُوقِنِينَ ۞ وَ فِى اَنْفُسِكُمْ اَفَلاَ تُبْصِرُونَ﴾[984]

Esta é a Janela do homem, e está preocupada com o próprio homem. Para discussões mais elaboradas a este respeito, referimo-nos aos livros detalhados dos milhares de santos sábios e eruditos, e aqui apenas apontamos alguns princípios que recebemos do esplendor do Alcorão. É como isto:

Como é explicado na Décima Primeira Palavra: "O homem é uma missiva tão compreensiva que, por si mesmo, Allah, Todo-Poderoso, o faz perceber todos os Seus Nomes." Para detalhes, consulte as outras Palavras, e aqui explicamos apenas três Pontos.

- **PRIMEIRO PONTO:** O homem é um espelho para os Nomes Divinos em três aspectos:

O primeiro aspecto: da mesma forma que a escuridão da noite mostra a luz, por meio de sua fraqueza e impotência, pobreza e necessidade, seus defeitos e falhas, o homem dá a conhecer o poder, a força, a riqueza, e a mercê de um Todo-Poderoso e Glorioso, e assim por diante... Desta maneira, ele age como um espelho para muitos atributos Divinos. Mesmo por meio da procura de um ponto de apoio em sua infinita impotência e fraqueza sem limites em face de seus inumeráveis inimigos, sua consciência olha permanentemente para o Uno Necessariamente Existente. E já que ele é compelido á miséria e á necessidade infinita de buscar um ponto de assistência em face de seus inúmeros objetivos, a sua consciência nesse respeito a todo o tempo se apoia no Tribunal de Todo-Compassivo de Riquezas e abre as mãos em súplica a Ele. Ou seja, em relação a este ponto de apoio e ponto de assistência na consciência, duas pequenas janelas são abertas no Tribunal da Misericórdia do Todo-Poderoso e Misericordioso, pelas quais pode-se olhar o tempo todo.

O Segundo Aspecto: de ser como espelho é o seguinte: pelas particularidades como seu conhecimento parcial e poder, seus sentidos de visão e audição, a soberania e o domínio, que são os tipos de amostras dadas a ele, o homem age como um espelho para o conhecimento e o poder, a visão, a audição e a soberania do Domínio do Mestre do Universo; ele os entende e os torna conhecidos. Por exemplo, ele diz: "Assim como eu faço esta casa e sei como fazê-la, eu a vejo, a possuo e a administro, de modo que o poderoso palácio do universo tem um Criador. Seu Criador o conhece, o vê, o faz, e o administra." E assim por diante.

O Terceiro Aspecto: de ser como espelho: o homem age como um espelho para os Nomes Divinos, cuja impressão depende dele. Há mais de setenta nomes cujas impressões são visíveis na compreensiva natureza do homem. Estes foram descritos a certo ponto no início do Terceiro Ponto de Parada da Trigésima Segunda Palavra. Por exemplo, por sua criação, o homem mostra os nomes do Criador e Feitor, por seu ser mostra "o Mais Excelente em Padrões", os nomes do Clemente e Misericordioso, e pela fina forma de como ele se alimenta e se desenvolve, os nomes do Todo-Generoso e Quem Garante os Favores, e assim por diante; ele mostra as diferentes impressões de nomes por intermédio de todos os seus membros e faculdades, todos os seus órgãos, todos os seus sutis sentidos e faculdades, todos os seus sentimentos e emoções. Isto quer dizer que, tal como entre os nomes há um grande Nome, assim entre a impressão desses nomes há uma impressão maior, que é o homem.

Ó você que se considera um verdadeiro homem! Leia você mesmo! Caso contrário é possível que você seja um homem parecido com os animais ou as coisas inanimadas!

- **SEGUNDO PONTO:** Isso aponta para um importante mistério da Unicidade Divina. É como isto:

A relação entre o espírito do homem e seu corpo é tal que faz com que todos os seus membros e peças ajudem uns aos outros. Ou seja, o espírito do homem é uma lei de comando entre as leis referentes à criação da manifestação da vontade divina, que foi vestido com existência externa, e é uma faculdade sutil de domínio. Assim, na administração das partes do corpo, ao ouvir suas imateriais vozes e ver as suas necessidades, eles não formam obstáculos um para o outro, nem confundem o espírito. Perto e longe são os mesmos em relação ao espírito. Eles não cobrem um ao outro. Se o espírito quiser, pode trazer a maioria para a assistência de um. Se desejar pode conhecer, perceber e administrar por cada parte do corpo. Mesmo, se adquire grande luminosidade, pode ver e ouvir através de todas as partes.

﴿ وَ لِلّٰهِ الْمَثَلُ الْاَعْلَى ﴾[985] uma vez que, o espírito, uma lei de comando de Allah Todo-Poderoso, exibe essa habilidade no corpo e nos membros do homem, que é o microcosmo, certamente os atos sem limites, as vozes inumeráveis, as súplicas intermináveis, as questões incontáveis no universo, que é o macrocosmo, não apresentarão nenhuma dificuldade com a vontade universal e poder absoluto do Um Necessariamente Existente. Eles não formarão obstáculos um ao outro. Eles não ocuparão o Criador Todo-Glorioso, nem confundi-Lo. Ele os vê a todos ao mesmo tempo, e ouve todas as vozes em simultâneo. Próximos e distantes são as mesmas coisas para Ele. Se Ele quiser, envia tudo para a assistência de um. Ele pode ver tudo e ouvir suas vozes por meio de tudo. Ele sabe tudo por tudo, e assim por diante...

- **TERCEIRO PONTO:** A vida tem a mais importante natureza e significativa função, mas desde que foi discutida em detalhe na Janela sobre a Vida [Vigésima Terceira Janela] e na Oitava Frase da Vigésima Carta, você deve consultá-las. Aqui só fazemos o seguinte lembrete:

As impressões na vida, que são misturadas, fervem sob a forma de emoções, apontam para inúmeros nomes e qualidades essenciais Divinas. Agem como espelhos que refletem as qualidades essenciais do Eterno e Autossubsistente de forma mais brilhante. Mas este não é o momento para explicar este mistério para aqueles que não reconhecem a Allah ou ainda não O afirmam totalmente, e por isso aqui fechamos esta porta...

Trigésima Segunda Janela

﴿هُوَ الَّذٖى اَرْسَلَ رَسُولَهُ بِالْهُدٰى وَدٖينِ الْحَقِّ لِيُظْهِرَهُ عَلَى الدّٖينِ كُلِّهٖ وَ كَفٰى بِاللّٰهِ شَهٖيدًا﴾[986] ۞ ﴿قُلْ يَا اَيُّهَا النَّاسُ اِنّٖى رَسُولُ اللّٰهِ اِلَيْكُمْ جَمٖيعًا الَّذٖى لَهُ مُلْكُ السَّمٰوَاتِ وَ الْاَرْضِ اَ اِلٰهَ اِلَّا هُوَ يُحْيٖى وَ يُمٖيتُ﴾[987]

Esta é a Janela do Profeta Mohammad (Allah o abençoe e lhe dê paz), o Sol dos céus da Mensagem, na verdade, o Sol dos Sóis. Desde que foi provado na Trigésima Primeira Palavra, o Tratado sobre a Ascensão, na Décima Nona Palavra, o Tratado sobre a profecia de Mohammad (Allah o abençoe e lhe dê paz), e em Dezenove Sinais da Décima Nona Carta, quão luminosa e evidente é esta janela mais brilhante, grande, e a luz que fornece, vamos pensar nessas duas Palavras, e aquela Carta e seu Décimo Nono Sinal, e deixemos a palavra a eles. Por agora, apenas dizemos o seguinte:

Mohammad (Allah o abençoe e lhe dê paz), a prova viva e articulada da unicidade Divina, demonstrou e proclamou a unicidade Divina por intermédio de sua vida com as duas asas da Mensagem e da santidade, isto é, com uma força que compreendeu o consenso de todos os profetas que o tinham precedido e por unanimidade dos santos e eruditos purificados que vieram depois dele. Ele abriu uma janela para o conhecimento de Allah, tão ampla, brilhante e luminosa como o mundo do Islam. Milhões de estudiosos purificados e verídicos como o Imam Al-Ghazali, o Imam Rabbani, Muhyiddin Al-'Arabi, e 'Abd al-Qadir Jeilani olharam por esta Janela, e a mostram também aos outros. Existe algum véu que pode obscurecer uma Janela como esta? Pode a pessoa que não olha acusadoramente através desta Janela dizer que possui razão? Vamos lá, você pode dizer!

Trigésima Terceira Janela

﴿اَلْحَمْدُ لِلّٰهِ الَّذٖى اَنْزَلَ عَلٰى عَبْدِهِ الْكِتَابَ وَلَمْ يَجْعَلْ لَهُ عِوَجًا قَيِّمًا﴾[988]

﴿الٓرٰ كِتَابٌ اَنْزَلْنَاهُ اِلَيْكَ لِتُخْرِجَ النَّاسَ مِنَ الظُّلُمَاتِ اِلَى النُّورِ﴾[989]

Pense em todas as Janelas que mencionamos como sendo algumas gotas do oceano do Alcorão, então você será capaz de comparar quantas luzes da unidade Divina como a água da vida que o Alcorão contém. Mas, mesmo se o Alcorão, a fonte, a origem de todas aquelas janelas, seja considerado de forma extremamente breve e simples, ele ainda forma uma mais brilhante, luminosa e compreensiva Janela. Para ver como é certa, brilhante e luminosa esta Janela, consulte o Tratado sobre os Milagres do Alcorão, a Vigésima Quinta Palavra, e o Décimo Oitavo Sinal da Décima Nona Carta. E rogando ao Trono Misericordioso do Todo-Glorioso, que nos enviou o Alcorão, dizemos:

﴿رَبَّنَا لَا تُؤَاخِذْنَا اِنْ نَسٖينَا اَوْ اَخْطَاْنَا﴾[990] ۞ ﴿رَبَّنَا لَا تُزِغْ قُلُوبَنَا بَعْدَ اِذْ هَدَيْتَنَا﴾[991] ۞ ﴿رَبَّنَا تَقَبَّلْ مِنَّا اِنَّكَ اَنْتَ السَّمٖيعُ الْعَلٖيمُ﴾[992] ۞ ﴿وَتُبْ عَلَيْنَا اِنَّكَ اَنْتَ التَّوَّابُ الرَّحٖيمُ﴾[993]

***

NOTAS

Se Allah quiser, esta Trigésima Terceira Carta das Trinta e Três Janelas trará à crença aqueles sem crença, reforçará a crença das pessoas cuja crença é fraca, certificará a crença das pessoas cuja crença é forte, mas imitativa, dará maior amplitude à crença daqueles cuja crença é certa, levará a progredir em conhecimento de Allah – a base e os meios de toda a verdadeira perfeição – para aqueles cuja crença tem amplitude, e abrirá vistas mais brilhantes para eles. Você não pode dizer, portanto, que "Uma Janela é suficiente para mim", porque se o motivo for satisfeito, o seu coração quer a sua parte também, e também o seu espírito quer a sua parte. Sua imaginação também vai querer a sua parte de luz.

As outras Janelas também são necessárias, portanto, cada uma contém benefícios diferentes.

No Tratado sobre a Ascensão do Profeta Mohammad (Allah o abençoe e lhe dê paz), foi principalmente o crente abordado, enquanto o ateu estava na posição de ouvinte. Mas neste tratado é ao negador que é dirigido, ao mesmo tempo em que o crente é que está na posição de ouvinte. Isso deve ser levado em consideração quando se olha para ele.

Infelizmente, devido a uma razão importante, esta Carta foi escrita com extrema rapidez. Também tem permanecido no estado do primeiro esboço. Há, certamente, portanto, algumas irregularidades e defeitos na forma como se expressa, que são devidos a mim. Eu peço aos meus irmãos, então, que olhem para ela com a tolerância, e corrijam-na se forem capazes, e rezem para o meu perdão.

وَالسَّلاَمُ عَلَى مَنِ اتَّبَعَ الْهُدَى ۞ وَالْمَلاَمُ عَلَى مَنِ اتَّبَعَ الْهَوَى[994]

﴿ سُبْحَانَكَ لاَ عِلْمَ لَنَا اِلاَّ مَا عَلَّمْتَنَا اِنَّكَ اَنْتَ الْعَلِيمُ الْحَكِيمُ ﴾[995]

اَللّٰهُمَّ صَلِّ وَ سَلِّمْ عَلَى مَنْ اَرْسَلْتَهُ رَحْمَةً لِلْعَالَمِينَ وَ عَلَى آلِهِ وَ صَحْبِهِ وَ سَلِّمْ

اٰمِينَ[996]

***

Os Lampejos

مِنْ بَيْنِ هِلاَلِ الصَّوْمِ وَ هِلاَلِ الْعِيدِ[997]

Flores das sementes da Realidade

Uma curta antologia poética e sobre o tema da crença para os estudantes da Risale-i Nur

Autor
Bediuzzaman
Said Nursi

NOTA

A razão deste trabalho intitulado Os Lampejos não é de cerca de apenas um ou dois temas como outras antologias, é que ele foi escrito, a fim de expor a um grau o trabalho anterior de Bediuzzaman Said Nursi, Sementes da Realidade, e na forma de prosa; e não entrou em fantasias e imaginações como outras antologias poéticas ou na emoção desequilibrada. Ele foi escrito como instrução acadêmica para alguns de seus alunos, incluindo seu sobrinho, que o estava ajudando sobre as verdades do Alcorão e a crença inteiramente de acordo com a lógica; foi uma lição sobre o Alcorão e a fé. Como o próprio Mestre disse, e nós entendemos a mesma coisa, ele não tinha propensão para versos e poesia, e não se ocupou com eles, retratando o significado:[998] ﴿وَمَا عَلَّمْنَاهُ الشِّعْرَ﴾

Trabalhar todos os dias por duas ou duas horas e meia, este trabalho foi escrito em forma de versificada em 20 dias durante o Ramadan, enquanto Bediuzzaman era um membro da *Daru'l-Hikmet Islamiya* (Ministério de Educação Islâmica) e teve inúmeras preocupações. Apesar de escrever uma página de verso é tão difícil como escrever dez de prosa, e foi escrito neste curto período de tempo, ele foi ditado de "improviso'", sem estudo, e foi publicado sem ser mudado ou corrigido. Em nossa opinião, é uma maravilha por conta da Risale-i Nur. Não houve nenhuma outra coleção versificada de poesia que pode ser lida em forma direta, como se fosse prosa, como este um.[999] Se Allah quiser, este trabalho, em algum momento, será uma espécie de antologia para os estudantes da Risale-i Nur. É também uma espécie de índice da Risale-i Nur, que apareceu 10 anos, posteriormente, e foi concluído em 23 anos; uma espécie de precursor da Risale-i Nur, dando as boas-novas de suas partes principais.

Estudantes da Risale-i Nur,

Sungur, Mehmed Feyzi, Hüsrev

***

ADVERTÊNCIA

De acordo com a regra[1000] اَلْمَرْءُ عَدُوٌّ لِمَا جَهِلَ Eu não dei importância às regras de versificação e rima, uma vez que não as conheço. Em nenhum momento quis transformar a realidade para cumprir com as exigências da versificação, como sacrificar a lucidez para rimar. Tenho vestido as verdades mais exaltadas em um vestido amarrotado nesta peça sem versos, sem rima. Em primeiro lugar, eu não sabia de nada e fui só pensar no significado. Em segundo lugar, eu queria demonstrar minha crítica a esses poetas que desbastam e arquivam o corpo para se adequar às roupas. Em terceiro lugar, um estilo infantil como este, era o preferido, a fim de ocupar a alma instintiva, bem como o coração durante o Ramadan. Mas, meu leitor, confesso que cometi um erro. Cuidado, não faça o mesmo! Não se distraia com o estilo rasgado e assim ser desrespeitoso para com suas verdades exaltadas!

***

ESTADO DE INTENÇÃO

Ó leitor! Confesso de antemão que eu tenho muitas queixas sobre minhas habilidades na arte da escrita e da versificação. Mesmo agora eu não posso escrever o meu nome corretamente. Também não tenho feito versificação e métrica um capítulo da minha vida. Mas, de repente, minha mente foi assolada por um desejo persistente de verso. Não é um épico sobre as expedições dos Companheiros chamados قَوْلِ نَوَالاَسَيِسَبَانْ . Seu verso natural, como um hino, foi agradável para o meu espírito. Então, eu escolhi a sua forma de verso, mas de uma maneira especial para mim. Eu escrevi uma poesia que se assemelhou a verso, mas eu levei absolutamente nenhuma consideração com a métrica. Quem quiser pode lê-lo facilmente como prosa sem pensar na versificação. Também deve ser pensado como prosa de modo que o significado pode ser compreendido. Em cada seção existe um ponteiro para o sentido. Ele não deve depender de rima. Um chapéu pode ficar sem uma borla, e métrica pode ser sem rima e o verso sem regras. Eu acho que se as palavras e a versificação atraírem a atenção para si por sua arte, eles ocuparão a mente com eles mesmos. É melhor estar em desacordo e terminar no fim, sem desviar a atenção do significado.

Meu mestre neste trabalho foi o Alcorão; meu livro foi a vida; o que eu abordei foi a mim mesmo. E você, meu leitor, é meu ouvinte. O ouvinte não tem direito de criticar; ele toma o que lhe agrada, e ignora o que ele não gosta. Este meu trabalho procedeu do resplendor do abençoado Ramadan,[I] por isso é a minha esperança de que ele terá um efeito sobre o coração dos meus irmãos na religião, e as suas línguas vão proferir uma oração de perdão para mim, ou recitar a Fátiha, Se Allah quiser.

EVOCAÇÕES

[II]A minha sepultura demolida em que são empilhados
Setenta e nove Said mortos[III] com seus pecados e tristezas.
O octogésimo é a lápide de um túmulo;
Todos choram[IV] comigo o declínio do Islam.
Juntamente com a minha lápide e gemendo sepultura do Said morto
Eu vou avançar para o campo do futuro do amanhã.
Estou certo de que os céus do futuro e da Ásia
Irão em conjunto se render à mão do Islam, limpo, brilhando.
Uma vez que, ele promete a prosperidade de crença;
Ele oferece a paz e a segurança para a humanidade.

***

I Na verdade, a data em que foi escrito é significada pela linha: نَجْمُ أَدَبٍ وُلِدَ لِهِلاَلَيْ رَمَضَانَ ou seja: "A estrela literária nascida dos dois crescentes de Ramadan", isto é, faz 1337 anos. [1001]

II Esta parte é assinatura do autor

III Quer dizer que dois Said morrem cada ano, uma vez que o corpo se renova duas vezes por ano, além de que Said vai viver até esta data, ou seja, o ano de setenta e nove, pois Said morre a cada ano.

IV Ele pressentiu isso nessas condições vinte anos antes de seu acontecimento

بِسْمِ اللّٰهِ الرَّحْمٰنِ الرَّحِيمِ

اَلْحَمْدُ لِلّٰهِ رَبِّ الْعَالَمِينَ وَالصَّلٰوةُ عَلَى سَيِّدِ الْمُرْسَلِينَ وَ عَلَى آلِهِ وَ صَحْبِهِ اَجْمَعِينَ[1002]

Duas provas sublimes da afirmação da unicidade Divina

Em sua totalidade o universo é uma prova suprema; as línguas do visível e do invisível declaram a glória e a unidade de Allah. Sim, elas recitam a unidade do Clemente em voz retumbante, dizendo:

LÁ ILÁHA ILLA HÚ[1003]

Todas as partículas e células do universo, todas as suas partes e membros, são línguas citando Allah. Juntos, eles declaram com aquela voz retumbante:

LÁ ILÁHA ILLA HÚ

As línguas são diferentes, as vozes de diferentes tons, mas estão unidas em um ponto: a menção d'Ele, dizendo:

LÁ ILÁHA ILLA HÚ

Esse universo constitui de um ser humano maior que menciona seu Senhor em voz altissonante, enquanto todas as suas partes e partículas juntam suas vozes minúsculas à sua poderosa voz. Em uníssono, eles declaram:

LÁ ILÁHA ILLA HÚ

O mundo recita versículos do Alcorão no seu círculo para a lembrança de Allah, O Alcorão derrama sua luz e expressa a todos os seres com espírito essa ideia:

LÁ ILÁHA ILLA HÚ

O Critério Glorioso entre a verdade e a falsidade, é uma prova articulada da unicidade Divina, cujos versículos são verdadeiras línguas, e seus raios são lampejos de crença. Todos juntos eles declaram:

LÁ ILÁHA ILLA HÚ

Se você colocar o seu ouvido no peito deste Critério, irá ouvirem seus íntimos mais profundos que você vai ouvir claramente uma voz celestial que recita:

LÁ ILÁHA ILLA HÚ

Sua voz é totalmente propícia, totalmente séria, verdadeiramente sincera, mais familiar; é absolutamente convincente, enfeitada com provas irrefutáveis. Repetidamente ela declara:

LÁ ILÁHA ILLA HÚ

Esta prova esclarecedora possui seis aspectos transparentes: sobre ela está o selo brilhante do milagre; nela brilha a luz das orientações, que diz:

LÁ ILÁHA ILLA HÚ

Sim, abaixo dele está o tecido da lógica e da elegante prova; a sua direita está o questionamento de sua inteligência corroborada por:

LÁ ILÁHA ILLA HÚ

A sua esquerda – que é a direita – está a vocação da consciência perante a qual está a benevolência e o bem; seu objetivo é a felicidade e a prosperidade. Sua chave é cada instante:

LÁ ILÁHA ILLA HÚ

Por trás dele – que é à frente – ou seu apoio, é celestial: a revelação Divina não adulterada. Todos estes seis aspectos são luminosos, que se manifestam em suas constelações:

LÁ ILÁHA ILLA HÚ

Pode qualquer suspeita roubar a audição, qualquer dúvida furtiva, bater-lhe à porta, pode qualquer iludido renegado entrar dentro naquele castelo resplandecente com seus muros de Suratas elevados, cada palavra sua é um anjo de enunciação:

LÁ ILÁHA ILLA HÚ

O Alcorão de Estatura Poderosa é um oceano afirmando a unidade Divina. Vamos tirar dele uma única gota, como exemplo, uma única Surata: Surat al-Ikhlas.[1004] Tomamo-la como uma única ligeira alusão, de inúmeras alusões: suas seis frases, três negativas, três positivas, refutam todos os tipos de atribuição de parceiros a Allah, e provam sete aspectos da afirmação da unidade Divina:

A Primeira Frase:[1005] ﴿ قُلْ هُوَ ﴾ uma indicação inigualável. Isto é, é definição absoluta. Mas dentro dessa definição há uma especificação:

LÁ ILÁHA ILLA HÚ

Esta é uma indicação da unidade dos testemunhos (chuhud) afirmação da unidade divina. Se o olhar perceber a realidade fica imerso na afirmação da unidade divina, ele diz:

LÁ MACH-HUDA ILLA HÚ[1006]

A Segunda Frase:[1007] ﴿اللّٰهُ اَحَدٌ﴾ é uma afirmação explícita da unidade da Divina. A Realidade declarada na língua da verdade:

LÁ MA'BUDA ILLA HÚ[1008]

A Terceira Frase:[1009]﴿اَللّٰهُ الصَّمَدُ﴾ Esta é a concha de duas pérolas da afirmação da unidade Divina. A primeira é a afirmação da unidade Divina. Ela declara com a língua da ordem do universo:

LÁ KHÁLIKA ILLA HÚ[1010]

A segunda pérola é a afirmação da autossubsistência da unidade Divina. O universo em sua totalidade declara pela língua de necessidade de um poder eficaz, tanto para a sua entrada em ser e de sua existência:

LÁ CAIUMA ILLA HÚ[1011]

A Quarta Frase:[1012] ﴿لَمْ يَلِدْ﴾ Isso esconde a afirmação da unidade da glória Divina, rejeitando qualquer tipo de atribuição de parceiros a Allah. Ela refuta decisivamente a descrença. Ou seja, aquele que está sujeito a alterações ou divisão, ou que se reproduz, não pode ser nem Allah, nem Criador, nem Autossubsistente.

A negação,[1013] لَمْ, refuta a ideia de descendência, ou a blasfêmia de paternidade, e os rejeita.

A maior parte da desorientação do ser humano surgiu a partir dessa associação de parceiros com Allah em vários momentos, sob a forma de "os dez intelectos", ou os anjos, ou Jesus (a paz esteja com ele) ou Uzayr sendo descendência Divina.

A Quinta Frase:[1014]﴿وَلَمْ يُولَدْ﴾ indica a afirmação da Divina pré-eternidade e da unidade. Assim: aquele cuja existência não é necessária ou pré-eterna não pode ser Allah. Ou seja, um criado no tempo, ou resultante de matéria física, ou descendente de um progenitor, não pode ser protetor do universo.

Esta frase rejeita o acaso, o politeísmo, o culto às estrelas, a idolatria, e o naturalismo: estas são todas as variedades da associação de parceiros a Allah, todas as fases de desorientação.

A Sexta:[1015] ﴿وَلَمْ يَكُنْ﴾ Esta é uma afirmação abrangente de Unidade Divina. Ou seja, o lam, a partícula de negação, infere que Ele não tem igual, sócio na Sua essência, ou em Seus atributos, ou em Suas ações.

Certamente, cada uma destas seis frases abrange sete aspectos da Unicidade, cada um o resultado dos outros, e a prova para as outras provas em sequência, em ordem na fortaleza desta Surata.

Ou seja, incluídas na Surat al-Ikhlas de forma adequada para a sua estatura são trinta suratas em sequência e ordem pública, a fonte de sua aurora radiante.

لَا يَعْلَمُ الْغَيْبَ اِلاَّ اللهُ[1016]

***

O Acaso é Puramente Aparente

A grandeza e a dignidade Divina exigem que as causas naturais sejam apenas uma tela na mão do poder do Exaltado perante o olho da mente. Enquanto a unicidade e a glória Divina exigem que as causas naturais retirem as mãos do efeito verdadeiro nas obras de poder Divino.[1]

***

[1] Isso significa que eles devem abster-se de ter qualquer efeito real, e não interferir na criação.

A Existência não se Restringe ao Mundo Físico

Os inúmeros tipos de existência não podem ser restritos a este mundo manifesto; não poderia contê-los;

O mundo físico parece um véu de renda espalhado sobre os mundos radiantes do Invisível.

***

A Universalidade na Pena do Poder Proclama a Unicidade Divina

As obras de arte encontradas em todos os cantos da criação refutam claramente a criatividade do acaso;

As inscrições da própria Pena e o próprio poder em todos os pontos de criação necessariamente rejeitam a existência de intermediários.

***

Nada Pode Existir Sem Todas as Coisas

Em todo o universo o mistério da cooperação e solidariedade é tanto oculto como penetrante; intimado em cada parte dela são assistência mútua e o atendimento recíproco de necessidades.

Só um poder abrangente poderia fazer isso, e criar a partícula, adequando-a a todas as suas funções.

Cada linha e palavra do livro do mundo estão vivas; levadas pela necessidade, cada uma apresentando a outra.

Onde quer que sigam, respondem ao pedido de ajuda; em nome da unidade Divina, eles se encontram com os seus arredores.

Cada letra viva se dirige a todas as frases do livro e as explica.

***

O Movimento do Sol é em Função da Gravidade E Gravidade Torna Estável o Sistema Solar

O sol é uma árvore frutífera; agita-se de modo que não caiamos frutos dos planetas. Se ele repousasse em silêncio, a atração deixaria de existir; a extática se evaporaria e iria chorar – por saudade dela – atraída pelas estrelas organizadas no vasto espaço.

***

Pequenas Coisas Estão Ligadas a Coisas Grandes

Certamente, Aquele Que criou o olho do mosquito criou tanto o sol como a Via Láctea; e Quem organizou o estômago da pulga claramente pôs em ordem o sistema solar;

Enquanto a pessoa que deu vista ao olho e precisão ao estômago, definitivamente pintando o olho do céu com luz e preparando uma mesa de alimentos sobre a face da terra.

***

Há um Milagre Extraordinário na Ordem do Universo

Veja, há um milagre na redação do universo; se for suposto o impossível, todas as causas naturais fossem agentes eficazes que possuem vontade, na total impotência eles prostram diante de Seu milagre, conformando-se a Ele e declarando:

سُبْحَانَكَ لاَ قُدْرَةَ فِينَا رَبَّنَا اَنْتَ الْقَدِيرُ الْاَزَلِيُّ ذُو الْجَلاَلِ[1017]

***

Todas as Coisas são Iguais Perante o Poder Divino

﴿ مَا خَلْقُكُمْ وَلاَ بَعْثُكُمْ اِلاَّ كَنَفْسٍ وَاحِدَةٍ ﴾[1018]

O poder Divino é essencial, inerente; a impotência não pode colidir com Ele. Não pode haver graus nele, os obstáculos não podem intervir nele. Para o poder, não há diferença entre universal e particular; tudo está ligado a todo o resto; aquele que não pode fazer tudo pode fazer nada.

***

Sem Segurar o Universo na Mão não Pode Criar Uma Partícula

Quem não possui uma mão forte para erguer a terra, juntamente com inúmeros sóis e estrelas e reuni-los em ordem e colocá-los na cabeça e no peito do espaço infinito não pode reivindicar, poder criar qualquer coisa.

***

Criar a espécie é Como Criar a Pessoa.

Assim como revivificara vida de uma mosca sonolenta com o sono parecido com a morte não apresenta nenhuma dificuldade para o poder Divino. Então a vivificação da terra após a sua morte, não apresenta qualquer dificuldade. Certamente, ressuscitar todos os seres com espíritos não apresenta qualquer problema.

***

A Natureza é Arte Divina

A natureza não é a impressora, é a imprensa; não é a escritora, mas a inscrição; ela não é a autora, mas propícia ao ato; ela não é a fonte, mas o padrão. Não é a organizadora, mas é a organização; não é o poder, mas a lei; é um código de leis provenientes do atributo da vontade; não tem nenhuma realidade externa.

***

A Consciência Reconhece Allah Por sua Atração

Na consciência há uma atração, uma sendo desenhada; ele será permanentemente desenhado por meio da atração de uma força atrativa.

Se o Todo-Belo fosse para aparecer, se Ele fosse manifestado permanentemente em forma refulgente sem véu, seres conscientes seriam superados pela extase. A natureza consciente do homem atesta de forma decisiva o Necessariamente Existente, de Glória e Beleza; Ele atesta pelo extase, e pela atração.

A Disposição Inata Fala a Verdade

A disposição inata das coisas não mente, tudo o que diz é a verdade. A inclinação a crescer, a língua da semente, diz: "Eu vou germinar e produzir frutos", e o que ela diz é provado verdadeiro.

O desejo de sopros de vida nas profundezas do ovo diz: "Com a permissão Divina serei uma ave." O que ele diz é verdade.

Se um punhado de água tem a intenção de congelar dentro de uma bala de canhão de ferro, quando a temperatura cai, o desejo de expandir dentro dele diz: "Expande! Eu preciso de mais espaço." Este comando não pode ser negado. O Ferro forte procura, mas não consegue provar que estava errado; a veracidade da água e a honestidade divide o ferro.

Todas essas tendências são comandos criacionais, decretos divinos. Eles são todas as leis naturais, todas as manifestações de vontade.

A vontade Divina dirige todos os seres, da seguinte forma: todas as inclinações são em conformidade com os comandos Divinos.

A manifestação na consciência é a mesma; atração e extase são duas almas polidas, dois espelhos polidos, dentro dos quais se refletem a eterna beleza, e a luz da crença.

***

A Profecia é Essencial Para a Humanidade

O poder Divino não deixa a formiga sem líder, ou as abelhas sem uma rainha; ele certamente não deixaria a humanidade, sem profeta e código de leis. Em qualquer caso, o segredo do mundo exige isso.

***

A Ascensão é um Milagre Para os Anjos Como a Divisão da Lua é um Milagre Para a Humanidade

Na verdade, a ascensão é uma maravilha dentro da profecia incontestável, os anjos a viram de forma verdadeira e generosa.

Aquele Ser brilhante montou o Buraq, tornou-se como um relâmpago, e como as revoluções da lua observou o Mundo da Luz. Assim como para a humanidade dispersa por este manifesto mundo,[1019] ﴿ اِنْشَقَّ الْقَمَرُ ﴾ foi um milagre importante no reino corpóreo;

Assim, para os moradores do Mundo Espiritual, a Ascensão, ou seja:

[1020]﴿سُبْحَانَ الَّذِى اَسْرَى ﴾ foi o maior milagre.

***

A Prova da Confissão de Fé Está Dentro Dela

A confissão de fé contém duas frases, cada uma das quais é testemunho da outra e é a sua prova e evidência. A primeira é um argumento da causa para o efeito, e esta última um argumento do efeito para a causa.

A Vida é Uma Manifestação da Unicidade

A vida é uma luz da unicidade; ela manifesta a unicidade neste reino da multiplicidade. Sim, ela manifesta a unicidade, a multiplicidade unificadora e torna-a um. A vida se apropria de tudo para tudo. Enquanto que para uma coisa sem vida todas as coisas são inexistentes.

***

O Espírito é Uma Lei Vestida Com Existência Externa

O espírito é uma lei luminosa vestida de existência externa, dotada de consciência. O espírito existente – de forma exterior – e a lei inteligente tornaram-se irmãos e companheiros.

As leis naturais fixas e constantes, como o espírito vêm do mundo do comando Divino e atributo de vontade.

O poder Divino veste o espírito com uma existência com sentidos, e coloca nele o sentimento e faz uma faculdade interior sutil, uma concha para essa pérola.

Se o poder do Criador fosse vestir as leis das espécies uma existência externa, cada um se tornaria um espírito;

Se fosse remover o espírito do ser e tirar-lhe o sentimento, tornar-se-ia uma lei eterna.

***

A Existência Sem Vida se Assemelha ao de Não Existência

Tanto a luz como a vida divulgam os seres. Veja, se não houver luz da vida, a existência é manchada com a não existência; na verdade, é não existência. Sim, um estranho, um órfão; se é a lua, é sem vida...

***

Graças à Vida, a Formiga é Maior do que a Terra

Se você fosse pesar a formiga nas escalas da existência, o universo emergente dela não poderia ser contido em nosso globo.

Em minha opinião, o mundo está vivendo. Mas, se de acordo com o que os outros supor, você vier a tomar o mundo morto e colocá-lo no prato em oposto ao da formiga, não pesaria mesmo metade de sua cabeça consciente.

***

O Cristianismo vai-se Submeter ao Islam

O cristianismo entrará em erupção ou será extinto. Ele se entregará e se submeterá ao Islam.

Ele foi dividido repetidamente até que finalmente apareceu o protestantismo, mas na medida em que não encontrou o que corrigiria.

O véu foi novamente alugado, ele caiu em desorientação absoluta. No entanto, uma parte dela se aproximou da unicidade Divina; na medida em que encontrará a salvação.

Ele está se preparando para ser dividido novamente.[1021] Se não se extingue, será purificado e vai juntar-se o Islam.

Nisso reside um mistério poderoso para que a Glória dos Mensageiros aludida quando disse: "Jesus retornará e seguirá a minha Chari'a; ele será da minha comunidade."[1022]

***

O Impossível Pode Aparecer Possível Quando Visto Indiretamente

É bem conhecido, um grande grupo de pessoas olhava para a lua crescente do 'Id, mas ninguém conseguia ver nada.

Em seguida, um homem velho jurou que ele tinha visto. Mas o que tinha visto era um cílio branco curvo.

O cílio tinha sido sua lua. Mas pode-se comparar cílios curvados à lua crescente? Se você entendeu a nossa parábola:

O movimento das partículas tornou-se o cílio sobre a razão; cada partícula, uma pestana escura cegando o olho materialista.

Ele não pode ver o Único Que forma todos esses seres, então foi engolido por desorientação.

Mas pode haver qualquer comparação entre esse movimento e a ordenação do universo? É uma impossibilidade que o primeiro composto seja o último!

***

O Alcorão Requer Espelho, não necessita de procurador

Em vez de provas é a sacralidade da fonte que impulsiona a massa da comunidade e as pessoas comuns para se conformar a ele e incentiva-os a obedecê-lo.

Noventa por cento da Chari'a consiste nas questões incontestáveis e os fundamentos da religião, cada um dos quais é um dos pilares de diamante.

Apenas dez por cento são questões abertas à interpretação, controversas, e secundárias. Noventa pilares de diamante não podem ser colocados na bolsa de alguém com dez peças de ouro, nem ser feita para segui-lo.

A fonte dos pilares de diamante é o Alcorão e o Hadice. Eles são sua propriedade e devem sempre ser procurados a partir deles.

Livros e interpretações da Chari'a devem ser espelhos do Alcorão, ou telescópios.

Aquele sol de Exposição Milagrosa não está na necessidade de sombras ou alguém para agir em seu nome!

***

O Falsificador da Verdade Olha Sobre o Falso Como Verdadeiro

Como, por natureza, o homem é nobre, ele busca a verdade intencionalmente.

Às vezes, ele encontra a falsidade, e supondo que seja a verdade, aloja-a afastada em seu coração...

Em seguida, quando cava a verdade, ele involuntariamente cai na desorientação; supondo que seja a verdade, ele a submete à cabeça.

***

Os Espelhos do Poder Divino São Numerosos

O poder do Todo-Glorioso tem inúmeros espelhos. Eles abrem janelas transparentes e cada um mais sutis do que o outro, sobre o Mundo das Similitudes.

Vários espelhos de água para a atmosfera, o ar, éter de similitudes, similitudes com os espíritos, espíritos de tempo, o tempo para a imaginação, e da imaginação para pensar, todos representam o manifestando atributos. Transforme o seu ouvido para o espelho do ar: uma única palavra se torna milhões!

A caneta do poder escreve de forma extraordinária este mistério de reprodução

***

A Representação é de Vários Tipos

A imagem em um espelho pode ser de quatro tipos: ou a identidade sozinha; ou juntamente com suas particularidades; ou a identidade e os raios da coisa da natureza; ou ambas, sua verdadeira natureza e sua identidade.

Se quiser um exemplo, eis o ser humano, o sol, o anjo e a palavra. As imagens densas tornam-se mortos móveis no espelho.

As imagens nos espelhos de espíritos luminosos estão vivendo e conectados; as luzes expansivas que mesmo não sendo iguais aos espíritos, não são outros do que eles.

Se o sol estava vivendo a sua luz de calor, e sua consciência de cores, teria possuído as qualidades acima da imagem no espelho.

A chave para esse mistério é este: Gabriel é tanto a "árvore- de Lótus", e sob a forma de Dihya, e na companhia do Profeta, e quem sabe em quantos outros lugares!

Enquanto Allah sabe quantos lugares Azra'il está presente simultaneamente, aproveitando os espíritos dos moribundos.

Ao mesmo tempo, o Profeta aparece a sua comunidade, tanto nas visões dos santos, e em verdadeiros sonhos.

E na ressurreição dos mortos, ele vai se reunir com todos por sua intercessão.

Aparecem de suplentes (‘Abdal) de santos e são vistos em vários lugares ao mesmo tempo.

***

Todo Qualificado Pode Interpretar a Lei, Mas Não Pode Ser Legislador

Todo mundo capaz, que é qualificado para a prática de diligência, pode interpretar questões para si mesmo que não são incontestáveis; e eles são vinculativos para si mesmo, mas não em outros.

Ele não pode fazer leis e invocar a comunidade para cumpri-las. Suas ideias são da Chari'a, mas eles não são a Chari'a. Ele pode ser um diligente, mas ele não pode ser o Legislador.

A Chari'a é ratificada por meio do consenso da maioria dos estudiosos. A primeira condição para convidar outros a aceitar uma ideia é a aceitação da suposta maioria.

Essa chamada é outra forma de inovação; ela fica presa na garganta, para nunca mais sair!

A Luz da Razão Vem do Coração

Iluminadores não iluminados devem saber que as ideias não podem ser esclarecidas sem a luz do coração.

Assim, desde que a luz da mente e do coração não são combinadas, há escuridão, produção de opressão e de ignorância. A escuridão vestida de farsa luz.

Se o branco do olho, que se assemelha ao dia, não é combinado com a pupila negra, que se assemelha à noite, não é um olho, ele verá nada. Vistas cegas também não valem.

Assim, se as negras profundezas do coração não estão presentes no branco do pensamento, as informações diversas na mente produzirão nenhum conhecimento ou discernimento. Lá pode haver qualquer razão sem o coração.

***

O Nível do Conhecimento na Mente é Diferente e Obscuro Colocar o árabe da Internet

Há na mente níveis, que obscurecem uns aos outros, suas regras são diferentes. Primeiro a imaginação, depois vem a concepção, então surge a razão, então a corroboração. Depois se torna dever, e então vem a obrigatoriedade, então surge a crença. A sua crença em algo é diferente de sua obrigação

***

O Conhecimento Não Digerido Não Deve Ser Transmitido a Outros

O guia realmente sábio é uma ovelha, não um pássaro; ele dá o seu conhecimento de forma altruísta. Quanto à ovelha dá ao seu cordeiro leite puro digerido; enquanto o pássaro dá ao filhote vômito regurgitado.

***

A Destruição é Fácil; a Pessoa Fraca é Destrutiva

A condição da existência do conjunto é a existência de todas as partes; enquanto que a sua existência não pode ser devido à não existência de uma das suas partes; assim, a destruição é fácil.

É por isso que o homem impotente nunca se aproxima de qualquer coisa positiva e construtiva; ele sempre age de forma negativa, e sempre destrutiva.

***

A Força Deve Sempre Servir o Direito

Se os princípios da sabedoria, os códigos de governo, as leis de direito e as regras de força não ajudam e apoiam um ao outro, eles não serão nem frutíferos nem eficazes entre a massa do povo. As marcas da Chari'a serão negligenciados e permanecem em suspenso.

As pessoas não vão contar com eles em seus assuntos, nem ter confiança neles.

***

Às Vezes os Opostos Escondem os Seus Opostos

Às vezes os opostos se escondem em seus opostos. Na linguagem da política, a palavra torna-se o oposto de seu significado.

A tirania tem vestido a capa da traição da justiça.[I] A traição encontrou um vestido barato no patriotismo.

Jihad e guerra pela causa de Allah tem sido chamados de revolta. A escravidão às paixões animalescas, o despotismo de Satanás, foram chamados de liberdade.

As coisas tornaram-se seus opostos, os formulários foram transpostos, os nomes foram trocados, os lugares foram trocados.

***

A Política Baseada no Auto interesse é Selvageria

Os políticos presentes, que se baseiam no interesse próprio, são uma besta voraz.

Se você finge afeição por uma besta voraz, você não atrairá a sua compaixão, mas aguçará seu apetite.

Em seguida, ele se transformará em você, e ambas suas garras e presas quererão a seu aluguel de você.

***

Nenhum Limite foi Colocado nos Poderes do Ser Humano, Por Isso os Seus Crimes são grandes

Ao contrário dos animais, não há limite natural sobre os poderes do ser humano; o bem e o mal gerado por ele são infinitos.

Se o egoísmo desse poder e o egoísmo daquele são combinados com orgulho e obstinação, o ser humano comete tais pecados[II] até o tempo presente da humanidade

Não se encontrou nenhum nome para eles. Assim como eles indicam necessidade do Inferno, a sua pena só pode ser o Inferno.

E, por exemplo, a fim de justificar apenas uma das suas mentiras, um homem sinceramente deseja a queda do Islam.

O presente tem mostrado que nem o Inferno é desnecessário, nem o Paraíso é adquirido com facilidade.

***

Às Vezes o Bem Leva ao Mal

Embora, na realidade, as qualidades das classes mais altas devessem ser causa da humildade e auto apagamento, infelizmente eles levaram à arrogância e à opressão.

E enquanto o desamparo ao pobre e à pobreza das pessoas comuns devessem ter levado às classes superiores a serem compassivas e misericordiosas, infelizmente resultou em humilhação e servidão das pessoas comuns.

Se a honra e o bem resultam de algo, é oferecido aos líderes e classes superiores.

[I] Isto fala do presente, como se o vê.

[II] Esta é uma previsão sobre o futuro.

Mas, quaisquer males seus resultado são divididos entre as pessoas comuns e soldados rasos.

A honra adquirida por uma tribo vitoriosa é expressa como adulação para "o líder da tribo," mas quaisquer males são despejados em seus soldados como vitupério. Uma desculpa má entre a humanidade!

***

A Ausência de um Objetivo Fortalece o Egoísmo

Se as pessoas não têm nenhum objetivo em mente, ou elas são superadas por esquecimento ou fingem esquecimento, suas mentes se viram em si mesmas e giram em torno delas.

O ego reforça, por vezes, crescendo com raiva; não é deflacionado, e pode tornar-se "Nós". Aqueles que se amam, não amam mais ninguém.

***

A Vida da Revolução Brotou a Partir da Morte Do Zakat e da Vivificação da Usura

A origem de todas as revoluções, todas as anarquias e corrupções, o incitador e a fonte dos males, da depravação e abominação, são duas frases, ou uma ou duas palavras:

A primeira é esta: "Estou cheio, então o que tenho eu se outros morrem de fome?" E a segunda: "Você sofre para que eu possa estar confortável. Você trabalha para que eu possa comer. A comida é para mim, o trabalho é para você."

Existe uma única cura para o veneno fatal da primeira frase, que a cortará pela raiz e vai curá-la: Esse é o Zakat da Chari'a, um pilar do Islam. Na segunda frase é uma árvore de Zaqqum; o que o extirpará é a proibição da usura e dos juros.

Se a humanidade quer o melhor e ela ama a vida, deve impor o Zakat e abolir a usura e os juros.

***

Se a Humanidade Quer a Vida, Deve Condenar à Morte Todo Tipo de Usura.

As relações entre as classes superiores e inferiores foram cortadas. De baixo surgem gritos de revolução, de vingança, de ódio e inveja.

De cima descem fogos de tirania e desprezo, a carga de arrogância, o incitador de opressão.

O que deve surgir a partir de baixo são o amor, a obediência, o respeito e o conformismo. E de cima devem descer compaixão e generosidade, bondade e educação.

Se a humanidade quer estes, deve abraçar o Zakat e expulsar a usura e os juros.

A justiça do Alcorão está à porta do mundo dizendo usura e juros: "Nenhuma entrada! Vocês não têm o direito de entrar! Voltem para onde vieram!"

A humanidade não deu ouvidos a esse comando, e recebeu um golpe;[1]ela deve acatá-lo agora, antes de receber um mais grave.

---

[1] Esta é uma poderosa predição. A humanidade não deu ouvidos, e recebeu um golpe impressionante com esta Segunda Guerra Mundial.

A Humanidade Deu Golpe na Escravidão, Assim Também Quebraram o Assalariado

Em um sonho, eu disse: As escaramuças entre nações e estados estão abrindo caminho para a batalha feroz entre as classes sociais.

Porque na época da escravidão, o homem não queria escravidão e esmagou-a, derramando o seu sangue.

Agora, ele tornou-se um assalariado; ele carrega esse fardo e vai esmagá-lo também. A humanidade tem crescido de idade, tendo passado por cinco fases: nomadismo primitivo, escravidão, cativeiro; agora a idade assalariada já começou e está passando.

***

Uma maneira Ilegal Leva ao Contrário do que se Destinava

اَلْقَاتِلُ لاَ يَرِثُ[1023] é um princípio importante: "Alguém que exerce a sua meta por caminhos ilegais, geralmente paga a pena de atingir o oposto do que ele pretendia."

Amar a Europa era ilícito, bem como a imitação cega e a familiaridade. Suas consequências e recompensa foi a animosidade tirânica do amado, e os crimes.

O perdedor e pecador nãoencontrará nem prazer nem a salvação.

***

Um Grão de Verdade Pode Ser Encontrado na Jabriya e Mu'tazila

Ó buscador da verdade! A Chari'a diferencia entre o passado e os desastres, e entre o futuro e os pecados.

A Determinação[1024] Divina é procurada em conexão com o passado e as calamidades, e a palavra é a da Jabriya.

A responsabilização do ser humano é considerada em relação ao futuro e aos pecados; em seguida, a palavra é a da Mu'tazila. A Mu'tazila e a Jabriya estão reconciliadas aqui.

Ambos essas falsas escolas contêm um grão de verdade; elas têm um lugar particular; elas são falsas quando feitas gerais.

***

A Impotência e a Ansiedade São Pela Inadequação

Se você quer a vida, não se prenda à impotência em coisas para as quais existem soluções;

Se você quer paz dc espírito, não se torne desnecessariamente preocupado com as coisas para as quais não há solução.

***

Às Vezes, Pequenas Coisas Fazem Grandes Coisas

Sob certas condições, um pequeno ponto levanta seu dono para o mais alto grau...

Em seguida, há circunstâncias em que um ligeiro movimento faz descer o fazedor ao mais baixo dos graus...

Para Algumas Pessoas um Momento é um Ano

Capacidades inatas de algumas pessoas florescem em um instante, enquanto em outros são graduais, desdobrando-se pouco a pouco. A natureza humana contém ambos.

Eles olham para as condições, e mudam de acordo. Às vezes, eles se desenvolvem lentamente.

Às vezes, eles são escuros como pólvora, então explodem de repente emum fogo luminoso.

Às vezes, um olhar transforma o carvão em diamantes. Às vezes, um toque transmuta a pedra em elixir.

Um simples olhar do Mensageiro de Allah em um instante transformou um nômade ignorante em um homem iluminado de conhecimento.

Se você quer um exemplo, Ômar antes do Islam, e Ômar após o Islam.

Compare os dois: uma semente, uma árvore. Ele instantaneamente produziu fruto, aquele olhar de Mohammad, o esplendor Profético.

De repente, ele mudou as naturezas do carvão do povo árabe em diamante, a sua conduta tão negra como a pólvora, tornou-se luzes luminosas.

***

A Mentira é Blasfêmia

Um grão de verdade apaga um milhão de mentiras. O grão de realidade arrasa um castelo de sonhos.

A honestidade é um grande princípio, uma joia brilhante.

Se a verdade a ser dita é prejudicial, ele troca o seu lugar com o silêncio; as mentiras não têm lugar, mesmo se têm alguma utilidade.

Tudo que você diz deve ser verdade, todos os seus pronunciamentos certos, mas você não é obrigado de revelar tudo o que é verdadeiro.

Algum deve estar bem ciente disso, e tomar como seu princípio:

. خُذْ مَا صَفَا دَعْ مَا كَدَرْ [1025]

Veja o lado bom das coisas; você terá bons pensamentos. Saber que as coisas sejam bem e pensar nelas como boas; vocêencontrará o prazer na vida.

Na vida, esperança e pensar favoravelmente das coisas são a própria vida. Enquanto o pensar o pior é o desespero, o destruidor da felicidade e matador de vida.

***

Uma Assembleia no mundo das similitudes

Comparações entre a Chari'a e a civilização moderna, e o gênio da ciência moderna e a orientação Divina

No início do período seguinte ao Armistício da Primeira Guerra, numa noite de sexta-feira, ingrssei numa assembleia terrível em um Mundo de Similitudes, num verdadeiro sonho, fui perguntado:

"Qual é a situação do mundo islâmico depois dessa derrota?"

Respondi como representante da presente época, e eles me ouviram:

Este Estado, que assumiu – desde cedo - a proteção da independência do mundo islâmico e defender a Palavra de Allah cumprindo a obrigação religiosa de jihad, considerando-se obrigatoriedade sacrificar-se pela unidade indivisível do mundo islâmico, empunhando a bandeira do Califado. Digo: O que esse Estado e a nação muçulmana estão passando, de calamidade certamente, trará prosperidade e liberdade do Islam.

O desastre do passado reparará o futuro. Aquele que perde três e ganha trezentos não tem nenhuma perda. O zeloso transformará seu passado em futuro promissor. Essa calamidade fez desdobrar a compaixão, a solidariedade e a fraternidade islâmica profundamente,

O fimgimernto de sono da fraternidade islâmica agilizou o tremor e a destruição da civilização dos dias presentes mudará a forma, seu sistema vai desmoronar, então, a civilização islâmica surgirá. Os muçulmanos certamente serão os primeiros a entrar voluntariamente.

Se você quer uma comparação, olha de perto os princípios da civilização da Chari'a e os da civilização atual, e considere os seus resultados:

Os princípios da civilização atual são negativos. Seus fundamentos e valores são cinco princípios negativos. Sua máquina é baseada sobre esles.

O seu ponto de apoio é a força em vez do direito, e a marca da força é a agressão e a hostilidade, e seu resultado é traição.

Seu objetivo é o auto-interesse significativo em vez de virtude, e a marca de auto-interesse é a rivalidade e a inimizade, e seu resultado é crime.

Sua lei da vida é a disputa em vez de cooperação, e a marca da disputa é a seguinte:

Contenção e repulsão mútua, e seu resultado, é pobreza.

Seu princípio para as relações entre os povos é racismo, que floresce por prejudicar os outros e se alimenta por devorar outros.

A marca do nacionalismo negativo e racionalismo são confrontos horríveis, colisões desastrosas, e seu resultado é a aniquilação.

O quinto é o seguinte: o seu serviço de fascínio é excitar a luxúria e os apetites da alma e facilitar a satisfação de caprichos, e seu resultado é o vício.

A marca de luxúria e da paixão é sempre esta: eles transformam o homem em uma besta, mudando seu caráter; deformando-o, pervertendo a sua humanidade.

Se a maioria dessas pessoas civilizadas fosse virada do avesso, você veria seus personagens na forma de macacos e raposas, cobras, ursos e porcos.

Eles aparecem para a imaginação em suas peles e seus pelos! Exemplos de seus produtos são estes.

A Chari'a, no entanto, é a balança do equilíbrio da terra.

A misericórdia na Chari'a vem dos céus do Alcorão Sagrado.

Os princípios da civilização do Alcorão são positivos. Sua roda de felicidade se transforma em cinco princípios positivos:

O seu ponto de apoio é a verdade em vez da força, e a marca constante da verdade é a justiça e o equilíbrio. A segurança e o bem-estar resultam destes, e a vilania desaparece;

O seu objetivo é a virtude em vez de auto-interesse, e a marca da virtude é o amor e a atração mútua. A felicidade resulta destes, e a inimizade desaparece;

Seu princípio na vida é a cooperação em vez da disputa e da luta, e sua marca é a unidade e a solidariedade, e a comunidade é fortalecida.

Seu vínculo com os grupos humanos é um vínculo religioso, pátrio, a relação do tipo, da função e da irmandade na fé. O objetivo desse vínculo é fraternidade sincera que unifica as massas e repele o racismo e o nascionalismo negativo.

Com essa civilização a paz total prevalece, pois ocupa a posição de defesa contra qualquer agressão exterior.

Agora compreendemos porque o mundo islâmico rejeitou a civilização atual. Os muçulmanos não ingressaram nela voluntariamente. Ela não é benéfica para eles, mas maléfica, porque deixou-o de mãos amarradas

Enquanto devia ser a cura para a humanidade, tornou-se veneno. Ela lançou oitenta por cento na penúria e miséria, e produziu uma falsa felicidade para dez por cento.

Os restantes dez por cento ficaram constrangidos entre os dois. Lucros comerciais têm sido da tirânica minoria. Mas a verdadeira felicidade é a felicidade para todos;

Ou, pelo menos, a salvação para a maioria. O Alcorão, revelado como uma misericórdia para a humanidade, só aceita civilização deste tipo,

A felicidade para todos, ou pelo menos para a maioria. Na sua forma atual, as paixões são irrestritas, o capricho também é livre; é uma liberdade animal.

As paixões dominam, o capricho também é despótico; eles tomaram como necessidade o conforto desnecessário e a facilidade essencial é banida.

Na vida primitiva, o ser humano precisava de quatro coisas, a civilização o colocou na necessidade de umas cem, e o empobreceu.

Trabalhos legais são insuficientes para cobrir os custos. Isso tem levado a humanidade à malandragem e ao ilícito. É neste ponto que se corrompe a moralidade.

Ela concedeu riqueza e purpurina à sociedade e à humanidade, mas fez o indivíduo imoral e indigente. Há inúmeras testemunhas disto.

Esta civilização maligna vomitou tudo de uma vez a selvageria e os crimes combinados, toda a crueldade e traição de séculos passados e seu estômago ainda é nauseante.[1]

O segurar o mundo islâmico atrás é ao mesmo tempo significativo e digno de nota. Ele tem sido relutante em aceitá-la, e tem agido com frieza.

Sim, a qualidade distintiva da luz Divina da Ilustre Chari'a é independência e autossuficiência.

Ela não vai desistir dessa qualidade, que é a luz de orientação, de modo que o gênio

---

[1] Isso significa que ele vai vomitar na mesma forma mais violenta. Sim, ele vomitou tão terrivelmente nas duas Guerras Mundiais que corrompeu as faces da terra, mar e ar, manchando-as com o seu sangue.

de Roma, o espírito da civilização, deve dominá-la.

A orientação da antiga não pode combinar com a filosofia da última, nem ser enxertada nela, nem segui-la.

A Chari'a tem alimentado a compaixão e a dignidade da crença no espírito do Islam. O Alcorão Sagrado tomou as verdades da Chari'a em sua resplandente mão;

Cada um é um Cajado de Moisés, naquela mão, brilhando. No futuro aquela civilização feiticeira prostrará com espanto ante ele.

Agora, observe o seguinte: Roma e Grécia antigas eram dois gênios; gêmeos de uma única ação.

Um fantástico, o outro materialista.

Como óleo e água, eles nunca combinaram. Precisava de um tempo, a civilização trabalhou para isso também, e assim o fez o cristianismo, mas nenhum foi bem sucedido em combiná-los.

Ambos preservaram a sua independência. E agora é como se esses dois espíritos tivessem mudado seus corpos; um converteu-se em alemão, o outro, um francês.

Eles experimentaram uma espécie de metempsicose. O meu irmão do sonho! Isto é o que o tempo tem mostrado. Como dois bons gênios, aqueles gêmeos rejeitaram quaisquer movimentos de combiná-los; eles ainda não estão reconciliados. Uma vez que, são gêmeos, eles são irmãos e amigos, companheiros em andamento; mas eles lutaram e nunca fizeram as pazes.

Como pode ser que com a sua diferente origem, procedência, e local de aparência, à luz do Alcorão e a orientação da Chari'a devem ser conciliados com o gênio de Roma, o espírito da civilização moderna, e devem se juntar e combinar com eles?

Suas origens são diferentes: a orientação desceu dos céus, o gênio saiu da terra. A orientação funciona no coração, e funciona na mente.

O gênio funciona na mente e confunde o coração. A orientação ilumina o espírito, tornando-se a semente que germina e floresce; a Natureza escura é iluminada por ela.

Sua potencialidade para a perfeição de repente avança; ela faz da alma carnal um servo dócil; que dá ao ser humano um aspirante semblante angelical.

Quanto ao gênio, ele olha principalmente para a alma e o estado físico, mergulha na Natureza, fazendo da alma um campo cultivável; as potencialidades animais se desenvolvem e florescem;

Ele subjuga o espírito, para dessecação de suas sementes; mostra características satânicas da humanidade. Mas a orientação dá felicidade a vida, ele espalha luz nesta vida e na outra; exalta a humanidade.

O anticristo[1] como um gênio, cego de um olho, vê apenas o domínio desta vida; é materialista e adora este mundo. Ele torna os homens em bestas.

Sim, o gênio surdo adora a Natureza, que habilita a força cega. Mas a orientação reconhece a arte consciente e olha para o poder proposital. Os gênios desenham uma cortina de ingratidão sobre a terra; a orientação espalha a luz de agradecimento.

[1] Há uma indicação sutil nisto.

É por isso, que o gênio é surdo e cego, enquanto a orientação é ouvir e ver. Na visão do gênio, as bênçãos da terra são espólios sem dono;

Ela provoca o desejo de apreender e rouba-o sem agradecimentos, para encaixá-lo brutalmente fora da Natureza.

Na visão de orientação, as generosidades espalhadas sobre o peito da terra e da face do universo são os frutos de misericórdia; ele vê uma mão graciosa sob cada recompensa, e a tem beijado em gratidão.

Não posso negar que existem inúmeras virtudes da civilização, mas eles não são nem da propriedade do cristianismo, nem da invenção da Europa.

Nem eles são o produto deste século; eles são de propriedade comum, produzida pela conjunção das mentes e ideias, a partir das leis das religiões reveladas, por necessidade inata,

E, particularmente a partir da revolução islâmica provocada pela Chari'a de Mohammad.

Ninguém pode reclamar a propriedade deles.

O Líder do Sonho da Assembleia fez outra pergunta:

"Ó homem do século presente! As calamidades são sempre o resultado da traição e a causa de recompensa. A Predestinação desferiu um golpe e emitiu seu decreto.

"Com qual das suas ações vocês emitiram o Parecer jurídico ao Decreto Divino e à Determinação para que eles decretassem esta calamidade e deu-lhes uma surra?"

Eu respondi: O erro da maioria é sempre a causa dos desastres gerais. A humanidade de ideias equivocadas, como a obstinação de Nimrod, o orgulho do Faraó, inchou tanto sobre a terra até alcançar o céu. Ele chateou também o mistério sensível da criação.

Isso causou a peste descida dos céus e da tempestade de terremotos da última guerra; causou um golpe celeste ao infiel. Ou seja, a calamidade foi de toda a humanidade.

A causa comum, inclusive de toda a humanidade, eram as ideias equivocadas resultantes de Materialismo. A liberdade bestial, o despotismo dos apetites.

A razão para a nossa quota foi a nossa negligência e o desistirmos dos pilares do Islam, uma vez que, o Exaltado Criador queria uma hora fora das vinte e quatro.

Ele exigiu de nós, e para nós, apenas uma hora para as *salat*, e ordenou isso. Mas, por preguiça nós as esquecemos, negligenciando-as por falta de atenção.

Assim, recebemos a seguinte punição: Ele nos fez realizar *salat* constantes de uma espécie nestes últimos cinco anos pelas vinte e quatro horas de perfuração e dificuldades, fomos conduzidos a nos esforçarmos.

Ele também queria de nós o jejum mensal a cada ano, mas tivemos pena de nós mesmos, então, em expiação Ele nos obrigou a jejuar por cinco anos.

Como Zakat, Ele queria tanto 1/40 ou um décimo da propriedade que Ele tinha-nos dado, mas por mesquinhez fizemos de forma errada: Misturamos o ilícito com a nossa propriedade, e não o demos voluntariamente.

Então, Ele tirou de nós o acumulado Zakat, e nos salvou do que era ilegal.

As ações em conformidade com o castigo. A punição em conformidades às ações.

Os atos corretos são de dois tipos: um positivo e voluntário, o outro negativo e aplicado. Todas as dores e calamidades são boas obras; mas negativas e aplicadas. O Hadice ofereceu consolação.[1026]

Esta nação pecadora praticou suas abluções com o seu sangue; ela se arrependeu ativamente. Como uma recompensa imediata, quatro milhões, um quinto desta nação, alcançou o grau de santidade. Deu-lhes as escalas de martírio e combatentes; isso eliminou o pecado.

A Assembleia do sonho sublime apreciou estas palavras.

Acordei de repente; ou melhor, com o despertar eu fui dormir. Eu acho que o estado de vigília é um sonho e o estado de sonho uma espécie de vigília.

Lá era a idade de deputado, e aqui está Said-iNursi!

***

Se à Ignorância Pegar a Metáfora Transforma-a em Fato

Se as figuras de linguagem sairem da mão de conhecimento e caírem na da ignorância, são transformadas em realidade, abrindo a porta para a superstição.

Quando pequeno eu vi um eclipse da lua. Perguntei a minha mãe, e ela disse: "Uma cobra engoliu-o." Perguntei-lhe: "Por que é visível, então?" Ela disse: "As cobras lá são semitransparentes." Ela pensou que uma metáfora era realidade. Em uma ordem Divina, na terra interpondo entre "a cabeça" e "a cauda", que são os pontos de intersecção da lua e do circuito do sol, a lua é eclipsada. Os dois arcos hipotéticos foram chamados de "Tinnin", foi nomeado com um sorriso fantasioso. Tinnin significa a Serpente.

***

No Exagero Está Implícito o Menosprezo

O que quer que você descreva, descreve-o como ele é. Em minha opinião, no elogio exagerado está implícito o menosprezo.

Favorecer mais do que o favor Divino não é um favor ...

***

A Fama é Tirânica

A fama é um déspota; ela atribui ao seu proprietário a propriedade dos outros.

Como na famosa piada Nasreddin Hoja, seu Zakat, ou seja, um décimo, é a sua verdadeira propriedade... A notoriedade imaginária de Rustam-i Sistani saqueou uma idade das glórias do Irã.

Essa fantasia famosa inchou de saque e pilhagem, foi misturada com a superstição, e derrubou a humanidade.

***

Aqueles que Supõem Religião e Vida podem Ser separados São a Causa de Desastres

O erro dos Jovens Turcos: eles não conheciam que a nossa religião é a base da vida; eles pensaram que a nação e o Islam eram diferentes.

Imaginavam que a civilização suportaria e estaria sempre dominante, e viram a felicidade e a prosperidade a situarem-se dentro dela.

Agora o tempo mostrou o sistema de civilização ser corrupto e prejudicial;[1] incontestável experiência nos ensinou isso.

A religião é a própria vida, sua luz e sua base. Esta nação será revivida apenas pelo revivamento da religião. O Islam entendeu isso.

Ao contrário de outras religiões, nossa nação tem progredido na medida em que aderiu à nossa religião. E isso tem diminuído com o grau que for negligenciada.

Este é um fato histórico que ocorreu devido ao nosso fingido esquecimento.

***

A Morte não é Aterrorizante Quanto se Imagina

A desorientação é enganosa, torna terrível a morte. A morte é uma muda de roupa, ou uma mudança de domicílio. Ela remove o homem do calabouço para o jardim.

Quem quiser a vida deve querer o martírio. O Alcorão descreve a vida do mártir.

Os mártires, que não experimentam a dor da morte, todos sabem que estão vivos e se veem assim.

Mas eles acham que suas novas vidas são mais puras. Eles não supõem que morreram.

Note cuidadosamente o que a sua relação com os mortos é; é assim:

Em um sonho dois homens estão caminhando em um belo jardim segurando todo tipo de prazer. Um sabe que é só um sonho e não recebe nenhum prazer. Eles não o agradam; enchem-no de arrependimento. A outra pensa que é o despertar do mundo, e recebe verdadeiro prazer; é real para ele.

O sonho é a sombra da similitude, e à semelhança é a sombra do Reino de Intermediário. É devido a isso que os seus princípios se assemelham.

***

O Político é o Demônio do Mundo das Ideias; Deve-se Procurar Refúgio em Allah Dele

Os políticos de civilização sacrificam a minoria para o conforto da maioria. De fato, a minoria despótica sacrifica a maioria das pessoas por ela.

A justiça do Alcorão não iria tirar a vida de um único inocente, derramar seu sangue, ou sacrificá-lo mesmo por causa de toda a humanidade, e muito menos a maioria.

O versículo:[1027]﴿مَنْ قَتَلَ نَفْسًا بِغَيْرِ نَفْسٍ﴾ estabelece dois mistérios poderosos diante dos olhos.

Um deles é a pura justiça. Este sublime princípio considera igualar o indivíduo à comunidade, a pessoa à humanidade; a justiça Divina não vê diferença entre eles; esta é um Sunna constante.

Um indivíduo pode sacrificar os seus próprios direitos, mas eles não podem ser

[1] Esta é uma previsão precisa; parece-irreligiosa, civilização tirânica, nos estertores da morte.

sacrificados de outra forma, até mesmo por toda a humanidade.

O cancelamento de seus direitos, ou o derramamento do seu sangue, ou o manchar seu nome é igual ao cancelamento dos direitos de toda a humanidade, ou o difamar, ou o equivalente a isso.

O segundo mistério é este: se um homem egoísta assassina um inocente por ganância ou paixão, ele devastará o mundo inteiro se puder, ser for um obstáculo aos seus desejos, e acabará com toda a humanidade.

***

A Fraqueza Encoraja o Inimigo; Allah Pode Tentar os Servos, Mas Não Podem Julgá-lo

Ó medroso, fraco! Seu medo e fraqueza são em vão e causam-lhe dano; eles animam influências externas e as atrai.

Ó você que sofre de dúvidas e ilusões! Os benefícios definidos não podem ser sacrificados por danos imaginários. O que você precisa é de ação; o resultado é com Allah.

A pessoa não pode interferir em assuntos de Allah. Ele chama seu servo para a arena de tentativa e diz: "Se você fizer isso, eu vou fazer aquilo."

Mas o servo nunca pode tentar a Allah. Se ele diz: "Se Allah ajudar, então eu farei isso", ele está ultrapassando a sua marca.

Satanás disse a Jesus: "Uma vez que, é Ele Que faz tudo; Sua determinação não muda. Atire-se da montanha e vamos ver o que acontece com você."

Jesus respondeu: "Confuso é você! Os servos de Allah não podem colocá-Lo à prova!"

***

Não Exagere nas Coisas que Você Gosta

A cura para uma doença apenas agrava a outra; o antídoto se torna veneno. Se a cura é tomada em excesso, causa da doença, e pode ser fatal.

***

O Olho da Obstinação Supõe um Anjo ser Satanás

A obstinação é esta: se Satanás ajuda a alguém, ele o chama de "anjo" e pede bênçãos sobre ele.

Mas se ele vê um anjo no lado oposto, ele supõe que seja Satanás em um diferente disfarce, e invoca maldições sobre o anjo.

***

Depois de Encontrar o que é Certo, Não Causa Disputa por Causa de Algo Melhor

Ó buscador da verdade! Se não houver consenso sobre o que é certo e disputa sobre o que é melhor, às vezes o que é certo é melhor do que o que é melhor. E às vezes o que é bom é melhor do que o que é melhor.

***

O Islam é Paz e Reconciliação, Ele não Quer Nenhuma Disputa ou Hostilidade Dentro Dele

Ó Mundo do Islam! Sua vida está na unidade, e se você quer a unidade, o seu princípio orientador deve ser este:

Ele deve ser "Isso é verdade," em vez de "Isso apenas é verdade." E "Este é o melhor", em vez de "Este é o único bom caminho."

Todos os muçulmanos devem dizer sobre sua própria escola e maneira: "Isso é verdade, nós não interferimos com os outros. Se os outros são bons, o nosso é o melhor."

Eles não devem dizer: "Este é o único caminho verdadeiro, os outros são todos falsos. Apenas o meu é bom, os outros estão todos errados e são desagradáveis."

A mentalidade exclusivista surge de amor próprio. Ela mais tarde se torna uma doença e leva à disputa.

A multiplicação de doenças e curas é certa, e o certo também se multiplica. O aumento das variedades de necessidades e alimentos é certa, e o certo torna-se vários.

O aumento da capacidade e da educação é certo, e o certo também se multiplica. Uma única substância é veneno e antídoto.

A verdade não é fixa em questões secundárias; é relativa e composta de acordo com temperamentos diferentes.

Os temperamentos dos estudiosos autoritários transmitem uma parte para eles, e ela é realizada e agravada em conformidade; os fundadores das escolas tomam decisões em termos inespecíficos absolutos.

Eles deixaram-nas às diferentes temperamentos e às suas inclinações para especificar os limites de suas escolas; mas o apego intolerante a eles foi a causa da generalização.

O partidarismo decorrente disso levou à disputa. As fendas profundas entre as classes sociais antes do Islam, e sua distância extraordinária das outras, exigiu um grande número de profetas, a qualquer momento, e uma variedade de leis sagradas, e várias escolas.

O Islam causou uma revolução entre os seres humanos, e eles aproximaram uns dos outros. Ele reduziu a uma, as leis sagradas, e a um Profeta.

Mas os níveis das pessoas não eram os mesmos, de modo que as escolas de direito se multiplicaram. Quando uma única formação e instrução é suficiente, as escolas se unirão.

***

Há Grande Sabedoria na Criação e Combinação dos Opostos: O Sol e Uma Partícula Diminuta São Iguais na Mão de Poder

Ó irmão com um coração de alerta! O poder se manifesta na combinação dos opostos. Você sabe por que há dor no prazer, mal dentro do bem, feiura dentro da beleza, malefício dentro do benefício, vingança dentro da beneficência, fogo dentro de luz?

É assim que podem ser definidas as verdades relativas; que pode haver muitas coisas dentro de uma coisa, e que eles podem encontrar existência e se tornar aparentes.

Movimentos suaves fazem um ponto em uma linha. Girá-lo em velocidade faz um lampejo de luz, um círculo luminoso.

A função de verdades relativas é que as sementes devem germinar neste mundo. Elas formam a argila do universo, as ligações em sua organização, as conexões entre suas inscrições.

Na Outra Vida esses assuntos relativos serão verdades. Os graus de calor são causados pela intervenção do frio.

Os graus de beleza surgem por meio da intervenção da feiura. A causa se torna o motivo.

A luz está em dívida com a escuridão, o prazer está em dívida com a dor; não há saúde sem doença.

Se não houvesse Paraíso, talvez o Inferno não seria tormento. Não seria sem o frio extremo. Se não houvesse frio extremo, não queimaria.

O Imortal Criador demonstrou Sua sabedoria na criação de opostos. Sua Majestade se tornou aparente.

O Eterno Todo-Poderoso exibiu Seu poder na combinação de opostos. Sua enormidade se manifestou.

Uma vez que, o poder Divino é uma qualidade inerente necessária, e necessariamente essencial para o Pré-Eterno, ele não pode incluir opostos; a impotência não pode intervir nele, não pode haver graus nela, nada pode ser difícil para ele.

O sol se tornou um nicho para a luz do Seu poder. A superfície do mar tornou-se um espelho de luz do nicho, todos os olhos das gotas de orvalho se tornaram espelhos.

O sol que a ampla superfície do mar reflete também está refletido pelas gotas nos vincos de suas carrancas; o minúsculo olho da gota de orvalho também brilha como uma estrela.

Eles mantêm a mesma identidade: na visão do sol, a gota de orvalho e o mar são os mesmos, seu poder os faz iguais; a pupila do olho da gota de orvalho é um pequeno sol.

O magnífico sol também é uma pequena gota de orvalho; a pupila do seu olho é uma luz recebida do Sol de Poder; é a lua para aquele poder.

Os céus são um oceano; no sopro do Misericordioso, gotículas ondulares nos vincos de suas carrancas, que são as estrelas e os sóis.

O poder foi manifestado, ele dispersa brilhos cintilantes sobre essas gotas. Cada sol como uma gota, cada estrela uma gota de orvalho, cada um é semelhante ao lampejo.

A gota como sol é um pequeno reflexo do esplendor daquela manifestação. Faz sua alma polida perolada para aquele brilho de vidro. As estrelas brilham como gota de orvalho.

No seu olho delicado, dá um lugar para o lampejo, o lampejo torna-se uma lâmpada, o seu olho torna-se vidro, sua lâmpada é acesa.

***

Se Você Tem Quaisquer Qualidades, Elas Devem Permanecer na Poeira de Ocultação, Para Que Possam Florescer

Ó homem de famosa qualidade! Não seja opressivo, exibindo suas qualidades; se elas permanecem em segredo, você será uma fonte de graça e de bênção para os seus irmãos.

Se você aparecer abaixo de todos os seus irmãos, e há a possibilidade de ser você, isso vai atrair o respeito a cada um deles.

Mas, se você sair da ocultação e exibir-se, embora abaixo deles você fosse reverenciado, acima, você se tornaria um tirano. Lá você era um sol, aqui você lança sombras.

Você menospreza seus irmãos e perde o seu respeito. Isso significa que, exibir uma qualidade e uma individualidade é duplamente tirânica. Se for assim, é assim que você aparecerá.

Então, que lugar permanece por mentir artificialidade e hipocrisia, "personalidade", e fama?

Este é um mistério profundo, brotando da sabedoria Divina e perfeita ordem.

Um indivíduo excepcional desenha o véu da ocultação sobre si mesmo dentro de suas espécies ou grupo, oferecendo-lhe valores na opinião de outros, e torná-lo apreciado.

Exemplos para você: Os santos entre a humanidade, a hora marcada dentro de uma vida são desconhecidos, indefinidos. Escondida dentro de sexta-feira é a hora que as orações são aceitas.

Escondida em Ramadan é a Noite do Poder. Escondido nos nomes mais belos é o elixir do Nome Maior.

É a sua indefinição que faz com que estes exemplos incríveis, este mistério, belo; eles são provados pela ocultação.

Por exemplo, há um equilíbrio na hora marcada ser vaga; ela é válida, quaisquer que sejam suas circunstâncias.

Os dois recipientes de medo e esperança, que trabalham para o outro mundo ou para este; a imaginada existência permanente dá um prazer para a vida.

Vinte anos de vida incerta são preferíveis a uma vida de mil anos cujo fim seja especificado. Depois de a metade ter passado, a cada hora que passa você estaria dando mais um passo para a forca.

Seu sofrimento aumentaria proporcionalmente; não lhe proporcionaria nenhum consolo; você não encontraria a paz.

***

É um Erro Sentir Misericórdia e Ira Maior do Que as de Allah

Maior misericórdia de que a de Allah não pode ser concedida. Maior ira de que de Allah não pode ser vista em algo.

Então deixe as questões para o Todo-Justo e Misericordioso, uma vez que ser mais misericordioso causa a você dor, e ser mais irado é injusto.

***

O Desperdício é Porta da Estupidez, e a Estupidez é Porta da Pobreza

Meu irmão de desperdício! Dois bocados que são os mesmos que se referem à alimentação, um custando um real, o outro, custando dez, são iguais, tanto antes de entrar na boca, e depois de terem passado o esófago.

Apenas por alguns segundos na boca eles dão prazer aos desatentos.

Eles têm gostos diferentes, que sempre enganam, aquela sensação de gosto; é um porteiro e inspetor para o corpo e estômago.

O efeito do sabor é negativo, não é positivo; sua função, apenas aponta o porteiro e o gratifica; para dar prazer ao insensível!

Para confundi-lo em seu verdadeiro dever, para dar-lhe onze reais em vez de um, é um hábito satânico.

O mais pródigo do desperdício, a pior forma de extravagância, é uma espécie, uma forma: por isso não o procurem.

***

O Sentido do Paladar é um Telegrafista; Não o Seduza Gratificando-o[1]

A dominicalidade Divina, a sabedoria e a graça fizeram dois centros com a boca e o nariz, colocando-os dentro de um posto de fronteira, e correspondentes.

No microcosmo, Allah fez os telefones vasos sanguíneos e os nervos, telégrafos.

Aquele verdadeiro provedor fez o sentido do olfato telefone, e postou o sentido do paladar para o telégrafo. Fora de sua misericórdia, ele colocou uma folha de instruções sobre a comida: o sabor, a cor e o cheiro.

Assim, esses três atributos são proclamações, convites, permissões e arautos da parte do alimento; com eles, convida os necessitados e os seus clientes.

Ele deu paladar, visão e olfato para os animais de alimentação como ferramentas. Ele adornou os alimentos com várias decorações, então acalmou seus seios volúveis, e atraiu os indiferentes, excitando-os.

Quando o alimento entra na boca, o sentido do paladar envia imediatamente telégrafos para cada parte do corpo. O sentido do olfato telefona, dando informações sobre os tipos de alimentos.

Estes sentidos agem de acordo com as diferentes necessidades dos diferentes animais que receberam alimentos; os preparativos necessários são feitos, ou recebem uma recusa.

Em seguida, eles os jogam fora, e cospem na sua cara! Uma vez que, eles foram encarregados com isso por sabedoria, não os seduza com prazer. Não os engane satisfazendo-os.

Uma vez que, em seguida, eles esquecerão qual é o verdadeiro apetite; o falso apetite nascerá; ele atacará sua cabeça, trazendo doenças e enfermidades como penalidades.

Fontes Verdadeiras do prazer brotam do verdadeiro apetite, o verdadeiro apetite da

---

[1] Esta peça constitui a semente da *İktisad Risalesi* [O Décimo Nono Lampejo]. Na verdade, ela expressa em dez linhas a dez páginas o tratado sobre a frugalidade antes que veio à existência.

verdadeira necessidade; esse prazer é amplo tanto para o rei como para o mendigo.

Além disso, um dinar e um dirham são iguais; o prazer embaralha-os juntos, acalmando a dor.

***

Como Intenção, o Ponto de Vista Pode Transformar Ações Habituais em Adoração

Nota este ponto! Assim como com a intenção, as ações habituais permitidas podem tornar-se culto, assim, de acordo com o ponto de vista, as ciências físicas podem tornar-se conhecimento de Allah.

Se você estudar e refletir, ou seja, se você olhar para as coisas do ponto de vista dos outros do que de si mesmo, sob o ponto de vista da arte: "Quão belos o Criador fez estes, quão bem Ele fez isso!", em vez de: "Que bonito é!"

Se você olhar a partir deste ponto de vista para o universo, as inscrições do Pré-Eterno, com Sua ordem e sabedoria, os lampejos de propósito e a arte vai iluminar suas dúvidas;

As ciências do universo vão se tornar o conhecimento de Allah. Mas, se você olhar para as coisas nominalmente do ponto de vista da natureza, dizendo: "A coisa apareceu sozinha",

Se você olhar, assim, ao universo, seja qual for a extensão de seu conhecimento científico, será ignorância. As verdades miseráveis tornar-se-ão inúteis nas mãos inúteis. As testemunhas disso são muitas.

***

Neste Tempo a Chari'a Não Nos Permite Escolher a Riqueza

Quando alimentos saborosos são lembrados, deve dizer: "Acho que eu comi." Uma vez que alguém que fez disso sua regra, não comeu mesquita![1]

Anteriormente, a maioria dos muçulmanos não passava fome; eles desfrutavam uma vida confortável até certo ponto. Agora, no entanto, a maioria caiu na penúria, e a Chari'a já não permite ter prazer.

A subsistência da massa de muçulmanos e da maioria dos inocentes é simples. É mil vezes preferível a segui-los em seu sustento simples do que se assemelharem à minoria extravagante, ou os poucos libertinos, em sua vida de luxo.

***

Às Vezes, a Ausência de Recompensa é Recompensa

A memória é uma recompensa, mas para uma pessoa imoral em momentos de infortúnio, o esquecimento é preferível.

O esquecimento é também uma recompensa; ele permite que se sofram as dores de apenas um dia; faz esquecer as mágoas acumuladas.

***

[1] Há em Istanbul uma mesquita chamada "Acho que já Comi". Quem usou essa expressão, construiu-á com o dinheiro que ele economizou.

Todos os Infortúnios Tem Faces Que São Recompensa

Ó você ferido pelo infortúnio! Dentro da desgraça há uma recompensa. Olhe bem de perto e você a verá!

Assim como em tudo há um grau de calor, por isso em toda calamidade um grau de generosidade é para ser encontrado. Pense em uma calamidade pior, em seguida, verá a extensão da graça no menor.

E oferece abundantes graças a Allah. Porque, se você está com medo exagerndo-a, lamentando e reclamando, ela crescerá.

E à medida que cresce vai piorar. Se você está ansioso, ela dobrará. Sua imagem em seu coração se transformará em realidade.

Ela aprenderá com a realidade, em seguida, ligue-a e comece a golpear seu coração ...

***

Não Mostre que é Grande, Você Será Diminuido

Ó você com ego inflado e cabeça vaidosa! Você deve entender esta regra: no edifício social da comunidade humana, todo mundo tem uma janela, chamada de classificação, em que para ver e ser visto.

Se a janela for maior do que a estatura e o valor de uma pessoa, ela esticará e se alongará pelo orgulho. Mas, se a janela é menor do que a sua estatura e aspiração, ela dobrará e se curvará por modéstia.

No maduro e aperfeiçoado, a medida da grandeza é a pequenez. Enquanto no defeituoso, a medida da pequenez é grandeza.

***

Se as Qualidades Mudam de Lugar, Suas Naturezas Mudam

Uma qualidade ...lugares diferentes, um rosto. Às vezes, é um demônio, às vezes um anjo, às vezes justo, às vezes perverso; alguns exemplos são estes:

Se um atributo para a fraco em face do forte é considerado dignidadc, encontradado no forte, é orgulho e arrogância.

Se um atributo para o forte ante o fraco é considerado humildade, encontrado na fraco, é humilhação e hipocrisia.

Em seu escritório, uma pessoa com gravidade de autoridade é dignidade, e sua humilhação humildade. Mas, em sua casa, sua humildade é modéstia, e sua gravidade, arrogância.

A tolerância em alguém falando por sua conta é patriotismo, e sacrificar-se, uma qualidade, uma boa ação.

Mas, se a pessoa está falando por conta de outros, sua tolerância é traição, e o sacrificar-se, um atributo, um ato perverso.

Ao estabelecer a confiança preliminar sobre Allah é preguiça. Mas, entregar a Ele no recolhimento das consequências é a dependência ensinada pela Chari'a.

O contentamento com uma parte em relação aos frutos do trabalho é louvável , e fortalece o desejo de trabalhar.

Mas satisfazer-se com os bens existentes não é contentamento desejável, mas falta de aspiração.

Há numerosos outros exemplos.

O Alcorão menciona absolutas boas obras e taqwa (temer a Allah). Com a sua indefinição, ele sugere a existência de graus; sua concisão é uma explicação detalhada; seu silêncio, uma palavra expansiva.

***

Tanto "a Verdade Prevalecerá," e as Suas Consequências São Intencionais

Amigo! Uma vez, um questionador perguntou: "Uma vez que, 'a verdade prevalecerá' é verdade, por que o infiel prevaleceu sobre o muçulmano, e a força sobre o direito?"

Eu respondi: Considere estes quatro pontos e sua dificuldade será resolvida.

O primeiro ponto é este:Né necessário que todos os meios de toda a verdade sejam verdadeiros.

Da mesma forma, nem todos os significados de toda a falsidade tem de ser falsos. Este resultado surge: um significado é falso prevalece sobre um verdadeiro. Nesse caso, a verdade é superada por uma falsidade. Ela ocorre temporariamente e indiretamente; não essencial ou permanente.

No entanto, finalmente, continua sempre verdade. A força possui uma verdade, há um significado subjacente na sua criação.

O segundo ponto é o seguinte: Embora seja obrigatório que todos os atributos de todos os muçulmanos sejam muçulmanos, exteriormente, nem sempre é assim.

Da mesma forma, nem todos os atributos de todos os infiéis têm de ser infieis e surgidos de sua incredulidade.

Assim, também, todos os atributos de todos os pecadores não têm de ser sempre pecaminosos e surgidos de sua pecaminosidade.

Isto significa que o atributo de um muçulmano infiel prevalece sobre o atributo ilegal de um muçulmano.

Indiretamente, o infiel prevalece sobre ele.

Além disso, neste mundo o direito à vida é geral e abrangente. É uma misericórdia universal que tem uma manifestação significativa, um propósito interno sábio, que a descrença não impede.

O terceiro ponto é o seguinte: Dois atributos do Todo-Glorioso de Perfeição, duas manifestações legislativas: a determinação por meio de Sua escolha, que procede do atributo da Vontade, e que é a Chari'a da Criação; e a conhecida Chari'a, que procede do atributo da Fala.

Assim como há respeito e rebelião em face dos comandos deste último, há conformidade e rebelião ante os comandos criacionais.

A recompensa e a punição para o anterior são recebidas principalmente na Outra Vida, enquanto as sanções e as recompensas do segundo estão sofrendo principalmente no reino deste mundo. Por exemplo, a recompensa da paciência é a vitória. A pena para a preguiça é a pobreza; e a recompensa da labuta é a riqueza.

A recompensa da constância é a vitória. A pena do veneno é a doença, a recompensa de seu antídoto é a saúde.

Às vezes, as liminares de ambas as Chari'as estão incluídas em uma única coisa; que tem faces olhando para ambas.

Isso significa que a obediência à ordem criadora é uma verdade. A obediência prevalece; a rebelião em face da liminar é uma posição falsa.

Se a verdade tem sido o meio para uma falsidade, quando ela prevalece, terá sido o meio para uma falsidade. Indiretamente, a verdade é derrotada por uma mentira, mas não essencialmente. Isto significa que "a verdade prevalece" significa "essencialmente". Além disso, o fim se destina, e a restrição do ponto de vista se entende.

O quarto ponto é este: A verdade permanece não expressa, ou impotente, ou adulterada, ou complicada. Ela precisava ser expressa e abrir, ou dar nova força.

A fim de melhorar e dourar isso, a falsidade teve de ser temporariamente imposta sobre ele, de modo a ensaiar aquele lingote de verdade.

Em seguida, ele poderia emergir puro e inalterado desde as suas origens. Mesmo se a falsidade prevalece neste mundo, não se pode vencer a guerra. "O futuro pertence aos que temem a Allah"[1028] e irá atacá-los com um golpe!

Então, a falsidade é derrotada. O mistério da "verdade prevalece" inflige punição sobre ele; veja, a verdade prevalece!

***

Alguns Princípios Sociais

Se você quiser alguns princípios para a sociedade: justiça desigual não é justiça.

A semelhança é uma importante razão para a contrariedade. A proporção mútua é a base da solidariedade.

A mesquinhez é a fonte de orgulho. A pusilanimidade é a mina da arrogância.

A impotência é a fonte da oposição.

A curiosidade é o professor do conhecimento. A necessidade é o mestre do progresso. A angústia é o professor de dissipação.

Assim, a fonte de dissipação é o sofrimento. Quanto ao sofrimento, sua mina é desespero e pessimismo.

A desorientação brota de ideias, a escuridão deriva do coração, o esbanjamento pertence ao corpo.

***

As Mulheres Deixaram Suas Casas e Desviaram a Humanidade

إِذَا تَأَنَّثَ الرِّجَالُ السُّفَهَاءُ بِالْهَوَسَاتِ

إِذًا تَرَجَّلَ النِّسَاءُ النَّاشِزَاتُ بِالْوَقَاحَاتِ[I]

A civilização baixa levou as mulheres para fora de suas casas, e transformou-as em bens comuns, destruiu o respeito que ocupavam.

A Chari'a do Islam convida-as misericordiosamente de volta para suas casas. É lá que elas são respeitadas. Em suas casas, elas estão confortáveis, na vida familiar.

A limpeza é o seu adorno; seu bom caráter é o seu esplendor; a sua graciosa beleza é sua castidade; sua compaixão, a sua perfeição; seus filhos, seu descanso.

Com tantas ferramentas de corrupção, a pessoatem de ser tão forte e inflexível como o aço para resistir a elas.

Uma linda mulher entrando em um encontro de irmãos, desperta veias de hipocrisia, rivalidade, inveja e egoísmo. Desejos adormecidos despertam repentinamente.

Maior liberdade para as mulheres levaram a uma súbita revelação de má moralidade na humanidade. As formas representadas de pequenos cadáveres sorridentes têm desempenhado um grande papel em fazer o espírito perverso e poluído do homem moderno o que é.[II]

A estátua proibida é tanto tirania petrificada, ou luxúria encarnada, ou personificada hipocrisia. Ou é um talismã, atraindo aqueles espíritos malignos.

***

O Âmbito do Poder Divino Rejeita Intermediários e Auxiliares

Do ponto de vista da eficácia global das alienações de poder do Glorioso e Todo-poderoso, o nosso sol é como uma partícula.

Há vastas alienações de poder em um único reino dos seres. Pegue a gravidade entre duas partículas, então vá e colocá-a ao lado da gravidade entre o Sol dos Sois e da Via Láctea.

Traga um anjo cuja carga é um floco de neve para o anjo radiante que detém o sol; coloque um peixe-agulha ao lado de uma baleia.

Conceber de uma só vez da grande manifestação do Pré-Eterno Todo-Poderoso de Glória, Sua arte perfeita nas coisas do menor para o maior.

Assuntos costumeiros como a gravidade e as leis, os intermediários de fluidos, são apenas nomes para a manifestação de Seu poder e a disposição de sua sabedoria.

Elas significam somente a Ele; eles não podem ter outro significado; considera-os

---

I Esta é a base do tratado do Vigésimo Quarto Lampejo, sobre a vestimenta islâmica para mulheres. Vinte anos depois, um tribunal de justiça envergonhou-se e os seus juízes, tornando-o pretexto para a condenação do autor.

II Assim como olhar para uma mulher morta com intenção impura, mostra uma alma degenerada impressionante, assim olhar para uma bela imagem de um cadáver do sexo feminino infeliz carente de compaixão, extingue os sentimentos elevados do espírito.

juntos, você necessariamente entenderá a verdadeira causa.

Na visão desse poder, os intermediários aparentes, ajudantes e parceiros são todos falsos, todos imaginários e impossíveis.

A vida é a perfeição da existência, o seu grau é alto e importante. Consequentemente, eu digo:

Por que o mundo, nosso mundo, não é obediente e subjugado a Ele, como um animal?

Aves vivas do Soberano Pré-eterno desse tipo são numerosas, espalharam-se pela arena do espaço, majestoso, bonito.

Dispersos pelo jardim da criação, elas giram; seus refrãos, seu movimento, são palavras de glorificação, modos de adoração, do Pré-Eterno Imortal, o Eterno Todo-Sábio.

O mundo se assemelha a um animal, ele exibe sinais de vida. Se supor o impossível ele foi reduzido ao tamanho de um ovo,

Há uma forte possibilidade de que se tornaria um minúsculo animal. Se um microrganismo foi expandido para o tamanho da terra, mais provavelmente seria igual.

Se o mundo fosse reduzido ao tamanho de um homem, e as estrelas transformadas em partículas, é possível que se tornem um animal consciente, bem como inteligente.

Isso significa que o mundo com todas as suas partes é uma glorificação do servo ao Imortal Criador, o Uno Eterno Todo-Poderoso, obediente, subjugado.

Para ser grande quantitativamente nem sempre é certo ser grande qualitativamente, um relógio do tamanho de um grão de mostarda é mais eloquente do que um relógio do tamanho de Santa Sofia.

A criação de uma mosca é mais maravilhosa do que a de um elefante, aquela criatura indescritível.

Se o Alcorão devesse ser escrito pela Pena do Poder em átomos de éter na diminuta partícula, a arte sendo inversamente proporcional ao tamanho da página, Sua eloquência seria igual a um Alcorão escrito nas estrelas na face dos céus.

A arte do Registrador Pré-eterno está em toda parte da maior beleza e perfeição. Em todos os lugares é assim. A caneta proclama a unicidade Divina, pois trabalha sempre com absoluta perfeição. Estuda cuidadosamente esta peça mais significativa!

***

Os Anjos São Uma Comunidade Encarregada Com a Chari'a da Criação

Há duas Chari'as Divinas: provenientes de dois atributos, o ser humano é abordado por ambas, e obrigado a cumprir com ambas.

A Chari'a da Criação, que procede do atributo da Vontade, ordena as circunstâncias e os movimentos do mundo, o macrocosmo, que não são voluntários. Ela é a vontade dominical, e também é erroneamente chamada de "Natureza".

A Chari'a procedente do atributo da fala é o código de leis que condena as ações do ser humano, o microcosmo, que são voluntárias.

As duas Chari'as às vezes se reúnem no mesmo lugar. Os anjos divinos são uma vasta comunidade, um exército divino.

Eles são portadores obedientes das primeiras Chari'as, trabalhadores e representantes. Alguns deles estão adorando servos de Allah, outros lotam o Trono Divino em êxtase.

***

Quando a Matéria é Refinada, a Vida é Intensificada

A vida é fundamental, básica; a matéria é dependente dela, e subsiste por meio dela. Se você comparar um organismo microscópico, com seus cinco sentidos, e os sentidos do ser humano, você verá que o ser humano é muito maior do que o organismo, seus sentidos são inferiores com a mesma intensidade.

O organismo ouve a voz de seu irmão. Ele vê a sua comida. Se ele for ampliado para o tamanho de um ser humano, os seus sentidos seriam maravilhosos, sua vida deslumbrante, e o vê-lo é como um relâmpago iluminando os céus.

O ser hmano não é um ser vivo composto de seres mortos, mas uma célula humana viva composta por milhares de milhões de células vivas.

اِنَّ اْلاِنْسَانَ كَصُورَةِ (يٰسٓ) كُتِبَتْ فِيهَا سُورَةُ (يٰسٓ)[1029] ﴿فَتَبَارَكَ اللّٰهُ اَحْسَنُ الْخَالِقِينَ﴾[1030]

***

O Materialismo é Uma Praga Imaterial

O materialismo é uma praga imaterial; a humanidade pegou essa temível febre.[1] Sua inculcação e imitação causou a visita repentina da ira Divina à humanidade.

Esta praga se espalha à extensão da capacidade de criticar o espalhamento. Ela foi incutida pela ciência, e aprendeu a imitação cega com a civilização moderna. A liberdade levou ao criticismo; a desorientação saltou de seu orgulho.

***

Não Há Nada Ocioso na Existência; O Desempregado Trabalha por Conta da Não Existência

A pessoa mais infeliz, miserável, e angustiada, é o desempregado. Uma vez que, a ociosidade é não existência dentro da existência, a morte dentro da vida. Enquanto o esforço é a vida da existência, e o estado de vigília da vida!

***

A Usura e o Juro Causam Danos Absolutos ao Islam

A usura é a causa da ociosidade, extingue o entusiasmo pelo trabalho.

O lucro das portas da usura e seus contentores, os bancos, são sempre para o pior grupo da humanidade, os infiéis.

Os lucros dos infiéis vão para os piores deles, isto é, os opressores.

O lucro dos opressores sempre vai para o pior deles; isto é, o dissoluto; ele causa dano absoluto ao Mundo do Islam.

Na visão da Chari'a, toda a humanidade não pode estar sempre próspera. Para o infiel

---

[1] Isto é uma alusão à Primeira Guerra Mundial

beligerante é desrespeitoso, sem castidade, e seu sangue é derramado por nada, sempre.

O Alcorão Vai se Defender e Perpetuar a sua Soberania[1]

Eu vi uma pessoa que foi atingida pelo desespero; e foi acometido pelo pessimismo. Ela disse: "Os ulemá diminuíram em número, a quantidade substituiu a qualidade. Temo que a nossa religião vá morrer um dia."

Eu respondi: Uma vez que, a luz do universo não é extinta e não é possível extinguir a luz da nossa crença, da mesma forma, o Islam, em todos os tempos os minaretes da religião, os locais de culto Divino, as obras da Chari'a, todos golpeando a face da terra, enquanto não se extinguirem, o Islam sempre brilhará como pilares na terra.

Todas as mesquitas são instrutores, ensinando seus frequentadores; e todos os instrutores tornaram-se mestres; pela língua de disposição, sem erro ou esquecimento, eles incutem neles a religião.

Cada um dos preceitos islâmicos tornaram-se professores sábios, constantemente ensinando o espírito do Islam, por si, estendendo-o perante os olhares. Ao longo dos séculos, eles se tornaram a causa da continuidade.

As luzes do Islam são como se incorporadas em seus preceitos; e a água pura do Islam tem solidificado em seus locais de culto, incorporando-os – cada um, sendo pilar da crença.

As injunções do Islam são como incorporadas dentro de suas obras; os pilares do Islam tornaram-se petrificados em seus mundos – cada pilar é de diamantes; por meio deles a terra e o céu estão unidos.

Especialmente o Alcorão Sagrado, o orador de discurso milagroso profere um pré-eterno discurso em todas as terras islâmicas; nenhuma aldeia, não há lugar em tudo sem ouvi-lo e se orientar por ele, ao ponto de sua memorização tornou-se uma posição muito elevada, em que corre o segredo do versículo: ﴿إِنَّا لَهُ لَحَافِظُونَ﴾[1031] e sua recitação tornou-se adoração para gênios e humanos.

É por esta razão que deve ser ensinado, e seus assuntos incontestáveis mencionados. Com a passagem dos tempos, as matérias teóricas tornam-se incontestáveis, e se transformam em fatos evidentes por si, não nccessitando mais de evidências.

Os fundamentos da religião deixaram de ser matérias teóricas e tornaram-se essenciais. Mencioná-las é suficiente. Lembrá-las é suficiente. O Alcorão é sempre um bálsamo., tendo lembretes e menções.

O renascimento islâmico e o seu despertar social fornecem evidências para todos e um equilíbrio.

Desde que a vida social começou no Islam, a crença do indivíduo não está restrita a provas específicas para si mesmo; isto se baseia na consciência. Com efeito, baseia-se em inúmeras questões no coração comum.

É digno de nota, é difícil abolir até uma escola de pensamento fraco à medida que o tempo passa.

---

[1] Esta peça, que foi escrita 35 anos atrás, é em um estilo que poderia ter sido escrito este ano. Ou seja, ela era uma espécie de previsão inspirada no esplendor de Ramadan.

Então, o que há com o Islam, que se baseia em dois alicerces firmes da revelação e da disposição inata, e decide de forma tão eficaz por tantos séculos!

Com seus princípios firmemente enraizados, suas obras profundas, tem coo-herdado metade do globo, tornando-se um espírito natural. Se for agora eclipsado, ele emergirá imediatamente!

Mas infelizmente, certos infiéis vertiginosos com seus falsos argumentos atacam as bases sólidas deste grandioso palácio sempre que encontram a oportunidade.

Eles tentam abalá-los. Mas, esses princípios não podem ser perturbados, ou adulterados; calem-se agora, irreligião! Esse canalha está falido. Chega agora de experimento de descrença e de mentiras!

O posto avançado do mundo islâmico contra o mundo de incredulidade foi *Darul-Funun*.[1032]

Mas, devido à indiferença e negligência, o inimigo reptiliano da Natureza

Abriu uma brecha atrás do front; a irreligião foi assaltado, a nação foi bem agitada.

O posto avançado deverá ser um paraíso iluminado com o espírito do Islam.

Deveria ser o mais firme, e realmente despertou, ou não deveria ser essa instituição. Não deveria enganar o Islam. O coração é a sede da crença; a mente é onde a luz da crença é refletida.[1033]

Às vezes, é um mujáhid (combatente muçulmano), às vezes, é uma varredura; se as dúvidas da mente não entram no coração, a probabilidade é crença e a consciência não será abalada.

Uma vez que, se como algumas pessoas supõem a crença está na mente, inúmeras possibilidades, todos os inimigos impiedosos, opõem "certeza absoluta", que é o espírito de crença.

O coração e a consciência são a sede de crença. A intuição e inspiração são a evidência para a crença. O sexto sentido, o caminho da crença. O Pensamento e o intelecto, os vigias de crença.

***

Lembrando-se dos Assuntos Incontestáveis é Necessário, em Vez das Instruções dos Atos Teóricos

Os fundamentos da religião, os assuntos incontestáveis da Chari'a, estão presentes no coração das pessoas; eles se tornam conscientes deles por serem lembrados.

O resultado desejado é obtido. O árabe[I] realiza este lembrete de forma mais elevada.

O sermão árabe nas *salat* da sexta-feira é suficiente para recordar os fundamentos e questões incontestáveis.

Lá, a instrução em matérias teóricas não é necessária. Além disso, essas palavras árabes carimbam um selo da unicidade sobre a face da consciência do Islam; multiplicar [sua língua] é inaceitável.

***

[I] O autor percebeu um evento que era para ocorrer 10 anos depois, e tentou respondê-lo.

Os Hadices Dizem aos Versículos do Alcorão:É impossível Chegar Até Vocês!

Se você comparar os versículos e os Hadices, você verá claramente que o mais eloquente dos homens era o transportador da revelação, mas nem mesmo sua eloquência era igual à eloquência dos versículos do Alcorão.

Nem mesmo ele poderia imitá-lo. Isso significa que todas as palavras que foram emitidas pela língua de Mohammad não eram dele.

***

Explicação Concisa dos Milagres do Alcorão

Uma vez eu tive um sonho: Eu estava ao pé do Monte Ararat. A montanha de repente explodiu, espalhando pedras do tamanho de montanhas em todo o mundo, abalando-o.

Então, um homem apareceu ao meu lado. Ele me disse: "Expõe os aspectos dos milagres do Alcorão que você conhece, de forma concisa e sucinta!"

Pensei em significado do sonho enquanto ainda sonhando, dizendo a mim mesmo: a explosão aqui simboliza uma revolução na humanidade.

Como resultado, a orientação do critério da verdade e da falsidade será exaltada em todos os lugares, e governará. E virá o tempo para expor seus milagres!

Eu disse para o autor da pergunta em resposta: Os milagres do Alcorão se manifestam a partir de sete fontes, que também são constituídos por sete elementos:

Primeira Fonte: Esta é a fluência da sua redação, decorrente da pureza de sua linguagem; e sua forma brilhante de exposição, nascida da beleza da palavra de ordem; a eloquência dos significados, a originalidade dos conceitos, a excelência das inferências, e a singularidade de seus estilos.

Combinado com estes, por sua miraculosidade somos um bordado maravilhoso e exposição, e uma arte original e linguagem, pelo que a sua repetição nunca cansa ou fere.

Segunda fonte: Um tesouro de ciências ocultas, contendo os princípios ocultos de eventos cósmicos, os mistérios obscuros das verdades Divinas, as questões invisíveis da revelação, os eventos escondidos no passado, e os assuntos ocultos no futuro.

A língua dos mundos do Invisível fala com o Manifesto Mundial; divulga seus assuntos simbolicamente; o seu objetivo é a humanidade, um lampejo luminoso de miraculosidade.

Terceira fonte: Ele tem uma abrangência maravilhosa em cinco aspectos. Em suas palavras, significados, injunções e seu conhecimento, bem como o equilíbrio dos seus objetivos.

Suas palavras contêm realmente vastas possibilidades e numerosos aspectos, mas cada um é o preferido pela eloquência, o mais correto em seu árabe e apto na visão da Chari'a.

Seu significado: A miraculosidade de sua exposição ao mesmo tempo compreende as formas de todos os santos, as iluminações daqueles versados no conhecimento de Allah, as escolas daqueles no caminho das seitas, os caminhos dos teólogos dogmáticos, e os caminhos dos filósofos. A amplitude da sua evidência, a extensão de seus significados. Se você olhar por essa janela, que ampla arena que você verá!

O escopo de suas injunções: A Chari'a maravilhosa deduziu a partir dela todos os princípios para a felicidade deste mundo e do próximo, todos os meios de salvação.

Seus pronunciamentos de uma só vez abraçam todas as relações da vida social, todos os métodos de educação, as realidades de todas as condições.

A profundidade de seu conhecimento: Ele reuniu em seu paraíso, nas fortalezas de suas Suratas, tanto as ciências físicas e as ciências Divinas, e todos os sinais, alusões, e indicações a eles.

Os seus objetivos e propósitos: Aplicou equilíbrio perfeito e sequência regular; conformado com os princípios da natureza inata das coisas e da unidade, e preservou o equilíbrio.

Então, veja o englobamento maravilhoso na abrangência de suas palavras, a amplitude de seus significados, o âmbito de suas injunções, a profundidade do seu conhecimento, e o equilíbrio dos seus objetivos.

Quarta fonte: Ele dá um brilho luminoso em todos os tempos, de acordo com a sua compreensão e grau de alfabetização, e em todas as classes de homens em acordo com as suas capacidades e habilidades.

Sua porta está aberta para todas as épocas e de todas as classes dentro de cada um. É como se esse discurso do Misericordiosíssimo fosse recém-revelado a cada instante, em todos os lugares.

O Alcorão cresce mais jovem à medida que envelhece; seus sinais são evidentes; ele rasga o véu da Natureza e das causas, esse endereço Divino.

Ele lança a luz da unicidade Divina continuamente de cada versículo. Ele levanta o véu do Manifesto Mundial, lançado sobre o Invisível.

A sublimidade do seu endereço convida o olhar atento do ser humano, pois é a língua do Invisível; ele fala com o Manifesto Mundial. Seu frescor maravilhoso prossegue a partir deste elemento, um oceano abrangente!

Condescendência Divina para a mente dos seres humanos, para torná-lo familiar. A variedade de estilos de sua revelação faz com que seja familiar para gênios e humanos.

Quinta fonte: Refere-se em um estilo original carregado de significado, como se ele mesmo os tenha testemunhado, de suas histórias e narrativas e relatos verídicos, formando os seus pontos essenciais.

Com eles, ele avisa a humanidade. O que ele se refere é isso: ele fala de antigos eventos e futuros eventos, os segredos do Inferno e do Céu.

Verdades do Invisível, e mistérios do Manifesto Mundial, mistérios divinos, histórias sobre relações cósmicas.

Apagar histórias que nem o fato refutou, nem a lógica. Mesmo que a lógica não os aceita, não pode refutá-los – os livros revelados, que são reverenciados por todo o mundo.

Relaciona-se fielmente aos pontos em que eles concordam, e menciona de forma correta os assuntos sobre os quais eles diferem. Estas questões emitidas de um "inculto" foram a Maravilha do tempo!

Sexta fonte: Foi o fundador da religião do Islam, e compreende-a. Se você investigar o tempo e o lugar, nem o passado foi capaz de produzir formas semelhantes ao Islam, nem é o futuro.

Esta linha celeste mantém o mundo em suas rotações anuais e diárias, e gira-o. Vergou-se com o peso sobre a terra e a montou, mas a terra continua não desistindo da sua rebelião.

Sétima fonte: As seis luzes que vertem estas seis fontes combinam em conjunto; a partir disto, a beleza torna-se aparente, e desta uma intuição, um meio luminoso de entendimento.

Isso produz um prazer: o prazer de miraculosidade pode ser conhecido, mas a nossa língua é inadequada para descrevê-lo. A mente também está com defeito; essa estrela celestial pode ser vista, mas não tocada.

Durante treze séculos os inimigos do Alcorão desejaram desafiá-lo, enquanto ele tem despertado em seus amigos o desejo de imitá-lo. Isso também é uma prova de sua miraculosidade. Milhões de livros árabes têm sido escritos em consequência destes dois desejos intensos, entrando na biblioteca da existência.

Se eles são comparados com a revelação, se são pesados, contando com a evidência de seus olhos e ouvidos não só o erudito, mesmo o homem comum, irá declarar: "Esta é celestial, aqueles são humanos!"

Ele também vai dizer: "Não se parece com eles, não é da mesma classe. É, por conseguinte, menor do que todos eles, e isso auto-evidentemente não é verdade.

"Nesse caso, ele é superior a todos eles." O seu significado em todo esse tempo. A porta está aberta, dedicada à humanidade; tem convocado para si espíritos e mentes!

O homem tinha o poder sobre ele, e o reivindicou, mas seus significados ainda não podiam opor-se ao Alcorão; ele nunca poderia; agora, o tempo de teste já passou.

Ele não se assemelha a outros livros, que não podem ser comparados com ele. Pois, foi sabedoria dominical seu ser revelado aos poucos por pouco mais de vinte anos de acordo com as necessidades, em partes diversas.

As causas imediatas da revelação eram várias e distintas. As dúvidas sobre qualquer assunto foram repetidas e variadas. Os eventos relacionados com liminares eram numerosos e mudaram. Os tempos de revelação eram distintos e diferentes.

As condições que estavam sendo consideradas foram várias e diferentes; os grupos de pacientes a que se dirigia eram numerosos e remotos; os objetivos da sua orientação foram graduados e variados.

Sua estrutura, e exposições, bem como as respostas, e discursos foram com base nesses fundamentos.

Mas apesar disso, sua suavidade de estilo e falta de defeito, a sua proporção e harmonia mútua, demonstraram a sua perfeição.

Testemunha disso é que de acordo com a ciência da retórica, o Alcorão tem uma característica não presente em outro discurso: se você ouvir o outro falar, você verá o alto-falante (ou o escritor) por trás dele, ou você vai encontrá-lo dentro dele. O estilo é o reflexo do ser humano.

Ó questionador sonhador! Você pediu concisão, assim eu fiz uma indicação. Se você quer uma exposição detalhada, ela está além das minhas capacidades! Uma mosca não pode contemplar o céu. Para um dos quarenta tipos de miraculosidades, apenas uma é a eloquência da ordem da palavra; e uma exposição dele não se encaixava em Icharatal-

I'jaz.

Meu comentário de cem páginas foi insuficiente para ele. Em vez disso, eu quero uma exposição detalhada a partir de inspirações espirituais como o senhor mesmo!

اولاشماز دست أدب غرب هوسبار هواكار دهادار۞ دأب أدب أبد مدت قرآن ضيابار

شفاكار هدادار[1034]

Um estado de espírito agradável ao maduro e aperfeiçoado com a sua apreciação do significado, não satisfazem o infantil, o lunático, e o dissoluto,

Ele não os entretêm. Em consequência, os prazeres levantados em meio aos baixos, dissolutos, carnais luxuriosos não sentirão prazer espiritual.

Olhando com a visão das baixas novelas da literatura moderna, emitida na Europa, eles não o verão nem experimentar as sutilezas elevadas, as majestosas virtudes do Alcorão.

A sua pedra de toque não pode experimentar essas virtudes. Há três áreas em que a literatura passeia; ela perambula dentro de seus limites:

Tanto o amor e a tristeza, ou o heroísmo e a bravura, ou a representação da realidade. Na literatura estrangeira, que não busca a verdade no heroísmo; isso sim incute um desejo de poder por aplaudir crueldades da humanidade.

No que se refere à tristeza e ao amor, ele não conhece o verdadeiro amor; injeta na alma uma sensação de luxúria.

Na questão de retratar a realidade, ele não olha para o universo como a arte Divina; ele não o vê com a tonalidade do Misericordiosíssimo.

É algo que se aproxima do ponto de vista da "Natureza", e descreve-o assim; e que não pode ser libertado a partir deste.

Por esta razão, o que inculca é amor pela "Natureza". Ele infunde no coração os sentimentos do materialismo, dos quais não pode ser facilmente guardado.

Mais uma vez, que a literatura sem maneiras, tanto sedativa e narcótica, pode fornecer nenhum benéfico salvo para a angústia do espírito que surge a partir da desorientação resultante do acima.

Foi encontrado um único remédio, e esse é o seu romance. Os livros com seus personagens mortos, o cinema com seus cadáveres animados. Os mortos não podem conceder vida!

E o teatro com suas reencarnações e fantasmas do vasto túmulo conhecido como o passado.

- São completamente sem vergonha esses três tipos de sua ficção.

Ele colocou a língua mentirosa na boca da humanidade, anexando um olhar lascivo ao seu rosto, vestiu o mundo com uma saia escarlate, e não reconhece a pura beleza.

Se ele aponta para o sol, ele coloca na mente do leitor uma bela atriz loira. Aparentemente, diz: "O vício é ruim, não é apropriado para o ser humano."

Recorda as suas consequências nocivas. Mas suas representações incitam tanto o vício que fazem crescer água na boca e a razão não pode permanecer no controle.

Eles aguçam o apetite, estimulam o desejo, de modo que as emoções já não acatam nada. A literatura do Alcorão, no entanto, não atiça o desejo; ela transmite uma sensação de amor à verdade, uma paixão por pura beleza, uma apreciação e gosto pela beleza, um desejo por realidade. E não engana.

Ele não olha para o universo do ponto de vista da natureza; ele fala disso, do ponto de vista da arte Divina, com a coloração do Misericordiosíssimo. Não faz confundir a mente.

Ele infunde a luz do conhecimento do Criador. Aponta Seus sinais em todas as coisas. Tanto produz uma tristeza comovente, mas eles não se assemelham.

A literatura nascida na Europa excita tristeza patética decorrente da falta de amigos, de ser sem dono; não uma tristeza elevada.

Pois, é uma tristeza desolada inspirada pela natureza surda e pela força cega. Ela mostra o mundo como desolado, não de qualquer outra forma.

Descreve-o desta forma, mantém o homem triste lá, coloca-o entre os estranhos sem dono, deixando-o sem esperança.

Devido a esse sentimento de consternação que lhe deu, ele afunda gradualmente em desorientação; abre-se o caminho para o ateísmo, de onde é difícil voltar. Talvez ele nunca volte.

A literatura alcorânica produz uma tristeza, mas é a tristeza de amor, não de órfãos. Ela surge a partir da separação dos amigos, não da falta deles.

A sua visão do universo, no lugar de natureza cega, é a arte Divina dos misericordiosos como consciência; ele não fala da Natureza.

Em vez de força cega, descreve poder Divino, sábio e proposital. O universo, portanto, não assume a forma de uma terra desolada.

De fato, na visão do que está de luto que aborda, torna-se um encontro de amigos. Em cada lado do amor mútuo e a resposta, que não causa nenhum desconforto.

A simpatia em cada esquina chama a pessoa melancólica na sociedade, dando-lhe uma tristeza saudade, um sentimento elevado; não um pesaroso deprimido.

Ambos dão origem à ansiedade. Mas, por meio da ânsia provocada pela literatura estrangeira, a alma torna-se animada, os desejos são estimulados; sua não dá nenhuma alegria para o espírito.

A ânsia do Alcorão, no entanto, dispara o espírito, dá origem a uma ânsia elevada. É por esta razão que a Chari'a de Mohammad (Allah o abençoe e lhe dê paz) quer nenhum entretenimento ou desvio.

Ele proibiu alguns instrumentos musicais, para o divertimento, e permitiu outros. Ou seja, quer dizer, instrumentos que produzem tristeza do Alcorão ou a ânsia revelacional não são prejudiciais.

Mas se eles produzem a dor lamentável do órfão ou as emoções carnais, o instrumento é proibido. Ele muda de pessoa para pessoa, nem todo mundo é igual.

***

Os Ramos Oferecem Frutos em Nome da Misericórdia Divina

Por todos os lados os ramos da árvore da criação, aparentemente estendem os frutos de generosidades para as mãos dos seres com espíritos.

Mas, na realidade, é uma mão de misericórdia, uma mão do poder, que detém para nós esses ramos e frutos.

Você deve beijar a mão de misericórdia em gratidão, e proclamar agradecido a santidade da mão do poder.

***

Uma explicação das Três caminhos indicados no final da Surata al-Fatiha

Ó irmão cheio de esperança! Pegue a sua imaginação e venha comigo. Veja, estamos agora em uma terra ampla, olhando em volta, sem que ninguém nos veja. Porém, fomos cobertos por uma camada de nuvem negra que se assentaou sobre as altas montanhas, cobrindo também toda a face da terra, como se fosse um teto sólido, mas é um teto que se pode ver através dele, o sol é visível do outro lado.

Porém, nós estamos sob aquela nuvem escura, a escuridão que nos oprime, o sofrimento é sufocante, a falta de ar está nos matando.

Enquanto estamos nessa situação de aperto sufocante, abrem-se três caminhos para nós que levam a um mundo luminoso. Uma vez fomos até lá e o vimos. Seguimos os três caminhos cada um individualmente:

Primeiro Caminho: a maioria das pessoas passam por ele; é uma viagem ao redor do mundo, que nos convida a percorrê-lo. Veja, estamos a caminho, indo a pé. Veja como os mares de areia do deserto nos queimam com a sua raiva, ameaçando-nos! Vê as ondas montanhosas; elas estão nos ameaçando também. Estão com raiva de nós. Agora, graças a Deus, começamos respirar, podemos ver a face do sol. Mas só nós sabemos as dificuldades que sofremos.

Porém, infelizmente, voltamos para o deserto coberto com nuvens ecuras, quando precisamos ver um mundo iluminado que abre os nossos olhos.

Se você tiver coragem, acompanha-me neste caminho tão repleto de perigos. Vamos explicá-las com coragem.

É o nosso segundo caminho: Vamos perfurar a natureza da terra, e passar para o outro lado. Vamos passar por túneis naturais, cheios de medo. Vi, em um tempo, este caminho e comm medo e preocupação. Mas naquela ocasião eu tinha comigo uma substância para fundir e rasgar natureza da terra e aplaina o caminho. Essa substância foi-me dada pelo Alcorão no terceiro caminho.

Ó irmão, não me deixe, me segue. Não tenha medo! Veja, eis à sua frente cavernas como túneis e torrentes subterrâneas. Eles nos esperam e vão nos facilitar o caminho para passarmos para o outro lado. Não fique assustado com esses impressionantes seres inanimados da natureza! Por trás de seu rosto azedo há um rosto sorridente de seu proprietário. Aquela substância alcorânica é substância luminosa como o rádium.

Boas novas, irmão. Saímos para o mundo cheio de luz. Olhe para esta terra linda, este céu suave e embelezada. Levanta a cabeça! Veja quem tem coberto todo o céu e todas as nuvens. É o Alcorão Sagrado. A árvore de Tuba do Paraíso, que espalhou seus ramos em todos os lugares. Devemos nos agarrar a esse ramo que está pendendo, de modo que ele possa nos levar para lá, para aquela árvore celeste.

Um dos métodos menores daquela árvore é a ilustre Chari'a.

Podemos alcançar esse mundo luminoso por esse caminho, o caminho da Chari'a sem dificuldade nem abalados por nenhum perigo.

Uma vez que erramos o caminho, vamos voltar ao nosso antigo lugar e encontrar o caminho reto. Veja como:

Nosso terceiro caminho! Sobre as montanhas se coloca o convocador real. Ele está declarando para o mundo todo: "Venham para o mundo da luz". Ele ordena súplicas e orações obrigatórias. É Mohammad, o hachimita (Que Allah o abençoe e lhe dê paz).

Olhe para as montanhas! Montanhas da orientação tem varado as nuvens! golpeando os céus.

Olhe para as montanhas da Chari'a. Como decorou e embelezou a face da terra! Agora, vamos nos empenhar para vermos a luz e a beleza de lá.

Eis aqui é a montanha de Úhud do monoteísmo, aquele poderosa e amada montanha.

Aqui está a Júdi do Islam, aquela montanha saudável. A Montanha da segurança e da tranquilidade,

Eis a montanha da lua, o Alcorão de al-Azhar, corre dele a água pura dos fluxos do Nilo provenientes dessa fonte sublime. Bebe de sua água doce potável!

﴿فَتَبَارَكَ اللّٰهُ اَحْسَنُ الْخَالِقِينَ﴾[1035] ۞ ﴿وَاٰخِرُ دَعْوٰينَا اَنِ الْحَمْدُ لِلّٰهِ رَبِّ الْعَالَمِينَ﴾[1036]

Irmãos! Agora joguem fora a imaginação e vestem a mente! Os dois primeiros caminhos são: "não à dos abominados" e "nem à dos extraviados."

Seus perigos são inúmeros. Constituem em inverno perpétuo, sem primavera. Apenas um em cada cem é salvo, como Platão e Sócrates.

O terceiro caminho é fácil, direto e reto. Fracos e fortes são iguais. Todo mundo pode percorrê-lo.

Porém, o mais confortável e seguro dos caminhos é o caminho do martírio ou do jihad.

Agora chegamos à conclusão:

Sim, os dois primeiros caminhos são percorridos pela genialidade da ciência. Quanto à orientação do Alcorão, é o da senda reta; é o terceiro que vai nos levar lá.

اَللّٰهُمَّ ﴿اِهْدِنَا الصِّرَاطَ الْمُسْتَقِيمَ ۞ صِرَاطَ الَّذِينَ اَنْعَمْتَ عَلَيْهِمْ غَيْرِ الْمَغْضُوبِ عَلَيْهِمْ وَلَا الضَّالِّينَ﴾ آمِينَ[1037]

***

Certamente, toda dor está na desorientação, e todo verdadeiro prazer está na crença

(Uma poderosa verdade em forma de imaginação)

Ó inteligente companheiro! Meu amigo! Se você quiser ver claramente as diferenças entre o caminho luminoso do "caminho reto" e o caminho sombrio "dos abominados e dos extraviados", pegue então a sua fantasia e monte sua imaginação. Vamos juntos para as trevas da não existência, visitar aquele vasto cemitério cheio de mortos.

O Todo-Poderoso e Magnífico nos condiziu para fora daquele lugar de escuridão com a Sua mão de poder, e nos montou na existência, e nos enviou a este mundo, esta cidade sem prazeres.

Agora nós estamos ao mundo da existência, este vasto deserto, com os olhos abertos, olhando nas seis direções. Dirigimos o nosso olhar, e eis que as atribulações e dores desejam nos assaltam como inimigos. Ficamos assustados e voltamos para trás.

Então, olhamos para a direita e a esquerda para os elementos naturais, buscando assistência. Mas os vemos com o seu coração duro e implacável, rangendo os dentes, encarando-nos com raiva, sem acatarem nem fundamento nem ouvirem as queixas.

Como criaturas sitiadas, desesperadamente, levantamos os olhares para cima. Procuramos ajuda, temos de olhar para os corpos celestes, mas eles nos ameaçam impressionantemente.

Como se se fossem bombas lançadas, com excesso de velocidade através do espaço. Mas de alguma forma ou de outra eles não se chocam um com o outro.

Se por acaso confundir o caminho e se perder, este mundo manifesto seria feito em pedaços, Deus me livre! Ele está vinculado a coincidência; nada de bom pode vir disso.

Em desespero voltamos nosso olhar daquela direção, superado pela confusão grave. Inclinamos nossas cabeças e olhamos para nós mesmos; nós consideramos e estudamos a nós mesmos.

Agora estamos ouvindo milhares de gritos de necessidades e milhares de gemidos provenientes de nossas almas miseráveis. Ficamos tristes enquanto esperávamos a consolação.

Nada de bom vem dessa direção também. Em busca de refúgio, recorremos às nossas consciências, em busca de um remédio. Infelizmente, mais uma vez nada encontramos; o tratamento fica dependendo de nós. Pois nela reuniram-se milhares de esperanças, desejos, emoções, tendência espalhados por todo o universo. Retornamos apavorados. Somos incapazes de lhes oferecer ajuda.

As esperanças competiram no ser humano até alcançarem o mundo da pré-eternidade de um lado e de pós-eternidade do outro. Eles têm tal amplitude, se engolissem o mundo, a consciência ainda não estaria satisfeita.

Onde quer que dirijamos os nossos olhares, nos deparamos com o infortúnio. Porque é o caminho dos "abominados, e os extraviados", porque o olhar se dirige para oacaso e a desorientação.

Uma vez que imitamos aquela visão, caímos nos estado presente e nos esquecemos temporariamente o criador, a congregação, o início e a Ressurreição. A sua dor é pior do que a dor do Inferno, e queima mais terrivelmente e esmaga os nossos espíritos. O que resultou das seis direções é um estado formado de terror impressionante, de surpresa, impotência, inquietação e apreensão, com orfandade e desespero, que esmagam a nossa consciência.

Agora vamos tentar rejeitar e repelir cada uma das direções. Em primeiro lugar, recorrer a nossa própria força, mas, infelizmente, somos impotentes, fracos.

Em segundo lugar, dirigimo-nos para silenciar as necessidades da alma. Mas, infelizmente, vemos que gritam incessantemente.

Em terceiro lugar, clamamos por socorro buscando um salvador, mas ninguém ouve ou responde.

Supomos que tudo seja hostil, tudo estranho. Nada consola nosso coração, nada dá uma sensação de segurança, ou verdadeiro prazer.

Em quarto lugar, quanto mais olhamos para os corpos celestes, mais eles nos enchem de medo e temor. Vexam a consciência, alienando-a; atormentam a mente, enchendo-a com delírios.

Irmão! Este é o caminho de desorientação! Por isso tivemos toda a escuridão da incredulidade. Vem, agora, meu irmão, nós vamos voltar novamente para que a não existência.

Mais uma vez devemos voltar. Desta vez, o nosso caminho é o caminho reto, e a forma de crença. Nosso guia é a assitência divina e à nossa frente o Alcorão Sagrado.

Sim, quando desejamos o Senhor Generoso, o Seu poder extraiu do nada, como misericórdia e graça e nos montou na lei da Sua vontade, fazendo-nos seguir as etapas. Em seguida, ele compassivamente nos vestiu com a roupa da existência, nos concedeu a confiança e sua classificação; a marca disso são as súplicas e as orações obrigatórias.

Todas as etapas são locais de parada na nossa longa estrada. O destino escreveu nas nossas testas as suas ordens para facilitar as nossas questões. Onde quer que vamos, com qualquer grupo, somos hóspedes recebidos em forma verdadeiramente fraterna. Damos dos nossos pertences, e recebemos deles. Assim nasce o comércio com amor e confiança. Eles nos alimentam, enfeitam-nos com presentes, então seguimos o nosso caminho, até finalmente, chegamos à porta do mundo e ouvimos as vozes.

Veja, chegamos a terra. Os nossos pés pisaram o mundo manifesto. A exposição do Clemente, divulgação de suas criações, habitação clamorosa do homem. Ingressamos nela sem sabermos o que nos rodeia, nosso guia e líder é a vontade do Clemente. O seu procurador são os nossos olhos delicados.

Eis que abrimos os olhos e olhamos ao redor. Será que recordar da nossa primeira vez?

Éramos estranhos, órfãos. Nossos inimigos eram inúmeros. Não conhecímos o nosso protetor.

Agora, com a luz da fé, temos um ponto de apoio, um pilar forte, um protetor, que repele os inimigos.

Na realidade, a crença em Deus é a luz de nossos espíritos, a luz de nossas vidas, e o espírito de nosso espírito. Nossos corações são tranquilos com Allah, não dispõe de inimigos, nem mesmo os reconhecem como tais.

No nosso primeiro caminho ingressamos em nossas consciências, ouvimos inúmeros gritos e pedidos de socorro. Ficamos com medo do infortúnio, as nossas esperanças e nossos desejos, nossas capacidades e nossos sentidos sempre desejam a eternidade. Mas não sabiam como obtê-la, daí, os lamentos dela e os nossos gritos.

No entanto, todo o louvor pertence a Allah, pois desta vez, encontramos um ponto de socorro que dá sempre a vida à nossa disposição inata e às esperanças; transportando-a para o caminho da eternidade. Nossa disposição inata mostra-lhes o caminho a partir desse ponto, e procura ajuda, Certamente, as esperanças constituem na água da vida, e tudo procura a sua perfeição.

Aquele ponto saudoso, o ponto de socorro, é o segundo pólo da crença é a afirmação da ressurreição dos mortos, a felicidade eterna é a pérola daquela concha. A prova da crença é o Alcorão e a consciência, aquele mistério humano.

Agora levanta a cabeça, e dê um olhar para o universo. Fale com ele. Parecia desolado no nosso antigo caminho. Agora está sorrindo, rindo de todos os lados, espalhando as boas novas e a alegria.

Você não vê que nossos olhos se tornaram como abelhas? Voam para todos os lugares no jardim do universo, em torno da profusão de flores; cada flor fornece um néctar delicioso.

Cada lugar oferece consolo, amor e sentimento de familiaridade. Eles também dão, recebem, e oferecem testemunho, fazem o mel fluir sobre o mel.

Como o nosso olhar pousa sobre os movimentos dos corpos celestes, ou as estrelas, ou sóis, ele mostra a sabedoria do Criador, a maneira de Sua instrução, a manifestação de Sua misericórdia.

É como se o sol estivesse falando com a gente, dizendo: "Meus irmãos! Não se sintam assustados ou desanimados. Vocês são bem-vindos, que bom vocês terem vindo! Esta morada é sua, eu sou apenas encarregado de iluminá-los. "Eu sou como vocês, um servo, mas puro, obediente, submetidos pelo Único e Absoluto para iluminá-los, exclusivamente com Sua misericórdia e graça. Meu dever é iluminar e fornecer claor e o dever de vocês é súplicar e orar!"

Agora olhe para a lua! Para as estrelas e para os mares; cada um dá as boas vindas em sua própria língua e diz: "Bem-vindos sejam! Que bom que vocês vieram! Não nos reconhece?"

Olhe através do mistério da cooperação, através da condução do sistema. Cada um diz: "Somos todos servos submetidos, espelhos de misericórdia do Clemente; não se preocupe, não desanime!

"Não sinta medo ou seja cético com o terremoto, os gritos dos eventos, são sons de recitações, clamores das glorificações, invocação de súplicas e rogos.

"Sim, quem os enviou aqui é o Magnífico, Belo, que possui as rédeas nas mãos. O olho da fé lê em seus rostos os sinais da misericórdia."

Ó crente, com o coração desperto! Deixe que os nossos olhos descansem um pouco;

vamos entregar nossos ouvidos sensíveis à mão abençoada de crença em seu lugar. Vamos enviá-los para o mundo para ouvir seus refrões deliciosos. As vozes que se elevavam em nosso caminho no passado, e pensamos que são vozes de luto e de lamentos de são vozes de recordação nesse caminho, glorificações, de louvações e de agradecimentos.

Ouvir o murmúrio do ar, o som do trovão, o som das ondas, são glorificações sublimes, magníficas, o canto das chuvas, o gorjeio dos pássaros; todos são refrões significativos da misericórdia e assitência.

Os sons das coisas são todos os sons de existência: "Eu também existo", eles dizem. O universo em silêncio de repente encontra voz: “Não pensem que somos sem vida”. O homem tagarela, o pássaro começa a cantar melodiosamente. Com suas diferentes vozes, com seus cantos minúsculos aplaudem a misericórdia, proclamando suas graças. Implicitamente dizem: "Ó seres do universo, meus irmãos! Quão boas estão as nossas circunstâncias; não somos educados com compaixão e ternura? Estamos felizes em a nossa situação." E assim, dispersam suas músicas no ar com seus finos bicos até transformar o universo em uma orquestra sublime.

A luz da fé é que faz suas recitações e suas glorificações, serem ouvidas, onde não há existência do acaso, nem acerto cego.

Companheiro! Estamos saindo agora deste mundo de similitudes, e paramos à porta da imaginação e fantasia. Vamos descer na arena da razão, fazer um balanço, e encerrar essas formas.

Nosso primeiro caminho, cheio de dor, é o "dos abominados, e dos extraviados", inflige sofrimento na consciência mais íntima, e dor intensa. Esses sentimentos dolorosos eerompem nas faces, enganando a nós mesmos, obrigados a nos salvar dessa situação e tentamos apaziguar, adormecer, extender os sentimentos e os anular. Senão, não suportamos enfrentar os gritos de socorro interruptos. O desejo anula a sensação e entorpece os sentimentos. E os desejos mágicos exigem diversão para enganar a consciência, negligenciá-la e adormecer e acalmar o espírito para não sentir dor, porque esses sentimentos queimam a consciência ao ponto de não suportar os gritos pela gravidade da dor. Porém, a dor do desespero é certamente insuportável.

Toda vez que a consciência se afastar da senda reta a situação é afetada ao ponto de cada prazer deixar vestígio de dor. a consciência gritar. Aquela reluzente civilização, que é uma mistura de fantasia, luxúria, diversões, e licenciosidade, é uma panacéia enganosa, um narcótico venenoso para o sofrimento medonho decorrente de desorientação.

Meu caro amigo! Em nosso segundo caminho, aquela estrada cheia de luz, percebemos um estado de espírito em que a vida se tornou uma fonte de prazer, as dores se tornaram alegrias.

Entendemos que ele transmite um estado de espírito variando em grau de acordo com a força da crença. O corpo recebe prazer através do espírito, o espírito recebe prazer através da consciência.

Um prazer imediato é sentido na consciência; um paraíso espiritual está presente no coração, para pensar sobre isso é para abri-lo; enquanto a consciência é marcada por seus segredos.

Agora, por mais que o coração é despertado, a consciência estimulada, o espírito agitado, aumenta o prazer, transformando fogo em luz, e inverno em primavera.

As portas dos paraísos abrem na consciência, o mundo se torna um paraíso. Dentro dele nossos espíritos levantam vôo, subindo como pipas, suplicando, orando.

Digno companheiro! Adeus por ora. Vamos oferecer uma oração juntos, então vamos nos separar para nos encontrmos novamente!

اَللّٰهُمَّ اِهْدِنَا الصِّرَاطَ الْمُسْتَقِيمَ آمِينَ[1038]

***

RESPOSTA À IGREJA ANGLICANA

Uma vez, como um artifício, um inimigo implacável do Islam, um político astuto, um pastor suspeito que queria mostrar arrogância, pediu-nos quatro coisas, -na forma de negação, em uma época terrível que ele tinha suas garras em nossa garganta, em sua alegria com a nossa desgraça; ele queria seiscentas palavras. A resposta era necessária como uma tapa na cara de sua alegria, seus enganos, e sua negação, como cuspir na cara dele, para silenciá-lo. Eu não vou dirigir-me a ele. Eu tenho a seguinte resposta de um amante da verdade.

Ele perguntou primeiro: "O que é a religião de Mohammad (Allah o abençoe e lhe dê paz)?"

Eu respondi: É o Alcorão. Os objetivos básicos do Alcorão são os seis pilares da crença e os cinco pilares do Islam.

Em seguida, ele perguntou: "O que ele tem dado a vida e ao pensamento?"

Eu respondi: Para o pensamento, a afirmação da unicidade divina; para a vida, a moderação e o caminho da moderação. Minhas testemunhas para isso são:

﴿فَاسْتَقِمْ كَمَا أُمِرْتَ﴾[1039] ۞ ﴿قُلْ هُوَ اللّٰهُ اَحَدٌ﴾[1040]

Na terceira, ele disse: "Que remédios tem para as presentes atrocidades?"

Eu respondi: A proibição da usura, dos juros e o pagamento de Zakat. Minhas testemunhas para isso são estes:

﴿يَمْحَقُ اللّٰهُ الرِّبٰوا﴾[1041] ۞ ﴿وَاَحَلَّ اللّٰهُ الْبَيْعَ وَحَرَّمَ الرِّبٰوا﴾[1042] ۞

﴿وَاَقِيمُوا الصَّلٰوةَ وَاٰتُوا الزَّكٰوةَ﴾[1043]

Na quarta, ele perguntou: "Como ele se olha para as em revoluções humanas?"

Eu respondi: "O trabalho é fundamental. A riqueza não deve ser acumulada nas mãos de tiranos. Minhas testemunhas para isso:

﴿لَيْسَ لِلْاِنْسَانِ اِلَّا مَا سَعٰى﴾[1044] ۞ ﴿وَالَّذِينَ يَكْنِزُونَ الذَّهَبَ وَالْفِضَّةَ وَلَا
يُنْفِقُونَهَا فِي سَبِيلِ اللّٰهِ فَبَشِّرْهُمْ بِعَذَابٍ اَلِيمٍ﴾[1045]

***

بِسْمِ اللّٰهِ الرَّحْمٰنِ الرَّحِيمِ

يَا اَللّٰهُ يَا رَحْمٰنُ يَا رَحِيمُ يَا فَرْدُ يَا حَىُّ يَا قَيُّومُ يَا حَكَمُ يَا عَدْلُ يَا قُدُّوسُ[1046]

Por razões de seu grande nome, e na veneração do Alcorão Sagrado, e em honra do seu Mensageiro mais Nobre, em quem estejam as bênçãos e paz, concede a felicidade eterna no Paraíso aos produtores deste livro e a todos aqueles que os assistem. Amém! E concede-lhes sucesso sem fim a serviço da fé e do Alcorão. Amém! E escreva por cada palavra registre mil méritos nos livros de suas boas ações. Amém! E confere-lhes perseverança, constância e sinceridade em publicar a Risale-i Nur. Amém!

Ó o mais Misericordioso dos misericordiosos! Concede felicidade neste mundo e no próximo a todos os estudantes da Risale-i Nur. Amém! Preserva-os do mal dos demônios entre gênios e humanos. Amém! E perdoa as faltas desse servo impotente e miserável Said. Amém!

Em nome de todos
os estudantes da
Risale-i Nur,
SAID NURSI

Sobre a Risale-i Nur, As Palavras e seu Autor

As palavras constitui a primeira parte da Coleção da Risale-i Nur, comentário do Alcorão acima de cinco mil páginas, escritas em turco por um dos estudiosos islâmicos mais importantes deste século, Bediuzzaman Said Nursi, a fim de provar e explicar as verdades da fé aos muçulmanos contemporâneos e ao homem moderno. No ponto de vista de Bediuzzaman, em face das agressões da filosofia materialista no momento presente, a questão que tem prioridade sobre todo o resto para os muçulmanos é salvar e fortalecimento da fé. Pois é somente na crença em Deus que a verdadeira felicidade, o progresso do ser humano, e a cura das feridas causadas pelo materialismo e a desorientação estão a ser encontrados. Bediuzzaman dedicou sua vida e aprendizagem para a realização disso.

Bediuzzaman Said Nursi nasceu em 1877 no leste da Turquia e morreu em 1960 em Urfa, na Turquia. Os leitores podem referir-se para os de talhes de sua biografia de sua longa e exemplar vida, que se estendeu nas últimas décadas do Império Otomano, a seu colapso após a Primeira Guerra Mundial e a criação da República, em seguida, os vinte e cinco anos de governo republicano dos povos do partido, bem conhecido pelas medidas tomadas contra o Islam, seguido pelos dez anos de governo democrata, quando as condições se aliviaram um pouco para Bediuzzaman. Aqui vamos mencionar apenas alguns pontos que são relevantes para a Risale-i Nur que vão ajudar na compreensão das Palavras. Com este mesmo objetivo, alguns pontos gerais sobre a Risale-i Nur estão incluídos, e o método particular do Bediuzzaman, que emprega para ensinar as verdades do Alcorão.

Bediuzzaman exibia uma inteligência extraordinária e capacidade de aprender desde uma idade precoce, completando o curso normal da educação na madrssa (escola religiosa) com a idade de quatorze anos, quando ele obteve seu diploma. Tornou-se famoso tanto por sua memória prodigiosa e sua invencibilidade em debater com outros estudiosos religiosos. Outra característica que Bediuzzaman exibia desde cedo foi uma insatisfação instintiva com o sistema de ensino existente, que quando mais velho, ele formulou propostas globais para a sua reforma. O coração dessas propostas foi reunir e articular o ensino das ciências religiosas tradicionais e as ciências modernas, juntamente com a fundação de uma universidade nas províncias orientais do Império, o Medresetuz-Zahrá, onde todas as suas inúmeras propostas seriam colocadas em prática. Em 1907 seus esforços neste campo o levaram para Istambul, onde apresentou uma petição ao tribunal de Sultan Abdul-Hamid. Embora, tivesse posteriormente recebido fundos, duas vezes, para a construção de sua universidade, e seus alicerces terem sido lançados em 1913, nunca foi concluída devido à guerra e às vicissitudes dos tempos.

Ao contrário da prática de estudiosos religiosos no leste naquele tempo, Bediuzzaman estudou e dominou quase totalidade das ciências físicas e matemáticas, e mais tarde estudou filosofia, pois ele acreditava que era somente desta maneira que a teologia islâmica (Kalam) poderia ser renovada e responder com sucesso aos ataques dirigidos ao Alcorão e ao Islam.

No decorrer do tempo, as ciências físicas foram excluídas da educação da madrassa, o que contribuíu diretamente para o declínio otomano em relação ao avanço do Ocidente. Agora, no final do século 19 e início do século 20, a Europa extendeu seu domínio sobre o mundo islâmico, e nos esforços para estender esse domínio, estava atacando o Alcorão e o Islam em nome da ciência e do progresso, em particular, alegando falsamente que eles sejam incompatíveis. Dentro do Império também havia uma pequena minoria que favorecia adotar a filosofia ocidental e da civilização. Assim, todo o esforço de Bediuzzaman foi para provar e demonstrar a falsidade dessas acusações, e que longe de ser incompatível com a ciência e o progresso, o Alcorão era a fonte do verdadeiro progresso e da civilização, e, além disso, uma vez que este era o caso, o Islam iria dominar o futuro, apesar de seu declínio relativo e regressão naquele momento.

Os anos até o fim da Primeira Guerra Mundial constituiram as últimas décadas do Império Otomano e foi, nas palavras de Bediuzzaman, o período do "Velho Said". Ele se esforçou para servir a causa do Império e o Islam através ativo envolvimento na vida social e no domínio público. Na guerra, comandou as forças de milícia no Frente Caucasiano contra os russos invasores, pelo qual ele mais tarde foi premiado com uma medalha de Guerra. Para manter o moral de seus homens que ele mesmo se negou a entrar nas trincheiras apesar do bombardeio constante, e foi durante os ataques esmagadores do inimigo, que ele escreveu seu comemorado comentário do Alcorão, "Sinais da Miraculosidade", ditando para um escriba montado a cavalo. Afirmando que o Alcorão engloba as ciências que dão a conhecer o mundo físico, o comentário é um trabalho original e importante que, nas palavras de Bediuzzaman, constitui um modelo para os comentários que ele esperava ser escritos no futuro, que reuniria as ciências religiosas e modernas na forma como ele propôs. Bediuzzaman foi feito prisioneiro em março de 1916 e ficou prisioneiro na Rússia por dois anos antes de escapar no início de 1918, e voltar a Istambul via Varsóvia, Berlim e Viena.

A derrota dos otomanos viu o fim do Império e seu desmembramento, e a ocupação de Istambul e partes da Turquia por forças estrangeiras. Estes amargos anos viu também a transformação do Velho Said no Novo Said, o segundo período principal da vida de Bediuzzaman. Apesar da aclamação que ele recebeu e os serviços que atuou como membro da *Dáril-Hikmatil-Islamiya* e combater as forças de ocupação, ele passou por uma profunda mudança mental e espiritual no processo do qual virou as costas para o mundo, e percebeu a inadequação da ciência "humana" e da filosofia que ele tinha estudado como meio de alcançar a verdade, e tomou o Alcorão revelado como seu "único guia". Em reconhecimento aos seus serviços de luta pela independência, Bediuzzaman foi convidado a Ankara por Mustafa Kamal, mas à sua chegada lá, descobriu que no exato momento da vitória dos turcos e o Islam, ideias ateístas estavam sendo propagadas entre os deputados e funcionários, e muitos foram negligentes no desempenho de seus deveres religiosos. Ele publicou várias obras que combatida com sucesso isto.

Permanecendo cerca de oito meses em Ancara, Bediuzzaman entendeu o caminho que os novos líderes estavam tomando, e que, por um lado, ele não poderia trabalhar ao lado deles, e por outro não deviam ser combatidos no campo da política. Então, quando lhe foram oferecidos vários cargos e benefícios, ele os recusou e deixou Ankara para Van, onde se retirou para uma vida de adoração e contemplação; ele estava procurando a melhor maneira de proceder.

Dentro de um curto espaço de tempo, os medos de Bediuzzaman sobre o novo regime começaram a se realizar: os primeiros passos foram dados no sentido de secularização e redução do poder do Islam dentro do estado, e até mesmo sua erradicação da vida turca. No início de 1925 houve uma rebelião no leste em que Bediuzzaman não participou, mas como consequência foi enviado para o exílio na Anatólia ocidental, juntamente com muitas centenas de outros. Assim, injustamente, começaram vinte e cinco anos de exílio, prisão e opressão ilegal para Bediuzzaman. Ele foi enviado para Barla, uma pequena aldeia nas montanhas de Isparta. No entanto, a tentativa de isolá-lo e silenciar totalmente teve o efeito inverso, pois ele estava ao mesmo tempo preparado e singularmente qualificado para enfrentar o novo desafio: estes anos viu a escrita da Risale-i Nur, que silenciosamente se espalhou e se enraizou, o combate na maneira mais construtiva à filosofia da incredulidade e materialista que se esperava incutir no povo muçulmano da Turquia.

Assim, pode ser visto disso que a Risale-i Nur foi escrita para expor e explicar as verdades do Alcorão e a fé para o ser humano moderno, perplexo como ele estava sendo assaltado pela filosofia materialista, para que ele pudesse alcançar a verdadeira e certa fé que não será abalada por esses ataques. Ao explicar essas verdades, a Risale-i Nur demonstra a superioridade do Alcorão em todos os aspectos, e, embora "a fim de não causar aversão" as ideias filosóficas raramente eram abertamente declaradas, é em um aspecto uma refutação da filosofia ocidental materialista. Importa referir aqui que Bediuzzaman não era antiocidental, como tal, - na verdade, ele diferenciou entre a filosofia prejudicial e benéfica, e esperava a salvação de toda a humanidade - mas foi intransigente contra a incredulidade e o ateísmo que se opõem à religião. Naquele tempo, os que eram em sua maioria reforçados por filosofias materialistas como o positivismo e o naturalismo, que usavam a ciência para justificar suas idéias.

Como o Novo Said, Bediuzzaman tinha-se absorvido no Alcorão, em busca de uma maneira de relacionar suas verdades ao homem moderno. Em Barla em seu isolamento, ele começou a escrever tratados para explicar e provar essas verdades, pois então, ele mesmo e as verdades do Alcorão estavam sob ataque direto. A primeira delas foi sobre a ressurreição dos mortos, que em um estilo único, prova a ressurreição corporal de forma racional, onde até mesmo os maiores estudiosos anteriormente tinham confessado sua impotência. Ele descreveu o método empregado neste como sendo composto de três etapas: primeira a existência de Allah é provada e Seus Nomes e atributos; então, a ressurreição dos mortos é construída sobre estes e provada. Bediuzzaman não atribuiu estes escritos a si mesmo, mas disse que procedem do próprio Alcorão, eram "raios brilhando de [suas] verdades."

Assim, além de ser um comentário do Alcorão que expõe todos seus versículos dando as razões imediatas para a sua revelação e os significados aparentes das palavras e frases, a Risale-i Nur é o que é conhecido como um *ma'nawitafssir* ou o comentário que expõe as verdades do Alcorão, ou seja, explica e prova os versículos contendo os ensinamentos do Alcorão sobre as verdades essenciais da fé, pois há vários tipos de comentários. Os versículos principalmente expostos na Risale-i Nur são aqueles preocupados com as verdades da fé, como os Nomes Divinos e os atributos e a atividade divina no universo, a existência divina e a Unicidade, a ressurreição, a profecia, a predestinação ou o destino divino e os deveres do ser humano quanto ao culto. Bediuzzaman explica como o Alcorão fala aos seres humanos em todos os tempos, de acordo com o grau de sua compreensão e desenvolvimento; ele tem uma face que olha para cada época. A Risale-i Nur, então, explica que a face do Alcorão é que olha para esta época. Vamos agora olhar para os outros aspectos da Risale-i Nur relacionados com este ponto.

Em numerosos de seus versículos, o Alcorão convida o ser humano a observar o universo e refletir sobre a atividade divina dentro dele; seguindo apenas este método, Bediuzzaman fornece provas e explicações para as verdades da fé. Ele compara o universo a um livro, e olha para ele da maneira mostrada pelo Alcorão, ou seja, "lê-lo" para o seu significado, aprende os Nomes e os atributos divinos e outras verdades de fé. O propósito do livro é descrever seu Autor e Criador; seres tornam-se evidências e indicações para seu Criador. Assim, um elemento importante no caminho da Risale-i Nur é a reflexão ou contemplação (*tafakkur*), "lendo" o Livro do Universo, a fim de aumentar o conhecimento de Allah e obter "certas" crenças verificadas em todas as verdades de fé.

Bediuzzaman demonstra que as verdades irrefutáveis, como a Unidade Divina, concluídas desta forma são a única explicação racional e lógica do universo, e fazendo comparações com a filosofia naturalista e materialista, que usaram as descobertas da ciência sobre o universo para negar essas verdades, mostram que os conceitos sobre os quais se baseiam, como acaso e natureza, serem irracionais e logicamente absurdos.

Na verdade, longe de contradizer-los, em descobrir a ordem e o funcionamento do universo, a ciência amplia e aprofunda o conhecimento das verdades da fé. Na Risale-i Nur muitas descrições da atividade divina no universo são olhadas através dos olhos da ciência, e refletem o conhecimento de Bediuzzaman dele. A Risale-i Nur mostra que não há contradição ou conflito entre religião e ciência.

Além disso, todos esses assuntos discutidos na Risale-i Nur são definidos como argumentos razoáveis e provados acordo com a lógica. Todas as mais importantes verdades da fé são provados de forma tão clara que até mesmo os incrédulos podem ver a sua necessidade. Assim também, inspirados no Alcorão, mesmo as verdades mais profundas e inacessíveis são acessíveis por meio de comparações, que os aproximam da compreensão como telescópios, de modo que sejam facilmente compreensíveis por pessoas comuns e aquelas sem conhecimento prévio dessas questões.

Outro aspecto da Risale-i Nur relacionadas com a face do Alcorão que olha para esta época, é que ele explica tudo, desde o ponto de vista da sabedoria; isto é, como é mencionado novamente abaixo, ele explica o propósito de tudo. Ele considera as coisas do ponto de vista do Nome Divino de Onisciente.

Além disso, seguindo este método, na Risale-i Nur, Bediuzzaman resolveu muitos mistérios da religião, como a ressurreição corporal e a predestinação Divina e o livre-arbítrio do ser humano, o enigma da atividade constante no universo e o movimento de partículas, perante os quais o ser humano, confiando em seu próprio intelecto e na filosofia, tem sido impotente.

Enquanto em Barla, Bediuzzaman colocou o tratado sobre a Ressurreição e as peças que se seguiram juntos na forma de uma coleção e deu-lhes o nome de As Palavras (Sözler). As peças eram trinta e duas em número, a trigésima terceira foi adicionada mais tarde. O tratado sobre a ressurreição tornou-se a Décima Palavra. As primeirs nove são peças curtas e simples que descrevem através do uso de comparações as virtudes e os benefícios da fé e do culto - na Risale-i Nur são muitas análises e comparações de orientação e desorientação, crença e descrença, que apontam as dores graves da incredulidade e demonstra que a verdadeira felicidade do ser humano e o progresso só podem ser encontrados em reconhecimento do Proprietário do mundo e a submissão a Ele.

As Palavras que se seguem a Décima compreendem vários assuntos, todos de grande importância; entre eles são as Décima Segunda e a Décima Terceira Palavras e suas comparações entre o Alcorão e a filosofia; as explicações da Unidade Divina, a Unicidade e a proximidade de Allah de nós e a nossa distância d'Ele na Décima Sexta e Trigésima Segunda Palavra; as provas da miraculosidade do Alcorão na Vigésima Quinta Palavra, que responde em particular às críticas feitas por ateus e cientistas; a Vigésima Sexta sobre a predestinação divina e o livre-arbítrio do ser humano; a imortalidade do espírito do ser humano, os anjos e a ressurreição na Vigésima Nona Palavra; e a natureza do ego do ser humano e a transformação de partículas minúsculas na Trigésima. Os leitores podem consultar o conteúdo no início do livro para mais detalhes. As Palavras foram seguidas por *Maktúbat*, As Cartas, uma coleção de trinta e três cartas de diferentes tamanhos de Bediuzzaman para seus alunos. E estas foram seguidas pelos Os Lampejos. A Colecção dos Lampejos, e a coleção dos Raios, que foram concluídas em 1949. Incluídos nestes dois últimos estão os discursos de defesa de Bediuzzaman nos processos em Eskichehir em 1935, e Afyon em 1948-9. Juntamente com estes estão três coleções de cartas, uma para cada um dos principais locais de Bediuzzaman de exílio: Barla, Kastamonu e Emirdag.

A forma como a Risale-i Nur foi escrita e divulgada foi única, como o trabalho em si. Bediuzzaman ditava apressadamente a um escriba, que escrevia a peça em questão com igual velocidade; a escrita real foi muito rápida. Bediuzzaman não tinha livros para consulta e a escrita de trabalhos religiosos foi, naturalmente proibida. Eles foram todos escritos, portanto, nas montanhas e na zona rural. Cópias manuscritas foram então feitas, estas foram copiados secretamente nas casas dos 'estudantes' da Risale-i Nur, como eram chamados, e passados de vila em vila, em seguida, de cidade em cidade, até que se espalharam por toda a Turquia. Somente em 1946 os estudantes da Risale-i Nur foram capazes de obter máquinas de duplicação, enquanto que só foi em 1956 que As Palavras e outras coleções foram impressas em máquinas modernas no novo alfabeto latino. O número indicado para cópias escritas à mão foi de 600.000.

Pode ser visto a partir do número acima como o movimento da Risale-i Nur se espalhou dentro da Turquia, apesar de todos osesforços para impedi-lo. Depois de 1950, o período que Bediuzzaman chamou de "Terceiro Said", houve um grande aumento no número de estudantes, especialmente entre os jovens e aqueles que frequentavam o sistema de ensino secular da República. Ao mesmo tempo, o número de estudantes fora da Turquia aumentou. Não é exagero dizer que, com a sua transmissão da mensagem alcorânica de uma forma que aborda e responde às necessidades do ser humano moderno, a Risale-i Nur desempenhou um papel importante em manter viva a fé islâmica na Turquia naqueles dias negros, e no ressurgimento do Islam que ocorreu posteriormente.

Sobretudo, as pessoas desta época querem respostas razoáveis para tudo; elas querem saber o "por quê?" E embora a ciência tiver aberto o universo das mínimas partículas sub-atómicas para as mais obscuras, atingindo as mais distantes do espaço, manteve-se impotente diante desta questão; ele foi incapaz de fornecer a resposta para a pergunta "por quê?" Considerando que, tendo sua inspiração na Revelação Divina do Alcorão, a Risale-i Nur olha para as coisas do ponto de vista da sabedoria; explica a sabedoria, os propósitos e todos os objetivos dos vários assuntos que discute. Ela aponta os fins de tudo, do universo e de todos os seres nele e todos os reinos da criação para o ser humano e sua disposição abrangente e suas funções de culto; ela responde à pergunta "por quê?" Além disso, apresenta razoáveis e satisaftórias respostas para todos os tipos de perguntas a ver com a crença, a vida, o ser humano, e a existência: partes dela ainda estão escritas em forma de pergunta e resposta. Uma das características mais importantes da Risale-i Nur é esta, responsável pelo seu sucesso sem paralelo na proteção e no fortalecimento da crença de muitas centenas de milhares, e provavelmente milhões de pessoas através do mundo. A filosofia materialista e da ciência, quando a serviço de tal filosofia, lançaram o mundo e o ser humano em um lamaçal de dúvidas sem sentido, temores e desesperanças. Ao explicar a mensagem alcorânica para o ser humano nesta idade moderna, Risale-i Nur tira o ser humano da desesperança escura, iluminando com significado tanto a si mesmo como ao mundo em que ele se encontra.

NOTAS

[1] **"Em nome de Allah, o Clemente, o Misericordioso.**
E d'Ele pedimos ajuda. Louvado seja Allah, o Senhor do Universo, e que a paz e as bênçãos estejam com o mestre Mohammad, com todos os seus familiares e companheiros."

[2] **"E lhe dissemos: Golpeia a rocha com o teu cajado!"** (Alcorão Sagrado, 2:60).

[3] **"Ó fogo, sê frescor e paz."** (Alcorão Sagrado, 21:69).

[4] Fique em paz.

[5] **"Em nome de Allah, o Clemente, o Misericordioso"**

[6] **"Em nome de Allah, o Clemente, o Misericordioso. (Quando a ave assim procedeu) ela (a rainha) disse: Ó chefes, foi-me entregue uma carta respeitável. É de Salomão (e diz assim): Em nome de Allah, o Clemente, o Misericordioso"** (Alcorão Sagrado 27: 29-30).

[7] **"Em Nome de Allah".**

[8] **"Misericordioso"**

[9] **"A Allah, aplica-se o mais sublime exemplo"** (Alcorão Sagrado 16:60)

[10] **"Só a Ti adoramos"** (Alcorão Sagrado ;1:5)

[11] **"Só a Ti adoramos e só de Ti imploramos ajuda!"** (Alcorão Sagrado ;1:5)

[12] **"E entre os Seus sinais está a criação dos céus e da terra, as variedades dos vossos idiomas e das vossas cores"** (Alcorão Sagrado 30:22).

[13] *"Allah criou o homem à imagem do Clemente."* Ver, Bukhari, Isti'zan, 1; Musslim, Birr, 115; Janna, 28; Musnad, ii, 244, 251, 315, 323, 434, 463, 519.

[14] **"Nada se assemelha a Ele, e é o Oniouvinte, o Onividente"** (Alcorão Sagrado 42:11).

[15] **"Seu é o mais elevado exemplo, nos céus e na terra, e Ele é o Poderoso, o Prudentíssimo"** (Alcorão Sagrado 30:27).

[16] *"Ó Allah! ó Clemente! ó Misericordioso! Por uma questão de "Em Nome de Allah, o Clemente, o Misericordioso" tenha piedade de nós como convém à Tua compaixão, e nos permite compreender os mistérios de: "Em Nome de Allah, o Clemente, o Misericordioso" como convém à Tua Clemência. AMÉM. "*

[17] *Ó Allah! Através da verdade de "Em Nome de Allah, o Clemente, o Misericordioso" garante as bênçãos de subvenção e a paz para aquele a quem enviaste como misericórdia para todos as criaturas como convém àTua misericórdia, e em veneração a ele, e a toda a sua família e companheiros. E concede-nos a misericórdia de modo a tornar-nos livres de desejarmos a mercê de qualquer outro dentre Tuas criaturas. AMÉM.*

[18] **"Glorificado sejas! Não possuímos mais conhecimento além do que Tu nos proporcionaste, porque somente Tu és Prudente, Sapientíssimo."** (Alcorão Sagrado 02:32)

[19] **"Que creem no desconhecido"** (Alcorão Sagrado, 2:3).

[20] Dizer: "Allah é o Maior!".

[21] Dizer: "Não há outra divindade além de Allah!".

[22] Louvado seja Allah pela religião do Islam e pela crença perfeita.

[23] **"Em nome de Allah, o Clemente, o Misericordioso. Ó humanos, adorai**..." (Alcorão Sagrado, 2:21).

[24] "Louvado seja Allah pela obediência e pelo sucesso"

[25] "*Assalat* são o pilar da religião." (*Tirmidhi*, Iman, 8; *Ibn Maja*, Fitan, 12; *Musnad*, v, 231; al-Hakim, *al-Mustadrak*, ii, 76).

[26] **"Em nome de Allah, o Clemente, o Misericordioso. Na verdade, Allah está com os tementes, e com os benfeitores"** (Alcorão Sagrado, 16:128).

[27] **"Em nome de Allah, o Clemente, o Misericordioso. Allah cobrará dos crentes o sacrifício de seus bens e suas pessoas, em troca do Paraíso"** (Alcorão Sagrado, 9:111)

[28] Creio em Allah e no Último Dia.

[29] Ponte sobre o Paraíso, onde as pessoas terão que passar, tendo a espessura de um fio.

[30] **"Seja!, e é"** (Alcorão Sagrado, 2:117).

[31] **"Somos de Allah e a Ele retornaremos"** (Alcorão Sagrado, 2:156).

[32] Ó Allah! Ilumina os nossos corações com a luz da fé e do Alcorão. Ó Allah! Enriquece-nos com a necessidade de Ti e não nos empobrece com a falta de necessidade de Ti. Faz-nos livres de nossa própria força e poder, e leva-nos a refugiarmos na Tua Força e Poder. Nomeia-nos entre aqueles que colocam sua confiança em Ti, e não confiam neles mesmos. Proteja-nos com Tua proteção. Tem misericórdia de

nós e tem misericórdia de todos os homens e mulheres crentes. Garante bênçãos e paz ao nosso Mestre Mohammad, Teu servo e Profeta, Teu amigo e amado, a beleza de Teu domínio e o soberano de Tua arte, a essência de Teu favor e o sol da Tua orientação, a língua de Tua prova e o exemplo da Tua Misericórdia, a Luz da Tua criação e a glória de Tuas criaturas, a lâmpada da Tua Unidade na multiplicidade de Tuas criaturas e divulgadora do Talismã de Teus seres, o arauto da soberania de Teu Domínio e o locutor daquelas coisas agradáveis a Ti, o proclamador dos tesouros de Teus nomes e o instrutor dos Teus servos, o intérprete de Teus sinais e o espelho da beleza de Teu domino, os meios de testemunhar-Te e testemunhar a Ti, a pessoa amada e Teu Mensageiro a quem enviaste como misericórdia para todos os seres, e toda a sua família e companheiros, e aos seus irmãos entre os profetas e mensageiros, e Teus anjos e justos entre os Teus servos. Amém.

[33] "**Allah! Não há mais divindade além d'Ele, o Vivente, o Autossubsistente**" (Alcorão Sagrado, 3:2; 2:255).

[34] " **Para Allah a religião é o Islam**" (Alcorão, 3:19).

[35] "ó Allah!"

[36] "Não há outra divindade além de Allah"

[37] "**Eu coloco minha confiança em Allah**" (Alcorão Sagrado: 11:56).

[38] Bukhári, *Tawhid,* 15, 35, Musslim, *Tauba,* 1; *Zikr,* 2, 19; Tirmizi, *Zuhd,* 51; *Da'wat,* 131; Ibn Mája, *Adab,* 58; Dárimi, *Ricac,* 33; *Musnad,* 11, 251 , 315, 391, 412, 445, 482, 516.

[39] Alcorão Sagrado, 4:79.

[40] Pegue o que é agradável e claro, e deixe o que é angustiante e turvo.

[41] "Ó Allah." "Não há outra divindade além de Allah." "Allah, não há outra divindade além d'Ele, o Vivente, o Autossubsistente."

[42] Ó Allah! inclua-nos entre as pessoas de felicidade, de segurança, do Alcorão, e da crença. Amém. Ó Allah! Garante paz e bênçãos ao nosso Mestre Mohammad, à sua Família e aos seus Companheiros, no número de todas as letras do Alcorão, formadas em todas as suas palavras, representadas com a permissão do Mais Misericordioso, nos espelhos das ondas do ar, no recital de cada uma dessas palavras por todos os recitadores do Alcorão desde sua primeira revelação até o fim dos tempos, e tem misericórdia de nós, de nossos pais, e de todos os homens e mulheres crentes no número dessas palavras, através de Tua misericórdia, ó o mais Misericordioso dos Misericordiosos. Amém. E todos os louvores pertencem a Allah, o Senhor do Universo

[43] "**Glorificai, pois, a Allah, quando anoitece e quando amanhece! Seus são os louvores, nos céus e na terra, tanto na hora do poente como ao meio-dia**" (Alcorão Sagrado, 30:17-18).

[44] Da alvorada.

[45] Logo depois do meio-dia.

[46] À tarde.

[47] Ao pôr do sol.

[48] Ao anoitecer.

[49] Glorificado seja o meu Senhor, o Ingente.

[50] Glorificado seja o meu Senhor, o Altíssimo.

[51] O Conversor da Noite e do Dia.

[52] O Dominador do Sol e da Lua.

[53] "**Não adoro os que desaparecem**." (Alcorão Sagrado, 6:76).

[54] "**Só a Ti adoramos**". (Alcorão Sagrado, 1:5

[55] Soberano do Dia do Juízo.

[56] "**Só a Ti adoramos e só de Ti imploramos ajuda**" (Alcorão Sagrado, 1:5).

[57] "**Guia-nos à senda reta**" (Alcorão Sagrado, 1:6).

[58] "**Seja!, e é**" (Alcorão Sagrado, 2:117).

[59] "**Glorificado sejas! Não possuímos mais conhecimento além do que Tu nos proporcionaste, porque somente Tu és Prudente, Sapientíssimo**." (Alcorão Sagrado, 2:32).

[60] Ó Allah! Conceda bênçãos e paz àquele a quem enviaste como professor dos teus servos para instruí-los no Teu conhecimento e Te adorar. Dar a conhecer os tesouros de Teus nomes, interprete os sinais do Livro do Universo e como um espelho para o culto à beleza de Tua Divindade. Que Allah abençoe e dê paz a toda a sua família e companheiros. Tem misericórdia de nós e de todos os homens e mulheres crentes. Amém. Através de Tua misericórdia, ó o mais Misericordioso dos Misericordiosos!

[61] **"Em nome de Allah, o Clemente, o Misericordioso.Contempla, pois, (ó humano) os traços da misericórdia de Allah! Como vivifica a terra, depois de esta haver sido árida! Em verdade, Este é o (Mesmo) Ressuscitador dos mortos, porque Ele é Onipotente."** (Alcorão Sagrado, 30:50.)
"Só a Ti adoramos e só de Ti imploramos ajuda" (Alcorão Sagrado, 1:5).

[62] **"Nada existe que não glorifique Seus louvores"** (Alcorão Sagrado, 17:44).

[63] **"Se não fosse por ti, se não fosse por ti, eu não teria criado os firmamentos"** Ali al-Qari, *Charh al-Chifa*, i, 16; al-' Ajluni, *Kachf al-Khafá*, ii, 164.

[64] Que as bênçãos do Clemente estejam com ele, ao ponto de tudo o que este mundo e o Paraíso conterem. Ó Allah, concede bênçãos de subvenção e paz ao Teu servo e Mensageiro, o Amado, que é o mestre de ambos os reinos, o orgulho de todos os mundos, a fonte da vida em ambas as esferas, os meios para a realização da felicidade aqui e no a seguir, aquele que voa com duas asas, que é o mensageiro para ambos, homens e gênios, a ele e a sua família, e a todos os seus companheiros, assim como aos seus irmãos, dentre os profetas e mensageiros. Amém.

[65] Bukhari, *Bad'ul-Khalq*, 8; *Tafsir al-Sura* 32, 1; *Tauhid*, 35; Musslim, *Iman*, 312.

[66] Musslim, *Janna*, 44; Tirmizi, *Jahannam*, 3; Ibn Mája, *Zuhd*, 38; *Musnad*, II, 26, 328, 334.

[67] **"Seja, e é"**(Alcorão Sagrado, 2:117).

[68] **"Contempla, pois, (ó humano) os traços da misericórdia de Allah! Como vivifica a terra, depois de esta haver sido árida! Em verdade, Este é o (Mesmo) Ressuscitador dos mortos, porque Ele é Onipotente."** Alcorão Sagrado, 30:50.

[69] **" porque o politeísmo é a mais grave injustiça."** (Alcorão Sagrado; 31:13)

[70] Ajluni, *Kashf al-Khafa*, i, 320.

[71] "Eu acredito em Allah e no Último Dia".

[72] **"A vossa criação e ressurreição não são mais do que (o são) a de um só ser"** (Alcorão Sagrado, 31:28.)

[73] **"A Allah, aplica-se o mais sublime exemplo"**(Alcorão Sagrado, 16:60)

[74] **"Só a Allah pertence o argumento eloquen**te"(Alcorão Sagrado, 6:149)

[75] **"Contempla, pois, (ó humano) os traços da misericórdia de Allah! Como vivifica a terra, depois de esta haver sido árida! Em verdade, Este é o (Mesmo) Ressuscitador dos mortos, porque Ele é Onipotente"**(Alcorão Sagrado, 30:50)

[76] **"Quem poderá reviver os ossos, quando já estiverem decompostos? Dize: Revivê-los-á Quem os criou da primeira vez, porque é Conhecedor de todas as criações.** "(Alcorão Sagrado 36:78-79)

[77] **"Ó humanos, temei a vosso Senhor, porque a convulsão da Hora será algo terrível.**" (Alcorão Sagrado, 22:1.)

[78] **"No dia em que a presenciardes, cada nutriente esquecerá o filho que amamenta; toda gestante abortará; tu verás os homens como ébrios, embora não o estejam, porque o castigo de Allah será severíssimo."** (Alcorão Sagrado, 22:1-2).

[79] **"Allah! Não há mais divindade além d'Ele! Ele vos congregará para o indubitável Dia da Ressurreição. Quem é mais leal do que Allah, quanto ao que diz**?" (Alcorão Sagrado, 4:87.)

[80] **"Sabei que os piedosos estarão em deleite. Por outra, os ignóbeis irão para a fogueira.**" (Alcorão Sagrado, 82:13-14)

[81] **"Quando a terra executar o seu tremor predestinado, e descarregar os seus fardos, o homem dirá: Que ocorre com ela? Nesse dia, ela declarará as suas notícias, porque o teu Senhor lhas terá revelado. Nesse dia, os homens comparecerão, em massa, para que lhes sejam mostradas as suas obras. Quem tiver feito o bem, quer seja do peso de um átomo, vê-lo-á. E quem tiver feito o mal, quer seja do peso de um átomo, vê-lo-á.**" (Alcorão Sagrado, 99:1-8)

[82] **"A calamidade! Que é a calamidade? E o que te fará entender o que é a calamidade? (Acontecerá) no dia em que os homens estiverem como mariposas dispersas, e as montanhas como lã cardada! Porém, quanto àquele cujas ações pesarem na balança, desfrutará de uma vida prazenteira. Em troca, aquele cujas ações forem leves na balança, terá como lar um (profundo) precipício. E o que é que te fará entender o que é isso? É o fogo ardente!**" (Alcorão Sagrado, 101:1-11)

[83] **"A Allah pertence o mistério dos céus e da terra.E o advento da Hora não durará mais do que um pestanejar de olhos, ou fração menor ainda; sabei que Allah é Onipotente."** (Alcorão Sagrado, 16:77)

[84] *Eu acredito em Allah, em Seus anjos, em Seus livros, em Seus mensageiros e no Dia do Juízo. Acredito que o bem e o mal da predestinação provêm de Allah Todo-Poderoso, que a ressurreição após a morte é uma realidade, que o Paraíso é uma realidade, que o fogo do Inferno é uma realidade, que a intercessão é uma realidade, que Munkar e Nakir são realidade; e que Allah ressuscitará aqueles que*

estão nos sepulcros. Eu testemunho que não há outra divindade além de Allah, e testemunho que Mohammad é o Mensageiro de Allah.

Ó Allah, concede bênçãos para o mais delicado, o mais nobre, o mais perfeito, o mais belo fruto da Tuba de sua misericórdia, a quem Tu enviaste como misericórdia para todas as criaturas, e como um meio para atingirmos o mais belo, mais imaculado, mais puro e mais exaltado dos frutos daquela Tuba, cujos ramos são desdobrados em relação ao futuro e o Paraíso; ó Allah, proteja-nos e a nossos pais contra o fogo, e faz com que nós e nossos pais ingressemos no Paraíso com os piedosos, por causa do Teu Profeta escolhido. Amém.

[85] "**Glorificado seja, pois, Allah, quando anoitece e quando amanhece! Seus são os louvores, nos céus e na terra, tanto na hora do poente como ao meio-dia. Ele extrai o vivo do morto, e o morto do vivo; e vivifica a terra, depois de haver sido árida. E assim sereis ressuscitados! Entre os Seus sinais está o de haver-vos criado do pó; e eis que, sois seres que se espalham (pelo globo). Entre os Seus sinais está o de haver-vos criado companheiras da vossa mesma espécie, para que com elas convivais; e colocou amor e piedade entre vós. Por certo que nisto há sinais para os sensatos. E entre os Seus sinais está a criação dos céus e da terra, as variedades dos vossos idiomas e das vossas cores. Em verdade, nisto há sinais para os que refletem. E entre os Seus sinais está o do vosso dormir durante a noite e, durante o dia, o de procurardes a Sua graça. Certamente, nisto há sinais para os que escutam. E entre os Seus sinais está o de mostrar-vos o relâmpago, provocando temor e esperança, e o de fazer descer a água dos céus, com a qual vivifica a terra depois de haver sido árida. Sabei que nisto há sinais para os sensatos. E entre os Seus sinais está o fato de os céus e a terra se manterem sob o Seu Comando, e, quando vos chamar, uma só vez, eis que saireis da terra. E Seus são todos aqueles que estão nos céus e na terra; tudo Lhe obedece. Ele é Quem origina a criação, logo a reproduz, porque isso Lhe é fácil. Seu é o mais elevado exemplo, nos céus e na terra, e Ele é o Poderoso, o Prudentíssimo.**" (Alcorão Sagrado, 30:17-27)

[86] "**Em nome de Allah, o Clemente, o Misericordioso.**"

[87] "**Contempla, pois, (ó humano) os traços da misericórdia de Allah! Como vivifica a terra, depois de esta haver sido árida! Em verdade, Este é o (Mesmo) Ressuscitador dos mortos, porque Ele é Onipotente**" (Alcorão Sagrado, 30:50)

[88] "e em seus Profetas"

[89] "e nas suas Escrituras"

[90] "**Quando o sol for enrolado.**" (Alcorão Sagrado, 81:1)

[91] "**Ó humanos, temei a vosso Senhor, porque a convulsão da Hora será algo terrível.**" (Alcorão Sagrado, 22:1)

[92] "**Quando a terra executar o seu tremor predestinado.**" (Alcorão Sagrado, 99:1)

[93] "**Quando o céu se despedaçar,**" (Alcorão Sagrado, 82:1)

[94] "**Quando o céu se fender.**" (Alcorão Sagrado, 84:1)

[95] "**Acerca de quê se interrogam?**" (Alcorão Sagrado, 78:1)

[96] "**Porventura, chegou-te a notícia do evento assolador?**" (Alcorão Sagrado, 78:1)

[97] "crença no Dia do Juízo."

[98] Senhor dos Céus e da Terra

[99] "e nos anjos, e predestinação, que tanto o bem e o mal são de Allah Todo-Poderoso",

[100] "**Glorificai, pois, a Allah, quando anoitece e quando amanhece! Seus são os louvores, nos céus e na terra, tanto na hora do poente como ao meio-dia. Ele extrai o vivo do morto, e o morto do vivo; e vivifica a terra, depois de haver sido árida. E assim sereis ressuscitados!**" (Alcorão Sagrado, 30:17-19)

[101] "**Foi só um estrondo,.**" (Alcorão Sagrado, 36:29, 4, 53; 38:15, 54:31)

[102] "**E o advento da Hora não durará mais do que um pestanejar de olhos**" (Alcorão Sagrado, 16:77)

[103] "**Sim! testemunhamo-lo!**"

[104] "**Não é verdade que sou o vosso Senhor?**" (Alcorão Sagrado, 7:172)

[105] "**E o advento da Hora não durará mais do que um pestanejar de olhos**" (Alcorão Sagrado, 16:77)

[106] "**Quem poderá reviver os ossos, quando já estiverem decompostos? Dize: Revivê-los-á Quem os criou da primeira vez, porque é Conhecedor de todas as criações.**" (Alcorão Sagrado, 36:78-79)

[107] "**Seja!, e é**" (Alcorão Sagrado, 2:117).

[108] "**Acaso, não sabe o homem que o temos criado de uma gota de esperma? Contudo, ei-lo um oponente declarado!**" (Alcorão Sagrado, 36:77)

[109] "**Ele vos propiciou fazerdes fogo de árvores secas, que vós usais como lenha**" (Alcorão Sagrado, 36:80)

110 **"Seja!, e é"** (Alcorão Sagrado, 2:117)
111 **"Quem poderá reviver os ossos?"** (Alcorão Sagrado, 36:78)
112 **"Glorificado seja, pois, Aquele em Cujas Mãos está o domínio de todas as coisas**"(Alcorão Sagrado, 36:83)
113 **"E a Ele retornareis**! "(Alcorão Sagrado, 10:56)
114 **"Quando o sol for enrolado**, "(Alcorão Sagrado, 81:1)
115 **"Quando o céu se despedaçar**." (Alcorão Sagrado, 82:1)
116 **"Quando o céu se fender**." (Alcorão Sagrado, 84:1)
117 **"Quando as páginas forem abertas**," (Alcorão Sagrado, 81:10)
118 *Musnad*, v, 266; Tabrizi, *Michkat al-Massabih*, iii, 122; Ibn al-Qayim al-Jawzi, *Zad al-Ma'ad* (*Tahqiq*: al- Arnawut), i, 43-4.
119 **"Seja!, e é"** (Alcorão Sagrado, 2:117)
120 "Ressurreição depois da morte",
121 "Louvado seja Allah pela perfeição da crença"
122 **"Pelo sol e pelo seu esplendor (matinal), pela lua, que o segue, pelo dia, que o revela, pela noite, que o encobre. Pelo firmamento e por Quem o construiu, pela terra e por Quem a dilatou, pela alma e por Quem a aperfeiçoou**..." (Alcorão Sagrado, 91:1-7.)
123 Glorificado sejas! Como podemos realmente conhecê-Lo?
124 **"Só a Ti adoramos e só de Ti imploramos ajuda**!"(Alcorão Sagrado, 1:5)
125 "Glorificado e Louvado sejas!"
126 "Allah é o Maior!"
127 **"Só de Ti imploramos ajuda**."(Alcorão Sagrado, 1:5)
128 "Que maravilhas Allah quis!"
129 "Que Allah abençoe!"
130 "Cremos!"
131 "Vinde para a prosperidade!"
132 "Ouvimos e obedecemos"
133 "Os céus e a terra não Me contém. No entanto, quão estranho! Estou contido nos corações dos crentes".(Ver, al-'Ajluni, *Kachf al-Khafa'*, II, 165; al-Ghazali, *Ihyá 'Ulum al-Din*, iii, 14.)
134 **"Pelo sol e pelo seu esplendor (matinal), pela lua, que o segue, pelo dia, que o revela, pela noite, que o encobre. Pelo firmamento e por Quem o construiu, pela terra e por Quem a dilatou, pela alma e por Quem a aperfeiçoou, e lhe infundiu o que é certo e o que é errado; que será venturoso quem a (a alma) purificar, e desventurado quem a corromper**." (Alcorão Sagrado, 91:1-10)
135 Ó Allah, concede bênçãos e paz ao Sol dos Céus da Mensagem, a Lua da Constelação da Profecia, e à sua família e companheiros, as estrelas da orientação, e concede misericórdia a nós e a todos os homens crentes e todas as mulheres que acreditam. Amém. Amém. Amém.
136 **"Em nome de Allah, o Clemente, o Misericordioso. Todo aquele que for agraciado com a sabedoria, sem dúvida terá logrado um imenso bem**".(Alcorão Sagrado, 2:269)
137 Alcorão Sagrado, 18:109
138 "Meu coração me informa a respeito de meu Senhor."
139 **"Ele possui as chaves do desconhecido**"(Alcorão Sagrado, 6:59.)
140 **"Ó Allah, Soberano do poder**!"(Alcorão Sagrado, 3:26)
141 **"Ele ensombrece o dia com a noite, que o sucede incessantemente. O sol, a lua e as estrelas estão submetidos ao Seu comando. Acaso, não Lhe pertencem a criação e o poder?"(** Alcorão Sagrado, 7:54)
142 **"Ó terra, absorve as tuas águas! Ó céu, detém-te**!"(Alcorão Sagrado, 11:44.)
143 **"Os sete céus, a terra, e tudo quanto neles existe glorificam-No. Nada existe que não glorifique os Seus louvores**!"(Alcorão Sagrado, 17:44.)
144 **"A vossa criação e ressurreição não são mais do que (o são) a de um só ser**."(Alcorão Sagrado, 31:28.)
145 **"Por certo que apresentamos a custódia ao firmamento, à terra e às montanhas**."(Alcorão Sagrado, 33:72)
146 **"Será o dia em que enrolaremos o firmamento como a um rolo de pergaminho**."(Alcorão Sagrado, 21:104.)
147 **"E eles não aquilatam Allah como deveriam! No Dia da Ressurreição, a terra, integralmente, caberá na concavidade de Sua Mão!**"(Alcorão Sagrado, 39:67.)
148 **"Se tivéssemos feito descer este Alcorão sobre uma montanha, tê-la-ias visto**."(Alcorão Sagrado, 59:21.)

[149] **"...estamos mais perto dele do que a (sua) artéria jugular."** ."(Alcorão Sagrado, 50:16.)

[150] Ó Allah, conceda bênçãos e paz para ele e para sua família como convém a sua misericórdia, e veneração. Amém.

[151] **"Em nome de Allah, o Clemente, o Misericordioso. E revelamos, no Alcorão, aquilo que é bálsamo e misericórdia para os crentes."** (Alcorão Sagrado, 17:82)

[152] **"E não o instruímos na poesia, porque não é própria dele."** (Alcorão Sagrado, 36:69)

[153] **"E não o instruímos na poesia, porque não é própria dele.**"(Alcorão Sagrado, 36:69.)

[154] **"Será o dia em que enrolaremos o firmamento como a um rolo de pergaminho.**"(Alcorão Sagrado, 21:104)

[155] **"Ele ensombrece o dia com a noite, que o sucede incessantemente.**"(Alcorão Sagrado, 7:54)

[156] **"Bastará um só toque (de trombeta), e eis que todos comparecerão ante Nós!**"(Alcorão Sagrado, 36:53)

[157] **"Tudo quanto existe nos céus e na terra glorifica Allah, o Soberano, o Augusto, o Poderoso, o Prudentíssimo.**"(Alcorão Sagrado, 62:1)

[158] **"Os sete céus, a terra, e tudo quanto neles existe glorificam-No.**"(Alcorão Sagrado, 17:44)

[159] **"A Allah, aplica-se o mais sublime exemplo**"(Alcorão Sagrado, 16:60)-

[160] **"Allah é o Germinador das plantas graníferas e das nucleadas!**" (Alcorão Sagrado, 6:95)

[161] **"E sabei que Allah intercede entre o homem e o seu coração.**" (Alcorão Sagrado, 8:24)

[162] **"Ele é Quem vos configura nas entranhas, como Lhe apraz.**" (Alcorão Sagrado 3:6)

[163] **"Que criou os céus e a terra em seis dias.**" (Alcorão Sagrado, 7:54)

[164] **"A terra, integralmente, caberá na concavidade de Sua Mão!**" (Alcorão Sagrado, 39:67)

[165] **"E submeteu o sol e a lua (à Sua vontade).**" (Alcorão Sagrado, 13:2)

[166] **"Louvado seja Allah que revelou o Livro ao Seu servo, no qual não colocou contradição alguma.**" (Alcorão Sagrado, 18:1)

[167] Ó Allah! O Revelador do Alcorão! Para o bem do Alcorão e para o bem da pessoa a quem revelaste o Alcorão, ilumina nossos corações e nossas sepulturas com a luz da fé e do Alcorão. Amém. Ó Aquele a Quem a ajuda é procurada!

[168] "que livremente consentiram entrar em ações prejudiciais não podem ser lamentados"

[169] "Em Seu Nome, Glorificado seja Ele!"

[170] Rússia. [Tr.]

[171] "Em Seu Nome, Glorificado seja Ele!"

[172] Que a paz e a misericórdia e as bençãos de Allah estejam com vocês.

[173] "Em Seu Nome, Glorificado seja Ele!"

[174] **"E nada existe, que não glorifique os Seus louvores**"(Alcorão Sagrado, 17:44)

[175] Que a paz e a misericórdia e as bençãos de Allah estejam com vocês.

[176] Musslim, *Birr*, 25.

[177] "Em Seu Nome, Glorificado seja Ele!"

[178] **"E nada existe, que não glorifique os Seus louvores**"(Alcorão Sagrado, 17:44)

[179] Os que tem o Alcorão memorizado.

[180] Que maravilha

[181] Que Allah abençoe.

[182] "Allah é Maior"

[183] Glorificado seja Allah.

[184] Louvado seja Allah.

[185] **"O Senhor dos Céus e da Terra**",(Alcorão Sagrado, 13:16)

[186] **"Criou os céus e a terra.**"(Alcorão Sagrado, 06:01)

[187] Não há outra divindade além de Allah.

[188] **"Glorificado sejas! Não possuímos mais conhecimento além do que Tu nos proporcionaste, porque somente Tu és Prudente, Sapientíssimo**". (Alcorão Sagrado 2:32.)

[189] "Em Seu Nome, Glorificado seja Ele!"

[190] **"E nada existe, que não glorifique os Seus louvores**"(Alcorão Sagrado, 17:44)

[191] Que a paz e a misericórdia e as bençãos de Allah estejam com vocês.

[192] Ele

[193] Não Há Outra Divindade Além d'Ele

[194] Diz Ele É Allah, Único

[195] **"Em nome de Allah, o Clemente, o Misericordioso. Alef, Lam, Ra. Eis o Livro com versículos fundamentais, intensamente elucidados por Alguém Onisciente, Prudentíssimo.**"(Alcorão Sagrado, 11:1.)

[196] **"Que criou os céus e a terra em seis dias.**" (Alcorão Sagrado, 7:54)

[197] **"Nada verde, ou seco, que não esteja registrado no Livro esclarecedor.**" (Alcorão Sagrado, 6:59)

[198] **"Porque anotamos tudo num Livro esclarecedor.**" (Alcorão Sagrado, 36:12)

[199] **"De Quem nada escapa, nem mesmo algo do peso de um átomo, quer seja nos céus ou na terra, e (nada há) menor ou maior do que isso, que não esteja registrado no Livro esclarecedor.**" (Alcorão Sagrado, 34:3)

[200] (Pode haver qualquer comparação entre o solo e as Plêiades?)

[201] **"Os sete céus, a terra, e tudo quanto neles existe glorificam-No.**"(Alcorão Sagrado, 17:44)

[202] **"Em verdade, submetemos-lhe as montanhas, para que com ele Nos glorificassem ao anoitecer e ao amanhecer.**"(Alcorão Sagrado, 38:18)

[203] **"Por certo que apresentamos a custódia ao firmamento, à terra e às montanhas.**"(Alcorão Sagrado, 33:72)

[204] Cidade da parte Leste da Turquia onde *Risale-i Nur* nasceu

[205] **"Seja!, e é"** (Alcorão Sagrado, 2:117)

[206] **"Sua ordem, quando quer algo, é tão-somente: Seja!, e é.**"(Alcorão Sagrado, 36:82)

[207] **"E o advento da Hora não durará mais do que um pestanejar de olhos.**"(Alcorão Sagrado, 16:77)

[208] **"Porque estamos mais perto dele do que a (sua) artéria jugular.**"(Alcorão Sagrado, 50:16)

[209] **"Até Ele ascenderão os anjos com o Espírito (o anjo Gabriel), em um dia cuja duração será de cinquenta mil anos.**"(Alcorão Sagrado, 70:4)

[210] **"E Allah é a maior similitude"**,

[211] a Luz da Luz, o Iluminador da Luz, o Determinante da Luz. Está presente

[212] **"E eles não aquilatam Allah como deveriam! No Dia da Ressurreição, a terra, integralmente, caberá na concavidade de Sua Mão!**"(Alcorão Sagrado, 39:67)

[213] **"Ele foi Quem conteve as mãos deles, do mesmo modo como conteve as vossas mãos no centro de Makka, depois de vos ter feito prevalecer sobre eles; sabei que Allah bem vê tudo quanto fazeis.**" (Alcorão Sagrado, 8:24)

[214] **"Allah é o Criador de tudo e é de tudo o Guardião.**"(Alcorão sagrado, 39:62)

[215] **"E de quando assassinastes um ser e disputastes a respeito disso; mas Allah revelou tudo quanto ocultáveis.**"(Alcorão Sagrado, 2:77)

[216] **"Vosso Senhor é Allah, Que criou os céus e a terra.**"(Alcorão Sagrado, 7:54)

[217] **"Allah vos criou, bem como o que elaborais.**"(Alcorão Sagrado, 37:96)

[218] **"Seja o que Allah quiser; não existe poder senão em Allah.**"(Alcorão Sagrado, 18:39)

[219] **"Porém, só o conseguireis se Allah o permitir.**"(Alcorão Sagrado, 76:30)

[220] **" Em nome de Allah, o Clemente, o Misericordioso. Que é a vida terrena, senão um prazer ilusório?**" (Alcorão Sagrado, 3:185)

[221] **"Em nome de Allah, o Clemente, o Misericordioso. Quando a terra executar o seu tremor predestinado, e descarregar os seus fardos, o homem dirá: Que ocorre com ela? Nesse dia, ela declarará as suas notícias, porque o teu Senhor lhas terá revelado.**" (Alcorão Sagrado, 99-1-5)

[222] **"E preveni-vos contra a intriga, a qual não atingirá apenas os injustos dentre vós.**"(Alcorão Sagrado, 8:25)

[223] (Ninguém conhece o Invisível além de Allah.)

[224] **"Disseram: Glorificado sejas! Não possuímos mais conhecimento além do que Tu nos proporcionaste, porque somente Tu és Prudente, Sapientíssimo.**" (Alcorão Sagrado, 2:32)

[225] **"Em nome de Allah, o Clemente, o Misericordioso. E adornamos o firmamento com lâmpadas, e lhes destinamos apedrejarem os demônios, e preparamos, para eles o suplício do fogo infernal.**" (Alcorão Sagrado, 67:5)

[226] Musslim, *Imara*, 121; Tirmizi, *Tafsir Sura* iii, 19; Ibn Mája, *Jana'iz*, 4; *Jihad*, 16; Dárimi, *Jihad*, 18; *Musnad*, vi, 386

[227] **"Senhor dos céus e da Terra"**.(Alcorão Sagrado, 17:102)

[228] **"A Allah, aplica-se o mais sublime exemplo"**(Alcorão Sagrado, 16:60)

[229] **"Ó assembleia de gênios e humanos, se sois capazes de atravessar os limites dos céus e da terra, fazei-o! Porém, não podereis fazê-lo, sem autoridade. Assim, pois, quais das mercês do vosso Senhor negais? Então, uma chama de fogo e uma fumaça serão lançados sobre vós, e não podereis contê-las.**"(Alcorão Sagrado, 55:33-35)

[230] **"E lhes destinamos apedrejarem os demônios.**"(Alcorão Sagrado, 67:5)

[231] **"Se confabulardes contra ele, sabei que Allah é o seu Protetor, bem como Gabriel; e os virtuosos, dentre os crentes e os anjos serão os (seus) socorredores.**"(Alcorão Sagrado, 66:4)

[232] **"Ó Senhor meu, em Ti me amparo contra as insinuações dos demônios!**"(Alcorão Sagrado, 23:97)

[233] (Allah é a prova eloquente e a sabedoria decisiva.)

[234] **"Glorificado sejas! Não possuímos mais conhecimento além do que Tu nos proporcionaste, porque somente Tu és Prudente, Sapientíssimo.**"(Alcorão Sagrado, 2:32)

[235] "Em Seu Nome, Glorificado seja Ele!"

[236] **"E nada existe, que não glorifique os Seus louvores**"(Alcorão Sagrado, 17:44)

[237] **"Em nome de Allah, o Clemente, o Misericordioso.E quando alguma tentação de Satanás te assediar ampara-te em Allah, porque Ele é Oniouvinte, Sapientíssimo.**"(Alcorão Sagrado, 41:36)

[238] *" 'O Seu discurso é assim?' Allah respondeu: 'Eu tenho o poder de todas as línguas."* (Suyûtî, ed-Duru'l-Mensûr, 3:536)

[239] **"Haverá alguém mais injusto do que quem mente acerca de Allah**?" (Alcorão Sagrado, 39:32)

[240] "Allah o abençoe e lhe dê paz ao número de anjos, dos gênios e dos humanos."

[241] **"Não pronunciará palavra alguma, sem que junto a ele esteja presente uma sentinela pronta (para a anotar). E o estupor da morte trará a verdade: Eis do que tentáveis escapar! E a trombeta soará. Eis aí o dia da advertência. E cada alma comparecerá, acompanhada de um anjo, como guia, e outro, como testemunha. (Ser-lhe-á dito): Estavas a respeito disto; porém, agora removemos o teu véu; tua vista será penetrante, neste dia. E seu acompanhante dirá: Aqui está (o registro dos teus atos) completo comigo. (Depois da sentença será dito aos anjos da guarda): Precipitai no inferno todo o incrédulo obstinado,**"(Alcorão Sagrado, 50:18-24)

[242] **"E foi dito: Ó terra, absorve as tuas águas! Ó céu, detém-te! E as águas foram absorvidas e o desígnio foi cumprido. E (a arca) se deteve sobre o monte Al-judi. E foi dito: que pereça o povo injusto!**" (Alcorão Sagrado, 11:44)

[243] **"A tribo de Samud, por suas transgressões, desmentiu o seu mensageiro. E o mais perverso deles se incumbiu (de matar a fêmea de camelo). Apesar de o mensageiro de Allah lhes dizer: É a fêmea de camelo de Allah! Não a priveis da sua bebida! Porém, desmentiram-no e a esquartejaram, pelo que o seu Senhor os exterminou, pelos seus pecados, a todos por igual. E Ele não teme as consequências.**"(Alcorão Sagrado, 91:11-15)

[244] **"E (recorda-te) de Zan-Nun quando partiu, bravo, crendo que não poderíamos controlá-lo. (Depois) Clamou nas trevas: Não há mais divindade do que Tu! Glorificado sejas! É certo que me contava entre os injustos!**"(Alcorão Sagrado, 21:87)

[245] "que não poderíamos controlá-lo."

[246] "Clamou nas trevas"

[247] **"Enviai-me**""(Alcorão Sagrado, 12:45

[248] **"Ó José, ó veracíssimo**"(Alcorão Sagrado, 12:46)

[249] **"E quando for lido o Alcorão, escutai-o e calai, para que sejais compadecidos.**"(Alcorão Sagrado, 7:204)

[250] **"Em nome de Allah, o Clemente, o Misericordioso. Sua ordem, quando quer algo, é tão-somente: Seja!, e é. Glorificado seja, pois, Aquele em Cujas Mãos está o domínio de todas as coisas, e a Quem retornareis!**"(Alcorão Sagrado, 36:82-83)

[251] Eu não sou nem a noite, nem um amante da noite;Sou um servo do Sol; é do Sol, que eu falo.

[252] Dihya Al Kalbi, um dos Companheiros do Profeta (Allah o anbençoe elhe dê paz); Ver Bukhári, *Al Manáquib*, 25; *Fdháil Al Qurán*, 1; Musslim, *Al Iman*, 271; *Fadháel Assahába*, 100; Tirmizi, *Al Manáquib*, 12; Annassá'i, *Al Iman*, 6; Ahmad Ibn Hanbal, *Al Musnad*. 2/107. 3/334.

[253] Ver Al Bukhári, Início da Criação, 6,; A Ética, 41, *Attauhid*, 33; Musslim, *Al Iman*, 346, *Al Birr*, 157; Tirmizi, *Tafsir Surat An Nahl*, 6; Abu Daoud, *Assuna*, 21; Imam Málik, *Al Mauti'*, *Ax Xa'áer*, 15; Ahmad Ibn Hanbal, *Al Musnad*, 2/267, 341, 354, 413, 509, 514, 5/263.

[254] **"Sua ordem, quando quer algo, é tão-somente: Seja!, e é.**" (Alcorão Sagrado, 36:82)

[255] **"Bastará um só toque (de trombeta), e eis que todos comparecerão ante Nós!**" (Alcorão Sagrado, 36:53)

[256] **" Tal é a obra de Allah, Que tem aperfeiçoado todas as coisas.**" (Alcorão Sagrado, 27:88)

[257] **"Que aperfeiçoou tudo o que criou**",(Alcorão Sagrado, 32:7)

[258] **"Sua ordem, quando quer algo, é tão-somente: Seja!, e é.**"(Alcorão Sagrado, 36:82)

[259] **"E o advento da Hora não durará mais do que um pestanejar de olhos, ou fração menor ainda.**" (Alcorão Sagrado, 16:77)

[260] **"Sabei que não existe criatura que Ele não possa agarrar pelo topete.**"(Alcorão Sagrado 11:56)

[261] **"Glorificado seja, pois, Aquele em Cujas Mãos está o domínio de todas as coisas!**"(Alcorão Sagrado, 36:83)

[262] **"Estamos mais perto dele do que a (sua) artéria jugular**"(Alcorão Sagrado, 50:16), mostram que Allah está infinitamente perto de nós. E, no entanto, os versículos:

[263] **"E a Quem retornareis!**"(Alcorão Sagrado, 36:83)

[264] **"Até Ele ascenderão os anjos com o Espírito (o anjo Gabriel), em um dia cuja duração será de cinquenta mil anos.**"(Alcorão Sagrado, 70:4)

[265] al-Ghazali, *Ihyá 'Ulum ad-Din*, i, 101; *Musnad*, iv, 401, 405.

[266] **"A Allah, aplica-se o mais sublime exemplo**"(Alcorão Sagrado, 16:60)

[267] **"Seja!, e é"** (Alcorão Sagrado, 2:117)

[268] **"em Cujas mãos está o domínio de todas as coisas"** (Alcorão Sagrado, 36:83)

[269] **"Só a Ti adoramos"** (Alcorão Sagrado ;1:5)

[270] **"Allah é o Maior! Allah é o Maior!"**

[271] "Glorificado seja Aquele que colocou os Seus tesouros entre as letras Kaf e Nun."

[272] **"Glorificado seja, pois, Aquele em Cujas Mãos está o domínio de todas as coisas, e a Quem retornareis!**"(Alcorão Sagrado, 36:83)

[273] **"Glorificado sejas! Não possuímos mais conhecimento além do que Tu nos proporcionaste, porque somente Tu és Prudente, Sapientíssimo.**" Alcorão Sagrado, 2:32)

[274] **"Ó Senhor nosso, não nos condenes, se nos esquecermos ou nos equivocarmos!**"(Alcorão Sagrado, 2:286)

[275] **"Ó Senhor nosso, não desvies os nossos corações, depois de nos teres iluminado, e agracia-nos com a Tua misericórdia, porque Tu és o Munificente por excelência.**"(Alcorão Sagrado, 3:8)

[276] "E concede bênçãos e paz ao Seu mais nobre Mensageiro, o manifestante de Seu grande Nome, e à sua família, companheiros, irmãos, e seguidores. Amém. Ó Mais Misericordioso dos misericordiosos!"

[277] Bukhari, ii, 41; ix, 142; Ibn Hibban, i, 144.

[278] **"Em nome de Allah, o Clemente, o Misericordioso. Tudo quanto existe sobre a terra, criamo-lo para ornamentá-la, a fim de os experimentarmos e vermos aqueles, dentre eles, que melhor se comportam. Em verdade, tudo quanto existe sobre ela, reduzi-lo-emos a cinza e solo seco."**(Alcorão Sagrado, 18:7-8) **"Que é a vida terrena senão jogo e diversão frívola**?"(Alcorão Sagrado, 6:32)

[279] a Sua misericórdia que abrange tudo

[280] Ibn Hajar, *Talkhis al-Khabir*, iv, 138; Suyuti, *Jam 'al-Jawami'*, n º: 3017.

[281] "Ninguém conhece o Invisível salvo Allah".

[282] **"Em nome de Allah, o Clemente, o Misericordioso. Porém, quando esta desapareceu, disse: Não adoro os que desaparecem.**"(Alcorão Sagrado, 6:78)

[283] O versículo "Não adoro os que desaparecem" me fez chorar, foi proferido por Abraão (Que a paz esteja com ele),

[284] "Não adoro os que desaparecem"

[285] "Não adoro os que desaparecem"

[286] Não há outra divindade além d'Ele

[287] Ele é o Eterno

O Prudente das coisas, estamos sob Seu decreto;
Ele é o Árbitro Justo; Seus são os céus e a terra.
O Sapiente, os segredos e assuntos ocultos em Seus domínios;
Ele é o Todo-Poderoso, Autossubsistente; Seu é o Trono e a terra.
O Propício das excelências e dos bordados em Sua arte;
Ele é o Criador, o Afetuoso; d'Ele são a beleza e o esplendor.
O Majestoso Cujos atributos são refletidos nos espelhos em Sua criação;
Ele é o Soberano, o Augusto; Seu é o poder e a grandeza.
O Originador das criaturas; formamos os bordados de Sua arte;
Ele é o Constante, o Preservador; Seu é o domínio e a eternidade.
O Generoso Doador de presentes; somos a caravana de Seus convidados;
Ele é o Provedor, o Suficiente; d'Ele é a louvação e o louvor.
O Belo Que Garante os presentes; somos as tecelagens de Seu conhecimento;
Ele é o Criador, o Fiel; Sua é a munificência e a doação.

O Oniouvinte de queixas e súplicas de Sua criação;
Ele é o Misericordioso, o Curador; Seus são os agradecimentos e os elogios.
O Perdoador dos erros e pecados de Seus servos;
Ele é o Indulgente, o Misericordioso; Seu é o perdão e a aceitação.

288 Em nome de Allah, o Clemente, o Misericordioso.“**Não creias que aqueles que se regozijam pelo que causaram, e aspiram ser louvados pelo que não fizeram, não os creias a salvo do castigo, pois sofrerão doloroso castigo**." (Alcorão Sagrado, 3:188)

289 "**Que aperfeiçoou tudo o que criou**"(Alcorão Sagrado, 32:8)

290 "**Se verdadeiramente amais a Allah, segui-me; Allah vos amará**".(Alcorão Sagrado, 3:31)

291 "**Para Allah a religião é o Islam**"(Alcorão Sagrado, 3:19)

292 "**Mohammad é o Mensageiro de Allah, e aqueles que estão com ele**"(Alcorão Sagrado, 48:29)

293 A magia é a congregação onde tudo é atendido em louvor * Até onde, ó minha alma desvanecida com o sono da negligência? * A vida é um tempo só, daí a necessidade de viajar para o túmulo de cada ser vivo * apresse-se a orar e suplicar * e entoe o som da flauta, dizendo: Ó Senhor! Estou arrependido, envergonhado, de um pecado sem prestação de conta* dispersado, humilde, chorando, da vida instável * estranho, sozinho e fraco, sem poder * enfermo, impotente e idoso sem escolha * Eu digo: concede-me segurança! Peço perdão e o socorro à Tua porta, ó meu Allah!

294 Eu não podia elogiar Mohammad com as minhas palavras; sim, as minhas palavras foram feitas louváveis por Mohammad.

295 Cabeceira da mesquita onde o imam fica para dirigir a salat;

296 "Não há outra divindade além de Allah!"

297 "**Isto não é senão a inspiração que lhe foi revelada**".(Alcorão Sagrado, 53:4)

298 "**Quando o sol for enrolado**"(Alcorão Sagrado, 81:1)

299 "**Quando o céu se fender**"(Alcorão Sagrado, 82:1)

300 "**A calamidade**!"(Alcorão Sagrado, 101:1)

301 Não é possível que haja qualquer coisa melhor do que o que existe"

302 Paz e bênçãos sem fim esteja com nosso mestre Mohammad, com o número de boas ações de sua comunidade, a quem foi revelado o Prudente Critério entre o bem e o mal, do Clemente e Misericordioso, do Trono Sublime; cuja Mensagem foi predita pela Torá, pelo Evangelho e pelos Salmos, quem anunciou os seus sinais maravilhosos, as vozes dos gênios, dos santos, dos homens, e adivinhos; por cuja indicação a lua se dividiu; nosso mestre Mohammad! Paz e bênçãos estejam com ele milhares e milhares de vezes, pelo número de respirações de sua comunidade; com seu aceno as árvores se aproximaram; com sua prece a chuva rapidamente caiu; a quem a nuvem protegia do calor; que satisfez uma centena de homens com pouco de sua comida; de entre os dedos três vezes fluiu água como a Fonte de Kauçar; e para quem Allah fez falar o lagarto, a gazela, o lobo, o tronco, o braço, o camelo, a montanha, a rocha, e o torrão; o único que fez a Ascensão e cujos olhos não vacilaram; nosso mestre e intercessor, Mohammad! Paz e bênçãos estejam com ele milhares e milhares de vezes, com o número das letras do Alcorão que formam as palavras, representadas com a permissão do Misericordioso nos reflexos das ondas do ar, na recitação de todas as palavras do Alcorão por todos os recitadores desde quando foi primeiro revelado até o final dos tempos. E concede-nos o perdão e tem misericórdia de nós, ó Allah, para cada uma dessas bênçãos. Amém.

303 "**E o sol, que segue o seu curso**"(Alcorão Sagrado, 36:38)

304 "**E fizemos do sol uma lâmpada**".(Alcorão Sagrado, 71:16)

305 Ó Allah! Faz o Alcorão cura para nós de toda doença, um companheiro para nós em nossas vidas e após a nossa morte, um intercessor neste mundo, na sepultura, e no Juízo Final, uma luz na ponte Sirat, um escudo e um véu contra o fogo, um amigo no Paraíso, um guia e líder em todas as boas ações, por meio de Tua graça, generosidade, beneficência e misericórdia, ó o Mais Munificente dos munificentes e o mais Misericordioso dos misericordiosos! Amém.*Ó Allah! Concede bênçãos e paz para aquele a quem foi revelado o Prudente Critério entre a verdade e a mentira, e a toda a sua família e a seus Companheiros. Amém. Amém.

306 Em nome de Allah, o Clemente, o Misericordioso. "**E quando dissemos aos anjos: Prostrai-vos ante Adão! Todos se prostraram, exceto Lúcifer**"(Alcorão Sagrado, 2:34)

307 "**Allah vos ordena sacrificar uma vaca**"(Alcorão Sagrado, 2:76)

308 "**Apesar disso os vossos corações se endurecem; são como as rochas, ou ainda mais duros**"(Alcorão Sagrado, 2:74)

309 "**Não raciocinais**?"(Alcorão Sagrado, 36:68)

[310] "**Ele ensinou a Adão os nomes** (de todas as coisas)"(Alcorão Sagrado, 02:31)

[311] "**Apesar disso os vossos corações se endurecem; são como as rochas, ou ainda mais duros. De algumas rochas brotam rios, e outras se fendem e delas mana a água, e há ainda outras que desmoronam, por temor a Allah. Mas Allah não está desatento a tudo quanto fazeis.**"(Alcorão Sagrado, 2:74)

[312] "**Há ainda outras que desmoronam, por temor a Allah**"(Alcorão Sagrado, 2:74)

[313] "**E outras se fendem e delas mana a água** "(Alcorão Sagrado, 02:31)

[314] "**Há ainda outras que desmoronam, por temor a Allah**" (Alcorão Sagrado, 02:31)

[315] "**E outras se fendem e delas mana a água**" (Alcorão Sagrado, 02:31)

[316] Musslim, iv, n º: 2839; *Musnad*, ii, 289, 440.

[317] Musslim, *Janna*, 26; Bukhari, II, 134; Tabrizi, *Michkat al-Masabih*, n º: 5628.

[318] *"Glorificado seja Àquele que estendeu a terra sobre o líquido solidificado"*

[319] "**Glorificado sejas! Não possuímos mais conhecimento além do que Tu nos proporcionaste, porque somente Tu és Prudente, Sapientíssimo**".(Alcorão Sagrado, 2:32)

[320] Ó Allah! Concede-nos a compreensão dos mistérios do Alcorão como Tu amas e é agradável para Ti, e concede-nos o sucesso a serviço dele. Amém. Através de Tua misericórdia, ó Misericordioso dos misericordiosos!

Ó Allah! Concede bênçãos e paz para aquele a quem o Prudente Alcorão foi revelado, e a toda a sua família e companheiros.

[321] Em nome de Allah, o Clemente, o Misericordioso. "**Ou nada verde, ou seco, que não esteja registrado no Livro esclarecedor**." (Alcorão Sagrado, 6:59)

[322] "**Que pereçam os donos do fosso, do fogo, com (abundante) combustível. Estando eles sentados ao seu redor, presenciando o que fizeram contra os crentes, maltrataram-nos, porque acreditavam em Allah, o Poderoso, o Laudabilíssimo,**" (Alcorão Sagrado, 85:4-8)

[323] "**Na arca carregada. E lhes criamos similares a ela, para montarem**." (Alcorão Sagrado, 36:41-2)

[324] "**Allah é a Luz dos céus e da terra. O exemplo da Sua Luz é como o de um nicho em que há uma candeia; esta está num recipiente; e este é como uma estrela brilhante, alimentada pelo azeite de uma árvore bendita, a oliveira, que não é oriental nem ocidental, cujo azeite brilha, ainda que não o toque o fogo. É luz sobre luz! Allah conduz a Sua Luz[324] até a quem Lhe apraz.**"(Alcorão Sagrado, 24:35)

[325] "**E fizemos o vento (obediente) a Salomão, cujo trajeto matinal equivale a um mês (de viagem) e o vespertino a um mês (de viagem)**"(Alcorão Sagrado, 34:12)

[326] "**Então nós dissemos: Golpeia a rocha com o teu cajado! E de pronto brotaram dela doze mananciais.**"(Alcorão Sagrado, 2:60)

[327] "**Curarei o cego de nascença e o leproso; ressuscitarei os mortos, pela vontade de Allah**"(Alcorão Sagrado, 3:49)

[328] "**E lhe fizemos maleável o ferro**."(Alcorão Sagrado, 34:10)

[329] "**E o agraciamos com a sabedoria e a jurisprudência**."(Alcorão Sagrado, 38:20)

[330] "**E fizemos brotar, para ele, uma fonte de cobre,**"(Alcorão Sagrado, 34:12)

[331] "**Disse aquele que possuía o conhecimento do Livro: Eu to trarei em menos tempo que um abrir e fechar de olhos! E quando (Salomão) viu o trono ante ele**"(Alcorão Sagrado, 27:40)

[332] "**Ele foi Quem vos fez a terra manejável. Percorrei-a, pois, por todos os seus quadrantes e desfrutai das Suas mercês; a Ele será o retorno!**"(Alcorão Sagrado, 67:15)

[333] "**E outros cingidos por correntes**."(Alcorão Sagrado, 38:38)

[334] "**E também (lhe submetemos) alguns demônios que, no mar, mergulhavam para ele, além de outras tarefas**"(Alcorão Sagrado, 21:82)

[335] "**E lhe enviamos o Nosso Espírito, que lhe apareceu personificado, como um homem perfeito**"(Alcorão Sagrado, 19:17)

[336] "**Em verdade, submetemos-lhe as montanhas, para que com ele Nos glorificassem ao anoitecer e ao amanhecer**."(Alcorão Sagrado, 38:18)

[337] "**Tem-nos sido ensinada a linguagem dos pássaros**."(Alcorão Sagrado, 27:16)

[338] "**Ó montanhas, ó pássaros, repeti com ele os louvores a Allah. E lhe fizemos maleável o ferro** "(Alcorão Sagrado, 34:10)

[339] "**E também lhe congregamos todas as aves**."(Alcorão Sagrado, 38:19)

[340] "**Tem-nos sido ensinada a linguagem dos pássaros**"(Alcorão Sagrado, 27:16)

[341] "**Porém, ordenamos: Ó fogo, sê frescor e poupa Abraão!**"(Alcorão Sagrado, 21:69)

[342] [Ver, por exemplo, Ibn Hambal, al-Zuhd, 101 -. Tr.]

[343] "**Ele ensinou a Adão os nomes (de todas as coisas)**"(Alcorão Sagrado, 02:31)

[344] Fonte no Paraíso, cuja água é inesgotável.

[345] Bayhaqui, *Dala'il al-Nubuwwa*, i, 10; Ibn Hajar, *Fath al-Bári*, vi, 58, 583.

[346] "**Dize-lhes: Mesmo que os humanos e os gênios se tivessem reunido para produzirem coisa similar a este Alcorão, jamais teriam feito algo semelhante, ainda que se ajudassem mutuamente**."(Alcorão Sagrado, 17:88)

[347] "**Aqueles que invocais, em vez de Allah, jamais poderiam criar uma mosca; ainda que, para isso, se juntassem todos**"(Alcorão Sagrado, 22:73)

[348] "Não há outra divindade além de Allah"

[349] Atualmente, estamos a 1437 anos.

[350] Ó Allah! Concede-nos a compreensão dos mistérios do Alcorão e o sucesso a serviço dele a cada instante em todos os momentos.

[351]"**Glorificado sejas! Não possuímos mais conhecimento além do que Tu nos proporcionaste, porque somente Tu és Prudente, Sapientíssimo**".(Alcorão Sagrado, 2:32)

[352] Ó Allah! Concede bênçãos, paz e honra ao nosso mestre Mohammad, Seu servo, Profeta e Mensageiro, o Profeta iletrado, à sua família e aos companheiros e às esposas e aos descendentes, e a todos os Profetas e Mensageiros, e aos anjos próximos ao Seu Trono, e aos santos e aos justos; concede também a mais excelente das bênçãos e a paz mais pura e as bênçãos mais abundantes, ao número de Suratas do Alcorão, e seus versículos, palavras e letras, seus significados, indicações, sinais e alusões, e concede-nos o perdão, tenha misericórdia de nós, tenha misericórdia de nós, ó Allah, nosso Criador, com o número dessas bênçãos, por sua misericórdia, ó o Mais Misericordioso dos misericordiosos! Louvado seja Allah, o Senhor do Universo. Amém. Amém.

[353] Em nome de Allah, o Clemente, o Misericordioso. "**Porque a salat é uma obrigação, prescrita aos crentes, para ser cumprida em seu devido tempo**." (Alcorão Sagrado, 4:103)

[354] Suyuti, *al-Durar al-Muntacira*, 46; Suyuti, *al-Fath al-Kabir*, ii, 200.

[355] Bukhari, iii, 135; Musslim, ii, 1189; Ibn Hibban, v, 152; *Musnad*, iii, 184, 191

[356] "**Allah é a Luz dos Céus e da terra**" (Alcorão Sagrado, 24:35)

[357] Ó Allah! Conceda bênçãos e paz para aquele que disse: "As salat são o pilar da religião," e a toda a sua família e todos os seus companheiros.

[358] Em nome de Allah, o Clemente, o Misericordioso. "**E dize: Ó Senhor meu, em Ti me amparo contra as insinuações dos demônios! E em Ti me amparo, ó Senhor meu, para que não se aproximem (de mim).**"(Alcorão Sagrado, 23:97-98)

[359] Atos, ditos e condutas do Profeta Mohammad (Allah o abençoe e lhe dê paz).

[360] *"Não há dificuldade na religião"*(Bukhari, i, 16; Ibn Hibban, *Sahih*, i, 280; *Kanz al-'Ummal*, iii, 33, 36, 47; vi, 42, 47.)

[361] *"a religião é facilidade"* * *"Não há dificuldade na religião"*(Bukhari, i, 16; Ibn Hibban, *Sahih*, i, 280; *Kanz al-'Ummal*, iii, 33, 36, 47; vi, 42, 47.)

[362] "Busco refúgio em Allah contra Satanás, o maldito."

[363] Em nome de Allah, o Clemente, o Misericordioso. "**Allah fala por parábolas aos humanos, para que se recordem**."(Alcorão Sagrado, 14:25)

[364] "**Tais exemplos propomos aos humanos, para que raciocinem.**"(Alcorão Sagrado, 59:21)

[365] (Veja, Bukhari, iii, 232.)

[366] (Bayhaqui, *Dalá'il*, i, 10.)

[367] (Veja, Qadi Iyad, *al-Chifá*, i, 240; Suyuti, *al-Khasa'is al-Kubra*, II, 342.)

[368] O sucesso e a orientação são apenas de Allah.

[369] Em nome de Allah, o Clemente, o Misericordioso."**Allah é o Criador de tudo e é de tudo o Guardião. Suas são as chaves dos céus e da terra; quanto àqueles que negam os versículos de Allah, serão os desventurados**."(Alcorão Sagrado, 39:62-63)

[370] "**Glorificado seja, pois, Aquele em Cujas Mãos está o domínio de todas as coisas, e a Quem retornareis**!"(Alcorão Sagrado, 36:83)

[371] "**E não existe coisa alguma cujos tesouros não estejam em Nosso poder, e não vo-la enviamos, senão proporcionalmente**."(Alcorão Sagrado, 15:21)

[372] "**Sabei que não existe criatura que Ele não possa agarrar pelo topete. Na verdade, é o meu Senhor que está na senda reta**."(Alcorão Sagrado, 11:56)

[373] Suyuti, *al-Durr al-Mançur*, v, 173-4.

[374] "Glorificado seja Quem está escondido na intensidade de Sua manifestação!"

[375] Assim como cada partícula testemunha de duas formas ser Ele o Necessariamente Existente da Unicidade, também em todos os seres vivos há dois sinais de que ele é o Único e Absoluto.

[376] **"Dize: Ele é Allah, o Único! Allah! O Absoluto!**"(Alcorão Sagrado, 112:1-2)

[377] "**Contempla, pois, (ó humano) os traços da misericórdia de Allah! Como vivifica a terra, depois de esta haver sido árida! Em verdade, Este é o (Mesmo) Ressuscitador dos mortos, porque Ele é Onipotente.**"(Alcorão Sagrado, 30:50)

[378] "Glorificado seja sobre a arte do Qual as mentes estão confusas!"

[379] **"De onde ele menos espera"**,(Alcorão Sagrado, 65:3)

[380] "**A Allah, aplica-se o mais sublime exemplo**"(Alcorão Sagrado, 16:60)

[381] **"Vês, acaso, alguma fenda**?" (Alcorão Sagrado, 67:3)

[382] "Ó Allah! Conceda bênçãos para aquele que demonstrou Sua Existência e Unicidade necessária, e testemunhou a Sua glória, beleza e perfeição; o testemunho verificado e veraz, a prova eloquente da verificação; o senhor dos profetas e mensageiros, o portador do mistério de seu consenso, afirmação e milagres; o líder dos santos e verazes, o titular do mistério da sua vontade, verificações, e prodígios; Aquele com milagres, claras maravilhas e decisivas evidências que corroboram e o afirmam; que mostrou pureza exaltada em si mesmo, moral elevado em seu dever, e qualidades nobres em sua Chari'a, perfeita e livre de todas as contradições, a quem de acordo com o consenso do revelado e do Revelador e aquele que revelou a ele, dominicais revelações; o viajante pelos mundos do Invisível e das dimensões internas das coisas; o observador de espíritos, que conversava com os anjos; amostra das perfeições do universo, em relação a ambos os indivíduos e espécies e reinos de seres; o mais luminoso dos frutos da árvore da criação; a luz da verdade; a prova da realidade; a personificação da misericórdia; a exemplificação do amor; o revelador do talismã do universo; o arauto da soberania de religiosidade; o sinal de que a elevação de sua personalidade coletiva estava diante dos olhos do Criador do mundo, com a criação do universo; o possuidor de uma Chari'a que indica sobre a largura dos seus princípios e força que é a ordem do Ordenador do mundo, elaborada pelo Criador do Universo.

Sim, Aquele que ordenou o universo com esta ordem perfeita e total é Quem ordenou esta religião com a sua fina e bela ordem, nosso mestre, nós somos a comunidade dos filhos de Adão, nosso guia para a crença, somos a comunidade de crentes, Mohammad ibn 'Abdullah ibn' Abd al-Muttalib, (que a paz e a bênção estejam com ele enquanto os céus e a terra subsistirem, pois ele é o testemunho verídico e verificado que convocou os líderes do testemunho e instruiu os ramos da humanidade ao longo dos séculos e de todas as regiões do mundo de forma elevada com todas as suas forças, com total seriedade e firmeza absoluta, e com o poder de sua certeza e convicção perfeita, atestando:

Presto testemunho que não há outra divindade além de Allah, Único, sem parceiros."

[383] "Não há outra divindade além de Allah!"

[384] "Sim, todo o mundo declara: Não há outra divindade além de Allah!"

[385] "Presto testemunho que não há outra divindade além de Ti, Único, sem parceiro!" Bukhari, i, 214; Ibn Hibban, Sahih, i, 272; iii, 136, 227, 229.

[386] "Presto testemunho de que não há outra divindade além de Allah, Único, sem parceiro; d'Ele é o domínio e o louvor; Ele dá a vida e dá a morte, e Vivente e não morre; em Sua mão está todo o bem, e Ele tem poder sobre todas as coisas." Baghawi, *Charh al-Sunna*, v, 53, 75, 132; Ibn Hájar, *Majma 'al-Zawa'id*, IV, 86-115; x, 85, 114.

[387] "**Glorificado sejas! Não possuímos mais conhecimento além do que Tu nos proporcionaste, porque somente Tu és Prudente, Sapientíssimo.**"(Alcorão Sagrado, 2:32)

[388] "**Ó Senhor nosso, não nos condenes, se nos esquecermos ou nos equivocarmos! Ó Senhor nosso, não nos imponhas carga, como a que impuseste aos nossos antepassados! Ó Senhor nosso, não nos sobrecarregues com o que não podemos suportar! Absolve-nos! Perdoa-nos! Tem misericórdia de nós! Tu és nosso Protetor! Concede-nos a vitória sobre os incrédulos**!"(Alcorão Sagrado, 2:286)

[389] "**Ó Senhor nosso, não desvies os nossos corações, depois de nos teres iluminado, e agracia-nos com a Tua misericórdia, porque Tu és o Munificente por excelência. Ó Senhor nosso, Tu congregarás os humanos para um dia indubitável, e Allah não falta com a promessa**."(Alcorão Sagrado, 3:8-9)

[390] Ó Allah! Concede bênçãos e paz para aquele a quem Tu enviaste como misericórdia para todas as criaturas, e a toda a sua família e companheiros. Tem misericórdia de nós e tem piedade de Tua comunidade, por meio de Tua misericórdia, ó o mais Misericordioso dos Misericordiosos. Amém.

[391] "**E o fim de sua prece será: Louvado seja Allah, Senhor do Universo**!"(Alcorão Sagrado, 10:10)

[392] "Em nome de Allah, o Clemente, O Misericordioso.**Criamos o homem na mais perfeita proporção. Então, o reduzimos à mais baixa das escalas, salvo os crentes, que praticam o bem; estes terão uma recompensa infalível."** (Alcorão Sagrado, 95:4-6)

[393] **"Allah é o Protetor dos crentes; é Quem os retira das trevas e os transporta para a luz."** (Alcorão Sagrado, 2:257)

[394] "Louvado seja Allah pela luz da fé que Ele nos deu"

[395] **"Allah é o Protetor dos crentes; é Quem os retira das trevas e os transporta para a luz."** (Alcorão Sagrado, 2:257)

[396] **"Os protetores dos incrédulos são os sedutores, que os retiram da luz, levando-os para as trevas."** (Alcorão Sagrado, 2:257)

[397] **"Allah é a Luz dos céus e da terra."** (Alcorão Sagrado, 24:35)

[398] "Allah é Maior!",

[399] **"Meu Senhor não Se importará convosco se não O invocardes."** (Alcorão Sagrado, 25:77)

[400] **"Invocai-Me, que vos atenderei!"** (Alcorão Sagrado, 40:60)

[401] **"só de Ti imploramos ajuda."** (Alcorão Sagrado, 1:5)

[402] **"Allah computará as suas más ações como boas."** (Alcorão Sagrado, 25:70)

[403] **Allah é o Germinador das plantas granífera s e das nucleadas!"** (Alcorão Sagrado, 6:95)

[404] **"Isto me foi concedido devido a certo conhecimento que possuo!"** (Alcorão Sagrado, 28:78)

[405] **"Allah nos é suficiente. Que excelente Guardião!"** (Alcorão Sagrado, 3:173)

[406] **"Glorificado sejas! Não possuímos mais conhecimento além do que Tu nos proporcionaste, porque somente Tu és Prudente, Sapientíssimo."** (Alcorão Sagrado, 2:32)

[407] **"Ó Senhor meu, dilata-me o peito; facilita-me a tarefa; e desata um nó de minha língua, para que compreendam a minha fala."** (Alcorão Sagrado, 20:25)

[408] "Ó Allah, concede bênçãos à essência de Mohammad, o sutil da Unicidade, o sol nos céus dos mistérios e a manifestação das luzes, o centro da órbita da glória e do polo da esfera da beleza. Ó Allah! Por seu mistério em Tua presença e por sua jornada para Ti, sossega o meu medo, diminua o meu tropeço, dissipa a minha tristeza e minha ganância, e sê meu, e toma-me de mim para Ti mesmo e conceda-me a aniquilação de mim mesmo, e não me faz cativo da minha alma e velado pelos meus sentidos, e revela-me todos os segredos ocultos, ó Vivente e Autossubsistente! Ó Vivente e Autossubsistente! Ó Vivente e Autossubsistente! Conceda misericórdia a mim e aos meus companheiros e ao povo de crença e do Alcorão. Amém. Amém. Ó o mais Misericordioso dos misericordiosos e o mais Generoso dos generosos!

E o fim de sua oração será: Louvado seja Allah, o Senhor do Universo."

[409] "Em nome de Allah, o Clemente, o Misericordioso. **"Não há outra divindade além d'Ele; a Ele pertencem os mais Belos Nomes**" (Alcorão Sagrado, 20:8)

[410] "Ele"

[411] **"Ele é Allah**!"

[412] **"Diz, Ele é Allah, o Único**!" (Alcorão Sagrado, 112:1)

[413] "Tudo o mundo declara: não há outra divindade além d'Ele!"

[414] **"Não há outra divindade além d'Ele; a Ele pertencem os mais Belos Nomes**" (Alcorão Sagrado, 20:8)

[415] **"Dize: Amparo-me no Senhor dos humanos, o Rei dos humanos, o Allah dos humanos, contra o mal do sussurro do malfeitor**" (Alcorão Sagrado, 114:1-4)

[416] **"Em nome de Allah, o Clemente, o Misericordioso**"

[417] "Entre minha comunidade há transmissores de Hadices"

[418] *"que são inspirados," (*Bukhari, III, 211; v, 15; Muçulmano, iv, 184; al-Hakim; *al-Mustadrak*, iii, 86; Ibn Hibban, ix, 21.)

[419] Suyuti, *al-Durr al-Mançur*, vi, 249; al-Hakim, al-*Mustadrak*, III, 588; iv, 120, 203.

[420] Musslim, iv, 3184, n º: 2844; 2145, n º: 2782; *Musnad*, II, 271; iii, 341, 346, 360.

[421] Ibn Hajar, *Munabihhat*, 25.

[422] **"A Hora (do Juízo) se aproxima**".(Alcorão Sagrado, 54: 1)

[423] al-Hakim, *al-Mustadrak*, IV, 545, 549; *Musnad*, II, 298, 299.

[424] Tirmizi, *Fitan*, 39.

[425] Musslim, iv, 252, n º: 110; Musnad, III, 367; vi, 181; al-Hakim, al-Mustadrak, vi, 530.

[426] "Allah; a sua realidade"

[427] "Ninguém conhece o Invisível, exceto Allah."

[428] Tirmizi, *Zuhd*, 13; Ibn Mája, *Zuhd*, 3; al-Hakim, *al-Mustadrak*, iv, 306.

[429] Bukhari, *Tafsir Sura*, I; xv, 3; *Fada'il al-Qur'an*, 9; Tirmizi, *Sawab al-Qur'an*, 1

[430] Tirmizi, *Sawab al-Qur'an*, 10, 11; Ibn Mája, *Adab*, 52.

[431] Tirmizi, *Sawab al-Qur'an,*, 9; *Musnad*, III, 147, 221.

[432] Tirmizi, *Sawab al-Qur'an,*, 9; *Musnad*, III, 147, 221.

433 Tirmizi, *Sawab al-Qur'an,*, 7; Dárimi, *Fada'il al-Qur'an*, 21.

434 *Kanz al-'Ummal*, VII, 808; Tabaráni, *al-Mu'jam al-Kabir*, 7740.

435 *Musnad al-Firdaws*, III, 116, 117.

436 al-Manzari, *al-Targhib wa'l-Tarhib*, III, 421, 434; *Kanz al-'Ummal*, iii, 589.

437 "Quem lê este é dada a recompensa de Moisés e Aarão."

438 **"Louvado seja Allah, Senhor dos céus e da terra, Senhor do Universo! A Ele pertence a sublimidade, nos céus e na terra, porque é o Poderoso, o Prudentíssimo. Louvado seja Allah, Senhor dos céus e da terra, Senhor do Universo! Louvado seja Allah, Senhor dos céus e da terra, Senhor do Universo! A Ele pertence a grandeza, nos céus e na terra, porque é o Poderoso, o Prudentíssimo. A Soberania Lhe pertence, Senhor dos céus, e Ele é o Poderoso, o Prudentíssimo."**

439 **"Não desviou o olhar, nem transgrediu"**(Alcorão Sagrado, 53:17)

440 "Meu olho dorme, mas meu coração não dorme" Bukhari, *Tahajjud*, 16; *Tarawih*, 1; *Manaquib*, 24; Tirmizi, *Adab*, 86; *Musnad*, i, 274

441 "Senhor dos céus e da terra"

442 **"Não reparas, acaso, em que tudo quanto há no firmamento e tudo quanto há na terra se prostra ante Allah? O sol, a lua, as estrelas, as montanhas, as árvores, os animais e muitos humanos? Porém, muitos merecem o castigo! E a quem Allah afrontar não achará quem o honre, porque Allah faz o que Lhe apraz.**"(Alcorão Sagrado, 22:18)

443 **"A Allah, aplica-se o mais sublime exemplo**"(Alcorão Sagrado, 16:60)

444 "Com quem estejam as melhores bênçãos e a paz, e com seus familiares e semelhantes."

445 **"Se verdadeiramente amais a Allah, segui-me; Allah vos amará"**.(Alcorão Sagrado, 03:31)

446 **"Dize: Contentai-vos com a graça e a misericórdia de Allah! Isso é preferível a tudo quanto entesourarem.**"(Alcorão Sagrado, 10:58.)

447 al-Manawi, *al-Fayd al-Qadr*, vi, 291, n º: 9295.

448 "Glorificado e Louvado seja em número de Tuas criaturas, que pode ser tão agradável para Ti como a extensão do Teu Trono e que a tinta de Tuas palavras, e glorificamos-Te com todas as glorificações de Teus profetas, santos e anjos." Musslim, *Zikr*, 79; Tirmizi, *Da'wat*, 103; Nasa'i, *sahw*, 94; *Musnad*, i, 258, 353.

449 **"Só a Ti adoramos e só de Ti imploramos ajuda!"** (Alcorão Sagrado ;1:5)

450 "Glorificado Sejas, por todas as Tuas criaturas, e pelas línguas de todas as Tuas feituras"

451 "Ó Allah! Concede bênçãos e paz a Mohammad em número de partículas existentes e todos os seus compostos!"

452 **"Crede, pois, em Allah e em Seu Mensageiro, o Profeta iletrado, que crê em Allah e nas Suas palavras; segui-o, para que vos encaminheis.**"(Alcorão Sagrado, 7: 158)

453 **"São como as bestas, quiçá pior..**"(Alcorão Sagrado, 7: 179)

454 **"Não adoro os que desaparecem.**"(Alcorão Sagrado, 6:76.)

455 De acordo com uma lei aprovada em novembro de 1928, o alfabeto árabe (otomano) foi banido no final desse ano, e o alfabeto latino adotado oficialmente. [Tr.]

456 **"E o sol, que segue"** (Alcorão Sagrado, 36:38)

457 **"E das montanhas, estacas"**, (Alcorão Sagrado, 78: 7)

458 "Em nome de Allah, o Clemente, o Misericordioso. **"Dize-lhes: Mesmo que os humanos e os gênios se tivessem reunido para produzirem coisa similar a este Alcorão, jamais teriam feito algo semelhante, ainda que se ajudassem mutuamente.**"(Alcorão Sagrado, 17:88)

459 **"E se tendes dúvidas a respeito do que revelamos ao Nosso servo (Mohammad), componde uma Surata semelhante às dele (o Alcorão).**"(Alcorão Sagrado, 02:23)

460 **"Mas, quando um sopro de punição de teu Senhor os toca"**.(Alcorão Sagrado, 21:46)

461 **"E gastam daquilo com que os agraciamos.**"(Alcorão Sagrado, 2: 3)

462 **"Diz: Ele é Allah, Único"**(Alcorão Sagrado, 112: 1)

463 *"Diz: Ele é Allah, porque Ele é Único, porque Ele é Absoluto, porque Ele não gera, porque Ele não é gerado, pois não há ninguém que seja igual a Ele."*

464 "E não há ninguém igual a Ele, porque Ele não é gerado, porque Ele não gera, porque Ele é Absoluto, porque Ele é Único, porque Ele é Allah."

465 "Ele é Allah, então ele é Único, por isso Ele é o Absoluto, por isso Ele não gera, então Ele não é gerado, então não há ninguém que seja igual a Ele." Você pode continuar da mesma maneira.

466 **"Alif. Lam. Mim. Eis o Livro que é indubitavelmente a orientação dos tementes a Allah"**(Alcorão Sagrado, 2: 1-2.)

[467] "**Tudo quanto existe nos céus e na terra glorifica Allah, porque Ele é o Poderoso, o Prudentíssimo**". (Alcorão Sagrado, 57:1)

[468] "Os sete céus, a terra, e tudo quanto neles existe glorificam a Allah"

[469] "**Os sete céus, a terra, e tudo quanto neles existe glorificam-No**".(Alcorão Sagrado, 17:44)

[470] "**Ó assembleia de gênios e humanos, se sois capazes de atravessar os limites dos céus e da terra, fazei-o! Porém, não podereis fazê-lo, sem autoridade. – Assim, pois, quais das mercês do vosso Senhor negais? Então, uma chama de fogo e uma fumaça serão lançados sobre vós, e não podereis contê-las. – Assim, pois, quais das mercês do vosso Senhor negais**?"(Alcorão Sagrado, 55:33-36)

[471] "**E adornamos o firmamento com lâmpadas, e lhes destinamos apedrejarem os demônios**".(Alco Sagrado, 67:5)

[472] "Alif, Lam, Mim.* Alif, Lam, Ra.* Ta, Há. *Ya, Sin.* Há, Mim.* 'Ayn, Sin, Qaf

[473] "Acerca de quê se interrogam?" A 78ª Surata "A Notícia".

[474] "**Dize: Ó Allah, Soberano do poder! Tu concedes a soberania a quem Te apraz e a retiras de quem desejas**."(Alcorão Sagrado, 3: 26-7)

[475] "**Quando o céu se fender, e obedecer ao (mando do) seu Senhor, em seu temor, e quando a terra for dilatada, e arrojar tudo quanto nela há, e ficar vazia, e obedecer ao (mando do) seu Senhor, em seu temor**".(Alcorão Sagrado, 84: 1-5)

[476] "**E foi dito: Ó terra, absorve as tuas águas! Ó céu, detém-te! E as águas foram absorvidas e o desígnio foi cumprido. E (a arca) se deteve sobre o monte Al-judi. E foi dito: que pereça o povo injusto**!"(Alcorão Sagrado, 11: 44)

[477] "**Um ramo seco de tamareira, murcha e curvada**"(Alcorão Sagrado, 36:39)

[478] "**E a lua, cujo curso assinalamos em fases, até que se apresente como um ramo seco de tamareira**". (Alcorão Sagrado, 36:39)

[479] "**E o sol, que segue o seu curso até um local determinado**"(Alcorão Sagrado, 36:38.)

[480] "**E fez o sol como uma lâmpada**"(Alcorão Sagrado, 71:16.)

[481] "**Proclama, pois, o que te tem sido ordenado**".(Alcorão Sagrado, 15:94)

[482] Suyuti, *al-Itqan fi 'Ulum al-Qur'an*, II, 117; Qadi Iyad, *al-Chifá*, i, 264.

[483] "**Logo depois da angústia, infundiu-vos uma calma sonorífera, que envolveu alguns de vós**." (Alcorão Sagrado, 3: 154)

[484] **Acaso, não transcorreu ao homem**?"(Alcorão Sagrado, 76: 1)

[485] "**Porventura, chegou-te a notícia do evento assolador**?(Alcorão Sagrado, 88: 1)

[486] Beveragem desagradável;

[487] **A ponto de estalar de fúria**" (Alcorão Sagrado, 67: 8)

[488] "**Quem de vós gostaria de comer a carne do seu irmão morto?**"(Alcorão Sagrado, 49:12)

[489] "**Contempla, pois, (ó humano) os traços da misericórdia de Allah! Como vivifica a terra, depois de esta haver sido árida! Em verdade, Este é o (Mesmo) Ressuscitador dos mortos, porque Ele é Onipotente**."(Alcorão Sagrado, 30:50)

[490] como

[491] "**Qaf. Pelo Alcorão Glorioso**"(Alcorão Sagrado, 50: 1)

[492] "**Porém, não reparam, acaso, no firmamento que está acima deles? Como o construímos e o adornamos, sem abertura aparente**?!"(Alcorão Sagrado, 50: 6-11)

[493] "**Yá, Sin. Pelo Alcorão da Sabedoria. Que tu és um dos mensageiros**,"(Alcorão Sagrado, 36: 1-3)

[494] "**Dizendo: Quem poderá reviver os ossos, quando já estiverem decompostos? Dize: Revivê-los-á Quem os criou da primeira vez, porque é Conhecedor de todas as criações**."(Alcorão Sagrado, 36: 78-79)

[495] "**Apesar disso os vossos corações se endurecem; são como as rochas, ou ainda mais duros.**"(Alcorão Sagrado, 2:74.)

[496] "**E se tendes dúvidas a respeito do que revelamos ao Nosso servo (Mohammad), componde uma Surata semelhante às dele (o Alcorão) e apresentai as vossas testemunhas, independentemente de Allah, se estiverdes certos.**"(Alcorão Sagrado, 2:23)

[497] "**Pois bem, apresentai dez suratas forjadas, semelhantes às dele**"(Alcorão Sagrado, 11:13)

[498] "**Temei, então, o fogo infernal cujo combustível serão os homens e as pedras**"(Alcorão Sagrado, 2:24)

[499] "Não há nenhuma maneira de exposição melhor do que o Alcorão!"

[500] "**Prediga-lhes, pois, que, mercê do teu Senhor, não és um adivinho, nem um louco. Ou dirão: É um poeta. Aguardemos que lhe chegue a calamidade, (produzida) pelo tempo! Dize-lhes: Aguardai,**

que eu também sou um dos que aguardam convosco! São, acaso, suas faculdades mentais que os induzem a isso, ou é que são um povo de transgressores? Dirão ainda: Porventura, ele o tem forjado (o Alcorão)? Qual! Não creem! Que apresentem, pois, uma mensagem semelhante, se estivermos certos. Porventura, não foram eles criados do nada, ou são eles os criadores? Ou criaram, acaso, os céus e a terra? Qual! Não se persuadirão! Possuem, porventura, os tesouros do teu Senhor, ou são eles os dominadores? Ou possuem alguma escada, para escalarem o céu, a fim de detectarem ali, os segredos? Que os espreitadores apresentem uma autoridade evidente! Ou pertencem a Ele as filhas e a vós os filhos? Ou lhes exiges, porventura, alguma recompensa, e por isso ficam sobrecarregados de dívidas? Ou pensam estar de posse do desconhecido donde copiam o que dizem? Ou (em suma) intentam conspirar (contra ti)? Qual! Saibam os incrédulos que serão envolvidos na conspiração! Ou, por fim, têm outra divindade, além de Allah? Glorificado seja Allah, de tudo quanto Lhe associam!"(Alcorão Sagrado, 52: 29-43)

501 "ou ... Ou... "

502 "**E não o instruímos na poesia, porque não é própria dele**".(Alcorão Sagardo36:69)

503 "**Se houvesse nos céus e na terra outras divindades além de Allah, (céus e terra) já se teriam desordenado**".(Alcorão Sagrado, 21:22)

504 "**Ou dirão: É um poeta. Aguardemos que lhe chegue a calamidade, (produzida) pelo tempo**!" (Alcorão Sagrado, 52:30)

505 "**São, acaso, suas faculdades mentais que os induzem a isso**?"(Alcorão Sagrado, 52:32)

506 "**Ou é que são um povo de transgressores**?"(Alcorão Sagrado, 52:32)

507 "**Dirão ainda: Porventura, ele o tem forjado (o Alcorão)? Qual! Não creem**!"(Alcorão Sagrado, 52:33)

508 "**Porventura, não foram eles criados do nada**"?(Alcorão Sagrado, 52:35)

509 "**Ou são eles os criadores**?"(Alcorão Sagrado, 52:35.)

510 "**Ou criaram, acaso, os céus e a terra? Qual! Não se persuadirão**!"[510]

511 "**Possuem, porventura, os tesouros do teu Senhor**?"(Alcorão Sagrado, 52:37)

512 "**Ou são eles os dominadores**?"(Alcorão Sagrado, 52:37)

513 "**Ou possuem alguma escada, para escalarem o céu, a fim de detectarem ali, os segredos? Que os espreitadores apresentem uma autoridade evidente**!"(Alcorão Sagrado, 52:38)

514 "**Ou pertencem a Ele as filhas e a vós os filhos**?"(Alcorão Sagrado, 52:39)

515 "**Ou lhes exiges, porventura, alguma recompensa, e por isso ficam sobrecarregados de dívidas**"? (Alcorão Sagrado, 52:40)

516 "**Ou pensam estar de posse do desconhecido donde copiam o que dizem**?" (Alcorão Sagrado, 52:41)

517 "**Ou (em suma) intentam conspirar (contra ti)? Qual! Saibam os incrédulos que serão envolvidos na conspiração**!" (Alcorão Sagrado, 52:42)

518 "**Ou eles têm um deus além de Allah? Glorificado seja Allah muito acima das coisas que associamos com Ele**!" (Alcorão Sagrado, 52:43)

519 "**Se houvesse nos céus e na terra outras divindades além de Allah, (céus e terra) já se teriam desordenado**." (Alcorão Sagrado, 21:22)

520 "Condescendência Divina para a mente dos homens"

521 "**Do Clemente, Que assumiu o Trono**." (Alcorão Sagrado, 20: 5)

522 "Cada versículo tem um significado externo, uma significado interno, um limite, e um objetivo, e cada um tem raízes, ramos e galhos", Ibn Hibban, *Sahih*, i, 146; al-Manawi, *Fayd al-Qadir*, iii, 54.

523 "**E as montanhas, estacas**" (Alcorão Sagrado, 78: 7)

524 "Glorificado sejas! Quão sublime é a Tua glória!"

525 "Toda a sabedoria é de Allah."

526 "**Os céus e a terra eram uma só massa, que desagregamos**" (Alcorão Sagrado, 21:30)

527 (massa),

528 "Eu acredito em Allah, o Uno, o Único!"

529 "**E o sol, que segue o seu curso até um local determinado**." (Alcorão Sagrado, 36:38)

530 (Glorificado seja Allah!)

531 (Louvado seja Allah!)

532 (Que maravilhas Allah quis!)

533 (Que Allah abençoe!)

534 "ele estar em movimento em seu próprio lugar designado para a estabilidade do sistema solar."

535 (Louvado seja Allah!)

536 "**E estes serão os bem-aventurados**". (Alcorão Sagrado, 2: 5)

537 (os bem-aventurados)

538 **"Conscientiza-te, portanto, que não há mais divindade, além de Allah, e implora o perdão das tuas faltas"** (Alcorão Sagrado, 47:19)

539 "Não há nenhum provedor, além d'Ele! Não existe um Criador, além d'Ele! Não há ninguém misericordioso, além d'Ele!"

540 **"Pelos ventos disseminadores"**, (Alcorão Sagrado, 51: 1)

541 **"Pelos ventos enviados"** (Alcorão Sagrado, 77: 1)

542 **"Allah intercede entre o homem e o seu coração"**, (Alcorão Sagrado, 8:24)

543 **"Porém, só o conseguireis se Allah o permitir"**, (Alcorão Sagrado, 76:30)

544**"E os céus estarão envolvidos pela Sua mão direita"**, (Alcorão Sagrado, 39:67)

545 **"Nela produzimos pomares de tamareiras e videiras"**, (Alcorão Sagrado, 36:34)

546 **"Quando a terra executar o seu tremor predestinado"**; (Alcorão Sagrado, 99: 1)

547 **"Então, abrangeu, em Seus desígnios, o firmamento quando este ainda era gases"**, (Alcorão Sagrado, 41:11)

548 **"Não é verdade que sou o vosso Senhor?"** (Alcorão Sagrado, 7: 172)

549 **"No Dia, haverá semblantes risonhos, dirigindo os seus olhares para o seu Senhor;"** (Alcorão Sagrado, 75: 22-23)

550 "Pegue o que quiser do Alcorão para o que você quiser"

551 **"E entre os Seus sinais está a criação dos céus e da terra, as variedades dos vossos idiomas e das vossas cores."**(Alcorão Sagrado, 30:22)

552 **"Glorificado seja Allah, quando anoitece e quando amanhece!**.(Alcorão Sagrado, 30: 17).

553 **"Ele é Quem origina a criação, logo a reproduz, porque isso Lhe é fácil. Seu é o mais elevado exemplo, nos céus e na terra, e Ele é o Poderoso, o Prudentíssimo."**(Alcorão Sagrado, 30: 7)

554 "E entre os Seus sinais..."

555 **"Enviai-me, portanto... Ó José, ó veracíssimo!"**(Alcorão Sagrado, 12:46)

556 "Ó José!"

557 "José, para que eu possa pedir a ele para interpretar o sonho. Então eu fui mandado para a prisão e disse a José..."

558 **"Ele vos propiciou fazerdes fogo de árvores verdes."**(Alcorão Sagrado, 36:80)

559 **"Ó Haman, constrói-me uma torre"**(Alcorão Sagrado, 40:36)

560 "torre"

561 **"Porém, hoje salvamos apenas o teu corpo"**(Alcorão Sagrado, 10:92)

562 **"Degolando os vossos filhos e deixando com vida as vossas mulheres"**(Alcorão Sagrado, 2:49; 14: 6)

563 **"Tu os acharás mais ávidos de viver do que ninguém"**, (Alcorão Sagrado, 2:96)

564 **"Verás que muitos deles se precipitam no pecado, na hostilidade e no saciamento do que é ilícito. Quão detestável é o que fazem!"**(Alcorão Sagrado, 5:62)

565 , **"Percorrem a terra, em corrupção; porém, Allah não aprecia os corruptores."**(Alcorão Sagrado, 5:64)

566 **"E determinamos, no Livro, aos israelitas: causareis corrupção duas vezes"**,(Alcorão Sagrado, 17: 4)

567 **"e não prevariqueis na terra, causando corrupção."**(Alcorão Sagrado, 2:60)

568 **"Desejai então a morte"**(Alcorão Sagrado, 2:94)

569 **"E foram condenados à humilhação e à indigência"**.(Alcorão Sagrado, 2:61)

570 **"Pela estrela, quando cai, que vosso camarada jamais se extravia, nem erra, nem fala por capricho. Isto não é senão a inspiração que lhe foi revelada."**(Alcorão Sagrado, 53:1-4)

571 **"Alef, Lam, Mim. Os bizantinos foram derrotados."** (Alcorão Sagrado, 30: 1-2)

572 **"Sê perseverante, porque a promessa de Allah é verdadeira."** (Alcorão Sagrado, 30:60)

573 **"Em verdade, Allah confirmou a visão do Seu Mensageiro. Se Allah quisesse, entraríeis tranquilos, sem temor, na Sagrada Mesquita; uns com os cabelos raspados, outros com os cabelos cortados, sem medo. Ele sabe o que vós ignorais, e vos concedeu, não obstante isso, um triunfo imediato. Ele foi Quem enviou o Seu Mensageiro com a orientação e com a verdadeira religião, para fazê-las prevalecer sobre todas as outras religiões"**. (Alcorão Sagrado, 48: 27-28)

574 **"Em terra muito próxima; porém, depois de sua derrota, vencerão, dentro de alguns anos; porque é de Allah a decisão do passado e do futuro"**. (Alcorão Sagrado, 30: 3-4)

575 **"Logo verás, e eles também verão, quem, dentre vós, é o aflito!"**. (Alcorão Sagrado, 68: 5-6)

[576] “**Ou dirão: É um poeta. Aguardemos que lhe chegue a calamidade, (produzida) pelo tempo! Dize-lhes: Aguardai que eu também sou um dos que aguardam convosco**!” (Alcorão Sagrado, 52: 30-1)
[577] “**Allah te protegerá dos homens**” (Alcorão Sagrado, 5:67)
[578] “**Porém, se não o fizerdes, e certamente não podereis fazê-lo**”. (Alcorão Sagrado, 2:24)
[579] “**Porém, jamais a desejariam**.” (Alcorão Sagrado, 2:95)
[580] “**De pronto lhes mostraremos os Nossos sinais em todas as regiões (da terra), assim como em suas próprias pessoas, até que lhes seja esclarecido que ele (o Alcorão) é a verdade**” (Alcorão Sagrado, 41:53)
[581] “**Dize-lhes: Mesmo que os humanos e os gênios se tivessem reunido para produzirem coisa similar a este Alcorão, jamais teriam feito algo semelhante, ainda que se ajudassem mutuamente.**” (Alcorão Sagrado, 17:88)
[582] “**Saibam que Allah os suplantará por outras pessoas, às quais amará, as quais O amarão; serão compassivas para com os crentes e severas para com os incrédulos; combaterão pela causa de Allah e não temerão a censura de ninguém**” (Alcorão Sagrado, 5:54)
[583] “**E dize (mais): Louvado seja Allah! Ele vos mostrará os Seus sinais; então, os conhecereis**.” (Alcorão Sagrado, 27:93)
[584] “**Dize-lhes (mais): Ele é o Clemente, no Qual cremos e n’Ele confiamos. Logo sabereis quem está em erro evidente**!” (Alcorão Sagrado, 67:29)
[585] “**Allah prometeu àqueles dentre vós, que creem e praticam o bem, fazê-los herdeiros da terra, como fez com os seus antepassados; consolidar-lhes a religião que escolheu para eles, e trocar a sua apreensão por tranquilidade**”. (Alcorão Sagrado, 24:55)
[586] “Ó Povo do Livro! Ó Povo do Livro!”
[587] Ahl Almaktib, as pessoas educadas em escolas seculares em oposição aos Ahl Al Kitab (tr)
[588] “**Ó adeptos do Livro, vinde, para chegarmos a um termo comum, entre nós e vós**.” (Alcorão Sagrado, 3:64)
[589] “**Dize-lhes: Mesmo que os humanos e os gênios se tivessem reunido para produzirem coisa similar a este Alcorão, jamais teriam feito algo semelhante, ainda que se ajudassem mutuamente.**” (Alcorão Sagrado, 17:88)
[590] “**Praticai a oração, pagai o zakat**”,(Alcorão Sagrado, 2:43,etc.)
[591] “**Allah consente o comércio e veda a usura**”.(Alcorão Sagrado, 2: 275.)
[592] “**Dize-lhes: Mesmo que os humanos e os gênios se tivessem reunido para produzirem coisa similar a este Alcorão, jamais teriam feito algo semelhante, ainda que se ajudassem mutuamente**”(Alcorão Sagrado, 17:88)
[593] “**Jamais gerou ou foi gerado! E ninguém é comparável a Ele**!”(Alcorão Sagrado, 112: 3-4)
[594] “**A Allah, aplica-se o mais sublime exemplo**.”(Alcorão Sagrado, 16:60)
[595] “**Em verdade, Mohammad não é o pai de nenhum de vossos homens**”.(Alcorão Sagrado, 33:40)
[596] Ó Allah, conceda bênçãos a ele e à sua família.
[597] “**Ele foi Quem vos criou tudo quanto existe na terra; então, dirigiu Sua vontade até ao firmamento do qual fez, ordenadamente, sete céus, porque é Onisciente**.” (Alcorão Sagrado, 2:29)
[598] “**. Acaso, não fizemos da terra um leito, E das montanhas, estacas? *E não vos criamos, acaso, em casais! ... até: Sabei que o Dia da Discriminação está com a hora fixada.**”(Alcorão Sagrado, 78: 6-17) *“A extensão espaçosa da terra é um dos dez portentos de Allah, enumerados até ao versículo 16: o grande panorama da nossa natureza exterior (versículos 6-7); a criação dos humanos em casais, com a sucessão do descanso e do trabalho, adaptando-se à alternância da noite e do dia (versículos 8-11); o firmamento, em cima, com as suas esplêndidas luzes (versículos 12-13); e as nuvens e a chuva, e abundantes colheitas, que mantêm relacionados o céu, a terra e os homens (versículos 14-16). Estas coisas apontam para Allah, e a Mensagem de Allah aponta para a Vida Futura”
[599] “**Dize: Quem vos agracia com os bens do céu e da terra? Quem possui poder sobre a audição e a visão? Quem faz surgir o vivo do morto e o morto do vivo? E quem rege todos os assuntos? Dirão: Allah! Dize, então: Por que não O temeis? Tal é Allah, vosso verdadeiro Senhor**.”(Alcorão Sagrado, 10: 31-32)
[600] “**Tal é Allah, vosso verdadeiro Senhor**. .”(Alcorão Sagrado, 10: 32)
[601] “**Na criação dos céus e da terra; na alteração do dia e da noite; nos navios que singram o mar para o benefício do homem; na água que Allah envia do céu, com a qual vivifica a terra, depois de haver sido árida e onde disseminou toda a espécie animal; na mudança dos ventos; nas nuvens submetidas entre o céu e a terra, (nisso tudo) há sinais para os sensatos**.”(Alcorão Sagrado 2: 164.)
[602] “**...nisso tudo) há sinais para os sensatos**”(Alcorão Sagrado 2: 164.)

[603] **"E assim teu Senhor te elegerá e ensinar-te-á a interpretação das histórias, e te agraciará com a Sua mercê, a ti e à família de Jacó, como agraciou anteriormente teus avôs, Abraão e Isaac, porque teu Senhor é Sapiente, Prudentíssimo.**"(Alcorão Sagrado, 12: 6.)

[604] **"Dize: Ó Allah, Soberano do poder! Tu concedes a soberania a quem Te apraz"**. (Alcorão Sagrado, 3:26)

[605] **"E recompensas desmedidamente a quem Te apraz"**.(Alcorão Sagrado, 3:27)

[606] **"Criamos o homem da essência do barro.Em seguida, fizemo-lo uma gota de esperma, que inserimos em um lugar seguro.Então, convertemos a gota de esperma em algo que se agarra, transformamos esse algo em feto e convertemos o feto em ossos; depois, revestimos os ossos de carne; então o desenvolvemos em outra criatura. Bendito seja Allah, Criador por excelência.**"(Alcorão Sagrado, 23: 12-14)

[607] **"Bendito seja Allah, Criador por excelência"**

[608] **"Vosso Senhor é Allah, Que criou os céus e a terra em seis dias, assumindo, em seguida, o Trono. Ele ensombrece o dia com a noite, que o sucede incessantemente. O sol, a lua e as estrelas estão submetidos ao Seu comando. Acaso, não Lhe pertencem a criação e o poder? Bendito seja Allah, Senhor do Universo.**"(Alcorão Sagrado, 7:54)

[609] "Bendito seja Allah! Que maravilhas Allah quis! Então, Bendito seja Allah, o Senhor do Universo"

[610] "...**Bendito seja Allah, o Senhor do Universo.**"(Alcorão Sagrado, 7:54)

[611] **"Ele ensinou a Adão os nomes (de todas as coisas) e depois os apresentou aos anjos e lhes falou: Nomeai-os para Mim se estiverdes certos. Disseram: Glorificado sejas! Não possuímos mais conhecimento além do que Tu nos proporcionaste, porque somente Tu és Prudente, Sapientíssimo."**(Alcorão Sagrado, 2:31-2)

[612] **"Na verdade Você é Onisciente, Todo-Sábio.**"(Alcorão Sagrado, 2:31-2)

[613] **"E tendes exemplos no gado; damos-vos para beber o que há em suas entranhas; provém da conjunção de sedimentos e sangue – leite puro e saboroso para aqueles que o bebem**..."(Alcorão Sagrado, 16:66)

[614] **"que constitui cura para os humanos. Nisto há sinal para os que refletem.**"(Alcorão Sagrado, 16: 69)

[615] **"O Seu Trono abrange os céus e a terra, cuja preservação não O abate, porque é o Ingente, o Altíssimo.**"(Alcorão Sagrado, 2: 255)

[616] **"Quem poderá interceder junto a Ele, sem o Seu consentimento**?(Alcorão Sagrado, 2: 255)

[617] **"Porque é o Ingente, o Altíssimo.**"(Alcorão Sagrado, 2: 255)

[618] **"Allah foi Quem criou os céus e a terra e é Quem envia a água do céu, com a qual produz os frutos para o vosso sustento! Pôs à vossa disposição os navios que, com a Sua anuência, singram os mares, e pôs à vossa disposição os rios. Pôs à vossa disposição o sol e a lua, que seguem os seus cursos; pôs à vossa disposição a noite e o dia. E vos agraciou com tudo quanto Lhe pedistes. E se contardes as mercês de Allah, não podereis enumerá-las.**" (Alcorão Sagrado, 14: 32-4)

[619] **"E vos agraciou com tudo quanto Lhe pedistes. E se contardes as mercês de Allah, não podereis enumerá-las.**" (Alcorão Sagrado, 14: 32-4)

[620] **"Que o homem repare, pois, em seu alimento. Em verdade, derramamos a água em abundância, depois abrimos a terra em fendas, e fazemos nascer o grão, a videira e as plantas (nutritivas), a oliveira e a tamareira, e jardins frondosos, e o fruto e a forragem, para o vosso uso e o do vosso gado.**" (Alcorão Sagrado, 80: 24-32)

[621] **"para o vosso uso e o do vosso gado"** (Alcorão Sagrado, 80: 32)

[622] **"Porventura, não reparas em como Allah impulsiona as nuvens levemente? Então as junta, e depois as acumula? Não vês a chuva manar do seio delas?(1361) E que Ele envia massas (de nuvens) de granizo, com que atinge a quem Lhe apraz, livrando disso a quem quer? Pouco falta para que o resplendor das centelhas lhes ofusque as vistas. Allah alterna a noite e o dia. Em verdade, nisto há uma lição para os sensatos. E Allah criou da água todos os animais; e entre eles há os répteis, os bípedes e os quadrúpedes. Allah cria o que Lhe apraz, porque Allah é Onipotente.**". (Alcorão Sagrado, 24: 43-5)

[623] **"Acaso, não sabe o homem que o temos criado de uma gota de esperma? Contudo, ei-lo um oponente declarado!"**? (Alcorão Sagrado, 36:77) ...até o fim da Surata.

[624] **"Ele vos propiciou fazerdes fogo de árvores verdes, que vós usais como lenha.**" (Alcorão Sagrado, 36:80)

[625] **"Quem poderá reviver os ossos, quando já estiverem decompostos?**" (Alcorão Sagrado, 36:78)

[626] **"Glorificado seja, pois, Aquele em Cujas Mãos está o domínio de todas as coisas"** (Alcorão Sagrado, 36:83)
[627] **"E a Quem retornareis!"** (Alcorão Sagrado, 36:83)
[628] **"Quando o sol for enrolado"** (Alcorão Sagrado, 81, Surata At Taquir)
[629] **, "Quando o céu se despedaçar"** (Alcorão Sagrado, Surata 82, al-Infitar.)
[630] **, "Quando o céu se fender"**. (Alcorão Sagrado, Sura 84, al-Inxicac)
[631] **"Quando as páginas forem abertas,"** (Alcorão Sagrado, 81:10.)
[632] **"Quando o sol for enrolado"** (Alcorão Sagrado, 81:1.)
[633] **"Em verdade, Allah escutou a declaração daquela que argumentava contigo, acerca do marido, e se queixava (em oração) a Allah. Allah ouviu vosso diálogo, porque é Oniouvinte, Onividente."** (Alcorão Sagrado, 58: 1)
[634] **"Porque Allah é Oniouvinte, Onividente"** (Alcorão Sagrado, 58: 1)
[635] **"Glorificado seja Aquele que, durante a noite, transportou o Seu servo, tirando-o da Sagrada Mesquita (em Makka) e levando-o à Mesquita de Al Acsa (em Jerusalém), cujo recinto bendizemos, para mostrar a ele alguns dos Nossos sinais. Sabei que Ele é o Oniouvinte, o Onividente."** (Alcorão Sagrado, 17: 1)
[636] **"Louvado seja Allah, Criador dos céus e da terra, Que fez dos anjos mensageiros, dotados de dois, três ou quatro pares de asas; aumenta a criação conforme Lhe apraz, porque Allah é Onipotente."** (Alcorão Sagrado, 35: 1)
[637] **"...dois, três ou quatro... ."** (Alcorão Sagrado, 35: 1)
[638] **"porque Allah é Onipotente."** (Alcorão Sagrado, 35: 1)
[639] **"Dize-lhes: Se, como dizem, houvesse, juntamente com Ele, outros deuses, estes teriam tratado de encontrar um meio de contrapor-se ao Soberano do Trono. Glorificado e sublimemente exaltado seja Ele, por tudo quanto blasfemam! Os sete céus, a terra, e tudo quanto neles existe glorificam-No. Nada existe que não glorifique os Seus louvores! Porém, não compreendeis as suas glorificações. Sabei que Ele é Tolerante, Indulgentíssimo."** (Alcorão Sagrado, 17:42-4)
[640] **"Sabei que Ele é Tolerante, Indulgentíssimo."** (Alcorão Sagrado, 17:42-4)
[641] **"Sabei que Ele é Tolerante, Indulgentíssimo."** (Alcorão Sagrado, 17:42-4)
[642] **"Ó terra, absorve as tuas águas! Ó céu, detém-te!"** (Alcorão Sagrado, 11:44.)
[643] **"E lhes disse, e também à terra: Juntai-vos, de bom ou de malgrado! Responderam: Juntamo-nos voluntariamente."** (Alcorão Sagrado, 41:11.)
[644] Seja estacionária, ó terra! Sejam fenda, Ó céus! Ó ressurreição, irrompe!
[645] **"Sua ordem, quando quer algo, é tão-somente: Seja!, e é."** (Alcorão Sagrado, 36:82.)
[646] **"E quando dissemos aos anjos: Prostrai-vos ante Adão!"** (Alcorão Sagrado, 2:34.)
[647] **"Porém, não reparam, acaso, no firmamento que está acima deles? Como o construímos e o adornamos, sem abertura aparente? E dilatamos a terra, fixando nela (firmes) montanhas, produzindo aí toda a formosa espécie, em pares, para a observação e recordação de todo o servo contrito. E enviamos do céu a água bendita, mediante a qual produzimos jardins e cereais para a colheita. E também as frondosas tamareiras, cujos cachos estão carregados de frutos em simetria, como sustento para os servos; e fazemos reviver, com ela (a água), uma terra árida. Assim será a ressurreição!"** (Alcorão Sagrado, 50: 6-11)
[648] "Assim será a ressurreição"
[649] "Não reparam"
[650] "Onde está o chão e onde estão as Plêiades?"
[651] **"Tudo quanto existe nos céus e na terra glorifica Allah, porque Ele é o Poderoso, o Prudentíssimo."** (Alcorão Sagrado, 57: 1; 59: 1; 61: 1)
[652] **"Tudo quanto existe nos céus e na terra glorifica Allah, o Soberano, o Augusto, o Poderoso, o Prudentíssimo"**. (Alcorão Sagrado, 62: 1.)
[653] **"Os sete céus, a terra, e tudo quanto neles existe glorificam-No"** (Alcorão Sagrado, 17:44)
[654] **"A Allah, aplica-se o mais sublime exemplo,"** (Alcorão Sagrado, 16:60)
[655] **"Allah é o Germinador das plantas graníferas e das nucleadas!"** (Alcorão Sagrado, 6:95)
[656] **"E sabei que Allah intercede entre o homem e o seu coração"**, (Alcorão Sagrado, 8:24)
[657] **"Que criou os céus e a terra em seis dias"**, (Alcorão Sagrado, 07:54)
[658] **"E os céus estarão envolvidos pela Sua mão direita"** (Alcorão Sagrado, 39:67)
[659] **"Pelo monte (Sinai). Pelo Livro escrito,"** (Alcorão Sagrado, 52: 1-2)
[660] **"Quando acontecer o evento inevitável."** (Alcorão Sagrado, 56: 1)
[661] **"A calamidade! Que é a calamidade?"** (Alcorão Sagrado, 101: 1)

[662] **“Não reparam no reino dos céus e da terra e em tudo quanto Allah criou?”** (Alcorão Sagrado, 7: 185)

[663] **“Porém, não reparam, acaso, no firmamento que está acima deles? Como o construímos”** (Alcorão Sagrado, 50: 6)

[664] **“Não veem, acaso, os incrédulos, que os céus e a terra eram uma só massa, que desagregamos?”** (Alcorão Sagrado, 21:30)

[665] **“Allah é a Luz dos céus e da terra”** (Alcorão Sagrado, 24:35)

[666] **“Que é a vida terrena senão jogo e diversão frívola?”** (Alcorão Sagrado, 06:32)

[667] **“Quando o céu se despedaçar,”** (Alcorão Sagrado, 82: 1)

[668] **“Quando o sol for enrolado”**. (Alcorão Sagrado, 81: 1)

[669] **“Quando o céu se fender,”** (Alcorão Sagrado, 84: 1)

[670] **“E a trombeta soará; e aqueles que estão nos céus e na terra expirarão, com exceção daqueles que Allah queira (conservar).!”** (Alcorão Sagrado, 39:68)

[671] **“Ele foi Quem criou os céus e a terra, em seis dias; então, assumiu o Trono. Ele bem conhece o que penetra na terra e tudo quanto dela sai; o que desce do céu e tudo quanto a ele ascende, e está convosco onde quer que estejais.”** (Alcorão Sagrado, 57: 4)

[672] **“E dize (mais): Louvado seja Allah! Ele vos mostrará os Seus sinais; então, os conhecereis. Sabe que teu Senhor não está desatento a tudo quanto fazeis.”** (Alcorão Sagrado, 27:93)

[673] **“No Dia da Ressurreição, a terra, integralmente, caberá na concavidade de Sua Mão”** (Alcorão Sagrado, 39:67)

[674] **“Será o dia em que enrolaremos o firmamento como a um rolo de pergaminho.”** (Alcorão Sagrado, 21:104)

[675] **“De Allah nada se oculta, tanto na terra como nos céus. Ele é Quem vos configura nas entranhas, como Lhe apraz. ”** (Alcorão Sagrado, 3:5-6)

[676] **“Sabei que não existe criatura que Ele não possa agarrar pelo topete”**. (Alcorão Sagrado, 11:56)

[677] **“E quantas criaturas existem que não podem procurar o seu sustento! Allah as sustenta da mesma maneira que a vós”** (Alcorão Sagrado, 29:60)

[678] **“Louvado seja Allah Que criou os céus e a terra, e originou as trevas e a luz”** (Alcorão Sagrado, 6: 1)

[679] **“Apesar de Allah vos ter criado, bem como o que elaborais”**. (Alcorão Sagrado, 37:96)

[680] **“Como vivifica a terra, depois de esta haver sido árida!”** (Alcorão Sagrado, 30:50)

[681] **“E teu Senhor inspirou as abelhas.”** (Alcorão Sagrado, 16:68)

[682] **“O sol, a lua e as estrelas estão submetidos ao Seu comando”**. (Alcorão Sagrado, 07:54)

[683] **“Não reparam, acaso, nos pássaros que pairam sobre eles, estirando e recolhendo as suas asas? Ninguém os mantém no espaço, senão o Clemente, porque é Onividente.”** (Alcorão Sagrado, 67:19)

[684] **“O Seu Trono abrange os céus e a terra, cuja preservação não O abate.”** (Alcorão Sagrado, 2: 255)

[685] **“E está convosco onde quer que estejais”**, (Alcorão Sagrado, 57: 4)

[686] **“Ele é o Primeiro e o Último; o Visível e o Invisível, e é Onisciente.”** (Alcorão Sagrado, 57: 3)

[687] **“Criamos o homem e sabemos o que a sua alma lhe confidencia, porque estamos mais perto dele do que a (sua) artéria jugular.”** (Alcorão Sagrado, 50:16)

[688] **“Até Ele ascenderão os anjos com o Espírito (o anjo Gabriel), em um dia cuja duração será de cinquenta mil anos.”** (Alcorão Sagrado, 70: 4)

[689] **“Allah ordena a justiça, a prática do bem, o auxílio aos parentes, e veda a obscenidade, o ilícito e a injustiça”**. (Alcorão Sagrado, 16:90)

[690] **“Dize-lhes: Mesmo que os humanos e os gênios se tivessem reunido para produzirem coisa similar a este Alcorão, jamais teriam feito algo semelhante, ainda que se ajudassem mutuamente”**. (Alcorão Sagrado, 17:88)

[691] **“Glorificado sejas! Não possuímos mais conhecimento além do que Tu nos proporcionaste, porque somente Tu és Prudente, Sapientíssimo.”** (Alcorão Sagrado, 2:32)

[692] **“Ó Senhor nosso, não nos sobrecarregues com o que não podemos suportar!”** (Alcorão 2: 286)

[693] **“Ó Senhor meu, dilata-me o peito; facilita-me a tarefa; e desata um nó de minha língua, para que compreendam a minha fala.** (Alcorão Sagrado, 20: 25-28)

[694] Ó Deus, abençoá-o e lhe dê paz da melhor, mais bela, mais nobre, mais destacada, mais pura, melhor virtude. Melhor generosidade, mais poderoso, mais digno, mais sublime, mais puro, mais bendito, mais sutil preces, mais Cumpridor, mais numeroso, mais prestigiado e mais elevado, e mais perene a sua paz. Bênção, paz, misericórdia, satisafção, perdão e indulgência estendida e aumentada com a chuva de nuvens doados pela Sua generosidade e cresce e se desenvolve com suas preciosidades, ilustre, sutil Sua excelência, Sua graça perene com a Sua Perenidade, que não acaba nunca, com a Sua eternidade, não

veda o Seu servo e seu amado, Seu Mensageiro, Mohammad, a melhor de Suas criaturas, a luz brilhante, A prova manifesta, decisiva, o mar desviador, a luz abundante, a beleza evidente, a magnificência supmetedora, a perfeição excelente, Sua bênção que lhe concedeste com a Sua magnificência à sua família e companheiros, bênção que perdoa nossos pecados e expande os nossos peitos, purifica nossos corações, vivifica as nossas almas e santifica, com ela os seus segredos e distrai com ela os nossos pensamentos e nossas ideias, serene os turvos em nossos segredos e cura as nossas doenças e abre as fechaduras de nossos corações.

695 "**Ó Senhor nosso, não desvies os nossos corações, depois de nos teres iluminado, e agracia-nos com a Tua misericórdia, porque Tu és o Munificente por excelência.**" (Alcorão Sagrado, 3: 8)

696 "**E o fim de sua prece será: Louvado seja Allah, Senhor do Universo!**" (Alcorão Sagrado, 10:10) Amém. Amém.

697 "**Proclama, pois, o que te tem sido ordenado.**" (Alcorão Sagrado, 15:94)

698 "**Tudo quanto existe nos céus e na terra glorifica Allah**" (Alcorão Sagrado, 57: 1, etc.)

699 "Não há outra divindade além de Allah, o Uno e o Único Necessariamente Existente, em Unidade aponta o Alcorão de Exposição Miraculosa, o livro aceito e desejado por todas as espécies de anjos, gênios e humanos, cujos versículos são lidos a cada minuto do ano, com a maior reverência, por centenas de milhões de homens, cuja soberania sagrada sobre as regiões da terra e do universo e sobre a face do tempo é permanente, cuja autoridade espiritual e luminosa foi executada em mais de metade da terra e um quinto da humanidade, há mais de quatorze séculos, com o máximo esplendor. Testemunho e prova também são dados pela unanimidade dos suas Suratas sagradas e celestiais, o acordo dos seus versículos divinos, luminosos, a congruência de seus mistérios e luzes, a correspondência de seus frutos e efeitos, por testemunho e clara visão."

700 os malfeitores, os malfeitores

701 "**E em verdade, o teu Senhor é o Poderoso, o Misericordiosíssimo**",(Alcorão Sagrado, 26:9, etc)

702 "Ta, Sin, Mim"

703 "**Assim, pois, quais das mercês de vosso Senhor desagradeceis**?" (Alcorão Sagrado, 55:13, etc)

704 "**Ai, nesse dia, dos desmentidores**!" (Alcorão Sagrado, 77:15, etc)

705 "Glorificado Sejas! Não há outra divindade além de Ti: Segurança! Segurança! Salva-nos, livra-nos, preserva-nos do fogo do Inferno!",

706 "**De fato, Allah é Onipotente**".(Alcorão Sagrado, 02:20)

707 "**Em verdade, Allah é Onisciente**".(Alcorão Sagrado, 29:62)

708 "**E Ele é o Poderoso, o Misericordioso**".(Alcorão Sagrado, 30:5)

709 "**E Ele é o Poderoso, o Prudentíssimo**".(Alcorão Sagrado, 30:27)

710 "Senhor do Universo"

711 "Seu Senhor"

712 "**Ele foi Quem criou os céus e a terra**",

713 "**Ele insere a noite no dia, e o dia na noite**",

714 "**E é Sabedor das intimidades dos corações.**"[714]

715 "**E acima de todo o conhecedor está o Onisciente**"(Alcorão Sagrado, 12:76)

716 " **Por outra, os crentes, que praticam o bem, obterão jardins abaixo dos quais correm rios**; ... ",(Alcorão Sagrado, 85:11)

717 "... **onde morarão eternamente**"(Alcorão Sagrado, 5:119)

718 "**E os injustos sofrerão um doloroso castigo**!" (Alcorão Sagrado, 14:22)

719 "**Os incrédulos experimentarão o fogo infernal**".(Alcorão Sagrado, 35:36)

720 "**Quando nele forem precipitados, ouvi-lo-ão rugir, borbulhante, a ponto de estalar de fúria.**" (Alcorão Sagrado, 67:7-8)

721 "Não há outra divindade além de Allah"

722 Mohammad é o Mensageiro de Allah

723 "a causa é como o fazedor"

724 O homem pode negar a luz do sol, devido ao seu olho doente,**E a boca negar o sabor da água, devido à doença.

725 "**Glorificado sejas! Não possuímos mais conhecimento além do que Tu nos proporcionaste, porque somente Tu és Prudente, Sapientíssimo.**" (Alcorão Sagrado, 2:32)

726 Em nome de Allah, o Clemente, o Misericordioso

"**E não existe coisa alguma cujos tesouros não estejam em Nosso poder, e não vo-la enviamos, senão proporcionalmente**"(Alcorão Sagrado 15:21)

[727] **"E temos registrados os seus rastros e as suas ações, porque anotamos tudo num Livro esclarecedor."**(Alcorão Sagrado 36:12)

[728] A Predestinação (*Qadr*) é também conhecido como destino (TR).

[729] O Livre Arbítrio, o poder de escolha ou a faculdade de escolha (Juz'i iráda, juz'i ikhtiri).(TR).

[730] "Se uma coisa não é necessária, não pode vir à existência [por si]."

[731] **"Não há um só grão, no seio da terra, ou nada verde, ou seco, que não esteja registrado no Livro esclarecedor,**"(Alcorão Sagrado, 06:59)

[732] "Quem crê na Predestinação é salvo da dor."

[733] "Allah fortalece essa religião por meio de homens pecadores" Bukhari, *Jihad*, 182; *Magházi*, 38; *Qadr*, 5; Musslim, *Iman*, 178; Ibn Mája, *Fitan*, 35.

[734] "Allah é o Maior! Ele é o Poderoso, o Onisciente, o Prudentíssimo, o Eterno, o Mais Generoso, o Clemente, o Belo, o Escultor, o Pré-Eterno! Qual é a realidade do universo em sua totalidade e em suas partes, e suas páginas e níveis, e qual é a realidade dos seres em conjunto e individualmente, em sua existência e continuidade, mais de que as linhas da caneta de Sua Determinação e Decreto, e Sua configuração em ordem e determinação, com conhecimento e sabedoria; que são eles além de inscrições hábeis de Seu conhecimento, sabedoria, regulação e formação, com arte e favor; os adornos da mão brilhante de Sua arte e favor, embelezamento e iluminação, com graça e generosidade; as flores das sutilezas de Seus favores e munificências e ser conhecido e amado, com misericórdia e graça; os frutos das efusões de Sua misericórdia e bondade, piedade e compaixão, com beleza e perfeição; os lampejos e manifestações de Sua beleza e perfeição por meio do testemunho da transitoriedade dos reflexos e da efemeridade dos locais de manifestação e a permanência dessa transcendente, beleza eterna e sua manifestação constante e aparência ao longo da passagem das estações, séculos e idades, e a doação perpétua de prêmios ao longo da passagem das criaturas, dos dias e das pessoas?

Na verdade, um perfeito trabalho aponta para um possuidor de intelecto que realiza um ato perfeito, e os perfeitos atos apontam para um entendimento com o que possui nomes perfeitos, e os nomes perfeitos apontam para atributos perfeitos, e atributos perfeitos apontam para qualidades perfeitas, e qualidades perfeitas apontam para a perfeição da essência da qual procedem, e isso é absolutamente certo.

Na verdade, a efemeridade dos reflexos e da morte de criaturas, juntamente com a manifestação perpétua e o esplendor constante é a mais clara das provas de que sua beleza aparente não pertence aos locais de manifestação; é a declaração mais eloquente e o mais claro argumento para uma beleza transcendente, e renovada doação, o Existente Necessário, o Duradouro, o Amado ...

Ó Allah! Concede bênçãos ao nosso mestre Mohammad desde a pré-eternidade até a pós-eternidade ao número de coisas que encerradas no Conhecimento Divino e à sua família e companheiros, e concede-lhes a paz."

[735] **"Portanto, não vos justifiqueis**"(Alcorão Sagrado, 53:32)

[736] **"E não sejais como aqueles que se esqueceram de Allah e, por isso mesmo, Ele os fez esquecerem-se de si próprios**"(Alcorão Sagrado, 59:19.)

[737] **"Toda a ventura que te ocorra (ó homem) emana de Allah; mas toda a desventura que te açoita provém de ti.**"(Alcorão Sagrado, 4:79.)

[738] **"Tudo perecerá, exceto o Seu Rosto!**"(Alcorão Sagrado, 28:88)

[739] **"Portanto, não vos justifiqueis**"

[740] **"Em quem toma por divindade os seus desejos.**"(Alcorão Sagrado, 25:43; 45:23)

[741] **"E não sejais como aqueles que se esqueceram de Allah e, por isso mesmo, Ele os fez esquecerem-se de si próprios**"(Alcorão Sagrado, 59:19.)

[742] **"Toda a ventura que te ocorra (ó homem) emana de Allah; mas toda a desventura que te açoita provém de ti.**"(Alcorão Sagrado, 4:79.)

[743] **"Que será venturoso quem a (a alma) purificar**"(Alcorão Sagrado, 91: 9)

[744] **"Tudo perecerá, exceto o Seu Rosto!**"(Alcorão Sagrado, 28:88)

[745] Em nome de Allah, o Clemente, o Misericordioso. **"Porém, se o transmitissem ao Mensageiro ou às suas autoridades, os discernidores, entre estes, saberiam analisá-lo**" (Alcorão Sagrado, 4:83)

[746] "A necessidade torna permissível o que é proibido."

[747] Ver, Sharani, al-Mizan al-Kubra.

[748] **"Glorificado sejas! Não possuímos mais conhecimento além do que Tu nos proporcionaste, porque somente Tu és Prudente, Sapientíssimo.**" (Alcorão Sagrado, 2:32)

[749] Ó Allah! Concede bênçãos e paz para aquele em quem foram incorporadas as luzes de Teu amor pela beleza de Teus atributos; o reflexo completo das manifestações de Teus Belos Nomes; nos quais foram focados os raios de Teu amor pela arte que está em Tuas criaturas; o mais perfeito e maravilhoso de Teus artefatos, que era uma amostra das perfeições de Tua arte e um índice das belezas de Tuas inscrições; e que refletia as sutilezas de Teu amor e Teu desejo de que Tua arte ser apreciada; o arauto mais elevado de Tua arte, que proclamou em voz retumbante admiração pela beleza de Tua inscrição, o mais maravilhoso louvador das perfeições de Tua arte; que refletiram em Teu ser as variedades de Teu amor e Tua apreciação pelos bons costumes de Tuas criaturas e as sutilezas das qualidades dos Teus artefatos, abrangendo toda conduta excelente e boa moral por meio de Teu favor e as sutilezas de atributos louváveis por Tua graça; que foi o mais excelente critério e medida de tudo que Tu mencionas em Teu critério de verdade e falsidade, o Alcorão, aqueles a quem Tu amas, de entre os justos, os pacientes, os fiéis, os que Te temem, que se voltam para Ti, e os que se arrependem, e todas as classes daqueles a quem Tu infundes com a vida e honra por Teu amor em Teus Critérios de verdade e falsidade, até que se tornem como o líder daqueles que amas; o mestre daqueles amados por Ti e chefe de Teus amados; e conceder bênçãos e paz para toda a sua família e companheiros e irmãos. Amém. Por Tua misericórdia, ó o mais Misericordioso dos misericordiosos!

[750] "Em Seu Nome, Glorificado seja Ele!"

[751] "**E nada existe, que não glorifique os Seus louvores**"(Alcorão Sagrado, 17:44)

[752] Em nome de Allah, o Clemente, o Misericordioso."**Mohammad é o Mensageiro de Allah, e aqueles que estão com ele são severos para com os incrédulos, porém compassivos entre si**." (Alcorão Sagrado, 48:29)

[753] "Glorificado seja o meu Senhor, o Altíssimo"

[754] "a causa é como o executor"

[755] "Ó Allah! Concede bênçãos ao nosso mestre Mohammad, à sua Família e aos Companheiros"

[756] Ó Allah! Concede bênçãos ao nosso mestre Muhammad, que disse: "Meus companheiros são como as estrelas, o que deles vocês seguirem, serão bem encaminhados",(al-'Ajluni, *Kachf al-Khafa* ', I, 132, n º: 381.) e, "O melhor dos séculos é o meu século",(Bukhari, *Chahada*, 9; *Fada'il Ashab al-Nabi*, 1; *Ayman*, 10, 27; *Fitan*, 45) bem como à sua família e aos companheiros, e conceder-lhes a paz.

[757] "**Glorificado sejas! Não possuímos mais conhecimento além do que Tu nos proporcionaste, porque somente Tu és Prudente, Sapientíssimo**." (Alcorão Sagrado, 2:32)

[758] *Musnad*, v, 248, 257, 264; *al-Hakim, al-Mustadrak*, iii, 41; iv, 89.

[759] al-Munawi, *Fayd al-Qadir*, iii, 368, n º: 3662.

[760] "Eles disseram: No caminho Naqchbandi quatro 'abandonos' são necessárias: o abandono do mundo, o abandono da Outra Vida, o abandono da existência, e o abandono do abandono."

[761] Ó Allah! Concede bênçãos e paz ao Teu Mensageiro, que disse: "Não insulte meus companheiros! Por Aquele em Cujas Mãos está a minha alma, se um de vocês fosse gastar ouro equivalente à montanha de Úhud, não poderia alcançar o equivalente a dois punhados de que um deles gastou, ou até mesmo metade disso."(Bukhari, *Fada'il Asshabal-Nabi*, 5; Musslim, *Fada'il Assahaba*, 221, 222.)

[762] "**Glorificado sejas! Não possuímos mais conhecimento além do que Tu nos proporcionaste, porque somente Tu és Prudente, Sapientíssimo**." (Alcorão Sagrado, 2:32)

[763] Em nome de Allah, o Clemente, o Misericordioso. "**Anuncia (ó Mohammad) aos crentes que praticam o bem, que obterão jardins abaixo dos quais correm os rios. Toda vez que forem agraciados com os seus frutos, dirão: Eis aqui o que nos fora concedido antes! Porém, só o serão (os frutos) na aparência. Ali terão pares imaculados e ali morarão eternamente**."(Alcorão Sagrado, 02:25)

[764] "**E que é a vida terrena, senão diversão e jogo? Certamente a morada no Outro Mundo é a verdadeira Vida. Se o soubessem**!" (Alcorão Sagrado, 29:64.),

[765] "Cada um vai estar junto com aqueles que ama"(Bukhari, *Adab*, 96; Musslim, *Birr*, 165; Tirmizi, *Zuhd*, 50; *Da'wat*, 98.)

[766] "**Certamente a morada no Outro Mundo é a verdadeira Vida**."(Alcorão Sagrado, 29:64.),

[767] Bukhari, *Tawhid*, 22; *Jihad*, 4; Tirmizi, *Janna*, 4; *Musnad*, i, 207; ii, 197, 335, 339, 370.

[768] Musslim, *Janna*, 14, 17; Tirmizi, *Qiyama*, 60; *Janna*, 5; *Musnad*, II, 345; iii, 16.

[769] "**Aí, as almas lograrão tudo quanto lhes apetecer, bem como tudo que deleitar os olhos**."(Alcorão Sagrado, 43:71)

[770] Bukhari, *Bad'u'l-Khalq*, 8; Musslim, *Janna*, 17-19; Tirmizi, *Janna*, 7; Dárimi, *Riqaq*, 104.

[771] Bukhari, *Janna*, 17; *Tafsir Surat al-Quiyama*, 2.

[772] "**Glorificado sejas! Não possuímos mais conhecimento além do que Tu nos proporcionaste, porque somente Tu és Prudente, Sapientíssimo**." (Alcorão Sagrado, 2:32)

[773] **"Ó Senhor nosso, não nos condenes, se nos esquecermos ou nos equivocarmos.**"(Alcorão Sagrado, 2: 286)

[774] "Ó Allah! Concede bênçãos ao Teu amado, que por ser o Seu amado e por suas orações, escancarou as portas do Paraíso, e por causa das bênçãos a ele de seus membros, confirmaste a sua abertura para a sua comunidade, e abençoe-o e lhe dê paz.

Ó Allah! Nomeia-nos para o Paraíso entre os justos, pela intercessão de Teu Amado, o Escolhido. Amém."

[775] **"Ó Senhor nosso, não criaste isto em vão. Glorificado sejas! Salva-nos do tormento infernal!"**(Alcorão Sagrado, 3: 191)

[776] Em nome de Allah, o Clemente, o Misericordioso. **"Nela descem os anjos e o Espírito (Anjo Gabriel), com a anuência do seu Senhor".**(Alcorão Sagrado, 97: 4)

[777] **"Responde-lhes: O Espírito é um dos comandos do meu Senhor"**.(Alcorão Sagrado, 17:85)

[778] Musslim, *Imara*, 121; Tirmizi, *Tafsir Sura Al-i 'Imran*, 19; *Fada'il al-Jihad*, 13; Ibn Mája, *Jana'iz*, 4; Dárimi, *Jihad*, 18; *Musnad*, i, 266; vi, 386.

[779] **"portas abertas!"** Alcorão Sagrado, 38:50.

[780] **"Pelos ventos enviados, uns após os outros, que sopram impetuosamente, e dispersam (as coisas) violentamente; e as separam umas das outras, e disseminam uma Mensagem.**" (Alcorão Sagrado, 77: 1-5)

[781] **"Pelos (anjos) que arrebatam violentamente (as almas dos corruptos), pelos que extraem gentilmente (as almas dos abençoados); pelos que se movimentam (na disseminação da misericórdia); então, precipitam-se, como numa corrida, que são arranjadores (para a execução) das ordens (do seu Senhor)!**" (Alcorão Sagrado, 79: 1-5)

[782] **"Os adeptos do Livro não se dividiram, senão depois de lhes ter chegado a Evidência"**.(Alcorão Sagrado, 97: 4)

[783] "...**e que é guardado por anjos inflexíveis e severos, que jamais desobedecem às ordens que recebem de Allah, mas executam tudo quanto lhes é ordenado.**" (Alcorão Sagrado, 66: 6)

[784] **"Glorificado seja! Qual! São apenas servos veneráveis (esses a quem chamam de filhos), que jamais se antecipam a Ele no falar, e que agem sob o Seu comando"**.(Alcorão Sagrado, 21: 26-27)

[785] **"Dize: Foi-me revelado que um grupo de gênios escutou (a recitação do Alcorão).**" (Alcorão Sagrado, 72: 1)

[786] **"Em verdade, ouvimos um Alcorão admirável, Que guia à verdade, pelo quê nele cremos, e jamais atribuiremos parceiro algum ao nosso Senhor;**" (Alcorão Sagrado, 72: 1-2)

[787] **"Dize-lhes: O Espírito é um dos comandos do meu Senhor.**" (Alcorão Sagrado, 17:85)

[788] **"Sendo que Ele vos criou gradativamente.**" (Alcorão Sagrado, 36:79)

[789] **"Revivê-los-á Quem os criou da primeira vez?**" (Alcorão Sagrado, 71:14)

[790] **"Porque o teu Senhor não é injusto para com os Seus servos**"(Alcorão Sagrado, 41:46)

[791] Tawfik, primeiro aluno de Badiuzzmana em Barla.

[792] **"Dize: Revivê-los-á Quem os criou da primeira vez**"(Alcorão Sagrado, 36:79)

[793] **"Ele é Quem origina a criação, logo a reproduz, porque isso Lhe é fácil.**" (Alcorão Sagrado, 30:27)

[794] "a raiz da cauda" (cóccix)

[795] Bukhari, *Tafsir Surat al-Zumar*, 3; *Tafsir Surat al-Nabi*, 1; Musslim, *Fitan*, 141-3

[796] **"Porque o teu Senhor não é injusto para com os Seus servos"**(Alcorão Sagrado, 41:46)

[797] **"A vossa criação e ressurreição não são mais do que (o são) a de um só ser**"(Alcorão Sagrado, 31:28)

[798] **"A vossa criação e ressurreição não são mais do que (o são) a de um só ser**"(Alcorão Sagrado, 31:28)

[799] **"Quando o sol for enrolado. Quando as estrelas perderem seus brilhos, quando as montanhas estiverem dispersas, quando as fêmeas de camelos, com crias de dez meses, forem abandonadas, quando as feras forem congregadas, quando os mares transbordarem,**"(Alcorão Sagrado, 81: 1-6)

[800] **"No dia em que a terra for trocada por outra (coisa) que não seja terra**"(Alcorão Sagrado, 14:48)

[801] **"E vós, ó pecadores, afastai-vos, agora, dos crentes**"(Alcorão Sagrado, 36:59)

[802] **"Que a paz esteja convosco! Quão excelente é o que fizestes! Adentrai, pois! Aqui permanecereis eternamente.**"(Alcorão Sagrado, 39:73)

[803] **"Quando a terra executar o seu tremor predestinado, e descarregar os seus fardos, o homem dirá: Que ocorre com ela? Porque o teu Senhor lhas terá revelado. Nesse dia, os homens comparecerão, em massa, para que lhes sejam mostradas as suas obras. Quem tiver feito o bem, quer seja do peso de um átomo, vê-lo-á. E quem tiver feito o mal, quer seja do peso de um átomo, vê-lo-á**"(Alcorão Sagrado, 99: 1-8)

804 "**Anuncia (ó Mohammad) aos crentes que praticam o bem, que obterão jardins abaixo dos quais correm os rios. Toda vez que forem agraciados com os seus frutos, dirão: Eis aqui o que nos fora concedido antes! Porém, só o serão (os frutos) na aparência. Ali terão pares imaculados e ali morarão eternamente**"(Alcorão Sagrado, 02:25)

805 "**Glorificado sejas! Não possuímos mais conhecimento além do que Tu nos proporcionaste, porque somente Tu és Prudente, Sapientíssimo.**"(Alcorão Sagrado, 02:32)

806 "**Ó Senhor nosso, não nos condenes, se nos esquecermos de ou nos equivocarmos!**"(Alcorão Sagrado, 2: 286)

807 Ó Allah, concede bênçãos ao nosso mestre Mohammad, e à família do nosso mestre Mohammad, como concedeste bênçãos ao nosso mestre Abraão e à família do nosso mestre Abraão; na verdade, todo o louvor e todo esplendor são Teus.

808 Em nome de Allah, o Clemente, o Misericordioso. "**Por certo que apresentamos a custódia ao firmamento, à terra e às montanhas, que se negaram e temeram recebê-la; porém, o homem se encarregou disso, mas provou ser injusto e insipiente.**". (Alcorão Sagrado, 33:72)

809 (Ver, Alcorão Sagrado, 37:62; 44:43; 56:52.)

810 (Ver, Alcorão Sagrado, 13:29)

811 "**Que será venturoso quem a (a alma) purificar.**" (Alcorão Sagrado, 91: 9)

812 "D'Ele é a soberania, e a Ele é devido todo o louvor; Seu é o juízo e para ele, e a Ele retornareis!"

813 (Alcorão Sagrado, 95: 4)

814 "**E desventurado quem a corromper.**" 814 (Alcorão Sagrado, 91:10)

815 "**Não atribuas parceiros a Allah, porque a idolatria é a mais grave injustiça**".(Alcorão Sagrado, 31:13)

816 "Ser moldado por éticas dadas por Allah"

817 "**Nada existe que não glorifique os Seus louvores!**" (Alcorão Sagrado, 17:44)

818 "**Quem poderá reviver os ossos, quando já estiverem decompostos**?" (Alcorão Sagrado, 36:78)

819 "**Quem renegar o sedutor e crer em Allah, ter-se-á apegado a um firme e inquebrantável sustentáculo, porque Allah é Oniouvinte, Sapientíssimo.**" (Alcorão Sagrado, 2: 256)

820 "**À senda dos que agraciaste, não à dos abominados, nem à dos extraviados.**" (Alcorão Sagrado, 1: 7)

821 "**...nem à dos extraviados.**" (Alcorão Sagrado, 1: 7)

822 **"...nem a dos abominados..."** (Alcorão Sagrado, 1: 7)

823 "**...dos que agraciaste...**" (Alcorão Sagrado, 1: 7)

824 Em nome de Allah, o Clemente, o Misericordioso. "**Os incrédulos dizem: Nunca nos chegará a Hora! Dize-lhes: Sim, por meu Senhor! Chegar-vos-á, procedente do Conhecedor do desconhecido, de Quem nada escapa, nem mesmo algo do peso de um átomo, quer seja nos céus ou na terra, e (nada há) menor ou maior do que isso, que não esteja registrado no Livro esclarecedor**." (Alcorão Sagrado, 34: 3)

825 *"Ninguém conhece o Invisível, salvo Allah"*

826 Alcorão Sagrado, 36:82, etc

827 "**Nada existe que não glorifique os Seus louvores!**" (Alcorão Sagrado, 17:44)

828 "**No dia em que na terra for trocada por outra (coisa) que não seja terra**." (Alcorão Sagrado, 14:48)

829 **"Certamente a morada no Outro Mundo é a verdadeira Vida"**(Alcorão Sagrado, 29:64.)

830 "**Louvado seja Allah, o Senhor do Universo**"(Alcorão Sagrado, 1: 2)

831 "**Onde sua prece será: Glorificado sejas, ó Allah! Aí a sua mútua saudação será: Paz! E o fim de sua prece será: Louvado seja Allah, Senhor do Universo**!" (Alcorão Sagrado, 10:10)

832 "**Glorificado sejas! Não possuímos mais conhecimento além do que Tu nos proporcionaste, porque somente Tu és Prudente, Sapientíssimo**." (Alcorão Sagrado, 02:32)

833 "**Ó Senhor nosso, não desvies os nossos corações, depois de nos teres iluminado, e agracia-nos com a Tua misericórdia, porque Tu és o Munificente por excelência**." (Alcorão Sagrado, 3: 8)

834 Ó Allah! Concede bênçãos ao nosso mestre Mohammad, que serão agradáveis para Ti e satisfação para a Tua verdade, e à família de Mohammad, aos seus companheiros, e seus irmãos, e concede-lhes a paz. E nos protege e protege a nossa religião. Amém. Ó Senhor do Universo!

835 Em nome de Allah, o Clemente, o Misericordioso."**Glorificado seja Aquele que, durante a noite, transportou o Seu servo, tirando-o da Sagrada Mesquita (em Makka) e levando-o à Mesquita de Alacsa (em Jerusalém), cujo recinto bendizemos, para mostrar a ele alguns dos Nossos sinais. Sabei que Ele é o Oniouvinte, o Onividente**."(Alcorão Sagrado, 17: 1)

836 "**Isto não é senão a inspiração que lhe foi revelada, que lhe transmitiu o fortíssimo (Gabriel), o sensato, o qual lhe apareceu (em sua majestosa forma), quando estava na parte mais alta do**

horizonte. Então, chegou bem perto, até a uma distância de dois arcos (de atirar setas), ou menos ainda, e revelou ao Seu servo o que Ele lhe havia revelado. O coração (do Mensageiro) não mentiu acerca do que viu. Disputareis, acaso, sobre o que ele viu? Realmente o viu, numa segunda descida, junto ao limite da árvore de lótus. Junto à qual está o jardim da morada (eterna). Quando aquela coisa envolvente cobriu a árvore de lótus, não desviou o olhar, nem transgrediu. Em verdade, presenciou os maiores sinais do seu Senhor."(Alcorão Sagrado, 53: 4-18)

[837] "Sabei que Ele"

[838] "**Certamente Ele é o Oniouvinte, o Onividente**."

[839] '**está mais perto dele do que sua veia jugular**'(Alcorão Sagrado, 50:16)

[840] "**A Allah, aplica-se o mais sublime exemplo**"(Alcorão Sagrado, 16:60)

[841] Suyuti, *al-Khasa'is al-Kubra*, i, 439, 444; Qadi 'Iyad, *al-Shifá* 190, 192.

[842] Ver, Alcorão Sagrado, 36:82, etc.

[843] Bukhari, viii, 147; Ibn Mubarak, *al-Zuhd*, II, 122.

[844] "**Dirigiu Sua vontade até ao firmamento do qual fez, ordenadamente, sete céus**",(Alcorão Sagrado, 02:29

[845] "Os céus são ondas retidas", Tirmizi, *Tafsir Suratal-Hadid*, 1; *Musnad*, II, 370.

[846] (a Via Láctea) Tabarani, *al Mu'jam al-Kabir*, xx, 123; Ibn Hajar, *Majma'al-Zawa'id*, viii, 135.

[847] Este tratado foi escrito em 1928 ou '29. [Tr.]

[848] "**Allah a maior das similitudes**" (Alcorão Sagrado, 16:60)

[849] Hussain al-Jisri, *Risale-i Hamidiye* 4 vols. .Tradução turca. Manastırlı İsmail Hakkı (Istanbul: 1308); Suyuti, *al-Khasa'is al-Kubra*, i, 26, 73.

[850] Ibn Sayyid an-Nás, *'Uyun al-Açar*, I, 29; Qadi 'Iyad, *al-Chifá*, i, 364-6.

[851] Qadi 'Iyad, *al-Chifá*, i, 366-8; Bayhaqui, *Dala'il al-Nubuwwa*, i, 126.

[852] "**... e a lua se fendeu**"(Alcorão Sagrado, 54: 1)

[853] "Glorificado seja Allah!"

[854] "Que maravilhas Allah quis!"

[855] "Allah é Maior!"

[856] "a causa é como autor"

[857] Suyuti, *al-Hawi Li'l-Fatawa*, ii, Qastalani, *al-Mawahib al-Ladunniyya*, i, 25-83.

[858] *Kanz al-'Ummal*, i, 459-60; Manzari, *al-Targhib wa'l-Tarhib*, ii, 422-3.

[859] Bayhaqi, *Dala'ilal-Nubuwwa*, iii, 406; *al-Sunna al-Kubra*, iv, 362.

[860] "Ó Allah! Concede bênçãos a ele a cujo sinal houve a divisão da lua, e de cujos dedos a água fluiu como a primavera de Kauçar, aquele que fez a Ascensão e cujos olhos não vacilaram, nosso mestre Mohammad, e a toda a sua família e a todos os seus companheiros, do começo do mundo para o fim do Grande Congregação."

[861] "**Glorificado sejas! Não possuímos mais conhecimento além do que Tu nos proporcionaste, porque somente Tu és Prudente, Sapientíssimo**." (Alcorão Sagrado, 02:32)

[862] "**Ó Senhor nosso, aceita-a de nós, pois Tu és Oniouvinte, Sapientíssimo."!** (Alcorão Sagrado, 2: 127)

[863] "**Ó Senhor nosso, não nos condenes, se nos esquecermos de ou nos equivocarmos!**" (Alcorão Sagrado, 2: 286)

[864] "**Ó Senhor nosso, não desvies os nossos corações, depois de nos teres iluminado.**" (Alcorão Sagrado, 3: 8)

[865] "**Ó Senhor nosso, completa-nos a nossa luz e perdoa-nos, porque Tu és Onipotente!**" (Alcorão Sagrado, 66: 8)

[866] "**E o fim de sua prece será: Louvado seja Allah, Senhor do Universo!**" (Alcorão Sagrado, 10:10)

[867] Em nome de Allah, o Clemente, o Misericordioso."**A Hora (do Juízo) se aproxima, e a lua se fendeu. Porém, se presenciam algum sinal, afastam-se, dizendo: É magia evidente!**" (Alcorão Sagrado, 54: 1-2)

[868] "**E a lua se fendeu**"

[869] "**E [eles] disseram: É magia evidente**!"

[870] IbnHajar, *Fathal-Bari*, VII, 145; Bayhaqi, *Dala'il al-Nubuwwa*, II, 266, 268.

[871] Bukhari, ii, 251; v, 62; vi, 178; al-Hakim, *al-Mustadrak*, II, 472; Suyuti, *Nazm al-Mutanacirfi'l- Hadice al-Mutawatir*, 135; Bayhaqui, *Dala'il*, i, 279-81.

[872] "**E a lua foi fendida**"

[873] *Musnad*, i, 377, 413, 447, 456; iii, 207, 220, 275, 278; iv, 81; *TafsirIbnKacir*, vi, 469.

[874] Suyuti, *Nazmal-Mutanaçarfi l-Hadice al-Mutawatir*, 180; Tabarani, *al- Mu'jam al-Kabir*, xii, 13623-4; xvii, 666-7; Ibn 'Adi, *al-Kamil fi'l-Du'afa'*, iii, 1307.

[875] "Sobre ele e sobre sua família as bênçãos e a paz, que vão encher a terra e os céus."

[876] "**Glorificado sejas! Não possuímos mais conhecimento além do que Tu nos proporcionaste, porque somente Tu és Prudente, Sapientíssimo.**" (Alcorão Sagrado, 02:32)

[877] "Ó Allah! Concede bênçãos a ele a cujo sinal houve a divisão da lua, faz o meu coração e os corações de todos os verdadeiros estudantes da Risale-i Nur como a lua na face do Sol do Alcorão. Amém. Amém."

[878] "**Se houvesse nos céus e na terra outras divindades além de Allah, (céus e terra) já se teriam desordenado**".(Alcorão Sagrado, 21:22)

[879] Em nome de Allah, o Clemente, o Misericordioso "**Se houvesse nos céus e na terra outras divindades além de Allah, (céus e terra) já se teriam desordenado**".(Alcorão Sagrado, 21:22)"Não há outra divindade além de Allah, o Único, Que não tem parceiro algum; Seu é o Reino e o Louvor; tem poder sobre todas as coisas'; Ele concede a vida e a morte, e Ele está vivo e não morre; Em Suas mãos está todo o bem; Ele tem poder sobre todas as coisas; e a Ele será o retorno".

[880] "**Ele não tem parceiro,**"

[881] "Glorificado seja Ele sobre cuja arte a mente está perplexa".

[882] "**Se houvesse nos céus e na terra outras divindades além de Allah, (céus e terra) já se teriam desordenado.**"(Alcorão Sagrado, 21:22)

[883] "**Glorificado sejas! Não possuímos mais conhecimento além do que Tu nos proporcionaste, porque somente Tu és Prudente, Sapientíssimo.**" (Alcorão Sagrado, 02:32)

[884] Ó Allah! Concede bênçãos e paz ao nosso mestre Mohammad, a Lâmpada de Tua unidade na multiplicidade de Tuas criaturas, e no Arauto de Tua Unicidade na exposição de Tua criação, e a toda a sua família e companheiros.

[885] (Em nome de Allah, o Clemente, o Misericordioso. "**Contempla, pois, (ó humano) os traços da misericórdia de Allah! Como vivifica a terra, depois de esta haver sido árida**!"Alcorão Sagrado, 30:50)

[886] A imaginação vê anjos celestiais encarnados destas árvores
Com milhares de flautas.
Dessas flautas a consciência ouve
Os louvores do Eternamente Vivo.
Suas folhas têm línguas, cada uma recitando a palavra: é Ele! É Ele!
Ou seja,
Sempre Vivente! Ó Sempre Vivente!
Uma vez que todas as coisas entoam em uníssono: Não há outra divindade além d'Ele, e eles estão em busca da verdade,
Do começo ao fim eles recitam: Ó Sempre Vivente! Eles estão cantando em uníssono: Ó Allah!

[887] "**E enviamos do céu a água bendita**".(Alcorão Sagrado, 50: 9)

[888] Ouça o versículo:"**Não reparam, acaso, no firmamento que está acima deles? Como o construímos e o adornamos, sem abertura aparente**?" (Alcorão Sagrado, 50: 6)

[889] Então olha para a face dos céus, você vê como é silenciosa na sua tranquilidade; como está em movimento com sabedoria, como está radiante de majestade, como sorri com seu adorno. Uma soberania inesgotável e infinita é proclamada para aqueles que pensam na ordem de sua criação, na simetria de sua arte, nas suas lâmpadas cintilantes, suas lanternas brilhantes, suas estrelas resplandecentes, uma soberania sem fim."

[890] "Como está em movimento com sabedoria."

[891] "Como está radiante de majestade, como sorri com seu adorno."

[892] "na ordem de sua criação, na simetria de sua arte."

[893] Em quinto lugar, uma soberania sem fim é proclamada para aqueles que pensam nas suas lâmpadas cintilantes, suas lanternas brilhantes, suas estrelas resplandecentes.

[894] Em nome de Allah, o Clemente, o Misericordioso."**Dize: Ele é Allah, o Único! Allah! O Absoluto**!" (Alcorão Sagrado, 112: 1-2)

[895] "**E se lhes perguntares quem criou os céus e a terra, dirão: Allah.**"(Alcorão Sagrado, 31:25; 39:38)

[896] "**E entre os Seus sinais está a criação dos céus e da terra, as variedades dos vossos idiomas e das vossas cores. Em verdade, nisto há sinais para os que refletem**"(Alcorão Sagrado, 30:22)

[897] "**dirão: Allah**".

[898] "**E entre os Seus sinais está a criação dos céus e da terra, as variedades dos vossos idiomas e das vossas cores. Em verdade, nisto há sinais para os que refletem.**"(Alcorão Sagrado, 30:22)

899 Em nome de Allah, o Clemente, o Misericordioso."**Dize: Ele é Allah, o Único! Allah! O Absoluto!**" (Alcorão Sagrado, 112: 1-2)
900 Bukhari, *Tafsir Surat al-Zumar*, 3; *Tafsir Surat al-Nabi*, 1; Musslim, *Fitan*, 141-3.
901 (Alcorão Sagrado, 7: 151, etc.)
902 (Alcorão Sagrado, 23:)31
903 "**Que aperfeiçoou tudo o que criou**,"(Alcorão Sagrado, 32: 7)
904 "**O melhor dos articuladores**"
905 **"O melhor dos juízes"** (Alcorão Sagrado, 06:57.)
906 "**Allah é o Maior**"
907 **"O melhor dos criadores, porque é"**
908 "**D'Ele são os mais sublimes atributos!**,(Alcorão Sagrado, 17: 110, etc)
909 "**Só a Ti adoramos e só de Ti imploramos ajuda!**" (Alcorão Sagrado ;1:5)
910 "**O mais clemente dos misericordiosos**"
911 "Sim, a aniquilação dos reflexos e o desaparecimento dos seres estão junto com a manifestação perpétua e o brilho constante. É evidente a partir das manifestações que aparecem que sua beleza aparente não é deles; eles são manifestos eloquentes e provas claras de uma Transcendente Beleza e Munificência Renovada; do Necessariamente Existente, o Amoroso, o Imortal."
912 "Que Allah abençoe isto!"
913 "O firmamento está embriagado, os anjos e as estrelas estão embriagados,
Os céus estão embriagados, a lua e a terra estão embriagados,
Os elementos estão embriagados, as plantas, as árvores e os homens estão embriagados,
As criaturas animadas estão todas intoxicadas,
Todos os átomos de todos os seres estão completamente embriagados, e ainda mais embriagados."
914 Tirmizi, *Zuhd*, 14; Ibn Maja, *Zuhd*, 3; Darimi, *Muqaddima*, 32; Suyuti, *al-Durr al-Mançur*, iii, 305-306.
915 Ibn Mája, No: 4112; al-Manawi, *Fayd al-Qadir*, No: 4281.
916 "Em Veneração Do Senhor dos Profetas"
917 Em nome de Allah, o Clemente, o Misericordioso."**Nada existe que não glorifique os Seus louvores!**". (Alcorão Sagrado, 17:44)
918 "**Nada existe que não glorifique os Seus louvores!**"
919 "**Nada existe que não glorifique os Seus louvores!**".(Alcorão Sagrado, 17:44)
920 "Glória a Ele que está escondido na intensidade de Sua manifestação."
921 "**E Ele é o Poderoso, o Prudentíssimo**".(Alcorão Sagrado, 3:62, etc)
922 "**E Ele é o Indulgente, o Misericordiosíssimo**".(Alcorão Sagrado, 42: 5, etc)
923 "**E Ele é o Poderoso, o Sapientíssimo**"(Alcorão Sagrado, 30:54, etc)
924 "**Que criamos o homem na mais perfeita proporção. Então, o reduzimos à mais baixa das escalas, salvo os crentes, que praticam o bem; estes terão uma recompensa infalível**.".(Alcorão Sagrado, 95: 4-6)
925 "**Nem o céu, nem a terra verterão lágrimas por eles**".(Alcorão Sagrado, 44:29)
926 "**Caso um deles, ou ambos, atingir a velhice junto de ti, não diga "Ufa!" a eles (como indicação de queixa ou impaciência)**."(Alcorão Sagrado, 17:23)
927 "Ó Allah, dá-nos amor por Ti, e amor por aquilo que vai nos aproximar de Ti." *Kanz al-'Ummal*, i, 195; Waliuddin Tabrizi, *Mishkat al-Masabih*, i, 762.
928 "Louvado seja Allah por Sua misericórdia e Sua compaixão".
929
930 "A mais verdadeira de todas as palavras, a mais eloquente sem sua ordem, a Palavra de Allah -. O Senhor, o Poderoso, o Onisciente"
931 Baghawi, *Masabihal-Sunna*, iii, 197; Musnad, iii, 439; Ibn Mája, ii, 1093, n: 3285.
932 "**jovens imortais**"(Alcorão Sagrado, 76:19, 56:17)
933 "**Contemplando-se mutuamente**".(Alcorão Sagrado, 15:47, 37:44)
934 Suyuti, *al-Fathal-Kabir*, iii, 62;al-Manawi, *Faydal-Qadir*, v, 373.
935 "Ó Allah, concede a nós neste mundo o amor por Ti e amor por aquilo que vai nos aproximar de Ti, e a senda reta que tens ordenado, e, no outro mundo Tua misericórdia e a visão de Ti."
936 "**Glorificado sejas! Não possuímos mais conhecimento além do que Tu nos proporcionaste, porque somente Tu és Prudente, Sapientíssimo.**" (Alcorão Sagrado, 02:32)

937 "Ó Allah, concede bênçãos e paz para aquele a quem enviaste como misericórdia para todas as criaturas, e a toda a sua família e companheiros. Amém."

938 Ó Allah, és o meu Senhor e eu sou a criatura
Tu és o Criador e a sou a criatura
Tu és o Agraciador e eu sou o agraciado
Tu és o Soberano e eu sou o vassalo
Tu és o Poderoso e eu sou o humilde
Tu és o Opulento e eu sou o pobre
Tu és o Vivente e eu sou o morto
Tu és o Perpétuo e eu sou o efêmero
Tu és o Generoso e eu sou avarento
Tu és o Benevolente e eu sou o maldoso
Tu és o Indulgente e eu sou o pecador
Tu és o Magnífico e eu sou insignificante
Tu és o Forte e eu sou o fraco
Tu és o Doador e eu sou o indigente
Tu és a Segurança e eu sou o temente
Tu és a Generosidade e eu sou o coitado
Tu és o Exorável e eu sou o suplicante
Tu és o Bálsamo e eu sou o doente.

939 Então perdoa os meus pecados e tem paciência comigo e cura meus males, ó meu Allah! Ó Autossuficiente! Ó Senhor! Ó Fiel! Ó Clemente! Ó Bálsamo! Ó Munificente! Ó Perdoar! Perdoa todos os meus pecados, e protege-me de todas as doenças, e esteja satisfeito comigo por toda a eternidade! Através de Tua Misericórdia, ó o mais Misericordioso dos misericordiosos!

940 "**Louvado seja Allah, o Senhor do Universo**"(Alcorão Sagrado, 1: 2)

941 Em nome de Allah, o Clemente, o Misericordioso."**De pronto lhes mostraremos os Nossos sinais em todas as regiões (da terra),assim como em suas próprias pessoas, até que lhes seja esclarecido que ele (o Alcorão) é a verdade. Acaso não basta teu Senhor, Que é Testemunha de tudo**?"(Alcorão Sagrado, 41:53)

942 '**E Ele tem poder sobre todas as coisas**',

943 "**A Allah aplica-se o exemplo mais sublime**"(Alcorão Sagrado, 16:60)

944 "**Volta, pois, a olhar! Vês, acaso, alguma fenda**?" (Alcorão Sagrado, 67:3)

945 "**Na criação dos céus e da terra; na alteração do dia e da noite; nos navios que singram o mar para o benefício do homem; na água que Allah envia do céu, com a qual vivifica a terra, depois de haver sido árida e onde disseminou toda a espécie animal; na mudança dos ventos; nas nuvens submetidas entre o céu e a terra, (nisso tudo) há sinais para os sensatos**."(Alcorão Sagrado, 2:164)

946 "**Allah foi Quem criou os céus e a terra e é Quem envia a água do céu, com a qual produz os frutos para o vosso sustento! Pôs à vossa disposição os navios que, com a Sua anuência, singram os mares, e pôs à vossa disposição os rios. Pôs à vossa disposição o sol e a lua, que seguem os seus cursos; pôs à vossa disposição a noite e o dia. E vos agraciou com tudo quanto Lhe pedistes. E se contardes as mercês de Allah, não podereis enumerá-las**".(Alcorão Sagrado, 14:32-34)

947 "**Não é, acaso, certo, que à recordação de Allah sossegam os corações**?"(Alcorão Sagrado, 13:28)

948 "**Glorifica o nome do teu Senhor, o Altíssimo, Que criou e aperfeiçoou tudo; Que tudo predestinou e encaminhou**".(Alcorão Sagrado, 87:1-3)

949 "**Nada existe que não glorifique os Seus louvores**!"(Alcorão Sagrado, 17:44)

950 "**Pergunta-lhes, ainda: Quem tem em seu poder a soberania de todas as coisas?**"(Alcorão Sagrado, 23:88)

951 "**E não existe coisa alguma cujos tesouros não estejam em Nosso poder.**"(Alcorão Sagrado, 15:21)

952 "**Não existe criatura que Ele não possa agarrar pelo topete.**"(Alcorão Sagrado, 11:56)

953 "**Porque meu Senhor é o Guardião de todas as coisas**."(Alcorão Sagrado, 11:57)

954 "**Que aperfeiçoou tudo o que criou**"(Alcorão Sagrado, 32:7)

955 "**Sabei que nos céus e na terra há sinais para os crentes**." (Alcorão Sagrado, 45:3)

956 "**Seus são os mais sublimes atributos**".(Alcorão Sagrado, 20:8)

957 "**Não reparam no reino dos céus e da terra**"?(Alcorão Sagrado, 7:185)

958 "**Os sete céus, a terra, e tudo quanto neles existe glorificam-No. Nada existe que não glorifique os Seus louvores**!" (Alcorão Sagrado, 17:44)

959 "**Tudo quanto existe nos céus e na terra glorifica-O.**" (Alcorão Sagrado, 59:24)

[960] A cintilante luz é por Tua iluminação e torna-o conhecido;
O rolamento das idades é por Tua expedição e o emprega;
Glorificado sejas Tu, quão poderosa é a Tua regra!
O fluir dos rios é por Teu armazenamento e o subjugá-los;
A decoração das pedras é por Tua concepção e moldagem;
Glorificado sejas, quão sublime é a Tua sabedoria!
A expressão das flores é por Teu adorno e embelezamento;
O embelezamento das frutas é por Tua doação e generosidade;
Glorificado sejas, quão bela a Tua arte!
O canto das aves é por fazê-las falar e Tua utilidade;
O canto da chuva é por fazê-la cair, e outorgá-la;
Glorificado sejas, quão grande é Tua misericórdia!
O movimento das luas é por Tua determinação e planejamento.
Ao girá-las, Tu as iluminas;
Glorificado sejas, quão brilhantes são as Tuas provas, como deslumbrante é a Tua soberania!

[961] **"Glorificado seja, pois, Aquele em Cujas Mãos está o domínio de todas as coisas.**" (Alcorão Sagrado, 36:83)

[962] **"E não existe coisa alguma cujos tesouros não estejam em Nosso poder, e não a enviamos, senão proporcionalmente. E enviamos os ventos fecundantes e, então, fazemos descer água do céu, da qual vos damos de beber e que não podeis armazenar (por muito tempo).**" (Alcorão Sagrado, 15:21-22.)

[963] **"Os sete céus, a terra, e tudo quanto neles existe glorificam-No!"** (Alcorão Sagrado, 17:44)

[964] **"E o sol, que segue o seu curso até um local determinado. Tal é o decreto do Onisciente, Poderosíssimo**"(Alcorão Sagrado, 36:38)

[965] **"Acaso, não fizemos da terra um leito, e das montanhas, estacas? E não vos criamos, acaso, em casais**(Alcorão Sagrado, 78:6-8.)

[966] **"Contempla, pois, (ó humano) os traços da misericórdia de Allah! Como vivifica a terra, depois de haver sido árida**!" (Alcorão Sagrado, 30:50.)

[967] "Creio em Allah, em Cuja Mão está a soberania de todas as coisas".

[968] **"Que criou a morte e a vida**".(Alcorão Sagrado, 67:2)

[969] **"Não há mais divindade além d'Ele! Tudo perecerá, exceto o Seu Rosto! Seu é o Juízo, e a Ele retornareis (todos)**!"(Alcorão Sagrado, 28:88)

[970] **"Que criou a morte e a vida**"(Alcorão Sagrado, 67:2.)

[971] "Creio em Allah, o Uno, o Único."

[972] **"E vivifica a terra, depois de sua morte**",(Alcorão Sagrado, 30:19)

[973] **"Allah é o Criador de tudo e é de tudo o Guardião**".(Alcorão Sagrado, 39:62)

[974] **"A Ele retornarão todos os assuntos**"(Alcorão Sagrado, 11:123

[975] **"E entre os Seus sinais está a criação dos céus e da terra, as variedades dos vossos idiomas e das vossas cores. Em verdade, nisto há sinais para os que refletem**."(Alcorão Sagrado, 30:22)

[976] **"Allah é o Criador de tudo e é de tudo o Guardião. Suas são as chaves dos céus e da terra**."(Alcorão Sagrado, 39:62-63)

[977] **"Nada existe que não glorifique os Seus louvores**!"(Alcorão Sagrado, 17:44)

[978] "Eu declaro que não há outra divindade além de Allah!"

[979] **"Se houvesse nos céus e na terra outras divindades além de Allah, (céus e terra) já se teriam desordenado**."(Alcorão Sagrado, 21:22)

[980] **"Tudo perecerá, exceto o Seu Rosto! Seu é o Juízo, e a Ele retornareis (todos)**!"(Alcorão Sagrado, 28:88)

[981] **"Se houvesse nos céus e na terra outras divindades além de Allah, (céus e terra) já se teriam desordenado**"(Alcorão Sagrado, 21:22)

[982] **"Volta, pois, a olhar! Vês, acaso, alguma fenda? Novamente, olha e torna a fazê-lo, e o teu olhar voltará a ti, confuso e fatigado**"(Alcorão Sagrado, 67:3-4)

[983] **"Que criamos o homem na mais perfeita proporção**."(Alcorão Sagrado, 95:4)

[984] **"E na terra, há sinais para os que estão seguros na fé. E também (os há) em vós mesmos. Não vedes, acaso?**"(Alcorão Sagrado, 51:20-21)

[985] **"A Allah, aplica-se o mais sublime exemplo**",(Alcorão Sagrado, 16:60.)

[986] **"Ele foi Quem enviou o Seu Mensageiro com a orientação e com a verdadeira religião, para fazê-las prevalecer sobre todas as outras religiões; e Allah é suficiente Testemunha disso.**"(Alcorão Sagrado, 48:28.)

[987] **"Dize: Ó humanos, sou o Mensageiro de Allah, para todos vós; Seu é o reino dos céus e da terra. Não há mais divindade além d'Ele. Ele é Quem dá a vida e a morte!"**(Alcorão Sagrado, 7:158.)

[988] **"Louvado seja Allah que revelou o Livro ao Seu servo, no qual não colocou contradição alguma"**.(Alcorão Sagrado, 18:1)

[989] **"Alef, Lam, Ra. Um Livro que te temos revelado para que retires os humanos das trevas (e os transportes) para a luz"**.(Alcorão Sagrado, 14:1)

[990] **"Ó Senhor nosso, não nos condenes, se nos esquecermos de ou nos equivocarmos!"**(Alcorão Sagrado, 2:286)

[991] **"Ó Senhor nosso, não desvies os nossos corações, depois de nos teres iluminado"**(Alcorão Sagrado, 3:8)

[992] **"Ó Senhor nosso, aceita-a de nós, pois Tu és Oniouvinte, Sapientíssimo."**(Alcorão Sagrado, 2:127)

[993] **"E absolve-nos, pois Tu és o Remissório, o Misericordiosíssimo"**.(Alcorão Sagrado, 2:128)

[994] "Que a paz esteja com quem seguir a orientação... e a censura com quem segue os desejos..."

[995] **"Glorificado sejas! Não possuímos mais conhecimento além do que Tu nos proporcionaste, porque somente Tu és Prudente, Sapientíssimo.**" (Alcorão Sagrado, 02:32)

[996] "Ó Allah, abençoa e dê paz àquele a quem enviaste como misericórdia para todas as criaturas, à sua família e aos seus companheiros, e concede-lhes a paz. Amém."

[997] "Dentre os Crescentes de Ramadan e do 'Id"

[998] **"E não o instruímos na poesia"**.(Alcorão Sagrado, 36:69)

[999] NOTA SOBRE A TRADUÇÃO: Ao tentar transmitir o significado o mais fielmente possível, a presente tradução não tentou refletir os aspectos diversificados do original. Espera-se que uma vez que, como foi dito acima, a obra foi escrita principalmente para transmitir as ideias do autor, dos quais os leitores irão se beneficiar, apesar da perda de muitas das sutilezas. [Tr.]

[1000] "Um homem é hostil ao que ele não conhece."

[1001] [1337 de acordo com o calendário de Rumi. De acordo com o calendário islâmico, faz 1339 anos. 1º de Ramadan, 1339 caiu em 08 de maio de 1921. -Tr.]

[1002] **"Em nome de Allah, o Clemente, o Misericordioso.Louvado seja Allah, o Senhor do Universo, e paz e bênçãos estejam com Mohammad, o Mestre dos mensageiros, e com toda a sua Família e Companheiros"**

[1003] (não há outra divindade além d'Ele!)

[1004] Surata da Unicidade, 112.

[1005] **"Diz: Ele é"**

[1006] (não há nada observado além d'ele!)

[1007] **"Allah, o Único"**

[1008] (não há nada apto a ser adorado além d'ele)

[1009] **"Allah, o Absoluto"**.

[1010] (não existe criador além d'ele!)

[1011] (não há autossubsistente além d'ele!)

[1012] **"Jamais gerou"**.

[1013] (não)

[1014] **"Ou foi gerado"**

[1015] **"E ninguém é comparável a Ele!"**.

[1016] "Ninguém conhece o Invisível além de Allah"

[1017] "Glorificado sejas! Nós não temos nenhum poder! Ó Senhor nosso, Tu és o Todo-Glorioso Pré-eterno Possuidor de Poder! "

[1018] **"A vossa criação e ressurreição não são mais do que (o são) a de um só ser"**.(Alcorão Sagrado, 31:28)

[1019] **"e a divisão da lua**(Alcorão Sagrado, 54: 1)

[1020] **"Glorificado seja Aquele que, durante a noite, transportou"**,(Alcorão Sagrado, 17: 1)

[1021] Isto é uma alusão à situação que resultou da Grande Guerra. Na verdade, é uma previsão precisa prenunciando a Segunda Guerra Mundial.

[1022] Bukhari, iv, 205; Musslim, i, 1

[1023] "O assassino não pode herdar" Tirmizi, *Fara'id*, 18, nº: 2109; IbnMája, *Fara'id*, 8, n: 2645; *Musnad*, i, 49; Dárimi, *Fara'id*, de 41 anos.

[1024] A Determinação Divina (*Kadr*), também conhecido como "destino" ou "predestinação". Para uma exposição detalhada, ver, a Vigésima Sexta Palavra no presente volume. [Tr.]

[1025] "Pegue o que é claro e sereno, deixe o que é turvo e angustiante"

[1026] Ver, Baihaqui, *Dala'ilal-Nubuwwa*, vi, 383; Suyuṭi, *al-Khasa'is al-Kubra*, II, 477-8; *Musnad*, iv, 195-6. Veja também, Bukhari, i, 167.

[1027] **"Quem matar uma pessoa, sem que esta tenha cometido homicídio"**(Alcorão Sagrado, 05:32)

[1028] Alcorão Sagrado, 7: 128.

[1029] "O ser humano é como a Surata Ya. Sin., na qual está inscrito:

[1030] **'Bendito seja Allah, o Criador por excelência**!'"(Alcorão Sagrado, 23:14)

[1031] **"E Nós somos o seu Preservador"**(Alcorão Sagrado, 15:9)

[1032] Daru'l-Funun: a universidade abriu finalmente, em 1869, após 24 anos de preparações e tentativas frustradas. Com base no modelo ocidental, que foi projetado para ensinar as ciências modernas. [Tr.]

[1033] Ver a peça: A Luz da Razão Vem do Coração, acima p. 739. [Tr.]

[1034] "Os Gênios de Estilo Fantástico, da Mão das Luxúrias Excitantes da Literatura Ocidental não Podem chegar até o Benefício, a Dispersão da Luz, a Orientação Carregada, a Literatura Eterna do Alcorão."

[1035] **"Bendito seja Allah, Criador por excelência**." (Alcorão Sagrado, 23:14)

[1036] **"E o fim de nossa prece é: Louvado seja Deus, Senhor do Universo**." (Alcorão Sagrado, 10:10).

[1037] Ó Deus! **"Guia-nos à senda reta, à senda dos que agraciaste, não à dos abominados, nem à dos extraviados**" (Alcorão Sagrado, 1:7)

[1038] Ó Allah! Levam-nos à Senda Reta. Amém.

[1039] **"Dize: Ele é Allah, o Único**!"(Alcorão Sagrado, 112: 1)

[1040] **"Sê firme, pois, tal qual te foi ordenado**."(Alcorão Sagrado, 11: 112)

[1041] **"Allah destituirá a usura de todas as benesses**."(Alcorão Sagrado, 2: 276.)

[1042] **"Allah consente o comércio e veda a usura**."(Alcorão Sagrado, 2: 275)

[1043] **"Praticai a oração, pagai o zakat**."(Alcorão Sagrado, 02:43, etc)

[1044] **"De que o homem não obtém senão o fruto do seu proceder**."(Alcorão Sagrado, 53:39)

[1045] **"Quanto àqueles que entesouram o ouro e a prata, e não os empregam na causa de Allah, anuncia-lhes (ó Mohammad) um doloroso castigo**."(Alcorão Sagrado, 09:34)

[1046] Em nome de Allah, o Clemente, o Misericordioso.Ó Deus! Ó Clemente! Ó Misericordioso! Ó Único! Ó Vivente! Ó AUtossubsistente! Ó Árbitro! O Justo! Ó Santíssimo!